U0690071

中華禮藏

禮經卷　儀禮之屬

第一冊

浙江大學出版社

ZHEJIANG UNIVERSITY PRESS

中華禮藏編纂委員會

學術委員會

主　任：安平秋　王　寧

委　員：陳戍國　林慶彰　劉曉東　彭　林
　　　　單周堯

指導委員會：

主　任：金德水

副主任：羅衛東　邵　清

委　員：黃華新　樓含松　潘海生　楊建新
　　　　余遜達　袁亞春

編纂委員會：

主　編：王雲路

副主編：杜澤遜　關長龍　賈海生　許建平

編　委：崔富章　竇懷永　馮國棟　龔延明
　　　　束景南　朱大星　祖　慧

（按姓氏音序排列）

總　序

　　中華民族的禮義傳統積澱了人與人、人與社會、人與自然和諧相處的經驗與秩序，從而形成了一種"標誌着中國的特殊性"（錢穆語）的生存方式。《禮記·曲禮上》對此有概括的説明："道德仁義，非禮不成；教訓正俗，非禮不備；分争辨訟，非禮不決；君臣上下，父子兄弟，非禮不定；宦學事師，非禮不親；班朝治軍，涖官行法，非禮威嚴不行；禱祠祭祀，供給鬼神，非禮不誠不莊。"千百年來，正因爲中華民族各個階層對"禮"的認同與踐行，不僅構建了中華民族的精神家園，彰顯了民族文化的獨特面貌，也爲人類社會樹立了一個"禮義之邦"的文化典範。實際上，對"禮"的認同，體現了對文化的認同，對民族的認同，對國家的認同。

　　在不同文化交流日益頻繁的今天，弘揚傳統文化，提升文化實力，强化精神歸屬，增强民族自信，已是社會各界的共識，也是刻不容緩的要務。温故籍以融新知，繼傳統而闢新夢，大型專業古籍叢書的整理與編纂，分科別脈，各有專擅，蔚然已成大觀。然而對於當今社會有重要意義的禮學文獻的整理與編纂，至今仍付之闕如。即使偶有禮學文獻被整理出版，因未形成規模而不成系統，在傳統觀念的影響下往往還被視爲經學典籍，既不能反映中華禮學幾千年的總體面貌與發展軌迹，也直接影響了在弘揚優秀傳統文化的前提下重建體現民族精神的禮儀規範。醪澄莫饗，孰慰饑渴。浙江大學古籍研究所全體同仁爲順應時代要求，發揮學科特色與優勢，在學校的大力支持下，願精心整理、編纂傳統禮學文獻,謹修《中華禮藏》。

自從歷史上分科治學以來,作爲傳統體用之學之致用部分的禮學就失去了學科的獨立性。漢代獨尊儒術,視記載禮制、禮典、禮義的《周禮》、《儀禮》、《禮記》爲儒家的經學典籍。《漢書・藝文志》著録禮學文獻十三家,隸屬於六藝,與《易》、《書》、《詩》、《樂》、《春秋》、《論語》、《孝經》相提並論。迄至清修《四庫全書》,采用經、史、子、集四分法,將禮學原典及歷代研究禮學原典的文獻悉數歸於經學,設《周禮》之屬、《儀禮》之屬、《禮記》之屬、三禮總義之屬、通禮之屬、雜禮之屬六個門類著録纂輯禮學文獻,又於史部政書類下設典禮之屬著録纂輯本屬於禮學範疇的文獻,至於記載區域、家族、個人禮儀實踐的文獻則又散見於多處。自《漢書・藝文志》至於《四庫全書》,著録纂輯浩如煙海的禮學文獻,不僅使禮學失去了學科的獨立性,而且還使禮學本身變得支離破碎。因此,編纂《中華禮藏》,既以專門之學爲標幟,除了哀輯、點校等方面的艱苦工作外,還面臨着如何在現代學術語境中界定禮學文獻範圍的難題。

《説文》云:"禮,履也,所以事神致福也。"事神以禮,即履行種種威儀以表達敬畏之義而得百順之福。禮本是先民用來提撕終極關懷的生存方式,由此衍生出了在政治生活和社會生活中表達尊讓、孝悌、仁慈、敬畏等禮義的行爲規範。《禮記・禮器》云:"禮器,是故大備。"以禮爲器而求成人至道,與儒學亞聖孟子的"禮門義路"之論頗相一致。然而踐履之禮、大備之禮的具體結構又是怎樣的呢?《禮記・樂記》云:"簠簋俎豆、制度文章,禮之器也;升降上下、周還裼襲,禮之文也。故知禮樂之情者能作,識禮樂之文者能述。作者之謂聖,述者之謂明。明聖者,述作之謂也。"根據黃侃《禮學略説》及沈文倬《略論禮典的實行和〈儀禮〉書本的撰作》的論述，所謂"禮之文"、"禮之情"又被稱爲"禮儀"和"禮意"。禮器、禮儀用以呈現和表達禮意，此即所謂"器以藏禮，禮以行義"（《左傳·成公二年》）。三者之中，禮儀和禮意的内容相對明確，而禮器的内容則比較複雜，具目則可略依《樂記》所論分爲三種：物器（簠簋俎豆之類）、名器（制度之類）和文器（文章之類）。基於這樣的理解，參考歷代分門別類著録匯輯專業文獻的經驗，可以將歷史上遺留下來的全部傳統禮學文獻析分爲如下三個部分。

第一部分是作爲源頭的禮學原典和歷代研究禮學的論著。根據文獻的性質，又可細分爲兩類。

1. 禮經類。《四庫提要》經部總序所謂"經稟聖裁，垂型萬世"，乃"天下之公理"之所，爲後世明體達用、返本開新的源頭活水。又經部禮類序云："三《禮》並立，一從古本，無可疑也。鄭康成注，賈公彦、孔穎達疏，於名物度數特詳。宋儒攻擊，僅摭其好引讖緯一失，至其訓詁則弗能逾越。……本漢唐之注疏，而佐以宋儒之義理，亦無可疑也。"《周禮》是制度之書，《儀禮》主要記載了士大夫曾經踐行過的各種典禮儀式，《禮記》主要是七十子後學闡發禮義的匯編。雖然三《禮》被列爲儒家研習的典籍之後變成了經學，然而從禮學的角度來看，於《周禮》可考名物典章制度，於《儀禮》可見儀式典禮的主要儀節及揖讓周旋、坐興起跪的威儀，於《禮記》可知儀式典禮及日常行爲的種種威儀皆有意義可尋。若再從更加廣泛的禮學角度審視先秦兩漢的文獻，七十子後學闡釋禮義的文獻匯編還有《大戴禮記》，漢代出現的禮緯也蘊藏着不見於其他文獻記載的禮學内容。因此，禮經類除三

《禮》之外還應該包括《大戴禮記》與禮緯。至於後人綜合研究禮經原典而又不便歸入任何一部經典之下的文獻,宜倣《四庫全書》設通論之屬、雜論之屬分別纂輯。

2.禮論類。此類文獻特指歷代綜合禮學原典與其他文獻,突破以禮學原典爲經學典籍的傳統觀念,自擬論題,自定體例,結合禮儀實踐、禮學原典與禮學理念等進行研究而撰作的文獻,如朱熹的《儀禮經傳通解》、任啓運的《天子肆獻祼饋食禮纂》、秦蕙田的《五禮通考》等都宜歸入禮論類。此類文獻與禮經類中綜論性質的文獻容易混淆,最大的區別就在於禮經類中綜論性質的文獻是對禮學原典的闡釋,而禮論類文獻則是對各類文獻所記禮儀實踐與理念的綜合探索,二者研究的問題、對象,特別是研究目的皆有所不同。

第二部分是基於對禮儀結構的觀察而針對某一方面進行獨立研究而撰作的文獻。根據文獻關注的焦點,又可分爲三類。

3.禮器類。根據前引《禮記·樂記》的説明,禮器包括物器、名器和文器。物器爲禮器之代表形態,自來皆無疑議。名器所涉及之制度、樂舞、數術,因逐漸發展而略具專業特點,有相對的獨立性,固當別爲門類。就制度、樂舞、數術本屬於禮儀實踐活動而言,可分別以禮法、禮樂、禮術概之。又文器亦皆因器而顯,故宜附於禮器類中。因此,凡專門涉及輿服、宮室、器物的禮學文獻,如聶崇義的《新定三禮圖》、張惠言的《冕弁冠服圖》和《冕弁冠服表》、程瑤田的《釋宮小記》、俞樾的《玉佩考》等都屬禮器類文獻。

4.禮樂類。據《禮記·樂記》所言"樂統同,禮辨異,禮樂之説,管乎人情矣",可知禮與樂本是關乎人情的兩個方面。因此,禮之所至，樂必從之。考察歷代各個階層踐行過的許多儀式典禮，若不借助於禮樂則無以行禮。《通志·樂略第一》云："禮樂相須以爲用，禮非樂不行，樂非禮不舉。"禮與樂既相將爲用，則凡涉及禮樂的文獻，皆當歸入禮樂類。然而歷史上因囿於經學爲學科正宗、樂有雅俗之分的觀念，故有將涉及禮樂的文獻一分爲二分別纂輯的方法。《四庫提要》樂類云："大抵樂之綱目具於《禮》，其歌詞具於《詩》，其鏗鏘鼓舞則傳在伶官。漢初制氏所記，蓋其遺譜，非別有一經爲聖人手定也。特以宣豫導和，感神人而通天地，厥用至大，厥義至精，故尊其教得配於經。而後代鐘律之書亦遂得著録於經部，不與藝術同科。顧自漢代以來，兼陳雅俗，豔歌側調，並隸《雲》、《韶》。於是諸史所登，雖細至箏琶，亦附於經末。循是以往，將小説稗官未嘗不記言記事，亦附之《書》與《春秋》乎？悖理傷教，於斯爲甚。今區別諸書，惟以辨律呂、明雅樂者仍列於經，其謳歌末技，弦管繁聲，均退列雜藝、詞曲兩類中。用以見大樂元音，道侔天地，非鄭聲所得而奸也。"此乃傳統文獻學之舊旨，今則據行禮時禮樂相將的事實，凡涉及禮樂的文獻不分雅俗兼而存之，一並歸於禮樂類。

　　5. 禮術類。《禮記·表記》載孔子之語云："昔三代明王，皆事天地之神明，無非卜筮之用。"卜筮之用在於"決嫌疑，定猶與"（《禮記·曲禮上》）。歷代踐行的各種儀式典禮，正式行禮之前往往都有卜筮的儀節，用於判斷時空、賓客、牲牢等的吉凶，本是整個儀式典禮的組成部分。《儀禮》於《士冠禮》、《士喪禮》、《既夕禮》、《特牲饋食禮》、《少牢饋食禮》皆記卜筮的儀節，而於其他儀式典禮如《士婚禮》等皆略而不具。沈文倬先生已指出，《儀禮》一書，互文見義，其實每一個儀式典禮都有卜筮的儀節。因儀式典禮所用數術方法有相對的獨立性,故歷代禮書多有專論。秦蕙田《五禮通考》立"觀象授時"之目,黃以周《禮書通故》設"卜筮通故"之卷。自《漢書・藝文志》數術略分數術爲六類:天文、曆譜、五行、蓍龜、雜占、形法,又於諸子略中收有與數術相關的陰陽家及兵陰陽文獻之目,至清修《四庫全書》子部術數類分爲六目:數學(三易及擬易書)、占候、相宅相墓、占卜、命書相書、陰陽五行(杙占曆數),分類著録纂輯數術文獻,各有錯綜,亦因時爲變以求其通耳。因此,就歷代各個階層踐行的儀式典禮皆有卜筮的儀節而言,凡涉及卜筮的文獻宜收入禮術類。

第三部分是基於對歷代禮儀實踐的規模、等級、性質的考察而撰作的文獻,又可以分爲如下四類。

6. 禮制類。《左傳・桓公二年》載晉大夫師服之語云:"禮以體政,政以正民,是以政成而民聽,易則生亂。"《國語・晉語四》記寧莊子之語云:"夫禮,國之紀也,……國無紀不可以終。"凡此皆説明禮在政治生活和社會生活中有重要的主導作用,故自春秋戰國之際禮崩樂壞之後,歷代皆有制禮作樂的舉措。《隋書・經籍志》云:"儀注之興,其所由來久矣。自君臣父子,六親九族,各有上下親疏之别,養生送死、弔恤賀慶則有進止威儀之數,唐虞已上分之爲三,在周因而爲五,《周官》宗伯所掌吉、凶、賓、軍、嘉,以佐王安邦國,親萬民,而太史執書以協事之類是也。是時典章皆具,可履而行。周衰,諸侯削除其籍;至秦,又焚而去之;漢興,叔孫通定朝儀,武帝時始祀汾陰后土,成帝時初定南北之郊,節文漸具;後漢又使曹襃定漢儀,是後相承,世有制作。"歷代踐行的禮,不僅僅是進止威儀之數,而是對文明制度的實踐。因此,歷代官方頒行的儀注典禮皆可稱爲禮制,是朝野實現認同的文化紐帶，涉及禮制的文獻世有撰作。漢代以後，此類文獻也往往被稱爲儀注，傳統目錄學多歸入史部。今則正本清源，一並歸入禮制類。

　　7.禮俗類。從人類學的角度來看，禮俗的産生先於禮制並成爲歷代制禮作樂的基礎。所謂“禮失而求諸野”，正説了俗先於禮、禮本於俗。實際上，歷代踐行的禮制，根基都在於風俗，長期流行於民間的風俗若得到官方認可並制度化就是禮制。因此，禮俗者，禮儀之於風俗也，特指在民間習慣上形成而具備禮儀特點的習俗，其特點是以民間生活爲基礎、以禮儀制度爲主導，在一定程度上兼具形式的自發性和内容的複雜性。早在先秦時代，荀子就曾説：“儒者在本朝則美政，在下位則美俗。”又説：“遇君則修臣下之義，遇鄉則修長幼之義，遇長則修子弟之義，遇友則修禮節辭讓之義，遇賤而少者則修告導寬容之義。無不愛也，無不敬也，無與人争也，恢然如天地之苞萬物。如是則賢者貴之，不肖者親之。”因此，自漢代應劭《風俗通義》以來，歷代有識之士往往述其所聞、條其所遇之禮俗，或筆記偶及，或著述專論，數量之多，可汗馬牛，以爲美俗、修義之資糧，故立禮俗類以集其精華，以見禮儀風俗具有强大的生命力且早已滲透到民族精神之中。此類文獻在傳統的文獻學中分佈較廣，史部的方志、譜牒，子部的儒家、農家、雜家乃至小説家，集部中的部分著作，皆有涉及禮俗的篇章，固當集腋成裘，匯編爲册，歸於禮俗類中。

　　8.家禮類。《左傳·隱公十一年》云：“禮，經國家、定社稷、序民人、利後嗣者也。”禮之於國，則爲國家禮制；禮之於家，則爲家禮。家禮一詞，最早見於先秦禮書。《周禮·春官》云：“家宗人掌家祭祀之禮，凡祭祀致福。國有大故，則令禱祠，反命，祭亦如之。掌家禮，與其衣服、宮室、車旗之禁令。"自古以來，家禮就是卿大夫以下至於庶人修身、齊家的要器，上至孝悌謹信等倫理觀念，下至婚喪嫁娶之居家禮儀，無不涵蓋於其中。家禮包括家庭内部的禮儀規範和倫理觀念：禮儀規範主要涉及冠婚喪祭等吉凶禮儀以及居家雜儀；倫理觀念則包括父慈子孝、兄友弟恭、夫義婦順等綱常。涉及家禮的文獻源於《周禮》，經《孔子家語》、《顏氏家訓》的發展，定型於司馬光的《書儀》、《家範》和朱熹的《朱子家禮》，其中《朱子家禮》成了宋代以來傳統家禮的範本。因國家禮制的"宏闊"和民間禮俗的"偏狹"，故素負修身、齊家、治國、平天下之理想的有識之士，往往博稽文獻、出入民俗而備陳家禮儀節之曲目與要義，以爲齊家之據、易俗之本。家禮類文獻中以此種撰作爲代表形態，延伸則至於鄉約、學規之類的文獻。

9.方外類。中華民族是一個多種文化相互融合的共同體，整理、編纂《中華禮藏》不能不涉及佛、道兩家有關儀軌的文獻。佛教儀軌是規範僧尼、居士日常生活與行爲之戒律清規以及用於各種節日與法事活動之科儀，雖然源於印度，與中華本土文化長期互動交融，固已成爲中華禮樂文明不可分割的一部分。佛教儀軌與儒家禮儀相互影響，在一定程度上改變、重塑了中華傳統的禮樂文明。道教是中國的本土宗教，深深根植於中國的現實社會，具有鮮明的中國特色與社會調節功能。魯迅曾指出："中國根柢全在道教。"道教儀軌有其特定的從教規範，體現了道教的思想信仰，規範着教徒的生活方式，體現了儀式典禮的特點。另外，佛教儀軌和道教儀軌保存相對完整，也是重建中華禮樂文明制度的重要參考。因此,凡涉及佛教儀軌和道教儀軌的文獻分別歸入方外佛教類和方外道教類。

綜上所述,《中華禮藏》的編纂是因類設卷,卷内酌分子目,子目内的文獻依時代順序分册纂輯(其中同書異注者則以類相從),目的是爲了充分展示中華禮儀實踐和禮學研究的全貌以及發展變化的軌迹。

編纂《中華禮藏》不僅僅是爲了完成一項學術事業,更重要的現實意義是爲了通過整理、編纂傳統禮學文獻,從中提煉出滲透了民族精神的價值觀和價值體系,爲民族國家認同提供思想資源,爲制度文明建設提供借鑒,爲構建和諧社會提供禮儀典範。

《中華禮藏》編委會

二○一六年

凡　例

一、整理工作包括題解、録文和校勘等項。

二、題解除揭示書名、卷數、内容及著者生平事迹、版本流變等情況外，亦須交代已有的重要校勘研究成果，其具有創見性的校勘意見則别於校記中加以采納。

三、底本原文中明確的錯誤（訛奪衍乙）一般皆直接改正，並用校記加以説明。其不影響文意表達的兩可之異文，則酌情忽略不校。至於文意不通或懷疑有誤之處，則適當以校記形式提出疑問或給出可能的詮釋理路。

四、録文一依底本，個别生僻的異體字、俗體字等改作通行字，然不甚生僻而爲古籍通用者，保留底本文字原樣。鑒於俗寫"扌"旁與"木"旁、"巾"旁與"忄"旁、"衤"旁與"礻"旁以及"己"與"已""巳"、"瓜"與"爪"、"曰"與"日"之類相混無别，一般皆徑據文意録定，其不影響文意的則不别爲出校説明。

五、避諱字一律改爲通行繁體字，但須在題解或首見條下説明。

六、底本所用省代符等一律改爲相應的本字。

七、底本缺字用"□"號表示，缺幾字用幾個"□"號，不能確定者用長條形符號（長度爲三個空格字，其中原文一行的上部或前部殘缺用"[＿＿＿]"，中部殘缺用"[＿＿＿]"，下部或後部殘缺用"[＿＿＿]"）表示。模糊不清無法録出者用"⊘"號表示，有幾個字不清楚就用幾個"⊘"號。

八、文本的段落格式一依今日之文意理解重行設計,不必盡依原書之舊貌。

九、底本圖片如果可以重繪者,則自行改繪,以便觀覽。

總目録

1

漢簡本儀禮

張焕君　點校

最後，則是在版本學、校勘學和古文字學上的貢獻。唐石刻十二經中，《儀禮》訛脫最多，熹平石經存字過少，可用作校勘的也不多。簡本是西漢經師所用的寫本，最爲近古，用之校勘，足以糾正訛脫（參王鍔《武威漢簡本〈儀禮〉與十三經本〈儀禮〉比較研究》，《社科縱橫》1993 年第 4 期）。西漢字書，限於日常用字，而且當時寫本之出現者，也只有《倉頡篇》、《急就篇》，而漢簡乃墨書的六藝文字，足見當時經典用字及時儒字體的區别，是研究漢世通用今隸的絶好材料。

此次整理，以甘肅省博物館和中科院考古所整理、文物出版社出版的《武威漢簡》爲底本，釋文部分依今本順序連綴全篇文字，文字依據陳氏隸定，一律改寫爲通行文字。其文字結構與今不同者，依其偏旁結構，加以隸定。少數不能用今字偏旁隸定的，依原字摹録。釋文中標點符號及分段參考標點本《儀禮注疏》（北京大學出版社出版，彭林點校），簡本溢出今本之文，編者則以義斷之。凡缺失之字，依今本補入，上下加方括弧［　］；凡簡存而文字漫漶磨滅不能辨認或摹本上未能臨摹出的，亦依今本或簡的上下文補足，上下加圓括弧（　）；凡簡文遺寫之字，加方框□。凡字殘存一部分而仍可認出的，當作完整字加以釋寫。簡本中的記號分爲兩大類：一類蓋書寫者於抄録經文時所同時並録，表明篇、章、句所在者，如"□"、"●"、"●"、"•"、"▲"、"○"、"="等；一類蓋誦習者所作鉤識，如"∟"、"、"等，爲便於閲讀，一概省略。

本書以沈文倬、王關仕、劉文獻等學者的相關論著爲校本，現將相關論著及在本書中的簡稱臚列於下，以供研究參考之用。

陳夢家：《武威漢簡》"校記"，文物出版社，1964 年。簡稱：陳校。

陳邦懷：《讀〈武威漢簡〉》，《考古》1965 年第 11 期。簡稱：陳邦懷。

劉文獻：《武威漢簡儀禮校補》，臺北"東亞學術研究計畫委員會"1965 年 9 月。簡稱：劉文獻。

王關仕：《儀禮漢簡本考證》，臺灣省立師範大學國文研究所集刊第 11 號（上册）1967 年 6 月。簡稱：王關仕。

沈文倬:《漢簡〈服傳〉考》,《文史》1985 年第 24、25 輯;《〈禮〉漢簡異文釋》,《文史》1990、1992 年第 33—36 輯。簡稱:沈。

李解民:《〈武威漢簡〉丙本〈喪服〉簡的綴合》,《文史》1990 年第 34 輯。簡稱:李解民。

李中生:《讀武威漢簡本〈儀禮〉劄記四則》,《暨南學報》1991 年第 4 期;《儀禮簡本劄記三則》,《文史》1998 年第 45 輯。[①] 簡稱:李中生。

顧濤:《武威漢簡〈儀禮〉陳夢家釋文訂誤》,《中國經學論集》,陝西人民出版社 2009 年 10 月。簡稱:《訂誤》。

陳榮傑:《〈武威漢簡儀禮〉釋文校勘九則》,《考古》2009 年第 4 期。簡稱:陳榮傑。

---

① 二文文字略有出入,匯録之際略作參比合取,故不另示出處。

目　録

士相見禮(甲本)①

　　士相見之禮。墊②，冬用雉，夏用腒③。左椯奉之④，曰："某
也願見，無由達。某子以命命某見。"主人對曰："某子以命命某
見⑤，吾子又辱⑥。請吾子之就家⑦，某將走見。"賓對曰："[某]不

---

　　① 《士相見之禮》第三，共16簡，完整無缺簡。第1、2簡之背題"士相見之禮"、
"第三"，乃是篇題、篇次。簡本與今本經文，雖小有出入，今本多出二句，然大致相同。
行率60字，有作59字、61字者。全篇存字939字(不計篇題及頁數)，殘缺14字，應有
953字。賈疏云："經七百五十三"，七當是九之誤，九百五十三字，與此相同。第16簡
末記"凡千二十字"，較簡字多出67字，約一簡之數，則此本所本之本，或多一簡。

　　② "墊"字今本作"摯"。陳夢家校："此簡第一墊字與第9簡第一墊字，其所從之
土皆後加，墨色淡。"沈文倬云："第2簡'聞君子稱執'作'執'，當是從'土'爲後加而此
字遺漏，可見所據鈔之本原作'執'。《史記·五帝本紀》'二生一死爲摯'，《集解》引馬
融云：'摯：二生，羔、鴈，卿大夫所執；一死，雉，士所執。'《正義》云：'摯，執也。'以聲類
爲訓。作'執'爲聲同通假，'摯'爲加形旁後製正字，而'墊'乃書手抄寫譌字。"

　　③ "居"字今本作"腒"。沈云："簡本作'居'爲聲同通假，'腒'亦後製正字。"

　　④ "椯"字今本作"頭"。沈云：下第9簡下大夫相見節作"左短"。二文鄭注並云
"今文頭作胆"，《士虞記》"取諸胆腦"，鄭注"古文胆腦爲頭腦也"，是簡本用今文作
"胆"，惟一誤"木"旁，一誤"矢"旁。此奉雉之法，左項亦通，其義未必古文長于今文也。

　　⑤ "命某見"之上今本無"以命"二字。沈云："凡相見必先有求見者，求見者爲
賓，被求見者爲主人。求見必有介紹通意，介紹者將主人願與交往之意告于賓，賓始
往見。到門之辭稱'某子'，指介紹者，稱'以命'，指主人願與交往之命，故賓辭必有
'以命'二字，此文爲主人答賓到門之辭。今本作'某子命某見'，某子指介紹者，命爲
介紹者之命，欲申述謙抑之意，故表示先往見賓，下云'吾子有辱，請吾子之就家也，某
將走見'。即是不敢出見，請賓回家，己將往見。依簡本則'以命'指何人之命，無所係
屬，實難通釋。簡本顯係涉上句而誤衍二字，蓋書手不明賓主人對答之辭之應有異
也。"

　　⑥ "又"字今本作"有"。沈云：又、有古同聲通假，群書又用"又"爲"有"，亦有用
"有"爲"又"。簡本此篇"有"字均作"又"。簡本《特牲》、《少牢》、《有司》均用"有"爲
"又"。

　　⑦ "家"下今本有"也"字。沈云："簡本九篇中也、故、者、而、其、亦、于等虛字，與
今本互見有無，殊不一致，兩相比較，簡本傾向于少用虛字。"

足以辱命,請終賜見①。"主人對曰:"某非敢爲儀②,請吾子之就家,某將走見。"賓對曰:"某非敢爲儀,固以請。"主人對曰:"某固辤③,不得命,將走見。聞吾子稱執,敢辤摯④。"賓對曰:"某不以摯不敢見。"主人對曰:"某不足以習禮,敢固辤。"賓對曰:"某不依於摯不敢見⑤,敢固以請⑥。"主人對曰:"某固辤,不得命,敢不

①　"請"字今本作"固請"。沈云:上文主人已請賓就家,賓辭,再請其就家,故曰"固請",鄭注:"固,如故也",與下文賓云"固以請"相呼應,當有"固"字。簡本與今本爲近,蓋誤脱"固"字耳。

②　"非"字今本作"不"。沈云:"此篇問對之辭簡本作'非敢'者六,作'不敢'者五,今本作'非敢'者二,作'不敢'者十。鄭注云'今文"不"爲"非"'者二,簡本與今本均今古文錯雜並用。雖虛字誤于書手者多,未可信其悉符原本。要之,二本均非純粹之今文或古文本,爲無可疑也。"

③　"某"字今本作"某也"。沈云:"'某'爲賓主之名,名下'也'字爲語助詞,胡培翬所謂'取其配足足句,非有它義'。徵之《論語》'回也'、'賜也',應以有'也'字爲長。"

④　"辭"字簡本皆作"辤","執"、"摯",今本皆作"摯"。沈云:"簡本'辤讓'字作'辤',用其本字,'辭説'字亦作'辤',則又假'辤'爲'辭'。"王關仕云:"《左傳》哀公六年'五辭而後許',《釋文》'辭',本又作辤',段氏《説文注》'辤'下注曰:《世説新語》蔡邕《曹娥碑》:黄絹幼婦,外孫齏臼。所以受辛,辤字也',按此字正當作'辭',可證漢人辭、辤不别耳。"

⑤　"某"字今本作"某也"。

⑥　"固以請"上今本無"敢"字。沈云:"主人辤摯,初辤曰'敢辤摯',再辤曰'敢固辤',故賓對以'敢固以請'。以上下文比勘,簡本爲長。《特牲》宿尸節'占曰吉敢宿',鄭注'今文無敢',簡本或用古文。"

從^①!"出迎,再拜^②。賓合拜^③。主人揖,入門右。賓奉摯,入門左。主人拜受^④。賓拜送摯,出。主人請見,賓反見,退。主人送^⑤,再拜。

復見之^⑥,以某摯^⑦,曰:"鄉者吾子辱^⑧,使某見。請還摯於

---

① "從"上今本有"敬"字。王關仕云:"今本'敢不敬從'疑是。下'敢不從'二見,甲本亦並無'敬'字。"

② "出迎再拜"今本作"出迎于門外再拜"。沈云:"出迎既有門內門外(大門內即寢門外,此門係指大門)之別,當無籠統言之之理。士相見賓主人尊卑相敵,當出大門相迎。又下云'主人揖,入門右;賓奉摯,入門左',主人出大門迎,始有主人入門右、賓入門左之儀。凡此均證簡本誤脱。"

③ "賓合拜"今本作"賓荅再拜"。沈云:簡本此篇惟第9簡一見"荅"字,餘均作"合"。《有司》第49簡以前作"荅",第50簡後作"合",第74簡後又作"荅"。《燕禮》惟記中一見"荅"字,餘均作"合"。臨沂銀雀山漢墓出土《孫臏兵法》"荅"字亦作"合"。"合"、"荅"聲同假借,簡本錯雜並用。又云:士相見賓主人尊卑相敵,主人出迎再拜,賓荅亦再拜。尊卑不敵,始有尊者一拜。簡本誤脱"再"字。

④ "主人拜"、"賓拜"之"拜",今本俱作"再拜"。沈云:"賓主人尊卑相敵,拜應相當,簡本于出迎,主人再拜而賓祇一拜,上已斷爲誤脱'再'字,此文奉摯與下文還摯,賓、主人俱一拜,亦相敵之義。迎送皆再拜,摯之奉、還皆一拜,于不同儀注見禮意之隆殺,簡本爲長。"

⑤ "主人送"下今本有"于門外"三字。沈云:"送亦有門內門外之別,自亦不應籠統言之。士相見尊卑相敵,當送于大門外。又下還摯節有'主人(即原來之賓)送于門外'之文,簡本與今本同,可見迎送均在大門外,凡此均證簡本誤脱。"

⑥ "復見之"上今本有"主人"二字。沈云:"此儀稱'還摯',即主人受賓之摯後即到賓之門還其摯而復見之。事既更端,文亦重起,非承上文而來,則'復見之'上無'主人'二字,既無主詞,又不明'之'字何所指,實不可通。及至主人(被求見者)到賓(求見者)之門後,賓主互易,稱主人即原來之賓,稱賓即原來之主。簡本抄寫者不識下文稱'主人對曰'即原來之賓,以爲與'主人復見之'必有一誤,遂誤删'主人'二字。"

⑦ 陳校:"其摯,今本作其摯。"劉文獻云:"'其',漢簡釋文作'某',校記作'其',摹本亦作'其',而圖版不易辨認。案'其'與'某',簡本易混。"沈云:"今本'以某'作'以其'。此還賓之摯,故云'以其摯'。此篇'某'字均代賓主人或介紹者之名,此文毋須用名。細審圖版,簡本'某'字寫作柬、枈、枈,中豎略短即成'其'字,故多'其'、'某'互誤。但此文'枈',摹本不誤,乃陳氏釋文誤定爲'某'。"

⑧ "鄉"字今本作"嚮"。陳校:"此字削改。"沈云:經傳多假"鄉"爲"嚮",嚮、鄉聲同通假,嚮爲後製正字。

將命者。"主人對曰："某既得見矣①,敢辭。"對曰②："某非敢求見③,請還摯於將命者。"主人對曰："某既得見矣,敢固辭。"賓對曰："某非敢以聞④,固以請於將命者。"主人對曰："某固辭⑤,不得命,敢不從。"賓奉摯入,主人拜受。賓拜送摯⑥,出。主人送于門外,再拜。

　　士見於大夫,終辭其摯。於其入也,壹拜其辱也⑦。賓退⑧,再拜。

————

①　"某"字今本作"某也"。

②　"對曰"上今本有"賓"字。沈云："士相見賓主人對語,通篇俱明言賓或主人。此賓即原來之主人,簡本抄寫者不明賓主互易之故,遂删'賓'字,誤與上同。"

③　"某"字今本作"某也"。

④　"非"字今本作"不"。

⑤　"某"字今本作"某也"。

⑥　"拜受"、"拜送"之"拜",今本皆作"再拜"。

⑦　"壹拜"今本作"一拜"。沈云："古文作'一',今文作'壹'。今本'壹'、'一'錯雜並用,當屬傳寫之誤。簡本作'壹'用今文。"

⑧　"賓退"今本作"賓退送"。沈云："此記士見大夫與士相見之不同儀注,而不同處俱在大夫而不在士。此句無'送'字,則再拜者爲賓。凡主人送賓,無論尊卑,皆主人拜而賓不顧,無賓答拜之儀。上云'於其入也,壹拜其辱也',是士再拜大夫一拜。賓退而大夫送亦再拜者,因大夫辭摯不受,即不再還摯往見,故于其退時,當减一等而不减,以見加隆之意。簡本誤脱'送'字。"

如當爲臣者①,則禮辟其摯。賓入②,鄭摯③,再拜。主人合壹拜。賓出,使擯者還其摯於門外④,曰:“某也使某還摯。”賓對曰:“某既得見矣⑤,敢辭賓。”擯者曰⑥:“某使某⑦,非敢爲儀⑧,固以請⑨。”賓對曰:“某夫子之賤私也⑩,不足以踐禮,敢固辭。”擯者

---

① “如當”今本作“若嘗”。陳校:“凡今本‘若’字,簡皆作‘如’。”沈云:《有司》辯獻衆賓節“若是以辯”鄭注:“今文若爲如。”則簡本用今文。又此篇“若君賜之爵”鄭注:“今文若賜之爵,無君也。”鄭此注祇言今文無“君”字,而於“若”字或乃偶然失照,或乃厥後傳寫之誤。今據簡本,始知今文作“如”不作“若”也。又《特牲》第43簡嗣子長兄弟籑節“祝命當食”,今本亦作“嘗”。以摯相見爲客禮,有臣屬關係者即不應以摯相見。“嘗爲臣者”,即往昔曾隸屬爲臣而今也無此關係,雖得以摯相見,但應減常禮一等。作“當爲臣者”、“當食”均不成文義,實不可通。王關仕云:“簡本作‘當’,音近形似而誤,字本作‘嘗’,下文‘遍嘗膳’,則同作‘嘗’。”

② “賓入”上今本有“曰某也辭不得命不敢固辭”。沈云:“此亦記士見大夫與士相見之不同儀注。士求見于大夫一辟而許,其辭上文未見,辟、辭又不同,不應省略,此十一字顯係誤脱。”

③ “鄭”字今本作“奠”。陳校:“今本奠字,甲本皆作鄭,甲本《有司》篇或作墺。”沈云:“簡本此篇與《喪服》、《特牲》、《少牢》、《燕禮》、《泰射》俱作‘鄭’,《有司》有作‘鄭’,有作‘墺’。案‘鄭’、‘墺’俱爲‘奠’之加形旁字。卜辭彝銘地名之‘鄭’俱作‘奠’或‘酉’,不從‘邑’,而‘奠’之作‘鄭’,猶‘豐’之作‘鄷’,‘會’之作‘鄶’,‘成’之作‘郕’,俱以假作邑名而後加形旁耳。‘墺’字字書不見,加土旁與邑旁義亦相近,但奠置、奠定字當作‘奠’,簡本實爲誤加形旁。”

④ “於”字今本作“于”。沈云:二字互訓通用。簡本、今本俱“于”、“於”錯雜並用,且多互異。

⑤ “某”字今本作“某也”。

⑥ “賓擯者曰”今本作“擯者對曰”。沈云:“此節大夫使擯者至門外還摯,上下均爲擯者與賓對語。大夫有擯者,擯爲士,士無擯者。簡本顯係誤衍。”

⑦ “某使某”今本作“某也命某某”。沈云:此擯者答賓之辭。還摯之事乃擯者代大夫爲之,初辭曰“某也使某還摯”,三辭曰“某也使某,不敢爲儀也”,上“某”爲大夫名,下“某”爲擯者名,均擯者自爲之辭,事本易明。祇因再辭今本“非”上有“某”字,遂有以此“某”字爲擯者述大夫之名,而不得不改“使”爲“命”,致啓後人之訟。簡本再辭與三辭無異,前後一貫,聚訟立解,然後知今本之誤,蓋初衍“某”字,繼又臆改耳。

⑧ “儀”下今本有“也”字。劉文獻云:“今本作‘某非敢爲儀也’,簡本無‘某’(漢簡校記漏校)。又儀,簡本同,他簡多作‘義’。”

⑨ “固”字今本作“敢”。王關仕云:“當從今本,因前無‘請’之文,此不當用‘固’。”

⑩ “某”字今本作“某也”。

對曰:“某使某,非敢爲儀①。固以請。”賓對曰:“某固辭,不得命,敢不從!”再拜受。

　　下大夫相見,以鴈,飭之以布②,維之以索,如執雉。上大夫相見,以羔③,[飭之以]布,四維之,結于面,左短④,麛執之⑤。如士相見之禮。

　　見于君⑥,執摯,至下,容送俟⑦。庶人見于君⑧,不爲容,進退走。士大夫則奠摯,再拜稽首,苔壹拜⑨。

————————

　　①　“某使某”今本作“某也使某”,“儀”字下今本有“也”字。王關仕云:“按‘不(甲本作非)敢爲儀’上,今本、甲本不重‘某’,並誤脱。”

　　②　“飭”字今本作“飾”。沈云:群書“飭”、“飾”二字通,此文簡本亦假“飭”爲“飾”也。王關仕云:“飾”,當從今本作“飾”。“布”,甲本作“帟”,是也。從巾父聲,與《説文》合。段注:“隸變作布,漢碑布、帟並見。

　　③　“羔”字今本作“羔”。沈云:此記上大夫相見所用之摯及執之之法。《春秋繁露》、《説苑》、《白虎通》均謂卿(即士大夫)之摯以羔,與今本同。群書“羔”與“皋”通用,別體又作“睪”,“皋”與“羔”通,然則“羔”實“皋”之形譌也。王關仕云:“羔,古勞切,聲別義隔,作‘羔’殆‘皋’之訛,‘皋’與‘羔’音同,可假借。”《訂誤》云:“皋、羔本由一字分化所致,其分化的時代即在漢代,在漢代兩字形體上多相混,故劉釗即將此字直接隸定作‘皋’。”

　　④　“短”字今本作“頭”。陳校:“第1簡作桓,此簡作短,皆脛字。”

　　⑤　“麛”字今本作如“麝”。沈云:麝、麛均爲幼鹿,“麛”爲“麝”之形譌。許慎以麛爲賈省聲,與麝聲亦近,簡本“麛”當作“麝”也。又“麝”上無“如”字,不成文義。上記“下大夫相見摯用雁”,云“如執雉”,簡本有“如”字,則此爲誤脱無疑。

　　⑥　“見于君”上今本有“始”字。沈云:“此爲新臣,初次見君,于其來也,臣屬關係猶未樹立,故允其稱摯,以後則不以摯見。此‘始見’之義也。無‘始’字義不顯豁,簡本誤脱。”

　　⑦　“送俟”今本作“彌蹙”。沈云:“送當爲‘迷’之形訛,‘迷’與‘彌’聲近通假。又‘蹙’當作‘踧’,《説文·足部》:‘踧,行平易也。’行容平易以示敬。‘踧’與‘俟’聲同假借。

　　⑧　“于”字今本作“於”。

　　⑨　“苔壹拜”上今本有“君”字。陳校:“‘苔壹拜’三字削改,‘苔’字與以前‘合’字,均‘答’字。”沈云:“臣見君再拜稽首,凡禮皆然,而君之相苔,則各有不同。此文欲明君之拜法,不應無‘君’字。今本爲長。”

如也國之人①，則使擯者還其摯②。賓對曰："君不有其外臣，臣不敢辭。"再拜稽首，受。

凡燕見於君③，必辯君之南面。如不得，則正方，不疑君。君在堂，升見無方階，辨君所在④。

凡言，非對也，稱而復傳言⑤。與君言，言使臣。與大人言，言事君。與老者言，言使弟子。與幼者言，言孝弟於父兄。與衆

① "如也國"今本作"若他邦"。沈云：簡本"他"字皆作"也"，本作"它"，俗誤爲"也"。《說文》邦、國互訓。簡本避劉邦諱俱作"國"。高堂生漢初今文當避邦爲國，此亦用今文。王關仕云："簡本凡'好似'意多用'如'，'假若'意則多用'若'，'或'意則作'若'。'他'作'也'，皆'它'之隸變。"

② "摯"下今本多"曰寡君使某還摯"一句。沈云：此他國之人見于君，使擯者還摯之辭。其辭已見士見于大夫節。兩節相異之處：彼節擯者與賓對語，應録全辭；此節他國之人不辭而受還摯，祇須録賓之對辭爲已足，不必複述前語。此重出之文，得簡本而可證今本爲後人所臆加。

③ "於"字今本作"于"。

④ "辨"字今文作"辯"。沈云：上"必辯君之南面"，簡本作"辯"，與今本同。簡本每多正假並用不別也。王關仕云：熹平石經《大射》作"徧"。簡本此作"辨"爲正字，然《泰射》"若是以辯"則爲"徧"之假借。

⑤ "稱"字今本作"妥"，"復"字今本作"後"。沈云："與尊者言事，對尊者之問必隨問隨答，不待坐定；已所陳説，必安坐而後出言。依簡本，稱，舉也。復，又也。待尊者舉其事爲問而重又出言，則與'非對也'相矛盾。簡本經師所改實誤。"王關仕云："《廣韻》妥，切他果，透紐；稱，切處陵，穿紐，古聲同形近，義亦得通，然作妥勝。殆本作綏，削改爲稱。"

言，言忠信（慈諹①）。與居官者言②，言忠信。凡與大人言，始視面，中視袍③，卒視面，無改。終皆如是④。如父⑤，則游目⑥，無上於面，無下於帶⑦。立則視足⑧，坐則視膝。

① “慈諹”，今本作“慈祥”。陳校：“此二字上下有圓括弧，是讀者所作刪去號。今本‘與衆言言忠信慈祥’，忠信與慈祥相重，故此讀者欲刪去之，而《大戴記》注引此句無忠信二字。可見不同家法，或刪忠信，或刪慈祥，俱嫌其重。”王關仕云：“諸家皆因《大戴記》注而以‘忠信’二字衍，然《曾子立孝》注引‘與幼者言言父兄’、‘與蒞官者言’，與今本亦有出入。唐石經‘孝□父兄’亦因《大戴記》注而缺‘弟於’二字，豈可據刪？今簡本出而欲舍‘慈祥’歟？此蓋當時所據本已然。”沈云：《集韻》十陽：“諹，譽也，歡也。”此別一義。此殆假“昜（即陽字）”爲“祥”而誤加形旁。陳氏“家法”説非。“忠信”與“慈祥”義不重複，而刪“慈祥”則“衆”與“居官者”無別，《禮經》無此文例，有何“不同家法”之足云！

② 陳校：“簡文‘與’作‘㒷’、‘與’；‘舉’作‘擧’、‘舉’，‘興’作‘𦦗’、‘舉’或‘興’。”沈云：“簡本與、舉、興等字多係漢隸別寫。”劉文獻云：“與，簡本或作興，如‘與老者言’句。”

③ “袍”字今本作“抱”。沈云：《説文》列“袍”、“褒”二篆，“袍，繭也”，即衣有表有裏而充之以絲綿或麻絮者。“褒，襃也”，即懷抱字。“中視袍”，正是“襃襃”之“襃”而非訓繭之“袍”，“襃”、“抱”古今字，古有作“襃”而隸定爲“袍”耳。此即簡本保存古今字之一也。

④ “無改終”今本作“毋改衆”。沈云：“‘衆’爲正字，‘終’爲假借字。”

⑤ 王關仕云：“甲本‘父’作‘久’，疑爲‘父’之形誤，或經師家法之異，然鄭所見今文作‘甫’，則今本作‘父’，有音爲憑也。”

⑥ “游”字今本作“遊”。

⑦ 兩“無”（無上、無下）字，今本皆作“毋”。沈云：“簡本、今本俱今古文錯雜並用，祇互見歧異耳。《説文·毋部》‘毋’字段注云：‘古通用“無”，漢人多用“毋”，故《小戴禮記》、今文《尚書》皆用“毋”，《史記》則竟用“毋”爲有無字。’是‘毋’爲正字，‘無’爲假借字。”

⑧ “帶”、“立”之間今本有“若不言”。沈云：“此一節爲與大人或父言訖，視其足或膝以知其將起也。如無‘若不言’三字，則此二者專屬于父，不第使上下文失去照應，且不能明其義也。簡本抄寫誤脱。”

凡侍坐於君子，君子吹申①，問日之蚤晏②，以食具告。改居，請退可也③。夜侍坐，問夜，膳儀④，請退可也。

如君賜之食，則君祭先飯，呫嘗膳⑤，飲而俟。君命之食，然後食授⑥。如有將食者，則俟君之食，然後食。

如賜之爵⑦，則下席，再拜稽首，受⑧，升席祭，卒爵而俟，君卒爵，而後授虛爵⑨。退，坐取屨，隱辟而後屨⑩。君爲之興，則曰："君無爲興，臣不敢辭。"君如降送之，則不敢顧辭，遂出。大夫則

---

①　"吹申"今本作"欠伸"。沈云："'欠'與'吹'聲、義俱不可通，簡本作'吹'，殆如他文'奠'之作'鄭'，'反'之作'販'，俱屬誤加形旁耳。"又云："簡本與今本同用今文作'申'，作'伸'乃俗寫耳。《服傳》甲本第12簡齊衰期章'不敢信其私尊也'，作'信'用古文。"王關仕云："《廣雅・釋詁》：'伸，展也。'又申，展也。'則簡本申爲伸之省或假借。"

②　"蚤"字今本作"早"。"日"、"晏"二字，漢簡《釋文》誤作"曰"、"宴"。今從王關仕、劉文獻說徑改。

③　"請退"上今本有"則"字。

④　"儀"字今本作"葷"。沈云："'膳儀'不成文義，書手抄誤，特不知簡本用今抑用古耳。"

⑤　"呫"字今本作"徧"。沈云："'呫嘗'連文，決爲有誤，但簡本已作'呫嘗膳'，則其誤蓋在漢初。"

⑥　"授"字今本無。沈云："此節前段，君臣均無將食者；後段，君有將食者而臣無將食者。將食者即佐食者，惟尊者有之。就食時，將食者每取食必先嘗以示無它，然後授與尊者，尊者食將食者之所授，名曰'食授'。'食授'爲禮儀之專詞，尊者有將食者始有'食授'之儀。此節前段君無膳宰佐食，于君取酒食祭始爲飲食之神時，臣即取諸食先嘗，像爲君佐食嘗膳。君既無將食者，臣自不當有；無將食者自無授食之儀，又何來'食授'？後段君有將食者，即膳宰佐食，不必爲君嘗膳。但臣仍無將食者，君有'食授'之儀而臣仍無之。前後兩段'然後食'句均屬臣食，君前臣卑，均無將食者而無'食授'之儀。簡本'食'下'授'字，實爲誤衍無疑。"

⑦　"如賜之爵"，今本作"若君賜之爵"。

⑧　"受"字今本作"受爵"。陳邦懷云："簡文無'爵'字，是。今舉例以明之，本簡云：'如賜之爵，即下席再拜稽首受。'其詞例與《特牲》'主人執左角，再拜稽首受'相同，故知簡文無'爵'字是對的。"王關仕云："'爵'字蓋蒙上文'如賜之爵'之'爵'而刪省。"

⑨　"而後"今本作"然後"。王關仕云："'然'與'而'同爲日紐字，通用。"

⑩　"後屨"今本作"后屨"。沈云："古文當作'屨'字，漢隸通行字作'履'也。簡本作'屨'者，蓋原以聲同假'婁'爲'屨'，後加'尸'旁作'屨'，漢人不識尸旁，抄寫脫彳。"王關仕云："屨，簡本作屨，蓋隸省，《隸辨》'石經魯詩殘碑葛屨'同今字。簡本後、后並見。"

辟，下①，比及門，三辟。

如先生、與爵者請見之②，則辟③。不得命，則曰："某無以見，辟不得命，將走見。"先見之。

非以君命使，則不稱寡④。大夫則曰⑤："寡君之恭⑥。"凡執

---

① "辟下"今本作"辭退下"。沈云：此節記臣侍坐於君而退去之儀，而士與大夫其儀不同。士祇有退而君爲興一辟，君若降堂而送，則不敢再辟，不顧而去，蓋士卑不敢與君爲禮。大夫尊於士，應有相異，得與君三辟爲禮：退者，大夫告退而君爲之興，一辟；下者，鄭注云"下亦降也"，降堂而君從降，再辟；將出門，三辟。君送不出門，三辟至於門。無"退"字，祇有"降堂"、"及門"二辟，足證簡本誤脫。細審圖版，"則"下有削改痕，空一格，似寫時"退"與"辭"誤倒，削去而未補寫者。王關仕云："'退'字當有，蓋誤書後刪，簡本每篇每簡率六十字，編處留空，二編段之爲三，段得二十字；此段十九字，於'則'、'辭'之間空一字位，且有刪削之跡。"

② "與"字今本作"異"。沈云：此節記致仕大夫求見于士之儀。據簡本則求見于士爲先生與爵者二者。泛稱爵者，士亦爵名，與以尊降卑之義不合。鄭注："先生，致仕者也。異爵，謂卿大夫也。"致仕卿大夫來見，尊於士，故其儀有不同也。簡本作"興"，蓋爲"異"之形誤。

③ "則辟"下今本重"辭"字。沈云："今本重'辟'字，屬下讀。大夫爵尊，來見當辟，辟而未得許可，應告以當往彼求見而先出拜見之，例無固辟之儀也。然則'則辟'爲禮之常；一辟而'不得命'則先見之爲禮之變。'不得命'句上文屢見，今本此文涉下辭辟'辟不得命'句而誤衍。"

④ "寫"字今本作"寡"。陳校："寫大夫即寡大夫，《燕禮》第45簡'寡君'亦作'寫君'。"沈云："簡本'寡'字作'寓'，又有作'鳳'。陳氏《釋文》、《校記》不當逕定爲"寫"，且當在"寡"字逗，不應與'大夫'連文。"

⑤ "大夫"下今本有"士"字。沈云：此節注家均依《玉藻》立解，乃使臣之擯者對主國稱其使臣之稱謂。此禮主于士，上句指士爲擯者，非以君命出使；下句連類而及大夫爲擯者，今本作"大夫士"，與上句矛盾，無法通釋。得簡本而知本無"士"字，則此大夫爲擯者，使臣當爲卿，仍稱寡君之老。今本誤衍"士"字。

⑥ "恭"字今本作"老"。沈云："老即室老，作'恭'義不可通。細審圖版，第11簡'老者'作𡥀，《服傳》第8簡'室老'作'老'，此作恭，仍屬'老'字寫誤，不當遽定爲'恭'，陳氏《釋文》、《校記》均誤。"

敝執敝者①，不[趨，容彌蹙以爲儀。執玉者，]唯②邦戒③，舉前肆踵④。凡自稱於君，士大夫曰"下臣"⑤。詫者在國⑥，則曰"市井之臣"；在野，則曰"草茅之臣"；庶人則曰"刺草之臣"⑦。也國之人則曰"外臣"。

① "凡執敝執敝者"，今本作"凡執幣者"。沈云：《説文・尚部》："敝，帗也。一曰敗衣。"《巾部》："幣，帛也。"二字義別。古多用"幣"爲"敝"，簡本作"敝"爲聲同通假，今本作"幣"爲後製正字。又云："此文云'凡執敝'乃總冒六幣，下分兩段：一爲皮、帛等，稱執幣者，二爲圭、璋等，稱執玉者。今本不重'執幣'，二執之相對意義不顯，而'凡'字亦無着落，得簡本而義始顯豁。今本誤脱。"

② 陳校："'唯'上今本有'則'字。'使'上及'執敝'以下皆全體削改，木色如新，與未削者判然有別。簡末'唯'字前缺失十字，今本作'趨容彌蹙以爲儀執玉者'，鄭注'今文無容'，'今文無者'，簡本應無'容'字。"沈云："案第15簡簡尾爛缺若干字，'唯'字半泐，無法斷其必無'則'字。鄭注'今文無者'，亦不知簡本有無'者'字。"劉文獻云："依圖版及摹本，'唯'字上半已告缺失，如何得知簡本無'則'字？若圖版及摹本所存者乃簡本發現時原貌，則校記此'十'字當改爲'十一'。"

③ 陳校："首二字，今本作舒武。第一字經削改，第二字以它簡校之乃'戒'字也。"沈云：今本"邦"作"舒"，舒有作"郶"者，又漢印舒有作"𨜚"。據此證"邦"實"郶"、"𨜚"之形譌。又云：今本"戒"作"武"，陳校以爲"戒"字，但作"戒"字屬上屬下均不可通，此字簡本雖與《燕禮》、《泰射》之"戒"字同作，仍當爲"武"之形譌，不應遽定爲"戒"。

④ "肆"字今本作"曳"。沈云："肆、世聲同通用，而此當作'世'。柚或拽之作世，猶胭之作居、幣之作敝也。簡本實用古文。"

⑤ "士大夫"下今本有"則"字。

⑥ "詫"字今本作"宅"。沈云：宅、託俱是今文，簡本"詫"爲"託"之涉"宅"字而誤加"宀"旁，實用今文或本。

⑦ 陳校："刺，簡寫作剌，同于敦煌、居延漢簡。"

服　傳(甲本)①

斬衰常②,苴絰、杖、絞帶,冠繩纓,菅屨者③:斬者不緝也④。

---

①　木簡《服傳》第八,共60簡,除缺失第5、9、34等三簡外,見存57簡,除第1、4、18等簡缺失共31字外,餘皆完整無殘,葉數亦全。與今本校之,傳文大略相同而經、記大有删削。今本"傳曰"凡九十見,此本所無。傳文所系屬於經之地位,亦有異於今本者。凡其所删所無,均同於乙本,然此本誤脱字則較多於乙本。篇末不記字數,異於他篇而同於乙本。此篇所缺三簡,見存於乙本,可參校之。此篇因分章另簡起,故每一新章之前往往不足行,其足行者率60字爲一簡,亦有61、59字者。此篇存字3143字,殘缺195字,則完篇應有3338字,與乙本應有字數3348字相近。賈疏所記4428字,此本少1090字。此篇章句最爲鮮明。句號一律作中圓點,在簡中出現(第25簡句首適爲簡首,省去句號)。章號一律在簡首,較大於中圓點,其形式有三:(一)近乎方形者,第1、53簡;(二)作圓圈者,第31簡;(三)近乎橢方形者,第12、15、37、40、48、49、50等簡,釋文中皆作大圓點。凡此章號皆與簡中之句號有所區分也。

②　"常"字今本作"裳"。陳校:"今本此篇開首有'喪服'二字,如他篇之以篇名冠於經前者,丙本同,而此篇與乙本均無之。阮元《校勘記》云:'瞿中溶云:石本原刻作"喪服經傳第十一",後磨改。'"沈云:"經文有此二字,即所謂既是正文,又屬題名也。甲、乙本無此二字,實爲單傳之鐵證。"又云:"《説文·巾部》:'常,下帬也。從巾尚聲。裳,常或從衣。'經傳俱用或體,簡本猶保存古正字。"

③　"屨"字今本作"屨"。

④　"緷"字今本作"緝"。陳校:"斬者,今本作'傳曰:斬者何',簡無'傳曰',以下諸簡多如此。"劉文獻云:"甲、乙本無'何',漢簡《校記》漏校。"沈云:"乙本同(丙本單經無傳)。傳多設問苔之辭,解説服制與親等,均用'何'、'何也'、'何以'、'何謂'等問辭;其對某一服飾之用材與製法,喪具之取象與形狀,如苴絰、絞帶等,則不用問辭。傳解斬、齊、繐、緦等字,當屬後者,簡本俱無'何'字,前後一貫;今本則于斬、齊、繐字下有'何'字,緦字下無'何'字,殊乏條例。"又云:"緷、繷互訓相通,緷爲緷之或體,緝爲繷之或體,均是交枲縫衣也。枲,麻也。縫麻衣以兩邊側交裹,使斷處不外露,以見整飾。不緷不緝,乃縫麻衣兩邊側不交裹,斷處外露,以示無飾。此文斬之不緝,下文齊之緝,簡本俱用俗寫或體。"

苴絰，麻之有蕡①［者也。］苴絰大鬲②，左末在下③，去五分一以爲帶。資衰之絰④，斬衰之帶也，去五分一以爲帶。大功之絰，資衰之絰也⑤，去五分一以爲帶。小功之絰，大功之帶也，去五分一以爲帶。緦麻之絰⑥，小功之帶也，去五分一以爲帶。苴杖，竹也。削杖，桐也。長各齋其心⑦，皆下本。而杖者何也⑧？爵也。無爵而杖者何也⑨？儋主也⑩。非主而杖者何也⑪？輔病也。童子何

---

① "絰"、"麻"之間今本有"者"字，"蕡"今本作"賁"。沈云："'賁'、'蕡'聲同通假，作'蕡'、作'黂'俱'賁'之加形旁後製正字。"

② "鬲"字今本作"搹"。沈云："乙本同。《士喪禮》陳小斂絰帶節'苴絰大鬲'，《釋文》：'又作搹，同。'今本亦有作'鬲'者。'鬲'、'搹'聲同通假。"

③ "末"字今本作"本"，乙本亦作"本"。沈云：本爲麻之根，末爲麻之梢。惟麻根麻梢聯結之處，始有左本右本、本上本下之分別，而此一分別正顯示斬衰、齊衰二服之首絰不同。齊衰之首絰，麻本在上，亦即末在下，則斷無斬衰之首絰亦末在下之理。簡乙本既作"本"與今本同，則甲本"末"之爲誤寫，自屬無疑。

④ "資"字今本作"齊"。沈云：簡甲、乙本"齊衰"俱作"資"，丙本經"疏衰常（裳）齊"，記"齊衰四升"，俱作"齊"，與今本同；"若齋常（裳）内衰（外）"作"齋"，"齊"當作"齋"，以聲同通假，齋乃加形旁後製正字。齋亦假"資"爲之，其義俱爲縫，謂交裏縫衣。五服一斬四齊，區別於斬，縫衣以兩邊側交裏使斷處不外露爲齊。王關仕云："資、齋，《廣韻》同切即夷，本篇釋文音咨，是同音假借也。"

⑤ "絰"字今本作"帶"，乙本亦作"帶"。陳校："此簡筆誤。"

⑥ 陳校："緦，簡作糸麤，實是緔字。故他篇亦用爲緦字。"沈云："緦爲麻縷甚細而成布甚疏之麻布，而緔訓'帛黑色'。丙本'緦麻三月者'作'緦'與今本同，以丙本決之，可斷甲、乙本實係形近誤寫。"

⑦ "長"字今本作"杖"。沈云："此言杖之長度依人之長度而定，文承杖之用材下，非更端重起，當作'長'。此簡本之善者。今本誤。"王關仕云：長指苴杖及削杖之長度，簡本即蒙上文爲句。今文作杖，即另起爲句，且繁複而易混，蓋音近而誤。"齋"，今本作"齊"。沈云："經傳'齋戒'字多以'齊'爲之。此齊等之義，羣書無作'齋'者，簡本當係抄誤。"王關仕云："齊並作齋，猶他篇'嚌'作'嘖'，書異。"

⑧ "而杖者何也"，今本無"而"、"也"二字。

⑨ "也"字今本無。

⑩ "儋"字今本作"擔"。沈云：《說文·人部》："儋，何也"，"何，儋也"。段玉裁云："儋俗作擔。"《羊竇道碑》"騎馬儋負"，《隸釋》云："儋即擔字。"簡本多保存古正字，如"裳"之爲"常"，"抱"之爲"袍"也。

⑪ "非主而杖者何也"，今本無"也"字，乙本作"非而不杖者何也"。

以不杖也①？不能病也。婦人何以不杖也？不能病也②。絞帶
者，繩帶也。繩纓③，絛屬④，冠[六升，外]縪，段而勿灰⑤。衰三
升。菅屨者，菅菲也，外納。居倚廬，寢苫枕塊⑥，哭晝夜無時。

---

①　“童子何以不杖也”，今本無“也”字。

②　“婦人何以不杖也不能病也”，今本作“婦人何以不杖亦不能病也”。

③　“繩”上今本有“冠”字。沈云：“冠由梁與武組成，梁即冠之頂梁，武即冠之邊
卷（即帽沿），武下又有纓（帽下帶）。吉冠武與纓用材不同，故不相連屬，纓繫屬於武，
喪冠用一條繩爲武，繩之末垂下作纓，即所謂‘絛屬’。冠梁用麻布（吉冠用帛）製成，
必有摺疊，謂之辟積。摺疊有向左向右之異，梁三辟積，重服摺疊向右而縫，謂之右
縫；小功以下摺疊向左而縫，謂之左縫。準此而論，絛屬乃釋繩纓之武纓連屬，右縫乃
釋斬服冠梁異于小功服以下之左縫。《既夕記》云：‘冠六升，外縪，纓絛屬，厭。’于梁
冠辟積無釋，故‘纓’上無‘冠’字，‘屬’下無‘右縫’二字。以彼決此，然後知今本與簡本
之異，不過于冠梁辟積一有釋一無釋而已。簡本非脱，今本亦非衍，應屬今古文之不
同，特不知孰爲今孰爲古耳。”

④　“絛”，簡作彳旁。“屬”下今本有“右縫”二字。王關仕云：“《復民租碑》：‘尚書
橡臣絛’，《陳球碑》：‘莫不守其絛貫’（見《隸辨》），亦寫從彳，爲書異也。”

⑤　“縪段”，今本作“畢鍛”。陳校：“《通典》及今《既夕記》皆作縪。”王關仕云：“鄭
注：‘縪謂縫著于武也，外者外其餘也。’《玉篇》、《廣韻》皆云：‘縪，冠縫也。’似縪爲正
字，畢爲假借字。”沈云：“梁之兩端縫之于武時，縫合處必有餘布，吉冠余布向內而不
外露，以示整飭，謂之内縪；喪冠餘布向外，以示無飾，謂之外縪。《既夕記》‘外縪’，今
本亦有作‘縪’者。《通典》亦作‘縪’，是‘縪’爲‘畢’之加形旁後製正字，今本畢、縪錯雜
並用。”又云：段而勿灰者，蓋喪冠無飾，祇椎治使其成熟而不必加灰洗濯。麻布椎治
使成熟，與椎物之義正合，則字當作“段”。經傳“段”、“鍛”多通用，簡本作“段”用正字，
今本作“鍛”用假字。

⑥　“寢蕈”今本作“寢苫”。沈云：“《廣雅·釋詁》：‘寝，藏也。’王念孫云：‘寝今通
作寢，寢者，人所寝息，故爲藏也。’簡本作‘寝’爲正字。寖，水名，今隸作浸，別字別義，
書手誤人旁爲水旁耳。”又云：“苫以編草爲之，本以蓋屋，喪中即用以藉喪主之寝。
苫、薪均爲草，簡本作蕈，《集韻》二十二‘覃’：‘蕈，艸名，生淮南平澤。’是以蕈草爲藉。
字不同者，殆亦今古文之異也。”

吹粥①，朝一溢米②，夕一溢米。寢不捝絰帶③。既虞，贊楄柱
楣④，寢有席⑤，食疏食⑥，[水飲，朝一哭、夕一哭而已矣。既練，
舍外寢，始食菜果⑦，飯素食⑧，哭無時。

爲父何以斬衰也？至尊也。

---

① "吹"字今本作"歊"。沈云："吹粥"義不可通。《説文·歊部》："歊，歊也。從
歊省，叕聲。映，歊，或從口從央。"《説文·歊部》："歊，歊食屰氣不得息曰歊，從反欠。
夨，古文歊。"歊爲反欠，其古文作夨，則欠之古文當作夨，而歊之或體當作映，二徐本作
"映"者，蓋或人以其從口從欠，與吹噓字不別，遂略變其形耳。《説文》或體實爲古文，
簡本正用此字，隸定誤爲吹噓之"吹"耳。

② "溢"字今本作"溢"。沈云：長沙馬王堆、銀雀山漢墓出土古佚書"溢"亦作
"溢"。《説文》："溢，器滿也。從水益聲。"卷子本《玉篇》殘卷《水部》："溢，餘質反，《説
文》器滿也，從水從血。""溢，《聲類》亦溢字也。"溢不出音，實爲溢之或體。此溢非溝溢
字，古"皿"、"血"不別，漢簡俱從"血"。然則《禮經》之"一溢(溢)米"，據器滿義引申，滿
手之義實無本字，作溢作溢俱聲同通假。

③ "寢"字今本作"寢"，"捝"字今本作"説"。沈云：簡本作"捝"，《説文·手部》：
"捝，解捝也。從手兌聲。"捝是脱去義之本字，作"説"作"脱"俱假借字，簡本"捝"與鄭
注古文作"説"正合，蓋用古文。簡本脱去字作"捝"本字，爲古文本之善者；而拭手字
亦用古文作"捝"，古文固二字不別也。古文初出，禮家以今文讀之而以今隸寫之，有
以今文易古文，遂多錯雜。簡本此字猶保存原本面目，足證其爲古文之本。

④ "贊"字今本作"薊"，"楄"字今本作"屏"，"糜"字今本作"楣"。沈云：《説文·
木部》："楄，楄部，方木也，從木扁聲。"《文選·景福殿賦》："爰有禁楄，勒分翼張，承以
陽馬，按以員方。"梁上於陽馬(即桁)，陽馬上加方木(即楄附)，以便於架椽。初喪之
倚廬，橫建楣梁于地，無柱，其椽一頭倚東壁，一頭架于地楣。既虞哀殺，倚廬改建，楣
下豎柱，楣上架楄附方木以承椽。《漢書·東方朔傳》顏注："贊，進也。"是謂進楄而柱
楣。《漢書·嚴助傳》"薊髮文身之民也"，顏注引晉灼曰："《淮南》云'越人薊髮'，張揖
以爲古'薊'字也。"贊薊、楄屏並爲一聲之轉。贊楄之作薊屏，蓋聲之訛也。又云：糜
與眉聲同通假，眉、楣聲同通假，楣是加形旁後製正字。《士冠禮》加冠祝詞"眉壽萬
年"，鄭注："古文眉作糜。"簡本用古文。

⑤ "寢"字今本作"寢"。

⑥ "疏"字今本作"疏"。

⑦ 沈云：今本"采"作"菜"。陳氏《釋文》遂作"菜"，以爲"采"上之字爛缺，艸頭亦
漫滅。案《周禮·大胥職》："春入學，舍采合舞。"鄭注："舍即釋也。采讀爲菜。始入
學，必釋菜禮先師也。菜，蘋蘩之屬。"釋菜即《小爾雅·廣物》"菜謂之疏"之"菜"。簡
乙本"采"與《周禮》同作，皆"菜"之聲同通假。

⑧ 乙本"飯"作"反"。沈云：鄭注："素猶故也，謂復平生時食也。"可見鄭本不作
"飯"。今得簡乙本正作"反"，則今本作"飯"爲後人所臆改無疑。

天子至尊也。

君至尊也。

父爲長子，何以三年也？正體乎上①，又乃②]將所傳重也。庶子不得爲長子三年，不繼祖也。

爲人後者③，何以三年也？受重者，必以尊服=之。何如而可爲後④？同宗則爲之後⑤。何如而可以爲人後？支子可。爲所⑥爲祖母=妻=之父=母=昆=弟=之子若子⑦。衆臣杖，不以即位。近臣君服斯服矣。

妻爲夫=至尊也。

---

① 沈云："今本'膃'作'體'。簡本各篇'體'字或從月或從身，無從骨者。漢碑多作'軆'。《玉篇·身部》：'軆，俗體字'。字書無'膃'字。長沙馬王堆漢墓出土古佚書作'膃'，與簡本同，是漢隸有作'膃'。"

② 陳校："此簡缺失，相當今本'水飲'至'又乃'74字。乙本有之，今據之補寫爲60字。"

③ "後者"下今本有"傳曰"。

④ "可爲後"今本作"可爲之後"。沈云："案'爲之後'之'之'，即'爲人後'之'人'，實指大宗無後之人。傳釋經設二問，首明爲後限于同宗，次明同宗限于支子，前義爲主，故問辭概説，自以無'之'字爲長；荅詞實指，故稱'爲之後'，問荅應有異，當從簡本。今本蓋涉下句誤衍。"

⑤ "則爲"今本作"則可爲"。沈云："可有限定之義，下荅辭云'支子可[也]'有'可'字，則此句亦當有之。簡本誤脱。"

⑥ "爲所爲"今本作"爲所後者之"。

⑦ 陳校："簡首'爲'下遺一'後'字，乙本同於今本。"沈云：此節甲、乙二本有明顯不同，爲全篇所罕見，而乙本爲善。大宗無後，小宗支子入繼曰"爲人後者"或"爲後者"，其所繼之父曰"所後者"或"所爲後"，此"後"字至重要，以簡乙、丙本校甲本，可斷甲本誤脱"後"字無疑。又云：此"所爲後"云云與下記文"所爲後之"云云句例正同，則此連接詞不可省，以丙本校甲、乙本，斷其誤脱"之"、"父"字。簡甲本祖母下有重文號，其原本當作"祖父=母="，抄寫誤脱"父="，其保存"母"下重文號，猶是西漢本之最善者。乙本"祖"下爛缺如係兩格，則當作"父=母="。據甲本校今本，則今本誤脱"父母"二字無疑。所爲後之妻之父母即爲人後者之外祖父母。乙本"妻之父母"無重文號，與今本同，可決甲本"父母"下誤衍重文號，蓋"妻之父母父母"實不可通。

妾爲君=至尊也①。

女子=在室爲父。

布總，晉枅，絏②，衰，三年。傳曰：總六升，長六寸，箮枅長尺③，吉枅尺二寸。

繩屨者，繩菲也④。衆臣者何也⑤？曰：公卿大夫室老、士，貴臣⑥，其餘皆衆臣也。有地者也。

［疎衰常資、牡麻経、冠布纓、削杖、布帶、疎屨三年者。資者緝也。牡麻者，怗麻也⑦。牡麻経，右本在上，冠者古功也⑧。疎

---

① “父至尊”、“君至尊”上今本並有“傳曰”二字。

② 陳校：“晉枅絏，乙本同，今本作‘箭笄髽’，丙本作‘晉笄絏’。”沈云：“今文作‘箭’爲正字，古文作‘晉’爲假借字。簡丙本用古文，甲、乙本作‘晉’爲‘晉’之形譌，亦用古文。”又云：丙本、今本“枅”作“笄”。《禮記·問喪》作“雞”，鄭注：“雞斯當爲笄纚，聲之誤也。”《淮南子·精神訓》高注：“枅讀雞。”二字聲同通假。王關仕云：“今本‘絏’作‘髽’。”字書無‘絏’字。簡本重其質，乃從‘糸’；字書重其用，乃從‘髟’。若依上文總、箭、笄、衰而言，則從糸尤勝。”

③ “箮”今本作“箭”。陳校：“《説文》曰：‘禮古文、《周禮》、故書皆假晉爲箭。’《大射》鄭注：‘古文箭作晉。’此晉字有竹頭，寫作草頭。”

④ 陳邦懷云：“‘菲’爲‘屝’之假借字。《居延漢簡甲編》1018號簡有‘枲菲一兩’，亦借菲爲屝。”

⑤ “衆臣者何也”，今本奪。沈云：“簡本是。大夫家臣有二，命于諸侯者曰貴臣，大夫自命者曰衆臣。此傳解衆臣，故設此問辭，今本誤脱。”

⑥ “曰公卿”上今本有“傳”字，“有地”上今本有“君謂”。王關仕云：“甲、乙本無‘君謂’，誤删。”沈云：“大夫有采邑封地得自命家臣，無‘君謂’二字，文承‘皆衆臣也’下，家臣有地，顯屬剌謬，當從今本。”

⑦ 沈云：今本“怗”作“枲”。《間傳》“齊衰貌若枲”，鄭注：“‘枲’或爲‘似’。”俞樾《群經平議》云：“‘似’爲‘枲’之假字。”“枲”、“似”與“怗”同部，均屬同聲假借也。

⑧ 沈云：今本“古”作“沽”。古、沽聲同通假。《周禮·典婦功職》“辨其良苦”，《典枲職》“受苦功”，即此傳“苦功”。作“苦”亦假借字也。

屨者，麤類之菲也①。

繼母如母②。繼母何以如母也③？]繼母之配父與因母同，故孝子弗敢殊也④。慈母如母⑤。慈母者何也？傳曰："妾之毋子者，妾之毋母者也⑥，父命妾曰：'女以爲子。'命子曰：'女以爲母。'若是，則生養之，終其身如母。死喪之三年如母⑦，貴父之命也。

母爲長子。何以三年也⑧？父之所不降，母亦不敢降也。

疎衰常資、牡麻絰、冠布纓、削杖、布帶、疎屨朞者⑨。問者

----

①　"麤類"今本作"薦蒯"。沈云：字書無麤字，殆即麤之形譌。"麤"、"薦"聲同通假，"薦"乃加形旁後製正字。"蒯"字篆作"藅"。《文選·西京賦》李善注引《聲類》云："藅草中爲索"。簡本作"類"，藅之聲同通假。《廣雅·釋草》："藾，藅也。"王念孫《疏證》云："藅爲索爲屨，與藾同是一物也。""藾"之作"類"，與"蕭"之作"鼎"，實同一例。"麤"、"類"均爲草，可作繩索，亦可作屨。

②　王關仕云："'繼母如母'上，今本有'父卒則爲母'，甲、乙本無，丙本'則'以上殘逸。今本此經無傳，《通典》卷八十九引馬氏注'父卒無所復屈，故得伸重服三年也'。"

③　陳校："此簡缺失。相當今本'疏衰裳齊'至'何以如母也'69字。乙本有之，今據之補寫爲60字。"沈云："乙本第6簡與今本同。"

④　"弗"今本作"不"。

⑤　"如母"下今本有"傳曰"。

⑥　"毋"今本作"無"。陳校："'妾之毋母者也'，今本作'妾子之無母者'，乙本同於今本而有'也'字。"沈云：此經所稱慈母，是父有二妾，一妾無子，一妾生子而死，無母之妾子稱無子之妾爲慈母。甲本無"子"字，義不可通，有乙本互勘，可斷爲誤脫。又句末有"也"字，則屬後句解前句，更爲不詞，甲、乙本俱誤衍"也"字。

⑦　"喪之"上今本有"則"字。王關仕云："甲、乙本無'則'，是也。蒙上文'若是則生養之，終其身如母'之'則'。"

⑧　"何以"上今本有"傳曰"。

⑨　"朞"今本作"期"，"朞者"下今本有"傳曰"，"何冠也"下今本有"曰"字。陳校："《説文》曰'禮經古文借朞爲期年字'，《士虞》'朞而小祥'，鄭注'古文朞皆作朞'，《士喪禮》鄭注'古文朞作期'。《石渠禮論》及戴德《喪服變除》則作'周'。"沈云："簡本用古文。《説文·禾部》：'稘，復其時也。從禾其聲。《虞書》曰，稘三百有六旬。'是作'期'作'朞'皆假借字也。"王關仕云：《通典》卷八十九引《石渠禮論》："蕭太傅云當服周"，"韋玄成對曰，與出妻子同服周"，卷八十四引馬氏注："齋縗杖周者"，亦作"周"。甲本《少牢》"爲期於廟門之外"作"期"，是二字義異，簡本字别。按《通典》作'周'，當非其舊，乃諱玄宗改。《士喪》'朞'義殊，不可以今文目之。"

曰：何冠也？資衰、大功冠其綏①。緦、小功冠其衰②。帶緣各視其冠。

父在爲母③。何以基也？詘也④。至尊在，不敢信其私尊也⑤。父必三年然后娶⑥，達子之志也⑦。

爲妻何以基也⑧？妻至親也⑨。

出妻之子爲母基⑩，爲外祖父母無服⑪。傳曰："絕族無易

---

① "綏"今本作"受也"。王關仕云："按此文例，受與衰對舉，當爲名詞。"沈云："喪服于虞及小祥後，未除者均以輕服易重服，此服之變，謂之受。受，承也，承受輕服，斷非組綏字。古'授'、'綏'俱假'受'爲之，後加形旁爲'授'、'綏'。此字則傳抄誤加形旁耳。"

② "緦"下今本有"麻"字，"其衰"下今本有"也"字。沈云：緦麻章首"緦麻三月者"，鄭注云："不言衰經，略輕服，省文。"此《傳》簡本無"麻"字正相一致。經作"緦麻"，傳並省作"緦"，今本爲後人臆加"麻"字。

③ "爲母"下今本有"傳曰"。

④ "詘"今本作"屈"。王關仕云："《説文》'詘，詰詘，一曰屈襞，從言，出聲'，重文作誳，云詘或從屈。'屈，無尾也，從尾，出聲'。則甲本作'詘'爲本字。"

⑤ "信"今本作"伸"。沈云：乙本作"降"。《漢書·蕭何傳》顏注："信讀曰伸，古通用字。"此父在爲母服齊衰期本屬降服，故曰"不敢伸其私尊"。簡乙本作"降"，義不可通，顯係寫誤。

⑥ "后"今本作"後"。

⑦ "志也"下今本有經文"妻"。

⑧ "爲妻"上今本有"傳曰"。

⑨ "至親也"下今本有經文"出妻之子爲母"。

⑩ "出妻"上今本有"傳曰"。

⑪ "爲外祖父母"上今本有"則"字。

服①，親者屬。"出妻之子爲父後②，則爲出無服③。傳曰："與尊者爲體④，不敢服其私親也。"

父卒，繼母嫁，從，爲之服，報。何以也⑤？貴終也。

不杖、麻屨者。

祖父母⑥。何以朞也？尊也⑦。

世父、叔父何以朞也⑧？與尊者一體⑨也。然則爲昆弟之子何以亦朞也⑩？旁尊也。不足以加尊焉，故報之也。父子一體

---

①　"易"今本作"施"。沈云：《論語·微子》"君子不施其親"，《集解》引孔云："施，易也。不以他人親易己親也。"《史記·田叔傳》"如有移德於我者何也"，《集解》引徐廣曰："移猶施也。"《吕覽·蕩兵》"而工者不能移"，高注："移，易。"是"施"、"移"、"易"三字聲近義通相通假。

②　"爲父後"下今本有"者"字。沈云："不杖朞章'女子適人者爲其父母、昆弟之爲父後者'，又傳'爲昆弟之爲父後者何以[亦]朞（期）也'，甲、乙本並經丙本均有'者'字。'者'代詞，指昆弟中承父後之人。以彼決此，當有'者'字，簡本誤脱。"

③　"爲出"今本作"爲出母"。沈云："夫爲出妻無服，子爲出母則爲父後者亦無服，不爲父後者服朞。'出'下無'母'字義不可通，簡本誤脱。"

④　"體"今本作"一體"。王關仕云："下文'世父叔父何以期也，與尊者一體也'，則此當有'一'字，今本是。"

⑤　"何以也"今本作"傳曰何以期也"。沈云："此傳所問，不僅從繼母嫁之子何以爲母服期，亦問母爲子何以有報服，與其他問辭微有不同，無'期'字爲長。"

⑥　"祖父母"下今本有"傳曰"。

⑦　"尊也"今本作"至尊也"。沈云：至尊對私尊、旁尊而言。稱私尊、旁尊，簡本與今本同。惟祖父母、曾祖父母，簡本或稱"尊也"，或稱"尊者"，與今本亦稱"至尊"者異。下傳又云："世父叔父何以亦期也，與尊者一體也。"此尊者指父，今本與簡本同，可見父至尊亦有稱尊者，然則曾祖父母稱尊者，與彼無異，而此文"尊也"或脱"者"字耳。

⑧　"世父叔父"上今本有經文"世父母叔父母"及"傳曰"。

⑨　"體"今本作"體"。

⑩　"然則爲"今本無"爲"字。沈云："此經昆弟之子爲世叔父母正服不杖期，下經'昆弟之子'，乃世叔父母爲昆弟之子亦正服不杖期，傳發報服之義，遂于此總釋之，則有'爲'字義長。"

也，夫妻一體也，昆弟一體也。故父子，首足也；夫妻，辨合也^①；昆弟，四體也。故昆弟之義無分，然而有分者，則辟子之私也。子不私父^②，則不成爲子。故有東宮，有西宮，有南宮，有北宮，異居而同財，有餘則歸之宗，不足則資於宗^③。世母、叔母，何以基也^④？以名服也。夫之昆弟之子何以亦基也？報之也^⑤。

大夫之適子爲妻^⑥。何以基也？父之所不降，子亦不敢降也。何也不杖也？父在則爲妻不杖^⑦。

大夫之庶子爲適昆弟^⑧。何以基也？父之［所］不降，子亦不敢降也。

適孫。何以基也？不降［其適也^⑨。有適子者無］適孫＝婦亦如之。

爲人後者爲其父母^⑩。何以基也？不貳斬也。何以不貳斬

---

① "辨"今本作"胖"。沈云："班、辨（辯）、胖、版爲古文，胖、判爲今文，其音古俱在元寒桓删先部，諸文義雖有殊，以音同相通假也。"

② "私父"今本作"私其父"。

③ "資於"今本作"資之"。

④ "何以"下今本有"亦"字。

⑤ "昆弟之子"下今本有"傳曰"，"何以"下無"亦"字。王關仕云："'夫之昆弟之子何以亦基也報之也'十四字，今本在'婦爲舅姑''傳曰何以期也從服也'下。按今本先男後女例，則簡本挪前誤也。"

⑥ "爲妻"下今本有"傳曰"。

⑦ 陳校："'爲妻不杖'下今本有經文'昆弟爲衆子昆弟之子'及傳文'傳曰何以期也報之也'，此本俱删。"

⑧ "昆弟"下、"嫡孫"下今本有"傳曰"。

⑨ "不降"今本作"不敢降"。沈云：傳凡言"不敢降"者，俱屬當降不降，蓋或承宗祧之重，或壓於至尊，故云"不敢降"也。此等處簡本亦多有"敢"字，惟此文與第29簡大夫爲祖父母適孫爲士者傳云"［大夫］不降其祖［與］適也"無"敢"字，前後參照，當屬誤脱。

⑩ "爲其父母"下今本有"報傳曰"。王關仕云："甲本無'報'，是也。此爲人後者爲其本生父母服期，上文無父母爲出子服期之文，且例亦先子後父。若此今本云'報'，實突兀而不倫，似當據甲本删'報'字。"

也？持重於大宗者，降其小宗也。爲人後者孰後也？後大宗也。曷爲後大宗也？尊之統也①。禽獸知母而不知父。野人曰：父母何選焉②？都邑之士，則知尊禰矣③。大夫及學士，則知尊祖矣。諸侯及其大祖，天子及其始祖之所自出，尊者尊統上，卑者尊統下。大宗者，尊之統也。大宗者，收族者也，不可以絕。故族以支子後大宗④。適子不得後大宗。

女子子適人者，爲其父母、昆弟之爲父後者。爲父何以基也⑤？婦=人=不=貳=斬=也=者⑥，何也？婦人有三從之義，無專用道之行⑦，故未嫁從父，既嫁從夫=死從子⑧。爲昆弟之爲父後

---

①　“尊之”上今本有“大宗者”。沈云：“答辭‘尊之統也’實是總括後大宗之義，下文乃分述‘尊統’與‘收族’二義，文相承接，毋庸重起，簡本是，今本蓋涉下二‘大宗者’句而誤衍。”

②　“選”今本作“筭”。沈云：“《一切經音義》卷四引《三蒼》‘筭，選也’，《集韻》二十四緩‘選，或作算、筭’。《論語·子路》‘斗筲之人何足算也’，阮元《校勘記》云：‘《漢書·公勝賀傳·贊》及《鹽鐵論·大論》並引作“選”，乃“算”之假借字。’”

③　“禰”今本作“禰”。沈云：“《堯廟碑》‘昧紀祖禰所出’，《隸釋》云‘禰即禰字’。漢碑‘禰’作‘禮’，‘禮’、‘禰’聲同通假，作‘禮’爲‘禰’之加形旁後製正字。”王闓仕云：“《少牢》‘爾’，《燕禮》作‘禰’，皆從‘爾’得聲，是以通假。《周禮·甸祝》‘禰亦如之’，注引鄭司農云‘父廟也’。甲本作‘禰’爲‘禰’省，或其假借。”

④　“族”下今本有“人”字，“適子”上今本有“也”字。

⑤　“爲父”上今本有“傳曰”。

⑥　“者”上今本不重“也”字。

⑦　“專用道之行”今本作“專用之道”。沈云：“無專用道之行，義不可通。道，行也。似經師以‘行’旁注‘道’字，書手誤入正文而又倒之。”

⑧　陳校：“從子下，今本‘故父者’至‘尊也’一段，簡移在‘婦人雖在外必歸宗曰小宗故服基也’之後。”沈云：“婦人無貳尊，故無貳斬。所稱‘父者子之天，夫者妻之天’云云，正是闡明其義，當與上文‘夫死從子’相接，不當以‘爲昆弟之爲父後者’云云插入爲父母傳中。簡本顯屬有誤。”

者何以基也①？婦人雖在外，必歸宗②，曰小宗，故服基也。父者③，子之天也。夫者，妻之天也。婦人不貳斬者，猶曰不貳天也。婦人不能貳尊也。

繼父同居者④。何以基也？傳曰：“夫死，妻稚，子幼，子無大功之親，與之適人。所適者亦無大功之親⑤，所適者以其貨財爲之築宮廟，歲時使之祀焉，妻不敢與焉。”若是，則繼父之道也。同居則資衰基⑥，異居則資衰三月。必嘗同居，然后爲異居，未嘗同居，不爲異居⑦。

爲夫之君⑧。何以基也？從服也。

姑、姊妹、女子=適人無=主=者=⑨，無祭主也⑩。何以基也？爲其無祭主也⑪。

爲君之父母、妻、長子、祖父母⑫。何以基也？從服也。父

---

① “基”今本作“亦期”。王關仕云：“當爲誤脱或省，‘亦’者亦上爲其父母期。”

② “必”下今本有“有”。沈云：凡婦人歸宗，一爲被出，一爲夫家絶族，故婦人雖嫁，仍必有所歸之宗。簡本作“必歸宗”，實屬不詞，顯係誤脱“有”字。

③ “父”上今本有“故”字。

④ “同居者”下今本有“傳曰”。

⑤ “所適”上今本有“而”字。

⑥ 兩“則”、“資”之間今本有“服”字。沈云：“簡本省‘服’字。猶它辭‘何以期也’、‘何以大功也’、‘何以小功也’、‘何以緦也’之有‘服’字，今本多省而簡本多不省；又下第35簡齊衰三月章‘何以也’，今本‘以’下有‘齊衰三月’四字，則又簡本省而今本不省，或省或不省，其義固無異也。”

⑦ “不”上今本有“則”字。

⑧ 陳校：“‘爲夫之君’上乙本有句號，此因在簡首而省略。‘爲夫之君’下今本有‘傳曰’。”

⑨ “無主者”下今本有“姑姊妹報傳曰”。

⑩ “無”上今本有“謂其”，“也”上今本有“者”字。沈云：“此傳以‘無祭主者’釋‘無主者’，即已嫁之女夫族小宗無後而無祭主者，則爲之服不杖期，當降而不降也。‘者’指所嫁夫族小宗爲後之人，無‘者’字義不完整。”

⑪ “也”上今本有“故”字。

⑫ “祖父母”下今本有“傳曰”。

母、長子，君服斬。妻，則小君也。父卒，然後爲祖後服斬①。

妾爲女君。何以朞也？妾之事女君②，與婦之事咎姑等③。

婦爲咎姑④。何以朞也？從服也。

公妾⑤、大夫之妾爲其子⑥。何以朞也？妾不得體君⑦，爲其子得遂也。

女子子爲祖父母⑧。何以朞也？不敢降其祖也。

大夫之子爲世父母、叔父母、子、昆=弟=之子、姑、姊妹、女子=無主爲大夫命婦者⑨，唯子不報。大夫者⑩，其男子爲大夫者也。命婦者，其婦人爲大夫妻者也⑪。無主者，命婦之無祭主者也。何以言"唯子不報"也？女子=適人者爲父母朞⑫，故不言報⑬。言其餘皆報也。何以服朞也⑭？父之所不降，子亦不敢降

① "祖後"今本作"祖後者"。沈云："者"指爲祖後之人，與它辭所稱"所後者"、"爲父後者"同義，當有"者"字。甲本誤脱。

② "女君"下今本有"傳曰"。

③ "咎"今本作"舅"。沈云：丙本緦麻章"舅""舅之子"俱作"荅"。《士昏》婦見舅姑節"贊見婦于舅姑"，鄭注："古文'舅'皆作'咎'。"簡甲、乙本均用古文，丙本作"荅"爲誤加形旁字，乃古文之别構。

④ "咎姑"下今本有"傳曰"。

⑤ 陳校："'公妾'上今本有'夫之昆弟之子'經文及'傳曰何以朞也報之也'一句，簡本在第17簡'大夫之適子'前。"

⑥ "爲其子"下今本有"傳曰"。

⑦ 陳校："體，今本作體，簡或作體或作體。"

⑧ "祖父母"下今本有"傳曰"。

⑨ "無主"下今本有"者"字。

⑩ "大夫"上今本有"傳曰"。

⑪ "男子"下、"婦人"下今本俱有"之"字。

⑫ "爲"下今本有"其"字。

⑬ "故不言報"今本作"故言不報也"。沈云："凡兩相爲服謂之報，子爲父斬衰，女子子已嫁者爲父本是朞服，俱不屬報服，故經云'唯子不報'也。子爲父斬衰，服不同，其非報服，夫人而知之；女子子本是朞服，等差適同，故傳明之曰'女子子適人爲其父母朞'也。傳問辭'何以唯子不報'，答辭自當云'故言不報'。簡本誤倒。"

⑭ "服"字今本無。

也。大夫曷爲不降命婦也？夫貴於朝①，則妻亦貴於室矣②。

大夫爲祖父母、適孫爲士者③。何以基也？不降其祖、適也④。

公妾以及士妾爲其父母⑤。何以基也？妾不得體君⑥，得爲其父母遂⑦。

疎衰常資、牡麻絰，無緌者⑧。

寄公爲所禹⑨。寄公者何也？失地之君也。何以爲所禹服資衰三月也？言與民同也。

丈人⑩、婦人爲宗=子=之母、妻⑪。何以服資衰三月也？尊祖也。尊祖故敬=宗=尊祖之義也⑫。宗子之母在，則不爲宗子之妻服⑬。

---

① "貴"今本作"尊"。王關仕云："甲、乙本'尊'作'貴'，是。大夫爲貴臣，且下有'亦貴于室'之文，既云'亦'者，則上作'貴'是。甲、乙本義勝。"

② "則妻亦貴"今本作"妻貴"。

③ "爲士者"下今本有"傳曰"。

④ 陳校："'不降其祖適也'，今本作'大夫不敢降其祖與適也'。簡文'祖'與'適'之間，留有削跡，乙本亦無'與'字。"沈云："大夫尊，於旁親當降，於一本之親則不敢降。齊衰三月章'曾祖父母爲士者如衆人何以[齊衰三月]也，大夫不敢降其祖也'，簡甲、乙本與今同。此亦當有'大夫'二字，甲本誤脫。"

⑤ "父母"下今本有"傳曰"。

⑥ 陳校："'妾不'二字，削後改寫，原書作三字，改爲二字，故其地位輕鬆。"

⑦ "遂"下今本有"也"字。

⑧ "緌"今本作"受"。

⑨ "禹"今本作"寓"，"禹"下今本有"傳曰"。沈云："禹"、"寓"聲同通假。《史記·封禪書》"木禹龍欒車一駟"，《漢書·郊祀志》作"寓"，《史記索隱》云："禹一音寓，寄也，寄龍形於木。"段玉裁《說文·宀部》"寓"字注云："《史記》曰木禹龍，'禹'者'寓'之假借也。"然則簡本亦假"禹"爲"寓"。

⑩ "丈人"今本作"丈夫"。沈云："乙本、丙本俱作'丈夫'，與今本同。'丈人'義不可通，甲本誤寫。"

⑪ "妻"下今本有"傳曰"。

⑫ "敬宗"重文下今本有"者"字。

⑬ "服"下今本有"也"字。

　　爲舊君=之母、妻①。

　　爲舊君者，孰冐也②？士焉而已者③。何以服資衰三月也？言與民同也。君之母、妻則小君也④。

　　大夫在外，其妻、長子爲舊國君⑤。何以服資衰三月也？妻，言與民同也。長子，言未去也⑥。

　　曾祖父母⑦。何以服資衰三月也⑧？小功者，兄弟之服也，不敢以兄［弟之服服尊者也。

　　大夫爲宗子。反以服資衰三月也？大夫不敢降其宗也。

　　大夫爲舊君。何以服資衰三月也？大夫去，君騷其宗廟⑨，故服資衰三月也，言與民同也⑩，］何大夫之冐也⑪？言其以道去君而猶未絶也。

---

　　①　“妻”下今本有“傳曰”。
　　②　“冐”今本作“謂”。沈云：“長沙馬王堆漢墓出土古佚書、臨沂銀雀山漢墓出土古兵書，凡‘謂’字皆作‘冐’，俱屬聲同通假。”
　　③　“士”今本作“仕”，“者”下今本有“也”字。沈云：“士”、“仕”亦聲同通假。馬王堆漢墓出土古佚書“仕”作“士”，漢碑假“仕”爲“士”，簡本亦假士爲仕。王關仕云：“《說文》‘士’訓‘事’，《詩·四月》‘盡瘁以仕’，又《文王有聲》‘武王豈不仕’，毛傳皆訓‘事’，二字音同（鉏里切）。”
　　④　“小君也”下今本有“庶人爲國君”。
　　⑤　“國君”下今本有“傳曰”。
　　⑥　“未去也”下今本有“繼父不同居者”。沈云：甲、乙本無傳不引述經文，故無“繼父不同居者”條，丙本有，但無“者”字。爲繼父服，同居者在不杖期章，不同居者在齊衰三月章。丙本“繼父同居者”有“者”字與今本同，則此文誤脱“者”字。
　　⑦　“曾祖父母”下今本有“傳曰”。
　　⑧　“服”字今本無。王關仕云：“今本無‘服’字屬省文，此前簡本亦或省‘服’字。”
　　⑨　“騷”今本作“埽”。沈云：“騷”與“埽”通，“掃”爲“埽”之俗字，是假“騷”爲“埽”。簡本“埽”字作“騷”、作“搔”俱屬聲同義近而假借也。
　　⑩　陳校：“此簡缺失。相當今本‘弟之服’至‘同也’67字。乙本有之，今據之補寫爲61字。”
　　⑪　“冐也”今本作“謂乎”。

曾祖父母爲士者，如衆人①。何以也②？大夫不敢降其祖也。

女子=嫁者、未嫁者爲曾祖父母。傳曰：嫁者，其嫁於大夫者也。未嫁者，成人而未嫁者也③。何以服資衰三月也④？不敢降其祖也。

大功布衰常、牡麻絰，無綏者。

子、女子=之長殤、中殤⑤。何以服大功也⑥？未成人也。何以無綏也？喪成人者其文儒⑦，喪未成人者其文不儒，故喪之絰不潲垂⑧，蓋弗成也⑨。年十九至十六爲長殤，十五至十二爲中

---

① "衆人"下今本有"傳曰"。

② "何以"下今本有"齊衰三月"。王關仕云："無'齊衰三月'，省。上傳皆不省，蓋以經云'如衆人'，上衆人'爲曾祖父母'傳已有'何以齊衰三月也'，此傳乃發何以大夫如衆人服，義實無別。"

③ "成人"上今本有"其"字。王關仕云："無'其'字，省或脫誤。上文'嫁者其嫁於大夫者也'，是其比。"

④ "三月"下今本無"也"字。

⑤ 王關仕云："'子女子子之長殤中殤'，丙本重'女子'，蓋因底本爲重文號，而改作新本時誤重'女子'。"

⑥ "何以"上今本有"傳曰"，"服"字今本無。

⑦ "儒"今本作"縟"。沈云："'儒'、'縟'皆半齒音，同隸日紐。然則'縟'之作'儒'，蓋聲之誤也。"王關仕云："《説文》'縟，繁采色也。從系，辱聲'，'儒，柔也，術士之稱。從人，需聲'。《廣韻》：儒切人朱，縟切而蜀，同日紐，故假借。"

⑧ "喪"今本作"殤"，"潲"今本作"橑"。陳校："唐石經原刻作摎，從手旁，磨改從木。"沈云："摎垂當從手旁。作'橑'、作'潲'均屬誤寫。"王關仕云："甲本'垂'作'丢'，書省。漢碑從垂字多類此。《衡方碑》'化速邘置'，《韓勑陰碑》'故督邘魯开煇'，《景北海碑陰》'中部督殤'，皆然。"

⑨ "弗"今本作"未"，"成"下今本有"人"字。沈云：此指繫于腰間之絰帶。以散麻糾合成繩曰絞，不絞即用散麻束腰，束後兩端下垂曰摎垂。大功以上初喪不絞，成服後乃絞；小功以下初喪時即絞；殤服則雖至成服，仍散麻不絞。然則不摎垂乃殤服之腰絰而非凡喪之腰絰，簡本作"喪之絰不潲垂"顯屬誤寫。此文"蓋弗成也"，既不詞，義又前後刺謬，顯係誤"未"爲"弗"，又誤脫"人"字。

殤，十一至八歲爲下殤，不滿八歲以下皆爲無服之殤①。以日易月，以日易月之殤=而無服。故子生三月則父命之②，死則哭之，未命則弗哭也③。

大功布衰常④、牡麻絰纓、布帶，三月受以小功衰⑤，葛⑥，九月者。大功布，九升。小功布，十一升。

姑、姊妹、女子=適人者。何以大功也？出也⑦。

爲人後者爲其昆弟⑧。何以大功也？爲人後者，降其昆弟⑨。

適婦⑩。何以大功也？不降其適也⑪。

---

①　"殤"今本皆作"殤"；"無服之殤"，今本作重句。沈云："'以日易月'句乃解'無服之殤'，即鄭注所云'謂生一月者哭之一日也'。以上下文氣論，必重起'無服之殤'句而義始完足，以今本爲長。"王關仕云："蓋因乙本脱重文號，甲本因之而亦脱。"

②　"命"今本作"名"。沈云："《左傳・閔公元年》'今名之大，以從盈數'，《史記・魏世家》作'命'。《禮記・祭法》'黄帝正名百物'，《國語・魯語》作'成命'。'命'、'名'聲既相近可假，義又相同，故《廣雅・釋詁》云：'命，名也。'"

③　"弗"今本作"不"。陳校："'弗哭也'以下今本有'叔父之長殤'至'七月不緦經'九十二字經文，此本刪去。"王關仕云："乙本簡殘，度其長不能容此九十二字，故亦無。按此經無傳，凡今本無傳者，甲、乙本無，服制喪期除外。"

④　陳校："'常'下丙本有'帶'字，此與乙本並無，同於今本。"

⑤　陳校："'小功衰'以下，今本有'即'字，此與乙本俱無。"

⑥　"葛"上今本有"即"字。沈云："丙本小功下爛缺，斷處相距可容二字，似有'即'字。成人小功章'即葛五月者'，甲、乙、丙本俱有'即'字。即葛者，初喪大功衰八升，三月葬後受以十一升之小功衰，而冠與帶則'説麻絰帶就葛絰帶也'。初喪服重服，葬後受輕服，即所謂'變除'之變也。無'即'字不成文義，顯係誤脱。"

⑦　"出也"下今本有"從父昆弟"。

⑧　"九月者"下、"適人者"下、"爲其昆弟"下，今本俱有"傳曰"。沈云：三月受以小功衰葛九月者，丙本無"者"字。十一章章首句末均有"者"字，丙本它章除爛缺外均有"者"字，則此文抄寫偶脱無疑。

⑨　"昆弟"下今本有"也"字。

⑩　"適婦"上今本有經文"庶子"，"適婦"下今本有"傳曰"。

⑪　"適也"下今本有"女子子適人者爲衆昆弟"。

姪=①者何也？胃我姑者吾胃之姪②。

夫之祖父母、世父母、叔父母③。何以大功也？從服也。夫之昆弟何以無服也？其夫屬乎父道者，妻皆母道也。其夫屬乎子道者，妻皆婦道也。胃弟之妻婦者，是嫂亦可胃母也④？名者⑤，人治之大者也，可毋慎乎⑥？

大夫爲世父母、叔父母、子、昆=弟=之子爲士者⑦。何以大功也？尊不同也。尊同，則得服其親服。

公之庶昆弟、大夫之庶子爲母、妻⑧。何以大功也？先君之餘尊之所厭⑨，不得過大功⑩。大夫之子⑪，則從乎大夫而降

---

① 前"姪"字下今本有"丈夫婦人報傳曰"。王關仕云："丙本'姪'作'經'爲假借字，《廣韻》姪、經同切語(徒結)，許慎訓'姪'爲'女子謂兄弟之子也'，可知'姪'爲本字。"

② "我"今本作"吾"。沈云："下第55簡'胃我咎者吾胃之甥'，乙本同，今本亦'我'作'吾'。《爾雅·釋詁》'吾，我也'，二字義同。《説文·口部》：'吾，我自稱也。'《我部》：'我，施身自謂也。'段注以爲'語言輕重緩急不同'，簡本分別用之，猶許氏之義也。"

③ "叔父母"下今本有"傳曰"。

④ "胃母也"今本作"謂之母乎"。《訂誤》云："鄭注本作'嫂'。簡本右旁从'更'作婑，係俗寫異構。《集韻·上皓》：'媭，或从叟，或俗从更，非是。'《後漢書·西羌傳》：'父没則妻後母，兄亡則納釐嫂。'嫂即作婑，與簡本同。"

⑤ "名"上今本有"故"字。

⑥ "毋"今本作"無"。

⑦ "士者"下今本有"傳曰"。

⑧ "母妻"下今本有"昆弟傳曰"。沈云：傳釋二庶爲生母之服，引經至"母"而其義已明，徒以"母妻"多連文，遂及"妻"字。傳之于經也，不爲撰傳則不引其文。引"妻"字而不引"昆弟"二字，遂啓昆弟屬上、屬下之訟。其實就經文言之，此二庶爲生母、爲妻、爲昆弟之服，至爲顯明，昆弟屬下，義不可通，爲此説者，蓋不明傳之例耳。

⑨ "先君之"今本無"之"字。

⑩ "大功"下今本有"也"字。

⑪ "子"今本作"庶子"。王關仕云："'子'上無'庶'，誤脱。此傳'先君餘尊之所厭，不得過大功也'，申經'公之庶昆弟'；傳'大夫之庶(甲、乙本無)子則從乎大夫而降也'，申經'大夫之庶子'所以服，故當有'庶'字。"

也①。

大夫之妾爲君之庶子。

女子=嫁者、未嫁者爲世父母、叔父母、姑、姊妹。傳曰：嫁者，其嫁於大夫者也。未嫁者，成人而未嫁者也。何以大功也？妾爲君之黨服，得與女君同②。

君爲姑、姊妹、女子=嫁於國君者③。何以大功也？尊同也。尊同則服其親服④。諸侯之子稱公=子=不得禰先君。公子之子稱公=孫=不得祖諸侯。此自卑別於尊者也。若公子之子孫有封爲國君者，則世=祖是人也，不祖公子，此自尊別於卑者也。是故始封之君不臣諸父昆弟，封君之子不臣諸父而臣昆弟。封君之孫臣諸父昆弟⑤。故君之所爲服，子不敢不服也⑥。君之所不服，子亦不敢服也。

---

① “降也”下今本有“父之所不降子亦不敢降也”十一字。沈云：“今本此傳，本屬可疑。不杖期章‘大夫之適子爲妻’，傳云‘父之所不降，子亦不敢降也’；又‘大夫之庶子爲適昆弟’，傳云‘父之所不降，子亦不敢降也’；如此條乃‘大夫之庶子爲庶昆弟’釋義，則當云‘父之所降，子亦不敢不降也’，不當如今本所云也。今得簡本，知此傳未及爲‘庶昆弟’之服，故述經無‘昆弟’二字，又無此二句，其疑始渙然冰釋矣。今本‘父之’二句爲衍文無疑也。”

② “同”下今本有“下言爲世父母叔父母姑姊妹者謂妾自服其私親也”二十一字。陳校：“此乃鄭注誤入正文，詳阮元《校勘記》。”

③ “君者”下今本有“傳曰”。

④ “則”下今本有“得”字。沈云：上文大夫爲世父母、叔父母、子、昆弟、昆弟之子爲士者服大功，傳云“何以大功也，尊不同也。尊同則得服其親服”，簡甲、乙本有“得”字與今本同。爲姑姊妹女子子適人者當服大功，君爲此等親，以己尊降在小功，但其嫁於國君者，與己同尊，當降而不降，故服大功。尊同不降，故稱“得服其親服”。簡本誤脱。

⑤ “臣”今本作“盡臣”。

⑥ “子不敢”今本作“子亦不敢”。

緦衰常、牡麻絰，既葬除之者①。

諸侯之大夫爲天子②。何以也③？諸侯之大夫，時妾見乎天子④。緦者，小功之緦也⑤。

小功布衰常、澡麻帶絰，五月者：

叔父之下殤⑥，從父昆弟之長殤⑦。問者曰：中殤何以不見也？大功之殤，中從上，小功之殤，中從下⑧。

---

①　陳校：“‘除之者’下今本有‘傳曰緦衰者何以小功之緦也’，簡移于下‘時妾見乎天子’之下而省去‘衰’、‘何以’三字。唐石經同于今本。《石渠禮論》則近於簡本。”沈云：“緦衰章特爲‘諸侯之大夫爲天子服’而設，故釋緦衰之文繫于傳末，以恩輕服重之義見曾接見于至尊之殊遇，必顛倒其次而文義始得連貫。今本經傳合編，編者以爲‘以小功之緦也’句正解經章首‘緦衰’之義，使傳分繫于經，故移于章首之下。二本不同，適可作《服傳》爲單傳之佳證也。”

②　“天子”下今本有“傳曰”。

③　“何以”下今本有“緦衰”二字。

④　“時妾”上今本有“以”字，“妾”今本作“接”。沈云：“以，因也。諸侯之大夫因時接見于天子，故爲此服，否則如鄭注云‘其士庶民不服可知’，無‘以’字義不可通，簡本誤脱。”又云：“妾”、“接”聲同通假，“接”爲加形旁後製正字。大夫之家臣不見于諸侯，以己臣屬于大夫也。諸侯之大夫不見于天子，以己臣屬于諸侯也。臣屬于大夫者不得越等而復事于諸侯，臣屬于諸侯者不得越等而復事于天子，無臣屬之義則自無義服可言。然有因時而接見于天子者，一接見之，雖非臣屬于彼而終不得已于情者，故製此恩輕服重之緦衰以見之，此即接之義也。

⑤　“緦者”上今本有“衰”字，“小”上今本有“以”字。沈云：“緦衰、大功、小功皆以衰布之名爲服名，全稱當作緦布衰、大功布衰、小功布衰，通用既可簡稱大功、小功，則亦可簡稱緦，據簡本知傳原本單稱緦。”又云：“喪服以布縷粗細以見不同關係者對死者之哀戚程度，關係越密，其縷越粗。緦衰用小功之縷則其縷較細，但成布則小功十升或十一升而緦用四升半，較小功爲疏。鄭注云：‘細其縷者，以恩輕也，升數少者，以服至尊也。凡布細而疏者謂之緦。’傳‘以小功之緦也’即是此意。用小功之縷成緦之布，無‘以’不成文義，簡本誤脱。”

⑥　“下殤”下今本有“適孫之下殤……爲其昆弟”經文。

⑦　“長殤”下今本有“傳曰”。王關仕云：“‘從父’上之章節號誤置，乙本例將‘服制服期’置於下首見之服者之上，下傳又合之，可見不可分，且傳既云‘大功之殤中從上，小功之殤中從下’，則甲、乙本經‘叔父之下殤，從父昆弟之長殤’不可以章節號斷爲二，可知其誤置明矣。”

⑧　“從下”下今本有“爲夫之叔父之長殤……大夫之妾爲庶子之長殤”經文。

小功布衰裳①，即葛②，五月者③。

外祖父母④。何以小功也？以尊加也。

從母⑤。何以小功也⑥？以名加也。親之服皆緦也⑦。

夫之姑、姊妹，弟以婦，報⑧。弟以婦者，弟長也。何以服小功也⑨？以爲相與居室中，則生小功之親焉⑩。

君母之父母、從母⑪。何以小功也？君母在則不敢不從服，

---

① "常"下今本有"牡麻絰"三字。沈云：乙本、丙本同。十一章皆著經帶，而簡本于成人小功章無"牡麻絰"之文，顯係誤脱。成人大功章言"大功布衰裳牡麻絰纓布帶三月受以小功衰即葛九月者"，乃初喪時衰裳帶用大功布，絰纓用牡麻，三月既葬受輕服，衰裳帶變用小功布，絰變用葛，即，就也，改麻就葛，以終九月之服。此小功衰裳帶三月既葬不變，惟絰改麻就葛，以終五月之服。如無"牡麻絰"三字，則"即葛"之"即"，文無所承，實不可通。簡本之誤脱也，亦無可疑也。

② 王關仕云："甲、乙本'葛'作'曷'，省，其上文'即葛九月者'，從艸，不省。丙本作葛。"

③ "五月者"下今本有"從祖祖父母……爲其姊妹適人者"經文。

④ "外祖父母"上今本有"爲"字，下有"傳曰"。沈云："下第56簡緦麻章'夫之從父昆弟之妻何以緦也'，今本'夫'上亦有'爲'字。丙本單經有'爲'與今本同，甲、乙本單傳述經省'爲'字，此乃附經撰傳之明證也。"

⑤ "從母"下今本有"丈夫婦人報"。王關仕云："甲、乙本無'丈夫婦人報'，丙本22簡殘作'從□人報'。《通典》卷九十二引馬氏云'母之姊妹也，姊妹之子男女也'，則所見本同于丙本。"

⑥ "何以小功"上今本有"傳曰"。

⑦ "親之服"上今本有"外"字。沈云：外親之服均在緦麻三月章。上爲外祖父母，傳云"以尊加"；此爲從母，乃母之姊妹，有母之名，故云"以名加"，二者皆加一等服小功，無"外"字義不可通，簡本誤脱。

⑧ 陳校："'弟以'，乙本同，丙本作'弟似'，今本作'娣姒'，熹平石經同於今本。'弟以服報'下今本有'傳曰'。"沈云："《釋名・釋親屬》：'娣，弟也。'《公羊傳・莊公十九年》：'娣者何，弟也。'俱以聲訓。然則字當作'弟'，作'娣'爲加形旁後製正字。《説文・女部》無'姒'字，《人部》：'似，象也。'《釋名・釋親屬》'少婦謂長婦曰姒，言其先來，己所當法似也'，亦以聲訓。據丙本字本作'似'，甲、乙本作'以'爲聲同通假，今本作'姒'爲後製正字。二字俱當依丙本。"

⑨ "何以服"，今本無"服"字。

⑩ "親焉"下今本有"大夫大夫之子……庶婦"。

⑪ "從母"下今本有"傳曰"。

君母不在則不服。

君=子=爲庶母慈己者①。君子=者，貴人子也②，爲庶母何以服小功也③？以慈加也④。

緦麻三月者⑤。

緦者，十五升陶其半⑥，有事其縷，無事其布，曰緦。

庶子爲後，爲其母⑦。何以緦也？與尊者爲體⑧，不敢服其私親也。然則何以服緦也？有死宮中者⑨，則爲之三月不舉祭，因是以服緦也。

---

① "君=子="今本作"君子子"，"慈己者"下今本有"傳曰"。沈云："今本不重'君'字。乙本、丙本'君'下無重文號，甲本傳文亦作'君子='。鄭注：'君子子者，大夫及公子之適妻子。'本係專稱，簡甲本'君'下誤衍重文號。"

② "貴人子"今本作"貴人之子"。

③ "何以"下今本無"服"字。

④ "慈"下今本有"己"字。沈云："傳引述經文甲、乙本俱有'己'字。任君子子師、慈、保母者，乃衆庶母中之一人耳，故爲慈己加服，無'己'字義不能明，簡甲本誤脫。"

⑤ "三月者"下今本有"傳曰"。

⑥ "陶"今本作"抽"。沈云：《少牢》第1簡"左繇上觻"，今本"繇"作"抽"，是簡本"繇"、"陶"兩作。《書·禹貢》"厥草惟繇"，馬融注："抽也。"《左傳·閔公二年》"成風聞成季之繇"，服虔注："繇，抽也，抽出吉凶也。"《左傳》之"繇"，《説文》作"籀"。"抽"、"由"、"籀"、"繇"聲同相通假。《書》之"皋陶"，《離騒》《説文》並作"皋繇"，"陶"、"繇"聲轉通假。以是簡本"抽"字或作"陶"或作"繇"。

⑦ "庶子"上今本有"族曾祖父母……從母之長殤報"；"庶子爲後"，今本作"庶子爲父後者"；"母"下、"何以緦也"下今本有"傳曰"。沈云：甲、乙本無傳不引述經文，族曾祖父母爲曾祖父之昆弟，五服旁行最疏遠之一等，無"族曾祖父母"，不成爲五服。簡本應屬誤脫。又云："丙本單經與甲、乙本引述經文同。下記丙本'庶子爲後爲其外祖父母從母蒼無服'，今本'後'下有'者'字。《禮記·服問》鄭注'禮庶子爲後爲其母緦'，正據此文而與簡本爲近。今本作'爲父後者'、'爲後者'義雖無異，而原本必無'父'、'者'二字。"又云："'與尊者'二句乃引舊傳之文，齊衰杖期章'出妻之子爲其母'云'傳曰與尊者爲〔一〕體不敢服其私親也'，簡甲、乙本有'傳曰'二字，與今本同。此當與彼同，簡本此文誤脫。"

⑧ "體"今本作"一體"。

⑨ "死宮中"今本作"死於宮中"。

士爲庶母①。何以緦也？以名服也②。

貴臣、貴妾。何以緦也？以其貴也。

乳母。何以緦也？以名服也。

從母昆弟③。何以緦也？以名服也。

甥＝者何也④？胃我咎者吾之甥⑤。何以緦也？報之也。

聟⑥。何以緦也？報之也。

妻之父母。何以緦也？從服也。

姑之子。何以緦也？報之也。

咎。何以緦也？從服也。

咎之子。何以緦也？從服也⑦。君母之昆弟⑧。何以緦也⑨？從服也。

---

① “庶母”下今本有“傳曰”。

② “以名服也”下，今本有“大夫以上爲庶母無服”。沈云：“君子子爲庶母慈己者服小功，爲衆庶母降一等當服緦，然而無服者，以大夫以上無緦服。此與諸侯絶旁期，同爲宗法之樞機，傳應發此義，簡本誤脱。”

③ “貴妾”下、“乳母”下、“昆弟”下，今本並有“傳曰”；“從母”上，今本有“從祖昆弟之子曾孫父之姑”。

④ “甥”與“甥”之間今本有“傳曰”。

⑤ “吾之甥”今本作“吾謂之甥”。

⑥ “聟”今本作“壻”，“聟”下、“妻之父母”下、“姑之子”下、“咎”下、“咎之子”下今本俱有“傳曰”。沈云：“顧炎武《金石文字記》云：‘壻字一傳爲壻，再傳爲壻，三傳爲聟，四傳爲聟，皆胥之變也。’此實‘壻’之傳寫別構，似非俗字。”王闓仕云：“《說文》：‘壻，夫也，從士、胥。’段注：‘《周禮》注、《詩》箋皆曰有才知之稱。’《禮記·昏義》‘壻執雁八’，《釋文》‘或又作聟’，段氏同十六部，可知聟、壻當爲同音假借也。”

⑦ “從服也”下今本有“夫之姑姊妹之長殤夫之諸祖父母報”。

⑧ “昆弟”下今本有“傳曰”。

⑨ “何以緦也”今本無“也”字。下同。

夫之從父昆弟之妻①。何以緦也？相與同室②，則生緦之親
焉。長殤中殤降一等，下殤降二等。資衰之殤中從上，大功之殤
中從下。

公子爲其母③，練冠、麻=衣縓緣；爲其妻，縓冠，葛④，麻衣縓
緣。皆既葬除之⑤。何以不在五服之中也？君之所不服，子亦不
敢服也。君之所爲服，子不敢不服也⑥。

不及知父母⑦，與兄弟居，加一等⑧。何如則可胃兄弟⑨？傳

---

① "夫之從父"上今本有"從父昆弟之子之長殤昆弟之孫之長殤"，"昆弟之妻"下
今本有"傳曰"。王關仕云："乙本亦無此十六字。'爲夫'作'爲妻'，涉下文而誤。按乙
本'爲'字在簡之下端，繩編之下，甲本之脫'爲'字，情形有二：一爲乙本爲甲本之底
本，作甲本時此字無，爲經師或他人所後添。二爲甲本之書手未見及編索之下竟有一
字，此特異於他簡，故抄時忽略未見及之。"

② "相與"上今本有"以爲"。沈云："成人小功章'夫之姑姊妹娣姒婦'傳云'以爲
相與居室中則生小功之親焉'，簡本與今本同。此文與彼句例相同，此簡誤脫。"

③ 陳校："此爲'記'文之開始，簡首扁方匡爲'記'之記號。"王關仕云："簡本記文
皆合於經，而不標'記'字，此後人所加也。"

④ "葛"下今本有"経帶"。沈云："'練冠麻'即練冠麻経帶，'縓冠葛'即縓冠葛経
帶，如緦麻即緦布衰麻経帶，例得省'経帶'二字。大功、小功章之'即葛'亦是葛経帶。
據以相校，簡本爲長。"

⑤ "除之"下今本有"傳曰"。

⑥ "子不敢"今本作"子亦不敢"。

⑦ "不及"上今本有"大夫公之昆弟……兄弟皆在他邦加一等"。沈云：丙本第
28簡"弟"下無"之子"二字。所爲後之兄弟乃入繼大宗爲人後者之世叔父，則所爲後
之兄弟之子，乃其從父昆弟。上斬衰三年章"爲人後者"，傳云："爲所後者之祖父母、
父母、妻、妻之父母、昆弟、昆弟之子若子。"爲內外親之服若親子，本已包括在內，而此
記又補之者，以上下均述兄弟之服，故連類而及後者爲從父兄弟服。如無"之子"二
字，即爲世叔父服，雜厠其間，殊無倫次。簡丙本實係誤脫。

⑧ "加一等"下今本有"傳曰"。沈云：丙本第28—29簡云"兄弟皆在也國駕一
等，不及知父母與兄弟居駕一等"，甲、乙本單傳不引述記文上句，引述記文下句"駕"
作"加"，與今本同。又不杖期章"不足以加尊焉"，成人小功章"以尊加也"亦作"加"，均
與今本同。簡本《特牲》第40簡旅酬節"爲加爵者作止爵"，今本"駕"作"加"。《莊子·
庚桑楚》："譬猶飲藥，以加病也。"《釋文》："崔本作駕，云加也。"其實此亦誤加形旁，如
此篇"既"之作"溉"，"受"之作"授"也。

⑨ "胃"下今本有"之"字。

曰："小功以下爲兄弟①。"

童子，雖當室緦②。童子不當室則無緦服③。

大夫弔於命婦，錫衰。命婦弔於大夫，錫衰④。錫者何也？麻有錫也⑤。錫者，十五升陶其半，無事其縷，有事其布，曰錫也⑥。

女子=適人者爲父母⑦，婦爲咎姑，惡筓有首以縰⑧。卒哭，子折筓首以筓=有首者⑨，惡筓有首也⑩。惡筓者，櫛⑪筓也。子折筓首者⑫，折吉筓之首也。吉筓者，象筓也。何以言子折筓首而不言婦也⑬？終之也⑭。

---

　　① "爲兄弟"下今本有"朋友皆在他邦……改葬緦"。

　　② "雖當"今本作"唯當"。陳校："丙本作'唯堂'，乙本同於甲本。"沈云：《問喪》："禮曰：童子不緦，唯當室緦。"正釋此記。《莊子・庚桑楚》："唯蟲能蟲，唯蟲能天。"《釋文》："一本唯作雖。"童子無緦服，唯爲父後承家事者得有緦服。甲、乙本之作"雖"，猶《莊子》一本之所作也。臨沂銀雀山漢墓出土帛書《孫子兵法》"雖"字作"唯"，可見二字多互誤也。又丙本"當"作"堂"。當室，鄭注："爲父後承家事。""堂室"不詞，當屬形譌。

　　③ "童子"，今本作"傳曰"；"不當室則無緦服"下，今本有"也凡妾爲私兄弟如邦人"。沈云："傳以相反之義釋記文，文當重起，簡本爲長。"

　　④ "錫衰"上今本有"亦"字。此句後今本有"傳曰"。

　　⑤ "麻有錫也"今本作"麻之有錫者也"。

　　⑥ "也"字今本無。

　　⑦ "爲父母"今本作"爲其父母"。

　　⑧ "縰"今本作"鬠"。

　　⑨ "以筓"下今本有"布總"、"傳曰"。

　　⑩ "有"上今本多"之"字。

　　⑪ "櫛"今本作"榊"。沈云："鄭注：'櫛笄者，以櫛之木爲笄。或曰榛笄。'敖繼公云：'此傳之櫛，疑即《檀弓》之榛，蓋聲相近而轉爲櫛耳。'案《説文・木部》：'榛，榛木也。'《詩・青蠅》毛傳：'榛所以爲藩也。'榛乃惡木而櫛非木，王引之改櫛爲即，即，柞也。其實字當作榛，毋須改字。漢碑'爭'作'爭'，則'榊'即'栍'字。字書無'栍'，與'榛'聲近假借，如《毛詩》之'蓁首'，《説文》作'䫏首'。"

　　⑫ "子"字今本無。沈云："傳下文解經'子折筓首以筓'，'折'上當有'子'字。此文解'折筓首者'，'折'上當無'子'字。甲、乙本涉上下文誤衍'子'字。"

　　⑬ "也"字今本無。

　　⑭ 陳校："'終之也'以下今本尚有'妾爲女君……小功十升若十一升'記文一百三十七字，乙本與此本均刪去。"

服　傳(乙本)①

　　斬衰常，苴絰、杖、絞帶，冠繩纓，菅屨者。斬者不緝也。苴絰，[麻之有]蕡者也。苴絰大鬲，左本在下②，去五分一以爲帶。資衰之絰，斬衰之帶也，去五分一以爲帶。大功之絰，資衰之帶也③，去五分一以爲帶。小功之絰，大功之帶也，去五分一以爲帶。緦麻之絰，小功之帶也，去五分一以爲帶。苴杖，竹也。削杖，桐也。長各齋其心④，皆下本。而杖者何也？爵也。無爵而

---

　　①　此狹長木簡《喪服》第八，共 37 簡，無缺失，惟每簡多折斷成若干小段，亦稍有缺失之字。簡狹而長，故字小如米，每簡平均約百零數字，多者如第 17 簡達 123 字。其編册之法同於甲本之簡，惟穿編處更刻契口，以固繩綸。第 1、2 簡之背題"服傳"、"第八"，同於甲本。簡末未記葉數，與甲本異；篇末不記字數，則同於甲本《服傳》。此篇存 3042 字，並所補之 306 字在內，共計 3348 字，甲本爲 3338 字。乙本《服傳》第八，與甲本之《服傳》第八，其內容幾全相同。凡甲本與今本不同者，乙本亦不同。甲本已有校記，凡乙本之不同於今本者，俱見甲本校記。此別記甲、乙兩本相異之處。甲本第 5、9、30 等三簡缺失，皆見存於乙本第 3、6、20 及 21 等簡內；凡此三段，甲本校記所未及，爲之補記於此。此本與甲本校之，蓋同一本子不同抄本也。於所刪之經文記文，於傳文移置不同於今本者，於字體之異與若干字與今本相出入者，兩皆大致相同。凡兩本相異之點，乙本往往近於今本，而甲本往往爲誤寫或遺寫者。今本雖出現於隋、唐之際，然其所本與此甲、乙本同源，故就其相同者反可以校簡本之誤寫也。漢人章句之形式，因簡册之改爲紙卷，重抄複刊，漸已泯滅。先事梳理甲本《服傳》與丙本《喪服》，稍稍見其端倪。最後綴合此册，始見章句分明，雖皆以一圈爲首，而章則另起簡首，畫圈於簡端款縫之上，句(即節)則雜在簡中，不另起簡。亂絲之中，得其條理，快何如之。甲本凡誤遺之字，刊削重書，此册亦然，惟第 17 簡男子下"之"字、第 24 簡第三段之"服"字及第 36 簡第二段第一服字下"也"字，皆於字旁補寫極小之字，爲全編所僅見。另，諸家相關考釋俱見於甲本《服傳》集釋，故乙本、丙本《集釋》均僅列陳氏《校記》，唯丙本 14 簡下有劉文獻校釋一條，列於此處更爲顯著之故也。

　　②　"左本"，甲本作"左末"，乙本同於今本。

　　③　"大功之經資衰之帶也"，"帶"字甲本誤作"經"，乙本同於今本。

　　④　"齊"作"齋"，同於甲本。

杖者何也？儋主也。非而不杖者何也①？輔病也。童子何以不杖也？不能病也。婦人何以不杖也？不能病也。絞帶者，繩帶也。繩纓，絛屬。冠六升，外縪，鍛而勿灰。衰三升。菅屨者，菅菲也，外納。居倚廬，寢苫枕塊，哭晝夜無時。吹粥，朝一溢米，夕一溢米。寢不［說絰帶。既虞，剪屏柱楣，寢有席，］食疏食，水飲，朝一哭、夕一哭而已矣②。既練，［舍外寢，始食］菜果，反素食③，［哭無時。］

爲父何以斬衰也④？　至尊也⑤。

天子至尊也⑥。君至尊也⑦。

父爲長子。何以三年也⑧？　正體乎上⑨，［又乃］將［所傳重也。庶子不得爲長子］三年，不繼祖也。

［爲人後者，何以三］年也⑩？　受［重者，必以］尊服＝之。何如而可爲後？同宗則爲之後。［何如而可以爲人後？］支子可。爲所爲後⑪祖［父母］、妻＝之父母、昆＝弟＝之子若子⑫。

衆臣杖，不敢即位⑬。近臣，君服斯服矣。

---

① “非而不杖”，甲本作“非主而杖”，今本同於甲本。
② “而已矣”今本無“矣”字。
③ “反”今本作“飯”。
④ “爲父”上今本有“父”及“傳曰”。
⑤ “至尊也”上今本有“父”字，其下今本有“諸侯爲天子”。
⑥ “天子”上今本有“傳曰”。
⑦ “君至尊”上今本有“君”及“傳曰”。
⑧ “長子”下今本有“傳曰”。
⑨ “乎”今本作“於”。
⑩ “爲人後者”下今本有“傳曰”。陳校：“簡本於此等處皆無‘傳曰’，故釋文所補不錄‘傳曰’二字。”
⑪ “爲所爲後”，甲本作“爲所爲”，今本作“爲所後者之”。
⑫ “祖父母……子若子”，乙本同於今本而與甲本異。
⑬ “不敢”今本作“不以”，甲本同於今本。

妻爲夫＝至尊也。

妾爲君＝［至尊］也。

女子＝在室爲父。

布總，晉①枅，絰，衰，三年。［傳曰：總六升，長六寸，晉］枅長［尺，吉］枅尺二寸。

［繩屨］者，繩菲也。衆臣者何也？曰：公卿大夫室老、士，貴臣，其餘皆衆臣也。有地者也。

疎衰常資、牡麻絰、冠布纓、削杖、布帶、疏屨三年者②。資者緝也③。牡麻者，枲麻也④。牡麻絰，右本在上，冠者古功也⑤。疎屨者⑥，廇類之菲也⑦。

繼母如母⑧。繼母何以如母也⑨？繼母之配父與因母同，故孝子（弗）敢殊也。

慈母如母。慈母者何也？傳曰：“妾之毋子者，妾子之毋母者也⑩，［父命妾曰：“女以爲子。”命子曰：］“女以爲母。”若是，則生養之，終其身如母。死喪之三年如母，貴父之命也。

母爲長子。何以三年也？父［之所］不降，母亦不敢降也。

疎衰常資、牡麻絰、冠布纓、削杖、布帶、疏屨、基者。問者

---

① “晉”今本作“箭”，甲本同。

② “三年者”下今本有“傳曰”。

③ “資者緝也”，今本作“齊者何緝也”。緝，甲本第1簡同。

④ “枲”今本作“枲”。

⑤ “古”今本作“沽”。陳校：“《既夕》鄭注：‘今文沽作古’。”

⑥ “疎屨”今本作“疏屨”。

⑦ “廇類”今本作“蒯藉”。下删“父卒則爲母”五字。

⑧ “繼母如母”、“慈母如母”下今本皆有“傳曰”。

⑨ “也”字今本無。

⑩ “妾子之毋母者”，甲本脱“子”字，乙本同於今本而“者”下多“也”字。

曰：何冠也？ 資衰、大功冠其綏，緦、小功冠其衰，帶緣各視其冠。

父在爲母。何以基也？ 詘也。至尊在，不敢降其私尊也①。父必三年然後娶，達子之志也。

爲妻何以基也？ 妻至親也。

出妻之子爲母基，爲外祖父母無服。傳曰："絶族無易服，親者屬。"出妻之子爲父後，則爲［出母無服。傳曰："與尊者爲體，不敢服其私親也］。

父卒，繼母嫁，從，爲之服，報。何以也？ 貴終也。

不杖、麻屨者。

祖父母。何以基也？ 尊也。

世父、叔父。何以基也？ 與尊者一體也。然則爲昆弟之子何以亦基也？ 旁尊也。不足以加尊焉，故［報之也。父］子一體也，夫妻一體也，昆弟一體也。故父子，首足也；夫妻，辨合也；昆弟，四體也。故昆弟之義無分，然而有分者，則辟子之私也。子不私父，則不成爲子。故有東宫，有西宫，有南宫，有北宫，異居而同財，有餘則歸之宗，不足則資於宗。世母叔母何以基也？ 以名服也。

夫之昆弟之子何以亦基也？ 報之也。

大夫之適子爲妻。何以基也？ 父之所不降，子亦不敢降也。何以不杖也？［父在則爲］妻不杖。

大夫之庶子爲適昆弟。何以基也？ 父之所不降，子亦不敢降也。

---

① "降"，甲本作"信"，今本作"伸"。

適孫。何以基也？不降其適也。有適子者毋適孫＝婦亦如之①。

爲人後者爲其[父母。何以]基也？不貳斬也。何以不貳斬也？持重於大宗者，降其小宗也。[爲人後者孰]後也？後[大宗也。曷爲後]大宗也？尊之統也。禽獸知母而[不知父。野人曰：父母何選]焉？都邑之士，則知尊禮矣。大夫及學士，則知尊祖矣。諸侯及其大祖，天子及其始祖之所自出。尊者[尊統]上，卑者尊統下。大宗者，尊之統也。大宗者，收族者也，不可以絕。故族以支子後大宗。適子[不得]後大宗。

女子子適人者爲其父母、昆弟之爲（父）後者。[爲父]何以基也？婦＝人＝不＝貳＝斬＝也＝者何也？婦人有三從之義，無專用道之行，故未嫁從父，既嫁從夫＝死從子。爲昆弟之爲父後者。何以基也？婦人雖在外，必歸宗，曰小宗，故服基也。

父者，子之天也；夫者，妻之天也。婦人不貳斬者，猶曰不貳天也。婦人不能貳尊也。

繼父同居者。[何]以基也？傳曰：夫死，妻稚，子幼，[子無]大功之親，與之適人。所適者亦無大功之親，所適者以其貨財爲之築宮廟，[歲時使之祀焉。妻不]敢與焉。若是，[則繼父]之道也。同居則資衰基，異居則資衰三月，必嘗同居，然后爲異居，未嘗同居，不爲異居。

爲夫之君。何以基也？從[服也。

姑、姊妹]女子＝適人無＝主＝者②，無祭主也。何以[基也？

① "毋"今本作"無"，甲本此句適當殘缺處。
② "者"下，甲本有重文，同於今本。

爲]其無祭主也。

爲君之父母、妻、長子、祖父母。何以朞也？從服也。父母、長子，君服斬。妻則小君也。父卒，然後爲祖後者服斬①。

妾爲女君。何以朞也？妾之事女君與婦之事舅姑等。

婦爲舅姑。何以朞也？從服也。

公妾、大夫之妾爲其子。何以朞也？妾不得體君，[爲其子]得遂也。

女子子爲祖父母。何以朞也？不敢[降其祖]也。

大夫之子爲世父母、叔父母、子、昆＝弟＝之子、姑姊妹女子＝無主爲大夫命婦者，唯子不報。大夫者，其男子之爲大夫者也②。命婦者，其婦人之爲大夫妻者也。無主者，命婦之無祭主者也。何以言唯子不報也？女子＝適人者爲父母朞，故不言報也。言其餘皆報也。何以服朞也？父之所不降，子亦不敢降也。大夫曷爲不降命婦也？夫貴於朝，則妻亦貴於室矣。

大夫爲祖父母、適孫爲士者。何以朞也？大夫不敢降其祖、適也③。

公妾以及士妾爲其父母。何以朞也？妾不得體君，得爲其父母遂。

疏衰常資、牡麻絰，無綏者。

寄公爲所寓。寄公者何也？失地之君也。何以爲所寓服資衰三月也？言與民同也。

----

① “祖後者”，同於今本，甲本無“者”字。

② “男子”下、“婦人”下，甲本無“之”字，乙本同於今本。

③ “大夫不敢降其祖適也”，甲本作“不降其祖適也”，今本同於乙本而祖、適之間有“與”字。

丈夫①、婦人爲宗=子=之[母、妻]。何以服資[衰三]月也？尊祖也。尊祖故敬=[宗=尊]祖之義也。宗子之母在，則不爲宗子之妻[服]。

爲舊君=之母、妻。爲舊君者[孰]胃也？士焉而已者。何以服資衰三月也？言與民同也。君之母、妻，則小君也。

大夫在外，其妻、長子爲舊國君。何以服資衰三月也？妻，言與民同也。長子，言未去也。

曾祖父母。何以服資衰三月也？小功者，兄弟之服也。不敢以兄弟之服=尊者也②。

大夫爲宗子③。何以服[資衰三月也？大]夫不敢降其宗也。

大夫爲舊君④。何以服資衰三月也？[大]夫去，君騷其宗廟⑤，故服資衰三月也，言與民同也。何大夫之胃也？言其以道去君而猶未絕也。

曾祖父母爲士者，如衆人。何以也？大夫不敢降其祖也。

女子=嫁[者、未嫁者]爲曾祖父母。傳曰：嫁者，其嫁于大夫者也。未嫁者，成人而未嫁者也。何以服資衰三月也？不敢降其祖也。

大功布衰常⑥、牡麻絰，無緌者。

子、女子=之長殤中殤。何以服大功也？未成人也。何以無緌也？喪成人者其文縟，喪未成人者其文不縟，[故喪之絰不樛

---

① “丈夫”，甲本誤作“丈人”，乙本同於今本。

② “服尊者也”，今本作“服至尊也”。

③ “大夫爲宗子”下今本有“傳曰”。

④ “大夫爲舊君”上今本有“舊君”及“傳曰”。

⑤ “騷”今本作“埽”。陳校：“《有司》第 1 簡作‘搔’，《泰射》第 66 簡作‘騷’。”

⑥ “常”下丙本有“帶”字，甲、乙本均無，同於今本。

垂，蓋］弗成也。年十九［至十六爲］長殤，十五至十二［爲］中殤，十一至八歲爲下殤，不滿八歲以下皆爲無服之殤。以日易月，日易月之殤＝而無［服］①，故子生三月則父命之，死則哭之，未命則［弗哭也］。

大功布衰常、牡麻経纓，布帶，三［月受以］小功衰，葛，九月者。大功布，九升。小功布，十一升。

姑、姊妹、女子＝適人者。何以大功也？出也。

爲人後者爲其昆弟。何以大功也？爲人後者降其昆弟。

適婦。何以服大功也②？不降其適也。

姪＝者何也？［胃我姑者］，吾胃之姪。

夫之祖［父母、世父母、］叔父母。何以大功也？從服也。夫之昆弟何以無服也？其夫屬乎父道者，妻皆母道也。其夫屬乎子道者，妻皆婦道也。胃弟之妻婦者，是嫂亦可胃［母也］？名者，［人］治之大者也，可毋慎乎？

大夫爲世父母、叔父母、［子、昆＝］弟＝之子爲士者。何以大功也？尊［不同也］，尊同則得服其親服。

公之庶昆弟、大夫之庶子爲母、妻。何以大功也？先君之餘尊之所厭，不得過大功。大夫之子，則從乎大夫而降也。

大夫之妾［爲君之庶子。

女］子＝嫁者、［未嫁者爲］世父母、叔父母、姑、姊妹。［傳曰：嫁］者，其嫁於大夫者也。未嫁者，成人而未嫁者也。何以大功也？妾爲君之黨服，得與女君同。

---

① “日”上今本有“以”字，甲本同於今本，乙本誤脱。
② “適婦何以服大功也”，今本無“服”字，甲本同於今本。

君爲姑、姊妹、女子=嫁於國君者。何以大功也？[尊同也。
尊同則得服其親服。諸侯之子]稱公=子=不得禰先君。公子之
子稱公=孫=不得祖諸侯。此自卑別於[尊者]也。若公子[之子
孫]有封爲國君者，則世=祖是人也，不祖公子。此自尊別於卑者
也。是故始封之君不臣諸父昆弟，封君之子不臣諸父而臣昆弟。
封君之孫臣諸父昆弟。故君之所爲服，子不敢不服也。君[之所
不服，子亦不敢服也]。

緦衰常、牡麻経，既葬除之者。

諸侯之大夫爲天子。何以也？諸侯之大夫，時妄見乎天子。
緦者，小功之緦也。

小功布衰常、澡麻帶経，五月者。

叔父之下殤。從父昆弟之長殤。問者曰：中殤何以不見也？
大功之殤中從上，小功之殤中從下①。

[小功布衰常]，即葛，五月者。

外祖父母。何以小功也？[以尊加]也。

從母。何以[小功也？以]名加也。親之服皆緦也。

[夫]之姑、姊妹，弟以婦，報。弟以婦者，弟長也。何以服小
[功也]？以爲相與居[室]中，則生小功之親焉。

君母之父母、從母。何以服小功也②？君母在，則不敢不從
服。君[母不在，則不服]。

君子=爲庶母慈己者③。君子=者，貴人子也。爲庶母何以服

---

① 陳校："此簡末字'下'字之最後一筆拉長，如王杖十簡中制書末字下之'下'。
此册各簡常以'也'字收尾，亦往往拉長一筆。"

② "服"字今本無，甲本同於今本。

③ "君子子"，今本同，甲本重"君"字。

小功也？以慈己加也①。

緦麻三月者。緦者，十五升抽其半，有事其縷，無事其布，曰緦。

庶子爲後爲其母。何以緦也？與尊者爲體，不敢服其私親也。然則何以服緦也？有死宮中者，則爲之三月不舉祭，因是以服緦也。

士爲庶母。何以緦也？以名服也。

貴臣、貴妾。何［以緦也？以其貴也］。

乳母。何以緦也？以名服也。

從母昆弟。何以緦也？以名服也。

甥＝者何也？胃我咎者吾胃之甥。何以緦也？報之也。

壻。何以緦也？報之也。

妻之父母。何以緦也？從服也。

姑之子。何以緦也？報之也。

舅。何以緦也？從服也。

舅之子。何以緦也？從服也。

君母之昆弟。何以緦也？從服也。

爲②妻之從父昆弟之妻③。何以緦也？相與同室，則生緦之親焉。長殤［中殤］降一等，下殤降二等。資衰之殤中從上，大功［之殤中從下］。

公子爲其母④，練冠、麻＝衣縓緣；爲其妻，縓冠，葛，麻衣縓

---

① “以慈己加也”，甲本脱“己”字，乙本同於今本。

② 陳校：“簡尾有一‘爲’字寫在第三編款縫之下，使此簡成爲四段，乃罕見之例。”

③ 陳校：“‘爲妻之從父’，甲本、丙本與今本俱作‘夫之從父’，此當是誤寫。”

④ 陳校：“此與下第 37 簡爲記文。簡首方匡爲‘記’之標記。”

緣。皆既葬除之。何以不在五服之中也？君之所不服，子亦不敢服也。君之所爲服，子不敢不服也。

不及知父母，與兄弟居，加一等。何如則可胃兄弟？傳曰："小功以下爲兄弟。"

童子雖當室，總。童子不當室，則無總服。

大夫弔於命婦，錫衰。命婦弔於大夫，錫衰。錫者何也？麻有錫也。錫者，十五升陶其半，無事其縷，有事其布，曰錫也。

女子=適人者爲父母，婦爲咎姑，惡枡有首以絰。卒哭，子折枡首以枡=有首者，惡枡有首也。惡枡者，欅枡也。子折枡首者，折吉枡之首也。吉枡者，象枡也。何以言子折枡首而不言婦也？終之也。

喪　服(丙本)①

喪服。斬衰常②，苴(絰、杖、絞帶，冠繩纓，菅屨者。

父)。

諸侯爲天子。

君。

父爲長子。

[爲人後者。

妻爲夫。

妾爲君。

女子子在室]爲父。

布總、箭笄、髽、衰三年。

子嫁，反在父之室，爲(父三年。

---

①　竹簡《喪服》，共 34 簡，首尾完整無缺簡，惟簡中多殘，第 7 簡殘脱最甚。此本與今本經文大致相同，所不同者，俱見上記。簡首"喪服"兩字，乃是篇題，異於甲本之題於背面。甲本皆有葉數，此與乙本皆無。此簡分章與甲、乙本同，故每章前一簡往往不足行而止，留有空白。章有章號，惟第 3、11、14、18、22 等五簡，未顯章號，乃年久漫滅之故。此本有經有記而無傳，經有章有句，記有句。第 27 簡記之首作一大圓點，甲、乙本作扁方框，代替今本"記"字。此大圓點大於章號之作中圓點者。以今本校之，除文字稍相異外，凡今本所有之經文記文多見於此本，非若甲、乙本於經、記皆有刪削。末記字數凡 1472 字，今以所存 1285 字並所補之 250 字計之，得 1535 字，多 67 字。簡篇經文應爲 1173 字，記文應爲 362 字。然此丙本經文雖大同於今本，亦有顯著與今本相異者三事：今本"牡麻絰"、"絰帶"、"族曾祖父母"爲丙本所無，前二者爲甲、乙本所無而後者整條爲甲、乙本所刪除者。甲、乙本屬於慶氏家法之本，則此丙本亦同一師法也。其所以異於今本者，後者爲鄭玄打亂師法家法、混合今文古文之本，而此本則西漢時代諸家共祖之后氏禮經也。此丙本最可貴者。

②　"常"今本作"裳"，甲、乙本同於丙本。

公、士、大夫)[之衆臣,爲其君布帶、繩屨]。

[疏]衰常①、牡麻経、冠布纓、削杖、布帶、疎屨[三年者。

父卒則]爲母②。

繼[母如母。

慈母如母。

母爲長子]。

疎衰常齊、牡麻経、冠[布纓、削杖、布帶、疎屨、期者。

父在爲]母。

妻。

出妻之子爲(母。

父卒,繼)母嫁,從,爲之服,報。

不杖麻(屨)者。

祖父母。

世[父]母、叔父母。

(大夫之適子爲)妻。

昆弟。

爲衆子。

昆弟之子。

大夫之庶子爲適昆弟。

適孫。

[爲人後者爲其父母,報。

女子子適人者爲其]父(母、昆弟)之[爲父後者。

---

① "常"下脱"齊"字,今本有之,乙本"齊"作"資"。

② "疎屨"今本作"疏屨",甲、乙本同於丙本。

繼]父同居者。

爲夫之君。

姑、姊妹、女子子適人無主者，姑、姊妹報。

［爲君之父母、妻、長子、祖父母。

妾爲女君。

婦爲舅姑。

夫之昆弟之子。

公妾、大夫之妾］爲其［子。

女子子爲祖父母。

大夫］之子爲世［父母、叔父母、子、昆弟、昆弟之子。姑、姊妹］、女子子無主爲大夫命婦者①。唯子不報。

大夫爲祖父母、適孫爲士者。

公妾以及士妾爲其父母。

疏衰常齊，牡麻絰，無綏者②。

寄公爲所禺③。

丈夫、婦人爲宗子、宗子之母、妻。

爲舊君。君之母、妻。

庶人爲國君。

大夫（在外，其妻、長）子爲舊國君。

繼父不同居④。

曾祖父母。

---

① “無主”下今本有“者”字。
② “綏”今本作“受”，甲、乙本同於丙本。
③ “禺”今本作“寓”，甲、乙本同於丙本。
④ “不同居”下今本有“者”字。

大夫爲宗子。

舊君。

曾祖父母爲士者,如衆人。

女子子嫁者、未嫁者爲曾祖父母。

大功布衰常,牡麻絰,無綏者。

子、女子女子子之長殤、中殤①。

叔父之長殤、中殤。姑、姊妹之長〔殤〕、中殤。昆〔弟〕之長殤、中殤。夫之昆〔弟之子〕、〔女子〕子之長殤、中殤。適孫之長殤、中殤。大(夫)之庶子爲適〔昆弟之〕長殤、中殤。〔公爲〕適子(之長殤、中殤)。大(夫)〔爲適子之長殤、中殤。

其〕長殤皆九月,緦絰。其中殤(七月),不緦絰。

大功布衰常帶②,牡麻絰,(緦布)帶,三月受以小功(衰,即)葛③,九月④。

姑、姊妹、女子子適人者。

從父昆弟。

爲(人)後者爲其昆弟。

〔庶〕孫⑤。

適婦。

女子(子)適人者爲衆昆弟。

---

① "子女子女子子"今本作"子女子子",甲、乙本同於今本。陳校:"此本誤多'子女'二字。"
② "帶"字今本無,甲、乙本同於今本。
③ "葛"上今本有"即"字,甲、乙本俱無。陳校:"此本適當殘泐處,有無'即'字未可定也。"
④ "九月"下今本有"者"字,甲、乙本同於今本。
⑤ "庶孫"今本作"庶子"。陳校:"鄭注及唐石經均作'庶孫',今本誤。"劉文獻云:"'庶孫',甲、乙本無。甲本校記'孫'誤'子'。"

經①、丈夫婦人②。

夫之祖父（母）、世父母、叔父母。

大夫爲世父母、叔父母、子、昆弟、昆弟[之子爲士者。

公之庶昆弟、大夫之庶子]爲母、妻、昆弟③。

皆爲[其從父昆]弟之爲大夫者。

爲夫之昆弟之[婦人子適]人者。

大夫之[妾爲君]之庶子。

女子[子嫁]者、未嫁者爲世父[母、叔父母]、[姑、姊妹。

大]（夫、大夫之）妻、大夫之子、公之昆弟爲姑、姊妹、女子子嫁於大夫者。君爲姑、姊妹、女子[子嫁於國君者]。

緦衰常，牡麻経，溉葬除之者④。

諸侯之大夫爲天子。

小功布衰常，澡麻帶経⑤，五月者。

叔父之下殤。適孫之下殤。昆弟之下殤。大夫之庶子爲適昆弟之下殤⑥。爲姑、姊妹、[女子]子之下殤。爲人後者爲其昆弟、從父昆弟之長殤。

爲夫之叔父之長殤。

昆弟之子（女）子子、夫之昆弟之子、女子子之下殤。爲経⑦、庶孫、丈夫婦人之長殤。

_____

① “経”今本作“絰”，甲、乙本同於今本。
② “丈夫婦人”，今本“人”下有“報”字。
③ “爲母妻昆弟”，今本同而分讀之，甲、乙本無“昆弟”。
④ “溉”今本作“既”，甲、乙本同於今本。
⑤ “澡”今本作“澡”。
⑥ “大夫之庶子”，今本無“之”字。
⑦ “絰”又寫作“経”。陳校：“下第 24 簡亦然，知非誤寫也。”

大夫、[公之]昆弟、大夫[之]子爲其(昆弟、庶子、姑、姊妹、女子子之長殤)。

大夫之妾(爲)庶子之長殤。

小功布衰常①、即葛、五月者。

從(祖祖父母、從祖父母),報。

從祖昆弟。

從父姊妹。

孫適人者。

爲人後爲其姊妹適人者②。爲外祖父母。

從[母,丈夫婦]人報。

夫之[姑、姊]妹,弟似婦③,報。

大夫、大夫之子、(公)之昆弟(爲從父昆弟、庶孫)、姑姊妹[女子子適]士者。

大夫之妾爲庶子適人者。

庶婦。

君母之父母、從母。

君子子爲庶母[慈己者]。

緦麻三月者。

族祖父母④、族父母、族昆弟。

庶孫之婦。庶孫之中殤。

從祖姑姊妹適人者,報。從祖父、從祖昆弟之長殤。外孫。

---

① "衰常"下今本有"牡麻絰"三字,甲本亦無。

② "爲人後"下今本有"者"字。

③ "弟似",甲、乙本作"弟以",今本及熹平石經作"娣姒"。

④ "族祖父母",今本於其上有"族曾祖父母"。

從父昆弟、絰之下殤。夫之叔父之中殤、下殤。

從母之長殤，報。

庶子爲後爲其母[①]。

士爲庶母。

貴臣、貴妾。

乳母。

從祖昆弟之子。

曾孫。

父之姑。

從母昆弟。

甥。

聟[②]。

妻之父母。

姑之子。

舅[③]。

舅之子。

（夫）之姑姊妹之長殤。夫之諸祖父母，報。

君母之昆弟。

從父昆弟之子之長殤。昆弟之孫之長殤。爲夫之從父昆弟
之妻。

公子爲其母，練冠、麻、麻衣（緣緣；爲其）妻，緣冠，葛[④]，麻衣

---

① “庶子爲後”，甲、乙本同，今本作“庶子爲父後者”。

② “聟”，甲、乙本同，今本作“壻”。

③ “舅”今本作“舅”，甲、乙本作“咎”。

④ “冠葛”下今本有“経帶”，甲、乙本亦無。

（纁緣。皆溉葬除）之。

大夫、［公之昆弟］、大夫之子，於兄弟降一等。

［爲人後者，於兄弟降一等，報。於所］爲後之兄弟若子①。

兄弟皆在②也國③，駕一等④。不（及）知父母，與兄弟居，駕一等。

崩友皆在也國⑤，但免⑥，歸則［已。

朋友麻］。

君之所爲兄弟（服），室老降一等。

夫之所爲［兄］弟服，妻降［一等］。庶子爲後⑦，爲其外祖父母、從母、葊無服，不爲後，如國人。

宗子孤爲殤，大功衰、小功衰皆三月。親則月筭如國人⑧。

改（葬）緦。

（童）子唯堂室緦⑨。

凡妾爲私兄弟，如國人。

大夫弔於命婦，錫衰。命婦弔於大夫⑩，錫衰。

---

① “兄弟若子”，今本作“兄弟之子若子”。

② 李解民認爲27、28兩簡是一枚完簡的兩個部分，只是因爲自然的因素和人爲的力量才被强行分開。這樣丙本竹簡的總數就要相應減去一支，成爲33支。詳參氏著《〈武威漢簡〉丙本〈喪服〉簡的綴合》。

③ “也國”今本作“他邦”。

④ “駕”今本作“加”。甲本《特牲》第40簡亦作“駕”。

⑤ “崩”今本作“朋”。

⑥ “但”今本作“袒”，《泰射》亦作“但”。

⑦ “爲後”下今本有“者”字。

⑧ “國人”今本作“邦人”。

⑨ “唯堂”今本作“唯當”，甲、乙本作“雖當”。

⑩ “命婦弔於大夫錫衰”，今本“夫”下有“亦”字，甲、乙本同於丙本。

　　女子子適人者爲父母①,婦爲蓉姑,惡笄有首以絰②。卒哭,子折笄首以笄③,布總。

　　妾爲女君、君之(長)子,惡笄有首,布總。

　　凡衰,外削幅。常,内[削]幅。幅三絢④。

　　若齋⑤,常内衰[外]。負,廣出於適寸。適,博四寸。出於(衰)。衰,長六寸,博四寸。衣帶,下尺。衽,二(尺有五寸)。袂,屬幅。衣,二尺二寸⑥。袪,尺二寸。

　　衰(三升),三升有半。其冠六升。以其冠爲綏,綏冠七升。齊衰四升,其冠七升。以[其冠爲]綏,綏冠八升。總衰四升有半,其冠八升。大功八升若九升。小功十升若十一升。

---

①　“爲父母”,今本“爲”下有“其”字,甲、乙本同於丙本。
②　“絰”今本作“髽”。
③　“笄”,今本同,甲、乙本均作“枅”。
④　“絢”今本作“袀”。
⑤　“齋”今本作“齊”。
⑥　“衣二尺二寸”,今本作“衣二尺有二寸”。

64

特　牲(甲本)^①

　　特牲餽食之禮^②。不詛日^③。及筮日，主人冠端玄，即位于門外，西面。子姓兄弟如主人服^④，立于主人之南，西面北上。有司

---

　　①　木簡《特牲》第十，共 53 簡，缺失第 18、20、21、22 等四簡，見存 49 簡，甚完整，僅第 8 簡缺 5 字。第 40 簡以下無葉數，行款亦異。此篇經、記與今本稍有出入，寫本有誤字、脫字，但亦有可以補正今本之處。41 簡以前，錯字較多。此篇有鉤識號，乃經師誦習時所作也。前 40 簡行率 60 字上下，後 13 簡行或七八十字上下。簡尾計字 3440 字，計記文在內，賈疏作“三千三百單五字”，鄭注本作 3405 字。今存 3118 字，殘缺 253 字，完篇應爲 3371 字，較簡記少 69 字。檢視原簡，則知前 40 簡與後 13 簡不但有無葉數、每簡容字多少以及書法之不同而已。最重要者，此兩部分乃不同時代所抄，故後 13 簡寬窄不勻，其木質亦不同於前 40 簡。後 13 簡自成一編編，乃先存於 40 簡之前，其上麻繩之跡頗有見存者。第 1 簡長 55 釐米，第 40 簡長 55.7 釐米，第 41 簡長 56 釐米，第 53 簡長 55.7 釐米。後 13 簡稍長於前 40 簡。後 13 簡，察其木色墨色皆較前 40 簡爲陳舊，應係補寫；前 40 簡乃後來補寫者，故第 40 簡抄至 43 字而止。第 53 簡之末記字數之筆跡與前 40 簡書手爲一人，因知此記字之尾題，乃即補抄前 40 簡後補題於舊簡 13 簡之末者。由此可證出土《特牲》篇，乃就較舊之後 13 簡補添而成，是有利用舊簡而補成新篇之例也。此所補之 40 簡，與甲本其他六篇當係同時。此篇章句，似可分別。簡端第一編之上之圓點，較大於簡中之句號，或是章號，見於第 1、27、34、41、47、48 等簡。第 41、48 簡簡端爲章號，故其前一簡皆未足行而畢。此事尚待考定，或仍爲句號，參下《少牢》校記結尾。第 47 簡爲記文之開始，簡端作大圓點，其前簡亦未足行。句號皆作中圓點，唯第 5、31 簡作圓圈。又此篇第 28、36、47 等三簡中有頓號。

　　②　“餽”字今本作“饋”。

　　③　“詛”字今本作“諏”。沈云：“簡本下兩命詞‘諏此某事’亦作‘詛’。鄭注：‘今文“諏”皆爲“詛”。’簡本用今文。《少牢》諏日而《特牲》不諏日，大夫禮盛于士，禮盛者先議定筮日，至是日筮而得吉日爲祭日。不詛日，不議定筮日也。諏、詛一聲之轉，胡承珙《疏義》謂‘諏，正字，詛，假借字’是也。”

　　④　“主人服”，今本作“主人之服”。王闓仕云：“今本下文‘如兄弟服’、‘尸如主人服’、‘賓如主人服’、‘主人服如初’，甲本同無‘之’。”

羣執事如兄弟服，東面北上。席于門中，槷西①，棫外②。筮人取筮于西塾③，執④，東面受命于主人。宰自主人左贊命⑤，命曰："孝孫某，筮來日某，詛此某事，適其皇祖其子⑥。尚饗！"筮者許若，還⑦，即席，西面坐，卦者在南⑧。卒筮，寫卦。筮者執以示主人。主人受視，反之。筮者還，東面，長占。卒，告于主人："占曰

---

① 陳校："'棫'，簡作槷，今本作闑，鄭注：'古文闑作槷。'此簡下尾被切削過。"沈云：《士冠》鄭注"闑，門橛也"，闑爲門中央短豎木。《類篇》"槷，杙也"，《爾雅・釋宮》云"樴謂之杙，在地謂之臬"，又云"樴謂之闑"，《說文・木部》"樴，弋也"。杙之作弋，闑之作臬，均爲聲同通假，弋、闑均爲加形旁後製正字，槷爲杙之俗字。

② "棫"字今本作"闑"。沈云：《說文・門部》："闑，門橛也。"闑爲門限，《曲禮上》所謂"不踐閾"。簡本"棫"字，毛傳、《說文》均訓"白桵也"，係木名，與門限之義不相涉，必是誤字。胡承珙《疏義》云："閾、國並從或聲，蹙、城並從戚聲，蓋古音或聲、戚聲相近，城之爲國，猶蹙之爲閾。"古文"蹙"或本作"城"，"棫"實"城"之形譌。

③ "埶"字今本作"塾"。王闓仕云："塾，不見《說文》。埶，《說文》：'食飪也。'《爾雅》：'門側之堂謂之塾。'則'塾'爲本字，甲本奪省'土'。"沈云："埶、塾聲同通假，塾爲加形旁後製正字。假埶爲塾，猶假埶爲熟，其例同，不過後者爲習見耳。"

④ 陳校："執，簡皆誤從'辛'，它篇亦如此。'執'下今本有'之'字。"沈云："《少牢》第1簡筮日節'史朝服，左執筮，右抽上韇，兼與筮執之'，有'之'字與今本同。《士冠》筮日節'筮人執筴，抽上韇，兼執之'。'執之'或'兼執之'，'之'指蓍或著與韇，無'之'字不詞，簡本誤脫。"

⑤ "主人左"，今本作"主人之左"。

⑥ "其"字今本作"某"。

⑦ "若還"今本作"諾還"。沈云："經傳多以'還'爲'旋'，《玉藻》'周還中規，折旋中矩'，《釋文》：'音旋，本亦作旋'。《左傳・襄公十年》'還鄭而南'，又'哀公三年》'道旋公宮'，《釋文》均云'本又作環'，是環、還、旋音義俱同相通假。作'環'爲'還'之加形旁字。作'儇'爲'還'之假借字，《荀子・禮論篇》'設掩面儇目'，楊倞注'儇與還同'。《嫚侯鼎》'唯儇自征'，金文從彳從亻同作，儇亦'還'字。"

⑧ "南"字今本作"左"。劉文獻云："'卦者'之'卦'，簡本誤作'刲'，下'寫卦'則不誤。漢簡《校記》漏校。"沈云："凡筮用二人，一人以著之數定得爻之陰陽爲筮者，一人用木畫陰陽爻于地爲卦者，六爻畫畢，知爲某卦，遂書于板。卦者畫卦書卦，決無分別爲二字之理。《說文・卜部》'卦，筮也'，《刀部》'刲，刺也'，二字義別。《易・歸妹》、《國語・楚語》、《少牢》均有'刲羊'之文，乃'刲'字本義。簡本下刲羊作'劫'，乃'刲'之誤寫，則此作'刲'乃涉下文而誤。"又云：筮者西向，卦者在筮者之左，即在其南，"南"字似不誤。《禮經》通例，二人並立或並坐，祇言左右而不言南北或東西，蓋因面向時有更易，言南北或東西頗易混淆，言左右則明確無疑，仍以作"左"爲長。

吉。"若不吉,則筮遠日,如初義①。宗人告事畢。

　　前期三日之朝,筮尸,如求日之義。命筮曰:"孝孫某,詛此某事,適其皇祖某子,筮某之某爲尸。尚饗!"乃宿尸。主人立于尸外門外,子姓兄弟立于主人之後,北面東上。尸如主人服,出門左,西面。主人辟,皆東面北上。主人再拜,尸合拜②。宗人擯辟如初,卒曰:"筮子爲尸③,占曰吉,宿④。"祝許若,致命。尸許若,主人再拜稽首。尸入,主人退。

---

　　① "義"字今本作"儀"。沈云:"簡本儀、義錯雜並用。《周禮·肆師職》鄭注云:'故書"儀"爲"義",鄭司農"義"讀爲"儀",古者書"儀"但爲"義",今時所謂"義"爲誼。'《楊信碑》'追念義刑'即儀型也。《有司》辯獻衆賓節'其脀體儀也',簡本爛缺,據獻兄弟節例之,亦當作'儀'。鄭注:'今文"儀"皆爲"臡",或爲"議"。'《集韻》五支:'度牲體骨曰臡,通作儀。'此亦儀度字,古文皆作'義',今文加形旁而有作'儀'有作'臡'耳。"王關仕云:"'義'爲本字,'儀'爲後起,可知古本作'義'。東漢時'義'、'儀'已分,簡本多作'義',僅《有司》作'儀',且其他字亦多同今本,可見簡本主人之年代與墓所出物合(蓋在王莽後期)。"

　　② "合"字今本作"荅"。陳邦懷云:"《陳侯因資敦銘》'合揚乒德',已借'合'爲'荅',簡文也是借'合'爲'荅'。"

　　③ "爲尸",今本作"爲某尸"。沈云:"胡氏《正義》云:'某尸,或言"祖尸"或言"禰尸",不稱名與字也。'士或有祖、禰二廟,此'某'字實代'祖'或'禰'字。主人告彼,必使其知爲祖尸或禰尸,則'某'字不可省,簡本誤脫。"王關仕云:"凡命告祝請之辭皆不可省字,上文'適其皇祖某子'凡二見,甲本同,此告尸即爲某尸也。"

　　④ "宿"字今本作"敢宿"。王關仕云:"無'敢'字,爲今文之誤省。宿,乃爲宗人擯之告辭,下文'宗人擯辭曰:某薦歲事,吾子將涖之,敢宿',《少牢》'以某妃配某氏,敢宿',甲本皆有'敢',可證。"

　　宿賓①。如主人服，出門左，西面再拜。主人東面合拜②。宗人擯曰："某薦歲事，吾子將涖之③，敢宿。"賓曰："某敢不敬④。"主人再拜，賓合拜。主人退，賓拜送。

　　厥明日夕⑤，陳□□□鼎于少外⑥，北面北上，有密⑦。棜在

---

　　① "宿賓"，今本作"宿賓賓"。陳校："西、面之間削去一字，留空。"沈云："此不重'賓'字，屬上則不明如主人服爲何人；屬下則不明所宿爲賓。簡本誤脱重文號。"王關仕云："簡本誤省或誤脱。上文'乃宿尸，主人立于……尸如主人服'，甲本同，是其比。又此鄭注'今特肅之，尊賓耳'，故下當有受詞及主詞。蓋其底本作'宿賓＝如主人服'而誤省歟？且此簡最後'西面'二字間空一字位，此段僅 19 字（例爲 20 字），似書者誤漏一字，書至'西'字乃覺，又未細檢以補，乃書'面'與前簡最後一字平。"

　　② "拜"上今本有"再"字。沈云："下賓從主人之請，主人謝其允來，再拜，賓荅一拜。今本與簡本同。前後合觀，當是荅皆一拜。據今本，到門賓主皆再拜，從請謝允主人再拜而賓荅一拜，反成尊卑不敵。又《士冠》宿賓節，到門賓再拜而主人一拜，從請謝允主人再拜而賓荅一拜，實同《特牲》簡本。據以參證，當從簡本，今本誤衍'再'字。"王關仕云："簡本誤脱'再'字，鄭上文注'今特肅之，尊賓耳'，此賓再拜，主人當'合'再拜。"

　　③ "涖"字今本作"蒞"。沈云：《周禮·鄉師職》"執斧以涖匠師"、《大宗伯職》"涖玉鬯"鄭注並云："故書'涖'作'立'。"又《肆師職》"凡師甸用牲于社宗則爲位"，鄭注："故書'位'作'涖'。"又《小宗伯職》"掌建國之神位"，鄭注："故書'位'作'立'。"群書有假"涖"爲"立"，簡本亦假"涖"爲"立"。王關仕云："《爾雅·釋詁》：'涖，視也。'《禮記·文王世子》：'成王幼，不能涖阼。'鄭注：'涖，視也。'《釋文》：'本或作蒞，臨也。'甲本作'涖'，爲隸省。"

　　④ "不敬"，今本作"不敬從"。沈云："《士冠》宿賓節'賓對曰某敢不從'，彼賓爲主人之僚友，此賓爲主人之有司，彼賓尊，荅辭可無'敬'字。然無'從'字則允命之意無由表達，且不詞也。以彼決此，簡本誤脱'從'字。"王關仕云："簡本他篇多作'敢不從'，今本《士相見》作'敢不敬從'，僅一見。此甲本'敬'或爲'從'之誤，或誤脱'從'。"

　　⑤ "明日夕"，今本作"明夕"。沈云："鄭注'宿賓之明日夕'，鄭氏作'明日夕'，顯係述經而非以之釋明夕者。《士冠》爲期節'厥明夕爲期于廟門之外'，鄭氏無注。然則原本俱作'明日夕'而後人省'日'字耳。"

　　⑥ "少"字今本作"門"。

　　⑦ "密"字今本作"鼏"。沈云："覆鼎用編茅，今文作'鼏'，古文作'密'；覆尊甒等用布，今本作'幕'，古文作'冪'。今本頗多淆亂，簡本作'密'作'幕'，截然分明，得簡本而今本得以訂正。"

其南①，南順，實獸于其上，東首。牲在其西，北首，東足。執洗于作階東南②，壺禁在東序③，豆、邊、刑在東房④，南上。几、延⑤、兩敦在西堂。主人及子姓、兄弟即位于門東，如初。賓及衆賓即位于（門西，東面）北上。宗人、祝立于賓西北⑥，南上。主人再拜，

① “槃”字今本作“棜”。王關仕云：“槃、棜無異，亦偶作‘於’，《釋文》同今本。又‘門’作‘少’，涉下文‘外’而誤。”

② “執”字今本作“設”，“作”字今本作“阼”。沈云：簡本執、設錯雜並用。簡本“執”字均作“執”，偶有寫作“執”者，俱當作“執”。亦有“執”字偶寫作“執”者，凡此當屬寫誤。字書無“執”字，不詳其音訓。裘錫圭先生云：“漢隸執字及執旁作執者習見。古音執屬祭部，設屬月部，二字陰入對轉。執可讀作勢，勢、設聲母相同。”裘說可從。王關仕云：“熹平石經《燕禮》同今本作‘阼’，‘阼’爲正字。”沈云：“‘作’與‘昨’通，《淮南子·天文訓》‘歲名曰作鄂’，高誘注：‘作讀昨’。‘昨’與‘阼’通，《爾雅·釋天·釋文》：‘復昨，本亦作阼。’‘阼’與‘阼’通，《荀子·哀公篇》‘登自阼階’，楊倞注：‘阼與阼同。’《周禮·膳夫職》‘則徹王之阼俎’即‘阼俎’。作、昨、阼均從乍聲相通。酢酬字簡本亦作‘作’，可參證也。”

③ “東序”，今本作“西序”。王關仕云：“簡本西序作東序，是也。唐石經、士禮居本、永懷堂本、張本並作東序可證。今本誤，當據簡本正。”陳邦懷云：“明徐氏仿宋本《儀禮》作‘東序’，與簡文相同，今本作‘西序’，誤。知其誤者，東序與上句作階東南及下句東房之方位正合。”

④ “邊刑”，今本作“籩鉶”。沈云：“邊、籩，刑、鉶，俱以聲同通假，籩、鉶均爲加形旁後製正字。”

⑤ “延”字今本作“席”。王關仕云：“《士虞》‘猶出几席設如初’，鄭注‘古文席爲筵’，《大射》‘賓升就席’，鄭注‘今文席爲筵’，‘延’爲‘筵’之省。”沈云：“簡本筵席字俱作‘延’，延、筵聲同通假。”

⑥ “西北”下今本有“東面”二字。沈云：“此視濯視牲之位與筮日相同者，即上文所云‘主人及子姓兄弟即位于門東如初’。如初，如筮日面位及所上；所不同者，賓及衆賓本在有司中，宗人及祝本在群執事中，宿賓之後，須與有司群執事分列，立位雖仍在門西，而宗人、祝在賓之西北，即略後退；面向雖仍東面，而宗人、祝改北上爲南上；且自賓分列後，公有司即改東面爲北面：凡此均需重述，故鄭注云‘不蒙如初’。然則此文不特須著立位與所上，而面向亦不應從略，可證簡本誤脫‘東面’二字。”王關仕云：“前子姓兄弟、賓及衆賓，皆有面位；此宗人、祝亦當有；簡本蓋承上文賓面而省，或誤脫。”

賓合拜①，三拜［衆賓，衆賓合］再拜②。主人揖入，兄弟從，賓及衆賓從，即位于堂下，如外位。宗人升自西階，視壺濯及豆邊，反降，東北面告濯具。賓出，主人出，皆復外位。宗人視牲，告統③。雍正作豕。宗人舉獸尾，告備，舉鼎密，告絜。請期，曰“羹念”④。告事畢，賓出，主人拜送。

　　冠興，主人服如初，立于門外東方，南面，視則殺⑤。主婦視餀爨于西堂下⑥。享于門外東方⑦，西面北上。羹念，實鼎，陳于

---

　　①　“合拜”，今本作“荅再拜”。沈云：“鄉飲酒禮爲推選賢能，賓尊，故荅祇一拜；鄉射禮爲習民以禮樂，不專爲賓己，賓主相敵，故俱再拜。特牲饋食禮之賓，本爲有司，選以擔任三獻，尊卑相敵，亦應再拜，簡本誤脱。”

　　②　陳校：“此簡第二段缺失 5 字。”王關仕云：“上文‘主人再拜，尸荅拜’，‘主人再拜，賓荅拜’，甲本同；此當從甲本亦無‘再’。以‘主人再拜，賓荅（一）拜’，故‘三拜衆賓，衆賓荅再拜’也。”

　　③　“統”字今本作“充”。沈云：“《儒行》‘不充詘于富貴’，鄭注：‘充或爲統。’《說文·儿部》云：‘充，長也，高也。’此文之‘充’，鄭注云‘猶滿也’，仍是本義之引伸。作‘統’爲‘充’之誤加形旁，如下文‘亞’之作‘惡’也。”王關仕云：“甲本作‘統’爲‘充’之異書。”

　　④　“念”字今本作“飪”。沈云：“《聘禮記》‘賜饔唯羹飪’，鄭注：‘古文飪作腍。’《說文·食部》‘飪，大熟也’，《郊特牲》‘腥肆爓腍祭’，鄭注：‘腍，孰也。’二字音義俱同。念、腍同聲假借。”

　　⑤　“則”字今本作“側”。沈云：“則、側聲同通假，此簡‘側’之作‘則’，猶他簡‘腒’之作‘居’、‘接’之作‘妾’也。”

　　⑥　“餀”字今本作“饎”，“爨”字今本作“爨”。沈云：《周禮·饎人職》序官作“饎人”，鄭注“故書饎作餀”，是餀亦古文，隸定時入今文饎矣。《說文·食部》：“饎，酒食也。餀，饎或從配。糦，或作米。”以餀、糦爲饎之或字。段注謂“轉寫多灬”。《集韻》七之云“饎、糦、餀，酒食曰糦，或作糦、餀”，亦以糦、餀爲饎之或體，蓋據《說文》而餀又省作餀。是知《集韻》之“餀”，簡本之“餀”，均爲“饎”之省。又云：簡又寫作爨。《說文·爨部》云：‘爨，齊謂炊爨。爨，籀文爨省。’《集韻》二十八翰‘爨，或省作爨’。遼釋行均《龍龕手鑑·火部》：‘爨、爨、爨三俗，爨通，爨或作爨今。’然則簡之爨、爨，亦爨之俗字也。”

　　⑦　“享”字今本作“亨”。沈云：“‘亨’爲‘烹’之本字。《張公神碑》‘元亨利貞’，漢隸‘亨’多作‘享’。”王關仕云：“亨，鄭注‘煮也’，于《說文》爲亯，段注：‘亦作享，飪物作亨，亦作烹。’今經典多作亨。《隸辨》：‘《九經字樣》云：亯音饗，獻也……今經典相承，隸省作享，音饗；作亨，音赫平，又音魄平，則亨、享一字，故得通用。’”

門外，如初。尊于户東，玄酒在西。實豆、邊、刑陳于房中，如初。執事之柤①，陳于階閒，二列，北上。盛兩敦，陳于西堂，藉用蕇②，

---

① "柤"字今本作"俎"。沈云："簡本俱作'柤'，惟《少牢》第 35 簡一見'俎'字。《韓勑碑》'爵鹿柤桓'，《隸釋》云'以柤爲俎'。《集韻》八語'俎或從木'，漢隸作'柤'，當屬俗寫，如觚之作柧也。"

② 陳校："蕇今本作萑，唐石經初刻亦作蕇。"沈云：今本"蕇"作"萑"。摹本失真，陳氏《釋文》、《校記》遂誤定爲"蕇"。唐石經初刻作"蕇"，磨改作"萑"，均誤。《説文・艸部》"蕇，蘎也"，"萑，艸多皃"，《雈部》"雈，蕇爵也"，三字義別，而群書殊多淆亂。《易・説卦傳》"震爲萑葦"，《詩・七月》"八月萑葦"，又《小弁》"萑葦淠淠"，《周禮・司几筵職》"其柏席用萑黼純"，均用"萑"爲"蕇"。《小弁》"萑葦淠淠"，韓詩作"蕇"，《周禮・巾車職》"駹車蕇蔽"，《夏小正》"七月莠蕇葦"，《穆天子傳》"休于深蕇"、"爰有蕇葦莞蒲"，《漢書・貨殖傳》"蕇蒲材幹器械之資"，均用"蕇"爲"萑"。此文今本"藉用萑"，《公食記》"加萑席尋"，亦用萑爲蕇。群書無作正字"蕇"而簡本獨作"蕇"。《公食》鄭注："今文萑作莞。"案《司几筵職》"其柏席用萑黼純"，鄭注訓萑爲細葦，而箋《詩・斯干》訓莞爲小蒲，則莞席葦席之異在於用材之不同，故古今文乃用席不同而非字之正假。簡本作"蕇"，用古文，保存古正字，彌足珍貴。

几席陳于西堂,如初。尸浣匜水①,實于般中②,匴巾③,在門内之右。祝延几于室中④,東面。主婦綃枹宵衣⑤,立于房中,南面。主人及賓、兄弟、羣執事,即位于門外,如初。宗人告有司具。主

① "浣"字今本作"盥"。陳校:"簡凡'盥'字作'浣',亦作'涫',間亦作'盥'。《士冠》《鄉射》鄭注'古文盥皆作浣'。"沈云:"簡作'浣'者用古文。案《説文·皿部》'盥,澡手也',《水部》'澣,濯衣垢也。浣,今澣從完',二字義别。此文乃澡手之盥,胡承珙《疏義》以爲'古文以聲近借浣爲盥',《水部》又云'涫,灪也',與盥義别。《列子·黄帝篇》'進涫漱巾櫛',殷敬順釋文云'涫音管,《莊子》作盥',蓋同音假借。簡本盥、浣、涫並見,疊用古今文,實係以今讀古時滲入今文之堅證。"

② "般"字今本作"槃"。沈云:"簡本'股'作'槃',股爲般之誤寫。《易·明夷》'明夷于左股',《釋文》'馬融、王肅作般',亦形近之譌。又云'姚(信)作有槃',卜辭彝銘盤庚作'般',《左傳·莊公十四年》'《商書·般庚》',《釋文》'本又作盤'。《漢書·人表》亦作'般'。《書·君奭》'則有若甘盤',《史記·召公世家》作般。《爾雅·釋水·釋文》'鉤般,又作盤',李本作'股',云水曲如鉤,折如人股,故曰鉤股。《説文·木部》'槃,承槃也。盤,籀文從皿',是則般、槃聲同通假,盤爲槃之籀文。"

③ "匴"字今本作"簞"。沈云:"《説文·匚部》:'匴,宗廟盛主器也。《周禮》曰祭祀則共匴主。'又《竹部》'簞,笥也。漢律令簞小筐也。'本是一物,以所用不同而釋義微異。宗廟神主平日置于石室,祭祀時取出盛以竹匴。《士冠》'櫛實于簞'鄭注'簞,笥也';《曲禮上》'凡以弓劍苞苴簞笥問人者'鄭注'簞笥,盛飯食者,圓曰簞,方曰笥';《左傳·哀公二十年》'與之一簞珠'杜注'簞,小笥',均訓簞爲笥。《廣雅·釋器》'匴,笥也',匴亦訓笥,王念孫謂'匴通作簞'是也。蓋'匴'之作'簞',猶'匠'之作'笒'也。"王關仕云:"從'匚'者自形而言,猶篋之作匧,以及簡本'閫'之作'梱','匜'之作'鉈',或從質,或從形,不一而足。"

④ "延"字今本作"筵"。

⑤ "綃枹",今本作"纚笄"。沈云:"纚,《内則》作'縰'。《問喪》'雞斯徒跣',鄭注:'雞斯當作笄纚,聲之誤也。'《説文·糸部》'纚,冠織成也',段注'凡繒布不須翦裁而成者謂之織成。此纚蓋織成緇帛廣二尺二寸,長祇六尺','本爲韜髮之稱'。韜,藏也。用未加翦裁之繒帛作帶裹藏髮辮,謂之纚,引伸之凡繒帶皆曰纚。綃爲纐之或體,《説文·糸部》'纐,絮也。從糸廣聲。綃,或從光',與纚異義。《大戴禮記·子張問入官》云:'黈綃塞耳,所以弇聰也。'段玉裁、朱駿聲均以綃爲紞之形譌,又《糸部》:'紞,冕冠所以懸塞耳者。'塞耳即瑱,紞爲懸瑱之纚帶。然則纚與紞縱有長短、闊狹、韜髮懸瑱之不同,其用相似而同于《采菽》毛傳之'緌'、《思玄賦》李注之'繫'矣。段玉裁又云:'自紞爲綃,漢初諸儒不能辨證。'故簡本用紞之譌字綃爲纚。

人拜賓如初,揖入,即位,如初。佐食北面于中庭①。

主人及祝升,祝先入,主人從,西面于户内。主婦浣于房中,薦南豆②,葵菹、蠃盅③,盅在北。宗人遣佐食及執事浣,出。主人降,及賓浣,出。主人在右,及佐食舉牲鼎。賓長在右,及執事舉魚、腊鼎,除密。宗人執槥④,先入,當作階,南面。鼎西面措⑤,右

─────────────

① "于"上今本有"立"字。沈云:"此佐食原爲私臣在羣執事中,至此被選爲佐尸食者,當與羣執事異位。初見其庭中北面立位,不應省'立'字,簡本誤脱。"王關仕云:"鄭注'立于宗人之西',賈疏'擯主人佐食北面於中庭,明在宗人之西可知',是鄭、賈所據本俱無'立'字。本篇《記》曰'佐食當事,則户外南面,無事則中庭北面',亦不明其坐立。然自文例觀之,上云'當事則户外南面',自是立位面,下'中庭北面'亦立也,故經文'北面於中庭',鄭注特標'立'字以明之。後正文遂因注而衍'立'字。"

② "南"字今本作"兩"。沈云:"主婦房中之筵,葵菹一豆,蠃醢一豆,豆北無它器,南豆義不可通,簡本寫誤。"王關仕云:"薦作薦。《孔彪碑》'薦可黜否',亦從豕;《士冠》'薦脯',《釋文》'本又作薦';《易·豫卦》'殷薦之上帝',《釋文》'本又作薦';《詩·商頌·那》箋'薦饌',《釋文》'薦,牋練反,本又作薦'。《説文》段注曰爲荐之假借。"

③ "蠃"字今本作"蝸","盅"字今本作"醢"。陳校:"校記云尾題葉數十三,因書寫後等齊簡端,被切'三'字之下兩横,此例尚多。"沈云:"段玉裁《周禮漢讀考》云:'蝸與蠃同物而異名,異名而同聲類,故《周禮》、古文《禮》作'蠃',今文《禮》作'蝸',戴《記》從今文者也,故《內則篇》作蝸蠃。'簡本作'蠃',亦用古文,不過字誤'蠃'爲'蠃'。"又云:"簡本此篇俱作'盅',《少牢》第19簡作'醢',第35簡作'醢',該兩簡又見'醢'字。《有司》俱作'醢',而第68、72簡又見'醢'字。傳抄多異寫。《説文·酉部》:'醢,肉醬也。從酉盅聲。藟,籀文醢。'籀文體繁,作醢爲籀文之省變。盅、醢聲同通假,醢爲後製正字。作醢作醢又不過醢之稍變其體耳。"

④ "槥"字今本作"畢"。沈云:"鄭注:'畢狀似叉,蓋爲其似畢星取名焉。'簡本作'槥'爲'畢'之誤加形旁,猶《士相見》'奠'之作'鄭',《喪服》'受'之作'綏'也。"王關仕云:"今本作畢,甲本作槥,一重其形,一重其質。"

⑤ "措"字今本作"錯"。沈云:"措、錯,錯雜並用。《説文·金部》'錯,金涂也。從金昔聲',又《手部》'措,置也。從手昔聲',二字音同義別。羣書多借錯爲措'《禮器》'錯則正',《莊子·達生》'而錯之牢筴之中',《釋文》並云'本又作措'。《論語·爲政》'舉直錯諸枉',《釋文》'鄭本作措'。鄭從魯讀,是今文'措'爲正字,作'錯'爲古文用借字。簡本作'措'者多,偶有作'錯',是用今文改古文而未盡,其爲以今讀古之或本無疑矣。"王關仕云:"《説文》'措,置也',段注'經傳多假借錯爲之',甲本此用本字。"

人陶扃①，委于鼎北。贊者措柶，加枇②。乃比③。佐食升甄④，密之，執于阼階西。卒載，加枇于鼎。主人升，入復位。柤入執于

----

①　"陶"字今本作"抽"。王關仕云："抽作陶、繇，並假借。《尚書·禹貢》'厥草惟繇'，馬注'抽也'；《虞書》'皋陶謨'，《說文》引作繇。《漢書·古今人表》作'咎繇'、'許繇'，顔注'即許由'"。沈云："此文'抽扃'，鄭氏無注。《有司》第一簡將儐尸整設節'乃設扃密(鼏)'，鄭注'今文扃爲鉉'，簡本、今本俱用古文。"

②　"枇"字今本作"匕"。沈云：今本匕、枇錯雜並用，鄭注《士喪》"枇載"、《少牢》"長枇"並云"古文枇作匕"，而於他篇經作"匕"者均無注，初不明其用今文抑用古文。段玉裁《說文·匕部》"匕"字注云："匕牲之匕，《易》、《詩》皆作'匕'，《大東·傳》、《震卦》二注皆云'匕所以載鼎實'是也。古經作'匕'，漢人或作'枇'，非器名作匕，匕載作枇以此分別也。若《士喪》、《士虞》、《有司》、《特牲》篇匕載字皆作枇，乃是淺人竄改所爲。"段氏斥以動、名詞分別枇、匕爲非是，其說甚善；而淺人竄改之說則未必然。證以簡本，此字凡見四體：匕、比、杧、枇。《特牲》"加匕"、"棘心匕"作"枇"，"乃匕"作"比"；《少牢》"一匕"、"四匕"、"加匕"作"杧"，"長匕"誤作"出"；《有司》"一匕"、"疏匕"等均作"匕"，與今本同，又有四字作枇。段玉裁又云："以妣匘作妸、衼或作礼、秕或作秅等求之，則杧亦可作匕也。"以段例推之，簡本作"比"實即"匕"字。《雜記上》"枇以桑"，《釋文》"本亦作杧"，則簡本作枇實即杧字。四體實爲二文，與今本不異，亦屬今古文錯雜並用。而杧又即匕之加形旁後製正字，二文原是一字，正如段氏所云"古經作匕，漢人或作杧"，不過今、古文之不同耳。古文初出，學者以今文讀之，改寫漢隸，多以今文易古文而未盡，以今讀古之本往往今古文錯雜並用，而傳本又有並用之不盡劃一，簡本如是，鄭氏所據之本亦復如是，鄭氏初無改今改古之抉擇，不過據別本以注存今古文異字以見其所從而已。得簡本以證今本，此例最具典型。

③　"乃比"，今本作"乃杧"。陳校："乃匕，王引之《經義述聞》卷十謂當作'乃匕載'。"李中生云：王說誤，當從簡本。《禮經》之文，多有不具。沈文倬《士昏禮》文多不具說》嘗云"文不具者，文同互見之法"，"苟非變文參伍言之，將雷同而流于刻板矣"，《士喪禮》"乃匕載"與《特牲》"乃匕"也是同文互見之法。王氏父子據《士喪禮》文立說，未免流于臆度。

④　"甄"字今本作"胏"。陳校："《有司》中 11 簡作胏，下簡 48 所作，最近于甄。甄下今本有俎字。"沈云："今文胏字簡本所作有四體：聖、腄、甄、甄。後一體陳校云'最近于甄'，其釋文乃概定爲'甄'。《有司》第 62 簡一見'胏'字，余頗疑四體摹寫失真，恐非'甄'字。裘錫圭先生謂余：'漢碑甄作甄(《武榮碑》)、甄(《張納功德敍》)可證。胏從斤聲，微文對轉。簡文作甄、甄者，當是假借爲胏，作腄者殆即胏字異體。'其說甚善，足袪我疑，從之可也。盛羊曰羊俎，盛豕曰豕俎，盛魚或腊曰腊俎，均以所盛牲體有異而異其名稱。胏俎盛心舌，胏當爲心舌之專稱也。"王關仕云："鄭注'胏謂心舌之俎也'，《郊特牲》曰'胏之爲言敬也，言主人之所以敬尸之俎'，似鄭本亦無'俎'字。胡氏《正義》：'《禮經釋例》：胏俎爲盛牲、魚、腊之器，皆載心舌於其上。'則胏不可代俎。"

豆東。魚次，腊直于俎北①。主婦執而敦黍稷于俎南②，北上③，反兩刑刑芼④，執于豆南，南陳。祝洗，酌鄭⑤，于刑南，遂命佐

---

① "直"字今本作"特"。沈云："特、直二字通。《詩·柏舟》'實維我特'，《韓詩》作'直'，似作'特'爲古文。《吕覽·分職》'豈特宫室哉'，高注'特猶直也'。《説文·牛部》'特'字段注云'引申之爲凡單獨之稱'，是'特'正字，'直'借字。"王關仕云："甲本'特'爲'直'，下同。鄭注'入設俎者，腊特饌要方也'，胡氏《正義》'特於俎北，謂在豕俎、魚俎之北，……張爾岐云……腊特俎北，則與醢相直而正方也'，是皆訓'特'爲'直'，甲本用本字，今本則假借，猶《禮記·少儀》'牲豕則以豕左肩五箇'，《周禮·祭僕》注作'特牲則以豕左肩五个'；《禮記·雜記》'牲牲卒哭成事附'，《釋文》'牲音特，同'；《少牢》'特膚'，甲本作'直膚'。"

② "而"字今本作"兩"。陳校："簡文筆誤。"

③ "北"字今本作"西"。沈云："少牢大夫禮，有二敦黍二敦稷，前列一黍一稷，亦黍西稷東；後列一黍一稷，則黍東稷西，兩行相錯，雖不言所上，以前列爲主，仍西上。黍稷依席之面向東西陳設，斷無北上者。簡本誤。"王關仕云："《詩》正義引同今本。《正義》曰：'云西上者，黍在西、稷在東也。'惟《少牢》正義引方苞曰：'二以重者，以黍、稷二敦，南北相次，會之啓，不得各從其敦，故重之。'則與甲本'北上'合。"

④ "反兩刑刑"，今本作"及兩鉶"。陳校："反是及之誤。今本'刑'不重，唐石經重鉶字。"沈云："陳校云'反是及之誤'是也，然未必爲簡本寫誤，群書亦多有此誤者。《樂記》'武王克殷反商'，鄭注：'反當爲及，字之誤也。'《易·繫辭上》'原始反終'，《釋文》：'鄭、虞作及終。'"

⑤ "鄭"下今本有"奠"字。王關仕云："《少牢》：'祝酌奠，遂命佐食啓會。佐食啓會蓋二以重，設于敦南。'甲本無'蓋'，餘同。而鄭注引此《特牲饋食禮》曰：祝洗酌奠，奠于鉶南，重累之'亦重。此《正義》曰：'此經重一奠字者，上奠目其事，下奠則言所奠之地也。'"沈云："此陰厭奠觶也，奠觶于鉶南，以備嗣子舉以獻尸。奠觶簡稱奠而爲儀注專名，此'祝洗酌奠'下文'嗣舉奠'均屬名詞，胡氏《正義》謂之'上奠目其事'；'奠于鉶南'之'奠'爲動詞，《正義》謂之'下奠言所奠之地'，今本重'奠'字是也。然陰厭奠觶，《士虞》、《特牲》、《少牢》俱有此儀而記叙之法不同。《士虞》云'祝酌醴，命佐食啓會，祝奠于鉶南'，《少牢》云'祝酌，奠，遂命佐食啓會'。酌必先洗，酌字實該洗此奠觶、酌此奠觶二者，略'洗'字而並略去'奠'字，義亦可通。以二篇對照此文，則不重'奠'字可于'酌'字逗，簡本亦非誤脱也。"

食①。佐食啓楅②，却于敦南，出立于户西，南面。主人再拜稽首，祝在左。卒祝，主人再拜稽首。

　　祝迎尸于門外。主人降，立于阼階東。尸入門左，北面浣，宗人授巾。尸至于階，祝延尸。尸升，入，祝主人從③。尸即延坐④，主人拜綏尸⑤。尸合拜，執鄭，祝鄉⑥，主人拜如初。祝命縮

---

①　"佐食"下今本有"啓會"二字。陳校："《少牢》第13簡'乃削二尊之蓋'，鄭注'今文啓爲開'（《士昏》、《既夕》、《士虞》等注並同），避景帝諱，此簡皆不避。"沈云："《士虞》'命佐食啓會，佐食許諾，啓會'，簡本《少牢》'遂命佐食啓會，佐食啓會□（蓋）'，與今本同。'命佐食啓會'乃記祝命事，'佐食啓會'乃記佐食執行其事，不重'啓會'二字，則不明所命何事，證以《少牢》之文，簡本顯係誤脱。"

②　"楅"字今本作"會"。沈云："會爲敦之蓋，楅爲盛矢之架，簡本誤寫。"王關仕云：《説文》'以木有所畐束也'，段注：'《鄉射》'命弟子設楅'，注："楅猶幅也，所以承苛齊矢者。"'此非其義。《士喪》'敦啓會'，鄭注'會，蓋也'，《説文》'會，合也。從亼曾省'。此甲本作'楅'，即'會'之書異，前者從木重體，後者從亼重用，一如匜之作鉈。"

③　"祝"下今本有"先"字。沈云："此尸入九飯節，祝迎尸入門升堂入室。《少牢》云'尸升自西階，入，祝從。主人升自阼階，祝先入，主人從'。簡本爛缺，不知所作。《特牲》儀與《少牢》相同，不過一詳述、一略舉耳，其義故無異也。無'先'字，祇見尸入室而祝與主人從入，不能明二人從入之先後，更不能明主人從祝之義。簡本誤脱。"王關仕説略同。

④　"延"字今本作"席"。陳校："《大射》鄭注'今文席爲筵'。"

⑤　"綏"字今本作"妥"。王關仕云："鄭注'妥，安坐也'，《士相見》'妥而後傳言'，甲本作'稱'（經削改），鄭注'古文妥爲綏之形訛'。"

⑥　"鄉"字今本作"饗"。陳校："《聘禮》鄭注'今文饗爲鄉'。"王關仕云："甲本鄉，下亦作饗，《士相見》作饗，《少牢》作䭚，《聘禮》'再饗'，鄭注'今文饗皆爲鄉'。而《公食大夫》'先饗後食'，鄭注'古文饗或作鄉'，是今古文鄉、饗並見，甲本亦然。"

祭①。尸左執爵②，右取菹，擩

---

① "繻"字今本作"挼"。陳校："《特牲》鄭注'古文挼作綏'，《流沙墜簡》急就第一簡孺字與此同從。"王闓仕云："鄭注'挼祭，……今文(皆)改挼爲綏，古文此皆爲挼祭也。擩醢者，染於醢也'，則作'繻'即今文之'綏'歟?"《斠補》云："指尸未食前之祭禮，其名本字當作隋祭，後加土旁作墮，《儀禮》經文亦作挼、綏、隋(墮)所從之陸聲，挼、綏所從之妥聲均可入歌部，古音可通。偶有作妥者，係挼、綏省旁簡作。擩(捼)祭則指以肝肺菹等擩于鹽或醢中以祭，與隋祭名殊詞別義，不能相混，詳可參凌廷堪《禮經釋例‧例例上》'凡尸未食前之祭謂之墮祭，又謂之挼祭'條，故胡承珙《疏義》曰：'此又因挼字形近而誤．挼祭與擩醢本屬兩事。'簡本作繻，則又因擩同諧聲通假而作。從需之字與從妥之字一屬侯部，一屬歌部，古音未近，字形亦有距離。此二祭歷來誤混爲一，今得簡本可推知，其誤蓋自漢初已然。"

② "爵"字今本作"觶"。王闓仕云："觶、爵義無別。《禮記‧檀弓》：'杜蕡洗而揚觶，公謂侍者曰：如我死，則必無廢斯爵也。'且今甲本前言洗觶，後言卒爵者多。《士冠》'實勺觶'，鄭注'爵三升曰觶'，則爵爲總名。《有司》'兄弟之後生者舉觶於其長'，注'古文觶皆爲爵，延熹詔中校書定作觶'。"沈云：下記云"篚在洗西南順，實二爵二觚四觶一角一散"，則《特牲》所用爵觶，其數可據記文核計。鄭注"二爵者，謂賓獻爵止，主婦當致也"，其一爲賓三獻用爵，其二爲主人致于主婦用爵。主婦亞獻尸與致于主人亦用爵，彼云"主婦洗爵于房"，乃實于房中內篚之爵，非取于庭篚所實二爵也。鄭注又云"四觶：一酌奠；其三，長兄弟酬賓，卒受者與賓弟子、兄弟子舉觶於其長"。此文爲尸九飯前先行隋祭，尸所就之席即陰厭之神席，此所用者即奠于神席銅南之觶。此時尚未獻，二爵在篚中尚未用，此決非爵字。又簡本"觶"皆作"觗"，下云"尸鄭(奠)觗〔荅拜〕"，作"觗"不作"爵"，即是此"觶"，前後當一致。凡此均證簡本誤觗爲爵。《斠補》云："爵、觚、觶均爲酒器，然形制不同。錢玄由考古出土之器辨釋三者形制之差異爲：爵者前有流，後有尾，中爲杯，一側有鋬，下有三足，流與杯口之間有二柱；觚者圈足，上爲喇叭形之容器；觶者橢圓形或圓形，侈口，束頸，深腹，有圈足，有器蓋。因三者均爲酒器之名，故傳《禮》之家往往略混之，正如徐養原《疏證》所謂'《禮經》爵、觚、觶三者古今文互誤'，古禮制難辨於此可見。"

醢①，祭于豆閒。佐食取黍稷肺祭授尸。尸祭之，祭酒，啐酒，告

---

　　①　"擩"字今本作"挼"，"擩"下今本有"于"字。沈云：今本《特牲》、《少牢》、《有司》"挼祭"，《公食》、《士虞》又作"擩"。簡本《特牲》、《少牢》、《有司》均作"擩"，與今本《公食》、《士虞》同，據以知經文均作"擩"不作"挼"。又鄭氏《公食》注"擩猶染也"與《説文》同，《士虞》"擩"下，《特牲》、《少牢》、《有司》"挼"下均無注。《周禮》注引《少牢》亦作"擩"，足證鄭氏所據二《禮》均作"擩"不作"挼"。得簡本而斷今本有誤字。王關仕云："《玉篇》擩切而主，《廣韻》儒佳、而樹、而遇、奴豆切，擩、挼同紐。"《斠補》云："挼、擩由一字偏旁分化所致，劉釗考釋曰：右旁金文從雨從天，應爲需字之初文，霎字後來經過訛變產生分化，分化出了'需'和'奘'兩個字。即'霎'所從之'天'訛爲'而'分化出'需'，'霎'所從之雨又訛爲'而'，'天'訛爲'大'分化出'奘'字。正因爲需、奘爲一字之分化，所以在形體上兩字一直寫得很混亂。'擩—挼'異文可爲劉説補證。清儒未從古文字形體考察，然由二字諧聲偏旁之古音差異亦能辨析其異同，此以段玉裁所論最詳。沈《釋》據簡本證得鄭氏所據二《禮》作擩，由此知'段氏妄改，説雖辯而實無據'。"沈氏又云："今本《士虞》主人獻尸節'尸左執爵，右取肝擩鹽'，又'祝取肝擩鹽'，又記'尸左執爵，右取脯擩鹽'，俱無'于'字，用今文。《公食》賓祭正饌節'賓升席，坐取韭菹，以辯擩于醢，上豆之間祭'；《特牲》除本文外又賓三獻節'主人左執爵，取肝于挼鹽'；《少牢》尸十一飯節'尸取韭菹辯挼于三豆，祭于豆間'，又主人獻祝節'祝取菹挼于醢，祭于豆間'，又'祝取肝挼于鹽'；《有司》主人獻尸節'左執爵，右取菹挼于三豆，祭于豆間'，又'尸左執爵，受燔，挼于鹽'，主人獻侑節'左執爵，右取菹挼于鹽，祭于豆間'，主婦受尸酢節'左執爵，右取菹挼于醢，祭于豆間'，主人獻賓長節'左執爵，右取脯挼于醢，祭之'，不償尸主婦亞獻節'尸兼取燔挼于鹽，振祭'，不償尸賓長三獻節'主人左執爵，右取菹挼于醢，祭于豆間'，又'主婦左執爵，右取菹挼于醢，祭之'，均有'于'字，用古文。鄭氏于《公食》注中見之，自可推而概見之矣。《士虞》今文無'于'字，鄭氏不改從古文，可見其所據本亦今古文錯雜並用，而彼實無改易經字之事，此前人所未喻，今已一一證實之矣。簡本缺《公食》、《士虞》，無從核校，《特牲》用今文，《少牢》、《有司》用古文，亦今古文錯雜並用，與今本不過有互異耳。"

指①。主人拜，尸鄭觚②［荅拜。祭鍘，嘗之，告旨。主人拜，尸荅拜。祝命爾敦。佐食爾黍稷于席上。設大羹湆于醢北。舉肺、脊以授尸。尸受，振祭，嚌之，左執之，乃食，食舉。主人羞胏俎于腊北。尸三飯③，］告飽。祝侑，主人拜。佐食舉乾④，尸受，振祭，嚌之⑤。佐食受，加于甄。舉獸乾、魚一，亦如之。尸實舉于

----

① “指”字今本作“旨”。沈云：指、旨聲同通假。《詩‧魚麗》“物其旨矣”，《荀子‧大略篇》引作“指”。《書‧大誥》“率寧人有指疆土”，《漢書‧翟方進傳》録莽《大誥》作“旨”。漢世今文“旨”作指，得簡本可證，莽《大誥》作“旨”用古文。

② “鄭觚”，今本作“奠觶”。陳校：“《説文》云‘觶，鄉飲酒觶。……觚，觶或從辰；觗，禮經觶’。簡文多用觚，或亦作觶（《有司》第41簡及《燕禮》第17簡），偶亦作觝（《泰射》第40簡）。”沈云：“《説文‧角部》：‘觶，鄉飲酒角也。《禮》曰一人洗舉觶。觶受四升。從角單聲。觚，觶或從辰。觗，《禮經》觶。’段注：‘鄉當作禮，《禮經》十七篇用觶多矣，非獨鄉飲酒也。’段改鄉爲禮是也。‘角’字據大徐本，小徐作觶。古《周禮》説以觶受四升，今《韓詩》説四升爲角，許從古《周禮》説，故云禮飲酒角也。大徐作‘角’誤。《考工記》‘梓人爲飲器’，賈疏引鄭玄《駁異議》云：‘觶字角旁友，汝穎之間師讀所作；今《禮》角旁單；古《書》或作角旁氏。’阮元《校勘記》云：‘（臧琳）《經義雜記》作角旁支，云：舊誤友，今改正。《字林》觶音支，本此”。《周禮漢讀考》作角旁辰，云“作友蓋誤”，角旁辰，字見《説文》。’據此知作觚作觝均爲觶之或體，作‘觶’爲今文，作‘觗’爲古文。簡本作觶二見，與今本同，用今文，作‘觚’作‘觝’均用今文或本。”王關仕亦引《説文》及《考工記》，並續引賈疏所引鄭玄《駁異議》，云：“角旁氏則與觗相近，學者多聞觗，寡聞觝，寫此書亂之，而作觗耳。”蓋以鄭説爲是。

③ 陳校：“此簡缺失，相當今本‘荅拜祭鍘’至‘尸三飯’63字。”

④ “乾”字今本作“幹”。沈云：“《易‧説卦傳》‘離爲乾卦’，《釋文》：‘鄭云“乾”當作“幹”，陽在外能幹正也。董作“幹”。’簡假‘乾’爲‘幹’。”王關仕云：“鄭注‘幹，長脅也’，《少牢》‘上佐食舉尸牢幹’，注‘古文幹爲肝’，則甲本同今文，作‘乾’爲書異，或假借。”

⑤ 陳校：“嚌，簡文從齊。”沈云：“《特牲》均作‘嚌’；《有司》第11、13、16簡作嚌，第62、65、70簡作‘齎’；《燕禮》、《泰射》作‘齎’；唯《少牢》作‘嚌’與今本同。簡本《服傳》‘長各齎其心’，誤齊爲齎。字書無嚌字，《説文‧口部》：‘嚌，嘗也。從口齊聲。’《雜記下》：‘小祥之祭，主人之酳也嚌之，衆賓兄弟則皆啐之。’鄭注：‘嚌、啐皆嘗也。嚌至齒，啐入口。’《荀子‧禮論篇》：‘祭齊大羹而飽庶羞。’假‘齊’爲‘嚌’，故楊倞注：‘齊，讀爲嚌，至齒也。’據此知簡本有作‘齎’，爲‘齊’之誤寫。齊誤齎，故嚌亦有誤作嚌。齊、嚌聲同通假，故簡之‘嚌’亦有作‘齎’也。”

葅豆。佐食羞庶羞四豆，于左[①]，南上，有醬[②]。尸有三飯[③]，告飽。祝侑如初[④]。[舉骼及獸、魚如初。尸又三飯，告飽。祝侑之如初。舉肩及獸、魚如初。佐食盛肵俎，俎釋三個。舉肺、脊加于肵俎，反黍稷于其所。]

[主人洗角，升，酌，酳尸。尸拜受，主人拜送。尸祭酒，啐酒，賓長以肝從。尸左執角，右取肝抨于鹽，振祭，嚌之，加于葅豆，卒角。祝受尸角，曰："送爵，皇尸卒爵。"主人拜，尸答拜。祝酌，授尸，尸以醋主人。主人拜受角，尸拜送。主人退，佐食授挼祭。主人坐，左執角，受祭，祭之，祭酒，啐酒，進，聽嘏。佐食摶黍稷授祝，祝授尸。尸受以葅豆，執以親嘏主人。主人左執角，

① "于"上今本有"設"字。沈云："此節與《少牢》尸十一飯節正相當，彼篇云'上佐食羞兩刑（鉶），坐設于韭葅之南'，'上佐食羞胾兩瓦豆，設于薦豆之北'。簡本與今本同。此四豆文承設大羹湆下，即設于湆北。席東向，在左即在北。實在尸席北盡處，更無他饌，故曰設于左。無'設'字則北端之義未明，當係誤脱。"

② "醬"字今本作"醢"。沈云："此佐食進四豆有一醢，簡本作'醬'；《少牢》上佐食進胾瓦豆有醢，簡本亦作'醬'。《説文·酉部》'醬，醢也。從肉酉，酒以龢醬也。爿聲'，'醢，肉醬也，从酉㿝聲'，二字之義微異。簡作'醬'，固不知爲今古文異字否也?"王關仕亦引《少牢》及《説文》，並引段注'今俗作醬'、'醢，肉醬也'，而以其義無别，簡本作醬者，《特牲》、《少牢》各二見，餘悉作醢、𩞁、㿝。

③ "有"字今本作"又"。沈云："簡本此篇與《少牢》、《有司》均用'有'爲'又'，又、有古同聲通假。《鄉射記》'唯君有射于國中'，鄭注'古文有作又'，則三篇簡本俱用今文。"

④ "侑"下今本有"之"字。

再拜稽首，復位，詩^①]褢^②，于左袂，卦于季指^③，卒角，拜。尸合拜。主人^④，寫嗇于房，祝以籩受。延祝，南面。主人酌，獻祝，祝拜受角。主人拜送。執菹醢、俎^⑤。祝左執角，祭豆，興，取肺，坐

---

① 陳校："缺失三簡，相當今本'舉骼'至'復位詩'共 185 字。"

② "褢"字今本作"懷"，下有"之實"二字。陳邦懷云："《説文解字·衣部》'褢，俠也'，段注'俠當作夾，轉寫之誤'；《説文解字·心部》'懷，念思也'；簡云'褢于左袂，卦于季指'，尋繹簡文辭意，知褢爲本字，今本作懷，乃借字。"王關仕云："甲本懷作褢，隸省而誤，下或作壞，書誤。無'之實'，誤删或誤脱，《少牢》'坐振祭嚌之，詩懷之，實于左袂，掛于季指'，甲本同，可證此誤。今本是。"沈云："《少牢》第 33 簡尸酢主人命祝致嘏節'詩壞之，實于左袂'，'壞'爲'懷'之誤寫，與今本同。主人受嘏，先承搏黍于懷中，復用右手以置于左袂中而以小指鉤袪。如無'之實'二字，其儀既不能明，而其文義又不可通，簡本顯係誤脱。"《斠補》云："褢，懷藏，後作懷。于省吾釋曰：'褢，即懷之初文。金文通作褢，懷石、磐懷作褱。《説文》以褢爲俠，以懷爲思念，歧爲二字，失之。'後《有司》第 33 簡作'壞'，當爲懷之通假，此又如《書·顧命》'無壞我高祖寡命'，于省吾《新證》：'壞，本應作褢，即懷。無懷，懷也，猶《詩》無念爾祖之無，毛《傳》云：無念，念也。晚周壞、懷通用。余所藏魏毌丩戟有'壞德'二字，乃地名，即'懷德'可證。'"

③ "卦"字今本作"挂"。沈云："《少牢》第 34 簡同節亦作'卦'，鄭注'古文挂作卦'，簡本俱用古文。胡承珙《疏義》云：'挂正字，古文作卦借字'。"

④ "主人"下今本有"出"字。沈云："《少牢》第 34 簡尸酢主人命祝致嘏節'出，宰夫以邊（籩）受嗇黍'，簡本與今本同。鄭注：'出，出户也。'獻尸在室，主人受尸之嘏（即搏黍，此文變言嗇），由室出至堂，復由堂入房，祝用籩受主人之寫嗇。《特牲》與《少牢》儀注略同，以《少牢》決此文，誤脱'出'字。"

⑤ "執"字今本作"設"。

祭，嚌之，興，加于俎，坐祭酒，啐酒，肝從①。祝左執角，取肝擩于監②，振祭，嚌之，加于俎，卒角，拜。主人合拜，受角，酌，獻佐食③。北面拜受角，主人拜送。佐食坐祭，卒角，拜。主人合拜，

---

① “肝”上今本有“以”字。沈云：“此主人初獻尸而從獻其祝。肝從爲肝燔從設，乃從獻之肝燔也。篇中記從獻句例有二，爲某某進獻者，用‘以’字，上文‘賓長以肝從’及主婦亞獻節‘兄弟長以燔從’是也。爲執事進獻者，不著其人則不用‘以’字，如主婦致爵主人節但云‘肝從’是也。此文亦執事進獻，不著其人，有‘以’字將被視作承上文而受獻者自進，義不然也。《少牢》同節‘祭酒啐酒，肝牢從’，今本無‘以’字，與簡本同。以此相決，可斷今本誤衍。”王關仕云：“下文‘（主人）坐捝手，祭酒啐酒，肝從’，甲本同無‘以’。”

② “取”上今本有“右”字，“監”字今本作“鹽”。沈云：“此乃左手執角右手取肝擩于鹽，言‘左’省‘右’，義本可通，故此篇尸入九飯節‘尸左執觶，右取菹擩于醢’；主人初獻節‘祝左執角，祭豆’，今本、簡本俱同，有省，有不省，固非有它義也。簡本省‘右’字與今本不同者，除此文外，《有司》第21簡主人受尸酢節‘又取糗（麷）蕡（蕢）同祭于豆祭，興，左執爵，取肺，坐祭之’。又第44簡主人獻長賓節‘賓坐，左執爵，取脯擩（擩）于酏（醢）’。然則簡本更多省字。”王關仕云：“甲本無‘右’，省文也。上文‘祝左執角，祭豆、興，取肺’，下文‘肝從，左執爵，取肝，擩於俎鹽’，甲本亦同省‘右’字。又《有司》‘祝左執爵，取棗糗’，甲本同，是今、簡本俱省之例；其今本不省，甲本省者，如《有司》‘尸興，左執爵，右取肺’、‘侑興，左執爵，右取肺’、‘主人坐，……興，左執爵，右取肺’、‘賓坐，左執爵，右取脯，擩於醢’，甲本並無‘右’。其今本、甲本並不省者多，茲不備舉。”

③ “獻佐食”下今本重“佐食”二字。沈云：“此主人初獻尸而遂獻佐食。《少牢》第36簡主人獻兩佐食節‘主人酌獻佐食，佐食戶内牖東北面拜，坐受爵’，亦重‘佐食’二字，與今本同。主人洗爵酌酒以獻佐食，無‘佐食’二字則不明所獻何人；佐食北面拜而受主人之獻，無‘佐食’二字則不明何人拜受。不重‘佐食’二字，無論其屬上、抑屬下，均不得通讀。以《少牢》決此文，實係誤脫。”

受角，降，反于匪①。升，復位②。

　　主婦洗爵于房，酌，惡獻尸③。尸拜受。主婦北面拜送。宗婦執兩邊，戶外坐。主婦受，執于敦南。祝贊邊祭。尸受，祭之，祭酒，啐酒。兄弟長以燔從。尸受，振祭，嚌④，反之。羞燔者受，加于俎，出。尸卒爵，祝受爵，命送如初。酢，如主人義。主婦適房，南面。佐食縮祭。主婦坐⑤，左執爵，右撫祭，祭酒，啐酒，入，卒爵，如主人義。獻祝，邊、燔從，如初義⑥。及佐食，如初。卒，

---

① “匪”字今本作“篚”。沈云：“《周禮·肆師職》‘共設匪罋之禮’，孫詒讓《正義》云‘經典多叚篚爲之’是也。《説文·匚部》‘匪，器似竹医’，段注‘古盛幣帛必以匪，匪篚古今字’。竹医盛幣帛，亦可盛爵觶。簡本多用古正字，此其一也。”陳邦懷略同，云：“漢石經《儀禮》之《鄉飲酒》及《大射》殘石‘篚’字皆作‘匪’，與簡本同。”王關仕以‘匪’爲本字，‘篚’後起，如同医、匡，《説文》重文作匧、筐。

② “復位”上今本有“入”字。沈云：“此主人獻佐食訖，以角反奠於庭篚，然後復室中主人之位。上云‘拜受角，降反于匪’，由室下降至庭，必出室戶始可降堂，故言降而省‘出’字。由庭反室。徒言升，則亦可復堂上立位；必復言‘入’，始明升堂又入室，乃可復室中之位。簡本誤脱‘入’字。”王關仕云：“甲本無‘入’，誤脱或删誤。下文‘主人更爵，酌醋、卒爵、降、實爵於匪，入，復位’，甲本同；又‘主人西面荅拜，更爵，酢，卒爵，降，實於篚，入，復位’，甲本同，皆其證。”

③ “惡”字今本作“亞”。沈云：“‘惡’與‘亞’通。《易·繫辭上》‘言天下之至賾而不可惡也’，《釋文》‘於嫁反，荀作亞，亞，次也。馬、鄭烏洛反。亞通’。《儀禮經傳通解續》引《尚書大傳》‘鼓鐘惡’，鄭注‘惡當爲亞’。馬王堆漢墓出土古佚書有假‘亞’爲‘惡’，然則亞、惡多互借焉。”王關仕云：“《少牢》甲乙丙《喪服》並同。鄭注‘亞，次也’，《易·繫辭》‘而不可惡也’，《釋文》引荀爽本作‘亞’。《北海相景君銘》‘分別好惡’，《隸釋》云‘惡即惡字’，《説文》‘惡’從‘亞’聲，則甲本假借字也。”

④ “嚌”下今本有“之”字。王關仕云：“甲本誤脱，‘振嚌’，‘祭之’，通本文例也。”沈云：“此主婦亞獻尸，兄弟長以燔從獻，尸受燔振祭後，嚌燔少許以示嘗食，然後還授長兄弟，長兄弟反于胏俎。嚌之，嚌燔；反之，反燔。‘嚌反之’不成文句。上尸入九飯節、主人初獻節俱有‘嚌之’句，簡本俱有‘之’字，與今本同，可證此文誤脱。”

⑤ “坐”字今本無。沈云：“古無桌椅，器皿置于地，凡祭與食飲，必坐而始得就地上取置。有坐必有興，以事繁，全書記載坐興之節遂多省略，而於《特牲》、《少牢》、《有司》爲尤甚。然則簡本於此文有‘坐’字，恐亦偶著其文，非獨於此節當爲文備也。”王關仕以‘坐’爲是，今本當據補。此既云“如主人儀”，上文“佐食授授祭，主人坐、左執角，受祭，祭之，祭酒啐酒”可證。

⑥ 陳校：“義、初、初、内、人等五字下右旁，皆有鉤識號。”

以爵入于房。

　　賓三獻如初，燔從如初，爵止。延于户内①。主婦洗，酌②，致爵于主人。主人拜受爵，主婦拜送爵。宗婦贊豆如初。主婦受，執兩豆、籩③。俎入執，主人左執爵，祭薦，宗人贊祭。鄭爵，興，取肺，坐絶祭，嚌之，興，加于俎，坐捝手，祭酒，啐酒④。肝從。左執爵，取肝擩監⑤，坐振祭，嚌之。宗人受，加于俎。燔亦如之。

---

　　①　劉文獻云："'延于户内'，今本'延'作'席'。漢簡《校記》無校語。"
　　②　"酌"上今本有"爵"字。沈云："'爵'字爲傳寫誤衍，而簡本實用今文。洗酌即洗爵酌爵，下第 29 簡同節'主人降，洗酌，致爵于主婦'，今本亦無'爵'字，與簡本同，則此文不應有'爵'字也。"王關仕以無"爵"字爲省文，云："下文'主人降洗酌致爵于主婦，主婦拜受爵'，甲本同，'洗'下無'爵'。"
　　③　"籩"上今本有"兩"字。沈云："上視濯視牲節'豆籩鉶在東房南上'，陳設于房。尸席之兩豆兩籩，陰厭時，'主婦盥于房中，薦兩豆，葵菹蝸醢，醢在北'；主婦亞獻時，'宗婦執兩籩户外坐，主婦受，設于敦南'。蓋主婦先後薦進，設非同時。此主婦致爵于主人，始爲主人鋪陳西面之席，故同時薦進兩豆兩籩；但其設時，'宗婦贊豆如初'，亦房中取兩豆，户外坐，主婦受，設于席；又取兩籩坐于户外，主婦受，設于豆北，如爲尸設豆籩然也。言'贊豆'不及贊籩者，祭主于豆。先設兩豆，後設兩籩，自以今本爲長。"王關仕云："甲本無上'兩'字，蒙上文'兩'而省。鄭注'主婦薦兩豆籩'，則本無下'兩'字，殆後人所加。"
　　④　陳校："'啐酒'下有讀者所作之頓號。"
　　⑤　"擩監"，今本作"擩于鹽"。

延末坐①,卒爵,拜。主婦合拜,受爵,酌,酢②,左執爵拜,主人合拜。坐祭,立卒爵③,拜,主人合拜。主婦出,反于房。主人降,洗,酌,致爵于主婦。延于房中,南面。主婦拜受爵,主人西面合

---

① "延"字今本作"興席"。王關仕云:"此上文'(主人)坐振祭嚌之',而其下文'坐卒爵拜',則甲本誤脱'興'字。"

② "酢"字今本作"醋"。沈云:酬醋字,今本《鄉飲》、《鄉射》、《燕禮》、《大射》均作"酢",《特牲》、《有司》作"酢"又作"醋",《少牢》作"醋"。簡本無作"醋",《燕禮》、《少牢》遇此等字適爛缺,《泰射》作'酢',《特牲》第29、32簡作"酢",第30、31、45簡作"詐",第42簡作"作",《有司》第53、76簡作"昨",第70、74、76簡作"作"。《説文・西部》"醋,客酌主人也","酢,醶也"。段注:"按諸經多以'酢'爲'醋',惟禮經尚存其舊,後人酢醋互易。"是作"醋"正字,作"酢"假借字。今本作"酢"又作"醋",是今古文錯雜並用。簡本此文作"酢"乃用古文。有作"昨",《周禮・司尊彝職》"諸臣之昨也",鄭注"昨讀爲酢,字之誤也",又有作"詐"作"作",《禮記・月令》"毋或作爲",鄭注"今《月令》'作爲'爲'詐僞'。"是詐字爲"作"字之譌。又《少儀》"介爵酢爵僎爵皆居右",鄭注"酢或爲作",是"作"字爲"酢"字之或體。作與昨通,《淮南子・天文》"歲名曰作鄂",高注"作讀昨"。作與酢通,《徐王義楚鍴》"自酢祭鍴",假"酢"爲"作"。此假"作"爲"酢"。凡作酢、作昨、作作、作詐俱從乍聲相通假,簡本俱用古文。王關仕亦引《有司》、《少儀》及阮校,並引《士冠》賈疏:"若從今文,不從古文,即今文在經⋯⋯於注内叠出古文;若從古文,不從今文,則古文在經,注内叠出今文。"故作、昨、醋,皆爲酢之書異也。

③ "立"下今本有"飲"字。沈云:"下第33簡獻衆賓與兄弟節'衆賓升,拜受〔爵〕,坐祭立飲',簡本與今本同。此亦當有'飲'字,《鄉飲記》'立卒爵者不拜既爵',立卒爵則不拜矣,此有'拜'字,其儀當是坐祭立飲坐卒爵,遂拜既爵也。簡本誤脱。"王關仕云:"甲本無'飲',蓋省。下文'衆賓升,拜受爵,坐祭立飲',《有司》'坐祭立飲,不拜既爵'(三見),《燕禮》'士坐祭立飲,不拜既爵,其他不拜,坐祭立飲','旅食不拜既爵,坐祭立飲',《大射》'士坐祭立飲,不拜既爵,其他不拜,坐祭立飲','旅食不拜受爵,坐祭立飲',甲本並同不省。今本、甲本並省者:《燕禮》'大夫坐祭,立卒爵,不拜既爵'(甲本簡缺),'階前,坐祭,立卒爵,不拜既爵','(衆笙)坐祭,立卒爵',《大射》'賓坐祭,立卒觶,不拜','大夫坐祭,立卒爵,不拜既爵','北面,立卒爵,不拜既爵',是其例。今本不省,而甲本無'飲'者,如《燕禮》'賓坐祭立飲,卒爵不拜'是也。"

拜。宗婦薦豆、俎，從獻皆如主人。主人受爵，詐①，卒降②，賓爵
于匭③，入，復位。三獻作止爵。尸卒爵，詐。獻祝及佐食④。
洗⑤，致于主人、主婦，燔從皆如初。受爵⑥，詐于主人⑦，卒，
復位。

---

① “受爵詐”，今本作“更爵酌醋”。沈云：《燕禮》主人自酢于公節、《大射》主人受
公酢節“更爵洗”，此文並下“更爵酢于主人”，鄭注並云“古文更爲受”。今本俱用今
文。簡本《燕禮》該文爛缺，《泰射》第 19 簡作“更”，用今文；此文並下第 31 簡俱作
“受”，用古文，簡本今古文錯雜並用。今文作“更”，義主易爵；古文作“受”，非特字有不
同，義亦有異。王關仕云：“此今古文之義異。此注引《禮記·祭統》曰‘夫婦相授受，
不相襲處，酢必易爵，明夫婦之別’，然而本篇上文‘主婦荅拜，受爵、酌、醋、左執爵、
降’，甲本同作‘受’，是主婦酌獻主人後，自酢，無更爵之文，此其一。本篇下文‘洗爵，
酌致于主人主婦，燔從皆如初；更爵，酢于主人，卒復位’，甲本同，鄭注‘今文曰洗致，
古文更爲受’，上同今文而下同古文，此其二。又本篇下文主人獻長兄弟、衆兄弟、內
兄弟畢，‘西面荅拜，更爵，酢，卒降降，實於筐，入復位’，甲本同。此主人獻賓及衆賓
後自酢，賓主禮敵，又不承婦人爵，何煩更爵（疑“更”有誤）？其三。檢今本、甲本，凡
同言更爵者，皆尊卑異爵，如獻公，以及公賜爵。是此‘更’之作‘受’，其今文家據《禮
記》而強分，或形近而誤，以致今本、甲本前後參差如此。”《斠補》云：“鄭注本作‘更爵
酌醋’。更，簡本作受，此可與鄭注‘古文更爲受’相應。胡承珙《疏義》謂‘更與受聲、義
皆不相近，古文作受者，字之誤’，宋世犖亦謂‘更字古从夐，形與受近’。此説正是。”
② “卒”下今本有“爵”字。沈云：“今本‘酢’上有‘酌’字，‘卒’下有‘爵’字。此主
人更爵自酢，與下賓更爵酢主人，其儀相同。下第 31 簡‘受（更）詐（酢）于主人，卒，復
位’，簡本與今本同。又第 35 簡獻賓及兄弟節‘更爵酢，卒，降，實爵于匭（筐），入，復
位’，今本‘卒’下有‘爵’字。與此文相校，簡本凡無‘酌’無‘爵’字，均屬省文，非誤脱
也。”
③ “賓”字今本作“實”。陳校：“簡文賓、實不分。”
④ “詐獻祝”，今本作“酢酌獻洗”。陳校：“阮元《校勘記》云：《集釋》、《通解》、楊、
敖、毛本，‘洗’俱作‘祝’。”王關仕據阮校以作“祝”爲是，並以無“酌”爲省，謂先酌後酢，
例皆如是，此誤倒。沈云：“《少牢》有獻祝節，又有獻兩佐食節，彼大夫禮盛，詳記之則
其儀甚繁。士禮雖稍殺，不過用一佐食耳。其儀則設席、受獻酒、薦豆設俎、授祭祭
俎、祭啐卒爵，各節皆備。此總敘一句，則‘酌’字可不必有，簡本爲長。”
⑤ “洗”下今本有“爵酌”二字。沈云：“簡本用今文。”
⑥ “受”字今本作“更”。
⑦ “詐”字今本作“酢”。

主人降作階，西面拜賓如初，洗。賓辟①。卒洗，揖讓升，酌，西階上獻賓。賓北面拜受爵。主人在右，合拜。薦脯醢，執折俎。賓左執爵，祭豆，奠爵，興，取肺，坐祭②，嚌之，興，加于俎，坐挩手，祭酒，卒爵，拜。主人合拜，受爵，酌，酢，奠爵，拜。賓合拜。主人坐祭，卒爵，拜。賓合拜，揖，執祭以降，西面奠于位，如初③，薦俎從執。衆賓升，拜受④，坐祭，立飲。薦俎執于其位，辨。

----

① "賓辟"下今本有"洗"字。沈云："簡本用今文。"王關仕以爲誤脱或省文。並云：《有司》'主人降洗……尸辭洗'，《燕禮》'賓……盥洗，主人辭洗'，《大射》'主人降洗……賓辭洗'，甲本並同。"

② "坐"下今本有"絶"字。沈云："據記主人俎賓俎俱用離肺。離肺對切肺（一作刌肺）而言，謂切而未絶，故離肺必爲絶祭。絶祭者，絶末而祭，即用手斷絶其切而未絶之肺葉，置于豆間以祭也。斷絶肺葉，手必染污，故祭離肺下必有挩手之文。又主婦致爵于主人，主人亦'取肺坐絶祭'，簡本與今本同。用此數證，簡本之誤脱爲無可疑也。"王關仕云："甲本無'絶'，誤脱。《有司》'（尸）取肺，坐，絶祭，嚌之，興，反加於涪俎'，'（主婦）取肺，坐，絶祭，嚌之，興，加於俎'，甲本並同；《大射》'（賓）取肺，坐，絶祭，嚌之，興，加於俎'，甲本同，皆是其證。"

③ "奠于位如初"，今本作"奠于其位位如初"。沈云："《特牲》等祭禮，堂上不設席位，賓位在西階下東面。獻賓薦脯醢、設折俎、受爵酌酢，均于西階上行之。獻畢，上文云'執祭以降'者，賓將祭所用之脯肺降至堂下；下文云'薦俎從設'者，執事將暫設於西階上之薦俎遷于堂下位，俾受賓所執之脯肺也。'其位'者，文承'以降'，明位在堂下，無'其'字則此義不顯。下獻衆賓'薦俎從設于其位'，儀同此文，簡本亦有'其'字。'位如初'者，乃補充説明之文，即視濯視牲節'主人揖入，兄弟、賓及衆賓從，即位于堂下，如外位'。彼云'如外位'乃如門外位之所上與面向；此云'位如初'即如視濯視牲之位也，無'位'字義亦不顯。簡本無'其'字又不重'位'字，則此等儀注均不能明矣。必係誤脱。"王關仕云："鄭注'位如初，復其位東面'，是鄭本重'位'，甲本省或誤脱。下文'設于其位'，甲本同，此無'其'字，誤脱。"

④ "受"下今本有"爵"字。沈云："'拜受爵'省作'拜受'，諸篇多有此例，不應遽斷爲誤脱。但此文前無所承，無'爵'字不明所受爲何。又上文賓受獻'賓北面拜受爵'，簡本亦有爵字，以此相決，此有'爵'字爲長。"王關仕云："甲本無'爵'，誤省或誤脱。上簡之'衆'上著●，示分節，則此'衆賓升拜受'不蒙上文，故'爵'字當有也。《燕禮》'衆工不拜受爵'，《鄉飲》'衆笙則不拜受爵'，《有司》'衆賓長升拜受爵'，甲本《燕禮》、《有司》並同，是其證也。"

主人備合拜焉，降，賓爵于篚。尊兩壺于作階東，加勺，南柄①，西方亦如之。主人洗觚，酌于西方之尊，西階前北面州賓②，賓在左，主人鄭觚拜，賓合拜。主人坐祭，卒觚，拜，賓合拜。主人洗③，賓辭，主人對。卒洗，酌，西面。賓北面拜。主人鄭觚于薦北。賓坐取觚，還④，東面⑤，主人合拜。賓鄭于薦南⑥，揖，復位。主人洗爵，獻長兄弟于作階上，如賓義。洗，獻衆兄弟，如衆賓義。洗，獻內兄弟于房中，如衆兄弟義⑦。主人西面合拜，更爵

①　"柄"字今本作"枋"。沈云：《士冠》賓醴冠者節"加柶面枋"、《士昏》將親迎預陳饌節"加勺皆南枋"，鄭注並云："今文'枋'作'柄'。"《少牢》將祭即位設几加勺載俎節"南柄"，鄭注："古文'柄'皆爲'枋'。"簡本俱作"柄"，用今文。王關仕亦引《士冠》、《士昏》、《少牢》及鄭注，而以"柄"爲今文，"枋"爲古文，今本、簡本皆二字並見。本篇及《少牢》皆作"柄"，《有司》作"枋"（五見），而熹平石經《有司》則作"柄"。

②　"州"字今本作"酬"。沈云："州、酬聲同通假，酬爲加形旁後制正字，猶他簡寓之作禺，沽之作古，不過此文於群書無例證耳。"王關仕以"州"爲"酬"之省，或假借。

③　"洗下"今本有"觶"字。王關仕云："甲本無'觶'，省或誤脫。《有司》'（主人）坐祭，遂飲，卒爵拜，尸荅拜，降洗，尸降辭'，甲本同。是今本亦省之例。又《有司》'主人洗爵，長賓辭'，甲本同，則此爲誤脫。"

④　"還"字今本作"還"。王關仕云："下亦作'還'，《有司》作'儇'，《燕禮》作'還'，《大射》作'環'、'壞'，皆'還'之書異。"

⑤　"東面"下今本有"拜"字。沈云："戴震校《集釋》云：'案此下各本衍一"拜"字。考上經"賓北面拜"，主人鄭觶于薦北下云"主人荅拜"，荅賓北面之拜也。賓坐取觶，下乃云"賓坐鄭觶于薦南"，賓方執觶在手，不得拜明矣。'胡氏《正義》云：'汪氏中《儀禮》校本刪"拜"字，謂無賓兩拜主人止荅一拜之理。'今得簡本，知原本無'拜'字，益證戴、汪之說爲不可易。"王關仕云："今本誤衍'拜'。其上文'（主人）卒洗，酌，西面；賓北面拜；主人鄭觶于薦北'，故此'賓坐取觶還，東面'，無'拜'，同于主人西面，'面'下無'拜'。此下文接'主人荅拜'者，荅其上文'賓北面拜'也，是其明證，今本誤衍。"

⑥　"鄭于"，今本作"鄭觶于"。王關仕云："甲本無'觶'，誤脫。上文'主人鄭觶于薦北'，甲本同，是其比。"

⑦　"如衆兄弟義"，今本作"如獻衆兄弟之儀"。王關仕云："上文'主人洗爵，獻衆兄弟于阼階上，如賓儀。洗獻衆兄弟，如衆賓儀'，甲本並同。今本、甲本俱蒙上文'獻'而省也。"

酢,卒降①,實爵于篚,入復位。

長兄弟洗觚爲加爵②,如初義,不及佐食。洗致主人、主婦如初③,無從。

衆賓長爲加爵,如初,爵止。

嗣舉奠,洗,入,北面再拜稽首。尸執奠,進受,復位,祭酒,啐酒。尸舉肝。舉奠左執觶,再拜稽首,進受肝,復位,坐食肝,卒觶,拜。尸備合拜焉。舉奠洗酌入,尸拜受,舉奠合拜。尸祭酒,啐酒,奠之。舉奠出,復位。

兄弟弟子洗酌于東方之尊,作階前北面舉觶于長兄弟,如主

---

① "卒"下今本有"爵"字。王關仕云:"上文'主人更爵,酌,酢,卒爵降',甲本亦無'爵',是蒙上'爵'字而省也。"

② 陳校:"觚,今本同,他簡皆從木作柧。"王關仕云:"觚,甲本作'㼌',下多作'柧',《說文》'柧,棱也',又'柧棱,殿堂上最高處',則同音假借,本字當從角瓜聲。"

③ "主人主婦"四字今本無。沈云:"鄭注'致,致於主人主婦',鄭所據本及所參校之今古文各本俱無此四字,故有此注也。上第31簡'洗致于主人主婦',用今文;今本作'洗爵酌于主人主婦',用古文。此云'洗致如初',今古文各本同,簡本有此四字,依今文每多省字之例,其爲古文本歟?"王關仕云:"鄭玄時已脫此四字,而鄭猶知,故特注明。此實不可省,上文'尸卒爵,酢,酌獻祝及佐食。洗爵,酌致于主人主婦,燔從皆如初',是其證。當從甲本復其舊。"

人州賓義。宗人告祭升[①]，乃羞。

賓坐舉觶[②]，作階前北面。州長兄弟，長兄弟在右。賓鄭觶拜，長兄弟合拜。賓立卒觶，酌于其尊，東面立。長兄弟拜受觶。賓北面合拜。揖，復位。長兄弟西階前北面，眾賓長自左受旅，如初。長兄弟卒觶，酌于其尊，西面立。受旅者拜受。長兄弟北

---

①　"升"字今本作"肴"。王關仕云："《少牢》作肴，《有司》升、肴並見，《燕禮》作肴，《大射》作升。鄭注'肴，俎也'，《説文》訓肴爲骸，此非其義，作'升'爲假借。"沈云："簡本亦有作'肴'，升、肴錯雜無別。案今本升、肴二字似有分別，牲體切在門外爨上鑊中煮熟，由鑊取出置于鼎謂之升；舉鼎入門，陳于庭中，然後由鼎取出置于俎謂之載，亦謂之升。肴爲牲俎，實指俎實，如'無肴'、'殽肴'、'祭肴'、'薦肴'、'先生之肴'、'羊肴'、'豕肴'。惟《少牢》二'卒肴'句，前者言由鑊實鼎已畢，後者言由鼎實俎已畢，非指牲俎，而《有司》由鼎實俎已畢則作'卒升'，所以偶有混淆者，恐係今古文舊本二字不別，至劉向校定，始加分別而又改之未盡。考二字均屬假借。升之本義，《説文》訓'十龠'，爲計量之名。升有作昇，《易・升卦》之《釋文》'升'，《序卦》云上也。鄭本作昇'。《韻會》升通作陞，《廣雅・釋詁》'陞，上也'，'陞，進也'，升與登通，《樂記》'男女無辨而亂升'，《史記・樂書》作'登'。《後漢書・明帝紀》李賢注'升，登也'。《周禮・羊人職》鄭注'登，升也'。《爾雅・釋詁》'登，陞也'，《曲禮下》鄭注'登，上也'。牲體由鑊實鼎、由鼎實俎曰升，其義爲上爲進，是'升'爲'登'之假借字。肴之本義，《説文・肉部》'肴，骸也'，《廣雅・釋詁》'肴，癡也'，均非牲俎之義。《左傳・宣公十六年》之'殽烝'，即《特牲》之'殽肴'，鄭注《燕禮》、《大射》訓肴爲'俎實'、'折俎'，蓋以'肴'爲'烝'之假借字。《詩・信南山》'是烝是亨'毛傳、《豐年》'烝畀祖妣'鄭箋均云'烝，進也'。《書・多方》'不蠲烝'馬注、《國語・周語》'定王饗之殽烝'韋解、《左傳》'殽烝'杜注均云'烝，升也'。升牲體干俎遂名俎爲烝，蓋以動詞作名詞，故胡氏《正義》云'以牲體實于俎謂之肴，因謂俎爲肴'是也。升爲登之假借，肴爲烝之假借，其義俱爲上也、進也，故《燕禮》賈疏云'肴，升也'。"

②　"舉觶"，今本作"取觶"。沈云："此旅酬節兄弟子舉東階一觶酬長兄弟爲旅酬發端。舉觶即揚觶，其儀爲高舉其觶，與取觶不同。賓不參與旅酬，惟取薦南奠觶以酬長兄弟，其時尚不屬舉觶，必待長兄弟以此奠觶行旅酬而後爲舉觶也。且舉觶必立，斷無坐舉者。簡本誤寫。"王關仕云："上文'賓坐取觶，還，東面拜'，甲本同，悉無'坐舉觶'例，而《儀禮》、《禮記》'舉觶'多作'媵爵'、'揚觶'，此涉下文'舉觶者'而誤，今本是。"

面合拜，揖，復位。眾賓及兄弟交錯以辨①，皆如初義。爲駕爵者作止爵②，如長兄弟之義。長兄弟州賓，如賓州兄弟之義，以辨。卒受者實觶于匦③。

賓弟子及兄弟弟子洗，各酌于其尊，中庭北面西上，舉觶于其長，鄭觶拜，長皆合拜。舉觶者祭，卒觶，拜，長皆合拜。舉觶者洗，各酌于其尊，復初位，長皆拜。舉觶者皆鄭于薦右④。長皆執以興，舉觶者皆復位，合拜。長皆鄭觶于其所，皆揖其弟子，弟子皆復其位。爵毋筭⑤。

―――――――――――

①　"兄"上今本有"眾"字，兩"辨"字今本作"辯"。王關仕云："簡本'交'、'立'、'文'三字隸近每混，餘類此。"又云："本篇記'眾賓及眾兄弟'，甲本同，此當有'眾'。與《有司》'賓及兄弟交錯其酬'，'賓兄弟交錯其酬'（甲本同），略異。"沈云："第53簡記'獻次眾兄弟'，今本無'眾'字。第35簡獻賓及長兄弟節'洗獻眾兄弟'，第40簡旅酬節'如賓州（酬）兄弟之義（儀）'，均與今本同。可見二本均有省'眾兄弟'爲'兄弟'者，不過互有同異耳。"

②　"駕"字今本作"加"。王關仕云："上文'爲加爵'及下'加於'作'加'；《有司》、《泰射》同作'加'，甲、乙本《服傳》同；而丙本同此作'駕'，是假借也。"

③　陳校："此以下爲另一書手所寫，書法不同，每行多至八十字以上，不書葉數。"

④　"鄭"下今本有"觶"字。沈云："上第34簡獻賓與兄弟節'主人洗，賓辟'，'主人合拜，賓鄭于薦南'。今本'洗'下'奠'下俱有'觶'字。主人所洗，賓所奠，同用一觶，而此觶即下賓舉以酬長兄弟而爲旅酬者。簡本均省'觶'字，殆亦用今文耶？然則今本俱用古文有'觶'字也。"王關仕云："上文'主人奠觶于薦北'，甲本同，下文'長皆奠觶於其所'，甲本同；然此今文家蓋以可蒙上文'觶'而省也，義則無別。"

⑤　"爵毋筭"，今本作"爵皆無筭"。沈云：旅酬無算爵，《鄉飲》、《鄉射》、《燕禮》、《大射》舉觶惟一觶。此賓弟子、兄弟弟子各舉于其長，有二觶並行，故曰皆。此"爵皆無算"，胡氏《正義》謂"此總結上文"，"云皆者，謂賓黨主黨二觶並行無算也"。可證與飲、射諸禮用一觶旅酬者不同，必有"皆"字，始與前文相貫。簡本凡上述諸句均有"皆"字與今本同，惟此總結之文乃無"皆"字，顯係誤脫。王關仕以簡本"筭"作"共"，並以此种寫法猶邊作邊，筵作延，皆省所從之竹。蓋二字本一，動詞爲數耳。

　　利洗散，獻尸①，作②，及祝，如初儀。降，賓散于匡③。主人出，立于户外，西面④。祝東面告利成。尸休⑤，祝前，主人降。祝

---

　　①　“獻”下今本有“于”字。沈云：“《有司》第76簡不賓尸佐食爲加爵節‘利獻于昨(醋)’，今本‘利’下有‘洗爵’二字，‘于’下有‘尸尸’二字。利即佐食，佐食獻尸，此文無‘于’字尚可通，《有司》‘利獻于昨’實不成文義。二文對勘，顯係此脱‘于’字而彼脱四字，爲書手鈔寫致誤也。”王關仕舉《有司》“利洗爵獻于尸”而甲本有“于”字爲證，明簡本爲誤脱。

　　②　“作”字今本作“酢”。

　　③　陳校：“匡，是匪之誤。”沈云：“簡本‘筐’俱作‘匪’，陳校云‘匡是匪之誤’。據圖版‘匡’字不過書手漏寫一豎耳，仍是‘匪’字。摹本書左豎爲撇，稍有失真，陳氏不應遽定爲‘匡’字。凡此等處，《釋文》往往貿然依形似別定，此文雖已指明其誤，仍不能掩其輕率之病，況它文實有未申其説者。”王關仕則以此“匪”字誤作“匡”，且據下簡悉作“匪”而推知此爲筆誤。

　　④　“面”字今本作“南”。陳校：“阮元《校勘記》云：‘南，《集釋》、敖氏俱作“面”。……按唐石經亦作“南”，張氏以意改爲“面”，而李氏、敖氏從之。’今案簡本作面，雖不與唐石經同，張氏當有所本，非意改之也。”陳邦懷云：“本簡云‘主人出立于户外西面’，與45簡之‘主人立于户外西面’辭例相同，足證‘面’字不誤。阮氏誤信唐石經應作‘南’而斥張氏以意改爲‘面’，其説非也。《校記》不信唐石經作‘南’，謂張氏當有所本，非意改之。其説甚是。”沈云：“張淳《識誤》以意改經，率多謬誤，而此據下文改‘面’則甚是。王引之《經義述聞》云：‘户外西面者，主人之位也，故主人事尸禮畢、事薦者禮畢，皆出立于户外西面。主人西面，故祝東面告利成，與主人相鄉也。’其實《詩·楚茨》正義引此文正作‘西面’，而《少牢》祭畢尸出廟節‘主人出立于昨階上西面’，《有司》不儐尸者禮畢尸出節‘主人出立于昨階上西面’，‘南’字之誤可推比而得。張淳見不及此，遂成意改而偶中。今得簡本，更證作‘面’無疑。唐石經作‘南’，則其誤在唐以前矣。”王關仕亦舉阮校，且云：“簡本之出，可證張氏所改者是，唐石經誤刊也。主人此面位與祝對，祝東面，主人西面，且本篇首即云‘主人冠端玄，即位於門外，西面，……有司執事東面’，重以此下文，皆是其旁證。”

　　⑤　“休”字今本作“謖”。沈云：“《少牢》同節簡本亦作‘休’。《士虞》祝告利成尸出節‘祝入尸謖’鄭注‘古文謖或作休’，《記》‘尸謖’鄭注‘古文謖作休’，而《少牢》祭畢尸出廟節‘祝入尸謖’鄭注‘謖或作休’，則不知古文抑爲今文。今參諸家之説，以《士虞記》注爲正，‘謖’爲今文，則《少牢》注脱‘古文’二字，又二‘或’字俱屬衍文，簡本實用古文。”王關仕云：“鄭玄此注云‘謖，起也’，《士虞》注云‘祝入而無事，尸則知起矣，不告尸者，無遺尊者之道也’，疏‘尸亦知執事，禮畢而起’，《爾雅·釋言》‘謖，興、起也’，‘謖’不見《説文》。《廣韻》‘休，許尤切。謖，所六切，次屋韻’，同段氏第三部。胡氏《疏義》：‘《晋書音義》引《字林》云：謖，所六切，謖之爲休，猶蹙之爲愀，縮之爲酋，聲本同部’，《祭統》：“尸謖，君與卿四人餕；君起，大夫六人餕”，謖與起同義。’”

反，及主人入，復位。命佐食徹尸俎=出于廟門。徹庶羞于西序下①。

延對席，佐食分軌、刑②。宗人遣舉鄭及長兄弟浣，立于西階下，東面北上。祝命當食③，選者、舉鄭許若④，升，入，東面。長兄弟對之，皆坐。佐食授舉，各一膚。主人西面再拜，祝曰："選有

---

① "羞"下今本有"設"字。沈云："此尸出歸俎節，祝告利成，尸即出廟門，祝命佐食徹尸俎並徹庶羞。'俎出于廟門'，將歸于尸家；而庶羞不同歸尸家，則當有設處。'于西序下'上無'設'字，徹而復設之義不能明也。又下改饌陽厭節'祝命徹阼俎豆籩設于東序下'，簡本有'設'字與今本同。事既相類，文例亦同，可證此文誤脱。"王關仕亦以其爲誤脱，云："鄭注'此徹庶羞置於西序下者'，又下文'主人出，立於戶外西面，祝命徹作俎豆籩設於東序下'，甲本同有'設'字，可證。"

② "軌刑"，今本作"簋鉶"。沈云："《公食》爲賓設正饌節'宰夫設黍稷六簋于俎西'，鄭注'古文"簋"皆作"軌"'，簡本用古文。《周禮·小史職》'史以書敘昭穆之俎簋'，鄭注：'故書"簋"或作"九"（原作几，段玉裁改九，是也），鄭司農云：九讀爲軌，書亦或爲軌（軌字據段說補），簋古文也。'段玉裁《周禮漢讀考》云：'簋字古音同九，其古文作"軌"，軌古音亦同九也。蓋古文字少，假借車轍之字爲之，若《周禮》故書作"九"，則更古矣。'《周禮》本古文，隸定每以通行字易古字，如此文'簋'字也。"王關仕則引《說文》並重文匭、朹，云："古文重其形而從匚，因其質之異而有從木從竹之異，《說文》簋篆從皀，以其盛黍稷而無所取聲，疑本字如隸定從艮聲（古恨切），軌從九聲，居洧切。古居同見紐，是以語根同而字形異耳。《孔宙碑》'盡簋不飭'即從艮，或無聲字多音歟？"

③ "當"字今本作"嘗"。

④ "選"字今本皆作"蕢"，"若"字今本作"諾"。沈云：簡本《少牢》第43、44、45、47簡蕢節有作"饌"，有作"饎"，有作"饎"，與此篇作"選"，異寫凡四。今本作"蕢"，據《說文》"蕢，從食算聲"，胡承珙、徐養原俱以爲作"蕢"爲"傳寫之誤"，是也。然則簡本"蕢"字、今本"饎"字，不過左形右聲與下形上聲之異，實爲同字。簡本《燕禮》第1簡告戒設具節"善（膳）具官選于寢東"，《特牲》第47簡《記》"選于東序"，《少牢》第12簡羹定實鼎饎器節"改選豆籩于房中"，今本選皆作"饌"。《有司》第79簡不償尸陽厭節"衛（徹）牢（室）中之送"，"送"當爲"選"之形譌，今本亦作"饌"。《說文·食部》"蕢，具食也。從食算聲。饌，蕢或從巽"，饌爲蕢之或體字。今案：祭祀嗣子與長兄弟食神食之膰餘，以示受神餘惠，其事亦飲食，故古文陳食、具食與飲食不分而蕢、饌通作。今本"蕢"，簡本"饎"，皆用古文。簡又作"饎"，選與算古聲同通假，簡本《服傳》算有作選，則饎與饎亦通。又饎、選聲同通假，故字又作選。簡又作"饌"，亦爲饎之異寫，如瓊之作環，是作饎、作饎、作選、作饌，均爲蕢之異寫，簡本皆用古文。王關仕云："今本作蕢，誤，當據《說文》'蕢，具食也，從食算聲'正。其重文作'饌'，甲本作'選'，蓋通假。"

以也。"兩選鄭舉于柤，許若，合拜①，如是者三②。皆取舉、祭食、祭舉乃食，祭刑，食舉。卒食，主人降洗爵，宰贊一爵。主人升，酳，酳上選③，選拜受爵④，主人合拜。酳下選亦如之。主人拜，祝曰："酳有與也。"如初義。兩選執爵⑤，祭酒，卒爵，拜。主人合拜。兩選皆降，賓爵于匜。上選洗爵，升酳，詐主=人=拜受爵⑥。上選即坐⑦，合拜。主人坐祭，卒爵，拜。上選合拜，受爵，降，賓于匜。主人立于户外⑧，西面。

---

① "合拜"，今本作"皆荅拜"。沈云："此兩薵者荅主人之拜，當有'皆'字。下'皆取舉'，簡本亦有'皆'字，文例正同，此文誤脱。"

② "如是"，今本作"若是"。

③ 陳校："酳，此簡寫作酳，《少牢》第30簡寫作酳。"沈云："酳、酳均係書手誤寫。飯後以酒安食曰酳，《公食》賓食饌三飯節'宰夫執觶漿飲'，以漿安食曰飲，義並同。"王關仕云："上文'主人洗角升酳酳尸'（甲本缺簡），鄭注'酳猶衍也，是獻尸也，謂之酳者，尸既卒食，又欲頤養樂之。……今文酳皆爲酳'。《士虞》'酳酒酳尸'，鄭注'古文酳作酳'，《少牢》'酳酒乃酳尸'，鄭注'古文酳爲酳'，疑鄭所見今古文本非一，且已糅合。又酳即酳之省，酳亦酳之書異。隸從口從厶每混。"

④ 陳校："'上選選'，今本作'上薵上薵'，簡遺第二上字。"沈云："摹本作'上選選'，誤脱'上'字，陳氏《釋文》、《校記》據之亦誤。此據圖版。"

⑤ "執爵"下今本有"拜"字。沈云："此主人戒薵者，上'主人拜，祝曰云云'，下'祭酒，卒爵拜，主人答拜'，戒時主人有拜，此即荅其拜也。'執爵'下無'拜'字則薵者一拜而主人二拜。唯婦人于男子爲俠拜，此必不然也。簡本誤脱。"

⑥ "詐"字今本作"酢"。

⑦ "即坐"，今本作"即位坐"。沈云："'即坐'不詞，且不明拜於何處。上薵升酳酢主人于室，主人拜受；上薵即降之阼階下位而答拜之。無'位'字則其義不能明也，簡本誤脱。"王關仕云："甲本無'位'，而'即坐'二字距稍遠，誤脱。"

⑧ "主人"下今本有"出"字。沈云："薵在室中，主人事薵之事畢，始出于室，立於堂上户外之位，以待室内改饌陽厭，及祝告利成，乃降即堂下之位矣。出室而立于堂，當有'出'字。簡本誤脱。"王關仕説略同，云："上文'主人出，立於户外西面'，下'主人入復位'後，即無出文，可證。此'出立於户外'，此即同前面位。"

　　祝命徹作俎、邊、豆①，執于東序下。祝執其俎出，東面于户西。宗婦徹祝邊、豆入于房，徹主婦薦、俎②。佐食徹尸薦、俎、敦，執于西北隅，几菲用莚③，入一尊④。佐食闔牖户，降。祝告利成，降，出。主人降，即位。宗人告事畢。賓出，主人送于門外，再拜。佐食徹作俎，堂下俎畢出。

---

　　①　“邊豆”，今本皆作“豆邊”。沈云：“下‘宗婦徹祝邊（籩）豆入于房’，今本亦作‘豆籩’。《公食》‘籩豆六’，《既夕記》‘凡籩豆’，今本亦有作‘籩豆’者。簡本亦有作‘豆籩’，如此篇第7簡視濯節‘豆邊（籩）刑（鉶）在東房’，第11簡陳設節‘實豆邊（籩）刑（鉶）’，第28簡賓三獻節‘執（設）兩豆［兩］邊（籩）’，均與今本同。豆實醢，籩實蒩，飲食醢之用繁，宜其作豆籩者多矣。”王關仕云：甲本豆籩互倒。下“宗婦徹祝豆籩入于房”同此。簡本本篇僅此二見，他篇悉同今本作豆籩。陳校謂此13簡（第41至53簡）系舊本，則此作籩豆，乃是其舊，今本作豆籩，疑後人所改。《詩·大雅·生民》“籩豆静嘉”，《小雅·賓之初筵》“籩豆有楚”，《士冠》醮辭同，可證其爲古成語。

　　②　“俎”下今本有“以”字。王關仕云：“甲本無‘以’，誤脱。《有司》‘祝執其俎以出’，甲本同。又‘佐食取一俎……，實於一俎以出’，‘司士……，乃縮執俎以降’，‘乃執俎以出於廟門外’，甲本並有‘以’，是其例。”

　　③　“几菲”，今本作“几在南菲”。沈云：“‘几’字屬上屬下均不詞，必有脱文。《士虞》陽厭節“設于西北隅，如其設也，几在南”，如其設，如陰厭之設，即其席東面，則《士虞》改饌不過改西南隅爲西北隅，面向不變。几在南即几在右。以《士虞》決此文，知簡本誤脱“在南”二字。《士虞》、《特牲》之改饌東面與《少牢》之改饌南面，實係士禮與大夫禮之不同。又云：“祭畢改饌陽厭，神席移至西北隅，其地曰屋漏，亦曰當室之白，與户相對，得户之光，故用席爲蔽，使幽闇耳。謂之菲者，或用席，或用他物，不定，故鄭注但云隱也。《詩·載驅》‘簟茀朱鞹’，毛傳‘車之蔽曰茀’，編草爲茀，用于興後，《有司》鄭注‘古文菲作茀’，物不同而爲障蔽則一。然則今古文之不同，用物之異耳，非字之正假也。《荀子·禮論篇》‘以象菲帷幬尉也’，楊倞注：‘或曰菲當爲扉，隱也，謂隱奧之也。’簡本字同《荀子》，均假‘菲’爲‘扉’。簡本字與今本異而同用今文。”王關仕以甲本缺《有司》陽厭節一簡，而其上下簡皆60字一簡，計其字數，若“几”下有“在南”，則64字矣。又引《士虞》“祝反入徹，設於西北隅，如其設也，几在南，扉用席”，鄭注：“几在南，變古文，明東面，不南面漸也”，以證甲本本無“在南”二字。

　　④　“入”字今本作“納”。沈云：“《説文·入部》‘入，内也’，‘内，入也’，《廣雅·釋詁》云‘納，入也’，《荀子·富國篇》‘婚姻娉内’，楊倞注‘内讀曰納’，《詩·烝民》之《釋文》‘納亦作内’，《吕覽·無義》高誘注‘入猶納也’，入、内、納三字群書多通假。”

　　特牲饋食①，其服皆朝服，玄冠，緇帶②，縪③。唯尸、祝、佐食玄端，玄常④、黃常、雜常可也，皆爵縪。

　　執洗，南以堂深⑤，東直東榮⑥。水在洗東。匜在洗西，南順，

---

　　①　陳校："記文始于此簡，以大圓點代今本之'記'字。"王關仕云："甲本無'記'字。前簡（經）未足行，此另起一簡，而于簡首著大圓點，以示與前章句號相區別。簡本《燕禮》記文亦另爲起訖，且字數另記，不合於經。"

　　②　陳校："緇，《服傳》緫字與此同作。"王關仕云："'緇'當作繲，簡本緦麻之緫亦同作繲。《州輔碑》'涅而不繲'，《隸釋》曰'繲即緇字'。《武班碑》臨淄作菑，是隸變也。"

　　③　"縪"今本作"緇韠"。沈云："下同簡'皆爵韠'，今本亦作'韠'。《廣雅·釋器》云'韍謂之韠'，《集韻》五質'韠通作縪'，韠爲蔽膝，《説文》作巿，從巿象其連帶之形。《詩》作'芾'，《易》作'茷'，《禮記》作'韍'，《左傳》作'韍'，《方言》作'褘'、'袚'、'袡'，《易緯乾鑿度》作'弗'，《白虎通》作'紼'，均屬巿之假借，韠、縪乃後製正字也。"又云："此帶、韠同色也。凡記同色之例，《士冠》曰'玄冠玄端'，《特牲》曰'冠端玄'，彼冠與衣同色也。持以例此，當從今本。又朝服皆緇帶素韠，此見士下於大夫用緇韠，然則更不應省'緇'字。"王關仕亦據下簡"皆爵縪"而認爲此簡無"緇"字爲誤脱或蒙上文省，下文"唯尸祝佐食……皆爵韠"，甲本同，則此當有"緇"。又《説文》縪訓止，此當爲"韠"。

　　④　"常"字今本作"裳"。王關仕云："《説文》：'常，不帬也。從巾尚聲。'此與《説文》合。重文作'裳'。"

　　⑤　"南"今本作"南北"。

　　⑥　"東直"，今本作"東西當"。王關仕云："甲本'南以堂深，東直東榮'，義與今本無別，其位在'阼階東南'。《少牢》'設洗于阼階東南，當東榮'，《燕禮》'設洗篚于阼階東南，當東霤'，甲本並同。今本《士冠》'設洗直于東榮，南北以堂深'，《鄉飲》'設洗于阼階東南，南北以堂深，東西當東榮'，是'直'、'當'並見，繁簡互陳耳。"沈云："《鄉飲》、《鄉射》設洗均有'南北以堂深，東西當東榮'之文，簡本無此兩篇，不知所作。洗設于庭，所置之處非可實指，必虛擬以爲度。庭有三堂之深，依今本知設于一堂之深處，近堂抑近門仍不能明，反不若簡本無'北'字則近堂之義瞭然矣。其東西之度，正當東屋翼，《士冠》作'直于東榮'，無'西'字義更顯豁。今本'直'作'當'。《史記·天官書》'前列直斗口三星'，《索隱》云'當也'。又《樗里子甘茂傳》'武庫正直其墓'，《索隱》云'直猶當也'。直、當蓋通訓也。"

實二爵、柧①、四觝、一角、一散。壺、於禁②，選于東序③，南順，覆兩壺焉，蓋在南。明日卒尊，暮用却④，即位而徹之，加勺。邊、巾

---

① "二爵柧"，今本作"二爵二觝"。沈云："《説文・角部》：'觝，鄉飲酒之爵也。一曰觴受三升曰爵。從角瓜聲。'又《木部》'柧，棱也。從木瓜聲。又柧棱，殿堂上最高之處也。''棱，柧也，從木夌聲。'觝、柧音同義别。《史記・酷吏傳》'破觝而爲圜'，《索隱》引應劭曰'觝，八棱有隅者'。《莊子・大宗師》'其觝而不堅也'，《釋文》'崔云觝棱也'，《文選・文賦》'或操觝以率爾'，李善注'觝，木之方者，古人用以爲書，猶今之簡也'，俱爲假'觝'爲'柧'。簡本則假'柧'爲'觝'也。庭筐置飲酒器凡十。全書之例，器物牲禽俱詳記其數，不因數同而省字。簡本則有省有不省，如此文'二爵柧'省'二'字而'一角一散'又不省，甚無例，當係誤脱。"王闓仕云："此'二'字適當編位下，疑本有，而爲編貫所磨滅；或削去。以柧上尚留一字空位，'及爵'以上擠甚。"
② "於"字今本作"棜"。
③ "選"字今本作"饌"。
④ "暮"字今本作"冪"，"却"字今本作"綌"。沈云："今本'尊'作'奠'。尊爲奠之誤寫。簡本作'鄭'作'墍'而無作奠者。此誤寫作'尊'，可見其所據抄之本有作'奠'，益信作鄭作墍之爲誤加形旁也。"王闓仕亦以"尊"爲"奠"之形誤。劉文獻云："簡本'奠'作'尊'，如非筆誤，當連下讀。"沈氏又云：冪，簡本《燕禮》、《泰射》、《少牢》俱作"幕"；《特牲》作暮，暮爲幕之或體。《説文・巾部》作幎，胡承珙《疏義》云："不過偏旁有在左在下之異耳。"《説文》云"《周禮》有幎人"，今本《周禮》作"冪人"，而宋嘉祐石經正作"幎"。有作"幦"，孫詒讓謂"幎之變體"。《禮經》冪覆尊甒壺外，《公食》覆簠，《士喪》覆重之二鬲，又覆小斂之奠，《既夕》覆三甒，均爲覆物之巾。其所用之材爲疏布、功布、綌或絺。"冪"字未必爲"幎"字之變體，恐係"幕"字之誤加"宀"旁。鼏爲覆鼎之物，編茅爲之，非其義，簡本作"幕"，實用今文。王闓仕云："鄭此注云'鼏用綌，以其堅絜'，賈疏引作'冪'，是注本作冪，後人誤改，簡本作暮（爲'幕'之筆誤）可證。甲本鼏悉作密，冪必作幕；且鼏除作動詞外，多與鬲鼎並舉，明爲木或金屬爲之，加扃使定，若用綌，則焚矣。凡布、巾，皆與豆籩等禮器並舉，鼏與吹器並舉。"陳校："簡文却乃却之俗體。"王闓仕云："'卻'爲本字，甲本假'却'爲之，猶《士昏》'卻（仰之）于敦南'，鄭注'古文卻爲綌'。"沈云："上第15簡陰厭節'却于敦南'，今本作'卻'。《燕禮》第2簡告戒設具節'幕（冪）如（用）却'，今本亦作'綌'。《集韻》十八藥'卻或作却'，'却'是俗字。《士昏》婦至成禮節'卻于敦南'，鄭注'古文卻爲綌'，胡承珙《疏義》云'卻正字，綌借字'，'卻于敦南'之卻，賈疏訓仰也，敦蓋啓後仰置于敦南。'冪用綌'之綌，《説文》訓粗葛也，尊壺等用粗葛爲冪而覆掩之。物不同用亦不同。簡本俱作'却'，'却于敦南'用今文，'幕（冪）如（用）却'、'邊（籩）巾却'蓋書手誤以仰却字古文作'綌'，乃寫綌爲却耳。"編者按："漢簡釋文却誤作'却'。從劉文獻説徑改。"

邧也①，熏裏②。棗烝，栗擇。刑苬，用枯若微③，皆有滑，夏葵，各
亙④。棘心枇，刻。牲鼏在廟門外東南⑤，魚腊鼏在其南，皆西面。
飽鼏在西辟⑥。甄⑦，心、舌皆去本末，午創之⑧，實于牲鼎，載，心

① “巾”下今本有“以”字。王關仕云：“無‘以’，誤脱。此爲記文，所以明經文篹
巾之質；文例猶上文‘冪用綌’，下文‘鉶苬用苦’（以，用也）。”

② “熏”字今本作“纁”。沈云：“《士冠》陳服節‘爵弁服纁裳’、《士昏》納徵節‘玄
纁束帛’，鄭注並云‘今本纁皆作熏’。徐養原《疏證》云：‘《鄉射記》云“袒薰襦”，是纁、
熏、薰三字古皆通用。’簡本用今文。”

③ “枯”字今本作“苦”。沈云：“鄭注‘今文苦作芐，芐乃地黄，非也’，《公食記》
‘鉶苬，牛藿、羊苦、豕薇’，鄭注‘今文苦作芐’，以苦爲古文，其實非也。《士虞記》‘鉶苬
用苦若薇’，鄭注‘古文苦爲枯，今文或作芐’。是古文作‘枯’，今文作‘苦’，今文或本作
‘芐’，此注及《公食》注俱誤脱‘或’字耳。鄭所據本用今文而以或本作‘芐’爲非，簡本
用古文。鄭注苦爲‘苦荼’，即苦菜，以苦菜煮羊或豕汁爲羹者。今文用正字，古文用
假字。”王關仕亦引鄭注而以“苦”爲今文，甲本同古文。

④ “微”字今本作“薇”，“各”字今本作“冬”，“亙”字今本作“莨”。沈云：“微、薇，
亙、莨俱聲同通假，薇、莨皆加形旁後製正字。此簡薇之作微，莨之作亙，猶他簡之邊
之作邊，筵之作延也。今本‘各’作‘冬’，簡本各有寫作夂，以形近而誤寫作‘各’。”王關
仕云：“微，同漢碑。顧氏《隸辨》云‘諸碑微皆變體，無從人者’。此又爲‘薇’之省改。
莨作亙，省。冬各各，隸近而難分。”

⑤ “廟”字今本作“庿”。王關仕云：“《説文》‘廟，尊先祖貌也’，‘庿，古文’，段注：
‘見禮經十七篇；凡十七篇皆作庿，注皆作廟。’今本《士冠》‘筮於庿門’，注亦作‘庿’。
《士喪》‘筮止於廟門外’，《聘禮》‘及庿門，賓揖入’，注皆作‘庿’。又‘卿受于祖廟’、‘及
廟門，大夫揖人’，是段氏偶疏，抑所據本異歟？”《斠補》云：“今傳鄭注本廟、庿往往錯
見，《士冠禮》首句‘士冠禮筮于廟門’，此據明嘉靖吳郡徐氏翻刻宋本，黄本、阮刻本
‘廟’作‘庿’，阮校曰：‘《儀禮》庿、廟錯出，張淳論之詳矣。經注既然，疏文更甚，今當畫
一從庿。庿乃古文。’阮校據《説文》古文爲説。然今得漢簡本均作‘廟’，與徐本悉同，
可見作‘庿’者未必盡古，阮説不必從。”

⑥ “辟”字今本作“壁”。陳校：“飽，釳之誤，今本作餽。”沈云：“釋文‘西辟，步歷
反。又音壁’，陸氏所據本作‘辟’。《爾雅·釋天》‘娵觜之口營室東辟也’，釋文‘本又
作壁’，俱假‘辟’爲‘壁’。”

⑦ “甄”字今本作“斨俎”。

⑧ “創”字今本作“割”。沈云：“《少牢》第15簡將祭即位設几加勺載俎節‘心即
安下刉（切）上，午割勿没’，‘舌皆刉（切）本末，亦午割勿没’，簡本創、割兩作。案二字
義通。《説文·刃部》：‘刅，傷也。從刃從一。創，刃或從倉’。《廣雅·釋詁》‘傷，創
也’，《玉篇·刀部》‘創，割也’。《廣雅·釋詁》‘剡，割也’，‘剡，創也’，皆義同之證也。
此斨俎之心若舌，用刀交叉割之而未絶，故鄭注云‘午割，縱横割之’也。”

立，舌摵柤①。賓與長兄弟之薦自房②，其餘在東堂。

沃尸浣者一人。奉般東面③，執鈶者西面淳沃④，執巾者在鈶北。宗人東面取巾，振之三，南面授尸。卒，執巾者受。尸入，主人及賓皆辟位⑤，出亦如之。

嗣舉鄭，佐食執豆、鹽。佐食，當事則戶外南面，無事則中庭

① “摵”字今本作“縮”。王關仕云：“《馮君開道碑》‘蹴胥’，顧氏引《字原》云‘即蹙頯字’。揃、蹴從手、從足通，故《説文》‘摵’訓‘蹴引也’。胡氏《疏義》：‘惟禮經縮多訓從，今文作縮者正字。古文作蹙者，同聲假借。’甲本《有司》作‘宿’，爲‘縮’之省。”沈云：“《禮經》‘縮霤’、‘縮俎’、‘縮執’、‘縮委’、‘東縮’、‘西縮’等均解作縱橫之‘縱’。簡本《泰射》《特牲》《少牢》俱作‘摵’（有誤從木旁），《有司》第4、5、6、15、16簡作‘宿’，第52簡作‘摵’。《鄉飲記》‘階間縮霤’、《鄉射》數獲節‘十純則縮而委之’、《士虞》陰厭節‘東縮’又記‘縮祭半尹’、《少牢》主人獻尸節‘縮執俎肝亦縮’、《有司》陳鼎設俎節‘亦西縮’，鄭注並云‘古文縮（皆）爲蹙’。《説文·糸部》：‘縮，一曰蹴也。’《曲禮上》‘以足蹙路馬芻有誅’，《釋文》‘本又作蹴’，故《文選·羽獵賦》李善注云‘蹙、蹵古字通’。《論語·鄉黨》‘足蹜蹜如有循’，皇侃疏‘蹜獲猶蹴蹴也’，《集韻》一屋‘蹜通作縮’，《詩·節南山》‘蹙蹙靡所騁’，鄭箋‘蹙蹙，縮小之貌’，是縮、蹙聲義俱通，故胡承珙《疏義》云：‘今文作縮者正字，古文作蹙者同聲假借字。’簡本有作‘摵’，《廣雅·釋詁》‘摵，至也’，王念孫《疏證》云：‘摵之言造也，造亦至也。造與摵古同聲。’《孟子》“舜見瞽叟，其容有蹙”，《韓子·忠孝篇》作“其容造焉”。《大戴禮·保傅》‘靈公造然失容’，造然即蹙然。’是蹙與摵亦相通假。簡本有作‘宿’，《玉藻》‘蹜蹜如也’，《釋文》‘宿宿，本或作蹜，同’，當作‘宿’，或本作‘蹜’。《集韻》一屋‘蹜，宿，或省，通作縮。’宿、縮同聲假借。然則作‘摵’即‘蹙’之假借，用古文；作‘宿’即‘縮’之假借，用今文。簡本一篇之中或用古或用今，乃以今讀古時滲入今文之明證，亦隸寫古文或本之特徵也。”

② “自”下今本有“東”字。王關仕云：“《少牢》‘主婦被錫衣侈袂，薦自東房’，《有司》‘主婦自東房薦韭菹醓’，甲本並同。此賓與長兄弟之薦是否自東房，抑涉下文‘東堂’而誤，待考。”沈云：“士宮堂後一房一室，即所謂二內。房在東室在西，對西室言稱東房。主人初獻節‘寫嗇于房’，主婦亞獻節‘以爵入于房’，單言房自是東房。然視濯視牲節‘豆籩鉶在東房’，簡本亦有‘東’字與今本同，此記補彼經所未備，仍以有‘東’字爲長。”

③ “般”下今本有“者”字。沈云：“‘者’指奉槃、奉匜、執巾之人。‘奉匜’、‘執巾’下均有‘者’字與今本同，則‘奉槃’下當有‘者’字。”

④ “鈶”字今本作“匜”。沈云：“今本二‘鈶’字俱作‘匜’。《少牢》亦作‘鈶’。彝銘有作‘也’，有作‘盄’，而《史頌匜》、《陳伯元匜》均從金作‘鈶’。字本作‘也’，象形，加‘匚’若‘皿’旁表其類屬，加‘金’旁表其材質。簡本、今本俱用古文。”

⑤ “辟”字今本作“避”。

北面。凡祝嘑①，佐食許若。宗人，獻與旅齒於衆賓。佐食，於旅齒於兄弟。

尊兩壺于房中西庸下②，南上。内賓立于其北，東面南上③，宗婦北堂東面北上。主婦及内賓宗婦亦旅，西面。宗婦贊薦者，執以坐于户外，授主婦。

尸卒食，而祭飽燅、雍燅。

賓從尸，俎出廟門，乃反位。

尸俎：右肩、臂、臑、肫、胳，正脊二骨，衡脊④，長脅二骨，短

---

① "嘑"字今本作"呼"。沈云：《説文·口部》"嘑，號也"，"呼，外息也"，二字義別。群書多假呼爲嘑，《周禮·雞人職》"夜嘑旦以嘂百官"，段玉裁謂"此嘑字之僅存者也"。《釋文》"嘑本又作呼"，鄭注"呼旦以警起百官"，是或本亦作"呼"，而鄭氏以呼釋嘑，可知"嘑"爲古正字而漢以後假用"呼"字。《詩·蕩》之《釋文》"呼，崔本作謼"，《漢書·灌夫傳》顔注"謼，古呼字也"，此又假謼爲嘑。簡本作"嘑"獨存古正字，可見漢世猶嘑、呼正假互用，漢後始悉改"呼"。王關仕亦引《説文·口部》二字及段注，而以二字不同，唯將釋"呼"之"外息也"誤作釋"吸"之"内息也"。

② "庸"字今本作"墉"。沈云："《説文·土部》：'墉，城垣也。從土庸聲。𡎸，古文墉。'。庸、墉古今字。《詩·崧高》'以作爾庸'，毛《傳》'庸，城也'。《王制》'附于諸侯曰附庸'，鄭注'小城曰附庸'，《左傳·襄公九年》'祝宗用馬于四庸'，《釋文》'本又作墉，城也'，皆假庸爲墉。簡本作'庸'爲聲同通假，今本作'墉'爲加形旁後製正字。"王關仕云："庸爲墉之省。經典亦以庸爲墉，《士喪禮》'死于適室'鄭注'疾時處北墉下'，阮校：'《釋文》、《集釋》俱作庸，陸氏曰"本又作墉"。'《禮記·郊特牲》'君南向于北墉下'，《釋文》'本又作墉'。"

③ "南上"，今本作"西上"。陳校："阮元《校勘記》云：'《集釋》、《要義》、楊、敖、毛本，西俱作南，張氏曰監、巾箱、杭本，西皆作南，從諸本。'案作'南'是也。"王關仕云："作'西'字誤，諸校家未之察也，當據簡本定作'南'。"

④ "衡"字今本作"横"。沈云："簡本'横'多作'衡'，惟《泰射》第59、76簡見'横'字。古多以衡爲横，《考工記》'衡四寸'，鄭注：'衡，古文横，假借字也。'《檀弓上》'今也衡縫'，鄭注'衡讀爲横'，簡本亦假衡爲横。"王關仕云："横，《説文》'闌木也'，段注：'《考工記》'衡四寸'，注曰'衡，古文横'。'《説文》又云：'衡，牛觸横大木，從角大，行聲。'此蓋隸省。"

脅。膚三，離肺一，刌肺三，魚十有五，腊如牲骨。祝俎：髀脰①，脊二骨，脅二骨，膚一，離肺[一]②。作俎：臂，正脊二骨③，衡脊，長脅二④，短脅，膚一，離肺一。主婦俎：穀折⑤，其餘如作俎。佐食俎：穀折，脊，脅，膚一，離肺一。賓，胳⑥。長兄弟及宗人，折其餘如佐食俎。衆賓及衆兄弟、内賓、宗婦，若有公有司、私臣，皆殽升，膚一，離肺一。

公有司門西，北面東上，獻次衆賓。私臣門東，北面西上，獻次衆兄弟⑦。升受，降飲。

---

① 校記云："髀脰，今本作髀脡。"沈文倬云：《少牢》、《有司》簡本亦均作"髀"。案《説文・骨部》："髀，股外也。䟺，古文髀。"又《肉部》"髀，土藏也"，此文是髀而非髀。《士昏》將親迎預陳饌節"髀不升"、《士喪》小斂奠節"載兩髀于兩端"，《既夕》葬日陳大遣節"髀不升"，鄭注並云："古文髀作髀。"胡承珙《疏義》以爲"髀正字，髀同音假借字"，亦自有據。簡本用古文。又云："今本'脰'作'脡'。簡本唯此文作'脰脊'，《少牢》第9、16簡，《有司》第10、11、61簡俱作'脡脊'，與今本同，顯係誤寫。"王關仕云："古從肉、從骨多不分，猶甲本骼、體之從肉。"又云："脡，不見《説文》，而於'朐'下訓'脯挺也'。《士虞》'脯四脡'，鄭注'古文脡作挺'，《廣韻》'脡，脯朐'，徒鼎切。脰，《説文》'項也'，徒侯切，聲同假借，字當作'脡'。"

② "肺"下今本有"一"字。陳校："簡留空未寫，乃削後遺書，如《少牢》第12簡之例。'肺'下無'一'，而空一字位，準下文'膚一，離肺'(二見)及他篇例，當有'一'字。"

③ "正脊二骨"，漢簡《釋文》"脊"誤作"脅"，從劉文獻説徑改。《訂誤》云："鄭注本作'脊'，簡本與鄭注本同。此簡脊、脅錯見，上下均有脅字，陳校蓋涉上下文而偶誤。"

④ "長脅二"下今本有"骨"字。沈云："此主人之俎所載牲體。上尸俎爲'長脅二骨'，祭禮三篇脊與脅俱用二骨，簡本惟此無'骨'字，當屬誤脱。"

⑤ "穀"字今本作"觳"。陳校："鄭注'古文觳皆作穀'。"。沈云："簡本用古文。徐養原謂'穀爲觳字之誤'是也。"

⑥ "胳"字今本作"骼"。沈云："《鄉飲記》'介俎，脊脅肫胳肺'，鄭注'今文胳作骼'。鄭所據本作'胳'。《有司》主人獻長賓節'羊骼一'，鄭注'古文骼爲胳'，鄭所據本作'骼'。簡本無《鄉飲》，《有司》亦作'胳'。《説文・肉部》'胳，亦下也'，又《骨部》'骼，禽獸之骨曰骼'，二字義别。今文'骼'爲正字，古文'胳'爲假借字。鄭所據本或用古或用今，正見其唯從所據本而疊今古文之異于注文，並無改易經文之事。簡本用古文。"王關仕云："今文多從骨，古文多從肉，其義不混於肝脾之'髀'。"

⑦ "衆"字今本無。

少 牢(甲本)①

少牢餽食之禮②。日用丁、巳③。筮旬有一日。筮于廟門之外④。主人朝服，西面于門東。史朝服，左執筮，右抽上櫝⑤，兼與

---

① 木簡《少牢》第十一，共47簡，缺失第24、46等二簡，見存45簡，頗完整。第1、2簡背題"少牢"、"第十一"。41簡以下，易書手，另編葉數1至6。此二書手，對於同一字皆有數種寫法，如設或作执，侑或作或，俎或作俎，饌或作饌或作饋。間亦有誤筆錯字，當非經生所自書而出自書手者也。每行字數，大率在60、70之間，不如他篇多固定在60左右。簡末記字2954字，賈疏則作2979字。今存2801字，加殘缺167字，完篇應爲2968字。此篇句號皆作中圓點，惟第22簡略作方形，與《有司》第73簡同。第19、30、42等三簡，句號在簡端第一編之上，位置同於章號，其情况略同於《特牲》，見其《校記》結尾。惟《有司》第12簡，《燕禮》第30簡，《泰射》第11、56、70、75、103等簡，句號均在簡端第一編之上，其前簡皆足行，可證因一句適當簡首，故寫句號於編綸之上，並不一定是章號也。由是言之，《少牢》、《有司》、《燕禮》及《泰射》四篇，皆僅有句號，無章號，《特牲》是否分章，尚屬疑問。

② "餽"字今本作"饋"。

③ 漢簡《釋文》"巳"誤作"己"，今從劉文獻説逕改。

④ "廟"字今本作"庿"。

⑤ "抽"字今本作"抽"，"櫝"字今本作"韇"。沈云："下第2簡'下櫝'、'執櫝'，第3簡'舍櫝'、'史櫝筮'，今本亦俱作'韇'。櫝、韇音同義别，'櫝'當爲'櫝'之形譌。《廣雅·釋器》'韇丸，矢藏也'，《方言》九'所以藏箭弩謂之箙，弓謂之鞬，或謂之戲丸'。《後漢書·南匈奴傳》'弓鞬韇丸一'，李賢注引《方言》作'藏弓爲鞬，藏箭爲韇丸'。馬融注《詩·大叔之田》、服虔注《左傳·昭公廿五年》均作'櫝丸'。豈所用有異而又用材不同遂易其所從之形旁歟？"王關仕云："按《士冠》'抽上韇'，鄭注：'韇，藏筮（張爾岐本及《士喪》注引此作'筴'）之器也。'《士喪》'筮者東面抽上韇'，《釋文》'音獨，函也'，則韇爲本字，櫝爲假借。"

筮執之，東面受命于主人。主人曰："孝孫某，來丁亥①，用薦歲事于皇祖伯某，以其肥肥某是②，尚薌③！"史曰："若。"西面于門西，

---

　　①　"丁亥"上今本有"日"字。沈云："此筮日節主人命詞與祝述命詞兩見'來丁亥'，下第 4、5 簡筮尸宿尸節主人命詞與祝宿詞又兩見'來丁亥'，今本俱有'日'字。《特牲》筮日節宰贊主人之命詞'筮來日某'，簡本有'日'字與今本同。上諏日云'日用丁巳，筮旬有一日'。凡筮日，以前一句之某日筮後一句之某日，謂之來。卜辭多有此例。《殷墟書契前編》卷七頁 27 片 2：'戊辰卜，爭貞：來乙亥，不雨。〔戊〕辰卜，爭貞：〔來〕乙亥，其雨。'《殷契萃編》790'癸未卜，來壬辰，雨'，又 785'辛□〔卜〕，至來辛，亡大雨'，簡本命詞猶是殷禮款式，當以無'日'爲長。"
　　②　"其"字今本作"某"，"肥肥"今本作"妃配"，"是"字今本作"氏"。陳校："《説文》'肥，多肉也'，與妃、配同從巳得聲。漢碑多假'氏'爲'是'，《覲禮》鄭注'古文是爲氏'。"王關仕云："甲本'某'作'其'，隸混，參見《士相見》。"沈云："《集韻》八微'妃，娓，《説文》匹也，一曰嘉偶曰妃。或作娓'，肥、娓聲同通假。揚雄《太玄》内：'初一，謹于娓孰，初貞後寧。'林㮠《釋文》'娓妃同'，娓孰即妃仇，《左傳·桓公二年》'嘉耦曰妃，怨耦曰仇'，漢時有作娓，當係妃字同肥而又加形旁。"又云："馬王堆漢墓出土帛書《老子》甲本卷後古佚書《伊尹論·九主》'配'字並作'肥'。《説文·酉部》'配，酒色也'，段注'本義如是，後人借爲妃而本義廢矣'，《釋文》屢云'配本作妃'，則古本如是作，乃假妃爲配也。段所譏者，厥後復有假配爲妃耳。"王關仕云："按鄭注'某妃，其妻也。合食曰配'，《説文》'配，酒色也，從酉己聲'，段注'後人借爲妃字'，《説文》又云'妃，匹也'，'媲，妃也'，是妃本兼妻，合食（名、動詞），甲本同作肥，疑爲娓之省，或初文。"沈氏又云：是與氏通，《曲禮下》鄭注"是或爲氏"，《漢書·地理志》顏注"氏與是同"，《後漢書·李雲傳》李賢注"是與氏古字通。臨沂銀雀山漢墓出土《孫子兵法》是作是；《韓勑修孔廟後碑》"韓君於氏慎愔之思"，"於氏"即"於是"。《覲禮》王賜侯氏車服節"太史是右"，鄭注："古文是爲氏也。"簡本用今文。王關仕云："氏象傍於山脅，人群之所居。柳翼謀先生言：'古所謂某氏某氏者，即所謂某山之部落，某山之酋長耳。'可見姓氏之'氏'實以'氏'爲本字。"
　　③　"薌"字今本作"饗"。陳校："丙本《喪服》咠之作荅，皆此類。"沈云：《燕禮》第 31 簡間歌合樂節"遂歌薌樂"，今本作"鄉"。《特牲》第 17 簡尸入九飯節"祝鄉"，今本作"饗"。饗食之"饗"正字作"亯"，《説文·亯部》"亯，獻也"，又《食部》"饗，鄉人飲酒也"，經傳多假饗爲亯也。"鄉"之作"薌"爲誤加形旁。簡本饗食字用古文。

繇下牘，左執筮，右兼執牘以擊筮。遂術曰①："假女大筮有常②。孝孫某，來丁亥③，用薦歲事于皇祖伯某，以其肥肥某是④，尚饗！"乃舍牘⑤，立筮。卦者在左坐⑥，卦以木。卒筮，乃書卦于木，示主人，乃退，占。吉則史韇筮，史兼執筮與卦以告于主人："占曰從。"乃官戒，宗人命濯⑦，宰命爲酒，乃退。若不吉，則及遠日，有

----

① "術"字今本作"述命"。沈云："《説文·行部》'術，邑中道也'，《廣雅·釋詁》'術，法也'，義與'述'有別。《士喪》筮宅兆節'不述命'，鄭注'古文述皆爲術'，簡本用古文。《詩·日月》'報我不述'，《釋文》'本亦作術'，《祭義》'結諸心形諸色而術省之'，鄭注'術當爲述，聲之誤也'，《漢書·賈山傳》'術追厥功'，顏注'術亦作述'，均證二字通假。《張表碑》'方伯術職'，《樊敏碑》'臣子衷術'，《韓勑修孔廟後碑》'共術韓君德政'，《靈臺碑陰》'州里稱術慈孝'，俱屬假術爲述。"又云："此命筮之詞。上主人曰孝孫云云，乃主人命史；此史以主人之命命卦者，故曰述命。《特牲》爲士禮，卦者直接受主人之命，無述命之儀，以'宰自主人之左贊命'，仍有'命曰'句，簡本與今本同，可見'命'字甚重要。此大夫禮，史述主人之命，無'命'字更不成文義。簡本誤脱。"

② "假"字今本作"叚"，"女"字今本作"爾"。陳校："簡'人'旁或作'彳'旁。"

③ "丁亥"上今本有"日"字。

④ "其"字今本作"某"。

⑤ "舍"字今本作"釋"。沈云："《大射》三耦射節'獲而未釋獲'，鄭注'古文釋作舍'，簡本用古文。《鄉飲》拜賜拜辱息司正節'主人釋服'，鄭注'古文釋作舍'，今本皆用今文。《周禮·大胥職》'舍采'，鄭注'舍即釋也'，《占夢職》'乃舍萌于四方'，鄭注'舍讀爲釋，古書釋采釋奠多作舍字'，《甸祝職》'舍奠于祖廟'，鄭注'舍讀爲釋'。《周禮》古文，故均作'舍'。《禮記·祭統》'而舍奠于其廟'，鄭注'舍當作釋，聲之誤也'。《祭統》用古文；又《王制》'反釋奠于學'，用今文。或謂《禮記》全書皆用今文，非也。《説文·采部》'釋，解也'爲本義，又《亼部》'舍，市居曰舍'。舍本爲居止之客館，段注謂'引申之爲凡止之偁'，故凡訓去也、除也、置也、棄也等，均當作'舍'。羣書多作'舍'爲假借字。"

⑥ 陳校："'卦者'、'卦以木'、'卦于木'，今本俱作'卦'，而簡分別之爲'卦'與'卦'。卦字削改。"

⑦ "濯"字今本作"滌"。沈云：《説文·水部》"濯，瀚也"，"瀚，濯衣垢也"，爲浣洗之義。"滌，洒也"，"洒，滌也"。古文爲灑埽字"。兼有埽除之義，此文爲筮祭日時"宗人命滌"，《特牲》士禮無此儀注。《大射》亦有"宿視滌"，鄭注"滌謂漑器，埽除宗廟"，彼兼有二者，故鄭注兩釋是也。《少牢》則別有視濯之儀，此命滌唯有埽除宗廟，鄭注乃云"滌，漑濯祭器，埽除宗廟"，釋義未精。簡本作濯，實爲書手涉下視濯而誤。王闓仕以滌爲徒歷切，濯爲直角切，古音皆定紐，同段氏十七部，可見二字音義同。

筮日如初①。

　　[宿。前宿一日，宿戒]尸。明日，朝筮尸②，如筮日之禮③。命曰：“孝[孫]某，來丁亥④，用薦[歲事于皇祖伯某，以其肥]肥某是，以某之某爲尸。尚饗！”筮、卦占如初。吉，則乃遂宿尸，祝擯。主人再拜稽首。祝告曰：“孝孫某，來丁亥⑤，用薦歲事于[皇祖伯某，以其肥肥]某是。宿⑥！”尸拜，許⑦，主人有再拜稽首。主人退，尸送，揖，不拜。若不吉，[則遂改]筮尸。

　　既宿尸，反，爲期于廟門之外。主人門東南面，宗人朝服北面，曰：“請祭期。”主人曰：“比於子。”宗人曰：“旦明行事。”主人曰：“若。”乃退。

　　明日，主人朝服即位于廟門外⑧，東方南面。宰、宗人西面北上。牲北首東上。司馬刲羊⑨，司土擊豕⑩。宗人告備，乃退。雍

---

① “有”字今本作“又”。

② 劉文獻云：“‘朝服筮尸’，簡本無‘服’。漢簡《校記》漏校。”沈云：“今本‘朝’下有‘服’字。上筮日主人朝服，下祭日主人亦朝服，故此筮尸主人必服朝服。無‘服’字不成文義，顯係誤脱。”

③ “禮”字今本作“儀”。陳校：“唐石經、徐本、《集釋》、《通解》、敖氏俱作‘禮’，是也。”

④ “丁亥”上今本有“日”字。

⑤ “丁亥”上今本有“日”字。

⑥ “宿”上今本有“敢”字。

⑦ “許”下今本有“諾”字。王關仕云：“甲本無‘敢’、無‘諾’，並誤脱。按《特牲》：‘占曰吉，敢宿。’甲本亦脱‘敢’字，然其下文‘吾子將涖之，敢宿’，則有‘敢’字，又《士冠》‘吾子將涖之，敢宿’，此‘以某妃配某氏，敢宿’，乃命詞，不可省，故可必其誤脱。”又云：“《特牲》‘祝許諾，致命，尸許諾’，甲本同有‘若’，是此當有。”

⑧ “門”下今本有“之”字

⑨ “刲”字今本作“刲”。

⑩ “土”字今本作“士”。陳校：“簡文土、士往往混而不分。”沈云：“陳校是。《史記・呂太后本紀》‘齊内史士’，《集解》引徐廣曰‘一作出’，簡本‘士’有作‘土’而‘出’作出，蓋一誤土，再誤出，如《燕禮》之‘士’又作‘出’也。”

人溉鼎、枇、俎于雍爨①，雍爨在門東南，北上。廩人溉甑、甗②、枇③與敦于廩爨④，廩爨在雍爨之北。司宮溉豆、籩、勺、爵、觚⑤、觶⑥、几、洗、匪于房東堂下⑦，勺、爵、觚、觶，實于匪。卒溉，選

---

①　“溉”字今本作“概”。沈云：《説文・水部》溉字乃水名，非其義也。又《手部》“概，滌也”，《周禮・世婦職》鄭注“概，拭也”，作滌拭義者當以“概”爲正字，今本是也。群書多假溉爲概，簡本亦假溉爲概。後世刻本不過又據假字誤改耳。

②　“甗”字今本作“甒”。陳校：“甗、獻古音可通假。”沈云：“《説文・瓦部》‘甒，甑也。一穿。從瓦䖒聲。讀若言。’段注：‘甑七穿而小，甒一穿而大。’字書無甒字。《書・大誥》‘民獻有十夫’，《尚書大傳》獻作‘儀’。獻、儀通假，則甒自亦通甗，蓋漢時有甗字，假以爲甒，字書遺落耳。”王闓仕云：“甗不見《説文》，字似從食，義聲。甒，從瓦䖒聲，而䖒從虍聲，段注：‘牛建切。……然獻尊即犧尊，車轄亦作車䡰。’《廣韻》：‘義，宜寄切，同疑紐。’則此作甗，爲假借。”

③　“枇”字今本作“匕”。

④　“廩”字今本作“廩”。沈云：“《魏孝文帝弔比干文》稟作㐯，《魏張玄墓誌銘》作㐯，《魏鄭羲下碑》作㐯，並此簡文廩，下俱從米，乃俗體。”王闓仕云：“按《説文》‘㐯，穀所振入也’，重文作廩。《釋文》同作廩。鄭注‘廩人掌米入之藏者’，《隸辨》‘廩，魏三體石經《左傳》遺字，御廩栽’，又‘廩，《州輔碑》陰：故廩犧令。……碑變從米’，則甲本從西作粟亦隸變也。”

⑤　“觚”字今本作“觚”。

⑥　“觶”字今本作“觶”。

⑦　劉文獻云：“簡本‘東堂’上有‘房’字，‘房’字漢簡《校記》漏校。”沈云：“東堂、西堂在正堂之東西，與堂相並，各有序墙相間。《士喪》饌小斂奠節‘饌于東堂下’，鄭注‘凡在東西堂下者南齊坫’，沈彤云‘堂之東下謂之東堂下，亦謂之堂東；堂之西下謂之西堂下，亦謂之堂西’，東西堂亦統于正堂。東堂下者，東堂東之階下也。而房者，大夫有二房，曰東房西房，在堂後，亦在東堂西堂之後，與室相並。簡文‘房東堂下’，房東無堂，全書無此名目，義不可通。《大射》命賓納賓節‘小臣師從者在東堂下南面西上’，簡本與今本同，彼簡亦無‘房’字，可見此‘房’字爲衍文。”

豆①、邊與匪于房中,枋于西方②。設洗于作階東南,當東榮。羹鄭③,雍人陳鼎④,三鼎在羊灌之西⑤,二鼎在豕灌之西。司馬升

---

① "選"字今本作"饌"。

② "枋"字今本作"放"。沈云:"《説文・木部》'枋,枋木也',簡作'枋',義不可通。鄭注'放猶依也',與《廣雅・釋詁》、《國語・楚語》韋解、《莊子・天運・釋文》引司馬彪注同。放爲傍之假借,作枋當爲'傍'之形譌。"王關仕云:"按鄭注'放,猶依也',《説文》'放,遂也','枋,枋木,可作車',《廣雅・釋詁》'放,依也,則甲本作枋爲假借(甲本東西枋作柄,《燕禮》作枋,與此同形義異)。"

③ "鄭"字今本作"定"。陳校:"此爲奠定之定,簡本于其他奠祭之奠亦皆作鄭。"沈云:今本"奠"字簡本有作"鄭"有作"塸",均爲加形旁字,説見前。此文今本作"定"爲正字,簡本作"鄭"或作"塸"爲假借字。王引之《經義述聞》云:"定者成也,言成孰也。《吕氏春秋・仲秋篇》'以待陰陽之所定',《淮南・天文篇》'秋分而禾稾定',高注並曰'定成也'。《吕氏春秋・明理篇》'五穀萎敗不成',高注曰'成孰也'。是定、成、孰三字同義。"羹定者,鑊中之牲體已孰,可以速賓。簡本作"奠"爲"定"之假借,而非奠祭奠爵之奠,陳校以爲"此爲奠定之定",大誤。王關仕云:"按《鄉飲》'羹定',鄭注'定猶熟也',《鄉射》、《公食》注同。《説文》'定,安也',段注'古亦叚奠爲之',《廣韻》'定,徒徑切','奠,堂練切',皆定紐。甲本奠悉作鄭、塸,是二字雙聲通叚。"

④ "鼎"下今本有"五"字。沈云:"陳鼎多少,與主賓爵位之尊卑,禮儀之隆殺,以及其他器物之多寡,均有配合,應有記録。或以爲下'三鼎在羊鑊之西,二鼎在豕鑊之西',其數已見。其説非也。此兩句爲分述之文,而'鼎五'乃示用鼎之數,詎可詳其末而略其本乎?"

⑤ "灌"字今本作"鑊"。陳校:"簡文'灌'應是'濩'之誤。"沈云:"灌字顯係誤字,陳校是。《爾雅・釋訓》'是刈是濩,濩煮之也',《釋文》'濩又作鑊',濩爲鑊之假字。"王關仕云:"《説文》'鑊,鐫也,從金蒦聲',《周禮・大宗伯》'省牲鑊',鄭注'烹牲器也',又引《爾雅・釋訓》及《釋文》,而疑甲本作灌爲濩之書誤,二字音義隔也。"

羊右辨，脾不升①，肩、臂、臑、肫②、胳③，正脊一、脡脊一、衡脊一④、短脅一、正脅一⑤、伐脅一⑥，皆二骨以骿⑦，腸三、胃三、舉肺一、祭肺三，賓于一鼎。司士升豕右辨，脾不升，肩、臂、臑、肫、胳，正脊一⑧、脡脊一、衡脊一、短脅一、正脅一、伐脅一，皆二骨以

---

① "辨脾"，今本作"胖髀"。王關仕云："簡本辯悉作辨（《士相見》'辯'一見，參見該篇），此義與他篇多訓'偏'者異，而徐氏《疏證》云'辨之通胖，見《士虞記》。辯與辨古亦通用'，混'右胖'與訓'偏'之辨、辯于一。胡氏《疏義》云'此則古文又借辯爲胖，皆以聲近互借故也'得之。下文'腊一純而鼎'，注'合升左右胖曰純。純猶全也'，則胖者半也，即《説文》'胖，半體肉也'之本義，今本下文'上利升羊載右辯'是古文假借爲'胖'。"

② "肫"字今本作"膞"。沈云："簡本《少牢》、《有司》均作'肫'；今本《少牢》作'膞'，《特牲》、《有司》作'肫'。胡氏《正義》云：'膞胳，唐石經、嚴本俱如是，注同。毛本'膞'作'膞'，盧氏《詳校》改'膞'，下並同。'《説文·肉部》'肫，面顴也'，'膞，切肉也'，義不相通。段注：'《儀禮》説牲體，前有肩臂臑，後有肫髀骼，髀不升於俎，故多言肫骼。肫亦作膞，經肫、膞錯出，皆假借字也。經本應作腨，腨，腓腸也，以腓腸該全經，假肫膞字爲之。'段説是也。"王關仕云："《廣韻》：腨膞，切市兗，膞又切旨兗；肫切章倫，是同照紐，得相假借。"

③ "胳"字今本作"骼"。

④ "衡"字今本作"横"。

⑤ 陳氏《釋文》次"脅"字誤作"脊"，下文第10簡"正脊一"亦誤作"脊"（陳校並據《釋文》出校記，並删）。影圖、摹本並同今本作"脅"。此從王關仕、劉文獻説徑改。

⑥ "伐"字今本作"代"。沈云："簡本《少牢》俱作'伐'，《有司》第9簡作'伐'，第10簡作'代'。陳校云'今本作代者誤'。代脅即前脅，陳氏何所據而云然？細審圖版，《少牢》第9簡、《有司》第10簡'伐'字均後加一'ノ'，墨色淡而畫細，當係原寫作'代'而後改，出于或人之手，未必有據，仍以作'代'爲長。"王關仕據胡氏《正義》"脊兩旁之肋謂之脅，脅有三，前爲代脅，中爲正脅，後爲短脅……今先舉短脅，先言後脅，次言中脅，次言前脅"，推知短脅即後脅，正脅即中脅，代脅即前脅。其説與沈氏同。

⑦ "骿"字今本作"並"。沈云："簡本此篇'二骨以骿'句凡三，俱作骿。《説文·人部》'併，竝也'，又《竝部》'竝，併也'，二字互訓。此骿當爲併之俗寫，立旁、人旁俗多互寫，如竢之與俟，竻之與佇，溪之與僕。簡本用今文。"王關仕云："《有司》'陳於羊俎西竝'，注'古文竝皆作併'，疑古文爲今文之誤。《説文》併、竝互訓，并訓'相從'，此鄭注'竝，併也'，以今文釋古文與？"

⑧ 陳榮傑云："此簡中'正脊一'的'脊'字應爲'脅'。圖版和摹本都很清晰，摹本作'脅'。陳夢家將此處的'脅'隸定爲'脊'，並在校記中説：'正脊，今本作正脅。'實際上，簡本也作'正脅'，與今本相同，故陳説不當。《中國簡牘集成》此處也誤作'正脊'。"

辨，舉肺一、祭肺三，實于一鼎。雍人論膚九①，實于一鼎。司士
有升魚、腊，魚十有五而鼎，腊一肫而鼎②，腊用麋。卒脀，皆設扃
鼏③，乃舉，陳鼎于廟門之外東方，北面北上。司宮尊兩廡于房户

---

① "論"字今本作"倫"。沈云："此文雍人擇，《公食》文承'載者西面'，乃載者擇，
亦應訓倫爲擇。《國語·齊語》韋解、《説文·手部》、《廣雅·釋詁》俱云'掄，擇也'。王
念孫云'倫、掄通'。倫爲掄之假借。《公食》鄭注'今文倫或作論'，是今古文俱作'倫'
而今文或本有作'論'，簡本用今文或本，蓋以今讀古並隸寫時，今文或本字有滲入者。"

② "肫"字今本作"純"。陳校："與'膊'之作'肫'者無別。"沈云：《士昏》將親迎預
陳饌節"腊一肫"，鄭注"肫或作純，純，全也。古文純作鈞"。今文作"肫"，或本作"純"，
古文作"鈞"。簡本用今文。純爲左右胖合升之名，肫膊爲體解之一體，義自不同。今
文或本作"純"爲正字，古文作"鈞"爲假借字。今文作"肫"與肫膊之肫無別，故鄭以爲
當作"純"。簡本乃以今讀古並隸寫時滲入今文"肫"字。今本《士昏》作"肫"，《少牢》作
"純"，鄭氏雖以"肫"爲非而仍未改從"純"字，可證其對所據本實未嘗改易經字。王關
仕云："今本肫、純並見，此則似同今文。"

③ "鼏"字今本作"鼏"。

之間①，同棨，皆有幕②，廡有玄酒。司宮設雷水于洗東③，有枓④。執匪于洗西⑤，南肄⑥。改選豆、籩于房中，南面，如饋之設，實豆、

---

①　"廡"字今本作"甒"。沈云："《士冠》、《既夕》、《少牢》鄭注'古文甒皆作廡'。《士虞記》鄭注'古文甒爲廡也'。簡本用古文。《説文·广部》'廡，堂下周屋也'，《後漢書·順帝紀》李賢注'廡，廊屋也'，古文假'廡'爲'甒'。廡、甒不同訓，以同音假借也。"

②　"幕"字今本作"羃"。陳校："鄭注'今文羃作幕'，唐石經作羃，《通解》、毛本作羃。"王關仕云："按《公食》'簠有蓋羃'，注'羃，今文或作幕'，《特牲》'羃用絺'，甲本作幕（幕之筆誤），則此注'今文羃作幕'，當爲'今文羃作幕'之誤。"

③　"雷"字今本作"罍"。陳校："《燕禮》第 1 簡亦同此簡。"沈云："《燕禮》第 1 簡告戒設具節'雷水在東'，今本亦作'罍'。《漢禮器碑》'雷洗觴觚'，作'雷'與簡本同。《説文·雨部》'靁，陰陽薄動靁雨生物者也。從雨，畾象回轉形。𤴐，籀文靁間有回，回，靁聲也。𩇓古文靁'，今隸作雷爲靁之省。又《木部》：'櫑，龜目酒尊，刻木作雲靁象，象施不窮也。從木從畾，畾亦聲。罍，櫑或從缶。𥂶，櫑或從皿。𥀳，籀文櫑，从缶回。'櫑尊以刻雲雷得名，本用木，或用匋，故或從缶作罍。籀文𥀳即古文𩇓之从缶，故雷罍聲義均通。《禮記·明堂位》云'山罍，夏后氏之尊也'，孔疏'罍，雲雷也'。《周禮·司尊彝職》'其再獻用兩山尊，皆有罍'，鄭注'山尊，山罍也'，俱爲盛酒之尊，刻雲雷之形，故曰罍。此文之罍爲盛水匋器，亦刻雲雷而名罍，故亦假雷爲之。"王關仕云："顏注《郊祀志》、《劉向傳》等皆云'靁，古雷字'，《詩·卷耳》'我姑酌彼金罍'，《漢書·文三王傳》'初孝王有罍罇'，顏注'應劭曰：《詩》云酌彼金罍'，則罍即靁之省。《論衡·亂龍》'禮畫雷樽，象雷之形'，又《語增》'雷鱒，刻畫雲雷之形'，是靁之省。蓋本作靁，後隸省爲雷，亦以爲尊名。"

④　"枓"字今本作"枓"。沈云："枓爲挹水之器，本作斗，如《詩·行葦》'酌以大斗'，《大戴禮·保傅》'大牢持斗而御户右'，從木之枓爲後製加形旁字。細審圖版，木旁上寫時誤落墨潘，與'丿'不同，摹本依樣畫之，陳氏《釋文》定爲枓，遂不可通。今更定爲枓，與今本不異。"

⑤　"匪"字今本作"篚"。陳校："執，應是埶字，即藝字所從；今本皆作'設'，上第 8 簡亦作'設'。"李中生云："用陳氏所釋，文不可通。今本《儀禮》設器、設食的設，簡本多作執（爲印刷方便，以下稱爲甲字）。竊以爲甲字即埶字（以下稱爲乙字）。對此乙字，《説文》的解釋是'設飪也'，《廣雅·釋言》的解釋是'設也'。埶字從丮從食，才聲，與載古音相近而互爲通用。《石鼓文》'埶西埶北'，《詩·大雅·旱麓》'清酒既載，騂牡既備'，二文載、埶互作。簡本中的甲字，從丸、從土，才聲（古文才作扌），將乙字的次要形符'食'換成'土'，這是爲求簡省而改換偏旁。此類異體字在簡本中屢見不鮮。因甲字與乙字爲異體字，而乙字有設之義，故今本之設，簡本多作甲字。"

⑥　"肄"字今本作"肆"。沈云："《聘禮記》'俟于郊爲肆'，鄭注'古文肆爲肄'，簡本用古文。"王關仕云："胡氏《疏義》：'古肆、肄字多互譌。《周禮·小宗伯》"肆儀爲位"，注'肆，習也，故書肆爲肄，杜子春讀肄當爲肆'。此"爲肆"之肆，鄭云肆猶陳列也，非肄習之義，故不從古文。'甲本作'肄'同古文。"

邊實①。小祝設般、鈮與匪②、巾于西階東。

　　主人朝服即位于阼階東，西面。司宮筵于隖③，祝設几于筵上，右之。主人出迎鼎，除幂。士浣，舉鼎，主人先入。司宮取二勺于匪，洗之，兼以升④，乃剛二尊之蓋幂⑤，奠于棜上，加二勺于

---

①　“邊”下今本有“之”字。王關仕云：“甲本無‘之’，蓋脱。”

②　“般鈮”今本作“槃匜”，“匪”字今本作“箪”。

③　“筵”字今本作“筵”，“隖”今本作“奧”。沈云：“《説文·宀部》‘奧，宛也。室之西南隅’，又《自部》云‘隖，骹也’，二字義別。《詩·無衣》‘安且奧兮’，《釋文》‘奧本又作燠’。《集韻》十八尤‘燠、奧，骹休，痛念聲。或作奧’。燠休出《左傳·昭公三年》，《釋文》‘燠，徐音憂’，《集韻》十九侯‘隖，烏侯切。隖箸，深下兒。奧隖雙聲，燠隖疊韻，簡本奧之作隖，蓋以聲近而誤耳。”王關仕云：“陳、隖《廣韻》聲韻遠隔，而謳從區聲，《廣韻》烏侯切，與陳同影紐，隖從區聲，是可通假。”

④　“兼”下今本有“執”字。沈云：“‘兼以升’不成文義。凡取器物，二以上稱兼執、合執或兼取、合取。簡本誤脱。”王關仕亦以其爲誤脱，云：“上文‘右兼執鼏以擊籆’、‘兼與筮執之’、‘史兼執筮與卦’，甲本並同，可證。又《聘禮》‘兼執之以進’，是其比。”

⑤　“剛”字今本作“啓”。沈云：“今本‘剛’作‘啓’。作剛係書手俗寫。簡本、今本俱用古文。據此可證今文避景帝諱作‘開’，而鄭所據亦屬別本。”王關仕云：“《説文》‘啓，教也，從攴启聲’，‘启，開也，从户口’，二字本一字，許因《論語》‘不憤不啓，不悱不發’，強分爲二。啓、發並舉。鄭注‘今文啓爲開’，启之爲啓明矣，字當次近‘戲’。許云：‘戲，閉也。’重文作‘劼’，與甲本此從刀作剛皆漢時異文。鄭注‘今文啓爲開’，《士昏》《既夕》之‘請期’，《士虞》（二見）注同，而《既夕》‘啓之昕外内不哭’，鄭注‘古文啓爲開’，疑古文爲今文之誤，抑所見本今古文混歟？”

二尊，覆之，南柄。鼎徐入^①，雍正執一枇以從^②，雍府執四枇以從，司士合執二相以從^③。司士贊者二人，皆合執二相以相，從入。陳鼎于東方，當序，南于洗西，皆西面北上，膚爲下。枇皆加于鼎，東柄^④。相皆執于鼎西，西肆。甄相在羊相之北^⑤，亦西肆。宗人遣賓就主人，皆浣于洗^⑥，長出^⑦。佐食上私升牢心、舌^⑧，載于甄相。心皆安下刉上^⑨，午割勿没。載于甄^⑩，末在上。舌皆刉

<hr />

①　"徐"字今本作"序"。陳校："簡文'徐入'之徐與'東序'之序有别。"沈云："《説文·广部》'序，東西牆也'。正堂與東西箱相間之牆爲序，此其本義。又《支部》'敍，次弟也'，《中庸》'所以序昭穆也'，鄭注'序猶次也'，《祭義》'卿大夫序從'，鄭注'序以次第從也'，《周禮·肆師職》'令外内命婦序哭'，鄭注'序使相次秩'。群書序訓次第，均爲敍之假借。序與徐通，《禮記·射義》'又使公罔之裘，序點揚觶而語'，鄭注'序點或爲徐點'，《詩·常武·釋文》'舒序，一本作舒徐'，簡本假徐爲敍，亦假序爲敍，乃次第而入，非舒徐而入。鼎大小不同，所盛牲體亦不同，當依一定次第從門外扛至階下。"王關仕云："本篇凡序入、序進同；《大射》同，亦作'遂'；《燕禮》同今本作序（東西序例外）。《燕禮》'序進'，鄭注'序，次第也，猶代也'，《大射》注同。《士喪》'酒豆籩俎序從'，鄭注'序，次也'。《説文》'序，東西牆也，從广予聲'，'徐，安行也。從彳余聲'，本篇下文'司士三人執魚腊膚俎，序升自西階，相從入'，既云'相從入'，則序升當爲徐行安行而升。"

②　"枇"字今本作"匕"。

③　"相"字今本作"俎"。

④　"柄"字今本作"枋"。

⑤　"甄"字今本作"斨"。

⑥　"浣"字今本作"盥"。

⑦　"出"字今本作"斨"。陳校："乃匕字之誤書。"

⑧　"私"字今本作"利"。陳校："此乃筆誤，下簡不誤。"王關仕云："甲本利作私，書誤；下同今本作'利'。"

⑨　"刉"字今本作"切"。沈云：《説文·刀部》"切，刉也"，"刉，切也"，二字雙聲互訓。簡本、今本俱刉、切今古文錯雜並用。王關仕說略同，又云："然散文亦多通者，《有司徹》'侑俎有切肺一。注云：切肺亦祭肺，互言之爾。《少牢》：祭肺三皆切；《士虞禮》注引作祭肺三皆刉，是也。"適可證鄭無所分，而今本刉、切並見，實鄭所據本已合今古文，或並見於今古文本也。

⑩　"載"上今本有"其"字，"甄"下今本有"俎"字。王關仕云："按上文'佐食上利升牢心舌，載於斨俎'，今本、甲本皆無'其'字。下文'亦午割勿没，其載於斨'，甲本亦無'其'，今本亦誤'俎'。"

本末，亦午割勿没，其載于甄，衡之。皆初爲之于燅①。佐食遷甄

粗于作階西②，西摵③，乃反。佐食二人。上利升羊④，右辨，脾不

升，肩、臂、臑、肫、胳；正脊一、脡脊一、衡脊一、短脅一、正脅一、

伐脅一⑤，皆二骨以辨；腸三、胃三，長皆及粗椇⑥；舉肺一，長終

肺；祭肺三，皆刌⑦。臂、臑、肫、胳，在兩端，脊、脅、肺、肩，在上。

---

① "皆"下今本有"如"字。王關仕云："按甲本無'如'，誤脱。《特牲》'皆如初儀'，《有司》'皆如儐禮'，甲本並同可證。"

② "佐"上今本有"也"字。王關仕云："無'也'，蓋省，《士相見》多省'也'字，似爲今文。"

③ "摵"字今本作"縮"。

④ "羊"下今本有"載"字。王關仕云："無'載'，甲本誤脱。上文'司馬升羊右胖'，此載之，又下文'下利升豕，其載如羊'，皆可證。"沈云："其載如羊，即如羊之載右胖。此無'載'字，下'如羊'句失却照應。又上羹定實鼎饌器節'司馬升羊右胖'、'司士升豕右胖'，由鑊取出實之于鼎，無載之之法；此文爲由鼎取出實之于俎，在俎有載之之法，必有'載'字，其義始明。《士冠》夏殷冠子之法節'載合升'，鄭注'在鼎曰升，在俎曰載'，即此義。簡本書手涉上節而誤脱'載'字。"

⑤ "伐"字今本作"代"。

⑥ "椇"字今本作"拒"。沈云："鄭注'拒，讀爲介距之距，俎距，脛中當橫節也'，俎拒即俎足，拒當作'距'，作'拒'乃'距'之假借字。《説文·木部》'椇，檋也'，非其義。椇爲距之聲譌。"王關仕亦引鄭注，又云："《廣韻》拒切其吕，据切九魚，同黄氏古音第十二部。"

⑦ "臂"上今本有"肩"字。沈云："此節上述由鼎升俎，云'肩、臂、臑、膊、胳，正脊一，脡脊一，橫脊一，短脅一，正脅一，代脅一，腸三，胃三，舉肺一，祭肺三'，順次記述，鄭注所謂'升之以尊卑'。下述在俎載之之法，云'肩、臂、臑、膊、胳在兩端'，即將前肱後股五分盛于俎之兩端。云'脊、脅、肺'，即將三脊、三脅併四肺盛于俎之中央。又云'肩在上者'，俎之兩端分上下，此補記前脛骨在上端，即《祭統》'周人貴肩'之意。補記有'肩'字。豈能記述載之之法時反省肩字？簡本誤脱，至爲明顯。"王關仕以無"肩"爲是，正與沈説相反。云："下既云'脊脅肺肩在上'，與'臂臑膊胳在兩端'對舉，不宜重'肩'，一也。臂臑與膊胳爲肢，肩爲體，與脊脅肺近，《祭統》'周人貴肩'，故與脊脅肺在上，二也。"

下利升豕，其載如羊，無腸、胃。體其在于俎[①]，皆進下。司士三人，升魚、腊、膚。魚用鮒，十有五而俎，撥載，右首，進腴。腊一肫而俎[②]，亦進下，肩在上。膚九而俎，亦衡載，革順。

卒胥。祝浣于洗，升自西階。主人浣，升自作階[③]。祝先入，南面。主人從，戶內西面。主婦被錫，衣移袂[④]，薦自東房，韭菹、湛醢[⑤]，坐奠于筵前。婦贊者一人[⑥]，亦被錫，衣移袂，執葵菹、蝸

---

①　"體"字今本作體。劉文獻云："'其載於俎'，簡本'載'作'在'，'載'字漢簡《校記》漏校。"沈云："此文作'載'作'在'均通，載法上文已明，此作'在'爲長。在、載聲同，《説文》'在'從土才聲，'載'從車𢦄聲，𢦄從戈才聲，以聲同相假借。"王關仕云："'載'作'在'，前後文悉作'載'，此爲假借。《説文》載從車𢦄聲，𢦄、在並從才聲。"

②　"肫"字今本作"純"。

③　陳校："'作'與'階'之章句號，誤置地位，應在'階'字下。"

④　"袑"字今本作"移"。陳校："此字各本相異，唐石經等作移，《釋文》等作袑，阮元《校勘記》云：'臧庸云：移當作袑，《説文》袑，衣張也。按袑乃正字。'臧氏之推定，得簡文而可定矣。"沈云：今按臧説未允。袑袂者，袂三尺三寸，較常袂二尺二寸爲特大。《國語·吴語》韋解"侈，大也"，《淮南子·本經訓》高注"侈，廣也"，則作"侈"其本義，臧氏謂"作侈誤也"，實屬武斷。《禮記·表記》鄭注"移，猶廣大也"，假"移"爲侈，臧氏云"移假借字"是也。《春秋·桓公十五年》"公會宋公、衛侯、陳侯于袲"，《公羊傳》作"侈"，是袲侈通假之證。簡本作移，實乃假移爲侈。本篇《釋文》"侈，本又作移"，作移爲或本。

⑤　"湛醢"，今本作"醓醢"。陳校："沈、湛古音同，故此假湛爲醓。醓從又從皿，乃醓之省。"沈云：《文選·答賓戲》李善注"湛，古沈字"，甚、尢音同，故從甚從尢之字多通假，而湛、醓相通則群書無證。鄭氏注《聘禮》"醓，醢汁也"，注《公食》"醓醢，醢有醓"，注《周禮·醓人職》"醓，肉汁也"。醓醢爲醢醬之有汁者。醓即肰字，挐乳爲肰字，俗又變爲醓。《醓人職·釋文》"醓，本又作㽬"，作"㽬"爲別本。"湛"爲古"沈"字，由"㽬"謁"沈"，由"沈"假"湛"。王關仕云："《廣雅·釋器》'醓，醬也'，《廣韻》'肰醓亦作醓'，與從'甚'聲之'騹'同切他感，而沈、湛音同，是甲本作湛爲假借。"

⑥　"婦"前今本有"主"字。沈云："《特牲》宗婦爲主婦之贊者，《少牢》、《有司》大夫禮盛，特立主婦贊者與婦人贊者二職，以贊助主婦。今本'主婦贊者'有作'婦贊者'，敖繼公云'不言主，省文也'，簡本俱作'婦贊者'，有全稱始得有簡稱，此文初見主婦贊者，不當省字，仍以今本爲長。"王關仕亦以其爲誤脱，云："此主婦贊者初見，當不可省稱'婦贊者'，下文'有司贊者取爵於篚以升，授主婦贊者于房户，贊者受，以授主婦'，甲本'授'下亦有'主'字可證。"

以受主婦①。主婦不興，遂受②，坏設于東③，韭菹在南，葵菹在北。主婦興，入于房。佐食上利執羊俎，下利執豕俎，司士三人執魚、腊、膚俎，徐升自西階④，相從入。設俎，羊在豆東，豕在其北⑤，魚在羊東，腊在豕東，直膚當俎北端⑥。主婦自東房執一金敦黍，有蓋，坐設于羊俎之南。婦贊者執敦稷以授主婦，主婦興，

① “菹醢”，今本作“菹蠃醢”。沈云：“此陰厭節主婦薦四豆：韭菹、醓醢、葵菹、蠃醢。《特牲》陰厭節主婦‘薦兩豆，葵菹、蝸醢’，簡本‘兩’誤作‘南’，‘蝸’誤作‘蠃’，此文當與之相同。《有司》主人獻尸節、主人受尸醋節俱云‘主婦薦韭菹醢’，今本與簡本同，省一醢字。但不能援彼例此。《聘禮》鄭注‘醢，醢汁也’，《釋名・釋飲食》‘醢多汁者醓，醢，潘也，宋、魯人皆謂汁爲潘’（畢校改醢爲肷是也）。醓爲肉醬，肷醢爲肉醬之帶汁者，無甚分別，故可單稱醢。至于蠃醢，鄭注‘蠃，蜬蝓’，即蝸牛，《特牲》作蝸醢，是以蝸牛和入肉醬，不稱蠃醢，即與肉醬無別。又據《周禮・醢人職》韭菹醓醢屬朝事之豆，葵菹蠃醢屬饋食之豆，二者不同，故非韭菹醓醢可省作韭菹醢，葵菹蠃醢則不可省作葵菹醢。簡本誤脫。”王關仕亦以其爲誤脫，云：“《特牲》‘主婦盥于房中，薦兩豆葵菹蝸醢，醢在北’，甲本同有‘蠃’（作蠃），可證。”

② “受”字今本作“授”。沈云：“金、甲文受、授俱作‘受’，受、授古今字。簡本有‘授’字，此文于義當作‘授’，而作‘受’者，或爲古文本之殘留未改者。”

③ “坏”字今本作“陪”。沈云：“《説文・人部》‘伾，有力也’，別一義。又《土部》‘坏，丘再成者也’，段改‘一成’是也。《自部》‘陪，重土也’，《書・禹貢》‘至于大伾’，《史記》作陫，一作坏。《漢書・溝洫志》顏注引鄭玄注‘山一成爲伾’，可見字當作坏、陫，或作陪。作伾爲假借字。陪、陫本義爲丘一成或重土，引申之則如《曲禮下》鄭注之‘陪重也’，《國語・魯語》韋解之‘陪猶重也’。簡本《泰射》作‘伾’用假字，此文作‘坏’，當係書手漏寫一畫。”陳榮傑《校勘》云：“此簡兩處‘于’均應爲‘亏’。《泰射》48簡‘立亏物間’的‘亏’字，陳夢家的隸定不誤，而《少牢》19簡的兩‘亏’字與《泰射》48簡相同，圖版、摹本均分別作亏、亏，字形非常清晰，故陳先生《少牢》19簡隸作‘于’不妥。《中國簡牘集成》也將這兩處隸爲‘于’。此兩處均應隸作‘亏’爲好。”

④ “徐”字今本作“序”。陳校：“簡文是。”

⑤ “惡”字今本作“亞”。

⑥ “直”字今本作“特”。王關仕云：“此‘特’作‘但’解，二字古通用。《廣韻》特切徒得，直切除力，古同定組。”

受，坐設于魚俎南；有興受贊者敦黍①，坐設于稷南；有興受贊者稷②，坐設于黍南。敦皆南首，主婦入于房③。祝酌，鄭，遂命佐食削會。佐食削會□④，二以重，設于敦南。主人西面，祝在左。主

---

① “有”字今本作“又”。

② “稷”上今本有“敦”字。沈云：“敦盛黍稷器。簡本上下黍稷字上俱有‘敦’字，此係書手鈔寫誤脱。敦黍，一敦黍；敦稷，一敦稷也。”王關仕亦以其爲誤脱，云：“按上文‘執一全敦黍’，‘執敦稷’，下文‘授婦贊者敦稷’，甲本同有‘敦’，是其證。”

③ “婦”下今本有“興”字。沈云：“簡本用今文。坐興之節多省字，而此節主婦爲神筵設兩敦黍、兩敦稷，詳記坐興，上云‘坐設’，則此必明其興後而入于房也。古文義長。”王關仕云：“其上文‘又興受贊者敦稷，坐設于黍南，敦皆南首’，無‘興’文，故此‘主婦興入于房’，有‘興’是也。上文‘主婦不興遂受……主婦興入于房’，甲本同有‘興’，是其比。而《有司》‘主婦不興受之……主婦入于房’，‘主婦不興受，……主婦入于房’，甲本並同無‘興’，是今本、甲本同省。”

④ “會”下今本有“蓋”字。陳校：“簡剜去而忘補寫，遂成空白。”李中生云：“按簡本剜去‘蓋’，甚是，不必補寫。下文的重設指會二重疊，而非會蓋重疊。《儀禮》會蓋都可泛指器物之蓋。如《士昏禮》‘贊啓會却于敦南’，《公食大夫禮》‘宰夫東面坐，啓簋會’，《士虞禮》‘命佐食啓會，佐食許諾，啓會却于敦南’等等。這是用會來表示器物之蓋。《聘禮》‘夫人使下大夫勞以二竹簋方，玄被纁裹有蓋’，《公食大夫禮》‘宰右執鐙，左執蓋’，《少牢饋食禮》‘執一金敦黍，有蓋’等等。這是用蓋字來表示器物之蓋。會、蓋的區别，只是一些詞語的搭配習慣不同。如説啓會，而不説啓蓋；説執蓋、有蓋而不説執會、有會。《少牢》的‘佐食啓會蓋二’，有一蓋字在會、二之間實屬多餘，且不符合《儀禮》的用詞習慣。‘蓋’字乃衍文無疑，大概是後來的注文羼入經文之故。”沈云：“似以簡本爲是。《士虞》陰厭節‘佐食許諾，啓會，却于敦南’，鄭注‘會，合也，謂敦蓋也’。會爲敦之蓋，今本《少牢》不當有‘蓋’字。敦之爲器，下半與上半相同，傳世實物可證，與鄭注‘會合也’之訓正符，故本蓋而言會。‘會’下‘蓋’字係經師旁注，書手誤鈔入正文，簡本傳習者剜去之是也，得此而證今本誤衍。”

人再拜稽首。祝祝曰①："孝孫某,敢用柔毛、剛臟②、嘉薦、薄淖③,用薦歲事于皇祖伯某,以其肥肥某是④,尚饗!"主人有再拜稽首。

祝出,迎尸于廟門之外。主人降立于阼階東,西面。祝先,入門右,尸入門左。宗人奉槃,東面于庭南。一宗人奉鉹水,西面于槃東。一宗人奉匜巾,南面于槃北。乃〔沃尸,盥于槃上。卒盥,坐奠簞,取巾,興,振之三,以授尸,坐取簞,興,以受尸巾。祝延尸,尸升自西階,入,祝從。主人升自阼階。祝先入,主人從。尸升筵,祝、主人西面立于戶內,祝在左。祝、主人皆拜妥

① 陳校:"此句號作方形,罕見之例。"
② "臟"字今本作"鬣"。沈云:"《説文·髟部》'鬣,髮鬣鬣也。從髟巤聲。𩮰,鬣或從毛,獵,鬣或從豕',又《囟部》'巤,毛巤也。象髮在囟上及毛髮巤巤之形也',段注云'按巤與鬣蓋正俗字。𡿪即象髮,不當復從髟矣。髟部鬣字之爲增𡳐無疑',朱駿聲《通訓定聲》云'鬣,即巤字。既從𡿪象形,又從髟,此俗體也',巤表人髮巤巤,重文𩮰不別人獸,重文獵專指豕毛,《爾雅·釋畜》'犣牛',郭注'髀膝尾皆有長毛',專指牛毛,據此而知鬣當即巤字。《一切經音義》卷十九引《通俗文》'豬毛曰獵',應爲剛鬣之本字,作鬣爲俗字。巤與臘通,《考工記》'桃氏爲劍,臘廣二寸又半寸,兩從半之',鄭注'臘謂兩刃',鄭司農云'謂劍脊兩面殺趨鍔',朱駿聲云'臘假爲巤,巤即脊也,隆然如巤,故名'。劍之廣合兩刃,中脊隆起如巤,故名臘廣。臘,《漢張遷碑》作'腸',故簡本'臟'即巤字,今本作'鬣'爲巤之俗字。"王關仕云:"簡本從'曷'之字皆作從'曷'。《淮南子·精神訓》'臟下迫頤',高誘注'臟,肝胃也。臟讀精神歇越無之歇也',《廣韻》歇許竭切,鬣切良涉,而下次'獵'字。《説文》'鬣,髮鬣鬣也。從髟巤聲',段注:'《周禮·巾車》翟字,故書爲髢,亦或爲髻。按髢、髻皆即𩮰字也,隸體多假葛爲巤。'"
③ "薄"字今本作"普"。沈云:"薄、普一聲之轉。《説文·日部》'普,日無色也。從日並聲',此普之本義也。《淮南子·精神訓》'薄蝕無光',《漢書·天文志》'日月薄食',顏注'日月無光曰薄',俱假薄爲普。《孟子·萬章上》'普天之下',趙岐注'普,偏也',《士虞》、《少牢》'普淖'鄭注俱云'普,大也',俱假普爲溥。薄從溥聲,《淮南子·本經訓》'旁薄衆宜',猶言旁溥,乃假薄爲溥,故薄、普二字通假。"王關仕云:"《廣韻》普、溥同切滂古,薄從溥聲,是以通假。"
④ "其"字今本作"某"。

尸，尸不言①。〕尸合拜，遂坐。祝反一南面②。尸取韭菹，辨擩于三豆③，祭于豆閒。上佐食取黍稷于四敦，下佐食取牢一刌肺于俎，以授上佐食。上佐食兼與黍以授尸。尸受，同祭于豆祭。上佐食舉尸牢肺④、正脊以授尸，佐食墾上敦黍于筵上⑤，右之。主人羞甄⑥，升自阼階，置于膚北。上佐食羞兩刌，取一羊刌于房中，坐設于韭菹之南。下佐食有取一豕刌于房中以從，上佐食

① 陳校："此簡缺失，相當於今本'沃尸'至'尸不言'76 字。"

② "一南面"，今本無"一"字。王關仕云："甲本'反'下有'一'，誤書。"

③ "辨"字今本作"辯"。沈云："《燕禮》第 22 簡公舉媵爵酬賓節'夫辨（辯）受酬'，鄭注'今文辯皆作徧'。本篇下第 44 簡餕節'司土（士）乃辨（辯）舉'與此文鄭注並云'今文辯爲徧'，是簡本、今本俱用今文。"

④ "舉"字今本作"舉"。《訂誤》云："此簡作□，下方墨迹重叠，然細辨之實非口形，與他簡之舉作□（《特》43）幾無區别，陳校他處均定作'舉'，此亦不必隸定作'興'之異構。"

⑤ "佐食"今本作"上佐食"，"墾"字今本作"爾"。沈云：《少牢》禮繁，佐食有二，下佐其上，不與尸相接。上佐食佐尸飲食，遇事有相因者，可省"上"字，蓋以下佐食不與其事，省字不嫌相混。此文則先舉牢肺正脊，後又爾敦，中間無尸之動作，事出更起，執事者必明著之，鄭注所謂"重言上佐食，明更起不相因也"。此文簡本實係書手不明更起之義而涉下文誤脱耳。又據此，下第 36 簡主人獻兩佐食節"主人酌獻佐食，佐食户内牖東北面拜"，"獻"下亦誤脱"上"字。王關仕則以其爲省字，云："按鄭注'重言上佐食，明更起不相因'，此爲章句之别；甲本此無章句號，則仍蒙上文'上佐食舉尸牢肺'而省'上'字。下文'上佐食舉尸牢幹，尸受振祭嚌之，佐食受加於斯'，甲本同；今本亦省'上'字者，蒙上文'上佐食'也。"又云："爾作墾，皆爲'邇'之初文或假借。《周禮・肆長》'實相近者，相爾也'，注'爾亦近也'。《説文》'墾，王者印也，所以主土，從土爾聲'（編者案：王氏引《説文》作"墾"，《説文》以爲籀文，今徑依《説文》回改作"墾"），此假借爲近之'邇'。《王君石路碑》、《韓勑碑》'彌'並作彊，顧氏按：《玉篇》彊同彌。"

⑥ "甄"下今本有"俎"字。

受，坐執于羊刑之南①，皆毛，皆有柶。尸扱以柶②，祭羊刑，遂以
祭豕刑，嘗羊刑。食舉，三飯。上佐食舉尸牢乾③，尸受，振祭，嚌
之。佐食受，加于甀。上佐食羞哉兩瓦豆，有醬④，亦用瓦豆，設
于薦豆之北。尸有食，食哉。上佐食舉尸一魚，尸受，振祭，嚌
之。佐食受，加于甀，衡之。有食，上佐食舉尸腊肩，尸受，振祭，
嚌之⑤，受，加于甀。有食，上佐食舉尸牢胳，如初。有食，尸告

---

① "執"字今本作"設"。陳校："此簡兩見，一作坐設，一作坐執，用法全同而用字相異如此。"

② 王關仕云："按《有司》'以挹湆注於疏匕'，甲本作扱，此爲書手誤。《有司》注'今文……挹爲扱'，甲本亦同此作'扱'，今本則扱、挹並見。《説文》'挹，抒也'，段注'《大雅》曰洞酌彼行潦，挹彼注兹'，'扱，收也'，段注'《儀禮》注云扱柶，此插之假借字也'，此段氏因扱訓收，而云扱爲插之假借，蓋誤解其義；鄭氏今古文並見耳，此扱即挹。尸以柶挹之。《説文》'柶，匕也'，《有司》'以羊鉶之柶挹羊湆，遂以挹豕鉶'，甲本作扱，可糾段注之失。"

③ "乾"字今本作"幹"。

④ "醬"字今本作"醢"。

⑤ "嚌之"下今本有"上佐食"三字。王關仕以其爲省文而當有。沈云："此文以上所引三例例之，可省'上'字而不可併省'佐食'二字，此等儀注，實係上佐食與尸相間之動作，無'佐食'二字，則受爲誰受，加爲誰加，俱不能明，簡本誤脱。"

飽。祝西面于主人南①，屬侑②，不拜。侑曰③："皇尸未實，或④。"
尸有食，上佐食舉尸牢肩，尸受，振祭，嚌之。佐食受，加于甄。
尸不飯，告飽。祝西面于主人之南。主人不言，拜侑。尸三飯⑤。
上佐食受尸牢肺、脊⑥，加于甄。

　　主人降，洗爵，升，北面酌酒，乃醋尸⑦。尸拜受，主人拜送。
尸祭酒，啐酒。賓長羞牢肝，用俎，摡執俎⑧，肝亦摡，進末，鹽在
右。尸左執爵，右兼取肝，擩于俎鹽，振祭，嚌之，加于菹豆，卒

---

　　① "南"上今本有"之"字。王關仕以無"之"爲誤脱。

　　② "屬"字今本作"獨"。王關仕云："屬，獨之假借也。鄭注'侑，勸也；祝獨勸者，
更則尸飽，實猶飽也'。"沈云："侑，勸也。勸其更飯，祝至主人之左，明意出主人，以主
人不命，故曰'獨侑'。《荀子·成相篇》'到而獨鹿棄之江'，楊倞注'獨鹿與屬縷同，本
或作屬縷'，是假獨爲屬。《書·盤庚》'爾忱不屬'，《釋文》'馬云獨也'，乃假屬爲獨。
簡本亦假屬爲獨也。"

　　③ 陳校："此簡'侑'字，或作'或'，或作'侑'，如前述'設'字之例。"

　　④ "或"字今本作"侑"。沈云：簡本侑、或錯雜並用。或與有古音同部，有與又、
右、侑、宥同聲通假，凡此例不勝舉。徐養原《疏證》云："《管子·法法》'文有三侑，武毋
一赦'，此借侑爲宥。《周禮·大司樂》'王大食三宥，皆令奏鐘鼓'，與此經古文皆借宥
爲侑。二字音同互相通。"胡承珙《疏義》："侑正字，宥古文假借字。"簡本作侑用今文，
又作或，或當爲有之假借，而有與侑、宥均可通，不知或字屬今文抑屬古文？鄭氏注
《禮》篆《詩》俱云"侑，勸也"，《少牢》祝與主人侑尸爲勸尸更食。《說文·女部》："姷，耦
也。從女有聲。讀若祐。侑，或從人。"則侑之本義爲輔相，《有司》儐尸于堂，以賓禮接
待神尸，更立侑者一人以輔相尸。王關仕云："甲本下'侑'爲'或'，下同，間亦作'侑'；
《有司》作'或'，偶作'侑'。按《有司》'乃議侑於賓以異姓'，鄭注'古文侑皆作宥'，《說
文》宥訓寬，侑同姷，訓耦，或訓邦，此皆爲假借。疑本字爲'佑'，簡本醢亦作醅，是其
比。"

　　⑤ "尸"下今本有"又"字。王關仕云："當有'又'字。上文'尸扱以……三飯'，則
此當有'又'。簡本誤脱。"

　　⑥ "肺脊"，今本作"肺正脊"。沈云："此即上'上佐食舉尸牢肺正脊以授尸'，彼
文簡本亦有'正'字。脊有正脊、脡脊、橫脊，無'正'字則無以分別。簡本誤脱。"

　　⑦ "醋"字今本作"酢"。陳校："從'小'與從'幺'同，鄭注'古文酢作酋'。"沈云：
"陳校云'從小從幺同'，此當屬誤寫。《特牲》主人初獻節'酢尸'，簡本第20簡爛缺，不
知所作，二文鄭注並云'古文酢皆爲酋'，簡本、今本俱用今文。"

　　⑧ "摡"字今本作"縮"。陳校："鄭注'古文縮爲蹙'，摡從未(叔)聲，古音與縮近，
故相通假。"

爵。主人拜，祝受尸爵①，尸合拜。祝酌授尸②，主人拜受爵，尸合拜，主人西面鄭爵，有拜。上佐食取四敦黍稷，下佐食取牢一刌肺，以授上佐食。上佐食上佐食以繻祭③。主人左執爵④，右受佐食，坐祭之，有祭酒，不興，遂啐酒。祝與二佐食皆出，浣于洗，入，二佐食各取黍于一敦，上佐食兼受，搏之，以授尸。尸執以命祝。卒命祝，祝受以東，北面于户西，以假于主人曰⑤："皇尸命工祝，承致多福無彊于女孝孫⑥。來女孝孫，使女受禄于天，宜稼于

① "祝"字今本無。王關仕云："甲本'受'上有'祝'，是也，各本俱有，今本誤脱。"

② "授尸"，今本作"受尸，尸醋主人"。王關仕以其爲誤脱或誤删省。沈云："此節尸酢主人，祝代尸洗爵並酌酒以授尸，尸遂以酢主人，而後主人拜受爵。無'尸醋主人'句，祝自授尸爵，何來主人之拜受？脈絡不貫，顯係簡本誤脱。"

③ "上佐食"今本無，"繻"字今本作"綏"。陳校："乃書手誤重。"又云："鄭注'綏或作挼，挼讀爲墮。……古文墮爲肵'。案簡文從委、從妥、從需、從夑之字往往通用。"王關仕云："甲本連三'上佐食'，誤衍其一。"

④ "左"字今本作"佐"。陳校："非是。毛本作'左'，是也。"

⑤ "假"字今本作"嘏"。沈云："《士冠》醮辭節'孝友時格'，鄭注'今文格爲嘏'，《釋文》'爲嘏，又作假'，簡本用今文。今本兩作，足證鄭氏並無改易經字之事，否則何不並改之。"

⑥ 劉文獻云："簡本'疆'作'彊'，'引'作'弓'，此二處漢簡《校記》無説。"

田，牛壽萬年①，勿瑟引之②。"主人坐鄭爵，興，再拜稽首，興，受黍，坐振祭，嚌之，詩壞之③，實于左袂，卦于季指④，執爵以興，坐卒爵，執以興⑤，坐鄭爵，拜。尸合拜。執爵以興，出。宰夫以籩受嗇黍。主人嘗之，納諸内。主人獻祝，設席南面。祝再于席

①　"牛壽萬年"，今本作"眉壽萬年"。沈云："今文作'眉'，古文作'微'或作'麋'，徐養原謂'三字古通用'，是也。簡本此文作'牛'，群書無證，未能詳論，亦不敢遽斷其誤，俟達者定之。"王關仕云："'牛'蓋'毛'之誤。《特牲》獸尾之尾作屍；銅芼之芼作芼，本篇上文柔毛之毛作厄，是此爲'毛壽萬年'也。眉、毛雙聲。"《斠補》云："鄭注本作'眉壽'。眉，可通假作麋或微。如《公羊傳·莊公二十八年》《穀梁傳·莊公二十八年》'築微'，《釋文》均載'微，左氏作麋'。檢今本《左傳·莊公二十八年》則作'築郿'，可見微、麋、眉相通。故《説文》'眉'字段注曰：'《士冠禮》古文作麋，《少牢饋食禮》古文作微，皆假借字也。'簡本作牛，當爲'牟'字簡省而訛。"

②　"瑟"字今本作"替"。沈云："鄭注：'古文替作枎，枎或爲栽，栽、替聲相近。'《説文·至部》無栽字。《集韻》五質有栽字，而瑟隸櫛韻，質、櫛古同部，蓋古文或又假瑟爲栽耳。"王關仕云："鄭注'替，廢也，長也，言無廢止，時長如是也'。按胡氏《正義》：'替廢引長，本《爾雅》文。《詩·楚茨》：子子孫孫，勿替引之。毛傳亦同此句。'此作瑟，蓋書誤。引作弓，亦書誤。"《訂誤》云："鄭注本作'勿替引之'，簡本'引'字脱去右之豎畫訛作'弓'，王關仕定作'弓'，是。

③　"壞"字今本作"懷"。陳校："它簡作褢。"王關仕云："甲本'懷'作'壞'，書誤。"

④　"卦"字今本作"挂"。陳校："鄭注'古文挂作卦'，今世有掛字，從此來。"

⑤　"執"下今本有"爵"字。沈云："《少牢》、《有司》兩篇多'執爵以興'或'取爵以興'句，簡本有省'爵'字。《有司》第26簡主人受尸酢節'主人坐取爵以興'，今本'興'上有'以'字。簡本有省'以'字。此或原本有省有不省，而今本爲劉向所潤色也。"王關仕云："甲本無下'爵'字，省或誤脱。按例多作'執爵興'、'執爵以興'。"

上①，坐受。主人西面合拜。薦兩豆菹、醢。佐食設俎，牢②，衡
脊、短脅③、腸一、胃一、膚三、魚一，衡之，腊兩脾屬于尻④。祝取
菹擩于醢⑤，祭于豆閒。祝祭俎，祭酒，啐酒。肝牢從。祝受擩于
鹽⑥，振祭，嚌之，不興，加于俎，卒爵，興。主人酳獻佐食⑦。佐食
戶內牖東北面拜，坐受爵。主人西面合拜。佐食祭酒，卒爵，坐

---

① "再"字今本作"拜"。陳校："書手筆誤。"沈云："此主人獻祝，祝賤，又無卒爵
拜，故受時再拜。此當簡本脫'拜'字而今本脫'再'字也。"王關仕云："甲本'拜'作
'再'，形誤。按此主人獻祝，下文'主婦洗，酳獻祝，祝拜，坐受爵'，甲本同無'再'字，而
作'拜'，可證。"

② "牢"下今本有"髀"字。沈云："此佐食爲祝設俎。肩、臂、臑、髀、肫（膊）、胳爲
牢正體，髀近竅，尸俎不升，用五體。祝賤，不得用五正體，髀雖近竅，猶是正體，故祝
俎用之，謂之'牢髀'。無'髀'字則牢秖有橫脊，脊非正體。獻二佐食云'其俎折'，即所
謂'折俎'，鄭注云'擇取牢正體餘骨，折而用之'，雖非全骨，仍是正體。佐食尤賤于
祝，祝俎豈能無正體？凡此均可證簡本誤脫'髀'字。"王關仕亦以其爲誤脫，云："《有
司》'佐食設俎，臂脊脅肺牢，膚三，魚一，腊臂'，又'佐食設俎於豆東，羊臑豕折，羊脊
脅，祭肺一，膚一，魚一，腊臑'，又'尸食，乃盛俎，臑、臂、肫、胍脊、橫脊、短脊、代脅，皆
牢；魚七；腊辯無髀'，甲本並同。可證：凡腊體必見於其上文，且必爲所設俎爲首之
物，故次當有髀（脾）。"

③ "脊"下、"脅"下今本均有"一"字。沈云："《少牢》、《有司》記述牲體文例，肱股
一體一骨，故不記數；腸、胃、膚等可用一，亦有用二三，故須記數；脊、脅雖用一體，但
有一骨二骨之殊，用二骨者云'正脊一，二骨以並'，則此文橫脊短脊，用一骨以示別，
亦當記數也。簡本誤脫。"王關仕據上條所引《有司》之文以爲例證，推測脊、脅、臑、臂
並無"數"，既然不需計數，則此兩"一"字似亦當無。

④ "脾"字今本作"髀"。

⑤ "擩"字今本作"捼"。

⑥ "受"字今本作"取肝"。沈云："獻祝無佐食，自無授受之儀。祝祭時云受，則
何人所授？簡本'受'字實係衍文。祝先祭豆後祭俎，此肝牢從設，即將祭肝。上祭豆
云'祝取菹擩于醢'，簡本與今本同；此祭肝當與全書祭肝牢之儀相同，簡本誤脫'取
肝'二字。"王關仕云："《特牲》'坐祭酒啐酒，以肝從；祝左執角，右取肝'，甲本同。《士
虞》'肝從，祝取肝'，且此上文無授文，此亦不宜作'祝受'。今本是也。"

⑦ "佐食"，今本皆作"上佐食"。王關仕云："甲本兩'上'字並無，省。下文'主婦
受，酳獻上佐食於戶內，佐食北面拜，坐受爵'，甲本同，是今本亦蒙上'上佐食'而省；
甲本底本原當爲重文號，因省'上'字，故二'上'字並省。"

授爵①，興。俎設于兩階之間，其俎：折，一膚。主人有獻下佐食，亦如之。其脊亦設于階間，西上，亦折，一膚。

有司贊者取爵于匪以升，以授婦贊者于房户②。婦贊者受，以授主婦。主婦洗于房中，出酌，入户，西面拜，獻尸。尸拜受。主婦主人之北，西面拜送爵。尸祭酒，卒爵。主婦拜，祝受尸爵，尸合拜。易爵，洗，酌，授尸。主婦拜受爵，尸合拜。上佐食縮祭③。主婦西面于主人之北受祭，祭之。其縮祭如主人之禮，不假，卒爵，拜。尸合拜。主婦以爵出，贊者受，易爵于匪，以授主婦于房中。主婦洗，酌，獻祝。祝拜，坐受④。主婦合拜于主人之北。卒爵，不興，坐授主婦。主婦受，酌，獻上佐食于户内。佐食北面拜，坐受爵。主婦西面合拜。祭酒，卒爵，坐授主婦。主婦獻下佐食亦如之。主婦受爵以入于房。

---

① “坐”上今本有“拜”字。王關仕云：“甲本無‘拜’，而空一字位，疑削改忘添。《特牲》‘佐食坐祭，卒角拜’，甲本同，此當有。”沈云：“下主婦獻佐食節‘祭酒卒爵，坐授主婦’。彼佐食不拜卒爵，此主人獻佐食當與之同。主人主婦獻祝，祝啐而不拜卒爵；主人主婦獻兩佐食，兩佐食均不啐酒，鄭注云‘不啐酒而卒爵者，大夫之佐食賤，禮略’。祝啐酒而佐食不啐酒，豈有祝不拜卒爵而佐食反拜卒爵之理？上‘佐食户内牖東北面拜，主人西面答拜’，送爵受爵各有一拜。佐食如拜卒爵，豈有主人不答之理？凡此均證今本衍‘拜’字。”

② “以授婦”，今本作“授主婦”。王關仕云：“按今本‘主’旁著‘、’，示讀者疑之。賈疏‘此直云有司授婦贊者于房’，是賈本無‘主’。下文‘婦贊者受，以授主婦’，今本、甲本同無‘主’，皆可證甲本省也。”

③ “縮”字今本作“綏”。

④ “受”下今本有“爵”字。王關仕云：“按鄭注所云，是近古文，實省‘爵’字。下文‘賓酌獻祝，祝拜坐受爵’，甲本同，可證今文省，或誤脱。”沈云：“簡本無‘爵’字同于今文，有‘坐’字又同于古文。此文今古之異，在于坐受抑立受，不在‘爵’字之有無。主人獻祝獻佐食，主婦獻佐食，今古文均爲坐受，豈有主婦獻祝而祝獨立受？今文非也。此等重要之異同，簡本不同于今文，可證其不屬于今文系統。其有同于今文者，實係古文本以今讀古並隸寫時滲入者，可斷其雖今古文錯雜並用而實是古文本。”

賓長洗爵獻于尸，尸拜受爵，賓户西北面拜送爵。尸祭酒，卒爵。賓拜。祝受尸爵，尸合拜。祝酌，授尸。賓拜受爵。尸拜送爵。賓坐鄭爵，遂拜，執爵以興，坐祭，遂飲，卒爵，執爵以興，坐鄭爵，拜，尸合拜。賓酌，獻祝。祝拜，坐受爵，賓北面合拜。祝祭酒，啐酒，鄭爵于其延前。

主人出，立于作階上，西面。祝出，立于西階上，東面。祝告曰："利成。"祝入。尸休①。主人降立于作階東，西面。祝先，尸從，遂出廟門②。

祝反，復位于室中。主人亦入于室，復位。祝命佐食徹甎俎，降執于堂下作階南。司宮設對席。乃四饌③。上佐食浣，升，下佐食對之，賓長二人備。司土進一敦黍于上佐食④，有進一敦黍于下佐食，皆右之于席上。資黍于羊俎兩端，兩下是飯⑤。司土乃辨舉⑥，饌者皆祭黍⑦、祭舉。主人西面，三拜饌者。饌者鄭舉于柤⑧，皆合拜，皆反，取舉。司土進下刑于上饌⑨，有進一刑于次饌，有進

---

①　"休"字今本作"諰"。陳校："鄭注'諰或作休'，《士虞禮》鄭注'古文諰或作休'。"

②　"出"下今本有"于"字。王關仕云："甲本無'于'，誤脱或省。《有司》'尸從，遂出于廟門'，甲本同有'于'可證。"

③　"四"下今本有"人"字，"饌"今本作"蕃"。沈云："食神餘曰蕃，任此職者曰蕃者。四蕃不詞，大夫之蕃者四人，兩佐食外增賓長兩人，故曰'四人蕃'。簡本誤脱。"王關仕云："'四'字下適當編貫處，因誤脱。"

④　"土"字今本作"士"。陳校："此以下簡皆作司士，下《有司》篇亦同。"

⑤　"飯"字今本作"餕"。

⑥　"辨"字今本作"辯"。

⑦　陳校："饌、饌今本皆作蕃，前簡作饌。"

⑧　"柤"字今本作"俎"。

⑨　"下刑"，今本作"一鉶"。沈云："今本'下'作'一'。神席二鉶分上下。進次蕃當用下鉶，簡本、今本俱作'一鉶'，可通。進上蕃當用上鉶，今本作'一鉶'，亦可通，簡本作'下鉶'，誤矣。當從今本。"王關仕云："甲本'一'爲'下'，誤，鉶無分上下，此涉上下文'兩下'而誤。"

二豆汁于兩下①。乃皆食，食畢。卒食，主人洗一爵，升，酢，以授上饌。贊者洗三爵，酢。主人受于户内，以授次饌，若是以辨。皆不拜，受爵。主人西面三拜饌［者。蕡者奠爵，皆荅拜，皆祭酒，卒爵，奠爵，皆拜。主人荅壹拜。蕡者三人興，出。上蕡止。主人受上蕡爵，酢以酢于户内，西面坐奠爵，拜。上蕡荅拜，坐祭酒，啐酒。上蕡親嘏②，］曰："主人受祭之福，胡壽葆建家室③。"主人興，坐奠爵，拜，執爵以興，坐卒爵，拜。上饌合拜，上饌興，出。主人送，乃退。

---

① "汁"字今本作"湆"。

② 陳校："此簡缺失。相當於今本'者蕡'至'親嘏'62字。"

③ "葆"字今本作"保"。沈云："《管子·正世》'窘則民失其所葆'，房玄齡注'葆謂所恃爲生者也'，又《入國》'五幼又予之葆'，房注'葆，今之教母'，俱假葆爲保。《禮器》'不樂葆'、《莊子·田子方》'虛緣而葆真'、又《讓王》'葆力之上也'，《釋文》俱云'葆，本作保'，作'保'爲正字，作'葆'爲假借字也。"

有　司(甲本)①

　　有司徹。掃堂②。司宮攝酒③，乃深尸俎④。卒深，乃升羊、豕、魚三鼎，無腊與膚。乃設扃鼏⑤，陳鼎于門外，如初。

----

　　①　木簡《有司》第十二，共79簡，缺失第46、51、63、67、78等五簡，見存74簡。除第45簡殘缺過甚外，其他73簡較完整，缺字較少。前十簡出土後彎曲折斷，其他完好。第1、2簡之背題"有司"、"第十二"。此篇三易其葉數，三易書手，葉數書在簡背面下尾，最後六簡則寫在正面。一篇數人所書，故書法用字頗相歧異。此篇文字較其他篇與今本較近，亦往往與唐石經相合，而鄭注以爲今文"無二邊"、"無西面"、作"南面立于席西"，皆與此篇合。簡文雖有遺脫訛誤之字，但可以補正今本者，不乏其例，校記中已分別言之。此篇數易書手，但有一共同處，即以壎爲"奠"、"阼"不作"作"，與其他篇一律作"鄭"、"作"者不同。又同一書手，對同一字，可有不同寫法，可見當時字體之歧異。且其所書，有甚不合字例之條者，此許慎稱"俗儒鄙夫所習，故詭更正文，鄉壁虛造"。然汰其糟粕，存其菁華，賴此以復漢世經本之舊，則此篇有功焉。篇中有鉤識號，乃經師所記。尾題全篇凡4800字，賈疏作4790，兩者所計最相近。此篇行率60字左右，全篇存4362字，殘缺370字，完篇應爲4732字。此篇第32簡第一苔字、第33簡卒載之載字，及第38簡之以字，皆係塗改，與削改之例有所不同。
　　②　"掃"字今本作"埽"。陳校："乙本第21簡'騷其宗廟'，今本作'埽'。"王關仕云："《說文》'埽，埊也(各本作棄，段改)。從土、帚'，'騷，擾也，一曰摩馬，從馬、蚤聲'，《廣韻》埽切蘇老，騷切蘇遭，二字均在黃氏十六部，故爲同部假借。"
　　③　"攝"字今本作攝。沈云："此文並《士冠》夏殷冠子之法節'再醮攝酒'鄭注並云'今文攝爲攝'，簡本用今文。作'攝'爲假借字，《山海經·海外北經》'攝耳之國，爲人兩手攝其耳'，郭注'言耳長，行則以手攝持之也'。《內則》'攝而切之'，《釋文》'本又作攝'，並假攝爲攝。胡承珙《疏義》云：'攝正字，今文省作攝，猶《爾雅》"櫨虎櫐"，《釋文》"櫨又作攝"是也。'形省之說非也，此皆聲同通假，攝、櫨爲加形旁後製正字。"
　　④　"深"字今本作"燅"。沈云：下"卒深"，今本亦作"燅"。《說文·炎部》"燅，於湯中爚肉也"，此將賓尸于堂，置尸俎牲體于鑊中重溫之，故鄭注云"溫也"。今文作"燅"爲正字，古文作"尋"爲假借字。《左傳·哀公十二年》"若可尋也"，服虔注云"尋之言重也，溫也"。簡本作"深"，當爲"尋"之假借。《淮南子·繆稱訓》"其憂尋推之也"，高注"憂尋，憂深也"。古文假尋爲燅，此又假深爲尋，當屬古文系統，豈古文或本有作"深"者？王關仕云："甲本作渓，於《特牲》爲'深'，與尋、覃同部。"
　　⑤　"鼏"字今本作"鼏"。

乃義或于賓①，以異姓。宗人戒或②。[或出，俟]于廟門之外。

司宮延于户西③，南面。以延于西序④，東面。尸與或北面于廟門之外，西上。主人出迎尸，宗[人]擯。主人拜，尸荅拜。主人又拜或，或荅拜。主人揖，先入門右。尸入[門]左，或從，[亦]左。揖，乃攘⑤。主人先升自阼階，尸、或升自西階，西楹西，北面東上。主人東楹東，北面拜至，尸荅拜。主人又拜或，或荅拜。

乃舉。司馬舉羊鼎，司士舉豕鼎、魚鼎以入⑥，陳鼎如初。雍

---

① “義或”，今本作“議侑”。陈校：“鄭注‘古文侑皆作宥’，而《有司》篇皆作‘或’。”沈云：“義、議聲同通假。《莊子·齊物論》‘有倫有義’，《釋文》‘崔本作有論有議’。”王關仕：“義爲議之初文，或省作‘義’，猶甲本‘儀’之爲‘義’。”

② 陈校：“‘戒或’下缺失3字。”

③ “延”字今本作“筵”。

④ “以”字今本作“又”。王關仕云：“甲本‘又’爲‘以’，誤。‘又’者復述上文也，上文‘筵於户西南面’，此又筵也。”沈云：“下第38簡主婦受尸酢節‘以取醴貢兼祭于豆祭’，今本‘以’亦作‘又’。陈校云‘以字塗改’。此文司宮先設尸席，又設侑席，‘以筵’不詞；下文主婦先取韭菹，又取醴貢，‘以取’亦不詞。簡本‘又’多作‘有’，所據之本‘以’字寫作目，與‘有’字形近易譌。”

⑤ “攘”字今本作“讓”。沈云：“《曲禮上》‘左右攘辟’，鄭注‘攘，古讓字’。《史記·太史公自序》‘小子何敢讓焉’，《索隱》‘讓，《漢書》作攘’。晉灼曰：此古讓字’。《説文·言部》‘讓，相責讓也’，又《手部》‘攘，推也’。朱駿聲《通訓定聲》云‘凡三揖三攘字，經傳多以讓字爲之’。攘正字，讓假借字。簡本多保存古正字，此其一也。”王關仕説略同。

⑥ “魚”上今本有“舉”字。王關仕以無“舉”爲蒙上文“舉”字而省。沈云：“賓尸用三鼎，司馬舉羊鼎，司士舉豕、魚二鼎，必先舉豕鼎入陳阼階下羊鼎之南，復舉魚鼎入陳豕鼎之南。以儀注先後言，有‘舉’字義長。然簡本每多省字也。”

正執一匕以從。雍府執二匕以從①，司士合執二俎以從，司士贊者亦合執二俎以從。匕皆加于鼎，東枋。二俎設于羊鼎西，西宿②。二俎皆設于二鼎西，亦西宿。雍人合執二俎，陳于羊俎西，并③，皆西宿。覆二疏匕于其上④，皆宿俎，西枋。

　　主人降，受宰几。尸、或降。主人辟，尸對。宰授几，主人受，二手衡執几⑤，揖尸。主人升，尸、或升，復位。主人西面，左手執凡⑥，宿之，以右袂推拂几三，二手衡執几，進授尸于筵前。尸進，二手受手間⑦。主人退。尸儇几，宿之，右手執外廉，北面

① 　陳校："雍，從广作，即廱字。"沈云：《特牲記》"雍爨"、《少牢》"雍正"、"雍府"、"雍人"俱作"雍"，《有司》"雍正"、"雍府"、"雍人"則作"廱"。陳校云"雍從广作，即廱字"。未下斷語。篆作雝，隸作雍。《説文·隹部》"雝，雝䳺也"，段注"經典多用爲雝和辟廱"。《爾雅·釋詁》"關關雍雍，音聲和也"。《説文·广部》"廱，天子饗飲辟廱"，段注"辟廱者，天子之學"。廱亦假爲雝，《爾雅·釋訓》"廱廱，和也"。又假爲饔，《漢書·百官公卿表》有廱太宰。雝亦假爲饔，《國語·周語》"佐雝者嘗焉"，韋解"雝，亨煎之官也"。《周禮》序官孫氏《正義》云"饔即饗之隸變，字亦省作雝"。據此而知，雍爨、雍正、雍府、雍人即《周禮》之内饔，雍、饔蓋聲同通假也。漢碑有寫作"廱"，與《有司》簡文合。亦有寫作雍，如《曹全碑》"遷于雍州之郊"，與《特牲》、《少牢》簡文合。至于《劉熊碑》"致于廱泮"，《史晨奏銘》"臣伏見臨壁廱日"，乃假廱爲廳，陳氏謂"即廳字"，如以雍正、雍府之雍當爲辟廱之廱，則大誤矣。

② 　"宿"字今本作"縮"。陳校："鄭注'古文縮皆爲蹙'，他簡皆作'摍'。"

③ 　"并"字今本作"並"。

④ 　"疏"字今本作"疏"。王關仕云："《説文》'疏，通也'，《廣韻》'俗作疎'。"

⑤ 　"衡"字今本作"横"。

⑥ 　陳校："凡，几字筆誤。"《斠補》云："鄭注本'几'，圖版作🔲，陳校遂隸定作'凡'，王、沈均從之。然細辨之，中間一短橫似非書手一氣寫就，恐係後誤落墨所致。此與《少牢》第11簡枓之誤作科，沈《釋》所謂'木旁上寫時誤落墨汁'者同類。"

⑦ 　"受"下今本有"于"字。沈云："此主人授尸几。上主人'二手横執几'，賈疏述其儀云'主人横執几進授尸時，尸二手受於主人手間時亦横受之'。横執爲主人兩手執几兩端，手間爲尸併兩手于主人兩手之間。無'于'字義不顯豁，而'受于手間'句爲習見，以有'于'字爲長。"王關仕亦以無"于"字爲"誤脱或省"，並舉下文"賓長洗爵獻于尸"以佐證。

堁于延上，左之，南宿，不坐。主人楹東[①]，北面拜。尸復位[②]，與
或皆北面荅拜。

　　主人降，洗，尸、或降。尸辭洗，主人對。卒洗，揖，主人升，
尸、或升。尸西楹西，北面拜洗。主人東（楹東[③]），北面鄭爵，荅
拜。降涫，尸、或降，主人辭，尸對。卒涫，主人揖，升，尸、或升。
主人坐取爵，酌，獻尸。尸北面拜受爵，主人東楹東，北面拜送
爵。主婦自東房薦韭、菹、醢[④]，坐堁于延前[⑤]，菹在西方。婦贊者
執昌、菹、醢以授主婦，主婦不興，受，怀設于南[⑥]，昌在東方。興，
取邊于房，糟、蕡坐設于豆西，當外列，糟在東方[⑦]。婦贊者執白、

---

　　① “人”下今本有“東”字。沈云：“堂有二楹，曰東楹，曰西楹。記堂上面位，每依
二楹立名，故有東楹東、西楹西、楹間之稱。楹必稱東西，楹東究指東楹之東抑指西楹
之東，其義不明。下文屢云‘東楹東’、‘西楹西’，簡本與今本同，則此爲誤脱無疑。”王
關仕亦以其爲誤脱，並云：“下文‘尸西楹西北面拜洗’，‘主人東楹東北面拜送爵’，‘主
人北面于東楹東荅拜’，甲本並同，可證。”

　　② “位”下今本有“尸”字。沈云：“主人拜位在東楹東，尸與侑拜位在西楹西。主
人進至户牖間尸席前授几于尸，尸亦進至席上受几。主人退而復東楹東拜位時，尸設
几于席；主人北面拜送時，尸復西楹西位。於是尸與侑皆北面荅拜，即所謂拜受几也。
以儀注論，尸之復位與主人拜送同時，而‘尸與侑皆北面拜’句位重發端，有‘尸’字義
長。然簡本每多省字也。”王關仕以爲無“尸”爲脱誤或省。

　　③ 陳校：“簡末‘楹東’二字漫漶。”

　　④ “醢”字今本作“醯”。陳校“：此作‘醢’與他篇亦異；但全篇竝不一律，亦有仍
作‘醯’者。”

　　⑤ “堁”字今本作“奠”。陳校：“簡首用‘鄭’，此又用堁，下諸簡又多用堁，又間作
‘鄭’。”

　　⑥ “怀”字今本作“陪”。

　　⑦ “糟蕡”，今本作“麷蕡”。沈云：“《説文·麥部》‘麷，煮麥也。從麥豐聲’。群
書無從‘米’者，蓋漢隸俗體。豊，《夏承碑》作‘豊’，《史晨奏銘》作豊，故簡本亦從
‘豊’。”王關仕云：“甲本麷作糟，偶作‘禮’。糟即麷字，隸從豐之字多作豊。簡本從
‘禾’之字亦多從‘米’。作‘禮’殆糟之筆誤。”

黑以授主婦。主婦不興，受，設于初邊之南，白西方①。興，退。

乃升。司馬比羊，（亦司）馬載②。載右體，肩、辟③、肫、胳、臑，正脄一④、脡脄一、衡脄一、短脇一⑤、正脇一、伐脇一、腸一、胃一、祭肺一⑥，羊肉汁⑦，臑折、正脄一、正脇一、腸一、胃一、嚌肺一，載于南俎。司土比豕，亦司土載，亦右體，肩、辟、肫、胳、臑，正脄一、脡脄一、衡脄一、短脇一、正脇一、代脇一、膚五、嚌肺一，

---

① “西方”上今本有“在”字。沈云：“上設韭菹醢云‘菹在西方’，設昌菹醢云‘昌在東方’，簡本與今同。東方、西方，擬豆籩所設之處。此設白、黑，白爲熬稻，黑爲熬黍，熬稻之籩設于熬黍之籩之西。‘白西方’不成文義，簡本誤脱‘在’字。”

② 陳校：“‘亦司’二字殘泐。”王關仕云：“甲本無‘亦’，誤脱。此‘亦’，亦上文‘司馬枇羊’，下文‘司馬枇豕，亦司土載’，甲本同，是其證。”

③ “辟”字今本作“臂”。沈云：“辟、臂聲同通假。《周禮・內饔職》‘馬黑脊而般臂螻’，《考工記》鄭注‘變謂籣臂用力異’，《公羊傳・莊公十二年》‘萬臂搔仇牧’，《釋文》並云‘臂本或作辟’，今古文均作‘臂’，或本有作‘辟’。簡本亦同此例，作‘辟’爲或本。”

④ “脄”字今本作“脊”。沈云：“《説文・𣪊部》‘𣪊，背呂也’，又《肉部》云‘脄，瘦也。從肉脊聲。瘠，古文脄從广束’，二字義別。簡本《特牲》《少牢》作‘脊’，而《有司》作‘脄’又顯非瘦瘠之義，此字實乃俗寫誤加形旁。”

⑤ 陳校：“此篇凡‘脅’皆作‘脇’。”沈云：“《詩・節南山》鄭箋‘脅下以刑辟’，《釋文》‘脅本又作脇’。此不過形旁在下、在左之異耳，亦俗寫也。”

⑥ “肺一”下今本有“載于一俎”四字。沈云：“此節詳記十二俎。尸牲體三俎：羊正俎，羊肉湆俎，豕胾俎；侑牲體二俎：羊俎、豕俎；主人牲體三俎：羊俎，羊肉湆俎，豕胾俎；主婦牲體一俎，羊俎。共九俎。尸、侑、主人各有魚一俎，合爲十二俎。記九俎今本每組下均有‘載于一俎’句。簡本後八俎與今本同，惟此尸羊正俎無此句。將謂與羊肉湆合俎乎？然而主人用三俎，尸不應用二俎；尸羊正俎爲十二俎之主，羊肉湆爲加俎，義有不同，不可合併。而十二俎中，尸、侑、主人、主婦之羊正俎設于席上，其餘八俎乃雍人用二俎遞相傳送，羊正俎與羊肉湆俎必須分用。據此三証，合俎絕不可通。簡本誤脱。”

⑦ “汁”字今本作“湆”。沈云：“《特牲》尸入九飯節‘設大羹湆于醢北’，簡本第18簡爛缺，不詳所作。《士昏》《公食》《特牲》並此文鄭注‘今文湆皆爲汁’。簡本用今文。《説文・水部》‘湆，幽濕也’。別一義。徐養原《疏證》云‘假爲羹湆，讀與汁同’。古文假‘湆’爲‘汁’。”

載于一俎。或俎，羊在肩[①]、左肫、正脊一、脅一、腸一、胃一、切肺一[②]，載于一俎。或豕俎左肩折[③]，正脊一、脅一、膚三、切肺一，載于一俎。阼俎，羊肺一、祭肺一，載于一俎。羊肉汁，膞、脊一[④]、脅一、腸一、胃一、嚌肺一，載于一俎。豕升、膞[⑤]、脊一、脅一、膚三、嚌肺一，載于一俎。主婦俎，羊左臑、脊一、脅一、腸一、胃一、膚一、嚌羊肺一，載于一俎。司士一匕魚[⑥]，亦司士載，尸俎五魚，衡載之；或、主人皆一魚，亦衡載之；皆加膴祭于其上。

卒升。賓長設羊俎于豆南。賓降。尸升延自西方，坐，左執爵，右取韭、菹[⑦]，擩于三豆，祭于豆閒，尸取糗、餌，宰夫贊者取白、黑以授尸，尸受，兼祭于豆祭。雍人授次賓疏匕與俎，受于鼎

---

①　"在"字今本作"左"。陳校："簡文左、在互混。"

②　陳校："'切'字今本同，它簡皆作刊。"王關仕云："《特牲》作'刊'。隸十、七形近易混。"

③　"豕俎"，今本作"俎豕"。沈云："侑二俎，其羊正俎爲'或（侑）俎，羊左肩左肫'，與今本同。此爲加俎，以彼例此，當如今本，簡本誤倒。"

④　"膞"下今本有"一"字。沈云："下第13簡同節'豕升（胥）膞（臂）'，第43簡主人獻長賓節'羊胳（骼）'，今本均有'一'字。全書文例，肱骨股骨俱不記字數，今本俱屬誤衍。"王關仕云："今本妄加'一'。其証如下：（一）、下文'豕胥臂一'，甲本又無'一'；又下文'司士設俎于豆北，羊骼一'，甲本又無'一'，此決非偶然。今本亦僅此三處涉下文誤衍。（二）、鄭此注'加羊肉湆而有體，崇尸惠，亦尊主人。臂，左臂也'，又'羊胳一'下注云'羊胳，羊左胳。上賓一體，賤也'，左臂左胳唯一，故不用數；鄭云'上賓一體'，僅指有胳，而無肩臂臑膊也。後人乃因下文脊脅肺膚皆數，而妄加；鄭本無也。"

⑤　"豕升膞"，今本作"豕胥臂一"。

⑥　陳校："'司士一匕'，今本作'司士刊'。司士，今本及熹平石經皆作司士。"王關仕云："甲本誤衍'一'字。上文'司馬朼羊'、'司士朼豕'，甲本同，可證。"沈云："上尸羊俎云'司士朼羊，亦司馬載'，尸豕俎云'司士朼羊，亦司士載'，簡本與今本同。此尸侑主人之魚俎，載法當同。'一朼魚'不詞，顯屬誤衍。陳校云'司士一匕，今本作司士刊'。今本無'刊'字，不知陳氏何所據？'匕'字逗，不知當作何解？均誤。"

⑦　"俎"字今本作"菹"。沈云："今本'俎'作'菹'，俎載牲體，不盛葵韭，顯屬誤寫。"

西,左手執俎左廉,宿①,郤右手執匕枋,宿于俎上,以東面受于羊鼎之西。司馬在羊鼎之東,二手執桃匕枋扱汁②,注于疏枇,苔是三③。尸興,左執爵,取肺④,坐祭之,祭酒,興,左執爵。次賓宿枇俎以升⑤,如是以授尸⑥。尸郤手受枇枋⑦,坐祭,嚌之,興,復手以授賓⑧。賓亦復手以受,宿枇于俎上,以降。尸席末坐⑨,啐酒,興,坐奠爵,拜,告指⑩,執爵以興。主人北面于東楹東苔拜。司

①　"宿"字今本作"縮","宿"下今本有"之"字。沈云:"上第6簡同節'左手執几,宿(縮)之。尸儇(還)几,宿(縮)之',簡本與今本同。彼爲尸受主人所授几,此爲次賓受雍人所授俎,其儀同。'縮之',彼指几,此指俎,無'之'字不詞,簡本誤脱。"

②　"枋"下今本有"以"字,"扱汁"今本作"挹湆"。陳校:"簡文之'及'往往誤書寫爲'殳'。"沈云:"鄭注'今文挹皆爲扱',徐養原《疏證》云'挹正字,作扱者同聲相借',簡本用今文。"

③　"苔是三",今本作"若是者三"。陳校:"'苔'是筆誤。"沈云:"簡本'若'皆作'如',此應是由'若'誤'苔',然則據抄之本亦有作'若'者。"王關仕云:"簡本凡'似像'用'如','假設'則若、如並用,除成語'若賓若長'、'若丹若墨'外,僅此作'若'。無'者'字,誤脱,《特牲》'若(如)是者三',甲本同,可證。"

④　"取肺"上今本有"右"字。王關仕云:"甲本無'右',省。下文'(侑)又……左執爵,右取肺,坐祭之',又'主人坐,左執爵,右取肺','賓坐,左執爵,右取脯',甲本並無'右',他亦同今本有'右'字。"

⑤　陳校:"枇,今本作匕,前簡作匕,此又從木。宿枇,今本作'縮執匕'。"王關仕以無"執"字爲誤脱,云:"下文'次賓羞羊燔,縮執俎','賓縮執俎以降',甲本並有'執',是其比。"沈云:"今本'縮'下有'執'字。匕俎即疏匕與俎。次賓左手執俎左廉,右手匕枋,待受司馬之挹羊湆訖,並執匕俎以升堂而授于尸。縮執爲執之之法。'縮'下無'執'字不成文理。下第17簡云'宿(縮)枇(匕)于俎上以降',尸嚌湆訖,次賓縮置疏匕于俎上,不必並執,故無'執'字。此涉下文而誤脱。"

⑥　"如"字今本作"若"。

⑦　"受"字今本作"授"。王關仕云:"甲本授作受,是也。阮校:'授,楊、敖俱作受,張氏曰:按經文次第,次賓執俎授尸,尸卻手受以祭,復覆手授賓。……周學健云:石經亦作授而刓其扌旁,知受是也。'"

⑧　"復"字今本作"覆"。

⑨　陳校:"末座之末,簡本'来',乃末字之異作,亦見第20、25簡。"沈云:下第25簡"席来坐啐酒",今本亦作"席末"。"席末"字簡本皆作"末","席来"不詞,此二"来"字俱屬誤寫,陳氏"異作"之説非也。

⑩　"指"字今本作"旨"。

馬羞羊肉汁，宿執俎。尸坐奠爵，興，取肺，坐絶祭，嚌之，興，反于俎①。司馬宿奠俎于羊俎南②，乃載于羊俎，卒載③，宿執俎以降。尸坐執爵以興。次賓羞羊燔，宿執俎，宿一燔于俎上，鹽在右。尸左執爵，受燔，擩于鹽，坐，振祭，嚌之，興，加于羊俎。賓宿執俎以降。尸降筵，北面于西楹西，坐卒爵，執爵以興，坐奠爵，拜，執爵以興。主人北面于東楹東荅拜。主人受爵。尸升筵，立于筵末。

　　主人酌，獻祝。祝西楹西，北面拜受爵。主人在其右，北面荅拜。主婦薦韭菹醓，坐奠于筵前，醢在南方。婦贊者執二籩

①　“反”下今本有“加”字。沈云：“此尸祭、嚌羊肉湆俎之嚌肺，嚌少許訖，即置于羊正俎上。下尸祭羊燔訖，云‘嚌之，興，加于羊俎’，簡本與今本同。均非返置原俎，或曰‘反加’，或曰‘加’，重在‘加’字，可證簡本誤脱。”王關仕亦以其爲誤脱，云：“下文‘反加于湆俎’，甲本同，可證。”

②　“羊俎”，今本作“羊湆俎”。沈云：“下第26簡主人受尸酢節‘司馬宿（縮）奠（奠）汁（湆）俎于俎西’，今本‘于’下有‘羊’字。上司馬羞羊肉湆爲加俎，設于席上者，不過將俎中牲體加于羊正俎上，旋即撤去。本是羊湆俎，何能復奠于羊湆俎南，故李如圭、敖繼公、方苞均謂今本‘湆’字爲誤衍。張爾岐云：‘經文“司馬縮奠俎于羊湆俎南”，疑誤，觀下受酢羞肉湆節，當是“縮奠湆俎于羊俎南”。’案張説是也。據二本對勘，簡本此文‘羊’下無‘湆’字甚善，但‘奠’下誤脱‘湆’字，下文‘于’下誤脱‘羊’字，而今本誤移‘湆’字于‘羊’字下，當如張氏所正者。”王關仕亦以今本有“湆”字爲誤衍，據胡氏《正義》中所列各家説法，以此司馬縮奠俎之俎，即其所羞之羊肉湆俎。

③　“卒載”下今本有“俎”字。陳校：“唐石經亦無‘俎’字，簡是。”沈云：“阮元《校勘記》云‘周學健云：“石經載下無俎字。”按今本石經‘載縮’二字已壞，補缺誤補‘俎’字，遂脱‘縮’字，周所據猶未壞本也。’全書文例，‘卒載’下俱無‘俎’字，受酢節今本亦無‘俎’字。據簡本可定今本爲衍。”王關仕亦以今本誤衍，並引阮校及下文“卒載，縮執虛俎以降”與甲本同爲證。

糦、賁①，主婦不興，受之，塤醴于醢南，賁在糦東。主婦入于房，或升延自北方，司馬衡執羊俎以升，設于豆東。或坐，左執爵，右取菹擩于醢，祭于豆閒，又取糦、賁同祭于豆祭，興，左執爵，取肺②，坐祭之，祭酒，興，左執爵。次賓羞羊燔，如尸禮。或降延自北方，北面于西楹西，坐卒爵，執爵以興，坐塤爵，拜。主人合拜。

尸受或爵，降，洗。或降立于西階西，東面。主人降自作階③，辟洗。尸塤爵于匪④，興，對。卒洗，主人升，（尸升自西階。主人）拜洗⑤。尸北面于西楹西，坐塤爵，荅拜。降浣⑥，主人降，尸辟，主人對。卒涫，主人升。尸升，坐取爵，酌。司宮設席于東序，西面。主人東楹東，北面拜受爵。尸西楹西，北面荅拜。主

---

① "賁"下今本有"以授主婦"四字。沈云：上主人獻尸，主婦爲設四豆四籩，"婦贊者執昌菹醢，以授主婦，主婦不興受"，"婦贊者執白黑，以授主婦，主婦不興授"；下主婦受尸酢，"婦人贊者執糦賁，以授婦贊者，婦贊者不興受"，簡本俱與今本同，均言授復言受，詳記其儀，層次極爲分明。又下主人受尸酢，主婦爲設二籩二豆，"婦贊者執［二籩］糦（糦）賁（賁），主婦不興受"。主婦獻尸，"［主］婦贊者執豕刑（鉶）以從，主婦不興受"，簡本亦俱與今本同，均言受不言授，不過省其記敍之文，其儀固不異也。今本均詳記授受，而簡本言受不言授。據儀注論，有受者必有授者可知，則省文亦自可通。王關仕以其爲"誤脫或省"，云："上文'婦贊者執昌菹醢，以授主婦，主婦不興受'，下文'婦贊者執白黑，以授主婦，主婦不興受'，是其例。然亦有省例，'婦贊者執二籩糦賁，主婦不興受'，甲本惟無'二籩'，餘同。又'婦贊者執栗脯，主婦不興受'，甲本同；蓋因'婦贊者執棗糗以從，主婦不興受'之例也。"

② "取肺"上今本有"右"字。

③ "作階"，今本作"阼階"。陳校："第三簡作'阼階'，此又易阼爲'作'，下第34、48、50諸簡又作'阼'。"

④ "塤"上今本有"坐"字，"匪"字今本作"篚"。王關仕云："甲本無'坐'，誤脫或省，其下文既云'興對'，此當有。"

⑤ 陳校："'尸升自西階主人'，簡有殘泐。"

⑥ 陳校："浣、涫，今本俱作盥，他篇多作浣，此篇多作涫，而此簡互見如此。"陳邦懷云："段玉裁注《說文解字》浣字曰'按《儀禮》古文假浣爲盥'，是知簡文作浣乃盥之借字，並知其爲古文也。"

婦薦韭、菹、醢，坐𡍮于延前，菹在北方。婦贊者執糟、賁[①]，主婦不興，受，設糟于菹西北，賁在糟西。主人升延自北方，主婦入于房。長賓設羊俎于豆西。主人坐，左執爵，祭豆邊，如或之祭。興，左執爵，取肺[②]，坐祭之，祭酒，興。次賓羞匕汁，如尸禮。席末坐啐酒，執爵以興。司馬羞羊肉汁，宿執俎。主人坐𡍮爵于左，興，受肺，坐絶祭，嚌之，興，反加于汁俎。司馬宿𡍮汁俎于俎西[③]，乃載之，卒載，宿執虚俎以降。主人坐取爵興[④]，次賓羞燔，主人受，如尸禮。主人降延自北面于階上[⑤]，坐卒爵，執爵以興，坐𡍮爵，拜，執爵以興。尸西楹西荅拜。主人坐𡍮爵于東序南。或升。尸、或皆北面于西楹西。主人北面于東楹[東]，再拜崇

① "執"下今本有"二籩"。沈云："此主人受尸酢，主婦爲薦二豆二籩。主婦獻侑節'婦贊者執二邊(籩)糟(𪎭)賁(蕡)'，簡本與今本同，有"二邊"二字；主人獻尸節'婦贊者執昌菹酭(醢)'、'婦贊者執黑白'，主婦受尸酢節'婦人贊者執糟(𪎭)賁(蕡)'，簡本與今本同，俱省'二豆'或'二籩'二字，其義固不異也。此節簡本省而今本不省，猶前條之例也。"

② "取肺"上今本有"右"字。

③ "俎"上今本有"羊"字。王關仕云："此爲誤脱或省。此司馬縮奠湆俎之俎，即其所羞之羊肉湆俎，此奠于羊俎西，乃載於羊俎。上文主人獻尸，司馬羞及奠亦同此，然此'湆俎'即'羊肉湆俎'之省，是羊俎可省'羊'字，又上文'尸反加于俎'即'反加於湆俎'之省，此作'反加於湆俎'，是今本、甲本俱省也。"

④ "興"上今本有"以"字。王關仕云："甲本無'以'，誤脱或省。下文'司士羞豕脅。……坐取爵興'，今本、甲本亦同無'以'。"

⑤ "自"下今本有"北方"，"階"上今本有"阼"字。王關仕云："凡'自'下必有方位。上文'侑降筵自北方，北面于西楹西'，'主人升自北方'，甲本並同，此誤脱。"又云："下文'主人降立于阼階東，西面'，甲本亦無'阼'，是省也。"沈云："上'司宫設席于東序西面'，則主人席以北爲上，故升降皆由北方。受尸酢，'主人東楹東北面拜受爵'，東楹東即阼階上。受爵後即'主人升筵自北方'，在席上祭酒啐酒，祭肺嚌肺，祭燔嚌燔，至此復降筵自北方，至阼階上卒爵。簡本無'北方'二字，則不明降自何方；上文升筵自北方，簡本與今本同，則此與前文不相應矣。簡本又無'阼'字，則不明何階，與上'東楹東拜受爵'又不相應。且'自北面于階上'句不成文義，經師將何以講解？顯係誤脱三字。"

酒。尸、或皆荅再拜。主人及尸、或皆就延①。

司宮取爵于匪，以授婦贊者于[房東，以授主婦。主婦洗于]房中，出，賓爵，[尊南西]面拜獻尸。尸拜于延上，受。主婦西面于主人席北②，拜送爵。入于房，取一羊刑，坐鄭于韭菹西。婦贊者執豕刑以從③，主婦不興，受，設于羊刑之西，興，入于房，取桌與段脩④，執以出，坐設之，桌在賣西，脩在白西；興，立于主人席北，西面。尸坐，左執爵，祭桌、脩，同祭于豆祭，以羊刑之栖扱羊

----

① "就延"，今本作"升就筵"。沈云："下主人獻私人節'主人就筵'鄭注'古文曰升就筵'，然則彼文今本用今文(簡本第51簡爛缺)，而此文今本用古文、簡本用今文。"王關仕云："上文'主人坐奠爵于東序南，尸侑皆北面于西楹西'，'主人北面于東楹東，再拜崇酒，尸侑皆荅再拜'，下接本條，無降文。下文'主婦執爵以出于房，西面于主人席北，立卒爵；尸西楹西荅拜。主婦入于房；尸主人侑皆就筵'，甲本同，並無'升'字。又下文'主人就筵，尸作三獻之爵'，亦無降文，而鄭注'古文曰升就筵'，此今文省耳，'主人降筵自北方'，故此古文不省，此降者，離也，非降階之降。"

② "主人"下今本有"之"字。王關仕云："甲本無'之'、無'主'，省。下文'主婦……立于主人席北，西面'，今本、甲本同無'之'。又'主婦主人之北拜受爵'，甲本無'之'，可證其省。"

③ "婦"上今本有"主"字。

④ "桌"字今本作"糗"，"段"字今本作"股"。陳校："此是簡寫，下諸簡又譌作糗或糅。"沈云："此皆漢隸俗體。"王關仕云："糗，《説文》'熬米麥也。從米臭聲'，而無糗、糅，皆糗之書異。《廣韻》糗切去久，桌訓糗米，切其九，同韻，似本爲一字。"又云："股作段，隸省或假借。"沈云：《士昏》婦見舅姑節"受笄股脩"，《釋文》"段脩，丁亂反。本又作股"。《昏義》"執笄棗栗段脩以見"，《釋文》"段脩，本又作股"，《昏義》本《士昏》爲説，則皆當作"段"。《有司》亦當作"段"。陸氏界劃甚明，可據改也。鄭注"今文股爲斷"。簡本、今本皆用古文。《公羊傳·莊公二十四年》"斷脩云乎"，《釋文》"斷脩，丁亂反，注同。本又作股，音同"，《公羊傳》今文，與《有司》注今文合。陳氏又云："脩從彳，第32簡同，簡文彳往往作彳。"王關仕云："《説文》脩，從肉攸聲，此從'彳'爲書異。《衡方碑》、《北海相景君銘》、《曹全碑》'攸'悉從'彳'，《魯峻碑》、《鄭固碑》、《史晨奏銘》、《孔龢碑》、《衡方碑》、《曹全碑》、《北海相景君碑》、《孔宙碑》'脩'悉作脩，楷書從'攵'之字多作'攵'。"

刑，遂以扱豕［刑，祭于豆祭，祭］酒。次賓羞豕汁①，如羊汁之禮②，坐啐酒，左執爵，嘗上刑，執爵以興，坐奠爵，拜。主婦荅拜。執爵以興。司士羞豕胾③。尸坐奠爵，興，受，如羊肉汁之禮，坐取爵，興，次賓羞豕燔。尸左執爵，受燔，如羊燔禮④，坐卒爵，拜。主婦荅拜。

　　受酢爵⑤，主婦主人北荅拜⑥。主婦羞梟、脩，坐奠梟于禮

---

　　① “豕”下、“羊”下今本有“匕”字。沈云：“羊匕湆者，羊鼎之肉汁，注于有淺斗之疏匕以加于俎上者。又有司馬羞羊肉湆，乃羊肉之帶汁者。羊匕湆、豕匕湆俱是汁，俱用疏匕，故此‘匕’字甚重要，無‘匕’字將與肉湆相混。又主人受尸酢節‘次賓羞匕汁（湆）如尸禮’，即羊匕湆，簡本亦有‘匕’字，與今本同，可相決也。凡此均足證簡本誤脱。”王關仕亦以簡本爲誤脱，云：“上文‘次賓羞匕湆，如尸禮’，又‘次賓羞膰’，甲本同，即羞羊匕湆及羊膰。又下文‘次賓羞豕膰’，甲本同，故此不可省‘匕’。”

　　② “禮”下今本有“尸”字。沈云：“次賓羞豕匕湆後，尸即啐嘗上鉶。重發端，應有‘尸’字，否則文承次賓，啐酒嘗鉶將屬次賓事，義不可通。簡本誤脱。”王關仕云：“甲本無‘尸’，誤脱或省。上文‘尸坐’去此近三十字，此當有‘尸’字。”

　　③ “升”字今本作“胾”。

　　④ “禮”上今本有“之”字。王關仕云：“甲本無‘之’，誤脱或省。上文‘如羊匕湆之禮’，‘如羊肉湆之禮’，甲本並有‘之’字，是其比。”

　　⑤ “酢爵”今本作“爵酢”，今本此下有“獻侑侑拜受爵”六字。沈云：“受爵有單稱‘受’，酢爵有單稱‘酢’。簡本‘受，酢爵’，今本‘受爵，酢’，均可通。下主婦致爵于主人節‘受爵，酢以致主人’，與此文今本‘受爵，酢獻侑’，句例相同，當以今本爲長。”又云：“此主婦獻侑，主婦酢酒後，下無‘獻侑’二字，不明獻于何人；無‘侑拜受爵’句，不明何以下文有主婦之荅拜。有‘侑拜受爵’，方得有主婦之拜送爵。此六字顯係簡本誤脱。”王關仕云：“甲本作‘酢酢’，誤倒也。下文‘主婦荅拜受爵，酢以致于（甲本無于）主人’，甲本同。又：例先受爵而後酢獻，皆其證。”並以簡本無此六字爲誤删省，云：“其下文接‘主婦主人之北，西面荅拜’，甲本除無‘之’及‘西面’外，餘同；上下文義不貫，有脱奪明甚。”

　　⑥ “主人北”，今本作“主人之北西面”。陳校：“鄭注‘今文無西面’。”沈云：“簡本用今文。堂上無主婦席位，其獻尸、侑，即就主人之席北西面拜送。上主婦獻尸，‘主婦西面于主人席北’；此獻侑云‘主人之北’，即席北。無‘西面’二字，無以明其拜位未變。古文爲長。”王關仕云：“甲本無‘之’字、‘西面’，蓋省。上文‘主婦西面于主人之席北’，甲本亦無‘之’。”

南①，脩在賁南。或坐，左執爵，取棗、脩，兼祭于豆祭。司士宿豕升以升②。或興，取肺，坐祭之。司士宿塤豕升于羊俎之東，載于羊俎，卒載③，乃宿執俎以降。或興。次賓羞豕燔，或受如尸禮，坐卒爵，拜。主婦荅拜。

受爵，酌以致主人④。主人延上拜受爵，主婦北面于阼階上荅拜。主婦設二刑與棗、脩，如尸禮。主人其祭棗、脩、祭刑、祭酒、受豕匕汁、啐酒⑤，皆如尸禮。嘗刑不拜。其受豕升，受豕燔，亦如尸禮。坐卒爵，拜。主婦北面荅拜，受爵。

---

① "禮"字今本作"豊"。陳校："前數簡作豊。"王關仕云："甲本'豊'作'禮'，書誤，例當作豊。"

② 陳校："司士，今本同，此篇以上諸簡及《少牢》篇多作司土，此及以下數簡同於今本，至第42簡又作司土。"劉文獻云："'司士縮執豕脊以升'，簡本無'執'字，此字漢簡《校記》漏校。"沈云："今本'豕'上有'執'字。無'執'字不成文義。下載于羊俎後，'乃縮執俎以降'，即執此豕脊。簡本亦有'執'字與今本同，則此文係誤脫無疑。"王關仕亦以其爲誤脫，云："上文'次賓縮執匕俎以升'，'賓縮執俎以降'，甲本同，及依下條例，當有。"

③ 陳校："卒載，今本無'載'字，簡文'載'字塗改。"沈云："主人獻尸節'乃載于羊俎，卒載，宿（縮）執（執）俎以降'，主人受尸酢節'乃載之，卒載，宿（縮）執（執）虛俎以降'，今本均與簡本同。以彼決此，當從簡本。"王關仕云："按影圖此字墨渾，筆劃難辨，此蓋書手抑習經者，因上文'司馬縮奠湆俎于羊俎西，乃載之；卒載，縮執虛俎以降'，甲本同有'載'，而書之；經師或校讀者以原本無，且可蒙上文'載于羊俎'而省，乃塗之歟？"

④ "致"下今本有"于"字。王關仕云："甲本無'于'，省或誤脫，按《特牲》'主婦洗爵，酌，致爵于主人，主人拜受爵'，甲本同有'于'。"

⑤ "啐酒"上今本有"拜"字。王關仕云："甲本無'拜'，是也。按此'皆如尸禮'，即如主婦獻尸之禮，上文主婦獻尸，尸'坐啐酒'以上無拜文，唯嘗上鉶後拜。"沈云："胡氏《正義》云：'唐石經有拜字。'賈疏云：'按前主婦獻尸，嘗鉶有別，坐啐酒不拜。與此違者，彼拜雖在嘗鉶下，其拜仍爲啐酒，是以《特牲》《少牢》尸嘗鉶皆不拜。或此經"啐酒"之上無"拜"文，有者衍字也。'張爾岐《句讀》云：'愚按疏言，謂經嘗鉶不拜，正謂啐酒不拜耳。"啐酒"上"拜"字衍。'盛世佐云：'今以上文考之，云"次賓羞豕匕湆如羊匕湆之禮，尸坐啐酒"，即此所謂"受豕匕湆啐酒"也，"受豕匕湆"與"啐酒"之間，絕無所拜者，則此經"拜"字之爲衍文信矣。'今得簡本無'拜'字。證賈之或說並張、盛之說是也。"

尸降筵,受主婦爵以降。主人降,或降。主婦入于房。主人立于洗東北面①,或東面于西階西南。尸易爵于匜,洒,洗爵。主人揖尸,或。主人升。尸升自西階,或從。主人北面立于東楹東,或西楹西、北面立。尸酌。主婦出于房,西面拜,受爵。尸北面于或東荅拜。主婦入于房。司宫設席于房中,南面于席西②。婦贊者薦韭、菹、醢,坐設于筵前③,菹在西方。婦人贊者執糗、蕡以授婦贊者④,不興,受,設糗于菹西,蕡在糗南。主婦升筵。司

---

①　"面"上今本有"西"字。沈云:"此主婦受尸酢,尸降堂爲主婦洗爵。與主人受尸酢時不同,彼主人降堂辟洗,此主婦不降堂而入于房,而主人與侑不參與其事,以尸已降堂,不敢獨居堂上,故亦從降而俟尸洗。侑俟于西階西南東面,則主人必在洗之東北(即阼階東南)西面,二人得相對而立。如在洗東北面,則與侑既不相對,又嫌于與尸並立,降堂俟洗之義無由表達,知其必不然也。簡本誤脱。"王關仕云:"按甲本'北'、'面'二字適當編貫之上下,本有'西'而因留編位而脱。此主人與侑面位相對,其下文'侑東面于西階西南',則此'主人立于洗東北,西面'是也。簡本當編位而脱字者數見。"

②　"面"下今本有"主婦立"三字。沈云:"主婦入房,司宫爲設席。婦贊者爲薦籩豆,設畢始得升席。待設席薦之際,主婦應有立位。今文作'南面立于席西',句無主詞,承上文將爲司宫立于席西,有司執事者豈得有房中立位,而南面顯係席之面向,應屬上讀。必依古文作'主婦立于席西',席西立位既明,則待設席薦之義亦顯矣。據此可斷今文實誤。簡本用今文而又脱'立'字,其誤更甚。"王關仕云:"據鄭注,則甲本同今文,特誤脱或省'立',此實今文誤省或誤脱,當從今本有'主婦立'。上文'司宫設席於東序,西面。主人東楹東,北面拜受爵',甲本同,是司宫與主人之面位判然,若如今文無主婦,則有混淆之嫌。又下文'司宫設席,東面。主婦席北,東面拜受爵',甲本同文例,皆可證也。"

③　"設"字今本作"奠"。沈云:"作'設'是也。《特牲》《少牢》言豆籩俎鉶之置于筵前也,俱作'設'無作'奠'者。《有司》亦作'設',偶有'奠',簡本與今本俱同,惟此文以簡本作'設'今本作'奠'爲異。"王關仕云:"今本、甲本'奠'、'設'並見,上文'主婦自東房薦韭菹醢,坐奠于筵前,菹在西方',又'主婦薦韭菹醢,坐奠于筵前,醢在南方',又'主婦薦韭菹醢,坐奠于筵前,韭在北方',甲本並同作'奠'。而下文'主婦薦韭菹醢,坐設于席前,菹在北方',甲本同作'設',是文例同而'奠'、'設'並見。考其義,略有差別。奠者,置之而已,如'奠爵拜';設則必二物或二物以上,置之而復調正其位,所謂'醢在南方'、'菹在西方'、'韭在北方'者皆是,故作'設'義勝。"

④　"婦贊者",今本有重文。王關仕云:"甲本'婦贊者'不重,此爲底本作重文號,改寫新本時誤省。"

馬設羊俎于豆南。主婦坐，左執爵，右取菹擩于醢，祭于豆閒；以取糗、蕡①，兼祭于豆祭。主婦墳爵，興，取肺，坐絶祭，嚌之，興，加于俎，坐挩手，祭酒，啐酒。次賓羞羊燔。主婦興，受燔，如主人之禮。主婦執爵以出于房，西面于主人席北，立卒爵，執爵拜。尸西楹西、北面荅拜。主婦入于房②。尸、主人及侑皆就筵。

上賓洗爵以升，酌，獻尸。尸拜受爵。賓西楹西北面拜送爵。尸墳爵于左③。賓降。

<hr>

① "以"字今本作"又"。陳校："此簡塗改。"王關仕云："陳校'此簡塗改'之'簡'當爲'字'之誤。甲本'又'作'以'，誤。上'又筵於西序東面'，甲本亦誤作'以'。按'又'者，又上文也。此上文'主婦坐，左執爵，右取菹，擩于醢，祭於豆祭'，故下云'又取'，可知甲本之誤。"

② "入"下今本有"立"字。沈云："主婦受尸酢後，尸、侑、主人就筵，堂上將上賓獻尸，主婦無事，退入房中，當有立位。上主人獻侑，主婦薦豆籩後，亦'主婦退于房'；主婦受尸酢，主婦薦豆籩後，亦'主婦入于房'，均爲堂上無事而退入房中。又主婦受尸酢，尸降堂洗爵，主婦不得從降，又不得獨處堂上，故亦'主婦入于房'。此等均係暫入，不久即仍參與堂上禮事。而受尸酢後賓三獻至禮畢，主婦均不參與，不復至堂，入房應著立位。上有'立于席西'之文，此亦立于席西，無'立'字則其儀不明，簡當係涉上諸'主婦入于房'句而誤脱'立'字。"王關仕之説相反，云："上文'主婦入于房'，下文'主婦以爵入于房'，《少牢》'主婦興，入于房'，又'主婦興（甲本無興字），入于房'，又'主婦受爵，以入房'，甲本悉同無'立'，可證今本'立'字衍。"

③ "左"上今本有"薦"字。沈云："薦左，醢之左，無'薦'字義固無異也。主人酬賓節簡本、今本同作'薦左'，主人受尸酢節簡本、今本同省'薦'字，惟此文與主人酬尸節簡本省'薦'字而今本不省。簡本多省字，此又一顯證。"王關仕亦以其爲誤脱或省，云："下文'尸北面坐，尊爵于薦左'，甲本亦無'薦'，又下文'賓西西（當爲面）坐，奠爵于薦左'，甲本有'薦'。"

主人洗觚①。尸、或降。主人奠觚于匪②，辭，尸對。卒洗，揖，尸升，或不升。主人實觶，州尸③，東楹東，北面坐奠爵，拜。尸西楹西，荅拜④。坐祭，遂飲，卒爵，拜。尸荅拜。降洗，尸降，辭。主人奠觶于匪⑤，對。卒洗，主人升，尸升。主人實觚，尸拜受爵。主人反位，荅拜。尸北面坐奠爵于左⑥。尸、或、主人皆升延，乃羞。宰夫羞房中之羞于尸、或、主人、主婦，皆右之。司土羞庶羞尸⑦、或、主人、主婦，皆左之。

主人降，南面拜衆賓于門東，三⑧。衆賓門東，北面，皆荅壹

---

① "洗觚"，今本作"降洗觶"。沈云："洗在庭，洗爵必降，可省'降'字。然此尸辭洗，尸、侑言'降'，則主人洗爵亦以有'降'字爲長。"王關仕云："甲本無'降'，誤脱。按洗、筐並設於阼階下東南，此'主人降洗觶，尸侑降；主人奠爵于筐，辭；尸對'，當有'降'字。"

② "觚"字今本作"爵"。沈云：下'主人實觶州（酬）尸'、'主人奠（奠）觶于匪（筐）'句，簡本作'觶'，今本作'爵'。陳校云：'它篇並此篇簡文觶多作觚。此簡觚、觶並見。'今本'觶'，簡本作'觚'。獻用爵，酬用觶，此節洗觚簡本作'觚'是也。但凡奠爵、卒爵之文當作'爵'，簡本作觚誤。"王關仕以爵作觚（觶）爲是，云："上文'主人降洗觶'，甲本同，與此相應。又其下文亦作觶。按爵、觶今本、簡本俱混用，《禮記·檀弓》云：'則必無廢是爵也。……斯揚觶，謂之杜舉。'亦然。"

③ "州"字今本作"酬"。

④ "荅"上今本有"北面"二字。沈云："今本此尸拜受爵對上主人拜送爵，彼云'東楹東北面坐奠爵拜'，則當著面向也。簡本誤脱。"王關仕亦以其爲誤脱，云："按上文'主人拜洗，尸北面于西楹西，……荅拜'，又'主人東楹東北面拜受爵，尸西楹西北面荅拜'，又'尸侑皆北面於西楹西，……尸侑皆荅再拜'，又'侑西楹西北面立，尸酳，……尸北面於侑東荅拜'，甲本並同有'北面'，此當有。"

⑤ "觶"字今本作"爵"。陳校："他篇並此簡文'觶'多作'觚'，此又作觶，亦見《燕禮》第17簡。實觚，今本作觶，唐石經作觶，毛本等作爵。案爵、觶各本互異，簡文觚多相當於今本觶，而此簡觚、觶並見，猶下第61簡或、侑之並見，非有異也。"

⑥ "左"上今本有"薦"字。

⑦ "土"字今本作"士"，"尸"上今本有"于"字。王關仕云："甲本無'于'，誤脱。上文'宰夫羞房中之羞于尸侑'，甲本同有'于'，可證。"

⑧ "三"下今本有"拜"字。沈云："鄭注'言三拜者，衆賓賤，旅之也'，拜有三者，旅拜也，非禮有三拜也，簡本作'拜于門東三'是也。然則鄭云'三拜'釋旅拜之義，不足爲所據本'三'下有'拜'字之證。"王關仕以其爲誤脱或省。

拜。主人洗爵，長賓辭。主人墫爵于匪①，對。卒洗，升，酌，獻賓于西階上。長賓升，拜受爵。主人在其右，北面荅拜。宰夫自東房薦脯、醢，醢在西。司士設俎于豆北，羊胳②、腸一、胃一、切肺一、膚一。賓坐，左執爵，取脯擩于醢③，祭之，左執爵④，興，取肺，坐祭之，祭酒，遂飲，卒爵，執爵以興⑤，坐墫爵，拜，執爵以興。主人荅拜，受爵。賓坐取祭以降，西面坐委于西階西南。宰〔夫執薦以從，設于祭東。司士執俎以從，設于薦東。〕衆賓長升，拜受爵，主人荅拜。坐祭，立飲，卒爵，不拜既爵。〕宰夫贊主人酌，〔若是以辯。辯〕受爵。其薦脯、醢與升，設⑥〔于其位。其位繼上賓而南，皆東面。其殽體，儀也。〕〔乃升長賓。主人酌，酢于長賓，西階上北面，賓在左。主人坐奠爵，拜，執爵以興。賓荅拜。坐祭，遂飲，卒，執爵以興⑦，〕坐墫爵，拜。賓荅拜。賓降。

宰夫洗觚以升。主人受，酌，降州長賓于西階南，北面。賓在左。主人坐墫爵，拜，賓荅拜。坐祭，遂飲，卒爵，拜，賓荅拜。

---

① "匪"下今本有"興"字。王關仕云："甲本無'興'，省或誤脫，且'人'字下今本、甲本並當有'坐'字。下文'主人洗，賓辭，主人坐奠爵於篚，對'，甲本'對'上有'興'，可證。"

② "胳"下今本有"一"字。

③ "取脯"，今本作"右取肺"。陳校："阮元《校勘記》云'肺，《集釋》、楊、敖俱作脯'，鄭注云'祭脯肺'，疏曰'云祭脯肺者，按經云取脯取肺祭之，明祭是脯肺'，可知作'脯'者是。"王關仕以無"右"爲省，又引胡氏《正義》"言賓所取祭，祭是脯肺也"皆作"脯"，以證今本作"肺"爲誤。

④ "左"字今本無。王關仕以無"左"爲涉上文而誤，云："凡'執爵興'無云'左'者。"沈云："全篇'執爵興'或'執以興'或'執爵以興'句無用'左'字者，此非今本之誤脫，而爲簡本涉上文'左執爵'句而衍。"

⑤ "爵"字今本無。

⑥ 陳校："此簡殘失四分之三，共45字，木色與木簡其他各簡異，現青灰色，或係補鈔也。"

⑦ 陳校："此簡缺失，相當於今本'于其位'至'執爵以興'60字。"

主人洗，賓辟。主人坐奠爵于篚，興①，對。卒洗，升酌，降復位。賓拜受爵，主人拜送爵。賓西面坐奠爵于薦左。

主人洗，升，酌，獻兄弟于阼階上。兄弟之長升，拜受爵。主人在其右荅拜。坐祭，立飲，不拜既爵。皆如是以辨②。辨受爵。其位在洗東，南西面北上③。升受爵，其薦升設于其位。其先生之升，折，脅一，膚一。其衆，儀也。

主人洗，獻內賓于房中。南面拜受爵，主人南面于其右荅拜。坐祭，立飲，不拜既爵。如是以辨，亦有薦升。

主人降洗，升，獻私人于阼階上。拜于下，升受，主人合其長拜。乃降，坐祭，立飲，不拜既爵。如[是以辯。宰夫贊主人酌。主人于其羣私人不荅拜。其位繼兄弟之南，亦北上，亦有薦脀。主人就筵。]

[尸作三獻之爵。司士羞湆魚，縮執④]俎以升。尸取膴祭祭之，祭酒，卒爵。司士搣鄭俎于羊俎南，衡載于羊俎，卒，乃搣執

---

① “興”字今本無。王闓仕以有“興”爲是，云：“上云‘坐’，此當‘興’對，今本蓋省或誤脫。”沈文倬以坐興之節多省字，蓋有坐必有興，事繁難以盡書，而於《特牲》、《少牢》、《有司》爲尤甚。

② “如”字今本作“若”，“辨”字今本作“辯”。王闓仕云：“上文‘宰夫贊主人酌，若是以辯’，甲本脫逸。鄭彼注云‘今文若爲如’，陳氏《釋文》補作‘若’，欠當。”

③ “南”字今本無。沈云：“此主人獻兄弟，在阼階上受獻，降至庭之東墉下就位。兄弟即衆兄弟，其長稱先生，兄弟人數不定。北上，據先生之位，衆兄弟依次而南，私人繼衆兄弟而南。今本無‘南’字，則北上之位當洗之東，以洗爲節。簡本作‘洗東南’，則位近中庭之東。今案：《士冠》主人與賓客就內外位節‘兄弟畢袗玄，立于洗東西面北上’，可見洗東爲庭中兄弟之位。據彼證此，知今本此文不誤。又上主人獻長賓節‘賓坐取祭以降，西面坐委于西階西南’，賓之庭位在西階西南，而兄弟爲主人黨，既不應與賓黨正對相匹敵，亦不應與賓黨相距過遠，以洗爲節，最爲適當。據此可證簡本誤衍。”王闓仕云：“甲本‘東’下有‘南’字，東南二字間空一字位。”

④ 陳校：“此簡缺失。相當於今本‘是以辯’至‘縮執’50字。自此以下，書手已易，另編葉數，今仍用其葉數而補注全篇序號於括弧內。原簡鈔錄至此爲止，故不足行。”

相以降①。尸鄭爵，拜，三獻北面合拜，受爵，酌，獻或。或拜受，三獻北面合拜。司士羞汁魚一②，如尸禮。卒爵，拜。三獻合拜，受酌③，致主人。主人拜受，三獻東楹東、北面合拜。司士羞一汁魚，如尸禮。卒爵，拜。三獻合拜，受爵。尸降延，受三獻爵，酌以昨之④。三獻西楹西、北面拜，受爵，尸在其右以⑤。尸升延，南面合拜。坐祭，遂飲，卒爵，拜。尸合拜。執爵以降，實于匪⑥。

二人洗觚，升，賓爵，西楹西、北面東上，坐鄭爵，拜，執爵以興，尸、或合拜。坐祭，遂飲，卒爵，執以興⑦，坐鄭爵，拜。尸、或合拜。皆降。洗，升，酌，反位。尸、或皆拜受⑧，舉觚者皆拜送。或鄭觚于右。尸遂執觚以⑨，北面于作階上州主人，主人在右。坐鄭爵，拜，主人合拜。不祭，立飲，卒爵，不拜既爵。酌，鄭于作

---

① "摋鄭柤"，今本作"縮奠俎"。陳校："案前一書手於此三字作'宿墺俎'。"

② "司士"今本作"司馬"。

③ "受酌"及下"拜受"下今本俱有"爵"字。王關仕云："甲本誤脫。上文'三獻，北面簪拜受爵'，下文'三獻，簪拜受爵'，'北面拜受爵'，甲本並同，可證。凡三獻簪拜下受爵，不省'爵'字，以其上'三獻'已省。"又云："下文'執爵以興'，'尸侑皆拜受爵'，甲本並省'爵'字。此與'三獻簪拜受爵'文例略異，以其正蒙'三獻簪拜受爵'之'爵'字，故可省。"沈云："下同簡'主人拜受'，第55簡'尸或皆拜受'，第56簡'主人拜受'，第71簡'賓拜受'，今本'受'下俱有'爵'字。又第72簡'酌致于主婦'，今本'致'下有'爵'字。今本亦有省'爵'字與簡本同者，然簡本省字更多也。"

④ "昨"字今本作"酢"。王關仕以"酢"作"昨"爲隸變。

⑤ "以"下今本有"授之"。王關仕云："無'授之'而空一字位，疑削去忘添。"沈云："此上賓（即三獻）受尸酢，上賓在西楹西與尸並立，故尸在其右授爵。無'授之'二字不成文義，簡本空一格，豈所據之本有誤，留空以待補者。"

⑥ "實于匪（筐）"，陳氏釋文"實"誤"賓"。今從劉文獻説徑改。

⑦ "執"下今本有"爵"字。王關仕云："無'爵'，無'興'，皆是誤脫。"

⑧ "受"下今本有"爵"字。

⑨ "以"下今本有"興"字。

階上州主人①。主人拜受②，尸拜送。尸就延，主人以州或于西楹西，或在左。坐鄭爵，拜。執爵興，或合拜。不祭，立飲，卒爵，不拜既爵。酳，復位。或拜受，主人拜送。主人復延，乃升長賓。或州之，如主人之禮。至于衆賓，遂及兄弟，亦如之，皆飲于上。遂及私人，拜受者升受，下飲，卒爵，升酳，以之其位。相州辨。卒飲者賓觚于匪③。乃羞庶羞于賓、兄弟、內賓及私人。

兄弟之後生者舉爵于其長④。洗，升酳，降，北面于作階南⑤，長在左。坐鄭爵，拜，執爵以興，長合拜。坐祭，遂飲，卒爵，執爵以興，坐鄭爵，拜，執爵以興，長合拜。洗，升，酳，降，長拜受于其位，舉爵者東面合拜。爵止。

賓長獻于尸，如初，無汁，爵不止。

---

① "酳鄭"，今本作"酬就"。沈云："尸酬主人，先自飲，復酳酒，以授主人。簡本'奠'作'鄭'，尸與主人並立于阼階上，此時無奠爵之事，亦無奠爵阼階上之法。鄭注'言就者，主人立待之'。《正義》云'自尊所就之也'。釋'就'字俱確，簡本誤。"王關仕云："甲本及各本作'酳'，是也。今本涉下文而誤。又其下文'主人拜受爵'（甲本無"爵"字），則此'奠于阼階上'非獻授也，故今本作'就'是。"

② "受"下今本有"爵"字。

③ 陳校："賓觚，今本作實爵，簡文實字常寫作賓。"

④ "爵"字今本作"觶"。陳校："鄭注'古文觶皆爲爵，延熹中設校書，定作觶'。簡本乃延熹（公元158—166年）校定以前之寫本也。"沈云："簡本用古文。然則延熹校定者，用今文作觶耳。"王關仕云："胡氏《疏義》云：'承琪案：《特牲》云："兄弟之後生舉觶于其長，爲旅酬。"又："兄弟弟子舉觶于其長，爲無筭爵。"皆作觶，不作爵。蓋酬之禮皆用觶也。鄭以彼決此，亦當從今文。'按《特牲》'兄弟弟子洗酳東方之尊，阼階前，北面舉觶于長兄弟，如主人酬賓儀'，甲本同作觶。又'賓弟子及兄弟弟子……舉觶於其長……爵皆無筭'，甲本同作筭，'爵皆無筭'作爵，是胡氏所節引者；而'爵無筭'之爵，用爲抽象義，猶加爵、奠爵拜等皆是。"

⑤ "北面"下今本有"立"字。王關仕以無"立"字爲省字，云："《特牲》'賓弟子及兄弟弟子舉觶于其長，中庭北面西上'，甲本同，亦不言'立'，蓋省。"沈云："此兄弟後生舉觶。兄弟之位在東壁，其長南北以當洗爲節，此時舉觶于其長，後生與長均轉至阼階之南，北面。觶之授受當立，毋須更著'立'字。上尸酬主人，'北面于阼階上酬主人，主人在右'，句法正同。據簡本相證，今本'立'字當係誤衍。"

賓一人舉爵于尸，如初，亦遂之于下。

賓及兄弟交錯其州，皆遂及私人，爵無筭。尸出，或從。主人送于廟門之外，拜，尸不顧。拜或與長賓，亦如之。衆賓從。司士歸尸、或之俎。主人退，有司徹。

若不賓尸，則祝、侑亦如之。尸食，乃盛俎，臑、臂、肫、脡脊、橫脊、短脅、伐脅，皆牢；魚七①；腊辨，無胖②。卒盛，乃舉牢肩。尸受，振祭，嚌之③。佐食受，加于肵。佐食取一俎于堂下以入，鄭于羊俎東。乃摭④于魚、腊俎，俎舍三个⑤，其餘皆取之，實于一俎以出。祝、主人之魚腊取于是。尸不飯，告飽。〔主人拜侑，不言。尸又三飯。佐食受牢舉，如儐。〕

〔主人洗，酌，酳尸，賓羞肝，皆如儐禮。卒爵，主人拜，祝受尸爵，尸荅拜。祝酌授尸，尸以醋主人，亦如儐。其綏祭，其嘏，

---

① 陳校："魚七，今本同，簡記葉數之七皆作桼，此'七'字橫畫長於直筆，存古文字之形，與'十'字有別。"

② "脾"字今本作"髀"。

③ "嚌"字今本作"嚌"。陳校："簡多作嚌，偶亦作嚌。"

④ 陳校："摭，今本作摕，字經削改，鄭注：'古文摕爲揳。'簡似作摕，《泰射》第35簡席作摭。"沈云：陳說雖含糊，其意蓋斷摕爲席字。然席于魚腊俎成何文義，萬不可通。簡字經削改，字形雖與摕相似，實是揳之誤寫。蓋原依今文作"摕"，後改用古文作"揳"，故左旁上似廿，下似巾也。字書無"摕"字，作"席"更無義，即《泰射》之"摭工于西階上"，亦不過爲席之誤增加形旁字。《西京賦》"揳飛鼺"，薛綜注"揳，捎取之也"，《説文·手部》"揳，撮取也"，又"拓，拾也。從手石聲。摭，或從庶。"拾取與撮取義相似，今古文惟字異耳。王關仕云："摕與揳本非一字，因雙聲而借。摕字削改，僅改'席'旁，而'才'與上下文筆跡、墨色、大小同，若原作'摕'，無煩改'庶'，是可知原作'揳'，亦即底本作'揳'，爲古文，經師或校讀者改之作摭。"《斠補》云："摕爲章紐鐸部字，揳爲喻紐葉部字，古音相距較遠。今得簡本，則可知實由摕形訛作摕，進而又形訛作揳。簡'摕'字爲今古文形變之中間狀態，摕字右下方所從之灬與簡本所從之巾形近。又簡本此字經削改，王關仕推知簡本之所據本作'摕'，'經師或校讀者改之作摭'，頗有道理。"

⑤ "舍"字今本作"釋"。

亦如儐。其獻①]祝與二佐食，其位、其薦脀皆如賓②。

主婦其洗獻于尸，亦如賓。主婦販邊于房中③，執棗、糗，坐執之，棗在稷南，糗在棗南。婦贊者執栗、脯，主婦不興，受，執之，栗在棗東④。主婦興，反位。尸左執爵，取棗、糗。祝取栗、脯

① 陳校："此簡缺失。相當於今本'主人拜侑'至'其獻'64字。"
② "賓"字今本皆作"儐"。王關仕云："諸本同今本從'人'，賈疏'主人至如儐'亦然，而其'釋曰：自此盡薦脀皆如賓禮'，以及下文'主婦其洗獻于尸亦如儐'，鄭注'至此與賓同者在上篇'；'祝受加與胏'，鄭注'此異于賓'；'主婦獻祝，其酌如儐'，鄭注'至此亦與賓同'，則鄭本悉作'賓'，與甲本合，賈疏則賓、儐並出。胡氏《正義》：'如儐者，謂如其有儐尸之禮者耳。'此皆後人妄加'人'旁，以'儐'爲動詞而臆説，今爲正：其一、'皆如儐'、'如賓'、'亦如賓'（今本本篇悉作儐者）乃'皆（亦）如……賓之禮'之省文也。上文'主人洗酌醋尸，賓羞肝，皆如賓（今本作儐）禮'，即其證。又下文'主婦受爵酌獻二佐食亦如賓（今本作儐）禮'，又'其酬醋皆如賓（今本作儐）禮'。其二、《特牲》'主人洗爵，獻長兄弟于阼階上，如賓儀'，今、甲本同，又'洗獻衆兄弟如衆賓儀'，今本亦不加'人'旁，此其證二。'如衆賓儀'，即'如獻衆賓之儀'之省文，省動詞'獻'。《特牲》之不省者，如'北面舉觶于長兄弟，如主人酬賓儀'、'如賓酬兄弟之儀'，是也。其三、《大射》'公祭如賓禮'，豈如胡氏所云'如其有儐尸之禮者'乎？又'主人升，拜洗如賓禮'，今本、甲本並同作'賓'，皆其明證。是簡本之出，可復鄭氏之面目矣。"
③ "販邊"，今本作"反取籩"。沈云："今本'販'作'反'。《荀子·儒效篇》'積反貨而爲商賈'，楊倞注'反讀爲販'，假'反'爲'販'。簡乃假'販'爲'反'，如假'駕'爲'加'，假'鄭'爲'奠'，誤加形旁，簡本多有此例。今本'邊'上有'取'字。賓尸在堂，不賓尸在室，其儀則同。豆籩陳于房，獻尸酒後，主婦反房中取以設于尸席。上主婦獻尸節'入于房，取糗與脮脯，執以出，坐設之'，彼賓尸在堂，由堂入房，又執以出房至堂；此不賓尸在室，則由室至堂，由堂入房，取豆籩出房至堂，由堂入室。曰入曰反，反入于房也。彼有'取'字，此當與彼相同。無'取'字則反籩于房中，下云坐設，豈設于房乎？必不可通。簡本誤脱。"王關仕云："甲本'反'作'販'，此字疑書者誤合'反取'爲一字而使然，簡本其他'反'、'取'同今本。"
④ "在"下今本有"糗棗脯在"四字。沈云："此婦贊者取二籩以授主婦，設于席衹一籩而不見脯，且在棗東，顯屬不合，尸席所設，可以核計之。簡本誤脱。"王關仕亦以其爲誤脱，云："上文'婦贊者執脯'，其下文'祝取栗脯'，甲本並同，明爲設二物。又上文'執棗糗，坐設之，棗在稷南，糗在棗南'，甲本同，是其例證，不以此二物之一爲准而設。"

以授尸。尸兼祭于豆祭，祭酒，啐酒。次賓羞牢燔，用俎，監在右①。兼取燔擩于監，振祭，嚌之。祝授②，加于肵。卒爵，主婦拜，祝授尸爵，合拜③。祝易爵洗，酌，受尸④。主婦主人北面拜受爵⑤，尸合拜。主婦反位，有拜。上佐食縯祭⑥，如賓。卒爵拜，尸合拜。主婦獻祝，其酌如賓。拜，坐受爵，主婦主人[之北荅拜。宰夫薦棗、糗，坐設棗于菹西，糗在棗南。祝左執爵，取棗、糗祭于豆祭，祭酒，啐酒。次賓羞燔，如尸禮。卒爵。主人受爵，酌，獻二佐食，亦如儐。主婦受爵，以入于房⑦。]

賓長洗爵，獻尸⑧。尸拜受，賓户西北面合拜。爵止。主婦

---

① “監”字今本作“鹽”，“右”下今本有“尸”字。沈云：“上‘祝取栗脯以授尸，尸兼祭于豆祭’，儀注相同，‘兼’上有‘尸’字，簡本與今本同。此文承次賓，無‘尸’字將爲次賓祭、嚌，實不可通。簡本誤脱。”

② “授”字今本作“受”。王關仕以“鹽”作“監”、“受”作“授”，均是書誤，云：“上文‘佐食受，加于肵’，甲本同，可證受、授二字簡本區別截然。”沈云：“受、授古雖通用，簡本他簡受、授分别甚明，此文祝受尸所授，誤受爲授。下文祝受尸爵，誤‘授’爲‘受’。”

③ “合”上今本有“尸”字。沈云：“此荅拜爲尸荅主婦之拜送爵，無尸字將爲祝荅拜，此主婦亞獻，祝相尸無拜。尸卒爵，主婦拜送爵；待祝受尸之虛爵，尸即荅拜，層次甚明，簡本誤脱。”

④ “尸”下今本有“尸以醋主婦”五字。沈云：“主婦獻尸，尸即醋主婦。上祝洗爵、酌爵以授尸後，無此五字，尸未醋，主婦何由拜受爵？簡本顯係誤脱。”王關仕亦以其爲誤脱，云：“此祝受尸爵後，易爵洗，酌，復授尸，尸以醋主婦，下文是以‘主婦……拜受爵，尸荅拜’也。”

⑤ “北面”，今本作“之北”。沈云：“主婦室中無位，必依乎主人爲位，主人席西面，主婦決無北面之拜。簡本誤衍‘面’字。”王關仕亦以“面”字爲衍，云：“上文‘主婦主人之北，西面荅拜’，甲本無‘之’，無‘西面’，此甲本‘主婦主人北面拜受爵，尸荅拜’，疑底本作‘主婦主人之北，西面拜受爵’，與上‘古文’同，經師作新本删之未盡，而留‘面’字。若作‘主婦主人北面’實爲不詞，故推其爲誤脱或删誤。”

⑥ “縯”字今本作“綏”。

⑦ 陳校：“此簡缺失。相當今本‘之北’至‘入于房’63字。”

⑧ “獻”下今本有“于”字。王關仕云：“甲本無‘于’字，誤脱或省，上文‘二手受于手間’，甲本亦無‘于’字。”

洗于房①，酌，致主人②，主人拜受，主婦户西北面拜送爵。司宫執席。主婦薦韭、菹、醢，坐執于席前，菹在北方。婦贊者執棗、糗以從，主婦不興，受，執棗于菹北，糗在棗西。佐食執俎，臂、脊、脅、肺皆牢，膚三，魚一，腊臂。主人執爵③，右取菹擩于醢，祭于豆間，遂祭籩，奠爵，興，取牢肺，坐絶祭，嚌之，興，加于俎，坐挩手，祭酒，執爵以興，坐卒爵，拜。主婦合拜，受爵，酌以作，户内北面拜。主人合拜。卒爵，拜。主人合拜。主婦以爵入于房。尸作止爵④，祭酒，卒爵。賓拜。祝受爵，尸合拜。祝酌，授尸。賓拜受，尸拜送。坐祭，遂飲，卒爵，拜。尸合拜。獻祝及二佐食。洗，致爵主人⑤。主人席上拜受爵，賓北面合拜。坐祭，遂飲，卒爵，拜。賓合拜，受爵。酌，致于主婦⑥。主婦北堂。司宫執席，東面。主婦席北、東面拜受爵，賓西面合拜。婦贊者薦韭、

---

① “房”下今本有“中”字。沈云：“下第 77 簡禮終尸出節‘復位于室’，今本‘室’下有‘中’字。簡本多省字也。”王關仕亦以其爲誤脱或省，並舉《少牢》“主婦洗于房中”句與甲本同爲證。

② “致”下今本有“于”字。

③ “主人”下今本有“左”字。王關仕云：“甲本及今本例或省‘右’字，無‘執爵右取菹’例，甲本誤脱‘左’字。”

④ “作”字今本作“醋”。陳校：“它簡又作‘昨’。”王關仕云：“簡本‘醋’悉從‘乍’作酢、昨、作。《特牲》‘尸以醋主人’，鄭注‘古文醋作酢’。”

⑤ “賓拜受”下今本有“爵”字，“致爵”下今本有“于”字，主婦下有鈎識號。王關仕云：“無‘爵’、無‘于’，皆爲省文。”

⑥ “致”下今本有“爵”字。陳校：“主婦下有鈎識號。案第 68、71、72、76 等簡之鈎識號皆識于‘主人主人’、‘主婦主婦’、‘祝祝’之間，似可以表示分讀之意。”

菹、醢①，在南方。婦人贊者執棗、糗，婦贊者不興②，受，執棗于菹南，糗在棗東。佐食執俎于豆東③，羊臑，豕折，羊脊、脅，肺一、膚④、魚一、腊臑。主婦升延，坐，左執爵，右取菹擩于醢⑤，祭之，祭邊，奠爵，興取肺⑥，坐絕祭，嚌之，興，加于俎，坐捝手，祭酒，執興⑦，延北東面立卒爵，拜。賓荅拜。賓受爵，易爵于匚⑧，洗，酌，作于主人，戶西北拜⑨，主人荅拜。卒爵，拜，主人荅拜。賓以爵

---

① "醢"下今本有"菹"字。沈云："此賓致爵主婦于房中北堂，婦贊者進韭菹與醢二豆，席在北堂西墉下東面，其設之之法，醢在北，菹在南，無'菹'字，二豆均設于南方，不僅無此設之之法，且在何器之南，仍不能明。上主婦致爵主人節'主婦薦韭菹醢，坐設于席前，菹在北方'，簡本與今本同。彼主人席在室中東墉下西面，故菹在醢北，適相反。以彼決此，簡本誤脫'菹'字。"王關仕亦以無"菹"爲誤脫，並云："上文'婦贊者薦韭菹醢，坐奠于延前，在西方'，又'主婦薦韭菹醢，坐設于席前，菹在北方'，皆其比。"

② "婦贊者"上今本有"授婦贊者"四字。王關仕以爲省文，云："鄭注'今文曰婦也贊者執棗糗，授婦贊者，不興受'，則簡本同鄭所見今文本，不重'婦贊者'，省文。此例多見。"

③ "執俎"，今本作"設俎"。陳校："案簡文假執爲設，寫執爲執，此簡又以執爲執而用作設字。"

④ "膚"下今本有"一"字。王關仕云："甲本'脅祭'二字適當編位上下，而'脅'以上僅十九字，例爲二十字。未可決其有無。且以'一'爲誤脫。凡膚當數，故不可無'一'字。"

⑤ "擩"字今本作"臑"。沈云："下'腊臑'句簡本亦作'臑'，與今本同，此文係涉'擩于醢'句而誤。"王關仕說略同，並云："甲本'擩'爲今本'撋'，二字不混。"

⑥ "肺"上今本有"祭"字。沈云："阮元《校勘記》云'唐石經無祭字'，此乃離肺，非祭肺。敖繼公謂'祭字誤衍'，彼未見石經，已斷爲衍字；今得簡本，更證今本之誤。"

⑦ "執"下今本有"爵"字。王關仕以其爲誤脫。

⑧ "爵"下右方有鉤識號。王關仕云："爵、于二字間空一字，'爵'下有乚記號，似本有'奠'字而削去，以合今文。《鄉飲》：'奠爵於篚下，盥洗。'鄭注：'今文無奠。'"

⑨ "北"下今本有"面"字。沈云："此賓長三獻，賓自醋于主人，簡本無'面'字則'戶西北'之拜位究在何地，且無面向，全書無此文例。室中主人席在東墉下西向，則拜必西面；尸席在西墉下東向，則拜必東面。賓室中無席，其醋主人，東面拜則嫌于背尸，故必北面而在尸之西、斜向主人席而拜也。上賓獻尸止爵云'賓戶西北面荅拜'，如西面拜亦嫌于背主人，故亦在此位而斜向尸席而拜。彼文簡本有'面'字與今本同，則此文誤脫'面'字無疑。"

降賓于匪①。乃羞,宰夫羞房中之羞,司士羞庶羞于尸、祝、主人、主婦,内羞在右,庶羞在左。

　　主人降,興拜衆賓②,洗,獻賓③。其薦脀,其位、其作州④,皆如賓體。主人洗,獻兄弟與内賓于私人,皆如賓體⑤。卒,乃羞于賓、兄弟、内賓私人⑥,辨。

　　賓長義于尸⑦,昨獻祝,致,作。以賓以爵⑧,降墤于匪。

　　賓、兄弟交錯與州⑨,無筭爵。

---

　　①　"賓"字今本作"奠"。沈云:"簡本賓、實多互混,此當是'實'字。下第76簡次賓長爲加爵節'賓以爵降墤于匪',今本墤作'實'。簡本奠作'墤',二本奠、實互易,義固無異也。"王關仕亦以賓、實二字隸近易混,聲近義通。

　　②　"興"字今本無。沈云:"拜者,由立而坐(如今之跪)而拜。興者,由坐而起之謂也。此降堂未坐,無興之可言。而'興拜'更不詞,興後決無拜者。簡本誤衍。"王關仕亦以其爲誤衍,並云:"下文洗獻衆賓,洗設阼階下,何來'興'?"

　　③　"獻賓",今本作"獻衆賓"。沈云:"此降堂後拜衆賓,即爲獻衆賓。衆賓包括上賓以下,無'衆'字將成上賓一人。賓尸于堂主人獻長賓節'主人降,南面拜衆賓于門東三',即此'主人降拜衆賓';以後之獻長賓、辯獻衆賓等儀,即此'洗獻衆賓',故此節下文云'皆如賓禮'。如不獻衆賓,與賓尸于堂不同,則此文不當云'皆如'也。簡本誤脱。"王關仕亦以其爲誤脱,云:"上文主人降,拜衆賓,即洗獻之,當有'衆'字。"

　　④　"作州",今本作"酬醋"。王關仕云:"甲本'作州'爲'醋酬'之省或假借,而二字互倒,先酢後酬,疑甲本是。"

　　⑤　"體"下今本有"其位其薦脀皆如儐禮"九字。沈云:"此不賓尸主人獻主人之黨,與獻衆賓同,惟無酬醋爲異。如賓禮者,賓尸于堂有主人獻兄弟、内賓、私人三節,與彼相同,則此九字不可省,簡本誤脱。"王關仕以其爲省,云:"上文既云'皆如儐禮',則可不必復言其位,其薦脀,與上文法略異。"

　　⑥　"内賓"下今本有"及"字。

　　⑦　"義"字今本作"獻"。沈云:"《書·大誥》'民獻有十夫',《尚書大傳》作'民儀有十夫','獻'與'儀'通,而簡本'儀'又均作'義'。"王關仕以作"義"爲通假,此雖爲同一書手,而書異。

　　⑧　"作以",今本作"醋"無"以"字。陳校:"此一簡之中'獻'字或作'義',或作'獻','醋'字或作'昨',或作'作'。"

　　⑨　"墤于匪"今本作"實于篚","與州"今本作"其酬"。陳校:"簡文其、與二字形體相近易混。"沈云:"上賓尸于堂二觶交錯爲無筭爵節'賓及兄弟交錯其州(酬)',簡本亦作'其',則此誤作'與'也。"

利獻于昨①。獻祝，祝受，祭酒，啐酒，鄭之。

主人出，立于作階上，西面。祝出，立于西階上，東面。祝告于主人曰："利成。"祝入。主人降，立于階東②，西面。尸休，祝洗③，尸從，遂出于廟門。祝反，復位于室④。祝命佐食衛尸俎⑤。佐食乃[出尸俎于廟門外，有司受，歸之。徹阼薦俎。

乃贊，如儐。]

[卒贊，有司官衛饋，饌于室中西北隅，南面，如饋之設，右几，扉用席。納一尊于室中。司宮埽祭。主人出，立于阼階⑥]上，西面。祝執其相以出，立于西階上，東面。司宮闔牖户。祝告利成，乃執相以出于廟門外，有司受，歸之。衆賓出，主人送于

---

① "利"下今本有"洗爵"，"獻"下今本有"尸尸"，"昨"字今本作"酢"。沈云："今本重'尸'字。此次賓獻尸而尸醋也。《特牲》佐食獻尸節'利洗散獻[于]尸，作(酢)'，與今本同，皆省'尸'字，則此文不過有省有不省耳。"王關仕以其爲誤脱。

② "階"上今本有"昨"字。王關仕以無"昨"字爲省文，云："經師以主人階自是昨階，故省'昨'字。"沈云："堂前二階：阼階、西階。單言階，則不知何階。主人升降必由阼階，上'主人出，立于阼階上'，出室後立于阼階上，故降堂後立于阼階東。簡本脱'阼'字。"

③ "休"，今本作"謖"；"洗"，今本作"前"。王關仕疑"洗"乃"先"之誤。沈云：此禮畢尸出，何來祝洗之儀？賓尸在堂，立侑輔尸，上迎尸及侑節"尸入門，左，侑從，亦左"，不賓尸，祝輔尸，尸行，祝任前導。《特牲》尸出歸尸俎節"尸謖，祝前，主人降"，簡本與今本同。祝前尸之儀，《士虞記》最詳備，此文前尸，應如彼儀。祝前亦有作"祝先"。此文簡本亦當作"先"，書手誤加水旁，如加作駕，奠作鄭，璞，朋作崩，反作販也。

④ "室"下今本有"中"字。

⑤ 陳校："簡文徹字從行，亦見第 79 簡。"沈云："今本衛作徹。《集韻》八微'微，衛，或作衛'，此'徹'字從行，其例相同，亦是或體。"王關仕云："本篇《釋文》'字又作撤'，《說文》'徹，通也。從彳從支從育'，是'徹'爲正字。《王純碑》作衛，顧藹吉曰'疑是徹字之異'。"

⑥ 陳校："此簡缺失。相當今本'出尸'至'阼階'62 字。"

廟門外①，乃反。歸入乃衛②，衛牢中之送③。

① "送"上今本有"拜"字。沈云："上賓尸于堂禮畢節'尸出，侑從，主人拜于廟門之外，拜，尸不顧'，鄭注'拜送之'。又'拜侑與長賓，亦如之。衆賓從'，鄭注'從者，不拜送也'。拜長賓而不拜衆賓。此文衆賓包括長賓在内，故鄭注'拜送賓也者，亦拜送其長'。當有'拜'字，簡本誤脱。"

② "歸入"，今本作"婦人"。陳校："簡文人、入不分，而歸、婦形近易譌，似應從簡文，鄭注不及婦人之義，可證。此歸字經塗改。'乃反歸'之'歸'字削改。"沈云：陳氏《校記》明確判定今本之誤，全文祇三、四見而已，而所斷均誤。所謂"歸字經塗改"，實係原誤寫歸而塗改爲婦，舊痕尚在，摹本誤。全書無反歸連文，"乃反"指主人，屬上文，陳氏斷句誤。陳氏云"人入不分"是也，但未斷當作"人"抑當作"入"，婦作歸而上屬，則無論作"人乃徹"或作"入乃徹"，俱無詞。陳氏云"鄭注不及婦人之義"，更屬大誤。上句注"不使有司者，下上大夫之禮"，彼上大夫賓尸于堂，由有司徹；此下大夫不賓尸，故由婦人徹。下句注"有司饌之，婦人徹之，内外相兼，禮殺"，則明言婦人。賓尸于堂禮畢云"有司徹"，注"雖堂上，婦人不徹"，反證不賓尸室中之饌由婦人徹之。鄭注前後一貫，反覆證婦人徹義，而陳氏謂"不及"，視而不見，殊屬可怪。此文當作"婦人"，簡本原抄有誤，後已改正，徒以摹寫失真，陳校從而臆度之，遂使歧中有歧矣。王關仕亦以陳説未允，列舉四條以駁之，其第一條略與沈説同，兹舉另外三條：其二：本篇徹凡六見，一爲篇首"有司徹"，鄭注："徹室中之饌及祝佐食之俎。"二爲"司士歸尸侑之俎，主人退，有司徹"，鄭注："徹堂上下之薦俎也，外賓、尸，雖堂上，婦人不徹。"明婦人有所徹，而外賓及尸則有司徹之也。三爲"祝命佐食徹尸俎"。四爲"有司受，歸之，徹阼薦俎"，五爲"有司官徹饋，饌與室中西北隅。……匪用席"，六爲本條。前五者皆出徹者（有司徹，佐食徹，有司官徹），獨此不出乎？故此依文例，當爲"婦人乃徹"，決非陳所云"歸入乃徹"。其三：《特牲》、《少牢》禮類，而士、大夫之異耳。《特牲》"宗婦徹祝豆籩入于房，徹主婦薦俎"，宗婦贊者，亦稱婦人贊者，爲女性，故有"婦人"徹之事。其四：祝俎出廟門後，"有司受，歸之"，即已盡徹矣；僅室中饌未徹，婦人乃徹之。

③ "牢"字今本作"室"，"送"字今本作"饌"。陳校："簡文選、送二字易譌，但此簡改室中之饌爲牢中之選，送疑假作膡字。"王關仕云："甲本作'牢'，誤。上文'有司官徹饋，饌於室中西北隅'，即同此'室中之饌'。又上文'祝反，復位於室中'，甲本作'室'可證。"又云："饌作送，爲選之隸省。"沈云："《有司》爲《少牢》下篇，《有司》所用牲體具載《少牢》首篇，《少牢》有雍人陳五鼎，所實牲體，在實鼎饌器節中一一陳列，如'司馬升羊右胖'，'司士升豕右胖'，'雍人倫膚九'，'司士又升魚腊'。《有司》'乃餕尸俎'後，主人獻尸節'乃升，司馬挩羊'，'司士挩豕'，載十二俎，五鼎中已無膡骨，可一一核計。陳氏斷此句爲'牢中之膡'，其説非也。此文'牢'爲'室'字、'送'爲'選'字之形譌。"

燕　禮(甲本)①

燕禮②。小臣戒與者。善宰具官選于寢③東。樂人縣。執洗

---

① 木簡《燕禮》第十三，共 53 簡，缺失第 11、13 兩簡，見存 51 簡。此篇未出土時落在棺側下土中，故簡多彎曲，上段多掩土銹，下段常缺失，且甚腐朽收縮，前數簡折斷，不如以前各篇完整。因在濕土中浸潮過久，木色暗黑，字跡有不易分辨者。第 1 簡背面題"燕禮第十三"，異於他篇之分書篇題與篇次於兩簡之背者，由此知他篇背面題名先自右(第 2 簡背)向左(第 1 簡背)順讀，先篇題、次篇次也。此篇内容有與《泰射》相重者，而因下段腐朽，往往失其葉數，頗易誤以此篇之簡入於《泰射》篇者。此篇中若干簡表面有發亮光澤，或係上墨前塗染帶有膠性液料之故。第 30 簡補足 60 字後，遺 20 字未鈔，今本有之。此篇較近於今本。據鄭注，第 5 簡"射人"作擯者，第 39 簡"今文觶又爲觚"，第 24 簡"今文無奠于篚"，第 42 簡"公荅拜"今本無再字，第 38 簡"今文曰洗象觚"，由上述諸例觀之，簡本乃今文本也。其所引《周南》、《召南》篇名不與毛《詩》同，乃齊《詩》也。此篇每簡大率爲 60 字上下。第 47 簡經文完後記字數凡 3066 字，第 53 簡記文完後記"記三百三文"。此篇存經 2158 字，記 305 字，共存 2463 字，殘缺 704 字，完篇應爲 3167 字。另又脱去 20 字。簡記 3066 字乃包括記文，而三千六十六字或係三千百六十六字，簡遺一"百"字。賈疏云："經三千三百二十三字"，鄭注本作 3223 字，必係包括經文，然其所計較簡記經文記文合計者多出 162 字，疑賈所依據者乃 3066 與 303 相加之數也。

② 陳校："簡首三角形爲篇首之章號。今本《儀禮》十七篇惟《士冠禮》有之，阮元《校勘記》云：'士冠禮笄于庙門，禮下今本有一圈。……石經及徐本皆無之。'"

③ "善"字今本作"膳"，"選"字今本作"饌"，"寢"字今本作"寢"。沈云：下第 5 簡、第 8 簡今本亦作"膳"。簡本《燕禮》、《泰射》兩篇凡膳宰、膳尊、膳爵、膳觚、膳匜、執膳、羞膳、酌膳字除爛缺外，惟上三文作"善"，其餘皆作"膳"，是簡本善、膳錯雜並用也。《周禮·膳夫職》序官鄭注"膳之言善也"，孫詒讓《正義》云："以聲類爲訓也，凡鄭云之言者，並取聲義相貫。"金文膳夫字俱作𦳾，《説文》𦳾爲善之古文。朱駿聲《説文通訓定聲》云"膳實善之假借字"。簡本作"善"用正字。王闓仕云："《記》文作'寢'，甲、乙本《服傳》作㵄、寢。《説文》無'寢'。'寢'下云：'臥也，從宀㑴聲。寝，籀文寢，省。'又云：'㵄，㵄水出魏郡武安。'則甲本作'寢'爲寢之隸省，爲正字。寢、㵄及今本寢皆假借。段注：'今人皆作寢，寢乃癗部癗字之省，與寢異義。'《爾雅·釋宫》：'無東西廂，有室曰寢。'《史晨奏銘》、《尹宙碑》作'寢'，《衡方碑》作寑，《朱龜碑》作寽。或省'巾'，或省'又'，皆書異。"

匪于作階東南①，當東曹。雷水在東②，匪（在洗西，南肆。）执腊③
［匪在其北，西面。］司［宮尊于東楹之西，兩方壺，左玄］酒，南上。
公尊瓦泰兩④，有鄭⑤，幕如却如錫⑥，在尊南=上。尊出旅食于門
西⑦，兩圜壺。司宮延賓于户西，東上，無加席⑧。射［人告具。

　　小臣設公席于阼階上，西鄉，設加席。公升，］即位于席，西

---

① “执”字今本作“設”，“匪”字今本作“篚”，“作”字今本作“阼”。
② “曹雷”今本作“雷曡”。沈云：“《泰射》圖版溜字三點偏高，此簡摹本作曺字，圖版左側有墨影而右下作田不作曰，惟右上有短畫，遂被誤定爲曺字，其實亦溜字也。《左傳·宣公二年》‘三進及溜’，《釋文》云‘溜，屋水霤也’，《爾雅·釋水》郭注‘從上雷下’，《釋文》云‘本又作溜’，皆假溜爲雷。”王關仕亦以字跡不清，云：“《説文》‘雷，屋水流也’，《禮記·喪大記》‘皆升自東榮’，鄭注‘榮，屋翼。升東榮者，謂卿大夫士也；天子諸侯言東霤’，孔疏‘霤謂東西兩頭爲屋簷霤下’，《説文》‘曹，獄兩曹也，從棘，在廷東也。從曰，治事者也’。”
③ 陳校：“第二段之末有5字殘泐。‘腊’是‘膳’之誤寫。”
④ “泰”字今本作“大”。陳校：“《大射》篇之大，簡亦作泰，漢人稱《尚書·大誓》篇爲《泰誓》，與此同例。”王關仕云：“《説文》：‘大，天大地大人亦大焉，象人形。’又云：‘泰，滑也。從廾水，大聲。夳，古文泰如此。’則大爲本字，泰從大聲，是以假借。《廣韻》：‘《周禮》曰：太史掌建邦之六典。……經典本作大。’是古大、夳、泰本一字。”
⑤ “鄭”字今本作“豐”。沈云：“簡文豐、鄭錯雜並用。《書·召誥》‘則至于豐’，《詩·文王有聲》‘作邑于豐’，《説文·邑部》‘鄭，周文王所都，在京兆杜陵西南’，《書·禹貢》‘澧水攸同’，古作豐，用作地名加邑旁或水旁耳。此非地名，亦誤加形旁也。”王關仕云：“隸書豐、豐多不分，猶甲本《有司》體之作禮，《華山廟碑》、《孔廟碑》、《夏承碑》豐皆作豐。其從‘邑’者，猶《士相見》奠之作鄭，皆書異或假借。”
⑥ “幕如却如錫”，今本作“幂用綌若錫”。沈云：“簡本凡‘藉用萑’、‘魚用鮒’句皆作‘用’，則此文當作‘用綌’，作‘如’爲書手誤寫。簡本‘若’作‘如’，用今文。然訓‘或’之‘若’不作‘如’，《泰射》第5簡射人陳燕具席位節‘幕（幂）［用］錫若絺’，又第42簡請射納賓節‘若丹若黑’，皆‘若’，則此文下‘如’字亦書手誤寫。”王關仕云：“胡氏《疏義》：‘錫與緆古字通，皆取滑易之義，同爲細布，或作錫，或作緆耳。鄭注《大射儀》云：錫，細布也。’按此爲名詞，當以緆爲本字，錫爲假借，甲本同古文。”
⑦ “出”字今本作“士”。陳校：“簡出字作⼟，與‘士’字形近易混。”沈云：“下第3簡君臣就位節‘出立于西方’，今本亦作‘士’，《史記·吕太后本紀》‘齊内史士’，《集解》引徐廣曰‘一作出’。其誤與此簡同。”王關仕以其爲隸近而譌。
⑧ “延”字今本作“筵”，“席”下今本有“也”字。王關仕云：“今文多省‘也’字，故此無‘也’字。”

鄉。小臣入卿夫＝①，卿夫＝皆入門右，北面東上。出立于西方，東面北上。祝使立于門東②，北面東上。小臣[師一人，在東堂下，南面。士旅食者立于門西，東上。]公降立于作階之東，南鄉③。璽卿＝西面北上；璽大夫④，皆少進。

射人請賓。公曰："命東爲賓⑤。"射人命賓＝少進，禮辟。[反命。又命之。賓]再拜稽首，許(若)⑥。射人反命。賓出，立[于]門外，東面。公揖卿大夫，乃升就席。

小臣自作階下，北面，請執幕者與羞善者。乃命執＝幕＝者升

---

① "入"字今本作"納"，"卿夫夫"今本作"卿大夫"。陳校："'夫夫'即大夫，先秦金石刻辭如此。"王關仕云："《莊子·田子方》'于是旦而屬之夫夫'，《釋文》'司馬云：夫夫，大大也'。"

② "使"字今本作"史"。沈云："《禮記·雜記上》'客使自下由路西'，鄭注'使或爲史'，《漢書·杜周傳》顏注'史、使一也'，此假使爲史。"王關仕云："《少牢》、《大射》作'史'，此爲假借或書異。"

③ "東南鄉"，今本作"東南南鄉"。沈云："《泰射》第8簡作'公立于作階之東南南面'，重'南'字。《禮記·燕義》'諸侯燕禮之義，君立于阼階之東南南鄉'，亦重'南'子。就儀注言，立于阼階之東，則與階齊；立于阼階之東南，則前于階。立與階齊，不便升降，以重'南'字爲善，簡本當係誤脱。"王關仕云："甲本誤脱重文號。《大射》'公降立于阼階之東南，南鄉'，甲本同，可證。簡本本篇、《泰射》、甲、乙本《服傳》重文多作(＝)，他篇則同今本，不以重文號表之。"

④ "璽"字今本作"爾"，"大夫"今本作"大夫大夫"。陳校："簡文之'璽'爲'爾'，亦爲'禰'。"王關仕云："甲本'大夫'不重，誤脱重文也。"沈云：簡本《泰射》第9簡同簡作"小臣陑(師)詔揖諸公卿大夫，諸公卿大夫西面北上，揖大夫，皆少進"，今本"皆"上有"大夫"二字。今案：當君(即公)升就堂上位，小臣(《大射》名小臣師)納卿大夫士及執事入門就堂下位。士以下堂上無位，故入門即就位。卿大夫則入門右，並立北向，尊者在東，賈疏稱此爲"儗君揖位"，以俟君命。及公降阼階東南南向而揖(即所謂"爾卿"、"爾大夫")，於是卿進而改爲西面，大夫少進于前立之處，至此方爲卿大夫之堂下位。據此儀注，《燕禮》當作："爾卿，卿西面北上；爾大夫，大夫皆少進。"簡本誤脱"大夫"二字。《大射》當作："小臣師詔揖諸公卿，諸公卿西面北上；揖大夫，大夫皆少進。"簡本、今本俱衍二"諸公卿"句之"大夫"二字，簡本又誤脱"皆"上"大夫"二字。

⑤ "東"字今本作"某"。陳校："簡文東、某形近，簡誤寫。"

⑥ "若"字今本作"諾"。

自(西階,立于尊)南①,北面,東[上。膳宰請羞于]諸公卿者。擯者[納賓]②。(賓入,及庭,公降一等)加之③。公升就席。賓升自西階,主人亦升自西階,擯右北面④,至再拜,賓合再拜。主人降,

------

① "執=幂=者",今本作"執幂者執幂者","升自"下5字漫漶不清。沈云:"簡本《泰射》第10簡命賓納賓節'乃命執(執)幂(幂),執(執)幂(幂)者升自西階',今本上'幂'下亦有'者'。案:執幂爲其事,執幂者爲任其事之人。二禮下文均有'執幂者舉幂'、'執幂者反幂',則其事各有異稱而其人概稱執幂者。此爲公命執幂者其人而非執幂其事,可斷《泰射》脱'者'字,此文脱重文號。王關仕云:"'執幂'爲命詞,義視今本爲勝;他多類此。殆今本易以本字而誤衍'者'字。"

② "擯者",今本作"射人"。陳校:"鄭注'射人爲擯者也,今文曰擯者',此殘片初不知應何屬,讀鄭注而後知其當隸於此。"沈云:"《泰射》同節'泰(大)射正擯','擯者納賓',簡本與今本同。《燕禮》以射人爲擯者,《大射》以射人之長爲擯者。《燕禮》省'射人爲擯'句,變更之節不明,故古文本仍用未變易之名稱。當從今文。"王關仕云:"鄭此不從者,以《燕禮》無射人兼擯者之文,如《大射》'射人請擯……遂爲擯者',故此不從今文,實今文非是,本篇甲本以下皆稱射人。"

③ 簡首8字漫漶不清,"加"字今本作"揖"。沈云:"'加'字義不可通。此簡漫漶,細審原簡實非'加'字,摹者臆定耳。"王關仕引《大射》"公降一等,揖賓",甲本同爲證,下簡作"加"誤。

④ "擯"字今本作"賓"。陳校:"作'擯'者是,此擯即前簡之'擯者'也。"沈云:"擯爲輔相,《燕禮》射人爲擯,乃公(即君)之輔相;《士相見》士見大夫節'使擯者還摯于門外',即大夫之輔相,皆任賓主間傳語者。上射人請賓、射人納賓(簡本用今文改稱擯者),即擯者以公之命命某爲賓,復請賓入門。《燕禮》爲諸侯與群臣燕飲,命一大夫爲賓,又由宰夫代公爲主人,故賓入之後,公不與賓爲禮,擯者無事,自不必升堂。此節主人拜至(拜賓之蒞臨),賓升西階,宰夫代公爲主人,以非真主人,且公席在阼階,故不得升阼階而隨賓升西階,亦不得在阼階上而同在西階上與賓爲禮,並立而主人在右,故曰賓右。《泰射》同節簡本作'賓'與今本同。二禮屢云'主人賓右',主人在賓之右也。簡本賓、擯往往互誤,此當作'賓'。王關仕亦極辯其非,並舉四證。其一,"擯者"無省稱"擯"之例。其二,上文"射人(甲本作擯者)納賓,賓入,及庭,公降一等,揖之;公升就席;賓升自西階,主人亦升自西階,賓(甲本作擯,即此條)右,北面,至,再拜",主人升自西階時,賓在前(升),故主人在其(賓)右,北面行,至相當之位,乃再拜(拜賓),故賓荅拜。主人在賓右者,猶存主東賓西之位,若升自阼階然。其三,下文"主人升,賓拜洗,主人賓右奠觚荅拜",又"主人升賓右,拜送爵",甲本並同作"賓",此文例可證。其四,《大射》:"賓升自西階,主人從之,賓右,北面,至,再拜",甲本同作賓,此其鐵證。又"主人賓右拜送爵","擯者作大夫長升受旅,賓大夫之右,坐奠觶,拜",甲本並同,皆其明證。

洗南①,西北面。賓降,(階西,東面。主人辟)降②,賓[對。主人北面](盥,坐取觚洗。賓少進,辟洗。主人坐)鄭觚于匪③,興對。賓反位。主人卒洗,賓揖,乃升。主人升,賓拜洗。主人賓右鄭觚合拜,降盥。賓降,主人辟,賓[對。卒盥,賓揖升,](主人升,坐取觚。執幂者舉幂,主人酌善,)執幂者反幂④。主人延前獻賓=西階上拜,延前受爵,反位。主人賓右拜⑤(送爵。膳宰薦脯醢,賓升筵。膳宰)[設折俎。賓坐,左執爵,右祭脯醢,奠爵于薦右,](興,取肺,)坐絕祭,齋之,興,加于俎,坐捝手,(執爵,遂祭)[酒,興,席末坐,啐酒,降席,坐奠爵,拜,告旨,執爵興。主人荅拜。賓西階上北面坐,卒]爵⑥,[興,坐奠爵,遂拜。主人荅拜。]

[賓](以虛)爵降。主(人降。賓洗)南坐(鄭觚⑦),少進,辟

① "洗",今本作"洗洗"。沈云:"《泰射》第11簡同節'主人降洗,洗南西北面',簡本亦重'洗'字,與今本同。'主人降洗',洗指其事;'洗南西北面',洗爲器名,且明洗時之面位。必西北面者,因待賓降而辭其降,斜向之始得與賓之東面相對。不重'洗'字,洗字逗則'南西北面'不成文義,'降'字逗則其事不明。全書固有省'洗'字者,如'某某以虛爵降'或'某某取觶于筐以降',必有爵觶字始可省其字而義仍明者,此文非其例也。參以《泰射》簡本,此實誤脱。"王關仕云:"摹本不重'洗',陳氏《釋文》從之,欠妥,安知其下無重文號者乎?且又值編位也。《大射》作'主人降洗,洗南西北面',甲本同。今本是。"

② "階西東面"四字漫漶不清。

③ 上13字爲土銹所掩,"觚"字今本作"觚"。沈云:"此文簡本、今本無作'觶'者,俱用今文。飲酒禮獻賓當用爵,《燕禮》、《大射》宰夫代公爲主人,故避正主用觚,胡承珙所謂'宜降一等'是也。"

④ "觚"字今本作"觚","舉"下今本有"幂"字,簡首15字殘壞左半。

⑤ 陳校:"'右拜'下殘渺12字,下又缺失7字。"

⑥ "齋"字今本作"嚌","俎"字今本作"俎"。陳校:"此簡殘存20字,其中7字漫漶。"

⑦ 沈云:簡本"奠觚"二字漫漶。鄭注:"上既言爵也,復言觚者,嫌易之也。今文從此以下觚皆爲爵。"以下者,指此文並下"賓坐取觚"、"賓坐奠觚于筐"三觚字今文俱作"爵"。然獻賓今文用觚,酢主人不易其爵,則今文仍當作"觚"。《泰射》同節簡本一字作"析",當是"觚"之誤寫,二字作"觚"而其一經削改,則簡本皆作"觚"。然則簡本、今本俱用今文。

降。主人（東面對。賓）〔坐取觚，奠于篚下，盥洗。主人辭洗。賓坐奠觚于篚，興對，卒洗，及階，揖①，升。主人升，拜洗如賓禮。賓降盥，主人降，賓辭降。卒盥，揖升，酌膳，執冪如初，以酢主人于西階上。主人北面拜受爵，賓主人之左拜送爵。主人坐祭，不啐酒，不拜酒②，不告旨。遂卒爵，興，〕坐奠爵，拜，執〔爵興。賓荅拜。主人不崇酒，以虛爵降奠于篚。〔賓降，立于西階西。射人升賓，賓升，立于序內，東面。

主人盥，洗象觚，升實之，東北面獻于公。公〕拜③〔受爵。主人降自西階，阼階下北面拜送爵。士薦脯醢，膳宰設折俎，升自西階。公祭如賓禮，膳宰贊授肺，不拜酒，立卒爵，坐奠爵，拜，執爵興。主人荅拜，升，受爵以降④，奠于膳篚。〕

〔更爵，洗，升，酌膳酒以降，酢于阼階下，北面坐奠爵，再拜〕稽首，公合再拜。〔主人坐祭，遂卒爵，再拜稽首。公荅再拜，主人奠爵于篚。〕

〔主人盥洗，升，媵觚于賓⑤，酌散，西〕（階上）坐奠爵，拜賓。

---

① 陳校："此簡殘存 25 字，其中 12 字漫漶。"
② 陳校："此簡缺失。相當今本'升主人'至'不拜酒'61 字。"
③ 陳校："此簡殘缺過甚。'坐奠爵拜執'5 字，可以在此簡，亦可以在下簡，今暫隸此。據今本補之，則此簡缺失 59 字，全簡爲 65 字，似嫌過長，恐已失之。簡本較今本應少 3、4 字。"
④ 陳校："此簡缺失。相當於今本'受爵主人'至'受爵以降'61 字。"
⑤ 陳校："此簡殘缺過甚，僅存 6 字，缺失 55 字。"

降（延，北面合）拜①。主人坐祭，遂飲，賓辟。卒爵，拜，賓合拜。主人降洗，賓降，主人辭降，賓辭洗。［卒洗，揖升。不拜洗。主人酌膳，賓西階上拜。受爵于］延前，（反位）。主人拜送爵，賓升席，坐祭酒，遂鄭于幕東②。主人降復位。賓降延西，東南面立。

　　小臣自作階下請③［膝爵者，公命長。小臣作下大夫二人膝＝］爵＝者作［階］下皆北面，再拜稽首，公合再拜。騰爵者立于

---

　　①　"賓"、"降"之間今本重一"賓"字。陳校："阮元《校勘記》云：'賓，唐石經、敖氏俱不重，徐本、《集釋》、《通解》、《要義》、楊氏、毛本俱重。《石經考文提要》云：《大射禮》當此節曰"西階上坐奠爵拜，賓西階上北面荅拜"，不疊賓字，例同。'案：不重是也。此簡至'受爵于'止，則接下簡'延前'，'坐'上補5字則全簡62字，其第一段止於'坐祭'，適爲20字，乃長簡一般通例。由此簡復原之適當，始可以上推諸殘簡缺簡應占之經文。但因以上諸簡缺失過多，所擬補者容有出入移動之處。"沈云："朱大韶云：'不重賓字是也。禮於獻酬酢但言坐奠爵拜，未有言拜主人言拜賓者，《鄉飲》、《鄉射》二禮皆云"阼階上北面坐奠觶，遂拜，執觶興，賓西階上荅拜"，飲、射主賓分階，燕、大射公席於阼，故賓主人皆於西階。《大射儀》與此同，亦不言拜賓。'朱氏據儀注推斷今本衍一'賓'字，今得簡本，其說遂得證實。"王關仕云："他例'奠（卒）爵拜'下皆不作受詞，此今本誤衍。"

　　②　"幕"字今本作"薦"。陳校："至'東'字爲第一段，凡20字，可推知'延'爲簡首。"沈云："冪爲覆於公尊瓦大者。瓦大在東楹之西，而賓席在户西，相去甚遠，賓之奠爵決非在瓦大之東。薦爲賓席前之脯醢俎物，薦東即薦左，酬酒不舉，故奠于薦左。《泰射》第21簡同節簡本作'述（遂）鄭（奠）于薦東'，與今本同，則此文'幕'爲'薦'字之誤寫。"王關仕亦以其爲形譌，云："下文'膝爵者洗象觶升，實之，序進，坐奠于薦南'，甲本同，是其比。簡本'薦'悉作藨，與'幕'近似易譌。"

　　③　陳校："'請'下缺失16字，'爵爵者作'爲簡末而尚遺一'階'字，共缺失17字。"

洗南①，西（面），北上。序進，盥，洗角觶②，升自西階，序，汋散③，交于楹北④。（降，作階下）皆鄭觶，再拜［稽首，執］觶興，公合再拜。［媵］爵者皆坐祭，遂卒觶，興⑤，坐鄭觶，再拜稽首，執（觶）

①　“媵”字今本作“媵”。陳校：“鄭注於此篇曰‘媵，送也，讀或爲揚，揚，舉也，今文媵皆作媵’，於《大射》篇曰‘古文媵皆作媵’，不相一致。馬衡先生據熹平石經定媵爲今文，見《漢石經集存》第435。今此簡文皆作媵，知其爲今文無疑矣，又鄭注《檀弓下》曰‘禮揚作媵’，禮指《禮經》，即此《儀禮》，可知《儀禮》有以‘揚’作‘媵’者，見下第39、52兩簡；下第18、第25等簡則作‘媵’。”王關仕云：甲本“媵”作“媵”，下同，間作“揚”。《禮記·檀弓》“杜蕢洗而揚觶……斯揚觶謂之杜舉”，注云：“禮揚作媵。揚，舉也。媵，送也，揚近得之。”沈云：“按鄭氏《大射》之注當作‘今文媵皆作媵’，胡承珙《疏義》云‘傳寫誤耳’是也。簡本《泰射》俱作‘媵’，此篇有作‘媵’，實爲‘媵’之寫誤，簡本用今文。《檀弓下》‘杜蕢洗而揚觶’鄭注‘禮揚作媵’（據宋本），《射義》‘揚觶而語’鄭注‘今禮揚皆作媵’，是今文作‘媵’，古文作‘媵’或作‘揚’，然則《大射》鄭注‘古’字爲‘今’字之誤無疑。《燕禮》、《大射》之‘媵觶’與《檀弓》、《射義》之‘揚觶’同義。”

②　“觶”字今本作“觶”。陳校：“《説文》以爲《禮經》觶。然此簡下云‘執觶興’，作觶與《有司》第41簡同。《有司》第41簡，觶、觶並見，此簡亦觶、觶並見，此猶《有司》中第10簡或、侑之並見，乃一字也。《説文》以爲觶、觝皆是觶字，又謂《儀禮》經以觝爲觶，然諸簡多用觶字，‘觝’應是‘觶’字字形之譌，此簡觶從氏，甚近於氏。簡文觚、觶所從之瓜、辰極易混淆，故簡文觚皆從木作柧（偶一作觚，如《特牲》第36簡），以資分別也。”

③　“序”、“汋”之間今本有“進”字，“汋”字今本作“酌”。王關仕云：“上文‘西面北上序進’，甲本漫漶，而摹本同今本，及他篇例，當有‘進’，此甲本誤脱。”沈云：“《泰射》第23簡同節作‘徐進酌散’，簡本‘序’有作‘徐’，有‘進’字與今本同。又本篇第19簡同節‘序進坐鄭于薦南’，《泰射》第25簡同節‘徐進坐鄭于薦南’，俱有‘進’字與今本同。又《泰射》第24簡同節‘如（若）命所致，則徐（序）鄭觶（觶）于匪’，今本‘序’下有‘進’字。序進者，二人相次而進。就此節儀注論，二媵爵者升堂就散尊酌酒，一先一後，其距離應以‘交于楹北’爲準。散尊在東楹之北，二媵爵者升降由西階，先酌者至東楹北酌後反降，與後酌者相遇於西楹之北。此不僅分別就散尊酌酒之序，且欲見其升堂向尊之序，故‘進’字不可省。簡本亦有‘進’字者，據以推斷，無‘進’字者均係誤脱。”又云：上引簡本《泰射》第23簡“汋”亦作“酌”。《詩·酌》釋文“字亦作汋”，《公羊傳·僖公八年》“蓋酌之也”，《穀梁傳》作“汋”，假汋爲酌也。

④　陳校：“‘楹北’下漫漶者4字，缺失者4字。”

⑤　陳校：“興，寫作與。”王關仕云：“甲本無‘興’，而空其位，似漫漶。”

興。公合再拜。勝爵者執觶持于洗南①。小臣請致者。（若君命皆）致，［則序進，奠觶于篚，阼階下皆再拜稽］首，公［荅再拜。媵］爵者洗象觶，升賓之②，序進，坐奠于薦南，北上，降，作階下皆再拜稽首，送觶。公合再拜。

公坐，取夫＝所勝觶③，（興以）州賓。賓降，［西階下再拜］稽首。公命小臣辤，賓升成拜。公坐奠觶，合再拜，執觶興，立卒觶。賓下拜，小臣辤④。賓升，再拜稽首。公坐奠觶，合再拜，執

①　"勝"字今本作"媵"，"持"字今本作"待"。沈云："今本'待'字，簡本有作'寺'，有作'侍'，有作'持'。經傳多假'寺'爲'侍'，《周禮・天官・序官・寺人》鄭注'寺之言侍也'，《左傳・昭公二十五年》'公果、公賁使侍人僚柤告公'，《釋文》'侍人，本亦作寺人'。侍與待古聲同通假，《荀子・正論篇》'執薦者百人侍西房'，楊倞注'侍或爲待也'，《雜記上》'待猶君也'，鄭注'待或爲侍'。待與持亦同聲通假，《周禮・服不氏職》'以旌居乏而待獲'，杜子春云'待當爲持，書亦或爲持'，《公食》載鼎實於俎節'左人待載'，鄭注'古文待爲持'。《士昏》婦至成禮節'媵侍于户外'，鄭注'今文侍爲待'。然則今本作'待'爲今文，簡本作'侍'作'持'均用古文。侍、寺通作，簡作'寺'亦古文。"王關仕云："待作持，書誤或假借，下文待作'寺'、'俟'。下文'二人待于洗南'，《大射》'媵爵者執觶待于洗南'，甲本皆作'寺'，皆省'彳'旁，或爲'待'之初文。"

②　"賓"字今本作"實"。陳校："簡文'實'與'賓'形近易混，故此處唐石經等俱作實，而毛本作賓。"

③　"夫＝"今本作"大夫"，"勝"今本作"媵"。劉文獻云："媵，漢簡摹本作'勝'，圖版不清。"

④　"辤"下今本有"賓"字。沈云："'下拜'之下爲降堂，賓爲臣，故拜堂下。此文承'賓進受虛觶'，均屬賓事；小臣辤爲代君行事；升再拜稽首即臣升堂成拜，又爲賓事；下接君荅再拜，又爲君事。前後對照，有'賓'字始見脈絡分明。簡本誤脫。"王關仕亦以無'賓'爲誤脫，云："此上無所據，不可省主詞。"

觶興。賓進受虛觶①，降鄭于匪，易觶洗②。公有命，則弗更不洗③，[反升酌]膳④，下拜。小臣辭。升，再拜稽首。公合再拜。賓以旅州於西階上。射人作夫＝長升受旅⑤。賓夫＝之右坐鄭觶，拜，（執觶）興，夫＝合拜。賓坐祭，立卒觶⑥，不拜。如膳觶也⑦，則降更觶洗，升實散。夫＝拜受，賓拜送。夫＝辨受州，如受賓州之禮，不祭。卒受者以虛觶降，鄭于匪。

　　主人洗，升，實散，獻卿于西階上。

　　司宮兼[卷重席，設于賓左，東上。卿升，拜]（受觚，主人拜

────────────

①　"觶"字今本作"爵"。王關仕云："甲本是也。上文'公奠爵再拜，執觶興'，下文作'易觶洗'，則當爲觶。"

②　"觶"字今本作"觶"。

③　"弗更"今本作"不易"。沈云："《泰射》第27簡同節'公有命則弗易不洗'，與今本同。更、易義同，以《泰射》決此文，亦當作'易'。"王關仕云："本篇上文'易觶洗'，甲本同作'易'，鄭注'凡爵不相襲者也，於尊者言更，自敵以下言易，更作新，易有故之辭'。又下文'若膳觶也，則降，更觶'，注'言更觶，卿尊也'。然此簡本'易'、'更'並見：如下文'受者（唯公所賜）降更爵洗'，甲本同；《大射》'賓進受虛觶降，奠于筐，易觶洗，公有命則不易不洗'，甲本同（不亦作弗），又'賓坐祭，立卒觶，不拜；若膳觶也，則降，更觶洗，大夫拜受'，此賓與大夫敵，亦用'更'；又'受者（唯公所賜）如初受酬之禮，降，更爵洗'，是今本亦尊卑皆用'更'之例，鄭注似強分之矣。"

④　"膳"下今本有"觶"字。沈云："《泰射》第27簡同節'反升酌膳，下拜，小臣正辭，賓升再拜稽首'，與今本同。《燕禮》、《大射》均在堂上設兩方壺、兩瓦大。君用瓦大曰膳尊，賓用方壺曰散尊，文中屢見'酌膳'、'酌散'，鄭注'酌散者，酌方壺酒也'，酌膳、酌散即就膳尊或散尊取酒。文中亦見'膳觶'之文，如'若膳觶也。則降更觶洗'，君用之觶曰膳觶。今本取酒于尊均稱'酌膳'或'酌散'，與簡本同。獨此文作'酌膳觶'，有觶字則酌於膳尊之義反不能明，得簡本而後知今本'觶'爲衍文。"王關仕云："《大射》：'公有命則不易不洗，反升酌膳，下拜。'甲本同，又本篇下文：'若膳觶也，則降，更觶洗。'甲本同，則無'觶'字是也。"

⑤　陳校："第二段句號作三角形。"

⑥　"立"下今本有"飲"字。王關仕云："甲本無'飲'，誤脫或省。"沈云："《泰射》第28簡同節'賓立祭立卒觶（觶）不拜'，今本亦無'飲'字，與簡本同。此旅酬節，賓酬大夫長而先自飲。《鄉飲記》'立卒爵者不拜既爵'，此不拜則立卒爵也。云'立飲卒爵'，先飲而後卒爵，必變立而坐，坐卒爵則當拜既爵，此云'不拜'則無'飲'字可知。"

⑦　"如"字今本作"若"，"觶"字今本作"觶"。

送柶。卿辥重席，司宮徹之。乃薦脯醢。卿）升席坐，左執爵，右祭脯醢。遂祭酒，不啐酒，降席，西階上北面坐卒爵。興，坐鄭爵，拜，（執爵興。主人合拜，受①爵。卿降復位。辨獻卿，主人以虛）爵降②。射人乃升卿，皆升就席③。如右諸公④，則先卿就之，如就卿之禮⑤。席于作階西，北面，東上，無加席。

小臣有請騰爵（者，二夫＝騰爵如初。）［請致者。若］（命長致，則）勝爵者鄭觚于匪，一人寺于洗南。長致＝者作［階下再拜稽］首，公合再拜。洗象觚，升實［之，坐奠于薦南，降，與立于洗南者二人皆再拜稽首，送觶。公荅再拜。］

［公又行］（一爵，若賓若長，唯公所）州⑥。以旅于西階上，（如初。大夫卒受者以虛）［觶降，奠于篚。］

---

① 陳校："簡第一段 20 字爲土銹所掩，不可辨識，依今本補之。第三段亦殘泐 8 字。"

② "爵降"下今本有"奠于篚"。陳校："第一段、第三段爲土銹所掩，字跡依稀可辨。"沈云："《泰射》同節簡本、今本均有'奠于篚'三字，鄭無注，今文本亦當有此三字，此文誤脫耳。"

③ "卿皆升"，今本作"卿卿皆升"。王關仕云："甲本'卿'字殘右半部，不審有否重文號。"沈云："《泰射》第 31 簡同節亦重'卿'字與今本同。全書文例，就《燕禮》、《大射》兩篇而論，如'射人命賓，賓少進'，'乃命執幂者，執幂者升自西階'，'射人納賓，賓入及庭'，'射人升賓，賓升立于序內'，'射人乃升大夫，大夫皆升就席'，二禮同節文皆同，簡本與今本亦皆同，而此文簡本獨不重'卿'字，顯屬誤脫。"

④ "如右"今本作"若有"。王關仕云："《大射》'若有士'，甲本'有'作'右'。按上下文'有'同本，此作'右'，書異，猶《有司》醢之作醢，《少牢》作醢，以'有'、'右'皆從'又'聲也。"沈云："右多作又，簡本遂誤'有'爲'右'。"

⑤ 二"就"字今本皆作"獻"。沈云："下第 26 簡'就大夫于西階上'，第 27 簡'辨就大夫'，第 29 簡'就工＝不興'，並此文凡五獻字俱作'就'。案：簡文就寫作就，獻字有寫作䣛，有寫作䣛，此五獻字圖版皆漫漶，惟'辯就夫＝'略可辨認，乃獻字而筆劃不全。五字皆摹本失真，陳氏《釋文》、《校記》遂定爲'就'。就卿、就大夫義不可通，所定非也。"王關仕以其爲隸近易混。

⑥ 陳校："'州'以上 9 字，爲土銹所掩，其上簡首缺失 7 字。"

[主人]洗，升，就夫（＝）於西階上①。夫＝[升，拜受觚。主人拜送觚。大夫坐祭，立卒爵，不拜既爵。主人受爵。大夫降]（復位。胥薦）主人于洗北，西面，脯醢，無脀。辨就夫＝，送薦之②，繼賓以西，[東上。卒，射人乃升大夫，大夫皆升，就席。]

[席工于西階上，少東。樂③正先]升，北面[立于其西。]小臣入，工四人④，二瑟。小臣佐何瑟⑤，面鼓，[執越]，內弦，右相⑥。入，升[自西階，北面東上坐。小臣坐授瑟，乃降。工歌《鹿鳴》、

---

①　陳校："'西階上'以下9字，亦漫漶不清，下缺失7字。"

②　"送"字今本作"遂"。陳校："此誤書。"沈云："今本'送'作'遂'，簡本'遂'作'述'，送乃述之形謁。"

③　陳校："此簡上下俱有缺失，又有漫漶。"

④　"入"字今本作"納"。劉文獻云："'工'字不疊，漢簡校記漏校。"王關仕云："下文'獻工工不升'，甲本亦不重'工'；然《大射》'小臣納工工六人'及'主人洗升實爵，獻工，工不興'，甲並同，則此省重文號。"

⑤　"佐"字今本作"左"。沈云："簡本《泰射》同節作'左'與今本同，此亦誤加人旁，如他篇亞作惡、反作販之例也。"

⑥　"右"字今本作"右手"。沈云："左何瑟者，何即荷字，左肩負瑟而以手執越（瑟下之孔），重在荷，故不言手，言左手荷瑟則不成文義。右手相者，手扶之以行，故必言手，言'右相'則義不充足。書手不明儀容之左右有異，左無手字，遂併右下'手'字亦塗去之矣。"王關仕云："《說文》'又，手也，象形'，'右，助也，從又口'，則'又'本即'右手'，後假爲'再'，久假不還，乃以別方向之'左右'，加以手字代之。今簡本凡'左執某，右取某'皆猶存初義，無煩加手；若《有司徹》'左手執几'、'右手執匕枋'（散行，不與左對），甲本同者，簡本諸篇以此篇最近今本，其底本是否有'手'，則不得而知。疑此條今本'右'下之'手'爲後人所加。"

《四牡》、《皇皇者華》。][卒歌，主人]洗，就工＝不興①，左瑟，一人拜受爵。主人西階上拜送爵。薦脯醢。使人相祭。卒爵②，不拜。主人受爵。衆工（不）拜，受爵，祭，遂[卒爵。辯有脯醢，不祭。主人受爵，降奠]于匪③。公有舉鄭觟。唯所賜④。以盧于西

---

① "洗"下今本有"升"字。陳校："此簡'洗'字爲簡首，用知前簡當止于'主人'，以此推定第25、26、27、28諸簡地位，該四簡地位，容有可出入移動之處。"王關仕云："《燕禮》'洗篚設于阼階東南，工入，升自西階，北面東上坐'，又《大射上》'乃席工于西階上，少東'，皆可證'洗'下當有'升'字。工不重，誤脱重文號。陳氏《釋文》作'＝'，未審。"沈云："當有'升'字。主人與賓爲禮，必先升堂，獻賓節'賓升自西階，主人亦升自西階'，獻公節'主人盥，洗象觚，升實之'，獻大夫節'主人洗升'是也。事畢即復洗北之位。洗篚在堂下，主人可于洗北位就篚取爵，就洗洗爵，升堂酌酒。《鄉飲》、《鄉射》凡賓主席均在堂上者，其洗必降，洗後酌酒必升，故升降字可省。此主人位在洗北，取爵就洗，無降堂之節，洗後升堂行禮，其升必明著之，義始顯豁，非可以前述之文例之也。簡本誤脱。"

② "爵"字今本作"受"。王關仕云："唐石經、葛本、張本、士禮居本皆同於甲本，今本誤。《大射》'使人相祭，卒爵不拜'，甲本同，是其證一。此'卒爵不拜'即上文'一人拜受爵'者，非衆工，其義同'不拜既爵'，且下文有'衆工不拜受爵，坐祭，遂卒爵'之文，此其證二。"

③ "祭遂"上今本有"坐"字。陳校："'遂'下缺失14字，惟簡末'于匪'二字尚存。"王關仕云："《大射》'衆工不拜受爵，坐祭'，甲本同無'坐'，因上文'主人洗升獻工，工不興'，故此受爵祭，不必云'坐'。"沈云：《泰射》第37簡作樂娛賓節"衆工不拜受爵，祭述（遂）卒爵"，今本"祭"上亦有"坐"字。凡祭必坐，坐、興之節甚繁，故記述多省文。然此等儀注涉及祭酒前之已立抑已坐，祭酒後之立卒爵抑坐卒爵，坐字與遂字相錯成義，不可遽以省文視之也。卒爵對啐酒而言，即盡飲爵中之酒，而卒爵之立或坐，又視其人之尊卑而相變爲文。就本篇而論，公最尊，立卒爵；賓、主人、卿則坐卒爵；大夫及士之爲執事者又立卒爵，變其儀以見尊卑之義也。樂工亦執事者，當立卒爵，以瞽者不便坐興，故除笙者外俱坐卒爵。界劃甚明，絕無差忒。此文爲獻衆工之儀，受爵後本已立，如依簡本無"坐"字，則爲立祭，祭無立者，斷難通釋。立祭後言遂則爲立卒爵，樂工瞽者必坐卒爵，又相違也。凡此俱證簡本二篇俱脱"坐"字。

④ "唯"下今本有"公"字。沈云："簡本《泰射》同簡亦有'公'字。本篇爲卿舉旅節'若賓若長，唯公所州'，爲士舉旅節'雍（唯）公所賜'，簡本俱有'公'字。此文顯係誤脱。"王關仕云："甲本無'公'，誤脱。他例悉作'唯公所賜'。下文'公坐取賓所膡觶興，唯公所賜'，又《大射》'惟公所賜'、'以旅於西階上'，甲本同，皆可證。"

階上①，如初。卒。主人立于縣中②，奏《南陔》、《白黍》、《黍》③。主人洗，升，獻生于［西階上。一人拜，盡階不升堂，受爵，降，主人拜送爵。階前坐祭，立④］卒爵。辨有脯醢，弗祭。乃閒歌《魚麗》，生《由庚》⑤；歌《南有嘉魚》，生《崇立》；歌《南山有臺》⑥，生

---

① “盧”字今本作“旅”。沈云：“《士冠》筮日節‘旅占’，鄭注‘古文旅作臚’。《周禮·司儀職》‘皆旅擯’，鄭注‘旅讀爲鴻臚之臚’。《漢書·叙傳下》‘大夫臚岱’，顏云‘臚、旅聲相近，其義一耳’。簡本盧爲臚之同聲假借，實用古文。”王關仕云：“《廣韻·魚韻》臚切力居，《語韻》旅切力舉，古音本同，非特近耳。此作盧，蓋臚之省。”

② 陳校：“主人，今本作笙人；簡文笙作生，人、入不分，形近而譌。”王關仕云：“生，陳氏釋文作‘主’，欠審。《史晨奏銘》‘丘生倉際’同此作‘生’，《史晨後碑》‘雅歌吹笙’作‘笙’，是當釋作生，乃‘笙’之省。”沈云：“鄭注《大射》‘笙磬西面’、《周禮·眡瞭職》‘播鼗擊頌磬笙磬’、《書·益稷》‘笙鏞以間’，鄭注俱云‘笙，生也’，以聲類爲訓。《左傳·莊公九年》‘乃殺子糾于生竇’，《史記·齊太公世家》作笙瀆。是生、笙聲同通假，笙爲加形旁後製正字。”

③ “陔”字今本作“陔”，“白黍黍”今本作“白華華黍”。沈云：《泰射》第113簡賓出公入節作“奏陔”，本篇第45簡燕畢賓出節作“秦陔”，“奏”誤寫作“秦”，“陔”誤從“月”旁，而此簡復誤作陔。白黍黍不成文義，顯有脫誤。此文簡本所據之本自作“白華＝黍”，迭相傳抄，一誤脫“華”字，再誤移重文號于“黍”下，三誤而成“白黍黍”矣。王關仕以爲誤脫重文號，陳氏釋文與漢碑合，此爲書手誤書‘華’爲黍。

④ 陳校：“所補‘西階’至‘祭立’24字以下，今本尚有‘卒爵不拜既爵升授主人衆笙不拜受爵降坐祭立’20字，則此簡需容80字，實不能容。疑書手因此段介於‘坐祭立’與‘卒爵’之間，而此段之末又爲‘坐祭立’，因而致誤遺鈔者，非今本多出，乃簡本遺寫也。此簡下半缺失應爲24字。”沈云：今本“于”下有“西階”至“祭立”44字。第30簡下半爛缺。依今本，下尚有遺脫20字。其實簡本重衍譌脫，所在有之，不過此其顯例耳。

⑤ “弗”字今本作“不”，“生”字今本作“笙”。陳校：“由庚之庚，中間只作一筆，與《日忌》簡同。”

⑥ 陳校：“立，今本作丘。臺，今本作臺，形近而譌。”沈云：簡二字漫漶，作“立”作“壺”，義不可通。細審圖版，所定未必是；即如所定，亦屬形訛耳。王關仕云：“‘丘’作‘立’，隸近而混。‘臺’作‘壺’，疑隸近而誤。”

《由儀》。遂歌薌樂=①,《周南》:《關雎》、《葛勝②》、《繾耳》;《召南》:《誰蕉》、《采荓》、《采艱》。大陑告于樂正曰③:"正歌備。"樂

---

① "薌"字今本作"鄉","樂"字下有重文號,今本不重。沈云:"此諸侯燕其大夫,用鄉樂合樂,重'樂'字義長,簡本是也。"王關仕則疑重文號爲衍,云:"上文'乃間歌《魚麗》,笙《由庚》',一歌一笙,故曰間;此云'遂歌鄉樂',若重'樂'字,則爲動詞,嫌《周南》等皆樂,其實二《南》有樂有詞,歌即合樂,詞言之也。"

② 陳校:"葛勝,今本作葛覃。繾耳,今本作卷耳。誰蕉,今本作鵲巢。采艱,今本作采蘩。最後一篇名據今本應是采蘋,簡作采艱,《說文》藻之正文作薻。案簡所稱《周南》、《召南》篇名不與《毛詩》及今本同,應是齊《詩》,后蒼傳齊《詩》也。"沈云:"《初學記》十四引蔡邕《協和婚賦》'《葛覃》恐其失時',邕治魯《詩》,則魯亦作'覃'。《禮記‧緇衣》云'《葛覃》曰服之無射',小戴輯《禮記》時,未見毛《詩》,毛《詩》射作'斁',則齊《詩》作'射'而覃字毛、魯、齊不異。《爾雅‧釋草》'卷耳,苓耳',臧庸云'《爾雅》所載《詩》字義訓皆魯《詩》',則魯作'卷'。《易林》云'鼎之乾,傾筐卷耳',《易林》用齊《詩》,是齊《詩》作'傾'與毛作'頃'異,而作'卷'與毛同。《釋文》'召公,本亦作邵',陳喬樅以爲'三家今文皆作邵字'。《御覽》卷五百七十八引《琴操》'四曰鵲巢',孫星衍、馬瑞辰考定《琴操》'四曰鵲巢',孫星衍、馬瑞辰考定《琴操》爲蔡邕之作,《易林》'節之賁,鵲巢百兩',是今文作'邵'與毛作'召'異,而魯、齊皆作巢與毛同。《射義》'卿大夫以《采蘋》爲節,士以《采蘩》爲節',二戴俱用后本,則齊《詩》作'蘋'自與毛同而作'蘩'不過不從艸耳。然則簡本五字皆非齊《詩》異字,字亦漫漶,細審圖版,'覃'實作'朕'而非'勝',《考工記》弓人爲弓'撟角欲執於火而無燂',鄭注'故書燂或作朕',作'朕'古文或字也。'卷'非作'繾',左從'糸'右不知所作,摹本不成字,陳氏定爲'繾'非也。'巢'作'蕉',略可辨,不過聲之誤耳。'蘩'作荓,殆係俗寫,今不可識。'蘋'非作誰,右從'隹'左不知所作,摹本亦不成字,陳氏定爲'誰'非也。五字皆非齊《詩》異字耳。"

③ "陑"字今本作師。陳校:"簡文'正'字形似'乏',故《說文》乏下引《春秋傳》曰'反正爲乏',下簡樂正之正作乏,司正之正作正。"沈云:"《泰射》'大陑'、'少陑'、'僕人陑'俱同作。《衛尉衡方碑》'處六陑之陑',則漢隸皆作陑。"王關仕以正、乏形近易混,又引《衡方碑》、《韓勑碑》、《武榮碑》以及顧靄吉"碑變自作阝"之語,以證師、陑之混用。《訂誤》云:"鄭注本作'正',簡本他處亦均作'正',惟此三處例外(參見徐富昌《文字編》)。此類形近訛混傳世典籍亦有例證,如《管子‧輕重》'民食三升,則鄉有正食而盜;食二升,則里有正食而盜;食一升,則家有正食而盜',王氏《雜志》:'正字義不可通,正當爲乏,乏者,匱也,絕也。……乏字形與正相似,因譌而爲正。'因此,簡本此三處當據形定作'乏'。"

正由楹内、東＝楹之東①，告于公，乃降復位。

　　射人自作階下請立司正，公許。射人遂爲司正②。洗角觶，南面坐奠于中庭③，升，東楹之東受（命，西）階上北面命卿大夫："君曰'以我安'。"卿大夫皆對曰："諾。敢不安！"司正降自西階，南面坐取觶，升酌散，降，南面坐奠觶，右興④，北面少立，坐取觶，興，坐不［祭，卒］觶，奠［之］，興，再拜稽首。左還，南面坐取觶，

---

① 陳校："'東'下有重文號，今本不重。栢，今本作楹。"王關仕疑重文號爲衍。又云："上'楹'作楹，下'楹'作楜，下或同，此前及他篇多同今本。《靈臺碑》'歷紀盈千，垂遺愛兮'，《隸釋》'盈即盈字'，《雄桀碑》作盉，《隸釋》'盉即盈字'，是楹作楹、楜皆隸省也。"沈云："下第34簡立司正節'東楹之東'上'東'字下無重文號，可證此誤衍重文號。他簡皆作'楹'，東楹西楹字實無可疑者。簡楹寫作楹，故有誤寫成楜耳。陳校作'栢'，非也。"

② "司正"下今本有重文。王關仕云："甲本'司正'不重，承上'司正'而省，《大射》'擯者遂爲司正，司正適洗，洗角觶'，甲本亦不重'司正'，是其證。"沈云："《泰射》第38簡同節'擯者述（遂）爲司正，適洗，洗角觶，南面坐奠于中庭'，今本亦重司正二字。'射人遂爲司正'，乃更易其所執事，前爲公之擯相，後爲糾察也。'司正洗角觶'，更易所執事後，執行察儀，文例當重起。上命賓節'擯者命賓，賓少進禮辭'云云，賓本在大夫中，命爲賓，亦更易其所執事；'賓少進'云云，文例重起，故重'賓'字。以彼例此，當以今本重'司正'二字爲長。"

③ "南面"，漢簡摹本如此，釋文"面"誤"西"。今從劉文獻説逕改。

④ "興"字今本作"還"。沈云："所謂'右還'者，鄭注云'將適觶南，先西面也。必從觶西，爲君之在東也'，蓋先西面、次南面南行、次東面東行、卒至北面，皆右還也。至觶南北面'少立'，鄭注云'自嚴正慎其位'，是表位之義也。卒觶奠觶後，又西面西行，次北面北行，次東面東行，卒至南面，即所謂'左還'也。右還對左還言耳，斷無下言'左還'而上言'右興'者，況'右興'實不詞也。簡本誤寫無疑。"王關仕云："此涉下文'取觶興'而誤。"

洗，南面反鄭于其所。升自西階，東楹之東請徹俎①，公許。告于賓＝北面取俎以出。膳宰徹公俎，降自作階以東。卿大夫皆降，東面，北上。賓反入，及（卿大）夫皆說屨②，升就席。公以賓及卿大夫皆坐，乃安。羞庶（羞。大夫）祭薦。司正升受命，皆（命："君曰無不醉。"）賓及卿大夫皆興，對曰："諾。敢不醉！"皆反坐。

主人洗，升，獻士于西階上。士長升，再拜受柶③，主人拜送。士坐祭，立飲，不拜溉爵。其也不拜④，坐祭，立飲。乃薦司正與

---

① "俎"下今本有"降"字。王關仕云："甲本無'降'，疑是。《大射》三番射竟，退諸射器，降坐燕以終禮，'司馬正自西階東楹之東，北面告於公，請徹俎，公許'，甲本'俎'下亦無'降'。"沈云："張惠言《儀禮圖》注云：'經云司正請徹俎，降，公許，告于賓'，似降而後公許，告賓于階下。《大射》則云"請徹俎，公許，遂適西階上，北面告于賓"。案司正告賓，無在堂下者，此經誤也。'張氏以《大射》文對勘，知今本有誤。其《讀儀禮記》又易其說云：'則"降"字當在"告于賓"下，實脫字失處耳。'今得簡本，知今本誤衍'降'字。無'降'字則不見司正之降，然《大射》亦無司正之文，不必嫌其不降，張氏後說正緣此而作調停之詞耳。"

② "屨"字今本作"屨"。陳校："首二字、'羞大夫'及'命君'等字均漫漶。"

③ "再"字今本無，"柶"字今本作"觶"。沈云："《泰射》第103簡同節作'士長升，拜受柶'，簡本亦無'再'字。受爵者有拜與不拜之別，下云'其他不拜'，士長以外，衆士均不拜受爵。全書文例，拜受拜送均不言再拜，惟賓、諸公與君爲禮，臣再拜稽首以送爵，君荅再拜以受。證以《泰射》簡本無'再'字，則此文誤衍。"又云："簡本觶皆作觚，觚皆作柶。此文與《大射》同節鄭注俱云：'獻士用觶，士賤也。今文觶作觚。'簡本用今文。又下第38簡公爲士舉旅酬節'升勝（媵）柶（觚）于公'，今本同。鄭注：'此當言媵觶，酬之禮皆用觶；言觚者，字之誤也。古者觶字或作角旁氏，由此誤爾。'《泰射》同節亦作'柶（觚）'，今本則作'觶'，鄭注'今文觶爲觚'。又下同簡同節'賓降洗象柶（觚）'，今本作觶，鄭注'今文曰洗象觚'，《泰射》同節作柶（觚），今本同，鄭注'此觚當作觶'。又下第39簡同節'公坐取賓所揚（媵）柶（觚）'，今本作觶，鄭注'今文觶又作觚'。《泰射》同節作柶（觚），今本同，鄭氏無注。又上第7簡主人獻賓節'主人坐鄭（奠）柶（觚）于匴'，今本同，鄭注'古文觚皆作觶'，《泰射》同節爛缺。今本作'觚'，鄭氏無注。然則作'觚'皆用今文，作'觶'皆用古文。今本、簡本均今古文錯雜並用，而又皆有誤也。"王關仕以無"觶"爲省文。又以《大射》此作"柶"，則無觶，省；《大射》三番射盡，燕以終禮，"士長升受觶，主人拜送"，今本、甲本"送"下同無"觶"（甲本上"觶"作"柶"，此例當同）。

④ "拜送"下今本有"觶"字，"溉"字今本作"既"，"也"字今本作"他"。陳校："'立'下6字殘渤右半。"王關仕以"既"作"溉"爲書異或誤，此前及他篇悉同今本。

射人一人、司士一人、執幕二人，于蘇南①，東上。辨獻士＝溉獻者，立于東方，西面，北上。乃薦士②。祝史、小臣阤亦就其位而薦之。主人就盧食之尊而獻之。盧食不拜，受爵，坐祭，立飲。

如射，則泰射正爲司射，如卿射之禮③。

［賓降洗，］升媵觚于公，酌散，下拜。公降一等，小臣辭。賓升，再拜稽首。公合再拜。賓坐［祭］，卒爵，再拜稽首。公合再拜。賓降，洗象觚④，升，酌膳，坐鄭于薦南，［降拜。小臣辭。賓］升成拜，公合再拜。賓反位。

公坐取賓所揚觚，興。雍公所賜。受賜者如初（受州）之禮⑤，降，更爵洗，升，酌膳，下拜爵⑥。（小臣辭。升成）［拜，公荅拜。乃就席，坐行之。有執爵］者。唯受于公者拜。司正命執爵者爵辨，卒受者興，以州士。大夫卒受者以爵興，西階上州士＝

---

① “于”上今本有“立”字。沈云：“《泰射》第 104 簡同節‘乃薦司政（正）與射人于蘇（韗）南，北面東上’，今本同。以彼例此，今本‘立’字爲衍文。王關仕以“立”當有，云：“《大射》‘執幕者升自西階，立于尊南’，甲本同。又釁于簡文爲興，陳氏釋文作‘幕’，未之審也，此爲‘幕’之形誤。”

② 陳校：“首 4 字爲土銹掩其右半。‘乃’字摹作‘曰’，原簡亦似‘曰’字。”

③ “卿”字今本作“鄉”。沈云：“金文鄉、卿同作，簡本多存古正字，此其一也。”王關仕云：“《特牲》尚饗作‘鄉’，《少牢》作‘薌’，《士相見》觷者作‘鄉’，皆與‘卿’異。此當作‘鄉’。”

④ “觚”字今本作“觶”。

⑤ 陳校：“‘雍公所賜受賜者如初’，今本作‘唯公所賜受者如初’。”沈云：“雍字漫漶，摹者據左旁似歹，遂定爲雍字。然‘唯公所賜’、‘唯公所命’，《燕禮》《大射》禮凡數見，簡本亦均作‘唯’，此當屬誤寫。”王關仕云：“甲本唯作雍，書誤，首尾及他篇皆同今本；他篇‘雍’爲‘雍人’字，二字未混。”又云：“甲本‘者’上有‘賜’。《大射》‘受者如初受酬之禮’，甲本同無‘賜’，是今本亦省‘賜’也。‘受酬’二字不明。”

⑥ 陳校：“‘下拜爵’，今本無‘爵’字。‘小臣辭升成’5 字，殘泐不能辨。”王關仕云：“甲本‘拜’下有‘爵’，誤衍。陳氏釋文‘下’作‘上’，誤。摹本作‘下’是也。（編者按：今從王說逕改。又劉文獻說同。）沈云：“《泰射》第 107 簡同節‘升酌善，下，再拜稽首；小臣正辭；升成拜’，與今本同。下拜而升成拜，即《論語》所謂‘拜下’。禮文記臣與君爲禮，均有拜下之節。‘下拜爵’不成文義，簡本誤衍。”

升，大夫鄭爵拜，士合（拜。大夫）［立卒爵，不拜，實之。士拜受，］大夫拜送。士柩于西階上①，辨。士旅酌②。

主人洗，升自西階，獻庶子于作階上，如獻士之禮。辨，降洗，遂獻左右正與内小臣，皆於作階上，如獻庶子之禮。

［無筭］爵。士有③［執膳爵者，執膳］爵者酌以進公＝不拜，受。執散爵者酌以之命所＝賜者興④，受爵，降席下，鄭爵，再拜稽

---

① "柩"字今本作"旅"。沈云："旅于西階上，不成文義。旅即旅酌，依次而自酌行酬也。《泰射》同節簡本亦作'旅'，而下文有'士旅酌'句，俱證此文'柩'爲旅之誤寫。"王關仕以其爲形近而誤。

② "酌"下今本有"卒"字。王關仕云："《大射》'士旅于西階上辯，士旅酌'，甲本同無'卒'。"沈云："《泰射》同節簡本、今本俱無'卒'字。此節爲賓媵觶於公，公舉以爲士旅酬。上已有爲諸爲卿爲大夫舉旅行酬，此爲士，云'辨'已明凡士皆受酬訖，自無庸更言'卒'。又云'士旅酌'，乃補記士自行酌酒，故注云'無執爵者'。句下更不應有'卒'字。今得簡本，知今本'卒'字爲衍文。"

③ "士"下今本有"也"字。陳校："'有'下今本作'執膳爵者有執散爵者執膳'，依此簡容字地位計之，不能容'有執散爵者'，故刪去不録。簡文應作'執＝膳＝'。"沈云："陳校之意不明，所云刪去，指何人所刪，刪後將作何解？悉置不問，實難通釋。'有'下爛缺，計缺字地位不能容，不過有誤脱耳。此文鄭氏無注，郝敬云：'士也，謂執爵皆士也。'任執爵者爲士，則無'也'字義更顯明，簡本爲長。"王關仕亦以陳説欠當，云："按前後諸簡，一簡率爲60字，此簡上中段各20字，此段亦當同。如陳補，則24字矣。且此當今本'執膳爵者有執散爵執膳'10字，而'有'已是第18字，故當補'執膳'二字，作'士有執膳爵者酌以進公'，以與下文'公不拜受，執散爵者執以之公命所賜'對稱，皆上蒙'士（也）有'。《大射》'士也有執膳爵者，有執散爵者，執膳爵者酌以進公'，甲本同，（僅"士"下無"也"）可見《燕禮》刪省'執膳爵者，有執散爵者'，《士相見禮》刪類此。殆底本原有，作新本則刪省之耳。"

④ "以"下今本有"公"字。陳校："'命所＝賜者'，今本作'命所賜所賜者'，故知'所'下重文號爲'所賜'二字之重文。"沈云："簡本無'公'字，則執散爵者酌而進于命所賜者，義本顯豁，今本'公'字爲衍文。"又云："《泰射》簡本作'命所賜所賜者'，則此文'賜'下誤脱重文號耳，非如陳校所釋也。"王關仕云："'賜'下誤脱重文號，《大射》'執散爵者酌以之公命所賜，所賜者興受爵'，甲本同（唯脱公字），可證。"

首。公合拜。受賜者以爵就庶坐①，公卒爵，祭后飲②。執膳爵者受公爵，酌，反鄭之。受賜者興，授執＝散＝爵＝者乃酌行之。唯受于公者拜③。卒受者興，以州士于西階上。士升，大夫不拜，乃飲，賓爵。士不拜，受爵。大夫就席。［士旅酌，亦如］之。公有命徹［冪］，則卿大夫皆降西階下，北面，東上，再拜稽首。公命小臣辭。公合再拜，大夫皆辟。遂升，反坐。士終旅於上，如初。無筭樂。

　　肯則庶子執燭於作階上④，司宮執燭於西（階上，甸人執）大

────────────

①　"賜"下今本有"爵"字，"庶"字今本作"席"。王關仕云："《大射》'受賜爵者以爵就席坐'，甲本亦無'爵'，是省'爵'字。"沈云："《泰射》第110簡同節'賜'下無'爵'字，今本亦有'爵'字；又下第43簡'受賜者興'，今本有爵字，而《大射》同節簡本、今本俱無'爵'字；又上第39簡'受賜者如初受酬之禮'，今本無'賜'字，《大射》同節簡本、今本俱無'賜'字。然則此等文句，今本曰'受者'、曰'受賜者'、曰'受賜爵者'，而簡本則曰'受者'、曰'受賜者'，其義本無別也，而簡本更多省字。"又云："此受賜者就席上坐而飲酬酒，《泰射》第110簡同節並此篇下'大夫就席'句簡本亦作'席'。'就庶坐'不詞，顯係形似誤寫。"王關仕以其爲書異，猶《有司徹》甲本摭作摭，而其餘"席"悉同今本。

②　陳校："祭后，今本作然後，祭或是誤寫。"沈云：《泰射》第111簡同節亦作"然"，今本同。陳校云云，無筭爵飲酬酒無祭法，其誤不待言也。王關仕云："'然'作'祭'，形近而誤。'後'作'后'，《大射》'公卒爵然後飲'，甲本作'然后'可證。"

③　二"受"下今本俱有"爵"字。沈云："《泰射》第111簡同節與本篇同，今本上句亦無'爵'字，與簡本同；下句有'爵'字而無'受'字，誤，詳彼篇。又上第40簡爲士旅酬節'唯受于公者拜'，'卒受者興以酬士'，今本同。又上第22簡公舉媵酬節'卒受者以虛觶降'，第26簡爲卿舉旅節'大夫卒受者以虛［觶降］'，今本同。《大射》此等句簡本、今本俱同，以彼決此，今本二'爵'字當屬衍文。"王關仕則以其如前例，皆爲省文。

④　"肯"字今本作"宵"。陳校："此爲俗體。"王關仕云："《大射》'宵則庶子執燭於阼階上'，甲本同今本。"

燭於庭，閽人爲燭於門外①。賓醉，北面坐取其薦脯以降。秦
《胈》②。所執脯③，以賜鍾人于門內溜④，遂士。卿大夫皆出。公
不送。

① "閽"字今本作"闇"，"燭"字今本作"大燭"。陳校："簡首11字爲土銹所掩，尚
依稀可認。"沈云："《泰射》亦作'閽'。《漢書・劉向傳》顏注'惽，古閽字'，《左傳》魯閔
公，《史記・魯周公世家》作潣公。又《范睢蔡澤列傳》'竊閔然不敏'，《索隱》引鄒誕生
本作惽。《荀子・王霸篇》'齊潣、宋獻是也'，楊倞注'潣與閽同'，閔與潣、惽同聲相通，
故簡本寫闇爲'閽'。"王關仕云："《大射》'闇人爲燭於門外'，甲本同作'閽'，無'大'，此
今本涉上文'庭用大燭'而衍。昏聲、文聲同部，皆在黃氏古音第五部。闇爲本字。"沈
氏又云："唐石經與簡本同。本師曹元弼先生《禮經校釋》云：'凡燭，在地爲燎，執之曰
燭。時久則在地，庭曰庭燎，門曰門燎；暫則執之，門庭皆曰大燭。然實一物，故《詩
傳》曰庭燎大燭也。'"
② 陳校："秦胈，今本作奏胈，案第30簡胈作觖，則因形似胈而譌。"沈云："下第
50簡記'奏肆夏'、'臣敢秦爵以聽命'，秦字皆誤，當作'奏'。《泰射》同節作'奏胈'，與
今本同。'秦胈'俱爲'奏胈'之誤寫。"王關仕云："甲本'奏'作'秦'，形誤。'胈'作
'陜'，即同今本從自之胈，《泰射》亦同。陳氏校記疑有未審。前'胈'字漫漶，此乃作
'胈'。陳氏校記云從月，未審也。"
③ "所"上今本有"賓"字。沈云："《泰射》第113簡同節作'賓所執'，今本'執'下
有'脯'字。案上云'賓醉，北面坐取其薦脯以降，奏胈'。其儀據《鄉射》'賓興，樂正命
奏胈，賓降及階，胈作'，然則奏胈爲樂正所命。禮文凡兩方向同時進行之儀注，應各
加主詞，使脈絡清晰。此句出'奏胈'下，不能因上承'賓醉'句而省'賓'或'脯'字，可見
簡本本篇誤脫'賓'字而《泰射》誤脫'脯'字。"王關仕云："《大射》'賓所執脯以賜鍾人于
門內霤'，甲本無'脯'，'霤'作'溜'，是可證此無'賓'爲誤脫。"
④ 劉文獻云："簡本'鐘'作'鍾'（摹本）。漢簡校記於字漏校。鐘，阮本亦作
'鍾'，故漢簡無校語。"

公與客燕,曰:"寫君有不醲①(酒,以)請子之與寫君須臾焉②,使某以請③。""寫君=之私也。君無所辱錫于使臣④,敢辟。""寫君固曰'不醲',使某固以請。""寫君=之私也,無所辱賜于使

---

　　①　"寫"字今本作"寡","醲"字今本作"腆"。陳校:"《士相見》第15簡'寡大夫'作'寫大夫',與此同。"沈云:"今本醲作腆,下有'之'字。下第47簡'有不醲酒',今本亦作'腆',亦下有'之'字。《説文·肉部》:'腆,設膳腆腆多也。'《左傳》僖公三十三年、文公二年、襄公十四年、昭公七年,杜注均云'腆,厚也'。《字彙》有醲字,云'酒厚也'。醲爲腆之或字。鄭注'古文腆皆爲殄',簡本、今本皆用今文。注又云'今文皆曰不腆酒,無之',簡本無'之'字,用今文。"王關仕以其爲"腆"之書異,並引《説文》"腆"字及段注《方言》《公羊傳》注皆曰:腆,厚也。此皆引申之義"。《廣雅·釋詁》"腆,美也",皆合鄭注,然醲不見于字書,疑其從"酉"爲本字,或如簡本"配"之作肥與? 陳邦懷亦以醲爲本字,腆爲借字,説與沈氏略同。《斠補》以其所據之《正字通》乃宋元以降字書,據之對上古漢語字形强作分別,未必妥善。

　　②　"子"字今本作"吾子"。陳校:"簡首稍殘泐,以其地位只能容'酒以'二字,應如鄭注所云,作'不腆酒'而無'之'字,第47簡可證。"沈云:"下第47簡同節'以請子之與寫(寡)君須臾焉',今本亦有'吾'字。此節補述主國君與來聘使者行燕禮,公使人至客館戒客之辭。《士冠記》戒賓、宿賓之辭,主人對賓稱子,《士昏記》納采、問名之辭,彼此稱吾子,《士相見》賓稱主人爲吾子,均屬雙方尊卑相敵之稱謂。《聘禮記》贊君聘享之辭云'子以君命在寡君',不稱吾子。此文公使人述公命,與《聘禮》相同,有以尊臨卑之意,以無'吾'字爲長,當從簡本。"王關仕云:"甲本'以'字漫漶,無'吾',省文,下文'致命曰:寡君使某,有不腆酒,以請吾子之與寡君須臾焉',甲本亦無'吾',可證。"

　　③　"某"下今本有"也"字,"請"下今本有"對曰"。王關仕云:"甲本無'對曰',省,下文'公之使者'及'與燕之客請對'皆省。"沈云:"此主國君使人與聘國使者問答之辭凡三,初問首句有'曰'字,簡本與今本同。而二三次問答均無'曰'、'對曰'等字,以初次問答見例,則今本初答有'對曰'二字爲善。"

　　④　"錫"字今本作"賜",二"使臣"今本均作"使臣臣"。王關仕云:"'臣'不重,省,下'無所辱賜於使臣,臣敢固辭',甲本亦不重。"沈云:"初辭、再辭俱不重'臣'字,義固可通,但參以致命之答詞'又辱賜于使臣,臣不敢賜命',簡本亦重'臣'字,則此二句亦以重'臣'字爲長。"

臣①，敢固辟。”“寫君曰‘不腆’②，使某固以請。”“某辟③，不得命，敢不從！”致命曰：“寫君使某，有不腆酒，以請子之與寫君須臾焉④。”“君況寫君⑤，易。辱賜于使臣＝敢拜賜命⑥。”

燕，朝服於寢。

其生⑦，狗也。享于門＝外東方⑧。

如與四方之賓⑨，則公使之于秦門內⑩，揖讓升。賓爲苟敬，席于作階之西，北面。有脀，不嚌肺，不啐酒。［其介爲］賓。無

---

① “無”上今本有“君”字。王關仕云：“無‘君’，誤脫，上文‘君無所辱賜于使臣’，甲本同。”

② “寫君曰”，今本作“寡君固曰”。沈云：“此乃第三次問答，參以第二次問答，當有‘固’字。”王關仕云：“甲本‘君’下無‘固’，誤脫，上文‘寡君固曰不腆’，甲本同，可證。‘辭’上無‘固’，亦誤脫，上文‘臣敢固辭’已再矣。”

③ “辟”今本作“固辭”。

④ “酒”上今本有“之”字，“子”今本作“吾子”。王關仕以無“吾”爲省文。

⑤ “況”今本作“貺”。沈云：“《禮記·聘義》‘北面拜況’，《釋文》‘況，本作貺’，《左傳·僖公十五年》‘亦無貺也’，《釋文》‘貺本作況’，《爾雅·釋詁》‘貺，賜也’，《國語·魯語》‘況使臣以大禮’，韋昭解‘況，賜也’，聲義俱同相通假。”

⑥ 陳校：“易，今本作‘多矣’，‘辱賜’上今本有‘又’字。”沈云：“今本‘寡君’下有‘多矣’二字。《聘禮記》贊拜問大夫之辭云‘君貺寡君，延及二三老’，詞例相類，以簡本無‘多矣’二字爲長。今本‘易’作‘又’。‘易’字不可能。簡本‘又’多作‘有’，易爲‘有’字之形誤。”王關仕云：“‘又’當‘有’，上貺寡君，故又賜使臣。”

⑦ “生”今本作“牲”。王關仕云：“牲作生，省或假借。”沈云：“簡本‘特牲’作‘牲’，與今本同。《論語·鄉黨》‘君賜生’，《釋文》‘賜生，魯讀生爲牲。今從古’。彼當作‘生’而魯《論》作‘牲’，此當作‘牲’而簡本作‘生’。生、牲聲同通假，猶上文‘筳’之作‘生’也。以古《論》例之，簡本恐用古文。”

⑧ “享”今本作“亨”，“門”有重文號，今本不重。沈云：“《特牲》第10簡祭日陳設及位次節‘享（亨）于門外東方’，不重‘門’字，此當與彼同，誤加重文號。”

⑨ “如”今本作“若”，“賓”下今本有“燕”字。王關仕云：“甲本無‘燕’，蒙記首‘燕’字而省，下‘與大夫燕’亦無‘燕’字。”沈云：“下第56簡‘如（若）與西（四）方之賓燕’，簡本有‘燕’字。無‘燕’字不明與賓何事，顯係誤脫。”

⑩ “使”今本作“迎”，“秦”今本作“大”，大門即泰門。沈云：“君與臣燕，即位後命一臣爲賓，無迎賓之節。此聘賓爲他國之臣，非臣屬于己，當有迎賓之儀。‘使之’不成文義，簡本誤。”王關仕云：“迎爲使，乃‘俟’之誤，下文‘既發，則皆君而俟’，甲本俟作迎。”

膳尊，無①膳爵。

與卿燕大夫爲賓，與大夫亦大夫爲賓②。

羞膳者與執幂者，皆士也。羞卿者，小膳宰也。

如以樂内賓③，則賓及庭，秦《肆夏》。賓拜酒，主人荅拜而樂闋④。公拜受爵奏《肆夏》，公卒爵，主人升受爵以下樂闋⑤。升歌《鹿鳴》，下管《新宫》，生入三成。遂合鄉樂。如舞，則《酌》⑥。

唯公與賓有相。

獻公，曰："臣敢秦爵以聽命。"

---

①　陳校："此簡爲記文之始，今本上有'記'字。他篇記文之首有篇章號，此無。"王關仕云："甲本無'記'字。按此爲記文，前簡（經）不足行，行末作'凡三千六十六字'，此另起一簡，而'燕'上無圓點。記文之末，簡尾作'記三百三文'，異於他篇合經文以計字者。"

②　"燕"、"大"之間今本有"則"字，"夫"、"亦"之間今本有"燕"字。沈云："此記不過補述與大夫燕亦大夫爲賓之一端耳。記者，記其儀之有異于正禮者。'與卿燕'云云已見正禮，自以無'則'字爲善；下句異于正禮，以承上文，'燕'字自可省，俱以今文爲長。"王關仕云："無'則'，省或誤脱，上文'若與賓燕，則公迎之于大門内'，文例同。無下'燕'字，蒙上'燕'字省。"

③　"内"字今本作"納"。

④　"闋"今本作"闋"。陳校："下簡同，《泰射》作'吃'。"王關仕云："《説文》'闋，事已閉門也'，段注'引申凡事已之稱'，鄭《大射》'樂闋'注云'止也'。簡本凡'葵'作'美'（參見《特牲》），羞亦作羌（參見《有司》）。《隸辨》：'斤彰長田君斷碑''禮制闋除'，《隸續》云即'闋'字。是皆'闋'之隸變也。"

⑤　陳校："'奏'、'樂'之上今本俱有'而'字，'受'、'爵'之間一小點，恐非句號。"

⑥　"酌"今本作"勺"。王關仕云："今本《毛詩·周頌》篇名作'酌'，與甲本同。"又引《釋文》及本篇經"酌散交于楹北"而甲本作"汋"，下文"酌膳升"又作"酌"。未作明斷。沈云："《詩·酌·釋文》：'酌音灼，字亦作汋。蔡邕《獨斷》'《酌》一章九句'。邕治魯《詩》，是魯、毛同作'酌'。《内則》'十三舞《勺》'，《漢書·董仲舒傳》'於周莫盛於《勺》'，《風俗通》'周公作《勺》'，陳喬樅《齊詩遺説考》以爲《儀禮》、《禮記》、《漢書》皆作'勺'，作'勺'齊詩也。《左傳·宣公十二年》、《荀子·禮論》作'汋'，蓋亦古文。簡本作'酌'又作'汋'皆用古文，今本用今文。"

凡公所辭，皆栗階①。不過二等②。

凡公所州，既拜，請旅侍臣。

凡薦與羞者，小膳宰也。有内羞。

君與射，則爲下射，袒朱襦③，樂作而后就物。小臣以巾授矢，稍屬。不以樂志。既發，則小臣受弓以授弓人。上退于物一

---

① "栗"字今本作"栗"。王關仕云："甲本栗作粟。按隸從禾、從米、從木多混，猶熹平石經魯《詩》殘碑'毋食我粢'之從'木'。"沈云："《字彙補》有粟字，云'古栗字'，從禾爲俗寫。栗階字爲歷之假借，《考工記》'栗氏'，鄭注'栗，古文或作歷'，《説文・止部》'歷，過也'，鄭注'栗，蹙也，謂越等，急趨君命也'，義亦相近。《檀弓下》'歷階而升'，栗字蓋今文歟？"

② "不"上今本有"凡栗階"三字。沈云：栗階者，上（或下）堂升（或降）階之儀也。栗階對聚足連步而言。聚足連步謂左足升（或降）第一等級，右足隨之，兩足相並，然後至第二至第三等級。栗階則左足升至第一等級，右足即升至第二等級。凡云升降，俱是連步；聞君辭，急遽升堂成拜，故用栗階。栗階又不得過二等，即左足升第一等級，右足不得越至第三等級。然則凡字起例，以"皆栗階"承"凡公所辭"句，則"不過二等"上必有"凡栗階"句，以二者不得混爲一事也。簡本誤脱。

③ 王關仕云："《説文》'襦，短衣也，從衣需聲'，'繻，繒采色也'，《聘禮》'束紡'鄭注'今之繻（今本作纁，從《釋文》及阮校）也'，簡本凡從需之字多作耑、惠，故繻即襦字，襦、繻皆從需聲，是以叚繻爲襦，《周禮・羅氏》'蜡則作羅襦'，鄭注'鄭司農云……襦讀爲繻有衣袽之繻'，是漢讀同音。"

等①，既發，則對君而迎②。如飲君，燕，則俠爵③。在大夫射④，則肉袒。

如與西方之賓燕⑤，揚爵，曰：“臣受賜矣，臣請贊執爵⑥。”相者對曰：“吾子毋自辱焉⑦。”有房中之樂。

---

①　“退”上今本有“射”字；“一等”，今本作“一笴”。沈云：“射禮以上射與下射合爲一耦，上云‘君與射則爲下射’，與君合耦者爲上射，當有‘射’字，簡本誤脱。”王關仕亦以其爲誤脱，云：“此爲‘三耦’之首，非上而射也。凡升降進退不言上下。”沈氏又云：“臣避君，君射時，上射退于物後三尺，示不敢與君並立。射在堂中，不在階上，何來階之等級？簡本蓋涉上文‘不過二等’而誤。”王關仕云：“《大射》‘公將降，則賓降，適堂西，袒決遂，執弓，搢三挾一個，升自西階，先待於物北，北一笴，東面立’，甲本同作‘笴’。凡以物（射位）爲准，則言笴；升降則言等；二者有別。此甲本‘笴’誤爲‘等’，形譌也。”

②　“對君而迎”，今本作“荅君而俟”。沈云：鄭注“荅，對，面向君也”，簡本作“對”爲長。《大射》君與賓耦射節“公既發，大射正受弓而俟”簡本作“迎”。作“迎”字義不可通，當依《泰射》作迎。

③　“俠”字今本作“夾”。沈云：“《華山亭碑》‘庚（吏）卒俠路’，洪适《隸釋》云‘碑以俠爲夾’，此同漢碑。”王關仕云：“《説文》夾、俠互訓，段注：‘按俠之言夾也，夾者持也，經傳多假俠爲夾，凡夾皆用俠。’”

④　“在”上今本有“君”字。沈云：“射必左袒，以便于射。君袒朱襦，臣袒熏襦，以所服襦之色見尊卑。但君與其射，大夫壓于君，必並襦之左袖亦褪去之，即所謂肉袒也。‘在’上無‘君’字，不特文不成句，而其義亦不能明。簡本誤脱。”

⑤　“如與西方”，今本作“若與四方”。王關仕云：“甲本‘四’作‘西’，形誤。”

⑥　“爵”下今本有“者”字。沈云：“爲賓爲卿爲大夫旅酬時，公立而爲禮，由受酬者自酌酒而公與拜授；唯爲士旅酬，已坐燕，公坐而命賜某人酬，則須有執爵者代爲酌酒授爵。請立執爵者出于賓，請辭即此記所云，乃自請贊助執爵者行事，實屬費解。歷代禮家無人發疑，而説解終嫌含糊籠統。今得簡本，知本無‘者’字，賓實自請助公行執爵之事，故下文有‘相者對曰，吾子毋自辱焉’，然後別立執爵者。核之前後文義，渙然冰釋，此簡本之善者。今本‘者’字爲衍文。”

⑦　“毋”字今本作“無”。

泰　射(甲本)[①]

泰射之儀[②]。君有命戒射。宰戒官有事於射者[③]。射人戒諸公、卿、大夫射。司士戒士射與贊者。前射三日，宰夫戒宰及司馬。射人宿視(滌)。司馬命量人量矦道與所[④][設乏以貍步：大

① 木簡《泰射》第十四，共 114 簡，缺失第 7、18、32、43、47、67、79、91 等八簡，見存 106 簡。首三簡受損壞有殘缺，但大部分完整，葉數相接不斷。第 1、2 簡背題"泰射"、"第十四"，如其他各篇。此篇最長，故其與今本相異之處，更爲顯明。字體文句，皆有差別。然此篇用字亦前後不一：大之作泰，又作太；釋或作舍，或作澤，亦間作擇；政或作正；護、獲或分或合；耦偶又作觕；拾或爲袷，或爲柙，如此之例常見。司馬師之作師，殆非偶然遺落，據鄭注知今本如此，是此簡所存異文，不與今本同家法。此篇亦有圓點作章句號，惟不分節，故全篇從首至尾，皆足行相繼，間有鉤識號。第 84 簡，校以今本，知其少 62 字，乃脱簡也。他篇皆未有脱簡者，惟此篇脱一簡，因知此乃鈔本，其所依據之原本已脱失一簡，故此少 62 字即一簡之數也。此篇率 60 字爲一簡，最爲齊整。存簡 106 簡，存 6145 字，殘缺 640 字，完篇應爲 6785 字，加所脱 62 字爲 6847 字，與簡記 6858 字及賈疏所記 6890 字，最爲相近。

② "泰"字今本作"大"。沈云："簡本第 8、44、62 簡'大史'，第 35、37、38 簡'大師'，第 69、70、71 簡'旮射正'及各簡'大夫'外，其餘皆作'泰'。"

③ "官"今本作"百官"。沈云："鄭注'作大事，則掌以君命戒於百官'，蓋引《周禮・大宰職》釋此文。彼文云'作大事，則戒于百官，贊王命'，宰總戒百官，下'射人戒諸公卿大夫射，司士戒士射'，乃分戒大夫與士。三卿五大夫及衆士均參與射事，應依今本有'百'字爲長。"

④ 王關仕云："甲本量作量，下同。《説文》'量，從重省，曏省聲'，簡本作量，則似從'童'，隸變也。《王純碑》'督趣軍糧'，《白石神君碑》'是度是量'，《曹全碑陰》'三老商量'，皆從'童'與甲本形近。《禮記・檀弓》'與其鄰重汪踦往'，可見漢時二字每混，量即'量'字。"

侯九]十，參七十①，竿五十②。執乏，各去其矦西十、北十。遂命量人、(巾車張三)矦，泰矦之崇，見鵠於參，參見鵠於竿，竿不及地武。不[繫左下綱。設乏西十、北十。凡乏用革。]樂人宿[縣]于作階東，笙[磬西]面，其南笙鍾，[其南鑄，皆南陳。建鼓在阼階西，南鼓。應鼙在其東，]南鼓。(西)階之西，容磬東面③，其南[鍾，其南鑄，皆南④]陳。一建鼓在其南，東鼓。朔鼙在其北⑤。

───────────

① 　陳校：“‘七’字作長横短直，同於甲骨文。”王關仕云：“甲本‘參’作𥝫，隸從‘厶’、從‘口’每混，然亦有所本，金文‘公’即從‘口’(見《小臣𫔎》、《令彝》、《明公簋》、《毛公鼎》)，從‘參’亦多作從‘厽’。《衡方碑》‘𥝫國起按’與此同，《張公神碑》‘驟白鹿兮從山𡺄’，所從作‘𥝫’。”

② 　陳校：“干從艸頭，簡文草頭、竹頭不分，此竿字也。”沈云：《詩・干旄》“孑孑干旄”，朱駿聲《説文通訓定聲》以爲假“干”爲“竿”。鄭注“干讀爲豻，豻矦者，豻鵠豻飾也”，則今本“干”、簡本“芉”俱爲假借字。鄭氏定士矦爲豻，故知此“干五十”爲豻矦，而竿、豻同爲干之後製正字。王關仕則以“干”、“羊”爲“豻”之假借，又引皮錫瑞《漢碑引經考》《溧陽長潘乾校官碑》‘羊矦用張’，羊即干字。此引《大射》文以爲證。

③ 　“容”字今本作“頌”。沈云：“《説文・頁部》‘頌，皃也’，《皃部》‘皃，頌儀也’，段注‘古作“頌皃”，今作“容皃”，古今字之異也。’《漢書・儒林傳》顔注‘頌讀與容同’，鄭注‘古文頌爲庸’，是今本作‘頌’簡本作‘容’俱用今文。”王關仕云：“《説文》‘頌，皃也，從頁公聲。頟，籀文’，‘容，盛也，從宀谷聲。宏，古文容從公’，據‘容’之古文從公，則頌、容皆從‘公’聲，是得通假。”

④ 　陳校：“此簡頗殘，共缺失36字，僅存五小段。”

⑤ 　“鼙”字今本作“鼙”。沈云：“《説文・鼓部》‘鼙，騎鼓也。從鼓，卑聲’，又《金部》‘錍，鑒錍也，從金，卑聲’，二字義別。鼙亦作韠，《文選・藉田賦》李善注‘韠與鼙同’，《晉書音義》上‘韠亦作鼙’，簡所據之本當作‘韠’，書手誤從革爲從金耳。亦猶下‘靴’字作‘桃’之誤從革爲從木，‘鑄’字作‘餺’之誤從金從食也。”王關仕亦引《説文》鼙、錍二字，又引鄭注“鼙，小鼓也”，以簡本作“錍”未必爲鼙之假借，或實爲鼙而從“金”，猶如甲本“匜”作“鉈”，下文“鼓”作“桃”之例。

一建鼓在西階之東，南面。鼗在建鼓之閒①。桃倚于容磬西或②。

厥明，司宮尊于東楹之西，兩方壺，膳尊兩甒在南③，有豐。幕錫若絺④，綴諸箸⑤。蓋幕，加勺，有反之⑥。皆玄⑦，酒在北。

---

① 王關仕云："甲本鼗作蕩，鄭注'鼗，竹也'，隸從竹之字多寫爲艸頭。"

② "桃"今本作"鼗"，"或"今本作"紘"。沈云："《説文·鼓部》無鼗字。《革部》'鞀，鞀遼也。從革，召聲。鞉，鞀或從兆聲。鼗，鞀或從鼓兆'，是鼗爲鞀之或字。簡所據抄之本當作鞉，書手誤從革爲從木耳。亦猶上鞞字作鉾之誤從革爲從金，下鎛字作餺之誤從金爲從食也。"王關仕云："鄭注'鼗如鼓而小'，字當即《説文》鞀、鞉之重文鼗。鞉從革，言其質，鼗從鼓，言其類，此從木亦其比，猶上文鼙從革作鉾，《特牲》簞，甲本又作匰；《説文》簞，重文作匰、朹，皆然，未必爲假借桃李字爲之。《爾雅·釋樂》'大鼗謂之麻'，《釋文》本或作鞉，是鼗、鞉本一字，'桃'爲異構。"又云："鄭注'紘，編磬繩也'，則紘爲本字，《廣韻》紘切户萌，或切胡國，同匣紐，雙聲假借。"

③ "甒"字今本作"甒"。

④ "幕錫"，今本作"冪用錫"。沈云："簡本《燕禮》第2簡同節作'幕（冪）如（用）綌（綌）如（若）錫'，'如'爲'用'字之誤寫，則此文誤脱'用'字。"

⑤ "箸"今本作"箭"。王關仕云："《説文》'箭，矢竹也，從竹前聲'，段注'《周禮》故書箭爲晉，杜云晉當爲箭。按《吳越春秋》"晉竹十廋"，晉竹即箭竹，假借字也'。徐養原《周官故書考》'按《釋名》：矢又謂之箭，箭，進也。《説文》"戩"字，注引《詩》"實始戩商"，今《詩》作"翦"。又"楈"字注引《書》"竹箭如楈"，考《禹貢》"篠簜既敷"，《史記·夏本紀》作"竹箭既布"，疑古文《尚書》經作"竹箭"，説者讀箭如楈，謂其音同也'。胡氏《疏義》意同。"

⑥ "有"字今本作"又"。王關仕云："葛本'加勺'作'如'，與今本並形近而譌。"

⑦ "玄"下今本有"尊"字。沈云："《大射》設兩方壺、兩公尊均不言以何爲上，末云'皆玄尊，酒在北'，鄭注云：'皆玄尊，二者皆有玄酒之尊，重本也。酒在北，尊統於君，南爲上也。'云'皆玄尊'即明示兩方壺、兩公尊中皆有一玄酒之尊；酒在北則明示玄酒在南以南爲上。二禮記述有異，不過見其行文多變耳。如依簡本無'尊'字，'皆玄酒在北'則將以北爲上。古人以左爲尊，據君左在南，據臣左在北，尊統於臣，斷無此理。簡本誤脱。"王關仕云："《燕禮》'司宮尊于東楹之西，兩方壺，左玄酒，南上'，甲本'尊'以上殘逸，然以每簡60字，每段20字例，計其字，似甲本《燕禮》同今本無'尊'字。《鄉射》'左玄酒，皆加勺'，《士冠》'玄酒在西，加勺'，注'玄酒，新水也'，《士昏》'玄酒在西，綌冪，加勺'，注'玄酒，不忘古也'，又'尊于房户之東，無玄酒'，《特牲》'尊于户東，無玄酒'，甲本同，皆無'尊'字。又《禮記·禮運》'故玄酒在室'，《禮器》'醴酒之用，玄酒之尚'，孔疏'以玄酒之尊，置在上'，《郊特牲》'玄酒明水之尚'，孔疏'陳列酒尊之時，……玄酒在三酒之上'，《玉藻》'凡尊必上玄酒，唯君面尊'，皆無言'玄尊'者。又計此簡及此段字數，似亦未脱字，故甲本無'尊'字，當是。"

尊士旅食于西鎛之南①，北面，兩員壺②。有尊于泰俟之乏東北，兩獻酒③。執洗于作階東南，雷水在東，匪在洗西④，南陳。執膳匪在其北，西面。有執洗于護者之尊西北⑤，水在洗北，匪在東，

---

①　“鎛”字今本作“鑄”。沈云：“《説文·金部》‘鑄，大鐘、淳于之屬，所以應鐘磬也。堵以二金，樂則鼓鑄應之，從金薄聲’，‘鑄，鎛鱗，鐘上橫木，上光華也。從金專聲’，二字義別。然經傳多假鑄爲鎛，《周禮》‘鎛師’，《國語·周語》‘細鈞有鐘無鎛’，《晉語》‘戚施直鎛’，皆作‘鎛’。字書無“鎛”字。簡所據抄之本當作‘鑄’，書手誤從金爲從食耳。亦猶上鞞字作鉀之誤從革爲從金也。”

②　“員”字今本作“圜”。沈云：《燕禮》第2簡告戒設具節“尊出（士）旅食于門西兩圜壺”，簡本亦作“圜”。《列子·説符》“圜流九十里”，殷敬順《釋文》云“圜與圓同”。據此，簡本作“員”爲圜之古文假借字。王關仕説略同，並云：“《廣韻》員、圜並切王權，可見甲本作‘員’是同音假借。”

③　“獻”上今本有“壺”字。沈云：張爾岐《石本誤字》云“兩圜壺、兩壺獻酒，俱誤作壺”。唐石經有“壺”字。下第84簡獻獲者節“司宫尊侯于服不之乏東北兩獻酒，東面南上，皆加勺”，今本“獻”上亦無“壺”字。本師曹元弼先生《禮經校釋》云：“注讀獻爲沙，謂此酒濁必摩沙，因名沙酒，沙酒對酒與玄酒言之，酒以清爲貴，用濁酒者，獲者賤也。”分別恰當，當可信據。用以別於膳尊、散尊之一玄酒一酒，亦別於旅食尊之兩壺皆爲酒，故曰獻酒。兩明用尊之數，壺明用尊之器，全經設尊之例，皆既明其數，又明其器，可見“壺”字不可省。今本獻獲節亦無“壺”字，敖繼公云：“兩，兩壺也。或脱一壺字。”敖亦以全經之例立説耳。簡本兩獻酒上均無“壺”字，似非抄寫偶脱，或用今文多省字也。王關仕云：“依上文‘司宫尊于東楹之西，兩方壺’，‘尊士旅食于西鎛之南、北面兩圜壺’，甲本同例，此甲本脱‘壺’字。”

④　“雷”字今本作“罍”，“匪”字今本作“篚”。

⑤　“護”字今本作“獲”。沈云：“簡本護、獲錯見。下三耦射節‘獲者興’鄭注‘古文獲皆作護，非也’，蓋古文‘護’顯屬形譌，故鄭氏非之。然則簡本有作‘護’，乃西漢經師以今讀古時據今文改之而未盡者，亦予斷漢簡本爲古文或本之最佳證也。《漢書·王莽傳上》‘其中子獲殺奴’，顔注‘今書本有作護字者，流俗所改耳’，恐或人有從古文作耳，非俗寫作‘護’也。”王關仕云：“《説文》‘獲，獵所獲也，從犬蒦聲’，按射禮設侯象獸，猶習獵之跡也，故獲爲本字。《説文》‘護，救視也，從言蒦聲’，甲本作護，爲書異，以其又同今本作獲也。”

南陳①。小臣執公席于阼階上，西鄉。司宮執賓席戶西②，南面，有加席。卿［席賓東，東］上。小卿賓西［東上。大夫繼而東上。若有東面者，則北上。席工于西階之東，東上。諸公阼階西，北面，東上。官饌。羹定。］

［射人告具于公。公升即位于席，西鄉。小臣師納諸公卿大夫，諸公③］卿大夫皆入門右，北面，東上。士西方，東面，北上。大史在竿笮之東北，北面，東上。士旅食者在士南，北面東上。小臣师、從者在東堂下，南面，西上。公降，立于阼階之東南，南鄉。小臣师詔揖諸公卿大夫，諸公卿大夫西面④，北上，揖大夫，皆少進⑤。

泰射正擯。賓者請賓⑥。公曰：“命某爲賓。”擯者命賓，賓少進，禮辭。反命，有命之。賓再拜稽首，受命。擯者反命。賓出，立于門外，北面。

公揖卿大夫，升就席。小臣自阼階下北面，請執冪者與羞膳

---

① 沈云：“今本‘東’在‘南’字下。此爲獲者之器，籩、甒、洗俱設于其尊之西北，尊設大侯乏之東北，則亦即大侯之西北，云‘水在洗北’，自是籩東面而甒、洗西面，三器南北並列，故甒必在洗器之北而籩在其南。依簡本籩在洗東而南面，則必甒、洗北面而東西並列，與‘水在洗北’句相矛盾矣。其文誤倒無疑也。”

② “戶”上今本有“于”字。王關仕云：“上文‘小臣設公席于阼階上’，甲本同；《燕禮》‘司宮筵賓于戶西’，甲本亦有‘于’，皆可證此誤脫。”

③ 陳校：“此簡缺失。相當今本‘東上大夫’至‘大夫諸公’63字。”

④ 陳校：“兩‘諸公卿大夫’之間，有鉤識號以別之。”

⑤ “皆”上今本重“大夫”，唐石經同今本。

⑥ “賓者”，今本作“擯者”。沈云：“擯者爲公之輔相，《大射》大射正爲擯者，猶《燕禮》射人爲擯者。‘大射正擯’即大射正爲擯者，簡本作‘擯’；下‘擯者命賓’，簡本亦作‘擯’。惟此請賓句作‘賓’者，顯係誤寫。”王關仕以其爲涉下文而誤，云：“下文‘擯者命賓’，甲本同，可證。”

者。乃命執幕①。執幕者升自西階，立于尊南，北面，東上。膳宰
請羞于諸公卿者。

　　擯者納賓，賓及庭，公降一等揖賓，賓辟。公升，即席。奏
《世夏》②。賓升自西階，主人從之。賓右北面至再拜，賓合拜③。

　　主人降洗，洗南，西北面。賓〔降階〕西，東面。主人辟降，賓
對。主人北面④〔盥，坐取觚，洗。賓少進，辭洗。主人坐奠觚于
篚，興對。賓反位。主人卒洗。賓揖，升。主人升，賓拜洗。主
人賓右奠觚荅拜，降盥。賓〕降，主人辟降，賓對。卒浣。賓揖
升。主人升，坐取觚。執幕者舉幕，主人酌膳，執幕者蓋幕。酌
者加勺，有反之。延前獻賓。賓西階上拜，受爵于延前⑤，反位。
主人賓右拜送爵。宰胥薦脯盍。賓升延。諸子執折俎⑥。賓坐，

---

①　“幕”下今本有“者”字。王關仕云：“此《大射》底本原作‘乃命執＝幕＝者升自
西階’，殆今本以本字易之而誤衍‘者’字。”

②　“世”字今本作“肆”。沈云：“鄭注此文及《周禮·鍾師職》俱引吕叔玉云‘《肆
夏》，《時邁》也’，《詩·時邁》‘肆于時夏’，《釋文》‘音四’，簡以聲同假‘世’爲肆耳。”王
關仕云：“肆、世同段氏第十五部。”

③　“合拜”，今本作“荅再拜”。沈云：“簡本《燕禮》同節亦有‘再’字。此即所謂
‘拜至’。《鄉飲》、《鄉射》主人從阼階升，在阼階上拜，賓從西階升，在西階上拜。《燕
禮》、《大射》由宰夫代君爲主人，主人亦由西階升，故與賓同在西階上拜，主人在賓之
右。主人再拜，賓與主人尊卑相敵，亦當再拜。簡本誤脱。”

④　陳校：“殘存第一段之上半，簡首缺失二字。‘北面’以下缺失48字。”

⑤　“浣”字今本作“盥”，“延”字今本作“筵”。

⑥　“盍”字今本作“醢”，“諸”字今本作“庶”，“俎”字今本作“俎”。沈云：“《周禮·
夏官·序官·諸子》鄭注‘諸子，主公卿士大夫之子者。或曰庶子’，《文王世子》‘庶子之
正於公族者’，《書·康誥》‘矧惟外庶子訓人’，胡匡衷《儀禮釋官》云：‘諸、庶訓皆爲衆，
諸子庶子皆掌國子，國子衆多，故云諸，或言庶，諸庶通名。’作‘諸’或係古文。”王關仕
云：“庶子即諸子，甲本二名並見可證。《廣韻·魚韻》諸切章魚，《御韻》庶切商暑。段
玉裁《古四聲説》：‘考周秦漢初之文，有平上入而無去。’蘄春黄氏侃《聲韻通例》：‘古
聲惟有二類，曰平曰入。’是諸、庶二字疊韻通假，且《廣韻》者聲、庶聲字，往往同切語，
皆可明其音也。”

左執柶，右祭脯醢，鄭爵于薦右，興取肺，坐絶祭，齋之①，興，加于
俎，坐挩手，執爵，遂祭酒，興，席末座啐酒，降席，坐鄭爵，拜，告
指，執爵興。主人合拜。樂吃②。賓西階上北面坐，卒爵，興，坐
鄭爵，拜，執爵興。主人合拜。

　　賓以虛爵降。主人降。賓洗南西北面坐鄭析③，少進，辟降。
主人西階西，東面，少進，對。賓坐取柶④，鄭于匪下，浣洗。主人
辟洗。賓坐鄭柶于匪，興對，卒洗，及階。揖，升。主人升，拜洗
如賓禮。賓降洗⑤，主人降。賓辟降，卒浣，揖升。酌膳，執幂如
初，以作主人于西階上。主人北面拜受爵。賓主人之左拜送爵。
主人坐祭，不啐酒，不拜酒。述卒爵⑥，興，坐鄭爵，拜，執爵興。
賓合拜。主人不崇酒，以虛爵降，鄭于匪。賓降，[立于西階西，
東面。擯者以命升賓。賓升，立于西序，東面。

　　主人盥，洗象觚，升酌膳，東北面獻于公。公拜受爵，乃奏
《肆夏》。主人降自西階，阼階下北面拜送爵。宰胥薦⑦]脯醢，由

----

　　①　"齋"字今本作"嚌"。
　　②　"指"字今本作"旨"，"吃"字今本作"闋"。沈云："簡本本篇皆作'吃'，而《燕
禮》第49簡記'主人答拜而樂闋'，第50簡'主人升受爵以下[而]樂闋'，二字皆漫漶，
摹者定作闋。字書無闋字，縱如所定，亦不過闋之形譌耳。訖、闋同訓。此'吃'爲訖
之形譌。簡本闋、訖兩作。"
　　③　"析"字今本作"觚"。陳校："乃柶之誤寫也。'拜'下有鉤識號。"王關仕云：
"甲本觚作析，爲柶（觚）之形誤，熹平石經同今本。"
　　④　陳校："柶字削改。"王關仕云："甲本觚作柶。按此字特大，書法亦異，例爲削
改者。下'坐鄭柶'同此經削改。"
　　⑤　"洗"字今本作"盥"。王關仕云："盥作'洗'，爲'浣'之形誤，下'盥'作'浣'，是
其證。"
　　⑥　"作"字今本作"酢"，"述"字今本作"遂"。王關仕云："下凡用爲副詞（於是）之
'遂'同作'述'，他篇則同今本。"
　　⑦　陳校："此簡缺失。相當今本'立于西階'至'胥薦'61字。"

左房。諸子執折俎，升自西階。公祭，如賓禮，諸子贊肺①。不拜
酒，立卒爵，坐奠爵，拜，執爵興。主人合拜。樂吃。升受爵，降
奠于膳篚②。

更爵洗，升酌散以降，酢于阼階下，北面奠爵③，再拜稽首。
公合拜。主人坐祭，述卒爵，興，坐奠爵，再拜稽首。公合拜。主
人〔　　　　　　　〕奠爵于篚④。

主人浣洗，升媵觚于賓⑤，酌散，西階上坐奠爵，拜。賓西階
上北面合拜。主人坐祭，述飲。賓辭。卒爵興，坐奠爵，拜，執爵
興。賓合拜。主人降洗，賓降。主人辭降，賓辭洗。卒洗。賓揖
升，不拜洗。主人酌膳。賓西面拜⑥，受爵于延前，反位。主人拜
送爵。賓升席，坐祭酒，述奠于薦東。主人降，復位。賓降延西，
東南面立。

---

①　"肺"上今本有"授"字。沈云："'如賓禮'者，如賓之祭薦脯醢、祭肺、祭酒也。
公之祭與賓不同者，如下文所云：賓無贊者，公尊，以庶子爲贊者，一也；酒爲己物，公
不拜酒，亦不告旨，二也；賓坐卒爵，公立卒爵，三也。庶子之贊祭，即代公取肺而授于
公。如無'授'字，贊肺豈代公爲祭乎？必不然也，簡本誤脱。"

②　"膳"字今本無。沈云："《燕禮》同節今本亦有'膳'字，簡本第13簡爛缺，不知
所作。上陳燕具席位節'設膳篚在其北，西面'，此主人獻公用象觚，主人升受公之虛
觚，當降置于膳篚。簡本是，今本誤脱。"

③　"面"下今本有"坐"字。沈云："《燕禮》同節今本亦有'坐'字，簡本第14簡爛
缺，不知所作。坐興之節固多省文，然此主人受公之酢，在阼階下拜受爵，異于常禮，
不應省'坐'字。下卒爵後亦'坐奠爵再拜稽首'，簡本與今本同，則此亦以有'坐'字爲
長。"

④　陳校："'主人'與'奠爵'，文義相接而中留一大空白共20字地位，係誤重而削
去者，故不補書。"

⑤　"媵"字今本作"媵"，下同。王關仕云："熹平石經作'媵'，鄭注'媵，送也。
……古文媵皆作媵'。"

⑥　"西面"，今本作"西階上"。沈云："《燕禮》同節今本'面'亦作'階'，下亦有
'上'字。宰夫代公爲主人，賓主人拜位俱在西階上，故其拜北面。堂上唯公西面拜于
席上，群臣無西面拜者。此云'西面拜'，既不明拜于何處，又賓無背君之位，足證簡本
之誤。"

　　小臣自作階下請騰爵者，公命長。小臣作下大夫二人騰爵。騰爵者作階下皆北面再拜稽首。公合拜。騰爵者立于洗南，西面北上，遂進，浣洗角觶，升自西階，徐進①，酌散，交于楹北，降，作階下②，皆鄭觶，再拜稽首，執觶③。公合拜。騰爵者皆坐祭，述卒觶，興，坐鄭觶，再拜稽首，執觶興。公合拜④。騰爵者執觶寺于洗南。小臣請致者。如命皆致，則徐鄭觶于匜⑤，作階下皆再拜稽首。公合拜。騰爵者洗瑑觶⑥，升實之，徐進，坐鄭于薦南，

---

①　"遂"字今本作"序"，"觶"字今本作"觶"，"徐"字今本作"序"。沈云："此二人媵爵節，二下大夫相次而進洗觶，又相次而進酌酒，其義相同，不應異字。簡本'遂'皆作'述'，'序'或有作'徐'。此節四'序進'句，三句作'徐'，一句作'遂'；《燕禮》第17、18、19簡同節四'序進'句除爛缺一句外，三句俱作'序'，與今本同。據此而知，'徐'、'序'縱有錯見，作'遂'顯屬誤寫。"王關仕云："甲本上'序'爲'遂'，下'序'爲'徐'，此同一書手而書異。"

②　"降"下今本有"適"字。沈云："下第25簡同節又'降作階下'句，今本亦有'適'字。《燕禮》同節今本、簡本俱無'適'字。此文鄭注'古文曰降造阼階下'，《説文・辵部》'適，之也'，《小爾雅・廣詁》、《莊子・山木・釋文》並云'造，適也'，適、造義近。二媵降自西階至阼階下拜，故有適，于義當有'適'或'造'字。"

③　"觶"下今本有"興"字。沈云："下'執觶（觶）興'句，簡本與今本同。《燕禮》同節二'執觶（觶）興'句，簡本俱與今本同。因拜而奠觶，必坐；拜畢執觶，必興。下云'媵爵者皆坐祭'，興而能遂至席上祭酒，故當有'興'字。坐興之節固多省略，此儀銜接，以今本不省爲長。"王關仕亦引《燕禮》及下文而以其爲誤脱，並云："凡'執觶'下必有動詞。"

④　"公合拜"，今本作"公荅再拜"。沈云：盛世佐云："此云'荅再拜'，衍一'再'字耳。"韋協夢云："凡臣拜君再拜者，君亦荅再拜。上兩'公荅拜'不言再拜者，文不具。"君臣尊卑之異，在臣之再拜稽首，不在君之荅一拜抑荅再拜，故《燕禮》皆再拜，《大射》皆一拜，不以爲違忤也。盛世佐以此文爲衍"再"字，得簡本證實，而韋説非也。王關仕與韋説略同，云："此篇'媵爵者再拜稽首，公荅其拜'者五見，今本亦唯此作'公荅再拜'，他四見皆同甲本作'公荅拜'；而《燕禮》此五見，今、甲本皆作'公荅再拜'，皆即省與不省耳。此可見其刪省之跡。"

⑤　"寺"今本作"待"，它篇作"侍"。"如"今本作"若"，"徐"今本作"序進"。王關仕云："無'進'，誤脱。《燕禮》'若命皆致，則序進，奠觶於筐'，甲本同有'進'，可證。"

⑥　"瑑"字今本作"象"。沈云："簡本《燕禮》作'象'與今本同。《泰射》俱作'瑑'。象觶，公（諸侯）所用觶。'瑑'爲誤加形旁，猶奠之作鄭，加之作駕也。"

北上,降①,作階下,皆再拜稽首送觶②。公合拜。騰爵者皆退
反位。

　　公坐取大夫所騰觶,興以州賓。賓降,西階下再拜稽首。小
臣正辟,賓升成拜。公坐奠觶,合拜,執觶興。立卒觶③,賓下拜,
小臣正辟。賓升,再拜稽首。公坐奠觶,合拜,執觶興。賓進,受
虛觶,降,奠于匴,易觶④,洗。公有命,則弗易不洗⑤。反升酌膳,
下拜。小臣正辟。賓升,再拜稽首。公合拜。賓告于擯者,請旅
諸臣。擯者告于公,公許。賓以旅大夫于西階上。擯者作大夫
長升受旅。賓大夫(之右坐奠)觶,拜,執觶興。大夫合拜。賓坐
祭,立卒觶,不拜。若膳觶也,[則降],更觶,洗,升實散。大夫拜
受。賓拜(送,遂就席。大)[夫辯受酬,如受賓酬之禮⑥,不祭酒。
卒受者以虛觶降,奠于篚,復位⑦。]

---

　　①　"降"下今本有"適"字。王關仕云:"甲本無'適'。上文'交於楹北,降適阼階
下'亦無。"
　　②　"皆"下今本有"北面"二字。沈云:"臣與君爲禮在阼階下拜,君在堂,自當北
面。此節阼階下拜凡四,初次明言'北面',下三次二字可省。《燕禮》同節今本唯初次
見'北面'二字,《大射》則二見;簡本則二禮皆初次見'北面'二字,餘俱省文,自較一
律,當從簡本。"王關仕云:"《燕禮》'阼階下,皆再拜稽首',甲本同,此今本有'北面'者,
疑衍。"
　　③　"立"字今本作"公"。
　　④　"觶"下今本有"興"字。沈云:"奠觶必坐而省'坐'字,洗觶必興而就洗器立
洗,自亦可省'興'字。《燕禮》同節今本亦無'興'字。坐興之節多省字,則此亦當從簡
本。"王關仕云:"葛本、士禮居本同有'興',誤衍;張本無。《燕禮》'賓進受虛觶降,奠于
篚,易觶洗,公有命則不易不洗',甲本同無'興',可證。"
　　⑤　"弗"字今本作"不"。王關仕云:"《燕禮》此'不'亦作'弗','易'作'更'。"
　　⑥　陳校:"此簡字跡頗有磨滅,缺失12字。"
　　⑦　陳校:"第一段缺失15字,又有數處殘泐。"

　　（主人洗觚），升實散，獻卿于西階上。司宮兼捲重席①，執于賓左，東上。卿升，拜受觚。主人拜送觚。（卿辟重席，司宮徹之，乃薦）脯盉。卿升席，諸子執折俎。卿坐，［左執爵，右祭脯醢，奠爵于薦］右，興取肺，坐［絶祭，不嚌肺，興，］加于俎，坐捝手，取爵，（遂祭酒），執爵［興，降席，西階］上北面坐卒爵，興，坐奠爵②，拜，執爵興。主人合拜，受爵，卿降，復位。（辨）獻卿。主人以虛爵降，奠于匪。擯者升卿，卿皆升，就席。若有諸公，則先卿獻之，如獻卿之禮，席于作階西，北面，［東］上，無［加席③。］

　　［小臣又請媵爵者，二大夫媵爵如初。請致者。若命長致，則媵爵者奠觶于篚。一人待于洗南。長致者阼階下再拜稽首，公荅拜。洗象觶，升實之，坐奠于④］薦南，降，與立于洗南者二人皆再拜稽首送觶。公合拜。公有行一爵，若賓若長，唯公所賜。以旅于西階上，如初。大夫卒受者以虛觶降，奠于匪。

　　主人洗⑤，升，獻大夫于西階上。大夫升，拜受觚。主人拜送觚。大夫坐祭，立卒爵，不拜既爵。主人受爵。大夫降復位。胥薦主人于洗北，西面。脯醢，無升⑥。辨獻大夫，述薦之，繼賓以

---

　　①　"捲"字今本作"卷"。沈云："《燕禮》同節今本亦作'卷'，簡本第22簡爛缺，不知所作。《說文‧卩部》'卷，厀曲也'，又《手部》'捲，一曰捲收也'，經傳多假卷爲捲，簡本用後製正字。"王關仕説略同。

　　②　陳校："此簡缺失三小段共22字，文字稍有磨滅。"

　　③　陳校："此簡稍有磨滅之處，近尾缺失一字。"

　　④　陳校："此簡缺失。相當今本'加席'至'奠于'59字。"

　　⑤　"洗"下今本有"觚"字。沈云："此獻大夫節，主人從堂下西面位就篚取觚，洗而登堂，以獻大夫。本屬略敘，更省'觚'字，無害文義。《燕禮》獻卿獻大夫，簡本、今本俱省'觚'字，則此文亦當從簡本。"王關仕則以其爲誤省，云："《燕禮》'主人洗，升獻大夫于西階上'，甲本同省'觚'。本條'主人洗升''主'字上有●章號，審其文義，亦此爲另一章，上無所蒙，此'洗'下不可省'觚'。知其誤省者，下文'大夫升拜受觚，主人拜送觚'，甲本《燕禮》、《泰射》並同，是可斷今本、甲本之誤省。"

　　⑥　"升"字今本作"胥"。

西，東上。若有東面者，則北上。卒，擯者升大夫，大夫皆升，就席。

乃擩①工于西階上，少東。小臣納工，工六人，四瑟。僕人正徒相大師，僕師相少師②，僕人士相上工。相者皆左何瑟，後首，内弦，汙越③，右相④。後者徒相入。小樂正從之。升自西階，北面，東上。坐授瑟，乃降。小樂正立于西階東。乃歌《鹿鳴》三終。主人洗爵⑤，升賓爵，獻工。工不興，左瑟。一人拜受爵。主人西階拜送爵⑥、薦脯盆、使人相祭、卒爵。不拜、主人受虚爵。衆工不拜，受爵，祭⑦，述卒爵。辨有脯盆，弗祭。主人受爵，降奠于匜，復位。大師及少師、上工皆降，立于鼓北，羣工伖于後。乃

---

①　"擩"字今本作"席"。沈云："此爲工布席，漢隸布席字或誤加形旁耳。"王關仕云："《燕禮》此句適殘逸，《特牲》同今本作'席'，與名詞無別。"

②　"僕師"，今本作"僕人師"。沈云："其職曰僕人，正爲其長，師爲其副，士爲其屬吏。正與士均稱僕人，則'僕師'師上無'人'字不可通，簡本誤脱。"王關仕亦以其爲誤脱，並云："其上文'僕人正徒相大師'，下文'僕人士相上工'，皆有'人'，可證。"

③　"汙"字今本作"拏"。王關仕云："拏作汙，當爲扜之誤。《鄉飲》'拏越内弦，右手相'，注'扜，持也'，字不見《説文》。扜則訓指摩。以皆從'于'得聲。"沈云："《燕禮》升歌節今本作'執越'，《鄉飲》'後首拏越'，《鄉射》'面鼓執越'，瑟之可鼓處在首，面訓前，'面鼓'與'後首'正相反。越爲瑟下孔。拏，持也，近尾持之。故稱執越必面鼓，稱拏越必後首。《表記》'汙澤也'，《爾雅·釋丘》注'頂上汙下者'，《釋文》並云'汙本作洿'。然則此文蓋由拏誤洿，由洿誤汙耳。"

④　"右"下今本有"手"字。王關仕云："無'手'是也。《燕禮》'執越内弦，右手相'，甲本'内'以上殘逸。'右'下無'手'。"

⑤　"爵"字今本無。王關仕云："今本省'爵'。《燕禮》作'主人洗升獻工'，甲本'獻'上不清，摹本'獻'上作'洗'，以上殘逸。而今本《燕禮》即省'實爵'二字，故推'洗'下乃省'爵'字。"

⑥　"西階"下今本有"上"字。沈云："簡本《燕禮》第 29 簡獻工節亦有'上'字。西階上爲賓之拜位，《燕禮》、《大射》宰夫代公爲主人，故其拜位亦在西階上。西階上指西序端近西階之處，西階則指升降所由之階。階無拜位，簡本誤脱。"王關仕亦以其爲誤脱，並引《燕禮》爲證。

⑦　"祭"上今本有"坐"字。王關仕引《燕禮》"衆工不拜受爵，坐祭"，甲本同，以爲未定孰是。

管《新管》三終①。卒管。大師及少師、上工皆東東坫之東南②，西面，北上③。

擯者自作階下請立司正。公許，擯者述爲司正④。適洗，洗角觶。南面坐奠于中庭。升，東楹之東受命于公，西階上北面命賓、諸公、卿大夫："公曰'以我安賓'。"諸公、卿大夫皆對曰："若，敢不安!"司正降自西階，南面坐取觶，升酌散，降，南面坐奠觶，興，右還，北面少立，坐取觶興⑤，坐，不祭，卒觶，奠之，興，再拜稽首，左還，南面坐舉觶⑥，洗，南面反奠于其所，北面立。

---

① "怀"字今本作"陪"，"管"字今本作"宫"。沈云："管謂吹簜，簜爲笙簫之屬。《新宫》，樂章名。簡文涉上下管字寫誤。"

② "東"字今本不重。沈云："《鄉射》遷樂，群工從西階降，即至阼階下之東南坐位，無西階下立位，以遷樂在正樂畢後，毋須有立位;《大射》太師等降堂，堂下簜吹新宫猶未作，應有立位以俟樂畢。堂之東南角有東坫，西南角有西坫，東坫之東南，正當東懸之北，亦即《鄉射》所云'阼階下之東南堂前三笴'之處。而前之鼓北立位，即西坫之西南，立位與坐位正東西相向。簡本重'東'字，云'皆東'者，即由西坫之西南向東而行;下云'東坫之東南'，即明其坐位所在。今本誤脱'東'字，則樂工遷樂之義與夫異于《鄉射》之節均不能明，得簡本而前後脈絡昭然明晰。簡本縱多寫誤，終屬西漢之本，保存原書真面較多，此即其勝義之尤著者。"王關仕則以重"東"字爲誤。

③ "北上"下今本有"坐"字。沈云："此時樂事已畢，射事開始，樂工無所事事，獻工時猶以賓者而得不拜不祭，至此更不應使其久立，當有'坐'字。簡本誤脱。"

④ "司正"今本重。王關仕云："甲本誤省。《燕禮》'射人遂爲司正，司正洗角觶'，甲本亦不重。按此實不可省，擯者以爲司正，以司正之身份適洗洗角觶，故不得蒙省'擯者'。"

⑤ "觖"字今本作"觶"，它簡皆作觶。

⑥ "舉觶"，今本作"取觶"。沈云："簡本《燕禮》第 34 簡亦作'取'，與今本同。《禮經》舉觶，專爲旅酬。此節司正表位察儀，自酢卒觶後，此左還南面復取觶洗，遂以虛觶反奠，終不復用，何來舉觶，簡本寫誤。"

　　司射適次，但①、決、遂②，執弓，挾乘矢於弓外，見鏃於拊③，右鉅指句弦④。自作階前曰："爲正請射⑤。"遂告曰："大夫與大夫，士御于大夫。"遂適西階前，東面右顧，命有司納射器。射器

---

　　① "但"字今本作"袒"。王關仕云："下同。熹平石經《聘禮》同今本，唐石經殘，似同今本。鄭氏訓'袒'爲'左免衣'，《説文》'袒，衣縫解也'，'但，裼也'，段注'今之經典，凡但裼字皆改爲袒裼矣。《衣部》又曰：臝者但也，裎者但也。《釋訓》、《毛傳》皆曰袒裼，肉袒也'，則甲本作'但'爲正字，今本'袒'爲假借。"

　　② 王關仕云："《史記・魯周公世家》'東門遂殺適立庶'，《索隱》'《系本》並作遂'，《詩・鄘風・定之方中・釋文》'《鄭志》問曰，山川能説何也？荅曰：兩讀……或曰遂……遂讀如遂事不諫之遂'，是遂、遂可通假。本篇遂（於是）亦作遂。"

　　③ "鏃"今本作"鏃"，"拊"今本作"弣"。沈云："《説文・金部》'鏃，利也'，段注'今字用鏃，古字用族，金部曰鏃者利也，則不以爲矢族字矣'。《集韻》一屋：'鏃、族、鎩，或省，亦作鈇。'然則古作'族'，今作'鏃'，鏃爲加形旁後製正字，而作鈇者乃鏃之省。簡作'鎩'，亦鏃之省也。"又云："《少儀》云'削授拊'，鄭注'拊謂把'，刀把曰拊，簡假'拊'爲弣。拊與付通，《廣雅・釋詁》云'拊，求也'，朱駿聲《説文通訓定聲》以爲拊假借爲付，謂'付之爲求，猶匄之爲與，義相因'。付與符通，《釋名・釋書契》云'符，付也。書所敕命於上，付使傳行之也'，簡本蓋以聲義並通而又假'付'、'符'爲'拊'也。"王關仕云："拊字本從'木'作'柎'，《考工記・弓人》'方其峻而高其柎'，疏'柎，把中'，其上文'於挺臂中有柎焉'疏'直臂中正謂弓把處有柎焉者'，是鄭此注弓杷之'杷'從'木'，疏則從'手'，則甲本弣從手作拊，亦同從木作柎，即弓杷也。蓋從形則作弣，從質則作柎，作拊蓋柎之誤。"

　　④ "鉅"今本作"巨"，"句"今本作"鉤"。沈云："《説文・金部》：'鉅，大剛也。從金巨聲。'段注'引申爲鉅大字'，又《工部》：'巨，規巨也。從工，象手持之。榘，巨或從木矢，矢者其中正也。'段注'案後人分別巨大也，鉅法也、常也，與《説文》字異。'然則簡本作'鉅'用本字，今本作'巨'爲假借字。《莊子・天下》'以巨子爲聖人'，《釋文》'向、崔本作鉅'，二字以聲同通假。"又云："句、鉤聲同通假，《淮南子・氾論訓》高注云'鉤讀濟陰句陽之句'可證。"王關仕云："鉤作句，乃其初文，《説文》句訓'曲'，鉤訓曲鉤乃段氏據《韻會》補，蓋'鉤'當次'句'下，爲後起字。"

　　⑤ "正"字今本作"政"。沈云："政、正錯雜並用。案二字聲同通假，《書・甘誓》'御非其馬之正'，《墨子・明鬼下》引作'政'。《詩・節南山》'不自爲政'，《緇衣》引作'正'。《周禮・凌人職》鄭注'故書正爲政，政當爲正'，《書序》'成王政'，《釋文》'馬本作正'。二字通作，群書例不勝舉也。"王關仕云："鄭注：'爲政謂司馬也。司馬政官，主射禮。'則甲本作'正'爲'政'之省。"

皆入。君之弓矢適東堂，賓之弓矢與中、擣、豊①，皆止于西堂下。衆弓矢弗扻②。總弓矢、楅，皆適次而寺③。工人、士與擇人升自北階④，兩楹之閒，疎數容弓，若丹若黑⑤，度尺而午，射正泣之⑥。〔卒畫，自北階下。司宮埽所畫物，自北階下。大史俟于所設中之西，東面以聽政。司射西面誓之曰：“公射大侯，大夫射參，士射干。射者非其侯，中之不獲。卑者與尊⑦〕者爲偶⑧，不異侯。”

---

① “擣豊”，今本作“籌豊”。王闓仕云：“《説文》‘籌，壺矢也，從竹壽聲’，‘擣，手椎也……從手壽聲’，則甲本假借。”沈云：“《史記·龜策列傳》‘上有擣蓍，下有神龜’，《索隱》云‘擣音逐留反。按即稠也。擣蓍即蔂蓍。擣古稠字’，擣、籌、稠同音，蔂與擣、籌一聲之轉。”

② “扻”字今本作“挾”。沈云：“鄭注‘方持弓矢曰挾’，謂架矢于弓弦，則扻當爲挾之俗寫。”

③ “總”下今本有“衆”字，“寺”今本作“俟”。沈云：“衆弓矢對君之弓矢、賓之弓矢而言，‘君之弓矢適東堂，賓之弓矢止西堂下’，尊君與賓，故別置之。諸人所用，不加分別，共置于次。不挾，即非一弓四矢相配合。總，即合而束之。不挾方稱總。不挾云‘衆弓矢’，則總亦當云‘衆弓矢’。簡本脱‘衆’字。”又云：“今本‘俟’字，此簡作‘寺’，它簡作‘𢓊’。簡本寺有作侍，而侍又通待，簡本用古文。今本‘俟’亦古文。”王闓仕以“寺”爲“待”之省。

④ “擇”字今本作“梓”。沈云：“《説文·木部》：‘梓，楸也。從木宰省聲。梓，或不省。’簡本用或字而又誤寫從手旁耳。”王闓仕亦引《説文》，而以甲本作擇爲梓之誤，猶前‘𢲸’之作‘拊’，《考工記》作‘柎’。

⑤ “黑”字今本作“墨”。沈云：“古無墨字，卜辭有䍅（《拾》一·四），《鑄子簠》銘有䍅（《代》十·三）字，俱用黑爲墨，簡文亦假黑爲墨也。”王闓仕云：“《説文》‘墨，書墨也，從土黑’，黑訓火所熏之色。‘丹，巴越之赤石也’，則墨爲名詞，甲本作黑，蓋誤省‘土’。凡‘若甲若乙’，甲、乙必爲名詞，且二者只擇其一。”

⑥ “泣”字今本作“苙”。王闓仕云：“‘泣’爲‘涖’之省。《特牲》同，而今本作‘涖’；熹平石經《士喪》作‘苙’，今本他篇同。”

⑦ 陳校：“此簡缺失。相當於今本‘卒畫’至‘與尊’61字。”編者按：漢簡釋文“與”誤“興”。今從劉文獻説徑改。

⑧ “偶”字今本作“耦”。王闓仕云：“《説文》‘耦，耒（段氏正作耕）廣五寸爲伐，二伐爲耦，從耒禺聲’，‘偶，桐人也，從人禺聲’，段注‘按木偶之偶，與二枱並耕之耦，義迥別。凡言人耦、射耦、嘉耦、怨耦，皆取耦耕之意，而無取桐人之意也’。”沈云：“《文選·文賦》李善注‘耦與偶古字通’，《莊子·齊物論》‘嗒焉似喪其耦’，《釋文》‘耦本又作偶’。”

大史許若。述比三偶。偶妃于次比①,西西北上②。司射命上射,曰:"其御於子③。"命下射,曰:"子與某子射。"卒,述命三偶取弓矢于次。

司射入于次,簪三挾一个④,出于次,西面揖,當階北面揖,及階揖,升堂揖,當物北面揖,及物揖,由下物少退,詩射⑤。射三侯,將乘矢,始射竿,有射參,泰侯再發。卒射,北面揖。降⑥,如

———————

① "偶妃"今本作"三耦俟","妃"今本作"俟","次比"今本作"次北"。沈云:"下第57簡將射命耦節'述(遂)比衆偶(耦),立于大夫之南',今本重'衆耦'二字。二文句例正同,而簡本皆有誤脱。比耦爲司射執行射事,下句記三耦或衆耦之立位。凡射,必先比三耦使試射,三耦爲專詞,不得單稱耦。簡本此文誤脱'三'字,下文誤脱'衆耦'二字。"又云:"《説文·立部》'竢,待也',今本作'俟'爲'竢'之假借。《詩·静女》'俟我於城隅',《周禮·内饔職》'以俟饋',均假'俟'爲'竢'。《説文》'竢'下又云'妃,或從巳',簡本用竢之或體。"又云:"次爲更衣之所,妃于次之北。'次比'不詞,蓋涉上文'比三耦'而寫誤。王關仕云:《説文》'俟,大也','竢,待也',則竢爲本字,其重文作妃,與甲本同。"

② 陳榮傑云:"此簡中'西西北上'的第二個'西'字應爲'面'。此字圖版和摹本均作 ⿰。前一個'西'字的字形爲 ⿰,非常清晰,與 ⿰ 差異很大。而簡文'面'也有寫作⿰(《泰射》10簡)的,⿰與⿰的字形相近。此字今本也作'面',可爲旁證。"

③ "其"字今本作"某"。

④ "簪"字今本作"搢"。王關仕云:"'搢'不見于《説文》。鄭注'搢,扱也',《鄉射》'搢三而挾一个',注'搢,插也,插於帶之右旁',此蓋省'扌'。"

⑤ "詩"字今本作"誘"。陳校:"下第61簡作'誌'。"王關仕云:"甲本誘作詩,形誤。陳校下'誘'作'誌',似手民誤。"沈云:"合耦之射之前司射先射,對挾矢、升階、履物、射四矢于三侯、降階等儀,俱屬示範,謂之'誘射',故鄭注云'誘猶教也'。詩射、誌射均不詞,俱屬形譌。"

⑥ "降"上今本有"及階揖"三字。王關仕云:"《鄉射》'(司射)執弓不挾,右執弦。(卒射),南面揖,揖如升射,降,出于其位',亦不云'及階揖'。又既云'如升射之儀',即所以省文也。其升射儀爲'出於次,西面揖,當階北面揖,及階揖,升堂揖,當物北面揖,及物揖',降則反其序,而首云'北面揖',爲當升射之'當物北面揖',以下則同升射故不煩舉,乃云'降如升射之儀',是甲本無'及階揖'宜也。"沈云:"升射時有及階揖,即行至階下而揖;降時由物至階,必先西行至當階之處折而南行揖,不應至西階上復揖,其文當是當階揖而非及階揖。當階揖已包括在'揖如升射'、'降如升射之儀'中,則今本此三字爲衍文無疑矣。千載未發之覆,得簡本而是正之,然則漢簡爲善矣。"

升之義^①。述適堂西，改取一个挾之。述取符簪之^②，以妃于所执中之南^③，東面。

司馬阤命負疾者："执菁以負疾^④。"負疾者皆適疾，执菁負疾而妃。

司射適次，作上偶射。司射反［位。上耦出次，西面揖進。上射在左，並行，當階北面揖，及階揖。上射先升三等，下射從之，中等。上射升堂，少左。下射升，上射揖，並行。皆當其物北

———————

① 校記云："如升之義"，今本作"如升射之儀"。王關仕云：甲本"升"下無"射"，省或誤脱，下文"揖如升射"，甲本亦無"射"。沈云："升射之儀，包括若干儀注，不得但言'升'，簡本誤脱'射'字。"陳邦懷云："金文中威儀之'儀'皆作'義'（如《虢叔旅鐘》、《王孫鐘》、《沇兒鐘》、《叔向父殷》）。人名如張儀，他所鑄的十三年相邦戟銘中寫的他的名字亦作'義'；又如徐王儀楚，他所鑄的端銘中寫的他的名字作'義楚'。《周禮·春官·肆師》'治其禮儀'，鄭注'故書儀爲義，鄭司農讀爲儀'。綜合金文及周禮鄭注，證知簡文'義'讀爲'儀'，用古文也。"

② "符簪"，今本作"扑揩"。沈云："簡本作'符'凡十七見，無作'扑'者。又咐亦有作'苻'，凡三見，釋見前。《鄉射記》云'楚扑長如笴'，刊本尺，以三尺之木削其手执之處，用以爲'撻犯教者'，與符節之義不相涉。錢大昕謂'古無輕脣音，凡輕脣音古皆讀爲重脣'，符聲轉而同于扑，作'符'蓋聲之謁也。"王關仕云："《説文》：'符，信也，漢制以竹，長六寸，分而相合，從竹付聲。'無'扑'字。而'朴'訓木皮，'攴'訓小擊。段注：'按此字從又卜聲，又者，手也，經典隸變作扑。'則甲本假符爲扑。《廣韻》扑切普木，滂紐；符切防無，奉紐，古屬並紐；防從方聲，滂從方得聲，是脣音每通，故扑、符得假借，且《廣韻》符、苻、防、房同紐。熹平石經作'朴'爲'扑'之隸混；簡本從手、從木亦多混。"

③ "妃"今本作"立"，"南"上今本有"西"字。王關仕云："此爲司射'遂取扑，揩之'，下文'司射適次，作上耦射，司射反位'，則此甲本作妃者義勝今本。妃（當今本疾）者，疾'司馬師命負侯者执旌以負侯，負侯者皆適侯，执旌負侯而疾'也，如今本作'立'，嫌與'位'混（立、位古通）。"沈云：中盛筭器，此時猶未設而云"所設中"者，用以明司射之位在中器之西南。射後，釋獲者坐于中器之西，取中器之筭，委于中器之南或北，以記雙方射中之次數。如司射立于中器之南，則將礙于委筭，故決知司射之位不在其南而在其西南也。簡本誤脱"西"字。

④ "菁"字今本作"旌"。沈云："《孟郁修堯廟碑》'阤（師）工旌密'，洪適云'此碑假借字如旌爲菁'。今本用本字，簡本用假借字。"王關仕云："段注'精、旌疊韻。《釋名》曰：旌，精也，有精光也'，菁訓韭華，從艸青聲。《廣韻》菁、旌同切子盈，菁乃同音假借，段氏謂疊韻，未之審。"

面揖，及物揖。皆左^①]足履物，環視矦中，合足而㠲^②。司馬正適次^③，但、決、述，執弓，右挾之，出，升自西階，適下物，立亐物閒^④，左執付，右執簫，南陽弓^⑤，命去矦。負矦皆許若，以宫趨，直西，及乏南，有若以商，適乏^⑥，聲止。授護者，退立于西方。護者興，

───────────

①　陳校："此簡缺失。相當於今本'位上耦'至'皆左'61字。"

②　陳校："㠲下有頓號。"

③　王關仕云："甲本'政'作'正'。鄭注'司馬正，政官之屬'，則鄭本亦作'正'。按甲本作'正'是，上文'司馬師命負侯者執旌以負侯'，注'司馬師，正之佐也'，即指司馬正而言，此下文'司馬正出于下射之南'，即此'司馬政'，是今本此作'政'者，當爲'正'，可據甲本改，以求其一。"

④　劉文獻云："簡本'于'作'亐'，漢簡《校記》無校語。"

⑤　"陽"字今本作"揚"。沈云："下第63簡三耦再射釋獲節'陽觸'，第70簡君與賓射節'上曰陽'，今本俱作'揚'。揚、陽通，《春秋經》並《左傳·昭公二十五年》'次于陽州'，《公羊傳》今本作'楊'而唐石經作'揚'。《左傳文公八年》'晉侯使解揚歸匡戚之田于衛'，《漢書·古今人表》作'解陽'。簡本假'陽'爲'揚'。"

⑥　"適"字今本作"至"。王關仕云："《説文》'適，之也'，《莊子·天地》'以二缶鍾惑而所適不得矣'，《釋文》引司馬彪注'適，至也'，《廣韻》適切施隻，審紐，又切都歷，端紐；至切脂利，照紐。端紐與照紐，古聲亦同。"《斠補》云："適、至、造三詞均有往、到義，古注屢見互訓者。《小爾雅·廣詁》'造，適也'，適、至異文屬於近義詞換用，王關仕據語音强爲之解，謂適讀審紐或端紐，至讀照紐，齒音古多讀舌音。即使兩者聲紐勉强可通，其韻部一屬錫部，一屬質部，亦頗有距離。"

共而祀。司馬出于下射之南①，瓄其後，降自西階，述適次，舍弓②，挩決③、拾、襲，反位。司射進，與司馬交于階前，相左，由堂下，西階之東，北面視上射。命曰："毋射獲，毋獢護④。"上射揖。司射退，反位。乃射。上射既發，挾矢，而后下射射，拾發以將乘矢。護者坐而護。舉菁以宮⑤，偃（菁以）商。護而未舍護。卒射，右挾之，北面揖，揖如升⑥。上射降三等，下射少右，從之，中等，並行。上射于左，與升射者相左交于階前，相揖。適次，擇弓，挩決、拾、襲，反位。三偶卒射，亦如之。司射去符，倚于階

---

① 兩"司馬"下今本均有"正"字。沈云："本篇司馬正凡二十二見。簡本、今本同作司馬正者凡十見（第48、52、55、99簡各一見，53、54、85簡各二見），同省作司馬者十見（第62、67、73、74、93、94、96、97簡各一見，第61簡二見），惟此簡二'司馬'句今本有'正'字爲不同。又第1簡戒宰視滌量道張侯節'宰夫戒宰及司馬'、'司馬命量人量侯道'，今本亦無'正'字。胡匡衷《儀禮釋官》云：'司馬亦司馬正，自後凡單言司馬皆是，與上"宰夫戒宰及司馬"、"司馬命量人量侯道"者別。據經文則射時命去侯，命負侯，命取矢，命設福、撫矢，獻服不，命退福、解綱者，司馬正也。命負侯、乘矢，獻隸僕人、巾車、參侯干侯之獲者，命獲以旌與薦俎者，司馬師也。司馬正經亦稱司馬，亦稱正。'胡氏分別雖善，其實諸事皆司馬之職，職有多人，事多則以正、師分任，或稱司馬正或單稱司馬，與司馬師相對而言，並無不同。簡本較今本省作者多兩處。今文每多省文，此亦或然。"王關仕亦以甲本省"正"字，並引賈疏"知司馬是司馬正……此經皆言如初，案上番射，司馬正與司馬師乘矢，故知也"，謂今本亦有或省例。
② "舍"字今本作"釋"。王關仕云："甲本釋爲舍，或亦作'澤'、'擇'，下文'獲而未釋獲'鄭注'古文釋爲舍'。"
③ "挩"字今本作"說"。王關仕云："下同，甲乙本《服傳》同。《士昏》'主人說服于房中'，鄭注'今文說皆作稅'，《說文》'挩，解脫也'，'說，說釋也，一說談說'，則簡本作'挩'爲正字。"
④ "毋獢"，今本作"毋獵"。王關仕云："熹平石經《既夕》'鬣'作'鬐'，推此'獵'亦當從'曷'。"
⑤ 陳校："末二字右泐。"王關仕云："甲本'宮'作'官'，形誤，猶上文'乃管新宮'作'官'。"
⑥ "升"下今本有"射"字。沈云："此三耦射節，與司射誘射之儀同，當有'射'字，簡本誤脫。"

西，適作階下，北面告于公，曰："三偶卒射。"反，簪符，復位①。

司馬正但、決、遂，執弓，右挾之，出，與司射交于階前，相左。升自西階，自右物之後，立于物閒，西面南②，揖弓，命取矢。負侯許若，如去侯③，皆執其菁以負其侯而俟④。司馬正降自西階，北面命執榦。小臣師執榦。司馬正東面以弓馬縪⑤。既執榦，司馬

---

①　"復"字今本作"反"。沈云："下第66簡君射節'司馬[師]復位'，今本亦作'反'。《大射》反于立位或坐位，或稱復或稱反。《特牲》第9簡視滌視牲節'賓出，主人出，皆復外位'。簡本與今本同。鄭注'今文復爲反'，作'復'用古文也。"

②　"西面南"，今本作"西南面"。王關仕云："此甲本句讀異於今，當斷爲：'立於物閒，西面，南揖弓。'與揚弓位同而面略異，未審孰是。"沈云："上三耦射時司馬正命去侯，'適下物，立于物閒'，堂上正中畫二物（"十"）以爲徽幟，射者皆踐物以射。上射左，下射右，下物即右物。司馬正先至下物，然後立于兩物之間，正對庭中三侯，'南揚弓，命去侯'。此節爲司馬正升堂命取三耦所射之矢，取矢由負侯、小臣師、司馬師等爲之，彼等位在堂下西方，故必西南向命之。如依簡本作西面南，則南字當屬下讀作'南揖弓'。揖弓爲執弓略向前推動，西面立而南揖弓必用左手，如此則既與方位乖謬，又與上'右挾之'之文相違忤矣。足證簡本'面南'二字爲誤倒。"

③　"如"下今本有"初"字。沈云："如者，如三耦射節司馬正命去侯之'負侯皆許諾，以宮趨，直西，及乏南，又諾以商，至乏，聲止'，無'初'字義不可通，且不蒙三耦射節命去侯之事，則此儀亦不能明也。簡本誤脫。"王關仕云："如非誤脫，則句讀爲'負侯許諾，如去侯'，視今本'負侯許諾，如初去侯'文例爲佳。既云'如初'，則不煩'去侯'，且上文'去侯'僅一見，作'如去侯'是也。凡言'如初'，下無文，如'司射作射如初'，'一耦升如初'，'司馬命去侯，負侯許諾如初'，'釋獲皆如初'。按：司馬政南揚弓，命去侯時，服不已在大侯前，聞命乃許諾（去侯）以宮，趨直西，及乏南又諾以商，至乏，聲止。"

④　"執"下今本無"其"字。沈云："三侯各有一旌，每旌皆有一人執之。旌倚于侯上，謂之負侯，即以負侯名此執旌之人。下第65、66簡君與賓耦射節'皆執其旌以負其侯而俟'，今本亦有'其'字與簡本同。三侯各有侯者一人執旌，則當有'其'字，今本誤脫。"

⑤　"馬縪"，今本作"爲畢"。陳校："下第62簡亦作'以弓爲縪'，'馬'當是'爲'之誤。"王關仕云："畢作縪，下同。按甲本《特牲》'畢'作'椑'，此作'縪'，當以'畢'爲正字。《說文》'縪，止也，從糸畢聲'，段注'《廣雅》曰：道軌謂之鹿車，鹿車下鐵，陳、宋、淮、楚之間謂之畢，所謂鹿車縪也'，是畢、縪聲母同假借。"

正適次，舍弓，挩決、拾、襲，反位。小臣坐委矢于楅，北梧①，司馬陃坐乘之，卒。若矢不備，則司馬正有但執弓，升，命取矢如初，曰："取矢不索。"乃復求矢，加于楅。卒，司馬正進坐，左右撫之，興，反位。

司射適西階西，倚符，升自西階，東面請射于公。公許。述適西階上，命賓御于公，諸公、卿則以偶告于上，大夫則降，復位而後告②。司射自西階上北面告于大夫，曰："請降。"司射先降，箸符，反位。大夫從降③，適次，立于三偶之南，西面北上。司射東面于大夫之西比偶④。大夫與大夫，命上射曰："某御於子。"命下射曰："子與某子射。"卒，述比衆偶⑤，立于大夫之南，西面北上。若右士與大夫爲偶⑥，則以大夫之偶爲上。命大夫之偶曰：

---

① "梧"字今本作"括"。沈云："括當作梧。《説文‧木部》'梧，一曰矢栝，築弦處'，《釋名‧釋兵》云'矢，其末曰栝，栝會也，與弦會也'，《考工記》矢人爲矢云'夾其比，以設其羽'，鄭司農云'比謂括也'，栝謂矢末受弦處，簡作'梧'，義不可通，當是梧之形譌。"

② "復"今本作"即"，"後"今本作"后"。陳校："唐石經作后，毛本作後。"沈云："下文大夫降立于次南位，司射比耦，告以上或下耦。此位初設，不應稱'復'，簡本誤。"王關仕云："甲本是也。告大夫於堂下，別於卿也。下文'司射自西階上，北面告于大夫曰：請降。司射先降，搢扑，反位。大夫從之，降，適次'，作'反位'，是其證。復位即反位。"

③ "從"下今本有"之"字。王關仕云："甲本無'之'，省或誤脱。"

④ "西比"，今本作"西北"。沈云：阮元《校勘記》云："《釋文》、唐石經、徐氏同，《通解》、楊、敖'比'俱作'北'。今案：作'北'則北字斷句，耦屬下讀；作'比'則比耦爲句。大夫在衆耦之北，司射合比自應在大夫西北；耦字下讀，"耦大夫與大夫"，不必上有"比"字。自以作"北"爲長。《斠補》云："'比耦'連用，有《鄉射禮》'遂以比三耦于堂西'句爲旁證，鄭注曰'比，選次其才相近者也'。比耦連言，即謂兩人共同合作，《左傳‧昭公十六年》'昔我先君桓公与商人皆出自周，庸次比耦以艾杀此地'之比耦亦爲此義，在《儀禮》中特指選擇兩人爲一組同以行射。"

⑤ "衆偶"今本重。王關仕云："甲本'衆耦'不重，乃改作此本時誤脱重文號。"

⑥ "右"字今本作"有"。

“子與某子射。”告于大夫曰①：“某御於子。”命衆偶，如命三偶之辭。諸公、卿皆未降。

述命三偶各與其偶栒取矢②，皆袒、决、遂，執弓，右挾之。一偶出，西面揖，當楅北面揖，及楅揖。上射東面，下射西面。上射揖進，坐衡弓③，却手自弓下取一个，兼諸笴，興，順羽，且左還，每周④，反面揖。下射進，坐横弓，復手自弓上取一个⑤，兼諸笴，興，順羽，且左還，每周，反面揖。既栒取矢，宭之⑥。兼挾乘矢，皆内

①　“告于大夫”，簡“於”作“于”，陳氏校記漏校。今從劉文獻説逕改。

②　“栒”字今本作“拾”。沈云：“下第 59、60 簡俱作栒，第 70、90、93、98 簡又作枬。惟第 51 簡作“拾”，與今本同。鄭注‘拾，更也’，拾取矢者，更迭而取矢也。字當作迨，《説文·辵部》‘迨，遝也’，而《手部》‘拾，掇也’，又《木部》‘栒，劍枬也’，俱非其義。栒與枬通，《莊子·刻意》‘枬而藏之’，《玉篇·木部》“栒”下引《莊子》云‘栒而藏之’。《廣雅·釋器》‘栒，室’；郭，劍削也’，王念孫云：‘《説文》栒劍枬也，枬亦栒也。’是知拾、栒、枬、迨聲同通假，而此文應以迨爲正字，拾、栒、枬俱屬假借。“

③　“衡”字今本作“横”。

④　“每”字今本作“毋”。沈云：“《説文·土部》‘坶’字下引《書序》‘武王與紂戰于坶野’，《詩·大明》孔疏引鄭玄《書序》注云‘《禮記》及《詩》作坶野，古字耳’，彼坶有作坶者，猶此簡之‘毋’作‘每’也。”王關仕則以其爲書異。

⑤　“復”字今本作“覆”。王關仕云：“甲本覆作復，他多同今本作‘覆’，此形誤。鄭注‘覆手，自弓上取矢’。”

⑥　“宭”字今本作“梱”。沈云：“下第 63 簡三耦再射釋獲節‘淳復’，今本‘淳’作‘梱’。簡本二字不同。梱、宭、淳古音同部通假。鄭二注並云‘古文梱作魁’，簡本殆用今文。古文作‘魁’者，胡承珙《疏義》所謂‘魁與梱一聲之轉’也。”王關仕云：“《説文》‘梱，門橜也，從木困聲’，段注‘苦本切，十三部’，‘宭，群尻也，從宀君聲’，段注‘渠云切，十三部’，然段氏十三部無‘困’聲，黄氏第五部（痕、魂）亦無，皆不見他部。嚴可均《説文聲類》僅困、梱二字同《説文》而頣、稇、悃三字，以爲當從‘困’。案‘困’聲見段氏十三部，黄氏五部，‘君’聲同，是同部假借。《集韻》：‘梱，《説文》梡木末析也。或從困。’”

瓏，南面揖。適楅南，皆左瓏，北面①，簪三挾一個。揖，以偶左
瓏，上射於左。退者與進者相左，相揖。退澤弓矢于次②，梲決、
拾、襲，反位。二偶栝取矢，亦如之。後者取誌射之矢③，兼乘矢
而取之，以授右司于次中④。皆襲，反位。

　　司射作射如初。一偶揖、升如初。司馬命去俟，負俟許若如
初。司馬降，澤弓，反位。司射猶挾一個，去符，與司馬交于階
前，適作階下，北面請澤獲于公。公許。反，晉符，述命澤獲者執
中⑤，以弓爲繂，北面。大史澤獲。小臣師執中，先坐執之⑥，東
面，退。大史實入筭于中⑦，橫委其餘于中西，興，共而竾。司射

---

① "北面"下今本有"揖"字。沈云："第二番射，三耦將復射，在楅上拾取矢。楅
爲矢架，設于中庭，上射下射相對于楅之兩側，從楅上更迭各取四矢，于楅北南面揖；
繼則互易其位，至楅南北面揖。北面揖對南面揖而言，'南面'下有'揖'字，簡本與今
本同，以此相決，'北面'下簡本誤脱'揖'字。"王闓仕則曰："甲本無'揖'，是也。《鄉射》
'皆少進，當楅南，皆左還，北面，揗三挾一個，揖'，今本此涉上文而誤衍；'北面'下並
非不揖，乃揗三挾一個後始揖，故此下文作'揗三挾一個，揖以耦'，可據甲本刪。"
② "澤"字今本作"釋"。陳校："以上各簡'釋'俱作'舍'，此下又作'澤'。"
③ "者"下今本有"遂"字。沈云："此時楅上有二十八矢，即司射誘射之四矢，又
三耦六人各四矢，均爲司馬正命小臣取矢而委于楅上者。三耦將復射，就楅上各取四
矢，而司射不復射，亦不復取矢，則楅上尚餘四矢。敖繼公云：'下耦之下射於既拾取
矢之後，又兼取誘射之四矢，皆兼諸弣，至楅南，乃北面揗三挾五個。'下耦兼取司射司
矢，故曰'後者遂取'。簡本無'遂'字，義不連貫，必係誤脱。"
④ "右司"，今本作"有司"。
⑤ "執"字今本作"執"。
⑥ "先"下今本有"首"字。沈云："三耦第一番射爲獲而未釋獲，即射中侯鵠，獲
者衹唱獲而不以筭籌計數。此三耦再射則須釋獲而筭盛于中，故司射命釋獲者設中
器。《鄉射記》云：'鹿中，髤，前足跪，鑿背容八筭，釋獲者奉之，先首。'中器刻木爲獸
形，故有首尾。鄭注'先猶前也'，先首爲執中器之法，無'首'字則'先'字屬上屬下均
不可通。以《鄉射記》決之，簡本誤脱'首'字無疑。"
⑦ "入"字今本作"八"。陳校："此筆誤，下簡可證。"

西面命曰："中離維剛①，陽觸，淳復②，公則澤獲，衆則不與。唯公所中③，三矦皆護。"澤獲者命小史，小史命護者。司射述退④，由堂下北面視上射，命曰："不關不舍⑤。"上司揖⑥。司射退，反位。澤獲者坐取中之八筭⑦，改實八筭，興，執而竢。乃射。若中，則澤獲敏一个澤一筭⑧，上射於右，下射於左。若有餘筭，則反委

① "剛"字今本作"綱"。沈云："下第100簡三番射竟退諸射器節'巾車量人解左下剛'，今本亦作'綱'。鄭注'矦有上下綱'，今本用正字。臨沂銀雀山漢墓出土《孫臏兵法·地葆篇》'直者爲剛'、'紀剛則得'，與此簡作'剛'同，皆假'剛'爲綱。"王關仕以二字同音假借。

② "淳"字今本作"梱"。王關仕云："上文'梱之'作'窘之'，《說文》'淈，潒也，從水圉聲'，圉聲，段氏十三部，黃氏五部，是同部假借。"

③ "中"字今本重。沈云："此時公將射，復誓射中任何一矦均得唱獲，優公也。'中三矦皆獲'，有'中'字義較顯豁，今本爲長。"王關仕云："甲本'中'不重，疑爲重文號，改寫時誤奪。"

④ "退"字今本作"進"。沈云："司射位在西方，至堂下北面命堂上之上射，是進而非退；下云'退反位'，事畢言退。文情脈絡極爲分明。此當作'進'，且在'進'字逗。簡本係涉及下文而誤。"

⑤ "關"字今本作"貫"。沈云："《鄉射》、《大射》鄭注並云'古文貫作關'，簡本用古文。鄭注'貫猶中也'，即《詩·猗嗟》'射則貫兮'之貫，謂不正中矦中之鵠則不釋筭也。古文作'關'，即《呂覽·壅塞》'中關而止'之關，高注'關謂關弓弦正半舉而止也'。謂弓未張滿而射中亦不釋筭也。今古文義有微異。"王關仕云："按《廣韻》貫切古丸，關切古還，雙聲同部，是以通假，貫爲本字，關當爲假借。"

⑥ 陳校："上、司之間今本有'射揖'二字。"劉文獻云："簡本'上射揖，司射退'作'上司揖，司射退'。漢簡《校記》云：'上、司之間今本有射揖二字。'乃誤以'上司'之'司'爲'司射'之'司'。"王關仕云："'上射'作'上司'，乃涉下文而誤。"

⑦ "澤獲"，今本作"釋獲者"。沈云："以筭中數曰釋獲，任此職者曰釋獲者。上文'遂命釋獲者設中'、'釋獲者命小史'、'釋獲者坐取中之八筭'，簡本俱有'者'字。此與彼文相同，簡本誤脫。"

⑧ "敏"字今本作"每"。沈云："下第75簡數左右獲筭多少節'敏委異之'，今本亦作'每'。每、敏一聲之轉。《愙齋集古錄》十四冊十二葉下《杞伯敏父壺》'杞伯敏'，吳大澂云'敏字當作每'。"王關仕云："'每'作'敏'，猶上文'毋'作'每'，書異。"

之。有取中之八筭，改實入筭①，興，執而�。三偶卒射。

賓降，取弓矢于堂西。諸公、卿則適次，繼三偶以南。公將射，則司馬命負矦②，皆執其菁以負其矦而矺。司馬復位。褖僕人騷矦道③。司射去符，作階下④，告射于公，公許。適西階東，告于賓。述晉符，反位。小射正一人，取公之決、拾于東坫上。一小射正受弓⑤、[拂弓，皆以俟于東堂。公將射，則賓降，適堂西，袒、決、遂，執弓，擂三挾一个，升自西階，先待于物北，一笴，東面

① "有取"今本作"右取"，"入筭"今本作"八筭于中"。沈云："此三耦再射釋獲節，初言'太史實八筭于中'，簡本與今本同。後又二言'改實八筭'，省'于中'二字，義並無異。簡本則前句亦省'于中'二字，此句則不省。此又簡本多省字之一證。"

② "司馬"下今本有"師"字。陳校："'以南'下有鉤識號。"沈云："下第97簡樂射後取矢數獲節'司馬乘之，皆如初'，今本亦有'師'字。下第100簡退射器節'陣命護者以菁與薦相退'，今本'師'上有'司馬'二字。本篇司馬正有省作'司馬'者。司馬師爲正之副職，省'師'則與司馬省'正'字者無別矣。簡本又有省司馬而單稱師者，顯欲示別于省'正'之司馬，而命負矦、乘矢俱爲師之職務，然則此三處稱司馬簡本皆誤脫'師'字無疑也。"王關仕以今本誤衍，云："上文司射誘射'司馬師命負矦者執旌以負矦'，甲本同，此若爲司馬師命負矦，則不云'則'，而例作'命負矦如初'，司馬師乃司馬正之佐，此司馬即司馬正，公尊，故正自命之，所以別衆臣也，且司馬師無省稱司馬例，故皆可斷其作'司馬'是。下條同。"

③ "褖"今本作"隸"，"騷"今本作"埽"。陳校："乙本《服傳》第21簡作'騷'，《有司》第1簡作'搔'。"沈云：下第85簡獻獲者節'東褖'，今本作'肆'而簡作'隸'；第86簡獻隸僕人，今本作"隸"而簡作"肆"。漢碑《司隸校尉魯峻碑》隸作"褖"，而《邵墼鐘》"大鐘八隸"，《洹子孟姜壺》"鼓鐘一隸"，隸、鐘俱爲肆字。然則簡之褖、褖字俱應作褖，而隸實與肆同，故有假隸爲肆，亦有假肆爲隸。王關仕云："《隸辨》：'《楊淮碑》'司叔校尉'，按：此碑凡"隸"字皆作"褖"。'褖，《說文》作隸、隸，段注：'《九經字樣》云：褖字故從"又"持"米"，從"柰"聲。"又"象人手。經典相承作"隸"已久，不可改正。'"

④ "作"上今本有"適"字。王關仕云："甲本無'適'，胡氏《疏義》：'蓋凡去扑皆倚于西階西，則阼階下當有適字，故鄭從古文。'"

⑤ "受"字今本作"授"。沈云："二小射正皆有事俟于東堂，一取決拾，一取弓可知，未必受于有司或弓人。此言授弓，謂授大射正以弓，下云'大射正執弓'，言射則受弓可知，故鄭注云'授弓，當授大射正'，如作小射正受弓，則不僅省有司授之之文，並省小射正授、大射正受之文，全書無此文例也。簡本受、授多互譌，此當作'授'。"

立。司馬升,命去侯如初,還右,乃降,釋弓,反位。公就[1]]物,小射正奉決、拾以笥,泰射正執弓,皆以從於物。小射正坐鄭笥于物南,述拂以巾,取決,興,贊執決,朱極三。小臣正贊但,公朱繻[2],卒但。小臣正退跙于東堂,小射正有坐取拾,興。贊執拾,以笥退鄭于坫上,復位。太射正執弓,以袂揗左右㮚[3],上再下壹,左執付,右執簫,以授公。公親柔之[4]。小臣師以巾内拂矢而授矢公[5],稍屬。太射正立于公後[6],以矢行告于公。下曰留,上

[1] 陳校:"此簡缺失。相當於今本'拂弓'至'公就'59字。"

[2] "公"下今本有"袒"字,"繻"今本作"襦"。沈云:"襦爲褻衣。冠弁之服,袒去上衣左袖,襦始得外露,故曰'袒朱繻'或'袒纁襦'。此《禮經》恒語,簡本誤脱。"又云:"《周禮·羅氏職》'蜡則作羅襦',鄭司農云'襦讀作"繻有衣袽"之繻',《易·既濟》'繻有衣袽',《釋文》'子夏作𧚤,王廙同,薛云古文作繻',𧚤即襦字。簡本假繻爲襦,蓋用古文。"

[3] "揗"今本作"順","㮚"今本作"隈"。沈云:胡承珙《疏義》云:"案順、循聲義並同,《莊子·天下篇》'己之大順',《釋文》'順本作循'。"今古文聲義並通。《説文·手部》"揗,摩也",《廣雅·釋詁》"揗,摩,順也",字當作揗,群書多假循爲之,如《漢書·李陵傳》"數數自循其刀環",顔注"循謂摩循也"。簡本用今文。又云:《考工記》弓人爲弓云"夫角之中恒當弓之㮚,㮚也者必橈",鄭注"㮚讀如秦師入隈之隈。"《説文·角部》"𧤗,角曲中也",鄭訓隈爲"弓淵",正指角弓之中。據此,知𧤗爲後製正字,隈今文,㮚古文,俱爲假借字。簡本用古文。王關仕云:"《正義》:'胡氏肇昕曰:《考工記》故書㮚作威。杜子春云:威謂弓淵。玄謂㮚讀如秦師入隈之隈;此云隈,弓淵也,是注以隈即《考工記》之㮚。《釋名》簫弣之間曰淵,淵,宛也,言曲宛。'則甲本同《考工記·弓人》,與故書異,爲隈之假借或省。"

[4] "柔"字今本作"揉"。沈云:"《説文·木部》'柔,木曲直也。從木矛聲'。《火部》'煣,屈申木也。從火柔,柔亦聲'。煣即揉字,故《易·繫辭下》'揉木爲耒',《漢書·食貨志上》引作煣。揉通作柔,《詩·民勞》'揉遠能邇',《崧高》'揉此萬邦',《釋文》並云'本亦作柔',鄭注'古文揉爲紐'。徐養原《疏義》云:'按揉、紐同聲相借,《左傳·定公五年》公山不狃,《史記·孔子世家》之《索隱》作公山不蹂。紐、狃皆以丑爲聲,揉、蹂皆以柔爲聲。'今古文聲同通假。今本作揉,簡本作柔,均用今文。"王關仕亦引《詩經》及《釋文》,而以"柔"爲"揉"之假借或省。

[5] "公"上今本有"于"字。王關仕云:"甲本無'于',蓋省或誤脱。"

[6] "㚘"今本作"大"。陳校:"以上各簡作'泰',以下作㚘,此即今時'太'字所從來。"陳邦懷云:"《説文解字》:'泰,滑也。夳,古文泰如此。'簡文'㚘'字即夳字,但多一横筆。"

曰陽,左右曰方。公既發,太射正受弓而玭,枒發以將乘矢①。公卒[射,小臣]陃以巾退,反位。太射正受弓。小[射]正以笴受決、拾,退鄭于坫上,復位。太射正退,反司政之位。小臣正贊襲。公瓛而后賓降,澤弓于堂西,反位于階西,東面。公即席,司政以命升賓②。賓升復延,而后卿大夫繼射。諸公卿取弓矢于次中,但、決、述,執弓,晉三挾一个,出,西面揖,揖如三偶,升射。卒射,降如三偶。適次,澤弓,挩決、拾,襲,反位。衆皆繼射,澤獲皆如初。卒射,澤獲者述以所執餘獲適作階下,北面告于公,曰:"左右卒射。"反位,坐委餘獲于中西,興,共而玭。

司馬但執弓,升,命取矢如初③。負疾許若,以菁負疾如初。司馬降,澤弓如初。小臣委矢于楅,如初。賓、諸公、卿、大夫之矢皆異束之以茅。卒,正坐,左右撫之,進束,反位。賓之矢,則以授矢人于西堂下。司馬澤弓,反位,而后卿、大夫升就席。

司射適階西,澤弓,去笴,襲,進由中東,立于中南,北面視筭。澤獲者東面于中西坐,先數右獲。二筭爲純。一純以取,實于左手。十純則摱而委之④。敏委異之。有餘純,則橫諸下。一

---

① "枒"今本作"拾"。陳校:"案以前諸簡拾作枒,枒即枒之異文。"王闓仕云:"《說文》'枒,劍枒也,從木合聲',段注'胡甲切',《說文》又云'枒,檻也',段注'烏匣切',而匣從甲聲,是以通假。"

② "司政",今本作"司正"。王闓仕云:"下'司政以命升賓'同,他皆同今本作正,是書異也,今本上文'司馬政適次',甲本作'正',是今、甲本正、政互見。當以'正'爲本字。"

③ 劉文獻云:"簡本'矢'皆作'夫',漢簡《釋文》皆作'矢',摹本且作'矢',似稍誤。"

④ "摱"字今本作"縮"。

筭爲奇，奇則有撼諸純下。興，自前適左，東面坐①。兼歛筭，實于左手，一純以委，十則異之。其餘如右獲。司射復位，澤獲者述盡取賢獲執之②，由作階下北面告于公。若右勝，則曰："右賢滅左③。"若左勝，則曰："左賢於右。"以純數告。若有奇者，亦曰奇。若左右鈞，則左右皆執一筭以告④，曰："左右鈞。"還復位，坐，兼歛筭，實八筭于中，委其餘于中西，興，共而扭。

　　司射命執豐⑤。司宮土奉豐，由西階升，北面坐執于西楹西，降復位。勝者之弟子洗觶，升，酌散，南面坐，奠于豐上，降反位。[司射遂袒執弓，挾一个，措扑，東面于三耦之西，命三耦及衆射者："勝者皆袒、決、遂，執張弓。不勝者皆襲，說決、拾，卻左手，右加弛弓於其上，遂以執弣。"司射先反⑥]位。三耦及衆射者皆升，飲射爵於西階上。小射正作升飲射爵者，如作射。一耦出，

---

　　①　"坐"字今本重。沈云："敖繼公云：'此"坐"字衍文，《鄉射》無之。'此釋獲者數獲，上'釋獲者東面于中西坐，先數右獲'，數右獲已，興而自中器前適左，亦東面坐于中西，即鄭注所云'少北于故'，兼歛筭而數左獲。重'坐'字義不能明，敖氏今本誤衍之說，得簡本證實。"

　　②　"盡"字今本作"進"。沈云："簡本進退字惟此作'盡'。劉向《列子書錄》云：'或字誤以盡爲進。'此亦進字誤作盡也。《漢書・高帝紀》'主進'，顏注'字本作賮，又作賮，音皆同耳。古字假借，故轉而爲進'，二字亦以聲同通假。"王關仕云："《鄉射》同今本作'釋獲者遂進，取賢獲'，鄭並注云：'賢獲、勝黨之筭也，執之者，齊而取其餘。'蓋鄭所見本已作'進'矣。疑作'盡'爲假借。"

　　③　"滅"字今本作"於"。陳校："案'右賢於左'、'左賢於右'，兩'於'字均應如此，此簡仍存'左賢於右'而改'右賢於左'爲'右嫌滅左'，'滅'字削改，不知何故。"王關仕云："按此字書法、墨色、大小悉異，非書手誤書而削改者，乃讀者或經師所爲；古人改字多點滅之，似讀者奉經師命欲滅改他字而誤滅'於'，猶郢書舉燭例。"

　　④　"皆"字今本作"各"。王關仕云："《鄉射》'若左右鈞則左右皆執一筭'，則甲本作'皆'是也。"

　　⑤　"豐"字今本作"豐"。陳校："'司射'上有鉤識號。"

　　⑥　陳校："此簡缺失。相當於今本'司射遂袒'至'司射先反'60字。"

揖如升射。及階，揖勝者先升堂①，少右。不勝者進，北面坐取豐上之觶，興，少退，立卒觶，進，坐奠于豐下，與②，揖。不勝者先降，與升飲者相左，交于階前，相揖，適次，澤弓，襲，反位。僕人師繼酌射爵，取觶實之，反奠于豐上，退俟于序端。升飲者如初，三偶卒飲。若賓、諸公、卿、大夫不勝，則不降。不執弓，偶不升，僕人師降洗③，升實觶以授，賓、諸公、卿、大夫受觶于席，以降，適西階上，北面立飲，卒觶，授執爵者，反就席。若飲公，則侍射者降④，洗角觶，升酌散，降一等，小臣正辭，賓升，再拜稽首，公合再

①　"揖"字今本無，"升"字今本重。沈云："此飲不勝者酒，勝者與不勝者升堂，及階時應有一揖。然上既云'揖如升射'，則一耦出于次揖，西行至當階折而北面揖，北行及階揖，升堂揖，均已包括在內，不應獨更言及階揖。而此'及階，勝者先升堂，少右'三句，乃補述異于升射時：升射時上射先升，此則勝者先升；升射時上射上堂少左，此則勝者上堂少右，鄭注云'先升者，尊賢也。少右，辟飲者'是也。簡本'揖'字爲衍文。"又云："阮元《校勘記》云'升，《通解》不重'，《鄉射》同節今本亦不重'升'字。鄭氏二篇注並云'先升，尊賢也'，不過明'先升'之意，非謂當于升字斷句，後人不明注意，誤于升字逗，而'堂少右'不詞，遂臆增'升'字。得簡本而知今本誤衍。"王關仕曰："甲本'升'不重，乃重文號改寫而誤脫，《鄉射》作'及階，勝者先升，升堂，少右'，又兩注皆云'先升，尊賢也；少右，辟飲者'，是其證。"

②　"與"字今本作"興"。

③　"僕人師"下今本無"降"字。沈云："上文僕人師'退俟于序端'，此時降堂洗觶，升堂實觶，以授賓諸公卿大夫之不勝者。降堂洗觶，本可省'降'字，但此'降洗'與'升實'對文，有'降'字較爲明暢；又《鄉射》同節'執爵者取觶降洗，升實之，以授于席前'。文句雖有不同，而'降洗'與'升實'相對爲文則相同。據以相決，今本誤脫。"

④　"降"下今本有"拜公降"三字。沈云："此飲公，公爲不勝者，賓（侍飲者）爲勝者。飲公仍用拜予之禮，鄭注：'飲君，則不敢以爲罰，從致爵之禮也。'勝者酌散後即降至阼階下拜，公亦降階一等，由小臣正致辭詞，勝者乃升成拜。如依簡本無此三字，則侍射者（即勝者）祇降一等而公未降，與下句小臣正辭相矛盾矣。簡本誤脫。"王關仕亦以其爲誤脫，云："下文'賓降洗，升，縢觶於公，酌散，下拜，公降一等'，甲本同。又'賓降，洗象觶，升，酌膳，以致，下拜'，甲本同，是其證。"

拜。賓坐祭，卒爵，再拜稽首。公合拜①。賓降，洗瑤柧②，升酌膳以致，下拜，小臣正辟，升，再拜稽首。公合再拜。公卒觶，賓進受③，降洗散觶，升實散，下拜，小臣正辟，升辨④。乃徹豊與觶。

司宮尊徙于服不之乏東北⑤，兩獻酒，東面，南上，皆加勺，執

---

① “合拜”今本作“答再拜”。王關仕云：“上文‘賓升再拜稽首，公答再拜’，下文‘（賓）升再拜稽首，公答再拜，公卒觶’，甲本並同，此無者，誤脫或省。”沈云：“胡承珙《疏義》云：‘案此經注疑有脫誤，經文當是公答再拜，注云古文曰公答拜。若古文明云公答再拜，鄭不應反從今文去“再”字。’彼蓋深中夫鄭氏或從今或從古改易經字之説，遂致無證改字而自陷于今古文俱無‘再’字之謬妄矣。經文有答拜，有答再拜，而鄭注一云今文無再，一云古文再拜，可證經文本有不同而鄭氏實無改易經字之事，此例最爲明確。”

② “瑤柧”，今本作“象觶”。王關仕云：“瑤作象，爲書異，字不見字書。本篇‘洗象觚’鄭注‘象觚，觚有象骨飾也’，骨與玉類。《禮記·玉藻》‘孔子佩象環五寸’，注‘象，有文理者也’。”沈云：“簡文‘柧’今本作‘觚’。《燕禮》、《大射》獻公用象觚，簡本二篇主人獻公節俱爛缺，不知所作。上第25簡二人媵觶節‘媵（媵）爵者洗瑤（象）觶（觶）’，與今本同。下第106簡爲士旅酬節‘賓降洗瑤（象）柧（觚）’，與今本同。鄭注‘此觚當作觶’，蓋以此等均爲媵爵，媵爵用觶，故鄭氏斷爲觶。簡本有作觶（觶），有作‘柧’（觚），作‘柧’用今文。”

③ “受”下今本有“觶”字。王關仕云：“甲本無‘觶’，省或誤脫。”

④ 陳校：“‘升’下‘辨’上之間，今本有‘再拜’至‘射爵’62字，恰在簡中，此實爲脫簡。此簡所據之原本，其行款應亦如此簡本，該本脫去一簡，故此亦脫去60餘字，且接鈔在簡文中間。”沈云：“陳校是也。簡本有削改痕多處，似爲官學師弟傳習之本；然抄脫抄誤甚多，甚至有不可卒讀者，此復有脫簡，而傳習者均無所改正，可見此學師對《禮經》未具應有之理解，而此本之非禮家所傳，亦可以推而見之也。”

⑤ “乏”字今本無。陳校：“‘司宮’上有鈎識號。”沈云：“上第5簡射日陳燕具席位節‘有（又）尊于泰（大）侯之乏東北兩［壺］獻酒’，鄭注‘服不之尊，俟時而陳于南，統于侯，皆東面’，彼時服不之尊尚未設，因陳燕具，設堂上之尊、堂下士旅食之尊，連類而語及之，二文實即一事。三侯各有一乏及負侯者一人，大侯之負侯又名服不，服不之乏即大侯之乏，以前證後，必有‘乏’字。據簡本而證今本誤脫。”王關仕云：“甲本是也，今本涉上文‘之’而誤脫。服不常位在乏南，若無‘乏’字，欠明。下‘庶子執俎從之，設于乏少南’是其比。”

洗于尊西北，匪在南，東緣①，實一散于匪。司馬正洗散，述實爵，
獻服不。服不疾西北一步②，北面拜受爵。司馬正西面拜送爵，
反位。宰夫有司薦，諸子執折粗。卒措③，護者適右个，薦粗從
之。護者左執爵④，右祭薦粗，二手祭酒。適左个，祭如右个，中
亦如之。卒祭，左个之西北三步，東面。執薦粗，立卒爵。司馬
陑受虛爵，洗，獻緣僕人與巾車、護者，皆如泰疾之禮。卒，司馬
陑受虛爵，鄭于匪。護者皆執其薦，諸子執粗從⑤，執于乏少
南。服不復負疾而立⑥。

司射適階西，去符，適堂西，澤弓，挩決、拾、襲，適洗，洗柎，
升實之，降，獻澤獲者于其位，少南。薦脯盍、折粗，皆有祭。澤
獲者薦右東面拜受爵。司射北面拜送爵。澤獲者就其薦坐，左
執爵，祭脯盍⑦，興，取肺，坐祭，述祭酒。興，司射之西，北面立卒

---

① "緣"字今本作"肆"。陳校："第66簡隸作祿。案簡文之隸（筆劃有譌變），實
與簡文肆字同從，與漢碑司隸之隸同。古文字肆、隸通用，下簡隸從肆，尤爲確證。"王
關仕云："甲本肆作緣，下文'洗獻隸僕人巾車者'，隸則作'緣'。《説文》'緣，極陳也。
從县隸聲'，段注'息利切，十五部'；《説文》'隸，附箸也，從隸奈聲'，段注'郎計切，十五
部'，是同部假借。'肆'不見字書，緣見《魯峻碑》，《隸辨》曰：'碑則省"出"爲"土"，《玉
篇》云"隸與隸同"。'"

② "一"字今本作"三"。沈云："侯之兩側曰个，《鄉射記》'東方謂之右个'，則西
方謂之左个。侯之左側在西，故左个之西北即侯之西北。'左个之西北三步'句簡本
與今本同，西北三步之處即受獻之拜位，以彼決此，簡本此文'一'爲'三'字之誤無疑
也。"

③ "措"字今本作"錯"。王關仕云："錯、措二字經典通用，措爲本字，《説文》：
'措，置也，從手昔聲。'段注：'經典多借錯爲之。'"

④ 王關仕云："今本'左執爵'之'左'爲'右'，誤，應爲'左'，各本皆不誤。"編者
按：王氏所據今本爲嘉慶二十年阮元重刊宋本，此實阮刻之誤。

⑤ "從"下今本有"之"字。王關仕云："'從'下無'之'，或省。"

⑥ "立"字今本作"俟"。王關仕云："《鄉射》'負侯而俟'，鄭注'今文俟爲立'，按
本篇'負侯而俟'，甲本皆作'負侯而矵'，此既云'復負侯而俟'，復者，上文'公將射
……以負其侯而俟'，甲本同，故此當作矵，作'立'者，蓋今文省或誤耳。"

⑦ "祭"上今本有"右"字。王關仕云："無'右'，省或誤脱。"

爵，不拜既爵。司射受虛爵，鄭于匪。澤獲者少西辟薦，反位。

　　司射適西堂①，但、決、述，述取弓②，挾一个，適西階③，簪符以反位。司射倚符于階西，適作階下，北面請射于公，如初。

　　反簪符，適次，命三偶皆但、決、述，執弓，徐出取矢④。司射先反位。三偶枒取泰如初⑤，小射正作取矢如初。三偶既取矢⑥，諸公、卿、[大夫皆降，如初位，與偶入於次，皆袒、決、遂，執弓，皆進當楅，進坐，説矢束。上射東面，下射西面，拾取矢，如三耦。若士與大夫爲耦，士東面，大夫西面。大夫進坐，説⑦]矢束，退反位。偶揖進，坐兼取乘矢，興，順羽，且左瓊，每周⑧，反面揖。大

---

　　① “西堂”，今本作“堂西”。沈云：“今本‘西堂’作‘堂西’，‘西階’作‘階西’。上第 87 簡同節‘司射適階西去符（扑），適堂西澤（釋）弓，挩（説）決拾襲’，簡本與今本同。司射説決拾而襲上衣在西堂之内，袒決遂亦應在西堂之内。去扑在階西，揩扑亦應在階西。全篇敍述甚明，無一差忒。簡本此文，決爲誤倒。”王關仕云：“張惠言《儀禮圖》示司射釋弓説決拾在堂西，且上文‘司射去扑，適堂西，釋弓，説決拾’，甲本同，則此當爲‘堂西’，今本是。”

　　② “述述”，今本作“遂”。沈云：“二射禮袒決遂執弓挾矢，于文例，二事連屬不必有‘遂’字。簡本誤衍。”王關仕亦因“袒決遂，取弓，挾一矢”連文，且他無此例，而以其爲誤衍。

　　③ “西階”，今本作“階西”。

　　④ “徐”字今本作“序”。王關仕云：“《少牢》‘序進’同作‘徐’，《燕禮》作‘序’，鄭注‘曓言拾，是言序，互言耳’。”

　　⑤ “泰”字今本作“矢”。沈云：“‘拾取矢’句篇中屢見，惟此句‘矢’作‘泰’，當是由‘矢’誤‘大’，遂誤作‘泰’。”

　　⑥ “既”下今本有“拾”字。沈云：“射禮稱拾取矢者，謂上射與下射在楅器上更迭取矢；稱取矢者，謂後獲者從侯上取射中之矢，以及搜尋未中遺落之矢，二者有別。《鄉射》司射‘遂命三耦拾取矢’，‘司射作拾取矢’，《大射》司射‘遂命三耦各與其耦拾取矢’，俱有‘拾’字。惟此節‘命三耦皆袒決遂執弓序出取矢’，‘小射正作取矢如初’，今本、簡本俱無‘拾’字；而簡本此句更無‘既’下‘拾’字，在全篇爲獨異，以二禮全文例之，皆屬誤脱也。”

　　⑦ 陳校：“此簡缺失。相當於今本‘大夫’至‘坐説’60 字。”

　　⑧ “瓊”今本作“還”，“每”今本作“毋”。

夫進坐，亦兼取乘矢，如其偶。北面簪三挾一个，揖退①。大夫與其偶皆適次，擇弓②，挩決、拾、襲，反位。諸公、卿升就席。衆射者繼枰取矢，皆如三偶，述入于次，擇弓矢，挩決、拾、襲，反位。

司射猶挾一个以作射，如初。一偶揖升如初。司馬升，命去侯，負侯許若。司馬降，澤弓反位。司馬與司射交于階前③，倚符于階西，適作階下，北面請以樂于公，公許。司射反，簪符，東面命樂正曰：“命用樂。”樂正對曰④：“若。”司射述適堂下，北面視上射⑤，命曰：“不鼓不舍。”上射揖，司射退反位。樂正命大師，曰：“秦《貍首》⑥，閒若一。”大師不興，許若。樂正反位，奏《貍首》以射。三偶卒射。賓待于物如初。公樂作而后就物，稍屬，不以樂志。其也如初義⑦。卒射如初。賓就席，諸公、卿、大夫、衆射者皆繼射，澤獲如初。卒射，降反位。澤獲者執餘獲進告。左右卒

---

① “退”字今本作“進”。沈云：“《鄉射》三耦賓主人大夫衆賓皆拾取矢節：‘大夫進坐，亦兼取乘矢如其耦，北面揎三挾一个，揖退。’敖繼公此文注云：‘後“揎進”之“進”當作“退”，《鄉射》云“揎退”是也。’簡本正作‘退’，敖說是，今本誤。”

② “擇”字今本作“釋”。

③ “馬”字今本與“射”字互易。沈云：“射禮司射與司馬（即司馬正）執事升降往來，多次相遇于階前。此爲司馬去侯畢反位，而司射適阼階下，二人于階前相遇。司射之事務爲請樂射于公，如依簡本，司馬爲主詞，請以樂于公，命去侯均爲司馬事，請射亦司馬事，司射因何事而往來，實不可通。簡本顯係誤易，而今本是也。”王闓仕云：“上文第一番射‘司射猶挾一个，去扑，與司馬交於階前’，甲本同，則此今本是，甲本誤倒，因‘揎扑’者爲司射也。又《鄉射》此又同今本，皆其證。”

④ “曰”上今本無“對”字。王闓仕云：“此應命，與述文‘許諾’別，今本當據補‘對’字。”

⑤ “視”字今本作“眡”。沈云：“阮元《校勘記》云：‘眡，唐石經、徐本、《通解》、楊、敖俱作“視”。《釋文》於前視簪作眡，注云“本亦作視”；於此無釋，則亦作“視”是也。’《說文·見部》：‘視，瞻也。此見示聲。眎，古文視，眡亦古文視。’據此知作‘眡’乃古文，而簡本用今文，然亦唯此一見。”

⑥ “舍”今本作“釋”，“秦”今本作“奏”。陳校：“簡文‘奏’字多誤作‘秦’，但此簡下‘奏’字又不誤。”

⑦ “也”今本作“他”，“義”今本作“儀”。

射，如初。

司馬升，命取矢，負俟許若。司馬降，澤弓反位。小臣委矢，司馬乘之①，皆如初。司射澤弓、視數②，如初。澤獲者以賢獲興鈞告，如初。復位。

司射命執豐執豐③、賓觶④，如初。述命勝者執張弓，不勝者執弛弓⑤，升、飲，如初，卒，退豐與觶，如初。

司射猶袒、決、遂，左執弓，右執一个，兼諸弦，面鏃，適次，命枅取矢，如初。司射反位。三偶及諸公、卿、大夫、眾射者皆袒、決、遂，以枅取矢，如初。矢弗挾，兼諸弦，面鏃，退適次，皆授有司弓矢，襲，反位。卿、大夫升就席。

司射適次，澤弓，梲決、拾、去扞，襲，反位。司馬正命退楅、

---

① "乘"上今本有"師"字。王關仕云："甲本誤脱。上文'司馬師坐乘之'，甲本同，可證。'如初'者指彼。"

② "數"字今本作"筭"。王關仕云："上文'司射適階西，……北西視筭'，甲本同，此如初者指彼，當作筭（例作共）。"沈云："筭爲筭籌，則八筭之筭簡本作'筭'是也。此視筭非視筭籌而視筭籌之數，字當作'數'。今本有古文，筭數不別；而簡本用今文兩作，固甚善者也。"

③ "設豐"二字今本不重。沈云："敖繼公云：'當更有"設豐"二字，如《鄉射》之文。'朱大韶云：'敖説是也。命設豐者，司射是也；設豐者，司宮士也；實觶則弟子也。司射但命設豐，實觶乃弟子爲之，無待司射之命。若不重"設豐"二字，似以司射命設豐實觶作一句，讀失之矣。唐石經脱，各本因之，當據《鄉射》補。《通解》反於《鄉射》刪下"設豐"二字，則失之甚者也。'得簡本而敖、朱之推比獲實證。今本誤脱無疑。"王關仕則以其爲衍，云："下文'卒，退豐與觶如初'可證。"

④ "興"今本作"與"，"賓"今本作"實"。

⑤ "施"字今本作"弛"。沈云："馬王堆漢墓出土佚書'弛'亦作'施'。《周禮·小宰職》'六曰斂弛之聯事'，鄭注'杜子春弛讀爲施'，《釋文》'尸氏反；劉本作施，音弛；杜作施'。《禮記·孔子閒居》'弛其文德'，《釋文》'皇作施'。又《曲禮上》'弛弓尚角'，《左傳·襄公十八年》'乃弛弓而自後縛之'，《釋文》並云'本又作施'。《周禮》小司徒、遂人、遂師、土均等職鄭注'施讀爲弛'。弛、施古通用，今本用正字，簡本用假字。"王關仕云："《説文》：'弛，弓解弦也。從弓也聲。''施，旗旖施也，從㫃也聲。'是並從'也'得聲而通假，弛爲本字。"

解剛①。小臣師退楅，巾車、量人解左下剛。師命護者以菁與薦相退②。司射命澤獲者退中與筭而妃。

公有舉鄭觶，唯公所賜。若賓若長，以旅于西階上，如初。大夫卒受者以虛觶降，鄭于匲，反位。

司政升自西階③，東楹之東，北面告于公："請徹楅。"公許。述適西階上，北面告于賓。賓北面取楅以出。諸公、卿皆取楅如賓④，從出⑤，授從者于門外。大夫降復位。請子正徹弓楅⑥，降

① "弗"今本作"不"，"符"今本作"扑"，"剛"今本作"綱"。

② "師"今本作"司馬師"。陳校："'師'乃'司馬師'之省稱，故上之司馬即司馬師也，鄭注：'今文司馬師無司馬。'"沈云："簡本用今文。"王關仕云："按陳氏此言，僅指上文'司馬師（甲本無師）乘之皆如初'而言。然上實誤脫，非省。前文之'司馬'皆'司馬正'之省。胡氏匡衷《儀禮釋官》：'司馬命去侯，負侯許諾如初，司馬降，釋弓反位。案：此司馬亦司馬正，自後凡單言司馬者皆是。'其分析甚明。陳氏云'故上之司馬即司馬師'，未必允也。經傳'師'皆指樂師：《左傳·襄公十年》'舞師題以旌夏'，注'師，樂師也'，十一年《傳》注'樂師稱師'，《國語·楚語》'宴居有師工之誦'，韋注'師，樂師也'，此今文省司馬，與上省'師'無涉。"

③ "觶"今本作"觶"，"司政"今本作"司馬正"。沈云："韋協夢云：'《鄉射》請徹俎，司正之職；及此請徹俎，亦當以司正。李寶之謂司馬正當作司正，今從之。'《鄉射》以司正爲司馬，射畢，司馬復爲司正。《大射》司正爲大射正，射畢，大射正復爲司正，與司馬正無涉。今本蓋涉《鄉射》之文而誤，得簡本而韋、李之推比獲實證，此亦見簡本所據本甚善。"王關仕云："正、政今、甲本互見。胡匡衷《儀禮釋官》云：'按此司馬正當爲司正，見上司正職。'又云：'司正：擯者自阼階下請立司正。注：三爵既備，上下樂作，君將留群臣而射，宜更立司正以監察之，察儀法也。公許，擯者遂爲司正。注：君許其請，因命用之，不易之者，俱相禮，其事同也。司馬正升自西階東楹之東，北面告於公，請徹俎，公許。案敖氏《集説》引李寶之云：馬字疑衍，據《鄉射》此節亦云司正升自西階，則作司正爲是。'今本可據甲本正矣。"

④ "卿"下今本無"皆"字，"賓"下今本有"禮"字。沈云："《燕禮》同節'卿大夫皆降，東面北上'，此節下'賓諸公卿皆入門'，'諸公卿大夫皆説屨'，非一人，則此亦當有'皆'字，簡本爲長。"又云："《燕禮》卿無俎，《大射》大夫無俎，故《燕禮》惟賓出，《大射》賓與諸公卿出，賓取俎，諸公卿亦取俎，無其他儀式。此非謂如賓取俎之儀也，今本衍'禮'字。"

⑤ "從"字今本作"遂"。沈云："此賓出而諸公卿相隨而出，當作'從'，簡本爲長。"王關仕引《鄉射》"弟子以降，自西階，遂出授從者，大夫從之"，亦以簡本爲是。

⑥ "請子"，今本作"庶子"。陳校："簡文'請子'乃'諸子'之誤。"

自作階以東。賓、諸公、卿皆入①，東面，北上。司政升賓。賓、諸公、卿、大夫皆挽屨，升就席。公以賓及卿、大夫皆坐，乃安。羞庶羞。大夫祭薦。司政升受命，皆命。公曰："毋不醉②。"賓及諸公、卿、大夫皆興，對曰："若，敢不醉！"皆反坐③。

　　主人洗、酌，獻士于西階上。士長升，拜受觚④，主人拜送。士坐祭，立飲，不拜既爵。其也不拜，坐祭，立飲。乃薦司政與射人于脤南，北面，東上，司政爲上。襲獻士⑤。士既獻者立于東

①　"入"下今本有"門"字。王關仕云："甲本無'門'，省。《燕禮》'賓反入，及卿大夫皆説屨升就席'，甲本同。"沈云："賓諸公卿徹俎出門爲暫出即入，賓降位在西階下，復入即立于降位，以待司正之命升；諸公卿出門從賓，入門亦從賓，故相隨至西階下，東面而立，以北爲上。入門由闑右入者必右曲而就西階，由闑左入者必左曲而就東階，故入門必有右或左字，今本有'門'字而無右或左字，遂啓諸家之訟。徹俎出門爲暫出即入，故不必詳記。出不言門，入亦不必言門，得簡本而知本無'門'字，何來下有右或左字之足云。今本'門'字爲衍文，此實簡所據本之尤善者。"

②'　"毋"今本作"衆無"。王關仕云："甲本'無'作'毋'，《燕禮》'司正升受命，皆命：君曰無不醉'，甲本同，'無'亦同今本。"沈云："《燕禮》同節今本亦無'衆'字，鄭注云'皆命者，命賓，命諸公，命卿大夫，皆鄉其位也'，是則司正一一向其位分命，非出總命，則述公命詞不當有'衆'字。得簡本可定今本衍文，此亦簡所據本之善者。"

③　"反"下今本有"位"字。沈云："《燕禮》同節今本亦無'位'字。鄭注'興對必降席'，賈疏云'鄭知降席者，以爲反坐也，故知降席也'，賈氏述經亦無'位'字。降席雖離原坐之處，但未離其位，何來反位？得簡本可定今本衍文。"王關仕云："上文未出'席'字，則不出'位'字，下文'大夫皆辟升反位'，甲本作'反坐'，是其證。《燕禮》該句亦作'反坐'。"

④　"觚"字今本作"觶"。沈云："下第105簡'騰（媵）觚于公'，今本亦作'觶'，鄭注'今文觶作觚'。第106簡'取賓所騰（媵）觚'，今本作'觚'，與簡本同。簡本用今文。今本有作'觶'用古文，有作'觚'用今文，足證鄭所據本如此，鄭無改易經字之事也。"

⑤　"襲"字今本作"辯"。沈云："'襲獻'不成文義。《燕禮》第36簡同節作'辨'，簡本與今本同，則此'襲'字爲書手誤寫者。"

方，西面，北上。乃薦士。史、小臣阼亦就其位而薦之①。主人就士旅食之尊而獻之。旅食不拜，受爵，坐祭，立飲。主人執虛爵，鄭于匪，復位。

賓降洗，升，騰柶于公，酌散，下拜。公降一等，小臣正辟。賓升再拜稽首，公合拜②。賓坐祭，卒爵，再拜稽首。公合拜。賓降，洗琡柶③，升酌膳，坐鄭于薦南，降拜。小臣正辟。賓升成拜，公合拜。賓反位。公坐，取賓所騰柶，興。唯公所賜。受者如初受州之禮，降，更爵，洗，升酌膳，下，再拜稽首。小臣正辟，升成拜。公合拜。乃就席，坐行之。有執爵者，唯受于公者拜。司政命："執爵者爵辨，卒受者興以州。"大夫卒受者以爵興④，西階上州士。士升，大夫鄭爵拜，士合拜⑤。大夫立卒爵，不拜，實之。士拜受，大夫拜送。士旅于西階上，辨。士旅酌。

若命曰"復射"，則不獻庶子。乃射命射⑥，唯欲。卿、大夫皆降，再拜稽首。公合拜。壹發，中三矦三矦矦皆護。

① "史"上今本有"祝"字。王關仕云："無'祝'，誤脫。《燕禮》'祝史小臣師亦就其位而薦之'，甲本同，可證。"沈云：《燕禮》第37簡同節亦有"祝"字，簡本與今本同。盛世佐云："不言祝者，以其無事，略之也。"盛氏據今本有祝史受獻，故定納賓之無祝爲略之耳。如簡本受獻時亦無祝，則祝直未與其事矣。祝既有執事，自必受獻。又《燕禮》祝、史並得受獻，而經文則不僅祝無執事，史亦無執事，蓋《燕禮》有"若射"節，必待行射而祝、史始有事矣。以此例之，則《大射》必有祝，自無疑義。簡本誤脫。"

② "騰柶"今本作"媵觶"，"合拜"今本作"荅再拜"。王關仕云："甲本'媵'作'騰'，下同。《燕禮》'賓降洗升媵觶于公'，甲本同，'媵'作'勝'。"又云："《燕禮》此句同，甲本同有'再'。"

③ "琡柶"，今本作"象觚"。王關仕云："鄭注'此觚當爲觶'，賈疏'凡旅酬皆用觶，獻士尚用觶，故知觚當爲觶。下經觚亦當爲觶'。"

④ "大夫"上今本有"士"字。沈云：《燕禮》第40簡同節亦有'士'字，簡本與今本同。此乃司正命大夫之辭，使大夫卒受以酬士，無'士'字不成文義，簡本誤脫。"

⑤ "士合拜"，今本作"受荅拜"。王關仕云："甲本'受'作'士'，是也，今本誤。各本並作'士'。《燕禮》'大夫奠爵拜，士荅拜'，甲本同。"

⑥ "乃射"，今本作"司射"。王關仕云："甲本'司'爲'乃'，形誤。"

主人洗，升自西階，獻庶子于作階上，如獻士之禮。辨①。降洗，述獻左右正與内小臣，皆於作階上，如獻庶子之禮。

無筭爵。士有執膳爵者②，有執散爵者。執膳爵者酌以進公，公不拜，受。執散爵者酌以之，命所賜③，所賜者興受爵，降席下，鄭爵，再拜稽首。公合拜④。受賜者以爵就席坐⑤。公卒爵，然后飲。執膳爵者受公爵，酌，反鄭之。受賜者興，授執散爵者。執散爵者乃酌行之。唯受于公者拜。卒受者興⑥，以州士于西階上。士升。大夫不拜乃飲，實爵。士不拜，受。大夫就席。士旅酌，亦如之。公有命徹幕⑦，則賓及諸公卿大夫皆降，西階下北

---

①　“三矦”下今本無“三侯侯”三字，“辨”下今本有“獻”字。王關仕云：“上文公射‘唯公所中，中三侯皆獲’，甲本作‘唯公所中三侯皆獲’，則今、甲本省與不省並見。《燕禮》：‘如獻士之禮，辯，降洗。’甲本同無‘獻’，蓋今本此衍，或簡本並省。”

②　“士”下今本有“也”字。王關仕云：“《燕禮》：‘士也有執膳爵者，有執散爵者。’甲本‘士’下亦無‘也’。”

③　“命”上今本有“公”字。王關仕云：“無‘公’，誤脱。《燕禮》‘執散爵者酌以之公命所賜’，甲本同，可證。上皆作‘公命所賜’。”

④　“合拜”，今本作“苔再拜”。王關仕云：“《燕禮》此句今本、甲本皆省下‘再’字。”

⑤　“賜”下今本有“爵”字。王關仕云：“《燕禮》‘受賜爵者以爵就席坐’，甲本亦無‘爵’，並省。”

⑥　“受”字今本作“爵”。沈云：“《燕禮》同節今本作‘卒受爵者’，實衍‘爵’字，詳彼篇。此大夫受賜，最後一人興以酬士，故當作‘卒受’而非‘卒爵’。卒爵對啐酒而言，是盡飲爵中之酒。酬酒無啐酒，凡飲皆卒爵，不必特言之，今本誤也。”王關仕亦以今本為誤，云：“《燕禮》‘卒受爵者興以酬士於西階上’，甲本作‘受’，‘受’下無‘爵’。按‘爵’可省，‘受’不可省；此今本形誤，當據正。”

⑦　“受”下今本有“爵”字，“幕”今本作“幂”。王關仕云：“無‘爵’，省。《燕禮》‘士不拜受爵’，甲本同有‘爵’。”

面，東上，再拜稽首。公命小臣正僻，公合拜。大夫皆辟，升，反坐①。士終旅於上，如初。無筭樂。

宵則庶子執燭於作階上，司宮執燭於西階上，甸人執大燭於庭，閽人爲燭於門外。賓醉，北面坐取其薦脯以降。奏《陔》。賓所執②，以賜鍾人于門內溜③，遂出。卿、大夫皆出。公不送。公入，《囂》④。

---

① “反坐”，今本作“反位”。沈云：“《燕禮》同節今本亦作‘坐’，與簡本同。此鄭注所謂‘反席’，當作‘坐’，今本誤。”王關仕云：“此篇上文‘賓及諸公卿大夫皆興，對曰：諾，敢不醉。皆反位坐’，甲本亦作‘反坐’。又《燕禮》前文‘賓及卿大夫皆興，對曰：諾，敢不醉，皆反坐’，甲本同。是多作‘反坐’，此今本宜從衆作‘反坐’，反坐可概‘反位坐’，因其上文未出‘席’字，故此不出‘位’字。”

② “閽”今本作“閣”，“執”下今本有“脯”字。王關仕云：“無‘脯’，誤脱，今本《燕禮》此句及甲本皆有。”

③ “溜”字今本作“霤”。

④ “囂”字今本作“驁”。沈云：“驁，《周禮·鍾師職》有《驁夏》，其詩已佚。驁作囂，同音假借。《詩·板》‘聽我囂囂’，毛傳‘囂囂猶謷謷也’，《詩·十月之交》‘讒口囂囂’，《釋文》‘韓詩作謷謷’，《漢書·劉向傳》作‘嗸嗸’。又《董仲舒傳》顏注‘囂讀與謷同’，又《五行志》中之上顏注‘囂字或作敖’，《爾雅·釋訓》之《釋文》‘敖，本又作謷，又作囂，同’，皆驁、囂通用之證也。”王關仕云：“《説文》：‘驁，駿馬，以壬申日死，乘馬忌之，從馬，敖聲。’又云：‘囂，聲也，氣出頭上，從㗊頁，頁亦聲。’《廣韻》驁切五勞，囂切許嬌，又切五刀，刀、勞同豪韻，是同音通假。按成帝諱驁，此未必諱之。”

儀禮注疏

鄭　玄　注

賈公彥　疏

賈海生　點校

【題解】

春秋、戰國禮崩樂壞之際，好古懷舊而又識禮的賢明君子曾將列士至於王朝舉行過的各種禮典記載下來，以期恢復宗周禮樂文明的盛況。記載各種禮典的文本，縱非原原本本的實錄，或因規范禮典而略有損益，畢竟主要儀注、儀節猶存，整体進程、規模見在，可據以再現當初舉行過的禮典並闡發其中蘊含的禮義，因而在七十子後學及後學之後學之間傳抄研習，雖遭秦火之災，或有散亡，仍不絶如縷，流傳於世間。漢興，高堂生傳《士禮》十七篇，以今文寫定，五傳至於戴德、戴聖、慶普，宣帝時三家皆立於學官。古文《禮》五十六篇相傳出於魯淹中及孔氏，與十七篇文多相似，多三十九篇，因無師説，故又謂之《逸禮》，亡於何時，已不可考。當時對於記載各種禮典的文本，無論是今文文本，還是古文文本，皆單稱《禮》，亦稱《士禮》、《禮經》、《禮記》等，絶無《儀禮》之稱。阮元《儀禮注疏校勘記》卷一云："《禮經》在漢祇稱爲《禮》，《藝文志》云'《禮》古經五十六卷'是也，亦曰《禮記》，熹平石經有《儀禮》，載洪适《隸釋》而戴延之謂之《禮記》是也，無稱《儀禮》者。鄭氏引此經，直舉篇名，亦不稱《儀禮》。疑'儀禮'二字，鄭學之徒加之，猶'鄭氏箋'三字爲雷次宗所加也。荀崧請置《儀禮》博士，蓋自過江以後，《儀禮》之名始顯。"黃以周在《禮書通故》卷一中據文考辨，認爲《禮》注大題"儀禮"二字，當是東晉人所加，因爲東晉人盛稱《儀禮》。以此而言，則《儀禮》之稱始於東晉。

東漢末年，鄭玄雜采今古文而取其義長者爲其所習小戴《禮》作注，以古經校之，若從今文則於注内叠出古文，若從古文則於注内叠出今文，今古文之別依稀可見，所注之《禮》即今傳《儀禮》。齊之黃慶、隋之李孟悊皆曾爲《儀禮》撰作章疏，抽繹經、注之旨。唐高宗永徽年間，太學博士弘文館學士賈公彥以諸家爲本，擇善而從，兼增己義，撰《儀禮疏》五十卷，經、注之奧義由是以顯。賈疏問世，別本單行。《舊唐書·經籍志》、《新唐書·藝文志》均著録鄭玄注《儀禮》十七卷，賈公彥撰《儀禮疏》五十卷，可以爲證。經、注十七篇，篇自爲卷，故爲十七卷。疏爲五十卷，附麗於經、注十七篇而數之，則《士冠禮》三卷、《士昏禮》三卷、《士相見禮》一卷、《鄉飲酒禮》三卷、《鄉射禮》三卷、《燕禮》二卷、《大射》三卷、《聘禮》六卷、《公食大夫禮》一卷半（第二十六卷半屬《覲禮》）、《覲禮》一卷半、《喪服》七卷、《士喪禮》三卷、《既夕禮》四卷、《士虞禮》二卷、《特牲饋食禮》三卷、《少牢饋食禮》二卷、《有司徹》二卷。唐中葉以後，治此經者鮮，斯學式微，遂使疏文剝蝕叢殘，譌舛日甚，幾不可讀。宋景德元年，呂蒙正等上邢昺、孫奭等校定之賈疏，其書流傳於世，爲所知最古之本，世稱景德官本，俗亦謂之單疏。清道光十年，汪士鐘影刻景德官本，後收入《四部叢刊續編》，廣布天下，嘉惠士林。景德官本雖經邢昺、孫奭等人校勘，譌奪衍倒仍隨處可見。

宋代以前，《儀禮》經注與疏皆別本單行，群經皆然。明正德間，陳鳳梧爲省多讀，始合經注與疏而並其篇卷刊刻之。其後李元陽刊本、汲古閣刊本等皆相沿不替，合經、注、疏爲一編。清嘉慶間，江蘇江寧府知府張敦仁有感於當時從事校讎者不止一家，覆其論說，或取諸朱熹《儀禮經傳通解》等，或直憑胸臆而已，莫不猶治絲而棼之，手雖繁而絲益亂，因而重刻《禮儀注疏》，經文取正於唐開成石刻，注文則用明嘉靖時所刻善本，配以顧千里用景德官本手校之疏，所缺卅二至卅七共計六卷以魏了翁《儀禮要義》補足，餘卷缺葉則以明以來刻本足之，依景德官本分爲五十卷。清嘉慶二十年，阮元主持重刻宋板《十三經注疏》，二十一年刊竣。其中《儀禮注疏》經、注以唐石經及宋嚴州單注本爲主，疏則以宋單疏本爲主，參以陸德明《經典釋文》、張淳《儀禮識誤》等書。若就所補景德官本損失殘闕卷葉不論，與張敦仁刻本相較，經、注、疏取材完全相同。沈文倬在《略論〈儀禮〉單疏》中指出，阮刻本、張刻本所據單疏及汪氏影刻單疏，均係景德官本，除損失缺葉不論外，以現存者對勘，其不同之處竟達一百八十九條之多，同一景德官本，豈先後拓印剝損挖補之不同歟？抑三宋本有真僞耶？令人百思不得其解。

　　阮刻本因附有《校勘記》而風行海內外，流傳極廣，至今仍是最受學者推崇的版本。此次標點整理《儀禮注疏》，即以中華書局 1980 年影印阮刻本爲底本，以漢簡本、毛氏汲古閣刻本、四庫本、張刻本、汪士鐘影刻單疏等對校，全面吸收了歷代學者的校勘成果，間下己意，譌者改之，奪者補之，衍者删之，倒者乙之，意在提供一個可以通讀的整理本。諸本異同，闕而不論。句讀、分段，一依賈疏之意。若賈疏未標明各段起止而又須分段以明儀節或層次，則據張爾岐《儀禮鄭注句讀》、胡培翬《儀禮正義》等分之。唯《喪服》一篇，條以爲段，附傳於經，不從舊式。阮刻本於注下、書後皆未附陸德明《儀禮音義》，爲便於閱讀理解經、注，取通志堂本《經典釋文》中的《儀禮音義》散入注下，加圈識之。阮刻本《儀禮注疏》各卷首行大題，次行空格署“唐朝散大夫行大學博士弘文館學士臣賈公彥等撰”，卷一銜名行後頂格接序題及賈公彥序文，各篇篇題下皆有“儀禮鄭氏注”五字。此次點校整理，移序題及賈公彥序文於卷一大題之前，序題之下空格署撰者銜名，以書前撰者銜名、序文總冠全書，其餘各卷大題之下提行空格所署撰者銜名皆删，除“士冠禮第一”篇題下保留“儀禮鄭氏注”五字外，其餘亦皆删。

　　阮刻本、張刻本《儀禮注疏》已分別由彭林、王輝整理出版，爲此次重新標點整理阮刻本《儀禮注疏》提供了可資參考的樣本，並致謝忱！

目　録

儀禮疏卷第十五

燕禮第六 ……………………………………………… （523）

儀禮疏卷第十六　儀禮卷第七

大射第七 ……………………………………………… （554）

儀禮疏卷第十七

大射第七 ……………………………………………… （571）

儀禮疏卷第十八

大射第七 ……………………………………………… （597）

儀禮疏卷第十九　儀禮卷第八

聘禮第八 ……………………………………………… （625）

儀禮疏卷第二十

聘禮第八 ……………………………………………… （646）

儀禮疏卷第二十一

聘禮第八 ……………………………………………… （665）

儀禮疏卷第二十二

聘禮第八 ……………………………………………… （685）

儀禮疏卷第三十

儀禮疏卷第三十一

儀禮疏卷第三十二

儀禮疏卷第三十三

儀禮疏卷第三十四

儀禮疏卷第三十五　儀禮卷第十二

儀禮疏卷第三十六

儀禮疏卷第三十七

儀禮疏卷第四十六

少牢饋食禮第十五 ……………………………………（1146）

儀禮疏序 唐朝散大夫行大學博士弘文館學士臣賈公彥等撰

竊聞道本沖虛，非言無以表其疏；言有微妙，非釋無能悟其理。是知聖人言曲，事資注釋而成。至於《周禮》、《儀禮》發源是一，理有終始，分爲二部，並是周公攝政大平之書。《周禮》爲末，《儀禮》爲本。本則難明，末便易曉。是以《周禮》注者則有多門，《儀禮》所注，後鄭而已。其爲章疏，則有二家：信都黃慶者，齊之盛德；李孟悊者，隋曰碩儒。慶則舉大略小，經注疏漏，猶登山遠望而近不知；悊則舉小略大，經注稍周，似入室近觀而遠不察。二家之疏，互有脩短。時之所尚，李則爲先。案《士冠》三加，有緇布冠、皮弁、爵弁，既冠又著玄冠見於君，有此四種之冠，故記人下陳緇布冠、委貌、周弁以釋經之四種。經之與記，都無天子冠法而李云委貌與弁皆天子始冠之冠，李之謬也。《喪服》一篇，凶禮之要，是以南北二家，章疏甚多，時之所以，皆資黃氏。案鄭注《喪服》引《禮記·檀弓》云“經之言實也，明孝子有忠實之心，故爲制此服焉”，則經之所作表心明矣，而黃氏妄云“衰以表心，絰以表首”，以黃氏公違鄭注，黃之謬也。黃、李之訓，略言其一，餘足見矣。今以先儒失路，後宜易塗，故悉鄙情，聊裁此疏，未敢專欲，以諸家爲本，擇善而從，兼增己義，仍取四門助教李玄植詳論可否，僉謀已定，庶可施矣①。函丈之儒，青衿之俊，幸以去瑕取玖，得無譏焉。

---

① “施矣”原作“施以”，阮元《儀禮注疏校勘記》云：“施以，《要義》作‘以施’，毛本‘以’作‘矣’。”據毛本改。

儀禮疏卷第一　儀禮卷第一

士冠禮第一

○士冠，古亂反。禮第一，鄭云：“童子任職居士位，年二十而冠。主人玄冠、朝服則是仕於諸侯，天子之士朝服①、皮弁、素積。古者四民世事，士之子恒爲士。”【疏】“士冠禮第一”。○鄭《目錄》云：“童子任職居士位，年二十而冠。主人玄冠、朝服，則是仕於諸侯②，天子之士朝服、皮弁、素積。古者四民世事，士之子恒爲士。冠禮於五禮屬嘉禮。大、小戴及《別錄》此皆第一。”○釋曰：鄭云“童子任職居士位，年二十而冠”，爲士身加冠。知者，鄭見下《昏禮》及《士相見》皆據士身自昏、自相見，又《大戴禮·公冠篇》及下“諸侯有冠禮，夏之末造”，亦據諸侯身自加冠，故鄭據士身自加冠爲目也。鄭云“四民世事③，士之子恒爲士”者，是《齊語》文，彼云“桓公謂管仲曰：成民之事若何？管子對曰：四民勿雜處也。公曰：處士、農、工、商若何？管子對曰：昔聖王之處士就閑燕也，處工就官府也，處商就市井也，處農就田野也。少而習焉，其心安焉。是四民世事，士之子恒爲士也”，引之者，證此士身年二十加冠法。若士之子則四十彊而仕，何得有二十爲士自加冠也？二十而冠者，鄭據《曲禮》文“二十曰弱，冠”，故云“年二十而冠”。其大夫始仕者二十已冠訖，五十乃爵命爲大夫，故大夫無冠禮。又案《喪服·小

---

①　“仕於諸侯天子之士”原作“仕於天子諸侯之士”，朱熹《儀禮經傳通解》云：“諸侯朝服以日視朝，天子皮弁以日視朝，皆君臣同服，故此篇言主人玄冠、朝服，則是仕於諸侯而爲士者。若天子之士，則其朝服當用皮弁、素積，不得言玄冠、朝服也。鄭氏本文如此，今見疏義，而《釋文》乃以‘天子’二字加于‘諸侯’之上，則舛謬而無文理矣。監本亦誤，今定從疏。”據乙。

②　“是”下原無“仕”字，阮云：“《要義》同，毛本‘是’下有‘仕’字。”倉石武四郎《儀禮疏攷正》云：“‘於’上注疏本有‘仕’字。案《釋文》此句作‘則是仕於天子’，下句作‘諸侯之士’，‘諸侯’、‘天子’四字誤倒而‘仕’字未脫，此當有者爲是。”據補。

③　“民”字原作“人”，阮云：“《要義》同，毛本‘人’作‘民’。”賈公彥避唐太宗李世民諱，改“民”爲“人”，毛本已改回本字，此亦從之。

功章》云"大夫爲昆弟之長殤",鄭云"大夫爲昆弟之長殤小功,謂爲士者若不仕者也,以此知爲大夫無殤服也",《小記》云"大夫冠而不爲殤"①,大夫身已加冠,降兄殤在小功,是身有德行得爲大夫,冠不以二十始冠也。若諸侯則十二而冠,故《左傳·襄九年》晉侯與諸侯伐鄭還,公送晉侯,以公宴于河上,問公年,季武子對曰"會于沙隨之歲,寡君以生",注云"沙隨在成十六年",晉侯曰"十二年矣,是謂一終,一星終也。國君十五而生子,冠而生子,禮也,君可以冠矣",是諸侯十二而冠也。若天子亦與諸侯同十二而冠,故《尚書·金縢》云"王與大夫盡弁",時成王年十五,云"王與大夫盡弁",則知天子亦十二而冠矣。又《大戴禮》云"文王十三生伯邑考",《左傳》云"冠而生子,禮也",是殷之諸侯亦十二而冠。若夏之天子、諸侯與殷天子,亦十二而冠可知。若天子之子則亦二十而冠,故《禮記·祭法》云"王下祭殤五",又《禮記·檀弓》云"君之適長殤,車三乘",是年十九已下仍爲殤②,故二十乃冠矣。若天子、諸侯冠,自有天子、諸侯冠禮,故《大戴禮》有《公冠篇》,天子自然有冠禮,但《儀禮》之内亡耳。士既三加,爲大夫早冠者亦依士禮三加。若天子、諸侯禮則多矣,故《大戴禮·公冠篇》云"公冠四加"者,緇布、皮弁、爵弁後加玄冕,天子亦四加後當加衮冕矣。案下文云"天子之元子

猶士，天下無生而貴者”，則天子之子既不早冠①，亦用士禮而冠。案《家語·冠頌》云“王大子之冠擬冠”，則天子元子亦擬諸侯四加。若然，諸侯之子不得四加，與士同三加可知。鄭又云“冠於五禮屬嘉禮”者，鄭據《周禮·大宗伯》所掌五禮吉、凶、賓、軍、嘉而言，《宗伯》云“以嘉禮親萬民”，下云“以昏、冠之禮親成男女”，是冠禮屬嘉禮者也。鄭又云“大、小戴及《別錄》此皆第一”者，大戴，戴聖，與劉向爲《別錄》十七篇，次第皆《冠禮》爲第一，《昏禮》爲第二，《士相見》爲第三，自兹以下，篇次則異，故鄭云大、小戴、《別錄》即皆第一也。其劉向《別錄》即此十七篇之次是也，皆尊卑吉凶次第倫叙，故鄭用之。至於《大戴》即以《士喪》爲第四，《既夕》爲第五，《士虞》爲第六，《特牲》爲第七，《少牢》爲第八，《有司徹》爲第九，《鄉飲酒》第十，《鄉射》第十一，《燕禮》第十二，《大射》第十三，《聘禮》第十四，《公食》第十五，《覲禮》第十六，《喪服》第十七；《小戴》於《鄉飲》、《鄉射》、《燕禮》、《大射》四篇亦依此《別錄》次第而以《士虞》爲第八，《喪服》爲第九，《特牲》爲第十，《少牢》爲第十一，《有司徹》爲第十二，《士喪》爲第十三②，《既夕》爲第十四，《聘禮》爲第十五，《公食》爲第十六，《覲禮》爲第十七，皆尊卑吉凶雜亂，故鄭玄皆不從之矣。《儀禮》【疏】“儀禮”。○釋曰：《儀禮》者，一部之大名。《士冠》者，當篇之小號。退大名在下者，取配注之意故也。然《周禮》言周不言儀，《儀禮》言儀不言周。既同是周公攝政六年所制，題號不同者，《周禮》取別夏、殷，故言周；《儀禮》不言周者，欲見兼有異代之法，故此篇有“醮用酒”，《燕禮》云“諸公”，《士喪禮》云“商祝”、“夏祝”，是兼夏、殷，故不言周。又《周禮》是統心，《儀禮》是履踐，外内相因，首尾是一，故《周禮》已言周，《儀禮》不須言周，周可知矣，且《儀禮》亦名《曲禮》，故《禮器》云“經禮

---

①　“既不早冠”原作“雖早冠”，曹云：“‘雖早冠’當爲‘既不早冠’，言既不早冠則亦依士禮三加也。下‘案《家語》’云云者，此别一義，言據《家語》則天子之子亦四加。然《家語》但言王大子，則諸侯之子亦從士禮可知，賈義蓋如此。弸謂《大戴禮·公冠篇》云‘天子擬焉。’盧注：‘擬公禮也。’此言天子之禮也。又云：‘太子與庶子，其冠皆自爲主，其禮與士同。’注云：‘《士冠禮記》曰：天子之元子猶士也，天下無生而貴者也。’此言太子與庶子之禮皆與士同。王肅竊此文以入僞《家語》而改‘天子’爲‘太子’，不顧《冠禮記》明文。後人又據以改《公冠》經。盧本似亦誤，故盧注正之云：‘重言太子誤也。’此破上文‘太子’爲‘天子’也。又恐人惑於僞《家語》，故即曰：‘《家語》曰王太子、庶子之禮擬焉，非也。’明其不足信也。當從賈氏前義爲是。”據以改“雖早冠”爲“既不早冠”。

②　“喪”上原無“士”字，阮云：“《要義》‘喪’上有‘士’字。”倉石云：“‘喪’上脱‘士’字，當從各本補。”據補。

三百，曲禮三千”，鄭注云“曲，猶事也，事禮謂今禮也，其中事儀三千”，言儀者，見行事有威儀，言曲者，見行事有屈曲，故有二名也。**鄭氏注**【疏】“鄭氏注”。○釋曰：《後漢書》云：“鄭玄，字康成，青州北海郡高密縣人，鄭崇之後也。”言注者，注義於經下，若水之注物，亦名爲著，故鄭《叙》云“凡著《三禮》七十二篇”，云著者，取著明經義者也。孔子之徒言傳者，取傳述之意，爲意不同，故題目有異也。但《周禮》六官六十，叙官之法，事急者爲先，不問官之大小。《儀禮》見其行事之法，賤者爲先，故以《士冠》爲先，無大夫冠禮，諸侯冠次之，天子冠又次之。其《昏禮》亦士爲先，大夫次之，諸侯次之，天子爲後。諸侯《鄉飲酒》爲先，天子《鄉飲酒》次之，《鄉射》、《燕禮》已下皆然。又以《冠》、《昏》、《士相見》爲先後者，以二十而冠，三十而娶，四十彊而仕，即有摯見鄉大夫、見己君及見來朝諸侯之等，又爲鄉大夫、州長行鄉飲酒、鄉射之事。已下先吉後凶，凶盡則行祭祀吉禮①，次叙之法，其義可知，略陳《儀禮》元本。至於禮之大義，備於《禮記》疏。

士冠禮。筮于廟門。筮者，以蓍問日吉凶於《易》也。冠必筮日於廟門者，重以成人之禮成子孫也。廟，謂禰廟。不於堂者，嫌蓍之靈由廟神。○士冠，古亂反，下以意求之。筮于，市例反。廟門，劉昌宗音廟，案廟古廟字。以蓍，音尸。謂禰，乃禮反，父廟也。【疏】“士冠”至“廟門”。○釋曰：自此至“宗人告事畢”一節，論將行冠禮，先筮取日之事。案下文云“布席于門中，闑西閾外”者，閾爲門限②，即是門外，故《特牲禮》筮日，主人“即位於門外，西面”，此不言門外者，“閾外”之文可參，故省文也。○注“筮者”至“廟神”。○釋曰：鄭知筮以蓍者，《曲禮》云“龜曰卜，蓍曰筮”，故知筮以蓍也。云“問日吉凶於《易》也”者，下云“若不吉，則筮遠日，如初儀”，又案《周禮·大卜》“掌三《易》，一曰《連山》，二曰《歸藏》，三曰《周易》”，筮得卦，以《易》辭占吉凶，故云“問日吉凶於《易》也”。不筮月者，《夏小正》云“二月綏多士女，冠子取妻時也”，既有常月，故不筮也。云“冠必筮日於廟門者，重以成人之禮成子孫也”者，案《冠義》云“筮日、筮賓，所以敬冠事。敬冠事，所以重禮”，是筮日爲重禮之事也，《冠義》又云“古者重冠，重冠故行之於廟。行之於廟者，所以尊重事。尊重事而不敢擅重事，不敢擅重事，所以自卑而尊先祖也”，是成人之禮成子孫也。此經唯論父子、兄弟，不言祖孫，鄭

---

① “盡”上原無“凶”字，阮云：“陳本、《要義》同，毛本‘盡’上有‘凶’字。”據補。
② “閾”字原作“闌”，阮云：“盧文弨改‘闌’爲‘閾’。”據改。

兼言孫者,家事統於尊,若祖在則爲冠主,故兼孫也。云"廟,謂禰廟"者,案《昏禮》行事皆直云廟,記云"凡行事,受諸禰廟",此經亦直云廟,故知亦於禰廟也。然《儀禮》之內,單言廟者,皆是禰廟,若非禰廟,則以廟名別之,故《聘禮》云"賓朝服問卿,卿受于祖廟",又受聘在始祖廟,即云"不腆先君之祧",是不言於廟,舉祖祧以別之也。士於廟,若天子、諸侯冠,在始祖之廟,是以襄九年季武子云"以先君之祧處之",祧則與《聘禮》"先君之祧"謂遷主所藏始祖同也。若然,服虔注以祧爲曾祖者,以其"公還及衞,冠於衞成公之廟",服注"成公,衞曾祖",故以祧爲曾祖廟,時不冠於衞之始祖,以非己廟故也。無大夫冠禮,若幼而冠者,與士同在禰廟也。云"不於堂者,嫌著之靈由廟神"者①,此據經,冠在廟堂,此著筮在門外,不同處,故以門決堂②,以著自有靈,知吉凶不假廟神,故云"嫌著之靈由廟神"也。案《天府職》云"季冬,陳玉以貞來歲之美惡",注云"問歲之美惡,謂問於龜。凡卜筮者,實問於鬼神,龜著能出其卦兆之占耳"③,若然,卜筮實問七八九六之鬼神,故以六玉禮耳,而龜著直能出其卦兆之占,似無靈者,但著龜卦兆④,各有所對,若以著龜對生數、成數之鬼神,則著龜直能出卦兆,不得有神,若以卦兆對生、成之鬼神⑤,則著龜亦自有神,是以《易·繫辭》云"著之德圓而神",又云"定天下之吉凶、成天下之亹亹者,莫善於著龜",又郭璞云"上有蔭叢著,下有千齡蔡",凡蟲之智,莫善於龜,凡草之靈,莫善於著,著龜自有靈也,是知著自有神⑥,不假廟神也。不於寢門筮者,一取成人之禮成子孫,二兼取鬼神之謀,故《易·繫辭》云"人謀、鬼謀",鄭注云"鬼謀謂謀卜筮於廟門"是也。**主人玄冠、朝服、緇帶、素韠,即位于門東,西面。**主人,將冠者之父兄也。玄冠,委貌也。朝服者,十五升布衣而素裳也。衣不言色者,衣與冠同也。筮必朝服者,尊著龜之道。緇

---

①　"著"下原有"龜"字,倉石云:"注疏本無'龜'字,與注合,下同。"據刪,下文亦刪。

②　"門"字原作"廟",曹云:"'廟'疑當爲'門'。"據改。

③　"著"字原作"筮",倉石云:"'龜筮'各本作'著龜'。案'筮'當作'著',下同。"據改,下文亦改。

④　"似無靈者"下原無"但著龜卦兆"五字,周學健云:"按下以著龜卦兆對言之,若脱此,則下句無所承,今尋繹文義補之。"據補。

⑤　"卦"下原無"兆"字,倉石云:"'卦'下殿本增'兆'字。"四庫本"卦"下有"兆"字,據補。

⑥　"是知"原作"若",阮云:"'若'字毛本作'是知'。"據改。

帶，黑繒帶。士帶博二寸，再繚四寸，屈垂三尺。素韠，白韋韠，長三尺，上廣一尺，下廣二尺，其頸五寸，肩革帶博二寸。天子與其臣，玄冕以視朔，皮弁以日視朝。諸侯與其臣，皮弁以視朔，朝服以日視朝。凡染黑，五入爲緅，七入爲緇，玄則六入與？○朝服，直遥反，注同，後朝服放此。緇帶，側其反。素韠，音畢，蔽膝也。黑繒，似陵反。再繚，音了，劉音遼。長三，直亮反，凡度長短曰長，直亮反，度廣狹曰廣，古曠反，他皆放此。上廣，古曠反。以眡①，音視，本或作視，下同。皮弁，皮彥反。爲緅，側留反，劉子侯反。六入與，音餘。【疏】“主人”至“西面”。○釋曰：此主人將欲謀日之時，先服，即位於禰廟門外東，西面立②，以待筮事也。○注“主人”至“入與”。○釋曰：經直云主人，當是父兄加冠之禮。知兼有兄者，《論語》云“出則事公卿，入則事父兄”，父兄者，一家之統，父不在則兄爲主可知，故兼其兄也。又案下文“若孤子，則父兄戒、宿。冠之日，主人紒而迎賓”，則無親父、親兄，故彼注云“父、兄，諸父、諸兄”，則知此主人迎賓是親父、親兄也。云“玄冠，委貌”者，此云“玄冠”，下記云“委貌”，彼云“委貌”，見其安正容體，此云“玄冠”，見其色，實一物也。云“朝服，十五升布衣”者，《雜記》云朝服十五升布也。云“素裳”者，雖經不言裳，裳與韠同色，既云“素韠”③，故知裳亦積白素絹爲之也。云“衣不言色者，衣與冠同也”者，禮之通例，衣與冠同色，故《郊特牲》云“黃衣黃冠”是也，裳與韠同色，故下“爵弁服，纁裳、韎韐”，韎即纁之類是也④，經直云朝服不言色，與冠同可知也。若然，鄭不言裳與韠同色者，舉衣與冠同，裳與韠同亦可知，故不言也。其衣冠色異，經即別言之，是以下云“爵弁服，純衣”是也。云“筮必朝服者，尊蓍龜之道”者，此決正冠時，主人服玄端、爵韠，不服朝服⑤，此服朝服，是尊蓍龜之道也。若然，下文云“有司如主人服”，又宿賓，“賓如主人服”，又宿贊冠者及夕爲期皆朝服，云“尊蓍龜”者，案《鄉飲酒》主人朝服，則此有司、賓、主朝服，自是尋常相見所服，非特相尊敬之禮，此筮而朝服，決正冠時與士之祭禮，入廟常服玄端，今此筮亦

---

①　“眡”字原作“眠”，黃焯《經典釋文彙校》云：“‘眠’字誤，張淳《儀禮識誤》作‘眡’。”據改。

②　“面”字原作“而”，毛氏汲古閣刊本作‘面’，據改。

③　“既云素韠”原作“云素韠者”，阮云：“《通解》作‘既云素韠’。”據改。

④　“韎”下原有“韐”字，曹云：“‘韐’字當刪。”據刪。

⑤　“不服”下原無“朝服”二字，曹云：“‘不服’下脫‘朝服’二字。”據補。

在廟，不服玄端，故云“尊蓍龜之道”。此筮唯有蓍，兼言龜者①，按《周禮》小事徒筮而已，若大事先筮而後卜，龜蓍是相將之物②，同著朝服，故兼言龜，是以《雜記》卜筮皆朝服也③。案《特牲禮》筮日與祭同服玄端，《少牢》筮日與祭同服朝服，不特尊蓍龜者，彼爲祭事，龜不可尊於先祖，故同服，此爲冠事，冠事龜可尊於子孫，故服異也。云“緇帶，黑繒帶”者，案《玉藻》云“君素帶終褌，大夫素帶褌垂，士練帶率下褌”，注云“大夫褌其紐及末，士褌其末而已”，又云“雜帶，君朱綠，大夫玄華，士緇褌”，鄭云“君褌帶上以朱，下以綠終之。大夫褌垂外以玄，内以華。士褌垂之下，外内皆以緇，是謂緇帶”，鄭彼云“是謂”者，指此文也。若然，天子、諸侯帶繞腰及垂者皆褌之；大夫則不褌其繞腰者，直褌垂之三尺屈而垂者；士則褌其末纔三尺所垂者不褌在上者④。若然，大帶所用物，大夫已上用素，士練繒爲帶體，所褌者用緇，則此言緇，據褌者而言也。云“士帶博二寸，再繚四寸，屈垂三尺”者，此亦《玉藻》文。大夫已上大帶博四寸，此士卑，降於大夫已上，博二寸，再繚共爲四寸，屈垂三尺，則大夫已上亦屈垂三尺同矣。云“素韠，白韋韠”者，案《玉藻》云“韠，君朱、大夫素、士爵，韋”，彼以“韠”爲總目而云“君朱、大夫素、士爵，韋”，是韠色不同，下云“韋”者，是君、大夫同用韋也，但彼是玄端服之韠，此士用素韋爲之，故鄭云“白韋韠”也。又云韠“長三尺”至“博二寸”，亦皆《玉藻》文，鄭彼注云“頸五寸，亦謂廣也。頸中央、肩兩角皆上接革帶，肩與革帶廣同”，此韠即黻也，祭服謂之黻，朝服謂之韠也。云“天子與其臣，玄冕以視朔，皮弁以日視朝”者，此約《玉藻》而知，案彼云“天子玄端聽朔於南門之外，皮弁以日視朝”，又云“諸侯皮弁以聽朔於大廟，朝服以日視朝於内朝”，彼注云“端當爲冕”，謂天子以玄冕聽朔於南門之外明堂之中，彼皆不言臣，此鄭兼言臣者，欲見在朝君臣同服，引之者，證此玄冠朝服而

---

① “兼”字原作“草”，倉石云：“《校勘記》云‘草’《要義》作‘兼’。”據改。

② “蓍”字原作“筮”，筮所用之物是蓍，卜所用之物是龜，卜、筮皆是用物之法，既言“是相將之物”，則“筮”當爲“蓍”，謹改。

③ “是以雜記卜筮皆朝服也”，倉石云：“案《雜記》云：‘大夫卜宅，占者皮弁。如筮，則占者朝服。’與此違。”

④ “纔”字原作“繞”、“在”下原無“上”字，曹云：“‘繞’疑當爲‘纔’，‘在’下脱‘上’字，言士纔褌其末三尺之垂下者，不褌在上之紐。若大夫則兼褌紐及垂下者，《記》云大夫褌垂，兼紐與垂下之末言。《記》云下褌，是不褌在上者。”據改補。

筮者是諸侯之士①，則諸侯與其臣與子加冠，同服皮弁以筮日，天子與其臣與子加冠，同服玄冕以筮日矣。知天子服玄冕、諸侯服皮弁以筮日者，鄭既取君臣同服，明筮時還君臣同服。若然②，天子用玄冕，諸侯用皮弁，其臣不得上同于君，同朝服也③。云"凡染黑，五入爲緅，七入爲緇，玄則六入與"者，案《爾雅》"一染謂之縓，再染謂之赬，三染謂之纁"，此三者皆是染赤法，《周禮·鍾氏》染鳥羽云"三入爲纁，五入爲緅，七入爲緇"，此是染黑法，故云"凡染黑"也，但《爾雅》及《周禮》無四入與六入之文，禮有朱玄之色④，故注此"玄則六入"，下經注云"朱則四入"，無正文，故皆云"與"以疑之。但《論語》有紺緅連文，紺又在緅上，則以纁入赤爲朱，若以纁入黑則爲紺，故《淮南子》云"以涅染紺則黑于涅"⑤，又以紺入黑汁則爲緅，故紺緅連言也。若然，玄爲六入，緇爲七入，深淺不同而鄭以衣與冠同，以緇與玄同色者，大同小異，皆是黑色，故云同也。

有司如主人服，即位于西方，東面北上。有司，羣吏有事者，謂主人之吏，所自辟除府史以下，今時卒吏及假吏是也。○自辟，必亦反。卒吏，子忽反。假吏，古雅反。【疏】"有司"至"北上"。○釋曰：此論主人有司從主人有事，故立位于廟門外西方，東面以待事也。○注"有司"至"是也"。○釋曰：士雖無臣，皆有屬吏、胥徒及僕隸，故云"有司，羣吏有事者"也。云"謂主人之吏，所自辟除府史以下，今時卒吏及假吏是

---

①　"冠"字原作"冕"，四庫本作"冠"，吳紱云："按士服至爵弁而止，無冕也。"據改。

②　"若然"原作"若云"，曹云："'若云'疑當爲'若然'。"四庫本作"若然"，據改。

③　"同朝服也"上原有"君下就臣"四字，曹云："'君下就臣'四字疑衍。詳疏上文意，蓋謂在朝既君臣同服，則筮日時亦當君臣同服。天子筮日當與其臣之執事者同玄冕，諸侯筮日當與其臣之執事者同皮弁矣。若然，天子、諸侯筮日用玄冕、皮弁，其臣筮日之服不當上同乎君，當與其有司同皮弁朝服也，故此經諸侯之士與有司同朝服。所以知天子、諸侯如此者，以朝服上差之則皮弁，皮弁上差之則玄冕。君臣宜有等差，君每上於其臣一等也。不知疏意合否？然天子之元子猶士，當以士禮冠，則天子、諸侯服亦不宜有異於其士也。存疑。"此釋疏義良是，據刪。

④　"有"下原有"色"字，阮云："'有'下單疏、陳本俱有'色'字，似誤。閩本'朱玄之'三字甚稀，亦可容四字。"毛氏汲古閣刊本"有"下無"色"字，據刪。

⑤　"紺"字原作"緅"，阮云："案'緅'字似當作'紺'，後爵弁服節疏引作'紺'。"孫詒讓《十三經校記》云："《淮南子》文見《俶真訓》，今本'紺'作'緇'。賈此疏兩引，《周禮·鍾氏》疏引並作'紺'，蓋所見本異。"據改。

也”者①，案《周禮》三百六十官之下皆有府史胥徒，不得君命，主人自辟除，去役賦，補置之是也。又案《周禮》皆云“府史”，此云“羣吏”，吏、史亦一也，故舉漢法爲證。又《周禮》鄭注云“官長所自辟除”，此云“主人”者，以此經云“主人”，故依經而直云“主人”，主亦爲長者也。又此注以有司爲羣吏，案《特牲》以有司爲士屬吏，不同者，言羣吏則爲府史胥徒也，言屬吏則謂君命之士，是以下文“宿贊冠者”注云“謂賓若他官之屬，中士若下士也”。又主人贊者，亦云“其屬中士若下士”，是言屬者，尊之義。《特牲》之有司，“士之屬吏”，亦此類也②。《特牲》有司之上有子姓，此文無者，彼祭祀事重，故子姓皆來，此冠事稍輕，故容有不至，故不言。**筮與席、所卦者，具饌于西塾。**筮，所以問吉凶，謂蓍也。所卦者，所以畫地記爻。《易》曰：“六畫而成卦。”饌，陳也。具，俱也。西塾，門外西堂也。○具饌，劉仕轉反，一音士戀反。西塾，音孰，劉又音育，《爾雅》云“門側之堂謂之塾”。以畫，音獲，下同。【疏】“筮與”至“西塾”。○釋曰：下云“布席于門中，闑西閾外”，彼據筮，此云“西塾”，據陳處言③。○注“筮所”至“堂也”。○釋曰：“筮，所以問吉凶，謂蓍也”者，案《曲禮》云“龜爲卜，策爲筮”，故知問吉凶謂蓍。案《易》筮法用四十九蓍，“分之爲二以象兩，卦一以象三，揲之以四以象四時，歸奇于扐以象閏，十有八變而成卦”是也。云“所卦者，所以畫地記爻”者，筮法，依七八九六之爻而記之，但古用木畫地，今則用錢。以三少爲重錢，重錢則九也；三多爲交錢，交錢則六也；兩多一少爲單錢，單錢則七也；兩少一多爲拆錢，拆錢則八也。案《少牢》云“卦者在左坐，卦以木”，故知古者畫卦以木也。云“《易》曰：六畫而成卦”者，《説卦》文，彼云“昔者聖人之作《易》也，將以順性命之理，是以立天之道曰陰與陽，立地之道曰柔與剛，立人之道曰仁與義，兼三才而兩之，故《易》六畫成卦”，注云“三才，天、地、人之道。六畫，畫六爻”，引之者，證畫地識爻之法。云“西塾，門外西堂也”者，案《爾雅》云“門側之堂謂之塾”，即《士虞禮》云“羞燔俎在内西塾上，南順”是也，筮在門外，故知此經“西塾，門外西堂也”。**布席于門中，闑西閾外，西面。**闑，門橛。閾，閫也。古文闑爲槷，閾爲蹙。○闑，魚列反，門橜也。閾，音域，劉況逼反，門限。槷，其月反。

---

①　“者”上原無“今時卒吏及假吏是也”九字，阮云：“‘者’上《要義》有‘今時卒吏及假吏是也’九字，與徐本注合。”據補。

②　“此”字原作“親”，阮云：“浦鏜疑‘親’爲‘此’字之誤。”據改。

③　“處”下原無“言”字，阮云：“毛本‘處’下有‘言’字。”據補。

闑,苦本反,劉音困。槷,魚列反。蹙,子六反。【疏】"布席"至"西面"。○釋曰:此所布
之席,擬卜筮之事。言在門中者,以大分言之。云"闑西閾外者",指陳席處也。○注
"闑門"至"爲蹙"。○釋曰:云"闑,門橛"者,闑,一名橛也。云"閾,閾也"者,《曲禮》云
"外言不入于閾",閾,門限,與闑爲一也。云"古文闑爲槷,閾爲蹙"者,遭于暴秦,燔滅
典籍,漢興,求録遺文之後,有古文、今文①,《漢書》云魯人高堂生,爲漢博士,傳《儀禮》
十七篇,是今文也,至武帝之末,魯恭王壞孔子宅,得古《儀禮》五十六篇,其字皆以篆
書,是爲古文也。古文十七篇與高堂生所傳者同而字多不同,其餘三十九篇絶無師
説,秘在於館。鄭注《禮》之時,以今、古二字並之,若從今文,不從古文,即今文在經,
"闑"、"閾"之等是也,於注內疊出古文"槷"、"蹙"之屬是也,若從古文,不從今文,則古
文在經,注內疊出今文,即下文"孝友時格",鄭注云"今文格爲嘏",又《喪服》注"今文
無冠布緌"之等是也。此注不從古"槷"、"蹙"者,以"槷"、"蹙"非門橛、門限之義②,
故從今不從古也。《儀禮》之內,或從今,或從古,皆逐義彊者從之。若二字俱合義者,
則互换見之③,即下文云"壹揖,壹讓,升",注云"古文壹皆作一",《公食大夫》"三牲之
肺不離,贊者辯取之,一以授賓",注云"古文一爲壹"④,是大小注皆疊,今、古文二者俱
合義⑤,故兩從之。又鄭疊古、今之文者,皆釋經義盡,乃言之。若疊今、古之文訖⑥,
須別釋餘義者,則在後乃言之,即下文"孝友時格",注云"今文格爲嘏",又云"凡醴不
祝"之類是也。若然,下記云"章甫,殷道",鄭云"章,明也。殷質,言以表明丈夫也。

---

①　"古文"原作"古書",曹云:"'書'當爲'文'。"據改。
②　"門限"上原無"門橛"二字,曹云:"'門限'上似脱'門橛'二字。"據補。
③　"换"字原作"挽",倉石云:"'挽',各本作'换'字,似是。《校釋》仍作'挽',云
挽蓋委曲之義,殆望文生義,不宜從。"據改。
④　"一以授賓注云古文一爲壹",倉石云:"案《公食大夫》'一'皆作'壹','壹'作
'一'。"
⑤　"是大小注皆疊今古文二者俱合義",倉石云:"《校釋》云:'疊字句,言大小書
注皆疊之,以今古二字俱合,故互疊並從之也。'今案'今古文'三字,疑上屬爲句,言
《冠禮》經從大書,注疊出古文,《公食大夫》經從小書,注疊出今文。然則上句引《公食
大夫》,注或當作'今文一爲壹',與今本文異而義同。"此姑從曹氏《校釋》讀,"疊"字句。
⑥　"訖"字原作"説",阮云:"'説'一本改作'訖'。"倉石云:"'説',殿本改爲
'訖'。"據改。

甫，或爲父，今文爲斧”，事相連①，故因疊出今文也。**筮人執筴，抽上韇，兼執之，進受命於主人。** 筮人，有司主三《易》者。韇，藏筴之器。今時藏弓矢者，謂之韇丸也。兼，并也。進，前也，自西方而前。受命者，當知所筮也。○執筴，初革反。上韇，音獨。【疏】“筮人”至“主人”。○釋曰：此經所陳，據筮時之事。案《少牢》云“史左執筮，右抽上韇，兼與筮執之，東面受命于主人”，得主人命訖，“史曰：‘諾。’西面于門西，抽下韇，左執筮，右兼執韇以擊筮”，乃立筮，此云筴，彼云筮，一也。但筮法不殊，此亦應不異，《少牢》具陳，此不言者，文不具，當與彼同。案《三正記》“大夫蓍五尺”，故立筮，“士之蓍三尺”，當坐筮，與彼異也。○注“筮人”至“筮也”。○釋曰：案《周禮·春官·筮人》“掌三《易》，一曰《連山》，二曰《歸藏》，三曰《周易》”，注云“問蓍曰筮，其占《易》”，是筮人主三《易》者也。云“韇，藏筴之器”者，韇有二，其一從下向上承之，其一從上向下韜之也。云“今時藏弓矢者，謂之韇丸也”者，此舉漢法爲況，亦欲見韜弓矢者以皮爲之，故《詩》云“象弭魚服”，是以魚皮爲矢服，則此韇亦用皮也。知“自西方而前”者，上云“即位于西方”，故知前向東方受命也。云“受命者，當知所筮也”者，謂執不知以請筮何事②，宰遂命之也。凡卜筮之法，案《洪範》云“七、稽疑，擇建立卜筮人。三人占，從二人之言”，又案《尚書·金縢》云“乃卜三龜，一習吉”，則天子、諸侯卜時三龜並用，于《玉》、《瓦》、《原》三人各占一兆也，筮時《連山》、《歸藏》、《周易》亦三《易》並用，夏、殷以不變爲占，《周易》以變者爲占，亦三人各占一《易》，卜筮皆三占從二③。三者，三吉爲大吉，一凶爲小吉，三凶爲大凶，一吉爲小凶。案《士喪禮》筮宅，“卒筮，執卦以示命筮者。命筮者受視，反之，東面旅占”，注云“旅，衆也。反與其屬共占之，謂掌《連山》、《歸藏》、《周易》者”，又卜葬日云“占者三人在其南”，注云“占者三人，掌《玉兆》、《瓦兆》、《原兆》者也”，《少牢》大夫禮，亦是三人占④，鄭既云“反與其屬

---

① “連”字原作“違”，倉石云：“‘違’，注疏本作‘爲’。今案疑當作‘連’，形近之譌。”據改。

② “執”下原有“之”字，曹云：“‘之’字衍，‘執不知’三字出《公羊解詁》。”據刪。

③ “筮”上原無“卜”字，阮云：“《要義》同，毛本‘筮’上有‘卜’字。”倉石云：“此以卜筮相提並論，單疏無‘卜’，脫耳。”據補。

④ “少牢大夫禮亦云三人占”，周學健云：“按《少牢》無此文，朱子亦曾疑之。”倉石云：“《通解》云《少牢禮》無此文，《詳校》云‘云’當作‘是’。”據以改“云”字爲“是”字。

共占之"①,則鄭意大夫卜筮同用一龜、一《易》,三人共占之矣。其用一龜、一《易》則三代頗用②,不專一代,故《春秋緯演孔圖》云"孔子脩《春秋》九月而成,卜之,得《陽豫》之卦",宋均注云"《陽豫》,夏、殷之卦名,故今《周易》無文",是孔子用異代之筮,則大夫卜筮皆不常據一代者也。**宰自右少退,贊命。**宰,有司主政教者。自,由也。贊,佐也。命,告也,佐主人告所以筮也。《少儀》曰:"贊幣自左,詔辭自右。"○少儀,詩召反。【疏】"宰自"至"贊命"。○注"宰有"至"自右"。○釋曰:知"宰"是"有司主政教者",士雖無臣,以屬吏爲宰,若諸侯使司徒兼冢宰以出政教之類,故云"主政教者"。引《少儀》者,取證贊命在右之義,以其地道尊右,故贊命皆在右,是以《士喪禮》亦云"命筮者在主人之右",注云"命尊者,宜由右出"。《特牲》云"宰自主人之左贊命",不由右者,爲神求吉變故也。《士喪》在右不在左者,以其始死,未忍異于生,故在右也。《少牢》宰不贊命,大夫尊屈,士卑不嫌,故使人贊命也。**筮人許諾,右還,即席坐,西面,卦者在左。**即,就也。東面受命,右還北行就席。卦者,有司主畫地識爻者。○右還,音旋,後皆放此。識爻,戶交反。【疏】"筮人"至"在左"。○釋曰:此言筮人於主人受命訖,行筮事也。但"即席坐,西面"者,主爲筮人而言③,則"坐"文宜在"西面"下④,今退"西面"于下者,欲"西面"之文下就畫卦者,亦西向故也。○注"即就"至"爻者"。○釋曰:鄭知"東面受命"者,以其上文有司在西方東面,主人在門東西面,今從門西東而主人之宰命之,故東面受命可知也。知"右還北行就席"者,以其主人在門外之東南,席在門中,故知右還北行,乃得西面就席坐也。云"卦者,有司主畫地識爻者",上云所卦者,謂木⑤,此云卦者,據人,以杖畫地記識爻之七八九六者也。**卒筮,書卦,執以示主人。**卒,已也。書卦者筮人,以方寫所得之卦。【疏】"卒筮"至"主人"。○釋曰:此言所筮六爻俱了,卦體得成,更以方版畫體,示主人之事也。○注"卒已"至"之卦"。○釋曰:云"書卦者筮人"者,下文云"筮人還,東面旅占",明此書

---

① "屬"下原無"共"字,四庫本"屬"下有"共"字,據補。

② "三代頗用",阮云:"《要義》同,毛本'頗'作'類'。按'頗'即'科'字。"

③ "主"下原有"人"字,阮云:"'主人',盧以'人'爲衍字。"據刪。

④ "則"字原作"作",阮云:"陳本同,毛本'作'作'則'。"倉石云:"'作',閩本作'則'似是。"據改。

⑤ "木"字原作"於",倉石云:"'於'當作'木',蓋傳寫者始作'于',形相近而誤,今又改作'於',失之遠矣。各本作'謂木于',‘于'字下屬讀亦非。"據改。

卦是筮人也，不使他人書卦者，筮人尊，書卦①，亦是尊蓍龜之道也。案《特牲》云“卒筮，寫卦，筮者執以示主人”，注云卦者主畫地識爻，六爻備，乃以方版寫之，則彼寫卦亦是卦者，故鄭云卦者畫爻者，彼爲祭禮，吉事尚提提，故卦者寫卦，筮人執卦以示主人。《士喪禮》注云“卦者寫卦示主人”，經無寫卦之文，是卦者自畫示主人，以其喪禮遽于事，故卦者自畫自示主人也。此冠禮，筮者自寫，自示主人，冠禮異于祭禮、喪禮故也。**主人受眡，反之。**反，還也。○反還，音環，一音旋。【疏】“主人受眡反之”。○釋曰：此筮訖，寫所得卦示主人，主人受得省視，雖未辨吉凶，主人尊，先受視以知卦體而已。主人既知卦體，反還與筮人，使人知共占吉凶也②。**筮人還，東面旅占，卒，進告吉。**旅，衆也。還與其屬共占之。古文旅作臚也。○作臚，力居反。【疏】“筮人”至“告吉”。○釋曰：此言筮人既於主人受得卦體，還于門西，東面旅共占之，是吉卦，乃進向門東，東面告主人云吉也。**若不吉，則筮遠日，如初儀。**遠日，旬之外。【疏】“若不”至“初儀”。○釋曰：《曲禮》“吉事先近日”，此冠禮是吉事，故先筮近日，不吉，乃更筮遠日，是上旬不吉，乃更筮中旬，又不吉，乃更筮下旬。云“如初儀”者，自“筮于廟門”已下至“告吉”是也。○注“遠日旬之外”。○釋曰：《曲禮》云“旬之內曰近某日，旬之外曰遠某日”，彼據吉禮而言。“旬之內曰近某日”，據士禮旬內筮，故云“近某日”，是以《特牲》旬內筮日是也。“旬之外曰遠某日”者，據大夫以上禮旬外筮，故言“遠某日”，是以《少牢》“筮旬有一日”是也。案《少牢》云“若不吉，則及遠日，又筮日如初”，鄭注云“及，至也。遠日，後丁若後己”，言至遠日，又筮日如初，明不并筮，則前月卜來月之上旬，上旬不吉，至上旬又筮中旬，中旬不吉，至中旬又筮下旬，下旬不吉則止，不祭祀也。若然，《特牲》不言及，則可上旬之內筮，不吉則預筮中旬，中旬不吉，又預筮下旬，又不吉則止。若此冠禮亦先近日，《士冠禮》亦于上旬之內預筮三旬，不吉則更筮後月之上旬，以其祭祀用孟月，不容入他月，若冠子，則年已二十不可止，終須冠③，故容入後月也。若然，大夫已上筮旬外，士筮旬內，此士禮而注

---

① “卦”上原無“書”字，曹云：“上‘尊’字略逗，‘卦’上脱‘書’字，卦字句。”據補。

② “使人知共占吉凶也”原作“使人知其占吉凶也”，倉石云：“此即下注云‘還與其屬共占之’是也，各本‘共’作‘其’非，《校釋》乃云‘當爲使筮人占其吉凶也’，尤非是。”據改。

③ “終”字原作“然”，曹云：“‘然’當爲‘終’。”據改。

云“遠日，旬之外”者，此“遠日，旬之外”，自是當月上旬之内筮不吉，更筮中旬之遠日①，非謂《曲禮》云大夫以上②，前月預筮來月上旬爲遠某日者，彼自有遠日，與此别也。**徹筮、席。**徹，去也，斂也。○徹去③，起吕反。【疏】“徹筮席”。○注“徹去也斂也”。○釋曰：據席則徹去之，筮則斂藏之，故兩訓之也。**宗人告事畢。**宗人，有司主禮者。【疏】“宗人告事畢”。○注“宗人”至“禮者”。○釋曰：士雖無臣，亦有宗人掌禮，比于宗伯，故云“有司主禮者”。

主人戒賓，賓禮辭，許。戒，警也，告也。賓，主人之僚友。古者有吉事則樂與賢者歡成之，有凶事則欲與賢者哀戚之。今將冠子，故就告僚友使來。禮辭，一辭而許。再辭而許曰固辭。三辭曰終辭，不許也。○警也，居領反。【疏】“主人”至“辭許”。○釋曰：自此以下至“賓拜送”一節，論主人筮日訖，三日之前廣戒僚友，使來觀禮之事也。云“主人戒賓”者，謂主人親至賓大門外之西，東面，賓出大門外之東，西面，戒之。云“賓禮辭，許”者，即下云“戒賓曰：某有子某，將加布于其首，願吾子之教之也。賓對曰：某不敏，恐不能共事，以病吾子，敢辭。主人曰：某猶願吾子之終教之也。賓對曰：吾子重有命，某敢不從”，是一度辭，後乃許之，是“賓禮辭，許”者也。○注“戒警”至“許也”。○釋曰：同官爲僚，同志爲友，此賓與主人同官，是與爲同志④，故以“僚友”解之，此謂上、中、下士嘗執摯相見者也，若未嘗相見，則不必戒，故鄭以“僚友”言之是也。云“古者有吉事則樂與賢者歡成之”者，則此經戒賓使來者是也。云“有凶事則欲與賢者哀戚之”者，則《士喪禮》始死命赴者使告君及同僚之等是也。云“禮辭，一辭而許”者，即此文是也。云“再辭而許曰固辭”者，則《士相見》云“某也願見，無由達，某子以命命某見。主人對曰：某子命某見，吾子有辱，請吾子之就家也，某將走見。賓對曰：某不足以辱命，請終賜見。主人對曰：某不敢爲儀，固請吾子之就家也，某將走見。賓對曰：某不敢爲儀，固以請。主人對曰：某也固辭，不得命，將走見”，是其再辭而許，名爲固辭之義也。云“三辭曰終辭，不許也”者，又《士相見》云“士見于大夫，

---

① “之”字原作“云”，倉石云：“‘云’，殿本改作‘之’。”據改。
② “云”字原作“文”，曹云：“‘文’當爲‘云’。”據改。
③ “徹”字原作“撤”，黄云：“戴震云：‘案《説文》無撤字，徹通、徹去古皆用徹，如篇題《有司徹》，未聞有作撤者也，撤字乃後代俗寫。’王筠亦云：‘撤當作徹。’”據改。
④ “官是”原作“是官”，倉石云：“‘是官’二字疑倒。”據乙。

終辭其摯", 是三辭不許爲終辭之義也。若一辭不許, 後辭上許, 則爲禮辭許。若再辭不許, 後三辭上許, 則爲再辭而許之曰固辭。若不許至于三辭, 又不許, 則爲三辭曰終辭, 不許也。又三辭而許則曰三辭, 若三辭不許乃曰終辭, 是以《公食大夫》戒賓, "上介出請, 入告, 三辭", 又《司儀》云"諸公相爲賓, 主君郊勞, 交擯, 三辭, 車逆, 拜辱, 三揖三辭", 注云"先辭, 辭其以禮來于外。後辭, 辭升堂", 皆是三辭而許稱三辭。若然, 此"戒賓, 賓禮辭, 許", 不固辭。案《鄉飲酒》"主人請賓, 賓禮辭, 許", 注云"不固辭者, 素所有志", 是賓習道藝, 本望賓舉, 是"素所有志", 故不固辭。此亦素有志, 樂與主人歡成冠禮, 故不固辭。諸經云"禮辭, 許"者, 是素有志之類也。 **主人再拜, 賓荅拜。主人退, 賓拜送。** 退, 去也, 歸也。【疏】案《鄉飲酒》"主人戒賓, 賓拜辱, 主人荅拜, 乃請賓。賓禮辭, 許, 主人再拜, 賓荅拜。主人退, 賓拜辱", 《鄉射》亦然, 皆與此文不同, 此經文不具, 當依彼文爲正, 但此不言"拜辱"者, 亦是不爲賓已故也。

　　前期三日, 筮賓, 如求日之儀。 前期三日, 空二日也。筮賓, 筮其可使冠子者, 賢者恒吉。《冠義》曰: "古者冠禮筮日、筮賓, 所以敬冠事, 敬冠事所以重禮, 重禮所以爲國本。"【疏】"前期"至"之儀"。○釋曰: 此文下盡"宿贊冠者, 亦如之", 論筮賓、宿賓若贊冠者之節①。云"前期三日"者, 加冠日爲期②, 期前三日也。"筮賓"者, 謂於僚友衆士之中, 筮取吉者爲加冠之賓也。云"如求日之儀"者, 亦于廟門外, 下至"告事畢", 唯命筮別, 其餘威儀並同, 故云"如求日之儀"也。命筮雖無文, 宰贊蓋云"主人某爲適子某加冠, 筮某爲賓, 庶幾從之", 若庶子, 則改"適"爲一"庶"字異, 餘亦同。此經不云命筮, 并上筮日亦不云命筮者, 皆文不具也。○注"前期"至"國本"。○釋曰: 云"前期三日, 空二日也"者, 謂正加冠日是期日, 冠日之前空二日外爲前期三日, 故云"空二日也"。二日之中, 雖有宿賓、宿贊冠者及夕爲期, 但非加冠之事, 故云"空"也。云"筮賓, 筮其可使冠子者", 即下文三加, 皆賓親加冠于首者是也。云"賢者恒吉"者, 解經先戒後筮之意。凡取人之法, 先筮後戒, 今以此賓是賢者, 必知吉, 故先戒賓, 賓已許, 方始筮之, 以其賢恒自吉, 故先戒後筮之也。若賢恒吉, 必筮之者, 取其審慎重冠禮之事, 故鄭引《冠義》爲證也。云"重禮所以爲國本"者, 《詩》云"人而無禮, 胡不遄死", 《禮運》云"治國不以禮, 猶無耜而耕也", 故云"重禮所以爲國本"也。然冠

---

①　"若"上原無"宿賓"二字, 曹云: "'若'上脱'宿賓'二字。"據補。
②　"日"上原無"冠"字, 阮云: "毛本'日'上有'冠'字。"據補。

既筮賓，《特牲》、《少牢》不筮賓者，彼以祭祀之事，主人自爲獻主，羣臣助祭而已。天子、諸侯之祭，祭前已射于射宮，擇取可預祭者，故不筮之也。**乃宿賓，賓如主人服，出門左，西面再拜，主人東面苔拜。**宿，進也。宿者必先戒，戒不必宿。其不宿者爲衆賓，或悉來或否。主人朝服。○爲衆，于僞反①。【疏】“乃宿”至“苔拜”。○釋曰：此經爲宿賓，擯者傳主人辭，入內告賓，賓如主人服，出門與主人相見之儀也。○注“宿進至朝服”。○釋曰：鄭訓“宿”爲“進”者，謂進之使知冠日當來，故下文“宿曰：某將加布于某之首，吾子將莅之，敢宿。賓對曰：某敢不夙興”，是宿之使進之義也。云“宿者必先戒”者，謂若賓及贊冠，同在上戒賓之內，已戒之矣，今又宿，是“宿者必先戒”也。云“戒不必宿”者，即上文戒賓之中，除正賓及贊冠者，但是僚友欲觀禮者皆戒之，使知而已，後更不宿，是“戒不必宿”者也。云“不宿者爲衆賓，或悉來或否”者，此決賓與贊冠者戒而又宿，不得不來，衆賓主來觀禮，非要須來，容有不來者，故直戒不宿。云“主人朝服”者，見上文筮日時朝服，至此無改服之文，則知皆朝服。凡有戒無宿者，非止於此，案《鄉飲酒》、《鄉射》“主人戒賓”及《公食大夫》“使大夫戒，各以其爵”②，皆是當日之戒，理無宿也。又《大射》“宰戒百官有事于射者，射人戒諸公、卿、大夫射，司士戒士射與贊者。前射三日，宰夫戒，宰及司馬”，皆有戒而無宿是也，“射人宿視滌”，此言宿者，謂將射之前，於宿預視滌濯，非戒宿之意也。若然，《特牲禮》云前期三日宿尸③，前無戒而直有宿者，《特牲》文不具，其實亦有戒也。又《禮記·祭統》云“先期旬有一日，宮宰宿夫人。夫人亦散齊七日，致齊三日”，注云“宿，讀爲肅。肅，猶戒也，戒輕肅重也”者，彼以夫人尊，故不得言戒而變言宿，“讀爲肅”者，肅亦戒之意，彼以宿當戒處，非謂祭前三日之宿也。《大宰》云“祀五帝則掌百官之誓戒”者，謂戒百官使之散齊，至祭前三日當致齊也。凡宿賓之法，案《特牲》云“前期三日筮尸，乃宿尸，厥明夕，陳鼎”，則前期二日宿之也。《少牢》“筮吉”下云“宿”，鄭注云“大夫尊，儀益多，筮日既戒諸官以齊戒矣，至前祭一日，又戒以進之，使知祭日當來”，又云“前宿

---

①　“爲衆于僞反”，黃云：“《考證》云：‘注云其不宿者爲衆賓，朱子於賓字注爲讀如字是也，陸氏此音誤。’”
②　“各”上原無“使大夫戒”四字，曹云：“各上似脫‘使大夫戒’四字。”據補。
③　“三”字原作“二”，阮云：“‘二’，陳本、《要義》俱作‘三’，毛本作‘二’。按作‘三’是。”據改。

一日，宿戒尸"，注云"先宿尸者，重所用爲尸者，又爲將筮"，又云"吉則乃遂宿尸"①，是前祭二日宿尸，至前祭一日筮尸訖又宿尸②。天子、諸侯祭前三日宿之，使致齊也。**乃宿賓，賓許。主人再拜，賓荅拜。主人退，賓拜送。**乃宿賓者，親相見，致其辭。【疏】"乃宿"至"拜送"。○釋曰：上據擯者傳辭，賓出與主人相見。此經據主人自致辭，故再舉"宿賓"之文也。**宿贊冠者一人，亦如之。**贊冠者，佐賓爲冠事者，謂賓若他官之屬，中士若下士也。宿之以筮賓之明日。【疏】"宿贊"至"如之"。○注"贊冠"至"明日"。○釋曰：案下文冠子之時，贊者坐櫛、設纚、卒紘之類，是贊冠者佐賓爲冠事者，以其佐賓爲輕，故不筮也。云"謂賓若他官之屬"者，此所取本由主人之意，或取賓之屬，或取他官之屬，故鄭兩言之。案《周禮》三百六十官，每官之下皆有屬官。假令上士爲官首，其下有中士、下士爲之屬。若中士爲官首，其下即有下士爲之屬也。云"中士若下士也"者，此據主人是上士而言之。贊冠者皆降一等，假令主人是上士，賓亦是上士，則取中士爲之贊，假令主人是下士，賓亦是下士，則亦取下士爲之贊，禮窮則同故也。云"宿之以筮賓之明日"者，以下有"厥明夕，爲期"，是冠前一日，宿賓、宿贊在"厥明"之上，則去冠前二日矣，筮賓是前期三日，則知宿賓、贊冠者是筮賓之明日可知。不在"宿賓"下而在"宿贊冠"之下言之者，欲取與"厥明"相近故也③。

　　厥明夕，爲期于廟門之外。主人立于門東，兄弟在其南，少退，西面北上。有司皆如宿服，立于西方，東面北上。厥，其也。宿服，朝服。【疏】"厥明"至"北上"。○釋曰：自此至"賓之家"，論冠前一日之夕，爲明日加冠之期告賓之事也。云"厥明夕，爲期"者，謂宿賓與贊冠明日向暮，爲加冠之期。必於廟門者，以冠在廟，知亦在廟爲期也。主人之類在門東，賓之類在門西者，各依賓主之位，夾處東西也。○注"厥其"至"朝服"。○釋曰：知"宿服，朝服"者，以其宿服如筮日之服，筮日朝服，轉相如，故知是朝服也。**擯者請期，宰告曰："質明行事。"**擯者，有司佐禮者。在主人曰擯，在客曰介。質，正也。宰告曰："旦日正明行冠

---

① "吉"上原無"又云"二字，曹云："'吉'上脱'又云'二字。"據補。
② "是前祭"至"又宿尸"原作"是前祭二日筮尸訖宿尸至前祭一日又宿尸"，曹云："當爲'是前祭二日宿尸，至前祭一日筮尸訖又宿尸'。"據乙。
③ "與"字原作"爲"，倉石云："'爲'，《詳校》改作'與'。"據改。

事。”○擯者，必刃反，劉方刃反。曰介，音界。【疏】“擯者”至“行事”。○釋曰：上經布位已訖，故此經見爲期之事。言“請期”者，謂請主人加冠之期。言“告曰”者，即是宰贊命告之也。○注“擯者”至“冠事”。○釋曰：上云“有司”，此言“擯者”，故知擯者是有司佐主人行冠禮者也。云“在主人曰擯，在客曰介”者，案《聘禮》及《大行人》皆以在主人曰擯，在客介，亦曰相，《司儀》云“每門止一相”是也。云“旦日正明行冠事”者，案《特牲》“請期曰：‘羹飪’”，鄭注云“肉謂之羹。飪，熟也，謂明日質明時而曰肉熟，重豫勞賓”，此無“羹飪”，故云“質明”，《少牢》云“旦明行事”，故此注取彼而言“旦日正明行冠事”也。**告兄弟及有司**。擯者告也。【疏】“告兄弟及有司”。○注“擯者告也”。○釋曰：上文陳兄弟及有司位次，此告訖，下乃云“告事畢”，則兄弟及有司亦廟門之外矣。必告之者，禮取審慎之義故也。必知擯者告者，上“擯者請期”，此即云“告”，明還是擯者告可知。**告事畢**。宗人告也。【疏】“告事畢”。○注“宗人告也”。○釋曰：知“宗人告”者，亦約上文筮日時，宗人告事得知也。**擯者告期于賓之家**。【疏】“擯者”至“之家”。○釋曰：有司是家之屬吏①，則告期皆得在位。賓是同僚之等，爲期時不在，故就家告之。於夕爲期，當暮即得告之者，以其共仕於君，其家必在城郭之内，相近故得告也。

　　夙興，設洗，直于東榮，南北以堂深，水在洗東。夙，早也。興，起也。洗，承盥洗者棄水器也，士用鐵。榮，屋翼也。周制，自卿大夫以下，其室爲夏屋。水器，尊卑皆用金罍，及大小異。○直，音值，下放此。東榮，如字，劉云：榮，屋翼。堂深，申鴆反，凡度淺深曰深，後放此。承盥，音管。夏屋，户雅反，後同。罍，力回反。【疏】“夙興”至“洗東”。○釋曰：自此至“賓升則東面”，論將冠子豫陳設冠服②、器物之事也。○注“夙早”至“小異”。○釋曰：云“洗，承盥洗者棄水器也”者，謂盥手洗爵之時，恐水穢地，以洗承盥洗水而棄之，故云“棄水器也”。云“士用鐵”者，案《漢禮器制度》“洗之所用，士用鐵，大夫用銅，諸侯用白銀，天子用黄金也”。云“榮，屋翼也”者，即

---

　　①　“吏”下原有“者”字，曹云：“‘者’上脱‘有事’二字，或曰‘者’字衍。”據刪“者”字。

　　②　“冠”下原有“與”字，曹云：“‘與’字似衍，或者‘與’當爲‘衣冠’，讀去聲。”據刪。

今之搏風①，云“榮”者，與屋爲榮飾，言“翼”者，與屋爲翅翼也。云“周制，自卿大夫以下，其室爲夏屋”者，言“周制”者，夏、殷卿大夫以下屋無文，故此經是周法，即以周制而言也。案此經是士禮而云“榮”，《鄉飲酒》卿大夫禮，《鄉射》、《喪大記》大夫士禮，皆云“榮”，又案《匠人》云“夏后氏世室，堂脩二七，廣四脩一，五室”，此謂宗廟，路寢同制，則路寢亦然，雖不云“兩下爲之”，彼下文云“殷人重屋，四阿”，鄭云“四阿，四注屋”，重屋謂路寢，殷之路寢四阿，則夏之路寢不四阿矣，當兩下爲之，是以《檀弓》孔子云“見若覆夏屋者矣”，鄭注云“夏屋，今之門廡也”，漢時門廡②，兩下爲之，故舉漢法以況夏屋兩下爲之。或名兩下屋爲夏屋，夏后氏之屋亦爲夏屋。鄭云卿大夫以下，其室爲夏屋兩下，而周之天子、諸侯皆四注，故《喪大記》云“升自屋東榮”，鄭以爲卿大夫士，其天子、諸侯當言東霤也。周天子路寢，制似明堂，五室十二堂，上圓下方，明四注也，諸侯亦然，故《燕禮》云“洗當東霤”，鄭云“人君爲殿屋也”。云“水器，尊卑皆用金罍，及大小異”者，此亦案《漢禮器制度》尊卑皆用金罍，及其大小異。此篇與《昏禮》、《鄉飲酒》、《鄉射》、《特牲》皆直言水，不言罍，《大射》雖云罍水，不云枓，《少牢》云“司宮設罍水於洗東，有枓”，鄭注云“設水用罍，沃盥用枓，禮在此也”，欲見罍、枓俱有，餘文無者，不具之意也。《儀禮》之內，設洗與設尊，或先或後不同者，若先設洗則兼餘事，此《士冠》賓與贊共洗，《昏禮》有夫婦與御滕之等，《少牢》、《特牲》兼舉鼎，不專爲酒，以是皆先設洗；《鄉飲酒》、《鄉射》先設尊者，以其專爲酒，《燕禮》、《大射》自相對，《大射》辨尊卑，故先設尊，《燕禮》不辨尊卑，故先設洗。又《儀禮》之內，或有尊無洗，或尊、洗皆有，文不言設之者，是不具也。

---

① “搏”字原作“博”，吳紱云：“按‘搏風’謂屋榮在兩旁如鳥翼之搏風也，刻本混作‘博’，非。”阮云：“‘博’，陳本、《通解》、《要義》俱作‘博’，一本改作‘搏’。按衛氏《禮記集說·鄉飲酒義》引此正作‘搏’。”據改。

② “也”字原在“漢時門廡”下，倉石云：“金氏曰追《儀禮經注疏正譌》云：‘也字，《通解》本在漢時門廡上，與《檀弓》注合。’”據乙。

儀禮疏卷第二　儀禮卷第一

陳服于房中西墉下，東領北上。墉，牆。【疏】“陳服”至“北上”。○釋曰：自此至“東面”，論陳設衣服、器物之等以待冠者。《喪大記》與《士喪禮》服或西領，或南領，此東領者，此嘉禮異於凶禮故也，士冠時先用卑服①，北上，便也。爵弁服，纁裳，純衣，緇帶，韎韐。此與君祭之服。《雜記》曰：“士弁而祭於公。”爵弁者，冕之次，其色赤而微黑，如爵頭然，或謂之緅，其布三十升。纁裳，淺絳裳。凡染絳，一入謂之縓，再入謂之赬，三入謂之纁，朱則四入與？純衣，絲衣也。餘衣皆用布，唯冕與爵弁服用絲耳。先裳後衣者，欲令下近緇，明衣與帶同色。韎韐，縕韍也。士縕韍而幽衡，合韋爲之，士染以茅蒐，因以名焉，今齊人名蒨爲韎韐。韍之制似韠。冠弁不與衣陳而言於上②，以冠名服耳。今文纁皆作熏。○纁裳，許云反。韎，音妹，又武拜反，劉又武八反。韐，古洽反，又音閤。之縓，七絹反，范散騎音倉亂反。再染，如琰反，下二字同。之赬，丑貞反。欲令，力呈反。下近，附近之近。縕，音溫，劉烏本反。韍，音弗。而幽，於糾反。茅，亡交反，一音妹。蒐，所留反。名蒨，七見反。【疏】“爵弁”至“韎韐”。○釋曰：此所陳從北而南，故先陳爵弁服。○注“此與”至“作熏”。○釋曰：士禮玄端自祭③，以爵弁服助君祭，故云“與君祭之服”也。云“爵弁者，冕之次”者，凡冕以木爲體，長尺六寸，廣八寸，績麻三十升布，上以玄，下以纁，前後有旒，其爵弁制大同，唯無旒，又爲爵色爲異，又名冕者，俛也，低前一寸二分，故得冕稱，其爵弁則前後平，故不得冕名，以其尊卑次於冕，故云“爵弁，冕之次”也。云“其色赤而微黑，如爵頭

---

①　“故也士冠時”原作“故士之冠特”，阮云：“陳本、《要義》同，毛本、《通解》‘特’作‘時’；《要義》‘士之’作‘也士’。”據改。

②　“弁”下原有“者”字，阮云：“盧文弨云‘者’字衍。”據刪。

③　“端”字原作“冠”，阮云：“陳、閩同，毛本‘冠’作‘端’。”汪刊單疏作“端”。據改。

253

然，或謂之緅”者，三入爲纁①，若以纁入黑則爲紺，以紺入黑則爲緅，是三入赤，再入黑，故云“其色赤而微黑”也。云“如爵頭然”者，以目驗爵頭赤多黑少，故以爵頭爲喻也。以紺再入黑汁與爵同②，故取《鍾氏》緅色解之，故鄭注《鍾氏》云“今《禮》俗文作爵，言如爵頭色也”。玄此言赤者，對緇文爲赤③，若將緅比纁，則又黑多矣，故《淮南子》云“以涅染紺則黑於涅”，況更一入黑爲緅乎！故《巾車》云“雀飾”，鄭注云“雀，黑多赤少之色”是也。云“其布三十升”者，取冠倍衣之義④，是以《喪服》衰三升，冠六升，朝服十五升，故冕三十升也。云“纁裳，淺絳裳”者，絳則一染至三染同云淺絳，《詩》云“我朱孔陽”，毛傳云“朱，深纁也”，故從一染至三染皆謂之淺絳也。云“朱則四入與”者，《爾雅》及《鍾氏》皆無四入之文，經有朱色，故鄭約之，若以纁入黑則爲紺，若以纁入赤則爲朱，無正文，故云“與”以疑之也。然上注以解玄緅，故引《鍾氏》染黑法，此注解纁，故引《爾雅》染赤法也。云“純衣，絲衣也”者，案鄭解純字，或爲絲，或爲色，兩解不同者，皆望經爲注。若色理明者，以絲解之；若絲理明者，以色解。此經玄衣與纁裳相對，上玄下纁，色理自明，絲理不明，則以絲解之。《昏禮》“女次，純衣”，注云“絲衣”，以下文有“女從者畢袗玄”，色理自明，則亦絲理不明，故亦以絲理解之。《周禮·媒氏》云“純帛無過五兩”，注云“純，實緇字也，古緇以才爲聲。納幣用緇，婦人陰也”，以經云“純帛”，絲理自明，故爲色解之。《祭統》云“蠶於北郊，以共純服”，絲理自明，故鄭亦以色解也。《論語》云“麻冕，禮也。今也純，儉”，以純對麻，絲理自明，故鄭亦以色解之。是注有不同之事⑤，但古緇、紂二字並行，若據布爲色者則爲緇字，若據帛爲色者則爲紂字。但緇布之緇多在，本字不誤，紂帛之紂則多誤爲純。云“餘衣皆用布”者，此據朝服、皮弁服、玄端服及深衣、長衣之等皆以布爲之，是以《雜記》云朝服十五升布，玄端亦朝服之類⑥，則皮弁亦是天子朝服，深衣或名麻衣，故知用布也。云“唯冕與爵弁服用絲耳”者，《祭統》云“王后蠶於北郊，以供純服”，爵弁服是冕服之次，故知

---

① “三入爲纁”原作“七入爲緇”，曹云：“似當作‘三入爲纁’。”倉石云：“《詳校》云當作‘三入爲纁’。”據改。

② “紺”字原作“緅”，江永《鄉黨圖考》卷五引此疏作“紺”，據改。

③ “文”上原無“緇”字，曹云：“‘文’上似脱‘緇’字。”據補。

④ “倍”下原無“衣”字，曹云：“‘倍’下似脱‘衣’字。”據補。

⑤ “注”字原作“況”，阮云：“毛本同，《要義》‘況’作‘注’。”據改。

⑥ “亦”下原無“朝”字，阮云：“浦鏜云‘亦’下當脱‘朝’字。”據補。

亦用絲也。云“先裳後衣者，欲令下近緇，明衣與帶同色”者，衣在上，宜與冠相近，應先言衣，今退衣在裳下者，若衣與冠同色者，先言衣，後言裳，今爵弁與衣異，故退“純衣”於下，使與帶同色也。云“韎韐，緼韍也”者，此經云韎韐①，《禮記》云緼紱，緼紱、韎韐二者一物，故鄭合爲一物解之也。云“士緼韍而幽衡”者，《玉藻》文。言“幽衡”者，同繫於革帶，故連引之也。云“合韋爲之”者，鄭即因解名“緼韍”之字言“韐”者，韋旁著合，謂合韋爲之，故名“韐”也。云“士染以茅蒐，因以名焉”者，案《爾雅》云“茹蘆，茅蒐”，孫氏注“一名蒨，可以染絳”，若然，則一草有此三名矣，但周公時名蒨草爲韎草，以此韎染韋合之爲韐，因名韍爲韎韐也。云“韍之制似韠”者，案上注已釋韠制，其韍之制亦如之，但有飾無飾爲異耳。祭服謂之韍，其他服謂之韠。《易·困卦·九二》“困於酒食，朱韍方來，利用享祀”，是祭服之韍也。又案《明堂位》云“有虞氏服韍，夏后氏山，殷火，周龍章”，鄭云“後王彌飾，天子備焉，諸侯火而下，卿大夫山，士韎韋而已”，是士無飾則不得單名韍，一名韎韐，一名緼韍而已，是韍有與韠異②，以制同飾異，故鄭云“韍之制似韠”也。但染韋爲韍之體，天子與其臣及諸侯與其臣有異。《詩》云“朱芾斯黃”，鄭云“天子純朱，諸侯黃朱”，《詩》又云“赤芾在股”，是諸侯用黃朱，《玉藻》再命、三命皆云赤韍，是諸侯之臣亦用赤韍，《易·困卦·九二》云“困於酒食，朱韍方來，利用享祀”，鄭注云“二據初辰在未，未爲土，此二爲大夫有地之象。未上值天廚，酒食象。困於酒食者，采地薄不足己用也。二與四爲離，體爲鎮霍③，爻四爲諸侯有明德，受命當王者。離爲火，火色赤，四爻辰在午時，離氣赤又朱”是也，文王將王，天子制用朱韍，故《易·乾鑿度》云孔子曰“天子、三公、諸侯同色。《困卦》‘困于酒食，朱韍方來’”，又云“天子三公、大夫皆朱韍④，諸侯亦同色”者，其染之法，同以淺絳爲名，是天子與其臣純朱，諸侯與其臣黃朱爲異也。云“冠弁不與衣陳而言於上，以冠名服耳”

---

①　“韎韐”下原無“禮記云緼紱緼紱韎韐”九字，阮云：“浦鏜云下當脫‘禮記云緼紱緼紱韎韐’九字。”據補。

②　“韠”字原作“緼”，阮云：“浦鏜云‘緼’當‘韠’字之誤。按疑當云‘是韍又與緼韍異’。”倉石云：“‘緼’，殿本、《正字》作‘韠’，似是。《校勘記》乃云‘當云是韍又與緼韍異’，恐非疏意。”據浦校改。

③　“二與四爲離體爲鎮霍”原作“二與日爲體離爲鎮霍”，倉石云：“‘日’，《正字》據《玉海》改作‘四’，《校勘記》云：‘上六字《要義》曰當云二與四爲離體。’”據改乙。

④　“皆”字原作“不”，倉石云：“‘不’，殿本作‘皆’。”四庫本亦作“皆”，據改。

者，案此文上下，陳服則於房，緇布冠、皮爵弁在堂下①，是冠弁不與服同陳，今以弁在服上并言之者，以冠弁表明其服耳，不謂同陳之也。云"今文縓皆作熏"者，縓是色，當從絲旁爲之，故疊今文不從熏，從經古文縓也②。**皮弁服，素積，緇帶，素韠。** 此與君視朔之服也。皮弁者，以白鹿皮爲冠，象上古也。積，猶辟也。以素爲裳，辟蹙其要中。皮弁之衣用布亦十五升，其色象焉。○猶辟，必亦反，下同。其要，一遙反。【疏】"皮弁"至"素韠"。○釋曰：此皮弁服卑於爵弁，故陳之次在爵弁之南。上爵弁服、下玄端服皆言衣，此獨不言衣者，以其上爵弁服與爵弁異，故言衣，下玄端服但冠時用緇布冠，不用玄冠，既不言冠，故言衣也。今此皮弁之服用白布，衣與冠同色，故不言衣也。○注"此與"至"象焉"。○釋曰：案《玉藻》云"諸侯皮弁聽朔於大廟"，又案《鄉黨》説孔子之服云"素衣麑裘"，鄭云"視朔之服"，視朔之時，君臣同服也。云"皮弁者，以白鹿皮爲冠，象上古也"者，謂三皇時以白鹿皮冒覆頭③，句頷繞項，至黄帝則有冕，故《世本》云"黄帝作旒冕"，《禮運》云"先王未有宫室"，又云"食草木之實，鳥獸之肉，未有麻絲，衣其羽皮"，鄭云"此上古之時"，則此象上古，謂象三皇時，以五帝爲大古，以三皇爲上古也。若然，黄帝雖有絲麻、布帛、皮弁，至三王不變，是以下記云"三王共皮弁"，鄭注云"質不變"，鄭注《郊特牲》云"所不易於先代"，故《孝經緯》云"百王同之不改易"也。案禮圖仍以白鹿皮爲冠，故云"以白鹿皮爲冠，象上古也"。云"積，猶辟也。以素爲裳，辟蹙其要中"者，經典云素者有三義：若以衣裳言素者，謂白繒也，即此文之等是也；畫繢言素者，謂白色，即《論語》云"繢事後素"之等是也；器物無飾亦曰素，則《檀弓》云"奠以素器"之等是也，是以鄭云"以素爲裳，辟蹙其要中"也。知"皮弁之衣亦用十五升布"者，《雜記》云"朝服十五升"，此皮弁亦天子之朝服，故亦十五升布也，然《喪服》注云"祭服、朝服，辟積無數"，則祭服、皮弁皆辟積無數，餘不云者，舉皮弁可知，不並言也，唯喪服裳幅三袧有數耳。云"其色象焉"者，謂象皮弁之色用白布也。以此言之，《論語》注云"素用繒"者，彼上服裼衣用素也。**玄端，玄裳、黄裳、雜裳可**

---

① "皮爵弁"原作"及皮弁"，阮云："陳本、《要義》同，毛本'皮'上無'及'字，'皮'下有'爵'字。"據毛本改。

② "古文"原作"文古"，倉石云："'文古'二字疑倒。"據乙。

③ "冒"上原無"以白鹿皮"四字，阮云："毛本'冒'上有'以白鹿皮'四字，句作鉤，《通解》與毛本同。"據補。

也，緇帶，爵韠。此莫夕於朝之服。玄端即朝服之衣，易其裳耳。上士玄裳，中士黃裳，下士雜裳。雜裳者，前玄後黃。《易》曰：“夫玄黃者，天地之雜色，天玄而地黃。”士皆爵韋爲韠，其爵同。不以玄冠名服者，是爲緇布冠陳之。《玉藻》曰：“韠，君朱、大夫素、士爵，韋。”○此莫，音暮。於朝，直遥反。夫玄，音扶。【疏】“玄端”至“爵韠”。○釋曰：此玄端服，服之下，故後陳於皮弁之南。陳三等裳者，凡諸侯之下皆有二十七士，公侯伯之士一命，子男之士不命。不問一命、不命①，皆分爲三等，故服分爲三等之裳以當之。上下經三等之服同用緇帶者，以其士唯有一緇裨之帶②，故三服共用之。大帶，所以束衣。革帶，所以佩韠及佩玉之等。不言革者，舉韠有革帶可知，故略不言耳。三裳之下云“可也”者，欲見三等之士各有所當，當者即服之，故言“可”以許之也。○注“此莫”至“爵韋”。○釋曰：云“此莫夕於朝之服”者，當是莫夕於君之朝服也。案《玉藻》云“君朝服以日視朝于內朝，夕深衣，祭牢肉”，是君朝服朝服，夕服深衣矣，下又云“朝玄端，夕深衣”，朝時所服③，與君不同，故鄭注云“謂大夫、士也”，則彼“朝玄端，夕深衣”，是大夫、士家私朝也。若然，大夫、士既服玄端、深衣以聽私朝矣，此服注云“莫夕於朝之服”，是士向莫之時夕君之服。必以爲莫夕者④，朝禮備，夕禮簡，故以夕言之也。若卿大夫莫夕於君，當亦朝服矣。案《春秋左氏傳·成十二年》晉郤至謂子反曰“百官承事，朝而不夕”，此云“莫夕”者，無事則無夕法，若夕有事，須見君則夕，故昭十二年子革云“夕”，哀十四年子我亦云“夕”者，皆是有事見君，非常朝夕之事也。云“玄端即朝服之衣，易其裳耳”者，上云“玄冠，朝服，緇帶，素韠”，此玄端亦緇帶，彼云“朝服”，即此“玄端”也，但朝服亦得名端，故《論語》云“端章甫”，鄭云“端，諸侯視朝之服耳”，皆以十五升布爲緇色，正幅爲之，同名也。云“易其裳耳”者，彼朝服素韠，韠同裳色，則裳亦素，此既易其裳，以三等裳同爵韠，則韠亦易之矣⑤，不言者，朝服言素韠，不言裳，故須言“易”，彼言“素韠”，此云“爵韠”，於文自明，故不須言“易”也。云“上士玄裳，中士黃裳，下士雜裳”者，此無正文，直以諸侯之士皆有三等之裳，故還以三等

---

　　①　“問”字原作“同”，阮云：“浦鏜云‘同’當‘問’字之誤，盧文弨云‘不同’二字屬上亦可。”據浦校改。

　　②　“緇”字原作“幅”，曹云：“‘幅’，殿本改作‘緇’。”據改。

　　③　“所”字原作“不”，阮云：“‘不’，《要義》作‘所’，按《要義》是。”據改。

　　④　“爲莫”原作“莫爲”，阮云：“‘莫爲’疑當作‘爲莫’。”據乙。

　　⑤　“亦”上原無“韠”字，曹云：“‘亦’上脫‘韠’字。”據補。

之士配之①，但玄是天色，黃是地色，天尊而地卑，故上士服玄，中士服黃，下士當雜裳。雜裳者，還用此玄黃，但前陽後陰，故知"前玄後黃"也。云"《易》曰"者，是《文言》文，引之者，證此裳等是天地二色爲之。云"士皆爵韋爲韠，其爵同"者，三裳同云"爵韠"，故知三等之士同用爵韋爲韠也，其"爵韋"者，所引《玉藻》文是也。云"不以玄冠名服者，是爲緇布冠陳之"者，今不以玄冠表此服者，此爲冠時緇布冠陳之，冠既不用玄冠，故不言也。云"《玉藻》"者，案彼注云"此玄端服之韠也"，云"韠"者，與下君、大夫、士爲總目，"韋"者，又總三者用韋爲之，言"君朱、大夫素、士爵"者，韠之韋色也，云"君朱"者，見五等諸侯，則天子亦朱矣，韠同裳色，則天子、諸侯朱裳，士言爵，則此經爵韠亦一也，以其裳有三等，爵亦雜色，故同爵韠，若然，大夫素裳則與朝服不異者，禮窮則同也。

緇布冠缺項，青組纓屬于缺，緇纚廣終幅、長六尺，皮弁笄，爵弁笄，緇組紘纁邊，同篋。缺，讀如"有頍者弁"之"頍"。緇布冠無笄者，著頍圍髮際，結項中，隅爲四綴，以固冠也。項中有編，亦由固頍爲之耳。今未冠笄者著卷幘，頍象之所生也。滕、薛名蔮爲頍。屬，猶著。纚，今之幘梁也。終，充也。纚一幅，長六尺，足以韜髮而結之矣。笄，今之簪。有笄者，屈組爲紘，垂爲飾。無笄者，纓而結其絛。纁邊，組側赤也。同篋，謂此上凡六物。隋方曰篋。○缺，依注音頍，去藥反，又音跬，劉屈絹反，下皆同此。項，下講反。青組，音祖。屬于，章玉反，注同。緇纚，山買反，舊山綺反。笄，音雞。組紘，音宏，纓從下而上者。同篋，苦協反。著頍，陟略反，下著卷同。四綴，丁衛反。有編，劉紀屈反。著卷，去圓反。名蔮，古內反。猶著，直略反。以叟②，土刀反。之簪，側金反。以上，時掌反。隋方，他果反，狹而長。【疏】"緇布"至"同篋"。○注"缺讀"至"曰篋"。○釋曰：云"缺，讀如'有頍者弁'之'頍'"者，讀從《頍弁》詩，義取在首，頍者弁貌之意也。云"緇布冠無笄者"，案經皮弁、爵弁言笄，緇布冠不言笄，故云"無笄"也。云"著頍圍髮際"者，無正文，約漢時卷幘亦圍髮際，故知也。云"結項"者，此亦無正文，以經云頍項③，明于項上結之也。云"隅爲四綴，以固冠也"者，此亦無正文，以義言之，既武以下別有頍項，明于頍四隅爲綴④，上綴于武，然

①　"配"字原作"記"，曹云："'記'當爲'配'。"倉石云："'記'，《正字》云當'配'字誤。"據改。
②　"叟"字原作"叜"，黃云："'叜'字誤，宋本作'叟'。"據改。
③　"頍"下原無"項"字，曹云："'頍'下脱'項'字。"據補。
④　"頍"字原作"首"，曹云："'首'似當爲'頍'。"據改。

258

後冠得安穩也①。云“項中有繩，亦由固頍爲之耳”者，此亦無正文，以義言之，頍之兩頭皆爲繩，別以繩穿繩中結之，然後頍得牢固，故云“亦由固頍爲之”也。云“今未冠笄者著卷幘②，頍象之所生”者，此舉漢法以況義耳，漢時男女未冠笄者，首著卷幘之狀雖不審知③，既言頍圍髮際，故以況之④，明漢時卷幘亦以布帛之等圍繞髮際爲之矣，云“頍象之所生”者，漢時卷幘是頍之遺象所生至漢時，故云“頍象之所生也”。云“滕、薛名蕬爲頍”者，此亦舉漢時事以況之，漢時滕、薛二國云蕬，蕬，卷幘之類，亦遺象，故爲況也。云“纚，今之幘梁”者，亦舉漢法爲況耳，幘梁之狀，鄭目驗而知，至今久遠，亦未審也。云“纚一幅，長六尺，足以韜髮而結之矣”者，人髮之長者不過六尺⑤，纚六尺，故云“足以韜髮”，既云“韜髮”，乃云“結之”，則韜訖，乃爲紒矣。云“有笄者”，即經云皮弁及爵弁皆云笄者，是有笄也。云“屈組爲紘”者，經“緇組紘纁邊”是爲有笄者而設，言“屈組”，謂以一條組於左笄上繫定，遶頤下，右相向上⑥，仰屬于笄，屈繫之，有餘因垂爲飾也。云“無笄者，纓而結其條”者，無笄即經“緇布冠”是也，則以二條組兩相屬于頍，故經云“組纓屬于頍”也，既屬訖，則所垂條于頤下結之，故云“纓而結其條”也。云“纁邊，組側赤也”者，纁是三入之赤色，云“邊”⑦，則于邊側赤也，若然，以組爲中，以纁爲邊側而織之也。云“同篋，謂此上凡六物”者，“緇布”至“屬于頍”共爲一物；纚長六尺，二物；皮弁笄，三物；爵弁笄，四物；其“緇組紘纁邊”，皮弁、爵弁各有一，則爲二物，通前四爲六物。云“隋方曰篋”者，《爾雅》無文，此對筥方而不隋也，隋謂狹而長也。案《周禮·弁師》云“掌五冕”而云“玉笄朱紘”，則天子以玉爲笄，以朱爲紘。又案《祭義》云天子“冕而朱紘”，諸侯“冕而青紘”，諸侯之笄亦當用玉矣。又案《弁師》韋弁與

---

① “冠”字原作“頍項”，曹云：“‘頍項’疑當爲‘冠’。”據改。

② “今”下原有“之”字，曹云：“注無‘之’字。”據删。

③ “審”字原作“智”，阮云：“‘智’，《通解》、《要義》俱作‘審’，毛本作‘雖不可知’。”據《通解》、《要義》改。

④ “況”字原作“冠”，曹云：“阮云：‘冠，《要義》作況。’案作‘況’是也，謂鄭既言頍圍髮際，故以卷幘況之，則卷幘之制可轉因此推明矣。”據改。

⑤ “人”下原無“髮”字，阮云：“《要義》同，毛本‘人’下有‘髮’字。”據補。

⑥ “右”字原作“又”，汪刊單疏作“右”，據改。

⑦ “云”上原有“又”字，曹云：“‘又’字疑衍。”據删。

皮弁同科,皮弁有笄,則二者皆有笄矣①。又爲笄屬紘②,不見有綏,則六冕無綏矣,然士緇布冠無綏,故下記云"孔子曰:'其綏也,吾未之聞也。'"若諸侯亦以緇布冠爲始冠之冠,則有綏,故《玉藻》云"緇布冠繢綏,諸侯之冠也",鄭注云"尊者飾"。其大夫紘,案《禮器》云"管仲鏤簋朱紘",鄭注云"大夫、士當緇組紘纁邊"是也③,其笄亦當用象耳。

櫛實于簞。簞,笥也。○櫛實,莊乙反。于簞,音丹,笥也。笥,息嗣反,《字林》先字反。【疏】"櫛實于簞"。○注"簞笥也"。○釋曰:鄭注《曲禮》"圓曰簞,方曰笥",笥與簞方圓有異而云簞、笥共爲一物者,鄭舉其類,注《論語》亦然。**蒲筵二,在南**。筵,席也。【疏】"蒲筵二在南"。○注"筵席也"。○釋曰:"筵二"者,一爲冠子,即下云"筵于東序,少北"是也;一爲醴子,即下云"筵于户西,南面"是也。云"在南"者,最在南頭,對下文"側尊一甒醴,在服北"也。鄭注云"筵,席也"者,鄭注《周禮·司几筵》云"敷陳曰筵,藉之曰席。然其散言之,筵、席通矣",前敷在地者皆言筵,藉取相承之義④,是以諸席在地者多言筵也。**側尊一甒醴,在服北,有篚實勺、觶、角柶,脯醢,南上**。側,猶特也。無偶曰側,置酒曰尊。側者,無玄酒。服北者,纁裳北也。篚,竹器,如笭者。勺,尊斗⑤,所以斟酒也。爵三升曰觶。柶,狀如匕,以角爲之者,欲滑也。南上者,篚次尊,籩豆次篚。古文甒作廡。○甒,亡甫反,又音武。有篚,方尾反。實勺,上若反。觶,之豉反,爵容三升也,《字林》音支⑥。角柶,音四,匕也。脯醢,音海。如笭,力丁反,一音泠。以斟,九于反,又音俱,挹也。作廡,音武。【疏】"側尊"

---

① "皆"字原作"亦",曹云:"'亦'當爲'皆'。"據改。

② "又爲笄屬紘"原作"又爲笄者屬纓",曹云:"當爲'又爲笄屬紘',或當爲'有笄者屬紘'。"據前説改。

③ "組"下原無"紘"字,阮云:"陳本同,毛本'組'下有'紘'字。按無'紘'字與《禮器》注不合,且與此處經文亦異,此本非也。"據補。

④ "藉"上原無"筵"字,阮云:"毛本'藉'上有'筵'字,此本、陳本俱無'筵'字,閩本'筵'字擠入。按《通典》釋此經云:'上重者皆言席,取相承籍之義,在地多言筵也。'蓋用疏説。"據補。

⑤ "斗"字原作"升",阮云:"金曰追云:'疏謂《少牢》疊科所以斟水,此尊科斟酒者也,是注升本作斗,後魏以來字多別體,升、斗字幾不辨,故致誤如此,當并疏尊升改正。'"據改,疏述注亦改。

⑥ "支"字原作"至",黃云:"阮云:'至,宋本作致是也。'焯案宋本作'音文','文'當爲'支'之誤。《廣韻》、《集韻》、《類篇》並有章移切一音,可證。"據改。

至"南上"。○注"側猶"至"作廡"。○釋曰：云"側，猶特也。無偶曰側，置酒曰尊。側者，無玄酒"者，凡禮之通例，稱側有二：一者無偶，特一爲側，則此文側是也，又《昏禮》云"側尊甒醴于房中"，亦是無玄酒曰側，至於《昏禮》"合升，側載"，《聘禮》云"側襲"，《士虞禮》云"側亨"①，此皆是無偶爲側之類也；一者《聘禮》云"側受几"者，側是旁側之義也。云"服北者，纁裳北也"者，此上先陳爵弁服之時，纁裳最在北，向南陳之，此云"服北"，明在纁裳北可知也。云"篚，竹器，如笭者"，其字皆竹下爲之，故以"竹器"言之，"如笭者"，亦舉漢法爲況也。云"勺，尊斗，所以斟酒也"者，案《少牢》云"疊水有枓"，與此勺爲一物，故云"尊斗"，對彼是疊枓，所以斟水，則此爲尊枓，斟酒者也。云"爵三升曰觶"者，案《韓詩傳》云"一升曰爵②，二升曰觚，三升曰觶，四升曰角，五升曰散"，相對爵、觶有異，散文則通，皆曰爵，故鄭以爵名觶也。云"柶，狀如匕，以角爲之者，欲滑也"者，對《士喪禮》用木柶者，喪禮反吉也。云"南上者，篚次尊，籩豆次篚"，知然者，以經云尊在服北，南上則是從南北向陳之，以尊爲貴，次云篚，後云籩豆，故知次第然也。云"古文甒作廡"者，此甒爲酒器，廡是夏屋兩下，故不從古文也。**爵弁、皮弁、緇布冠各一匴，執以待于西坫南，南面東上，賓升則東面。**爵弁者，制如冕，黑色，但無繅耳。《周禮》"王之皮弁，會五采玉璂，象邸，玉笄。諸侯及孤、卿、大夫之冕，皮弁，各以其等爲之"，則士之皮弁又無玉，象邸飾。緇布冠，今小吏冠其遺象也。匴，竹器名，今之冠箱也。執之者，有司也。坫在堂角。古文匴作纂，坫作檐。○一匴，素管反，本或作纂。西坫，丁念反。無繅，音早。玉璂，音其。象邸，丁禮反。爲纂，素管反，劉音纂。爲檐，以占反。【疏】"爵弁"至"東面"。○釋曰：此一節論使有司三人各執其一，豫在階以待冠事。賓未入，南面以向賓，賓在堂③，亦以向賓。言"升則東面"，據終言之也。○注"爵弁"至"作檐"④。○釋曰：云"爵弁者，制如冕，黑色⑤，但無繅耳"者，已於上解訖，今復言之者，上文直舉冠以表服，其冠實不陳，故略言

---

①　"亨"字原作"尊"，倉石云："'尊'疑當爲'亨'。"據改。

②　"韓詩傳"原作"韓詩外傳"，孫云："當作《韓詩傳》，'外'字衍，此本《五經異義》引《韓詩說》，見《周官·梓人》疏。"倉石云："《外傳》無此文，《毛詩》、《春秋》正義引《異義》俱作'《韓詩說》'。"據以刪"外"字。

③　"在"上原無"賓"字，曹云："'向賓'句絕，'在堂'上似脫'賓'字。"據補。

④　"作檐"，倉石云："'檐'，疏內作'檐'。"

⑤　"黑"上原有"而"字，曹云："注無'而'字。"據刪。

其冠,至此專爲冠言之,是以注并引皮弁以下之事。案《弁師》言冕有五采繅玉,皮弁有五采玉璂、象邸、玉笄,下云"諸侯及孤、卿、大夫之冕、韋弁、皮弁、弁絰,各以其等爲之",鄭注云"各以其等,繅斿玉璂如其命數也",但上文已言上公之法,故此諸侯唯據侯伯子男,是以鄭云"冕則侯伯繅七就,用玉九十八,子男繅五就,用玉五十,繅玉皆三采。孤繅四就,用玉三十二,三命之卿繅三就,用玉十八,再命之大夫繅再就,用玉八,藻玉皆朱緑。韋弁、皮弁則侯伯璂飾七,子男璂飾五,玉亦三采。孤則璂飾四,三命之卿璂飾三,再命之大夫璂飾二,玉亦二采。弁絰之弁,其辟積如冕繅之就然。庶人弔者素委貌。一命之大夫冕而無斿,士變冕爲爵弁。其韋弁、皮弁之會無結飾,弁絰之弁不辟積",彼經文具言之,今此注略引以證士皮弁無玉,以象爲飾之意,不取於韋弁、弁絰及依命數之事,故不具引之。云"緇布冠,今小吏冠其遺象也"者,但緇布冠,士爲初加之冠,冠訖則弊之不用,庶人則常著之,故《詩》云"臺笠緇撮",是庶人以布冠常服者,以漢之小吏亦常服之,故舉爲況。云"匴,竹器名,今之冠箱也"者,此亦舉漢法爲況。云"執之者有司也"者,則上云"有司如主人服",有司不主一事,故知此亦有司也。云"坫在堂角"者,但坫有二文:一者謂若《明堂位》云"崇坫亢圭"及《論語》云"兩君之好有反坫"之等,在廟中有之,以亢圭反爵之屬①;此篇之內言坫者,皆據堂上角爲名,故云"堂角"。云"古文匴爲纂,坫作檐"者,皆從經今文,故疊古文也。

　　主人玄端、爵韠,立于阼階下,直東序,西面。 玄端,士入廟之服也。阼,猶酢也。東階所以荅酢賓客也。堂東西牆謂之序。○于阼,才故反。猶酢,才各反。【疏】"主人"至"西面"。○釋曰:上文已陳衣冠、器物,自此以下至"外門外",論賓主兄弟等著服及位處也。云"玄端、爵韠"者,主人之服與上所陳子加冠玄端服亦一也。云"立於阼階下"者,時欲與賓行禮之事也。云"直東序"者,直,當也,謂當堂上東序牆也。○注"玄端"至"之序"。○釋曰:案《特牲》士禮,祭服用玄端,此亦士之加冠在廟,故與祭同服,故云"士入廟之服也"。云"東西牆謂之序"者,《爾雅·釋宮》文。**兄弟畢袗玄,立于洗東,西面北上。** 兄弟,主人親戚也。畢,猶盡也。袗,同也。玄者,玄衣、玄裳也。緇帶、韠。位在洗東,退於主人。不爵韠者,降於主人也。古

---

① "亢"下原無"圭"字,倉石云:"'亢'下殿本補'圭'字。"據補。

文衿爲均也。○衿玄，之忍反①，劉之慎反，一音真，同。【疏】“兄弟”至“北上”。○釋曰：此論兄弟來觀禮之服也。○注“兄弟”至“均也”。○釋曰：云“兄弟，主人親戚也”者，既云“兄弟”，故是親戚。云“衿，同也。玄者，玄衣、玄裳也，緇帶、韠”者，以其同玄，故知上下皆玄，云“緇帶、韠”者，緇亦玄之類，因士有緇帶，故韠亦言緇，實亦玄也。云“位在洗東，退於主人”者，主人當序南，西面，洗當榮，兄弟又在洗東，故云“退於主人”也。云“不爵韠者，降於主人也”者，韠、弁同色②，主人尊故也，兄弟用緇韠，不用爵韠，兄弟卑，故云“降於主人也”。**擯者玄端，負東塾**。東塾，門內東堂，負之北面。【疏】“擯者”至“東塾”。○釋曰：擯者不言如主人服，別言玄端，則與主人不同可知。主人與擯者不同③，故特言玄端，與下“贊者玄端從之”同言“玄”，則此擯者是主人之屬，中士若下士也，故直舉“玄端”，不言裳也。○注“東塾”至“北面”。○釋曰：知者④，擯者是主人擯，相事在門內，故知在“門內東堂，負之北面”，向主人也。**將冠者采衣，紒，在房中，南面**。采衣，未冠者所服。《玉藻》曰：“童子之節也，緇布衣，錦緣，錦紳，并紐，錦束髮，皆朱錦也。”紒，結髮。古文紒爲結。○紒，音計，後同。錦緣，以絹反。并紐，女九反。【疏】“將冠”至“南面”。○注“采衣”至“爲結”。○釋曰：“將冠者”，即童子二十之人也，以其冠事未至，故言“將冠者”也。云“緇布衣，錦緣”者，以其童子不帛襦袴，不衣裘裳，故云“緇布衣”，以錦爲緇布衣之緣也。云“錦紳”者，以錦爲大帶也。云“并紐”者，亦以錦爲紐，約紳之垂也⑤。云“錦束髮”者，以錦爲總。云“皆朱錦也”者，童子之錦皆朱錦。云“紒，結髮”者，則《詩》云“總角丱兮”是也，以童子尚華飾，故衣此也。**賓如主人服，贊者玄端從之，立于外門之外**。外門，大門外。【疏】“賓如”至“之外”。○注“外門大門外”。○釋曰：云“賓如主人服”者，以其賓與主人尊卑同，故得如之，贊者皆降主人一等，其衣冠雖同，其裳則異，故不得如主

---

① “忍”字原作“刃”，黃云：“‘之刃’《士昏禮》內作‘之忍’，案‘之忍’是也。如作‘之刃’，則與劉音無別。”據改。

② “韠”字原作“爵”，阮云：“毛本‘爵’作‘韠’，陳本、《要義》俱作‘爵’。”倉石云：“‘爵’，閩本作‘韠’，似是。”據改。

③ “擯者”原作“兄弟”，曹云：“‘兄弟’似當爲‘擯者’。”據改。

④ “者”字原作“是”，曹云：“‘是’字譌，單疏作‘者’。”據改。

⑤ “紳”上原無“約”字，倉石云：“《正字》云：‘之垂二字疑在上句大帶下，紐紳當紐約之誤。’今案‘紳’上或當補‘約’字，餘似未容改。”據補。

人服，故別玄端也。若然，此冠兄弟及賓、贊皆得玄端，《特牲》主人與尸、祝、佐食玄端，自餘皆朝服者，彼助祭在廟，緣孝子之心，欲得尊賓嘉客①，以事其祖禰，故朝服，與主人異也②。

擯者告。告者，出請入告。【疏】"擯者告"。○注"告者出請入告"。○釋曰："出請入告"者，告主人也。主人迎，出門左，西面再拜，賓荅拜。左，東也。出以東爲左，入以東爲右。【疏】"主人"至"荅拜"。○注"左東"至"爲右"。○釋曰："出以東爲左，入以東爲右"，據主人在東，賓在西③，出則以西爲右，入以西爲左也。主人揖贊者，與賓揖，先入。贊者賤，揖之而已。又與賓揖，先入道之，贊者隨賓。○道之，音導。【疏】"主人"至"先入"。○注"贊者"至"隨賓"。○釋曰云"贊者賤，揖之而已"者，正謂贊者降于主人與賓一等爲賤也。云"又與賓揖"者，對前爲賓拜訖，今又揖者，爲主人將先入，故又與賓揖，乃入也。云"贊者隨賓"者，後不見更與贊者爲禮，故知隨賓入也。每曲揖，周左宗廟。入外門，將東曲，揖。直廟，將北曲，又揖。【疏】"每曲揖"。○注"周左"至"又揖"。○釋曰："周左宗廟"者，《祭義》與《小宗伯》俱有此文，對殷右宗廟也，言此者欲見入大門東向入廟④。云"入外門，將東曲，揖"者，主人在南，賓在北，俱東向，是一曲，故一揖也。至廟南，主人在東，北面，賓在西，北面，是曲爲二揖，故云"直廟，將北曲，又揖"也。通下將入廟又揖，三也。至于廟門，揖入，三揖，至于階，三讓。入門將右曲，揖。將北曲，揖。當碑，揖。○當碑，彼宜反。【疏】"至于"至"三讓"。○注"入門"至"碑揖"。○釋曰：經直云入門揖，鄭知此爲三揖者，以上云"每曲揖"，據入門東行時，此入廟門三揖，是據主人將右，欲背客，宜揖，將北曲，與客相見，又揖，云"當碑揖"者，碑是庭中之大節，又宜揖，是知三揖據此而言也。案《昏禮》注"入三揖者，至内霤，將曲，揖；既曲，北面，揖；當碑，揖"及《聘禮》、《鄉飲酒》"入，三揖"，注雖不同，皆據此三節爲三揖，義不異也。主人升，

①　"欲得尊賓嘉客"原作"欲得尊嘉賓"，曹云："當爲'欲得尊賓嘉客'，見《特牲》注。"據改。

②　"主"下原無"人"字，四庫本"主"下有"人"字，據補。

③　"西"上原無"東賓在"三字，四庫本於'西'上補'東賓在'三字，吳紱云："按主無在西之理，與賓相對，語意乃全。"據補。

④　"者"字原作"皆"，倉石云："'皆'，《校勘記》云《要義》作'者'。"據改。

立于序端，西面。賓西序，東面。主人、賓俱升，立相鄉。〇相鄉，許亮反，本又作嚮。【疏】"主人"至"東面"。〇注"主人"至"相鄉"。〇釋曰：此文主人與賓立相鄉，位定，將行冠禮者也。主人升堂不拜至者，冠子非爲賓客①，故異於《鄉飲酒》之等也。贊者盥（于洗西）②，升，立于房中，西面南上。盥於洗西，由賓階升也。立于房中，近其事也。南上，尊於主人之贊者。古文盥皆作浣。〇近其，附近之近。作浣，戶管反。【疏】"贊者"至"南上"。〇注"盥於"至"作浣"。〇釋曰：此賓之贊冠者不在堂③，升即位于房中，與主人贊者並立者，以其與主人贊者俱是執勞役之事，故先入房並立待事，故鄭云近事也。云"盥於洗西，由賓階升也"者，贊者盥於洗西無正文，案《鄉飲酒》主人在洗北南面，賓在洗南北面，如此相鄉，由主人從內④，賓從外來之便，贊者亦從外⑤，由卑不可與賓並⑥，明在洗南東面，及向賓階，便知在洗西也。云"由賓階升"者，以與主人贊者在房並立，恐由阼階，故明之，同於賓客也。云"南上，尊於主人之贊者"，以其賓、主贊者俱降一等，兩贊尊卑同而云"尊"者，直以主人尊敬賓之贊，故云"尊於主人之贊"，又知與主人贊並立者，以贊冠一人而已而云"南上"，明與主人贊者爲序也⑦。

主人之贊者筵于東序，少北，西面。主人之贊者，其屬中士若下士。筵，布席也。東序，主人位也。適子冠於阼。少北，辟主人。〇適子，丁歷反。辟主，音避，下辟爲同。【疏】"主人"至"西面"。〇注"主人"至"主人"。〇釋曰：云"主人之贊者，其屬中士若下士"者，以主人上士爲正，故云"其屬中士"，若主人是中士，贊是其屬，下士爲之，賓之贊冠者同⑧。云"筵，布席也"者，謂布冠者席也。云"東序，主人位也"者，引《冠義》云"適子冠於阼"爲證是也。將冠者出房，南面。南面立于房外

① "爲"上原無"非"字，阮云："毛本'爲'上有'非'字。"據補。
② "贊者盥于洗西"，阮云："浦鏜云：'于洗西三字當衍文，疏云贊者盥于洗西，無正文，若經有此三字，便是正文，何云無也。當是傳寫者因注盥于洗西之文誤衍之耳。'"當據刪。
③ "賓"下原有"者"字，曹云："上'者'字衍。"據刪。
④ "由"字原作"又"，曹云："'又'當爲'由'。"據改。
⑤ "外"字原作"之"，曹云："'之'當爲'外'。"據改。
⑥ "由"字原作"又"，曹云："'又'當爲'由'。"據改。
⑦ "人"下原無"贊者"二字，曹云："'人'下脫'贊者'二字。"據補。
⑧ "之"字原作"與"，倉石云："'與'疑當作'之'。"據改。

之西,待賓命。【疏】"將冠"至"南面"。○注"南面"至"賓命"。○釋曰:知在"房外之西",不在東者,以房外之東,南當阼階,是知房外者,皆在"房外之西",故《昏禮》"女出于母左",母在房外之西,故得出時在母左也。云"待賓命"者,以其下文有"賓揖將冠者"①,則賓有命也。**贊者奠纚、笄、櫛于筵南端。**贊者,賓之贊冠者也。奠,停也。古文櫛爲節。【疏】"贊者"至"南端"。○注"贊者"至"爲節"。○釋曰:前頍項已下六物同一篋,陳於房,今將用之,故贊冠者取置於將冠之席南,擬用。若然,六者俱用,不言纚、紘等四物,文略②,其實皆有可知。上言櫛盛於簞③,今亦并簞將來,置於席南端也。服不將來置於席南者,皆加冠訖,宜房中隱處加服,訖乃見容體也。知"贊者"是"賓之贊冠者也"者④,以其贊冠者主爲冠事而來,故知取笄、纚是賓之贊冠者,若非賓之贊者,則云"主人"以別之,故上云"主人之贊者"是也。**賓揖將冠者,將冠者即筵坐。贊者坐,櫛,設纚。**即,就。設,施。【疏】"賓揖"至"設纚"。○釋曰:此二者勞役之事,故贊者爲之也。**賓降,主人降。賓辭,主人對。**主人降,爲賓將盥,不敢安位也。辭對之辭未聞。○爲賓,于僞反,下爲不同。【疏】"賓降"至"人對"。○釋曰:云"辭對之辭未聞"者,上筮賓、宿賓之時,雖不言其辭,下皆陳其辭,此賓主之辭下皆不言,故云"未聞"也。**賓盥,卒,壹揖,壹讓,升。主人升,復初位。**揖讓皆壹者,降於初。古文壹皆作一。【疏】"賓盥"至"初位"。○釋曰:云"主人升,復初位"者,謂初升序端也。○注"古文壹皆作一"。○釋曰:一、壹得通用,雖疊古文,不破之也。**賓筵前坐,正纚,興,降西階一等。執冠者升一等,東面授賓。**正纚者,將加冠,宜親之。興,起也。降,下也。下一等,升一等,則中等相授。冠,緇布冠也。【疏】"賓筵"至"授賓"。○注"正纚"至"冠也"。○釋曰:云"正纚者,將加冠,宜親之"者,以其贊者前已設纚訖,今賓復出正之者,雖舊設已正,以親加冠,故纚亦宜親之也。云"下一等,升一等,則中等相授"者,案《匠人》天子

---

① "冠"下原無"者"字,倉石云:"'冠'下《詳校》補'者'字。"據補。

② "文"字原作"大",倉石云:"《正字》云:'大當文字誤。'案《通解》正作'文'。"據改。

③ "上"字原作"不"、"於"字原作"于",曹云:"'不'當爲'上','于'單疏作'於'。"據改。

④ "是"下原有"其"字,曹云:"'其'字衍。"據刪。

之堂九尺①，賈、馬以爲傍九等爲階，則諸侯堂宜七尺，則七等階，大夫堂宜五尺，則五等階，士宜三尺，則三等階，故鄭以中等解之也。知"冠"是"緇布冠"者，以下文有皮弁、爵弁，故知此是緇布冠也。**賓右手執項，左手執前，進容乃祝，坐如初，乃冠，興，復位，贊者卒。**進容者，行翔而前鶬焉，至則立祝。坐如初，坐筵前。興，起也。復位，西序東面。卒，謂設缺項、結纓也。○乃祝，之又反，一音之六反，注皆同。鶬焉，七良反。【疏】"賓右"至"者卒"。○注"進容"至"纓也"。○釋曰：知"進容者，行翔而前鶬焉"者，《曲禮》云"堂上不趨②，室中不翔"，則堂上固得翔矣，又云"大夫濟濟，士蹌蹌"，注云"皆行容止之貌"，此"進容"是士，故知"進容"謂"行翔而前鶬焉"。云"至則立祝"者，以經"祝"下乃云"坐如初"，故祝時立可知。云"坐如初，坐筵前"者，上正纚時，"筵前坐"，是初坐也。云"卒，謂設缺項、結纓也"者，下文皮弁，贊者卒紘，此謂緇布冠，無笄紘，直頍項，青組纓屬於頍，故卒者終頍項與結纓也。若然，經云"右手執項"，謂冠後爲項，非頍項，其下皮弁、爵弁無頍項，皆云執項，故知非頍項也。**冠者興，賓揖之，適房，服玄端、爵韠，出房，南面。**復出房南面者，一加禮成，觀衆以容體。○復出，扶又反。【疏】"冠者"至"南面"。○注"復出"至"容體"。○釋曰：言"復"者，對前出房，故云"復"。前出爲"待賓命"，此出爲"觀衆以容體"也。案《郊特牲》論加冠之事云"加有成也"，故此鄭云"一加禮成"也。云"觀衆以容體"者，以其既去緇布衣錦緣童子服，著此玄端成人之服，使衆觀知，故云"觀衆以容體"也。

賓揖之，即筵坐，櫛，設笄。賓盥，正纚如初，降二等，受皮弁，右執項，左執前，進祝，加之如初，復位，贊者卒紘。如初，爲不見者言也。卒紘，謂繫屬之。○見者，賢遍反。屬，音燭。【疏】"賓揖"至"卒紘"。○注"如初"至"屬之"。○釋曰：此當第二加皮弁之節。云"即筵坐，櫛"者，坐訖，當脱緇布冠，乃更櫛也。云"設笄"者，凡諸設笄有二種：一是紒内安髮之笄，一是皮弁、爵弁及六冕固冠之笄。今此櫛訖未加冠，即言"設笄"者，宜是紒内安髮之笄也。若安髮之

① "案匠人天子之堂九尺"，吴紱云："按《考工記・匠人職》云：'周人明堂，堂崇一筵。'疏蓋据此文而約之。"

② "上"字原作"下"，阮云："'下'，《要義》、毛本作'上'，下同。按《要義》是也。"據改，下文亦改。

笄，則緇布冠亦宜有之，前櫛訖不言“設笄”者，以其固冠之笄，緇布冠無笄而皮弁、爵弁有笄，上文已陳訖，今若緇布冠亦言“設笄”，即與皮弁、爵弁相亂，故緇布冠不言“設笄”，其實亦有也。若然，緇布冠不言“設笄”而言“設纚”，皮弁言“設笄”①，不言“設纚”，互見爲義，明皆有也。其固冠之笄②，則於賓加弁之時自設之可知。云“如初，爲不見者言也”者，上加緇布冠時，有“賓降，主人降。賓辭，主人對。賓盥，卒，一揖，一讓，升。主人升，復初位。賓筵前坐”之等相次，此皆不見，故設經省文如之而已，故云“爲不見者言也”。云“卒紘，謂繫屬之”者，即上注云“有笄者，屈組以爲紘”，伸屬之，左相繫定，右相繞繫，擬解時易，爲“繫屬之”也。**興，賓揖之，適房，服素積、素韠，容，出房，南面。**容者，再加彌成，其儀益繁。【疏】“興賓”至“南面”。○釋曰：“興”謂冠者加皮弁訖，起待“賓揖之”也。云“適房，服素積、素韠”者，上陳服皮弁云“緇帶，素韠”，此不言“緇帶”者，上唯有一帶，不言可知，故不言也。○注“容者”至“益繁”。○釋曰：此對上加緇布冠時，直言“出房，南面”，不言“容”，此則言“容”，以“再加彌成，其儀益繁”，故言“容”，其實彼出亦是容，故鄭注云“觀衆以容體”也。

　　賓降三等，受爵弁加之。服纁裳、韎韐，其他如加皮弁之儀。降三等，下至地。他，謂卒紘、容出。【疏】“賓降”至“之儀”。○注“降三”至“容出”。○釋曰：云“降三等，下至地”者，據士而言。云“他，謂卒紘、容出”者，以其自餘皆緇布冠見訖，皮弁如之而已，至“卒紘、容出”，唯皮弁有之，故知他謂此二者也。**徹皮弁、冠、櫛、筵，入于房。**徹者，贊冠者，主人之贊者爲之。【疏】“徹皮”至“于房”。○注“徹者”至“爲之”。○釋曰：冠即緇布冠也，不言緇布冠者可知故也。皮弁具言者，以有爵弁之嫌。然不言爵弁者，著之以受醴，至見母、兄弟、姑姊訖，乃易服故也。云“徹者，贊冠者，主人之贊者爲之”者，以其贊冠者奠櫛，主人之贊者設筵，故知還遣之也。

　　筵于戶西，南面。筵，主人之贊者。戶西，室戶西。【疏】“筵于戶西南面”。○注“筵主”至“戶西”。○釋曰：知主人之贊者設筵者，以上文“筵于東序”已遣主人之贊，故知此亦主人之贊者也。云“戶西，室戶西”者，以下記“醮于客位”在戶西，醮、醴

---

① “皮弁”下原有“冠”字，曹云：“‘冠’字衍。”據刪。
② “其”下原有“於”字，曹云：“‘於’字衍。”據刪。

同處，故知"户西"也。贊者洗于房中，側酌醴，加柶，覆之，面葉。洗，盥而洗爵者。《昏禮》曰房中之洗在北堂，直室東隅，篚在洗東，北面盥。側酌者，言無爲之薦者。面，前也。葉，柶大端。贊酌者，賓尊不入房。古文葉爲擖。【疏】"贊者"至"面葉"。○注"洗盥"至"爲擖"。○釋曰：云"洗，盥而洗爵者"，凡洗爵者必先盥，盥有不洗爵者，此經直云"洗"，明盥手乃洗爵，故鄭云"盥而洗爵"。引《昏禮》"房中之洗"至"北面盥"者，證房中有洗之事。若然，前設洗于庭，不爲醴，以房中有洗、醴尊也。云"側酌者，言無爲之薦者"，謂無人爲之薦脯醢，還是此贊者，故下直言"薦脯醢"，不言別有他人，明還是贊者也。《昏禮》贊醴婦是贊者自酌自薦，經雖不言"側酌"，側自明也。云"葉，柶大端"者，謂扱醴之柶柄細①，故以葉爲柶大端②，此與《昏禮》禮賓皆云"面葉"者③，此以賓尊不入户，贊者面葉授賓，賓得面枋授冠者，冠者得之，面葉以扱醴而祭，《昏禮》禮賓亦主人尊不入房，贊者面葉以授主人，主人面枋以授賓，賓得面葉以扱祭。至於《聘禮》禮賓，宰夫實觶以醴，加柶于觶，面枋授公者，凡醴皆設柶，《聘禮》宰夫不訝授，公側受醴，則還面枋以授賓，故面枋也。賓揖，冠者就筵，筵西南面。賓受醴于户東，加柶面枋，筵前北面。户東，室户東。今文枋爲柄。○面枋，音柄，彼命反。【疏】"賓揖"至"北面"。○注"户東"至"爲柄"。○釋曰：知"室户東"者，以其冠者在室户西④，賓自至房户取醴，酌醴者出向西以授也。冠者筵西拜受觶，賓東面苔拜。筵西拜，南面拜也。賓還苔拜於西序之位。東面者，明成人與爲禮，異於苔主人。【疏】"冠者"至"苔拜"。○注"筵西"至"主人"。○釋曰：云"筵西拜，南面拜也"者，上云"冠者筵西南面"，知受觶拜還南面也⑤。知賓東面在西序者，以上文與主人相對，本位於西序也。云"東面者，明成人與爲禮，異於苔主人"者，案《鄉飲酒》《鄉射》賓於西階北面苔主人拜，今此於西序東面拜，故云"異於苔主人"。又《昏禮》禮賓，《聘禮》禮賓，皆云"拜送"，此云"苔拜"，不云"拜送"者，彼醴是

---

① "柶"字原作"面"，曹云："'面'當爲'柶'。"據改。

② "以"下原無"葉"字，曹云："'以'下當脱'葉'字。"據補。

③ "昏禮"下原無"禮"字，阮云："盧文弨云'禮'下脱一'禮'字，下同。"據補，下文亦補。

④ "在"字原作"筵"，阮云："'筵'，《通解》《要義》俱作'在'。"據改。

⑤ "受"字原作"以"，阮云："'以'，《要義》作'受'是也。"據改。

主人之物，故云"拜送"，此醴非賓物，故云"荅拜"也。**薦脯醢。**贊冠者也。○薦脯，本又作藨，子見反，或作薦，非也，薦依字直買反，解薦，獸名，後放此。【疏】"薦脯醢"。○注"贊冠者也"。○釋曰：上文云"贊側酌醴"，是贊冠者，明此薦亦是贊冠者也。**冠者即筵坐，左執觶，右祭脯醢，以柶祭醴三，興，筵末坐，啐醴，建柶，興，降筵坐，奠觶拜，執觶興，賓荅拜。**建柶，扱柶於醴中，其拜皆如初。古文啐爲呼。○啐，七內反。捷柶，初洽反，本又作插，亦作扱。【疏】"冠者"至"荅拜"。○釋曰：云"祭醴三，興"者，三祭者一如《昏禮》始扱一祭，又扱再祭也。云"筵末坐，啐醴，建柶，興，降筵"，此啐醴不拜既爵者，以其不卒爵，故不拜也。

　　冠者奠觶于薦東，降筵，北面坐取脯，降自西階，適東壁，北面見于母。薦東，薦左。凡奠爵，將舉者於右，不舉者於左。適東壁者，出闈門也。時母在闈門之外，婦人入廟由闈門。○見于母，賢遍反，下及注入見、如見、見于君、贊見與見姑、見母同。闈，音韋，劉音暉，宮中小門也。【疏】"冠者"至"於母"。○注"薦東"至"闈門"。○釋曰：云"薦東，薦左"者，據南面爲正，故云"薦左"也。云"凡奠爵，將舉者於右"者，謂若《鄉飲酒》、《鄉射》是也，此文及《昏禮》贊醴婦是不舉者，皆奠之於左。云"適東壁者，出闈門也"者，宮中之門曰闈門，母既冠子無事，故在門外①，今子須見母，故知出闈門也。云"婦人入廟由闈門"者，《雜記》云夫人奔喪"入自闈門，升自側階"，鄭注云"宮中之門曰闈門，爲相通者也"是也。**母拜受，子拜送，母又拜。**婦人於丈夫，雖其子猶俠拜。○猶俠，古洽反，劉古協反，下同。【疏】"母拜"至"又拜"。○注"婦人"至"俠拜"。○釋曰：鄭云"婦人於丈夫，雖其子猶俠拜"者，欲見禮之體例②，但是婦人於丈夫，皆俠拜③，故舉子以見義也。

　　賓降，直西序，東面。主人降，復初位。初位，初至階讓升之位。【疏】"賓降"至"初位"。○釋曰：此將欲與冠者造字而近之位也④。○注"初位"至"之

---

① "故"下原有"不"字，曹云："'不'字衍。"據刪。
② "禮"下原有"子"字，曹云："'子'字衍。"據刪。
③ "皆"下原有"使"字，倉石云："《詳校》云'使'字衍。"據刪。
④ "近"字原作"迎"，阮云："案此與下'欲迎其事'兩'迎'字，疑皆當作'近'。"據改，下文亦改。

位"。○釋曰:云"初位,初至階讓升之位"者,謂初迎賓至階讓升之位,其賓直西序,則非初讓升之位,主人直東序西面者①,欲近其事,聞字之言故也。**冠者立于西階東,南面。賓字之,冠者對。**對,應也,其辭未聞。○應也,應對之應。【疏】"冠者"至"者對"。○注"對應"至"未聞"。○釋曰:云"賓字之"者,即下文有字辭,又有某甫之字,若孔子云尼父之字是也。云"其辭未聞"者,下有賓祝辭,不見冠者應辭,故云"未聞"也。案《禮記·冠義》云"既冠而字之,成人之道也。見於母,母拜之",據彼則字訖乃見母,此文先見乃字者,此文見母是正見,彼見母在下者,記人以下有兄弟之等皆拜之,故退見母於下,使與兄弟拜文相近也。若然,未字先見母,字訖乃見兄弟之等者,急於母,緩於兄弟也。

　　賓出,主人送于廟門外。不出外門,將醴之。【疏】"賓出"至"門外"。○注"不出"至"醴之"。○釋曰:以下云"請醴賓",故云"將醴之"也。**請醴賓,賓禮辭,許,賓就次。**此醴當作禮,禮賓者,謝其自勤勞也。次,門外更衣處也,以帷幕簟席爲之。○處也,昌慮反。帷幕,武博反。【疏】"請醴"至"就次"。○注"此醴"至"爲之"。○釋曰:云"此醴當作禮"者,對上文有酌醴、受醴之等不破之,此當爲上於下之禮,不得用醴禮,即從禮字②,何者?《周禮》云天子禮諸侯用鬯③,不云鬯賓,明不得以醴禮賓,即爲禮,故破從禮也。云"次,門外更衣處也"者,次者,舍之名,以其行禮,衣服或與常服不同,更衣之時須入於次,故云"更衣處也"。云"以帷幕簟席爲之"者④,案《聘禮記》云"宗人授次,次以帷,少退于君之次",注云"主國之門外,諸侯及卿大夫之所使者,次位皆有常處",又案《周禮·幕人》"掌帷幕幄帟綬之事",注云"帷幕皆以布爲之,四合象宮室曰幄",云"簟席"者,士卑或用簟席,是以《雜記》諸侯、大夫喪輴皆用布⑤,士用簟席爲之,次亦當然。**冠者見於兄弟,兄弟再拜,冠者荅拜。**

---

① "西"下原無"面"字,倉石云:"'西'下《詳校》補'面'字。"據補。

② "不得用醴禮,即從禮字",曹云:"言不得以用醴禮賓,即從禮字也,或脫'以'字、'賓'字。"疏既可通讀,則不必以爲有脫文。

③ "諸侯"上原無"天子禮"三字,阮云:"《要義》同,《通解》、毛本'諸'上有'天子禮'三字。"據補。

④ "以"字原作"必",此疏述注,原注"必"作"以",謹改。

⑤ "皆"上原無"輴"字,曹云:"'皆'上脫'輴'字。"據補。

見贊者，西面拜，亦如之。見贊者西面拜，則見兄弟東面拜。贊者後賓出。○
後賓，户豆反。【疏】“冠者”至“如之”。○注“見贊”至“賓出”。○釋曰：兄弟位在東方，
此贊冠者則賓之類，故贊者東面也。“亦如之”者，言贊者先拜①，冠者苔之也。知“贊
者後賓出”者，文於見兄弟下始見之，明“贊者後賓出”也，出亦當就次，待禮之也。入
見姑姊，如見母。入，入寢門也。廟在寢門外。如見母者，亦北面，姑與姊亦俠拜
也。不見妹，妹卑。【疏】“入見”至“見母”。○注“入入”至“妹卑”。○釋曰：男子居外，
女子居内，廟在寢門外，入人，入寢門可知。不見父與賓者，蓋冠畢則已見也，不言者，
從可知也。云“不見妹，妹卑”者，以其妹卑於姑姊，故不見也。

乃易服，服玄冠、玄端、爵韠，奠摯見于君，遂以摯見於鄉大
夫、鄉先生。易服不朝服者，非朝事也。摯，雉也。鄉先生，鄉中老人爲卿大夫致
仕者。○奠贄，本又作摯，音至。非朝，直遥反。【疏】“乃易”至“先生”。○注“易服”至
“仕者”。○釋曰：云“易服”者，爵弁既助祭之服，不可服見君與先生等，故易服服玄端
也。云“易服不朝服者，非朝事也”者，此乃因加冠，以成人之禮見君，非正服之節，故
不朝服。經直云“玄端”，則兼“玄冠”矣，今更云“玄冠”者，以初冠時服玄端爲緇布冠
服，緇布冠非常著之冠，冠而弊之②，易服宜服玄冠配玄端，故兼云“玄冠”也。朝服與
玄端同，玄端則玄裳、黄裳、雜裳、黑屨，若朝服玄冠、玄端雖同，但裳以素而屨色白也，
以其俱正幅③，故朝服亦得端名，然六冕皆正幅，故亦名端，是以《樂記》云魏文侯“端冕
而聽古樂”，又《論語》云“端章甫”，鄭云“端，玄端，諸侯視朝之服”，則玄端不朝④，得名
爲玄端也。云“摯，雉也”者，士執雉，是其常，故知摯是雉也。云“鄉先生，鄉中老人爲
卿大夫致仕者”者，此即《鄉飲酒》與《鄉射記》“先生”及《書傳》“父師”，皆一也，先生亦
有士之少師，鄭不言者，經云“鄉大夫”不言士，故先生亦略不言，其實亦當有士也。

乃醴賓以壹獻之禮。壹獻者，主人獻賓而已，即燕無亞獻者。獻、酢、酬，

---

① “言”上原無“亦如之者”四字，倉石云：“《正譌》云‘言’上脱‘亦如之者’四字，
《通解》有。”據補。

② “之冠”下原不重“冠”字，毛氏汲古閣刊本重“冠”字，此脱一“冠”字，據補。

③ “俱”原作“但”，曹云：“‘但’當爲‘俱’。”據改。

④ “則玄端不朝”，倉石云：“‘不’，各本作‘以’。”存疑待考，姑存其舊。

賓、主人各兩爵而禮成。《特牲》、《少牢》饋食之禮獻尸，此其類也①。士禮一獻，卿大夫三獻。禮賓不用柶者，沛其醴。《內則》曰：“飲，重醴清糟，稻醴清糟，黍醴清糟，粱醴清糟。”凡醴事，質者用糟，文者用清。○少牢，詩召反。沛其，子禮反，下同。清糟，子曹反，劉本作薔，音糟。【疏】“乃醴”至“之禮”②。○注“壹獻”至“用清”。○釋曰：此“醴”亦當爲“禮”，不言可知也。云“壹獻者，主人獻賓而已，即燕無亞獻者”者，案《特牲》、《少牢》主人獻尸，主婦亞獻爲二獻，此則主人獻賓而已，無亞獻，知“即燕”者，《鄉飲酒》末有燕，故知獻後有燕。云“獻、酢、酬，賓、主人各兩爵而禮成”者，主人獻賓，賓酢主人，主人將酬賓，先自飲訖乃酬賓，賓奠而不舉③，是“賓、主人各兩爵而禮成”也。必知一獻之禮，備有酬、酢者④，《昏禮》“舅姑饗婦以一獻之禮，奠酬”，是正禮不旅⑤，又曰“婦酢舅，更爵，自薦”，是備酬、酢也，《鄉飲酒》亦備獻、酢、酬，是其義也。云“《特牲》、《少牢》饋食之禮獻尸，此其類也”者，此賓、主人各兩爵，無亞獻，彼主人、主婦各一爵，有亞獻，雖不同，得主人一獻義類同，故云“此其類也”。云“士禮一獻”者，即《士冠》及《昏禮》、《鄉飲酒禮》、《鄉射》皆是一獻也。云“卿大夫三獻”者，案《左氏傳》云“季孫宿如晉，拜莒田也。晉侯享之，有加籩。武子退，使行人告曰‘小國之事大國也，苟免於討，不敢求貺，得貺不過三獻’”，又《禮記·郊特牲》云“三獻之介”，亦謂卿大夫三獻之介，案《大行人》云“上公饗禮九獻，侯伯七獻，子男五獻”，是以大夫三獻，士一獻，亦是其差。云“禮賓不用柶者，沛其醴”者，此有獻、酢、酬，飲之沛者，故不用柶，冠禮禮子用醴不沛，故用柶也。云“《內則》曰飲”者，鄭注云“目諸飲也”。云“重醴清糟”者，鄭云“重，陪也。糟，醇也。清，沛也。致飲有醇者，有沛者，陪設之”，稻醴以下是也。云“凡禮事，質者用糟，文者用清”者，質者，謂若冠禮禮子之類是也，故設尊在房

***

① “此其類也”，曹云：“‘此’當爲‘非’，字之誤也。此一獻，彼三獻，故云‘非其類’。又云‘士一獻，卿大夫三獻’者，此明非其類之事。蓋飲酒士禮一獻，卿大夫三獻，祭禮則士與大夫同三獻，是事類異也。玩注意，謂主人獻賓即燕無亞獻，《特牲》、《少牢》禮則非其類也。此飲酒禮士惟一獻，卿大夫乃三獻耳。是爲全經士飲酒禮釋例，且明祭禮之與飲酒別也。”此說良是，然疏已據誤本爲説，姑存其舊。

② “至”字原作“亦”，依疏標起止通例，“亦”當爲“至”，謹改。

③ “乃酬賓”下原無“賓”字，四庫本重“賓”字，此脫一“賓”字，據補。

④ “備”上原有“禮”字，倉石云：“‘禮’字疑衍，注疏本無。”據刪。

⑤ “是”字原作“得”，倉石云：“‘得’疑當作‘是’。”據改。

中；文者，此禮賓是也，故於房户之間顯處設尊也①。**主人酬賓，束帛儷皮。**飲賓客而從之以財貨曰酬，所以申暢厚意也。束帛，十端也。儷皮，兩鹿皮也。古文儷爲離。○儷皮，音麗，兩也。飲賓，於鳩反。【疏】“主人”至“儷皮”。○注“飲賓”至“爲離”。○釋曰：主人酬賓，當奠酬之節，行之以財貨也。此禮賓與饗禮同，但爲饗禮有酬幣則多，故《聘禮》云若不親饗，“致饗以酬幣”，注云“禮幣束帛、乘馬，亦不是過也”，又案《大戴禮》云“禮幣采飾而四馬”②，是大夫禮多，與士異也。案《禮器》云“琥璜爵”，鄭云“天子酬諸侯，諸侯相酬，以此玉將幣也”，則又異於大夫以下③。凡酬幣之法，尊卑獻數多少不同，及其酬幣，唯於奠酬之節一行而已。《春秋》秦后子出奔晉，“后子享晉侯，歸取酬幣，終事八反”，杜注云“備九獻之儀，始禮自齎其一，故續送其八酬酒幣”，彼九獻之間皆有幣④，春秋之代，奢侈之法，非正禮也。云“束帛，十端也”者，禮之通例，凡言束者，無問脯與錦，皆以十爲數也。云“儷皮，兩鹿皮也”者，當與《聘禮》庭實之皮同⑤，《禮記·郊特牲》云“虎豹之皮，示服猛也”，又《覲禮》用馬，則國君用馬或虎豹皮，若臣聘則用鹿皮，故鄭注《聘禮》云“凡君於臣，臣於君，麋鹿皮可也”，言可者，以無正文。若然，兩國諸侯自相見⑥，亦用虎豹皮也。**贊者皆與，贊冠者爲介。**贊者，衆賓也。皆與，亦飲酒爲衆賓。介，賓之輔，以贊爲之，尊之。飲酒之禮，賢者爲賓，其次爲介。○皆與，音預，注同。爲介，音界。【疏】“贊者”至“爲介”。○注“贊者”至“爲介”。○釋曰：鄭知“贊者，衆賓”者，以其下别言“贊冠者”，明上云“贊者”是“衆賓”也。云“介，賓之輔”者，以其《鄉飲酒》之禮賢者爲賓，其次爲介，又其次爲衆賓，彼據將貢以爲優劣之次也，此雖不貢，以飲酒之禮立賓主，亦以優劣立介以輔也。云“以贊

---

① “質者”至“設尊也”原作“質者，謂若冠禮禮子之類是也，故以房户之間顯處設尊也”，吳紱云：“按此三句内似有脱文，當云‘質者，謂若冠禮禮子之類是也，故設尊在房中；文者，此禮賓是也，故以房户之間顯處設尊也’，文義方完備。”據補，又按原疏“以房户之間”之“以”譌，單疏作“於”，亦據改。

② “禮幣采飾而四馬”，孫云：“今本《公冠禮》作‘其酬幣，朱錦采，四馬’，與賈引文異。”

③ “以”字原作“也”，曹云：“‘也’當爲‘以’。”據改。

④ “有”字原作“云”，倉石云：“‘云’，注疏本、《通解》俱作‘有’。”據改。

⑤ “聘”字原作“射”，曹云：“‘射’當爲‘聘’。”據改。

⑥ “國”字原作“説”，阮云：“陳本、《要義》同，毛本‘説’作‘國’是也。”據改。

爲之，尊之"者，謂尊此贊冠者①，故遣爲介也。云"飲酒之禮，賢者爲賓，其次爲介"者，取尊賢爲義也②。

　　賓出，主人送于外門外，再拜，歸賓俎。一獻之禮有薦有俎，其牲未聞，使人歸諸賓家也。【疏】"賓出"至"賓俎"。○注"一獻"至"家也"。○釋曰：賓不言薦脯醢者，案舅姑共饗婦以一獻，有姑薦，則此一獻亦有薦脯醢可知。經有俎必有特牲，但《鄉飲酒》《鄉射》取擇人而用狗，此冠禮無擇人之義，則不用狗，但無正文，故云"其牲未聞"也。知"使人歸諸賓家"者，以賓出，主人送於門外，乃始言"歸賓俎"，明歸於賓家也。

---

① "尊"字原作"賓"，阮云："按'賓'字亦宜作'尊'。"據改。
② "尊"下原無"賢"字，倉石云："'尊'下殿本補'賢'字。"據補。

儀禮疏卷第三　儀禮卷第一

　　若不醴則醮用酒。若不醴，謂國有舊俗可行，聖人用焉不改者也，《曲禮》曰"君子行禮，不求變俗。祭祀之禮，居喪之服，哭泣之位，皆如其國之故，謹脩其法而審行之"是。酌而無酬、酢曰醮。醴亦當爲禮。○則醮，子召反，劉側教反。【疏】"若不"至"用酒"。○注"若不"至"爲禮"。○釋曰：自此已上説周禮冠子之法，自此已下至"取籩脯以降，如初"，説夏、殷冠子之法。云"若不醴則醮用酒"者，案上文適子冠於阼，三加訖，一醴於客位，是周法，今云"若不醴則醮用酒"，非周法，故知先王法矣，故鄭云"若不醴，謂國有舊俗可行，聖人用焉不改者也"，云"聖人"者，即周公制此《儀禮》，用舊俗則夏、殷之禮是也。云"《曲禮》曰"已下者，是《下曲禮》文也。云"君子行禮，不求變俗"者，與下文爲目，謂君子所住之國，不求變彼國之俗，若衛居殷墟者也。云"祭祀之禮"者，若《郊特牲》云"殷人先求諸陽，周人先求諸陰"，"求諸陽"者，先合樂乃灌地降神也；"求諸陰"者，謂先灌地乃合樂，若衛居殷地用殷禮，則先合樂乃灌也。云"居喪之服"者，謂若《檀弓》周之諸侯絶旁期降上下，殷之諸侯服旁期不降上下，衛居殷墟亦不降上下也。云"哭泣之位"者，殷禮無文，亦應有異也。云"皆如其國之故"者，謂上所云皆如其故國之俗而行之。云"是"者，依先王舊俗而行不改之事。向來所解，引《曲禮》，據人君施化之法，不改彼國舊俗，證此醮用酒，舊俗之法也，故《康誥》周公戒康叔居殷墟，當用殷法，是以云"兹殷罰有倫"，使用殷法，故所引《曲禮》皆據不變彼國之俗。但"君子行禮，不求變俗"有二途，若據《曲禮》之文云"君子行禮，不求變俗"，鄭注云"求，猶務也。不務變其故俗，重本也，謂去先祖之國居他國"，又云"祭祀之禮，居喪之服，哭泣之位，皆如其國之故，謹脩其法而審行之"，注"其法，謂其先祖之制度，若夏、殷"者，謂若杞、宋之人居鄭、衛，鄭、衛之人居杞、宋，若據彼注，謂臣去己國居他國，不變己國之俗，是以定四年祝佗云"殷人六族"在魯，"啓以商政"，亦不變本國之俗，故開商政示之，皆據當身居他國，不變己國之俗，與此注引不同者，"不求變俗"，義得兩合，故各據一邊而言也。云"酌而無酬、酢曰醮"者，鄭解無酬、酢曰醮，唯據此文而言,所以然者,以殷法用酒[1],無酬、酢曰醮,案《曲禮》云"長者舉未釂",鄭注云"盡爵曰釂",是醮不專於無酬、酢者,若然,醴亦無酬、酢,不爲醮名者,但醴大古之物,自然質無酬、酢,此醮用酒,酒本有酬、酢,故無酬、酢得名醮也。云"醴亦當爲禮"者,亦上請醴賓之禮,故破之也。**尊于房户之間,兩甒,有禁,玄酒在西,加勺,南枋。**房户間者,房西室户東也。禁,承尊之器也。名之爲禁者,因爲酒戒也。玄酒,新水也,雖今不用,猶設之,不忘古也。【疏】"尊于"至"南枋"。○注"房户"至"古也"。○釋曰:云"禁,承尊之器也,名之爲禁者,因爲酒戒也"者,以醴不言禁,醴非飲醉之物,故不設戒也,此用酒,酒是所飲之物,恐醉,因而禁之,故云"因爲酒戒"。若然,玄酒非飲,亦爲禁者,以玄酒對正酒,不可一有一無,故亦同有禁也。云"不忘古也"者,上古無酒,今雖有酒,猶設之,是"不忘古也"。**洗,有篚在西,南順。**洗,庭洗,當東榮,南北以堂深。篚亦以盛勺、觶,陳於洗西,南順,北爲上也。○以盛,音成。【疏】"洗有"至"南順"。○注"洗庭"至"上也"。○釋曰:知"洗,庭洗"者,上周法用醴之時,醴之尊在房,故洗亦在房[2],今醮用酒,與常飲酒同,故洗亦當在庭,是以下云"賓降,取爵于篚,卒洗,升酌",故知洗在庭也。設洗法在設尊前,此洗亦當在設尊前設之,故此直云"洗,有篚在西",不言設也。若然,上不言設洗者,以其上云"醮用酒",即連云尊,文勢如此,故不言設洗。云"當東榮,南北以堂深"者,上已有文也。云"篚亦以盛勺、觶"者,周法用醴在房,庭洗無篚,此用酒,庭洗有篚,故周公設經辨其異者,但醴篚在房,以盛勺、觶,此庭洗篚亦盛勺、觶,故云"亦"也。云"南順,北爲上也"者,席之制有首尾者,據識之先後爲首尾,此篚亦云"上"者,應亦有記識爲上下,以其"南順"之言,故"北爲上也"。**始加,醮用脯醢。賓降,取爵于篚,辭降如初,卒洗,升酌。**始加者,言一加一醮也。加冠於東序,醮之於户西,同耳。始醮,亦薦脯醢。賓降者,爵在庭,酒在堂,將自酌也。辭降如初,如將冠時降盥,辭主人降也。凡薦出自東房。【疏】"始加"至"升酌"。○注"始加"至"東房"。○釋曰:云"始加,醮用脯

----

① "以殷法用酒"原作"以周法用醮",曹云:"'周'當爲'殷','醮'當爲'酒'。殷法用酒無酬、酢曰醮,一義也。盡爵曰釂,又一義也。釂、醮同字,故知此注惟據此文而言。"據改。

② "醴之尊在房"下原無"故洗亦在房"五字,倉石云:"《正譌》云《通解》本下有'故洗亦在房'五字。"據補。

醴”者，此言與周別之事，周家三加訖，乃一醴於客位，用脯醢，此加訖，即醮於客位，用脯醢，是其不同也。但言“始加，醮用脯醢”者，因言與周異之意，其實未行事，是以下乃始云“賓降，取爵于篚”也。云“加冠於東序，醮之於戶西，同耳”者，經不見者，嫌與周異，故辨之，其經不言冠與醮之處①，即與周同，故經不見也。云“始醮，亦薦脯醢”者，以其經云“醮用脯醢”，汎言若醮用酒，未著其節，故亦如上周家三加始薦脯醢。云“賓降者，爵在庭，酒在堂，將自酌也”者，決周家醴在房，贊者酌授賓，賓不親酌，此則賓親酌酒洗爵，故有升降也。云“辭降如初，如將冠時降盥，辭主人降也”者，欲見用醴時，直有將冠時賓降，無賓降取爵，以其酌在房故也，今云“如初”者，唯謂如將冠降盥之事也。云“凡薦出自東房”者，用醴時尊在房，脯醢出自東房，醮用酒，酒尊在堂，脯醢亦出自東房，《鄉飲酒》、《鄉射》、《特牲》、《少牢》薦者皆出東房，故云“凡”以該之也。

冠者拜受，賓荅拜如初。贊者筵于戶西，賓升，揖冠者就筵，乃酌。冠者南面拜受，賓授爵，東面荅拜，如醴禮也。於賓荅拜，贊者則亦薦之。【疏】“冠者”至“如初”。○注“贊者”至“薦之”。○釋曰：此經略言拜受、荅拜，不言處所面位，言“如初”者，以其雖用酒與周異，自外與周同，故直言“如初”也，是以鄭取上醴子法以言之，故言“如醴禮”以結之也②。云“於賓荅拜，贊者則亦薦之”者，經直云拜受、荅拜如初，亦不言薦之時節③，故鄭別言之，亦當如周家醴子時薦也。凡醴子、醴婦并《昏禮》禮賓，面位不同者，皆隨時之便，故不同也。**冠者升筵坐，左執爵，右祭脯醢，祭酒，興，筵末坐，啐酒，降筵拜，賓荅拜。冠者奠爵于薦東，立于筵西。**冠者立俟賓命，賓揖之，則就東序之筵。【疏】“冠者”至“筵西”。○注“冠者”至“之筵”。○釋曰：此經雖用醴、酒不同，其於行事與周禮醴子同，但位有異，彼一加訖入房，易服訖出房，立待賓命客④，此則醮訖，立於席西，待賓命爲異，皆爲更加皮弁也。云“興，筵末坐，啐酒”者，爲醮於客位，敬之故也，《昏禮》禮賓與《聘禮》禮賓在西階上啐醴者，《昏禮》注云“此筵不主爲飲食起”，《聘禮》注云“糟醴不卒”故也。冠子用醴拜，此醮子酒亦拜者，以與醴子同是成人法拜啐，故雖用醮，亦拜啐也。**徹薦、爵，筵、尊**

---

① “與”字原作“者”，倉石云：“‘者’疑當作‘與’。”據改。
② “醴禮”原作“初”，倉石云：“‘初’疑當作‘醴禮’二字。”據改。
③ “言”下原有“出”字，倉石云：“殿本刪‘出’字。”據刪。
④ “客”字原作“容”，阮云：“毛本‘容’作‘客’。”據改。

不徹。徹薦與爵者,辟後加也。不徹筵、尊,三加可相因,由便也。○由便,婢面反。

【疏】“徹薦”至“不徹”。○注“徹薦”至“便也”。○釋曰:云“徹薦與爵者,辟後加也”者,案下文云“加皮弁,如初儀。再醮,攝酒,其他皆如初”,酒則云攝,明因前也,除酒之外,云“其他如初”,明薦、爵更設,是後加卒,設於席前也,故知前云徹薦、爵,爲辟後加也。加皮弁,如初儀。再醮,攝酒,其他皆如初。攝,猶整也。整酒,謂撓之。今文攝爲聶。○撓之,劉好高反[1]。爲聶,女輒反。【疏】“加皮”至“如初”。○注“攝猶”至“爲聶”。○釋曰:云“攝,猶整也。整酒,謂撓之”者,案《有司徹》云“司官攝酒”,注云“更洗益整頓之”,不可云洗,亦當爲撓,謂更撓攪添益整頓,示新也。加爵弁,如初儀。三醮,有乾肉折俎,嚌之,其他如初。北面取脯,見于母。乾肉,牲體之脯也,折其體以爲俎。嚌,嘗之。○折俎,之設反,注同。嚌之,才計反,嘗也。【疏】“加爵”至“于母”。○注“乾肉”至“嘗之”。○釋曰:前二醮有脯醢,更加此乾肉折俎。言“嚌之”者,嚌謂至齒嘗之。案下“若殺”,再醮不言攝,此經再醮言攝,三醮不言攝,則再醮之後皆有攝,互文以見義也。云“取脯,見于母”者,亦適東壁俠拜,與周同,案下文“若殺”已下,云“卒醮,取籩脯以降”,此亦取籩脯,乾肉曰脯。云“乾肉,牲體之脯也”者,案《周禮·腊人》云“掌乾肉,凡田獸之脯腊”,鄭注云“大物解肆乾之,謂之乾肉,若今涼州烏翅矣[2]。薄析曰脯,捶之而施薑桂曰腶脩”,若然,乾肉與脯脩別,言“若今涼州烏翅”者,或爲豚解而七體以乾之,謂之乾肉,及用之,將升于俎則節折爲二十一體,與《燕禮》同,故總名“乾肉折俎”也。

若殺,則特豚,載合升,離肺實于鼎,設扃鼏。特豚,一豚也。凡牲皆用左胖。爨於鑊曰亨,在鼎曰升,在俎曰載。載合升者,明亨與載皆合左右胖。離,割也。割肺者,使可祭也、可嚌也。今文扃爲鉉,古文鼏爲密。○若殺,如字,劉色例反,下同。離肺,芳吠反。扃,古螢反,扛鼎也。鼏,亡歷反,鼎覆也。胖,普半反。於鑊,戶郭反。曰亨,普庚反。爲鉉,玄犬反,范古顏反,劉音關,又胡畎反。【疏】“若殺”至“扃鼏”。○注“特豚”至“爲密”。○釋曰:上醮子用乾肉不殺,自此至“取籩脯以降”,

---

① “好”字原作“奴”,黃云:“宋本‘奴’作‘好’。阮云:‘好高即《集韻》之呼高,奴字誤,宋本是也。’”據改。

② “涼州”原作“梁州”,孫云:“《周官》注‘梁’作‘涼’。案《士虞記》注亦作‘涼州’,則此誤也,漢無‘梁州’。”據改,下文“梁州”亦改。

279

論夏、殷醮子殺牲之事。殺言"若"者，是不定之辭，殺與不殺俱得云"若"也。云"載合升"者，"在鼎曰升，在俎曰載"，載在後，今先言載後言升，又合字在載、升之閒通言之者①，欲見在俎、在鑊俱是合也②。云"設扃鼏"者，以茅覆鼎，長則束其本，短則編其中，案《冬官·匠人》"廟門容大扃七个"，注云"大扃，牛鼎之扃，長三尺"，又曰"闈門容小扃參个"，注云"小扃，膷鼎之扃，長二尺"，皆依漢禮而知今此豚鼎之扃，當用小扃也。云"特豚，一豚也"者，此"特"若《郊特牲》之"特"，皆以"特"爲一也。云"凡牲皆用左胖"者，案《特牲》、《少牢》皆用右胖，《少儀》云"大牢則以牛左肩折九个"，爲歸胙用左，則用右而祭之，《鄉飲酒》、《鄉射》主人用右體，生人亦與祭同用右者，皆據周而言也，此云用左，鄭據夏、殷之法，與周異也，但《士虞》喪祭用左，反吉故也。云"爨於鑊曰亨"者，案《特牲》云"亨于門外東方，西面北上"，注云"亨，爨也。亨豕、魚、腊以鑊，各一爨"，《詩》云"誰能亨魚，溉之釜鬵"，是鑊爲亨也。云"在鼎曰升，在俎曰載"者，案《昏禮》云"特豚，合升"，又云"側載"，《特牲》亦云"卒載，加匕于鼎"，《少牢》云"司馬升羊，實于一鼎"，皆是"在鼎曰升，在俎曰載"之文，但在鼎直有升名，在俎則升、載兩稱也，故《少牢》云"升羊，載右胖。升豕，其載如羊"，《有司徹》亦云"乃升"，注云"升牲體於俎也"，是在俎升、載二名也。云"載合升者，明亨與載皆合左右胖"者，以升、載並陳，又合在二者之閒，故知從鑊至俎，皆合左右胖也。云"離，割也。割肺者，使可絭也、可嚌也"者，凡肺有二種：一者舉肺，一者祭肺。就舉肺之中，復有三稱：一名舉肺，爲食而舉；二名離肺，《少儀》云三牲之肺"離而不提心"也；三名嚌肺，以齒嚌之，此三者皆據生人爲食而有也。就祭肺之中，亦復有三稱：一者謂之祭肺，爲祭先而有之；二者謂之忖肺，忖，切之使斷；三者謂之切肺，名雖與忖肺異，切肺則忖肺也，三者皆爲祭而有。若然，切肺、離肺指其形，餘皆舉其義稱也。云"今文扃爲鉉，古文鼏爲密"者，一部之內皆然，不從今文，故疊之也。 **始醮，如初。亦薦脯醢，徹薦、爵、筵、尊不徹矣。**

【疏】"始醮如初"。○注"亦薦"至"徹矣"。○釋曰：云"始醮，如初"者，此一醮與不殺同，未有所加，故云"如初"也。 **再醮，兩豆，葵菹、蠃醢；兩籩，栗、脯。蠃醢，蚳蝓醢。今文蠃爲蝸。○蠃醢，力禾反。蚳，音移，劉音夷。蝓，音揄，劉又音由。**

---

①　"言"字原作"事"，曹云："'事'字容訂，或'言'字之譌。"倉石云："'事'各本作'言'。"據改。

②　"是"字原作"曰"，曹云："'曰'當爲'是'。"據改。

爲蝸，力禾反，又古華反。【疏】"再醮"至"栗脯"。○注"贏醢"至"爲蝸"。○釋曰：此二豆、二籩增數者，爲有殺牲，故盛其饌也。案鄭注《周禮·醢人》云"細切爲齏，全物若䐑爲菹。作醢及臡者，先膊乾其肉，乃後莝之，雜以梁麴及鹽，漬以美酒，塗置甄中，百日則成矣"，是作醢及菹之法也。云"贏醢、蜬蜎醢"者，《爾雅》文。**三醮，攝酒如再醮，加俎(嚌)〔祭〕之，皆如初，嚌肺。**攝酒如再醮，則再醮亦攝之矣。加俎嚌之，嚌當爲祭，字之誤也。祭俎如初，如祭脯醢。○加俎嚌之，嚌音祭，出注。【疏】"三醮"至"嚌肺"。○注"攝酒"至"脯醢"。○釋曰：云"攝酒如再醮，則再醮亦攝之矣"者，周公作經取省文，再醮不言攝酒，以三醮如之，則再醮攝之可知，故鄭云"再醮亦攝之矣"。云"加俎嚌之，嚌當爲祭，字之誤也"者，經有二嚌，不破"如初，嚌"之"嚌"，唯破"加俎嚌之"字者，以祭先之法，祭乃嚌之，又不宜有二嚌，故破"加俎"之"嚌"爲"祭"也。云"祭俎如初，如祭脯醢"者，以三醮唯祭俎之肺，不復祭脯醢也。若然，前不殺之時，一醮徹脯醢，爲辭再醮之脯醢①，至再醮不言徹脯醢者，以三醮上唯加乾肉，不薦脯醢，故不徹也。今殺亦然②，一醮徹薦、爵③，至再醮亦不徹薦，直徹爵而已，亦爲三醮不加籩豆④，加牲俎，是以祝辭，二醮亦云"嘉薦"⑤，至三醮者直云"籩豆有楚"，楚，陳列貌，是三醮不加籩豆明文也。**卒醮，取籩脯以降，如初。**【疏】"卒醮"至"如初"。○釋曰：此取籩脯見母，與前不異。上周法與不殺皆不云"籩"者，上皆直薦脯醢，不云"籩豆"，此"若殺"云"兩籩"，故云"籩脯"。若然，既殺有俎肉而取脯者，見其得禮而已，故不取俎肉，如若得束帛者，不須取脯，是以冠禮禮賓得束帛，皆不取脯也。

　　若孤子，則父兄戒、宿。父兄，諸父、諸兄。【疏】"若孤"至"戒宿"。○注"父兄諸父諸兄"。○釋曰：上陳士有父加冠禮訖，自此至"東塾，北面"，論士之無父自有加冠之法也。周公作文，於此乃見之者，欲見周與夏、殷孤子同冠於阼階，禮之於客

---

　　①　"爲辭再醮之脯醢"，曹云："辭，避也。"倉石云："'辭'，各本作'辟'，似是。"
　　②　"殺"字原作"殷"，阮云："陳本、《要義》同，毛本'殷'作'殺'。"倉石云："'殷'，閩本改爲'殺'是也。"據改。
　　③　"爵"字原作"辭"，曹云："'辭'當爲'爵'。"倉石云："'辭'當'爵'字誤，各本不誤。"據改。
　　④　"醮"下原有"以"字，曹云："'以'衍字。"據刪。
　　⑤　"二"字原作"一"，曹云："'一'當爲'二'。"據改。

位，唯一醴三醮不同耳①，是以作經言其與上異者而已。言"父兄、諸父、諸兄"者，以其上文父兄非直戒宿而已，故知此是諸父、諸兄非己之親父、親兄也。**冠之日，主人紛而迎賓，拜，揖，讓，立于序端，皆如冠主，禮於阼。**冠主，冠者親父若宗兄也。古文紛爲結，今文禮作醴。【疏】"冠之"至"於阼"。○注"冠主"至"作醴"。○釋曰：云"主人紛而迎賓"者，即上"采衣紛"是也。云"拜，揖，讓，立于序端"者，謂主人出先拜，賓答拜訖，揖讓而入于廟門，既入門，又三揖，至階，又三讓而升堂，乃立于東序端，賓升，立西序端，一皆如上父兄爲主人，故作文省略，總云"揖，讓，立于序端，皆如冠主"也。云"禮於阼"者，別言其異者也。云"今文禮作醴"者，鄭不從今文者，以其言醴則不兼於醮，言禮則兼醴、醮二法故也。**凡拜，北面于阼階上，賓亦北面于西階上答拜。**【疏】"凡拜"至"答拜"。○釋曰：此亦異於父在者。云"凡拜"者，謂初拜受及啐拜之等②，賓主皆北面，與父在時拜于筵西，南面，賓拜于序端，東面，爲異也。**若殺，則舉鼎陳于門外，直東塾，北面。孤子得申禮，盛之。**父在有鼎不陳於門外。【疏】"若殺"至"北面"。○釋曰：云"若殺"者，有則殺，無則已，故云"若"，不定之辭也。言"舉鼎"者，謂於廟門外之東壁鑊所，舉至廟門外之東，直東塾。此惟一鼎，故但言"北面"，若三鼎③，豚、魚、腊鼎皆北向，相重而列之也。○注"孤子"至"門外"。○釋曰：案上文父在亦有殺法，今鄭云"孤子得申禮，盛之"者，不爲殺起，止爲陳鼎于外而言，鄭知"父在有鼎不陳於外"者，以上文"若殺"，直云"特豚，載合升"，不辨外内，孤子乃云"舉鼎陳于門外"，不類于上④，故知父在陳鼎不於門外也⑤。凡陳鼎在外者，賓客之禮也；在内者，私家之禮也⑥，是在外者爲盛也，今孤子則陳鼎在外，故云"孤子得申禮，盛之"也。

---

① "一醴三醮"原作"一醮三醴"，曹云："當作'一醴三醮'。"倉石云："殿本改作'一醴三醮'是也。"據改。

② "受"字原作"至"，曹云："'至'當爲'受'。"據改。

③ "三"字原作"二"、"三鼎"上原無"此惟一鼎故但言北面若"十字，曹云："'二'當爲'三'，三鼎上有脱文，蓋謂此惟一鼎，故但言北面，若三鼎，則如下所云也。"據改補。

④ "類"上原無"不"字，曹云："'類'上脱'不'字。"據補。

⑤ "父"上原無"故知"二字，曹云："'父'上當脱'故知'二字。"據補。

⑥ "私家"原作"家私"，阮云："《通解》、《要義》、楊氏同，毛本作'私家'。"據乙。

若庶子，則冠于房外，南面，遂醮焉。房外，謂尊東也。不於阼階，非代也。不醮於客位，成而不尊。【疏】“若庶”至“醮焉”。○釋曰：上已言三代適子冠禮訖，此經論庶子加冠法也。周公作經，於三醮之下言之①，則三代庶子冠禮皆於房外同用醮矣，但不知三代庶子各用幾醮耳。今於周之適子三加一醴，夏、殷適子三加三醮，是以下文祝辭醴一而醮三②，皆爲三代適子而爲言③。至於三代庶子，皆不見別辭，則周之庶子宜依適子用一醮，夏、殷庶子亦依三醮。三代適子有祝辭，若庶子則無④，故下文注云“凡醮者不祝”。○注“房外”至“不尊”。○釋曰：知“房外，謂尊東也”者，上陳尊在房户之間，案《鄉飲酒》賓東，賓東則尊東⑤，明此亦於尊東也。云“不於阼階，非代也”者，案下記云“適子冠於阼，以著代也”，明庶子不於阼，非代故也。云“不醮於客位，成而不尊”者，下記云“醮於客位，加有成也”，是適子於客位，成而尊之，此則成而不尊，故因冠之處遂醮焉。

冠者母不在，則使人受脯于西階下。【疏】“冠者”至“階下”。○釋曰：案《内則》云：“舅没則姑老。”若死當云没，不得云“不在”，且母死則不得使人受脯，今言“不在”者，或歸寧，或疾病也。“使人受脯”，爲母生在，於後見之也。

戒賓，曰：“某有子某，將加布於其首，願吾子之教之也。”吾子，相親之辭。吾，我也。子，男子之美稱。古文某爲謀。○美稱，尺證反，下之稱、美稱同。【疏】“戒賓”至“之也”。○注“吾子”至“爲謀”。○釋曰：自此至“唯其所當”者，周公設經，直見行事，恐失次第，不言其辭，今行事既終，總見戒賓、醮及爲字之辭也。云“某有子某”者，上某，主人名；下某，子之名。“加布”，初加緇布冠也。云“願吾子之教之也”者，即此以加冠行禮爲教之也。云“吾子，相親之辭。吾，我也”者，謂自己身之子，故云“吾子，相親之辭也”。云“子，男子之美稱”者，古者稱師曰子，又《公羊傳》云

---

① “三醮”原作“三代”，四庫本作“三醮”，吳紱云：“按上經言‘三醮’非‘三代’也。”據改。

② “辭”下原有“三”字，阮云：“《要義》同，毛本‘辭’下無‘三’字。”據刪。

③ “三代”下原無“適子”二字，曹云：“‘三代’下脱‘適子’二字。”倉石云：“殿本‘三代’改作‘適子’，删下‘爲’字。《詳校》云‘三代’下脱‘適子’二字。”據補。

④ “若”字原作“言”，毛氏汲古閣刊本作“若”，據改。

⑤ “賓”字原作“則”，曹云：“上‘則’字當爲‘賓’。”倉石云：“《校勘記》云：‘上則字《要義》作賓。’今案此蓋謂彼諸公大夫席于賓東，既云賓東則當爲尊東矣，賓東上疑有奪。”據改。

"名不若字，字不若子"，是子者男子之美稱也，今請賓與子加冠，故以美稱呼之也。賓對曰："某不敏，恐不能共事，以病吾子，敢辭。"病，猶辱也。古文病爲秉。○能共，音恭。主人曰："某猶願吾子之終教之也。"賓對曰："吾子重有命，某敢不從。"敢不從，許之辭。○重有，直用反，下注同。宿曰："某將加布於某之首，吾子將莅之，敢宿。"賓對曰："某敢不夙興。"莅，臨也。今文無對。○涖之，音利，一音類。

始加，祝曰："令月吉日，始加元服。令、吉，皆善也。元，首也。【疏】注"令吉"至"首也"。○釋曰："元，首"，《左傳》曰"先軫入狄師而死之，狄人歸先軫之元"，是元爲首，又《尚書》云"君爲元首"，亦是元爲首也。棄爾幼志，順爾成德。壽考惟祺，介爾景福。"爾，女也。既冠爲成德。祺，祥也。介、景，皆大也。因冠而戒且勸之，女如是則有壽考之祥，大女之大福也。○惟祺，音其。爾女，音汝，下同。【疏】注"爾女"至"福也"。○釋曰：云"既冠爲成德"者，案《冠義》，既冠，責以父子、君臣、長幼之禮，皆成人之德。云"祺，祥也"者，祺訓爲祥，祥又訓爲善也。云"因冠而戒"者，則經"棄爾幼志，順爾成德"是也。云"且勸之"者，即經云"壽考惟祺，介爾景福"是也。再加，曰："吉月令辰，乃申爾服。辰，子、丑也。申，重也。【疏】"再加"至"爾服"。○注"辰子"至"重也"。○釋曰：上云"令月吉日"，此云"吉月令辰"，互見其言，是作文之體，無義例也。云"辰，子、丑也"者，以十干配十二辰，直云"辰，子、丑"，明有干，可知即甲子、乙丑之類，略言之也。敬爾威儀，淑慎爾德。眉壽萬年，永受胡福。"胡，猶遐也、遠也，遠無窮。古文眉作麋。○作麋，亡悲反。三加，曰："以歲之正，以月之令，咸加爾服。正，猶善也。咸，皆也。皆加女之三服，謂緇布冠、皮弁、爵弁也。兄弟具在，以成厥德。厥，其。黃耇無疆，受天之慶。"黃，黃髮也；耇，凍梨也，皆壽徵也。疆，竟。○黃耇，音苟。無疆，居良反，竟也，下同。疆竟，音敬，又音景。【疏】注"黃黃"至"疆竟"。○釋曰：《爾雅》云"黃髮、齯齒"，故以黃爲黃髮也。云"耇，凍梨"者，《爾雅》云"耇、老，壽也"，此云"耇，凍梨"者①，以其面似凍梨之色故也。

---

①　"梨"字原作"黎"，下同，汪刊單疏皆作"梨"，據改。

醴辭曰："甘醴惟厚,嘉薦令芳。嘉,善也。善薦,謂脯醢芳香也。
【疏】"醴辭"至"令芳"。○注"嘉善"至"香也"。○釋曰:謂脯醢爲善薦芳香者,謂作之
依時,又造之依法,故使芳香而善也。拜受祭之,以定爾祥。承天之休,壽
考不忘。"休,美也。不忘,長有令名。○之休,虛蚪反。

醮辭曰:"旨酒既清,嘉薦亶時。亶,誠也。古文亶爲癉。○亶,丁但
反。時,劉本作古㫖字。爲癉,劉音旦,一音丁但反。始加元服,兄弟具來。
孝友時格,永乃保之。"善父母爲孝,善兄弟爲友。時,是也。格,至也。永,長
也。保,安也。行此乃能保之。今文格爲嘏,凡醮者不祝。○爲嘏,古雅反,又作假。
【疏】注"善父"至"不祝"。○釋曰:"善父母爲孝,善兄弟爲友"者,《爾雅》文。不言"善
事父母、善事兄弟"者,欲見非且善事父母、兄弟[1],而亦爲父母、兄弟之所善者,諸行周
備之意也。云"凡醮者不祝"者,案上文前後,列周與夏、殷冠子法[2],其加冠祝辭三節,
不辨三代之異,則三代祝辭同可知也,至於用醮之辭[3],三等別陳之者,以其數異,辭宜
不同故也。若然,醮辭唯據適子而言,以其將著代重之,故備見祝辭。此注云"凡醮
者不祝"者,言"凡",謂庶子也,既不加冠於阼,又不禮於客位,無著代之理,故略而輕
之也,亦不設祝辭者,《曾子問》注云"凡殤不備祭"之類也[4]。其天子冠禮祝辭,案《大
戴禮·公冠篇》成王冠,周公爲祝詞,"使王近於民,遠於年[5],嗇於時,惠於財",其辭既
多,不可具載。其諸侯無文,蓋亦有祝辭異於士也。再醮,曰:"旨酒既湑,嘉
薦伊脯。湑,清也。伊,惟也。○既湑,息呂反。【疏】注"湑清也伊惟也"。○釋曰:
湑,沛酒之稱,故《伐木》詩云"有酒湑我",注云"湑,茜之"[6],又《鳧鷖》詩云"爾酒既

---

① "兄弟"上原無"父母"二字,曹云:"'兄弟'上脱'父母'二字,下句同。"據補,下
句亦補。

② "列"字原作"例",曹云:"'例'當爲'列',連下讀。"據改。

③ "用"字原作"周",曹云:"'周'當爲'用',言冠祝辭三代同,而用醮之辭乃於醴
外別出此三節者,以醴一醮三數異,辭宜不同也。"據改。

④ "不"下原無"備"字,《禮記·曾子問》鄭注"不"下有"備"字,倉石云:"'不'下
殿本依彼注補'備'字。"據補。

⑤ "年"字原作"天",阮云:"《要義》同,毛本'天'作'年'。"作"年"與《大戴禮》相
合,據改。

⑥ "之"下原有"文"字,曹云:"'文'當爲'又',屬下讀。"據改。

渭”，注云“渭，酒之沛者”，是渭爲清也。云“伊，惟也”者，助句辭，非爲義也。**乃申爾服，禮儀有序。祭此嘉爵，承天之祜。”**祜，福也。○之祜，音户，福也。**三醮，曰：“旨酒令芳，籩豆有楚。**旨，美也。楚，陳列之貌。【疏】注“旨美”至“之貌”。○釋曰：《賓之初筵》詩亦云“籩豆有楚”①，注云“楚，陳列之貌”，是用其再醮之籩豆，不增改之，故云“有楚”也。**咸加爾服，肴升折俎。**肴升折俎，亦謂豚。【疏】注“肴升”至“謂豚”。○釋曰：云“折俎”者，即謂折，上“若殺”之“豚”也。**承天之慶，受福無疆。”**

　　字辭曰：“禮儀既備，令月吉日，昭告爾字。昭，明也。【疏】“字辭”至“爾字”。○釋曰：此字文在三代之下而言，則亦遂三代字辭同。此辭賓直西序東面，與子爲字時言之也。**爰字孔嘉，髦士攸宜。**爰，於也。孔，甚也。髦，俊也。攸，所也。**宜之于假，永受保之，曰伯某甫。”仲、叔、季，唯其所當。**于，猶爲也。假，大也。宜之是爲大矣。伯、仲、叔、季，長幼之稱。甫是丈夫之美稱，孔子爲尼甫，周大夫有嘉甫，宋大夫有孔甫，是其類。甫字或作父。○于假，古雅反，大也。長幼，丁丈反。作父，音甫，又如字，下同。【疏】“宜之”至“所當”。○釋曰：云“伯某甫”者，“某”若云“嘉”也，但設經不得定言人字，故言“某甫”爲“且字”②，是以《禮記》諸侯薨，復曰“皋某甫復”，鄭云“某甫，且字”，以臣不名君，且爲某之字呼之，即此某甫立爲且字③。言“伯、仲、叔、季”者，是長幼次第之稱，若兄弟四人，則依次稱之，夏、殷質則積仲，周文則積叔，若管叔、霍叔之類是也。云“唯其所當”者，二十冠時與之作字，猶孔子生三月名之曰丘，至二十冠而字之曰仲尼，有兄曰伯，居第二則曰仲。但殷質，二十爲字之時，兼伯、仲、叔、季呼之；周文，二十爲字之時，未呼伯、仲，至五十乃加而呼之，故《檀弓》云“五十以伯仲，周道也”，是呼伯、仲之時，則兼二十字而言，若孔子生於周代，從周禮呼尼甫，至五十去甫以尼配仲而呼之曰仲尼是也。若然，二十冠而字之，未呼伯、仲、叔、季，今於二十加冠而言者，一則是殷家冠時，遂以二十字呼之；二

① “賓之初筵”原作“楚茨”，倉石云：“‘楚茨’誤，當作‘賓之初筵’。”據改。
② “甫”上原無“某”字，曹云：“‘甫’上脱‘某’字。”倉石云：“‘甫’上殷本補‘某’字。”據補。
③ “即”字原作“既”，阮云：“‘既’，《要義》作‘即’，毛本作‘既’。”據改。

則見周家若不死，至五十乃加而呼之，若二十已後死，雖未滿五十，即得呼伯、仲。知義然者，見慶父乃是莊公之弟，桓六年莊公生，至閔公二年慶公死時，莊公未滿五十，慶父乃是莊公之弟，時未五十，慶父死，號曰共仲，是其死後雖未五十，得呼仲、叔、季，故二十冠時，則以伯、仲、叔、季當擬之，故云"唯其所當"也。○注"于猶"至"作父"。○釋曰：知"甫是丈夫之美稱"者，以其人之賢愚，皆以爲字，故隱元年，"公及邾儀父盟于蔑"，《穀梁傳》云"儀，字也。父，猶傅也，男子之美稱也"是也。云"孔子爲尼甫"者，哀十六年，孔丘卒，哀公誄之曰"哀哉！尼甫"，因字號謚曰尼甫也。云"周大夫有嘉甫"者，桓公十五年，"天王使嘉甫來求車"是也。云"宋大夫有孔甫，是其類"者，案《左氏傳》桓二年，"孔父嘉爲司馬"是也。鄭引此者，證有冠而爲此字之意，故云"是其類"也。又"甫字或作父"者，字亦通，或尼甫、嘉甫、孔甫等見爲父字者也。

屨，夏用葛。玄端黑屨，青絇繶純，純博寸。屨者，順裳色。玄端黑屨，以玄裳爲正也。絇之言拘也，以爲行戒，狀如刀衣鼻，在屨頭。繶，縫中紃也。純，緣也。三者皆青。博，廣也。○屨，九遇反。青絇，其于反。繶，於力反。純，章允反，劉之閏反，注下同。縫中，扶用反。紃也，音旬。純緣，以絹反。【疏】"屨夏"至"博寸"。○注"屨者"至"廣也"。○釋曰：自此至"繶屨"，論三服之屨。不於上與服同陳者，一則屨用皮、葛，冬夏不同，二則屨在下，不宜與服同列，故退在於此。此言"夏用葛"，下云"冬皮"，則春宜從夏，秋宜從冬，故舉冬夏寒暑極時而言，《詩·魏風》以葛屨履霜①，刺褊也。云"屨者，順裳色"者，禮之通例，衣與冠同，屨與裳同，故云"順裳色"也。云"玄端黑屨，以玄裳爲正也"者，以其玄端有玄裳、黃裳、雜裳，經唯云"玄端黑屨"，與玄裳同色，不取黃裳、雜裳，故云"以玄裳爲正也"。云"絇之言拘也，以爲行戒"者，以拘者自拘持之意②，故云"以爲行戒"也。云"狀如刀衣鼻，在屨頭"者，此以漢法言之，今之屨頭見有下鼻，似刀衣鼻，故以爲況也。云"繶，縫中紃也"者，謂牙底相接之縫中有條紃也。云"純，緣也"者，謂繞口緣邊也。云"皆青"者，以經三者同云"青"也。云"博，廣也"者，謂純所施，廣一寸也。素積白屨，以魁柎之，緇絇繶純，純博寸。魁，蜃蛤。柎，注者。○以魁，苦回反。柎，方于反，劉音鈇。蜃，上忍反。蛤，音閤。【疏】"素積"至"博寸"。○注"魁蜃蛤柎注者"。○釋曰：以魁蛤灰柎之

---

① "風"字原作"地"，阮云："《要義》同，毛本'地'作'風'。"據改。

② "意"字原作"言"，阮云："陳本同，毛本'言'作'意'。"據改。

者,取其白耳。云"魁,蜃蛤"者,魁即蜃蛤,一物,是以《周禮·地官·掌蜃》"掌共白盛之蜃",鄭司農云"謂蜃炭",引此《士冠》"白屨,以魁柎之",玄謂"今東萊用蛤,謂之叉灰云"是也。云"柎,注者",以蛤灰塗注於上,使色白也。**爵弁繶屨,黑絇繶純,純博寸。** 爵弁屨以黑爲飾,爵弁尊,其屨飾以繢次。○以繢,户内反。【疏】"爵弁"至"博寸"。○注"爵弁"至"繢次"。○釋曰:案此三服見屨不同,何者?玄端以衣見屨,以玄端有黄裳之等,裳不得舉裳見屨,故舉玄端見屨也;皮弁以素積見屨,屨裳同色,是其正也;爵弁既不舉裳,又不舉衣而以爵弁見屨者,上陳服已言繶裳,裳色自顯,以與六冕同玄衣繶裳,有冕服之嫌[1],故不以衣裳而以首服見屨也。云"爵弁屨以黑爲飾,爵弁尊,其屨飾以繢次"者,案《冬官》畫繢之事云"青與白相次,赤與黑相次,玄與黄相次",鄭云"此言畫繢六色所象及布采之第次,繢以爲衣",又云"青與赤謂之文,赤與白謂之章,白與黑謂之黼,黑與青謂之黻",鄭云"此言刺繡采所用,繡以爲裳",此是對方爲繢次,比方爲繡次,案鄭注《屨人》云"複下曰舃,禪下曰屨",又注云"凡舃之飾如繢之次,凡屨之飾如繡之次也"者,即上黑屨以青爲絇繶純,白屨以黑爲絇繶純,則白與黑,黑與青爲繡次之事也,今此爵弁繶屨[2],繶,南方之色赤,不以西方白爲絇繶純而以北方黑爲絇繶純者,取對方繢次爲飾,與舃同[3],尊爵弁是祭服,故飾與舃同也。**冬,皮屨可也。**【疏】"冬皮屨可也"。○釋曰:冬時寒,許用皮,故云"可也"。**不屨繐屨。** 繐屨,喪屨也。縷不灰治曰繐。○繐屨,音歲。【疏】"不屨繐屨"。○注"繐屨"至"曰繐"。○釋曰:案《喪服記》云"繐衰四升有半",繐衰既是喪服,明繐屨亦是喪屨,故鄭云"喪屨"也。云"縷不灰治曰繐"者,斬衰冠六升,傳云"鍛而勿灰",則四升半不灰治可知。言此者,欲見大功未可以冠子,恐人以冠子,故於屨末因禁之也。

　　記:冠義:【疏】"記冠義"。○釋曰:凡言"記"者,皆是記經不備,兼記經外遠古之言。鄭注《燕禮》云"後世衰微,幽、屬尤甚,禮樂之書,稍稍廢棄",蓋自爾之後有記乎?又案《喪服記》子夏爲之作傳,不應自造還自解之,記當在子夏之前、孔子之時,

---

① "有"字原作"與",曹云:"'與'當爲'有'。"倉石云:"'與'殿本作'有'。"據改。
② "此"字原作"次",曹云:"'次'當爲'此'。"據改。
③ "與舃同"原作"舉舃者",曹云:"當爲'與舃同'。"倉石云:"殿本作'與舃同者',似是。"據改。

未知定誰所録。云“冠義”者，記《士冠》中之義，此既有“冠義”而《禮記》中又有《冠義》者①，記時不同，故有二記，此則在子夏前，其《周禮·考工記》六國時所録，故遭秦燔滅典籍，有韋氏、雕氏闕，其《禮記》則在秦漢之際②，儒者記之③，故《王制》有“正聽之棘木之下”，異時所記，故其言亦殊也。**始冠，緇布之冠也。大古冠布，齊則緇之。其緌也，孔子曰：“吾未之聞也。”冠而敝之可也。** 大古，唐、虞以上。緌，纓飾。未之聞，大古質，蓋亦無飾。重古，始冠冠其齊冠。白布冠者④，今之喪冠是也。○大古，音泰，注同。齊則，側皆反，注同，本亦作齋。其緌，如離反，注同。而敝，婢世反，劉音斃⑤。以上，時掌反，下以上同。【疏】“始冠”至“可也”。○注“大古”至“是也”。○釋曰：此經直言加緇布冠，不言有緌無緌，又不言加冠之後，此緇布冠更著以不，故言不緌、不更著之事也。云“大古冠布”者，謂著白布冠也。云“齊則緇之”者，將祭而齊則爲緇者，以鬼神尚幽暗也。云“其緌也，孔子曰：吾未之聞也”者，孔子時有緌者，故非時人緌之，諸侯則得著緌，故《玉藻》云“緇布冠繢緌，諸侯之冠也”，鄭云“尊者飾也（元缺一字）”，士冠不得緌也。云“冠而敝之可也”者，據士以上冠時用之，冠訖則敝去之⑥，不復著也，若庶人猶著之，故《詩》云“彼都人士，臺笠緇撮”，是用緇布冠籠其髮，是庶人常服之矣。云“大古，唐、虞以上”者，此記與《郊特牲》皆陳三代之冠，云牟追、章甫、委貌之等，鄭注《郊特牲》云“三代改制，齊冠不復用也，以白布冠質，以爲喪冠也”，三代既有此，明大古是唐、虞已上可知。云“緌，纓飾⑦。未之聞，大古質，蓋亦無飾”者，此經據孔子時非其著緌，未知大古有緌以不，故鄭云“大古質，無飾”也。云“重古，始冠冠其齊冠”者，以經云“始冠，緇布之冠”，即云“大古冠布”，則齊冠一也，故鄭云“冠其齊冠”也。云“白布冠者，今之喪冠是也”者，以其大古時，吉凶同

---

① “者”上原無“此既”至“冠義”十三字，曹云：“‘者’上脱，當補云‘此既有冠義而《禮記》中又有《冠義》。’”據補。

② “記”上原無“禮”字，曹云：“‘記’上脱‘禮’字。”據補。

③ “記”字原作“加”，阮云：“《要義》‘加’作‘記’。”據改。

④ “冠”下原無“者”字，曹云：“‘冠’下嚴本有‘者’字。”據補。

⑤ “劉音斃”原作“劉齋斃反”，黃云：“吳云：‘齋字定誤，各本並同，無可據正。’黃云：‘齋與音字形近，又緣上有本亦作齋而譌，反字則後人妄加耳。’”據改。

⑥ “去”字原作“經”，阮云：“《要義》‘敝’下有‘去’字無‘經’字，按《要義》是。”據改。

⑦ “云”下原無“緌纓飾”三字，阮云：“毛本‘云’下有‘緌纓飾’三字。”據補。

服白布冠,未有喪冠,三代有牟追之等,則以白布冠爲喪冠。若然,喪服起自夏禹以下也。

適子冠於阼,以著代也;醮於客位,加有成也。醮,夏、殷之禮,每加於阼則醮之於客位①,所以尊敬之,成其爲人也。○適子,丁歷反,本又作嫡。

三加彌尊,諭其志也;彌,猶益也,冠服後加益尊。諭其志者,欲其德之進也。【疏】"適子"至"成也"。○注"醮夏"至"人也"。○釋曰:此記人説夏、殷法,可兼于周,以其於阼及三加皆同,唯醮、醴有異,故知舉二以見一也。冠而字之,敬其名也。名者質,所受於父母,冠成人,益文,故敬之也。今文無之。【疏】"冠而"至"名也"。○注"名者"至"無之"。○釋曰:案《内則》云"子生三月,父名之",不言母,今云"受於父母"者,夫婦一體,受父即是受於母,故兼言也。云"冠成人,益文"者,對名是受於父母爲質,字者受於賓爲文,故君父之前稱名,至於他人稱字也,是敬其名也②。

委貌,周道也。章甫,殷道也。毋追,夏后氏之道也。委,猶安也,言所以安正容貌。章,明也。殷質,言以表明丈夫也。甫或爲父,今文爲斧。毋,發聲也。追,猶堆也。夏后氏質,以其形名之。三冠皆所服以行道也,其制之異同未之聞。○毋追③,音牟,下丁回反,注同。猶堆,丁回反,本或作塠,同。【疏】"委貌"至"道也"。○釋曰:記人歷陳此三代冠者,上緇布冠也,諸(元缺起此)侯已下始加之冠,此委貌之等,記人以經有緇布冠、皮弁、爵弁、玄冠,故還記緇布冠以下四種之冠,以解經之四者,此委貌即解經"易服,服玄冠"是也。○注"委猶"至"之聞"。○釋曰:云"今文爲斧"者,義無取,故疊之不從也。云"毋,發聲也"者,若在上,謂之發聲,在下,謂之助句,義無取,則是發聲也。云"三冠皆所常服以行道"者,以釋經三代皆言道,是諸侯朝服之冠,在朝以行道德者也。云"其制之異同未之聞"者,委貌、玄冠於禮圖有制,但章甫、毋追相與異同未聞也。周弁,殷冔,夏收。弁名出於槃。槃,大也,言所以自光大也。冔名出於幠。幠,覆也,言所以自覆飾也。收,言所以收斂髮也。其制之異亦未聞。○殷冔,況甫反。於槃,畔干反。幠,火吴反。【疏】注"弁名"至"未聞"。○釋

---

① "則"字原作"階",曹云:"'階',嚴本作'則'。"據改。

② "其"字原作"定",阮云:"毛本作'是字敬名也',《要義》作'是敬其名也'。"據《要義》改。

③ "毋"字原作"母",黃云:"宋本作'毋'。"據改。

曰：又歷陳此三者，欲見三代加冠皆有弁。云“周弁”者，弁是古冠之大號，非直含六冕，亦兼爵弁於其中，見士之三加之冠有爵弁者[1]，故云弁，弁者冠名也。云“弁名出於槃。槃，大也”者，無正文，鄭以意解之，《論語》云“服周之冕”，以五色繢服有文飾，則知有德，故云“言所以自光大也”。云“冔名出於幠。幠，覆也，言所以自覆飾也。收，言所以收斂髮也”者，皆以意解之也。云“制之異亦未聞”者，案《漢禮器制度·弁冕》、《周禮·弁師》相參，周之冕以木爲體，廣八寸，長尺六寸，績麻三十升布爲之，上以玄，下以纁，前後有旒，尊卑各有差等，天子玉笄、朱紘，其制可聞，云“未聞”者，但夏、殷之禮亡，其制與周異，亦如上未聞也[2]。**三王共皮弁、素積。**質不變。【疏】注“質不變”。○釋曰：此亦三代自天子下至士皆是再加，當在“周弁”三加之上，退之在下者，欲見此是三代之冠，百王同之，無別代之稱也，故《郊特牲》云“三王共皮弁”，注云“所不易於先代”，故《孝經》注亦云“百王同之，不改易也”[3]。若然，百王同之，言“三王共”者，以損益之極，極於三王，又上三冠亦據三代，故云“三王共皮弁”，其實先代、後代皆不易，是以鄭云“質不變”也。

無大夫冠禮而有其昏禮，古者五十而后爵，何大夫冠禮之有？據時有未冠而命爲大夫者。周之初禮，年未五十而有賢才者，試以大夫之事，猶服士服，行士禮。二十而冠，急成人也。五十乃爵，重官人也。大夫或時改取，有昏禮是也。【疏】“無大”至“之有”。○釋曰：此經所陳，欲見無大夫冠禮之事。有大夫冠禮，記者非之。○注“據時”至“是也”。○釋曰：鄭云“據時有未冠而命爲大夫者”，言周末作記之時，有二十已前未加冠而命爲大夫者，記非之也。云“周之初禮，年未五十而有賢才者，試以大夫之事，猶服士服，行士禮”者，鄭解“古者五十而後爵，何大夫冠禮之有”，是古者未有，周末大夫有冠禮[4]，故非之，此鄭云“未五十”，則二十已上，或有未二十有賢才亦得試爲大夫者，故《喪服》殤小功章云“大夫爲昆弟之長殤”，鄭云“大夫爲昆弟之長殤小功，謂士若不仕，以此知爲大夫無殤服”，言“爲大夫無殤服”，謂兄殤在小功，則兄十九已下死，大夫則十九已下，既爲兄殤服，己爲大夫則早冠矣，大夫冠而

---

① “有”字原作“者”，阮云：“浦鏜云上‘者’字疑‘有’字誤。”據改。
② “如”原作“加”，倉石云：“‘如’誤‘加’，各本正作‘如’字。”據改。
③ “亦”上原無“注”字，曹云：“‘亦’上脫‘注’字。”據補。
④ “大”上原無“末”字，曹云：“‘大’上脫‘末’字。”據補。

不爲(元缺止此)殤故也，雖早冠，亦行士禮而冠，是大夫無冠禮也。云“二十而冠，急成人也。五十乃爵，重官人也”者，解試爲大夫二十，則其爵命要待五十意也。云“大夫或時改娶，有昏禮”者，釋經“而有其昏禮”，以其三十而取，五十乃命爲大夫，則昏時猶爲士，何得有大夫昏禮乎？五十已後，容改娶，故有大夫昏禮也。若然，案下文“古者生無爵”，鄭云“古謂殷”，此經以古爲周初者，下云“古者生無爵”，對周時士生有爵，故知“古者生無爵”，據殷也，今此云“古者”，以周末時大夫冠，對周初時無，若以古者爲殷時，則周家有大夫冠禮，何得言周末始有乎？明古者據初而言也。**公侯之有冠禮也，夏之末造也。**造，作也。自夏初以上，諸侯雖父死子繼，年未滿五十者亦服士服，行士禮，五十乃命也。至其衰末，上下相亂，篡殺所由生，故作公侯冠禮，以正君臣也。《坊記》曰：“君不與同姓同車，與異姓同車不同服，示民不嫌也，以此坊民，民猶得同姓以殺其君也。”○篡，初患反。殺，本又作弑，亦作試，同申志反，下同。坊記，音防。【疏】“公侯”至“造也”。○注“造作”至“君者”。○釋曰：記人言此者，欲見夏初已上，雖諸侯之貴，未有諸侯冠禮，猶依士禮，故記之於《士冠》篇末也。云“自夏初以上”者，以經云“公侯之有冠禮，夏之末造”，明夏初未有，言“以上”者，夏以前唐、虞之等亦未有諸侯冠禮也。“未滿五十者亦服士服，行士禮，五十乃命也”者，既云“服士服，行士禮”，亦如上文“五十而後爵”，何公侯冠禮之有？以其與大夫同，未五十，“服士服[1]，行士禮”也。云“至其衰末，上下相亂”至“以正君臣也”者，解經夏之末造公侯冠禮也。引《坊記》者，欲見夏末以後制諸侯冠禮，以防諸侯相篡弑之事也。云“同車”者，謂參乘爲車右及御者也。云“不同服”者，案《玉藻》云“君之右虎裘，厥左狼裘”，又云“僕右恒朝服，君則各以時事服[2]”，是不同服，此謂非在軍時，若在軍時，君臣同服韋弁服也。**天子之元子猶士也，天下無生而貴者也。**元子，世子也。無生而貴，皆由升。【疏】“天子”至“者也”。○注“元子”至“下升”。○釋曰：此記者見天子元子冠時，亦依士冠禮，故於此兼記之也。天子之元子雖四加與十二而冠，其行事猶依士禮，故云“猶士也”，元子尚不得生而貴，則天下之人亦無生而貴者也。云“無生而貴，皆由下升”者，天子元子冠時行士禮，後繼世爲天子，是由下升，自餘天下之人，

---

① “服”下原無“士服”二字，阮云：“陳本同，毛本‘服’下有‘士服’二字。”據補。
② “又云僕右”至“以時事服”，倉石云：“此《坊記》注文，‘又云’二字疑。”

從微至著，皆由下升也。**繼世以立諸侯，象賢也。**象，法也。爲子孫能法先祖之賢，故使之繼世也。【疏】“繼世”至“賢也”。○釋曰：記此者欲見上言天子之子冠行士禮，此諸侯之子冠亦行士禮，以其士之子恒爲士，有繼世之義，諸侯之子亦繼世，象父祖之賢，雖繼世象賢，亦無生而貴者，行士冠禮，故記之於此也。云“能法先祖之賢”者，凡諸侯出封，皆由有德，若《周禮·典命》云“三公八命，其卿六命，大夫四命。及其出封，皆加一等”，出爲五等諸侯，即爲始封之君，是其賢也，於後子孫繼立者，皆不毀始祖之廟，是象先祖之賢。**以官爵人，德之殺也。**殺，猶衰也。德大者爵以大官，德小者爵以小官。○之殺，色界反，舊所例反，注同。【疏】“以官”至“殺也”。○注“殺猶”至“小官”。○釋曰：記人記此者，欲見仕者從士至大夫而冠，無大夫冠禮者也。云“以官爵人”者，以，用也，謂用官爵命於人也。云“德之殺也”者，殺，衰也，以德大小爲衰殺，故鄭云“德大者爵以大官，德小者爵以小官”。官者，管領爲名；爵者，位次高下之稱也。

死而謚，今也。古者生無爵，死無謚。今謂周衰，記之時也。古謂殷，殷士生不爲爵，死不爲謚。周制以士爲爵，死猶不爲謚耳，下大夫也。今記之時，士死則謚之，非也。謚之，由魯莊公始也。○而謚[1]，時志反。【疏】“死而”至“無謚”。○注“今謂”至“始也”。○釋曰：記人記此者，欲見自上所陳冠禮以士爲本者，由無生而貴，皆從士賤者而升也。云“死而謚，今也”者，據士生時雖有爵，所不合有謚，若死而謚之，正謂今周衰之時也。云“古者生無爵，死無謚”者，古謂殷以前夏之時，士生無爵，死無謚，是士賤，今古皆不合有謚也。鄭云“今謂周衰，記之時也”者，以記者自云“今也”，明還據周衰，記之時，案《禮運》云“孔子曰：我觀周道，幽、厲傷之”，是周衰也，自此已後，始有作記，故云“周衰，記之時”也。云“古謂殷”者，周時士有爵，故知古謂殷。云“殷士生不爲爵，死不爲謚”者，對周士生有爵，死猶不謚也。云“周制以士爲爵，死猶不謚耳，下大夫也”者，案《周禮·掌客職》云“羣介、行人、宰史，以其爵等爲之牢禮之陳數”，鄭注云“以命數則參差難等，略於臣，用爵而已”，羣介、行人皆士，故知周士有爵，雖有爵，死猶不謚，卿大夫已上則有謚也。云“今記之時，士死則謚之，非也”者，解經“死而謚，今也”。云“謚之，由魯莊公始也”者，案《禮記·檀弓》云“魯莊公

---

① “謚”字原作“謚”，黄云：“宋本作‘謚’是也。”據改。

及宋人戰于乘丘，縣賁父御，卜國爲右。馬驚，敗績，公墜，佐車授綏，公曰：'末之卜也。'縣賁父曰：'他日不敗績而今敗績，是無勇也。'遂死之。圉人浴馬，有流矢在白肉。公曰：'非其罪也。'遂誄之。士之有誄，自魯莊公始也"，若然，作記前莊公誄士，至記時亦行之，故此禮云"死而謚，今也"，故鄭云今謂周衰之時也。案《郊特牲》云"死而謚之，今也。古者生無爵，死無謚"，鄭注云"古謂殷以前也。大夫以上乃謂之爵，死有謚也"，以此而言，則殷大夫以上死有謚，而《檀弓》云"幼名，冠字，五十伯仲，死謚，周道也"者，殷已前皆因生號爲謚，若堯、舜、湯之屬是也，因生號以謚，故不得謚名，周禮死則别爲謚，故云"死謚，周道也"。

儀禮疏卷第四　儀禮卷第二

士昏禮第二

○士昏禮第二①，鄭云："士娶妻之禮，以昏爲期，因而名焉。必以昏者，取其陽往而陰來。"【疏】"士昏禮第二"。○鄭《目録》云："士娶妻之禮，以昏爲期，因而名焉。必以昏者，取其陽往而陰來②。日入三商爲昏。昏禮於五禮屬嘉禮。大、小戴及《別録》此皆第二。"○釋曰：鄭知"是士娶妻之禮"者，以記云"記士昏禮"，故知是士娶妻。鄭云"日入三商"者，商謂商量，是漏刻之名，故《考靈曜》亦日入三刻爲昏③，不盡三刻爲明④，案馬氏云"日未出、日没後皆云二刻半，前後共五刻"，今云"三商"者，據整數而言，其實二刻半也。

昏禮。下達，納采用鴈。達，通也。將欲與彼合昏姻，必先使媒氏下通其言，女氏許之，乃後使人納其采擇之禮。用鴈爲摯者，取其順陰陽往來。《詩》云："取妻如之何？匪媒不得。"昏必由媒，交接設紹介，皆所以養廉恥。○納采，七在反，擇也⑤。取妻，七住反，亦作娶，下同。紹介，音界。【疏】"昏禮"至"用鴈"。○釋曰：從此下至"主人許，賓入，授，如初禮"，陳納采、問名之禮。云"下達"者，謂未行納采已前，

---

① "士昏禮第二"，黄云："《儀禮石經校勘記》云：'昏字本從民，作昏者避太宗諱。《説文》昏字唐人所改，徐鉉從氏省，其説難通。考漢碑昏字並從民，可證。《釋文》民不避諱者，彼書隋末即成也。'焯案阮氏妄疑《説文》，又以《釋文》成於隋末，皆未合。"

② "陽"上原無"取其"二字，阮云："按《釋文》引鄭《目録》，'陽'上有'取其'二字。"據補。

③ "考靈曜"原作"三光靈曜"，胡培翬《儀禮正義》引惠棟云："'三光靈曜'當作'考靈曜'。"據改。

④ "不盡"下原無"三刻"二字，胡培翬云："《周禮・司寤》疏云：'日入三刻爲昏，不盡三刻爲明。'則'不盡'下當有'三刻'二字"。據補。

⑤ "七"字原作"亡"，黄云："'亡'，宋本作'七'，與'亡'形涎。阮云：'七在，即《集韻》之此宰。擇也，宋本作釋也，當誤。'"據改。

男父先遣媒氏之女氏家^①，通辭往來，女氏許之，乃遣使者行納采之禮也。言"下達"者，男爲上，女爲下，取陽倡陰和之義，故云"下達"，謂以言辭下通於女氏也，是以下記昏辭云"吾子有惠，貺室某也"，注云"稱有惠，明下達"，謂此"下達"也。云"納采用鴈"者，昏禮有六，五禮用鴈，納采、問名、納吉、請期、親迎是也，唯納徵不用鴈，以其自有幣帛可執故也。且三禮不云"納"，言"納"者恐女氏不受，若《春秋》内納之義。若然，納采言"納"者，以其始相采擇，恐女家不許，故言"納"。問名不言"納"者，女氏已許，故不言"納"也。納吉言"納"者，男家卜吉，往與女氏，復恐女家翻悔不受，故更言"納"也。納徵言"納"者，納幣帛則昏禮成，復恐女家不受，故更云"納"也。請期、親迎不言"納"者，納幣則昏禮已成，女家不得移改，故皆不言"納"也。其昏禮有六，尊卑皆同，故《左氏》莊公二十二年經書"冬，公如齊納幣"，《穀梁傳》曰"納幣，大夫之事也。禮有納采，有問名，有納徵，有告期，四者備而後娶，禮也。公之親納幣，非禮也，故譏之"，彼無納吉者，以莊公在母喪内，親行納幣，非禮之事，故闕其納吉以非之也^②。○注"達通"至"廉恥"。○釋曰：鄭云"必先使媒氏下通其言，女氏許之，乃後使人納其采擇之禮"者，欲見納采之前，有此下達之言也，案《周禮·地官》有媒氏職，是天子之官，則諸侯之國亦有媒氏，傳通男女，使成昏姻，故云"媒氏"也。云"用鴈爲摯者，取其順陰陽往來"者，案《周禮·大宗伯》云"以禽作六摯，卿執羔，大夫執鴈，士執雉"，此昏禮無問尊卑皆用鴈，故鄭注其意云"取順陰陽往來"也，"順陰陽往來"者，鴈木落南翔，冰泮北徂，夫爲陽，婦爲陰，今用鴈者，亦取婦人從夫之義，是以昏禮用焉。引《詩》者，證須媒下達之義也。云"昏必由媒，交接設紹介"者，《詩》云"匪媒不得"，是由媒也，其行五禮，自納采已下，皆使使往，是"交接設紹介"也。云"皆所以養廉恥"者，解所以須媒及設紹介者，皆所以養成男女，使有廉恥也，使媒通之、媵御沃盥交之等，皆是行事之漸，養廉恥之義也。　**主人筵于户西，西上，右几。**主人，女父也。筵，爲神布席也。户西者，尊處，將以先祖之遺體許人，故受其禮於禰廟也。席西上，右設几，神不統於人。席有首尾。○爲神，于僞反，下明爲、鄉爲、今爲同。尊處，昌慮反。於禰，乃禮反。

---

① "之女氏家"原作"女氏之家"，阮云："'女'字上，一本增一'至'字。按'女氏之家'，疑當作'之女氏家'。"據乙。
② "闕"字原作"闕"，阮云："《要義》、毛本'闕'作'闕'。"倉石云："'闕'，各本作'闕'是。"據改。

【疏】“主人”至“右几”。○釋曰：此女將受男納采之禮，故先設神坐，乃受之。○注“主人”至“首尾”。○釋曰：云“筵，爲神布席也”者，下文禮賓云“徹几改筵”，是爲人設席，故以此爲神席也。云“户西者，尊處”者①，以户西是賓客之位，故爲尊處也，必以西爲客位者，以地道尊右故也。知“受禮於禰廟”者，以記云“凡行事，受諸禰廟”也。云“席西上，右設几，神不統於人”者，案《鄉射》、《燕禮》之等設席皆東上，是統於人，今以神尊，不統於人，取地道尊右之義，故席西上，几在右也。云“席有首尾”者，以《公食記》蒲筵、萑席，“皆卷自末”，是席有首尾也。 **使者玄端至**。使者，夫家之屬，若羣吏使往來者。玄端，士莫夕之服，又服以事於廟，有司緇裳。○使者，所吏反，後使者及注皆同。莫夕，音暮。【疏】“使者玄端至”。○注“使者”至“緇裳”。○釋曰：云“使者，夫家之屬”者，案《士冠》贊者於中士、下士差次爲之②，此云“夫家之屬”，亦當然，假令主人是上士，屬是中士，主人是中士，屬是下士，主人是下士，屬亦當是下士，禮窮即同也。云“玄端，士莫夕之服，又服以事其廟”者，此亦如《士冠禮》玄端，士莫夕於朝之服也，但士以玄端祭廟，今使者服玄端至，亦於主人廟中行事，故云“又服以事其廟”也。云“有司緇裳”者，案士唯有三等之裳，玄裳、黃裳、雜裳，此云“緇裳”者，即玄裳者矣，以其緇、玄大同小異也，然士有三等裳，今直言玄裳者，據主人是上士而言，案《士冠》云“有司如主人服”，則三等士之有司，亦如主人服也。 **擯者出，請事，入告**。擯者，有司佐禮者。請，猶問也。禮不必事，雖知猶問之，重慎也。【疏】“擯者”至“入告”。○注“擯者”至“慎也”。○釋曰：云“擯者，有司佐禮者”，案《士冠禮》有司並是主人之屬及羣吏佐主人行禮之人，故知此擯者亦是主人有司佐禮者也，在主人曰擯。云“請，猶問也。禮不必事，雖知猶問之，重慎也”者，案《論語》云“無必”，故云“不必事”也，以其前已有下達之事，今使者來在門外，是知有昏事也，而“猶問之，重慎也”。 **主人如賓服，迎于門外，再拜，賓不苔拜，揖入**，門外，大門外。不苔拜者，奉使不敢當其盛禮。【疏】“主人”至“揖入”。○釋曰：案《士冠禮》主人迎賓於大門外，云主人西面，賓東面，此及《鄉飲酒》、《鄉射》皆不言面位者，文不具耳，當亦如《士冠》也。○注

---

① “云户西者”下原無“尊處者”三字，曹云：“當爲‘云户西者尊處者’。”倉石云：“‘者’下《正字》補‘尊處者’三字。”據補。

② “差”上原無“士”字，阮云：“毛本‘差’上有‘士’字。”據補。

"門外"至"盛禮"。○釋曰：知門外是大門外者，以其大夫、士唯有兩門①，寢門、大門而已，廟在寢門外之東，此下有"至于廟門"，明此門外是大門外可知也。云"不荅拜者，奉使不敢當其盛禮"者，此士卑，無君臣之禮，故賓雖屬吏，直言"不荅拜"，不言"辟"，若諸侯，於使臣則言"辟"，是以《聘禮》擯迎入門②，公拜，賓辟，不荅拜，《公食大夫》主爲賓己，故賓荅拜稽首，亦辟，乃拜之，以其君尊故也。**至于廟門，揖入，三揖，至于階，三讓。**入三揖者，至內霤，將曲，揖；既曲，北面，揖；當碑，揖。○內霤，力又反。【疏】"至于"至"三讓"。○注"入三"至"碑揖"。○釋曰：凡入門三揖者，以其入門，賓主將欲相背，故須揖；賓主各至堂塗，北面相見，故亦須揖；至碑，碑在堂下，三分庭之一，在北，是庭中之節③，故亦須揖，但《士冠》注云"入門，將右曲，揖；將北曲，揖；當碑，揖"，此注"至內霤，將曲，揖；既曲，北面，揖；當碑，揖"，文不同者，鄭舉二文相兼乃足也。三者，禮之大節，尊卑同，故《鄉飲酒》、《鄉射》、《聘禮》、《公食大夫》皆有此三揖之法，但注有詳略耳。**主人以賓升，西面。賓升西階，當阿，東面致命，主人阼階上北面再拜。**阿，棟也。入堂深，示親親。今文阿爲庪。【疏】"主人"至"再拜"。○釋曰：賓則使者也。禮之通例，賓主敵者，賓主俱升，若《士冠》與此文是也。若《鄉飲酒》、《鄉射》皆主尊賓卑，故初至之時，主人升一等，賓乃升，至卒洗之後，亦俱升，唯《聘禮》公升二等，賓始升者，彼注云"亦欲君行一，臣行二"也，《覲禮》王使人勞侯氏，"使者不讓，先升"者，奉王命尊故也。"主人阼階上北面再拜"者，主人不言當阿，則如《鄉飲酒》主人當楣再拜。○注"阿棟"至"爲庪"。○釋曰：案《鄉飲酒》、《聘禮》皆云賓"當楣"，無云"當阿"者，獨此云賓"當阿"，故云"示親親"也。凡士之廟，五架爲之，棟北一楣下有室户，中脊爲棟，棟南一架爲前楣，楣前接簷爲庪，《鄉射記》云"序則物當棟，堂則物當楣"，故云是制五架之屋也，鄉大夫射於庠，庠則有室，故物當前楣，士射於序，序則無室，故物當棟，此士之廟雖有室，其棟在室外，故賓得深入

---

① "大夫"下原無"士"字，《儀禮集編》、《欽定儀禮義疏》引賈疏"大夫"下皆有"士"字，此是士昏禮，據士而言，不可省"士"字，據補。

② "聘禮"原作"射禮"，阮云："諸本同，毛本'射'作'躬'亦非，此是'聘禮'之誤。"倉石云："'射'，《詳校》改作'聘'是也。"據改。又，"擯"字原作"賓"，四庫本、張敦仁本皆作"擯"，據改。

③ "是"字原作"曲"，張敦仁本作"是"，據改。

當之也。**授于楹閒，南面。**授於楹閒，明爲合好，其節同也。南面，並授也。○楹閒，音盈。合好，呼報反。【疏】“授于楹閒南面”。○注“授於”至“授也”。○釋曰：楹閒，謂兩楹之閒，賓以鴈授主人於楹閒者，明和合親好，令其賓主遠近節同也。凡賓主敵者，授於楹閒，不敵者，不於楹閒，是以《聘禮》賓覿大夫云“受幣于楹閒，南面”，鄭注云“受幣楹閒，敵也”，《聘禮》又云“公側襲，受玉于中堂與東楹之閒”，鄭注云“東楹之閒，亦以君行一，臣行二”，至禮賓及賓私覿皆云“當東楹”，是尊卑不敵，故不於楹閒也，今使者不敵而於楹閒，故云“明爲合好”也。云“南面，並授也”者，以經云“南面”，不辨賓主，故知俱南面並授也。**賓降，出。主人降，授老鴈。**老，羣吏之尊者。【疏】“賓降”至“老鴈”。○釋曰：授鴈訖，賓降，自西階出門。主人降自阼階，授老鴈於階，立待後事也。○注“老羣吏之尊者”。○釋曰：大夫家臣稱老，是以《喪服》公士大夫以貴臣爲室老，《春秋左氏傳》云“執臧氏老”，《論語》云“趙魏老”，《禮記》“大夫室老行事”，皆是老爲家臣之貴者，士雖無君臣之名，云“老”，亦是羣吏中尊者也。**擯者出請。**不必賓之事有無。【疏】“擯者出請”。○注“不必”至“有無”。○釋曰：此主人不知賓有事，使擯出請者，亦是“不必賓之事有無”也。**賓執鴈，請問名。主人許，賓入，授，如初禮。**問名者，將歸卜其吉凶。古文禮爲醴。【疏】“賓執”至“初禮”。○釋曰：此之一使兼行納采、問名，二事相因，又使還須卜，故因即問名，乃還卜之，故共一使也。云“主人許”者，擯請入告，乃報賓，賓得主人許，乃入門，升堂，授鴈，與納采禮同，故云“如初禮”也。○注“問名”至“爲醴”。○釋曰：言“問名者”，問女之姓氏，不問三月之名，故下記問名辭云“某既受命，將加諸卜，敢請女爲誰氏”，鄭云“誰氏者，謙也，不必其主人之女”，是問姓氏也。然以姓氏爲名者，名有二種：一者是名字之名，三月之名是也；一者是名號之名，故孔安國注《尚書》以舜爲名，鄭君《目録》以曾子爲姓名，亦據子爲名，皆是名號爲名者也。今以姓氏爲名，亦名號之類也。鄭云“將歸卜其吉凶”者，亦據下記文也。

　　擯者出請，賓告事畢，入告，出，請醴賓。此醴亦當爲禮。禮賓者，欲厚之。【疏】“擯者”至“醴賓”。○注“此醴”至“厚之”。○釋曰：此下至“送于門外[1]，

---

[1]　“門”下原無“外”字，曹云：“‘門’下脱‘外’字。”倉石云：“‘門’下各本有‘外’字，與下疏合。”據補。

再拜”，主人禮賓之事。云“此醴亦當爲禮”者，亦《士冠》禮賓爲醴字，彼已破從禮，故云“亦”，此以醴酒禮賓，不從醴者，以《大行人》云上公“再祼而酢”，侯伯“一祼而酢”，子男“一祼不酢”及“以酒禮之”，用齊禮之，皆不依酒醴爲名，皆取相禮，故知此醴亦爲禮敬之禮，不取用醴禮賓之義也①。《秋官·司儀》云“諸公相爲賓，及將幣，儐亦如之”②，注云“上於下曰禮，敵者曰儐”，《聘禮》卿亦云“無儐”③，注云“無儐④，辟君”，是大夫已上尊，得有禮、儐兩名⑤，士以下卑，唯稱禮也。**賓禮辭，許。禮辭，一辭。**

【疏】“賓禮辭許”。○注“禮辭一辭”。○釋曰：禮賓一辭許者，主人禮賓之常法，鄉已行納采、問名，賓主之情已通矣，故略行一辭而已。**主人徹几改筵，東上，側尊甒醴于房中。徹几改筵者，鄉爲神，今爲人。側尊，亦言無玄酒。側尊於房中，亦有篚，有籩豆，如冠禮之設。○甒醴，亡甫反，下音禮。鄉爲，許亮反，本又作嚮。如冠，古亂反，下同。**【疏】“主人”至“房中”。○釋曰：“徹几改筵”者，於户西禮神坐，徹去其几，於後授賓，改設其筵，設側尊甒醴在東房之中，以禮賓也。○注“徹几”至“之設”。○釋曰：經云“東上”者，統於主人。注云“鄉爲神，今爲人”者，爲神則西上，爲人則東上，不同，故辨之。云“側尊，亦言無玄酒”者，醴糟，例無玄酒配之，以其醴象大古質，故《士冠》與此《昏禮》之等皆無玄酒也。鄭知此“亦有篚，有籩豆，如冠禮”者，此下云“贊者酌醴，加角柶”，明有篚盛之，又云“贊者薦脯醢”，則有籩豆可知，但冠禮尊在服北南上，則此尊與篚等亦南上，故云“如冠禮之設”也。**主人迎賓于廟門外，揖讓如初，升。主人北面再拜，賓西階上北面荅拜。主人拂几，授校，拜送。賓以几辟，北面設于坐，左之，西階上荅拜。拂，拭也。拭几者，尊賓新之也。校，几足。辟，逡巡。古文校爲枝⑥。○授校，劉胡鮑反，又下孝**

---

① “禮賓”原作“爲醴”，倉石云：“‘爲醴’二字疑當作‘禮賓’。”據改。
② “儐”字原作“賓”，鄭玄彼注云：“‘賓’當爲‘儐’，謂以鬱鬯禮賓也。”此疏引其文仍作“賓”，文義隱晦，謹改。
③ “儐”字原作“擯”，四庫本作“儐”，據改。
④ “儐”字原作“擯”，四庫本作“儐”，據改。
⑤ “儐”字原作“擯”，汪刊單疏作“儐”，據改。
⑥ “枝”字原作“技”，阮云：“徐本、《集釋》‘技’俱作‘技’，《通解》作‘枝’。”疏標起止亦作“枝”，據改。

反^①,一音苦交反,注同。几辟,劉房益反,音避,注同。拂拭,上音弗,下音式。逡巡,
七旬反,下音句。【疏】"主人"至"荅拜"。○釋曰:云"主人迎賓于廟門外,揖讓如初,
升"者,如納采時三揖三讓也。云"主人北面再拜"者,拜賓至此堂飲之,是以《公食大
夫》、《燕禮》、《鄉飲酒》、《鄉射》、《大射》皆云"拜至",並是拜賓至此堂也,但《燕禮》、《大
射》、《公食大夫》皆云"至再拜",先言至者,欲見賓至乃拜之,是有尊卑不敵之義,餘皆
言"拜至",至在拜下者,體敵之義也。若然,此爲禮賓,有拜至者,前雖有納采、問名之
事,以昏禮有相親之義,故雖後亦拜至也。《聘禮》禮賓不拜至者^②,聘禮不取相親之
義,故不拜至,是以彼鄭注云"以賓不於此始至也"。云"主人拂几"者,此拂几雖不言
外拂、內拂,又不言三,案《有司徹》"主人西面,左手執几,縮之,以右袂推拂几三,二手
橫執几,進授尸于筵前",注云"衣袖謂之袂。推拂去塵,示新",云"拂者,外拂之也"^③,
則此亦外拂之三也。凡行敵禮者,拂几皆若此。卑於尊者,則內拂之,故《聘禮》云"宰
夫內拂几三^④,奉兩端以進",鄭云"內拂几,不欲塵坋尊者"是也。若然,《冠禮》禮賓無
几者,冠禮比昏爲輕,故無几;《鄉飲酒》、《鄉射》及《燕禮》賓輕^⑤,故無几;《聘》賓及《公
食大夫》賓重,故有几也。云"授校"者,凡授几之法,卑者以兩手執几兩端,尊者則以
兩手於几閒執之,授設皆然^⑥,是以《聘禮》宰夫"奉兩端以進",《有司徹》云"尸進,二手
受于手閒",注云"受從手閒,謙也",雖不言兩手,兩手授之可知,又案《聘禮》云"公東
南鄉,外拂几三,卒,振袂,中攝之,進西鄉。賓進,訝受几于筵前",以此言之,公尊,中
執几以一手,則賓以兩手於几兩端執之也,而此亦賓主不敵授校者,昏禮異於餘禮。
云"拜送"者,此當再拜送,君於聘賓則一拜,故《聘禮》云"公一拜送",鄭注云"公尊也"
是也。此几以安體,非己所得,故賓受訖,然後荅拜,下經受醴之時,先拜乃受者,彼是
入口之物,己所當得,故先拜乃受之。云"賓以几辟"者,以賓卑,故"以几辟",《聘禮》賓
卑,亦云"以几辟",《有司徹》不云"以几辟"者,尊尸故也,《覲禮》不云"以几辟"者,尊王

---

① "下"字原作"丁",黃云:"'丁'字誤,宋本作'下'。"據改。
② "聘禮"下原有"享禮及",曹云:"'享禮及'三字衍。"據刪。
③ "拂者外拂之也",吳綬云:"按今《有司徹》注無此文,當是彼注脱也。"
④ "宰"下原無"夫"字,阮云:"《要義》同,毛本'宰'下有'夫'字。按無'夫'字與
《聘禮》不合。"倉石云:"'宰'下注疏本有'夫'字,與下疏並《聘禮》合。"據補。
⑤ "燕禮"原作"燕賓",四庫本作"燕禮",據改。
⑥ "授"下原無"設"字,毛氏汲古閣刊本"授"下有"設"字,據補。

故也①。凡設几之法，受時或受其足，或受于手間，皆橫受之，及其設之，皆旋几縱執，乃設之，於坐南北面陳之，位爲神則右之，爲人則左之爲異，不坐設之者，几輕故也。○注"拂拭"至"爲枝"。○釋曰：鄭知"校，几足"者，《既夕記》云"綴足用燕几，校在南，御者坐持之"，故知校是几足也。**贊者酌醴，加角柶，面葉，出于房。**贊，佐也，佐主人酌事也。贊者亦洗酌，加角柶，覆之，如《冠禮》矣。出房南面，待主人迎受。古文葉作揭。○角柶，音四。梧授，吾故反。【疏】"贊者"至"于房"。○注"贊佐"至"作揭"。○釋曰：云"贊者亦洗酌，加角柶，覆之，如《冠禮》矣"者，案《冠禮》云"贊者洗於房中，側酌醴，加柶，覆之"，此與《冠禮》同，故知如《冠禮》矣。**主人受醴，面枋，筵前西北面。賓拜受醴，復位，主人阼階上拜送。**主人西北面疑立，待賓即筵也。賓復位於西階上北面，明相尊敬，此筵不主爲飲食起。○面枋，彼命反。疑立，魚乞反，又音嶷。主爲，于僞反，下巾爲、蓋爲同。【疏】"主人"至"拜送"。○注"主人"至"食起"。○釋曰：經唯云"主人西北面"，知"疑立"者，《鄉飲酒》云"主人阼階東疑立"，明此亦然也。凡主人將授酒醴，於筵前待賓即筵前乃授之，此鄭云"即筵"，謂就筵前，與下"賓即筵"別也，是以《冠禮》禮子及下禮婦，皆於筵西受醴②，然禮賓進筵前受醴，是不躐席之事也。云"賓復位於西階上北面，明相尊敬，此筵不主爲飲食起"者，但此筵爲行禮，故拜及啐皆於西階也。**贊者薦脯醢。**薦，進。**賓即筵坐，左執觶，祭脯醢，以柶祭醴三，西階上北面坐，啐醴，建柶，興，坐奠觶，遂拜，主人荅拜。**即，就也。左執觶，則祭以右手也。凡祭脯醢於豆間③。必所爲祭者，謙敬，示有所先也。啐，嘗也。嘗之者，成主人意。建，猶扱也。興，起也。奠，停也。○執觶，之豉反。坐啐，七內反。猶扱，初洽反。【疏】"賓即"至"荅拜"④。○釋曰：此經云"坐奠觶，遂拜"，言遂者，因事曰遂，因建柶興，坐奠觶，不復興，遂因坐而拜，《冠禮》禮子并醮子及此下禮婦，不言"坐奠觶，遂"者，皆文不具，《聘禮》賓不言

---

① "尊王故也"原作"尊王使也"，阮云："《要義》同，閩本作'尊主故也'，陳本作'尊主使也'，毛本作'尊王故也'。"據改。

② "醴"字原作"禮"，阮云："浦鏜云'醴'誤作'禮'。"據改。

③ "凡祭脯醢於豆間"原作"凡祭於脯醢之豆間"，曹云："據疏似當作'凡祭脯醢於豆間'。"據改，疏述注亦改。

④ "賓即"原作"贊者"，阮云："按'贊者'二字經文在上節，此當作'賓即'。"據改。

拜者，理中有拜可知也。○注"即就"至"停也"。○釋曰：鄭云"祭以右手"，出于《鄉射》
也。云"凡祭脯醢於豆間"者，謂祭脯醢俎豆皆於豆間，此及《冠禮》、《鄉飲酒》、《鄉射》、
《燕禮》、《大射》皆有脯醢，則在籩豆之間，此注不言籩，直言豆者，省文，《公食大夫》及
《有司徹》豆多者，則言祭於上豆之間也。云"必所爲祭者，謙敬，示有所先也"者，案
《曲禮》云"主人延客祭"，注云"祭，祭先也。君子有事，不忘本也"，此云"謙敬，示有所
先"，先即本，謂先世造此食者也。云"啐，嘗也。嘗之者，成主人意"者，主人設饌，望賓
爲美之，今客嘗之告旨，是"成主人意"也。**賓即筵，奠于薦左，降筵，北面坐**
取脯，主人辭。薦左，籩豆之東。降，下也。自取脯者，尊主人之賜，將歸，執以反
命。辭者，辭其親徹。【疏】"賓即"至"人辭"。○釋曰：此"奠於薦左"，不言面位，下贊
禮婦，"奠于薦東"，注云"奠于薦東，升席奠之"，此亦奠于薦東[1]，明皆升席，南面奠也。
必南面奠者，取席之正，又祭酒亦皆南面，並因祭酒之面奠之，則《冠禮》禮子亦南面奠
之。《聘禮》禮賓，賓北面奠者，以公親執束帛待賜，己不敢稽留，故由便，疾北面奠之
也。《鄉飲酒》、《鄉射》酬酒不祭不舉，不得因祭而南面奠于薦東也[2]。《燕禮》、《大射》
重君物，祭酬酒[3]，故亦南面奠。云"降，下也。自取脯者，尊主人之賜，將歸，執以反
命"者，案下記云"賓右取脯，左奉之，乃歸執以反命"是也。**賓降，授人脯，出。**
主人送于門外，再拜。人，謂使者從者。授於階下西面，然後出去。○從者，才
用反，後從者皆同。【疏】"賓降"至"再拜"。○注"人謂"至"出去"。○釋曰：鄭知"人，
謂使者從者"者，以其此脯使者"將歸，執以反命"[4]，故授從者也。又知"授於階下西
面，然後出去"者，以其賓位在西，授脯文在出上，故知西階下西面授之，然後出去也。

　　納吉，用鴈，如納采禮。歸卜於廟，得吉兆，復使使者往告，昏姻之事於是
定。○復使，扶又反，下不復皆同。【疏】"納吉"至"采禮"。○釋曰：案上文納采在前，
問名在後，今此不云"如問名"而云"如納采"者，問名賓不出大門，故此納吉如其納采

---

①　"亦"字原作"云"、"東"下原有"升席奠之"四字，阮云："'升席奠之'四字當爲
衍文。曹云："'云'當爲'亦'，下四字浦云衍是也。"據改刪。
②　"而"下原無"南面"二字，曹云："'而'下似脱'南面'二字。"據補。
③　"祭"上原有"君"字，曹云："'君'字衍。"倉石云："'君'，殿本改作'賓'。"據曹
校刪。
④　"歸"下原無"執以反命"四字，曹云："'歸'下似脱'執以反命'四字。"據補。

也。○注"歸卜"至"是定"。○釋曰：鄭知義然者，案下記云"納吉，曰：吾子有貺命，某加諸卜，占吉，使某也敢告"，凡卜筮皆於禰廟[①]，故知然也[②]，未卜時恐有不吉，昏姻不定，故納吉乃定也。

納徵，玄纁束帛、儷皮，如納吉禮。徵，成也。使使者納幣以成昏禮。用玄纁者，象陰陽備也。束帛，十端也。《周禮》曰："凡嫁子取妻，入幣純帛，無過五兩。"儷，兩也。執束帛以致命，兩皮爲庭實。皮，鹿皮。今文纁皆作熏。○玄纁，許云反。儷皮，音麗，偶也。純帛，側其反。【疏】"納徵"至"吉禮"。○釋曰：此納徵無鴈者，以有束帛爲贄故也，是以《孝經鉤命決》云"五禮用鴈"是也。案《春秋》左氏莊公二十二年，"冬，公如齊納幣"，不言納徵者，孔子制《春秋》，變周之文，從殷之質，故指幣體而言，周文故以義言之，"徵，成也"，納此則昏禮成，故云"徵"也。○注"徵成"至"作熏"。○釋曰：云"用玄纁者，象陰陽備也。束帛，十端也"者，《周禮》"凡嫁子娶妻，入幣緇帛，無過五兩"，鄭彼注云"納幣用緇[③]，婦人陰也。凡於娶禮，必用其類。五兩，十端也。必言兩者，欲得其配合之名，十象五行十日相成也。士大夫乃以玄纁束帛，天子加以穀圭，諸侯加以大璋。《雜記》云'納幣一束，束五兩，兩五尋'，然則每端二丈"，若然[④]，彼據庶人空用緇色，無纁，故鄭云"用緇，婦人陰"，此玄纁俱有，故云"象陰陽備也"，案《玉人》"穀圭，天子以聘女；大璋，諸侯以聘女"，故鄭據而言焉。"玄纁束帛"者，合言之，陽奇陰耦，三玄二纁也，其大夫無冠禮而有昏禮，若試爲大夫及幼爲大夫者依士禮，若五十而爵，改娶者，大夫昏禮玄纁及鹿皮則同於士，餘有異者，無文以言也。

請期，用鴈，主人辭，賓許，告期，如納徵禮。主人辭者，陽倡陰和，期日宜由夫家來也。夫家必先卜之，得吉日，乃使使者往，辭即告之。○請期，音情，又七井反。陰和，戶臥反。【疏】"請期"至"徵禮"。○釋曰：請期如納徵禮，納吉禮如納采禮，案上納采之禮，下至主人拜送於門外，其中揖讓升降及禮賓迎送之事，此皆如

---

① "筮"字原作"並"，阮云："《要義》同，毛本'並'作'筮'。"據改。

② "然"上原無"知"字，曹云："'然'上脱'知'字。"據補。

③ "用"字原作"帛"，阮云："《要義》同，毛本'帛'作'用'。《要義》又云：'緇元本作純。'"《周禮・媒氏》鄭注作"納幣用緇"，據改。

④ "若"下原無"然"字，曹云："'若'下似脱'然'字。"據補。

之。○注“主人”至“告之”。○釋曰：婿之父使使納徵訖，乃卜婚日①，得吉日，又使使往女家告日，是期由男家來，今以男家執謙，故遣使者請女家，若云期由女氏，故云“請期”，女氏知“陽倡陰和”，當由男家出，故主人辭之，使者既見主人辭，遂告主人期日也，是以下記云“使者曰：某使某受命，吾子不許，某敢不告期，曰某日”，注云“某，吉日之甲乙”，是告期之辭，故鄭云“辭即告”也。

期，初昏，陳三鼎于寢門外東方，北面北上。其實特豚，合升，去蹄，舉肺、脊二，祭肺二，魚十有四，腊一肫，髀不升，皆飪，設扃鼏。期，取妻之日。鼎三者，升豚、魚、腊也。寢，婿之室也。北面，鄉內也。特，猶一也。合升，合左右胖升於鼎也。去蹄，蹄甲不用也。舉肺、脊者，食時所先舉也。肺者，氣之主也，周人尚焉。脊者，體之正也，食時則祭之，飯必舉之，貴之也。每皆二者，夫婦各一耳。凡魚之正，十五而鼎，減一爲十四者，欲其敵偶也。腊，兔腊也。肫，或作純。純，全也。凡腊用全。髀不升者，近竅，賤也。飪，孰也。扃，所以扛鼎。鼏，覆之。古文純爲鈞，髀爲脾。今文扃作鉉，鼏皆作密。○去蹄，起呂反，注同，下大西反。肫，劉音純，又音之春反，《字林》之閏反。髀，步米反，《字林》方爾反，云骸骨也，又作脾。皆飪，而甚反。扃，古螢反。鼏，亡狄反。婿之，悉計反，從士從胥，俗作壻，女之夫。鄉內，許亮反。右胖，音判。飯必，扶晚反。近竅，附近之近，下苦弔反。以扛，音江。爲脾，必爾反，又毗支反。作鉉，胡畎反。【疏】“期初”至“扃鼏”。○釋曰：此文下盡“合巹”一節，論夫家欲迎婦之時，豫陳同牢之饌也。云“陳三鼎於寢門外東方，北面北上”者，謂在夫寢門外也，言“東方”、“北面”是禮之正，但數鼎，故云“北面北上”，則此及《少牢》皆是也，《特牲》“陳鼎於門外，北面北上”，當門而不在東方者，辟大夫故也，今此亦東方，不辟大夫者，重昏禮，攝盛也。鼎不言“北上”，直言“北面”，《士冠》所云是也。凡鼎陳於外者，北面爲正，阼階下，西面爲正。《士喪禮》小斂陳一鼎於門外西面者，喪禮少變，在東方者，未忍異於生，於大斂奠及朔月奠②，《既夕》陳鼎，皆如小

---

① “乃卜婚日”原作“乃下卜婚月”，阮云：“《要義》同，毛本‘卜’上無‘下’字，‘月’作‘日’。”倉石云：“注疏本無‘下’字，‘月’作‘日’是也。”據改。
② “斂”下原有“大”字，阮云：“《要義》同，毛本‘斂’下無‘大’字。”據刪。

斂奠^①，門外皆西面者，亦是喪禮少變也^②。《士虞》陳三鼎于門外之右，北面北上，入設于西階前，東面北上，不在東者，既葬鬼事之，反吉故也。《公食》陳鼎七，當門，南面西上者，以賓是外人，向外統之。○注“期取”至“作密”。○釋曰：云“期，娶妻之日”者，此陳同牢之饌，下云親迎之禮，其中無厥明之文，明是娶婦之日也。云“鼎三者，升豚、魚、腊也”者，即經文自顯也。云“寢，壻之室也”者，命士以上父子異宮^③，自然別有寢，若不命之士父子同宮，雖大院同居，其中亦隔別，各有門户，故經總云“寢門外”也。云“合升，合左右胖升於鼎也”者，以夫婦各一，故左右胖俱升，若祭則升右也。云“去蹄，蹄甲不用也”者，以其踐地，穢惡也。云“舉肺、脊者，食時所先舉”者，案下文贊者告具，揖婦，即對筵，皆坐祭，祭薦、黍、稷、肺，即此祭肺也，下又云“贊爾黍^④，授肺、脊，皆食以湆醬，皆祭舉、食舉也”，即此舉肺、脊也。祭時二肺俱有，生人唯有舉肺無祭肺^⑤，今此得有祭肺者，《禮記·郊特牲》論娶婦“玄冕齊戒，鬼神陰陽也”，故與祭祀同二肺也。據下文先用祭肺，後用舉肺，此經先言舉肺，後言祭肺者，以舉肺、脊長大，故先言，是以《特牲》、《少牢》實鼎時^⑥，舉肺、脊在前。云“肺者，氣之主也，周人尚焉”者，案《禮記·明堂位》云“有虞氏祭首，夏后氏祭心，殷祭肝，周祭肺”，鄭注云“氣主盛也”，但所尚不同，故云“周人尚焉”。云“脊者，體之正也，食時則祭之”者，對祭肺未食時祭也。云“飯必舉之，貴之也”者，但一身之上體總有二十一節，前有肩、臂、臑，後有肫、胳，脊在中央，有三脊，正、脡、橫脊而取中央正脊，故云“體之正”。凡云先以對後，案《特牲》舉肺、脊後食幹、骼，注云“肺，氣之主也。脊，正體之貴者。先食唅之，所以導食通氣”，此不言先食唅之，從彼可知也。云“每皆二者，夫婦各一耳”者，釋經多之義。云“凡魚之正，十五而鼎，減一爲十四”者，據《特牲記》云“魚十有五”，注云“魚，水物，以

---

① “小”字原作“大”，曹云：“胡氏《正義》殘稿引，改作‘小斂’，似是。”倉石云：“《詳校》云‘大’當爲‘小’似是。”據改。

② “少”字原作“既夕”，曹云：“‘既’字衍，‘夕’當爲‘少’。少變，猶小變也。”據刪改。

③ “上”下原有“之”字，倉石云：“《詳校》云‘之’字衍。”據刪。

④ “黍”下原有“稷”字，阮云：“浦鏜云‘稷’衍字。”據刪。

⑤ “無祭肺”原作“皆祭”，倉石云：“‘皆祭’，《正字》改作‘無祭肺’。”據改。

⑥ “實”字原作“入”，曹云：“‘入’當爲‘實’。”據改。

頭枚數，陰中之物，取數於月十有五日而盈①。《少牢饋食禮》亦云：‘十有五而俎。’尊卑同”，則是尊卑同用十五而同鼎也。云“欲其敵偶也”者，夫婦各有七也，此夫婦鬼神陰陽，故同祭禮十五而去一，若乎生人則與此異，故《公食大夫》一命者七魚，再命者九魚，三命者十有一魚，天子、諸侯無文，或諸侯十三魚，天子十五魚也。云“腊，兔腊也”者，《少牢》用麋腊，士兔腊可知，故《曲禮》云“兔曰明視”也。云“肫，或作純。純，全也。凡腊用全”者，此或《少牢》文，案《少牢》“腊一純”，注云“純，猶全也”，凡牲體則用一胖不得云全，其腊則左右體脊、脅相配②，共爲一體，故得全名也，《特牲》、《少牢》亦用全，《士喪》大斂與《士虞》皆用左胖不全者，喪禮略。云“今文鼏皆作密”者，鄭以省文，故兼下“綌冪”總疊之，故云“皆”也。**設洗于阼階東南。**洗，所以承盥洗之器棄水者。○承盥，音管。**饌于房中，醯醬二豆，葅醢四豆，兼巾之，黍稷四敦，皆蓋。**醯醬者，以醯和醬，生人尚褻味。兼巾之者，六豆共巾也。巾爲禦塵，蓋爲尚溫。《周禮》曰：“食齊視春時。”○饌于，仕戀反，劉仕轉反。醯醬，呼西反。巾之，如字，劉居近反。四敦，音對，劉又都愛反③，下敦南、對敦同。食齊，上音嗣，下才計反，下同。【疏】“饌于”至“皆蓋”。○注“醯醬”至“春時”。○釋曰：鄭知“以醯和醬”者，得醯者無醬，得醬者無醯，若和之，則夫妻皆有，是以知“以醯和醬”也。云“生人尚褻味”者，此文與《公食》皆以醯和醬，《少牢》、《特牲》不言之，故云然也。引《周禮》釋敦皆有蓋者，飯宜溫，比春時故也。**大羹湆在爨。**大羹湆，煑肉汁也。大古之羹無鹽菜。爨，火上。《周禮》曰：“羹齊視夏時。”今文湆皆作汁。○大羹，並如字，大又音太，亦作泰；羹，劉音户庚反，《字林》作㹍，云肉有汁也，户耕反，劉亦太，義同。湆，劉云范去急反，他皆音泣，《字林》云羹，汁也，口恰、口劫二反。在爨，七亂反。大古，音泰。【疏】“大羹湆在爨”。○注“大羹”至“作汁”。○釋曰：湆與汁一也。知“大古之羹無鹽菜”者，《左傳》桓二年臧哀伯云“大羹不致”，《禮記·郊特牲》云“大羹不和”，謂不致五味，故知不和鹽菜，唐虞以上曰大古，有此羹，三王以來更有鉶羹，則致以五味，雖有鉶

---

① “取”字原作“重”，阮云：“《要義》‘重’作‘重’，‘月’下有‘之’字。毛本‘重’作‘取’，《特牲記》作‘取’，無‘之’字。”倉石云：“‘重’，注疏本作‘取’，與彼注合。”據毛本改。

② “脅”上原無“脊”字，曹云：“‘脅’上似脱‘脊’字。”據補。

③ “都”字原作“部”，黃云：“吳云‘部’爲‘都’之形譌。”據改。

羹,猶存大羹,不忘古也。引《周禮》者,證大羹須熱,故在爨,臨食乃取也。**尊于室中北墉下,有禁,玄酒在西,綌幂,加勺,皆南枋**。墉,牆也。禁,所以庪甒者。玄酒,不忘古也。綌,麤葛。今文枋作柄。○北墉,音容,牆也。綌幂,去逆反。加勺,上灼反。以庪,居委反,劉居綺反。【疏】"尊于"至"南枋"。○注"墉牆"至"作柄"。○釋曰:云"禁,所以庪甒者",《士冠》云甒,此亦士禮,雖不言甒,然此尊亦甒也,庪承於甒。云"禁"者,因爲酒戒,故以"禁"言之也。云"玄酒,不忘古也"者,古謂黃帝已前,以《禮運》云"汙尊而抔飲",謂神農時雖有黍稷,未有酒醴,則神農以上,以水爲玄酒也,《禮運》又云"後聖有作,以爲醴酪",據黃帝以後,雖有酒醴,猶是不忘古也。**尊于房户之東,無玄酒。篚在南,實四爵,合卺**。無玄酒者,略之也。夫婦酳於內尊,其餘酳於外尊。合卺,破匏也。四爵、兩卺,凡六,爲夫婦各三酳。一升曰爵。○合卺,音謹,劉羌憖反,《字林》作舋,居敏反,蠡也,以此卺爲警身所奉之警。破匏,白交反。三酳,以刃反,劉士吝反,下文同。【疏】"尊于"至"合卺"。○注"無玄"至"曰爵"。○釋曰:云"無玄酒者,略之"者,此對上文夫婦之尊有玄酒,此尊非爲夫婦,故略之也。云"夫婦酳於內尊,其餘酳於外尊"者,據上文玄酒知之。云"一升曰爵"者,《韓詩內傳》云"一升曰爵[1],二升曰觚,三升曰觶,四升曰角,五升曰散"是也。

　　主人爵弁,纁裳,緇袘,從者畢玄端,乘墨車,從車二乘,執燭前馬。主人,壻也,壻爲婦主。爵弁而纁裳,玄冕之次。大夫以上親迎,冕服。冕服迎者,鬼神之。鬼神之者,所以重之、親之。纁裳者,衣緇衣。不言衣與帶而言袘者,空其文,明其與袘俱用緇。袘謂緣,袘之言施,以緇緣裳,象陽氣下施。從者,有司也。乘貳車,從行者也。畢,猶皆也。墨車,漆車,士而乘墨車,攝盛也。執燭前馬,使徒役持炬火居前炤道。○緇袘,以豉反,又音移,注同。從車,才用反,下注同。二乘,繩證反。以上,時掌反,後以上倣此。親迎,魚正反,下同。衣緇衣,上於既反,下如字。謂緣,以絹反,又以全反[2],下皆同。持炬,音巨。炤道,音照。【疏】"主人"至"前馬"。○釋曰:此至"俟于門外",論壻親迎之節。○注"主人"至"炤道"。○釋曰:云"主人,壻也"者,以其親迎向女家,女父稱主人,男稱壻,已下皆然,今此未至女家,仍據男家而

----

① "內傳"原作"外傳",孫云:"'外'當作'內'。"據改。
② "全"字原作"令",黃云:"盧本作'以全反'。案宋本正作'全',盧改與宋本暗合。阮云'以全反'即《集韻》之'余專切'也。"據改。

言，故云“主人”是“婿爲婦主”，故下親迎至男家，婿還稱主人也。云“爵弁而纁裳”者，以爵弁亦冕之類[1]，故亦纁裳也。云“玄冕之次”者，鄭注《周禮·弁師》云“一命之大夫冕而無旒，士變冕爲爵弁”，故云“冕之次”也。云“大夫以上親迎，冕服”者，士家自祭服玄端，助祭用爵弁，今爵弁，用助祭之服親迎，一爲攝盛，則卿大夫朝服以自祭，助祭用玄冕，親迎亦當玄冕，攝盛也。若上公有孤之國，孤絺冕，卿大夫同玄冕，侯伯子男無孤之國，卿絺冕，大夫玄冕也。孤卿大夫士爲臣卑，故攝盛[2]，取助祭之服以親迎，則天子、諸侯爲尊則異矣[3]，不須攝盛，宜用家祭之服，則五等諸侯玄冕以家祭，則親迎不過玄冕，天子親迎當服衮冕矣，是以《禮記·郊特牲》云“玄冕齋戒，鬼神陰陽也，將以爲社稷主”，以社稷言之，據諸侯而説，故知諸侯玄冕也。其於孤卿，雖絺冕以助祭，至於親迎，亦用玄冕，臣乃不得過君故也。云“冕服迎者，鬼神之。鬼神之者，所以重之、親之”者，《郊特牲》文。云“纁裳者，衣緇衣。不言衣與帶而言袡者，空其文，明其與袡俱用緇”者，鄭言“纁裳者，衣緇衣”，言緇衣即玄衣，大同故也，上《士冠》陳爵弁服云緇衣緇帶，此文有“緇袡”無“衣帶”二字，故云“空其文”，以袡著緇者，欲見袡與衣帶色同，故云“俱用緇”也。云“袡謂緣”者，謂純緣於裳，故字從衣。云“袡之言施”者，義取施及於物，故作袡也[4]。云“以緇緣裳，象陽氣下施”者，男陽女陰，男女相交接，示行事有漸，故云“象陽氣下施”，故以衣帶上體同色之物下緣於裳也。云“從者，有司也。乘貳車，從行者也”者，以士雖無臣，其僕隸皆自有司，使乘貳車從婿，大夫以上有貳車[5]，士無貳車，此有者，亦是攝盛也[6]。云“墨車，漆車”者，案《巾車》注云“棧車不革鞔而漆之”，則士之棧車漆之，但無革爲異耳，案《考工記》云“棧車欲其弇”，鄭云“無革鞔”，又云“飾車欲其侈”，鄭云“革鞔”，則大夫已上皆以革鞔，則得飾車之名，飾者，革上又有漆飾，士卑無飾，雖有漆，不得名墨車，故唯以棧車爲名，若然，自卿已上更有異飾，則又名玉、金、象、夏篆、夏縵之等也。云“士乘墨車，攝盛也”者，案《周禮·巾車》云一曰

---

① “以”字原作“下”，曹云：“‘下’似當爲‘以’。”倉石云：“‘下’字各本作‘以’，似是。”據改。

② “故”字原作“復”，曹云：“‘復’當爲‘故’。”據改。

③ “異”字原作“衮”，曹云：“‘衮’疑當爲‘異’。”據改。

④ “袡”字原作“施”，阮云：“‘施’監本作‘袡’是也。”據改。

⑤ “上”字原作“下”，曹云：“‘下’當爲‘上’。”據改。

⑥ “攝”下原無“盛”字，阮云：“《要義》同，陳、閩‘者’俱作‘二’，毛本‘攝’下有‘盛’字。”據毛本補。

玉路以祭祀，又云“金路，同姓以封；象路，異姓以封；革路，以封四衛；木路，以封蕃國。
孤乘夏篆，卿乘夏縵，大夫乘墨車，士乘棧車，庶人乘役車”，士乘大夫墨車爲攝盛，則
大夫當乘卿之夏縵，卿當乘孤之夏篆，已上有木路，質而無飾，不可使孤乘之，禮窮則
同也，孤還乘夏篆，又於臣之外特置，亦是尊，尊則尊矣，不欲攝盛，若然，庶人當乘士
之棧車，則諸侯、天子尊則尊矣，亦不假攝盛，依《巾車》自乘本車矣，玉路祭祀，不可以
親迎，當乘金路矣。以攝盛言之^①，士之子冠與父同，則昏亦同，但尊適子，皆與父同，
庶子宜降一等也。**婦車亦如之，有裧。**亦如之者，車同等。士妻之車，夫家共
之。大夫以上嫁女，則自以車送之。裧，車裳幃，《周禮》謂之容。車有容，則固有蓋。
○有裧，昌占反。共之，音恭。【疏】“婦車”至“有裧”。○注“亦如”至“有蓋”。○釋曰：
婦車亦墨車，但有裧爲異耳。曰“士妻之車，夫家共之”者，即此是也。云“大夫以上嫁
女，則自以車送之”者，案宣公五年冬，《左傳》云“齊高固及子叔姬來反馬也”，何休以
爲禮無反馬^②，而《左氏》以爲得禮，禮，婦人謂嫁曰歸，明無大故，不反於家，經書“高固
及子叔姬來”，故譏乘行匹至也^③。《士昏》皆異^④，據士禮無反馬，蓋失之矣。《士昏
禮》曰“主人爵弁，纁裳，緇袘，從者畢玄端。乘墨車，從車二乘，執燭前馬。婦車亦如
之，有裧”，此婦乘夫家之車，《鵲巢》詩曰“之子于歸，百兩御之”，又曰“之子于歸，百兩
將之”，國君之禮，夫人始嫁，自乘其車也，《何彼襛矣》篇曰“曷不肅雝，王姬之車”，言
齊侯嫁女，以其母王姬始嫁之車遠送之，則天子、諸侯女嫁，留其車可知，今高固大夫
反馬，大夫亦留其車，禮雖散亡，以詩論之，大夫以上至天子有反馬之禮。留車，妻之

---

① “攝”下原無“盛”字，阮云：“‘攝’下聶氏有‘盛’字。”據補。

② “休”上原無“何”字，曹云：“‘休’上似脫‘何’字。”倉石云：“‘休’上《詳校》補
‘何’字。”據補。

③ “故譏乘行匹至也”，曹云：“以上何氏《膏肓》文。”倉石云：“孔氏廣森輯《箴左
氏膏肓》云：‘故字疑誤，否則文錯，或當在上經書句上。’”

④ “士昏皆異”，曹云：“以下鄭《箴膏肓》文，中有脫文。疑‘匹至也’下何氏引《士
昏禮》無反馬爲證，鄭箴之云大夫以上與士昏皆異。”倉石云：“‘皆’，殿本作‘則’。《詳
校》曰：‘劉氏云此以上何氏《膏肓》之文，下脫去鄭氏所駁，當據《左氏正義》補云：鄭箴
之曰《冠義》云無大夫冠禮而有其昏禮者，天子、諸侯、大夫皆異。’”

道;反馬,壻之義。高固秋九月逆叔姬①,冬來反馬,則婦入三月祭行②,故行反馬禮
也。以此鄭《箋膏肓》言之,則知大夫已上嫁女,自以其車送之。若然,《詩》注以爲王
姬嫁時自乘其車,《箋膏肓》以爲齊侯嫁女乘其母王姬始嫁時車送之,不同者,彼取三
家《詩》,故與《毛詩》異也。凡婦車之法,自士已上至孤卿,皆與夫同,有袟爲異,至於
王后及三夫人并諸侯夫人皆乘翟車,案《周禮·巾車》王后之五路,重翟、厭翟、安車,
"皆有容蓋",又云翟車、輦車,鄭注云"《詩·國風·碩人》曰'翟蔽以朝',謂諸侯夫人
始來乘翟蔽之車,以朝見於君,盛之也③,此翟蔽蓋厭翟也,然則王后始來乘重翟
矣"④,又《詩序》云"王姬下嫁於諸侯,車服不繫其夫,下王后一等",以此差之,王后始
來乘重翟,則上公夫人用厭翟,侯伯子男夫人用翟車。若然,《巾車》安車次厭翟,在翟
車之上者,以其安車在宮中所乘,有容蓋,與重翟、厭翟有差⑤,退之在下,其實安車無
翟飾,不用爲嫁時所乘也,三夫人與三公夫人當用翟車,九嬪與孤妻同用夏篆,世婦與
卿大夫妻同用夏縵,女御與士妻同用墨車也,其諸侯夫人姪娣及二媵并姪娣,依次下
夫人一等爲差也⑥。云"袟,車裳幃,《周禮》謂之容"者,案《巾車職》重翟、厭翟、安車,
"皆有容蓋",鄭司農云"容謂襜車,山東謂之裳幃,或謂之潼容",後鄭從之,《衛詩》云
"漸車帷裳",是山東名幃裳也。云"車有容,則固有蓋"者,《巾車》云"有容蓋",容蓋相
配之物,此既有袟之容,明有蓋可知,故云"固有蓋"矣。**至于門外**。婦家大門之
外。【疏】"至于門外"。○注"婦家大門之外"。○釋曰:知是大門外者,以下有"揖入",
乃至廟,廟在大門内⑦,故知此大門外也。**主人筵于户西,西上,右几**。主人,
女父也。筵,爲神布席。○爲神,于僞反,下主爲、爲行同。【疏】"主人"至"右几"。○

---

① "月"上原無"九"字,倉石云:"'月'上《正字》補'九'字,案《左傳正義》引《箋膏
肓》有。"據補。

② "入"字原作"人",曹云:"'人'當爲'入'。"倉石云:"'人',《詳校》改作'入',案
《左傳正義》作'入'。"據改。

③ "盛"字原作"成",阮云:"成,《要義》作'盛'。"《周禮·巾車》注作"盛",據改。

④ "矣"字原作"受",阮云:"'受',毛本作'車',《要義》作'矣'。按當從《要義》。"
據改。

⑤ "差"字原作"屈",阮云:"'屈',陳本、《要義》同誤作'屈',毛本作'差'是也。"
據改。

⑥ "夫人"下原有"以下"二字,阮云:"陳、閩俱無'以下'二字。"據删。

⑦ "在"字原作"乃",阮云:"'乃',陳、閩俱誤作'乃',毛本作'在'是也。"據改。

注“主人”至“布席”。○釋曰：以先祖之遺體許人，將告神，故女父先於廟設神席，乃迎
壻也。

儀禮疏卷第五　儀禮卷第二

女次，純衣，纁袡，立于房中，南面。次，首飾也，今時髲也。《周禮·追師》：“掌爲副、編、次。”純衣，絲衣。女從者畢袗玄，則此衣亦玄矣①。袡亦緣也，袡之言任也，以纁緣其衣，象陰氣上任也。凡婦人不常施袡之衣，盛昏禮爲此服。《喪大記》曰“復衣不以袡”，明非常。○纁袡，如占反。髲也，皮義反。追師，丁回反。編次，必連反，劉步典反。袗玄，之忍反，一之慎反，又音真②，後同。【疏】“女次”至“南面”。○注“次首”至“非常”。○釋曰：不言裳者，以婦人之服不殊裳，是以《內司服》皆不殊裳，彼注云“婦人尚專一德，無所兼，連衣裳，不異其色”是也。注云“次，首飾也，今時髲也。《周禮·追師》：掌爲副、編、次”者，案彼注云“副之言覆，所以覆首爲之飾，其遺象若今步繇矣。編，編列髮爲之，其遺象若今假紒矣。次，次第髮長短爲之，所謂髲髢”，言“所謂”，謂如《少牢》“主婦髲鬄”也，又云“外內命婦衣鞠衣、襢衣者服編，衣褖衣者服次”，其副唯於三翟祭祀服之，士服爵弁助祭之服以迎，則士之妻亦服褖衣助祭之服也。若然，案《內司服》“王后之六服：褘衣、揄翟、闕翟、鞠衣、展衣、褖衣，素沙”，素沙與上六服爲裏，五等諸侯、上公夫人與王后同，侯伯夫人自揄翟而下，子男夫人自闕翟而下③，案《玉藻》有鞠衣、襢衣、褖衣，注云“諸侯之臣皆分爲三等，其妻以次受此服。公之臣，孤爲上，卿大夫次之，士次之。侯伯子男之臣，卿爲上，大夫次之，士次之”，其三夫人已下內命婦，則三夫人自闕翟而下，九嬪自鞠衣而下，世婦自襢衣而下，女御自褖衣而下，嫁時以服之。諸侯夫人無助天子祭，亦各得申上服，與祭服同也。云“純衣，絲衣”者，此經純亦是絲理不明，故見絲體也。云“女從者畢袗玄，則此衣亦玄矣”者，此鄭欲見既以純爲絲，恐色不明，故云女從袗玄，則此絲衣亦同玄色矣。云“袡亦

---

①　“此”下原無“衣”字，阮云：“徐本、《集釋》同，毛本、《通解》‘此’下有‘衣’字，與疏合。”據補。

②　“音”字原作“普”、“真”下原有“反”字，黃云：“阮云：‘普’疑‘音’字之誤，‘反’字衍。焯案阮說是也，宋本無‘反’字。”據改。

③　“闕”下原無“翟”字，阮云：“毛本‘闕’下有‘翟’字。”據補。

緣也"者，上"纁裳，緇袡"，袡爲緣，故云"袡亦緣也"。云"袡之言任也，以纁緣其衣，象陰氣上任也"者，婦人陰，象陰氣上交於陽，亦取交接之義也。云"凡婦人不常施袡之衣，盛昏禮爲此服"者，此純衣即褖衣，是士妻助祭之服，尋常不用纁爲袡，今用之，故云"盛昏禮爲此服"。云"《喪大記》曰'復衣不以袡'，明非常"者，以其始死招魂復魄用生時之衣，生時無袡，知亦不用袡，明爲非常所服，爲盛昏禮，故服之，引之者，證袡爲非常服也。然鄭言凡婦人服不常施袡者，鄭欲見王后已下，初嫁皆有袡之意也。**姆纚笄，宵衣，在其右。**姆，婦人年五十無子，出而不復嫁，能以婦道教人者，若今時乳母矣。纚，縚髮。笄，今時簪也。纚亦廣充幅，長六尺。宵，讀爲《詩》"素衣朱綃"之"綃"，《魯詩》以綃爲綺屬也。姆亦玄衣，以綃爲領，因以爲名，且相別耳。姆在女右，當詔以婦禮。○姆，莫候反，《字林》亡又反，劉音母，又音茂。纚笄，山買反，劉霜綺反。縚髮，他刀反，本又作叟同。朱綃，音消。相別，彼列反，下別出同。【疏】"姆纚"至"其右"。○釋曰：此經欲見女既在房，須有傳命者之義也。○注"姆婦"至"婦禮"。○釋曰：云"姆，婦人年五十無子，出而不復嫁，能以婦道教人者"，婦人年五十陰道絕，無子乃出之。案《家語》云"婦人有七出：不順父母出，淫辟出，無子出，不事舅姑出，惡疾出，多舌出，盜竊出"，又莊二十七年何休注《公羊》云"無子棄，絕世也；淫佚棄，亂類也；不事舅姑棄，悖德也；口舌棄，離親也；盜竊棄，反義也；嫉妒棄，亂家也；惡疾棄，不可奉宗廟也"，又《家語》有三不去，"曾經三年喪不去"，休云"不忘恩也"；"賤取貴不去"，休云"不背德也"；"有所受無所歸不去"，休云"不窮窮也"，休又云"喪婦長女不娶，無教戒也；世有惡疾不取，棄於天也；世有刑人不娶，棄於人也；亂家女不娶[①]，類不正也；逆家女不娶，廢人倫也"，是五不娶，又案《易·同人·六二》鄭注云"天子、諸侯后、夫人無子不出"，則猶有六出，其天子之后雖失禮，鄭云"嫁於天子，雖失禮，無出道，遠之而已"，若其無子，不廢，遠之，后尊如故，其犯六出則廢之。然就七出之中，餘六出是無德行不堪教人，故無子出，能以婦道教人者以爲姆，既教女，因從女向夫家也。云"若今時乳母"者，漢時乳母與古時乳母別，案《喪服》乳母者，據大夫子有三母，子師、慈母、保母，其慈母闕，乃令有乳者養子，謂之爲乳母，死爲之服緦麻，師教之，乳母直養之而已，漢時乳母則選德行有乳者爲之，并使教子，故引之以證姆也。云"纚，縚髮"

---

① "不"上原無"女"字，阮云："毛本'不'上有'女'字。"倉石云："有'女'字與《公羊》注合。"據補。

者，此纚亦如《士冠》纚，以繒爲之，廣充幅，長六尺，以韜髮而紒之。姆所異於女者，女有纚，兼有次，此姆則有纚而無次也。云"筓，今時簪"者，舉漢爲況義也。云"宵，讀爲《詩》'素衣朱綃'之'綃'"者，引《詩》以爲證也。云"姆亦玄衣，以綃爲領，因以爲名"者，此衣雖言綃衣，亦與純衣同是褖衣，用綃爲領，故因得名綃衣也。必知綃爲領者，《詩》云"素衣朱綃"，《詩》又云"素衣朱襮"，《爾雅·釋器》云"黼領謂之襮"，襮既爲領，明朱綃亦領可知。案上文云女褖衣，下文云"女從者畢袗玄"，皆是褖衣，則此綃衣亦褖衣矣。女與女從襌黼領，此姆以玄綃爲領也。若然，《特牲》云綃衣者，謂以綃繒爲衣，知此綃爲領者，以下女從者云"被潁黼"據領，明此亦據領也。云"姆在女右，當詔以婦禮"者，案《禮記·少儀》云"贊幣自左，詔辭自右"，地道尊右之義，故姆在女右也。**女從者畢袗玄，纚筓，被潁黼，在其後**。女從者，謂姪娣也。《詩》云："諸娣從之，祁祁如雲。"袗，同也。同玄者，上下皆玄。潁，襌也。《詩》云："素衣朱襮。"《爾雅》云："黼領謂之襮。"《周禮》曰："白與黑謂之黼。"天子、諸侯后、夫人狄衣，卿大夫之妻刺黼以爲領，如今偃領矣。士妻始嫁，施襌黼於領上，假盛飾耳。言被，明非常服。○被，皮義反，下及注同。潁，苦迥反，劉音古熒反，襌也。黼，音斧，劉音補。姪，大結反，《字林》丈一反。娣，大計反。襌也，音丹。朱襮，音博。刺黼，七亦反，劉音刺史之刺。**【疏】**"女從"至"其後"。○釋曰：此是從女之人，在女後爲尊卑威儀之事也。○注"女從"至"常服"。○釋曰：知女從是姪娣者，案下文云"雖無娣，媵先"，鄭云"古者嫁女，必姪娣從，謂之媵"，即此女從，故云"女從者，謂姪娣也"。云《詩》者，《韓奕篇》，引之證娣姪之義也①。云"袗，同也。同玄者，上下皆玄"者，此袗讀從《左氏》"均服振振"，一也，故云"同玄，上下皆玄"也，同者，即婦人之服不殊裳也。云"潁，襌也"者，此讀如《詩》云"褧衣"之"褧"，故爲襌也。引《詩》《爾雅》《周禮》者，證黼得爲領之義也，黼謂刺之在領爲黼文，名爲襮，故云"黼領謂之襮"。云"天子、諸侯后、夫人狄衣"者，案《周禮·內司服》云"掌王后之六服：褘衣、揄狄、闕狄"，又注云"侯伯之夫人揄狄，子男之夫人亦闕狄，唯二王後褘衣"，故云"后、夫人狄衣"也。云"卿大夫之妻刺黼以爲領"者，以士妻言被，明非常，故知大夫之妻刺之常也，不於后、夫人下言領，於卿大夫妻下乃云刺黼爲領，則后、夫人亦同刺黼爲領也，但黼乃白黑色爲之，若於衣上則畫之，若

---

①　"姪"上原無"娣"字，阮云："毛本'姪'上有'娣'字。"據補。

於領上則刺之爲異①，其男子冕服，衣畫而裳繡，繡皆刺之，其婦人領雖在衣，亦刺之矣，然此士妻言被禫繡，謂於衣領上別刺繡文謂之被，則大夫以上刺之②，不別被之矣。案《禮記・郊特牲》云"綃繡丹朱中衣，大夫之僭禮也"，彼天子、諸侯中衣有繡領，上服則無之③，今此婦人事華飾④，故於上服有之，中衣則無也。云"如今偃領矣"者，舉漢法，鄭君目驗而知，至今已遠，偃領之制亦無可知也。云"士妻始嫁，施禫繡於領上，假盛飾耳。言被，明非常服"者，對大夫已上妻則常服有之，非假也。**主人玄端，迎于門外，西面再拜，賓東面荅拜。**賓，壻。【疏】"主人"至"荅拜"。○釋曰：此言男至女氏之大門外，女父出迎之事也。**主人揖入，賓執鴈從，至于廟門，揖入，三揖，至于階，三讓。主人升，西面。賓升，北面奠鴈，再拜稽首，降，出。婦從，降自西階。主人不降送。**賓升奠鴈拜，主人不荅，明主爲授女耳。主人不降送，禮不參。【疏】"主人"至"降送"。○釋曰：此言女父迎賓壻入廟門，升堂，婦從出大門之事也⑤。云"賓升，北面奠鴈，再拜稽首"者，此時當在房外，當楣北面。知在房戶者，見隱二年"紀履緰來逆女"，《公羊傳》曰"譏始不親迎也"，何休云"夏后氏逆於庭，殷人逆於堂，周人逆於戶"，後代漸文，迎於房者，親親之義也。○注"賓升"至"不參"。○釋曰：云"賓升奠鴈拜，主人不荅，明主爲授女耳"者，案納采阼階上拜，至問名、納吉、納徵、請期，轉相如，皆拜，獨於此主人不荅，明主爲授女耳。云"主人不降送，禮不參"者，禮，賓主宜各一人，今婦既從⑥，主人不送者，以其禮不參也。**壻御婦車，授綏，姆辭不受。**壻御者，親而下之。綏，所以引升車者。僕人之禮，必授人綏。而下，遷嫁反。【疏】"壻御"至"不受"。○注"壻御"至"人綏"。○釋曰：云"僕人之禮，必授人綏"者，《曲禮》文。今壻御車，即僕人禮，僕人合授綏，姆辭不受，謙也。**婦乘以几，姆加景，乃驅，御者代。**乘以几者，尚安舒也。景

---

① "爲異"原作"以爲"，曹云："'以爲'當作'爲異'。"據改。

② "上"字原作"下"，阮云："浦鏜云'上'誤'下'。"據改。

③ "領"下原無"上"字，阮云："陳本、《要義》同，毛本'領'下有'上'字，閩本'上服'二字擠入。"據補。

④ "今此"原作"此今"，倉石云："'此今'二字殿本倒。"據乙。

⑤ "婦從"原作"父迎"，阮云："浦鏜云'父迎'當'婦從'之誤。"據改。

⑥ "從"字原作"送"，阮云："陳本、《要義》同，毛本'送'作'從'是也。"據改。

之制蓋如明衣,加之以爲行道禦塵,令衣鮮明也,景亦明也。驅,行也。行車輪三周,
御者乃代埒。今文景作憬。○婦乘,如字,劉音繩證反,下記同。御塵,魚呂反。令衣,
力呈反。作憬,劉音景。【疏】"婦乘"至"者代"。○注"乘以"至"作憬"。○釋曰:云"乘
以几者",謂登車時也,几所以安體,謂若尸乘以几之類,以重其初昏,與尸同也。云
"景之制蓋如明衣"者,案《既夕禮》"明衣裳用布,袂屬幅,長下膝",鄭注云"長下膝,又
有裳,於蔽下體深也",此景之制無正文,故云"蓋如明衣"。不直云制如明衣①,此嫁時
尚飾,不用布,案《詩》云"衣錦褧衣,裳錦褧裳",鄭云"褧,襌也,蓋以襌縠爲之。中衣裳
用錦而上加襌縠焉,爲其文之大著也。庶人之妻嫁服也,士妻紂衣纁袡",彼以庶人用
襌縠,連引士妻紂衣,則此士妻衣上亦用襌縠,《碩人》是國君夫人,亦衣錦褧衣,則尊
卑同用襌縠,庶人卑,得與國君夫人同用錦,爲文大著②,此士妻不用錦,不爲文大著,
故云行道禦風塵也。**埒乘其車先,俟于門外。**埒車在大門外,乘之先者,道之
也。男率女,女從男,夫婦剛柔之義,自此始也。俟,待也。門外,埒家大門外。○道
之,音導,下同。【疏】"埒乘"至"門外"。○注"埒車"至"門外"。○釋曰:云"埒車在大
門外"者,謂在婦家大門外,知者,以其埒於此始言乘其車,故知也。云"男率女,女從
男,夫婦剛柔之義,自此始也"者,並《郊特牲》文。云"門外,埒家大門外"者,命士已上,
父子異宫,故解爲埒家大門外,若不命之士,父子同宫,則大門父之大門外也。

　　**婦至,主人揖婦以入,及寢門,揖入,升自西階。媵布席于
奧。夫入于室,即席,婦尊西南面。媵、御沃盥交。**升自西階,道婦入
也。媵,送也,謂女從者也。御,當爲訝。訝,迎也,謂埒從者也。媵沃埒盥於南洗,御
沃婦盥於北洗。夫婦始接,情有廉恥,媵、御交道其志。○媵席,以證反,又御證反,下
及注同。于奧,烏報反,西南隅。媵御,依注音訝,五嫁反,迎也,下媵御、御授、御衽、御
餕、御贊並注同者。【疏】"婦至"至"盥交"。○釋曰:此明夫導婦入門③、升階及對席,
媵、御沃盥之儀。云"主人揖婦以入"者,此則《詩》云"好人提提,宛然左辟"是也。云

----

　　①　"直"上原無"不"字,阮云:"浦鏜云'直'上當脱'不'字。"周學健云:"按此釋注
蓋字之義,若無'不'字,則是決辭矣,推尋文義,增正之。"據補。

　　②　"文"字原作"衣",汪刊單疏作"文",據改。

　　③　"導"下原有"於"字,汪刊單疏、四庫本、張敦仁本皆同,經云"婦至,主人揖婦
入門,及寢門,揖入,升自西階",即是導婦而非導於婦,鄭注亦明云"升自西階,道婦入
也",故以意删疏中"於"字。

"夫入于室，即席"者，謂壻也，婦在尊西，未設席，壻既爲主，東面，須設饌訖，乃設對席，揖即對席，爲前後至之便故也。○注"升自"至"其志"。○釋曰：云"升自西階，道婦入也"者，以尋常賓客，主人在東，賓在西，今主人與妻俱升西階，故云"道婦入也"。云"媵，送也，謂女從者也"者[1]，即姪娣也。云"御，當爲訝。訝，迎也，謂壻從者也"者，以其與婦人爲盥，非男子之事，謂夫家之賤者也。知"媵沃壻盥於南洗，御沃婦盥於北洗"者，以其有南北二洗，又云"媵、御沃盥交"，明知夫婦與媵御南北交相沃盥也。**贊者徹尊冪。舉者盥，出，除冪，舉鼎入，陳于阼階南，西面北上。匕、俎從設。**執匕者、執俎者從鼎而入，設之。匕，所以別出牲體也。俎，所以載也。【疏】"贊者"至"從設"。○注"執匕"至"載也"。○釋曰：案《特牲》、《少牢》、《公食》與《有司徹》及此《昏禮》等，執匕俎舉鼎各別人者，此吉禮尚威儀故也。《士喪禮》舉鼎，右人以右手執匕，左人以左手執俎，舉鼎人兼執匕俎者，喪禮略也。云"從設"者，以男女之事[2]，故從吉祭法也。《公食》執匕俎之人入，加匕於鼎，陳俎於鼎南，其匕與載皆舉者爲之。《特牲》注云"右人也。尊者於事，指使可也"，則右人於鼎北，南面匕肉出之，左人於鼎西俎南，北面承取肉，載於俎。《士虞》右人載者，喪祭少變，故在西方，長者在左也。今昏禮鬼神陰陽，當與《特牲禮》同，亦右人匕，左人載，遂執俎而立，以待設也[3]。云"匕，所以別出牲體也"者，凡牲有體別，謂肩、臂、臑、肫、胳、脊、脅之等，於鼎以次別，匕出之，載者依其體別，以次載之於俎，故云"別出牲體也"。**北面載，執而俟。**執俎而立，俟豆先設。【疏】"北面載執而俟"。○注"執俎"至"先設"。○釋曰：知"俟豆先設"者，下文菹醢後，乃云"俎入，設于豆東"，故知也。**匕者逆退，復位于門東，北面西上。**執匕者事畢逆退，由便。至此乃著其位，略賤也。○杚者，必履反，劉云匕，器名，杚者，杚載也。由便，婢面反，下同。【疏】"匕者"至"西上"。○注"執匕"至"賤也"。○釋曰：云"至此乃著其位，略賤也"者，案《士冠》未行事，

---

①　"也"下原無"者"字，阮云："《要義》同，毛本'也'下有'者'字。按'者'當有。"據補。

②　"男女"原作"從男"，曹云："'從男'當爲'男女'。"據改。

③　"待"字原作"侍"，汪刊單疏作"待"。據改。

陳主人位訖，即言兄弟及擯者之位，此於初陳鼎門外時①，不見執匕者位，至此乃著其位，故言“略賤也”。贊者設醬于席前，菹醢在其北。俎入，設于豆東，魚次，腊特于俎北。豆東，菹醢之東。【疏】注“豆東菹醢之東”。○釋曰：醬與菹醢俱在豆，知不在醬東者，下文醬東有黍稷，故知在菹醢東也。贊設黍于醬東，稷在其東，設湆于醬南。饌要方也。【疏】“贊設”至“醬南”。○注“饌要方也”。○釋曰：豆東兩俎，醬東黍稷，是其要方也。設對醬于東，對醬，婦醬也，設之當特俎。【疏】“設對醬于東”。○注“對醬”至“特俎”。○釋曰：壻東面，設醬在南爲右，婦西面，則醬在北爲右，皆以右手取之爲便，故知設之當特俎東也。菹醢在其南，北上。設黍于腊北，其西稷，設湆于醬北。御布對席，贊啓會，卻于敦南，對敦于北。啓，發也。今文啓作開，古文卻爲綌。○啓會，古外反。卻于，去逆反。【疏】“菹醢”至“于北”。○釋曰：“菹醢在其南，北上”者，謂菹在醬南，其南有醢②，若壻醢在菹北，從南向北陳爲南上，此從北向南陳，亦醢在菹南爲北上也。云“湆”，即上文“大羹湆在爨”者，羹宜熱，臨食乃將入③，是以《公食大夫》云“大羹湆不和，實于鐙，由門入，公設之于醬西”是也。又生人食，《公食大夫》是也，《特牲》、《士虞》等爲神設，亦爲敬尸，尸皆不食也④，《鄉飲酒》、《鄉射》、《燕禮》、《大射》不設者，湆非飲食之正具⑤，故無也，《少牢》無湆者，又不備⑥，《有司徹》有湆者，賓尸禮褻，故有之，與《少牢禮》異也。云“設湆于醬北”者，案上設壻湆於醬南，在醬黍之南，特俎出於饌北，此設婦湆於醬北，在特俎東，饌內則不得要方，上注云“要方”者，據大判而言耳。云“啓會，卻于敦南，對敦于北”者，取壻東面以南爲右，婦西面以北爲右，各取便也。卻，仰也，謂仰於地也。贊告具。壻婦即對筵，皆坐，皆祭，祭薦、黍、稷、

---

① “此於”原作“於此”，曹云：“‘於此’當作‘此於’。”倉石云：“《正字》倒‘於此’二字。”據乙。

② “南”下原有“有菹”二字，倉石云：“‘有菹’二字似衍。”據刪。

③ “臨”字原作“醢”，阮云：“‘醢’，《要義》作‘臨’。”據改。

④ “亦爲敬尸尸皆不食也”原作“皆爲敬尸尸亦不食也”，曹云：“似當爲‘亦爲敬尸尸皆不食也’。”據乙。

⑤ “具”上原無“正”字，曹云：“‘具’上似當有‘正’字。”據補。

⑥ “又”字原作“文”，張敦仁本作“又”，據改。曹云：“謂《少牢》無湆者，又是不備。《少牢》物多禮大，略此不用。《有司徹》褻，故有之。”

肺。贊者西面告饌具也。壻揖婦使即席。薦，菹醢。【疏】"贊者"至"稷肺"。○注"贊者"至"菹醢"。○釋曰：知"贊者西面告饌具"者，以其所告者宜告主人，主人東面，知西面告也。云"薦，菹醢"者，以其《儀禮》之内單言薦者，皆據籩豆而言也。**贊爾黍，授肺、脊。皆食以湆、醬，皆祭舉、食舉也。**爾，移也，移置席上，便其食也。皆食，食黍也。以，用也。用者，謂啜湆呫醬。古文黍作稷。○啜湆，昌悦反。呫醬，子閾反。【疏】"贊爾"至"舉也"。○釋曰：云"祭舉、食舉也"者，舉謂舉肺，以其舉以祭以食，故名肺爲舉，則上文云"祭"者，祭肺也。○注"爾移"至"作稷"。○釋曰：云"爾，移也"者，爾訓爲近，謂移之使近人，故云"移置席上，便其食也"。案《曲禮》云"食坐盡前"[①]，謂臨席前畔，則不得移黍於席上，此云"移置席上"者，鬼神陰陽，故此《昏禮》從《特牲》祭祀法。云"皆食，食黍也"者，案《特牲》、《少牢》祭舉、食舉乃飯，此先食黍，乃祭舉，相反者，彼九飯禮盛[②]，故先食舉，以爲導食氣，此三飯禮略，故不須導也。此先爾黍後授肺、脊[③]，《特牲》亦然，以其士禮同也。《少牢》佐食先以舉肺脊授尸，乃爾黍者，大夫禮與士異故也。然《士虞》亦先授舉肺脊，後乃爾黍者，喪禮與吉反故也。云"用者，謂啜湆呫醬"者[④]，以其大羹汁不用箸，醬又不須以箸，故用口啜湆，用指呫醬也。**三飯，卒食。**卒，已也。同牢示親，不主爲食起，三飯而成禮也。○三飯，扶晚反，注及下同。主爲，于僞反，下爲媵、爲尊並同。【疏】"三飯卒食"。○注"同牢"至"禮也"。○釋曰：云"同牢示親，不主爲食起"者，《少牢》十一飯，《特牲》九飯而禮成，此獨三飯，故云"同牢示親，不主爲食起，三飯而成禮也"。

　　贊洗爵，酳，酳主人，主人拜受，贊户内北面荅拜，酳婦亦如之，皆祭。酳，漱也。酳之言演也，安也。漱，所以絜口，且演安其所食。酳酌内尊。○漱也，所又反。演也，以善反。【疏】"贊洗"至"皆祭"。○釋曰：自此至"尊否"，論夫婦食訖，酳及徹饌於房節。云"主人拜受"者，壻拜當東面。"酳婦亦如之"者，婦拜當

---

　　①　"玉藻云食坐盡前"，倉石云："《玉藻》無此文，當作'曲禮'。"據以改"玉藻"二字爲"曲禮"。

　　②　"盛"字原作"成"，阮云："浦鏜云'盛'誤'成'。"據改。

　　③　"此先爾黍稷後授肺"，倉石云："《正字》云：'稷衍字，肺下脱脊字。'"據删補。

　　④　"湆"下原有"肺"字，阮云："毛本謂下有'用口'二字，湆下有'用指'二字，無'肺'字，按'肺'衍字。"據删。

南面，是以《少牢》云暮皆苔拜，鄭注云“在東面席者東面拜，在西面席者皆南面拜”，故知婦拜南面，若贊苔婦拜，亦於户内北面也。云“皆祭”者，祭先也。○注“酯漱”至“内尊”。○釋曰：云“酯，漱也。酯之言演也，安也。漱，所以絜口，且演安其所食”者，案《特牲》云“主人洗角，升，酌，酯尸”，注云“酯，猶衍也。是獻尸也，謂之酯者，尸既卒食，又欲頤衍養樂之”，又《少牢》云“主人酌酒，乃酯尸”，注云“酯，猶羡也。既食之而又飲之，所以樂之”，三注不同者，文有詳略，相兼乃具，《士虞》亦是酯尸，注直云“酯，安食也”，不言養樂及羡者，喪故略之。此三酯俱不言獻，皆云酯，直取其絜，故注云“漱，所以絜口，演安其所食”，亦頤養樂之義。知“酯酌内尊”者，以下文云贊酌于户外尊，故知此夫婦酌内尊也。**贊以肝從，皆振祭，嚌肝，皆實于菹豆，**肝，肝炙也。飲酒宜有肴以安之。○嚌肝，才計反。肝炙，諸夜反。【疏】“贊以”至“菹豆”。○釋曰：案《特牲》、《少牢》獻尸，以肝從，尸嚌之，加于菹豆，與此同，禮之正也。主人與祝亦以肝從，加於俎不加於豆者，下尸，故不敢同之也。《士虞》獻尸，尸以肝加於俎者，喪祭，故鄭云“加於俎，從其牲體也，以喪不志於味”。但此云實，不云加，異於祭故也。**卒爵，皆拜，贊苔拜，受爵。再酯如初，無從。三酯用巹，亦如之。**亦無從也。【疏】“卒爵”至“如之”。○注“亦無從也”。○釋曰：“卒爵，皆拜，贊苔拜”者，苔拜於獻主處也[1]。云“再酯如初”者，如自“贊洗爵”已下至“苔拜，受爵”也。云“亦無從也”者，“三酯用巹，亦如之”，亦自“贊洗爵”至“受爵”，鄭直云“亦無從”，“用巹”文承“再酯”之下，明知事事如再酯，以其初酯有從，“再酯如初，無從”，三酯用巹亦無從，故鄭以“亦無從”言之，其實皆同再酯也。**贊洗爵，酌于(户)外尊[2]，入户，西北面奠爵拜，皆苔拜，坐祭，卒爵拜，皆苔拜，興。**贊酌者，自酢也。【疏】“贊洗”至“拜興”。○釋曰：言“皆”者，皆夫婦也。三酯乃酌外尊，自酢者皆是略賤者也。既隔合巹乃用爵，不嫌相襲爵，明更洗餘爵也。**主人出，婦復位。**復尊西南面之位。【疏】“主人出婦復位”。○注“復尊西南面之位”。○釋曰：直云“主人出”，

---

① “獻”上原無“苔拜於”三字，曹云：“‘獻’上似脫‘苔拜於’三字。”據補。

② “酌于户外尊”，敖繼公云：“户字疑衍。”阮云：“戴震云：‘據前尊于室中北墉下是爲内尊，尊于房户之東是爲外尊，注止偁内尊、外尊，此處疏云乃酌外尊，亦無户字。’”當據删。

不云處所,案下文云"主人説服于房"①,則此時亦向東房矣。云"復尊西南面之位"者,婦人不宜出復入,故因舊位而立也。**乃徹于房中,如設于室,尊否。**徹室中之饌設于房中,爲媵、御餕之。徹尊不設,有外尊也。○迺撤,劉直列反。餕之,音俊。【疏】"乃徹"至"尊否"。○釋曰:經云"乃徹于房中,如設于室",雖據豆俎而言,理兼於尊矣,故云"徹尊不設,有外尊",明徹中兼尊也。云"尊否"者,唯尊不設于房中而言也。知"爲媵、御餕之"者,下文云"媵餕主人之餘"已下是也。

　　主人説服于房,媵受。婦説服于室,御受,姆授巾。巾,所以自絜清②。今文説皆作税。○説服,吐活反,劉詩悦反,下親説同,劉云訓解通同,勿言脱也。絜清,如字,又才性反,下倣此。作税,舒鋭反,劉詩悦反③。【疏】"主人"至"授巾"。○釋曰:自此至"呼則聞",論夫婦寝息及媵、御餕之事也。云"主人説服于房,媵受。婦説服于室,御受"者,與沃盥交同④,亦是交接有漸之義也。疊今文爲税不從者,税是追服之言,非脱去之義,故不從也。**御衽于奥,媵衽良席在東,皆有枕,北止。**衽,臥席也。婦人稱夫曰良。《孟子》曰:"將見良人之所之。"止,足也。古文止作趾。○御衽,而甚反,又而鴆反,臥席。將覸,劉古徧反,今本亦作見。【疏】"御衽"至"北止"。○注"衽臥"至"作趾"。○釋曰:"衽于奥",主于婦席,使御布婦席,使媵布夫席,此亦示交接有漸之義也。云"衽,臥席也"者,案《曲禮》云"請席何鄉,請衽何趾",鄭云"坐問鄉,臥問趾,因於陰陽",彼衽稱趾,明衽臥席也。若然,前布同牢席,夫在西,婦在東,今乃夫在東,婦在西,易處者,前者示有陰陽交會之漸⑤,故男西女東,今取陽往就陰,故男女各於其方也。云《孟子》者,案《孟子·離婁篇》云"齊人有一妻一妾而處室者,其良人出則必厭酒肉而後反。其妻問所與飲食者,則盡富貴者。其妻告其妾曰:良人出,則厭酒肉而後反。問所與飲食者,則盡富貴者也,而未嘗有顯者

---

① "房"下原有"矣"字,曹云:"'矣'字衍。"倉石云:"《正譌》云'矣'衍字。"據刪。
② "巾所以自絜清",吳紱云:"按'清'字陸又音才性反,蓋即潔净之净。漢時未有净字,故清净字兩用之。三《禮》注中多有此,互見《聘禮》。"
③ "悦"字原作"税",黄云:"吳云:'詩、税同音,不能作切,以經文説服之音校之,疑税爲悦之形譌。'焯案宋本作詩説反。"據改。
④ "交"字原作"文",倉石云:"'文',閩本改作'交',《校勘記》仍以'文'爲是,誤。"據改。
⑤ "之"字原作"有",曹云:"'有'當爲'之'。"據改。

來，吾將瞷良人之所之"，注云"瞷，視也"，彼瞷爲視，亦得爲見，故鄭此注爲見也，引之者，證婦人稱夫爲良人之義也。云"古文止作趾"者，雖疊古文，趾爲足，亦一義也。

主人入，親説婦之纚。入者，從房還入室也。婦人十五許嫁，笄而禮之，因著纚，明有繫也。蓋以五采爲之，其制未聞。○因著，丁略反。【疏】"主人"至"之纚"。○注"入者"至"未聞"。○釋曰：知"從房還入室"者，夫前出，説服於房，今言入，明從房入室也。云"婦人十五許嫁，笄而禮之，因著纚"者，案《曲禮》云"女子許嫁纚"，又云"女子許嫁笄而字"，鄭據此諸文而言[1]，但言十五許嫁，則以十五爲限，則自十五已上皆可許嫁也。云"明有繫也"者，纚是繫物爲之，明有繫也。云"蓋以五采爲之"者，以《周禮·巾車職》五路皆有繁纓就數，鄭注"纓皆用五采罽爲之"，此纚雖用絲爲之，當用五采，但無文，故云"蓋"以疑之也。云"其制未聞"者，此纚與男子冠纚異，彼纚垂之兩傍，結其條，此女子纚不同於彼，故云"其制未聞"。但纚有二時不同，《內則》云"男女未冠笄者，總角衿纚，皆佩容臭"，鄭注云"容臭，香物也，以纚佩之，爲迫尊者，給小使也"，此是幼時纚也，《內則》又云"婦事舅姑，如事父母[2]，衿纚綦屨"，注云"衿，猶結也。婦人有纚，示繫屬也"，是婦人女子有二時之纚。《內則》示有繫屬之纚，即許嫁之纚，與此説纚一也。若然，笄亦有二等，案《問喪》"親始死，笄纚"，據男子去冠仍有笄（元缺一字），與婦人之笄並是安髮之笄也[3]，爵弁、皮弁及六冕之笄，皆是固冠冕之笄，是其二也。**燭出。**昏禮畢，將臥息。**媵餕主人之餘，御餕婦餘，贊酌外尊酳之。**外尊，房户外之東尊。【疏】"媵餕"至"酳之"。○釋曰：亦陰陽交接之義。云"酌外尊"者，賤不敢與主人同酌内尊也。**媵侍于户外，呼則聞。**爲尊者有所徵求。今文侍作待。【疏】"媵侍"至"則聞"。○釋曰：不使御待于户外供承夫婦者，以女爲主，故使媵待于户外也。

　　夙興，婦沐浴，纚笄，宵衣以俟見。夙，早也，昏明日之晨。興，起也。俟，待也，待見於舅姑寢門之外。古者命士以上，年十五父子異宮。○俟見，賢徧反，

---

① "諸"下原有"侯"字，阮云："陳本、《要義》俱誤作'諸侯'，毛本'諸侯'作'許嫁'是也。"曹云："'侯'字衍。"從曹校改。

② "如"字原作"子"，曹云："'子'當爲'如'。"據改。

③ "是"字原作"有"，曹云："'有'當爲'是'。"倉石云："'有'，殿本改用'是'。"據改。

注及下皆同。【疏】"夙興"至"俟見"。○釋曰:自此至"授人",論婦見舅姑之事。云"纚笄,宵衣"者,此則《特牲》主婦宵衣也,不著純衣纁袡者,彼嫁時之盛服,今已成昏之後,不可使服,故退從此服也。○注"夙早"至"異宮"。○釋曰:言"昏明日之晨"者,以昨日昏時成禮,此經言"夙興",故知是昏之晨旦也。云"興,起也。俟,待也,待見於舅姑寢門之外"者,因訓即解之也。云"古者命士以上,年十五父子異宮"者,案《內則》云"由命士以上,父子異宮",不云年限,今鄭知十五爲限者,以其十五成童,是以鄭注《喪服》亦云"子幼,謂年十五以下",十五以上則不隨母嫁[①],故知十五以後乃異宮也。鄭言此限者,欲見不命之士,父子同宮,雖俟見,不得言舅姑寢門外也。**質明,贊見婦于舅姑。席于阼,舅即席。席于房外,南面,姑即席。**質,平也。房外,房戶外之西。古文舅皆作咎。【疏】"質明"至"即席"。○注"質平"至"作咎"。○釋曰:此經論設舅姑席位所在。鄭知房外是房戶外之西者,以其舅在阼,阼當房戶之東,若姑在房戶之東,即當舅之北,南面向之不便,又見下記云"父醴女而俟迎者,母南面於戶外,女出於母左",以母在房戶西,故得女出於母左,是以知此房外亦房戶外之西也。**婦執笲棗栗,自門入,升自西階,進拜,奠于席。**笲,竹器而衣者,其形蓋如今之筥蔍蘆矣。進拜者,進東面乃拜。奠之者,舅尊不敢授也。○執笲,音煩,竹器。而衣,於既反。蔍,劉羌居反。蘆,劉音盧。【疏】"婦執"至"于席"。○釋曰:此經論婦從舅寢門外入見舅之事也。必見舅用棗栗,見姑以腵脩者,案《春秋》莊二十四年經書"秋,八月丁丑,夫人姜氏入。戊寅,大夫宗婦覿,用幣",《公羊傳》云"宗婦者何? 大夫之妻也。覿者何? 見也。用者何? 用者不宜用也。見用幣,非禮也。然則曷用? 棗栗云乎,腵脩云乎",注云"腵脩者,脯也。禮,婦人見舅以棗栗爲贄,見姑以腵脩爲贄,見夫人至尊,兼而用之。云乎,辭也。棗栗,取其早自謹敬。腵脩,取其斷斷自脩正",是用棗栗、腵脩之義也。案《雜記》云"婦見舅姑,兄弟、姑姊妹皆立于堂下,西面北上,是見已",注云"婦來爲供養也,其見主於尊者,兄弟以下在位,是爲已見,不復特見",又云"見諸父,各就其寢",注云"旁尊也,亦爲見時不來",今此不言者,文略也。○注"笲竹"至"授也"。○釋曰:知"笲,竹器"者,以字從竹,故知竹器。知有衣者,下記云"笲,緇被纁裏,加于橋",注云"被,表也。笲有衣者,婦見舅姑,以飾爲

---

① "則"上原無"十五以上"四字,曹云:"此上脫'十五以上'四字。"據補。

敬”，是有衣也。云“如今之筥蒢簏矣”者，此舉漢法以況義，但漢法去今以遠，其狀無以可知也。云“進拜者，進東面乃拜”者，謂從西階進至舅前而拜。云“奠之者，舅尊不敢授也”者，案下姑奠于席不授，而云“舅尊不敢授”者，但舅直撫之而已，至姑則親舉之，親舉者，若親授之然，故於舅得云“尊不敢授也”。**舅坐撫之，興，荅拜。婦還又拜。**還又拜者，還於先拜處拜。婦人與丈夫爲禮則俠拜。○拜處，昌慮反。則俠，古洽反，劉古協反，後倣此。【疏】“舅坐”至“又拜”。○注“還又”至“俠拜”。○釋曰：云“先拜處”者，謂前東面拜處。云“婦人與丈夫爲禮則俠拜”者，謂若《士冠》冠者見母，“母拜受，子拜送，母又拜”，母於子尚俠拜，則不徒此婦於舅而已，故廣言“婦人與丈夫爲禮則俠拜”。**降階，受笲腶脩，升，進北面拜，奠于席。姑坐，舉以興，拜，授人。**人，有司。姑執笲以起，荅婦拜，授有司徹之，舅則宰徹之。○腶脩，丁亂反，本又作股①，同，脯也。【疏】“降階”至“授人”。○釋曰：此經論婦見姑之事。○注“人有”至“徹之”。○釋曰：云“人，有司”者，凡行事者皆主人有司也。知舅則使宰徹者，此見下記云“舅荅拜，宰徹”是也。

　　贊醴婦，醴當爲禮。贊醴婦者，以其婦道新成，親厚之。【疏】“贊醴婦”。○注“醴當”至“厚之”。○釋曰：自此至“於門外”，論舅姑堂上禮婦之事。云“醴當爲禮”者，《士冠》、《内則》、《昏義》諸文，禮皆破從禮者，案《司儀》注“上於下曰禮，敵者曰儐”，又案《大行人》云“王禮再祼而酢”之等用鬱鬯，不言王鬯，再祼而酢而言禮，則此諸文雖用醴禮賓，不得即言主人醴賓，故皆從“上於下曰禮”解之。**席于户牖閒，**室户西牖東，南面位。【疏】“席于户牖閒”。○注“室户”至“面位”。○釋曰：知義然者，以其賓客位於此，是以禮子、禮婦、禮賓客皆於此，尊之故也。**側尊甒醴于房中，婦疑立于席西。**疑，正立自定之貌。○户牖，予九反。疑立，魚乞反，又音嶷，注同。【疏】“側尊”至“席西”。○注“疑正立自定之貌”。○釋曰：云“婦疑立于席西”者，以其禮未至而無事，故疑然自定而立以待事也，若行禮之閒而立②，則云立，不得云疑立也。**贊者酌醴，加柶，面枋，出房，席前北面。婦東面拜受，贊西階上**

----

①　“腶”字原作“腶”，黃云：“‘腶’字誤，盧本改作‘腶’。宋本凡從‘段’者多譌作‘叚’。”據改。

②　“行”下原無“禮”字，阮云：“毛本‘行’下有‘禮’字。”據補。

北面拜送，婦又拜。薦脯醢。婦東面拜，贊北面荅之，變于丈夫始冠成人之禮。○始冠，古亂反，下猶冠、冠子同。【疏】"贊者"至"脯醢"。○釋曰：云"面枋，出房"者，以其贊授，故面枋。《冠禮》贊酌醴，將授賓，則面葉，賓受醴，將授子，乃面枋也。此婦又拜，并下經"婦又拜"者，皆俠拜也。○注"婦東"至"之禮"。○釋曰：云"婦東面拜，贊北面荅之，變於丈夫始冠成人之禮"者，案《冠禮》禮子與此禮婦俱在賓位，彼禮子南面受醴，此則東面，不同，故決之。彼南面者，以向賓拜，此東面者，以舅姑在東，亦面拜之也。婦升席，左執觶，右祭脯醢，以柶祭醴三，降席，東面，坐啐醴，建柶，興拜，贊荅拜，婦又拜。奠于薦東，北面坐取脯，降，出，授人于門外。奠于薦東，升席奠之。取脯降出授人，親徹，且榮得禮。人，謂婦氏人。【疏】"婦升"至"門外"。○注"奠于"至"氏人"。○釋曰：鄭知奠者"升席奠之"者，見上《冠禮》禮子、禮賓，皆云"即筵，奠于薦東，降筵，北面坐取脯"，明此奠時升席，南面奠，乃降筵北面取脯①，降出授人。云"親徹，且榮得禮"者，言且兼二事，何者？下饗婦之俎不親徹②，此親徹，又自出門授人，是"且榮得禮"，下饗不親徹俎者，於禮時禮訖，故於後略之。知人是"婦氏人"者，以其在門外，婦往授之，明是婦氏之人也。

　　舅姑入于室，婦盥饋。饋者，婦道既成，成以孝養。○盥饋，其位反。孝養，予亮反，記注共養同。特豚合升，側載，無魚、腊，無稷，並南上，其他如取女禮。側載者，右胖載之舅俎，左胖載之姑俎，異尊卑。並南上者，舅姑共席于奧，其饌各以南爲上。其他，謂醬、湆、菹醢。女，謂婦也。如取婦禮同牢時。今文並當作併。○取女，七住反。作併，步頂反。【疏】"舅姑"至"女禮"。○釋曰：自此至"之錯"，論婦饋舅姑成孝養之事。云"其他如取女禮"者，則自"側載"以下，"南上"以上，與取女異。異者，彼則有魚、腊并稷，此則無魚、腊與稷，彼男東面，女西面，別席，其醬、醴菹，夫則南上，婦則北上，今此舅姑共席東面，俎及豆等皆南上，是其異也。○注"側載"至"作併"。○釋曰：豚載皆合升，若成牲載一胖是常法，不得云側③，此乃載

―――――――――――――――

① "降"下原無"筵"字，曹云："'降'下脱'筵'字。"據補。
② "徹"下原無"此親徹"三字，阮云："毛本'徹'下有'此親徹'三字。"據補。
③ "常"下原無"法不"二字，倉石云："《正字》云'常'下疑脱'法不'二字。"據補。

胖，故云側①，但周人尚右，故知"右胖載之舅俎，左胖載之姑俎"，是以鄭云"異尊卑"也。云"並南上者，舅姑共席于奧，其饌各以南爲上"者，決同牢男女東西相對，各上其右也。云"其他，謂醬、涪、菹醢"者，以同牢時夫婦各有此四者，今以饋舅姑亦各有此四物，故云如同牢時也。雖不言酒，既有饋，明有酒在"其他"中，酒在内者，亦在北墉下②，外尊亦當在房户外之東，鄭不云者，略耳。**婦贊成祭，卒食，一酳，無從。**贊成祭者，授處之。今文無成也。【疏】"婦贊"至"無從"。○注"贊成祭者授處之"。○釋曰："贊成祭者"，謂授之，又處置，令知在於豆閒也。**席于北墉下。**墉，牆也。室中北牆下。【疏】"席于北墉下"。○釋曰：此席將爲婦餕之位處也。**婦徹，設席前如初，西上。婦餕，舅辭，易醬。**婦餕者，即席將餕也。辭易醬者，嫌淬汙。○淬，劉七内反，本或作染，如琰反。汙，汙穢之汙。【疏】"婦徹"至"易醬"。○釋曰："婦徹，設于席前如初，西上"者，此直餕餘。"舅辭，易醬"者，舅尊故也，不餕舅餘者，以舅尊，嫌相褻。言"西上"者，亦以右爲上也。○注"婦餕"至"淬汙"。○釋曰：言"將"者，事未至，以其此始言婦餕之意，至下文"婦餕姑之饌"，乃始餕耳。云"辭易醬者，嫌淬汙"者③，以其醬乃以指唈之，淬汙也。**婦餕姑之饌，御贊祭豆、黍、肺、舉肺、脊，乃食。卒，姑酳之，婦拜受，姑拜送。坐祭，卒爵，姑受奠之。**奠之，奠于篚。【疏】"婦餕"至"奠之"。○注"奠之奠于篚"。○釋曰：云"御贊祭豆、黍、肺、舉肺、脊"者，御贊婦祭之也。鄭知奠之於篚者，此云"如取女禮"，取女有篚，明此亦奠之于篚可知也。**婦徹于房中，媵、御餕，姑酳之。雖無娣，媵先。於是與始飯之錯。**古者嫁女，必姪娣從，謂之媵。姪，兄之子。娣，女弟也。娣尊姪卑。若或無娣，猶先媵，客之也④。始飯，謂舅姑。錯者，媵餕舅餘，御餕姑餘也。古文始爲姑。○娣從，才用反。【疏】"婦徹"至"之錯"。○注"古者"

---

①　"此乃載胖故云側"，四庫本作"此乃各載一胖，故亦云側"，義較顯豁。

②　"墉"字原作"牖"，四庫本作"墉"，吳紱云："案正室有南牖，無北牖，是以西北隅謂之屋漏。若有北牖，則無所藉户明矣。下經席于北墉下可證。"曹云："'牖'當爲'墉'。"據改。

③　"嫌"上原有"婦"字，阮云："案注無'婦'字，此誤衍也。"據刪。

④　"客"字原作"容"，阮云："《要義》、徐本、楊氏同，毛本'容'作'客'，疏内容之也者'容'亦作'客'。"據改，疏述注亦改。

至“爲姑”。○釋曰：云“古者嫁女，必姪娣從，謂之媵”者，媵有二種，若諸侯有二媵外，別有姪娣，是以莊公十九年經書“秋，公子結媵陳人之婦于鄄”，《公羊傳》曰“媵者何？諸侯娶一國，則二國往媵之，以姪娣從。姪者何？兄之子也。娣者何？女弟也”①，諸侯夫人自有姪娣，并二媵各有姪娣，則九女，是媵與姪娣別也，若大夫士無二媵，即以姪娣爲媵，鄭云“古者嫁女，必姪娣從，謂之媵”，是據大夫士言也。云“姪，兄之子。娣，女弟也。娣尊姪卑”者，解經云“雖無娣，媵先”之義，以其若有娣乃先，媵即姪也。云“猶先媵，客之也”者，對御是夫之從者爲後。若然，姪與娣俱名媵，今言“雖無娣，媵先”，似娣不名媵者，但姪娣俱是媵，今去媵，娣外唯有姪，姪言媵先，以對御爲先，非對娣稱媵②，以其姪娣俱是媵也。云“始飯，謂舅姑”者，舅姑始飯，如今媵餕舅餘，御餕姑餘，是交錯之義，若“媵御沃盥交”也。舅姑爲飯始，不爲餕始，俗本云“與始餕之錯”者，誤也。

　　舅姑共饗婦以一獻之禮，舅洗于南洗，姑洗于北洗，奠酬。以酒食勞人曰饗。南洗在庭，北洗在北堂。設兩洗者，獻、酬、酢以絜清爲敬。奠酬者，明正禮成，不復舉。凡酬酒，皆奠於薦左，不舉，其燕則更使人舉爵。○勞人，力報反。

【疏】“舅姑”至“奠酬”。○注“以酒”至“舉爵”。○釋曰：自此至“歸俎于婦氏人”，論饗婦之事。此饗與上盥饋同日爲之，知者，見《昏義》曰“舅姑入室，婦以特豚饋，明婦順也。厥明，舅姑共饗婦”，鄭彼注云“《昏禮》不言厥明，此言之者，容大夫以上禮多，或異日”，故知此士同日可也，此與上事相因，亦於舅姑寢堂之上，與禮婦同在客位也。云“共饗婦以一獻之禮”者，案下記云“饗婦，姑薦焉”，注云“舅姑共饗婦，舅獻，姑薦脯醢”，但薦脯醢無盥洗之事，今設此洗，爲婦人不下堂也。云“姑洗於北洗”，洗者洗爵，則是舅獻姑酬，共成一獻，仍無妨姑薦脯醢也。云“凡酬酒，皆奠於薦左，不舉”者，此經直云“奠酬”，不言處所，故云“凡”，通《鄉飲酒》、《鄉射》、《燕禮》之等。云“燕則更使人舉爵”者，案《燕禮》獻酬訖，別有人舉旅行酬是也。饗亦用醴③，知者，以下記云“庶

────────

① “何”下原無“女”字，阮云：“《要義》同，毛本‘何’下有‘女’字。”《公羊傳》無“女”字，或毛氏以意增補，補之義更顯豁，謹補。

② “娣”下原有“也”字，曹云：“‘也’字似衍，‘稱媵’二字屬上讀。”倉石云：“‘稱媵以其姪娣俱是媵也’，此謂其姪而稱媵者，以其姪娣俱是媵也。《校釋》以‘稱媵’二字屬上句讀，非是。”此姑從曹校讀而刪“也”字。

③ “醴”下原有“酒”字，曹云：“‘酒’字衍。”據刪。

婦使人醮之”，注云“使人醮之，不饗也。酒不酬酢曰醮，亦有脯醢。適婦，酌之以醴，尊之。庶婦，酌之以酒，卑之”是也。若然，知記非醴婦者，以記云“庶婦使人醮之”，明適婦親之。案上醴婦，雖適，使贊不親①，明記醮庶婦使人，當饗節也。**舅姑先降自西階，婦降自阼階**。授之室，使爲主，明代己。【疏】“舅姑”至“阼階”②。○注“授之”至“代己”。○釋曰：案《曲禮》云子事父母，“升降不由阼階”，阼階是主人尊者升降之處③，今舅姑降自西階，婦降自阼階，是授婦以室之事也。云“授之室”，《昏義》文也。**歸婦俎于婦氏人**。言俎，則饗禮有牲矣。婦氏人，丈夫送婦者。使有司歸以婦俎，當以反命於女之父母，明其得禮。【疏】“歸婦俎于婦氏人”。○注“言俎”至“得禮”。○釋曰：案《雜記》云“大饗，卷三牲之俎歸于賓館”，是賓所當得也。饗時設几而不倚，爵盈而不飲，肴乾而不食，故歸俎，此饗婦，婦亦不食，故歸之④。經雖不言牲，既言俎，俎所以盛肉，故知有牲。此婦氏人，即上婦所授脯者也，故上注引此婦氏人，證所授人爲一也。

　　舅饗送者以一獻之禮，酬以束錦。送者，女家有司也。爵至酬賓，又從之以束錦，所以相厚。古文錦皆爲帛。【疏】“舅饗”至“束錦”。○注“送者”至“作帛”。○釋曰：此一獻與饗婦一獻同，禮則異，彼兼有姑，此依常饗賓客法。知“送者”是“女家有司”者，案《左氏傳》云“齊侯送姜氏⑤，非禮也。凡公女嫁于敵國，姊妹則上卿送之，以禮於先君；公子則下卿送之；於大國，雖公子亦上卿送之；於天子，則諸卿皆行，公不自送；於小國，則上大夫送之”，以此而言，則尊無送卑之法，則大夫亦遣臣送之，士無臣，故知有司送之也。云“古文錦皆爲帛”者，此及下文錦皆爲帛，不從古文者，禮有玉錦，非獨此文，則禮有贈錦之事，故不從古文也。**姑饗婦人送者，酬以束錦**。婦人送者，隸子弟之妻妾。凡饗，速之。【疏】“姑饗”至“束錦”。○注“婦

---

①　“不”字原作“者”，曹云：“‘者’字譌，單疏作‘不’。”據改。

②　“至”字原作“自”，依全疏標起止通例，“自”當爲“至”，張敦仁本正作“至”，據改。

③　“阼階是主人尊者升降之處”原作“是主人尊者之處”，阮云：“《要義》同，毛本‘是’上有‘阼階’二字，‘之’上有‘升降’二字。”據補。

④　“歸”下原無“之”字，阮云：“《要義》同，毛本‘歸’下有‘之’字。”據補。

⑤　“案”字原作“故”，曹云：“‘故’當爲‘案’。”倉石云：“《正字》云‘故’當作‘案’。”據改。

人”至“速之”。○釋曰：《左氏傳》云“士有隸子弟”，士卑無臣，自以其子弟爲僕隸，并己之子弟之妻妾，但尊無送卑，故知婦人送者是隸子弟之妻妾也。云“凡饗，速之”者，案《聘禮》饗食速賓，則知此舅姑饗送者，亦速之也。凡速者，皆就館召之，是以下云“若異邦，則贈丈夫送者以束錦”，鄭云“就賓館”，則賓自有館。若然，婦人送者，亦當有館。男子則主人親速，其婦送者不親速，以其婦人迎客不出門，當別遣人速之。若異邦，則贈丈夫送者以束錦。贈，送也。就賓館。【疏】“若異”至“束錦”。○注“贈送也就賓館”。○釋曰：案莊二十七年冬，莒慶來迎叔姬，《公羊傳》曰“大夫越竟逆女，非禮也”，鄭注《喪服》亦云“古者大夫不外娶”，今言異邦，得外娶者，以大夫尊，外娶則外交，故不許，士卑不嫌，容有外娶法，故有異邦送客也。鄭知就館者，贈賄之等皆就館，故知此亦就館也。

儀禮疏卷第六　儀禮卷第二

若舅姑既没，則婦入三月乃奠菜。没，終也。奠菜者，以筐祭菜也，蓋用菫。○用菫，音謹。【疏】"若舅"至"奠菜"。○釋曰：自此至"饗禮"，論舅姑没，三月廟見之事。必三月者，三月一時，天氣變，婦道可以成之故也。此言"舅姑既没"者，若舅没姑存，則當時見姑，三月亦廟見舅，若舅存姑没，婦人無廟可見，或更有繼姑，自然如常禮也。案《曾子問》云"三月而廟見，稱來婦也。擇日而祭於禰，成婦之義也"，鄭云"謂舅姑没者也。必祭成婦義者，婦有供養之禮，猶舅姑存時盥饋特豚於室"，此言奠菜，即彼祭於禰，一也。奠菜亦得稱祭者，若《學記》云"皮弁祭菜"之類也。○注"没終"至"用菫"。○釋曰：此注云"奠菜者，以筐"，案下云"婦執笲菜"，筐即笲，一也。鄭知菜"蓋用菫"者，舅姑存時用棗栗腶脩，義取早起肅栗，治腶自脩，則此亦取謹敬，因《内則》有菫、荁、枌、榆供養，是以疑用菫，故云"蓋"也。席于廟奥，東面右几。席于北方，南面。廟，考妣之廟。北方，墉下。○考妣，必履反。【疏】注"廟考"至"墉下"。○釋曰：案《周禮·司几筵》云"每敦一几"，鄭注云"周禮雖合葬及同時在殯[1]，皆異几，體實不同。祭於廟同几，精氣合"，又《祭統》云"設同几"，同几即同席，此即祭於廟中而別席者，此既廟見，若生時見舅姑，舅姑別席異面，是以今亦異席別面，象生，不與常祭同也。鄭知"廟，考妣廟"者，《曾子問》云"擇日而見於禰"，又象生時見舅姑，故知考妣廟也。祝盥，婦盥于門外，婦執笲菜，祝帥婦以入。祝告，稱婦之姓，曰："某氏來婦，敢奠嘉菜于皇舅某子。"帥，道也。入，入室也。某氏者，齊女則曰姜氏，魯女則曰姬氏。來婦，言來爲婦。嘉，美也。皇，君也。○帥道，音導，下帥道同。【疏】釋曰：洗在門外，祝與婦就而盥之者，此亦異於常祭，象生見舅姑，在外沐浴，乃入舅姑之寢，故洗在門外也。云"祝帥婦以入"者，象《特牲》陰厭，祝先主人入室也。云"某子"者，言若張子、李子也。婦拜，扱地，坐奠

----

① "同時"原作"時同"，孫云："《周禮》注作'同時'。"據乙。

菜于几東席上，還，又拜如初。扱地，手至地也。婦人扱地，猶男子稽首。○扱地，初洽反，劉羌及反，又魚及反。【疏】注"扱地"至"稽首"。○釋曰：云"扱地，手至地"者，以手之至地謂之扱地，則首不至手，又與男子空首不同。云"婦人扱地，猶男子稽首"者，婦人肅拜爲正，今云"扱地"，則婦人之重拜也，猶男子之稽首，亦拜中之重，故以相況也。案《周禮·大祝》："辨九拜，一曰稽首，二曰頓首，三曰空首，四曰振動，五曰吉拜，六曰凶拜，七曰奇拜，八曰襃拜，九曰肅拜。"鄭云："稽首，拜頭至地也。頓首，拜頭叩地也。空首，拜頭至手，所謂拜手也。吉拜，拜而後稽顙，謂齊衰不杖以下者。言吉者，此殷之凶拜，周以其與頓首相近，故謂之吉拜云。凶拜，稽顙而後拜，謂三年服者。振動，謂戰栗變動之拜。鄭大夫云：'奇拜，謂一拜也。襃讀爲報。報拜，再拜是也。'鄭玄謂一拜，苔臣下拜。再拜，拜神與尸。鄭司農云：'肅拜，但俯下手，今時揖是也。'"但九拜之中，四者是正拜，即稽首、頓首、空首、肅拜是也。稽首，拜中之重，是臣拜君之拜也。頓首，平敵相與之拜。故《左氏傳》齊侯拜魯侯爲稽首，魯君苔以頓首，齊於魯責稽首，苔曰"非天子[1]，無所稽首"，是臣於君以稽首，故《燕禮》臣與君皆云稽首也。空首者，君苔臣下拜也。肅拜者，婦人以肅拜爲正，若以男子於軍中亦肅拜，故《左氏傳》晉郤至云"敢肅使者"是也。餘五者，皆依於正拜。振動[2]，鄭云"《書》曰王動色變"者，是武王觀兵，白魚入王舟，王動色變，武王於時拜天神，爲此拜，當附稽首也[3]。奇拜既爲一拜，是君苔臣下之拜，當以附空首也。襃拜爲尸及神，亦當附稽首也。其吉拜，先吉拜爲頓首，後稽顙，則吉拜當附頓首也。凶拜爲先稽顙，後吉拜[4]，此周之三年之喪拜，後爲吉拜，當附稽首也。《左氏傳》"穆嬴抱太子適趙氏，頓首於宣子"者，私求法，故不爲肅拜。《喪小記》云"婦人爲夫與長子稽顙"者，爲重喪，故亦不肅拜也。婦降堂，取箒菜入，祝曰："某氏來婦，敢告于皇姑某氏。"奠菜于席，如初禮。降堂，階上也。室事交乎戶，今降堂者，敬也。於姑言敢告，舅尊於姑。【疏】"婦降"至"初禮"。○釋曰：此爲來婦奠於姑，設於北坐之前以見姑也。

---

① "非天子"原作"天子在"，倉石云："'天子在'，殿本改爲'非天子'。《詳校》云：'此引哀十七年《傳》而舊作天子在，乃涉襄三年《傳》而誤。'"據改。

② "動"字原作"拜"，曹云："'拜'當爲'動'。"倉石云："《詳校》云'拜'當爲'動'。"據改。

③ "當"下原無"附"字，四庫本"當"下有"附"字，據補。

④ "拜"下原有"之"字，倉石云："《詳校》云'之'衍字。"據刪。

○注"降堂"至"於姑"。○釋曰:不直云"降"而云"降堂"者,則在階上,故云"降堂,階上也"。云"室事交乎户,今降堂者,敬也"者,"室事交乎户",《禮器》文,彼子路與季氏之祭,云"室事交乎户,堂事交乎階",今此既是室之事,當交於户,今乃交於階,故言"敬也"。云"於姑言敢告,舅尊於姑"者,上文於舅言"敢奠嘉菜",不言告,是舅尊於姑,言告,是姑卑也。**婦出,祝闔牖户。**凡廟無事則閉之。【疏】注"凡廟無事則閉之"。○釋曰:先言牖,後言户者,先闔牖,後閉户,故爲文然也,以其祭訖,則闔牖户,明是"無事則閉之",以其鬼神尚幽闇故也。**老醴婦于房中,南面,如舅姑醴婦之禮。**因於廟見禮之。【疏】釋曰:舅姑生時見訖,舅姑使贊醴婦於寢之户牖之閒,今舅姑没者,使老醴婦於廟之房中,其禮則同,使老及處所則別也。○注"因於廟見禮之"。○釋曰:象舅姑生時因見禮之,故此亦因廟見禮之也。**壻饗婦送者丈夫、婦人,如舅姑饗禮。**【疏】釋曰:舅姑存,舅姑自饗送者,如上文。今舅姑没,故壻兼饗丈夫、婦人,如舅姑饗禮,并有贈錦之等。

　　記:士昏禮,凡行事,必用昏昕,受諸禰廟。辭無不腆,無辱。用昕,使者。用昏,壻也。腆,善也。賓不稱幣不善,主人不謝來辱。○昏昕,音欣。不腆,他典反。【疏】"記士昏"至"無辱"。○釋曰:凡言記者,皆經不備者也。○注"用昕"至"來辱"。○釋曰:云"用昕,使者",謂男氏使向女家納采、問名、納吉、納徵、請期五者皆用昕,昕即明之始,君子舉事尚早,故用朝旦也。云"用昏,壻也"者,謂親迎時也。知"辭無不腆"者,《郊特牲》云"告之以直信。信,事人也。信,婦德也",注云"此二者所以教婦正直信也",是賓納徵之時,不得謙虛爲辭也。云"主人不謝來辱"者,此亦是不爲謙虛,教女正直之義也。**摯不用死,皮帛必可制。**摯,鴈也。皮帛,儷皮、束帛也。【疏】釋曰:云"摯不用死"者,凡摯亦有用死者,是以《尚書》(元缺起卷首止此)云"三帛、二生①、一死,摯",即士摯雉,今此亦是士禮,恐用死鴈,故云"不用死"也。云"皮帛必可制"者,可制爲衣物,此亦是教婦以誠信之義也。**腊必用鮮,魚用鮒,(必殽)〔殽必〕全②。**殽全者,不餒敗,不剥傷。○用鮒,音附。不餒,奴罪反。【疏】"腊必"至"殽全"。○注"殽全"至"剥傷"。○釋曰:腊用鮮者,義取夫婦日新之義。

----

①　"生"字原作"牲",阮云:"《要義》同,毛本'牲'作'生'是也。"據改。

②　"必殽全",阮云:"按疏作'殽必全'。"當據以乙正。

云"魚用鮒"者，義取夫婦相依附者也。云"骰必全"者，義取夫婦全節無虧之理。此並據同牢時也。

　　女子許嫁，笄而醴之，稱字。 許嫁，已受納徵禮也。笄女之禮，猶冠男也，使主婦、女賓執其禮。【疏】"女子"至"稱字"。○釋曰："女子許嫁"，謂年十五已上，至十九已下。案《曲禮》"女子許嫁，纓"，有笄兼有纓，示有繫屬，此不言纓，文不具也。云"醴之，稱字"者，猶男子冠，醴之稱字同，是以《禮記·喪服小記》云"丈夫冠而不爲殤，婦人笄而不爲殤"，是其義同也。○注"許嫁"至"其禮"。○釋曰：知"許嫁，已受納徵禮也"者，以納采、問名、納吉三禮，雖使者往來，未成交親，故《曲禮》云"非受幣，不交不親"，鄭據納徵，唯未行請期、親迎也，二者要待女二十爲之。云"笄女之禮，猶冠男也，使主婦、女賓執其禮"者，案《雜記》云"女雖未許嫁，年二十而笄，禮之，婦人執其禮"，鄭注云"言婦人執其禮，明非許嫁之笄"，彼以非許嫁笄輕，故無主婦、女賓，使婦人而已，明許嫁笄，當使主婦對女賓執其禮，其儀如冠男也，又許嫁者用醴禮之，不許嫁者當用酒醮之，敬其早得禮也。**祖廟未毀，教于公宮三月。若祖廟已毀，則教于宗室。** 祖廟，女高祖爲君者之廟也，以有緦麻之親，就尊者之宮，教以婦德、婦言、婦容、婦功。宗室，大宗之家。【疏】"祖廟"至"宗室"。○注"祖廟"至"之家"。○釋曰：此謂諸侯同族之女，將嫁之前，教成之法。經直云"祖廟"，鄭知"女高祖爲君者之廟也，以有緦麻之親"者，以其諸侯立五廟，大祖之廟不毀，親廟四，以次毀之，經云"未毀"與"已毀"，是據高祖之廟而言，故云"祖廟，女高祖爲君者之廟也"。共承高祖，是四世緦麻之親；若三世共曾祖，曾祖，小功之親；若共祖，大功之親；若共禰廟，是齊衰之親，則皆教於公宮。今直言"緦麻"者，舉最疏而言，親者自然教於公宮可知也。云"教以婦德、婦言、婦容、婦功"者，《昏義》文，鄭彼注云"婦德，貞順也。婦言，辭令也。婦容，婉娩也。婦功，絲麻也"。云"宗室，大宗之家"者，案《喪服小記》"繼別爲宗"，謂別子之世適長子，族人來宗事之者，謂之宗者，收族者也，高祖之廟既毀，與君絕服者，則皆於大宗之家教之。又小宗有四，或繼禰，或繼祖^①，或繼曾祖，或繼高祖，此等至五代皆遷，不就之教者，小宗卑故也。

　　問名，主人受鴈，還，西面對，賓受命乃降。 受鴈于兩楹閒，南面，

---

①　"或繼祖或繼禰"，倉石云："《正字》云祖、禰二字當互易。"據乙。

還于阼階上，對賓以女名。【疏】"問名"至"乃降"。○注"受鴈"至"女名"。○釋曰：此亦記經不具者，案經直云問名如納采之禮，納采禮中無主人西面對事，故記之也。知"受鴈於兩楹閒，南面"者，納采時，"賓當阿，東面致命，主人阼階上北面再拜"，又云"授于楹閒，南面"，問名如納采之禮，故亦楹閒南面授鴈，於彼唯不云"西面對"[1]，故記之也。云"還于阼階上，對賓以女名"者，此即西面對，與拜時北面異處也。

祭醴，始扱壹祭，又扱再祭。賓右取脯，左奉之，乃歸，執以反命。反命，謂使者問名、納吉、納徵、請期，還報於壻父。○始扱，初洽反，劉芳及反。左奉，芳勇反。【疏】"祭醴"至"反命"。○釋曰：云"祭醴"者，謂醴賓之時[2]，禮成於三，其爲三祭之時，始祭禮之初[3]，故始扱壹祭，後祭醴又扱分爲再祭也[4]。云"賓右取脯，左奉之，乃歸"者，經直云"降筵，北面坐取脯"，不言用左右手，故記之也。云"右取脯，左奉之"者，謂先用右手取得脯，乃用左手兼奉之以降，授從者於西階下，乃歸，執以反命。○注"反命"至"壻父"。○釋曰：知反命是此問名、納吉、納徵、請期者，以下云"凡使者歸，反命曰：某既得將事矣，敢以禮告"，言凡非一，則知四者皆有反命也，以納采與問名同使，親迎又無使者，故據此四者而言也。

納徵，執皮攝之，内文，兼執足，左首，隨入，西上，參分庭一在南。攝，猶辟也。兼執足者，左手執前兩足，右手執後兩足。左首，象生。《曲禮》曰："執禽者左首。"隨入，爲門中阨狹。西上，中庭位併。○攝之，之涉反，注及下同。猶辟，必亦反。爲門，于僞反。阨狹，於賣反，下音洽。【疏】"納徵"至"在南"。○釋曰：案經直云"納徵，玄纁束帛、儷皮，如納吉禮"，則授幣得如授鴈之禮，至於庭實之皮，無可相如，故記之。○注"攝猶"至"位併"。○釋曰：執皮者二人[5]，相隨而入，至庭北面，

---

[1]　"面"下原無"對"字，曹云："'面'下疑脫'對'字。"據補。

[2]　"謂贊醴婦之時"，倉石云："《詳校》引劉氏云：'贊字衍，婦當爲賓。'今案劉説是。"據刪改。

[3]　"禮之"原作"醴云"，曹云："'醴云'當從今本作'禮之'。"據改。

[4]　"又扱"下原無"分"字，曹云："'又扱'下當從今本增'分'字。記云：'始扱一祭，又扱再祭。'吳氏謂再，仍也，謂仍如始祭扱之，以至於三。案吳説殊迂曲。記'再'字明與'一'字對，故疏謂又扱分爲兩祭。經云'以栖祭醴三'，不云'以栖扱醴三'，則兩扱三祭，義自通也。《聘禮記》云：'祭醴再扱，始扱一祭，卒再祭。'可明此記所云祭醴之法矣。"據補。

[5]　"者"下原無"二人"二字，阮云："《要義》同，毛本'者'下有'二人'兩字。"據補。

皆以西爲左，一手執兩足，毛在内，故云“内文”。云“左首，象生”者，案《聘禮》執皮者皆右首^①，此亦執皮而左首，故云“象生”，與執禽者同，故引《曲禮》“執禽者左首”爲證，必“象生”者，取婦人生息之義。云“隨入，爲門中阨狹”者，皮皆横執之，案《匠人》云“廟門容大扃七个”，注云“大扃，牛鼎之扃，長三尺，每扃爲一个，七个二丈一尺”，彼天子廟門，此士之廟門，降殺甚小，故云“門中阨狹”，故隨入不得並也^②。云“西上，中庭位併”者，俱北面西上也。**賓致命，釋外足見文。主人受幣，士受皮者自東出于後^③，自左受，遂坐攝皮，逆退，適東壁。**賓致命，主人受幣，庭實所用爲節。士，謂若中士、下士不命者，以主人爲官長。自，由也。○見文，賢遍反，下注婦見同。官長，丁丈反。【疏】“賓致”至“東壁”。○釋曰：此亦爲經不見主人之士受皮之事，故記之也。云“釋外足”者，據人北面以足向上執之，足遠身爲外，釋之則文見^④，故“釋外足見文”也。云“士受皮者取皮自東方出于後”者，謂自東方出於執皮者之後，至於左北面受之，故云“自左受”也。云“逆退”者，二人相隨自東而西，今以後者先向東行，故云“逆退”也。○注“賓致”至“由也”。○釋曰：云“賓致命，主人受幣，庭實所用爲節”者，以其上經納徵授幣如納吉之禮，其目已具，今言之者，爲執皮者釋外足見文及士受皮時節不見，故云賓堂上致命時，庭中執皮者釋外足見文，主人堂上受幣時，主人之士於堂下受取皮，是其“庭實所用爲節”也。云“士，謂若中士、下士不命者”，但諸侯之士，國皆二十七人，依《周禮·典命》，侯伯之士一命，子男之士不命，命與不命國皆分爲三等，上九、中九、下九，案《周禮》三百六十官皆有官長，其下皆有屬官，但天子之士，上士三命，中士再命，下士一命，與諸侯之士異，若諸侯，上、中、下士同命，今言“士，謂若中士、下士不命者”，據上士爲官長者，若主人是中士，則士是下士，若主人是下士，則士是不命之士、府史之等。此不命與子男之士不命者別，彼雖不得君簡策之

---

① “右”字原作“左”，程恂云：“按《聘禮》：‘皮如入，右首而東。’此疏云‘左首’，盖賈氏誤記耳。”阮云：“浦鐘云‘右’誤‘左’是也。”據改。

② “得”上原無“不”字，曹云：“‘得’上脱‘不’字。”倉石云：“注疏本作‘不得並行也’。”據補。

③ “士受皮者自東出于後”，阮云：“朱子云疏引此文‘皮者’下有‘取皮’二字，今本無之，未詳孰是。”

④ “釋”字原作“受”，阮云：“陳本同，毛本‘受’作‘釋’是也。”倉石云：“‘受’，閩本作‘釋’，似是。”據改。

命，仍得人君口命爲士，此則不得君命，是官長自辟除者也。案《既夕》宰舉幣，是士之府史，則庭實胥徒爲之。云“自，由也”者，謂由執皮者之左受之也。

　　父醴女而俟迎者，母南面于房外。女既次純衣，父醴之于房中，南面，蓋母薦焉，重昏禮也。女奠爵于薦東，立于位而俟婿。婿至，父出，使擯者請事。母出南面房外，示親授婿，且當戒女也。○俟迎，魚敬反，下親迎同。【疏】“父醴”至“房外”。○注“女既”至“女也”。○釋曰：此亦前經不具，故記之。云“女既次純衣，父醴之于房中，南面”者，見於上文。云“蓋母薦焉”者，舅姑共饗婦，姑薦脯醢，故知父母醴女，亦母薦脯醢，重昏禮，故母薦也。云“女奠爵于薦東，立于位而俟婿”者，案《士冠》醴子與醮子及此篇醴賓、醴婦，皆奠爵于薦東，明此亦奠薦東也。云“婿至，父出，使擯者請事”者，見于上文。云“母出南面房外，示親授婿，且當戒女也”者，並參下文而言也。

　　女出于母左，父西面戒之，必有正焉，若衣若笄。母戒諸西階上，不降。必有正焉者，以託戒使不忘。【疏】“女出”至“不降”。○釋曰：此記亦經不具。以母出房戶之西，南面，女出房西行，故云“出于母左”，父在阼階上西面，故因而戒之。云“母戒諸西階上”者，母初立房西，女出房，母行至西階上乃戒之也。○注“必有”至“不忘”。○釋曰：云“託戒使不忘”者，謂託衣、笄恒在身而不忘，持戒亦然，故託戒使不忘也[1]，下文父母及庶母重行戒者，並與此文相續成也。此士禮，父母不降送，案桓公三年經書“九月，齊侯送姜氏于讙”，《穀梁傳》曰“禮，送女，父不下堂，母不出祭門”，祭門則廟門，言不出廟門，則似得下堂者，彼諸侯禮，與此異，以其大夫、諸侯、天子各有昏禮，故不同也。

　　婦乘以几，從者二人坐持几，相對。持几者，重慎之。【疏】“婦乘以几”。○注“持几者重慎之”。○釋曰：上經雖云“婦乘以几”，不見從者二人持之，故記之也。此几謂將上車時而登，若王后則履石，大夫、諸侯亦應有物履之，但無文以言，今人猶用臺，是几石之類也[2]。

　　婦入寢門，贊者徹尊冪，酌玄酒，三屬于尊，棄餘水于堂下階間，加勺。屬，注也。玄酒涗水，貴新，昏禮又貴新，故事至乃取之，三注于尊中。○

---

①　“戒”上原無“託”字，曹云：“‘戒’上似脫‘託’字。”據補。

②　“几石”原作“石几”，阮云：“段玉裁云當作‘几石’，此誤倒也。”據乙。

三屬，音燭，注同。涚水，舒鋭反。【疏】"婦入"至"加勺"。○釋曰：經中唯置酒尊，不見徹羃以下事，故記之。○注"屬注"至"尊中"。○釋曰：經云"酌玄酒，三注於尊"，謂於外器中酌取此涚水，三度注於玄酒尊中，禮成於三，故三注之也。云"玄酒涚水，貴新"者，案《郊特牲》云"明水涚齊，貴新也"，又云"凡涚，新之也"，是禮有貴新也，今昏禮事至乃取之，故云"又貴新"也①。若然，禮有玄酒、涚水、明水，三者各逐事物生名。玄酒據色而言，涚水據新取爲號，其實一也，以上古無酒，用水爲酒，後代雖有酒，用之配尊，不忘本故也。明水者，案《周禮·秋官·司烜氏》云"以陰鑒取明水於月"，《郊特牲》云"其謂之明水也，由主人之絜著此水也"，注云"著，猶成也，言主人齊絜，此水乃成，可得也"，配尊之酒，三酒加玄酒，鬱鬯與五齊皆用明水配之，《郊特牲》云"五齊加明水，三酒加玄酒"，不言鬱鬯者，記人文略也②。相對，玄酒與明水別，通而言之，明水亦名玄酒，故《禮運》云"玄酒在室"，彼配鬱鬯、五齊，是明水名爲玄酒也，以其俱是水，故通言水也。若天子、諸侯祭祀，得鬱鬯與五齊、三酒並用；卿大夫、士祭，直用三酒與玄酒，無五齊與鬱鬯。又明水，若生人相禮不忘本，亦得用，以其用醴，醴則五齊之中醴齊之類也。

笄，緇被纁裏加于橋。舅荅拜，宰徹笄。被，表也。笄有衣者，婦見舅姑，以飾爲敬。橋，所以庪笄，其制未聞。今文橋爲鎬。○緇被，皮義反，注同。纁裏，劉音里。爲鎬，户老反。【疏】"笄緇"至"徹笄"。○釋曰：上經雖云笄，不言表裏加飾之事，故記之也。

婦席、薦饌于房。醴婦、饗婦之席、薦也。【疏】"婦席薦饌于房"。○注"醴婦"至"薦也"。○釋曰：此亦於經不見，故記之。但醴婦時唯席與薦，無俎，其饗婦非直有席、薦，并有俎，俎則不饌于房，從鼎升于俎，入設于席前，今據與醴婦時同有席與薦饌于房中者而言也③。饗婦，姑薦焉。舅姑共饗婦，舅獻爵，姑薦脯醢。【疏】"饗婦姑薦焉"。○釋曰：經直言"舅姑共饗婦以一獻之禮"，唯言饗婦④，不言姑薦，故

---

① "云"下原無"又"字，曹云："'云'下似脱'又'字。"據補。
② "郊特牲"至"文略也"，孫云："此《郊特牲》注文，非正文，不得云記人文略也。"
③ "醴"上原無"與"字，倉石云："'醴'上疑脱'與'字。"據補。
④ "唯言饗婦"原作"時同自明"，四庫本改作"唯言饗婦"，程恂云："'唯言饗婦'，監本譌作'時同明日'，不可解，今以經文訂正之。"據改。

記之也。**婦洗在北堂，直室東隅，筐在東，北面盥。**洗在北堂，所謂北洗。北堂，房中半以北。洗，南北直室東隅，東西直房户與隅閒。【疏】"婦洗"至"面盥"。○釋曰：經唯言"北洗"，不言洗處及筐，故記之也。○注"洗在"至"隅閒"。○釋曰：房與室相連爲之，房無北壁，故得北堂之名，故云"洗在北堂"也。云"所謂北洗"者，所謂經中北洗也。云"北堂，房中半以北"者①，以其南堂是户外半以南得堂名，則堂是户外半以南之稱②，則知此房半以北得堂名也。知房無北户者，見上文云"尊于房户之東"，房有南户矣，《燕禮》《大射》皆云羞膳者升自北階，立于房中，不言入房，是無北壁而無户，是以得設洗直室東隅也。云"洗，南北直室東隅"者，是南北節也。云"東西直房户與隅閒"者，是東西節也。**婦酢舅，更爵，自薦。**更爵，男女不相因也。【疏】"婦酢舅更爵自薦"。○釋曰：謂舅姑饗婦時舅獻姑薦③，今婦酢舅，婦自薦之，嫌別人薦，故記之也。**不敢辭洗，舅降則辟于房，不敢拜洗。**不敢與尊者爲禮。○則辟，音避。【疏】"不敢"至"拜洗"。○釋曰：此事當在婦酢舅之上，退之在下者，欲見酬酒洗時亦不辭故也，此對《士冠》《鄉飲酒》之等，主與賓爲禮皆辭洗，此則不敢。此事於經不見，故記之也。**凡婦人相饗，無降。**姑饗婦人送者于房無降者，以北洗、筐在上。【疏】"凡婦人相饗無降"。○注"姑饗"至"在上"。○釋曰：本設北洗爲婦人有事不下堂，今以北洗及筐在上，故不降。經不言，故記之也。言"凡"者，欲見舅姑共饗婦及姑饗婦人送者皆然，故言"凡"也。

婦入三月，然後祭行。入夫之室三月之後於祭乃行，謂助祭也。【疏】"婦入"至"祭行"。○注"入夫"至"祭也"。○釋曰：此據舅在無姑，或舅没姑老者。若舅在無姑，三月不須廟見則助祭，案《内則》云"舅没則姑老"者，謂姑六十亦傳家事，任長婦，婦入三月廟見祭菜之後，亦得助夫祭，故鄭云"謂助祭也"。此亦謂適婦，其庶婦無此事，亦以經不見，故記之也。

庶婦則使人醮之，婦不饋。庶婦，庶子之婦也。使人醮之，不饗也。酒

---

①　"房"下原無"中"字，倉石云："'房'下《正字》依注補'中'字，《校勘記》云《要義》有。"據補。

②　"之"上原無"半以南"三字，曹云："'之'上似脱'半以南'三字，即《士喪》注所謂中以南謂之堂也。"據補。

③　"時舅獻"原作"獻時舅"，阮云："毛本'獻時舅'作'時舅獻'。"據乙。

不酬酢曰醮,亦有脯醢。適婦,酌之以醴,尊之;庶婦,酌之以酒,卑之,其儀則同。不饋者,共養統於適也。○醮之,子召反。適婦,丁狄反,下同。共養,九用反。【疏】"庶婦"至"不饋"。○注"庶婦"至"適也"。○釋曰:"不饗"者,以適婦不醮而有饗,今使人醮之,以醮替饗,故"使人醮之,不饗也"。云"酒不酬酢曰醮"者,亦如庶子醮然。知"亦有脯醢"者,以其饗婦及醮子皆有脯醢,故知"亦有脯醢"也。云"其儀則同"者,適婦用醴於客位,東面拜受醴,贊者北面拜送,今庶婦雖於房外之西,亦東面拜受,醮者亦北面拜送,故云"其儀則同"也。云"不饋者,共養統於適也"者,謂不盥饋特豚,以其共養統于適婦也。

昏辭曰:"吾子有惠,貺室某也。昏辭,擯者請事,告之辭。吾子,謂女父也。稱有惠,明下達。貺,賜也。室,猶妻也。子謂公冶長可妻也。某,壻名。○貺室,音況,賜也。猶妻,七計反。【疏】"昏辭"至"某也"。○注"昏辭"至"壻名"。○釋曰:鄭知昏辭是"擯者請事,告之辭"者,以其言"吾子有惠,貺室某也",是使告主人之辭,明知是擯者出門請事,使者告之辭也。知"吾子,謂女父"者,請事告擯者,稱前已有惠,貺其妻於壻某,申明是女父乃得以女許人,故知"吾子,女父"也。云"明下達"者,此擯者稱有惠貺室告①,即壻家舊已有辭下達,女家見許,今得言"貺室"也,故引上文下達以釋此也。引"子謂公冶長可妻也"者,證以女許人稱貺室,室猶妻也。某有先人之禮,使某也請納采。"某,壻父名也。某也,使名。【疏】"某有"至"納采"。○注"某壻"至"名也"。○釋曰:此亦是使者門外通連上語告擯者之辭也,以其使者稱向主人擯者,故知上某是壻父,下某是使者名也。對曰:"某之子惷愚,又弗能教。吾子命之,某不敢辭。"對曰者,擯出納賓之辭。某,女父名也。吾子,謂使者。今文弗爲不,無能字。○惷,失容反,劉敕用反,又池江反,一音竹降反,《字林》丑凶反,又丑降反,愚也。【疏】"對曰"至"敢辭"。○注"對曰"至"能字"。○釋曰:鄭知"對曰者,擯出納賓之辭"者,以其上文賓告擯者辭,下經致命主人,明此是

---

① "室"下原無"告"字,倉石云:"此下《詳校》補'告'字。"據補。

中閒擯者出納賓告之辭[①]，下經出請入告主人[②]，擯者又領主人此語以告使者知也。

致命，曰："敢納采。"

問名，曰："某既受命，將加諸卜，敢請女爲誰氏？"某，使者名也。誰氏者，謙也，不必其主人之女。【疏】"致命曰敢納采"。○釋曰：此使者升堂，致命於主人辭。若然，亦當有主人對辭，如納徵致命，主人對辭，不言之者，文不具也。"問名"至"誰氏"。○釋曰[③]：賓在門外請問名，主人許，無辭者，納采、問名同使，前已相親於納采，許昏訖，故於問名略不言主人所傳辭也，是以於此直見賓升堂，致命主人之辭也。自此已下，有納吉、納徵、請期之等，皆有門外賓與擯者傳辭及升堂致命，主人對，或理有不須言[④]，或理須辭而文不具，以情商度，義可皆知也。○注"某使"至"之女"。○釋曰：知"某，使者名也"者，以使者對主人稱"某既受命"，明是使者之名也。云"誰氏者，謙也"者，以其下達乃納采，則知女之姓矣，今乃更問主人女爲誰氏者，恐非主人之女，假外人之女收養之，是謙不敢必其主人之女也。其本云"問名"而云"誰氏者"，婦人不以名行，明本不問女之三月名，此名即姓號之名，若《尚書》孔注云"虞氏，舜名"，舜爲謚號，猶爲名解之，明氏姓亦得爲名。若然，本問名上氏姓，故云"誰氏"也。

對曰："吾子有命，且以備數而擇之，某不敢辭。"卒曰某氏，不記之者，明爲主人之女。【疏】"對曰"至"敢辭"。○釋曰：云"吾子有命"者，正謂行納采、問名，使者將命來，是已有命來擇，即是"且以備數而擇之"也。○注"卒曰"至"之女"。○釋曰：云"卒曰某氏"者，主人終卒對客之辭，當云"某氏"對使也。云"不記之者，明爲主人之女"者，若是他女，當稱女氏以荅，今不言之者，明是主人之女。容舊知之，故不對，是以云"明爲主人之女"也。

醴，曰："子爲事故，至於某之室。某有先人之禮，請醴從

---

①　"擯者出納賓告之辭"原作"擯者出領賓告者辭"，曹云："當爲'擯者出納賓告之辭'。"據改。

②　"出請"原作"致語"，曹云："'致語'當爲'出請'，言下問名禮，擯者出請，賓請問名，擯者入告，又以此辭出納賓也。下經謂下記問名，亦顧上問名。經言問名，無門外傳辭，故疏以此辭爲兼用於問名、納賓時也。"據改。

③　"問名"下原無"至誰氏釋曰"五字，倉石云："下疑脱'至誰氏釋曰'五字。"據補。

④　"須"下原有"而"字，曹云："'而'衍字。"據删。

者。"言從者，謙不敢斥也。今文於爲于。○子爲，于僞反。對曰："某既得將事矣，敢辭。"將，行。"先人之禮，敢固以請。"主人辭。固，如故。"某辭不得命，敢不從也。"賓辭也。不得命者，不得許己之命。

納吉，曰："吾子有貺命，某加諸卜[①]，占曰吉，使某也敢告。"貺，賜也。賜命，謂許以女名也。某，壻父名。【疏】注"貺賜"至"父名"。○釋曰：知某是壻父名者，以其云"命某加諸卜"，是壻父卜，故知某是壻父名。對曰："某之子不教，唯恐弗堪。子有吉，我與在，某不敢辭。"與，猶兼也。古文與爲豫。○我與，音預，注同。【疏】"對曰"至"敢辭"。○注"與猶兼也"。○釋曰：云"我與在"，以其夫婦一體，夫既得吉，婦吉可知，故云我兼在占吉中也。

納徵，曰："吾子有嘉命，貺室某也。某有先人之禮，儷皮束帛，使某也請納徵。"致命，曰："某敢納徵。"對曰："吾子順先典，貺某重禮，某不敢辭，敢不承命！"典，常也，法也。【疏】"納徵"至"承命"。○釋曰："吾子有命"以下至"請納徵"，是門外向擯者辭也。云"致命，曰：某敢納徵"者，是所升堂致命辭也。云"對曰"者，是堂上主人對辭也。

請期，曰："吾子有賜命，某既申受命矣。惟是三族之不虞，使某也請吉日。"三族，謂父昆弟、己昆弟、子昆弟。虞，度也。不億度，謂卒有死喪。此三族者，己及子皆爲服期，期服則踰年，欲及今之吉也。《雜記》曰："大功之末，可以冠子、嫁子。"○虞度，大各反，下同。不億，於力反。謂卒，寸忽反。服期，音朞，下同。【疏】"請期"至"吉日"。○釋曰：云"某既申受命矣"者，申，重也，謂前納采已後，每度重受主人之命也。云"惟是三族之不虞，使某也請吉日"者，今將成昏，須及吉時，但吉凶不相干，若值凶，不得行吉禮，故云惟是三族死生不可億度之事，若值死時，則不得娶，及今吉時，使某請吉日，以成昏禮也。○注"三族"至"嫁子"。○釋曰：鄭知三族是父、己、子三者之昆弟者，若大功之喪，服内不廢成禮，若期親内則廢，故舉合廢者而言，以其父昆弟則伯叔及伯叔母，己昆弟則己之親兄弟，子昆弟則己之適子庶子者，皆己之齊衰期服之内親，故三族據三者之昆弟也。引《雜記》者，見大功、小功之末，既葬

① "吾子有貺命某加諸卜"，鄭注以命字絕句，賈疏則於貺字絕句，命屬下讀。

則可以嫁子、娶妻，經曰三族，不據之矣。今據父之昆弟期，於子小功，不得與子娶妻，若於子期，於父大功①，亦不得娶妻，知今皆據壻之父而言。若然，己父昆弟於子爲小功，而言此三族者己與子皆爲服期者，亦據大判而言耳。對曰："某既前受命矣，唯命是聽。"前受命者，申前事也。曰："某命某聽命于吾子。"曰某，壻父名也。對曰："某固唯命是聽。"使者曰："某使某受命，吾子不許，某敢不告期，曰某日。"某，吉日之甲乙。【疏】注"某吉日之甲乙"。○釋曰：云"曰某日"者，是使者付主人吉日之辭。云"某，吉日之甲乙"者，謂以十日配十二辰，若云甲子、乙丑、丙寅、丁卯之類，故鄭略舉甲乙而言之也。對曰："某敢不敬須。"須，待。

　　凡使者歸，反命，曰："某既得將事矣，敢以禮告。"禮，所執脯②。【疏】注"禮所執脯"。○釋曰：知禮是所執脯者，上文禮賓，賓皆北面取脯，降授從者，今此云歸以反命，故知禮是所執脯也。主人曰："聞命矣。"

　　父醮子，子，壻。【疏】"父醮子"。○釋曰：女父禮女用醴，又在廟；父醮子用酒，又在寢。不同者，父禮女者，以先祖遺體許人，以適他族，婦人外成，故重之而用醴，復在廟告先祖也。男子直取婦入室，無不反之道③，故輕之而用酒在寢。知醮子亦不在廟者，若在廟當以禮筵於戶西④，右几，布神位，今不言，故在寢可知也。命之曰："往迎爾相，承我宗事。相，助也。宗事，宗廟之事。○爾相，息亮反，注

---

　　① "大"字原作"小"，曹云："此謂子昆弟也，言於父期，於子小功，不得爲子娶，若於子期，於父小功，自亦不得爲子娶。此親於子若父雖小功而己爲之皆期，己則壻父。父與子皆壻父稱之，是皆據壻父而言。祖爲孫大功，此'小'字當爲'大'，涉上而誤。大夫尊降，乃小功耳。"據改。

　　② "禮"上原有"告"字，阮云："《通典》無'告'字，玩疏意，似亦無'告'字。"據刪，疏標起止亦刪。

　　③ "之"下原無"道"字，曹云："'之'下似脱'道'字。"據補。

　　④ "以"上原無"當"字，曹云："'以'上似脱'當'字，言在廟則當有筵於戶西布神位之禮也。"倉石云："'以'上殿本增'當'字。"據補。

同，助也。勗帥以敬先妣之嗣，若則有常。"勗，勉也。若，猶女也。勉帥道婦①，以敬其爲先妣之嗣。女之行則當有常，深戒之。《詩》云："大姒嗣徽音。"○勗帥，許玉反，劉朽目反。猶女，音汝，下同。大姒，音泰。【疏】"勗帥"至"有常"。○注"勗勉"至"徽音"。○釋曰：云"以敬其爲先妣之嗣"者，謂婦人入室，使之代姑祭也。《詩》云：大姒嗣徽音"者，《大雅》文王詩②。大姒者，文王妃。嗣，繼；徽，美也。娶大姒，明以繼先妣美音也。引之者，證"敬其爲先妣之嗣"也。子曰："諾。唯恐弗堪，不敢忘命。"

賓至，擯者請，對曰："吾子命某，以茲初昏，使某將，請承命。"賓，壻也。命某，某，壻父名。茲，此也。將，行也，使某行昏禮來迎。【疏】"賓至"至"承命"。○注"賓壻"至"來迎"。○釋曰：云"命某，某，壻父名"者，以其經有二某，"命某"者，是壻自稱父③，以對擯者也。繼云"使某"者④，是壻名，故不言也。對曰："某固敬具以須。"

父送女，命之曰："戒之敬之，夙夜毋違命。"夙，早也，早起夜臥。命，舅姑之教命⑤。古文毋爲無。○毋違，音無，注同。【疏】"父送"至"違命"。○釋曰：上送女之時，父母俱戒訖，今此記人又云此戒者，當同是送女時并有此戒，續成前語，庶母所戒亦然。以前後語時不同，故記人兩處記之。但父戒之，使無違舅命，母戒之，使無違姑命，故父云"命"，母云"戒"也。若然⑥，此注有云"命，舅姑之教命"有"姑"字者，傳寫誤也。云"古文毋爲無"，不從者，以許氏《説文》毋爲禁辭，故從經今文毋爲

---

① "道婦"原作"婦道"，阮云："張氏云：'《釋文》上帥道之注云下帥道同，謂此句也，此句當云勉帥道婦。'按張氏之説是也。帥之訓道，上文已具，故此不復言，但疊帥道兩字以見義。《通典》云：'勉導以敬其爲先妣之嗣'，正合注意。蓋敬其爲先妣之嗣即是婦道，若云勉帥婦道，則不可通矣。"據乙。

② "詩云大姒嗣徽音者大雅文王詩"，倉石云："此《思齊》詩。"所引詩句出於《思齊》而不見於《文王》，然《文王》《思齊》皆屬毛詩"文王之什"，疏據毛詩"大姒嗣徽音"一句屬"文王之什"，言文王之事，故云"文王詩"。疏中"文王"二字未必指稱篇名，似不宜據所引詩句出於《思齊》而徑改"文王"爲"思齊"。

③ "父"字原作"之"，曹云："'之'，各本作'父'是。"據改。

④ "繼"字原作"經"，曹云："'經'當爲'繼'。"據改。

⑤ "舅姑之教命"，阮云："案疏以'姑'字爲衍文。"

⑥ "若然"原作"然若"，毛氏汲古閣刊本作"若然"，據乙。

正也。母施衿結帨，曰：“勉之敬之，夙夜無違宮事。”帨，佩巾。○施衿，其鳩反。結帨，舒鋭反。【疏】“宮事”。○釋曰：宮事謂姑命婦之事[1]，若《內宰職》云后教六宮，婦人稱宮故也。庶母及門內，施鞶，申之以父母之命，命之曰：“敬恭聽，宗爾父母之言。夙夜無愆，視諸衿鞶。”庶母，父之妾也。鞶，鞶囊也。男鞶革，女鞶絲，所以盛帨巾之屬，爲謹敬。申，重也。宗，尊也。愆，過也。諸，之也。示之以衿鞶者，皆託戒使識之也。不示之以衣笄者，尊者之戒，不嫌忘之。視乃正字，今文作示，俗誤行之。○施鞶，步干反。無愆，去連反。以盛，音成。申重，直用反。使識，申志反，又音式。【疏】“庶母”至“衿鞶”。○注“庶母”至“行之”。○釋曰：云“男鞶革，女鞶絲”者，《內則》文，男女用物不同，故并引男子鞶革，於經無所當也。云“所以盛帨巾之屬，爲謹敬”者，案《內則》云“箴、管、線、纊、施鞶袠”，鄭云“鞶袠言施，明爲箴、管、線、纊有之”，是鞶以盛帨巾之屬，此物所以供事舅姑，故云“謹敬”也。云“不示之以衣笄者，尊者之戒，不嫌忘之”者，前文父戒以衣笄，此經母施衿結帨，庶母直示之以衿鞶，不示以衣笄，故鄭決之也。云“視乃正字，今文作示，俗誤行之”者，案《曲禮》云“童子常視毋誑”，注云“視，今之示字”，彼注破視從示，此注以視爲正字，以示爲俗誤，不同者，但古文字少，故眼目視瞻與以物示人皆作視字，故此注云“視乃正字，今文作示”是俗人以今示解古視，故云誤也。彼注云“視，今之示字”者，以今曉古，故舉今文示而言，兩注相兼乃具也。

壻授綏，姆辭，曰：“未教，不足與爲禮也。”姆，教人者。

宗子無父，母命之。親皆没，已躬命之。宗子者，適長子也。命之，命使者。母命之，在《春秋》“紀裂繻來逆女”是也。躬，猶親也。親命之，則“宋公使公孫壽來納幣”是也。言宗子無父，是有有父者[2]。禮，七十老而傳，八十齊喪之事不及。若是者，子代其父爲宗子，其取也，父命之。○適長，丁狄反，下丁丈反。紀裂，上音己，下音列。繻，音須。而傳，直專反。齊喪，側皆反。【疏】“宗子”至“命之”。○注“宗子”至“命之”。○釋曰：云“宗子者，適長子也”者，案《喪服小記》云“繼別爲宗[3]，繼禰

---

[1]　“宮事謂”原作“則”，阮云：“毛本作‘宮事謂姑命婦之事’。”據改。

[2]　“有”字原不重，阮云：“毛本‘有’下有‘有’字，徐本、《集釋》俱脱一‘有’字。”據補。

[3]　“別”下原無“爲”字，阮云：“《要義》‘別’下有‘爲’字，毛本同。”據補。

者爲小宗"，大宗、小宗皆是適妻所生長子也。云"命之，命使者"者，謂納采已下至請期五者，皆命使者也。云"母命之，在《春秋》'紀裂繻來逆女'是也"者，案隱二年經書"秋，九月，紀裂繻來逆女"，《公羊傳》曰"裂繻者何？紀大夫也。何以不稱使？昏禮不稱主人"，何休云"爲養廉遠恥也"，又云"然則曷稱？稱諸父兄師友。宋公使公孫壽來納幣，則其稱主人何？辭窮也。辭窮者何？無母也"，休注云"禮，有母，母當命諸父兄師友，稱諸父兄師友以行。宋公無母，莫使命之，辭窮，故自命之，自命之則不得不稱使"，又云"然則紀有母乎？曰有。有則何以不稱母？母不通也"，休注云"禮，婦人無外事，但得命諸父兄師友，稱諸父兄師友以行耳。母命不得達，故不得稱母通使文，所以遠別也"，服注亦云"不稱主人，母命不通，故不稱使①，婦人無外事"，若然，直命子之父兄師友②，使命使者，不自親命使者，此注云"命之，命使者"，似母親命者，鄭略言之，其實使子父兄師友命使者也。云"躬，猶親也。親命之，則'宋公使公孫壽來納幣'是也"者，成八年文，義取《公羊傳》，如向説，舉納幣，其餘自親命之也③。云"言宗子無父"至"不及"者，案《曲禮》"七十曰老而傳"，注云"傳家事任子孫④，是謂宗子之父"，又《王制》云"八十齊喪之事弗及也⑤"，注云"八十不齊，則不祭。子代之祭，是謂宗子不孤"，二者皆是宗子有父，雖主家事，其昏事則父命使者也。**支子則稱其宗。**支子，庶昆弟也，稱其宗子命使者。【疏】"支子則稱其宗"。○釋曰：云"稱其宗"者，謂命使者當稱宗子以命之，以大、小宗皆然也。**弟〔則〕稱其兄⑥。**弟，宗子之母弟。【疏】"弟則稱其兄"。○注"弟宗子之母弟"。○釋曰：知此弟是宗子同母弟者，以上支子謂庶昆弟，稱其宗子命使者，故知此弟，宗子同母弟也。

　　若不親迎，則婦入三月然後壻見，曰："某以得爲外昏姻，請覿。"女氏稱昏，壻氏稱姻。覿，見。○壻見，賢遍反，注下除相見皆同。請覿，音狄，見也。【疏】"若不"至"請覿"。○釋曰：上已言親迎，自此已下至篇末，論壻不親迎，過

---

① "稱"上原無"不"字，曹云："'稱'上脱'不'字。"據補。
② "命"下原有"使"字，曹云："'使'字衍。"據删。
③ "自"字原作"使"，曹云："'使'或'自'之誤。"據改。
④ "任"字原作"在"，阮云："浦鏜云'任'誤'在'。"據改。
⑤ "喪"字原作"衰"，曹云："'衰'字誤，單疏作'喪'。"據改。
⑥ "弟稱其兄"，阮云："唐石經、徐本、《集釋》、敖氏同，《通解》、楊氏、毛本'弟'下有'則'字。"疏標起止亦有"則"字，當據補。

三月壻乃往見婦父母事也①。必亦待三月者，亦如三月婦廟見，一時天氣變，婦道成，故見外舅姑。自此至“敢不從”，並是壻在婦家大門外，與擯者請對之辭。○注“女氏”至“觀見”。○釋曰：“女氏稱昏，壻氏稱姻”者，《爾雅・釋親》文。所以別男女，則男曰昏，女曰姻者，義取壻昏時往娶，女則因之而來。及其親，則女氏稱昏，男氏稱姻，義取送女者昏時往男家，因得見之故也。**主人對曰：“某以得爲外昏姻之數，某之子未得濯漑於祭祀，是以未敢見。今吾子辱，請吾子之就宮，某將走見。”**主人，女父也。以白造緇曰辱。○得濯，丈角反。漑於，古代反。造緇，七報反。【疏】“主人”至“走見”。○釋曰：云“某之子未得濯漑於祭祀”者，前祭之夕，濯漑祭器，以其自此以前未廟見，未得祭祀，故未敢相見也。云“請吾子之就宮”者，使壻還就家，是欲往就見也。○注“主人”至“曰辱”。○釋曰：云“以白造緇曰辱”者，謂以絜白之物造置於緇色器中，是汙白色，猶今賓至己門，亦是屈辱，故云“以白造緇曰辱”也。**對曰：“某以非他故，不足以辱命，請終賜見。”**非他故，彌親之辭。命，謂將走見之言。今文無終賜。【疏】“對曰”至“賜見”。○注“非他”至“終賜”。○釋曰：此壻對擯者辭。云“非他故，彌親之辭”者，上壻云“得爲外昏姻”②，是相親之辭，今又云“非他故”，是爲壻而來見，彌相親之辭也。**對曰：“某得以爲昏姻之故，不敢固辭，敢不從。”**不言外，亦彌親之辭。古文曰外昏姻。**主人出門左，西面。壻入門，東面，奠摯，再拜，出。**出門，出內門。入門，入大門。出內門不出大門者，異於賓客也。壻見於寢。奠摯者，壻有子道，不敢授也。摯，雉也。【疏】“主人”至“拜出”。○注“出門”至“雉也”。○釋曰：云“出內門、入大門”者，以大夫、士迎賓皆於大門外，故此決之也。云“壻見於寢”者，《聘禮》凡見賓客及上親迎，皆於廟者，《聘禮》敬賓客，故在廟，親迎在廟者，以先祖之遺體許人，故在廟，此壻見外舅姑，非賓，非親迎，故知在適寢也。云“奠摯者，壻有子道，不敢授也”者，凡執摯相見，皆親授受，此獨奠之，象父子之道質，故不親授，奠之而已。云“摯，雉也”者，以其士執雉是其常也。**擯者以摯出，請受。**欲使以賓客禮相見。【疏】“擯者以

_____

① “壻乃”原作“及壻”，曹云：“‘及壻’當爲‘壻乃’。”據改。
② “壻”字原作“擯”，上文“得爲外昏姻”是壻在大門外對擯者之辭，則“擯”當爲“壻”字之誤，謹改。

摯出請受"。○注"欲使"至"相見"。○釋曰:案《聘禮》賓執摯入門右,從臣禮,辭之乃出,由門左西進北面,從賓客禮,此亦然,故知所請受者,請退從賓客相見受之。**壻禮辭許,受摯入。主人再拜受,壻再拜送,出。**出,已見女父。【疏】"壻禮"至"送出"。○注"出已見女父"。○釋曰:云"受摯入"者,亦如《聘禮》受摯乃更西入也。云"出,已見女父"者,以其相見訖擬出,更與主婦相見也。**見主婦,主婦闔扉,立于其内。**主婦,主人之婦也。見主婦者,兄弟之道,宜相親也。闔扉者,婦人無外事。扉,左扉。○闔扉,音非。【疏】"見主"至"其内"。○注"主婦"至"左扉"。○釋曰:云"見主婦者,兄弟之道,宜相親也"者,《爾雅》"母與妻之黨爲兄弟",故知主婦於壻者,兄弟之道也,故云"宜相親也"。云"闔扉者,婦人無外事"者,婦人送迎不出門,見兄弟不踰閾①,是無外事也。云"扉,左扉"者,《士喪禮》卜葬云"闔東扉,主婦立于其内",既言東扉,即是左扉,故知是左扉也。**壻立于門外,東面。主婦一拜,壻荅再拜,主婦又拜,壻出。**必先一拜者,婦人於丈夫必俠拜。**主人請醴,及揖讓入,醴以一獻之禮,主婦薦。奠酬,無幣。**及,與也。無幣,異於賓客。【疏】"主人"至"無幣"。○注"及與"至"賓客"。○釋曰:訓及爲與者,以主人與壻揖讓而入寢門,升堂醴壻,故訓及爲與也。云"無幣,異於賓客"者,上《冠禮》醴賓酬之以幣,《昏禮》饗賓酬以束錦,《燕禮》、《大射》酬賓客皆有幣,此無幣,故云"異於賓客"也。**壻出,主人送,再拜。**

---

① "見"下原無"兄"字,倉石云:"'見'下注疏本有'兄'字,此恐奪。"據補。

儀禮疏卷第七　儀禮卷第三

士相見禮第三

○士相見禮第三，鄭云：“士以職位相親，始承贄相見之禮。”【疏】“士相見禮第三”。○鄭《目録》云：“士以職位相親，始承摯相見禮。《雜記》會葬禮曰：‘相見也反哭而退，朋友虞祔而退。’士相見於五禮屬賓禮，大、小戴及《別録》皆第三。”○釋曰：鄭云“士以職位相親，始承摯相見”者，釋經亦有大夫及庶人見君之禮，亦有士見大夫之法^①，獨以《士相見》爲名者，以其兩士職位不殊，同類昵近，故以士相見爲目^②。云“《雜記》會葬禮曰：相見也反哭而退，朋友虞祔而退”者^③，以送葬之禮，恩厚者退遲，恩薄者退疾，引之者，證有執摯相見之義也。云“士相見於五禮屬賓禮”者，案《周禮·大宗伯》五禮，賓禮之別有八：春朝、夏宗、秋覲、冬遇、時會、殷同，此六者是五等諸侯見天子，兼有自相朝之禮^④，彼又云“時聘曰問，殷覜曰視”，二者是諸侯使臣出聘天子及自相聘之禮，並執玉帛而行，無執禽摯之法，此篇直新升爲士、大夫之等^⑤，同國執禽摯相見及見君之禮，雖非出聘，亦是賓主相見之法，故屬賓禮也，且士卑，唯得作介，從君與卿、大夫出向他國，無身自聘問之事。案《周禮》行夫是士官，其有美惡無禮，特行無介，始得出向他邦，亦非聘問之法也。然昏、冠及喪、祭，尊卑各自有禮，及執摯相見，唯有此《士相見》，其篇内含卿大夫相見，以其新升爲士，或士自相見，或士往見卿大夫，或卿大夫下見士，或見己國君，或士、大夫見他國君來朝者，新出仕從微至著，以士爲先，後更有功乃升爲大夫已上，故以士爲總號也。又天子之孤、卿、大夫、士與諸侯

---

①　“亦”下原無“有”字，阮云：“《要義》同，毛本‘亦’下有‘有’字。”據補。

②　“目”字原作“首”，倉石云：“‘首’當從各本作‘目’。”據改。

③　“雜記”下原無“會葬禮曰”四字，阮云：“毛本‘記’下有‘會葬禮曰’四字。”據補。

④　“朝”下原有“覲”字，曹云：“‘覲’衍字。”據刪。

⑤　“篇”字原作“屬”，倉石云：“‘屬’，殿本作‘篇’。”據改。

之孤、卿、大夫、士執摯既同，相見之禮亦無別也。

士相見之禮。摯，冬用雉，夏用腒。左頭奉之，曰："某也願見，無由達，某子以命命某見。"摯，所執以至者。君子見於所尊敬，必執摯以將其厚意也。士摯用雉者，取其耿介，交有時，別有倫也。雉必用死者，爲其不可生服也。夏用腒，備腐臭也。左頭，頭，陽也。無由達，言久無因緣以自達也。某子，今所因緣之姓名也。以命者，稱述主人之意。今文頭爲脰。○摯，本又作贄，音同。用腒，其居反，乾雉也。奉之，芳勇反，下同。願見，賢遍反，凡卑於尊曰見，敵而曰見，謙敬之辭也，下以意求之，他皆放此。耿，古幸反。介，音界。別有，彼列反。爲其，于僞反，下爲其同。爲脰，音豆，頸也。【疏】"士相見"至"某見"。○釋曰：自此至"送于門外，再拜"，論士與士相見之事也。云"某也願見，無由達"者，謂新升爲士，欲見舊爲士者，謂久無紹介中間之人達彼此之意，雖願見，無由得與主人通達相見。云"某子以命命某見"者，某子是紹介中間之人姓名，以主人之命命某，是賓之名，命某來見主人也。案《少儀》"始見君子者，辭曰：某固願聞名於將命者"，謂以卑見尊法，彼又云"敵者，曰：某固願見於將命者"[1]，此兩士相見，亦是敵者，不言"願見於將命者"者，此既言"願見，無由達"，見敵者始欲相見，案下文還摯者[2]，皆云"於將命者"，明此亦有"願見於將命者"，不言者，文不具也。○注"摯所"至"爲脰"。○釋曰：云"摯，所執以至者"，摯得訓爲至，新升爲士者(元缺一字)[3]，彼此相見[4]，欲相尊敬，必執禽鳥始得至，故云"摯，所執以至者"也。云"士摯用雉者"，對大夫已上所執羔、鴈不同。云"取其耿介，交有時，別有倫也"者，倫，類也，交接有時，至於別後，則雄雌不雜，謂春交秋別也，士之義亦然，義取耿介不犯於上也。云"雉必用死者，爲其不可生服也"者，經直云"冬用雉"，知用死雉者，《尚書》云"三帛、二生、一死，摯"[5]，則雉義取耿介，爲君致死也。云

---

①　"敵者曰某固願見於將命者"，《禮記·少儀》僅言"敵者，曰：某固願見"，無"於將命者"四字。鄭注云："願見，願見於將命者，謙也。"孔疏云："雖云'願見'，亦應云'願見於將命者'，因上已有，故此略之。"賈疏引《少儀》，又以鄭注足義，合經文與注文爲一。

②　"文"下原有"及"字，曹云："'及'衍字。"據刪。

③　"升"上原無"新"字，阮云："毛本'升'上有'新'字。"據補。

④　"此"字原作"人"，四庫本作"此"，據改。

⑤　"二生一死摯"原作"二牲一死贄"，阮云："毛本'牲'作'生'，'贄'作'雉'。按'生'、'摯'是也。"據改。

"夏用腒,備腐臭也"者,案《周禮·庖人》云"春行羔豚,夏行腒鱐",鄭云"腒,乾雉。鱐,乾魚。腒、鱐暵熱而乾",乾則不腐臭,故此取不腐臭也。冬時雖死,形體不異,故存本名稱曰雉,夏爲乾腒,形體異,故變本名稱曰腒也。云"左頭,頭,陽也"者,《曲禮》云"執禽者左首",雉與羔、鴈同是合生執之物,以不可生服,故殺之雖死,猶尚左以從陽也。云"某子,今所因緣之姓名也"者,謂紹介之姓名。云"以命者,稱述主人之意"者,言紹介之人稱述主人之辭意傳來賓也。云"今文頭爲脰"者,鄭不從今文者,以其脰,項也,項不得爲頭,故不從也。但此云"某子以命命某見",謂舊未相見,今始來見主人,故須某子傳通,孺悲欲見孔子,不由紹介,故孔子辭以疾,且經云"某子",鄭云"某子,今所因緣之姓名",案《鄉飲酒》云"某子受酬",注云"某者,衆賓姓",又《鄉射》云"某酬某子",注云"某子者,氏也",與此注"某子"爲"姓名"不同者,彼旅酬下爲上,尊敬在上,以《公羊傳》"名不若字,字不若子",故下者稱姓以配子,彼對面語,故不言名,此非對面之言,於彼遥稱紹介之意,若不言名直稱姓,是何人?故鄭以姓名解之也。若然,《特牲》云"皇祖某子",注爲伯子、仲子者,以孫不宜云父祖姓,故以伯子、仲子言之。望經爲義,故注有殊。若然,注宜有名,無者誤也。**主人對曰:"某子命某見,吾子有辱。請吾子之就家也,某將走見。"**有,又也。某子命某往見,今吾子又自辱來,序其意也。走,猶往也。今文無走。【疏】"主人"至"走見"。○釋曰:云"某子命某見"者,某子則是紹介姓名,以某子是中間之人,故賓主共稱之也。此上下皆言請,不言辭,辭則不受①,須相見,故言請而已。○注"有又"至"無走"。○釋曰:鄭轉"有"爲"又"者,以言某子以命命某往就彼見,吾子又自辱來,於義爲便,故從"又"不從"有"也。云"走,猶往也"者,以言走,直取急往相見之意,非走驟之義,故釋從往也。云"今文無走"字者,無走於文義不足,故不從今文從古文也。**賓對曰:"某不足以辱命,請終賜見。"**命,謂請吾子之就家。**主人對曰:"某不敢爲儀,固請吾子之就家也,某將走見。"**不敢爲儀,言不敢外貌爲威儀,忠誠欲往也。固,如故也。今文不爲非,古文云固以請②。【疏】注"不敢"至"以請"。○釋曰:"固,如故

---

① "則"原作"而",曹云:"'而'當爲'則'。若言辭則不受矣,今須相見,故言請而已。"據改。
② "固"下原有"也"字,阮云:"徐本、《通解》同,《集釋》無'也'字。張氏云疏無'也'字。"據刪。

也"者，固爲堅固，堅固則如故，以再請如前，故云"固，如故也"。云"今文不爲非"者，云非敢，於義不便，故不從今文非也。云"古文云固以請"者，固請，於文從便，若有以字，於文賒緩，故不從古文"固以請"也。**賓對曰："某不敢爲儀，固以請。"**言如故①，請終賜見也。今文不爲非。**主人對曰："某也固辭，不得命，將走見。聞吾子稱摯，敢辭摯。"**不得命者，不得見許之命也。走，猶出也。稱，舉也。辭其摯，爲其大崇也。古文曰某將走見。○大崇，音泰，劉唐餓反，下同。【疏】注"不得"至"走見"。○釋曰：云"走，猶出也"者，亦如上之走往，彼據向賓家，故走爲往，此據出門，故云"走，猶出也"②。云"辭其摯，爲其大崇也"者，凡賓主相見，唯此新升爲士有摯，又初不相識，故有摯爲重，對重相見則無摯爲輕，是以始相見辭之，爲大崇故也。云"古文曰某將走見"者，上再番皆云"某將走見"，今此三番③，亦云"某將走見"，與前同，此疊古文不從者，以上第一番請，賓主皆無"不敢爲儀"，第二番賓及主人皆云"不敢爲儀"，兩番主人辭又皆云"請吾子之就家也"，文句既隔④，若不云"某"，於文不便，故須云"某"也，此三番於上已云"某也固辭，不得命"，於下不須"某"，於文便，古文更云"某將走見"，文疊，故不從也。**賓對曰："某不以摯不敢見。"**見於所尊敬而無摯，嫌大簡。【疏】注"見於"至"大簡"。○釋曰：此士相見，唯是平敵相伉，案《曲禮》云"主人敬客則先拜客，客敬主人則先拜主人"，並不問爵之大小，唯以相尊敬爲先後，故雖兩士亦得云相尊敬，不敢空手，須以摯相見，若無摯相見，是則大簡略也。**主人對曰："某不足以習禮，敢固辭。"**言不足習禮者，不敢當其崇禮來見己。【疏】注"言不"至"見己"。○釋曰：案上經賓云"某不以摯不敢見"，是賓以崇禮來見主人，今主人不敢當其崇禮來見己，故變文言"不足以習禮"，故鄭云"言不足習禮者，不

① "故"字原作"固"，曹云："'固'，各本作'故'。"據改。
② "走"下原無"猶"字，阮云："毛本'走'下有'猶'字，此本無。按上文當有'猶'字，今從毛本。"據補。
③ "番"字原作"者"，倉石云："'者'疑當作'番'。"據改。
④ "儀"下、"文"上原無"兩番主人辭又皆云請吾子之就家也"十五字，"隔"字原作"異"，曹云："'儀'下、'文'上當有脫文，擬補云'兩番主人辭又皆云請吾子之就家也'。'文句既異'，'異'當爲'隔'。"倉石云："曹說未安。'既'字或當爲'雖'，謂一番、二番文句雖異，其須云'某'則一也。"姑據曹校補改。

敢當其崇禮來見己”也。　賓對曰：“某也不依於摯，不敢見，〔敢〕固以請。”①言依於摯，謙自卑也。今文無也。【疏】注“言依”至“無也”②。○釋曰：凡相見之禮，以卑見尊，必依摯。《禮記·檀弓》云“魯人有周豐也者，哀公執摯請見之”者，是下賢，非正法，今《士相見》云“不依於摯，不敢見”，謙自卑也。　主人對曰：“某也固辭，不得命，敢不敬從。”出迎于門外，再拜，賓答再拜。主人揖，入門右。賓奉摯，入門左。主人（再）拜受，賓（再）拜送摯③，出。右，就右也。左，就左也。受摯於庭，既拜送則出矣④。不受摯於堂，下人君也。今文無也⑤。○下人，遐嫁反。【疏】注“右就”至“無也”⑥。○釋曰：凡門，出則以西爲右，以東爲左，入則以東爲右⑦，以西爲左，依賓西主東之位也。知“受摯於庭”者，以其入門左右，不言揖讓而升之事，故知在庭也。云“既拜送則出矣”者，欲見賓拜送摯訖而言出，則去還家，無意得待主人留己也。云“不受摯於堂，下人君也”者，《聘禮》賓升堂致命授玉，又下云“君在堂，升見無方階”，亦是升堂見君法，故云不升堂下人君也。　主人請見，賓反見，退。主人送于門外，再拜。請見者，爲賓崇禮來相接，以矜莊，歡心未交也，賓反見則燕矣。下云“凡燕見於君”至“凡侍坐於君子”，博記反見之燕義。臣初見於君，再拜，奠摯而出。【疏】“主人請見”至“再拜”。○注“請見”至“而出”。○釋曰：鄭解主人留賓之意。云“請見者，爲賓崇禮來相接”，則執摯來是也。云“以矜莊，歡心未交也”者，正謂入門拜受、拜送時，賓主俱矜莊相敬，歡心未交也。云“賓反見則燕矣”者，上《士冠》禮賓、《士昏》納采之等，禮訖皆有禮賓⑧、饗賓之

----

①　“固”上漢簡本有“敢”字，沈文倬《〈禮〉漢簡異文釋》云：“主人辭摯，初辭曰‘敢辭摯’，再辭曰‘敢固辭’，故賓對以‘敢固以請’。以上下文比勘，簡本爲長。”當據補。

②　“無”字原作“卑”，阮云：“案注末有‘今文無也’四字，則‘卑’字疑當作‘無’。”據改。

③　“主人”下、“賓”下漢簡本皆無“再”字，沈云：“迎送皆再拜，摯之奉、還皆一拜，於不同儀注見禮意之隆殺，簡本爲長。”當據刪。

④　“拜”下原有“受”字，疏述注無“受”字，阮云“注文‘受’字疑衍文”，據刪。

⑤　“無”下原無“也”字，毛氏汲古閣刊本“無”下有“也”字，據補。

⑥　“無也”原作“文無”，阮云：“毛本‘文無’作‘無也’。”據改。

⑦　“入”下原有“門”字，阮云：“毛本‘入’下無‘門’字。”據刪。

⑧　“訖”字原作“記”，曹云：“‘記’當爲‘訖’。”據改。

事，明此行禮，主人留，必不虛，宜有歡燕，故云"則燕矣"。以摯相見，非聘問之禮，燕既在寢，明前相見亦在寢之庭矣。若然①，諸文有留賓者，多是禮賓之事。知此不行禮賓而云燕者，彼諸文皆是爲餘事相見，以其事重，故爲禮賓，此直當身相見，其事輕，故直有燕矣，是以諸文禮賓，此燕賓，故直云"請見"也。云"凡燕見於君"至"反見之燕義"者，凡燕見，或反見，或本來侍坐非反見，下注云"此謂特見圖事，非立賓主之燕"是也，"侍坐於君子"之下，乃有侍坐、問夜、膳葷、賜食爵之等，不引證燕見者，彼直是侍坐法，非反見之禮故也②。云"臣初見於君，再拜，奠摯而出"者，鄭欲見自"燕見于君"下至"凡侍坐於君子"，皆反見燕法，其中仍有臣見于君法，臣始仕見于君法③，禮畢，奠摯而出，君亦當遣人留之燕也。若然，下有他邦之人則還摯，雖不見反燕，臣尚燕，他邦有燕可知，但文不具也。

　　主人復見之以其摯，曰："曏者吾子辱，使某見，請還摯於將命者。"復見之者，禮尚往來也。以其摯，謂曏時所執來者也。曏，曩也。將，猶傳也。傳命者，謂擯相者。○復見，扶又反，又音服，注同。曰曏，許亮反。請還，劉音旋，下皆同。曩也，乃蕩反。猶傳，丈專反，下文皆同。謂擯，必刃反。相者④，息亮反。【疏】"主人"至"命者"。○釋曰：自此至"賓退，送，再拜"，論主人還摯于賓之事⑤。○注"復見"至"相者"。○釋曰：云"復見之者，禮尚往來也"者，鄭解主人還摯之意，云"禮尚往來"，《曲禮》文。五等諸侯身自出朝及遣臣出聘，以其圭璋重，不可遙復，朝聘訖，即還之，璧琮財輕，故不還。彼朝聘用玉，自爲一禮，有不還之義。其在國之臣，自執摯相見，雖禽摯皆還之。臣見於君則不還，義與朝聘異，不可相決也。云"將，猶傳也。傳命者，謂擯相者"者，謂出接賓曰擯，入詔禮曰相，一也，故《周禮·司儀》云"每一門止一相"⑥，是謂擯介爲相也。　主人對曰："某也既得見矣，敢辭。"讓其來荅

① "若"下原無"然"字，曹云："'若'下脫'然'字。"據補。
② "反"字原作"燕"，曹云："'燕'或當爲'反'。"據改。
③ "仕"字原作"事"，曹云："'事'當爲'仕'。"倉石云"殿本、《正字》'事'皆作'仕'。"據改。
④ "者"字原作"也"，黃云："'也'字誤，宋本作'者'。阮云作'者'字與宋本標起訖合。"據改。
⑤ "還"下原無"摯"字，阮云："浦鏜云'還'下脫'摯'字。"據補。
⑥ "故周禮司儀云"原作"故聘禮與冠義皆云"，曹云："當爲'故《周禮·司儀》云每一門止一相'。"據改。

己也。【疏】"主人"至"敢辭"。○釋曰：上言主人，此亦言主人者，上言主人者據前爲主人而言，此云主人者謂前賓今在己家而説也。**賓對曰："某也非敢求見，請還摯于將命者。"**言不敢求見，嫌褻主人，不敢當也。今文無也。○嫌褻，息列反。【疏】注"言不"至"無也"[①]。○釋曰：云"嫌褻主人，不敢當也"者，曏者主人見己，今即來見主人，賓主頻見，是褻也，今云"非敢求見，嫌褻主人"，不敢更相見也，故不敢當相見之法，直云"還摯"而已。**主人對曰："某也既得見矣，敢固辭。"**固，如故也。**賓對曰："某不敢以聞，固以請於將命者。"**言不敢以聞，又益不敢當。【疏】注"言不敢"至"敢當"。○釋曰：上云"非敢求見"，已是不敢當，此云"不敢以聞"，耳聞疏於目見，故云"又益不敢當"也。**主人對曰："某也固辭，不得命，敢不從。"**許受之也。異日則出迎，同日則否。【疏】注"異日"至"則否"。○釋曰：下云"賓奉摯入"，不言主人出迎，又不言厥明，是與前相見同。知異日出迎者，《鄉飲酒禮》云"明日，乃息司正"，主人出迎之，司正猶迎之，況同僚乎？是知異日出迎也。若然，《聘禮》公迎于大門内，至禮賓又出迎者，彼初是公迎彼君之命[②]，不爲迎賓身，故至醴賓身，雖同日亦出迎之，故鄭注云"公出迎者，己之禮，更端"是也。《昏禮》賓爲男家使，初時出迎，至醴賓身，雖同日亦出迎也，《有司徹》前爲尸，後爲賓，所爲異，故雖同日亦出迎[③]，此二者亦是更端之義也。案《鄉飲酒》及《公食大夫》皆於戒賓之時，未行賓主之禮，是以賓至乃迎之，故雖同日亦迎賓，非更端之義也。**賓奉摯入，主人（再）拜受，賓（再）拜送摯[④]，出。主人送于門外，再拜。**

士見於大夫，終辭其摯，於其入也，一拜其辱也。賓退，送，再拜。終辭其摯，以將不親荅也。凡不荅而受其摯，唯君於臣耳。大夫於士不出迎，入一拜，正禮也。送再拜，尊賓。【疏】"士見於大夫"至"再拜"。○注"終辭"至"尊賓"。○釋曰：云"以將不親荅也"者，事未至謂之將，如上士相見，賓來見士，後將親荅就士

---

① "無"字原作"當"，注末有"今文無也"四字，依全疏標起止通例，"當"字當爲"無"，謹改。

② "君"字原作"初"，曹云："下'初'字殿本作'君'。"倉石云："下'初'注疏本作'君'是。"據改。

③ "故"下原有"云"字，曹云："'云'字衍。"據删。

④ "主人"下、"賓"下漢簡本皆無"再"字，沈釋以爲簡本爲長，説見前。

家，則辭而受其摯，此則"以將不親苔"，終不受也。若然，經直云"終辭其摯"，不言一辭、再辭，亦有可知，但略而不言也。又《少儀》云"始見君子，曰：願聞名"，此不言願聞，亦文不具也。云"凡不苔而受其摯，唯君於臣耳"者，見下文他邦之人則使擯者還其摯，見己君不言還摯。又文有三辭①，初辭、中辭、終辭。初辭之時，則云"使某"，中辭云"命某"，以辭在中者，傳言而已，故云"命某"，然"使某"者，是尊君卑臣之義，其心重，若云"命某"者，尊君卑臣，稍淺漸輕之義，故鄭云"或言命某，傳言耳"。必知有此義者，案僖九年《左傳》曰"天子有事於文武，使孔賜伯舅胙，且有後命，以伯舅耋老②，加勞賜一級，無下拜"，是尊君稱使，傳言云命，有輕重之義也。

　　若嘗爲臣者，則禮辭其摯，曰："某也辭，不得命，不敢固辭。"禮辭，一辭其摯而許也。將不苔而聽其以摯入，有臣道也。賓入，奠摯，再拜，主人苔壹拜。奠摯，尊卑異，不親授也。古文壹爲一。賓出，使擯者還其摯于門外，曰："某也使某還摯。"還其摯者，辟正君也。○辟正，音避。賓對曰："某也既得見矣，敢辭。"辭君還其摯也。今文無也③。擯者對曰："某也〔使〕某，非敢爲儀也④，敢以請。"還摯者請使受之。賓對曰："某也夫子之賤私，不足以踐禮，敢固辭。"家臣稱私。踐，行也。言某臣也，不足以行賓客禮。賓客所不苔者，不受摯。擯者對曰："某也使某，不

---

① "又文有三辭"，阮云："浦鏜云：'又文有三辭至輕重之義也，當在下擯者對曰某也使某，不敢爲儀也，固以請節注下疏，此錯簡也。又文，疑案禮之誤。'按此下凡七節無疏，故於此總釋之，非錯簡也。"曹云："此以下豫釋'若嘗爲臣者'章，又者，承上之辭。文，謂禮文也。"

② "以"上原無"且有後命"四字，倉石云："《正字》云上當脱'且有後命'四字。"據補。

③ "無"下原無"也"字，據毛氏汲古閣刊本補。

④ "命"字漢簡本作"使"、"非"上漢簡本無"某"字，沈云："此擯者苔賓之辭，敖繼公謂'擯者自爲之辭'，郝敬謂'擯者述主人命己之辭'，注家説有不同。還摯之事乃擯者代大夫爲之，初辭曰'某也使某還摯'，三辭曰'某也使某，不敢爲儀也'，上'某'爲大夫名，下'某'爲擯者名，均擯者自爲之辭，事本易明。祇因再辭今本'非'上有'某'字，遂有以此'某'字爲擯者述大夫之名，而不得不改'使'爲'命'，致啓後人之訟。簡本再辭與三辭無異，前後一貫，聚訟立解，然後知今本之誤，蓋初衍'某'字，繼又臆改耳。"當據改删。

敢爲儀也，固以請。”言使某，尊君也。或言命某，傳言耳。賓對曰：“某固辭，不得命，敢不從。”再拜受。受其摯而去之。【疏】注“受其摯而去之”。○釋曰：云“受其摯而去”者，以其嘗爲臣爲輕，既不受其摯，又相見無饗燕之禮，故鄭云“而去”以絕之也。

　　下大夫相見，以鴈，飾之以布，維之以索，如執雉。鴈，取知時，飛翔有行列也。飾之以布，謂裁縫衣其身也。維，謂繫聯其足。○以索，悉各反，注同。有行，户郎反。衣其，於既反。繫聯，音連。【疏】“下大夫”至“執雉”。○釋曰：言下大夫者，國皆有三卿五大夫，言上大夫，據三卿，則此下是五大夫也。二十七士與五大夫轉相副貳，則三卿宜有六大夫而五者，何休云“司馬事省，闕一大夫”。○注“鴈取”至“其足”。○釋曰：云“鴈，取知時”者，以其木落南翔，冰泮北徂，隨陽南北，義取大夫能從君政教而施之。云“飛翔有行列也”者，義取大夫能依其位次，尊卑有叙也。上士執雉，“左頭奉之”，此云“如執雉”，明執鴈者亦左頭奉之也。案《曲禮》云“飾羔鴈者以繢”，彼天子卿大夫，非直以布，上又畫之，此諸侯卿大夫，執摯雖與天子之臣同，飾羔鴈者直用布爲飾，無繢。彼不言士，則天子之士與諸侯之士同，亦無飾，士賤，故無別也。上大夫相見，以羔，飾之以布，四維之，結于面，左頭，如麛執之。上大夫，卿也。羔，取其從帥，羣而不黨也。面，前也。繫聯四足，交出背上，於胷前結之也。如麛執之者，秋獻麛，有成禮如之。或曰麛，孤之摯也。其禮蓋謂左執前足，右執後足。今文頭爲脰。○麛，莫兮反。【疏】“上大夫”至“執之”。○注“上大”至“爲脰”。○釋曰：云“上大夫，卿也”者，即三卿也。云“羔，取其從帥”者，凡羔羊羣皆有引帥，若卿之從君之命者也。云“羣而不黨也”者，羊羔羣而不黨，義取三卿亦皆正直，雖羣居不阿黨也。云“繫聯四足，交出背上，於胷前結之”者，謂先以繩雙繫前兩足，復以繩繫後兩足，乃以雙繩於左右從腹下向背上交過，於胷前結之也。云“如麛執之者，秋獻麛，有成禮如之”者，案《周禮·獸人》云“冬獻狼，夏獻麋，春秋獻獸物”，麀、豕、羣獸及狐狸可也，麛是鹿子，與鹿同時獻之，又《庖人》云“秋行犢麛”，則獻當在秋時，故云“秋獻麛”也，又案《禮器》“曲禮三千”，鄭云“曲，猶事也。事禮謂今禮也，其中事儀三千”，則禮未亡之時，三千條內有此獻麛之法，是有成禮可依，故此經得如之也。云“或曰麛，孤之摯也”者，案《大宗伯》及《大行人》與《聘禮》皆云“孤執皮帛”，謂天子之孤與諸侯之孤執皮帛，今此執麛者，謂新升爲孤，見己君法，至餘事則皆皮帛也。

云"其禮蓋謂左執前足,右執後足"者,案經云"左頭",則與雉、鴈同,是以《曲禮》云"執禽者左首",此鄭又云"執之",蓋謂左執前足,右執後足者(元缺起此),此釋經"如麛執之"①,據四足而言之。凡以摯相見之法,唯有新升爲臣及朝聘及他國君來主國之臣見②,皆執摯相見,常朝及餘會聚皆執笏,無執摯之禮,又執摯者,或平敵,或以卑見尊,皆用摯,尊無執摯見卑之法。《檀弓》云哀公執摯見己臣周豐者,彼謂下賢,非正法也。

如士相見之禮。大夫雖摯異,其儀猶如士。【疏】"如士相見之禮"。○釋曰:此下大夫及卿,其摯雖有羔、鴈之異,其相見之儀,則皆如士也。○注"大夫"至"如士"。○釋曰:云"儀猶如士"者,或兩大夫,或兩卿相見,皆如上文"某也願見,無由達"已下至"主人拜送于門外"也。

　　始見于君,執摯,至下,容彌蹙。下,謂君所也。蹙,猶促也。促,恭慤貌也。其爲恭,士、大夫一也。○彌蹙,子六反,注及下同。恭慤,苦角反。【疏】注"下謂"至"一也"。○釋曰:直云"見于君",不辨臣之貴賤,則臣之貴賤皆同,故鄭云"其爲恭,士、大夫一也"。不言所而言下者,凡臣視袷已下,故不言所,言下也。**庶人見於君,不爲容,進退走。**容,謂趨翔。【疏】注"容謂趨翔"。○釋曰:此不言民而言庶人,則是庶人在官,謂若《王制》云"庶人在官者,其禄以是爲差",即府史胥徒是也。按鄭注《曲禮》云"行而張足曰趨,行而張拱曰翔",皆是庶人貌也,此庶人見君不趨翔者,此見君法,彼是常法③。《論語》是孔子行事而云"趨進翼如"者,彼謂孔子與君圖事於堂,圖事訖,降堂向時揖處,至君前橫過向門,特加肅敬,與庶人不同也④。

士、大夫則奠摯,再拜稽首,君荅壹拜。言君荅士、大夫一拜,則於庶人不荅之。庶人之摯,鶩。古文壹作一。○摯鶩,亡卜反,鴨也。【疏】注"言君"至"作一"。

---

① "經"下原無"如"字,曹云:"'經'下脱'如'字。"據補。

② "朝聘"原作"聘朝",倉石云:"'聘朝'二字殿本倒。"據乙。

③ "翔"下原無"者此見君法"五字、"彼"字原作"謂",曹云:"翔下有脱文,當云'此庶人見君不趨翔者,此見君法,彼是常法'。'謂'當爲'彼',常法謂在官府之常法也。"據補改。

④ "同"上原無"不"字,曹云:"'同'上脱'不'字,疏意謂《論語》是孔子行事而有趨翔者,《論語》説孔子爲大夫與君圖事之法,與庶人不同,明士、大夫見君當趨翔也。"倉石云:"今案曹説未碻,玩上下疏意,或當謂趨翔本是庶人法而孔子亦趨進者,雖身爲大夫,特加肅敬,與庶人同耳。"姑據曹校補。

○釋曰：臣拜君云“再拜稽首”，則“君荅一拜”者，當作空首，則九拜中奇拜是也。云“言君荅士、大夫一拜，則於庶人不荅之”者，案《曲禮》君於士不荅拜，謂己士，此得與大夫同荅一拜者，士賤，君不荅拜，此以新升爲士，故荅拜，《聘禮》問勞云荅士拜者，亦以新使反，故拜之也。云“庶人之摯，鶩”者，案《大宗伯》云“以禽作六摯，庶人執鶩”，注云“鶩，取其不飛遷”，象庶人安土重遷是也。

若他邦之人，則使擯者還其摯，（曰：“寡君使某還摯。”①）賓對曰：“君不有其外臣，臣不敢辭。”再拜稽首，受。【疏】“若他”至“首受”。○釋曰②：賓不辭即受摯，以君所不臣，禮無受他臣摯法，賓知此法③，故不敢亢禮於他君，故不辭即受之也。凡臣無境外之交，今得以執摯見他邦君者④，謂他國之君來朝，此國之臣因見之，謂若《掌客》“卿皆見以羔”之類是也。《春秋》卿大夫與他國之君相見者，皆因聘會乃見之，非特行也。

凡燕見于君，必辯君之南面。若不得，則正方，不疑君。辯，猶正也。君南面，則臣見正北面。君或時不然，當正東面，若正西面，不得疑君所處邪鄉之。此謂特見圖事，非立賓主之燕也。疑，度之。○必辯，皮勉反，劉方勉反。不疑，音擬，又如字，注同。邪鄉，似嗟反，下許亮反。疑度，大各反。【疏】“凡燕”至“疑君”。○注“辯猶”至“度之”。○釋曰⑤：案上文注以此爲“博記反見之燕義”，則此與《燕禮》立賓主之燕別⑥，以其此經君之面位正南，臣北面向之，若不得南面，或君東西面，則臣亦正方向之，不可預度君之面位邪立向之，皆與《燕禮》君在阼階西面爲正異，故知此經

---

①　“摯”下漢簡本無“曰寡君使某還摯”七字，沈云：“此他國之人見於君，使擯者還摯之辭。其辭已見士見於大夫節：‘賓出，使擯者還其摯于門外，曰某也使某還摯。’兩節相異之處：彼節擯者與賓對語，應録全辭；此節他國之人不辭而受還摯，祇須録賓之對辭‘君不有其外臣，臣不敢辭’爲已足，不必復述前語。此重出之文，得簡本而證今本爲後人所臆加。”當據刪。

②　“釋”上原無“若他至首受”五字，倉石云：“案上當補‘若他至首受’五字。”據補。

③　“知”字原作“如”，曹云：“‘如’，殿本作‘知’。”據改。

④　“執摯”原作“摯執”，倉石云：“‘摯執’二字，殿本、《正字》俱倒。”據乙。

⑤　“釋”上原無“凡燕”至“度之”十一字，倉石云：“案上當補‘凡燕至疑君注辯猶至度之’十一字。”據補。

⑥　“燕禮”原作“燕義燕禮”，曹云：“‘義燕’二字衍。”據刪。

是特見圖事并賓反見之燕義也①。知有圖事者，《論語·鄉黨》云孔子與君圖事于庭、圖事于堂②，《聘禮》亦云君與卿圖事之時③，有此面位無常之法也。**君在堂，升見無方階，辯君所在**。升見，升堂見於君也。君近東則升東階，君近西則升西階。○君近，附近之近，下同。【疏】注"升見"至（元缺止此）"西階"。○釋曰：此文據君所在，隨便升階，無常之事，亦謂反燕及圖事之法。若立賓主，君升自阼階，賓及主人升自西階，《燕禮》所云是也。

　　凡言，非對也，妥而後傳言。凡言，謂己爲君言事也。妥，安坐也。傳言，猶出言也。若君問，可對則對，不待安坐也。古文妥爲綏。○妥而，他果反，安坐也。己爲，于僞反，下爲嫌、示爲皆同。【疏】"凡言"至"傳言"。○注"凡言"至"爲綏"。○釋曰：此據臣與君言之法也。云"凡言，謂己爲君言事也"者，謂臣有圖，爲君言也。《禮記·少儀》云"量而後入，不入而後量"，是臣有事將入見君，須量己所言，乃可得入，亦當量君安坐④，而後傳出己言，向君道之。云"妥，安坐也"者，《爾雅·釋詁》文。**與君言，言使臣。與大人言，言事君。與老者言，言使弟子。與幼者言，言孝弟於父兄。與衆言，言（忠信）慈祥⑤。與居官者言，言忠信**。博陳燕見言語之儀也。言使臣者，使臣之禮也。大人，卿大夫也。言事君者，臣事君以忠也。祥，善也。居官，謂士以下。○孝弟，音悌。【疏】"與君"至"忠信"。

---

① "見"下原有"皆"字、"并"下原有"與"字，曹云："'皆'字衍。"倉石云："《正字》刪'皆'字、'與'字。"據刪。

② "論語"至"于堂"，倉石云："《正字》云今《鄉黨》無文，《詳校》亦云此二語未知所出。"

③ "聘禮"原作"燕禮"，倉石云："《燕禮》無文，當《聘禮》誤。"據改。又，"圖"字原作"同"，張敦仁本作"圖"，據改。

④ "乃可得入"四字原在"亦當量君安坐"下，曹云："'乃可得入'當在'亦當量君安坐'上。"據乙。

⑤ "與衆言言忠信慈祥"八字漢簡本同，唯"祥"作"錫"，陳云："此二字（按：指慈錫）上下有圓括弧，是讀者所作刪去號。'忠信'與'慈祥'相重，故讀者欲刪去之。而《大戴記》引此句無'忠信'二字，可見不同家法，或刪'忠信'，或刪'慈祥'，俱嫌其重。"沈云："按陳說非也。據經文'與衆言，言忠信慈祥；與居官者言，言忠信'，敖繼公據《大戴記》注，以爲'因下有言忠信三字而誤衍'。敖說近是。'忠信'與'慈祥'義不重複，而刪'慈祥'則'衆'與'居官者'無別，《禮經》無此文例，有何'不同家法'之足云！"當據以刪此句"忠信"二字。

○釋曰：上文據與君言，此文則總説尊卑言語之别。云“與君言，言使臣。與大人言，言事君”者，但君臣相對，有事即言，不必與君言恒言使臣，與臣言恒言事君，今唯言使臣、事君者，下供上命，禮法當然，故君以使臣爲主，臣以事君爲正，無妨更言餘事，已下皆隨事爲主可也。云“與老者言，言使弟子”者，謂七十致仕之人，依《書傳》，大夫致仕爲父師，士致仕爲少師，教鄉閭子弟。雷次宗云：“學生事師雖無服，有父兄之恩，故稱弟子也。”云“與幼者言，言孝弟於父兄”者，幼既與老者相對，此幼即弟子之類，孝弟，事父兄之名，是人行之本，故云“言孝弟于父兄”。“與衆言，言忠信慈祥”者，此文承老幼之下，亦非朝廷之臣，但是鄉閭長幼共聚之處，使之行忠信慈善之事也。云“與居官者言，言忠信”者，此與在朝之士言，以忠信爲主也。○注“博陳”至“以下”。○釋曰：云“博陳燕見言語之儀也”者，據已上博陳與君燕見舉動言語，知此“博陳燕見言語之儀也”[1]。云“言使臣者，使臣之禮也”至“臣事君以忠”[2]，並是《論語》孔子對定公之文。云“大人，卿大夫也”者，此云“言事君”，明非天子、諸侯，又非士，是卿大夫可知，又案下文云“凡與大人言，始視面，中視抱，卒視面”，並是臣視君之法，則大人據君也，又《禮運》云“大人世及以爲禮”，鄭解爲諸侯者，以彼上文云“天下爲家”已據天子[3]，明下云大人是諸侯可知，《易·革卦》云“君子豹變”據諸侯，則“大人虎變”是天子可知，又案《論語》云“狎大人”，注謂天子、諸侯爲政教者[4]，彼據小人不在朝廷，故以大人爲天子、諸侯政教解之，鄭皆望文爲義，故解大人不同。云“居官，謂士以下”者，以上大夫云事君，已據居官卿大夫，其居官之内，唯有二十七士并府史胥徒，故云“士以下”也。

凡與大人言，始視面，中視抱，卒視面，毋改，衆皆若是。始視面，謂觀其顔色可傳言未也。中視抱，容其思之，且爲敬也。卒視面，察其納己言否也。毋改，謂傳言見荅應之間，當正容體以待之，毋自變動，爲嫌解惰不虚心也。衆，謂諸卿大夫同在此者。皆若是，其視之儀無異也。古文毋作無，今文衆爲終。○中視，如字，

---

①　“陳”下原無“燕見言語之儀”六字，曹云：“陳下似脱‘燕見言語之儀’六字。”據補。

②　“至臣事君以忠”原作“者并事君以服”，倉石云：“各本‘并’作‘臣’、‘服’作‘忠’是也。又殿本‘者’上補‘言事君’三字、‘忠’下補‘也者’二字。今案‘者’當爲‘至’字之誤，疏未必全引注文耳。”據改。

③　“已”字原作“以”，曹云：“‘以’、‘已’通。作‘以’義不顯豁，謹改爲‘已’。”

④　“謂”字原作“爲”，曹云：“‘爲’當作‘謂’。”據改。

劉丁仲反。抱，劉薄報反。毋改，音無，下同。嫌解，古賣反。惰，他臥反。【疏】"凡與"至"若是"。○注"始視"至"爲終"。○釋曰：云"中視抱，容其思之，且爲敬"者，案《曲禮》"天子，視不上於袷"，袷，交領也，"不下於帶"，上於袷則敖，下於帶則憂，視大夫得視面，此視君得視面者，彼據尋常視君法，此據與君言時，故不同也。云"且爲敬"者，此言抱，即面相袷不視袷，是敬君之禮①，故云"且爲敬也"。云"爲嫌解惰不虛心也"者，《禮記》云"虛中以治之"，鄭注云"虛中，言不兼念餘事"，是虛心之意也。云"衆，謂諸卿大夫同在此者"，言於君視之高下如此，其卿大夫視君之儀，與言者無異也。云"古文毋作無"，不從者，《説文》云"毋，止之也"，此云"毋改"②，蓋亦禁辭，故不從有無之無也。云"今文衆爲終"，不從者，以上已有卒，卒爲終，故從古爲衆也。**若父，則遊目，毋上於面，毋下於帶。**子於父，主孝不主敬，所視廣也，因觀安否何如也。今文父爲甫，古文毋作無。○毋上，時掌反。【疏】"若父"至"於帶"。○注"子於"至"作無"。○釋曰：案《曲禮》大夫之臣視大夫得視面不得遊目，士之臣視士得旁遊目，今子視父應與視君同，不上於袷，與士大夫同者，以子於父主孝不主敬，所視廣者，因視安否何如也。**若不言，立則視足，坐則視膝。**不言，則伺其行起而已。【疏】"若不"至"視膝"。○注"不言"至"而已"③。○釋曰：已上皆據臣子與君父言語之時，此據不言之時。鄭言"伺其行起"者，行解經立，行由立始，故以行解立，是以《論語》云"立不中門"，鄭云"立行不當棖闑之中央"，是亦以行解立，一也。又以起解坐，以其起由坐始故也。

　　凡侍坐於君子，君子欠伸，問日之早晏，以食具告，改居，則請退可也。君子，謂卿大夫及國中賢者也。志倦則欠，體倦則伸。問日蚤晏④，近

---

①　"禮"上原有"常"字，曹云："抱謂袷下帶上也。視抱者，面向袷而其所視又下於袷，是特爲敬君之禮也，'常'衍字。常禮當綏視，謂面下袷上也，視天子則視袷。"據刪。

②　"説文云毋"下原無"止之也此云毋改"七字，曹云："'毋'下有脱文，宜補云'止之也，此云毋改，蓋亦禁辭'。"據補。

③　"至"字原作"視"，依全疏標起止通例，"視"當爲"至"，謹改。

④　"日"下原無"蚤"字，阮云："'日'下敖氏有'蚤'字。"據補。

於久也。具，猶辨也①。改居，謂自變動也。古文伸作信，早作蚤。○侍坐，如字，又才臥反。欠，起劍反，劉欺劍反。伸，音申。猶辨，皮莧反。作蚤，音早。【疏】“凡侍”至“可也”。○注“君子”至“作蚤”。○釋曰：此陳侍坐於君子之法。鄭云“君子，謂卿大夫”者②，禮之通例，大夫得稱君子，亦得稱貴人而士賤，不得也。知“及國中賢者”者，《鄉射禮》云“徵唯所欲，以告於鄉先生、君子可也”，鄭云“鄉先生，鄉大夫致仕者。君子，有大德行不仕者”，則《曲禮》云“博聞強識而讓③，敦善行而不怠，謂之君子”是也。云“志倦則欠，體倦則伸”，鄭注《曲禮》亦然。云“古文伸作信，早作蚤”者，此二字古通用，故《大宗伯》云“侯執伸圭”④，爲信字，《詩》云“四之日其蚤⑤，獻羔祭韭”，爲早字⑥，既通用，疊古文者，據字體非直從今爲正，亦得通用之義。**夜侍坐，問夜，膳葷，請退可也。** 問夜，問其時數也。膳葷，謂食之。葷，辛物，葱薤之屬，食之以止臥。古文葷作薰。○膳葷，香云反。葱薤，户界反。【疏】“夜侍”至“可也”。○注“問夜”至“作薰”。○釋曰：云“問夜，問其時數也”者，謂若鍾鼓漏刻之數也。云“古文葷作薰”者，《玉藻》云“膳於君，有葷桃茢”，作此葷，鄭注《論語》作焄，義亦通，若作薰，則《春秋》“一薰一蕕”，薰，香草也，非葷辛之字，故疊古文不從也。

若君賜之食，則君祭先飯，徧嘗膳，飲而俟，君命之食然後

---

① “辨”字原作“辯”，吳紱云：“辨，監本作辯，《釋文》作辦。按康成注《周官》、《儀禮》凡辦具之辦皆作辨，無從力者。蓋漢時未有辦字，唯一字而兩用之。”阮云：“辯，《釋文》作辦。張氏曰：‘注曰具猶辨也。案《釋文》云辨皮莧反，《特牲饋食》注亦曰具猶辨也，從《釋文》。’按張氏所見注作辨，與今本異。《説文》有辨無辦，則當以辨爲正，作辦非也，作辯尤誤。”據改。

② “君子”下原無“謂”字，阮云：“案各本注‘子’下俱有‘謂’字。”據補。

③ “聞”字原作“文”，阮云：“毛本‘文’作‘聞’。按‘文’字非也。”據改。

④ “伸”字原作“身”，阮云：“閩本、《要義》同，毛本‘身’作‘伸’。”孫云：“作‘身’者，鄭《大宗伯》義。然此疏自證‘伸’、‘信’字通，則當以‘伸’爲是。《曲禮》孔疏引江南儒者解信圭義如此，蓋賈所本也。宋本作‘身’，乃後人以鄭義改之。”據改。

⑤ “四”字原作“一”，《詩·豳風·七月》作“四之日其蚤”，據改。

⑥ “早”字原作“蚤”，疏引《詩》證“蚤”與“早”通，則此“蚤”字當爲“早”，與引《大宗伯》證“伸”與“信”通一例，謹改。

食。君祭先飯，於其祭食^①，臣先飯，示爲君嘗食也。此謂君與之禮食。膳，謂庶羞^②。既嘗庶羞則飲，俟君之徧嘗也。今文佔嘗膳^③。○先飯，扶晚反，注同。徧嘗，音遍，注同。佔嘗，音貼，他篋反，《穀梁》未嘗有佔血之盟，佔，嘗也，劉音當密反，云此意謂未快或楚，未詳，或音沾。【疏】"若君"至"後食"。○注"君祭"至"嘗膳"。○釋曰：此經及下經論臣侍君坐得賜食之法。鄭云"先飯，示爲君嘗食也"者，凡君將食，必有膳宰進食，則膳宰嘗君前之食，備火齊不得，下文是也，今此文謂膳宰不在，則侍食者自嘗自己前食，既不嘗君前食，則不正嘗食，故云"示爲君嘗食也"。云"此謂君與之禮食"者，謂君與臣小小禮食法，仍非正禮食，正禮食則《公食大夫》是也，彼君前無食，此君臣俱有食，故知小小禮食，此即《玉藻》云"若賜之食而君客之，則命之祭然後祭"，彼云"客之"，則此注"禮食"亦得祭^④，故一也。但此文不云"客之，命之祭然後祭"，文不具也。若尋常食^⑤，不得云"禮食"，亦不得祭，故鄭注《玉藻》云"侍食則正不祭"是也。

若有將食者，則俟君之食然後食。將食，猶進食，謂膳宰也。膳宰進食，則臣不嘗食。《周禮》："膳夫品嘗食，王乃食。"【疏】"若有"至"後食"。○注"將食"至"乃食"。○釋曰：云"膳宰進食，則臣不嘗食"者，臣爲君嘗食，本爲膳宰不在，今膳宰既在，明"臣不嘗食"也，是以《玉藻》云"若有嘗羞者，則俟君之食然後食，飯飲而俟"，注云"不祭，侍食不敢備禮也。不嘗羞，膳宰存也"是也。云"膳夫"者，天子膳夫則諸侯之膳宰，引之者，證經將食之人是膳宰，因將膳與君，品嘗食。凡君食，臣有侍食之時，唯子不侍食，是以《文王世子》云"命膳宰曰：'末有原。'應曰：'諾。'然後退"，是大子不侍食。若卿大夫已下，則有侍食法，故《內則》云"父沒母存，冢子御食，羣子婦佐餕"

① "於"字原作"食"，阮云："'食其'，敖氏作'謂君'，盧文弨云宋本作'於其'。"據宋本改。
② "謂"下原有"進"字，敖本載鄭注無"進"字，據刪。
③ "文"字原作"云"，阮云："臧琳曰：'《釋文》佔嘗音貼，《穀梁》未嘗有佔血之盟，佔，嘗也。案佔既訓嘗，則佔即嘗之駁文，佔下不得更著嘗字。蓋古文徧嘗膳，今文徧佔膳，注當作今文云佔膳，文字脱，嘗衍也。《説文·口部》無佔，《食部》有飻，云相謁食麥也。《廣雅》二《釋詁》飻、嘗同訓爲食，則飻爲佔之本字無疑。'據以改"云"爲"文"。
④ "亦"下原有"不"字，曹云："'不'衍字，涉下文誤。"據刪。
⑤ "尋常"原作"臣嘗"，曹云："阮元：'臣嘗，《要義》作尋常。'案單疏亦作'尋常'是也。"據改。

是也。

　　若君賜之爵，則下席，再拜稽首，受爵，升席祭，卒爵而俟。
君卒爵，然後授虛爵。受爵者於尊所，至於授爵，坐授人耳。必俟君卒爵者，若
欲其醑然也。今文曰若賜之爵，無君也。○其醑，子召反，盡爵也。【疏】"若君"至"虛
爵"。○注"受爵"至"君也"。○釋曰：云"受爵者於尊所"者，《曲禮》亦是賜爵法而云
"酒進則起，拜受於尊所"是也。云"至於授爵，坐授人耳"者，見《曲禮》與《玉藻》并此
文，並無立授之文，故知坐授也。云"必俟君卒爵者，若欲其醑然也"者，此經文與《玉
藻》文同，皆燕而君客之賜爵法，故臣先飲，以酒是甘味，欲美君之味，故先飲，必待君
卒爵而後授虛爵者，臣意若欲君盡爵然也。案《曲禮》云"侍飲於長者，酒進則起，拜受
於尊所。長者辭，少者反席而飲。長者舉未醑，少者不敢飲"，彼是大燕飲禮，故鄭注
引《燕禮》曰"公卒爵而後飲"，案《燕禮》當無筭爵後，得君賜爵，待君卒爵乃飲是也。
退，坐取屨，隱辟而后屨。君爲之興，則曰："君無爲興，臣不敢
辭。"君若降送之，則不敢顧辭，遂出。謂君若食之、飲之而退也。隱辟，俛
而逡巡。興，起也。辭君興而不敢辭其降，於己大崇，不敢當也。○隱辟，匹亦反，一
音避，劉房益反，注同。君爲，于僞反。若食，音嗣。飲之，於鴆反。俛而，音逸。逡，七
旬反。逡，音巡。【疏】"退坐"至"遂出"。○注"謂君"至"當也"。○釋曰：云"謂君若食
之、飲之而退也"者，以上云"若君賜之食"、"若君賜之爵"而下云"退"者[1]，明爲此二者
而退也。云"隱辟，俛而逡巡"者，案《曲禮》云"鄉長者而屨"，此亦當然。云"不敢辭其
降"者，謂君降送時，明有不降法，故《曲禮》云"就屨，跪而舉之，屏於側"，注云"謂獨退
也"。云"若"者，不定之辭也。大夫則辭，退，下，比及門，三辭。下，亦降
也。○比及，毗志反。【疏】"大夫"至"三辭"。○釋曰：云"大夫則辭，退，下"者，對上不
敢辭是士，士卑不敢辭降，大夫之內兼三卿、五大夫，臣中尊者，故得辭降也。

　　若先生、異爵者請見之則辭，（辭）不得命[2]，則曰："某無以

---

①　"而下云"原作"下而云"，曹云："當爲'而下云'。"據乙。

②　"則辭"下漢簡本不重"辭"字，沈云："今本重'辭'字，屬下讀。大夫爵尊，來見
當辭；辭而未得許可，應告以當往彼求見而先出拜見之，例無固辭之儀也。然則'則
辭'爲禮之常；一辭而'不得命'則先見之爲禮之變。'不得命'句上文屢見，今本此文
涉下辭辭'辭不得命'句而誤衍。"當據刪。

見，辭不得命，將走見。"先見之。先生，致仕者也。異爵，謂卿大夫也。辭，辭其自降而來。走，猶出也。先見之者，出先拜也。《曲禮》曰："主人敬賓，則先拜賓。"①【疏】"若先"至"見之"。○注"先生"至"拜賓"。○釋曰：此先生即《鄉飲酒》云"就先生而謀賓介"，亦一也，故彼注與此注皆云"致仕者也"。云"異爵，謂卿大夫也"者，此《士相見》本文是士，故以卿大夫爲異爵也。訓走爲出者，亦謂士見異爵，取急意而言走，其實非走，直出也。引《曲禮》者，欲見敬客先拜也②，彼云"客"，此云"賓"者，對文賓、客異，散文賓、客通，故變文云"賓"也。

　　非以君命使，則不稱"寡"，大夫（士）則曰"寡君之老"③。謂擯贊者辭也。不稱寡者，不言寡君之某，言姓名而已。大夫、卿士④，其使則皆曰寡君之某。《檀弓》曰："士而未有祿者，君有饋焉曰獻，使焉曰寡君之老。"○命使，所吏反，注同。有饋，其位反。【疏】"非以"至"之老"。○注"謂擯"至"之老"。○釋曰：云"非以君命使，則不稱'寡'者"，此則《玉藻》云"大夫私事使，私人擯則稱名"，以其非聘問之禮，則爲私事使，私人擯也，《聘禮》云"若有言，則以束帛，如享禮"，注引《春秋》晉侯使韓穿來言汶陽之田歸於齊⑤，《玉藻》注亦引之是也。鄭云"謂擯贊者辭也"者，以《玉藻》自"諸侯之於天子"以下至大夫，皆云"擯者曰"，故知不自稱，是擯贊之辭也。云"其使則皆曰寡君之某"者，釋經"大夫士則曰'寡君之老'"，爲公事使者也，此則《玉藻》云

───────

　　① "主人敬賓則先拜賓"，《禮記·曲禮下》兩"賓"字俱作"客"。疏云："引《曲禮》者，欲見敬客先拜也。彼云'客'，此云'賓'者，對文賓、客異，散文賓、客通。"是疏據今本釋此鄭注所引作"賓"，但不得以今本改此鄭注所引。

　　② "見"下原有"言"字，曹云："'言'字似衍。"據刪。

　　③ "大夫"下漢簡本無"士"字，沈云："此節注家均依《玉藻》立解，'謂擯贊者之辭'，乃使臣之擯者對主國稱其使臣之稱謂。此禮主於士，上句指士爲擯者，非以君命出使；如使臣爲卿則不稱'寡君之老'；使臣爲大夫則不稱'寡'，寡即寡大夫。下句連類而及大夫爲擯者，今本作'大夫士'，與上句矛盾，無法通釋。戴震以下，均以爲文有譌舛，或説'士則曰'三字衍文；或説誤'使'爲'士'，迄無定論。得簡本而知本無'士'字，則此大夫爲擯者，使臣當爲卿，仍稱寡君之老。今本誤衍'士'字，當據刪。

　　④ "大夫卿士"，曹云："疏述注無此四字，又云'經直云大夫，鄭兼云士者'，故或以注卿字爲衍。弼案卿字非衍，從今本。"

　　⑤ "引"上原無"注"字，引《春秋》者乃鄭注而非《聘禮》，"引"上脱"注"字，謹補。

“公士擯，則曰寡大夫、寡君之老①。大夫有所往，必與公士爲賓”，亦一也，彼注云“謂聘也，大聘使上大夫，小聘使下大夫”，則曰寡君之某，故鄭總云“某”也。若然，經直云大夫，鄭兼云士者，經本文是士，則云“非以君命使”，可以兼士也，但士無特聘問，或作介，往他國亦有稱謂而云寡君之士某也。云“《檀弓》曰：仕而未有禄者”，謂試爲大夫士，直有試功之禄，未有正禄。云“君有饋焉曰獻”者，謂有饋物于君，亦與正禄者同稱獻。云“使焉云寡君之老”者，於他國君邊自稱寡君之某，此文亦兼士大夫。引之者，證公事使稱寡君之某也。**凡執幣，〔執幣〕者不趨②，容彌蹙以爲儀**；不趨，主慎也，以進而益恭爲威儀耳。今文無容。【疏】“凡執”至“爲儀”。○釋曰：案《小行人》合六幣，玉、馬、皮、圭、璧、帛皆稱幣，下文別云“執玉”，則此幣謂皮馬享幣及禽摯皆是。○注“不趨”至“無容”。○釋曰：凡趨有二種，有疾趨，“行而張足曰趨”是也，有徐趨，則下文“舒，武舉前曳踵”是也，今此經云“不趨”者，不爲疾趨，故云“主慎也”。既不云疾趨，又不爲下文徐趨，但徐疾之閒爲之，故“以進而益恭爲威儀”也。**執玉者則唯舒，武舉前曳踵③。**唯舒者，重玉器尤慎也。武，迹也。舉前曳踵，備蹪跲也。今文無者，古文曳作拽。○曳腫，諸勇反。備蹪，音致。跲也，其業反，劉居業反。作拽，以制反，劉音泄。【疏】“執玉”至“曳踵”。○釋曰：此篇直見在國以禽摯相見之禮，無執玉朝聘鄰國之事而云“執玉者”，因執摯相見，故兼見朝聘執玉之禮也。案《玉藻》記徐趨之節云“圈豚行”，又與此不同者，文有詳略，俱是徐趨也。○注“唯舒”至“作拽”。○釋曰：云“唯舒者，重玉器尤慎也”者，案《玉藻》云“執龜玉不趨”，不趨者，不爲疾趨，又《曲禮》云“凡執主器，執輕如不克”，故爲“重玉器尤慎也”。云“備蹪跲也”者，蹪跲則顚倒，恐損玉，故徐趨也。**凡自稱於君，士、大夫則曰“下臣”，宅**

---

① “君”上原無“寡”字，阮云：“毛本‘君’上有‘寡’字。按《玉藻》有‘寡’字。”據補。

② “凡執幣”下漢簡本重“執幣”二字，沈云：“《周禮·小行人職》：‘合六幣，圭以馬，璋以皮，璧以帛，琮以錦，琥以繡，璜以黼。’此云‘執幣者’乃執皮、帛等，下別云‘執玉者’，乃執圭、璋等，鄭注所謂‘重玉器尤慎也’。然則此文云‘凡執幣’乃總冒六幣，下分兩段：一爲皮、帛等，稱執幣者，二爲圭、璋等，稱執玉者。今本不重‘執幣’，二執之相對意義不顯，而‘凡’字亦無着落，得簡本而義始顯豁。今本誤脱。”當據補。

③ “執玉者則唯舒武舉前曳踵”，吳紱云：“注、疏讀‘舒’字爲句，朱子則以‘舒武’爲句。”

者在邦則曰"市井之臣"，在野則曰"草茅之臣"，庶人則曰"刺草之臣"，他國之人則曰"外臣"。宅者，謂致仕者也。致仕者去官而居宅，或在國中，或在野。《周禮》載師之職："以宅田任近郊之地。"刺，猶劃除也。今文宅或爲託①，古文茅作苗。○草茅，莫交反。刺草，七亦反，劉此歷反。猶劃，初限反，劉測展反。【疏】"凡自"至"外臣"。○釋曰：云"凡自稱於君，士大夫則曰'下臣'"者，此與君言之時，案《玉藻》云"上大夫曰下臣"，與此同也。○注"宅者"至"作苗"。○釋曰：此亦自稱於君，以其致仕不在，故指宅而言，故曰"宅者，謂致仕者也"。云"或在國中，或在野"者，案《爾雅》"郊外曰野"，則自郊至畿五百里内皆名野，又案《鄉大夫職》"國中七尺，野自六尺"，此亦云在國、在野，相對其言，國外則云野，國内則云宅②，在野者，城外畿内皆是也。云"載師之職"者，彼鄭注云"宅田，致仕者之家所受田也"，引之證彼言宅田據地，此言宅據所居，一也。云"刺，猶劃除也"者，案《詩》有"其鎛斯趙"，注云"趙，刺也"，故以刺爲劃除草木者也。

---

① "今文宅或爲託"原作"今宅爲託"，阮云："毛本作'今文宅或爲託'，徐本無'文'、'或'二字，《集釋》有'文'字無'或'字，《通解》無'文'字有'或'字。"據毛本補。

② "則"上原無"國内"二字，阮云："連下'在野者'作一句，與《要義》同，毛本'則'上有'國内'二字。"據毛本補。

儀禮疏卷第八　儀禮卷第四

鄉飲酒禮第四

○鄉飲酒禮第四，鄭云："諸侯之鄉大夫三年大比，將獻賢者、能者於其君，以禮賓之，與之飲酒之禮。"【疏】"鄉飲酒禮第四"。○鄭《目録》云："諸侯之鄉大夫三年大比，獻賢者、能者於其君，以禮賓之，與之飲酒，於五禮屬嘉禮。《大戴》此乃第十，《小戴》及《別録》此皆第四。"○釋曰：鄭知此鄉飲酒是諸侯之鄉大夫獻賢能法者，案《春官》小胥掌樂縣之法而云"凡縣鍾磬，半爲堵，全爲肆"，注云"鍾磬者，編縣二八十六枚而在一虡，謂之堵。鍾一堵，磬一堵，謂之肆。半之者，謂諸侯之卿、大夫、士也。諸侯之卿、大夫半天子之卿、大夫，西縣鍾，東縣磬。士亦半天子之士，縣磬而已"，今此下唯縣磬而無鍾，故以爲諸侯鄉大夫也。若然，鄭謂諸侯鄉大夫①，是大夫爲之，亦應鍾磬俱有而直有磬者，鄭彼注"方賓鄉人之賢者②，從士禮也"，故縣磬而已。若然，天子鄉大夫賓賢能從士禮，亦鍾磬俱有，不得獨有磬也。知諸侯之鄉大夫非士者，案《鄉射記》云士則鹿中，大夫則兕中，又經有"堂則物當楣，序則物當棟"，則非直州射兼有諸侯鄉大夫以五物詢衆庶行射之禮，則知諸侯鄉大夫是大夫爲之可知也。凡鄉飲酒之禮，其名有四：案此賓賢能謂之鄉飲酒，一也；又案《鄉飲酒義》云"六十者坐，五十者立侍"，是黨正飲酒亦謂之鄉飲酒，二也；鄉射州長春秋習射於州序，先行鄉飲酒，亦謂之鄉飲酒，三也；案《鄉飲酒義》又有卿、大夫、士飲國中賢者，用鄉飲酒，四也。其《王制》云"習射尚功，習鄉尚齒"，還是鄉飲酒黨飲酒法。

鄉飲酒之禮。主人就先生而謀賓、介。主人，謂諸侯之鄉大夫也。

---

① "謂"上原無"鄭"字，曹云："'謂'上似脱'鄭'字。"據補。

② "方"字原作"云"，阮云："'云'，當從《要義》作'方'。"鄭注此篇記文"磬，階間縮霤，北面鼓之"正作"方賓鄉人之賢者"，據改。

先生，鄉中致仕者。賓、介，處士賢者①。《周禮》大司徒之職：“以鄉三物教萬民而賓興之：一曰六德，知、仁、聖、義、忠、和；二曰六行，孝、友、睦、姻、任、恤；三曰六藝，禮、樂、射、御、書、數。”《鄉大夫》以“正月之吉，受法于司徒，退而頒之于其鄉吏，使各以教其所治，以考其德行，察其道藝。及三年大比而興賢者、能者，鄉老及鄉大夫帥其吏與其衆寡以禮禮賓之。厥明，獻賢能之書於王”，是禮乃三年正月而一行也，諸侯之鄉大夫貢士於其君，蓋亦如此云②。古者年七十而致仕，老於鄉里，大夫名曰父師，士名曰少師而教學焉，恒知鄉人之賢者，是以大夫就而謀之，賢者爲賓，其次爲介，又其次爲衆賓而與之飲酒，是亦將獻之，以禮禮賓之也。今郡國十月行此飲酒禮，以《黨正》每歲邦索鬼神而祭祀，則以禮屬民而飲酒于序，以正齒位之說然③，此篇無正齒位之事焉。凡鄉黨飲酒，必於民聚之時，欲其見化④，知尚賢尊長也。《孟子》曰：“天下有達尊三：爵也、德也、齒也。”○賓介，音界。知仁，音智。六行，下孟反，下德行同。而頒，音班。大比，毗志反，劉音鼻。少師，詩照反。邦索，色白反。禮屬，音燭，下文共注同。尊長，丁丈反。【疏】“鄉飲”至“賓介”。○釋曰：自此至“介亦如之”，論鄉大夫與先生謀賓、介并戒告之儀。“主人就先生而謀賓、介”者，謂鄉大夫尊敬之，先就庠學中告先生⑤，謀此二人，道藝優者爲賓，稍劣者爲介。○注“主人”至“齒也”。○釋曰：云“賓、介，處士賢者”者⑥，案《玉藻》云“大夫素帶，士練帶，居士錦帶，弟子縞帶”，鄭玄以居士在士之下、弟子之上，解爲“道藝處士”，非朝廷之士，此處士亦名君子，即《鄉射禮》云“徵唯所

---

① “賓介處士賢者”，阮云：“‘者’下《通典》有‘也’字。按《通典》引諸經傳注，往往增入‘也’字，就此篇論之，如‘明其德各特也’、‘拜賓至此堂，尊之也’、‘進酒於賓也’、‘復西階上位也’、‘坐於席也’、‘以右手也’、‘酬之言周也’、‘賓謙不敢居堂上也’、‘不嚌崒下賓也’、‘就賓南授之也’、‘下賓也’、‘長其老者也’、‘賤者禮簡也’、‘謂歌與衆聲俱作也’、‘示絜敬也’、‘以察衆也’、‘又以序相酬也’，此類甚多，豈古本俱有‘也’字而今本盡删之歟？凡類書徵引羣籍，有删無增，此或原本如是，今不能一一細校，聊誌其概於此。”

② “蓋”下原無“亦”字，疏述注“蓋”下有“亦”字，據補。

③ “齒位”原作“治謂”，疏述注“治謂”作“齒位”，張敦仁本作“齒位”不誤，據改。

④ “其見”原作“見其”，疏述注“見其”二字倒，張敦仁本作“欲其見化”不誤，據乙。

⑤ “中告”原作“者若”，阮云：“盧文弨改‘若’作‘告’，云賓、介皆庠中之學士。”曹云：“‘者’當爲‘中’。‘若’，盧文弨改‘告’，從之。”據改。

⑥ “者”字原不重，阮云：“按‘者’字當重。”據補。

欲，以告於先生、君子可也”，鄭亦云“君子，有大德行不仕者”，以其未仕，有德自處，故
名處士君子也。云“賢者”，義取鄉大夫之興賢能者而言也。云“《周禮》”至“書數”，並
《大司徒職》文，故彼鄭注云“物，猶事也。興，猶舉也。民三事教成，鄉大夫舉其賢者、
能者，以飲酒之禮賓客之，既則獻其書於王矣。知，明於事。仁，愛人以及物。聖，通
而先識。義，能斷時宜。忠，言以中心。和，不剛不柔。善於父母爲孝，善於兄弟爲友。
睦，親於九族。姻，親於外親。任，信於友道。恤，振憂貧者。禮，五禮之義。樂，六樂
之歌舞。射，五射之法。御，五御之節。書，六書之品。數，九數之計”，引此天子司徒
者，欲兼諸侯司徒亦使鄉大夫教民以三物，教成亦使鄉大夫行鄉飲酒之禮，尊之爲賓
客，興舉之也。云“《鄉大夫》”已下至“於王”，並《周禮·地官·鄉大夫職》文。云“正月
之吉”，謂周之正月朔日也。云“受法于司徒”者，謂六鄉大夫皆於大司徒處受三物教
民，賓舉之法也。云“退而頒之于其鄉吏，使各以教其所治”者，吏即州長、黨正、族師、
閭胥之等是也。云“以考其德行，察其道藝”者，德行即六德、六行，道藝正謂民中有道
藝者，考察知其優者，擬舉之也。云“及三年大比而興賢者、能者”，大比謂三年大案比
户口之時而興舉之，賢者即德行者也，能者即道藝者也。云“鄉老”，謂三公，二鄉公一
人。云“及鄉大夫帥其吏”者，即帥其鄉吏州長已下。云“與其衆寡”者，即鄉中之人
也。云“以禮禮賓之”者，以鄉飲酒之禮禮而賓舉之也。云“厥明，獻賢能之書於王”
者，今日行鄉飲酒之禮，至其明日，獻此賢能之書于王，王再拜而受之，登于天府也。
云“是禮乃三年正月而一行也”者，欲見彼是天子鄉大夫法，諸侯鄉大夫無文，以此約
之，故云“諸侯之鄉大夫貢士於其君，蓋亦如此云”，但無正文，故云“蓋”以疑之也。云
“古者年七十”至“學焉”，案《略説》云“大夫七十而致仕，老於鄉里，名曰父師，士曰少
師，以教鄉人子弟於門塾之基而教之學焉”是也。云“賢者爲賓，其次爲介，又其次爲
衆賓而與之飲酒，是亦將獻之，以禮禮賓之也”者，謂據此經諸侯鄉大夫貢士之法，亦
如天子之鄉大夫貢法，故云“亦”也。若據鄉貢一人，其介與衆賓不貢之矣，但立介與
衆賓，輔賓行鄉飲酒之禮，待後年還以貢之耳。案《射義》云“古者天子之制，諸侯歲
獻，貢士”，注引舊説“大國三人，次國二人，小國一人”，大國三鄉，次國二鄉，小國一
鄉，所貢之士與鄉同，則鄉送一人至君所。其國有遂，數亦同。其鄉并有公邑、采地，
皆有賢能貢之而貢士與鄉數同。不言遂與公邑、采地所貢者，蓋當鄉送一人至君所，
君又總校德之大小取以貢之，縱取鄉外，仍準鄉數爲定。鄉大夫雖行飲酒禮賓之于

君，其簡訖，仍更行飲酒禮賓之於王，是以《易·觀》"盥而不薦"[1]，鄭注云"諸侯貢士於天子，鄉大夫貢士於其君，必以禮賓之。唯主人盥而獻賓[2]，賓盥而酢主人，設薦俎則弟子也"，是鄉大夫及諸侯貢士，皆行飲酒禮禮賓也。云"今郡國"至"之說然"者，鄭欲解此鄉飲酒貢士法，彼漢時所行飲酒禮者是正齒位，與此不同之意。漢時已罷諸侯之國而爲郡，郡有大守而封王子母弟者仍爲國，故云"郡國"也。云"十月行此飲酒禮"者，謂行此鄉飲酒禮也。云"以《黨正》每歲邦索鬼神而祭祀"者，則《禮記·郊特牲》云"蜡者，索也，歲十二月，合聚萬物而索饗之"，周謂之十二月，即夏之十月，農功畢而蜡祭也。云"則以禮屬民而飲酒于序，以正齒位"者，屬，聚也，謂當蜡祭之月，黨正聚民於序學中，以三時務農，將闕於禮，此時農隙，故行正齒位之禮，則《禮記·鄉飲酒義》云"六十者坐，五十者立侍，六十者三豆，七十者四豆，八十者五豆，九十者六豆，年長者在上"，是正齒位之法也。云"之說然"者，漢時十月飲酒禮，取此《黨正》之文而然，與此篇《鄉飲酒禮》異也。云"此篇無正齒位焉"者，以其此篇以德行爲本而貢之，無《黨正》正齒位法也。云"凡鄉黨飲酒，必於民聚之時"者，此鄉飲酒必於三年大比民聚之時，黨正鄉飲酒亦於大蜡民聚之時也。云"皆欲其見化，知尚賢尊長也"者，尚賢，據此篇《鄉飲酒》；尊長，據《黨正》鄉飲酒。但黨正飲酒，以鄉大夫臨觀行禮，或鄉大夫居此黨內，則亦名鄉飲酒也。云"《孟子》"者，《孟子·公孫丑篇》齊王召孟子，不肯朝，後不得已而朝之，宿於大夫景丑之家，"景子譏之曰：《禮》云：父召，無諾；君召，不俟駕而行。固將朝矣，聞君命而遂不果，宜與夫禮若不相似然。對曰：天下有達尊三：爵一、德一、齒一[3]。朝廷莫如爵，鄉黨莫如齒，輔世長民莫如德。惡有得其一，以慢其二哉"是也，引之者，證鄉大夫飲酒是尚德也，黨正飲酒尊長尚齒也，爵則於此無所當，連引之耳。**主人戒賓，賓拜辱，主人荅拜，乃請賓。賓禮辭，許，主人再拜，賓荅拜。**戒，警也，告也。拜辱，出拜其自屈辱至己門也。請，告以其所爲來之事。不固辭者，素所有志。○警也，音景。所爲，于僞反。【疏】"主人"至"荅拜"。○注"戒警"至"有志"。○釋曰：云"拜辱，出拜其自屈辱至己門也"者，知賓出門者，見

---

① "是"下原無"以"字，阮云："盧文弨云'是'字疑衍，或當作'案'。按'是'下當有'以'字，疏每省之。"據補。

② "盥"原作"觀"，阮云："盧文弨改'觀'爲'盥'。"據改。

③ "爵一德一齒一"原作"爵也德也齒也"，阮云："《要義》同，毛本三'也'字俱作'一'。"《孟子·公孫丑下》三"也"字俱作"一"，據改。

《冠禮》主人宿賓，賓出門左，《鄉射》戒賓，亦出門，故知此亦出門。云"所爲來之事"者，謂行鄉飲酒之禮也。云"不固辭者，素所有志"者，不如《士相見》固辭，此禮辭即許者，以其主人與先生謀時，賓已知欲貢己，又賓以學習德業，擬爲賓主，情意相許，是以不固辭，爲素有志也。案《冠禮》主人先拜，賓荅拜，此賓先拜，主人荅拜者，彼冠禮主人戒同寮，同寮尊，又使之加冠於子，尊重之，故主人先拜，此則鄉大夫尊矣，賓是鄉人，卑矣，又將貢己，宜尊敬主人，故賓先拜辱也，是以下注云"去又拜辱者，以送謝之"也。

主人退，賓拜辱。退，猶去也。去又拜辱者，以送謝之。**介亦如之。**如戒賓也。【疏】"介亦如之"。○注"如戒賓也"。○釋曰：言"如戒賓"者，亦如上"主人戒賓"已下、"賓拜辱"已上之事，謀賓、介及戒，亦言賓、介，竟不言衆賓[1]，衆賓德劣，但謀介時雖不言衆賓，亦當謀之，故上注兼言"其次爲衆賓"。至於戒速之日，必當遣人戒速使知，但略而不言，故下云"賓及衆賓皆從之"是也。《鄉飲酒義》云"主人親速賓及介而衆賓自從之"，亦據不得主人戒速而爲自從也。

　乃席賓、主人、介，席，敷席也。夙興往戒，歸而敷席。賓席牖前，南面。主人席阼階上，西面。介席西階上，東面。○敷席，音孚，又普吳反，劉豐吳反。牖前，音酉。【疏】"乃席賓主人介"。○注"席敷"至"東面"。○釋曰：知"夙興往戒，歸而敷席"，不別日者，下記云"鄉，朝服而謀賓、介，皆使能而不宿戒"，是同日也。鄭知賓、介與主人席位如此者，案《鄉飲酒義》云"主人者尊賓，故坐賓於西北，而坐介於西南以輔賓。賓者，接人以義者也，故坐於西北。主人者，接人以仁[2]，以德厚者也，故坐於東南，而坐僎於東北以輔主人也"，又云"賓必南面，介必東鄉，介賓主也"，《鄉射》云"乃席賓，南面，席主人于阼階上，西面"，以此故知賓、主及介其位然也。**衆賓之席皆不屬焉。**席衆賓於賓席之西。不屬者，不相續也，皆獨坐，明其德各特。【疏】"衆賓"至"屬焉"○注"席衆"至"各特"。○釋曰：鄭知衆賓席在賓席之西者，見《鄉射》云"席賓，南面東上，衆賓之席繼而西"，此衆賓之席亦當然，但此不屬爲異耳。云"皆獨坐，明其德各特"者，《鄉射》注云"言繼者，甫欲習衆庶，未有所殊別"，此乃特貢於君，故衆賓之席皆不屬焉，明三物已久，其德各特，故不屬續其席，雖不屬，猶統賓爲位，同南面也。**尊**

兩壺于房戶閒，斯禁，有玄酒在西。設篚于禁南，東肆，加二勺于兩壺。斯禁，禁切地無足者。玄酒在西，上也。肆，陳也。○斯禁，如字，劉音賜。二勺，上灼反。【疏】“尊兩”至“兩壺”。○注“斯禁”至“陳也”。○釋曰：凡設尊之法，但醴尊見其質，皆在房內，故《士冠禮》禮子，《昏禮》禮婦，醴皆在房隱處。若然，《聘禮》禮賓尊於東廂不在房者，見尊欲與卑者爲禮，相變之法。設酒之尊，皆於顯處，見其文，是以此及醮子與《鄉射》、《特牲》、《少牢》、《有司徹》皆在房戶之閒是也。《燕禮》、《大射》尊在東楹之西者，君尊專大惠也。云“設篚于禁南，東肆”者，言東肆以頭首爲記，從西向東爲肆，則大頭在西也。云“斯禁，禁切地無足者”，斯，漸也，漸盡之名，故知切地無足，《昏禮》、《冠禮》皆云禁者，士禮以禁戒爲名，卿大夫、士並有禁名，故鄭以大夫、士雙言也，是以《玉藻》云“大夫側尊用棜，士側尊用禁”，注云“棜，斯禁也”，大夫、士禮之異也，《禮器》云“大夫、士棜禁”，注云“棜，斯禁也。謂之棜者，無足有似於棜，或因名云耳①。大夫用斯禁，士用棜禁”②，然則禁是定名，言棜者是其義稱，故《禮器》大夫、士總名爲棜禁。案《特牲禮》云實獸於棜，注云“棜之制，如今大木輿矣”，則棜是輿，非承尊之物，以禁與斯禁無足似輿，故世人名爲棜，若然，周公制禮，《少牢》名爲棜，則以周公爲“世人”，或有本無“世人”字者，是以《少牢》不名斯禁，謂之爲棜，取不爲酒戒。《特牲》云“壺、禁在東序”，記云“壺、棜禁饌于東序”，注云“禁言棜者，祭尚厭飫，得與大夫同器，不爲神戒也”，其餘不用云棜禁，不敢與大夫同名斯禁，作注解記，故云“士用棜禁”，明與《少牢》棜同也。若然，士之棜禁，大夫之斯禁，名雖異，其形同，是以《禮器》同

---

① “或因名云耳”，孫云：“熊安生本《禮器》注作‘世人或因名云耳’，唐定本無‘世人’二字，賈、孔並從之，亦見《禮器》疏。”賈疏下文據鄭注爲説，牽涉熊本，錄孫校於此以明其意。

② “士用棜禁”，曹云：“《禮記校勘記》云：‘惠棟云棜字衍，按惠説是也。’弼案孔《正義》無‘棜’字，於義順；賈此疏引有‘棜’字，故其説迂曲。”賈疏既據所引“士用棜禁”爲説，雖當刪而仍其舊。

名枓禁也①。其餘《士冠》、《昏禮》禮賓用醴，不飲，故無禁，不爲酒戒。若天子、諸侯承尊之物謂之豐，上有舟②，是尊與卑異號也。**設洗于阼階東南，南北以堂深，東西當東榮。水在洗東，篚在洗西，南肆。**榮，屋翼。○堂深，申鴆反，後皆放此，更不音。東榮，如字，劉音營，禮内皆放此。【疏】"設洗"至"南肆"。○注"榮屋翼"。○釋曰：云"南北以堂深"者，堂深，謂從堂廉北至房室之壁，堂下洗北去堂遠近深淺取於堂上深淺，假令堂深二丈，洗亦去堂二丈，以此爲度。云"榮，屋翼"者，榮在屋棟兩頭，與屋爲翼，若鳥之有翼，故《斯干》詩美宣王之室云"如鳥斯革，如翬斯飛"，與屋爲榮，故云"榮"也。

羹定。肉謂之羹。定，猶孰也。○羹，如字，劉户庚反，卷内皆同。定，丁佞反，注同。【疏】"羹定"。○注"肉謂"至"孰也"。○釋曰：云"肉謂之羹"者，《爾雅》文。言肉，正謂其狗。孰云定者，孰即定止然，故以定言之。言此者，以與速賓時節爲限，不敢煩勞賓，故限之也。**主人速賓，賓拜辱，主人荅拜，還，賓拜辱。**速，召

---

①　"鄭以大夫士雙言也"至"是以禮器同名枓禁也"，曹云："疏云'鄭以大夫、士雙言也'者，雙言猶互言，目下所引《禮器》注也，言大夫、士並有禁名，故鄭以大夫、士雙言，是以《玉藻》云大夫用枓，士用禁，注以枓爲斯禁，是大夫、士禮異矣，而《禮器》云大夫、士枓禁，似大夫、士同名枓禁者，注云'枓，斯禁也'，又云'大夫用斯禁，士用枓禁'，枓既是斯禁，則大夫、士所用者止一物，特異其名耳。然則禁是定名，言枓是義稱。大夫、士皆有禁名，大夫、士之禁皆有枓義，故《禮器》大夫、士總名爲枓禁也。知枓是義稱者，《特牲》注以實獸之枓爲輿，禁無足似輿，故名枓。枓之言飫，《少牢》名斯禁爲枓，取不爲酒戒。《特牲》經云禁，而記云枓禁，亦取不爲神戒，與大夫同器也。'其實不用'，'實'當爲'餘'，言惟祭與大夫同名枓，其餘不用此名，但稱禁耳。雖云枓禁，仍不得與大夫同名斯禁。《禮器》據士祭亦有枓義，鄭達記意，故云'士用枓禁'，明與《少牢》大夫祭同也。若然，士之枓禁，大夫之斯禁，名雖異，其實同，故《禮器》總名枓禁也。弼按：賈以大夫、士同名禁，同得稱枓，揆以各經注，本文多牽强。其誤在不知《禮器》注'枓禁'之'枓'爲衍字，因以大夫、士枓禁爲一物，不知大夫、士枓禁，猶言大夫枓、士禁耳，與《玉藻》文無不合，亦無所謂互。至《特牲記》之枓禁，則與《禮器》不同（此條破疏，實字爲餘，未敢自信，俟質通人正之）。"此辨賈疏之誤，姑依其説改疏中"其實不用"爲"其餘不用"。又，疏中"作注解記"原作"作記解注"，推尋上下文意，"記"、"注"二字誤倒，謹乙。

②　"若天子諸侯承尊之物謂之豐上有舟"，吴紱云："按《鄉射禮》飲不勝者設豐，則豐不獨天子、諸侯有之矣。《春官・司尊彝職》六彝皆有舟，不謂舟又置於豐上也。《燕禮》公尊有豐，不謂豐上又有舟也。二者難以牽混，賈疏似誤。"

也。還，猶退。【疏】"主人"至"拜辱"。○釋曰：自此至"皆從之"，論主人往賓門召之使來之事。案《鄉射》云"主人朝服，乃速賓。賓朝服出迎，再拜"，彼云"乃速賓"，此不云"主人乃"者，彼戒、速別服，故云"乃"以間之，此戒、速雖與彼同，但此戒、速同服，故不云"乃"。云"主人荅拜^①，還，賓拜辱"，案《聘禮》云賓入境，至近郊，使下大夫至賓館，下大夫遂以賓入，賓送不拜，又《公食大夫禮》使大夫戒賓，"大夫還，賓不拜送，遂從之"，鄭注云"不拜送者，爲從之，不終事"，皆不拜送，此獨拜送者，亦是鄉大夫尊，賓卑，又擬貢，故特拜辱而送之，異於餘者。**介亦如之。**如速賓也。**賓及衆賓皆從之。**從，猶隨也。言及衆賓，介亦在其中矣。【疏】"賓及"至"從之"。○注"從猶"至"中矣"。○釋曰：鄭云"言及衆賓，介亦在其中矣"者，上文戒及速皆言賓與介，不言衆賓，及從主人來，即言"賓及衆賓"，衆賓不戒、不速，尚從主人，則介在，從主人可知也。

　　主人、一相迎于門外，再拜賓，賓荅拜，拜介，介荅拜，相，主人之吏，擯贊傳命者。○一相，息亮反。傳命，丈專反。【疏】"主人"至"荅拜"。○注"相主"至"命者"。○釋曰：自此至"荅再拜"，論主人迎賓入，升堂并拜至之事。云"主人、一相迎于門外"者，謂主人於羣吏中立一相，使傳賓主之命，主人乃自出迎賓於大門外。必非一相迎賓者，案《鄉飲酒義》云"主人拜，迎賓于庠門之外"，明主人自迎。若然，主人輒言一相者，欲見使一相傳命乃迎，故云"相，主人之吏，擯贊傳命者"也。若然，《士相見》注"異日則拜迎，同日不拜迎"者，彼以摯相見法，此自以賓舉賢能，故與彼異也。**揖衆賓。**差益卑也，拜介、揖衆賓，皆西南面。【疏】"揖衆賓"。○注"差益"至"南面"。○釋曰：云"差益卑"者，以上文主人迎賓而拜介，是介差卑於賓，今於衆賓不拜，直揖之而已，故云"差益卑也"。知"拜介、揖衆賓，皆西南面"者，以其賓、介、衆賓立位，在門外位以北爲上，主人與賓正東西相當，則介與衆賓差在南東面，明知主人正西面拜賓，則側身向西南拜介、揖衆賓矣。**主人揖，先入。**揖，揖賓也。先入門而西面。【疏】"主人揖先入"。○注"揖揖"至"西面"。○釋曰：此鄉大夫行鄉飲酒在庠學，唯有一門，即向階，門內既有三揖，故主人導賓，揖而先入門，至內霤西向待賓也。**賓厭介，入門左。介厭衆賓，入。衆賓皆入門左，北上。**皆入門

----

① "主"下原無"人"字，倉石云："'主'下脱'人'字，注疏本有。"據補。

西,東面。賓之屬相厭,變於主人也。推手曰揖,引手曰厭。今文皆作揖,又曰衆賓皆入左,無門。○賓厭,於涉反,推手曰揖,引手曰厭,已下皆同。【疏】"賓厭"至"北上"。○注"皆入"至"無門"。○釋曰:主人入後,賓乃厭介,介厭衆賓,相隨入門,皆東面北上,定位。賓既北上,主人西面相向,揖訖乃相背,各向堂塗,介與衆賓亦隨賓至西階下也。云"賓之屬相厭,變於主人也"者,以賓與介、衆賓等自用引手而入,故不揖,是變於主人也。云"推手曰揖,引手曰厭"者[1],厭字或作擪字者,古字義亦通也。云"推手揖"者,案《周禮·司儀》云"土揖庶姓,時揖異姓,天揖同姓",鄭以推手小下之爲土揖,平推手爲時揖,推手小舉之爲天揖,皆以推手爲揖。又案僖二年《公羊傳》"荀息進曰:虞、郭見與? 獻公揖而進之",何休云"以手通指曰揖",與此別者,推手解其揖狀[2],通指道其揖意也。鄭則解揖體,何氏釋其揖意,相兼乃足也。云"引手曰厭"者,以手向身引之。云"今文皆作揖"者,鄭不從也。云"又曰衆賓皆入門左,無門",亦不從也。

主人與賓三揖,至于階,三讓,主人升,賓升。主人阼階上當楣北面再拜,賓西階上當楣北面荅〔再〕拜[3]。三揖者,將進揖,當陳揖,當碑揖。楣,前梁也。復拜,拜賓至此堂,尊之。○當楣,亡悲反。復拜,扶又反,下復盥、不復、復重同。【疏】"主人"至"荅拜"。○注"三揖"至"尊之"。○釋曰:云"三讓,主人升"者,主人先升,賓後升,故《鄉射》云"主人升一等,賓升"是也。云"三揖者,將進揖,當陳揖,當碑揖"者,《爾雅》"陳,堂塗也"。云"楣,前梁也"者,對後梁爲室户上。云"復拜,拜賓至此堂[4],尊之"者,案《公食禮》云"公升二等,賓升。公當楣北鄉,至再拜",《燕禮》、《大射》皆云"主人升自西階,賓右至再拜",《鄉飲酒義》亦云"拜至、拜洗",此不云至者[5],略之,是知此升堂拜亦是拜至可知。凡拜至者,皆是尊之也。

　　主人坐取爵于篚,降洗。將獻賓也。【疏】"主人"至"降洗"。○注"將獻

---

①　"揖"上原無"曰"字,阮云:"毛本'揖'上有'曰'字,《要義》此句有'曰'字,下'推手曰揖'句無'曰'字。按注當有'曰'字。"據補。

②　"揖"字原作"厭",曹云:"'厭'字誤,單疏作'揖'。"據改。

③　"主人阼階上當楣北面再拜,賓西階上當楣北面荅拜",主人北面再拜,賓亦當北面荅再拜,《鄉射禮》同節作"賓西階上當楣北面荅再拜","荅"下有"再"字,上文"主人、一相迎于門外"下疏標起止云"自此至'荅再拜'",是賈所據本"荅"下亦有"再"字,當據補。

④　"復"下"拜"字原不重,毛氏汲古閣刊本重"拜"字,與注合,據補。

⑤　"此"字原作"皆",毛氏汲古閣刊本、張敦仁本皆作"此",據改。

賓也"。○釋曰:自此至"主人阼階上荅拜",論主人盥洗獻賓之節也。云"主人坐取爵于篚"者,篚在堂上尊南,故取之乃降也。**賓降**,從主人也。**主人坐奠爵于階前,辭**,重以己事煩賓也。事同曰讓,事異曰辭。【疏】注"重以"至"曰辭"。○釋曰:主人獻賓,乃是主人事,故云"重以己事煩賓也"。云"事同曰讓,事異曰辭"者,事同,謂若上文主人與賓俱升階而云"三讓"是也;事異,若此文主人有事,賓無事,是事異則曰辭。此對文爲義,若散文則通,是以《周禮·司儀》云"主君郊勞,交擯,三辭,車逆,拜辱,三揖三辭,拜受",注云"三辭,重者先辭,辭其以禮來於外,後辭,辭升堂",事同而云辭,是其通也。**賓對**。對,荅也。賓主之辭未聞。【疏】注"賓主之辭未聞"。○釋曰:其辭未聞者,謂若《冠禮》醮辭之等,雖行事,辭不見,於後以次見辭,此則無見辭之事,故云"未聞"也。**主人坐取爵,興,適洗,南面坐,奠爵于篚下,盥,洗**。已盥乃洗爵,致絜敬也。今文無奠。【疏】"主人"至"盥洗"。○注"已盥"至"無奠"。○釋曰:案《鄉飲酒義》云"主人盥洗揚觶,所以致絜也。拜至、拜洗、拜受、拜送,所以致敬也",此經先言盥,後言洗,則盥手乃洗爵者,所以致絜,鄭取《鄉飲酒義》爲言也。若然,盥手洗爵,止是致絜,拜受之等,乃是致敬,并言敬者,鄭注兼拜至、拜受而言耳。**賓進,東北面辭洗**。必進東行,示情。【疏】"賓進東北面辭洗"。○釋曰:案下經云"賓復位,當西序,東面",注云"言復位者,明始降時位在此"者,案《鄉射》"賓進,東北面辭洗",彼注云"必進者,方辭洗,宜違其位也。言東北面,則位南於洗矣",是其賓初降,立于序南[①],東鄉,至於主人洗爵乃東行,故此得北面辭洗也。云"示情"者,賓進前就主人,示謙下主人之情也。**主人坐奠爵于篚,興對。賓復位,當西序,東面**。言復位者,明始降時位在此。【疏】"主人"至"東面"。○注"言復"至"在此"。○釋曰:上經"奠爵于階前"者,主人未洗,見賓降,即奠爵,故在階前奠爵,此既至洗[②],將洗爵,見賓辭,故奠爵於篚,興對,故不同也。云"言復位者,明始降時位在此"者,上始降時直云"賓降",不言處所,於此見之,是舉下以明上之義也。**主人坐取爵,沃洗者西北面**。沃洗者,主人之羣吏。【疏】"主人"至"北面"。○注

---

① "立"下原有"至"字,四庫本"立至"作"位在",或據下文鄭注改,"立"字本不誤,"至"字涉下文而衍,謹删。

② "既"字原作"即",阮云:"浦鏜云'既'誤'即'。"據改。

"沃洗"至"羣吏"。○釋曰：知主人羣吏者，下記云"主人之贊者，西面北上，不與"，注云"贊，佐也，謂主人之屬，佐助主人之禮事，徹鼏，沃盥，設薦俎"是也。卒洗，主人壹揖，壹讓，升。俱升。古文一作壹。【疏】"卒洗"至"讓升"。○注"俱升"。○釋曰：知"俱升"者，《鄉射》云"主人卒洗，一揖，一讓，以賓升"，明俱升可知。若然，上文主人先升，賓乃升者，以初至之時，賓客之道進宜難，故主人升導之，至此以辭讓訖，故略威儀而俱升也。賓拜洗，主人坐奠爵，遂拜，降盥。復盥，爲手坋汙。○爲手，于僞反。坋汙，步困反，劉扶問反。【疏】"賓拜"至"降盥"。○注"復盥爲手坋汙"。○釋曰：言"奠爵，遂拜"者，因事曰遂，是以《燕禮》云賓受酬，"坐祭酒，遂奠于薦東"，注云"遂者，因坐而奠，不北面"，是其類也。凡賓主行事，相報皆言荅，此不言荅，省文也。賓降，主人辭，賓對，復位，當西序。卒盥，揖讓升，賓西階上疑立。疑，讀爲疑然從於趙盾之疑。疑，正立自定之貌。○疑立，魚乞反，又魚力反，注同，後疑立皆放此。趙盾，徒本反。【疏】"賓降"至"疑立"。○注"疑讀"至"之貌"。○釋曰：言"揖讓升"，不言一揖，一讓，從上可知。云"疑，讀爲疑然從於趙盾之疑。疑，正立自定之貌"者，案宣公六年《公羊傳》云晉靈公欲殺趙盾，"於是伏甲于宮中，召趙盾而食之。趙盾之車右祁彌明者，國之力士也，仡然從乎趙盾而入，放乎堂下而立"，何休云"仡然，壯勇貌"，鄭氏以"仡然從乎趙盾而入，放乎堂下而立"不取何休注義，以《鄉射》注云"疑，止也，有矜莊之色"自定，其義不殊①，字義與何少異也。主人坐取爵，實之，賓之席前西北面獻賓。獻，進也，進酒於賓。【疏】"主人"至"獻賓"。○注"獻進"至"於賓"。○釋曰：云"西北面"者，賓在西階，北面，將就席受，故西北面向其席故也。賓西階上拜，主人少退。少退，少辟。○小辟，音避，劉房益反。賓進受爵以復位，主人阼階上拜送爵，賓少退。復位，復西階上位。【疏】"賓進"至"少退"。○釋曰：云"賓進"者，以賓西階上疑立，今見主人西北面獻於己席前，故賓進，將於席前受之故也。案《鄉射》云"賓進，受爵於席前，復位"，此不言席前，文不具也。薦脯醢。薦，進也。進之者，主人有司。【疏】"薦脯醢"。○注"薦進"至"有司"。○釋曰：知非主人自薦者，案《昏禮》禮賓，"贊者薦脯醢"，《周禮》膳

---

① "自定其義不殊"，曹云："'定'字逗。"

宰"薦脯醢"①，皆非主人，故知此亦非主人，是有司也。**賓升席，自西方**。升由下也。升必中席。【疏】"賓升席自西方"。○注"升由"至"中席"。○釋曰：案《曲禮》云"席南鄉、北鄉，以西方爲上"，今升席自西方，云"升由下"者，以賓統於主人，以東方爲上，故以西方爲升由下也。**乃設折俎**。牲體枝解節折在俎。○設折，之設反，注及下同。【疏】"乃設折俎"。○注"牲體"至"在俎"。○釋曰：凡解牲體之法，有全烝、豚解，其爲二十一體，體解，即此折俎是也②，是以下有賓俎脊、脅、肩，介俎脊、脅、肫、胳，是體解也。**主人阼階東疑立**。**賓坐，左執爵，祭脯醢**，坐，坐於席。祭脯醢者以右手。【疏】"主人"至"脯醢"。○注"坐坐"至"右手"。○釋曰：知賓坐坐於席上者，上文賓升席，下文降席，故知此坐在席可知。云"祭脯醢者以右手"者，此經"左執爵"，明祭用右手，是以《鄉射》亦云"右祭脯醢"。**奠爵于薦西，興，右手取肺，卻左手執本，坐，弗繚，右絶末以祭，尚左手，嚌之，興，加于俎**，興，起也。肺，離之本端厚大者。繚，猶紾也。大夫以上威儀多，紾絶之。尚左手者，明垂紾之，乃絶其末。嚌，嘗也。○弗繚，音了，劉力彫反，又力弔反。嚌，才計反，字或作嚙，同，嘗也。猶紾，音軫，又徒展反，劉徒典反，一音土展反。以上，時掌反。【疏】"奠爵"至"于俎"。○注"興起"至"嘗也"。○釋曰：奠爵於薦右者，爲取肺奠之，將舉，故奠於右，《禮記·少儀》云"取俎、進俎不坐"，是以取時奠爵興，至加于俎又興也。云"肺，離之本端厚大者"，此是舉肺刲者，見於下記文③，本謂根本，肺之大端，故云厚大。云"繚，猶紾也"者，弗繚即弗紾，一也。云"大夫以上威儀多"者，此《鄉飲酒》大夫禮，故云繚祭，《鄉射》士禮，云絶祭，但云繚必兼絶，言絶不得兼繚，是以此經云繚兼言絶也。言大夫以上，則天子、諸侯亦繚絶兼有，但禮篇亡，無以可知也。案《周禮·大祝》云"辨九祭，七曰絶祭，八曰繚祭"，注云"繚祭，以手從肺本循之至于末，乃絶以祭；絶祭，

---

① "周禮膳宰薦脯醢"，《周禮》無膳宰，《膳夫》云"設薦脯醢"，賈氏或誤記。

② "有全"至"是也"原作"有全蒸其豚解爲二十一體體解即此折俎是也"，曹云："'蒸'，單疏作'烝'。此數語有脱字，當云'有全烝，其豚謂之豚解，有解爲二十一體，謂之體解，體解即此折俎是也'。"孫云："'全蒸'者，不解也。'豚解'者，七體。'體解'者，二十一體。三者不同，此疏殊淆混。賈《士喪禮》疏亦云'豚解七體'，不誤。疑此疏'其'字當在'豚解'下，屬'爲二十一體'爲句，傳寫誤易，遂與《士喪》疏相近耳。"據單疏、孫校改乙。

③ "於"上原無"見"字，曹云："'於'上似脱'見'字。"據補。

不循其本直絶以祭^①。本同，禮多者繚之，禮略者絶則祭之"，亦據此與《鄉射》而言也。大夫已上爲繚祭，《燕禮》《大射》雖諸侯禮，以賓皆大夫爲之，臣在君前，故不爲繚祭，皆爲絶祭也。云"嚌，嘗也"者，嚌至齒則嘗之也。**坐挩手，遂祭酒**，挩，拭也。古文挩作帨^②。○坐挩，始鋭反，拭也，注帨同。【疏】"坐挩手遂祭酒"。○注"挩拭"至"作説"。○釋曰：案《内則》事佩之中有帨，則賓客自有帨巾以拭手也。"坐挩手"，因事曰遂，因坐祭酒，故云"遂"也。案《鄉射》"坐挩手，執爵，遂祭"，此不言執爵，省文也。

興，席末坐啐酒，啐亦嘗也。○啐酒，七内反，嘗也。【疏】"興席末坐啐酒"。○注"啐亦嘗也"。○釋曰：言"席末"，謂於席之尾，故云"末"。《鄉飲酒義》云"祭薦、祭酒，敬禮也。嚌肺，嘗禮也。啐酒，成禮也。於席末，言是席之正，非專爲飲食也，此所以貴禮而賤財也"，注云"祭薦、祭酒、嚌肺於席中，唯啐酒於席末"是也。啐酒於席末者，酒是財，賤財之義也。云"啐亦嘗"者，亦前肺云嚌，是至齒爲嘗，此酒云啐，謂入口爲嘗，雖至齒、入口不同，皆是嘗也。又肺於前用之，不得言成禮，酒後乃用，故云"成禮"，異於肺也。**降席，坐奠爵，拜，告旨，執爵興。主人阼階上荅拜。**降席，席西也。旨，美也。【疏】"降席"至"荅拜"。○注"降席"至"美也"。○釋曰：賓拜告旨，主人拜崇酒，其節同，義即異矣。賓言旨，甘主人之味^③，啐則拜之。主人云崇者，崇，充也，謝賓以酒惡相充實，飲訖乃崇酒，先後亦不同也^④。**賓西階上北面坐，卒爵，興，坐奠爵，遂拜，執爵興。主人阼階上荅拜。**卒，盡也。於此盡酒者，明此席非專爲飲食起。○專爲，于僞反，下當爲、爲工同。【疏】"賓西"至"荅拜"。○注"卒盡"至"食起"。○釋曰：言"遂拜"者，亦因奠爵不起，遂拜也^⑤。云

---

① "繚祭"至"直絶以祭"二十六字原無，阮云："《通解》、毛本'云'下有'繚祭，以手從肺本循之至于末，乃絶以祭；絶祭，不循其本直絶以祭'二十六字，此本無。"據補。

② "帨"字原作"説"，阮云："按《釋文》云：'坐挩，始鋭反，拭也，注帨同。'今注中無'帨'字，疑'説'字本作'帨'，故賈疏以《内則》之'帨'釋之。浦鏜改'説'爲'帨'，似有理。後凡言'古文挩作説'放此。"據改。

③ "味"字原作"位"，張敦仁本作"味"，據改。

④ "亦"下原無"不"字，曹云："'亦'下脱'不'字。一告旨，一謝酒惡，是義異；一啐即告，一卒爵乃謝，是先後亦不同也，此細別言之。"據補。

⑤ "遂"字原作"因"，曹云："'因'似當爲'遂'。"據改。

"於此盡酒者,明此席非專爲飲食起"者,但此席爲賓賢能起,故不在席盡爵①,於此西階上卒之也。云"不專爲飲食起"者②,啐酒於席末,兼爲飲食之事,故以"不專"言之也。

———————————

①　"不"字原作"謂",阮云:"毛本'謂'下有'不'字,《通解》無'謂'字。"曹云:"各本'謂'下有'不'字,似是。"倉石云:"'謂'《通解》作'不',疑是。注疏本'謂'下有'不'字。"據《通解》改。

②　"食"下原無"起"字,阮云:"毛本'食'下有'起'字。"據補。

儀禮疏卷第九　儀禮卷第四

賓降洗，將酢主人。【疏】“賓降洗”。○注“將酢主人”。○釋曰：自此已下至
“西階上荅拜”，論賓酢主人之事。云“將酢主人”者，案《爾雅》云“酢，報也”，前得主人
之獻，今將酌以報之，故降洗而致絜敬，故云“將酢主人”也。主人降。亦從賓也。
降，降立阼階東，西面。【疏】“主人降”。○注“亦從”至“西面”①。○釋曰：知面位如此
者，案下云“主人復阼階東，西面”，故知此當於阼階東，西面也。賓坐奠爵，興，
辭，西階前也。【疏】“賓坐奠爵興辭”。○注“西階前也”。○釋曰：鄭知“西階前”者，
《鄉射》云“賓西階前，東面坐奠爵，興，辭降”，此亦然故也。主人對。賓坐取
爵，適洗南，北面。主人阼階東，南面辭洗。賓坐奠爵于篚，興
對。主人復阼階東，西面。賓東北面盥，坐取爵，卒洗，揖讓如
初，升。主人拜洗，賓荅拜，興，降盥，如主人禮。賓實爵，主人之
席前東南面酢主人。主人阼階上拜，賓少退。主人進受爵，復
位，賓西階上拜送爵。薦脯醢。主人升席自北方，設折俎，祭如
賓禮，祭者，祭薦俎及酒，亦嚌啐。【疏】“主人”至“賓禮”。○注“祭者”至“嚌啐”。○
釋曰：此“賓坐取爵，適洗南，盥，坐取爵，卒洗”，以此言之，則賓未盥，主人辭洗，案《鄉
射禮》盥訖將洗，主人乃辭洗，先後不同者，彼與鄉人習禮輕，故盥訖乃辭洗，此鄉人將
賓舉之，故未盥先辭洗，重之故也。若然，《鄉射禮》內兼有鄉大夫，即尊，與州長同於
盥後辭洗者，以其盥後辭洗是禮之常故也。但《鄉射》“賓坐取爵，適洗，坐奠爵于篚
下”，主人辭洗之時，賓方奠爵于篚②，此不奠爵篚下，便言“奠爵于篚”者，《鄉射》云“賓

---

① “亦從”原作“降立”，阮云：“‘降立’閩本作‘亦從’。”據改。
② “篚”下原有“下”字，曹云：“‘下’字衍。”倉石云：“‘下’字閩本無，與《鄉射》
合。”據刪。

坐取爵,適洗"之時①,未得主人之命,故得奠於篚下,得主人之命,乃奠于篚,此則賓取爵適洗,未奠之時,主人即辭,故奠于篚也。云"揖讓如初,升"者,謂前主人卒洗,一揖,一讓,升也。云"降盥,如主人禮"者,謂如主人降盥禮,則此賓降,主人亦降,賓辭降,主人對,一與主人降辭已同也。云"祭如賓禮"者,如上賓祭時坐,"左執爵,右祭脯醢。奠爵于薦西,興,右手取肺,卻左手執本,坐,弗繚,右絕末以祭,尚左手,嚌之,興,加于俎,坐捝手,遂祭酒,興,席末坐啐酒",故云"祭如賓禮"。云"祭者,祭薦俎及酒"者,薦謂脯醢,俎即離肺也。云"亦嚌啐"者,直云"祭如賓禮",嫌祭不嚌啐,故鄭明之,云亦嚌肺啐酒,是以下文云"不告旨",明亦啐也。**不告旨**,酒,己物也。**自席前適阼階上,北面坐卒爵,興,坐奠爵,遂拜,執爵興,賓西階上荅拜**。自席前者,啐酒席末,因從北方降,由便也。○由便,婢面反,下由便皆同。【疏】"自席"至"荅拜"。○注"自席"至"便也"。○釋曰:案《曲禮》云"席東鄉、西鄉,以南方爲上。南鄉、北鄉,以西方爲上",凡升席必由下,降由上,今主人當降自南方,以啐酒於席末,遂因從席北頭降,又從北向南,北面拜,是由便也。若降由上之正,亦是便,故下云主人作相,"降席自南方",不由北方,亦由便也。**主人坐奠爵于序端,阼階上北面再拜崇酒,賓西階上荅拜**。東西牆謂之序。崇,充也,言酒惡相充實。【疏】"主人坐奠爵于序端"。○注"東西"至"充實"。○釋曰:"奠爵于序端"者,擬後酬賓訖,取此爵以獻介也。云"東西牆謂之序"者,《爾雅・釋宮》文,但彼云東西廂②,廂即牆,故變言之也。

　　主人坐取觶于篚,降洗。賓降,主人辭降。賓不辭洗,立當西序,東面。不辭洗者,以其將自飲。○取觶,之豉反,《字林》音至。【疏】"主人"至"東面"。○釋曰:自此至"復位",論主人酬賓之事。○注"不辭"至"自飲"。○釋曰:酬酒先飲,乃酬賓,故云"將自飲"。若然,既自飲而盥洗者,禮法宜絜故也。若然,經云"賓降,主人辭",應奠爵,不言者理在可知,故爲文略也。**卒洗,揖讓升,賓西階上疑立。主人實觶酬賓,阼階上北面坐奠觶,遂拜,執觶興,賓西階上荅拜**。酬,勸酒也。酬之言周,忠信爲周。【疏】"卒洗"至"荅拜"。○注"酬

---

①　"洗"上原無"適"字,曹云:"'洗'上脱'適'字,時字句。"據補。

②　"東西廂",倉石云:"今本《爾雅》作'東西牆',與賈氏所據異。"

勸”至“爲周”。○釋曰：云“賓西階上疑立”者，待主人自飲故也。云“酬之言周，忠信爲周”者，此解主人將酬賓，先自飲之意，以其酬賓若不自先飲，主人不忠信，恐賓不飲，示忠信之道，故先自飲，乃飲賓爲酬也。“忠信爲周”，《國語》文。**坐祭，遂飲，卒觶興，坐奠觶，遂拜，執觶興，賓西階上荅拜。主人降洗，賓降辭，如獻禮，升，不拜洗。**不拜洗，殺於獻。○殺於，所界反，劉色側反，下殺皆同。【疏】“坐祭”至“拜洗”。○注“不拜洗殺於獻”。○釋曰：云“坐祭，遂飲”者，因坐祭即飲，飲卒觶，因事曰“遂”，故曰“遂”。云“辭如獻禮”者，主人辭賓降，賓辭主人爲己洗爵①，此與獻賓時同，故云“辭如獻禮”。禮殺，升堂不拜洗，與獻時異，故別言之，使不蒙“如”也。禮殺於獻者，獻時拜洗，禮初不殺故也。**賓西階上立，主人實觶賓之席前，北面，賓西階上拜，主人少退，卒拜，進，坐奠觶于薦西。**賓已拜，主人奠其觶。【疏】“賓西”至“薦西”。○注“賓已”至“其觶”。○釋曰：“賓已拜，主人奠其觶”者，非久停，下文賓取之奠于薦東是也。**賓辭，坐取觶，復位。主人阼階上拜送，賓北面坐奠觶于薦東，復位。**酬酒不舉，君子不盡人之歡，不竭人之忠，以全交也。【疏】“賓辭”至“復位”。○注“酬酒”至“交也”。○釋曰：“賓辭”，不解所辭之事，案《鄉射》“二人舉觶于賓與大夫，進，坐奠于薦右。賓與大夫辭，坐受觶以興”，注云“辭，辭其坐奠觶”，以彼云“賓與大夫辭”，即云“坐受觶以興”，若自手受之，以舉觶是禮已，故賓與大夫可以當亢荅之禮，得云辭其親奠，此禮初，賓謙卑，不辭其奠，故經不云坐受以興，然此辭是辭主人復親酌己②，故《鄉射》主人酬賓云“賓辭”，鄭注云“辭主人復親酌己”是也。云“酬酒不舉，君子不盡人之歡，不竭人之忠，以全交也”者，並《曲禮》文。案彼歡謂飲食，忠謂衣服，引之并謂飲食者，鄭於彼歡與忠相對解之，故歡爲飲食，忠爲衣服，通而言之，總爲飲食，於義合也。云“全交”者，所有飲食與己，己盡之，恐人嫌貪而交絶，故不盡爲全交，酬酒不飲亦是全交，故引爲證也。此以奠於薦東，爲酬酒不舉。案《燕禮》二人媵爵于公，“奠于薦南”，彼皆舉爲

---

① “主人”上原無“賓辭”二字，曹云：“‘主人’上脱‘賓辭’二字。”倉石云：“‘主人’上殿本依《通解》補‘賓辭’二字。今案二字當有，下介酢主人節疏亦云‘介辭主人從己降，主人辭介爲己洗’，文義與此正同，是其證。”據補。

② “是”下原無“辭”字，曹云：“‘是’下脱‘辭’字。”倉石云：“‘是’下殿本增‘辭’字。”據補。

旅酬而在左者，鄭彼注云"奠于薦南，不敢必君舉也"。案《特牲》主人酬賓，"奠于薦北"，彼舉旅而在左者，鄭彼云"行神惠"，故不與此同也。

主人揖，降。賓降，立于階西，當序，東面。主人將與介爲禮，賓謙不敢居堂上。【疏】"主人"至"東面"①。○注"主人"至"堂上"。○釋曰：自此下至"主人介右荅拜"，論主人獻介之事。主人以介揖讓升，拜如賓禮。主人坐取爵于東序端，降洗，介降，主人辭降，介辭洗，如賓禮，升，不拜洗。介禮殺也。【疏】"主人"至"拜洗"。○注"介禮殺也"。○釋曰：案上主人迎賓之時，介與眾賓從入，又主人與賓三揖至於階之時，介與眾賓亦隨至西階下東面，今此文云"揖讓升，如賓禮"，則唯於升堂時相讓，無庭中三揖之事矣，升堂而云拜者，謂拜至亦如賓矣。云"介禮殺也"者，謂不拜洗，是以《鄉飲酒義》云"三讓以賓升，拜至、獻酬、辭讓之節繁，及介省矣"是也。介西階上立，不言疑者，省文。○言疑，魚乞反，又音嶷。省文，所景反。【疏】注"不言疑者省文"。○釋曰：此決上獻酬賓時②，賓於西階上疑立，此亦當獻酒節而不言疑者，省文也。主人實爵介之席前，西南面獻介。介西階上北面拜，主人少退。介進，北面受爵，復位。主人介右北面拜送爵，介少退。主人拜于介右，降尊以就卑也。今文無北面。【疏】"主人"至"少退"。○注"主人"至"北面"。○釋曰：云"主人介之席前，西南面獻介"者，以介席東面，故邪向之，若獻賓時，於賓席前西北面向之也③。"主人拜于介右，降尊以就卑也"者，以主人獻賓時，主人自在阼階，今於獻介，主人來在西階介右，是介卑，故降主人之尊，就西階介之東，北面拜也。至旅酬皆同階者，禮殺故也。主人立于西階東，薦脯醢。介升席自北方，設折俎，祭如賓禮，不嚌肺，不啐酒，不告旨，自南方降席，北面坐卒爵，興，坐奠爵，遂拜，執爵興，主人介右荅拜。不嚌啐，下賓。○下賓，遐嫁反，下下賓、下主人、禮下同。【疏】"主人"至"荅拜"。○注"不嚌啐下賓"。○釋曰：云"主人立于西階東"者，始獻介之時

---

① "東面"原作"東西"，汪刊單疏"東西"作"東面"，據改。

② "酬"下原有"辭"字，曹云："'辭'字衍，殿本刪'辭'字，'獻'下增'賓'字。"據曹校刪。

③ "北"上原無"西"字，倉石云："'北上'似脫'西'字。"據補。

近西，在介右，今於設薦之時，主人無事，稍近東。案上獻賓薦設之時，主人云“疑立”，此不言者，文略也。云“主人介右荅拜”者，還近西於前立處荅拜也。

介降洗，主人復阼階，降、辭如初。如賓酢之時。【疏】“介降”至“如初”。○注“如賓酢之時”。○釋曰：自此至“介降立于賓南”，論介酢主人之事。云“主人復阼階，降、辭如初”者，如賓酢主人之時，介辭主人從己降，主人辭介爲己洗，一皆如之也。卒洗，主人盥。盥者，當爲介酌。【疏】“卒洗主人盥”。○注“盥者當爲介酌”。○釋曰：此主人自飲而盥者，尊介也，是以《鄉射》云大夫將酢，主人卒洗，“主人盥”，注云“盥者，雖將酌自飲，尊大夫，不敢褻”，是其類也。介揖讓升，授主人爵于兩楹之間。就尊南授之。介不自酌，下賓。酒者，賓主共之。【疏】“介揖”至“之間”。○釋曰：“揖讓升”者，謂一揖，一讓，升也。云“授主人爵于兩楹之間”，以爵授主人也。○注“就尊”至“共之”。○釋曰：知兩楹間是尊南者，以上云“尊於房户間”，房户間當兩楹之北，故云“就尊南授之”也。云“介不自酌，下賓”者，以其賓親酌以酢主人，此不自酌，故云“下賓”也。云“酒者，賓主共之”者，此鄭解酒賓主共之，故賓自酌以酢主人，介卑，故不敢酌，是以《鄉飲酒義》云“尊於房户之間，賓主共之”是也。介西階上立，主人實爵，酢于西階上，介右坐奠爵，遂拜，執爵興，介荅拜。主人坐祭，遂飲，卒爵興，坐奠爵，遂拜，執爵興，介荅拜。主人坐奠爵于西楹南，介右再拜崇酒，介荅拜。奠爵西楹南，以當獻衆賓。【疏】“介西”至“荅拜”。○釋曰：此主人既受爵，介無事，故於西階上立，不言“疑立”，可知也，亦省文。○注“奠爵”至“衆賓”。○釋曰：知此奠爵爲衆賓者，案下文云“主人揖升，坐取爵于西楹下”是也。《鄉射》無介，故獻衆賓時於東序端取爵，獻訖奠爵于篚。主人復阼階，揖降，介降立于賓南。【疏】“主人”至“賓南”。○釋曰：向來主人與介行禮於西階上，事訖，故復阼階揖降[1]。“介降立于賓南”者，以將獻衆賓，故介無事，就賓南也。

主人西南面三拜衆賓，衆賓皆荅壹拜。三拜、壹拜，示徧，不備禮也。不升拜，賤也。○示徧，音遍，下同。【疏】“主人”至“壹拜”。○注“三拜”至“賤”

---

[1]　“揖”下原有“讓”字，曹云：“‘讓’字衍，降不讓。”據删。

也”。○釋曰：自此已下至“奠于篚”，論獻衆賓之事。云“西南面”者，以其主人在阼階下，衆賓在賓、介之南，故西南向拜之。云“三拜、壹拜，示徧，不備禮也”者，衆賓各得主人一拜①，主人亦徧得一拜，是“不備禮”，故《鄉射》云“三拜衆賓，衆賓皆荅壹拜”，彼注云“三拜，示徧也”。壹拜，不備禮也”，大夫禮皆然，故《少牢》云“主人三拜蕡者，蕡者皆荅拜”，鄭云“三拜旅之，示徧也”，又《有司徹》云“主人降，南面拜衆賓于門東，三拜，衆賓門東北面皆荅壹拜”，大夫尊故也，士則荅再拜，故《特牲》云“主人三拜衆賓，衆賓荅再拜”，鄭云“衆賓再拜者，士賤，旅之，得備禮”是也。云“不升拜，賤也”者，此決上主人與賓、介行禮，皆升堂拜至，此三拜，衆賓賤②，故不升拜至也。**主人揖升，坐取爵于西楹下，降洗，升實爵，于西階上獻賓衆。衆賓之長升，拜受者三人**，長，其老者。言三人，則衆賓多矣。○之長，丁丈反，注下皆同。【疏】“主人”至“三人”。○注“長其”至“多矣”。○釋曰：云“主人揖升”者，從三人爲首，一一揖之而升也。云“降洗，升實爵”者，以下不更言洗，則以下因此不復洗矣。云“西階上獻衆賓”者，下別言衆賓之長三人，則衆賓之中兼言堂下衆賓，故鄭云“衆賓多矣”，自三人已下，於下便以次歷言之矣。云“拜受者三人”，則堂下衆賓不拜受矣。**主人拜送。**於衆賓右。【疏】“主人拜送”。○注“於衆賓右”。○釋曰：知在衆賓右拜送者，約上文介右而知也。**坐祭，立飲，不拜既爵，授主人爵，降復位。**既，卒也。卒爵不拜，立飲，立授，賤者禮簡。【疏】“坐祭”至“復位”。○注“既卒”至“禮簡”。○釋曰：云“卒爵不拜，立飲，立授③，賤者禮簡”者，賓賢能，以賢者爲賓，其次爲介，不問長幼，其三賓，德劣于賓、介，則數年之長幼，故上云衆賓之長也④。賓、介則坐祭，坐飲，又拜既爵，此三賓則坐祭，與賓、介同，不拜既爵，立飲，立授則異，賤故禮簡也。**衆賓獻則不拜受爵，坐祭，立飲。**次三人以下也。不拜，禮彌簡。【疏】“衆賓”至

---

① “衆賓各得主人一拜”，曹云：“阮云單疏本作‘壹’。案單疏此字實作‘一’，然依文例當作‘壹’。”
② “賓”上原無“衆”字，曹云：“‘賓’上脱‘衆’字。”據補。
③ “授”下原有“爵”字，阮云：“《要義》同，毛本‘授’下無‘爵’字。”據删。
④ “故上衆賓之長也”，倉石云：“‘上’閩本作‘此’，《正字》改作‘升此’二字，殿本移‘衆賓之長也’五字於下‘此三賓’下，《校釋》乃謂‘上’下脱‘云’字。今案曹説較優。”據補。

“立飲”。○注“次三”至“彌簡”。○釋曰：此據堂下衆賓不拜受，簡於三人，故云“禮彌簡”也。**每一人獻，則薦諸其席。**謂三人也。【疏】“每一”至“其席”。○注“謂三人也”。○釋曰：上已云獻，此以下別言薦。云“每一人”，還從三人而言[1]。云“每一人獻，則薦諸其席”，則一一得獻，即薦之，以其言席，又下別言衆賓，則此是三人[2]，故鄭云“三人也”。**衆賓辯有脯醢。**亦每獻，薦於其位，位在下。今文辯皆作徧。○辯有，音遍，注下皆同。【疏】“衆賓辯有脯醢”。○注“亦每”至“作徧”。○釋曰：云“亦每獻，薦於其位”者，如上三人，一一薦之。知“位在下”者，以其言堂下立侍，不合有席，既不言席，故位在下，既不言其數，則鄉人有學識者皆來觀禮，皆入飲酒之內，是以《鄉射》云旅酬堂上，“辯，卒受者興，以旅在下者”，明衆賓在堂下也。**主人以爵降，奠于篚。**不復用也。【疏】“主人”至“于篚”。○釋曰：以此合一獻徧，不復用，故“主人以爵降[3]，奠於篚”也。

揖讓升，賓厭介升，介厭衆賓升，衆賓序升，即席。序，次也。即，就也。今文厭皆爲揖。【疏】“揖讓”至“即席”。○注“序次”至“爲揖”。○釋曰：自此至“舉觶者降”，論徧獻衆賓訖，將行旅酬之事[4]。云“衆賓序升”者，謂三賓堂上有席者，以年長爲首，以次即席也。云“今文厭皆爲揖”，不從者，以賓相引以手，不得爲揖故也。**一人洗，升，舉觶于賓。**一人，主人之吏。發酒端曰舉。【疏】“一人”至“于賓”。○注“一人”至“曰舉”。○釋曰：此一人舉觶，爲旅酬也。云“發酒端曰舉”者，從上至下徧飲訖，又從上而起，是“發酒端曰舉”也。**實觶，西階上坐奠觶，遂拜，執觶興，賓席末荅拜。坐祭，遂飲，卒觶興，坐奠觶，遂拜，執觶興，賓荅拜。降洗，升實觶，立于西階上，賓拜。**賓拜，拜將受觶。【疏】“實觶”至“賓拜”。○注“賓拜拜將受觶”。○釋曰：云“賓席末荅拜”者，謂於席西南面，非謂席上，近西爲末，以其無席上拜法也，已下賓拜皆然。**進，坐奠觶于薦**

---

[1]　“從”字原作“發”，倉石云：“‘發’各本作‘從’，此似譌。”據改。

[2]　“此”下原有“三”字，曹云：“上‘三’阮云《通解》無。案無者是。”據刪。

[3]　“以”字原在“主人”上，曹云：“‘以’字當在‘主人’下。”倉石云：“殿本作‘故主人以爵降’，近之。”據乙。

[4]　“行”字原作“以”，曹云：“‘以’當爲‘行’。”據改。

西。賓辭，坐受以興。舉觶不授，下主人也。言坐受者，明行事相接，若親受，謙也。【疏】"進坐"至"以興"。○注"舉觶"至"謙也"。○釋曰：云"舉觶不授，下主人也"者，決上主人獻賓皆親授，今不親授而奠之①，是"下主人"，《鄉射》注云"不授，賤不敢也"，下主人，明此亦賤不敢授也。云"言坐受者，明行事相接，若親受，謙也"者，若於人手相授受，名爲受，不於人受之，於地取之②，不得言受，今於地取之而言受者，以一人奠之③，賓取之而無隔絶，雖於地，若手受之，故云"明行事相接，若親受之，謙也"。舉觶者西階上拜送，賓坐奠觶于其所，所，薦西也。【疏】"舉觶"至"其所"。○注"所薦西也"。○釋曰：賓奠於其所者，待作樂後立司正，賓乃取此觶以酬主人，以其將舉，故且奠之於右也。舉觶者降。事已。【疏】"舉觶者降"。○注"事已"。○釋曰：案《鄉射》"舉觶者降"後有大夫，此不言者，大夫觀禮之人，或來或否，故不言也。

設席于堂廉，東上。爲工布席也。側邊曰廉。《燕禮》曰："席工於西階上，少東。樂正先升，北面立於其西。"④此言樂正先升，立于西階東，則工席在階東。【疏】"設席"至"東上"。○注"爲工"至"階東"。○釋曰：自此下至"樂正告于賓，乃降"，論主人樂賓之事。大判總爲作樂，其中别有四節之殊：有歌，有笙，有間，有合，次第不同也。案《燕禮》"席工于西階上"，即云"樂正先升"，《大射》亦云"席工于西階上，工六人，四瑟"，始云"小樂正從之"，不同者，《燕禮》主於歡心，尚樂，故先云"樂正先升"，《大射》主於射，略於樂，故辨工數，乃云"樂正從之"也。若然，此主於樂，正與燕同⑤，而席工下辨工數，乃云樂正升者，此臣禮避君也⑥。至於《鄉射》亦應主於射，略於樂而不言工數，先云樂正，不與《大射》同者⑦，亦是避君之事也。云"爲工布席也"者，以《鄉射》、《燕禮》、《大射》皆席工連言，此不言席工，文不具爾，故此"爲工布席"。下云"工人，

---

①　"而奠之"原在"今"字上，曹云："當爲'今不親授而奠之'。"據乙。
②　"人"下原無"受之於地"四字，曹云："'人'下當補'受之於地'四字。"據補。
③　"一"字原作"主"，曹云："'主'當爲'一'，或'人'下脱'之吏'二字。"據前説改。
④　"北面"下原無"立於其西"四字，曹校云疏文"樂正又在工西"下云："疏義甚精，據此則注'北面'下當有'立於其西'四字。"據補。
⑤　"正"字原作"不"，倉石云："'不'各本作'正'是。"據改。
⑥　"君"字原作"初"，阮云："《要義》'初'俱作'初'，下'亦是避初之事也'同，毛本'初'作'君'。"曹云："'初'各本作'君'，似是。"據改，下文"亦是避初之事也"之"初"亦改爲"君"。
⑦　"不"上原有"而"字，曹云："'而'字衍。"據删。

升”，明此席爲工也①。引《燕禮》者，欲證此席爲工，又取證此工席在西階東②，以其此經云“堂廉，東上”，不言階東，故取《燕禮》西階上，少東，樂正又在工西，此下云樂正於西階東，據樂正於西階東而立在工西，則知工席更在階東，北面可知。但此言近堂廉，亦在階東，彼云階東，亦近堂廉也。**工四人，二瑟，瑟先。相者二人，皆左何瑟，後首，挎越，內弦，右手相。**四人，大夫制也。二瑟，二人鼓瑟，則二人歌也。瑟先者，將入，序在前也。相，扶工也，衆賓之少者爲之，每工一人。《鄉射禮》曰：“弟子相工，如初入。”天子相工使視瞭者，凡工，瞽矇也，故有扶之者。“師冕見，及階，子曰：‘階也。’及席，子曰：‘席也。’固相師之道。”後首者，變于君也。挎，持也。相瑟者則爲之持瑟。其相歌者，徒相也。越，瑟下孔也。內弦，側擔之者。○相者，息亮反，下及注同。何瑟，戶可反，又音河，擔也。挎，口孤反，一音口侯反③，持也。之少，申召反，下少長同。視瞭，音了。瞽，音古。矇，音蒙。冕見，賢遍反。則爲，于僞反，下不爲同。擔之，丁甘反。【疏】“工四”至“手相”。○注“四人”至“之者”。○釋曰：云“四人，大夫制也”者，此鄉大夫飲酒而云四人，《大射》諸侯禮而云六人，故知四人者大夫制也，《燕禮》亦諸侯禮而云四人者，鄭彼注云“工四人者，燕禮輕，從大夫制也”，《鄉射》是諸侯之州長，士爲之，其中兼有鄉大夫以五物詢衆庶行射禮法④，故工亦四人，大夫制也。若然，士當二人，天子當八人，爲差次也。云“二瑟，二人鼓瑟，則二人歌也”者，既云工四人，二人鼓瑟，明二人歌可知也⑤。云“相，扶工也，衆賓之少者爲之”者，見《鄉射》云“樂正適西方，命弟子”，弟子則衆賓之少者也。云“每工一人”者，案《周禮》瞽三百人，眡瞭三百人⑥，又此經二人瑟，“相者二人，皆左何瑟”，又《大射》僕人正相大

---

①　“席”下原無“爲工”二字，曹云：“‘席’下似脱‘爲工’二字。”據補。

②　“取”下原無“證”字，曹云：“‘取’下當有‘證’字。”據補。

③　“口孤”原作“戶孤”、“口侯”原作“口候”，黃云：“宋本‘戶’作‘口’，是也。《集韻》、《類篇》皆作空胡切，可證。又‘口候’當作‘口侯’，以《集韻》、《類篇》止作墟侯切也。各家並失校。”據改。

④　“五”字原作“三”，曹云：“‘三’當爲‘五’。”據改。

⑤　“二人鼓瑟”原作“二人瑟”、“二人歌”原作“二人鼓瑟”，曹云：“‘二人瑟’當爲‘二人鼓瑟’，‘二人鼓瑟’當爲‘二人歌’。”據補改。

⑥　“瞽三百人”下原無“眡瞭三百人”五字，周學健云：“按此言相工者每工一人，則當連引‘眡瞭三百人’句，文義乃明，賈氏止引‘瞽三百人’句，語意未全。”曹云：“下當補‘眡瞭三百人’。”據補。

師，以諸文言之，故知“每工一人”。若然，此經工四人，二人瑟，相二人，則工二人，歌雖不言相，亦二人可知，以空手無事，故不言也。云“《鄉射禮》曰：弟子相工，如初入”者，彼謂將射，樂正命弟子相工遷樂於下，降時如初入之次第，亦瑟先歌後，引之證弟子相工之事。天子相工使眡瞭爲之①，知者，見《周禮・眡瞭職》云“凡樂事，相瞽”是也。云“凡工，瞽矇也”者，鄭司農云“無目眹謂之瞽，有目眹而無見謂之矇，有目無眸子謂之瞍”，故《詩・大雅》云“矇瞍奏公”是也②。引《論語》者，證瞽人無目須扶之義也。云“師”，即大師之官，無目矇瞽之長也。云“後首者，變於君也”者，案《燕禮》云“小臣左何瑟，面鼓”，注云“燕尚樂，可鼓者在前也”，此鄉飲酒亦尚樂而不面鼓，是變於君也。案《大射》主於射，略於樂，《鄉射》亦應主於射，略於樂，所以面鼓，亦是變於君也。云“拊，持也”者，瑟底有孔越，以指深入謂之拊也。云“其相歌者，徒相也”者，徒，空也，無可荷，空以右手相，以經不言，故言之也③。云“内弦，側擔之”者，以左手於外側擔之④，使弦向内也。**樂正先升，立于西階東。**正，長也。【疏】“樂正”至“階東”。○注“正長也”。○釋曰：案《周禮》有大司樂、樂師，天子之官，此樂正者，諸侯及大夫士之官，當天子大司樂。言“先升”，對工後升⑤。云“長”，樂官之長也。**工入，升自西階，北面坐。相者東面坐，遂授瑟，乃降。**降立于西方，近其事。○近其，附近之近。【疏】“工入”至“乃降”。○注“降立”至“其事”。○釋曰：“工入，升”，不言歌瑟先後，案上文已云“瑟先”，其歌後可知也⑥。鄭知“降立於西方，近其事”者，《鄉射》云“樂正適西方，命弟子贊工遷樂”，故知西方是近其事也。**工歌《鹿鳴》、《四牡》、《皇皇者華》。**三者皆《小雅》篇也。《鹿鳴》，君與臣下及四方之賓燕，講道脩政之樂歌也。此采其已有旨酒，以召嘉賓，嘉賓既來，示我以善道，又樂嘉賓有

---

①　“相工”原作“相亦”，曹云：“阮謂毛本‘相’下衍‘工’字，弼案注有‘工’字，‘工’下‘亦’字乃衍耳。”據改。

②　“公”字原作“工”，曹云：“今《詩》‘工’作‘公’。”據改。

③　“故”下原無“言之”二字，阮云：“盧文弨云‘故’下當有‘言之’二字。”據補。

④　“左”下原無“手”字，阮云：“毛本、《通解》‘左’下有‘手’字，閩本‘手’字擠入。”曹云：“‘左’下似脱‘手’字。”據補。

⑤　“後”上原無“工”字，曹云：“‘後’上似脱‘工’字。”據補。

⑥　“歌”下原無“後”字，四庫本“歌”下有“後”字，周學健云：“監本脱‘後可’二字，今尋繹文義補之。”此本僅脱“後”字，據補。

孔昭之明德，可則傚也。《四牡》，君勞使臣之來樂歌也，此采其勤苦王事，念將父母，懷歸傷悲，忠孝之至，以勞賓也。《皇皇者華》，君遣使臣之樂歌也，此采其更是勞苦，自以爲不及，欲諮謀于賢知而以自光明也。〇則詨，户孝反，本又作傚，同。君勞，力報反，下勞賓同。使臣，所吏反，下同。更是，音庚，又古鸚反。賢知，音智。【疏】“工歌”至“者華”。〇注“三者”至“光明”。〇釋曰：凡歌《詩》之法，皆歌其類，此時貢賢能，擬爲卿大夫，或爲君所燕食，以《鹿鳴》詩也，或爲君出聘，以《皇皇者華》詩也，或使反爲君勞來，以《四牡》詩也，故賓賢能而預歌此三篇，使習之也。云“三者皆《小雅》篇也”者，其詩見於《小雅》之内也。云“《鹿鳴》，君與臣下及四方之賓燕，講道脩政之樂歌也”者，自此已下，鄭皆先引《詩序》於上，復引《詩經》於下，以其子夏作序，所以序述經意，故鄭並引之也。案《鹿鳴序》云“《鹿鳴》，燕羣臣嘉賓也，然後羣臣嘉賓得盡其心”之事①，還依《序》而言也。云“此采其已有旨酒，以召嘉賓，嘉賓既來，示我以善道”至“可則傚也”者，案彼經云“我有旨酒，以燕樂嘉賓之心”，又云“示我周行”，“德音孔昭，視民不恌，是則是傚”之事；《四牡序》云“勞使臣之來也”，經云“王事靡盬，我心傷悲”，“豈不懷歸”，“將母來諗”；《皇皇者華序》云“君遣使臣也”，經云“於彼原隰，駪駪征夫，每懷靡及”，“周爰諮謀”之事，故鄭依而引之爲證也。**卒歌，主人獻工。工左瑟，一人拜，不興，受爵，主人阼階上拜送爵。**一人，工之長也。凡工賤，不爲之洗。【疏】“卒歌”至“送爵”。〇注“一人”至“之洗”。〇釋曰：云“一人，工之長也”者，謂就四人之内爲首者也。云“凡工賤，不爲之洗”者，下大師爲之洗，是君賜者爲之洗，明自外不爲之洗也。案此《鄉飲酒》及《燕禮》同是主歡心尚樂之事，故有升歌、笙、閒、合樂，及其獻工、獻笙後，閒、合不獻，以知二節自前已得獻，故不復重獻。《鄉射》主於射，略於樂，無升歌、笙、閒②，唯有合樂，笙工並爲，至終總獻之。《大射》亦主於射，略於樂，但不閒歌，不合樂，故有升歌《鹿鳴》三終，主人獻工，乃後下管《新宮》，不復得獻，此君禮異於《鄉射》也。若《鄉射》與《大射》同略於樂，《大射》不略升歌而略閒、合者③，《二南》是鄉大夫之正，《小雅》是諸侯之正，鄭注《鄉射》云“不略合樂者，不可略其正”，諸侯不略《鹿鳴》之等，義亦然也。**薦脯醢，使人相祭。**使人，

---

① “羣臣”，今本《詩序》作“忠臣”。
② “無”下原無“升歌”二字，曹云：“‘無’下脱‘升歌’二字。”據補。
③ “略”下原有“笙”字，曹云：“‘笙’字衍，管即笙，未嘗略之。”據删。

相者，相其祭酒、祭薦。【疏】"薦脯醢使人相祭"。○注"使人"至"祭薦"。○釋曰：知"使人，相者"者①，以相者扶工之人，每事使之指授，故知還使相者爲之。知"祭酒、薦祭"者，以其云"獻"、"薦脯醢"，即云"相祭"，知"相其祭酒、祭薦"也。工飲，不拜既爵，授主人爵。坐授之。【疏】注"坐授之"。○釋曰：知"坐授之"者，以經不云"興"，故知"坐授之"也。衆工則不拜，受爵，祭飲，辯有脯醢，不祭。祭飲，獻酒重，無不祭也。今文辯爲徧。【疏】"衆工"至"不祭"。○注"祭飲"至"爲徧"。○釋曰：言"獻酒重，無不祭也"者，衆工諸事皆不備，尚祭飲，則知得獻酒無有不祭，故知"獻酒重，無不祭也"。其正酬亦祭，至於旅酬以下則不祭，飲而已②，故下記云"凡旅，不洗。不洗者，不祭"，鄭注云"敬禮殺也，不甚絜也"，此衆工亦不洗而祭，是以云"獻酒重，無不祭也"。大師則爲之洗，賓、介降，主人辭降，工不辭洗。大夫若君賜之樂，謂之大師，則爲之洗，尊之也。賓、介降，從主人也。工，大師也。上既言獻工矣，乃言大師者，大師或瑟或歌也。其獻之，瑟則先，歌則後。○大師，音泰，注大師、大平、大王皆同③。則爲，于僞反，注同。【疏】"大師"至"辭洗"。○注"大夫"至"則後"。○釋曰：天子、諸侯有常官，則有大師也。大夫則無常官，若君賜之樂，并樂人與之，則亦謂之大師，主人爲之洗。若然，工非大師，則無洗。云"賓、介降，從主人也"者，案《鄕射》云"大師則爲之洗，賓降"，注云"大夫不降，尊也"，此既大夫禮，則有大夫亦不降可知也。云"工，大師也"者，既言"大師則爲之洗"而云"工不辭洗"，故知工即大師，是以《論語》云"師冕見"，孔子爲之相，鄭云"相，扶工"，是工爲樂人之總稱也。云"上既言獻工矣，乃言大師者，大師或瑟或歌也"者，以其前工有瑟有歌，後別言大師，則大師能瑟，或在瑟中，若大師能歌，或在歌中，故云"大師或瑟或歌也"。云"其獻之，瑟則先，歌則後"者，以其序入及升堂，皆瑟先歌後，其獻法，皆先瑟後歌，是以知獻之，瑟先歌後，隨大師所在，以次獻之也。《燕禮》云"卒歌，主人洗，升，獻工。工不興，左瑟，一人拜受爵"，注云"左瑟，便其右。一人，工之長者也"，《燕禮》，諸侯禮，有常

---

① "相者"原作"相祭"，曹云："'祭'當爲'者'，疏蓋讀注'使人'二字爲句，'相者'二字爲句，謂經所謂'使人'，即使前相者也，故疊釋之曰'知使人相者者'。"據改。

② "而已"上原無"飲"字，阮云："浦鐺云'而已'二字衍。"曹云："'而'上當補'飲'字，'祭'字句絕。"據曹校補。

③ "王"下原無"皆"字，黃云："'王'下宋本有'皆'字，與《儀禮識誤》引同，説詳《校勘記》引張氏説。"據補。

官，不言大師，以《燕禮》主爲臣子，故工四人，從大夫制，其大師入工，不別言之也。《大射》云“主人洗，升，實爵，獻工。工不興，左瑟”，注云“大師無瑟，於是言左瑟者，節也”，若然^①，大師在歌，亦先得獻，與《燕》異也。**笙入堂下，磬南北面立，樂《南陔》、《白華》、《華黍》。**笙，吹笙者也，以笙吹此詩以爲樂也。《南陔》、《白華》、《華黍》，《小雅》篇也，今亡，其義未聞。昔周之興也，周公制禮作樂，采時世之詩以爲樂歌，所以通情，相風切也，其有此篇明矣。後世衰微，幽、厲尤甚，禮樂之書稍稍廢棄。孔子曰：“吾自衛反魯，然後樂正，《雅》、《頌》各得其所。”謂當時在者而復重雜亂者也，惡能存其亡者乎？且正考父校商之名《頌》十二篇于周大師，歸以祀其先王，至孔子二百年之間，五篇而已，此其信也。○南陔，古才反。相風，上如字，下方鳳反。復重，直用反。惡能，音烏。考父，音甫。【疏】“笙入”至“華黍”。○釋曰：此升歌訖得獻，笙乃始入也^②。云“磬南北面”者，磬既南面，其南當有擊磬者，在磬南北面而云“笙入，磬南北面”者，在擊磬者之南^③，北面也。○注“笙吹”至“信也”。○釋曰：言“《小雅》篇也”者，今《序》仍在《魚麗》之下，是《小雅》也。云“今亡，其義未聞”者，案《詩·魚麗》之下見子夏《序》，序此三篇，案彼子夏《序》云“《南陔》，孝子相戒以養也。《白華》，孝子之絜白也。《華黍》，時和歲豐，宜黍稷也”，此已上是子夏《序》文，則云“有其義而亡其辭”者，此是毛公續《序》。云“有其義”，指子夏《序》有其義也。云“而亡其辭”者，謂詩辭亡矣。若然，彼亡辭，此亡義，與此義異也。云“昔周之興也，周公制禮作樂”至“明矣”者，欲明周公制此《儀禮》之時，有此三篇之意也。云“後世衰微，幽、厲尤甚”者，《禮運》云“孔子曰：‘我觀周道，幽、厲傷之，吾舍魯何適’”，是幽、厲尤甚者也。“禮樂之書稍稍廢棄”者，自幽、厲已後，稍稍更加廢棄，致此篇之失也^④。又引“孔子”以下至“其信”者，欲明孔子以前已亡三篇之意也^⑤。案《南陔》注云“孔子論《詩》，《雅》、《頌》各得其所，時俱在耳，篇第當在於此。時遭戰國及秦之世而亡之，其義則與衆篇之義合編，故存。至毛公爲《詁訓傳》，乃分衆篇之義各置於其篇端”，彼《詩》鄭注又與此不同者，鄭君注

① “若”下原無“然”字，曹云：“‘若’下脫‘然’字。”據補。

② “得獻”下原無“笙”字，曹云：“阮云‘得獻’閩本作‘笙’。案‘笙’字當補，在‘得獻’之下，三字並存。”據補。

③ “磬”上原無“擊”字，曹云：“‘磬’上脫‘擊’字。”據補。

④ “此”上原無“致”字，曹云：“‘此’上似脫‘致’字。”據補。

⑤ “已”字原作“言”，曹云：“‘言’當爲‘已’。”倉石云：“‘言’各本作‘已’。”據改。

《禮》之時未見《毛傳》，以爲此篇孔子前亡，注《詩》之時既見《毛傳》，以爲孔子後失。必知戰國及秦之世者，以子夏作《序》，具序三篇之義，明其詩見在，毛公之時亡其辭，故知當戰國及秦之世也。**主人獻之于西階上，一人拜，盡階，不升堂，受爵，主人拜送爵。階前坐祭，立飲，不拜既爵，升授主人爵。**一人，笙之長者也。笙三人，和一人，凡四人。《鄉射禮》曰："笙一人拜于下。"○和一，胡臥反。【疏】"主人"至"人爵"。○注"一人"至"於下"。○釋曰[①]：自此至"不祭"，論獻笙者之事。云"一人拜"者，謂在地拜，乃盡階，不升堂受爵也。云"一人，笙之長者也"者，笙者四人，今言一人受爵，明據爲首長者而言也。云"笙三人，和一人，凡四人"者，案《鄉射記》云"三笙一和而成聲"，注"三人吹笙，一人吹和，凡四人"，《爾雅》曰"笙小者謂之和"是也。云"《鄉射禮》曰：笙一人拜于下"者，即此一人拜者，亦在堂下可知，但獻工之時，拜送在阼階上[②]，以工在階東故也，此主人拜送笙之時，在西階上，以其笙在階下，故不同也。**衆笙則不拜，受爵，坐祭，立飲，辯有脯醢，不祭。**亦受爵于西階上，薦之皆於其位[③]，磬南。今文辯爲徧。【疏】"衆笙"至"不祭"。○注"亦受"至"爲徧"。○釋曰：衆笙除一人之外，三人者不備禮[④]，故"不拜，受爵"[⑤]。"亦受爵於西階上"者，與一人同也。云"薦之皆於其位，磬南"者，依前笙入立于磬南之處，是其位也[⑥]。**乃閒，歌《魚麗》，笙《由庚》；歌《南有嘉魚》，笙《崇丘》；歌《南山有臺》，笙《由儀》。**閒，代也，謂一歌則一吹。六者皆《小雅》篇也。《魚麗》言大平年豐物多也，此采其物多酒旨，所以優賓也。《南有嘉魚》言大平君子有酒，樂與賢者共之也，此采其能以禮下賢者，賢者纍蔓而歸之，與之燕樂也。《南山有臺》言大平之治以賢者爲本，此采其愛友賢者，爲邦家之基，民之父母，既欲其身之壽考，又欲其名德之長也。《由庚》、《崇丘》、《由儀》今亡，其義未聞。○乃閒，閒厠之閒，注及下注笙閒、或閒音同。魚麗，力知反，本或作離，下同。纍，力追反。蔓，音万。宴

---

①　"釋曰"原作"辭曰"，汪刊單疏"辭"作"釋"，據改。

②　"在阼階上"原作"在西階東"，曹云："當爲'在阼階上'。"據改。

③　"皆"字原作"者"，張敦仁本作"皆"，疏述注亦作"皆"，據改。

④　"三"字原作"二"，曹云："阮云'二'閩本作'三'。案作'三'是。"據改。

⑤　"故"下原無"不拜受爵"四字，曹云："此下脫'不拜受爵'四字。"據補。

⑥　"位"字原作"類"，周學健云："'位'，監本譌作'類'，今以注及上文訂改之。"阮云："浦鏜云'類'當'位'字誤。"據改。

樂，音洛，下人樂同。之治，直吏反。之長，如字。【疏】"乃閒"至"由儀"。○釋曰：此一經堂下吹笙，堂上升歌，閒代而作，故謂之"乃閒"也。○注"閒代"至"未聞"。○釋曰：云"謂一歌則一吹"者，謂堂上歌《魚麗》終，堂下笙中吹《由庚》續之，以下皆然。此《魚麗》、《南有嘉魚》、《南山有臺》，其詩見在。云"六者皆《小雅》篇也"者，見編在《小雅》之內，故知之。見在者，鄭君亦先引其《序》，後引其詩，案《魚麗序》云"《魚麗》，美萬物盛多也"，詩云"君子有酒，旨且多"；《南有嘉魚序》云"大平之君子至誠，樂與賢者共之也"，詩云"君子有酒，嘉賓式燕以樂"；《南山有臺序》云"樂得賢也，得賢則能爲邦家立大平之基矣"，詩云"樂只君子，邦家之基"，又云"樂只君子，民之父母，遐不眉壽"是也，此其鄭君所言義意。云"《由庚》、《崇丘》、《由儀》今亡，其義未聞"者，案《詩序》云"《由庚》，萬物得由其道也。《崇丘》，萬物得極其高大也。《由儀》，萬物之生各得其宜也"，"有其義而亡其辭"，此毛公續《序》，義與《南陔》、《白華》、《華黍》同，堂上歌者不亡，堂下笙者即亡，蓋當時方以類聚，笙歌之詩[①]，各自一處，故存者併存，亡者併亡也。

乃合樂，《周南》：《關雎》、《葛覃》、《卷耳》；《召南》：《鵲巢》、《采蘩》、《采蘋》。合樂，謂歌樂與衆聲俱作。《周南》、《召南》，《國風》篇也，王后、國君夫人房中之樂歌也。《關雎》言后妃之德，《葛覃》言后妃之職，《卷耳》言后妃之志，《鵲巢》言國君夫人之德，《采蘩》言國君夫人不失職，《采蘋》言卿大夫之妻能脩其法度。昔大王、王季居于岐山之陽，躬行《召南》之教以興王業，及文王而行《周南》之教以受命。《大雅》云"刑于寡妻，至于兄弟，以御于家邦"，謂此也。其始一國耳，文王作邑于豐，以故地爲卿士之采地，乃分爲二國。周，周公所食。召，召公所食。於時文王三分天下有其二，德化被于南土，是以其詩有仁賢之風者，屬之《召南》焉；有聖人之風者，屬之《周南》焉。夫婦之道，生民之本，王政之端，此六篇者，其教之原也，故國君與其臣下及四方之賓燕，用之合樂也。鄉樂者，《風》也。《小雅》爲諸侯之樂，《大雅》、《頌》爲天子之樂。《鄉飲酒》升歌《小雅》，禮盛者可以進取也。《燕》合鄉樂，禮輕者可以逮下也。《春秋傳》曰："《肆夏》、《繁遏》、《渠》，天子所以享元侯也。《文王》、《大明》、《緜》，兩君相見之樂也。"然則諸侯相與燕，升歌《大雅》，合《小雅》。天子與次國、小國之君燕亦如之，與大國之君燕，升歌《頌》，合《大雅》，其笙、閒之篇未聞。○關雎，七徐

---

① "詩"字原作"時"，孫云："'時'當爲'詩'。"據改。

反。葛覃，大南反。卷耳，力轉反，劉居晚反。召南，音邵，注同。采蘋，毗人反。后妃，芳非反，劉音配。于岐，其宜反，一音祇。王業，如字，劉于況反。之采，七代反。化被，皮義反。肆夏，户雅反，下同。繁遏，於葛反。【疏】“乃合”至“采蘋”。○注“合樂”至“未聞”。○釋曰：此一經論堂上（元缺一字），堂下衆聲俱合之事也。云“合樂，謂歌樂衆聲俱作”者①，謂堂上有歌瑟，堂下有笙磬，合奏此詩，故云“衆聲俱作”。云“《周南》、《召南》，《國風》篇也”者，案《論語》注《國風》之首篇，謂十五《國風》之篇首②，此不言首，義可知也。云“王后、國君夫人房中之樂歌也”者，案《燕禮記》云“有房中之樂”，注云“弦歌《周南》、《召南》之詩而不用鍾磬之節，謂之房中者，后、夫人之所諷誦，以事其君子”是也。既名房中之樂，用鍾鼓奏之者，諸侯、卿、大夫燕、饗亦得用之，故用鍾鼓，婦人用之，乃不用鍾鼓，則謂之房中之樂。云“《關雎》言后妃之德”以下至“脩其法度”，《周南》三篇即言后妃，《召南》三篇則言夫人，不同者，此雖同是文王之化，《召南》是文王未受命已前之事，諸侯之禮，故稱夫人，《周南》是文王受命稱王之後，天子之禮，故稱后妃也③。云“昔大王、王季居于岐山之陽”者，案《魯頌》云“后稷之孫，實維大王，居岐之陽”，鄭云“大王自豳徙居岐陽”，是大王居於岐陽也，兼言王季者，王季，大王之子，繼大王後亦居岐陽，至文王始居于豐，故兼言王季也。云“躬行《召南》之教，以興王業”者，大王得鸞鷟鳴于岐，又實始翦商，王季又纂我祖考，是其以興王業也。云“及文王而行《周南》之教以受命”者，文王徙居豐，得赤雀之命，故云“以受命”也。鄭注《鄉射》云“昔大王、王季、文王始居岐山之陽”，彼兼言文王者，欲見文王未受命以前，亦行《召南》之化④。知者，案《羔羊》詩《序》云“召南之國，化文王之政”，《摽有梅序》云“召南之國，被文王之化”，此不兼言文王者，據文王徙豐，受命之後，專行《周南》之教，是《周南》十一篇唯言文王之化，不言大王、王季也。“《大雅》云‘刑于寡妻’”者，是《大雅·思齊》之詩也，引之者，證文王施化，自近及遠，自微至著之意。云“其始一

----

① “云合樂謂歌樂衆聲俱作者”，倉石云：“今本注‘樂’下有‘與’字。案《通典》引此注有‘與’無‘樂’，《燕禮》疏兩引同，可知賈氏所見注本無‘樂’字明矣。此亦當作‘歌與衆聲俱作’，淺人據另本注改‘與’爲‘樂’耳。《詳校》於‘樂’下補‘與’字，未安。”存疑待考，姑仍其舊。

② “謂十五國風之篇首”，倉石云：“《正字》‘謂’上補‘此不言首篇者’六字。今案浦校良是，要之不如於‘首’下補‘此不言首’四字，乃合文理。”據補。

③ “后”下原無“妃”字，阮云：“閩本、《通解》同，毛本‘后’下有‘妃’字。”據補。

④ “行”字原作“得”，曹云：“‘得’當爲‘行’。”據改。

國耳”者，謂大王自豳遷于岐山，周原膴膴，不過百里之地[①]，言此者，欲見徙居于豐以後，二分天下[②]，以此故國分與二公，故云“文王作邑于豐，以故地爲卿士之采地，乃分爲二國”也。云“周，周公所食。召，召公所食”者，此二公身爲三公，下兼卿士，所食即上采地[③]，一也，云此者，欲見采地得稱周、召之意。云“於時文王三分天下有其二，德化被于南土”者，欲見周、召皆稱南之意也。云“是以其詩有仁賢之風者，屬之《召南》焉”者，謂文王未受命以前也。云“有聖人之風者，屬之《周南》焉”者，謂受命以後也。故《詩序》云“《關雎》、《麟趾》之化，王者之風，故繫之周公。《鵲巢》、《騶虞》之德，諸侯之風也，先王之所以教，故繫之召公”，必將《二南》繫此二公者，天子不風，文王受命稱王，故繫於二公。云“夫婦之道，生民之本，王政之端”者，欲見合樂之時，作此六篇之意也。云“故國君與其臣下及四方之賓燕，用之合樂也”者，此據《燕禮》而言之也。云“鄉樂者，風也”者，亦據《燕禮》而言，故《燕禮記》云“遂合鄉樂”者，據此《鄉飲酒》鄉大夫所作也[④]。云“《小雅》爲諸侯之樂”者，則升歌《鹿鳴》之等是也。云“《大雅》、《頌》爲天子之樂”者，《肆夏》、《繁遏》、《渠》之等是也。云“《鄉飲酒》升歌《小雅》，禮盛者可以進取也”者，據此《鄉飲酒》爲饗禮，升歌《鹿鳴》，進取諸侯之樂，饗禮盛，可以進取也。云“《燕》合鄉樂，禮輕者可以逮下也”者，逮，及也，以燕禮輕，故言可以逮下也。鄭君據《儀禮》上下而言，其實饗、燕同樂，知者，穆叔如晉，晉侯饗之，歌《鹿鳴》之三，是與《燕禮》同樂也。若然，此注云鄉或進取[⑤]、燕可以逮下者，饗亦逮下也。云“《春秋傳》曰”者，襄公四年《左氏傳》文。彼云：“穆叔如晉，晉侯享之，金奏《肆夏》之三，不拜。工歌《文王》之三，又不拜。歌《鹿鳴》之三，三拜。韓獻子使行人子員問之曰：‘吾子舍其大而重拜其細，敢問何禮也？’穆叔對曰：‘《三夏》，天子所以享元侯也，使臣弗敢與聞。《文王》，兩君相見之樂也，臣不敢及。《鹿鳴》，所以嘉寡君也，敢不拜嘉。’”引之者，證《肆夏》、《繁遏》、《渠》是《頌》，謂天子之樂歌。案《鍾師》杜子春注引呂叔玉云“《肆夏》，《時邁》也。《繁遏》，《執競》也。《渠》，《思文》也”，鄭君不從，以爲“詩篇名，《頌》之族類也，此歌之大者，載在樂章，樂崩亦從而亡之，是以《頌》不能具”是也。云

---

① “過”上原無“不”字，曹云：“‘過’上殿本增‘不’字。”據補。

② “二分天下”，曹云：“各本同，蓋謂有天下之二也。”

③ “即”上原無“所食”二字，曹云：“‘即’字上脱‘所食’二字。”據補。

④ “鄉大夫所作也”，曹云：“作謂作樂。”

⑤ “此注”原作“小雅”，曹云：“‘小雅’當爲‘此注’。”據改。

"然則諸侯相與燕,升歌《大雅》,合《小雅》。天子與次國、小國之君燕亦如之,與大國之君燕,升歌《頌》,合《大雅》"者,此約穆叔云《肆夏》、《繁遏》、《渠》,天子所以享元侯,《肆夏》、《繁遏》、《渠》則《頌》也。元侯,大國之君也。凡合樂者,通取卑者一節①,故歌《頌》,合《大雅》也。若元侯自相享,亦依此。案《詩譜》云"天子、諸侯燕羣臣及聘問之賓,皆歌《鹿鳴》,合鄉樂",鄭云諸侯相燕,天子與國君燕、與大國之君燕,《國語》及襄公四年文言饗②,引之者③,亦欲明燕、饗同也④。向來所言,皆據升歌、合樂有此尊卑之差,若納賓之樂,天子與五等諸侯同用《肆夏》,是以《燕禮》納賓用《肆夏》,《禮記·郊特牲》云"大夫之奏《肆夏》,由趙文子始也",是大夫不得用之,其諸侯以上同用之也。云"其笙、閒之篇未聞"者,案《鄉飲酒禮》笙、閒之樂與前升歌同在《小雅》⑤,則知元侯及國君相饗、燕,笙、閒亦同升歌矣,而云"未聞"者⑥,謂如《由庚》、《由儀》之等,篇名未聞。**工告于樂正曰:"正歌備。"樂正告于賓,乃降。**樂正降者,以正歌備,無事也。降立西階東,北面。【疏】"工告"至"乃降"。〇注"樂正"至"北面"。〇釋曰:鄭知"降立西階東,北面"者,以其堂上時在西階之東,北面,知降堂下亦然,在笙磬之西,亦得監堂下之樂,故知位在此也。此《鄉飲酒》及《鄉射》大夫禮卑,無大師,故工告樂備。國君禮備,有大師告樂備。《大射》不告樂備者,是禮主於射,略於樂故也。

　　主人降席自南方,不由北方,由便。【疏】"主人降席自南方"。〇注"不由北方由便"。〇釋曰:自此至"退立于觶南",論立司正之事。云"不從北方,由便"者⑦,主人之席南上,升由下,降由上,是其常而言"不從北方,由便"者,解禮,故所以升由下,降由上者,是"由便"也。**側降。**賓、介不從。【疏】"側降"。〇注"賓介不從"。〇釋曰:側者,特也,賓、介不從,故言側。上文主人降⑧,賓、介皆從降,此獨不從者,以其

①　"通"字原作"遏",曹云:"'遏',殿本改作'通'。"據改。

②　"文"字原作"公",四庫本作"文",曹云:"'公'字衍。"據四庫本改。

③　"引"字原作"見",四庫本作"引",據改。

④　"欲"下原無"明燕"二字,曹云:"'欲'下似脱'明燕'二字。"據補。

⑤　"與前"原作"前與",倉石云:"'前與'二字《正字》倒。"據乙。

⑥　"者"字原作"知",阮云:"閩本'者'俱誤作'知',毛本作'者'。"據改。

⑦　"云不從北方由便者",阮云:"按'從',注作'由',疏兩舉注語,俱作'從',殆與'由便'之'由'相避耳。凡疏舉注語,不必悉依原文,未可據以改注。"

⑧　"文"字原作"來",毛氏汲古閣刊本作"文",據改。

方燕，禮殺故也。**作相爲司正，司正禮辭，許諾。主人拜，司正荅拜。**
作，使也。禮樂之正既成，將留賓，爲有解惰，立司正以監之。拜，拜其許。○作相，息
亮反，下及注同。爲有，于僞反，下爲賓同。解，古賣反。惰，徒臥反。以監，古銜反。
【疏】“作相爲司正”。○注“作使”至“其許”。○釋曰：上經云“一相迎于門外”，今將燕，
使爲司正，監察賓主之事，故使相爲司正也。云“禮樂之正既成”者，謂主人與賓行獻
酢之禮，是禮成也，升歌、笙、閒、合樂三終，是樂成也，故鄭總言“禮樂之正既成”也。

**主人升，復席。司正洗觶，升自西階，阼階上北面受命于主人。
主人曰：“請安于賓。”司正告于賓，賓禮辭，許。**爲賓欲去，留之。告賓
於西階。【疏】“主人”至“辭許”。○注“爲賓”至“西階”。○釋曰：此司正升西階，適阼
階上，案《鄉射》云“司正升自西階，由楹内適阼階上，北面”，彼此同，此不言“由楹内”
者，省文也。云“告賓於西階”者，《鄉射》云司正西階上，故知也。**司正告于主人，
主人阼階上再拜，賓西階上荅拜。司正立于楹閒以相拜，皆揖，
復席。**再拜，拜賓許也。司正既以賓許告主人，遂立楹閒以相拜。賓、主人既拜，揖
就席。【疏】“司正”至“復席”。○注“再拜”至“就席”。○釋曰：凡相拜者，當在賓主拜
前，今相拜文在賓拜下者[①]，以經云“司正告于主人”，因即拜賓，賓即荅拜，文理切，不
得先言相拜，故退之在下，其實相時在賓主拜前，是以《鄉射》云“司正告于主人，遂立
楹閒以相拜。主人阼階上再拜，賓西階上荅再拜”，是其相拜在前也。云“主、賓既拜，
揖就席”者，以《鄉射》賓主拜訖，即揖就席，故知此亦然也[②]。**司正實觶，降自西
階，階閒北面坐奠觶，退共，少立，**階閒北面，東西節也。其南北當中庭。
共，拱手也。少立，自正慎其位也。己帥而正，孰敢不正。《燕禮》曰：“右還北面。”○退
共，九勇反，注同。【疏】“司正”至“少立”。○注“階閒”至“北面”。○釋曰：云“階閒北
面，東西節也”者，階閒謂兩階之閒，東西等是東西節也。云“其南北當中庭”者，案《鄉
射》云“司正實觶，降自西階，中庭北面坐奠觶”，此經雖不言“中庭”，宜與彼同，故云
“中庭”也。云“己帥而正，孰敢不正”者，此是《論語》孔子語季康子之言也，彼言子帥，

---

① “今相拜文”原作“今相見云”，曹云：“當爲‘今相拜文’。”倉石云：“‘今相見云’
殿本作‘今相拜文’是也。”據改。

② “故”下原有“也”字，阮云：“浦鏜以‘也’爲衍文，‘故’字屬下。”據刪。

指季康子爲子，此言己帥，指司正爲己，欲見司正退，拱手少立，自正慎其位者，欲令賓主亦皆正慎其位也①。云"《燕禮》曰：右還北面"者，《燕禮》司正降自西階，又還北面，取不背其君，此亦降自西階，亦右還北面，取不背大夫也，故引以爲證也。**坐取觶，不祭，遂飲，卒觶興，坐奠觶，遂拜，執觶興，（盥）洗②，北面坐奠觶于其所，退立于觶南。**洗觶奠之，示絜敬。立於其南以察衆。【疏】"坐取"至"觶南"。○注"洗觶"至"察衆"。○釋曰："執觶興，洗，北面"者，案《燕禮》③、《大射禮》皆直云"取觶，洗，南面反奠於其所"，不云"盥"，此俗本有"盥"者，誤。又此文及《鄉射》奠空觶，皆位南北面奠之，《燕禮》、《大射》皆南面奠之者，以國君禮盛，儀多故也。

---

　　①　"欲見司正退"至"正慎其位也"原作"欲見司正退也云共拱手也少立自正慎其位也者欲見令賓主亦皆正慎其位也"，曹云："此文多衍，當爲'欲見司正退，拱手少立，自正慎其位者，欲令賓主亦皆正慎其位也'。"據改。

　　②　"執觶興盥洗"，吳紱云："按疏言俗本有'盥'者誤，金石經'洗'字上有'盥'字，是石經尚用誤本也。監本已經刪正，從之。"阮云："徐本、《集釋》、楊氏'興'下俱有'盥'字，唐石經'盥'字擠入，毛本、《通解》無。按張氏據疏去'盥'字，《通解》用張氏之說而毛本又依《通解》。然《士昏禮》疏云凡洗爵者必先盥，則'盥'字不去亦可。"當據以刪"盥"字。

　　③　"燕禮"原作"鄉射"，阮云："浦鏜云《鄉射》當作《燕禮》。按《鄉射》之文全與此同，《大射》之文全與《燕禮》同，賈兼言《鄉射》、《大射》而下文祇引《大射》者，以《鄉射》文同，故不復著也。《燕禮》既同《大射》，言《大射》自不必更言《燕禮》矣。"所引"取觶洗，南面反奠於其所"二句，見於《燕禮》、《大射》，不見於此文及《鄉射》，阮說雖辯，恐未必是，據浦說改。

儀禮疏卷第十　儀禮卷第四

賓北面坐取俎西之觶，阼階上北面酬主人。主人降席，立于賓東。初起旅酬也。凡旅酬者，少長以齒，終於沃盥者，皆弟長而無遺矣。○少長，丁丈反，下及下庭長同。皆弟，大計反。【疏】"賓北"至"賓東"。○釋曰：自此至"司正降，復位"，論堂上、堂下徧行旅酬之事。云"取俎西之觶"者，謂前一人舉觶奠于薦右，今爲旅酬而舉之，前主人酬賓奠于薦東者不舉，故言"俎西"以別之。云"主人降席"，不云自南方、北方者，案下記云"主人、介凡升席自北方，降席自南方"，指此文也。○注"初起"至"遺矣"。○釋曰：云"凡旅酬者，少長以齒"以下，並是《鄉飲酒義》文，是以彼云"賓酬主人，主人酬介，介酬衆賓，少長以齒，終於沃洗者焉，知其能弟長而無遺矣"。案下記云"主人之贊者西面北上，不與"，注云"贊，佐也，謂主人之屬，佐助主人禮事，徹鼏，沃盥，設薦俎者。與，及也。不及，謂不獻酒"[1]，言不及獻酒，則旅酬亦不與，旅酬所以酬正獻也。記又云"無算爵，然後與"，若然，此旅酬得終於沃洗者，鄭解酬之大法，欲見堂下賓、主人之黨無不與[2]，故鄭君連引無算爵之酬[3]，而言終沃洗也，其實此時未及沃洗也。賓坐奠觶，遂拜，執觶興，主人荅拜。不祭，立飲，不拜，卒觶，不洗，實觶，東南面授主人。賓立飲卒觶，因更酌以鄉主人，將授。○以鄉，許亮反，下皆鄉同。主人阼階上拜，賓少退。主人受觶，賓拜送于主人之西。旅酬同階，禮殺。【疏】注"旅酬同階禮殺"。○釋曰：決上正酬時不同階，今同階，故云"禮殺"也。賓揖，復席。酬主人訖。主人西階上酬介，介降席自南方，立于主人之西，如賓酬主人之禮。主人揖，復席。其酌，實觶，西南面授介。自此以下旅酬，酌者亦如之。【疏】注"其

---

①　"不"下原有"及"字，阮云："浦鏜云'及'字當衍文。"據刪。
②　"下"字原作"上"，曹云："'上'當爲'下'。"據改。
③　"之"字原作"旅"，曹云："'旅'當爲'之'。"據改。

403

酌”至“如之”。○釋曰：知“西南面授介”者，案賓酬主人時，於阼階上東南面向之，則知此主人酬介，于西階上西南面可知。云“自此已下旅酬，酌者亦如之”者，謂亦如主人酬介，其酬，酌①，實觶，西南面授之，以其旅酬皆西階上故也。**司正升相旅，曰：“某子受酬。”受酬者降席。**旅，序也。於是介酬衆賓，衆賓又以次序相酬。某者，衆賓姓也，同姓則以伯仲別之，又同則以且字別之。○相旅，息亮反，下注升相同。仲別，彼列反，下同。【疏】注“旅序”至“別之”。○釋曰：上文作相爲司正，注云“將留賓，爲有懈惰，立司正以監之”，今以賓、主及介旅酬不監之，至衆賓乃監者，以其主人與賓、介習禮已久，又各一位，不嫌失禮，至於衆賓，既不久習禮，又同在一位，恐其失禮，故須監之也。云“某者，衆賓姓也”者，以某在子上，故知是“衆賓姓也”，若單言某，則是字，故《鄉射》云“某酬某子”，注云“某者，字也”。云“同姓則以伯仲別之”者，但此衆賓之內有同姓，司正命之，則呼伯仲別之也。云“又同則以且字別之”者，爲同姓之中有伯仲同者，則以某甫且字別之也。**司正退立于序端，東面。**辟受酬者，又便其贊上贊下也。始升相，西階西北面。○辟受，音避，下辟國君同。【疏】“司正”至“東面”。○注“辟受”至“北面”。○釋曰：司正初時在堂上西階面，北面命受酬者訖，退立于西序端東面者，一則案此下文“衆受酬者受自左”，即是司正立處，故須辟之，二則東面時贊上贊下便也。云“始升相，西階西北面”者，雖無正文，以衆賓之席在賓西南面，介酬在西階上，司正升相旅，當在西階西北面命衆賓②，故知位如此也。**受酬者自介右，**由介東也。尊介，使不失故位。【疏】“受酬者自介右”。○注“由介”至“故位”。○釋曰：北面以東爲右，故鄭云“由介東也”。云“尊介，使不失故位”者，凡授受之法③，授由其右，受由其左，即下文“衆受酬者”是也，此受介酬者應自介左而自介右者，介位在西，故云“尊介，使不失故位”也。**衆受酬者受自左，**後將受酬者，皆由西，變於介也。今文無受酬者④。【疏】“衆受”至“自左”。○注“後將”至“酬者”。○釋曰：言“衆受酬者”，謂上衆賓之內爲首者一人自介右受之，自第二以下并堂下衆

---

① “酌”下原有“介”字，曹云：“‘介’字衍。”據刪。
② “命”下原無“衆”字，曹云：“‘命’下脱‘衆’字。”據補。
③ “法”下原有“者”字，四庫本“法”下無“者”字，據刪。
④ “受酬者”原作“衆酬者”，阮云：“徐氏、《集釋》、《通解》俱作‘者’，與此本標目合，毛本‘者’作‘也’。按‘衆’字疑當作‘受’。”據改。

賓皆自左受之。言“變於介”者，即是授受之常法也。拜，興，飲，皆如賓酬主人之禮。嫌賓以下異也。辯，卒受者以觶降，坐奠于篚。辯，辯衆賓之在下者。《鄉射禮》曰：“辯，遂酬在下者，皆升，受酬于西階上。”【疏】注“辯辯”至“階上”。○釋曰：引《鄉射》者，彼禮與此同，經直言“辯”，不云“遂酬在下者，皆升，受酬于西階上”者，文不具，故引以證也。司正降，復位。觶南之位。【疏】“司正降復位”。○注“觶南之位”。○釋曰：“復位”者，以相旅畢，堂上無事，故降復觶南之位。

　　使二人舉觶于賓、介，洗，升，實觶，于西階上皆坐奠觶，遂拜，執觶興，賓、介席末荅拜。皆坐祭，遂飲，卒觶興，坐奠觶，遂拜，執觶興，賓、介席末荅拜。二人，亦主人之吏。若有大夫，則舉觶于賓與大夫。《燕禮》曰：“媵爵者立于洗南，西面北上，序進盥洗。”○媵爵，以證反，又成證反，送也。【疏】“使二”至“荅拜”。○注“二人”至“盥洗”。○釋曰：自此至“無算樂”，論賓主燕坐，爵樂無數之事。云“賓、介席末荅拜”者，賓於席西南面荅拜，介於席北東面荅①。云“二人，亦主人之吏”者，亦上一人舉觶是主人之吏，以其主人使之，故知皆是主人之吏也。云“若有大夫，則舉觶于賓與大夫”者，以其大夫尊於介故也。引《燕禮》者，證此二人舉觶將洗時②，亦於洗南西面北上，以次盥手也。逆降，洗，升，實觶，皆立于西階上，賓、介皆拜。於席末拜。【疏】注“於席末拜”。○釋曰：言“席末拜”者，賓在席西南面，介在席北東面，以其俱是荅拜，故同前席末拜也。皆進，薦西奠之，賓辭，坐取觶以興，介則薦南奠之，介坐受以興。退，皆拜送，降，賓、介奠于其所。賓言取，介言受，尊卑異文。今文曰賓受。【疏】“皆進”至“其所”。○釋曰：言“皆進”者，一人之賓所，奠觶於薦西，一人之介所，奠觶於薦南。○注“賓言”至“異文”。○釋曰：尊者得卑者物言取，是以《家語》云“定公假

----

①　“北”字原作“南”，曹云：“‘南’當爲‘北’，下節‘介在席南’同。”據改，下節亦改。

②　“洗”字原作“盥”，曹云：“‘盥’當爲‘洗’。”據改。

馬於季氏，孔子曰：君於臣有取無假"①，故賓尊言取，介卑言受也。司正升自西階，受命于主人，主人曰："請坐于賓。"賓辭以俎。至此盛禮俱成，酒清肴乾，賓主百拜，强有力者猶倦焉。張而不弛，弛而不張，非文武之道。請坐者，將以賓燕也。俎者，肴之貴者。辭之者，不敢以禮殺當貴者。○不弛，式氏反，下同。【疏】"司正"至"以俎"。○釋曰：云"司正升自西階，受命于主人"，此不言阼階上受，案《鄉射》"司正升自西階，阼階上受命于主人，適西階上，北面請坐於賓"，則此亦同彼。云"主人曰：請坐于賓"者，亦是使司正傳語於賓也。○注"至此"至"貴者"。○釋曰：自此以上，皆立行禮，人皆勞倦，故請坐於賓也。云"酒清肴乾"者，案《聘義》云"酒清人渴而不敢飲也，肉乾人飢而不敢食也"，彼上云"聘、射之禮，至大禮也"，則是聘、射皆有飲酒禮，故此《鄉飲酒》引之。云"賓主百拜"者，《樂記》文，彼是飲酒禮，與此同，故引而相證，但此鄉飲酒之禮雖無百拜，舉全數而言也。云"强有力"者，亦《聘義》文，言此者，欲見自此以前未得安坐飲酒也②。云"張而不弛，弛而不張，非文武之道"者，此《雜記》文，略而言之，此以弓弩喻行禮之法，"張而不弛"，以喻旅酬已前立行禮，"弛而不張"，喻無筭爵以後坐飲③，一張一弛是文武之道，"張而不弛，弛而不張，非文武之道"，故後須坐也。云"俎者，肴之貴者"，謂骨體貴而肉賤，故云"肴之貴者"。云"辭之者，不敢以禮殺當貴者"，自旅以前立行禮是盛，自此後無筭爵，坐行禮④，謂之殺，故今將坐，辭以俎，"不敢以禮殺當貴者"。案《燕禮》司正奠觶于中庭，請徹俎而坐，此禮司正監旅訖，二人舉觶後，將行無筭爵，始請坐于賓，不同者，《燕禮》司正之前云二次致爵⑤，三舉旅，得爵多，故司正奠時即坐燕，此禮由來未行旅酬，故使二人舉觶後乃徹俎坐也⑥。主人請徹俎，賓許。亦司正傳請告之。○傳請，丈專反。司正降階

---

① "是以"至"無假"，倉石云："今本《家語》無文。案《新序·雜事》云：'孔子侍坐於季孫，季孫之宰通曰：君使人假馬，其與之乎？孔子曰：吾聞取於臣謂之取，不曰假。季孫悟，告宰曰：自今以來，君有取謂之取，無曰假。故孔子正假馬之名而君臣之義定矣。'是其事也。"

② "酒"字原作"食"，阮云："'食'《要義》作'酒'。"據改。

③ "飲"字原作"食"，阮云："盧文弨改'食'爲'飲'。"據改。

④ "行"字原作"以"，阮云："浦鏜云'行'誤'以'。"據改。

⑤ "次"字原作"人"，曹云："'人'當爲'次'，各本'二'作'一'亦未安。"據改。

⑥ "徹俎"二字原在"觶"下，曹云："當爲'舉觶後乃徹俎坐也'。"據乙。

前,命弟子俟徹俎。西階前也。弟子,賓之少者。俎者,主人之吏設之,使弟子俟徹者,明徹俎賓之義。○之少,申召反。【疏】"司正降階"。○注"西階"至"之義"。○釋曰:云"弟子,賓之少者",以其稱弟子,故知是"賓之少者",西階前命之,故知賓弟子。賓敬主人而使弟子徹俎,故云"賓之義"也。司正升,立于(席)〔序〕端①。待事。【疏】"司正"至"席端"。○釋曰:司正降階前,命弟子徹俎訖,即升立于席端,弟子仍未徹俎,故鄭云"待事"也。賓降席,北面。主人降席,阼階上北面。介降席,西階上北面。遵者降席,席東南面。皆立,相須徹俎也。遵者,謂此鄉之人仕至大夫者也。今來助主人樂賓,主人所榮而遵法者也,因以爲名。或有無,來不來,用時事耳。今文遵爲僎,或爲全。○爲僎,音遵。【疏】"賓降"至"南面"②。○釋曰:"皆立"者,將取俎以授人。遵不北面者,以其尊,故席東南面向主人。○注"皆立"至"爲全"。○釋曰:云"皆立,相須徹俎也"者,須,待也,受俎之人一時徹而授之也。云"遵者,謂此鄉之人仕至大夫者也"者,以《鄉射》云"大夫若有遵者,入門左",注云"謂此鄉之人爲大夫者也。謂之遵者,方以禮樂化民,欲其遵法之也",既云大夫若有遵,明士不得爲遵③,又士立于下,不得升堂,故知此遵是大夫也。云"或有無"者,下文云"賓若有遵",言若者,不定之辭,故知或有或無也。云"來不來,用時事耳"者,言來之與不來,事在當時,故云"用時事耳"。賓取俎,還授司正,司正以降,賓從之。主人取俎,還授弟子,弟子以降自西階,主人降自阼階。介取俎,還授弟子,弟子以降,介從之。若有諸公、大夫,則使人受俎,如賓禮。衆賓皆降。取俎者皆鄉其席,既授弟子,皆降,復初入之位。【疏】"賓取"至"皆降"。○釋曰:"主人取俎,還授弟子,弟子以降自西階",案《燕禮》"膳

---

① "立于席端",吳紱云:"'序',監本譌作'席',今依石經及楊本、敖本改正。"阮云:"'席',唐石經、楊氏、敖氏俱作'序',徐本、《集釋》、《通解》、毛本俱作'席'。《石經考文提要》曰:'《鄉射禮》亦云升立于序端。'按疏內標目云'司正至席端',疏云'即升立于席端',皆誤也。然單疏本已如是,則誤久矣,非始于《通解》。"當據改,疏標起止及疏內亦當改。

② "降"下原有"階"字,阮云:"'階'字疑衍,或是'席'字之誤,毛本無'階'字。"據刪。

③ "爲"字原作"有",曹云:"'有'似當作'爲'。"據改。

宰徹公俎，降自阼階”，與此不同者，彼公不降，故宰夫降阼階，此主人降自阼階，故弟子降自西階也。○注“取俎”至“之位”。○釋曰：云“取俎者皆鄉其席”者，以其俎在席前，鄉席取俎，還轉授之，故經皆言“還授”也。云“既授弟子，皆降，復初入之位”者，以其下云“揖讓如初，升”，故知此降時亦復初入之位，位在東階、西階相讓之所也[1]。

說屨，揖讓如初，升，坐，說屨者，爲安燕當坐也。必說於下者，屨賤，不空居堂。說屨，主人先左，賓先右。今文說爲稅。○說屨，吐活反，劉詩悦反，注同。爲稅，始鋭反。【疏】“說屨”至“升坐”。○釋曰：自此以下至“再拜”，論無筭爵飲酒禮終，送賓之事也。云“如初，升，坐”者，謂賓主初入，揖讓而升堂，升堂雖同，前則升堂立，此則即席坐，與前異也。○注“說屨”至“爲稅”。○釋曰：云“說屨者，爲安燕當坐也”者，凡堂上行禮之法，立行禮不說屨，坐則說屨，屨空則不宜陳於側，故降說屨，然後升坐也。云“說屨，主人先左，賓先右”者，案《曲禮》云“上於東階則先右足，上於西階則先左足”，鄭注云“近於相鄉敬也”，案《玉藻》著屨之法，“坐左納右，坐右納左”，今説之亦北面鄉階，主人先坐左，賓先坐右，亦取近於相鄉[2]，敬之義也。乃羞。羞，進也。所進者，狗胾醢也。鄉設骨體，所以致敬也。今進羞，所以盡愛也。敬之、愛之，所以厚賢也。○胾醢，莊吏反。鄉設，許亮反，本又作嚮，同。【疏】“乃羞”。○注“羞進”至“賢也”。○釋曰：知所進者狗胾醢者，案下記云“其牲狗”，《禮記》又云“庶羞不踰牲”[3]，則所羞者狗胾也，但醢是舊作之物，諸經又不見以狗作醢，則胾必狗也，醢則當兼有餘牲也。云“鄉設骨體，所以致敬也。今進羞，所以盡愛也”者，骨體貴，人不食，故云“致敬”，胾醢賤，人所食，故云“盡愛也”。無筭爵。筭，數也。賓主燕飲，爵行無數，醉而止也。《鄉射禮》曰“使二人舉觶于賓與大夫”，又曰“執觶者洗，升實觶，反奠於賓與大夫”，皆是。【疏】“無筭爵”。○注“筭數”至“皆是”。○釋曰：引《鄉射禮》者，證此無筭爵從首至末，更從上至下，唯醉乃止。鄭云“皆是”者，從首至末，皆是行無筭爵之義。無筭樂。燕樂亦無數，或間或合，盡歡而止也。《春秋》襄二十九年，吳公子札來聘，請觀于周樂，此國君之無筭。○子札，壯八反。【疏】“無筭樂”。○注

---

① “讓”下原無“之所”二字，曹云：“‘讓’下似脱‘之所’二字。”據補。

② “於”字原作“爲”，四庫本、張敦仁本皆作“於”，據改。

③ “庶”字原作“薦”，倉石云：“‘薦’，據《王制》當作‘庶’，案《燕禮》疏引亦作‘庶。’”據改。

“燕樂”至“無筭”。○釋曰：云“燕樂亦無數”者，亦上無筭爵也，案上升歌、笙、間、合樂皆三終，言有數，此即無也。云“或間或合，盡歡而止也”者，以其不言《風》、《雅》，故知或間如上間歌，用《小雅》也，或合用《二南》也，言“或間或合”者，於後科用其一，但不並用也。引《春秋》者，彼是國君禮，此是大夫禮，見其異也，但無筭之樂，還依尊卑用之。案《春秋》爲季札所歌《大雅》與《頌》者，但季札請觀周樂，魯爲之盡陳，又魯，周公之後，歌樂得與元侯同，故無筭之樂《雅》、《頌》並作也。

　　賓出，奏《陔》。《陔》，《陔夏》也。陔之言戒也，終日燕飲，酒罷以《陔》爲節，明無失禮也。《周禮·鍾師》：“以鍾鼓奏《九夏》。”是奏《陔夏》則有鍾鼓矣。鍾鼓者，天子、諸侯備用之，大夫、士鼓而已，蓋建於阼階之西，南鼓。《鄉射禮》曰：“賓興，樂正命奏《陔》。賓降，及階，《陔》作，賓出，眾賓皆出。”○酒罷，皮賣反，劉音皮。【疏】“賓出奏陔”。○注“陔陔”至“皆出”。○釋曰：云“《陔》，《陔夏》也”者，《周禮·鍾師》有《陔夏》，故云“《陔夏》”也。云“《周禮·鍾師》：以鍾鼓奏《九夏》”者，案《鍾師》云“凡樂事，以鍾鼓奏《九夏》：《王夏》、《肆夏》、《昭夏》、《納夏》、《章夏》、《齊夏》、《族夏》、《祴夏》、《驁夏》”，杜子春云“王出入奏《王夏》，尸出入奏《肆夏》，牲出入奏《昭夏》，四方賓來奏《納夏》，臣有功奏《章夏》，夫人祭奏《齊夏》，族人侍奏《族夏》，客醉而出奏《陔夏》，公出入奏《驁夏》”，言“以鍾鼓”者，庭中先擊鍾，却擊鼓而奏此《九夏》，故云“是奏《陔夏》則有鍾鼓矣”。云“鍾鼓者，天子、諸侯備用之”者，《鍾師》天子禮，有鍾鼓，《大射》諸侯禮，亦具有鍾鼓，故云“天子、諸侯備用之”。云“大夫、士鼓而已”者，案《鄉射》云“不鼓不釋”，明無鍾可知，此且語鍾鼓[①]，若用《九夏》，則尊卑不同，天子則《九夏》俱作，諸侯則不用《王夏》，得奏其《肆夏》以下，大夫以下，據此文用《陔夏》，其餘無文。云“蓋建于阼階之西，南鼓”者，據此奏《陔夏》之時，其鼓約《大射》“建鼓在阼階西，南鼓”而知，無正文，故云“蓋”，彼注云“鼓不在東縣南，爲君也”，此鄉大夫無東縣，直有一鼓而已，故縣在阼階之西，南鄉爲主人也[②]。引《鄉射》者，證賓出遠近《陔》作之義。云“賓出，眾賓皆出”者，經賓據正賓，不言眾賓與介，則賓出之時，眾賓與介俱出可知。　主人送于門外，再拜。門東西面拜也，賓、介不答拜，禮有終也。【疏】“主人”至“再拜”。○注“門東”至“終也”。○釋曰：云“門東西面拜也”者，此約主人迎賓之時，門東西面拜，今

---

①　“此且語鍾鼓”，曹云：“言此且論鍾鼓耳，未及《九夏》尊卑所用。”

②　“主人”上原無“爲”字，曹云：“‘主人’上似脱‘爲’字。”據補。

送賓還依此位立也。云"賓、介不荅拜，禮有終也"者，於迎賓、介時，賓、介荅拜，今送賓，主人再拜，若賓、介荅拜，是行禮無終畢，故賓、介不荅，是禮有終也。不言衆賓者，迎送俱不拜，故不言也。

　　賓若有遵者諸公、大夫，則既一人舉觶，乃入。不干主人正禮也。遵者，諸公、大夫也。謂之賓者，同從外來耳。大國有孤，四命謂之公。【疏】"賓若"至"乃入"。○釋曰：自此已下至"不去加席"①，論鄉內有諸公、大夫來觀禮，主人迎之與行禮事也。○注"不干"至"謂之公"。○釋曰：言"不干主人正禮"者，正禮，謂賓主獻酢是也，是以一人舉觶爲旅酬始，乃入，若然，即是作樂前入而於此篇末乃言之者，以其無常，或來或不來，故於後言之也。云"遵者，諸公、大夫也"者，孤只一人而言諸者，案鄭注《燕禮》云"諸公者，謂大國之孤也。孤一人，言諸者，容牧有三監"②，案《王制》云"天子使其大夫監於方伯之國，國三人"，《王制》所陳是殷法，言"容"者，周公制禮時因而不改，故云"容"也。云"大國有孤，四命"者，《周禮·典命》文，謂之公者，若天子有三公也。**席于賓東，公三重，大夫再重。**席此二者於賓東，尊之，不與鄉人齒也。天子之國，三命者不齒。於諸侯之國，爵爲大夫則不齒矣。不言遵者，遵者亦卿、大夫。○三重，直龍反，下注同。【疏】"席于"至"再重"。○注"席此"至"大夫"。○釋曰：言"三重"、"再重"者，席有地可依，若衣裳在身，一領即爲一重，"再重"、"三重"猶二領、三領也。云"席此二者於賓東"者，賓在戶牖之閒，酒尊又在戶東，席此二者又在酒尊之東，但繼賓而言耳。云"尊之，不與鄉人齒也"者，鄉人謂衆賓之席在賓西，故云"不與鄉人齒"，案上注云"此篇無正齒位之事"，今此言齒者，彼云"無正齒位"者，對黨正飲酒，鄉人五十已上、九十已下有齒法，鄉飲酒貢士以德爲次，故云"無正齒位"之禮，此言齒者，謂士已上來觀禮乃有齒法。云"天子之國，三命者不齒"者，案《周禮·黨正職》云"國索鬼神而祭祀，則以禮屬民而飲酒于序，以正齒位。壹命齒于鄉里，再命齒于父族，三命不齒"，彼是天子黨正飲酒法，故知"天子之國，三命不齒"，此是大夫貢人鄉飲酒法③，鄭引之爲證者，欲見天子鄉飲酒三命不齒同也。云"於諸侯之國，爵

---

①　"不"下原無"去"字，阮云："浦鏜云'不'下脫'去'字。"據補。

②　"有"字原作"下"，倉石云："殿本'下'改作'有'。"據改。

③　"大夫"原作"天子"，曹云："'此'，單疏作'彼'，案義當作'此'，'天子'蓋'大夫'之誤。言此是諸侯大夫鄉飲酒法，引天子黨正飲酒相決者，欲見天子鄉飲與黨飲同，故據彼黨飲決此鄉飲，非有岐也。"據改。

爲大夫則不齒矣”者，以此篇及《鄉射》皆云若有大夫，不辨命數，故知爵爲大夫即不齒
也，此謂《鄉射》^①、《鄉飲酒》之禮，若《黨正》飲酒則與此異。案《文王世子》云“其朝于
公，內朝則東面北上，臣有貴者以齒”，下文云“庶子治之，雖有三命，不踰父兄”，鄭注
云“治之，治公族之禮也，唯於內朝則然，其餘會聚之事則與庶姓同”，又引《黨正》飲酒
云“一命齒於鄉里，再命齒於父族，三命不齒。不齒者，特爲位，不在父兄行列中”，但
《文王世子》是諸侯之法，即諸侯黨正飲酒還與天子同，但諸侯之國，一命已上至三命，
大夫、士具有。言“一命齒於鄉里”者，公、侯、伯之士一命與堂下鄉人齒，以其士立堂
下故也，子、男之士不命，與一命之士同齒於階下，子、男之大夫一命坐於上，與六十已
上齒於堂。“再命齒於父族”者，謂子、男之卿與公、侯、伯之大夫，以父族爲賓則與之
齒，異姓爲賓則不與之齒，席於尊東。“三命不齒”者，謂公、侯、伯之卿，雖父族爲賓，
亦不與之齒，席於尊東也。云“不言遵者，遵者亦卿、大夫”者，案上文“賓若有遵者”，
與諸公、大夫雖文異，諸公、大夫則遵也，故鄭云“遵者，諸公、大夫也”，明此經不言遵
者，亦卿、大夫可知。**公如大夫入，主人降，賓、介降，衆賓皆降，復初**
位。主人迎，揖讓升。公升如賓禮，辭一席，使一人去之。如，讀若
今之若。主人迎之於門內也。辭一席，謙自同於大夫。○公如，音若，出注。人去，起
呂反，下同。【疏】“公如”至“去之”。○釋曰：此據諸公、大夫入，賓、介與衆賓皆避之，
降，復西階下東面位。○注“如讀”至“大夫”。○釋曰：鄭云“如^②，讀若今之若”者，前
無大夫入^③，直以大夫與主人爲禮是其常，公則非常^④，故鄭讀“如”若今之“若”，謂大
夫之於公更無異禮矣。云“主人迎於門內”者，以經“公如大夫入”^⑤，主人不言出，故知
“迎於門內”也。云“辭一席，謙自同於大夫”者，大夫再重，公三重，故辭去一席，同於
大夫再重。**大夫則如介禮，有諸公則辭加席，委于席端，主人不徹；**
無諸公則大夫辭加席，主人對，不去加席。加席，上席也。大夫席再重。

---

①　“此”字原作“皆”，四庫本作“此”，據改。

②　“鄭云”原作“鄭曰”，汪刊單疏作“鄭云”，據改。

③　“前無大夫入”，倉石云：“殿本作‘前無諸公入’，非是，疏意謂經雖云公如大夫
入，而從未見大夫入也。”

④　“是其常公則非常”原作“是其當公則非當”，阮云：“兩‘當’字盧文弨俱改
‘常’。”據改。

⑤　“大夫”下原無“人”字，倉石云：“《正字》下補‘人’字。”據補。

【疏】"大夫"至"加席"。○釋曰：云"大夫則如介禮"者，以其公如賓，故大夫則如介禮，主人迎賓，賓厭介，此公與大夫同入，公亦厭大夫，故云"大夫如介禮"。云"有諸公則辭加席，委於席端，主人不徹"者，大夫再重是其正，大夫以公在，故謙，委加席於席端，主人不徹也。○注"加席"至"再重"。○釋曰：云"加席，上席也"者，以其再重、三重，席皆一種，故云"上席也"，記云"蒲筵，緇布純"，明無異也，以其鄉大夫貢賢者①，公與大夫來觀禮而已，故俱加重數，更無異席。公食大夫禮，異國之客有別席，是以《公食大夫》云"宰夫設筵，加席、几"，又記云"司宮具几與蒲筵常，緇布純，加萑席尋"，又"上大夫蒲筵，加萑席，其純，皆如下大夫純"②，注云"謂三命大夫也。孤爲賓，則莞筵紛純，加藻席畫純"，是與當國之大夫異也。《燕禮》云"司宮筵賓于戶西，東上，無加席也"者，以其燕私故也。《大射》云"司宮設賓席于戶西，南面，有加席"，與公同者③，以其大射辨尊卑故也。

　　明日，賓（服）鄉服以拜賜④，拜賜，謝恩惠。鄉服，昨日與鄉大夫飲酒之朝服也。不言朝服，未服以朝也。今文曰賓服鄉服。○之朝，直遥反，下皆同。【疏】"明日"至"拜賜"。○注"拜賜"至"鄉服"。○釋曰：鄭知鄉服是朝服者，下記云"朝服而謀賓、介"是也，此賓言鄉服，其《鄉射》賓言朝服，不同者，案《鄉射記》云"大夫與，則以公士爲賓"，謂在朝著朝服是其常，此賓是鄉人子弟，未仕，雖著朝服，仍以鄉服言之，故鄭云"不言朝服，未服以朝也"。主人如賓服以拜辱。拜賓復自屈辱也。《鄉射禮》曰："賓朝服以拜賜於門外，主人不見，如賓服，遂從之，拜辱於門外，乃退。"○復自，扶又反，下而復、復差同。【疏】"主人"至"拜辱"。○注"拜賓"至"乃退"。○釋曰：引《鄉射》者，於此文不具，故引以爲證，明彼此賓主皆不相見，造門外拜謝而已。

　　主人釋服，釋朝服，更服玄端也。古文釋作舍。【疏】"主人釋服"。○釋曰：

────────────

①　"賢"上原無"貢"字，阮云："'賢'上閩本有'貢'字擠入。"倉石云："閩本'賢'上擠入'貢'字，殿本增'賓'字，《正字》作'賓賢者能者'。"姑據閩本補"貢"字。

②　"上"下原無"大夫蒲筵"至"下大夫純"十五字，倉石云："'上'下殿本補'大夫蒲筵，加萑席，其純，皆如下大夫純'十五字，似是。《正字》'上'改作'下'，於文理未順。"據補。

③　"公"下原有"侯"字，曹云："'侯'字衍。"據删。

④　"賓服鄉服以拜賜"，吳紱云："按注云'今文曰賓服鄉服'，則知鄭從古文無上'服'字矣，石經亦從今文。"阮云："《通解》、敖氏俱無上'服'字。朱子曰：'注云今文曰賓服鄉服，明古經文無服，今有之，衍文也。'"當據删。

自此已下至“鄉樂唯欲”①，論後日息司正，徵唯所欲，更行飲酒之禮。○注“釋朝”至“作舍”。○釋曰：言“釋朝服，更服玄端也”者，以其昨日正行賓舉飲酒之禮，相尊敬，故朝服，此乃燕私輕，故玄端也②。乃息司正。息，勞也，勞賜昨日贊執事者。獨云司正，司正，庭長也。○息勞，力報反，下皆同。【疏】注“息勞”至“長也”。○釋曰：鄭云“勞賜昨日贊執事者”者，案下記云“主人之贊者西面北上，不與”，鄭注云“主人之屬，佐助主人禮事，徹幂，沃盥，設薦（元缺起此）俎者。與，及也。不及，謂不獻酒”，明此時勞可知。今獨言司正，司正是庭長，故獨言之也。無介。勞禮略也，司正爲賓。【疏】注“勞禮”至“爲賓”。○釋曰：此勞時司正爲賓，當立介以輔賓，無介者，“勞禮略”故也。不殺。市買，若因所有可也，不殺則無俎。○不殺，所八反，注同，劉色例反。【疏】注“市買”至“無俎”。○釋曰：“市買”無正文，鄭以意言之。云“不殺則無俎”者，其殺則俎以盛骨體，既言“不殺”，故知“無俎”也。薦脯醢，羞同也。【疏】注“羞同也”。○釋曰：以其脯醢與正行飲酒同，有此薦，故云“羞同也”。羞唯所有。在有何物。【疏】注“在有何物”。○釋曰：羞謂上文正行飲酒之時用狗胾，今不殺，故言“羞唯所有”也。云“在有何物”者，雜物皆是也。徵唯所欲，徵，召也。【疏】注“徵召也”。○釋曰：昨日正行飲酒，不得喚親友，故今禮食之餘，別召知友，故言“徵唯所欲”也。以告於先生、君子可也。告，請也。先生不以筋力爲禮，於是可以來。君子，國中有盛德者。可者，召不召，唯所欲。○以筋，居勤反。【疏】注“告請”至“所欲”。○釋曰：案《曲禮》云“老者不以筋力爲禮”，此先生，老人教學者，故云“先生不以筋力爲禮”，於是可以來也。云“君子，國中有盛德者”者，此君子則《曲禮》“博聞强識，敦善行而不殆③，謂之君子”也，又《玉藻》云“居士錦帶”，鄭云“居士，道藝處士”，亦一也。云“可者，召不召，唯所欲”者，上文云“徵唯所欲”，上下相成解也。賓、介不與。禮瀆則褻。古文與爲預。○不與，音預，注及篇末文注同。禮瀆，音獨，劉又音濁。【疏】注“禮瀆”至“爲預”。○釋曰：賓、介昨日正行禮，今又召之，則是數，數則瀆，瀆則不敬，故

---

①　“唯”下原有“所”字，阮云：“浦鏜云‘所’衍字。”據删。

②　“端”下原有“勞”字，阮云：“《通解》、毛本無‘勞’字。”曹云：“各本無‘勞’字是，或者‘勞’上脱‘以’字。”據删。

③　“敦善行而不殆”，曹云：“《曲禮》本文作‘怠’，‘怠’、‘殆’通。”

云"禮瀆則褻",是以不與。**鄉樂唯欲。**鄉樂,《周南》、《召南》六篇之中,唯所欲作,不從次也。不歌《鹿鳴》、《魚麗》者,辟國君也。【疏】注"鄉樂"至"君也"。〇釋曰:云"鄉樂,《周南》、《召南》"者,上注以《二南》爲鄉大夫之樂,《小雅》爲諸侯之樂,故知《二南》也。但①、燕同樂,上正行飲酒歌《小雅》,今燕不歌《鹿鳴》、《魚麗》,是避國君也。

　　記:鄉朝服而謀賓、介,皆使能,不宿戒。鄉,鄉人,謂鄉大夫也。朝服,冠玄端,緇帶,素韠,白屨。今郡國行鄉飲酒之禮,玄端而衣皮弁服,與禮異。再戒爲宿戒。禮,將有事,先戒而又宿戒。〇素韠,音畢。而衣,於既反。【疏】"記鄉"至"宿戒"。〇釋曰:上經直云主人與先生謀賓、介,不云服,亦不云"使能"及"不宿戒"之事②,故記之也。〇注"鄉鄉"至"宿戒"③。〇釋曰:"鄉,鄉人,謂鄉大夫"者,以鄉大夫爲主人,故知鄉大夫。知"朝服,冠玄端,緇帶,素韠,白屨"者,玄端即朝服之衣,裳又與韠同色,屨亦同裳色,故知義然也。云"再戒爲宿戒。禮,將有事,先戒而又宿戒"者,此即《士冠》先戒賓及宿是也,此直戒而不宿戒④,與冠禮異。

　　蒲筵,緇布純。筵,席也。純,緣也。〇布純,劉之閏反,或章允反,注同。純緣,以絹反。【疏】釋曰:《公食記》云"蒲筵常,緇布純",此不言常,文不具也,倍尋曰常,丈六尺也。**尊綌冪,賓至徹之。**綌,葛也。冪,覆尊巾。〇冪,迷狄反。**其牲,狗也,**狗取擇人。**亨于堂東北。**祖陽氣之所始也,陽氣主養。《易》曰:"天地養萬物,聖人養賢以及萬民。"〇亨于,普庚反,下注亨狗同,劉虛讓反。【疏】注"祖陽"至"萬民"。〇釋曰:此據《鄉飲酒義》而言,以正月三陽生之月,萬物出地,始於東北而盛於東南⑤,故云"祖陽氣之所始也"。引《易・頤・象辭》者,義取養賢能而賓舉之事也。**獻用爵,其他用觶。**爵尊,不褻用之。【疏】注"爵尊不褻用之"。〇釋曰:案上獻賓、獻衆賓等皆用一升之爵,至酬及旅酬之等皆用三升之觶,以獻爲初相

---

　　① "饗"字原作"鄉",曹云:"'鄉'當爲'饗'。"據改。
　　② "亦"字原作"衣",曹云:"'衣'當爲'亦'。"據改。
　　③ "鄉鄉"原作"鄉人",阮云:"按'人'當作'鄉'。"據改。
　　④ "宿"下原無"戒"字,曹云:"'宿'下脱'戒'字。"據補。
　　⑤ "盛"上原無"始於東北而"五字,曹云:"當爲'始於東北,正月尚在東北,春分乃正東',或者'盛'上脱'始於東北而'五字。因東北連及東南,用《鄉飲義》成文耳。"據後説補。

敬，故用爵，以酬之等皆用爲相勸，故用觶，是以鄭云“爵尊，不褻用之”也。**薦，脯五挺，横祭于其上，出自左房。**挺，猶膱也。《鄉射禮》曰：“祭半膱，膱長尺有二寸。”左在東，陽也，陽主養。房，饌陳處也。《冠禮》之饌，脯醢，南上。《曲禮》曰：“以脯脩置者，左朐右末。”○五挺，大頂反，本亦作脡，同。猶膱，音職，本亦作樴，音同。陳處，昌慮反。冠禮，古亂反。左朐，其于反，屈中曰朐。【疏】注“挺猶”至“右末”。○釋曰：此“横祭于(元缺止此)其上”者，於脯爲横，於人爲縮，其挺有五，通祭者六，故《鄉射記》云“薦，脯用籩，五膱，祭半膱，横于上，膱長尺二寸”，則祭半膱者長六寸，此脯不言長短者，記文不具也。云“《冠禮》之饌，脯醢，南上”者，欲見此房中之饌亦南上也。引《曲禮》者，欲見此脯與《曲禮》脯脩雖朐挺有異[①]，其設之皆横於人前，鄭彼注云“屈中曰朐”，以左手案之，右手擘之便。**俎由東壁，自西階升。**亨狗既孰，載之俎，饌於東方。【疏】“俎由”至“階升”。○注“亨狗”至“東方”。○釋曰：亨狗於東方，孰乃載之於俎，饌陳於東壁，既饌於東方，恐由東階升，故記辯之云“自西階升”也。**賓俎，脊、脅、肩、肺。主人俎，脊、脅、臂、肺。介俎，脊、脅、(肫、)胳[②]、肺。肺皆離，皆右體，進腠。**凡牲，前脛骨三，肩、臂、臑也；後脛骨二，膞、胳也[③]。尊者俎尊骨，卑者俎卑骨。《祭統》曰：“凡爲俎者，以骨爲主。骨有貴賤，凡前貴後賤。”離，猶挃也。腠，理也。進理，謂前其本也。今文胳作骼。○胳肺，劉音格，一音各。進奏，本又作腠，同，千豆反，理也。前脛，户定反。臂臑，乃報反，《字林》人于反。膞，劉音純。猶挃，苦圭反。作骼，古白反。【疏】“賓主”至“進腠”。○注“凡

① “脩”字原作“羞”，阮云：“盧文弨改‘羞’爲‘脩’。”據改。

② “介俎脊脅肫”，阮云：“‘胳’上唐石經、徐本、《集釋》、楊氏俱有‘肫’字，毛本、《通解》、敖氏無。朱子曰：‘印本胳上有肫字，然《釋文》無音，疏又云有臑肫而介不用，明本無此字也。成都石經亦誤，今據音、疏删去。’敖氏曰：‘疏云或有肫胳兩言者云云，則是作疏之時，或本已有兩言肫胳二字者矣，是蓋後人妄增之而當時無有是正之者，故二本並行。其後石經與印本但以或本爲據，所以皆誤。’按賈云‘肫、胳兩見亦是也’，又前疏云‘下有介俎，脊、脅、肫、胳’，仍有‘肫’字，則賈氏所據之本雖無‘肫’字，亦不以有‘肫’爲非。”或當據删。

③ “膞胳也”，阮云：“盧文弨改‘膞’爲‘膊’。按‘膞’即‘肫’字。《説文》：‘肫，面頯也。从肉屯聲。膞，切肉也。从肉專聲。’皆非脛骨之義，蓋假借用之。專、屯同音，膞、肫同字。今注疏刊本俱誤作‘膊’，膊以尃爲聲，不得與‘肫’通用。《周禮·醢人》‘豚拍’，杜子春讀爲膊。”

牲”至“作骼”。○釋曰：此序體，賓用肩，主人用臂，介用胳，其間有臑、肫在而介不用者，蓋爲大夫俎，故此闕焉，是以《鄉射記》云“賓俎，脊、脅、肩、肺。主人俎，脊、脅、臂、肺”，注云“賓俎用肩，主人用臂，尊賓也。若有尊者，則俎其餘體”，是臑、肫爲大夫明矣。大夫雖尊，不奪賓主正禮，故用體卑於主人與賓而尊於介也。或有介俎肫、胳兩言者[1]，欲見用體無常，若有一大夫即介用肫，若有二大夫則介用胳，故肫、胳兩見亦是也。云“後脛骨二[2]，膞、胳也”者，此皆如《特牲》、《少牢》不取觳也。云“《祭統》”者，據祭祀歸俎之法，此據飲酒生人之禮，引之者，取一邊骨有貴賤之義，以其賓用肩，主人用臂，介用胳，前貴於後也。

　　以爵拜者，不徒作。作，起也。言拜既爵者不徒起，起必酢主人。【疏】“以爵拜者不徒作”。○注“作起”至“主人”。○釋曰：經直云“以爵拜者不徒作”，鄭知“拜既爵者不徒起，起必酢主人”者，以其拜受爵者有不酢主人法，故上經衆賓之長三人拜受爵[3]，而不酢主人，故此是拜既爵，起必酢主人者也。坐卒爵者拜既爵，立卒爵者不拜既爵。降殺各從其宜，不使相錯，唯工不從此禮。○降殺，所界反，下同。【疏】“坐卒”至“既爵”。○注“降殺”至“此禮”。○釋曰：以其工無目，不使立卒爵，唯坐卒爵不拜既爵，與立卒爵者同，故云“唯工不從此禮”也。凡奠者於左，不飲者，不欲其妨。○其妨，如字，一音芳亮反。【疏】“凡奠者於左”。○注“不飲”至“其妨”。○釋曰：奠於左者，謂主人酬賓之觶，主人奠於薦右，客不盡主人之歡，奠之於左，是不欲其妨後奠爵也。將舉於右。便也。【疏】“將舉於右”。○注“便也”。○釋曰：謂若上文一人舉觶爲旅酬始，二人舉觶爲無筭爵始，皆奠於右，是其將舉者於右，以右手舉之便也。衆賓之長一人辭洗，如賓禮。於三人之中，復差有尊者。餘二人雖爲之洗，不敢辭。其下不洗。○之長，丁丈反。復差，初佳反，又初賣反，又初宜反。雖爲，于僞反。【疏】“衆賓”至“賓禮”。○注“於三”至“不洗”。○釋曰：此記上主人獻衆賓時，主人揖升，坐取爵于西楹下，降洗爵，衆賓長一人降，亦進東向辭

---

　　① “兩”字原作“不”，阮云：“‘不’，敖氏引作‘兩’。”曹云：“‘不’當爲‘兩’，下云‘肫、胳兩見’是其證。”據改。

　　② “後”字原作“一”，張敦仁本作“後”，與注合，據改。

　　③ “三”字原作“一”、“受”上原無“拜”字，曹云：“‘一’當爲‘三’，‘受’上脱‘拜’字。”據改補。

洗，如賓禮，是於三人之中復差，尊者得辭洗，餘二人雖爲之洗，不敢辭也。云“其下不洗”者，謂其堂下立者不爲之洗，獻之而已。**立者東面北上，若有北面者則（東）〔西〕上**①。賢者衆寡無常也，或統於堂，或統於門。【疏】“立者”至“東上”。〇注“賢者”至“於門”。〇釋曰：此謂堂下立者，鄉人賢者或多或少，若少則東面北上，統於堂也，若多，東面立不盡，即門西，北面東上，統於門也。**樂正與立者皆薦以齒**。謂其飲之次也。尊樂正同於賓黨，不言飲而言薦，以薦明飲也②。既飲，皆薦於其位。樂正位西階東，北面。【疏】“樂正”至“以齒”。〇注“謂其”至“北面”。〇釋曰：云“謂其飲之次也”者，謂樂正與立者以齒受旅，是飲之次也。云“薦”者，以先飲乃薦，依飲之次而薦之，故以薦明飲也③。必知飲薦相將者④，案上經云“衆賓偏有脯醢”，鄭注云“以每獻，薦於其位，位在下”，此言樂正與立者皆薦以齒，明受獻乃薦，與衆賓在下者同也⑤。**凡舉爵，三作而不徒爵**。謂獻賓、獻大夫、獻工，皆有薦。【疏】“凡舉”至“徒爵”。〇釋曰：徒，空也，謂獻賓、獻大夫、獻工，不空以爵獻之而已，皆有薦脯醢。**樂作，大夫不入**。後樂賢者。【疏】“樂作大夫不入”。〇注“後樂賢者”。〇釋曰：大夫之入，當一人舉觶之後，未樂作之前，以助主人樂賢，若樂作之後，後樂賢者，故不入也。**獻工與笙，取爵于上篚，既獻，奠于下篚**。明其異器，敬也。如是，則獻大夫亦然。上篚三爵。【疏】“獻工”至“下篚”。〇注“明其”至“三爵”。〇釋曰：鄭知“上篚三爵”者，以上經初主人獻賓時，云取爵於篚，降洗，獻賓，受酢，主人奠爵于序端，酬賓訖，又取爵於東序端以獻介，受酢訖，奠爵於西楹南，降，三拜衆賓訖，又升取爵于西楹下⑥，獻堂上堂下衆賓訖，主人以爵降，奠于篚，是其上篚一爵也。此記又云“獻工與笙，取爵于上篚，既獻，奠于下篚”，是上篚二爵也。又《鄉射禮》獻大

①　“若有北面則東上”，敖繼公云：“北面者與東面者相繼，當西上，云‘東’者字誤也。”吳紱云：“按敖氏甚精細。蓋入門序進時，先者在西，後者在東，則固已西上矣。至進而受酬，亦必西上而後各以其次也。若東上，則凌越不便矣。”敖說或是，然疏已據以爲説，姑存其舊。

②　“以”下原無“薦”字，阮云：“‘以’下《集釋》、敖氏俱有‘薦’字。”據補。

③　“明”上原無“以薦”二字，曹云：“‘明’上似脱‘以薦’二字。”據補。

④　“知”字原作“有”，張敦仁本作“知”，據改。

⑤　“與”字原作“於”，曹云：“‘於’當爲‘與’。”據改。

⑥　“又”字原作“猶”，曹云：“‘猶’當爲‘又’。”據改。

夫云"主人揖讓，以大夫升，拜至，大夫荅拜，主人以爵降"，洗，獻大夫，此篇亦有大夫，故知上篚有三爵也。**其笙，則獻諸西階上。**謂主人拜送爵也。於工拜于阼階上者，以其坐於西階東也。古文無上。【疏】"其笙"至"階上"。○注"謂主"至"無上"。○釋曰：上經主人獻笙于西階上，此記人又言之者[1]，爲拜送爵而言也[2]，故鄭云"主人拜送爵也"。云"於工拜于阼階上者，以其坐於西階東也"者，以工坐於西階東，主人不得西階上拜送爵故也，此笙在西階，獻於西階上[3]，嫌亦阼階拜送，故此明之也。**磬，階閒縮霤，北面鼓之。**縮，從也。霤以東西爲從。鼓，猶擊也。大夫而特縣，方賓鄉人之賢者，從士禮也。射則磬在東。古文縮爲蹙。○縮，所六反，下同。霤，力又反。縮從，子容反，下同。特縣，音玄。爲蹙，子六反。【疏】"磬階"至"鼓之"。○注"縮從"至"爲蹙"。○釋曰：言"大夫而特縣"者，案《周禮・小胥》"半爲堵，全爲肆"，鄭注云"鍾磬者，編縣之[4]，二八十六枚而在一虡謂之堵。鍾一堵，磬一堵，謂之肆。半之者，謂諸侯之卿大夫士也。諸侯之卿大夫，西縣鍾，東縣磬，今諸侯鄉大夫[5]，合鍾、磬俱有，今直云磬，是以鄭云"大夫而特縣，方賓鄉人之賢者，從士禮也"。云"射則磬在東"者，據《鄉射》而言，避射位，故在東，與此階閒異也。**主人、介，凡升席自北方，降自南方。**席南上，升由下，降由上，由便。【疏】"主人"至"南方"。○注"席南"至"由便"。○釋曰：案《曲禮》云"席南鄉、北鄉，以西方爲上。東鄉、西鄉，以南方爲上"，鄭注云"坐在陽則上左，在陰則上右"，是以主人與介席南方爲上，故升由下，降由上者，便也。若然，賓席坐在陰[6]，以東爲上者，統於主人也。**司正，既舉觶而薦諸其位。**司正，主人之屬也。無獻，因其舉觶而薦之。【疏】"司正"至"其位"。○注"司正"至"薦之"。○釋曰：案下文云"主人之贊者西面北上，不與。無筭爵，然後與"，是其無獻也，故因舉觶薦諸其位。**凡旅，不洗。**敬禮殺也。【疏】"凡旅不洗"。○注"敬

---

① "者"字原作"也"，阮云："毛本'也'作'者'，此本與閩本誤作'也'。"據改。

② "送"下原有"送"字，阮云："毛本、《通解》不重'送'字。按重者非也。"據刪。

③ "上"字原作"工"，曹云："'工'字譌，單疏作'上'。"據改。

④ "編"字原作"縮"，阮云："《要義》同，毛本'縣'下無'之'字。浦鏜云'編'誤'縮'。按浦云是也，《通解》亦作'編縣'，無'之'字。倉石云："篇首疏引正作'編'。"據改。

⑤ "鄉"字原作"卿"，倉石云："《正字》云'卿'當爲'鄉'，亦與篇首合。"據改。

⑥ "席"上原無"賓"字，曹云："'席'上脫'賓'字。"據補。

禮殺也"。○釋曰：案一人、二人舉觶皆爲旅始①，不可不自絜，故洗，自此以後，旅酬皆不洗，故云"凡旅，不洗"也。**不洗者不祭。**不甚絜也。**既旅，士不入。**後正禮也。既旅則將燕矣。【疏】"既旅士不入"。○注"後正"至"燕矣"。○釋曰：旅謂旅酬，所酬皆拜受②，故云"正禮"。既旅之後無筭爵，行燕飲之法，非正禮，故士不入，後正禮故也。**徹俎，賓、介、遵者之俎，受者以降，遂出授從者；**以送之。○授從，才用反。【疏】"徹俎"至"從者"。○釋曰：以上文正經賓、介、遵者之俎直云"降自西階"，無出之文，故記之。出之必授從者③，以其己所當得也。**主人之俎以東。**藏於東方。【疏】"主人之俎以東"。○注"藏於東方"。○釋曰：以上文直云主人授弟子俎④，弟子以降自西階，不言以東，故記人辨之。云"藏於東方"者，以其主人，故云藏之。**樂正命奏《陔》，賓出，至于階，《陔》作。**【疏】"樂正"至"陔作"。○釋曰：《陔》，謂《陔夏》，詩篇名。命，命擊鼓者⑤。賓降自西階，恐賓醉失禮，故至階奏之。**若有諸公，則大夫於主人之北，西面。**其西面者，北上，統於公。【疏】"若有"至"北面"。○注"其西"至"於公"。○釋曰：若無諸公，則大夫南面西上，統於賓也⑥。**主人之贊者西面北上，不與。**贊，佐也，謂主人之屬，佐助主人禮事，徹羃、沃盥，設薦俎者。西面北上，統於堂也。與，及也。不及，謂不獻酒。【疏】"主人"至"不與"。○注"贊佐"至"獻酒"。○釋曰：云"西面北上，統於堂也"者，以其主人之屬故也。**無筭爵，然後與。**燕乃及之。【疏】注"燕乃及之"。○釋曰：以其主人之屬，非主人所敬，故無筭爵乃得酒也。

---

① "案上二人舉觶"，倉石云："《通解》作'案一人二人舉觶'。"據改。

② "酬"下原有"獻"字，阮云："《通解》《要義》同，毛本'皆'下有'拜送'二字，閩本無'獻'字。"曹云："阮云閩本無'獻'字。案'獻'字衍。"據刪。

③ "出"字原作"上"，曹云："'上'當爲'出'。"據改。

④ "以"字原作"已"、"直"字原作"三"，毛氏汲古閣刊本作"以上文直云"。曹云："'三'字譌，單疏作'直'。"據改。

⑤ "命"上原無"命"字，曹云："句首宜重一'命'字。"據補。

⑥ "賓"字原作"遵"，阮云："'遵'，閩本、《通解》俱作'賓'。"據改。

儀禮疏卷第十一　儀禮卷第五

鄉射禮第五

○鄉射禮第五，鄭云："州長春秋以禮會民而射於州序之禮也。謂之鄉者，州，鄉之屬。"【疏】"鄉射禮第五"。○鄭《目錄》云："州長春秋以禮會民而射於州序之禮。謂之鄉者，州，鄉之屬，鄉大夫或在焉，不改其禮。射禮於五禮屬嘉禮，《大戴》十一，《小戴》及《別錄》皆第五。○釋曰：鄭云"州長春秋以禮會民而射於州序"者[1]，《周禮·地官·州長職》文也，鄭引之者，證此鄉射是州長射法。云"謂之鄉者"，欲見州長射得名鄉射之意。云"州，鄉之屬"者，《周禮·大司徒職》云"五州爲鄉"，是州屬鄉，故云"州，鄉之屬"。云"鄉大夫或在焉"者，一鄉管五州，鄉大夫或宅居一州之内，則鄭注《禮記》云"或則鄉之所居州黨"而鄉大夫來臨此射禮，是爲鄉大夫在焉，則名《鄉射》。又鄉大夫三年大比，興賢者、能者訖而以鄉射之禮五物詢衆庶，亦行此州長射禮以詢之，亦是鄉大夫在焉，故名爲《鄉射》。云"不改其禮"者，雖鄉大夫在，其禮仍依州長射禮，故云"不改其禮"，案經鄉大夫射於庠云"堂則由楹外"，又云"堂則物當楣"，又云"大夫用兕中"，其禮與士射於序別而云"不改"者，大判卿大夫、士射[2]，先行鄉飲酒禮，及未旅而射，爲不改，其實亦有少異也。鄭云"射禮於五禮屬嘉禮"者，案《周禮·大宗伯》云"以嘉禮親萬民"，下有"以賓射之禮親故舊朋友"，故知屬嘉禮也。

鄉射之禮。主人戒賓，賓出迎，再拜，主人荅再拜，乃請。主人，州長也。鄉大夫若在焉，則稱鄉大夫也。戒，猶警也，語也。出迎，出門也。請，告也，告賓以射事。不言拜辱，此爲習民以禮樂，不主爲賓己也。不謀賓者，時不獻賢

---

① "民"字原作"人"，賈公彦避唐太宗李世民諱，改"民"爲"人"，謹改回本字。

② "大判卿大夫士射"原作"大射鄉大夫士射"，阮云："'上'射字《要義》俱作'判'，毛本、《通解》作'射'。'鄉'，陳、閩、《要義》俱作'鄉'，毛本作'卿'。"曹云："'鄉'，單疏作'卿'。"據改。

能，事輕也。今郡國行此禮以季春。《周禮》鄉老及鄉大夫，三年正月獻賢能之書於王，退而以鄉射之禮五物詢衆庶。諸侯之鄉大夫既貢士於其君，亦用此禮射而詢衆庶乎？○鄉射，食夜反。州長，丁丈反。猶警，音景。語也，魚據反。此爲，于僞反，下同。

【疏】“鄉射”至“乃請”。○釋曰：自此至“無介”，論州長將射，先戒賓之事。案《大射》前三日，宰夫戒宰及司馬，又射前一日，樂人宿縣，此不言日數，則戒賓與射同日矣，禮同《鄉飲酒》也，以其鄉射先行鄉飲酒，鄉飲酒戒賓與飲酒同日，知此鄉射戒賓與射亦同日也。○注“主人”至“庶乎”。○釋曰：案鄉大夫是諸侯鄉大夫，則此州長亦諸侯之州長，以士爲之，是以經云“釋獲者執鹿中”，記云“士鹿中”，是皆爲此州長射而言，是諸侯州長可知。若天子州長，中大夫爲之，若然，記云“大夫兕中”者，爲鄉大夫詢衆庶而言也。云“鄉大夫若在焉，則稱鄉大夫也”者，謂大夫來臨禮之時，州長戒賓不自稱，稱鄉大夫以戒賓也。云“出迎，出門也”者，謂出序之學門，亦如鄉飲酒出庠門，皆有一門，入門即至堂耳。云“不言拜辱者，此爲習民以禮樂，不主爲賓己也”者，對《鄉飲酒》主人戒賓，賓拜辱者，彼爲賓己[1]，非爲習民以禮樂故也。云“不謀賓者，時不獻賢能，事輕也”者，還決鄉飲酒獻賢能，故須就先生而謀賓、介禮重，對此不獻賢能爲輕，故不謀賓也。云“今郡國行此禮以季春”者，漢時雖無諸侯國而置郡爲守，其王之子弟猶名國，其君曰相，故鄭注《禮記》云“如今從大守相臨之禮”是也，引之者，證時節與周異也。云“《周禮》”至“衆庶”，皆《周禮·鄉大夫職》文，引之者，證此鄉射中兼有鄉大夫行射禮，故有射於堂及兕中之事。云“五物”者，案彼云“一曰和，二曰容，三曰主皮，四曰和容，五曰興舞”，鄭注云“和載六德，容包六行也。庶民無射禮，因田獵分禽則有主皮。主皮者，張皮射之，無侯也。主皮、和容、興舞，則六藝之射與禮樂與？當射之時，民必觀焉，因詢之也”是也。鄭云“和載六德”者，和是六德之下，六德大，故舉下以載上也。容爲孝者，人有孝行則性行含容，故以孝爲容，孝是六行中之大，故舉上以包下，故云“容包六行也”。云“主皮，六藝之射”者，但六藝中，射總言諸射，不專據主皮，但三物教萬民，射唯有主皮，此詢衆庶，不兼士已上，故以主皮爲六藝之射。以和容爲禮者，禮之用，和爲貴，又行禮有容儀，是以漢時謂禮爲容，故以禮爲和容也。以樂爲興舞者，爲樂必興舞，故興舞以表樂也。若然，六德與六行在身所有，故可舉少以兼多，六藝施於外，非獨身所行，不可舉一以包六，但六者之中，御與書、數三者，皆於化

---

[1]　“己”字原作“也”，倉石云：“《正字》云‘也’當‘己’字誤。”據改。

民爲緩^①，故特舉禮、樂與射而言之。鄭以主皮、和容、興舞非射及禮樂之正名，故云"與"以疑之^②。**賓禮辭，許，主人再拜，賓答再拜。主人退，賓送，再拜。**退，還射宮，省録射事。【疏】注"退還"至"射事"。○釋曰："射宮"者，鄉庠、州序是也。知"省録射事"者，即下文云"乃張侯"之等是也，下言飲酒之事，知不爲飲酒事者，以飲酒者止爲射事，故以射爲主也。**無介。**雖先飲酒，主於射也，其序賓之禮略。【疏】"無介"。○注"雖先"至"禮略"。○釋曰：鄭云"雖先飲酒"者，自此已下，先言飲酒，獻後乃射，是以《禮記·射義》云"古者諸侯之射也^③，必先行燕禮，卿大夫、士之射也，必先行鄉飲酒之禮"是也，但鄉飲酒之禮有介一人以輔賓，此無介者，主於射，"序賓之禮略"，故無介以輔賓也。

　　乃席賓，南面東上，不言於户牖之間者，此射於序。【疏】"乃席"至"東上"。○注"不言"至"於序"。○釋曰：自此以下至"羹定"，論將射，預前設席位、尊疊、樂懸及張侯之事也。云"不言於户牖之間者，此射於序"者，決鄉飲酒在庠，以其序無室，庠有室，此據州長射於序，以其無室，無户牖，設席亦當户牖之處耳。言"東上"，亦主人在東，故席端在東，不得以《曲禮》"席南向、北向，西方爲上"，因陰陽解之也。**衆賓之席繼而西。**言繼者，甫欲習衆庶，未有所殊別。○殊別，彼列反。【疏】"衆賓"至"而西"。○注"言繼"至"殊別"。○釋曰：甫，始也。言始欲習衆庶，未有所殊別，此決《鄉飲酒》三賓之席不屬，殊別，彼有德之人，故各自特不繼，有所殊別。**席主人於阼階上，西面。**阼階，東階。**尊於賓席之東，兩壺，斯禁，左玄酒，皆加勺。篚在其南，東肆。**斯禁，禁切地無足者也。設尊者北面，西曰左，尚之也。肆，陳也。○斯禁，如字，劉音賜。加勺，上灼反。篚，音匪。【疏】"尊於"至"東肆"。○注"斯禁"至"陳也"。○釋曰：云"斯禁，禁切地無足者也"者，案州長是士，應言禁，此不言者^④，其中兼有卿大夫禮，故舉大夫斯禁，與《鄉飲酒》同。云"設尊者北面，西曰左，

---

①　"皆於"原作"於施"，阮云："浦鏜改'於施'爲'皆於'。"據改。

②　"云與以疑之"原作"云乎以疑也"，阮云："毛本'乎'作'與'，'也'作'之'。"倉石云："'乎'各本作'與'，與上文合。"據改。

③　"是以"原作"以是"，曹云："'以是'當爲'是以'。"據乙。

④　"此"字原作"制"，曹云："'制'當爲'此'，言士應言禁，此不言禁者，以兼有大夫禮，故言斯禁，不言禁也。"據改。

尚之也”者，經云“左玄酒”，據人設尊北面，故以西爲左，若據酒，則以南面爲正，地道
尊右，以西爲右，玄酒在右，故云“尚之”。若然，云“左”，據設尊，又云“尚之”，據酒尊
也。**設洗于阼階東南，南北以堂深，東西當東榮。水在洗東，篚在
洗西，南肆。**榮，屋翼也。**縣于洗東北，西面。**此縣謂磬也。縣於東方，辟
射位也。但縣磬者，半天子之士，無鍾。○縣于，音玄，注同。辟射，音避，下辟射同。
【疏】注“此縣”至“無鍾”。○釋曰：云“此縣謂磬也”者，對《大射》縣鍾、磬、鎛具有也。
云“縣於東方，辟射位也”者，此言決《鄉飲酒》無射事，縣於階閒也。云“但縣磬者，半
天子之士，無鍾”者，案《周禮·小胥職》云“半爲堵，全爲肆”，鄭云“鍾磬者，編縣之，二
八十六枚而在一虡謂之堵。鍾一堵，磬一堵，謂之肆。半之者，謂諸侯之卿大夫、士
也。諸侯之卿大夫，半天子之卿大夫”，天子之卿大夫判縣者，東西各有鍾、磬爲肆，諸
侯之卿大夫判縣者，分一肆於兩廂，東縣磬，西縣鍾，若天子之士特縣者，直東廂有鍾、
磬，二虡爲一肆，諸侯之士分取磬而已，縣於東方爲特縣，故云“無鍾”，對大夫及天子
士有鍾。若然，此既兼鄉大夫詢衆庶，當爲判縣，宜有鍾而總云“無鍾”者，方以禮樂化
民，雖大夫亦同士特縣也，若《鄉飲酒》方賓鄉人之賢者，從士禮也。其天子、諸侯鍾、
磬、鎛具，卿大夫、天子士已下亦無鎛，知者，以其諸侯卿大夫、士半天子卿大夫、士，若
有鎛，添鍾、磬爲三，半不得，故知卿大夫已下皆無鎛也。**乃張侯，下綱不及地
武。**侯，謂所射布也。綱，持舌繩也。武，迹也，中人之迹尺二寸。侯象人，綱即其足
也，是以取數焉。○所射，食亦反。【疏】“乃張”至“地武”。○注“侯謂”至“數焉”。○
釋曰：此已下，論預張侯之事。鄭知侯用布者[1]，案下記云獸侯，大夫、士皆言布侯，則
餘賓射、大射其侯皆用布，此鄉射采侯二正，亦用布可知。云“綱，持舌繩也”者，《周禮
·梓人》云“上綱與下綱出舌尋，緤寸焉”，注云“綱，所以繫侯於植者也”，故云“綱，持
舌繩也”。云“武，迹也，中人之迹尺二寸”者，無正文，蓋目驗當時而言，似云中人之扼
圍九寸也[2]。漢禮云“五武成步”，步六尺，或據此而言也。云“侯象人”者，案鄭注《梓
人》云“上下皆出舌一尋者，亦人張手之節也”，以其張侯之法，下兩舌半上舌，兩頭綱

---

　①　“布”下原無“者”字，曹云：“‘布’下似脱‘者’字。”據補。

　②　“之”字原作“定”，曹云：“阮云‘定’浦鐕改作‘之’，案改‘之’是也。”倉石云：
“‘定’，《正字》改作‘之’，殿本作‘足’，《詳校》乃改爲‘之足’二字。今案此《喪服》注文，
當依彼作‘之’。”據改。

皆出一尋，即是上廣下狹，象人張足六尺，張臂八尺，故云“象人”也。云“綱即其足也”者，謂經下綱象足。云“是以取數焉”者，以下綱象足，張之六尺，是以取數於武也[①]。**不繫左下綱，中掩束之。**事未至也。○中掩，劉丁仲反。束之，如字。【疏】“不繫”至“束之”。○注“事未至也”。○釋曰：案下記云“東方謂之右个”，注云“侯以向堂爲面也”，則此左下綱以西畔而言。云“中掩束之”者，案記云鄉侯一丈，“倍中以爲躬”，躬二丈，“倍躬以爲左右舌”，舌四丈，兩舌各出一丈，又云“下舌半上舌”，則左右各出五尺，今將此五尺與下綱不繫者，中掩左廂向東，待將射乃解之，故云“事未至也”。**乏，參侯道，居侯黨之一，西五步。**容謂之乏，所以爲獲者御矢也。侯道五十步，此乏去侯北十丈，西三丈。○以爲，于僞反，下爲人同。獲者，如字，劉胡擘反，下文同。【疏】“乏參”至“五步”。○注“容謂”至“三丈”。○釋曰：“乏，參侯道”者，謂三分侯道。云“居侯黨之一”者，黨，旁也，謂在侯西北邪向之，故以旁言之，其居旁之一者，謂侯道內三分之，居一分之地十丈也。云“西五步”者，據侯之正北落西有五步，即三丈也。云“容謂之乏”者，案《周禮·射人職》云“王以六耦射三侯，三獲三容，五正”，彼據王三侯有三容，容者以革爲之，可以容身，故云“容”也，云“乏”者，謂矢於此置乏不去，故云“乏”也。云“獲者御矢也”者，謂唱獲者恐矢至身，故云“獲者御矢也”。云“侯道五十步”者，記云鄉侯五十弓，弓之下制六尺，與步相應，故鄭云“步”也。云“此乏去侯北十丈”者，五十步計之，步六尺，五十步則三十丈，三分取一爲十丈。云“西三丈”者，經云“西五步”，五六三十，故云“三丈”也。遠近如此者，一得避矢，一得去堂二十丈，聞唱獲聲是其節也。

　　羹定。肉謂之羹。定，猶孰也，謂狗孰可食。○羹定，多佞反，注同。【疏】“羹定”。○注“肉謂”至“可食”。○釋曰：云“謂狗孰”者，此與《鄉飲酒》同，亨狗於東方是也。**主人朝服，乃速賓。賓朝服出迎，再拜。主人荅再拜，退。賓送，再拜。**速，召也。射，賓輕也，戒時玄端。今郡國行此鄉射禮，皮弁服，與禮爲異。○朝服，直遙反，下及下注及朝同。【疏】“主人”至“再拜”。○釋曰：自此至“當楣北面荅再拜”，論主人召賓從己之事[②]。此主人與賓俱朝服，案《鄉飲酒》賓主俱不言服

---

① “是”下原無“以”字，曹云：“‘是’下脱‘以’字。”據補。

② “主”下原無“人”字，推尋上下文義，“主”下似脱“人”字，謹補。

者，以彼賓禮重，故戒與速賓俱朝服，故不言，此習禮輕，是故戒時玄端，召時乃朝服，故須言之也。必此戒時玄端者，見《公食大夫》云"賓朝服即位于大門外，如聘"，注云"於是朝服，則初時玄端"，宜與彼同，皆是戒時不言服，後速時朝服，故知此亦戒時玄端矣，且《鄉飲酒》戒速俱不言服，知皆朝服者，下記云"鄉朝服而謀賓、介"是也。云"今郡國"已下，引之者，欲見與周異也。**賓及衆賓遂從之，及門，主人、一相出迎于門外，再拜，賓荅再拜**。相，主人家臣，擯贊傳命者。○一相，息亮反，注同。傳命，丈專反，下傳同。【疏】"賓及"至"再拜"。○注"相主"至"命者"。○釋曰：《鄉飲酒》云"賓及衆賓皆從之"，彼兼介，故云"皆"，此無介，故不言"皆"也。云"主人、一相出迎于門外"，注與《鄉飲酒》同，此亦主人自迎而言一相者，使之傳賓言兼相禮也。**擯衆賓**。差卑，禮宜異。【疏】"擯衆賓"。○注"差卑禮宜異"。○釋曰：此賓與衆賓同是鄉人無爵者而云"差卑"者，唯據立爲賓者尊，衆賓即爲卑，不論有爵無爵也①。云"禮宜異"者，賓則拜之，衆賓則擯之，是其異也。**主人以賓擯，先入**。以，猶與也。先入，入門右西面。【疏】"主人"至"先入"。○注"以猶"至"西面"。○釋曰：云"以，猶與"者，案《左氏傳》云"蔡人以吳子與楚人戰于柏舉"，彼"以"者，能東西之曰"以"，"以"謂驅使前人之稱，此言嫌有驅使之稱，故"以"爲"與"，謂主人與賓，是以爲平敵之義，故須訓之。云"先入，入門右西面"者，此注亦與《鄉飲酒》同，以其賓入東面，故西面待之。**賓厭衆賓，衆賓皆入門左，東面北上，賓少進**。引手曰厭。少進，差在前也。今文皆曰擯衆賓。○賓厭，一涉反，下賓厭同。【疏】"賓厭"至"少進"。○注"引手"至"衆賓"。○釋曰：此經亦與《鄉飲酒》同，此云"賓少進"，彼亦宜然，不言者，文不具也。**主人以賓三揖，皆行，及階，三讓，主人升一等，賓升**。三讓而主人先升者，是主人先讓於賓。不俱升者，賓客之道，進宜難也。【疏】"主人"至"賓升"。○注"三讓"至"難也"。○釋曰：言"皆行"者，賓主既行，衆賓亦行，故云"皆行"，《鄉飲酒》亦皆行，不言者，文略也。知"主人先讓於賓"者（元空一字），以

---

①　"即"下原有"不"字、"無"下原無"爵"字，阮云："毛本'即'下無'不'字，'無'下有'爵'字。"曹云："各本'即'下無'不'字，'無'下有'爵'字是也。"據刪補。

其主人之法，先升導賓，賓後升，"進宜難"，禮之常法^①，故知主人先讓賓也。此先升一等，禮之常，《公食》君升二等者^②，尊君故也。**主人阼階上當楣北面再拜，賓西階上當楣北面荅再拜。**主人拜賓至此堂。○當楣，亡悲反。【疏】注"主人拜賓至此堂"。○釋曰：知拜是拜至者，《鄉飲酒義》云"拜至，拜洗"，《公食》亦云"當楣北嚮至再拜"^③，故知拜是拜至。

　　主人坐取爵於上篚，以降。將獻賓也。【疏】"主人"至"以降"。○注"將獻賓也"。○釋曰：自此至"主人阼階上荅拜"，論主人獻賓之事。凡取爵于篚以降者，皆是上篚，《鄉飲酒》不言上者，文略也。**賓降，**從主人也。**主人阼階前西面坐奠爵，興，辭降，**重以主人事煩賓也。今文無阼階。**賓對。**對，荅。【疏】"賓對"。○注"對荅"。○釋曰：《鄉飲酒》注云"賓主之辭未聞"，此不注，從可知。**主人坐取爵，興，適洗，南面坐，奠爵于篚下，盥，洗。**盥手又洗爵，致絜敬也。古文盥皆作浣。○作浣，户管反。**賓進，東北面辭洗。**必進者，方辭洗，宜違位也。言東北面，則位南於洗矣。**主人坐奠爵于篚，興對，賓反位。**反從降之位也。《鄉飲酒》曰："當西序東面。"**主人卒洗，壹揖，壹讓，以賓升。賓西階上北面拜洗，主人阼階上北面奠爵，遂荅拜，乃降。**乃降，將更盥也。古文壹皆作一。**賓降，主人辭降，賓對。主人卒盥，壹揖，壹讓，升，賓升，西階上疑立。**疑，止也，有矜莊之色。○疑立，魚乞反，又音嶷，注下同。【疏】注"疑止"至"之色"。○釋曰：《鄉飲酒》注"疑，讀爲疑然從於趙盾之疑。疑，正立自定之貌"，此言"疑，止也，有矜莊之色"，二注相兼乃具也。**主人坐取爵，實之，賓席之前西北面獻賓。**進酒於賓也。凡進物曰獻。【疏】注"進酒"至"曰獻"。○釋曰：云"凡進物曰獻"者，欲見此賓乃是鄉民而已，無尊卑上下，猶言獻者，此

　　① "法"字原作"然"，阮云：《要義》同，毛本'常'作'當'，《要義》'然'作'法'。"據《要義》改。

　　② "公食"原作"燕禮"，倉石云："《燕禮》無文，《正字》云當'《公食》公升二等者'之誤。"據改。

　　③ "再"上原無"至"字，曹云："'再'上脱'至'字。"倉石云："《詳校》'再'上補'至'字。"據補。

獻直是進物而言獻，進之也，案《周禮·玉府》注云“古者致物於人，尊之則曰獻”，彼據尊敬前人，雖卑亦曰獻，若齊侯獻捷於魯之類，義與此別也。**賓西階上北面拜，主人少退**。少退，猶少辟也。○小辟，婢亦反，一音避。【疏】注“少退猶少辟也”。○釋曰：《鄉飲酒》文與此同，注云“少退，少辟”及下文云“賓少退”，注云“少退，逡巡”，義亦與此同。**賓進受爵于席前，復位**。復位，西階上位。**主人阼階上拜送爵，賓少退。薦脯醢**。薦，進。**賓升席，自西方**。賓升降由下也。【疏】注“賓升降由下也”。○釋曰：凡席升由下，降由上，下文降席不由上者，以主人在東，敬主人，不得降由上，又於席西拜便，使升降皆由下，故云“賓升降由下也”。**乃設折俎**。牲體枝解節折，以實俎也。○折俎，之設反，後皆放此。**主人阼階東疑立。賓坐，左執爵，右祭脯醢，奠爵于薦西，興，取肺，坐絕祭**，卻左手執本，右手絕末以祭也。肺離，上爲本，下爲末。【疏】注“卻左”至“爲末”。○釋曰：鄭皆約《鄉飲酒》知之也。**尚左手，嚌之**，嚌，嘗也。右手在下絕，以授口嘗之。○嚌之，才計反，注同。**興，加于俎，坐挩手，執爵，遂祭酒，興，席末坐啐酒**，挩，拭也。啐，嘗也。古文挩作説。○坐挩，始鋭反，注下同。啐，七内反。拭也，音式。**降席，坐奠爵，拜，告旨**，降席，席西也。旨，美也。**執爵興。主人阼階上荅拜。賓西階上北面坐，卒爵，興，坐奠爵，遂拜，執爵興**。卒，盡。**主人阼階上荅拜**。

賓以虛爵降，將洗以酢主人。○醋主，才各反，報也，劉云與酢同音義。【疏】“賓以虛爵降”。○注“將洗以酢主人”。○釋曰：自此至“賓西階上荅拜”，論賓酢主人之事。《鄉飲酒》不言“虛爵”，直云“降洗”，此直云“虛爵降”，不言“洗”，互見爲義，相兼乃具也。**主人降**。從賓也。降立阼階東，西面，當東序。【疏】注“從賓”至“東序”。○釋曰：皆《鄉飲酒》文也。**賓西階前東面坐奠爵，興，辭降，主人對。賓坐取爵，適洗，北面坐奠爵于篚下，興，盥，洗**。賓北面盥洗，自外來。【疏】注“賓北”至“外來”。○釋曰：對主人自内出，南面也[1]，上文主人坐取爵，

---

[1]　“面”下原有“是”字，曹云：“阮云陳、閩、《通解》俱無‘是’字，案無者是。”據刪。

適洗，南面是也。**主人阼階之東，南面辭洗。賓坐奠爵于篚，興對，主人反位。**反位，從降之位也。主人辭洗，進。【疏】注"反位"至"洗進"。○釋曰：云"反位，從降之位也"者，即上東序之南西面位[①]。云"主人辭洗，進"者，經直言反，不言進，鄭以言"反位"，由前進乃反位，故鄭却本之，主人辭洗，進也。**賓卒洗，揖讓如初，升。**【疏】"賓卒"至"初升"。○釋曰：言"如初"，則亦一揖一讓也。**主人拜洗，賓荅拜，興，降盥，如主人之禮。賓升，實爵，主人之席前東南面酢主人。**酢，報。**主人阼階上拜，賓少退。主人進受爵，復位，賓西階上拜送爵。薦脯醢。主人升席自北方，乃設折俎，祭如賓禮，**祭薦俎及酒，亦嚌啐。**不告旨，**酒，己物。**自席前適阼階上，北面坐卒爵，興，坐奠爵，遂拜，執爵興，賓西階上北面荅拜。**自，由也。啐酒於席末，由前降，便也。○便也，婢面反，後放此。【疏】注"自由"至"便也"。○釋曰：鄭知義然者，亦約《鄉飲酒》得知也。**主人坐奠爵于序端，阼階上再拜崇酒，賓西階上荅再拜。**序端，東序頭也。崇，充也，謝酒惡相充滿也。【疏】"主人坐奠爵于序端"。○釋曰：奠爵于序端，此擬下獻衆賓，故下云"取爵于序端"[②]，與《鄉飲酒》同也。

　　主人坐取觶于篚，以降。將酬賓。○取觶，之豉反。【疏】"主人"至"以降"。○注"將酬賓"。○釋曰：自此至"當西序"，論酬賓之事。**賓降，主人奠觶，辭降。賓對，東面立。主人坐取觶，洗，賓不辭洗。**不辭洗，以其將自飲。**卒洗，揖讓升，賓西階上疑立。主人實觶酬之，阼階上北面坐奠觶，遂拜，執觶興，**酬，勸酒。**賓西階上北面荅拜。主人坐祭，遂飲，卒觶興，坐奠觶，遂拜，執觶興，賓西階上北面荅拜。主人降洗，賓降辭，如獻禮，以將酢己。**【疏】注"以將酢己"。○釋曰：鄭言此者，前不辭

①　"南西"原作"西南"，曹云："'西南'二字當倒。"倉石云："《詳校》倒'西南'二字。"據乙。

②　"云"上原無"下"字，曹云："'云'上似脱'下'字。"據補。

洗，主人自飲，至此辭洗，“以將酌己”，故辭也。升，不拜洗。酬禮殺也。○禮殺，所界反，劉色例反，後皆同。賓西階上立，主人實觶賓之席前，北面，酬賓。賓西階上拜，主人坐奠觶于薦西。賓辭，坐取觶以興，反位。賓辭，辭主人復親酌己。○人復，扶又反。【疏】注“賓辭”至“酌己”。○釋曰：此對前獻時親酌己[1]，今復親酌己。主人阼階上拜送，賓北面坐奠觶于薦東，反位。酬酒不舉。【疏】“主人阼階上拜送”。○注“酬酒不舉”。○釋曰：《鄉飲酒》注引《曲禮》不盡人之歡之事，此不言，亦從彼注可知[2]。主人揖，降。賓降，東面立于西階西，當西序。主人將與衆賓爲禮，賓謙，不敢獨居堂。

主人西南面三拜衆賓，衆賓皆荅壹拜。三拜，示徧也。壹拜，不備禮也。獻賓畢，乃與衆賓拜，敬不能並。○示徧，音遍，下同。【疏】“主人”至“壹拜”。○注“三拜”至“能並”。○釋曰：云“三拜，示徧也”（元空一字）者，衆賓無問多少，止爲三拜而已，是示徧也。云“壹拜，不備禮也”者，衆賓人皆壹拜，是拜不備禮，此亦荅大夫拜法，以其此禮中含鄉大夫法[3]，若荅士拜，則亦再拜，見於《特牲》也。云“獻賓畢，乃與衆賓拜”者，自爾來唯與賓拜，未與衆賓拜，今始拜之，故云“敬不能並”。主人揖升，坐取爵于序端，降洗，升實爵，西階上獻衆賓。衆賓之長升，拜受者三人，長，其老者。言三人，則衆賓多矣。國以多德行、道藝爲榮，何常數之有乎？○之長，丁丈反，注及下注同。德行，下孟反，下德行同。【疏】“主人”至“三人”。○注“長其”至“有乎”。○釋曰：“衆賓之長升，拜受者三人”，此雖非賓賢能，其衆賓亦三人在堂上[4]，與《鄉飲酒》數同，其堂下衆賓無定數[5]，故鄭云“言三人，則衆賓多

---

① “對”字原作“射”，阮云：“浦鏜改‘射’爲‘辭’。”曹云：“‘射’當爲‘對’。”從曹校改。

② “彼注”原作“鄭注”，曹云：“殿本改爲‘彼注’。”據改。

③ “鄉”字原作“卿”，曹云：“阮云‘卿’《要義》作‘鄉’，案作‘鄉’是。”據改。

④ “衆”下原無“賓”字，曹云：“‘衆’下脫‘賓’字。”倉石云：“亦或當‘賓’字之譌。”據曹校補。

⑤ “堂下衆賓”原作“堂上衆賓”，阮云：“《要義》同，毛本‘上’作‘下’，陳、閩‘衆’俱作‘與’。按毛本是。”倉石云：“‘上’當從注疏本作‘下’，《鄉飲酒》疏可證。”據毛本改。

矣"。云"國以多德行、道藝爲榮"者，案《周禮·大司徒》"以鄉三物教萬民，一曰六德，二曰六行，三曰六藝"，此既鄉人，則德行亦據六德、六行，道藝則六藝也，此並《鄉飲酒》賓、介與衆賓之類並來與在射中①，是以孔子射於矍相之圃，觀者如堵墻，彼亦據孔子爲鄉大夫，習人以禮樂之射，至於誓之於後，僅有存焉，亦無常數之事也。**主人拜送**。拜送爵於衆賓右②。【疏】"主人拜送"。○注"拜送"至"賓右"。○釋曰：知在衆賓右者，約《鄉飲酒》獻衆賓，皆於西階上衆賓右知之也③。**坐祭，立飲，不拜既爵，授主人爵，降，復位**。既，盡。【疏】"坐祭"至"復位"。○釋曰：此還上三人者，降復賓南東面位。**衆賓皆不拜，受爵，坐祭，立飲**。自第四已下，又不拜受爵，禮彌略。【疏】"衆賓"至"立飲"。○注"自第"至"彌略"。○釋曰：此謂堂下衆賓無數者，故鄭云"自第四以下"。云"又不拜受爵，禮彌略"者，三賓雖坐祭，立飲，不拜既爵，仍拜受，此衆賓非直坐祭，立飲，不拜既爵，又不拜受爵，故云"禮彌略"也。**每一人獻，則薦諸其席**。諸，於。【疏】"每一"至"其席"。○釋曰：此還據堂上三人有席者，故云"薦諸其席"，謂席前也。**衆賓辯有脯醢**。薦於其位。○辯有，音遍，後皆同。【疏】"衆賓辯有脯醢"。○注"薦於其位"。○釋曰：還據堂下無席者，故鄭云"薦於其位"，不云席也④。**主人以虛爵降，奠于篚**。不復用。

　　揖讓升，賓厭衆賓升，衆賓皆升，就席。【疏】"揖讓"至"就席"。○釋曰：自此以下至"舉觶者降"，論旅酬之事。**一人洗，舉觶於賓**。一人，主人之吏。【疏】"一人洗舉觶于賓"。○注"一人主人之吏"。○釋曰：主人之吏，亦謂府史以下，非屬官也。**升，實觶，西階上坐奠觶，拜，執觶興，賓席末答拜。舉觶者坐祭，遂飲，卒觶興，坐奠觶，拜，執觶興，賓答拜。降洗，升實之，西階上北面**，將進奠觶。**賓拜**。拜受觶。**舉觶者進，坐奠觶于薦西**。不授，賤不敢也。【疏】注"不受賤不敢也"。○釋曰：以其是主人之吏，既

----

① "此並"下原有"與"字，曹云："上'與'字衍。言鄉飲所來者，此皆來，亦如彼多無數也。"據刪。

② "拜送"原作"送拜"，張敦仁本亦作"拜送"，此疏標起止亦作"拜送"，據改。

③ "賓"上原無"衆"字，曹云："'賓'上脱'衆'字。"據補。

④ "不"下原無"云"字，阮云："毛本'不'下有'云'字。"據補。

賤，故不敢親授，奠之也。賓辭，坐取以興。若親受然。【疏】注"若親受然"。○釋曰：云"若親受然"者，"賓辭"，即"坐取以興"，故云"若親受然也"。舉觶者西階上拜送，賓反奠于其所，舉觶者降。【疏】"舉觶"至"舉觶者降"。○釋曰：云"反奠于其所"者，還於薦西，以其射後，賓北面舉之爲旅酬，故不奠於薦東也。

　　大夫若有遵者，則入門左。謂此鄉之人爲大夫者也。謂之遵者，方以禮樂化民，欲其遵法之也。其士也，於旅乃入。鄉大夫、士非鄉人，禮亦然，主於鄉人耳。今文遵爲僎。○爲僎，音遵。【疏】"大夫"至"門左"。○注"謂此"至"爲僎"。○釋曰：云"大夫若有遵者"，言"若"者，或有或無不定①，故云"若"也。鄭知是當鄉大夫者，以其鄉射既與鄉人行射禮②，而言大夫者，當鄉大夫可知。云"其士也，於旅乃入"者，下記云"士既旅不入"，明未旅間皆得入，是以未旅而射，其士皆在也。知"鄉大夫、士非鄉人，禮亦然"者，以其同是鄉大夫、士，禮無異故也，但異鄉不必助主人樂賓③，爲別也。主人降，迎大夫於門内也。不出門，別於賓。○別於，彼列反。【疏】"主人降"。○注"迎大"至"於賓"。○釋曰：鄭知"迎大夫於門内"者，以其上文大夫"入門左"，此經直云"主人降"，不云"出"，故知迎大夫在門内可知。賓及衆賓皆降，復初位。不敢居堂，俟大夫入也。初位，門内東面。【疏】"賓及"至"初位"。○注"不敢"至"東面"。○釋曰：知"初位，門内東面"者，上文"賓厭衆賓，皆入門左，東面北上"，故知也。主人揖讓，以大夫升，拜至，大夫荅拜。主人以爵降，大夫降。主人辭降，大夫辭洗，如賓禮。席于尊東。尊東，明與賓夾尊也。不言東上，統於尊也。○夾尊，古洽反，劉古協反。【疏】"主人"至"尊東"。○注"尊東"至"尊也"。○釋曰：上云"尊於賓席之東"，則賓在尊西④，今大夫言"席於尊東"，明與賓夾尊可知⑤。云"不言東上，統於尊也"者，"席於尊東"，繼尊而言，又不言東上、西上，是以

---

　　① "或"下原無"有或"二字，倉石云："《正字》'或'下補'有'字。今案似當補'有或'二字，下主人揖就席若無大夫節疏'或有或無不定'，是其證。"據補。

　　② "人"上原無"鄉"字，阮云："'人'上浦鏜增'鄉'字。"據補。

　　③ "不"下原無"必"字，曹云："異鄉來者亦是助主人樂賓，但既異鄉，則不必其來耳，疏'不'下似脱'必'字。"據補。

　　④ "在"上原無"賓"字，倉石云："'上'上殿本補'賓'字。"據補。

　　⑤ "與"字原作"爲"，曹云："'爲'殿本作'與'。"據改。

下云“大夫降席，席東南面”①，降由上②，故知西上，統於尊也。升，不拜洗。主
人實爵，席前獻于大夫。大夫西階上拜，進受爵，反位，主人大夫
之右拜送。大夫辭加席，主人對，不去加席。辭之者，謙不以己尊加賢
者也。不去者，大夫再重席，正也，賓一席重。○不去，起吕反，注同。再重，直容反，下
同。【疏】“升不”至“加席”。○注“辭之”至“重席”。○釋曰：云“升，不拜洗”者，以大夫
尊，故“不拜洗”也。云“反位”者，大夫反西階上位。云“主人大夫之右拜送”者，謂在大
夫之東拜送爵也。云“辭之者，謙不敢以己尊加賢者”，鄉射之禮，鄉人爲賓，下記云若
“大夫與，則以公士爲賓”，亦選賢者爲之，故“辭加席”，“不以己尊加賢者也”③。云“不
去者，大夫再重席，正也”者，《鄉飲酒》云“公三重，大夫再重”，故知大夫再重席，禮之
正也。云“賓一重席”者，鄉人故一重，縱公士爲賓，亦一重也。乃薦脯醢，大夫
升席，設折俎，祭如賓禮，不嚌肺，不啐酒，不告旨，西階上卒爵，
拜，主人荅拜。凡所不者，殺於賓也。大夫升席由東方。【疏】“乃薦”至“荅拜”。
○注“凡所”至“東方”。○釋曰：云“凡所”，謂經中三事，以其殺於賓。若然，上云“不拜
洗”，亦是殺於賓之類也。云“大夫升席由東方”者，以其大夫席西上，升由下，故知大
夫升席由東方也。

　　大夫降洗，將酢主人也。大夫若衆，則辯獻，長乃酢。【疏】“大夫降洗”。○
注“將酢”至“乃酢”。○釋曰：自此至“皆升，就席”，論大夫酢主人訖，賓主皆升就席之
事。知“大夫若衆，則辯獻，長乃酢”者，此經據一大夫而言，故獻，大夫即酢，案《有司
徹》“主人洗爵，獻長賓于西階上”後④，“衆賓長升，拜受爵。宰夫贊主人酌，若是以辯。
乃升長賓，主人酌，酢于長賓⑤，西階上北面，賓在左”，注云“主人酌自酢，序賓意，賓卑
不敢酢”，賓尸與凡平飲酒禮同，可以相參，亦是辯獻，長乃酢也。主人復阼階，降

---

①　“降席”下原無“席”字，曹云：“‘席’字當重。”倉石云：“《正字》疊‘席’字。”
據補。

②　“上”字原作“下”，阮云：“《通解》同，毛本‘下’作‘上’。”《禮記·曲禮上》云：
“席南鄉、北鄉，以西方爲上；東鄉、西鄉，以南方爲上。”下文鄭注云“大夫升席由東
方。”升由下，則降由上，從毛本改。

③　“不”上原有“又”字，曹云：“‘又’字衍。”據刪。

④　“後”上原有“然”字，曹云：“‘然’字衍。”據刪。

⑤　“酌”下原無“酢”字，阮云：“毛本‘酌’下有‘酢’字，按‘酢’字當有。”據補。

辭如初。卒洗，主人盥。盥者，雖將酌自飲，尊大夫，不敢褻。【疏】“主人”至
“人盥”。○注“盥者”至“不敢褻”。○釋曰：云“盥者，雖將酌自飲”者，以其下文大夫揖
讓升①，授主人爵，是主人酌以自酢，故云“雖將酌自飲”。云“不敢褻”者，決《有司徹》
主人自酢不盥②，是此爲尊大夫，雖自酢亦不敢褻也。揖讓升，大夫授主人爵
于兩楹閒，復位。主人實爵，以酢于西階上，坐奠爵，拜，大夫荅
拜，坐祭，卒爵拜，大夫荅拜。主人坐奠爵于西楹南，再拜崇酒，
大夫荅拜。主人復阼階，揖降。將升賓。【疏】“揖讓”至“揖降”。○注“將升
賓”。○釋曰：云“主人坐奠爵於西楹南”者，前獻賓，賓酢主人，主人飲酢訖，奠爵于東
序端，將復獻衆賓③，不得奠于篚中。此受大夫酢，不奠于篚者，爲士於旅乃入，擬獻
士，故奠爵于此也。大夫降，立于賓南。雖尊，不奪人之正禮。【疏】“大夫”至
“賓南”。○注“雖尊”至“正禮”。○釋曰：大夫尊，在堂則席之于尊東，特尊之，今降而
在賓下者，欲使賓主相對行禮，若在其北④，則妨賓主揖讓之正禮，故云“不奪人之正
禮”⑤。主人揖讓，以賓升，大夫及衆賓皆升，就席。

　　席工于西階上，少東。樂正先升，北面立于其西。言少東者，明
樂正西側階。不欲大東，辟射位。○欲大，音泰，劉唐餓反。【疏】“席工”至“其西”。○
注“言少”至“射位”。○釋曰：自此至“告于賓，乃降”⑥，論作樂之事。云“席工”者，謂
爲工設席，下文乃升席也。云“言少東者，明樂正西側階”者，既言“席工于西階上，少
東”，則在西階東矣，復云樂正立于其西，則近席西，其言從近，故知樂正側近西階東，

---

①　“揖讓”原作“洗爵”，曹云：“‘洗爵’當爲‘揖讓’。”據改。
②　“酢”字原作“酌”，曹云：“‘酌’似當爲‘酢’。”據改。
③　“復”字原作“後”，曹云：“‘後’當爲‘復’。”據改。
④　“其北”原作“北北”，阮云：“《要義》同，毛本‘北北’作‘其北’，按毛本是也。”
據改。
⑤　“人”上原有“主”字，阮云：“《要義》同，毛本無‘主’字。”據删。
⑥　“賓”下原無“乃降”二字，自“席工于西階上”至“樂正告于賓，乃降”，論作樂之
事，下文自“主人取爵于上筐，獻工”至“反升，就席”，論主人獻工笙之事，故此處疏標
起止，不當略“乃降”二字，因爲“乃降”就樂正而言，不可分之屬主人獻工笙一節，謹補。

則不欲大東,辟射位,《大射》亦同此注,《燕禮》注亦然者①,燕亦容有射法,《鄉飲酒》工位與此同②,注不言者,不射故也。**工四人,二瑟,瑟先。相者皆左何瑟,面鼓,執越,内弦,右手相。入,升自西階,北面東上。工坐,相者坐授瑟,乃降。** 瑟先,賤者先就事也。相,扶工也。面,前也。鼓在前,變於君也。執越,内弦,右手相,由便也。越,瑟下孔,所以發越其聲也。前越言執者,内有弦結,手入之淺也。相者降,立西方。○相者,息亮反,下及注同。何瑟,胡可反,又音河。

【疏】"工四"至"乃降"。○釋曰:云"工四人,二瑟"③,則是二人歌可知。經不言相歌二人者,以其空相,不與瑟者同④,故不言,直言瑟之難者也。○注"瑟先"至"西方"。○釋曰:云"瑟先,賤者先就事也"者,案《大射》大師、少師歌,衆工瑟,是知瑟者賤也,凡工者皆先瑟後歌,是賤者先即事,故序亦在前。若然,得獻亦在前,以隨其先後而次之故也⑤。云"鼓在前,變於君也"者,《鄉射》與《大射》相對,《大射》君禮而後首,此臣禮前首,故云"變於君",《燕禮》與《鄉飲酒》相對,是以《燕禮》面鼓,又與《鄉飲酒》後首相變。云"執越,内弦,右手相"者,案《鄉飲酒》注云"内弦,側擔之者",據瑟體而言,《燕禮》注云"内弦,弦爲主"者,據弦體而説,此言"内弦,右手相,由便",語異義同也。云"前越言執者,内有弦結,手入之淺也"者,瑟體首寬尾狹,前越孔雖長⑥,廣狹亦等,但弦居瑟上,近首鼓處則寬,近尾不鼓處并而狹處無結,寬處別有結,故側持之法⑦,近鼓持之,手入則淺,近尾持之,手入則深⑧,是以此與《燕禮》言面鼓⑨,則云執之,手入淺也,《大射》與《鄉飲酒》言後首,則云挎越,手入深故也。云"相者降,立西方"者,其相者

---

① "大射"至"然者",倉石云:"《正字》云:'案《大射》、《燕禮》經文同而皆無此注。'"

② "鄉飲酒工位與此同",曹云:"此説誤。"

③ "云"下原無"工"字,阮云:"《要義》,毛本'云'下有'工'字。"據補。

④ "不"字原作"亦",曹云:"'亦'當爲'不'。"據改。

⑤ "次"字原作"取",阮云:"浦鏜云'取'疑'次'字誤。"據改。

⑥ "前"字原作"内",曹云:"'内'當爲'前'。"據改。

⑦ "而狹"下原無"處無結寬處別有結故"九字,曹云:"此下當有脱文,擬補云'狹處無結,寬處別有結,故側持之法'云云。"據補。

⑧ "近鼓"至"則深"原作"近鼓持之人則近手入則深",曹云:"文有脱譌,殿本改云'近鼓持之,手入則淺,近尾持之,手入則深'。"據補。

⑨ "此"字原作"通",曹云:"'通'當爲'此'。"據改。

是弟子,位在西者,是以下文云"樂正適西方,命弟子贊工,遷樂于下",故知此相工是弟子,故降立還于西方也。**笙入,立于縣中,西面。**堂下樂相從也。縣中,磬東立,西面。○于縣,音玄。【疏】"笙入"至"西面"。○注"堂下"至"西面"。○釋曰:云"堂下樂相從也"者,案上文云"縣于洗東北,西面",此云"立于縣中",明是堂下相從,皆在東方也。云"縣中,磬東立,西面"者,謂在磬東,當磬之東,鄭知不在磬西西面者,若磬西西面,則笙者背磬,不可,故知在磬東西面也。**乃合樂,《周南》:《關雎》、《葛覃》、《卷耳》;《召南》:《鵲巢》、《采蘩》、《采蘋》。**不歌、不笙、不閒,志在射,略於樂也。不略合樂者,《周南》、《召南》之風,鄉樂也,不可略其正也。昔大王、王季、文王始居岐山之陽,躬行《召南》之教,以成王業。至三分天下,乃宣《周南》、《召南》之化,本其德之初,"刑于寡妻,至于兄弟,以御于家邦",故謂之鄉樂,用之房中以及朝廷饗、燕、鄉射、飲酒。此六篇其風化之原也,是以合金石絲竹而歌之。○乃合,如字,劉音閤,下合足同。不閒,閒廁之閒。大王,音泰,下大師同。成王,如字,劉于況反。【疏】"乃合"至"采蘋"。○釋曰:言"乃"者,以其作樂之法,先歌、次笙、次閒①,後乃合樂,今不歌、不笙、不閒,唯合樂,故言"乃"以見非常故也。○注"不歌"至"歌之"。○釋曰:據《鄉飲酒》、《燕禮》作樂有四節,今不歌、不笙、不閒,唯有合樂,故云"志在射,略於樂也"。云"不略合樂者②,《周南》、《召南》之風,鄉樂也"者,上注已云《頌》及《大雅》天子樂,《小雅》諸侯樂,此二《南》鄉大夫樂,但《鄉飲酒》、《鄉射》是大夫、士爲主人,故大夫、士樂爲鄉樂者也。云"不可略其正也"者,二《南》是大夫、士之鄉樂,己之正樂,故云"不可略其正"者也。云"昔大王"已下,於《鄉飲酒》注已說,義具於彼,此注略言之耳。若然③,《燕禮》與《鄉飲酒》文同,注又與《鄉飲》不異者④,以其《鄉射》與《鄉飲酒》同是大夫、士禮,鄉大夫⑤、士行射禮,先行鄉飲酒禮,鄉飲酒與鄉射自爲首尾,故《鄉飲酒》注具,於此略言。《燕禮》是諸侯禮,天子、諸侯射,先行燕禮,則燕禮與大射自爲首尾,是以《燕禮》歌、笙、閒、合,鄭亦具注之,《大射》又略言之也。**工**

----

① "歌"下原無"次笙次閒"四字,曹云:"'歌'下似脱'次笙次閒'四字。"據補。

② "云"下原無"不略"二字,曹云:"'云'下脱'不略'二字。"據補。

③ "然"下原有"者"字,曹云:"'者'字衍。"據删。

④ "鄉飲"原作"燕禮",曹云:"'燕禮'當爲'鄉飲'。"據改。

⑤ "鄉"字原作"卿",阮云:"閩本、《要義》同,毛本'卿'作'鄉'。"據改。

不興，告于樂正曰："正歌備。"不興者，瞽矇禮略也。○瞽矇，音蒙。【疏】"工不"至"歌備"。○注"不興"至"略也"。○釋曰：言正歌者[①]，升歌《鹿鳴》是上歌諸侯樂，非己正樂，故以二《南》爲正歌也。言"備"者，凡作樂皆三終，此"備"，明亦三終也。云"不興者，瞽矇禮略也"者，以工告樂正，以卑告尊，當興，今以瞽矇無目，不可責其備禮，故不興者於禮略也。樂正告于賓，乃降。樂正降者，堂上正樂畢也。降立西階東，北面。【疏】"樂正"至"乃降"。○注"樂正"至"北面"。○釋曰：言"告于賓"者，作樂主爲樂賓，今歌備，故告賓，言歌備也。言"樂正降者，堂上正樂畢也"者，以其《鄉飲酒》《燕禮》俱升歌[②]、笙、間、合樂皆有[③]，皆是正歌，今略去升歌、笙、間三者，唯有合樂於堂上，故云"堂上正樂畢也"。云"正樂"者，對後無筭樂非正樂也，下射雖歌《騶虞》，亦是堂下，非堂上，故以堂上決之也。云"降立西階東，北面"者，此無正文，約堂上樂正位在西階東，北面，今降亦當在西階東，北面也。

　　主人取爵于上篚，獻工，大師則爲之洗。尊之也。君賜大夫樂，又從之以其人，謂之大師。○則爲，于僞反，下注爲有、爲己、爲位、爲當、明爲同。【疏】"主人"至"之洗"。○注"尊之"至"大師"。○釋曰：自此至"反升，就席"[④]，論主人獻工、笙之事。但天子、諸侯官備，有大師、少師、瞽人作樂之長，大夫、士官不備，不合有大師。君有賜大夫、士樂器之法，故《春秋左氏》云晉侯歌鍾二肆，取半以賜魏絳，"魏絳於是乎始有金石之樂，禮也"，時以樂人賜之，故鄭云"君賜大夫樂，又從之以其人，謂之大師"也。賓降，主人辭降。大夫不降，尊也。【疏】"賓降主人辭降"。○注"大夫不降尊也"。○釋曰：云"大夫不降，尊也"者，此賓降，大夫若降，宜與賓共文[⑤]，今不言大夫降，《鄉飲酒》亦云賓、介降[⑥]，不言大夫降，明大夫皆不降，以其尊故也。

---

　　① "者"下原有"升歌也"三字，曹云："'升歌也'三字衍。"倉石云："三字或當'鄉飲酒'之譌。"姑據曹校刪。

　　② "俱"字原作"但"，曹云："'但'當爲'俱'。"據改。

　　③ "樂"下原無"皆有"二字，曹云："'樂'下似脫'皆有'二字。"據補。

　　④ "升"下原無"就"字，阮云："《要義》同，毛本'升'下有'就'字。"曹云："'反'，單疏作'及'，此從他本。'升'下各本有'就'字，案下經有'就'字。"據補。

　　⑤ "宜"字原作"直"，倉石云："'直'，《詳校》改爲'宜'。"據改。

　　⑥ "介"下原無"降"字，阮云："毛本'介'作'降'，按毛本是。"孫云："此奪'降'字耳，'介'字則不當刪，毛改未盡允。"據孫校補。

工不辭洗。卒洗，升實爵。工不興，左瑟，一人拜受爵，左瑟，辟主人授爵也。一人，無大師則工之長者。【疏】“工不”至“受爵”。○釋曰：此言“工不辭洗”及“一人拜受爵”，皆上大師也，不言大師，言工一人者，欲見有大師，則大師不辭洗，拜受爵，若無大師，則凡工不辭洗，拜受爵，故變言工與一人。假令大師在瑟先獻①，若歌則後獻，亦先獻工一人，是以鄭云“一人，無大師則工之長者”，以《鄉飲酒》獻工時云“一人拜②，不興，受爵”，注云“一人，工之長也”③，大師爲歌者未得獻，先獻瑟工之長者也。主人阼階上拜送爵。薦脯醢，使人相祭。人，相者。○人相，息亮反，下文作相、以相、注相謂同。【疏】“主人”至“相祭”。○注“人相者”。○釋曰：云“人，相者”，則弟子相之，既相工，明祭亦相之可知。工飲，不拜既爵，授主人爵。眾工不拜受爵，祭飲，辯有脯醢，不祭。祭飲，不興受爵，坐祭，坐飲。【疏】“工飲”至“不祭”。○注“祭飲”至“坐飲”。○釋曰：云“工飲，不拜既爵”者，還是上一人拜受爵者，雖不拜既爵，仍拜受也。下眾工又對上一人，一人拜受爵④，眾工不拜受爵也。鄭云“祭飲，不興受爵，坐祭，坐飲”者，對上眾賓坐祭⑤，立飲，故云“坐祭，坐飲”，亦不拜既爵可知也。不洗，遂獻笙于西階上。不洗者，賤也。眾工而不洗矣而著笙不洗者，笙賤於眾工。正君賜之，猶不洗也。【疏】“不洗”至“階上”。○注“不洗”至“洗也”。○釋曰：云“眾工而不洗矣而著笙不洗者，笙賤於眾工。正君賜之，猶不洗也”，鄭云此者，欲見工在上貴，君賜之大師爲之洗，笙賤，位在下，正爲君賜之笙人⑥，猶不爲之洗，況眾笙乎？欲取賜笙人不爲之洗之意，不取眾笙不爲洗也。

笙一人拜于下，盡階，不升堂，受爵，主人拜送爵。階前坐祭，立飲，不拜既爵，升，授主人爵。眾笙不拜，受爵，坐祭，立飲，辯有脯醢，不祭。主人以爵降，奠于篚。【疏】“笙一”至“于篚”。○釋曰：此經總

---

①　“在”字原作“左”，曹云：“‘左’當爲‘在’。”據改。

②　“人”下原無“拜”字，曹云：“‘人’下脫‘拜’字。”據補。

③　“工之長也”原作“笙之長者也”，阮云：“浦鏜據《鄉飲酒》注改‘笙’爲‘工’，刪‘者’字。按此涉‘一人拜，盡階，不升堂，受爵’注文而誤，浦鏜是也。”據改刪。

④　“一人”下原無“一人”，曹云：“‘一人’二字似當重。”據補。

⑤　“眾賓”原作“賓主”，曹云：“‘賓主’當爲‘眾賓’。”據改。

⑥　“爲”字原作“謂”，曹云：“‘謂’似當爲‘爲’。”據改。

獻笙人，雖賤，中亦有尊卑，故一人拜，升受爵[1]，餘者不拜[2]，不拜既爵則同也。**反升，就席。**亦揖讓以賓升，衆賓皆升。【疏】"反升就席"。○注"亦揖"至"皆升"。○釋曰：云"亦揖讓以賓升，衆賓皆升"者，謂亦前大夫若有遵者則入門左，主人降，賓及衆賓皆降，主人共大夫行禮訖，主人揖讓以賓升，大夫及衆賓皆升就席相似，故云"亦"。若然，上賓降時雖不言衆賓降，衆賓卑，從降可知，故今從賓升也。

　　主人降席自南方，禮殺，由便。【疏】"主人"至"南方"。○注"禮殺由便"。○釋曰：自此盡"未旅"，論立司正之事也。云"禮殺，由便"者，對上文主人受酢爵時禮盛[3]，故主人降席自北方，由啐酒於席末而然[4]，今此立司正禮殺，故降席自南方，故云"禮殺，由便"也。**側降。**賓不從降。【疏】"側降"。○注"賓不從降"。○釋曰：側降猶特降，故云"賓不從降"也。**作相爲司正，司正禮辭，許諾。主人再拜，司正荅拜。**爵備樂畢，將留賓以事，爲有解倦失禮，立司正以監之，察儀法也。《詩》云："既立之監，或佐之史。"○解倦，古賣反。以監，古咸反。【疏】"作相"至"荅拜"。○注"爵備"至"之史"。○釋曰：云"爵備"者，謂賓及衆賓與遵者并工、笙並得獻[5]，是"爵備"也。云"樂畢"者，合樂訖是樂畢，以無升、笙與閒，故不言樂成而云畢而已也。云"將留賓以事"者，下有射事，射訖，行旅無筭之事，故須立司正以監之，但中閒爲射[6]，變司正爲司馬，射訖，反爲司正，以監察儀法也。引《詩》者，證監與正爲一物，皆察儀法也。**主人升，就席。司正洗觶，升自西階，由楹內適阼階上，北面受命于主人，**洗觶者，當酌以表其位，顯其事也。楹內，楹北。【疏】"主人"至"主人"。○注"洗觶"至"楹北"。○釋曰：云"受命于主人"者，謂受主人請安賓之命，是以下云"請安于賓"，鄭注云"傳主人之命也"。**西階上北面請安于賓。**傳主人之命。**賓禮辭，許。司正告于主人，遂立于楹閒以相拜。**相，謂

---

①　"拜升"原作"升階"，曹云："'升階'當爲'拜升'。"據改。

②　"不拜"原作"不升"，曹云："'不升'當爲'不拜'。"據改。

③　"酢"字原作"作"，汪刊單疏作"酢"，據改。

④　"啐"上原無"由"字、"而"字原作"亦"，曹云："'啐'上似脫'由'字，'亦'似當爲'而'。或曰'由'字不必增，'亦'當爲'則'。"據前說補改。

⑤　"遵"字原作"尊"，倉石云："《正字》云'尊'當'遵'字誤。"據改。

⑥　"射"下原有"繫"字，曹云："阮云陳、閩、《通解》俱無'繫'字，案無者是。"據删。

贊主人及賓相拜之辭。**主人阼階上再拜，賓西階上荅再拜，皆揖，就席。**爲已安也。今文揖爲升。**司正實觶，降自西階，中庭北面坐奠觶，興，退，少立，**奠觶，表其位也。少立，自脩正，慎其位也。古文曰少退立。【疏】"司正"至"少立"。○注"奠觶"至"退立"。○釋曰：此云"北面坐奠觶"，《鄉飲酒》亦然者，此二者皆臣禮，故北面奠觶，《燕禮》、《大射》皆司正南面奠觶者，彼是君禮，欲取還不背君，故南面奠觶，故《大射》云"南面坐奠觶，興，右還，北面少立，坐取觶，興，坐，不祭，卒觶，奠之，興，再拜稽首，左還，南面坐取觶，洗，南面反奠于其所，北面立"，注云"皆所以自昭明於衆也，將於觶南北面則右還，於觶北南面則左還，如是，得從觶西往來也。必從觶西往來者，爲君在阼，不背之也"，又取威儀多，此及《鄉飲酒》在阼非君，直北面奠觶，又威儀簡故也。**進，坐取觶，興，反坐，不祭，遂卒觶，興，坐奠觶，拜，執觶興，洗，北面坐奠于其所，**今文坐取觶，無進。又曰：坐奠之，拜。**興，少退，北面立于觶南。**立觶南，亦其故擯位。【疏】"興少"至"觶南"。○注"立觶"至"擯位"。○釋曰：云"立觶南，亦其故擯位"者，案上未有擯位，此云擯位者，案《聘禮》云"擯者退中庭"[1]，是擯者在中庭有位，《燕禮》、《大射》皆擯者爲司正，則此《鄉射》及《鄉飲酒》云"作相爲司正"，相即擯者也，故知觶南者中庭，故擯位也。**未旅。**旅，序也。未以次序相酬，以將射也，旅則禮終也。【疏】"未旅"。○注"旅序"至"終也"。○釋曰：旅，衆也，而言序者，謂衆以次序相酬。必於未旅而射者，旅則醉，禮恐終不得射[2]，故於未旅而射也。此大夫、士禮，將射，先行鄉飲酒，後行旅酬而已[3]，故射前未旅而射後乃始行旅酬。《燕禮》、《大射》國君禮，故先行燕禮，雖行一獻，以其辨尊卑，故行四舉旅，《大射》主爲射，故再旅訖即射[4]，《燕禮》主爲燕，故三舉旅乃射，彼皆與此不同也。

---

① "聘"字原作"射"，倉石云："'射'，《詳校》改爲'聘'。"據改。
② "恐終"原作"終恐"，阮云："'終恐'誤倒。"據乙。
③ "行"上原無"後"字，阮云："毛本'行'上有'後'字。"曹云："各本'行'上有'後'字是也。"據補。
④ "旅"字原作"拜"，吳紱云："按上經獻賓、獻衆賓是再獻也，獻遵則或有或無不定，故不數，今改'獻'。"阮云："盧文弨改'拜'爲'獻'。"曹云："'拜'當爲'旅'。"倉石云："此蓋謂再舉旅，曹説近之。"據曹校改。

　　三耦俟于堂西，南面東上。司正既立，司射選弟子之中德行、道藝之高者，以爲三耦，使俟事於此。【疏】“三耦”至“東上”。○注“司正”至“於此”。○釋曰：自此已下盡“樂正北面立于其南”，論將爲三番射先請射、納射器、比三耦、司馬命張侯倚旌、樂正遷樂之事[①]。鄭知司正既立，司射即選弟子之中爲三耦，俟事於此者，經云“俟於堂西”，明此時始選，故知既立司正，司射乃選弟子，使俟事於此也，故記云“三耦者，使弟子，司射前戒之”，注云“弟子，賓黨之少者也。前戒，謂先射請戒之”。司射適堂西，袒、決、遂，取弓于階西，兼挾乘矢，升自西階，階上北面告于賓，曰：“弓矢既具，有司請射。”司射，主人之吏也。於堂西袒、決、遂者，主人無次，隱蔽而已。袒，左免衣也。決，猶闓也，以象骨爲之，著右大擘指以鉤弦闓體也。遂，射韝也，以韋爲之，所以遂弦者也。其非射時，則謂之拾。拾，斂也，所以蔽膚斂衣也。方持弦矢曰挾。乘矢，四矢也。《大射》曰：“挾乘矢於弓外，見鏃於弣，右巨指鉤弦。”古文挾皆作接。○袒，徒旱反。決，古穴反。兼挾，劉音協，一音子協反，下皆同。乘矢，繩證反，後乘矢皆同。猶闓，音開，下同。著右，丁略反，一音直略反。大擘，補革反，劉薄歷反，大指也。射韝，古侯反，劉苦侯反。見，賢遍反。鏃於，子木反，一音七木反。弣右，芳甫反，劉方輔反。【疏】“司射”至“請射”。○注“司射”至“作接”。○釋曰：云“司射取弓于階西，兼挾乘矢”者，以其司射之弓矢豫陳於階西[②]，故司射於堂西袒、決、遂訖，即取弓矢於階西，是以下記云“司射之弓矢與扑，倚于西階之西”是也。云“有司請射”者，此有司謂司馬，故《大射》云“司射自阼階前曰：爲政請射”，注“爲政，謂司馬。司馬，政官，主射禮”，諸侯之州長無司馬官，直言“有司請射”，以比司馬也。云“司射，主人之吏也”者，《大射》諸侯禮，有大射正爲長，射人次之，司射又次之，小射正又次之[③]，皆是士爲之[④]，則此大夫、士禮，不得用士，故知是主人之吏爲之可知。云“於堂西袒、決、遂者，主人無次，隱蔽而已”者，此對《大射》人君禮有次，在東方，不須適堂西也。云“袒，左免衣也”，知袒左者，凡事無問吉凶，皆袒左，是以《士喪》主人左

----

① “三番”上原無“將爲”二字，“三番射”下、“事”上原無“先請射”至“樂之”二十一字，曹云：“‘三’上似脱‘將爲’二字，‘射’下亦有脱文，擬補云‘先請射、納射器、比三耦、司馬命張侯倚旌、樂正遷樂之事’。”據補。
② “階西”原作“西階”，曹云：“‘西階’當爲‘階西’。”據乙。
③ “正”下原無“又”字，阮云：“《通解》、《要義》同，毛本‘正’下有‘又’字。”據補。
④ “之”字原作“也”，張敦仁本作“之”，據改。

祖，此及《大射》亦皆祖左，不以吉凶相反，唯有受刑祖右，故《覲禮》云“乃右肉祖于廟門之東”，注云“右肉祖者，刑宜施於右”是也。云“決，猶闓也，以象骨爲之”者，《大射》注亦然，案《繕人》云“掌王之用弓弩、矢箙、繒弋、決拾”，鄭注云“《士喪禮》‘決用正王棘若檡棘’，則天子用象骨與”，無正文，故引《士喪禮》，又言“與”以疑之。若然，諸侯及大夫生用象，死用棘，天子無問死生皆用象者，蓋取其滑也。云“著右大擘指以鉤弦闓體也”，知者，以右巨指鉤弦，故知著於右大擘指也，以右擘著極，是以《大射》云“朱極三”，注云“以朱韋爲之。三者，食指、將指、無名指”是也。云“遂，射韝也，以韋爲之，所以遂弦者也”者①，《大射》注亦云“遂，射韝也，以朱韋爲之，著左臂所以遂弦也”。云“其非射時，則謂之拾。拾，斂也，所以蔽膚斂衣也”者，此篇及《大射》將射云祖、決、遂，射訖則云說決、拾，於公雖射亦謂之拾，故《大射》云“公就物，小射正奉決、拾以笥，大射正執弓，皆以從於物”，彼亦臨時而云拾，以公射祖朱襦，言拾以見斂衣，故變文以見義也。云“所以蔽膚斂衣也”者，言蔽膚，據士，斂衣，據大夫已上，是以下記“大夫與士射，祖薰襦”，《燕禮記》云君射“祖朱襦”，若對君，大夫亦與士同，亦蔽膚也。云“方持弦矢曰挾”，知者，下記云“凡挾矢，於二指之間橫之”，是言其方可知，引《大射》“挾乘矢於弓外，見鏃於弣”，是其方也。若側持弓矢則名執，故下文云“司射猶祖、決、遂，左執弓，右執一个，兼諸弦，面鏃”，注云“側持弓矢曰執。面，猶尚也。并矢於弦，尚其鏃”是也。云“乘矢，四矢也”者，下云司射“搢三挾一个”，又《詩》云“四矢反兮”，是四矢曰乘，凡物四皆曰乘也。引《大射》者，欲見挾爲方持弦矢。**賓對曰：“某不能，爲二三子許諾。”**言某不能，謙也。二三子，謂衆賓已下。【疏】“賓對”至“許諾”。○注“言某”至“已下”。○釋曰：“二三子，謂衆賓以下”者，謂除三耦之外，通射者而言，故云“謂衆賓以下”也。若然，《投壺禮》賓固辭乃許者，彼因燕而爲之，再辭乃許，此爲衆習禮，不專爲己，故不辭即許②。《大射》不云許者③，彼爲擇士而射，故不須云許，直告射節而已，此爲衆庶習禮，故云“爲二三子許諾”，亦不辭而許也。**司射適阼階上，東北面告于主人，曰：“請射于賓，賓許。”司射降自西階，階前西面命弟子納射器。**弟子，賓黨之年少者也。納，內也。射器，弓、矢、決、拾、旌、

---

① “以”上原無“所”字，曹云：“注‘以’上有‘所’字。”據補。
② “不”字原作“一”，曹云：“‘一’似當爲‘不’，下同。”據改。
③ “云許”原作“請”字，曹云：“‘請’似當爲‘許’，‘許’上宜加‘云’字。”據改補。

中、籌、楅、豐也。賓黨東面，主人之吏西面。○年少，申召反。楅豐，音福。【疏】"司射"至"射器"。○注"弟子"至"西面"。○釋曰：鄭知弟子是賓黨之年少者，以其賓黨西方，東面，今以西面命之，明是賓黨，是以鄭云"賓黨東面，主人之吏西面"也，言弟子，故知少者。知"射器，弓、矢"以下者，並案下文所陳用者知之也。云"賓黨東面，主人之吏西面"者，案《投壺》賓黨及主黨皆爲弟子，皆得與投壺者，彼燕法主歡心，故皆與，今此射與鄉人習禮，《鄉飲酒》同，上下經文主黨皆不與也①。乃納射器，皆在堂西。賓與大夫之弓倚于西序，矢在弓下，北括。衆弓倚于堂西，矢在其上。上，堂西廉，矢亦北括。○倚于，於綺反，下同。北括，古活反。【疏】"乃納"至"其上"。○注"上堂"至"北括"。○釋曰：云"賓與大夫之弓倚于西序，矢在弓下，北括。衆弓倚于堂西，矢在其上"者，以其序在堂上，故矢在弓下，堂西矢在堂上，其弓在堂下②，隨其所宜而已。云"上，堂西廉"者，以其在堂西，故矢在上者，還在堂上之廉稜也。云"矢亦北括"者，其在堂上西序者北括，故知堂下者於上亦北括也。主人之弓矢在東序東。亦倚于東序也。矢在其下，北括。【疏】"主人"至"序東"。○注"亦倚"至"北括"。○釋曰：上賓、大夫弓矢在西序，矢在弓下北括③，此主人弓矢如上也。司射不釋弓矢，遂以比三耦於堂西。三耦之南，北面命上射曰："某御於子。"命下射曰："子與某子射。"比，選次其才相近者也。古文曰某從於子。○以比，毗志反，劉音鼻，注同。相近，附近之近。【疏】"司射"至"子射"。○注"比選"至"於子"。○釋曰：言"遂以"者，司射因上階前令弟子納射器④，不釋弓矢，遂比三耦，因事曰"遂"⑤，故云"遂以"也。云"比，選次其才相近者也"者，才雖各自，用乃應選其力相近爲宜也⑥。司正爲司馬。兼官，由便也。立司正爲涖酒

----

① "黨"上原無"主"字，曹云："'黨'上脱'主'字。"據補。

② "其"上原有"隨"字，曹云："疏意似謂堂西之弓矢，矢在堂上，配其弓之在下者，與序西之弓矢上下別，各隨所宜也。殿本刪'隨'字。"據殿本刪。

③ "在"下原無"弓下"二字，曹云："'在'下殿本有'弓下'二字。"據補。

④ "司射"原作"司正"，汪刊單疏作"司射"，據改。

⑤ "因"下原無"事"字，倉石云："《正字》云'因'下當補'事'字。"據補。

⑥ "應"字原作"因"，曹云："'因'當爲'應'，言要當選其力相近爲宜也，力即才也。"據改。

爾，今射，司正無事。○爲洍，音利，又音類。【疏】"司正爲司馬"。○注"兼官"至"無事"。○釋曰：言"兼官"者，若以諸侯對大夫，大夫兼官，諸侯具官，特以諸侯對天子，天子具官，諸侯兼官，各有所對，故云"兼官"。云"由便也"者，使司正爲司馬，不煩餘官也。案《射義》云"孔子射於矍相之圃，射至於司馬，使子路執弓矢出延射，又使公罔之裘、序點揚觶而語"，但此篇是州長春秋習射法，兼有卿大夫三年貢士之後[①]，以五物詢衆庶，射於庠。鄉大夫五物詢衆而引孔子射於矍相之事，則孔子魯之鄉大夫也，以其天子鄉大夫卿爲之[②]，諸侯鄉大夫使下大夫爲之，是其差也。但《鄉飲酒》之禮二人舉觶爲無筭爵，據此篇，未旅先射，射訖行旅酬，酬訖，乃始二人舉觶爲無筭爵[③]。未射時詢衆庶，得使公罔之裘、序點二人揚觶者，揚觶實在射後至酬訖始行之[④]，今孔子詢衆庶之時，借取無筭爵時於旅也語，故使公罔之裘、序點二人揚觶以詢衆庶。此篇司射恒執弓矢，子路亦執弓矢，則子路爲司射也。射於矍相時云"射至司馬"，此文又云"司正爲司馬"，則使子路詢衆庶時當此節也。**司馬命張侯，弟子説束，遂繫左下綱**。事至也。今文説皆作税。○説束，如字，又吐活反，又始鋭反，注同。【疏】"司馬"至"下綱"。○注"事至也"。○釋曰：上張侯時不繫左下綱，中掩束之，今弟子説其束不致地，遂繫左下綱於植，事至故也。**司馬又命獲者倚旌于侯中**。爲當負侯也。獲者，亦弟子也，謂之獲者，以事名之。【疏】"司馬"至"侯中"。○注"爲當"至"名之"。○釋曰：案下記云"司馬階前命張侯，遂命倚旌"，以記言之，司馬命張侯與命倚旌其事相因，故云"遂"，明同是西階前也。云"爲當負侯也"者，下云"司馬命獲者執旌以負侯"是也。知"獲者，亦弟子"者，堂下位，主人之黨在東，賓弟子在西，下云"獲者由西方坐取旌，倚于侯中"，言由西方，是賓黨弟子可知。亦，亦上張侯者也[⑤]。云"以事名之"者，以其唱獲，故名獲者也。**獲者由西方坐取旌，倚于侯中，乃退。樂正適西方，命弟子贊工遷樂于下**。當辟射也。贊，佐也。遷，徙

---

① "兼"下原有"士"字，曹云："殿本删'士'字。"據删。

② "鄉大夫卿"原作"鄉卿大夫"，阮云："毛本'卿'字在'夫'字下，按毛本是。"據乙。

③ "乃"字原作"賓"，曹云："'賓'字譌，單疏作'乃'。"據改。

④ "至"字原作"一"，倉石云："'一'，《正字》作'亦'。今案或當'至'字之譌。"據改。

⑤ "亦上"上原無"亦"字，曹云："'亦'字當重。"據補。

也。○當辟，音避。**弟子相工，如初入，降自西階，阼階下之東南，堂前三筍，西面北上坐。**筍，矢幹也。今文無南。○相工，息亮反①。三筍，劉古老反，矢幹也，《字林》云箭筍也，公但反。矢幹，古但反，又古旱反。【疏】"弟子"至"上坐"。○注"筍矢幹也"。○釋曰：言"如初入"者，亦如上升堂時，相者亦在，左何瑟，面鼓，內弦，右手相，如入升時也。云"筍，矢幹也"者，案《矢人》注"矢幹長三尺"，是去堂九尺也。**樂正北面立于其南。**北面，鄉堂，不與工序也。○鄉堂，許亮反。【疏】"樂正"至"其南"。○注"北面"至"序也"。○釋曰：云"不與工序也"者，工西面北上，以南北爲序，樂正北面，則東西爲列，故云"不與工序也"。

---

① "亮"字原作"幹"，黃云："'幹'字誤，宋本作'亮'。"據改。

儀禮疏卷第十二　儀禮卷第五

司射猶挾乘矢，以命三耦："各與其耦讓取弓矢，拾。"猶，有故之辭。拾，更也。○弓矢拾，其劫反，劉其輒反，更也，除決拾以外，皆同。拾更，音庚。【疏】"司射"至"矢拾"。○注"猶有"至"更也"。○釋曰：自此盡"取扑搢之，以反位"，論司射誘射，教三耦射法之事。《大射》有次，"三耦取弓矢於次"，注云"取弓矢不拾者，次中隱蔽處"，則此無次取弓矢。拾者，拾，更也，遞取弓矢，見威儀故也。云"猶，有故之辭"者，前已云"司射兼挾乘矢"，此云"猶"，是有故之辭，云此者，欲見司射恒執弓矢未改之意。三耦皆袒、決、遂，有司左執弣，右執弦而授弓，有司，弟子納射器者也。凡納射器者，皆執以俟事。【疏】"三耦"至"授弓"。○注"有司"至"俟事"。○釋曰：前"有司請射"，解爲司馬，此有司爲弟子者，以有事者皆有司，上"有司請射"[1]，與《大射》"爲政請射"同，故解爲司馬，此經以納射器使弟子，不見出文，則弟子執射器入者，即使守之，以授用者，故知有司還是弟子，是以鄭云"凡納射器者，皆執以俟事"。遂授矢。受於納矢而授之。【疏】"遂授矢"。○注"受於"至"授之"。○釋曰：此授矢者則上文有司授弓者，以其弟子執弓矢，故授弓訖，復授矢，是以鄭云"受於納矢而授之"。三耦皆執弓，搢三而挾一个。未違俟處也。搢，插也，插於帶右。○搢三，音進，又音箭，劉又祖雞反，插也，後同。一个，古賀反，下皆同。插也，初洽反，下同。【疏】"三耦"至"一个"。○注"未違"至"帶右"。○釋曰：上云"三耦俟于堂西"，又云"遂以比三耦於堂西"，此云"三耦皆執弓，搢三而挾一个"，前後皆因前位，故云"未違俟處"[2]，下文乃云"三耦皆進，由司射之西，立于其西南，東面北上"，是移本位者也。云"搢，插也，插於帶右"者，以其左手執弓，右手抽矢而射，故知插於帶右，故

---

① "上"上原有"故鄭注解"四字，曹云："以上有司爲司馬，乃上疏說，注無其文，竊疑'故鄭注解'四字衍。"據刪。
② "故云"原作"去"，阮云："毛本'去'作'乃'。"曹云："'去'當爲'云'，上當補'故'字。"從曹校補改。

《詩》云“左旋右抽”是也。司射先立于所設中之西南，東面。三耦皆進，由司射之西，立于其西南，東面北上而俟。司射東面立于三耦之北，搢三而挾一个，爲當誘射也。固東面矣，復言之者，明卻時還。○復言，扶又反，下復言同。【疏】“司射”至“一箇”。○注“爲當”至“時還”。○釋曰：云“固東面矣，復言之者，明卻時還”者，司射先在中西南，東面，今三耦立定，司射卻來向三耦之北，東面，明司射卻時左還[1]，西南向乃東面也[2]。搢進，當階。北面搢，及階搢，升堂搢。豫則鉤楹内，堂則由楹外。當左物，北面搢，鉤楹，繞楹而東也。序無室，可以深也。周立四代之學於國而又以有虞氏之庠爲鄉學，《鄉飲酒義》曰“主人迎賓於庠門外”是也。庠之制，有堂有室也。今言豫者，謂州學也，讀如“成周宣謝災”之“謝”[3]，《周禮》作序。凡屋無室曰謝，宜從謝。州立謝者，下鄉也。左物，下物也。今文豫爲序，序乃夏后氏之學，亦非也。○豫則，音謝[4]，出注。下鄉，遐嫁反。【疏】“搢進”至“面搢”。○注“鉤楹”至“非也”。○釋曰：凡行射禮，耦耦各相對搢，故司射誘射發東面位搢進，當西階北面搢，及階搢，升堂搢訖，東行向兩楹閒物，須過西楹，是以豫則鉤楹内北過，以記云“序則物當棟”，物近北，故過由楹北也，堂則由楹外過而東行，以記云“堂則物當楣”，物近南，故過由楹南也。云“當左物”者，以南面爲正，東爲左物，北面又搢也。云“鉤楹，繞楹而東也”者，北而東也。云“序無室，可以深也”者，據州立序而言。云“周立四代之學於國”者，案《王制》云有虞氏上庠、下庠，夏后氏東序、西序，殷人右學、左學[5]，周人東膠、虞庠，“周立四代”者，通己爲四代，但質家貴右，故虞、殷大學在西郊，小學在國中，文家貴左，故夏、周大學在國中

---

[1]　“左”字原作“右”，曹云：“‘右’似當爲‘左’，下司射還當上耦，與此還位同，注云‘還，左還也’可證。”據改。

[2]　“東”上原無“向乃”二字，曹云：“‘東’上脱‘向乃’二字。”據補。

[3]　“讀如成周宣謝災之謝”，阮云：“毛本‘謝’作‘榭’，徐本、《通解》、《要義》、楊氏同作‘謝’，下並同。按《春秋左氏經》作‘成周宣榭火’，《公羊經》作‘成周宣謝災’，鄭引《公羊經》而疏以《左氏經》釋之，非鄭意也，且《説文》無‘榭’字。《左氏》、《穀梁》之作‘榭’，未必非後人所改，當從言爲正。”

[4]　“謝”字原作“榭”，黃云：“宋本‘榭’作‘謝’。”據改。

[5]　“殷人左學右學”，倉石云：“據《王制》，‘左’、‘右’當互易。”據乙。

王宮之東，小學在西郊，周所立前代學者，立虞、夏、殷三代大學。若然，立虞氏上庠[①]，則周之小學爲有虞氏之庠制在西郊也，立殷之右學則瞽宗，周立之亦在西郊，立夏后氏之東序則周之東膠，立在王宮之東，以其改東序爲東膠，東膠兼二代名[②]，故云周立四代學，《文王世子》亦論四代學中學樂之事。云"而又以有虞氏之庠爲鄉學"者，與周立虞庠同制，故引《鄉飲酒義》證鄉立庠之義也[③]。云"庠之制，有堂有室也"者，則此篇云"堂則由楹外"，又記云"堂則物當楣"是也。《論語》云"由也升堂矣，未入於室"，室、堂相將，有室必有堂，言此者，見庠則室、堂俱有，對榭則有堂無室也。云"今言豫者，謂州學也"者，《周禮·地官·州長職》云"春秋以禮會民而射于序"是也。云"讀如'成周宣榭災'之'榭'"者，案宣公十六年經書"成周宣榭火"，彼雖不據學，以其無室與《爾雅》"無室曰榭"同，故引以爲證也。云"《周禮》作序"者，據《州長職》文。云"凡屋無室曰榭，宜從榭"者，鄭廣解榭名，《爾雅》云"闍謂之臺，有木者謂之榭"及"成周宣謝"及此州立謝[④]，皆是無室，故云"凡"以該之，不得從豫及序，故云"宜從榭"也。云"州立榭者，下鄉也"者，以其鄉之庠有室有堂，州謝則有堂無室，故云"下鄉也"。云"今文豫爲序，序乃夏后氏之學，亦非也"，不從今文者，以其虞庠、夏序皆是有室，州之序則無室，故云"非"，言"亦"者，古文爲豫已非，今文作夏后氏之序亦非。若然，《禮記·學記》及《州長職》并下記皆作序，鄭不破之者，以鄉立虞庠，依虞有室，州立夏序去室，猶取序名，是以鄭注《州長》云"序，州黨之學也"，故不破之也。**及物揖，左足履物，不方足，還，視侯中，俯正足**，方，猶併也。志在於射，左足至，右足還併足，則是立也。南面視侯之中，乃俯視併正其足。○猶併，步頂反，下皆同。【疏】"及物"至"正足"。○注"方猶"至"其足"。○釋曰：云"志在於射"者，解"不方足，還"及足未正先視侯中之意[⑤]。言"左足至"者，解"左足履物"也。"右足還併足，則是立也"者，解經"不

<hr>

[①]　"立"字原作"則"，倉石云："'則'，《詳校》改作'立'。"據改。

[②]　"二"上原無"兼"字，曹云："'二'上脫'兼'字。"據補。

[③]　"證"上原有"爲"字，曹云："'爲'字衍。"據刪。

[④]　"及成周宣謝及此州立謝"，阮云："兩'謝'字俱從言，下'州謝則有堂有室'同，毛本'謝'作'榭'。按此疏'榭'字凡十有三，毛本依《通解》概從木。此本從言者三，從木者十。《要義》唯'故云宜從榭也'及'州榭則有堂有室'兩'榭'字從言，餘俱從木，皆不可解，當概從言。"

[⑤]　"解"下原無"不方足還及"五字，曹云："'解'下脫'不方足還及'五字，以下文推可知。下解其言，此解其意。"據補。

方足,還"及"正足"之言。若然,云還時兼視侯中也。此不言畫物早晚,案《大射》納射器之下,即言"工人士與梓人升自北階,兩楹閒,疏數容弓,若丹若墨,度尺而午",此不言者,卑者文略,亦當在納射器後即畫之也。**不去旌**,以其不獲。○不去,起呂反,下注同。【疏】"不去旌"。○注"以其不獲"。○釋曰:以其旌擬唱獲,今以司射誘射①,不唱獲故不去旌也。**誘射**,誘,猶教也。**將乘矢**。將,行也。行四矢,象有事於四方。【疏】"將乘矢"。○注"將行"至"四方"。○釋曰:云"象有事於四方"者,《詩》云"四矢反兮,以御亂兮",是四矢有事於四方。**執弓不挾,右執弦**,不挾,矢盡。【疏】"執弓"至"執弦"。○注"不挾矢盡"。○釋曰:案上文司射將射時云"搢三而挾一个",又云"將乘矢",故知矢盡空執弦也。**南面揖**,揖如升射,**降,出于其位南,適堂西,改取一个,挾之**,改,更也。不射而挾之,示有事也。今文曰適序西。【疏】"南面"至"挾之"。○釋曰:云"出于其位南,適堂西"者,上文司射位設于所設中之西南,東面,今乃適位南而北迴適堂西者,取教衆耦威儀之法故也。云"改取一个,挾之"者,此不在西階而在堂西,故"適堂西"即云"改取一个"也。**遂適階西,取扑搢之,以反位**。扑,所以撻犯教者。《書》云:"扑作教刑。"○取扑,普卜反,劉方逼反,後皆同。以撻,他達反。【疏】"遂適"至"反位"。○注"扑所"至"教刑"。○釋曰:引《書》者,《舜典》文也,彼謂教學之刑,此爲教射法,教雖不同,用扑是一,故引爲證也。

　　司馬命獲者執旌以負侯。欲令射者見侯與旌,深有志於中。○欲令,力呈反。於中,丁仲反,下中人者、中則、以中並同。【疏】"司馬"至"負侯"。○注"欲令"至"於中"。○釋曰:自此盡"搢扑,反位"②,論三耦爲第一番射法。云"欲令射者見侯與旌,深有志於中"者,凡射主欲中侯,使獲者舉旌唱獲,以是豫使望見之③,深有志於中也。**獲者適侯,執旌負侯而俟**。俟,待也。今文俟爲立。【疏】"獲者"至"而俟"。○釋曰:俟,待也,而待者,謂待司馬命去侯。**司射還,當上耦,西面作上耦射**。還,左還也。作,使也。【疏】"司射"至"耦射"。○注"還左還也"。○釋曰:知

---

①　"司射"原作"三耦",曹云:"'三耦'當爲'司射'。"據改。

②　"搢扑"下原無"反位"二字,觀疏上下文分段之語,"搢扑"下脫"反位"二字,謹補。

③　"使望見之"原作"使見之望",曹云:"'望'字當在'見'字上。"據乙。

“左還”者，經云“還，當上耦”，上耦位在司射之西南，東面，司射還欲西面與上耦相當，故知左還迴身當之，取便可知也。司射反位，上耦揖進，上射在左，並行，當階北面揖，及階揖，上射先升三等，下射從之，中等。中，猶間也。〇猶間，間厠之間。【疏】“司射”至“中等”。〇釋曰：云“司射反位”者，反中西南東面位也。上射升堂，少左，下射升，上射揖，並行。並，併也，併東行。【疏】“上射”至“並行”。〇注“併東行”。〇釋曰：知“併行”，“併東行”者，以其既言升，乃言“併行”，故知併東行向物也。云“少左”者，言上射先升，少左，避下射升階也。皆當其物，北面揖，及物揖，皆左足履物，還，視侯中，合足而侯。司馬適堂西，不決、遂，袒，執弓，不決、遂，因不射，不備。【疏】“皆當”至“執弓”。〇注“不決”至“不備”。〇釋曰：“皆左足履物”者，謂先以左足履物東頭，合足而侯，侯司馬命去侯[1]。云“因不射，不備”者[2]，此決司射誘射行事，袒即決、遂，執弓挾矢，今司馬不射，故不備，直袒而已也。若然，《大射》司馬正不射而袒，又復決、遂者，彼大射志於射，故司馬正雖不射，袒復決、遂，以其不爲射，仍不挾矢也。出于司射之南，升自西階，鉤楹，由上射之後，西南面立于物間，右執簫，南揚弓，命去侯。鉤楹，以當由上射者之後也。簫，弓末也。《大射》曰：“左執弣。”揚，猶舉也。【疏】“出于”至“去侯”。〇注“鉤楹”至“舉也”。〇釋曰：“鉤楹”者，於西楹西而北，東行過。“由上射之後”，乃“西南面立于物間”者，欲取南揚弓，向侯便故也。“右執簫”者，不可一手揚弓，故引《大射》曰左手執弣，左當卻手，則“右執簫”者，右當覆手也。獲者執旌許諾，聲不絶，以至于乏，坐，東面偃旌，興而俟。聲不絶，不以宮商，不絶而已，鄉射威儀省。偃，猶仆也。〇儀省，所景反。仆也，音赴。【疏】“獲者”至“而俟”。〇注“聲不”至“仆也”。〇釋曰：云“而俟”者，待射者發矢當坐，故下云“獲者坐而獲”也。云“鄉射威儀省”者，決《大射》云“負侯皆許諾，以宮趨，直西及乏南，又諾以商，至乏，聲止”，是其唱諾爲宮商，是其威儀多，此不者，威儀省故也。司馬出于下射之南，還其後，降自西階，反由司射之南適堂西，釋弓，

---

[1]　“侯”上原無“侯”字，曹云：“‘侯’字當重。”據補。

[2]　“備”下原無“者”字，曹云：“‘備’下脱‘者’字。”據補。

襲，反位，立于司射之南。圉下射者，明爲二人命去侯。○還其，劉户串反，一音環，下還其後同。【疏】"司馬"至"之南"。○注"圉下"至"去侯"。○釋曰：司馬由上射之後，立於物閒，命去侯訖，物閒南行西向，適階降，是其順矣，今命去侯訖，乃圉下射之後，繞下射之東南行而適西階者[1]，若出物閒西行，則似直爲上射命去侯，是以并下射圉繞之，明爲二人命去侯也。司射進，與司馬交于階前，相左，由堂下西階之東，北面視上射，命曰："無射獲，無獵獲。"上射揖，司射退，反位。射獲，謂矢中人也。獵，矢從傍。○無射，食亦反，注同。從傍，蒲郎反，或作旁。【疏】"司射"至"反位"。○注"射獲"至"從傍"。○釋曰：云"交于階前，相左"者，既云"司射與司馬交于階前，相左"，乃云"由堂下西階之東[2]，北面"，則相左之時在西階之西，司馬由北而西行，司射由南而東行，各以左相迎，故云"相左"也。司射既不升堂，不得云司射向北、司馬向南而相左也。云"射獲，謂矢中人也"者，人謂獲者，亦以事名。云"獵，矢從傍"者，謂從乏傍也。乃射，上射既發，挾弓矢，而后下射射，拾發，以將乘矢。古文而后作後，非也。《孝經説》説然后曰："后者，後也。"[3]當從后。【疏】"乃射"至"乘矢"。○注"古文"至"從后"。○釋曰：引《孝經説》，取《孝經緯·援神契》文。彼説《孝經》云"然後能保其社稷"之等，皆作后。后者，後也，故不從古文後，是以云"當從后"。獲者坐而獲，射者中，則大言獲。獲，得也。射，講武田之類，是以中爲獲也。【疏】"獲者坐而獲"。○注"射者"至"獲也"。○釋曰：此未釋筭，故下經云"獲而未釋獲"，鄭云"但大言獲，未釋其筭"是也。云"獲，得也。射，講武田之類，是以中爲獲也"者，《詩》云"舍拔則獲"，謂射著禽獸爲獲，獲則得也。戰伐得囚俘亦曰獲，射著正鵠亦曰獲，但"舉旌以宮"，大言獲也，"偃旌以商"，小言獲也。舉旌以宮，偃旌以商，宮爲君，商爲臣，聲和律吕相生。【疏】注"宮爲"至"相生"。○釋曰："宮爲君，商爲臣"，《禮記·樂記》文。宮數八十一，數最濁，故爲君，配中央土，商數七十二，次君，故爲臣，配西方金。云"聲和律吕相生"者，以其以黄鍾

---

[1]　"者"字原作"去"，曹云："'去'殿本作'者'。"據改。

[2]　"之"字原作"遠"，曹云："'遠'殿本作'之'。"據改。

[3]　"古文而后作後非也孝經説然后曰后者後也當從后"，阮云："徐本如是，與此本標目合。《要義》節録注云'古文后作後，非'，《通解》與毛本同。按依疏當作'《孝經説》説然后曰'各本少一'説'字。"據補。

之初九，下生林鍾之初六，林鍾又上生大蔟之九二，初九與九二雖非以次相生，大蔟亦
由黃鍾所生，故云“聲和由律呂相生”，故“舉旌以宮，偃旌以商”，不取其餘律呂也。
獲而未釋獲。但大言獲，未釋其筭。卒射，皆執弓，不挾，南面揖，揖如
升射。不挾，亦右執弦，如司射。上射降三等，下射少右從之，中等，並
行，上射於左，降，下。【疏】“上射”至“於左”。○釋曰：此上射、下射升與降皆上射
爲先，又上射升降皆在左。與升射者相左，交于階前，相揖，由司馬之南
適堂西，釋弓，説決、拾，襲而俟于堂西，南面東上。三耦卒射，亦
如之。司射去扑，倚于西階之西，升堂，北面告于賓曰：“三耦卒
射。”去扑乃升，不敢佩刑器即尊者之側。○説決，吐活反，又始鋭反，下説決拾皆同。
【疏】“與升”至“卒射”。○注“去扑”至“之側”。○釋曰：云“不敢佩刑器即尊者之側”
者，此司射將升堂即賓前，故去扑於階西乃升，是不敢佩刑器即於尊者之側也。《大
射》“司射去扑，倚于階西，適阼階下，北面告于公曰：三耦卒射”，不升堂亦去扑者，國
君尊，雖堂下亦去扑也。賓揖。以揖然之。【疏】“賓揖”。○注“以揖然之”。○釋
曰：《大射》司射告公三耦卒射，不見公揖然之者，公尊故也。司射降，搢扑，
反位。

司馬適堂西，【疏】“司馬適堂西”。○釋曰：自此盡“加于楅”，論三耦射訖取
矢之事。袒，執弓，由其位南進，與司射交于階前，相左，升自西階，
鉤楹，自右物之後立于物閒，西南面揖弓，命取矢。揖，推之也。【疏】
注“揖推之也”。○釋曰：推手曰揖，引手曰厭，故《周禮‧司儀》天揖、時揖、土揖，鄭注
皆以推手解之，是以推手爲揖。但揖弓者向侯而揖之，以其命取矢故也，揚弓者向乏
而揚之，以其命去侯故也。獲者執旌許諾，聲不絶，以旌負侯而俟。俟弟
子取矢，以旌指教之。【疏】注“俟弟”至“教之”。○釋曰：此即下文“弟子取矢，委于楅”
是也。司馬出于左物之南，還其後，降自西階，遂適堂前，北面立
于所設楅之南，命弟子設楅。楅，猶幅也，所以承笴齊矢者①。【疏】“司馬”至

---

①　“笴”下原無“齊”字，阮云：“徐本同，聶氏、《通解》、楊氏、毛本‘笴’下俱有‘齊’
字。朱子曰：‘注脱齊字，據疏文補之。’”據補。

"設楅"。○注"楅猶"至"矢者"。○釋曰:云"楅,猶幅也",訓楅爲幅者,義取若布帛有邊幅整齊之意,故云"所以承笴齊矢",即下云"委于楅,北括",又《大射》云"既拾取矢,楅之",注云"楅,齊等之",是其承笴齊矢也①。**乃設楅于中庭,南當洗,東肆。**東肆,統於賓。【疏】"乃設"至"東肆"。○注"東肆統於賓"。○釋曰:此弟子設楅之時,司馬教之,故《大射》云"小臣師設楅,司馬正東面以弓爲畢",鄭注云"畢,所以教助執事者",明此亦然。云"東肆,統於賓"者,然則楅有首尾,故下記云"楅長如笴,博三寸,厚寸有半,龍首",鄭注云"兩端爲龍首",若然,則有首無尾而言西上者,應有刻飾記之爲首尾也。**司馬由司射之南退,釋弓于堂西,襲,反位。弟子取矢,北面坐委于楅,北括,乃退。司馬襲進,當楅南,北面坐,左右撫矢而乘之。**撫,拊之也,就委矢左右手撫而四四數分之也。上既言襲矣,復言之者,嫌有事即袒也。凡事升堂乃袒。○而乘,成證反,下乘同。拊之,芳甫反。四四數,所主反,下俟數同。【疏】"司馬"至"乘之"。○注"撫拊"至"乃袒"。○釋曰:云"司馬由司射之南退②,釋弓"者,司馬往堂西釋弓,還依三耦所行之處,亦取威儀進止之事,故曰"司射之南"也。云"委矢于楅,北括"者,順射時矢南行故也。云"撫,拊之也"者,言撫者撫拍之義,言拊者取拊近之理,故轉從拊。云"就委矢左右手撫而四四數分之也"者,謂司馬北面就所委矢之南,北面以右手撫四矢於東,以左手撫四矢於西,是四四數而分之也。云"上既言襲矣,復言之者,嫌有事即袒也"者,案上文命弟子設楅,退時已襲,今復言"襲進"者,嫌有事則袒,故重言之也。云"凡事升堂乃袒"者,堂下雖有事亦不袒,若司射不問堂上堂下,有事即袒,司馬與司射遞行事,恐同,故明之也。**若矢不備,則司馬又袒,執弓,如初,升,命曰:"取矢不索。"**索,猶盡也。○不索,悉各反,盡也。**弟子自西方應曰:"諾。"乃復求矢,加于楅。**增故曰加。暴獲者許諾,至此弟子曰諾,事同,互相明。○應曰,應對之應。乃復,扶又反,下注復言、復射同。暴獲,許亮反,又作䂄,下皆同。【疏】注"增故"至"相明"。○釋曰:上言"獲者執旌許諾",故曰"暴獲者許諾,至此弟子曰諾",以其"事同,互相明"也,言"互"者,"獲者執旌許諾",不言弟子許諾,則弟子亦許諾,此直言"弟子自

---

① "也"上原無"齊矢"二字,曹云:"'也'上脱'齊矢'二字。"據補。
② "云"下原無"司馬由"三字,曹云:"'云'下脱'司馬由'三字。"據補。

西方應曰：諾”，不言獲者應諾，則獲者亦應諾可知，以其事同，省文，故互相明之。

司射倚扑于階西，升，請射于賓，如初，賓許諾。賓、主人、大夫若皆與射，則遂告于賓，適阼階上告于主人，主人與賓爲耦。言若者，或射或否，在時欲耳。射者繹己之志，君子務焉。大夫，遵者也。告賓曰：“主人御于子”告主人曰：“子與賓射。”○皆與，音預，下將與同。繹己，音亦。【疏】“司射”至“爲耦”。○注“言若”至“賓射”。○釋曰：自此盡“比衆耦，辯”，論次番將射，比衆耦之事。但射禮三而止，第一番直司射與三耦誘射，不釋筭；第二番三耦與衆耦俱射，釋筭；第三番兼有作樂爲射節。云“言若者，或射或否”者，以若是不定之辭，故知“或射或否”。“射者繹己之志”者，《禮記·射義》文，繹謂陳己之志意也。云“大夫，遵者也”者，上云“大夫有遵者”是也，故與賓、主同在任情之限。云“告賓曰：主人御于子。告主人曰：子與賓射”，此約下大夫與士射之辭，以賓比大夫，以主人比士，尊賓之義也。

遂告于大夫，大夫雖衆，皆與士爲耦，以耦告于大夫，曰：“某御於子。”大夫皆與士爲耦，謙也。來觀禮，同爵自相與耦則嫌自尊別也。大夫爲下射而云御於子，尊大夫也。士謂衆賓之在下者及羣士來觀禮者也。《禮》：“一命已下，齒於鄉里。”○尊別，彼列反，下尊別同。【疏】“遂告”至“於子”。○注“大夫”至“鄉里”。○釋曰：云“大夫爲下射而云御於子，尊大夫也”者，上命三耦云“命上射曰：某御於子。命下射曰：子與某子射”，今命大夫云“某御于子”，與上射同者，尊大夫也，大夫雖爲下射，其辭不與下射同也。云“士謂衆賓之在下者”，言衆賓，則與賓俱來者也，下記云“大夫與，則公士爲賓”，鄭注云“公士，在官之士”，則衆賓之內亦有士矣，與賓俱至，則得主人之所命者也，其將射而至者，非主人之所命，直來觀禮者也，但是一命已下，莫問先後而至，皆齒於堂下，故鄭總云“士謂衆賓之在下者及羣士來觀禮者也”。云“《禮》：一命以下，齒于鄉里”者，《周禮·黨正》十月行正齒位之禮①，云“一命齒于鄉里，再命齒于父族，三命不齒”，案《鄉飲酒》注云“此篇無正齒位之禮”，則鄉射先行鄉飲酒之禮，亦無正齒位之法而云“一命以下，齒于鄉里”者，鄉飲酒、鄉射雖無正齒位之禮，士立于下，是以一命者在下與鄉里齒，是其常法，諸侯之士無再命以上，若爲公卿

---

① “十”上原有“禮”字，倉石云：“上‘禮’字《校釋》删。”檢《校釋》卷六“遂告節”下兩條校釋語，不見删“禮”字之文，疑誤記出處。上“禮”字當是涉下“禮”字而誤衍，謹删。

大夫，自在尊東爲遵也，言“士謂衆賓之在下者”^①，則堂上三賓不與大夫爲耦矣，亦皆射，故下文云“衆賓與射者皆降”是也。**西階上北面作衆賓射。作，使。司射降，搢扑，由司馬之南適堂西，立比衆耦。衆耦，大夫耦及衆賓也。命大夫之耦曰：“子與某子射。”其命衆耦如三耦。**○立比，毗志反，下及注同。【疏】“司射”至“衆耦”。○注“衆耦”至“三耦”。○釋曰：云“衆耦，大夫耦及衆賓也”者，言大夫之耦，唯謂堂下之士，言衆賓，則兼堂上三賓，故下云“衆賓皆降”。云“命大夫之耦曰：子與某子射”，此即上文命下射之辭也。云“其命衆耦如三耦”者，上命三耦云“命上射曰：某御於子。命下射曰：子與某子射”是也，以其俱是士，故命辭同。**衆賓將與射者皆降，由司馬之南適堂西，繼三耦而立，東上，大夫之耦爲上。若有東面者，則北上。言若有者，大夫、士來觀禮及衆賓多無數也。**【疏】“衆賓”至“北上”。○注“言若”至“數也”。○釋曰：言“由司馬之南適堂西”者，上文司馬位在司射之南東面是也。云“多無數也”者，以其言“若”，亦是不定之辭，故無常數也，衆賓若少，以南面爲正，若多不受，則西邊東面北上。若然，大夫來，在尊東爲遵而此言之者，鄭總解來觀禮之意，不謂大夫輒在此位也。**賓、主人與大夫皆未降。言未降者，見其志在射。**○見其，賢遍反。【疏】“賓主”至“未降”。○注“言未”至“在射”。○釋曰：言“未降”，後有降階之理，故下云“三耦卒射。賓、主人、大夫揖，皆由其階降”，與耦俱升射也。言“志在射”者，以其射在於堂上故也。**司射乃比衆耦，辯。衆賓射者降，比之，耦乃徧。**○乃徧，音遍，下同。【疏】“司射”至“耦辯”。○注“衆賓”至“乃徧”。○釋曰：云“衆賓射者降，比之，耦乃徧”者，以上文“司射降，比衆耦”，下文乃云“衆賓將與射者皆降”，鄭恐衆賓堂上後降者不比，故兼堂上後降亦比，乃徧也。

遂命三耦拾取矢，司射反位。反位者，俟其袒、決、遂來。【疏】“遂命”至“反位”。○注“反位”至“遂來”。○釋曰：自此盡“爲上”，論拾取矢并衆耦皆就射位之事。云“反位者，俟其袒、決、遂來”者，下文云“三耦拾取矢，進立于司馬之西南”是也。此司射反位，不言先，下將欲爲下番射，司射堂西，“命三耦及衆賓皆袒、決、遂，執弓，就位，司射先反位”，鄭注云“言先三耦及衆賓。曏不言先三耦，未有拾取矢位，無

---

① “謂”字原作“與”，張敦仁本疏述注作“謂”，與鄭注合，據改。

所先”，以此言之，明言先反者，對未反位之辭，俱有位得言先，若一有一無，不得言先，即此文，是以下文注決此也。若俱無，亦得言先，故上云“司射比三耦於堂西”，云“司射先立於所設中之西南，東面。三耦皆進，由司射之西，立于其西南，東面北上而俟”，是其皆未有位，亦得言先。**三耦拾取矢，皆袒、決、遂，執弓，進立于司馬之西南。**必袒、決、遂者，明將有射事。【疏】“三耦”至“西南”。○注“必袒”至“射事”。○釋曰：“立于司馬之西南”者，案上司射位在中西南，司馬位在司射南，今“立于司馬之西南”，亦東面北上也。云“必袒、決、遂者，明將有射事”者，始取矢未有射事而袒、決、遂者①，以其取矢訖即有射②，故豫著之，故云“將有射事”也。**司射作上耦取矢。**作之者，還當上耦，如作射。【疏】“司射”至“取矢”。○注“作之”至“作射”。○釋曰：案上文司射作射之時，左還當上耦，西面作上耦射，今作取矢，亦如之，故云“還當上耦，如作射”。**司射反位，上耦揖進，當楅，北面揖，及楅揖。**當楅，楅正南之東西。【疏】“司射”至“楅揖”。○注“當楅”至“東西”。○釋曰：此上耦發位東行時，一南一北並行，及將至楅南，下射在南③，稍進前當楅南④，俱北面揖，其時上射稍西，下射稍東，東西相當，故云“當楅，楅正南之東西”也。**上射東面，下射西面。上射揖進，坐，橫弓，卻手自弓下取一个，兼諸弣，順羽且興，執弦而左還，退反位，東面揖。**橫弓者，南踣弓也。卻手由弓下取矢者，以左手在弓表，右手從裏取之，便也。兼并矢於弣，當順羽，既又當執弦也。順羽者，手放而下，備不整理也。不言毋周，在阼非君，周可也。○卻手，去逆反，注同。踣弓，蒲北反⑤。毋周，亦作無，同。【疏】“上射”至“面揖”。○注“橫弓”至“可也”。○釋曰：言“順羽且興”者，謂以右手順羽之時則興，故云“且興”也。言“左還”者，以左手向外而西回。“東面揖”者，揖下射使取矢也。云“橫弓者，南踣弓也”者，覆左手以執弓，卻

---

① “取”下原無“矢”字，四庫本“取”下有“矢”字，據補。
② “訖即”原作“即訖”，阮云：“毛本‘矢’下無‘即’字，‘訖’下有‘即’字。”曹云：“‘即訖’毛本作‘訖即’是也。”據乙。
③ “射”字原作“耦”，曹云：“‘耦’當爲‘射’。”據改。
④ “前當”原作“當前”，疑“當前”二字倒，謹乙。
⑤ “踣”字原作“踾”、“北”字原作“比”，黄云：“宋本同。阮云：‘盧本改爲踣，比爲北是也。’”據改。

右手以取矢便，故知不北蹲弓也。云"以左手在弓表"者，表，弓背也，覆手以執背，故云"左手在弓表"。云"右手從裏取之，便也"者，覆手在表執弓，右手卻在裏取矢，故云"便也"。云"不言毋周，在阼非君，周可也"者，案《大射》云"左旋，毋周，反面揖"，鄭注云"左還，反其位。毋周，右還而反東面也。君在阼，還周則下射將背之"，此直云"左還，反位"，不言"毋周"，明還周可也。鄭云"下射將背之"，則上射先背①，故亦左還毋周也②。下射進，坐，横弓，覆手自弓上取一個，興，其他如上射。覆手由弓上取矢者，以左手在弓裏，右手從表取之，亦便。○覆手，芳伏反，注同。【疏】"下射"至"上射"。○注"覆手"至"亦便"。○釋曰：云"以左手在弓裏，右手從表取之，亦便"者，上射在西云"南蹲弓"，此不云蹲弓，則亦南蹲弓，知者，以其亦用左手執弓，覆右手取矢，則執弓卻左手可知，既仰左手向上執弓而南蹲，故用右手弓上向下取矢，亦便也。既拾取乘矢，揖，皆左還，南面揖，皆少進，當楅南，皆左還，北面，搢三挾一個，楅南，鄉當楅之位。【疏】"既拾"至"一個"。○注"楅南"至"之位"。○釋曰：云"楅南，鄉當楅之位"者，上云"進，當楅，北面揖"，今至此位，皆還北面也。揖，皆左還，上射於右，上射轉居右，便其反位也。下射左還，少南行，乃西面。【疏】"揖皆"至"於右"。○注"上射"至"西面"。○釋曰：云"上射轉居右，便其反位也"者，此決射時升降，上射皆居左，彼自堂西，不復庭位故也，此復庭位，故上射轉在右，是以鄭云"便其反位也"。云"下射左還，少南行，乃西面"者，以其初北面時，東西相當，今西行宜並，故下射少南行，乃西面，取並行故也。與進者相左，相揖，反位。相左，皆由進者之北。【疏】"與進"至"反位"。○注"相左"至"之北"。○釋曰：云"由進者之北"者，以其進取矢者東行，此則西行，由進者之北，則得相左也。三耦拾取矢，亦如之。後者遂取誘射之矢，兼乘矢而取之，以授有司于西方，而后反位。取誘射之矢，挾五個，弟子逆受於東面位之後。【疏】"三耦"至"反位"。○注"取誘"至"之後"。○釋曰：云"三耦拾取矢，亦如之"者，除上云

---

① "背"上原無"先"字，曹云："'背'上似脱'先'字。"據補。

② "左"上原無"故亦"二字，曹云："'左'上似脱'故亦'二字。"據補。

三耦之中上耦外而言之^①。云"取誘射之矢，挾五个"者，以其前拾取矢，皆搢三挾一个^②，乃反位，此則先取四矢，亦搢三挾一个，乃并取誘射四矢兼挾之，故五个也。云"弟子逆受於東面位之後"者，弟子即納射器者，因留主授受於堂西，今見下耦將司射矢來向西方位^③，仍西面，弟子即往逆受之，訖，下射乃反東面，故云"授有司於西方，而后反位"，謂反向東面位，是以鄭亦云"弟子逆受於東面位之後"也。**衆賓未拾取矢，皆袒、決、遂，執弓，搢三挾一个，由堂西進，繼三耦之南而立，東面北上，大夫之耦爲上。**未，猶不也。衆賓不拾者，未射，無楅上矢也。言此者，嫌衆賓、三耦同倫。初時有射者，後乃射有拾取矢禮也。【疏】"衆賓"至"爲上"。○注"未猶"至"禮也"。○釋曰：云"未，猶不也"者，若言未，謂此第一番射時^④，未有拾取矢禮，以其第一番唯有三耦射，無賓射法，不得云未，是以轉爲不，以其全不拾取矢也。云"言此者，嫌衆賓、三耦同倫"者，此解經云衆賓不拾之意，有此嫌，故明之。云"初時有射者^⑤，後乃射有拾取矢禮也"者，據第三番衆賓乃射，有楅上拾取矢禮^⑥，後文見之也。

　　司射作射如初，一耦揖升如初。司馬命去侯，獲者許諾。司馬降，釋弓反位。司射猶挾一个，去扑，與司馬交于階前，升，請釋獲于賓。猶，有故之辭。司射既誘射，恒執弓挾矢以掌射事，備尚未知，當教之也。今三耦卒射，衆足以知之矣，猶挾矢者^⑦，君子不必也。○命去，起呂反，下皆同。【疏】"司射"至"于賓"。○注"猶有"至"必也"。○釋曰：自此盡"共而侯"，論第二番射之事。案《大射》第二番射，司馬命去侯云"如初"，此司馬命去侯，不言"如初"者，此臣

---

①　"上"上原無"除"字，曹云："句首脱'除'字，言除上所云三耦中之上耦外而言。"據補。

②　"搢"字原作"進"，汪刊單疏作"搢"，據改。

③　"今見下耦將司射矢來向西方位"原作"西方今見下耦將司射矢來向位"，曹云："'西方'二字當在'向'下'位'上。"據乙。

④　"射"字原作"初"，曹云："阮云'初，陳、閩俱作射'，案作'射'似是。"據改。

⑤　"三耦同倫者"至"初時有射者"原作"三耦同倫初時有射者此解經云衆賓不拾之意有此嫌故明之云"，曹云："'倫'下當補'者'字，'初時有射者'五字當在'故明之云'下。"據補乙。

⑥　"有"上原有"自然"二字，曹云："'自然'二字似衍。"據刪。

⑦　"矢"字原作"之"，疏述注"之"作"矢"，據改。

禮,威儀省,司馬初命去侯時,獲者許諾,"聲不絕,以至于乏",再番、三番命去侯,獲者直許諾,無不絕聲,故不言"如初",《大射》君禮,威儀多,故第二番與前同,獲者以宮商趨之,故言"如初",於第三番禮殺,復不以宮商,直許諾,又不得言"如初"。云"今三耦卒射,衆足以知之矣,猶挾矢者,君子不必也"者,司射教射者[①],三耦卒射,衆賓足知射禮,猶挾矢教之者,君子不必也[②],案《論語》説孔子云君子"無必[③],無固,無我",以不必即知,故仍教之。 **賓許,降,搢扑,西面立于所設中之東,北面命釋獲者設中,遂視之。** 視之,當教之。【疏】"賓許"至"視之"。○注"視之當教之"。○釋曰:云"當教之"者,謂教其釋算,安置左右及數算告勝負之事,亦教之也。 **釋獲者執鹿中,一人執算以從之。** 鹿中,謂射於謝也,於庠當兕中。【疏】"釋獲"至"從之"。○注"鹿中"至"兕中"。○釋曰:以州長是士,射于榭,鄉大夫是大夫爲之,射于庠,下記云士則鹿中、大夫兕中,故云"鹿中,謂射於榭也,於庠當兕中"也。 **釋獲者坐設中,南當楅,西當西序,東面,興,受算,坐實八算于中,橫委其餘于中西,南末,興,共而俟。** 興還北面受算,反東面實之。○共而,九勇反,下共而俟同。【疏】"釋獲"至"而俟"。○注"興還"至"實之"。○釋曰:云"設中,南當楅",南北節,"西當西序",東西節。云"興還北面受算,反東面實之"者,以其所納射器皆在堂西,執中與算皆從堂西來,向西序之南,南面,執中者既東面坐設訖,興還向北面受算,迴向東面實之也。 **司射遂進,由堂下北面命曰:"不貫不釋。"** 貫,猶中也。不中正,不釋算也。古文貫作關。○不貫,古亂反,中也。猶中,丁仲反,下中正、下文若中同。中正,音征。【疏】"司射"至"不釋"。○注"貫猶"至"作關"。○釋曰:言"不貫"者,以其以布爲侯,故中者貫穿布侯,故以中爲貫也,是以鄭云"貫,猶中也",中則貫也。 **上射揖,司射退,反位。釋獲者坐取中之八算,改實八算于中,興,執而俟。** 執所取算。【疏】"上射"至"而俟"。○注"執所取算"。○釋曰:八算者,人四矢,一耦八矢,雖不知中否,要須一矢則一算。"改實

①　"司射"原作"三耦",曹云:"'三耦'當爲'司射'。"倉石云:"'三耦',殿本改作'司射'。"據改。

②　"也"下原有"者"字,曹云:"'者'字衍。"據删。

③　"孔子"上原無"説"字,曹云:"'孔子'上似當有'説'字。"據補。

八筭”，擬後來者用之。乃射，若中則釋獲者坐而釋獲，每一个釋一筭，上射於右，下射於左。若有餘筭，則反委之。委餘筭，禮尚異也。委之，合於中西。【疏】“乃射”至“委之”。○注“委餘”至“中西”。○釋曰：云“上射於右，下射於左”者，以釋筭者東面爲正，依投壺禮，賓黨於右，主黨於左，是以上射於右，賓黨也，下射於左，主黨也。云“委餘筭，禮尚異也”者，手中餘筭未知有幾，不必盡中所有^①，餘亦得於後釋，要委餘於地，別取中内八筭者，禮尚異，故不用餘者。云“委之，合於中西”者，筭法多少，視射人多少不定，要橫委其餘於中西，手中餘者與之合也。又取中之八筭，改實八筭于中，興，執而俟。三耦卒射。賓、主人、大夫揖，皆由其階降，揖。主人堂東袒、決、遂，執弓，搢三挾一个，賓於堂西亦如之，皆由其階，階下揖，升堂揖，主人爲下射，皆當其物北面揖，及物揖，乃射。卒，南面揖，皆由其階，階上揖，降階揖。賓序西，主人序東，皆釋弓，説決、拾，襲，反位，升，及階揖，升堂揖，皆就席。或言堂，或言序，亦爲庠、謝互言也。賓、主人射，大夫止於堂西。【疏】“又取”至“就席”。○注“或言”至“堂西”。○釋曰：上云“榭則鉤楹内”，謂射於榭者也，“堂則由楹外”，謂射於庠者也，此當有鄉大夫射於庠，亦有州長射於序，故互見其義。互言者，今袒、決、遂，則言堂東西，見在庠、在榭亦然，釋弓，説決、拾，則言序東、序西，序則榭也，在庠亦然，故云互言之，周公省文，欲兩見之也。云“大夫止於堂西”者，上賓、主人、大夫俱降，無堂西之文，下云“大夫袒、決、遂，由堂西就其耦”^②，故知此時止於堂西，故記云“大夫降，立于堂西以俟射”也。大夫袒、決、遂，執弓，搢三挾一个，由堂西出于司射之西，就其耦。大夫爲下射，揖進，耦少退，揖如三耦，及階，耦先升，卒射，揖如升射，耦先降，降階，耦少退，皆釋弓于堂西，襲。耦遂止于堂西，大夫升就席。耦於庭，不並行，尊大夫也。在堂如上射之儀，近其事，得申。○近其，附近之近，下自近、近司馬同。【疏】“大夫”至“就席”。○注“耦於”至“得申”。○釋曰：言“在堂如上射

---

① “必”字原作“可”，四庫本作“必”，據改。
② “就”上原無“由堂西”三字，曹云：“‘就’上似脱‘由堂西’三字。”據補。

之儀"者,謂"耦先升",是如上射先升法①,以其近射事,故得申也。**衆賓繼射,釋獲皆如初。司射所作,唯上耦。**於是言唯上耦者,嫌賓、主人射亦作之。《大射》三耦卒射,司射請于公及賓。【疏】"衆賓"至"上耦"。○注"於是"至"及賓"。○釋曰:云"於是言唯上耦者,嫌賓、主人射亦作之",鄭言此者,若三耦射下②,即言所作唯上耦,則賓、主人射,作之未可知,故於衆賓射訖,乃言此,明賓、主射不作可知,故於此乃言所作唯上耦,明除賓、主矣,故鄭云"於是言唯上耦,嫌賓、主射亦作之"。引《大射》者,公尊,公與賓射,不作直請。記云"賓、主人射,則司射擯升降",是雖不作,猶爲擯相之,但不請也。**卒射,釋獲者遂以所執餘獲,升自西階,盡階不升堂,告于賓曰:"左右卒射。"降,反位,坐委餘獲于中西,興,共而俟。**司射不告卒射者,釋獲者於是有事,宜終之。餘獲,餘筭也。無餘筭,則空手耳。俟,俟數也。【疏】"卒射"至"而俟"。○注"司射"至"數也"。○釋曰:云"宜終之也"者,決前番射,司射告卒射,此二番射,不告卒,使獲者告,是"宜終之也"。云"餘獲,餘筭"者,一耦不必盡中,故有餘筭也。云"無餘筭,則空手耳"者,或賓、主黨八矢盡中③,釋八筭,故空手告也。

　　司馬袓(決)④,執弓,升,命取矢如初。獲者許諾,以旌負侯,如初。司馬降,釋弓,反位。弟子委矢如初,大夫之矢則兼束之以茅,上握焉。兼束大夫矢,優之,是以不拾也。束於握上,則兼取之順羽便也。握,謂中央也。不束主人矢,不可以殊於賓也。言大夫之矢,則矢有題識也。蕭慎氏貢楛矢,銘其括。今文上作尚。○有題,大兮反。識也,申志反,劉音式。貢枯,音户,字又作楛。【疏】"司馬"至"握焉"。○注"兼束"至"作尚"。○釋曰:自此盡"司馬乘矢",論取矢之事。云"束于握上,則兼取之順羽便也"者,握則兼取之順持之處⑤,今束於握之上,取持於中央握之,向下順羽便,故乘矢總束之也。云"不束主人矢,不可以

----

① "上射"下原有"身"字,曹云:"'身'字可删。"據删。
② "三"字原作"二",曹云:"'二'當爲'三'。"據改。
③ "主"下原無"黨"字,曹云:"'主'下脱'黨'字。"據補。
④ "司馬袓決",敖氏云:"禮無決而不遂者,此'決'字當爲衍文。"當據删。
⑤ "握"下原有"上"字,曹云:"'上'字衍,順持謂順鏃上括下之勢而持之。"據删。

殊於賓也”者，主人鄉大夫，則是大夫官，當束之，不束者，不敢殊別於賓①，若主人是州長，則士，自然不束也。“肅慎氏貢楛矢，銘其括”者②，《國語》文，引之者，證矢有題識，以有題識，故束者得知是大夫之矢也。**司馬乘矢如初。**

　　司射遂適西階西，釋弓，去扑，襲，進由中東，立于中南，北面視筭。釋弓，去扑，射事已。【疏】“司馬”至“視筭”。○注“釋弓”至“事已”。○釋曰：凡言“遂”者，因上事，司射於上無事而言“遂適”者，以司射與司馬遞行事，今以司馬進乘矢，“司射遂適西階西，釋弓，去扑”也。云“射事已”，此始再番射，未已而言已者，前番不釋獲，今據第二釋獲之功成則爲已，是以下記云“司射釋弓矢視筭，與獻釋獲者釋弓矢”，注云“唯此二事休武主文”，休武者，射訖數筭，主文者，洗爵獻釋獲者是也。**釋獲者東面于中西坐，先數右獲。**固東面矣，復言之者，爲其少南就右獲。○先數，所主反，下及注同。爲其，于僞反，下爲其、爲侯、爲將同。【疏】“釋獲”至“右獲”。○注“固東”至“右獲”。○釋曰：釋獲者在中西東面，釋筭之時，賓黨於右，主黨於左，今將數筭，宜就之，是以“少南就右獲”，更東面也。**二筭爲純，**純，猶全也，耦陰陽。○爲純，如字，全也，《禮記》音全。【疏】“二筭爲純”。○注“純猶”至“陰陽”。○釋曰：云“耦陰陽”者，陰陽對合，故二筭爲“耦陰陽”也。**一純以取，實于左手，十純則縮而委之，**縮，從也，於數者東西爲從。古文縮皆爲蹙。○縮從，子容反，下同。爲蹙，子六反。【疏】注“縮從”至“爲蹙”。○釋曰：凡言從橫者，南北爲從，東西爲橫，今釋筭者東面而言從橫，則據數筭東面爲正③，是以東西者爲從，南北者爲橫，故鄭云“於數者東西爲從”也。**每委異之，**易校數。○易校，以豉反。**有餘純則橫於下；**又異之也。自近爲下。【疏】“有餘”至“於下”。○釋曰：此則以南北爲橫也。**一筭爲奇，奇則又縮諸純下。**奇，猶虧也，又從之。○爲奇，居宜反，下同。**興，自前適左，東面，**起由中東就左獲，少北於故，東面鄉之。○面鄉，許亮反，本

---

　　①　“不”上原無“不束者”三字，曹云：“‘不’上脫‘不束者’三字。”據補。

　　②　“者”上原無“貢楛矢銘其括”六字，曹云：“‘者’上當依注補‘貢楛矢銘其括’六字。”據補。

　　③　“東”下原無“面”字，曹云：“‘東’下脫‘面’字。”倉石云：“‘東’下《正字》據《通解》補‘面’字。”據補。

或作䦆。【疏】注“少北”至“鄉之”。○釋曰：云“少北於故”，故則右筭也，又移至左筭之後，東面鄉之，是以云“少北於故”。坐，兼斂筭，實于左手，一純以委，十則異之，變於右。【疏】注“變於右”。○釋曰：云“變於右”者，右則一一取之於地，實于左手，此則總斂於左手，一一取之於左手，委於地，是變也。必變之者，禮以變爲敬也。其餘如右獲。謂所縮、所橫。司射復位，釋獲者遂進取賢獲，執以升，自西階，盡階不升堂，告于賓。賢獲，勝黨之筭也。齊之而取其餘。【疏】“司射”至“于賓”。○注“賢獲”至“其餘”。○釋曰：云“齊之而取其餘”者，解經“取賢獲”，以筭爲獲，以其唱獲則釋筭，故名筭爲獲，左右數齊，有餘則賢獲，故以告也。若右勝，則曰：“右賢於左。”若左勝，則曰：“左賢於右。”以純數告，若有奇者亦曰奇。賢，猶勝也。言賢者，射之以中爲儁也。假如右勝，告曰：“右賢於左若干純、若干奇。”○以中，丁仲反，下皆同。【疏】“若右”至“曰奇”。○注“賢猶”至“干奇”。○釋曰：“若干”者，數不定之辭。凡數法，一二已上得稱若干，奇則一也，一外無若干，鄭亦言“若干”者，因純有若干，奇亦言若干，奇言若干者，衍字也。若左右鈞，則左右皆執一筭以告曰：“左右鈞。”降，復位，坐，兼斂筭，實八筭于中，委其餘于中西，興，共而俟。【疏】“若左”至“而俟”。○釋曰：此將爲第三番射，故豫設之，或實或委，一如前法也。

　　司射適堂西，命弟子設豐。將飲不勝者，設豐所以承其爵也。豐形蓋似豆而卑。○將飲，於鳩反，下相飲同。而卑，如字，劉音婢。【疏】“司射”至“設豐”。○注“將飲”至“而卑”。○釋曰：自此盡“徹豐與觶”，論罰爵之事。云“設豐所以承其爵也”者，案《燕禮》君尊有豐，此云承爵，豐則兩用之。《燕禮》注“豐形似豆，卑而大”，此不言大，彼以承尊，故言大，此承爵，不言大，或小耳。弟子奉豐升，設于西楹之西，乃降。勝者之弟子洗觶，升，酌，南面坐奠于豐上，降，袒，執弓，反位。勝者之弟子，其少者也。觶不酌，下無能也。酌者不授爵，略之也。執弓反射位，不俟其黨，己酌有事。○其少，詩召反。下無，退嫁反，下相下同。【疏】“弟子”至“反位”。○注“勝者”至“有事”。○釋曰：知弟子是少者，以其執弟子禮使令，故知少者也。云“執弓反射位，不待其黨，己酌有事”者，以此弟子由堂西，固在射賓中矣，黨即衆賓是也，案下文“三耦及衆射者皆與其耦進，立于射位”，今酌者不待其黨與俱進而先反射位者，由己酌酒有事訖，其黨未得司射命，又無事，不得共酌者同就射位，故酌者先得反射位也。**司射遂袒，執弓，挾一个，揩扑，北面于三耦之南，命三耦及衆賓勝者皆袒、決、遂，執張弓，**執張弓，言能用之也。右手執弦，如卒射。【疏】“司射”至“張弓”。○注“執張”至“卒射”。○釋曰：云“右手執弦，如卒射”者，上文卒射，執弓不挾，右執弦，矢盡故也，此非卒射，亦執張弓，爲無矢亦右執弦也，故注云“如卒射”。**不勝者皆襲，説決、拾，卻左手，右加弛弓于其上，遂以執拊。**固襲，説決、拾矣，復言之者，起勝者也。執弛弓，言不能用之也。兩手執拊，又不得執弦。○加弛，尸氏反。執拊，芳甫反。【疏】注“固襲”至“執弦”。○釋曰：云“固襲，説決、拾矣”者，謂前降堂時，既襲，説決、拾矣。云“起勝者也”者，謂至此復言不勝者襲，説決、拾者，以此襲，説決、拾不能用[1]，起發勝者袒、決、遂能用也。云“兩手執拊，又不得執弦”者，上勝者言“執張弓”，“如卒射”，則左手執拊[2]，右手執弦，此則云“執拊”，明仰弓於左手之上，執拊橫之而不得執弦，則宜右手共執弓拊，故云“兩手執拊，又不得執弦”也。**司射先反位。**居前俟所命來。【疏】“司射先反位”。○注“居前俟所命來”。○釋曰：云“居前俟所命來”者，以衆射者皆止於堂西，未向射位而司射先反位，於下文衆耦等乃來就射位，是得命即來，故云“俟所命來”也，來訖，司射乃作之也。**三耦及衆射者皆與其耦進立于射位，北上。司射作升飲者，如作射。一耦進，揖，如升射。及階，勝者先升，升堂少右。**先升，尊賢也。少右，辟飲者也，亦相飲之位。○辟飲，音避，下辟舉、辟中、辟俎同。【疏】“三耦”至“少右”。○注“先升”至“之位”。○釋曰：云“少右，辟飲者也”者，以其豐於西楹之西，正當西階，飲者升，當取豐上之爵，故勝者少右[3]，辟飲酒也。云“亦相飲之位”者，以其相飲者皆北面於西階，授者在東，飲者在西，故云“亦相

---

　　①　“謂至此”至“不能用”原作“謂至此復言不勝者謂以此襲説決拾以不能用也”，曹云：“此文多衍脱，擬删云‘謂至此復言不勝者襲，説決、拾者，以此襲，説決、拾不能用’。”據補删。

　　②　“拊”字原作“弓”，曹云：“‘弓’當爲‘拊’。”據改。

　　③　“飲者升”至“少右”原作“飲者升少西又當辟豐上之爵故云少右”，曹云：“‘又’衍字，‘辟’當爲‘取’，‘云’當爲‘勝者’二字。觀下文云‘不勝者進，北面坐取豐上之觶’，則‘少西’二字亦衍。”倉石云：“今案首句或當爲‘勝者升少右’五字。”據曹校删改。

463

飲之位"。不勝者進，北面坐取豐上之觶，興，少退，立卒觶，進，坐奠于豐下，興，揖。立卒觶，不祭，不拜，受罰爵，不備禮也。右手執觶，左手執弓。【疏】注"右手"至"執弓"。○釋曰：此無正文，以祭禮皆左手執爵，用右手以祭，故知此亦用左手執弓，右手執觶可知也。不勝者先降，後升先降，略之，不由次。【疏】注"後升"至"由次"。○釋曰：此對射時，升降皆上射在先①，今後升先降，故云"略之"，不由次第也。與升飲者相左，交于階前，相揖，出于司馬之南，遂適堂西，釋弓，襲而俟。俟復射。【疏】注"俟復射"。○釋曰："俟復射"者，謂待第三番射也②。有執爵者。主人使贊者代弟子酌也，於既升飲而升自西階，立于序端。【疏】"有執爵者"。○注"主人"至"序端"。○釋曰：以初使勝黨弟子酌酒於豐上，以發首，故使弟子，今云"有執爵者"，明主人使贊者代弟子酌於豐上，以次至終也。贊者，謂主人之賤吏不射者③，此則《鄉飲酒》云"主人之贊者"之類也。云"於既升飲而升自西階，立于序端"者，謂於上耦既飲訖，贊者乃升自西階，酌訖，奠於豐上，如下文，贊者即立于序端。立于序端，文出于《大射》也。執爵者坐取觶，實之，反奠于豐上，升飲者如初。每者輒酌，以至於徧。【疏】"執爵"至"如初"。○注"每者"至"於徧"。○釋曰：云"執爵者坐取觶，實之"者，謂初飲訖，坐奠於豐下④，贊者取此觶實之，反奠於豐上。云"升飲者如初"，已下皆如初，故鄭云"每者輒酌，以至於徧"也。三耦卒飲。賓、主人、大夫不勝則不執弓，執爵者取觶，降洗，升實之，以授于席前。優尊也。受觶，以適西階上，北面立飲，受罰爵者不宜自尊別。卒觶，授執爵者，反就席。大夫飲，則耦不升。以賓、主人飲，耦在上，嫌其升。若大夫之耦不勝，則亦執弛弓，特升飲。尊者

---

① "皆"下原有"有"字，曹云："'有'字衍。"倉石云："《正字》云'有'衍字。"據删。

② "俟復"至"射也"原作"待復射者謂待第三番射也"，阮云："毛本兩'待'字俱作'俟'，《通解》止載下句，亦作'俟'。按上'待'字當作'俟'，疏標起訖云'俟復射'，下'待'字正解上'俟'字也。"據改。

③ "賤"下原無"吏"字，曹云："'賤'下脱'吏'字。"據補。

④ "坐奠於豐下"原作"反奠於豐上"，曹云："'反'當爲'坐'，'上'當爲'下'。"據改。

可以孤，無能對。衆賓繼飲，射爵者辯，乃徹豐與觶。徹，猶除也。設豐者反豐於堂西，執爵者反觶於篚。

司馬洗爵，升實之以降，獻獲者于侯。鄉人獲者賤，明其主以侯爲功得獻也。【疏】"司馬"至"于侯"。○注"鄉人"至"獻也"。○釋曰：自此盡"負侯而俟"，論司馬獻獲者之節。云"鄉人獲者賤，明其主以侯爲功得獻也"者，案《大射》云"司馬正洗散，遂實爵，獻服不。服不侯西北三步，北面拜受爵"，注云"近其所爲獻"，彼國君禮，使服不士官唱獲，故就其所爲唱獲處獻之[1]，此"鄉人獲者賤"，故獻於侯，明以侯爲功得獻也。薦脯醢，設折俎，俎與薦皆三祭。皆三祭，爲其將祭侯也，祭侯三處也。○三處，昌慮反，下放此。【疏】"薦脯"至"三祭"。○注"皆三"至"處也"。○釋曰："三處"者，下文右與左、中是也。獲者負侯，北面拜受爵，司馬西面拜送爵。負侯，負侯中也。拜送爵不同面者，辟正主也。其設薦俎，西面錯，以南爲上。爲受爵于侯，薦之於位。古文曰再拜受爵。【疏】"獲者"至"送爵"。○注"負侯"至"受爵"。○釋曰：知"負侯中"者，以下云"適右个"，又"適左个"，後言中，明先居中可知。云"拜送爵不同面者，辟正主也"者，案上文正主獻賓、獻衆賓皆北面，與受獻者同面，今此與受獻不同面，故云"辟正主也"。云"其設薦俎，西面錯，以南爲上"者，獲者據文東面而云"西面錯"，據設人而言，"以南爲上"者，《特牲》、《少牢》東面籩豆，皆以南方爲上，故知此亦然。云"受爵於侯，薦之於位"者，此云"負侯，北面拜受爵"，是受爵于侯，云"薦之於位"者，下云"左个之西北三步，東面設薦"，是"薦之於位"也。若然，不薦亦在侯者，以其酒在人手[2]，可得就侯獻獲者，薦乃設之於地，若與酒俱在侯所，則正祭侯何名獻獲也？若《大射》則獻與薦俱在乏，乃適侯祭之，君禮與此異也。獲者執爵，使人執其薦與俎從之，適右个，設薦俎。獲者以侯爲功，是以獻焉。人謂主人贊者，上設薦俎者也。爲設，籩在東，豆在西，俎當其北也。言使設，新之。○右个，劉音幹，義見《周官》，下同。【疏】"獲者"至"薦俎"。○注"獲者"至"新之"。○釋曰：此將祭侯也。云"獲者以侯爲功，是以獻焉"者，以獲者卑賤，因侯有功，乃得獻，今還以得獻之酒獻侯，故云是以獻也。云"人謂主人贊者"，以其前使爲獲者設薦俎，

---

[1]　"獲"下原無"處"字，曹云："'獲'下脱'處'字。"據補。

[2]　"手"原作"首"，四庫本、汪刊單疏皆作"手"。據改。

是主人之贊者,今還使之設薦俎,故知人是"主人贊者"。知"籩在東,豆在西,俎當其北也"者,以其侯以北面爲正,依《特牲》、《少牢》皆籩在右,故知籩在東右廂,豆在西左廂可知也。云"言使設,新之"者,鄭意嫌更使人設之,其實薦此者仍前人而云使人設薦俎,示新之而已,故云"言使設,新之"也①。**獲者南面坐,左執爵,祭脯醢,執爵興,取肺,坐祭,遂祭酒,**爲侯祭也,亦二手祭酒,反注,如《大射》。【疏】"獲者"至"祭酒"。○注"爲侯"至"大射"。○釋曰:此正祭侯,故獲者南面鄉侯祭,故鄭云"爲侯祭也"。云"亦二手祭酒,反注,如《大射》"者,案《大射》云"獲者左執爵,右祭薦俎,二手祭酒",鄭注云"二手祭酒者,南面於俎之北,當爲侯祭於豆閒,爵反注,爲一手不能正也。此薦俎之設,如於北面人焉",此祭亦然,故云"如《大射》"也。**興,適左个,中皆如之。**先祭左个後中者,以外即之至中,若神在中也。**左个之西北三步,東面設薦俎。獲者薦右東面立飲,不拜既爵。**不就乏者,明其享侯之餘也。立飲薦右,近司馬,於是司馬北面。【疏】"左个"至"既爵"。○注"不就"至"北面"。○釋曰:云"不就乏者,明其享侯之餘也"者,若就乏,則己所當得,今不就乏近侯者,明"享侯之餘"。云"立飲于薦右,近司馬"者,解在"薦右"之意也。知"於是司馬北面"者,此約獻釋獲者司射之位,案下文司射獻釋獲者,"釋獲者薦右東面拜受爵,司射北面拜送爵",故知此時司馬亦北面也。若然,釋獲者在司射之西,北面立飲,此獲者不北面飲者,案《大射》注"此扁受獻之位也。不北面者,嫌爲侯卒爵",此亦然,故不北面也。**司馬受爵,奠于篚,復位。獲者執其薦,使人執俎從之,辟設于乏南。**遷設薦俎就乏,明己所得禮也。言辟之者,不使當位,辟舉旌、偃旌也。設于南,右之也。凡他薦俎,皆當其位之前。○辟設,扶益反,注辟之、辟舉及下注辟薦同。【疏】"司馬"至"乏南"。○注"遷設"至"之前"。○釋曰:云"遷設薦俎就乏,明己所得禮也"者,前設近侯,見享侯之餘,此近乏者,乏者,己所有事之處,遷近乏,是明其己所得禮故也。云"設于南,右之也"者,以右取之便也。云"凡他薦俎,皆當其位之前"者,言"凡",見廣解薦處,謂凡燕及食并祭祀之薦俎,皆當其位之前,唯此與《大射》獲者與釋獲者薦俎辟設,不當前也。**獲者負侯而俟。**【疏】"獲者負侯而

---

① "設"下原無"新之"二字,曹云:"'設'下似脱'新之'二字。"倉石云:"'設'下《正字》補'新之'二字。"據補。

侯"。○釋曰：獲者既受獻，負侯而俟第三番射也。

司射適階西，釋弓矢，去扑，説決、拾，襲，適洗，洗爵，升實之，以降，獻釋獲者于其位，少南。薦脯醢折俎，有祭。不當其位，辟中。【疏】"司射"至"有祭"。○注"不當其位辟中"。○釋曰：自此盡"反位"，論司射獻釋獲之事。此薦脯醢及折俎有祭[1]，一與獻獲者同，但彼三祭，此一祭爲異也，一祭者，亦薦有祭脯[2]，俎有祭肺，以爲將食而祭，故言"有祭"也。云"不當其位，辟中"者，以釋獲者位在中西，故獻之於其位少南，所以辟中也。釋獲者薦右東面拜受爵，司射北面拜送爵。釋獲者就其薦坐，左執爵，祭脯醢，興，取肺，坐祭，遂祭酒，興，司射之西，北面立飲，不拜既爵。司射受爵，奠于篚。釋獲者少西辟薦，反位。辟薦少西之者，爲復射妨司射視筭也，亦辟俎。【疏】"釋獲"至"反位"。○注"辟薦"至"辟俎"。○釋曰：云"亦辟俎"者，上獻獲者訖，"獲者執其薦，使人執俎從之，設于乏南"，此釋獲者受獻訖，"釋獲者少西辟薦"，不云辟俎，亦辟俎，與獲者同可知，故云"亦辟俎"也。

司射適堂西，袒、決、遂，取弓于階西，挾一個，搢扑，以反位。爲將復射。【疏】"司射"至"反位"。○注"爲將復射"。○釋曰：自此盡"反位"，論將爲下番射作之，使拾取矢之事。司射去扑，倚于階西，升，請射于賓，如初，賓許。司射降，搢扑，由司馬之南適堂西，命三耦及衆賓皆袒、決、遂，執弓，就位。位，射位也。不言射者，以當序取矢。【疏】"司射"至"就位"。○注"位射"至"取矢"。○釋曰：云"位，射位"者，知是射者，下云"各以其耦反於射位"，故知此是射位，在司射之西南東面者也。云"不言射者[3]，以當序取矢"者，以此當次序拾取矢射，故不言射位也。司射先反位。言先三耦及衆賓也。既命之，即反位，不俟之也。暴不言先三耦，未有拾取矢位，無所先。○先三耦，悉薦反，下同，又如字。【疏】"司射先反位"。○注"言先"至"所先"。○釋曰："言先三耦及衆賓也"者，

---

[1]　"有"下原有"肺"字，曹云："'肺'字衍。"倉石云："'肺祭'殿本倒，《校釋》删'肺'字。今案曹校似優。"據删。

[2]　"脯"原作"肺"，曹云："'肺'當爲'脯'。"據改。

[3]　"射"下原有"位"字，阮云："毛本'射'下無'位'字。按毛本是。"據删。

此下有三耦及衆賓，故知"先三耦及衆賓也"。云"縞不言先三耦，未有拾取矢位，無所先"者，案前第二番將射，"命三耦拾取矢，司射反位"，不言先，未有位，無所先，故決之。第二番無位者，以司射之西南有三耦射位，至再番司射反於故位，三耦將移於司馬之西南拾取矢之位，未往之時，未有故位，三耦既無故位，故司射不得言先，故以此決之也。凡射，大射與鄉射各有三位。此鄉射無次，有堂西取弓矢、袒、決、遂及比耦之位，又有三耦射位，在司射位西南，又有拾取矢及再番射位，是三位。大射有次，次內有袒、決、遂取弓矢之位，又有次北比耦之位①，又有射位并拾取矢之位，是亦有三位。但君臣禮異，故位事不同也。**三耦及衆賓皆袒、決、遂，執弓，各以其耦進，反于射位。**以，猶與也。今文以爲與。【疏】"三耦"至"射位"。○注"以猶與也"。○釋曰：訓"以"爲"與"者，《春秋》之義，能東西之曰以，若存以字，謂言尊卑不同，任意以之，故轉爲與，則平敵之義也。**司射作拾取矢。三耦拾取矢如初，反位。賓、主人、大夫降，揖，如初。主人堂東，賓堂西，皆袒、決、遂，執弓，皆進，階前揖，**南面相俟而揖行也。【疏】"司射"至"前揖"。○注"南面"至"行也"。○釋曰：言"南面"者，謂賓、主各於堂東西出②，南面立相待。言"揖行"者，謂各於堂下南面相見而揖③，揖訖行向楅也。**及楅揖，拾取矢如三耦。**及楅，當楅東西也。主人西面，賓東面，相揖拾取矢。不北面揖，由便也。【疏】"及楅"至"三耦"。○注"及楅"至"便也"。○釋曰：云"及楅，當楅東西也"者，賓主出堂東西相見，揖訖，東西行至楅所也。云"不北面揖，由便也"者，決三耦及衆賓皆於楅南北面揖，及楅揖，此則無楅南北面揖，賓主各由堂東西便故也④。**卒，北面揖三挾一個，**亦於三耦爲之位。【疏】"卒北"至"一个"。○注"亦於三耦爲之位"。○釋曰：經云"揖三挾一个"，與上三耦取矢訖，揖三挾一个同，又同處，故云"亦於三耦爲之位"也。**揖退。**皆已揖左還，各由其塗反位。【疏】"揖退"。○注"皆已"至"反位"。○釋曰：

---

　　①　"又有次北比耦之位"原作"又有堂東次比耦之位"，曹云："當爲'又有次北比耦之位'。"據改。

　　②　"西"下原無"出"字，曹云："'西'下脱'出'字，觀下節疏可見。"據補。

　　③　"堂下南面"原作"堂上北面"，曹云："'上'當爲'下'，'北'當爲'南'。"據改。

　　④　"東"上原無"堂"字，曹云："'東'上脱'堂'字。"據補。

云“皆已揖左還，各由其塗反位”者，謂賓主北面揖退之時，賓主皆左還相背，各向堂塗，反堂東西之位。知左還者，約上三耦也。**賓堂西，主人堂東，皆釋弓矢，襲，及階揖，升堂揖，就席。**將祖先言主人，將襲先言賓，尊賓也。【疏】“賓堂”至“就席”。○注“將祖”至“賓也”。○釋曰：祖是盡敬之事，襲是脩容之禮，故上經將祖先言主人，此經襲則先言賓，是尊賓故也。**大夫袒、決、遂，執弓，就其耦。**降袒、決、遂於堂西，就其耦於射位，與之拾取矢。【疏】“大夫”至“其耦”。○注“降袒”至“取矢”。○釋曰：知“於堂西”者，上文賓、主人、大夫降，賓堂西袒、決、遂，又上文大夫射時，堂西袒、決、遂，故知也。**揖，皆進，如三耦。耦東面，大夫西面。大夫進，坐，說矢束，**說矢束者，下耦，以將拾取。○說矢，如字，又始銳反，後說矢同。【疏】“揖皆”至“矢束”。○注“說矢”至“拾取”。○釋曰：大夫西面者，爲下射故也。**興，反位。而后耦揖，進坐，兼取乘矢，順羽而興，反位，揖。**兼取乘矢者，尊大夫，不敢與之拾也。相下、相尊，君子之所以相接也。【疏】“興反”至“位揖”。○注“兼取”至“接也”。○釋曰：此大夫與耦取矢、蹲弓、覆手、仰手，一如上三耦法，其揖退之儀，亦如上左還而西也。**大夫進坐，亦兼取乘矢，如其耦，北面揖三挾一个，**亦於三耦爲之位。**揖退，耦反位。大夫遂適序西，釋弓矢，襲，升，即席。**大夫不序於下，尊也。**賓衆繼拾取矢，皆如三耦，以反位。**

司射猶挾一个以進，作上射如初，一耦揖升如初。進，前也。嚮言“還，當上耦，西面”，是言“進”，終始互相明也。今文或言作升射。【疏】“司射”至“如初”。○注“進前”至“升射”。○釋曰：自此盡“退中與筭而俟”，論第三番用樂射之事。云“嚮言‘還，當上耦，西面’，是言‘進’，終始互相明也”者，上番將射時云“司射還，當上耦，西面作上射”，不言“進”，明“還，當上耦”時者進，近上耦乃作之，此直進作射，不言“還，當上耦”，明進時亦“還，當上耦”而作之，故言“終始互相明也”。**司馬升，命去侯，獲者許諾。司馬降，釋弓，反位。司射與司馬交于階前，去扑，襲，升，請以樂樂于賓，賓許諾。司射降，搢扑，東面命樂正**

曰：“請以樂樂于賓，賓許。”東面於西階之前也^①，不就樂正命之者，傳尊者之命於賤者，遥號令之可也。樂正亦許諾，猶北面不還，以賓在堂。○以樂樂，下音洛，下句同，又皆如字。傳尊，直專反。【疏】“司馬”至“賓許”。○注“東面”至“在堂”。○釋曰：知“在西階之前，不就樂正命之者”，以經云“司射降，搢扑”，即言“東面命樂正”，無行進之事，故知西階之前遥命之也。云“樂正亦許諾”，知者，案《大射》云“司射東面命樂正曰：命用樂。樂正曰：諾”，是樂正許諾之事，此不言者，文不具，故言之。云“猶北面不還，以賓在堂”者，此亦無文，樂正位東階東南，北面，大師位東北，西面，賓在堂南面，樂正猶北面，不還西面，是以下文特云“東面命大師”，明此時不西面受命矣。《大射》鄭注云“樂正西面受命^②，左還東面，命大師”，與此禮異者，雖無正文，鄭以義言，君在阼故也^③。司射遂適階閒，堂下北面命曰：“不鼓不釋。”不與鼓節相應，不釋筭也。鄉射之鼓五節，歌五終，所以將八矢。一節之閒，當拾發，四節四拾，其一節先以聽也。○相應，應對之應，下同。【疏】“司射”至“不釋”。○注“不與”至“聽也”。○釋曰：云“鄉射之鼓五節”者，以卿大夫、士用五節，是以《射人》云“王以《騶虞》九節，諸侯以《狸首》七節，卿大夫以《采蘋》五節，士以《采蘩》五節”，是卿大夫、士同五節。云“歌五終，所以將八矢”者，下記云“歌《騶虞》若《采蘋》，歌五終”是也。云“一節之閒，當拾發，四節四拾，其一節先以聽也”者，尊卑樂節雖多少不同，四節以盡乘矢則同，其餘外皆以聽，以知樂終始長短也。王九節者，五節先以聽，諸侯七節者，三節先以聽，卿大夫、士五節者，一節先以聽，皆四節拾將乘矢。但尊者先以聽則多，卑者先以聽則少，優至尊，先知審故也^④。此節亦取侯道之數，故鄭注《射人》云“九節、七節、五節者，奏樂以爲射節之差^⑤。言節者，容侯道之數也”。凡射皆與臣下共爲，若與尊者同耦，自然與尊者同節，若不與尊者同耦，則各自用其節樂，當與《射義》同。上射揖，司射退反位。樂正東面命大師曰：“奏《騶虞》，閒若一。”東面者，進還鄉大師也。《騶虞》，《國風·召南》之詩篇也。《射義》曰：“《騶虞》者，樂官備

---

① “東面”原作“東西”，疏述注作“東面”，張敦仁本作“東面”，據改。

② “注”下原有“彼”字，曹云：“‘彼’字衍。”據刪。

③ “在”上原無“君”字，四庫本、張敦仁本“在”上皆有“君”字，據補。

④ “故”字原作“政”，曹云：“阮云毛本、《通解》‘政’作‘故’，案‘故’字似是。”孫云：“毛從《通解》作‘故’，近是，故、固字通，此用《祭義》持弓矢審固之義。”據改。

⑤ “射節”原作“射耦”，孫云：“當從《射義》注作‘射節’。”據改。

也。”其詩有“一發五犯、五豵，于嗟騶虞”之言，樂得賢者衆多，嘆思至仁之人以充其官。此天子之射節也而用之者，方有樂賢之志，取其宜也。其他賓客、鄉大夫，則歌《采蘋》。閒若一者，重節。○騶虞，側留反。還鄉，許亮反，下同。五犯，音巴。五豵，子工反。【疏】“上射”至“若一”。○注“東面”至“重節”。○釋曰：云“東面者，進還鄉大師也”者，以其大師西面，樂正北面，明知進身鄉大師乃命之。云“此天子之射節也”者，據《周禮·射人》而知[1]。云“取其宜也”者，《騶虞》喻得賢者多，此鄉射亦樂賢，故云“取其宜也”。云“其他賓客、鄉大夫，則歌《采蘋》”者，《采蘋》是鄉大夫樂節，其他謂賓射與燕射，若州長、他賓客自奏《采蘩》。若然，此篇有鄉大夫、州長射法，則同用《騶虞》，以其同有樂賢之志也。云“閒若一者，重節”者，閒若一，謂五節之閒長短希數皆如一，則是重樂節也。**大師不興，許諾，樂正退反位。乃奏《騶虞》以射，三耦卒射，賓、主人、大夫、衆賓繼射，釋獲如初。卒射，降。**皆應鼓與歌之節，乃釋筭。降者，衆賓。【疏】“大師”至“射降”。○注“皆應”至“賓衆”。○釋曰：云“樂正退反位”者，反工南北面位也。云“降者，衆賓”者，次番射時，賓與主人、大夫卒射皆升堂，此降者衆賓也。**釋獲者執餘獲，升告左右卒射，如初。**卒，已也。今文曰告于賓。**司馬升，命取矢，獲者許諾。司馬降，釋弓，反位。弟子委矢，司馬乘之，皆如初。司射釋弓視筭，如初。**筭，獲筭也。今文曰視數也。**釋獲者以賢獲與鈞告，如初，降，復位。司射命設豐，設豐、實觶如初，遂命勝者執張弓，不勝者執弛弓，升飲如初。司射（遂）〔猶〕袒[2]、決、遂，左執弓，右執一个，兼諸弦，面鏃，適堂西，以命拾取矢，如初。**側持弦矢曰執。面，猶尚也。并矢於弦，尚其鏃，將止，變於射也。【疏】“釋獲”至“如初”。○注“側持”至“射也”。○釋曰：言“猶袒”者，亦是有故之辭，以其常袒，恐不袒，故言“猶”以連之也。云“側持弦矢曰執”者，對“方持弦矢曰挾”。“并矢於弦，尚其鏃，將止，變於射也”者，亦是對將射挾矢而言。**司射反位，三耦及賓、主人、大夫、衆賓皆袒、決、遂，拾取矢，**

---

① “周”上原無“據”字，曹云：“‘周’上脱‘據’字。”倉石云：“‘周’上殿本補‘據’字，《正字》補‘以’字。”據殿本補。

② “司射遂袒”，諸本“遂”字皆作“猶”，當據改。

如初。矢不挾，兼諸弦弣以退，不反位，遂授有司于堂西。不挾，亦謂執之如司射也。不以反射位授有司者，射禮畢。【疏】"司射"至"堂西"。○注"不挾"至"禮畢"。○釋曰：云"不挾，亦謂執之如司射也"者，執之如司射，"兼諸弦弣"則與司射異，以其司射直執一个，無三矢兼於弣，三耦以下則執一个并於弦，又以三矢并於弣，所以異也。辯拾取矢，揖，皆升就席。謂賓、大夫及衆賓也。相俟堂西，進立于西階之前。主人以賓揖升，大夫及衆賓從升，立時少退于大夫，三耦及弟子自若留下。【疏】"辯拾"至"就席"。○注"謂賓"至"留下"。○釋曰：知相俟于堂西者，以經言"辯拾取矢"訖，乃言"揖，皆升就席"，則知先取矢者，皆相待堂西，其主人則在堂東，徧取矢訖，乃揖而升堂就席也。云"主人以賓揖升，大夫及衆賓從升，立時少退于大夫，三耦及弟子自若留下"者，衆賓則三賓也，皆依上文獻後升及留在下之法。司射乃適堂西，釋弓，去扑，説決、拾，襲，反位。【疏】"司射"至"反位"。○釋曰：司射之扑在階西，今來去扑於堂西之等，以其不復射故也。司馬命弟子説侯之左下綱而釋之，説，解也。釋之不復射，奄束之。○説侯，吐活反，下説屨并注同。不復，扶又反，下不復、復復皆同。【疏】"司馬"至"釋之"。○注"説解"至"束之"。○釋曰：上初張侯時云"乃張侯，下綱不及地武，不繫左下綱，中掩束之"，鄭云"事未至也"，又于將射時，"司馬命張侯，弟子説束，遂繫左下綱"，鄭注云"事至"，今言"司馬命弟子説侯之左下綱而釋之"，直言"説侯之左下綱而釋之"，明未全去，備復射，故鄭下注云"諸所退，皆俟於堂西，備復射也"，故知此"釋之"，爲三番射畢不復射，若有射則行燕射旅酬以後乃爲之，故於此時中掩左下綱，如初張時也。命獲者以旌退，命弟子退楅。司射命釋獲者退中與筭而俟。諸所退，皆俟堂西，備復射也。旌言以者，旌恒執也。獲者、釋獲者亦退其薦俎。【疏】"命獲"至"而俟"。○注"諸所"至"薦俎"。○釋曰："獲者、釋獲者亦退薦俎"者，上獻時皆有薦俎，辟之於右，今獲者以旌退，釋獲者退中，故知亦退薦俎也。

司馬反爲司正，退復觶南而立。當監旅酬。○當監，古銜反。【疏】"司馬"至"而立"。○注"當監旅酬"。○釋曰：自此盡"司正降，復位"，論射訖行旅酬之事，故"司馬反爲司正"，鄭云"當監旅酬"也。樂正命弟子贊工即位，弟子相工，如其降也，升自西階，反坐。贊工遷樂也。降時如初入。樂正反，自西階東北面①。○相工，息亮反。【疏】"樂正"至"反坐"。○注"贊工"至"北面"。○釋曰：前爲將射，遷工于東方，西面，樂正北面，今將旅酬作樂，故遷升於堂上也。云"降時如初入"者，以經直云"如其降也"，降時威儀不見，故取上文降時如初入，初入則上"工四人"已下是也。云"樂正反，自西階東北面"者，上初升於西階之東，樂正立于其西，合樂訖，"工告樂正曰：正歌備。樂正告于賓，乃降"，立于西階東，北面，又將射時，"樂正命弟子贊工，遷樂于下。弟子相工，如初入，降自西階"，故知此反，自西階東北面，近其事②。知不升者，以正樂畢，上無告請於賓之事，宜與"正歌備"已後同也。**賓北面坐取俎西之觶，興，阼階上北面酬主人。主人降席，立于賓東。賓坐奠觶，拜，執觶興，主人荅拜。賓不祭，卒觶，不拜，不洗，實之，進東南面。**所不者，酬而禮殺也。賓立飲。○禮殺，所界反，下皆同。【疏】"賓北"至"南面"。○注"所不"至"立飲"。○釋曰："賓北面坐取俎西之觶"者，謂上一人舉觶于賓，賓奠于薦西者也。云"賓立飲"者，《鄉飲酒》當此賓酬主人時云"賓不祭，立飲"是也。**主人阼階上北面拜，賓少退。**少退，少逡遁也。○小逡，七旬反。遁，音旬。**主人進受觶，賓主人之西，北面拜送。**旅酬而同階，禮殺也。【疏】注"旅酬"至"殺也"。○釋曰：對獻酬之時，賓主各於其階，故云"同階，禮殺也"。**賓揖，就席。主人以觶適西階上酬大夫，大夫降席，立于主人之西，如賓酬主人之禮。**其既實觶，進西南面，立鄉所酬。【疏】"賓揖"至"之禮"。○注"其既"至"所酬"。○釋曰：云"主人以觶適西階上酬大夫"者，旅酬恒執此觶以相酬，故言"以"，知義然者，上文"命獲者以旌退"，鄭注云"旌言以者，旌恒執也"是也。云"其既實觶，進西南面，立鼏所酬"，知者，以上賓酬主人，阼階上實觶進東南面③，則知此主人酬大夫西階上，實觶而亦進西南面可知也④。**主人揖，就席。若無大夫，則長受酬，亦如之。**長，謂以長幼之次酬衆賓。○則長，丁丈反，注及下皆

---

① "樂正反自西階東北面"，吳紱云："'自'《集説》作'于'，文勢較順。"曹云："'反'字逗，言樂正反，自當在西階東北面故位也。"此從曹讀。

② "降自西階"至"近其事"原作"降自西階東北面近其事"，曹云："'階'下有脱文，當補云'故知此反，自西階東北面，近其事'。"據補。

③ "南"上原無"東"字，阮云："毛本'南'上有'東'字。"曹云："毛本是。"據補。

④ "西"下原無"南"字，阮云："毛本'西'下有'南'字。"曹云："亦毛本是。"據補。

放此。【疏】"主人"至"如之"。○釋曰：云"若無大夫"者，鄉人爲公卿大夫來觀禮者爲遵，或有或無不定，故云"若"，有大夫先酬之，無大夫則酬長，以鄉射無介，直有三賓，以長幼之次受酬，此言"酬衆賓"，則三賓也。司正升自西階，相旅，作受酬者曰："某酬某子。"某者，字也。某子者，氏也。稱酬者之字，受酬者曰某子，旅酬下爲上，尊之也。《春秋傳》曰："字不若子。"此言某酬某子者，射禮略於飲酒。飲酒言某子受酬，以飲酒爲主。【疏】"司正"至"某子"。○注"某者"至"爲主"。○釋曰：云"旅酬下爲上，尊之也"者，以旅酬者少長以齒，逮下之道，前人雖卑，其司正命之飲酒，呼之稱謂尊於酬者，故受酬者爲"某子"，酬他爲"某"也。云"《春秋傳》曰"者，案莊十年秋九月經書"荆敗蔡師于莘，以蔡侯獻舞歸"，《公羊傳》曰"荆者何？州名也。州不若國，國不若氏，氏不若人，人不若名，名不若字，字不若子"，何休云"爵最尊也"，鄭引之者，證"旅酬下爲上"之義，酬者稱字，受酬者稱子，子是尊稱。云"此言某酬某子者，射禮略於飲酒，飲酒言某子受酬，以飲酒爲主"者，此鄉射主於射，略於飲酒，故稱酬他者字，又稱受酬飲酒者爲子，是字不若子，飲酒言某子受酬，直以飲酒爲主故也。受酬者降席，司正退立于西序端，東面。退立，俟後酬者也。始升相，立階西北面。【疏】"受酬"至"東面"。○注"退立"至"北面"。○釋曰：云"始升相，立階西北面"者，《鄉飲酒》注亦然，知者，以司正升自西階，與西階之酬者立，故知始時在西階西北面也。衆受酬者拜，興，飲，皆如賓酬主人之禮。辯，遂酬在下者，皆升，受酬于西階上。在下，謂賓黨也。《鄉飲酒記》曰："主人之贊者西面北上，不與。無筭爵，然後與。"此異於賓。○不與，音預，下同。【疏】"衆受"至"階上"。○注"在下"至"於賓"。○釋曰：引《鄉飲酒記》者，欲見賓黨在西，主黨在東，主黨不與酬之義。卒受者以觶降，奠于篚。

儀禮疏卷第十三　儀禮卷第五

司正降，復位。【疏】"司正降復位"。○釋曰：自此盡"唯賓"，論舉觶於賓與大夫爲無筭爵之事。云"司正降，復位"者，司正當監旅酬訖，故降，使二人舉觶于賓與大夫，爲無筭爵始也[①]。使二人舉觶于賓與大夫。二人，主人之贊者。舉觶者皆洗觶，升，實之，西階上北面，皆坐奠觶，拜，執觶興，賓與大夫皆席末荅拜。舉觶者皆坐祭，遂飲，卒觶興，坐奠觶，拜，執觶興，賓與大夫皆荅拜。舉觶者逆降，洗，升，實觶，皆立于西階上，北面東上，賓與大夫拜。舉觶者皆進，坐奠于薦右，坐奠之，不敢授。【疏】"舉觶"至"薦右"。○注"坐奠之不敢授"。○釋曰："賓與大夫皆席末荅拜"者，皆席西南面荅拜。云"皆進，坐奠于薦右"者，以其將飲者於右故也。云"坐奠之，不敢授"者，對獻酬時親授，主人之贊者卑，不敢親授觶也。賓與大夫辭，坐受觶以興。辭，辭其坐奠觶。【疏】"賓與"至"以興"。○注"辭辭其坐奠觶"。○釋曰：必辭者，贊者不敢親授，賓與大夫不可自尊，故辭之。不言"取"而言"受"者，亦是若親受之然。舉觶者退，反位，皆拜送，乃降。賓與大夫坐，反奠于其所，興。不舉者，盛禮已崇。古文曰反坐。【疏】"舉觶"至"所興"。○注"不舉"至"反坐"。○釋曰：崇，重也。凡飲酒禮，成於酬。前已旅酬，斯盛禮已重[②]。今主人復舉觶爲無筭爵，盡歡情，客不盡主人歡，故且奠之。後舉之[③]，故不奠薦左。若無大夫，則唯賓。長一人舉觶，如《燕禮》媵爵之爲。【疏】"若無大夫則唯賓"。○注"長一"至"之爲"。○釋曰：曏二人舉觶爲賓與大夫，今若無大夫，當闕一人，故云"則唯賓"也。云"長一人舉觶，如《燕禮》媵爵之爲"者，燕禮初，二大夫媵觶，至旅酬，復使二人，君命

---

① "始"上原無"爵"字，曹云："'始'上脫'爵'字。"據補。
② "斯"字原作"所"，曹云："'所'當爲'斯'。"據改。
③ "後"字原作"未"，曹云："'未'殿本改作'後'。"據改。

長媵一爵於君，與此同，故云"如《燕禮》之爲"。彼旅酬，此爲無筭爵，不同，但一人是同，故引爲證也。

　　司正升自西階，阼階上受命于主人，適西階上，北面請坐于賓，請坐，欲與賓燕，盡殷勤也。至此盛禮以成，酒清肴乾，强有力者猶倦焉。【疏】"司正"至"于賓"。○注"請坐"至"倦焉"。○釋曰：自此盡"少退，北上"，論請坐徹俎之事。云"酒清肴乾，强有力者猶倦焉"者，此《禮記·聘義》文，案彼云"故强有力者將以行禮也，酒清人渴而不敢飲也，肉乾人飢而不敢食也，日莫人倦，齊莊正齊而不敢懈惰"[①]，引之者，證此賓須坐之義。賓辭以俎，俎者，肴之貴者也。辭之者，不敢以燕坐褻貴肴。【疏】"賓辭以俎"。○注"俎者"至"貴肴"。○釋曰：俎所以盛骨體[②]，骨體是肴之貴者，故辭之也。反命于主人，主人曰："請徹俎。"賓許。司正降自西階，階前命弟子俟徹俎。弟子，賓黨也。俎者，主人贊者設之。今賓辭之，使其黨俟徹，順賓意也。上言"請坐于賓"，此言"主人曰"，互相備耳。【疏】"反命"至"徹俎"。○注"弟子"至"備耳"。○釋曰：知弟子是賓黨者，以其"司正降自西階"，階前命之，明賓黨弟子在西階東面也。必使賓黨弟子者，徹俎是賓請之，故鄭云"俎者，主人贊者設之。今賓辭之，使其黨俟徹，順賓意也"。云"上言'請坐于賓'，此言'主人曰'，互相備耳"者，凡辭，皆司正請于主人，主人有命，司正乃傳告賓，今上文云"司正請坐于賓"，直見司正傳主人辭，不見"主人曰：請坐于賓"之辭，此經直見"主人曰：請徹俎"，不見司正傳主人辭以告賓[③]，是互相備也。不言"互文"而云"互相備"者，凡言互文者，各舉一事，一事自周，是互文，此據一邊禮，一邊禮不備，文相續乃備，故云"互相備"，若云"糗餌粉餈"，鄭注云"餌言糗，餈言粉，互相足"之類也。司正升，立于序端。賓降席，北面。主人降席自南方，阼階上北面。大夫降席，席東南面。俟弟子升受俎。【疏】"司正"至"南面"。○注"俟弟子升受俎"。○釋曰：云"俟弟子升受俎"者，下云"司正以俎出，授從者"，注云"授賓家從來者也，所

---

①　"日莫人倦"下原無"齊莊"至"懈惰"九字，倉石云："注疏本、《通解》下有'齊莊正齊而不敢懈惰'九字。"據補。
②　"所"下所無"以"字，曹云："'所'下似脱'以'字。"據補。
③　"人"下原無"辭"字，曹云："'人'下脱'辭'字。"據補。

以厚禮之”，則此弟子升受俎者，案下文據大夫與主人而言，若賓俎授司正，非弟子也。

賓取俎，還授司正，司正以降自西階，賓從之降，遂立于階西，東面。司正以俎出，授從者。授賓家從來者也。古者與人飲食，必歸其盛者，所以厚禮之，○授從，才用反，注及下從者同。【疏】注“授賓”至“禮之”。○釋曰：云“古者與人飲食，必歸其盛者，所以厚禮之”者，《鄉飲酒》、《燕禮》、《大射》賓客皆有俎，徹歸客之左右，俎是肴之貴，是歸其盛者，《公食大夫》既食，“有司卷三牲之俎，歸于賓館”，故總云“古者與人飲食，必歸其盛者，所以厚禮之”也。主人取俎，還授弟子，弟子受俎，降自西階以東。主人降自阼階，西面立。以東，授主人侍者。【疏】“主人”至“面立”。○注“以東”至“侍者”。○釋曰：云“以東，授主人侍者”，弟子是賓黨，非主人之贊者，故知徹主人俎，還授主人侍者，歸入於內也。大夫取俎，還授弟子，弟子以降自西階，遂出授從者。大夫從之降，立于賓南。凡言還者，明取俎各自鄉其席。衆賓皆降，立于大夫之南，少退，北上。從降，亦爲將燕。○亦爲，于爲反，下同。【疏】注“從降亦爲將燕”。○釋曰：賓、主人、大夫有俎，從俎而降，此三賓無俎，亦從大夫而降，亦如賓、主人、大夫將燕，故同降同升也。

主人以賓揖讓，說屨，乃升。大夫及衆賓皆說屨，升，坐。說屨者，將坐空屨褻賤①，不宜在堂也。說屨則摳衣，爲其被地。○則摳，苦侯反。其被，皮義反。【疏】“主人”至“升坐”。○注“說屨”至“被地”。○釋曰：自此盡“門外，再拜”，論升坐行無筭爵，賓醉送出之事。云“說屨則摳衣，爲其被地”者，《曲禮》云“摳衣趨隅”，彼謂升席時，引之證說屨低身亦然，若不摳衣，恐衣被地履之，但對文上曰衣，下曰裳，散文衣裳通，此衣即裳也。案《少儀》云“排闔說屨於戶內，一人而已矣”，鄭注云“雖衆敵，猶有所尊也”，彼尊卑在室，則尊者說屨在戶內，自餘說屨於戶外，若尊卑在堂，則亦尊者一人說屨在堂，自餘說屨於堂下，是以《燕禮》、《大射》臣皆說屨於階下，公不見說屨之文，明公舄在堂矣，此及《鄉飲酒》臣禮②，賓、主人行敵禮，故皆說屨於堂下也。乃羞。羞，進也。所進者，狗胾醢也。燕設啗具，所以案酒。○狗胾，壯

---

① “將坐空屨褻賤”原作“將空坐屨褻賤”，張敦仁本“空”在“坐”下，據乙。

② “及”字原作“乃”，阮云：“浦鏜改‘乃’爲‘及’。”據改。

吏反。設啗，徒覽反。【疏】"乃羞"。○注"羞進"至"案酒"。○釋曰：云"所進者，狗藏醢也"者，以其牲用狗，故知狗藏醢，醢未必狗，以其醢豫造乃成，非臨時之物，故知非狗，連言之也。**無筭爵，使二人舉觶。賓與大夫不興，取奠觶飲，卒觶，不拜。**二人，謂賟者二人也。使之升，立于西階上。賓與大夫將旅，當執觶也。卒觶者固不拜矣，著之者，嫌坐卒爵者拜既爵。此坐于席，禮既殺，不復崇。【疏】"無筭"至"不拜"。○注"二人"至"復崇"。○釋曰：經"賓"上有"于"字者誤，以此二觶仍是前二人所舉者，今以二人升者舉發，使行無筭爵，非新觶，以鄭注可知，故知有者誤也[1]。若然，"舉觶"上屬，"賓"下屬爲句也。云"卒觶者固不拜矣，著之者，嫌坐卒爵者拜既爵"者，上正旅酬時，賓酬主人，賓不祭，卒觶不拜，不洗，今此二人舉觶，禮彌殺，故云"卒觶者固不拜矣，嫌坐卒爵者拜既爵"者，以正獻酬時，皆坐卒爵，拜既爵，嫌此無筭爵飲，卒觶亦有拜義，故明之。云"坐于席，禮既殺，不復崇"者，此決正行獻酬時，在於階上[2]，有拜既爵，此説屨就席，禮既殺，不復崇重，故無拜爵也。**執觶者受觶，遂實之。賓觶以之主人，大夫之觶長受，**長，衆賓長。**而錯，皆不拜。**錯者，實主人之觶以之次賓也，實賓長之觶以之次大夫。其或多者，迭飲於坐而已。皆不拜受，禮又殺也。○迭飲，大結反。【疏】注"錯者"至"殺也"。○釋曰：云"其或多者，迭飲於坐而已"者，衆賓之長在賓西者三人，大夫則席於賓東，若大夫亦三人，則與衆賓等，得交錯相酬，言"其或多者"，若有一大夫，則衆賓二人無所酬，直二人迭飲而已，若大夫四人已上，多於三賓，自三人之外，亦無所酬，則亦自相酬，迭飲而已。云"皆不拜受，禮又殺也"者[3]，上二人舉觶於賓與大夫，皆拜受及飲卒不拜，是其殺，今衆賓與大夫不拜受觶，故言"禮又殺也"。**辯，卒受者興，以旅在下者于西階上。**衆賓之末，飲而酬主人之贊者，大夫之末，飲而酬賓黨，亦錯焉。不使執觶者酌，以其將旅酬，不以己尊孤人也。其末若皆衆賓，則先酬主人之贊者，若皆大夫，則先酬賓黨而已。執觶者酌，在上辯，降復位。【疏】"辯卒"至"階上"。○注"衆賓"至"復位"。○釋曰：經云"辯"，謂堂上衆賓已上皆飲訖。云"卒受者"，謂最末後飲者。云"衆賓之

---

① "故知有者誤也"原作"故誤有也"，曹云："似當爲'故知有者誤也'。"據改。
② "上"字原作"下"，曹云："'下'當爲'上'。"據改。
③ "禮"下原無"又"字，阮云："浦鏜云脱'又'字。"據補。

末，飲而酬主人之贊者，大夫之末，飲而酬賓黨，亦錯焉”者，此亦若堂上交錯也。云
“不使執觶者酌”，謂不使二人執觶者酌。云“以其將旅酬，不以己尊孤人也”者，其堂
上皆坐行酒，至此立階上，旅在下，解經“興，以旅在下者”。云“其末若皆衆賓，則先酬
主人之贊者”，謂大夫或少或無，則衆賓爲末飲也。云“若皆大夫”者，謂大夫多，衆賓
徧後，二觶並酬大夫，則大夫爲末飲也。云“執觶者酌，在上辯，降復位”者，謂二人舉
觶酌堂上衆賓已上辯，其堂下自酌相旅，二人無事，故降復于東階前西面北上位也，故
《鄉飲酒記》云“主人之贊者西面北上，不與。無筭爵，然後與”，必知復位者，下經云
“執觶者皆與旅”是也。**長受酬，酬者不拜，乃飲，卒觶，以實之，**言酬者不
拜者，嫌酬堂下異位當拜也。古文曰受酬者不拜。【疏】“長受”至“實之”。○注“言酬”
至“不拜”。○釋曰：謂堂下或賓黨之長，或主人贊者之長，受堂上酬，酬者不拜。鄭云
“酬者不拜者，嫌酬堂下異位當拜也”者，嫌堂下異位，堂上酬堂下當拜，故明之也。
受酬者不拜受。禮殺，進受尊者之酬，猶不拜。【疏】“受酬者不拜受”。○注“禮
殺”至“不拜”。○釋曰：堂下卑者受堂上尊者酒當拜，由禮殺，雖尊者之酬，猶不拜也。
辯旅，皆不拜。主人之贊者於此始旅，嫌有拜。【疏】“辯旅皆不拜”。○注“主人”
至“有拜”。○釋曰：以《鄉飲酒記》云“主人之贊者，不與。無筭爵，然後與”，故鄭偏言
“主人之贊者於此始旅①，嫌有拜”，故明之也。**執觶者皆與旅。**嫌已飲不復飲
也，上使之勸人耳，非逮下之惠也，亦自以齒與於旅也。○皆與，音預，注同。【疏】“執
觶者皆與旅”。○注“嫌已”至“旅也”。○釋曰：此即上文二人舉觶者，於西階上已卒
觶，故鄭云“嫌已飲不復飲也”。**卒受者以虛觶降，奠于篚。執觶者洗，升
實觶，反奠于賓與大夫。**復奠之者，燕以飲酒爲歡，醉乃止，主人之意也。今文
無執觶及賓觶、大夫之觶皆爲爵，實觶，觶爲之②。【疏】“卒受”至“大夫”。○注“復奠”

---

①　“偏”字原作“徧”，阮云：“‘徧’，陳、閩皆作‘偏’。按作‘偏’爲是。”據改。
②　“今文無執觶及賓觶大夫之觶皆爲爵實觶觶爲之”，四庫本移此注及疏置於前
文“執觶者受觶，遂實之。賓觶以之主人，大夫之觶長受，而錯，皆不拜”節下，且删改
疏文作“此經曰執觶者，今文無此執觶，又今文賓觶、大夫之觶皆爲爵，不從者，以其皆
在無算爵之科，明不爲爵。云‘實觶，觶爲之’者，明不從也”。吳紱云注及疏於此經無
所當，應移屬於彼處。因疏標起止作“注復奠至爲之”，姑存其舊。

至"爲之"。○釋曰：今文此經云執觶者，無此執觶，又賓觶①、大夫之觶皆爲爵，不從者，以其皆在無筭爵之科，明不爲爵。云"實觶，觶爲之"者，亦不從也。**無筭樂。**合鄉樂無次數。【疏】"無筭樂"。○注"合鄉樂無次數"。○釋曰：知合鄉樂《二南》者，約上正歌時不略其正，已歌鄉樂，但上有次第，先歌《關雎》，次歌《葛覃》、《卷耳》，次歌《鵲巢》、《采蘋》、《采蘩》，皆三終，有次數，今無次數，在賓主所好也。**賓興，樂正命奏《陔》。**《陔》，《陔夏》，其詩亡。《周禮》賓醉而出，奏《陔夏》。《陔夏》者，天子、諸侯以鍾鼓，大夫、士鼓而已。【疏】"賓興"至"奏陔"。○注"陔陔"至"而已"。○釋曰：此賓興，即命奏，下文賓降，乃作樂也。云"《陔》，《陔夏》，其詩亡"者，《九夏》皆詩篇，鄭注《鍾師》云"歌之大者，載在樂章，樂崩亦從而亡"。云"《周禮》"者，《鍾師》云"《陔夏》"，杜子春云"客醉而出，奏《陔夏》"，雖非正文，亦據《周禮》而言。云"《陔夏》"者，天子、諸侯以鍾鼓"，知者，《鍾師》云"以鍾鼓奏《九夏》"，是天子法，襄公四年，穆叔如晉，"晉侯饗之，金奏《肆夏》之三，不拜"，則《陔夏》奏用鍾矣，大夫、士尚有鼓，明諸侯亦有鍾鼓②，故總云"天子、諸侯以鍾鼓"。知大夫、士用鼓者，此《鄉射》、《鄉飲酒》皆有鼓，故知以鼓奏《陔》而已也。**賓降及階，《陔》作。賓出，衆賓皆出，主人送于門外，再拜。**拜送賓于門東，西面。賓不荅拜，禮有終。【疏】"賓降"至"再拜"。○注"拜送"至"有終"。○釋曰：知"拜送賓于門東，西面"者，此約迎賓時於此拜也。云"不荅拜，禮有終"者，以行禮有終，故不荅也。

　　明日，賓朝服以拜賜于門外。拜賜，謝恩惠也。○朝服，直遥反，下皆同。【疏】"明日"至"門外"。○釋曰：自此盡經末，論息勞司正之事③。**主人不見，如賓服，遂從之，拜辱于門外，乃退。**不見，不褻禮也。拜辱，謝其自屈辱。【疏】"主人"至"乃退"。○注"不見"至"屈辱"。○釋曰："不見，不褻禮"者，禮不欲數，數則瀆，今主人不見，恐相褻，故不見也。**主人釋服，乃息司正。**釋服，説朝服，服玄端也。息，猶勞也。勞司正，謂賓之與之飲酒，以其昨日尤勞倦也。《月令》曰："勞

---

① "又"下原有"今文無執觶及"六字，曹云："'今文無執觶及'六字衍。"據刪。

② "鼓"上原無"鍾"字，曹云："'鼓'上當有'鍾'字。"據補。

③ "自此盡經末論息勞司正之事"，據吳緻考證，此十二字當在下文"主人釋服，乃息司正"節下，當移置於彼處。因疏標起止有"明日至門外"五字於此，姑存其舊。

農以休息之。"○説朝，吐活反，下同。猶勞，力報反，下除勞倦一字，皆同。【疏】"主人"
至"司正"。○注"釋服"至"息之"。○釋曰：上文主人如賓服，則主人亦朝服矣，今言
"釋服"，謂釋去朝服，朝服之下，衣則次玄端，故知"釋服，説朝服，服玄端也"，玄端即
朝服之衣①，易其裳爲異也。"《月令》"者，彼是十月農功畢，勞農以休息之，爲息田夫
之臘祭，引之者，證"息"勞來休息之義也。　無介。勞禮略，貶於飲酒也。此已下皆
記禮之異者。○無介，音界。【疏】"無介"。○注"勞禮"至"異者"。○釋曰：云"勞禮
略，貶於飲酒也"者，謂貶於鄉飲酒，鄉飲酒禮有介，此上正飲酒及此勞禮皆無介②，是
貶於鄉飲酒也。云"此以下皆記禮之異者"，謂息司正之禮與上飲酒禮異之事也。　不
殺。無俎故也。○不殺，如字，劉色例反。【疏】"不殺"。○注"無俎故也"。○釋曰：
下文云"無俎"，無俎故不殺，殺即有俎也。　使人速，速，召賓。【疏】"使人速"。○注
"速召賓"。○釋曰：若《公食》使人召之，速司正爲賓也③。　迎于門外，不拜，入，
升。不拜至，不拜洗。薦脯醢，無俎。賓酢主人，主人不崇酒，不
拜衆賓。既獻衆賓，一人舉觶，遂無筭爵。言遂者，明其間闕也。賓坐奠
觶于其所，擯者遂受命于主人，請坐于賓，賓降説屨升坐矣。不言遂請坐者，請坐主於
無筭爵。【疏】"迎于"至"筭爵"。○注"言遂"至"筭爵"。○釋曰：云"言遂者，明其間闕
也"者，間闕謂一人舉觶下④，有工升歌，立司正旅酬及二人舉觶及徹俎之事，以其闕此
數事，故云"遂無筭爵"也。云"賓坐奠觶于其所，擯者遂受命于主人，請坐于賓，賓降
説屨升坐矣"者⑤，此並依正飲酒禮。云"不言遂請坐者⑥，請坐主於無筭爵"者，以其
請坐主於無筭爵，今言無筭爵，自然請坐可知，故不須言請坐于賓也。　無司正。使
擯者而已，不立之。【疏】"無司正"。○注"使擯"至"立之"。○釋曰：不立司正，亦是與

---

①　"衣"字原作"下"，倉石云："'下'殿本作'衣'。今案此蓋用《士冠禮》注文，作
'衣'爲是。"據改。

②　"正"上原有"司"字，曹云："'司'字衍。"據删。

③　"速"原作"還"、"賓"原作"擯"，曹云："'還'當爲'速'，'擯'各本作'賓'是。"
據改。

④　"謂"下原有"間"字，曹云："'間'字衍。"據删。

⑤　"矣"下原無"者"字，曹云："'矣'下當有'者'字。"據補。

⑥　"不"上原無"云"字，曹云："'不'上當有'云'字。"據補。

飲酒禮異。**賓不與**。昨日至尊，不可褻也。古文與作豫。○不與，音預，注及下大夫與皆同。【疏】"賓不與"。○注"昨日"至"作豫"。○釋曰：賓者主人所尊敬，不可復召之，復召之亦是褻瀆也。**徵唯所欲**，徵，召也，謂所欲請呼。【疏】"徵唯所欲"。○注"徵召"至"請呼"。○釋曰：須止則止，須召則召，在主人之意，故云"所欲請呼"也。**以告於鄉先生、君子可也**。告，請也。鄉先生，鄉大夫致仕者也。君子，有大德行不仕者。○德行，下孟反。【疏】"以告"至"可也"。○注"告請"至"仕者"。○釋曰：云"鄉大夫致仕者也"者，此即《鄉飲酒》注云"先生，謂鄉中致仕者"[①]。云"君子，有大德行不仕"者，大德行謂六德、六行，可貢而不仕者，此即居士，錦帶[②]，亦曰處士。**羞唯所有**。用時見物。○見物，賢遍反。【疏】"羞唯所有"。○注"用時見物"。○釋曰：謂昨日所有之餘見物。**鄉樂唯欲**。不歌《雅》、《頌》，取《周》、《召》之詩，在所好。○所好，呼報反。【疏】"鄉樂唯欲"。○注"不歌"至"所好"。○釋曰：此即與上無筭樂同而云"不歌《雅》、《頌》"者，以其上飲酒主於射，略於樂，不用《小雅》，此非鄉射而亦"不歌《雅》、《頌》"者，亦不可過于正飲酒禮，故云"《周》、《召》之詩，在所好"也。

　　記：大夫與，則公士爲賓。不敢使鄉人加尊於大夫也。公士，在官之士。鄉賓主用處士。【疏】"記大"至"爲賓"。○注"不敢"至"處士"。○釋曰：據此鄉射使處士無爵命者爲賓，故有大夫來，不以鄉人加尊於大夫，則易去之[③]，使公士爲賓。若然，《鄉飲酒》貢士法，賢者爲賓，其次爲介，又其次爲衆賓，有大夫來，不易去之，以其賓擬貢故也。云"鄉賓主用處士"，即君子者也。**使能，不宿戒**。能者敏於事，不待宿戒而習之。【疏】"使能不宿戒"。○注"能者"至"習之"。○釋曰：解上賓用處士。云"能者敏於事"者，《孝經》云"參不敏"，鄭云"敏，猶達也"，則此通達於事。

　　其牲，狗也，狗取擇人。【疏】"其牲狗也"。○注"狗取擇人"。○釋曰：《鄉飲酒》、《鄉射》義取擇賢士爲賓，天子已下燕，亦用狗，亦取擇人可與燕者。**亨于堂東**

---

　　①　"謂鄉中致仕者"原作"謂老人教學者"，阮云："毛本作'謂鄉中致仕者'。按《鄉飲酒禮》注作'鄉中致仕'。"據改。

　　②　"錦帶"原作"縞帶"，倉石云："《正字》云'縞'當'錦'字譌，語出《禮記·玉藻》。今案《鄉飲酒》疏明引《玉藻》作'錦帶'，又引此經證之，則此當爲'錦'，不可疑耳。"據改。

　　③　"則"字原作"故"，曹云："'故'當爲'則'。"據改。

北。《鄉飲酒義》曰："祖陽氣之所發也。"[①]○亨于,普庚反,下注同。【疏】"亨于堂東北"。○注"鄉飲"至"發也"。○釋曰:陽氣起於東北而盛於南方,亨狗于東北,飲酒是陽,故法之。

　　尊絺冪,賓至徹之。以絺爲冪,取其堅絜。○絺冪,去逆反。【疏】"尊絺冪賓至徹之"。○注"以絺"至"堅絜"。○釋曰:凡冪者皆爲塵埃加,故設之。但用冪、不用冪不同者,凡用醴,皆不見用冪,質故也,即《士冠》禮子,《昏禮》禮賓贊、禮婦,《聘禮》禮賓,此等用醴,皆無冪是也。醮用酒亦無冪者[②],從禮子,質也。或以尊厭卑,亦無冪。《燕禮》君尊有冪,方圜壺則無冪。《昏禮》尊於室內有冪,尊於房户外爲媵御賤,故無冪。《鄉飲酒》、《鄉射》有冪者,無所厭故也。若祭祀之冪,《冪人》云"以疏布冪八尊",鄭云"天地之神尚質";"以畫布冪六彝",鄭云"宗廟可以文";"凡王巾皆黼",注云"周尚武,其用文德則黼可"。諸侯無文,或與王同。其喪中之冪,皆用疏布。《士喪禮》小斂用功布,大斂亦同。《士虞》用絺冪,與吉同,大夫亦當然也。云"賓至,徹之"者,巾冪必有執冪[③],賓未至,恐塵加,賓至,徹去不復用,以其《鄉射》、《飲酒》不見更用之文故也。《燕禮》君命徹冪,則未命之前重用之者,君尊,久設恐塵,故重覆之。

　　蒲筵,緇布純。筵,席也。純,緣。○布純,之閏反,又諸允反,注同。純緣,以絹反。【疏】"蒲筵緇布純"。○注"筵席也純緣"。○釋曰:鄉大夫、州長與鄉人習禮,雖有公卿之尊,無加席,唯此一種[④],故記人記之。云"筵,席"者,鄭注《周禮·序官》云"鋪陳曰筵,藉之曰席。然其言之,筵、席通",但在地者爲筵,取鋪陳之義,在上曰席,取相承藉之義耳。**西序之席,北上。**衆賓統於賓。【疏】"西序之席北上"。○注"衆賓統於賓"。○釋曰:衆賓之席繼賓已西,南面東上,今云"西序之席,北上"者,謂衆賓有東面者,則北上,此東面非常,故記之也。若然,此《鄉射》上設席,雖不言衆賓之數,上文云"三拜衆賓",鄭云"三拜,示徧也",則衆賓亦三人矣而復有東面者,若公卿大夫多,尊東不受,則於尊西,賓近於西,則三賓東面北上,統於賓也。

---

　　① "祖"字原作"俎",《鄉飲酒義》作"祖",據改。
　　② "醮用酒亦無冪者"原作"醮無酒亦用冪者",孫云:"'用'、'無'二字互易。"據乙。
　　③ "有"字原作"布",曹云:"'布'殿本改作'有'是也。"據改。
　　④ "唯"下原無"此"字,阮云:"《要義》同,毛本'唯'後有'此'字。"據補。

獻用爵，其他用觶。爵尊，不可褻也。以爵拜者，不徒作。以爵拜，謂拜既爵。徒，猶空也。作，起也。不空起，言起必酢主人。

薦，脯用籩，五臟，祭半臟橫于上，醢以豆，出自東房，臟長尺二寸。脯用籩，籩宜乾物也。醢以豆，豆宜濡物也。臟，猶脡也，爲記者異耳。祭橫于上，殊之也，於人爲縮。臟廣狹未聞也。古文臟爲藏，今文或作植。○五臟，音職，脡也。脡也，大頂反。作植，常職反。【疏】“薦脯”至“二寸”。○注“脯用”至“作植”。○釋曰：云“豆宜濡物也”者，案《王制》云“一爲乾豆”，鄭云“謂腊之以爲祭祀豆實”，與此違者，以其豆實則醢也，鄭注《周禮·醢人》云“作醢及臡者①，必先膊乾其肉，乃後細莝之，雜以粱麴及鹽，漬以美酒，塗置甄中，百日則成矣”，是乾以爲豆實醢是也。云“臟，猶脡也，爲記者異耳”者，《鄉飲酒記》云“脯五脡”，此云“五臟”，臟與脡不同，非訓之，是記者異名不同，非別有義，故鄭云“臟，猶脡也”。云“於人爲縮”者，脯法，於人爲橫②，《鄉飲酒記》注引《曲禮》云“以脯脩置者③，左朐右末”，鄭注《曲禮》云“屈中曰朐”，取左手案之，右手擘之便，故於人爲橫④，橫祭半臟于上⑤，於脯爲橫，於人則爲縱也。俎由東壁，自西階升。狗既亨，載于東方。【疏】“俎由”至“階升”。○注“狗既”至“東方”。○釋曰：云“狗既亨，載于東方”者，上云“亨于堂東北”，今云“俎由東壁”者，亨在東北，實俎曰載，載則於東方，東方則東壁，故云“俎由東壁”也。云“自西階升”者，既由東壁，恐如祭饌由東階升，故記人明之，若祭饌則東階升，《特牲》、《少牢》是也，尊神故由阼階升。賓俎，脊、脅、肩、肺。主人俎，脊、脅、臂、肺。肺皆離，皆右體也，進腠。以骨名肉，貴骨也。賓俎用肩，主人用臂，尊賓也。離，猶捝也。腠，膚理也。進理，謂前其本。右體，周所貴也。若有尊者，則俎其餘體也。○腠，七豆反。猶捝，苦圭反。【疏】“賓俎”至“進腠”。○注“以骨”至“體也”。○釋曰：云“以骨名肉”者，骨爲本，有名，肉爲末，無名，所食即肉，故以骨名肉。必知骨有肉者，《特牲》“乃食舉”，注云“舉言食者，明凡解體皆連肉”，是有肉也。云“賓俎用

---

① “周”下原無“禮”字，阮云：“毛本‘周’下有‘禮’字，此本脱。”據補。
② “橫”字原作“縮者”，曹云：“‘縮者’二字當爲‘橫’。”據改。
③ “記”下原無“注”字，四庫本“記”下有“注”字，據補。
④ “橫”字原作“縮”，曹云：“‘縮’當爲‘橫’。”據改。
⑤ “于上”原作“橫上”，曹云：“阮云‘橫上’浦鏜改作‘于上’，案浦改是。”據改。

肩，主人用臂，尊賓也”者，此據前三體而言，以其體有肩、臂、臑，《禮記・祭統》云“周人貴肩”，爲其顯，故賓用肩，尊賓也。云“離，猶挃也”者，案《禮記・少儀》云“牛羊之肺，離而不提心”，鄭云“提，猶絶也，挃離之不絶中央少者”，中央少者，即是心也，此將食舉肺也。云“進理，謂前其本”者，此與《公食》同，生人食法，《少牢》進下者，是鬼神食法。云“右體，周所貴也”者，對左，殷所貴。云“若有尊者，則俎其餘體也”者，前體有三①，肩、臂、臑，以次用之，賓、主已用肩、臂，有一大夫則用臑，二大夫則取後體用膞，若有三大夫已上則用胳，其脊、脅與賓、主同，故下文云“獲者之俎，折脊、脅、肺、臑”，注云“臑，若膞、胳、觳之折，以大夫之餘體”是也②。

凡舉爵，三作而不徒爵。謂獻賓、獻大夫、獻工皆有薦。【疏】注“謂獻”至“有薦”。○釋曰：知此三人者，以其言三作，故知唯此三人而已。

凡奠者於左，不飲，不欲其妨。【疏】“凡奠者於左”。○釋曰：謂若酬賓奠於右，賓奠之於左。將舉者於右。便其舉也。【疏】“將舉者於右”。○釋曰：謂若一人③、二人舉觶④，奠之於薦右，後舉之者也。

眾賓之長一人辭洗，如賓禮。尊之於其黨。○之長，丁丈反，下注州長皆同。【疏】“眾賓”至“賓禮”。○注“尊之於其黨”。○釋曰：此獻三賓之時，主人唯爲長者一人洗爵，如經文，恐已後更洗，故記人明之也。

若有諸公則如賓禮，大夫如介禮，無諸公則大夫如賓禮。尊卑之差。諸公，大國之孤也。樂作，大夫不入。後樂賢也。

樂正與立者齒。謂其飲之次也。尊樂正，同於賓黨。《鄉飲酒記》曰：“與立者，皆薦以齒。”

三笙一和而成聲。三人吹笙，一人吹和，凡四人也。《爾雅》曰：“笙小者謂之和。”○一和，戶臥反，注同。【疏】“三笙”至“成聲”。○注“三人”至“之和”。○釋曰：云“《爾雅》曰：笙小者謂之和”者，案《爾雅・釋樂》云“大笙謂之巢”，孫氏注云“巢高

---

① “前”下原無“體”字，曹云：“‘前’下脱‘體’字。”據補。
② “之折以”原作“折之以爲”，曹云：“‘折之’二字倒，‘爲’字衍。”據乙删。
③ “若”下原有“酬”字，曹云：“‘酬’字衍。”據删。
④ “舉”下原無“觶”字，曹云：“‘舉’下脱‘觶’字。”據補。

大”，又云“小者謂之和”，注云“和，小笙”是也。

獻工與笙，取爵于上篚。既獻，奠于下篚。其笙，則獻諸西階上。奠爵于下篚，不復用也。今文無與笙。【疏】“獻工”至“階上”。○注“奠爵”至“與笙”。○釋曰：云“奠爵于下篚，不復用也”者，謂堂上不復用，無妨堂下更人用之[①]。知者，獻獲及釋獲者皆取而獻之是也。《大射》獻服不氏用散不用爵者，彼君禮，與此異也。

立者東面北上。賓黨。【疏】“立者東面北上”。○注“賓黨”。○釋曰：此謂一命及不命來觀禮者，與堂下衆賓齒，東面北上而立。

司正既舉觶而薦諸其位。薦於觶南。【疏】“司正”至“其位”。○注“薦於觶南”。○釋曰：知薦於觶南不薦於觶北者，以司正觶南北面立，若薦觶北，與觶相隔，非位前，故知觶南位北也。

三耦者，使弟子，司射前戒之。弟子，賓黨之少者也。前戒，謂先射請戒之。○之少，詩召反。謂先，悉薦反。【疏】“三耦”至“戒之”。○注“弟子”至“戒之”。○釋曰：云“使弟子，司射前戒之”者，謂請射之前戒之，以其經云“三耦俟於堂西”，故鄭云“前戒，謂先射請戒之”也。

司射之弓矢與扑，倚于西階之西。便其事也。【疏】“司射”至“之西”。○注“便其事也”。○釋曰：此矢謂“挾一个”者，初，司射適堂西袒、決、遂，取弓矢于階西，兼挾一矢，則誘射之弓矢亦在階西矣。若然，誘射訖，適堂西改取一个挾之，遂適階西取扑，此一个實在堂西。至視筭之時，於西階西釋弓矢，去扑，獻釋獲者時，亦於西階西釋弓矢，去扑[②]，此亦在西階西，故鄭云“便其事也”。

司射既袒、決、遂而升，司馬階前命張侯，遂命倚旌。著並行也。古文曰遂命獲者倚旌。【疏】“司射”至“倚旌”。○注“著並”至“倚旌”。○釋曰：云“著並行”者，謂司射與司馬有不並行事時。案上文將射，適堂西袒、決、遂，取弓矢於西階上，北面告賓曰“弓矢既具，有司請射”，其時司馬即階前令倚旌，此皆同時，故鄭云“著

---

① “人”字原作“入”，倉石云：“《詳校》‘入’改爲‘人’。”據改。

② “獻釋獲者”下原無“時亦”至“去扑”十一字，曹云：“此下有脱，擬補云‘時亦於西階西釋弓矢去扑’。”據補。

並行”，事如上經，納射器及比三耦以前，司射獨行事，後乃司正爲司馬①，與司射並行事，故記人記之也。

　　凡侯，天子熊侯，白質；諸侯麋侯，赤質；大夫布侯，畫以虎豹；士布侯，畫以鹿豕。此所謂獸侯也，燕射則張之。鄉射及賓射當張采侯二正而記此者，天子、諸侯之燕射，各以其鄉射之禮而張此侯，由是云焉。白質、赤質，皆謂采其地。其地不采者，白布也。熊、麋、虎、豹、鹿、豕，皆正面畫其頭，象於正鵠之處耳。君畫一，臣畫二，陽奇陰偶之數也。燕射，射熊、虎、豹，不忘上下相犯，射麋、鹿、豕，志在君臣相養也。其畫之，皆毛物之。○麋侯，亡悲反。二正，音征，下正鵠同。正鵠，户沃反。射熊，食亦反，下射麋、與射之同。【疏】“凡侯”至“鹿豕”。○注“此所”至“物之”。○釋曰：云“此所謂獸侯也，燕射則張之”者②，《周禮·梓人》云“張獸侯以息燕”，注云“息者，休農息老物也。燕謂勞使臣，若與羣臣飲酒而射”是也③。云“鄉射及賓射當張采侯二正”者，案《周禮·射人》掌賓射，大夫、士同二正，是賓射二正，鄉射無文，知亦采侯二正者，《周禮》賓射與賓客爲射，此鄉射雖與鄉人習禮，亦如賓主行射禮，又非私相燕勞，故約與賓射同也，言“采侯”者，《梓人》云“張五采之侯則遠國屬”，是賓射之侯，故云“采侯”也。云“而記此者，天子、諸侯之燕射，各以其鄉射之禮”者，《燕禮》大射正爲司射，如鄉射之禮，是諸侯燕用鄉射之禮，天子雖無文，據記諸侯燕射既用鄉射之法，明天子燕射亦用鄉射之法也，以天子自用鄉射之禮，諸侯自用鄉射之禮，大夫、士亦各隨其君用鄉射之禮也。用鄉射之禮，謂張侯道五十步及三耦，一與鄉射同。云“張此侯”，則經獸侯是也。云“由是云焉”者，謂由是用鄉射法，故云獸侯於

────────────

　　①　“乃”原作“及”，曹云：“及當爲乃，言如上經文次，則比三耦前，皆司射獨行事，後乃司正爲司馬，與司射並行事，其實行事節次不爾，故記明之。”據改。

　　②　“者”上原無“燕射則張之”五字，曹云：“‘者’上脱‘燕射則張之’五字。”據補。

　　③　“是也”下原有“云燕射則張之者，《燕禮》大射正爲司射，如鄉射之禮，是諸侯燕用鄉射之禮，故云燕射則張之也，天子雖無文，據記天子燕射記，明天子燕射亦用鄉射之法也”數句。其中“云燕射則張之者”一句，曹云“此句衍”，故删。“《燕禮》大射正爲司射”至“亦用鄉射之法也”，曹云：“此文當在‘各以其鄉射之禮者’下，脱爛在此内。‘故云燕射則張之也’句衍。‘據記天子燕射記’句，‘天子’當爲‘諸侯’，下‘記’字當爲‘既’，‘既’下有脱，擬補‘用鄉射之法’五字。或下‘明’字屬‘既’字讀，言據記文諸侯燕射用鄉射法既明，天子燕射自亦用鄉射法也。”據以删改並移置下文“各以其鄉射之禮者”下。

此《鄉射記》也①。云"白質、赤質，皆謂采其地"者，案《周禮·掌蜃》云"共白盛之蜃"，則此以蜃灰塗之，使白爲地，赤質者，亦以赤塗之，使赤爲地。云"不采者，白布也"者，謂大夫、士直云布侯者也。云"熊、麋、虎、豹、鹿、豕，皆正面畫其頭"者，知皆畫首者，以其言貍首者，射不來者之首，明此獸侯等亦正面畫其頭也。云"象於正鵠之處耳"者，案《梓人》云"參分其廣而鵠居一焉"，據大射之侯，若賓射之侯，則三分其侯，正居一焉，若燕射之侯，則獸居一焉，故云象其正鵠之處耳。云"君畫一，臣畫二，陽奇陰偶之數也"者，《禮記·郊特牲》云"君之南鄉，荅陽之義也。臣之北面，荅君也"，是君陽臣陰，又天一生水，地二生火，是一二陰陽之數，故云君一臣二，陽奇陰偶之數也。云"燕射，射熊、虎、豹，不忘上下相犯"者，三者皆猛獸，不苟相下，若君臣之道，亦獻可者，替否者，不苟相從，輒當犯顏而諫似獸等，故用之。云"射麋、鹿、豕，志在君臣相養也"者，案《内則》云"麋、鹿、豕皆有軒"，並是可食之物，故云"相養也"。云"其畫之，皆毛物之"者，此無正文，但畫五三二正之侯②，各以其色，明畫獸侯亦以毛物畫之可知也。

凡畫者，丹質。賓射之侯、燕射之侯，皆畫雲氣於側以爲飾。必先以丹采其地，丹淺於赤。【疏】"凡畫者丹質"③。○注"賓射"至"於赤"。○釋曰：云"賓射之侯、燕射之侯"者，此鄉射以采侯二正，是賓射之侯也，此獸侯又是燕射之侯④，故鄭並言之。云"皆畫雲氣於側以爲飾"者，鄭解經凡言畫者皆畫雲氣，故以雲氣解之也，蓋象雲色。若賓射之侯，天子九十步侯朱、白、蒼、黄、玄五正者，還畫此五色雲氣於其側，七十步侯朱、白、蒼三正者，還畫此三色雲氣於其側，五十步侯朱、綠二正者，還畫此二色雲氣於其側，以爲飾也。云"必先以丹采其地"者，欲畫此五色、三色雲氣時，必先用丹采此地，乃於其上畫雲氣也。天子侯九十步之内，更有七十、五十步侯，畿内諸侯七十步侯内，更有五十步侯，畿外諸侯九十步侯之内⑤，更有七十、五十步侯，其畫之采，皆如其數也，以侯數非一，尊卑又不同，故云"凡"以廣之，言凡畫雲氣以丹爲質地者也。云

---

① "鄉"下原無"射"字，阮云："浦鏜云'鄉'下疑脱'射'字。"據補。

② "五三二"原作"五三三"，孫云："'五三三正之侯'當作'五三二正之侯'，據《射人》文也。"據改。

③ "丹質"原作"質丹"，經作"凡畫者丹質"，張敦仁本標目與經合，謹乙。

④ "獸侯"下原有"也"字，曹云："'也'字衍。"據删。

⑤ "諸侯"下原有"者之"二字，曹云："'者之'二字衍。"倉石云："殿本删'者之'二字，蓋依《通解》。"據删。

“丹淺於赤”者，案《月令》云“乘朱路，駕赤駵，載赤旂，衣朱衣”，朱與赤互言之，即爲一物，又案《冬官·鍾氏》云“以朱湛丹秫”，四入爲朱，色深而湛丹秫，故知丹淺於赤，鄭言此者，欲見以丹爲地，丹上得見赤色雲之義，故言此也。

射自楹閒，物長如笴，其閒容弓，距隨長武。自楹閒者，謂射於庠也。楹閒，中央東西之節也。物，謂射時所立處也。謂之物者，物猶事也，君子所有事也。長如笴者，謂從畫之長短也。笴，矢幹也，長三尺，與跬相應，射者進退之節也。閒容弓者，上下射相去六尺也。距隨者，物橫畫也。始前足至東頭爲距，後足來合而南面爲隨。武，跡也，尺二寸。○謂從，子容反。與跬，丘蘂反，劉闕彼反，一舉足曰跬。【疏】“射自”至“長武”。○注“自楹”至“二寸”。○釋曰：云“自楹閒者，謂射於庠也”，知者，以其言楹閒則是庠，則物當楣，故知非射於序者也。云“楹閒，中央東西之節也”者①，以其楹閒南北無限②，東楹、西楹相當，故知“東西之節也”。云“長如笴者，謂從畫之長短也”者，其下有距隨爲橫，此言物長，是從畫之稱③，故知南北之長短也。云“笴，矢幹也，長三尺”者，以《矢人職》得知也④。云“與跬相應”者，《禮記·祭義》云“故君子跬步而弗忘孝也”，一舉足謂之跬，再舉足謂之步，射者履物不過一跬⑤，故知以三尺爲限也。云“距隨者，物橫畫也。始前足至東頭爲距，後足來合而南面爲隨”者，謂上射、下射並足處皆然，言“長武”，武，跡也，中人之跡尺二寸，謂橫尺二寸也。序則物當棟，堂則物當楣。是制五架之屋也。正中曰棟，次曰楣，前曰庪。○五架，音駕。曰庪，九僞反，又九委反。【疏】“序則”至“當楣”。○注“是制”至“曰庪”。○釋曰：云“是制五架之屋也”者，庠、序皆然，但有室、無室爲異。

命負侯者，由其位。於賤者禮略。【疏】“命負”至“其位”。○釋曰：“其位”者，正據司馬自在己位遙命之，遙命者，由負侯者賤，略之故也，對司射比耦則就其位。經無司馬命負侯之位，故記之也。

---

①　“西”下原無“之”字，阮云：“《要義》同，毛本‘西’下有‘之’字。按注有‘之’字，凡疏疊注語，間有增損，不必悉依原文。”據毛本補。

②　“南北”原作“北面”，四庫本、張敦仁本皆作“南北”，據改。

③　“是從畫之稱”原作“又是從迹之稱”，曹云：“‘又’字衍，‘迹’當爲‘畫’。”據刪改。

④　“以矢人職得知也”，孫云：“《矢人》無笴長之文，三尺亦見注。”

⑤　“射”上原有“步”字，倉石云：“《正字》云‘步’疑衍。”據刪。

凡適堂西，皆出入于司馬之南。唯賓與大夫降階，遂西取弓矢。尊者宜逸，由便也。

旌，各以其物。旌，總名也。雜帛爲物，大夫、士之所建也。言各者，鄉射或於庠，或於謝。【疏】"旌各以其物"。○注"旌總"至"於謝"。○釋曰：云"旌，總名也"者，以《周禮·司常》云九旗，對文"通帛爲旃，雜帛爲物，全羽爲旞，析羽爲旌"各别，今名物爲旌者，散文通，故云"旌，總名也"。云"雜帛爲物，大夫、士之所建也"者，《司常》文。"通帛"者，通體並是絳帛，周所尚赤也。"雜帛"者，中絳，緣邊白也，白，殷之正色，故鄭彼注云"言以先王正道佐職也"[1]。云"各者，鄉射或於庠，或於謝"者，諸侯鄉大夫是大夫，詢衆庶，射於庠，射於謝是諸侯州長[2]，是士春秋習射于謝，大夫、士同建物而云"各者"，雖同建物，杠則大夫五仞[3]，士三仞不同，故云"各"也。無物則以白羽與朱羽糅，杠長三仞，以鴻脰韜上，二尋。無物者，謂小國之州長也。其鄉大夫一命，其州長士不命，不命者無物。此翿旌也，翿亦所以進退衆者。糅，雜也。杠，橦也。七尺曰仞。鴻，鳥之長脰者也。八尺曰尋。今文糅爲縮，韜爲翿。○糅，女又反，雜也。杠，音江。仞，音刃，七尺曰仞。鴻脰，音豆，頸也。韜，吐刀反。此翿，徒刀反。杠橦，直江反。【疏】"無物"至"二尋"。○注"無物"至"爲翿"。○釋曰：云"無物者，謂小國之州長也"者，案《典命》"子男之卿再命，大夫一命，士不命"，大夫一命得建物，士不命則無物，是以不得與上"各以其物"同，别爲此旌。云"此翿旌也"者，據下文"士鹿中，翿旌"也，下云"君國中射，則皮樹中，以翿旌獲"，此不命士與國君同者，士卑不嫌，命士以上尊卑自異也。云"翿亦所以進退衆者"，此非直用之於獲，案《喪大記》君葬時，執翿居前詔傾虧，亦所以進退衆人也。云"七尺曰仞"者，無正文，鄭案《書傳》云"雉長三丈，高一丈"，則牆高一丈，《禮記·祭義》云"築宫，仞有三尺"，牆高一丈，云"仞有三尺"，除三尺之外，只有七尺，故知"七尺曰仞"也。王肅則依《小爾雅》四尺曰仞，孔君則八尺曰仞，所見不同也。云"鴻，鳥之長脰者也"者，脰則項也。云"八尺曰尋"者，亦無正文，《冬官》云車有六等之數，云"殳長尋有四尺"，長丈二而云"尋有四

---

① "言"下原無"以"字，《周禮·司常》鄭注"言"下有"以"字，據補。
② "謝"下原有"於序"二字，曹云："阮云陳、閩俱無'於序'二字。案二字衍。"據删。
③ "杠"字原作"仞"，倉石云："上'仞'字殿本作杠。"四庫本亦作"杠"，據改。

尺”，除四尺則尋長八尺矣。

凡挾矢，於二指之間橫之。二指，謂左右手之第二指。此以食指、將指挾之。○將指，子匠反，中指也。【疏】“凡挾”至“橫之”。○注“二指”至“挾之”。○釋曰：云“二指，謂左右手之第二指”，知左右手皆挾之者，以云“二指之間橫之”，則知左右手也。云“此以食指、將指挾之”者，以左擘指拓弓，右擘指鉤弦，故知挾矢以第二、第三指間，第二指爲食指，《左傳》云“子公之食指動”是也，第三指爲將指，《左傳》云“吳王闔閭傷於將指”是也，故云食指、將指之間挾之。知不在無名指間者，以無名指短，與將指不相應，故知不是也。

司射在司馬之北。【疏】“司射在司馬之北”。○釋曰：經不明言司射與司馬南北相當，故明之也。司馬無事不執弓。以不主射故也。

始射，獲而未釋獲，復釋獲，復用樂行之。君子取人以漸。○始射，食亦反，又食夜反。復用，扶又反，下注不復、復自同。【疏】“始射”至“行之”。○釋曰：“始射，獲而未釋獲”，據三耦射時。云“復釋獲”者，據第二番射時。“復用樂行之”，據第三番射時。

上射於右。於右物射。

楅，長如笴，博三寸，厚寸有半，龍首，其中虵交，韋當。博，廣也。兩端爲龍首，中央爲蛇身相交也。虵、龍，君子之類也。交者，象君子取矢於楅上也。直心背之衣曰當，以丹韋爲之。司馬左右撫矢而乘之，分委於當。○厚寸，戶豆反。直心，音值。而乘，繩證反。【疏】“楅長”至“韋當”。○注“博廣”至“於當”。○釋曰：云“蛇、龍，君子之類也”者，《易》云“龍戰于野，其血玄黃”，鄭注云“聖人喻龍，君子喻蛇”，是蛇、龍總爲“君子之類也”。云“直心背之衣曰當”者，直，通身之言，其楅兩頭爲龍首於背上，通身著當，言當心中央也。知“丹韋爲之”者，周尚赤，上云“凡畫者，丹質”，又《周禮》九旗之帛皆用絳，故知此當亦以丹韋爲之。云“司馬左右撫矢而乘之，分委於當”者，若未分時，總在於當，今則四四在一邊，不謂分訖乃至於兩當也。楅，髤，橫而（拳）〔奉〕之①，南面坐而奠之，南北當洗。髤，赤黑漆也。○髤，虛求反，注同。拳之，音權②。【疏】“楅髤”至“當洗”。○注“髤赤黑漆也”。○釋曰：云“南面坐而奠之”者，取向弟子持矢北面，故南面奠之。云“南北當洗”者，恐南北不知遠近，故記言南北當洗，南北節也。

　　射者有過，則撻之。過，謂矢揚中人。凡射時矢中人，當刑之。今鄉會衆賢，以禮樂勸民而射者中人，本意在侯，去傷害之心遠，是以輕之，以扑撻於中庭而已。《書》曰：“扑作教刑。”○中人，丁仲反，下中人、待中並同③。【疏】“射者”至“撻之”。○注“過謂”至“教刑”。○釋曰：云“是以輕之，以扑撻於中庭而己”，引《書》者，謂《尚書·堯典》之文，彼據教學，故彼注云“不勤道業則撻之”，引之者，於射時司射揩扑，亦是教射法，故引證撻犯禮之過者，是以《尚書》亦云“侯以明之，撻以記之”是也。

　　衆賓不與射者不降。不以無事亂有事。古文與爲豫。○不與，音預，注同。【疏】“衆賓”至“不降”。○注“不以”至“爲豫”。○釋曰：鄉射不得與射者，既誓④，僅有存焉。三賓已上，容其有文無武者，許其不射，故記者言之也。

　　取誘射之矢者，既拾取矢而后兼誘射之乘矢而取之。謂反位已禮成，乃更進取之，不相因也。【疏】“取誘”至“取之”。○注“謂反”至“因也”。○釋曰：云“不相因”者，既自拾取己之乘矢反位，東西望訖，下射乃更向前⑤，兼取誘射之

----

①　“楅髤橫而拳之”，阮云：“‘拳’，《釋文》、唐石經、徐本俱作‘拳’，《通解》、楊氏、敖氏、毛本俱作‘奉’。朱子曰：‘拳當作奉，字之誤也，陸氏音拳，亦非是。’《石經考文提要》云：‘拳訓曲，言制楅之法，漆而橫曲之，其蛇交之處著地，龍首尾拳，曲向上，更設韋當於其背，與上蛇交韋當文義相屬，非設楅時兩手奉之也。《釋文》明注拳音權，《通解》但云拳當作奉而注仍作拳，不改字。’按朱子曰‘拳’當作‘奉’，則未嘗改經也。毛本、《通解》經文竟作‘奉’，卻於疏末綴‘楅橫而拳之’五字，疑非朱子原文。”毛氏汲古閣刊本作“奉”，或當據《通解》等改。
②　“拳之音權”，黃云：“盧云：‘案朱子云橫而奉之，或誤寫爲拳，《釋文》遂以權音，令人失笑。’阮氏《石經校勘記》云：‘橫而拳之，拳，曲也，言制楅之法，漆而曲之，與上蛇交韋當文義相屬，非設楅時兩手奉之也。制楅必拳之者，其蛇交之處著地，龍首尾拳曲向上，更設韋當于其背也。北宋以前皆作拳，朱熹始改爲奉，宜從石經、《釋文》。’”
③　“待”字原作“侍”，黃云：“‘侍’字誤，盧本改作‘待’。”據改。
④　“既”字原作“雖”，曹云：“‘雖’疑當爲‘既’。”據改。
⑤　“下”字原作“上”，曹云：“‘上’當爲‘下’。”據改。

矢,禮以變爲敬,故"不相因"。

　　賓、主人射,則司射擯升降,卒射即席而反位卒事。擯賓、主人升降者,皆尊之也。不使司馬擯其升降,主於射。【疏】"賓主"至"卒事"。○注"擯賓"至"於射"。○釋曰:云"不使司馬擯其升降,主於射"者,必以司射決之者,以司馬本是司正,不主射事,司射主射事,故使司射也。

　　鹿中,髹,前足跪,鑿背,容八筭。釋獲者奉之,先首。前足跪者,象教擾之獸受負也。○奉之,芳勇反。教擾,而小反,劉音饒。【疏】注"前足"至"負也"。○釋曰:服不氏教擾猛獸,猛獸不堪受負,其有合負物者,教擾則屈前足以受負,若今馳受負則四足俱屈之類也。

　　大夫降,立于堂西以俟射。尊大夫,不使久列於射位。【疏】"大夫"至"俟射"。○注"尊大"至"射位"。○釋曰:謂賓、主人①、大夫降時,賓、主先射,大夫則立于堂西,其耦在司馬之西南射位②,大夫且立於堂西,射至,乃取其耦共升射。大夫與士射,袒(薰)〔熏〕襦③,不肉袒,殊於耦。○襦,如朱反。耦少退于物。下大夫也,既發則然。○下大,遐嫁反,下下鄉同。

　　司射釋弓矢視筭,與獻釋獲者釋弓矢。唯此二事休武主文,釋弓矢耳,然則擯升降不釋。【疏】"司射"至"弓矢"。○注"唯此"至"不釋"。○釋曰:此二者經文自具,記之者,以唯此二事釋,欲顯出擯賓④、主升降時不釋,故言之,是以鄭云"然則擯升降不釋"也。

　　禮射不主皮,主皮之射者,勝者又射,不勝者降。禮射,謂以禮樂射也,大射、賓射、燕射是矣。不主皮者,貴其容體比於禮,其節比於樂,不待中爲備

---

　　①　"主"上原無"賓"字,曹云:"'主'上脱'賓'字。"倉石云:"《正字》云'主'上脱'賓'字。"據補。
　　②　"西"下原無"南"字,曹云:"'西'下脱'南'字。"據補。
　　③　"大夫與士射袒薰襦",阮云:"唐石經、徐本、《通解》、楊氏、敖氏同,毛本'薰'作'纁'。按宋本《釋文》亦作'薰',前有司請射疏亦引作'薰'。據《士冠禮》纁裳注云'今文纁皆作薰',則此'薰'字當爲'熏'。"當據改。又,通志堂本《釋文》不見摘"薰"字爲音,僅摘"襦"字爲音。
　　④　"賓"上原無"擯"字,曹云:"'賓'上脱'擯'字。"據補。

也。言不勝者降，則不復升射也。主皮者無侯，張獸皮而射之，主於獲也。《尚書傳》曰：“戰鬭不可不習，故於蒐狩以閑之也。閑之者，貫也。貫之者，習之也。凡祭，取餘獲陳於澤①，然後卿大夫相與射也。中者雖不中也取，不中者雖中也不取。何以然？所以貴揖讓之取也而賤勇力之取。嚮之取也，於圉中，勇力之取也。今之取也，於澤宮，揖讓之取也。”澤，習禮之處，非所行禮，其射又主中，此主皮之射與？天子大射張皮侯，賓射張五采之侯，燕射張獸侯。○體比，毗志反，下同。貫之，音串，下同。鄉之，許亮反，下以鄉同。圉中，音又，一音于救反。射與，音餘。【疏】“禮射”至“者降”。○注“禮射”至“獸侯”。○釋曰：云“禮射，謂以禮樂射也”者，射時有禮，兼作樂，故連樂言之。不言鄉射者，鄉射用采侯，賓射中兼之，故不言也。云“不主皮者，貴其容體比於禮，其節比於樂”者，此即九節、七節、五節，應於樂節是也。云“言不勝者降，不復升射也”者，據主皮射者也，禮射二番不勝，仍待三番，復升射也。“《尚書傳》”者，濟南伏生爲《尚書》作《傳》。云“已祭，取餘獲陳於澤，然後卿大夫相與射也”者，此則《周禮·山虞》田訖，虞人植旗於中，屬禽焉，每禽擇取三十餘，將向國以祭，謂若《大司馬》云“仲春祭社，仲夏享礿，仲秋祀方，仲冬享烝”，已祭，乃以餘獲陳於澤宮中，卿大夫、士共以主皮之禮射取之。云“雖不中”、“雖中”者，據向田時也②。云“非所於行禮”者③，云揖讓取即是行禮而云“非所於行禮”者，揖讓雖是禮，對大射之等，其體比於禮，其節比於樂，爲非所行禮也。云“此主皮之射與”者，《書傳》不言主皮，以義約同，故云“與”以疑之也。云“天子大射”已下者，案《梓人》云“張皮侯而棲以鵠，則春以功”，即此鄭云“天子大射，張皮侯”也④；《梓人》又云“張五采之侯，遠國屬”，即此鄭云“賓射張五采

---

① “凡祭取餘獲陳於澤”，阮云：“‘凡’，《要義》作‘已’，‘取’上有‘則’字。按段玉裁云：‘《射義》天子將祭必先習射於澤，下文又云射中者得與於祭，不中者不得與於祭，是射澤必在祭之先，況禽待祭後而班則委積日久，已字非也。’許宗彦云：‘苟非已祭，何稱餘乎？當作已。’”孫云：“‘凡’字不誤，余初校誤依《要義》改‘已’。餘獲謂王取州之餘，非祭餘也。穀梁昭八年《傳》、《毛詩·車攻傳》所說與《書傳》略同，可以互證，并不云祭後，則不當作‘已祭’，可知段校是也。《禮記·射義正義》引《書傳》亦作‘凡祭’。”疏述注作“已”，且據“已祭”爲說，則賈所見本或作“已”。

② “向”字原作“内”，曹云：“‘内’當爲‘向’。”倉石云：“《正字》云‘内’當‘向’字誤。”據改。

③ “禮”上原無“行”字，阮云：“毛本‘禮’上有‘行’字。”據補。

④ “侯”下原有“一”字，阮云：“《要義》同，毛本無‘一’字。”以下文觀之，“一”爲衍文，據毛本删。

之侯”也；《梓人》又云“張獸侯，以息燕”，即此鄭云“燕射張獸侯”也。鄭言此者，證此是禮射，與主皮異也。若然，天子有澤宮，又有射宮。二處皆行射禮者，澤宮之内有班餘獲射，又有試弓習武之射，若西郊學中射者，行大射之禮，張皮侯者是也。澤宮中射，將欲向射宮，先向澤宮中試弓習武[1]，此習武之射無侯，直射甲革椹質，故《司弓矢職》云“王弓、弧弓，以授射甲革椹質”而注引《圉人職》曰“射則充椹質”是也。

主人亦飲于西階上。 就射爵而飲也。己無俊才，不可以辭罰。【疏】“主人”至“階上”。○注“就射”至“辭罰”。○釋曰：此謂主人在不勝之黨受罰爵之時也。云“就射爵而飲也”者，謂西楹西豐上射爵也。云“己無俊才，不可以辭罰”者，以主人尊，恐不受罰爵，故言此也。

獲者之俎，折脊、脅、肺、臑。 臑，若膞、胳、觳之折，以大夫之餘體。○臑，奴報反，《説文》讀爲儒，《字林》云：臂，羊矢也[2]，人干反。若膞，音純。胳，音格，又音各。觳之，苦角反，又户角反。【疏】“獲者”至“肺臑”。○注“臑若”至“餘體”。○釋曰：上賓、主人已用肩、臂，唯有臑及膞、胳、觳。若脊、脅骨多，尊卑皆有，自臑已下，各得其一。今鄭具言之，欲見科取其一不定，以其若無大夫，獲者得臑，即經所云者，故臑在肺下，欲見無大夫，己合得。若大夫一人，大夫得臑，獲者得膞。若大夫二人，獲者即得胳。若大夫三人，獲者即得觳。若大夫公卿更多，則折之不得整體，或更取餘體也，故鄭又云“折以大夫之餘體”也[3]。

東方謂之右个。 侯以鄉堂爲面也。○右个，音幹，下及注同。【疏】“東方謂之右个”。○注“侯以鄉堂爲面也”。○釋曰：以其經直云左右个，不辨東西，故記人明之也。

釋獲者之俎，折脊、脅、肺，皆有祭。 皆，皆獲者也。祭，祭肺也。以言肺，謂刌肺不離，嫌無祭肺。○謂刌，寸本反。【疏】“釋獲”至“有祭”。○注“皆皆”至“祭肺”。○釋曰：云“以言肺，謂刌肺不離”者，即經中脊、脅、肺，是切肺，與祭肺同也。云“嫌無祭肺”者，此明記人之意，見上已有刌肺不離者，即經中脊、脅、肺，是刌肺，與

---

[1] “武”下原有“之射”二字，曹云：“‘之射’二字衍。”據删。

[2] “矢”字原作“豕”，黄云：“《考證》云：‘《説文》：臑，臂羊矢。徐鍇云：骨形象羊矢。此作羊豕，譌。’”據改。

[3] “故鄭又云折以大夫之餘體也”，孫云：“‘折’當屬上句讀，賈失之。”

祭肺同，嫌更不別有祭肺，故言皆有祭肺。言"皆，皆獲者"，欲見釋獲者與主獲者二者皆別有祭肺，故云"皆"也。若然，上肺即舉肺，案《公食大夫》有切肺與祭肺者[①]，優賓，使賓祭此二者，此亦以切肺爲舉肺者[②]，略賤者之義，是以《有司徹》侑俎羊切肺一，侑豕俎亦切肺一，鄭云"豕又祭肺，不嚌肺，不備禮"，則是略賤之類也。

大夫説矢束，坐説之。明不自尊別也。○尊別，彼列反。

歌《騶虞》若《采蘋》，皆五終，射無筭。謂衆賓繼射者，衆賓無數也。每一耦射，歌五終也。【疏】"歌騶"至"無筭"。○注"謂衆"至"終也"。○釋曰：上用《騶虞》以化民，下用《采蘋》，大夫之樂節，亦可。"皆五終"者，大夫、士皆五節，一節一終，故云"五終"也。鄭言"衆賓無數"者，謂堂下衆賓繼射者，故無數，若堂上衆賓，則三人也。

古者於旅也語。禮成樂備，乃可以言語，先王禮樂之道也。疾今人慢於禮樂之盛，言語無節，故追道古也。凡旅，不洗。敬殺。不洗者不祭。不盛。既旅，士不入。後正禮也，既旅則將燕矣。士入，齒於鄉人。【疏】注"士入齒於鄉人"。○釋曰：以其士立于下，故齒於鄉人也。

大夫後出，下鄉人，不干其賓主之禮。【疏】"大夫後出"。○注"不干其賓主之禮"。○釋曰：賓主及衆賓出後乃出，故云"不干其賓主之禮"。主人送于門外，再拜。拜送大夫，尊之也。主人送賓還，入門揖，大夫乃出，送拜之。【疏】"主人"至"再拜"。○注"拜送"至"拜之"。○釋曰：上文"大夫後出"，是大夫意，不干賓主之禮，此經主人意，故鄭云"拜送大夫，尊之也"。知"主人送賓還，入門揖，大夫乃出，送拜之"者，以其上經云"賓出，主人送于門外，再拜"，此記又云"大夫後出，主人送于門外，再拜"，故知主人送賓還，入門揖，大夫乃出，送再拜之也。

鄉侯，上个五尋，上个，謂最上幅也。八尺曰尋，上幅用布四丈。【疏】"鄉侯上个五尋"。○注"上个"至"四丈"。○釋曰：以五尋，尋八尺，五八四十，故四丈也。中十尺。方者也，用布五丈，今官布幅廣二尺二寸，旁削一寸。《考工記》曰："梓人

---

① "有切肺與祭肺者"，曹云："《公食》以切肺爲舉肺，更無祭肺，疏説似非。"

② "此亦以切肺爲舉肺者"原作"亦以舉肺爲祭肺者"，曹云："'亦'上脱'此'字，'舉'當爲'切'，'祭'當爲'舉'。"據補改。

爲侯，廣與崇方”，謂中也。【疏】“中十尺”。○注“方者”至“中也”。○釋曰：云“方者
也”者，謂侯中正方十尺。云“用布五丈，今官布幅廣二尺二寸，旁削一寸”者，鄭意此
言十尺，用布五幅，幅廣二尺二寸，兩畔各削一寸爲縫，幅各二尺在，故五幅爲一丈也。
漢法幅二尺二寸，亦古制存焉，故舉以爲況。若然，《周禮》、《鄭志》純三尺，只八寸，二
尺四寸者，據繒幅也。《士喪禮》云“亡則以緇長半幅”，注云“半幅，一尺。終幅，二尺”，
亦謂繒而幅二尺者，幅有二種，喪禮略，用其狹者，故《周禮》鄭注云“凡爲神之衣物^①，
必沽而小”是也。引《梓人》者，彼總據三侯，侯中皆廣與崇方，引之證經十尺是方也。

侯道五十弓，弓二寸以爲侯中，言侯中所取數也。量侯道以貍步而云弓者，
侯之所取數，宜於射器也^②。正二寸，骹中之博也。今文改弓爲肱也。○骹，胡飽反，
又下巧反，李又苦教反。肱，古弘反。【疏】“侯道”至“侯中”。○注“言侯”至“肱也”。
○釋曰：云“言侯中所取數也”者，謂侯中大小取數于侯道。云“量侯道以貍步”者，《大
射》文，故彼云以貍步張三侯，是用步耳而云弓者，六尺爲步，弓之下制六尺，與步相
應，“云弓者^③，侯之所取數，宜於射器也”，故此經云弓也。云“正二寸者，骹中之博也”
者，案《周禮·弓人》云“骹解中有變焉”，謂弓弣把中側骨之處博二寸，故於此處取數
焉。**倍中以爲躬**，躬，身也，謂中之上下幅也，用布各二丈。【疏】“倍中以爲躬”。
○注“躬身”至“二丈”。○釋曰：身謂中上、中下各橫接一幅布者，故鄭云“中之上下
幅，用布各二丈”也。**倍躬以爲左右舌**，謂上个也。居兩旁謂之个，左右出謂之
舌。【疏】“倍躬以爲左右舌”。○注“謂上”至“之舌”。○釋曰：言“謂上个”者，對下个
不得倍躬，故“謂上个也”。云“居兩旁謂之个^④，在躬之兩傍則謂之个。云“左右出謂
之舌”，謂躬外兩相各出一丈，若人舒舌，故下云“下舌半上舌”，據出者而言也。**下舌
半上舌**。半者，半其出於躬者也^⑤，用布三丈。所以半上舌者，侯，人之形類也。上
个象臂，下个象足。中人張臂八尺，張足六尺，五八四十，五六三十，以此爲衰也。凡

---

① “鄭”下原無“注”字，曹云：“‘鄭’下脫‘注’字。”倉石云：“‘鄭’下《正字》補‘注’
字。”據補。
② “於射”字原作“於躬”，阮云：“徐本同，毛本‘於躬’作‘用射’，聶氏、《通解》、楊
氏俱作‘於射’。”疏述注亦作“於射”，據改。
③ “云”上原有“而”字，曹云：“‘而’字衍。”據刪。
④ “云”下原無“居”字，曹云：“‘云’下脫‘居’字。”據補。
⑤ “躬”字原作“射”，阮云：“徐本同，毛本‘射’作‘躬’。”據改。

鄉侯,用布十六丈,數起侯道五十弓以計。道七十弓之侯,用布二十五丈二尺。道九十弓之侯,用布三十六丈。○爲衰,初危反。【疏】注"半者"至"六丈"。○釋曰:"半者,半其出於躬者也"者,以其言舌,故知半其出者也。云"用布三丈"者,上舌兩相各一丈,今下舌兩相各五尺,通躬二丈,故云"用布三丈"也。云"侯,人之形類也"者,人形上廣下狹故也。云"五八四十",據上个四丈,"五六三十",據下个三丈,以此上下爲衰差也。云"凡鄉侯,用布十六丈,數起侯道五十弓以計"者,"用布十六丈"者,中五幅,幅一丈,用布五丈,上下躬各二丈,總四丈,上个四丈,下个三丈,是總十六丈也。云"道七十弓之侯,用布二十五丈二尺"者,道七十弓,弓取二寸,二七十四,侯中丈四尺,七幅,幅有丈四尺,中用布九丈八尺,上下躬各用布二丈八尺,上下總用布五丈六尺,上个倍躬爲五丈六尺,下舌半上舌,上舌出者兩相各出丈四尺,下舌半之,兩相各出七尺,下舌用布一丈四尺,通躬二丈八尺,總計用布四丈二尺也,通計用布二十五丈二尺。云"道九十弓之侯,用布三十六丈"者,弓取二寸,九十弓,侯中丈八尺,侯中用布九幅,幅別丈八尺,中用布十六丈二尺,倍中以爲躬,上下躬各用布三丈六尺,上下總七丈二尺,倍躬以爲左右舌,上舌用布亦七丈二尺,下舌亦半上舌,上舌出者丈八尺,下舌半之,則下舌總用布五丈四尺,以此計之,總用布三十六丈也。

箭籌八十,箭,篠也。籌,筭也。筭八十者,略以十耦爲正,貴全數。其時衆寡從賓。○篠也,息了反。【疏】"箭籌八十"。○注"箭篠"至"從賓"。○釋曰:云"箭,篠也"者,謂以箭爲籌。射之耦,隨賓多少,今言八十,舉成數,以十耦爲文。但一者數之始,十者數之終,以十耦爲成數也。長尺,有握,握素。握,本所持處也,素,謂刊之也。刊本一膚。○刊之,苦干反。【疏】"長尺有握握素"。○注"握本"至"一膚"。○釋曰:云"長尺",復云"有握",則握在一尺之外,則此籌尺四寸矣。云"刊本一膚"者,《公羊傳》僖三十一年云"觸石而出,膚寸而合,不崇朝而徧雨乎天下者,唯泰山爾",何休云"側手爲膚",又《投壺》云"室中五扶",注云"鋪四指曰扶,一指案寸",皆謂布四指,一指一寸,四指則四寸。引之者,證握、膚爲一,謂刊四寸也。

楚扑長如笴,刊本尺。刊其可持處。

君射則爲下射,上射退于物一笴,既發則荅君而俟。荅,對也。此以下雜記也。今文君射則爲下。君,樂作而后就物。君,袒朱襦以射。君尊。小臣以巾執矢以授。君尊不擂矢、不挾矢,授之稍屬。○稍屬,章欲反。

若飲君，如燕，則夾爵。謂君在不勝之黨也。賓飲君，如燕賓勝觚于公之禮，則夾爵。夾爵者，君既卒爵，復自酌。○若飲，於鳩反，注同。則夾，古洽反，劉古協反。觚于，音孤。君國中射則皮樹中，以翿旌獲，白羽與朱羽糅。國中，城中也，謂燕射也。皮樹，獸名。以翿旌獲，尚文德也。今文皮樹爲繁豎[1]，糅爲綹。古文無以。○爲綹，吐刀反。【疏】“以翿旌獲”。○注“國中”至“無以”。○釋曰：知城中是燕射者，以其下有賓射、大射，不在國中[2]，故國中是燕射，以其燕在寢故也。云“以翿旌獲，尚文德也”者，以其燕主歡心，故旌從不命之士，亦取“尚文德”之義。必知取“尚文德”者，以其以文德者舞文舞羽舞也，以武德者舞武舞干舞也，此既用羽，知取“尚文德也”。於郊則閭中，以旌獲。於郊，謂大射也。大射於大學。《王制》曰：“小學在公宮之左，大學在郊。”閭，獸名，如驢一角，或曰如驢歧蹄。《周書》曰：“北唐以閭。”析羽爲旌。○大學，音泰。歧蹄，巨支反，一音支。析羽，悉歷反。【疏】“於郊”至“旌獲”。○注“於郊”至“爲旌”。○釋曰：知“於郊，謂大射也”者，案《大射》云“公入，《驁》”，從外來入，此既言“於郊”，故知大射在郊也。云“大射於大學”者，據諸侯而言也。天子大射在虞庠小學，以其天子大學在國中，小學在郊，諸侯不得立大學在國，立大學在郊，故鄭引《王制》“小學在公宮之左，大學在郊”，是殷法，諸侯用焉，故引爲證。必知諸侯立大學在郊者，見《詩·魯頌》有頖宮，《禮記》云“故魯人將有事於上帝，必先有事於頖宮”，鄭云“頖宮，郊之學也”，則《詩》泮宮，此郊學是也。云“閭，獸名，如驢一角，或曰如驢歧蹄。《周書》曰：北唐以閭”者，歧蹄已上，《山海經》文，《周書》見於《國語》也[3]。於竟則虎中，龍旜。於竟，謂與鄰國君射也。畫龍於旜，尚文章也。通帛爲旜。○於竟，音景，注同。龍旜，之然反。【疏】“於竟則虎中龍旜”。○注“於竟”至“爲旜”。○釋曰：“與鄰國君射”，則賓射也，以其君有送賓之事，因送則射。云“尚文章也”者，亦若翿旌也。云“通帛爲旜”，《司常》文，鄭注云“凡九旗之帛皆用絳”，則通帛者，正幅爲絳，長尋曰旐，繫旐曰斿，通體皆用絳帛爲之，名旜。大夫兕中，各以其物獲。兕，獸名，似牛，一角。○兕中，徐履反，《山海經》云：狀如牛，蒼

---

[1]　“樹”下原無“爲”字，阮云：“徐本同，毛本‘樹’下有‘爲’字，‘豎’作‘竪’，《通解》兩見，二十一卷有‘爲’字，二十卷無‘爲’字，‘竪’俱從‘豆’。”據補。

[2]　“國”下原無“中”字，阮云：“聶氏、《要義》同，毛本‘國’下有‘中’字。”據補。

[3]　“周書見於國語也”，孫云：“《周書》出《王會篇》，此云《國語》誤。”

黑色，可重千斤。【疏】"大夫"至"物獲"。○注"兕獸名似牛一角"。○釋曰：下有士，則此專據大夫爲文而云"各以其物"者，公、侯、伯大夫再命，子、男之大夫一命，爲卿大夫，刀數雖同，旒依命數不同，故云"各"，又下云"士，翿旌以獲"，唯小國之州長不命者，則公、侯之州長一命有旌，亦入物中，則"各"内兼之矣，故云"各"。"兕，似牛，一角"，案《爾雅》及《山海經》知之。士鹿中，翿旌以獲。謂小國之州長也。用翿爲旌以獲，無物也。古文無以獲。唯君有射于國中，其餘否。臣不習武事於君側也。古文有作又，今文無其餘否。【疏】"唯君"至"餘否"。○注"臣不"至"餘否"。○釋曰：天子、諸侯皆燕射在國，又天子賓射在朝，亦在國，大夫、士燕射、賓射不在國，大夫又得行大射，雖無郊學，亦不得在國，是以孔子爲鄉射，射於矍相之圃，是其一隅。若然，此鄉射亦不在國中[①]，亦宜在國外，故記人於此見之也。君在，大夫射則肉袒。不袒薰襦，厭於君也。今文無射。○厭，一涉反。【疏】"君在"至"肉袒"。○注"不袒"至"於君"。○釋曰：上云大夫與士射袒纁襦，今與君射爲厭，與士同，故肉袒也。

---

①　"中"字原作"射"，阮云："下'射'字毛本作'中'，《要義》作'射'。"據毛本改。

500

儀禮疏卷第十四　儀禮卷第六

燕禮第六

○燕禮第六，鄭云："諸侯無事，若卿大夫有勳勞之功，與羣臣燕飲以樂之禮也。"【疏】"燕禮第六"。○鄭《目録》云："諸侯無事，若卿大夫有勤勞之功，與羣臣燕飲以樂之。燕禮於五禮屬嘉禮[1]。《大戴》第十二，《小戴》及《别録》皆第六。"○釋曰：案上下經注，燕有四等：《目録》云諸侯無事而燕，一也；卿大夫有王事之勞，二也；卿大夫又有聘而來還，與之燕，三也；四方聘客與之燕，四也。若然，《目録》云"卿大夫有勤勞之功"，兼聘使之勞[2]、王事之勞二者也[3]。知臣子覜聘還，與之燕者，《四牡》勞使臣是也。知有王事之勞燕者，下記云"若以樂納賓，則賓及庭奏《肆夏》"，鄭注云"卿大夫有王事之勞，則奏此樂焉"是也。知君臣無事有燕者，案《魯頌》云"夙夜在公，在公明明。振振鷺，鷺于下。鼓咽咽，醉言舞，于胥樂兮"，鄭箋云"君臣無事則相與明義明德而已。絜白之士，羣集於君之朝，君以禮樂與之飲酒，燕樂以盡其歡"，是其無事而燕也。又知"賓及庭奏《肆夏》"是己之臣子有王事之勞者，案《郊特牲》云"賓入大門而奏《肆夏》"，鄭注云"賓，朝聘者"，是異國聘賓入大門奏《肆夏》，故知記云"賓及庭奏《肆夏》"者是己之臣子也。又知異國聘賓有燕者，《聘禮》所云燕與時賜者是也。

燕禮。小臣戒與者。小臣相君燕飲之法。與者，謂留羣臣也。君以燕禮勞使臣，若臣有功，故與羣臣樂之，小臣則警戒告語焉，飲酒以合會爲歡也。○戒與，音預，注與者同。相君，息亮反。勞，力報反，下君勞、以勞同。使臣，所吏反，下文使者、使臣皆同。樂之，音洛，下尚樂、宴樂同。告語，魚據反。【疏】"燕禮小臣戒與者"。

---

① "嘉"下原無"禮"字，倉石云："下奪'禮'字，各本俱有。"據補。

② "兼聘使之勞"原作"聘使之勞兼"，曹云："'兼'字當在'聘'上。"倉石云："'兼'，殿本移於'聘'字上。"據乙。

③ "者也"原作"也者"，汪刊單疏作"者也"，據乙。

○釋曰：自此已下盡"射人告具"，論告戒羣臣及陳饌之事。必使小臣戒與者，以其燕爲聘使者爲主，兼與舊在者歡樂之，故今戒可與之人，使依期而至。○注"小臣"至"歡也"。○釋曰：云"小臣相君燕飲之法"者，案《周禮・大僕職》云"王燕飲則相其法"，又案《小臣職》云"凡大事佐大僕"，則王燕飲，大僕相，小臣佐之，此諸侯禮降於天子，故宜使小臣相，是以下云"小臣師一人在東堂下"，注云"師，長也。小臣之長一人，猶天子大僕，正君之服位者也"，是諸侯小臣當大僕之事。云"與者，謂留羣臣也"者，謂羣臣留在國不行者也。云"君以燕禮勞使臣，若臣有功"者，此即《目録》"卿大夫有勤勞之功"，勞使臣即《四牡》勞使臣也，"若臣有功"，即王事之勞也，故鄭總云卿大夫勤勞之功。若然，鄭不言與羣臣無事燕者，以其經云"戒與者"，功勞之外與及之爲有事之臣燕，不得云無事燕者，故不言之。案《大射》云"君有命戒射"者，以其大射辨尊卑，故云"君有命"，明政教由尊者出，燕禮主歡心，不辨尊卑，故不言"君有命"。**膳宰具官饌于寢東**。膳宰，天子曰膳夫，掌君飲食膳羞者也。具官饌，具其官之所饌，謂酒也、牲也、脯醢也。寢，露寢。【疏】"膳宰"至"寢東"。○注"膳宰"至"路寢"。○釋曰：以其燕在寢，故"膳宰具官饌于寢東"，擬燕時設之。云"膳宰，天子曰膳夫，掌君飲食膳羞者也"者，以其天子有宰夫，兼有膳夫，掌君飲食，諸侯亦有宰夫，復有膳宰，掌君飲食，與天子膳夫同，故引天子膳夫並之。云"具官饌，具官之所饌"者，謂卿大夫、士之饌總饌之，《大射》亦用燕禮，直云官饌，不言膳宰，與此同，不言者，文不具。云"謂酒也、牲也、脯醢也"，知者，案下所設亦有此三者，牲即"其牲，狗也"。云"寢，路寢"者，以其饗在廟，服朝服，下記云"燕，朝服於寢"，既朝服則宜於正處[1]，在路寢，不在燕寢可知，故云"路寢"也。案《公食大夫》云"凡宰夫之具饌于東房"，不使膳宰者，彼食異國之大夫，敬之，故使宰夫具饌，此燕己臣子，故使膳宰卑者具饌。必知膳宰卑於宰夫者，案天子宰夫下大夫，膳夫上士，天子膳夫卑於宰夫，則知諸侯膳宰亦卑於宰夫者也。**樂人縣**。縣，鍾、磬也[2]。國君無故不徹縣，言縣者，爲燕新之。○人縣，音玄，

---

① "寢"下原無"既朝服則宜於"六字，阮云："朱子曰：'於寢下疑脱既朝服則宜於六字。'"據補。

② "縣鍾磬也"，阮云："'鍾'，俗本作'鐘'，徐、葛、《集解》、《通解》俱作'鍾'，後賓執脯以賜鍾人於門内雷，周學健云：'鍾鼓之鍾，古皆作鍾。三《禮》無鐘字，俗本或作鐘，皆後人所改也。'按後凡鍾字放此，不悉校。'磬'，徐本作'磬'，後同。"

注同。爲燕，于僞反，下爲卿、爲拜同。【疏】“樂人縣”。○注“縣鍾”至“新之”。○釋曰：案《大射》樂人宿縣，在射前一日，又具辨樂縣之位者，以其大射在學宮，學宮不常縣樂，射乃設之，故射前一日縣之，又辨樂縣之位。此燕在路寢，有常縣之樂，今言“樂人縣”者，“爲燕新之”而已，故不在燕前一日，又不辨樂縣之處，又直云“樂人”，未知樂人意是何官？案《周禮·春官·大司樂》云“凡樂事，宿縣”，又案《樂師》云“凡樂成，則告備”，是天子有大司樂，并有樂師之官，案《序官》“樂師，下大夫四人，上士八人，下士十有六人”，以此知天子有大司樂、樂師，諸侯無大司樂，直有大樂正、小樂正，以其諸侯兼官，此二者皆當天子樂師大夫及士，則諸侯樂師不用大夫，大樂正當上士，小樂正當下士爲之，故鄭下注云“樂正，于天子樂師也”，《大射》注亦云“小樂正，於天子樂師”。若然，縣樂之法，案《周禮·眡瞭職》云“掌大師之縣”，鄭注云“大師當縣則爲之”，案下僕人相大師[1]，則諸侯無眡瞭，則使僕人縣樂，大師以聲展之，樂師又監之。云“縣，鍾、磬也”者，案《小胥》“天子宮縣，諸侯軒縣”，面皆鍾、磬、鎛各一虡，“大夫判縣，士特縣”，不得有鎛，故云“鍾、磬”，案下唯有磬而無鍾，而云“鍾、磬”者，鄭汎解樂縣法，故兼言鍾，其實諸侯之士特縣磬而已[2]。云“國君無故不徹縣”者，案《曲禮》唯有“大夫無故不徹縣，士無故不去琴瑟”，不言國君，但“大夫無故不徹縣”，則國君無故亦不徹縣可知，鄭以燕禮爲國君法，故以義約之也。云“言縣者，爲燕新之”者，更整理樂縣之法，爲新之也。**設洗（篚）于阼階東南[3]，當東霤。罍水在東，篚在洗西，南肆。設膳篚在其北，西面。**設此不言其官，賤也。當東霤者，人君爲殿屋也，亦南北以堂深。肆，陳也。膳篚者，君象觚所饌也，亦南陳。言西面，尊之，異其文。○東霤，力又反。罍水，音雷，又力回反。象觚，音孤。【疏】“設洗”至“西面”。○注“設此”至“其文”。○釋曰：云“設此不言其官，賤也”者，決膳宰具官饌，樂人縣，司宮設尊，皆言其官，獨此不言官，故知“賤也”，案《少牢》“司宮設罍水”，大夫兼官，此國君禮，或可別人爲之，但無文，故鄭不細辨。云“當東霤者，人君爲殿屋也”者，漢時殿

---

① “案下僕人相大師”，倉石云：“此經下文並無僕人，《大射》則有之。”

② “案下唯有磬”至“特縣磬而已”，曹云：“此經下文並無磬，《鄉飲》則有之，此疏，弼或疑焉。”

③ “設洗篚于阼階東南”，敖繼公云：“諸篇‘設洗’無連言‘篚’者，此有之，衍文耳。下別云‘篚在洗西’，則於此言‘篚’，文意重複，且篚在洗西，亦不可以東霤爲節，其衍明矣。”當據删。

屋四向流水，故舉漢以況周。言"東霤"，明亦有西霤，對大夫、士言東榮，兩下屋故也。云"亦南北以堂深"者，亦《士冠禮》、《鄉飲酒》等也。云"膳篚者，君象觚所饌也"者，案下文"洗象觚，升實之，東北面獻于公"是也，但尊君，不可與臣同篚，故別設之也①。云"亦南陳"者，亦陳之南肆者也。"言西面，尊之，異其文"者，欲見膳篚西面，南肆者亦西面，此不同言"南肆"②，而言"西面"，是尊君之篚，故"異其文"也。**司宮尊于東楹之西，兩方壺，左玄酒，南上。公尊瓦大兩，有豐，幕用綌若錫，在尊南，南上。尊士旅食于門西，兩圜壺。** 司宮，天子曰小宰，聽酒人之成要者也。尊方壺，爲卿大夫、士也，臣道直方。於東楹之西，予君專此酒也。《玉藻》曰："唯君面尊。"玄酒在南，順君之面也。瓦大，有虞氏之尊也。《禮器》曰："君尊瓦甒。"豐形似豆，卑而大。幕用綌若錫，冬夏異也。在尊南，在方壺之南也。尊士旅食者用圜壺，變於卿大夫也。旅，衆也。士衆食，謂未得正禄，所謂庶人在官者也。今文錫爲緆。○瓦大，音泰，尊名，注同，下放此。用綌，去逆反。若錫，悉歷反，劉音余章反。兩圜，音圓。瓦甒，亡甫反。卑而，如字，劉又音婢。爲緆，悉歷反，又余章反，又羊豉反。【疏】"司宮"至"圜壺"。○注"司宮"至"爲緆"。○釋曰：云"司宮，天子曰小宰，聽酒人之成要者也"者，案《天官·小宰職》"掌建邦之宮刑，以治王宮之政令"，是小宰掌宮事，此諸侯無小宰，有司宮，明司宮亦當掌宮刑、治宮之政令可知，是司宮掌宮事，與小宰同，又案《酒正》云"酒正之出，日入其成，月入其要，小宰聽之"，此司宮亦設酒尊，當掌酒事與小宰同，是以知此諸侯司宮當天子小宰者也。若然，案《酒正》云"酒正之出，日入其成，月入其要，小宰聽之"，案彼文則是小宰聽酒正之成要，此注云"聽酒人成要"者，案彼注云"出，謂授酒材及用酒之多少也。受用酒者，日言其計於酒正，酒正月盡言於小宰"，云"日言其計於酒正"者，是酒人也，酒正月盡總言於小宰，則是小宰所聽者並是酒人所言，故鄭之此注據酒人而言也。云"尊方壺，爲卿大夫、士也"者，以其燕總有卿大夫、士，又別有"公尊瓦大兩"，故知方尊爲此人也。云"於東楹之西，予君專此酒也"者，此決《鄉飲酒》、《鄉射》皆於房户之間，賓主共之，此"於東楹之西"，向君設之，人君尊，專大惠，故云"予君專此酒也"。引《玉藻》者，欲見尊面向君，順君面，非賓主共之意。案《少儀》云"尊壺者面其鼻"，鄭注云"鼻在面中，言鄉人也"，鄉人

---

① "設"原作"釋"，曹云："'釋'當爲'設'。"據改。

② "同"字原作"可"，曹云："'可'當爲'同'。"據改。

者，據此《燕禮》尊面向君面言。《少儀》又云“尊者以酌者之左爲上尊”，《鄉飲酒》云“尊兩壺于房户之間，玄酒在西”，又《鄉射》云“尊於賓席之東，兩壺，斯禁，左玄酒”，鄭注云“設尊者北面，西曰左”，此等皆據設尊之人及酌者北面而言[①]，玄酒在左，若據尊面而言[②]，即南面，以右爲尊。此燕禮尊面向君，據君面以左爲尊，玄酒在南，若據酌者，不得背君而西面，當尊西東面，則酌者之右爲上尊，是以下文媵爵于公者“交於東楹北”也。云“瓦大，有虞氏之尊也”者，《明堂位》文。引《禮器》“君尊瓦甒”，《大射》亦云“膳尊兩甒”，不引《大射》而引《禮器》者，鄭欲同此三者之文，皆是一物故也。云“豐形似豆，卑而大”者，據漢法而知，但豆徑尺，柄亦長尺，此承尊之物，不可同於常豆，故知“卑而大”，取其安穩也。云“幎用綌若錫[③]，冬夏異也”者，夏宜用綌，冬宜用錫，葛之粗者曰綌，按《喪服傳》云“錫者何也？麻之有錫者也。錫者，十五升抽其半，無事其縷，有事其布曰錫”，鄭注云“治其布使之滑易”是也。云“在尊南，在方壺之南也”者，其幎本爲瓦大設，今未用，陳在方壺之南者，不可在方壺、瓦大之間相雜故也[④]。瓦大不言玄酒者，以其言瓦大兩，又言南上，有玄酒在南可知。凡無玄酒者，直陳之而已，不言上下，是以此尊士旅食直云“兩圜壺”，《大射》亦云“兩圜壺”，《特牲》尊兩圜壺於阼階，西方亦如之，皆是無玄酒，不言上下也。又凡用醴者無玄酒，《士冠禮》醴子，《昏禮》醴婦，《聘禮》醴賓，醴皆無玄酒，質故也。《昏禮》房外之尊無玄酒，鄭云“略之”，此及《大射》尊士旅食無玄酒，鄭云“賤”也，《特牲》、《少牢》陽厭納一尊無玄酒，鄭注云“禮殺”也。《士喪》、《既夕》、《士虞》皆有酒醴，無玄酒者，以凶變於吉故也。《特牲》東西階兩壺無玄酒者，注云“優之”。云“士衆食，謂未得正禄”者，以其士、大夫已上得正禄，《王制》云“下士九人禄，中士倍下士，上士倍中士，下大夫倍上士，卿四大夫禄”，皆正禄，此則未得正禄。云“所謂庶人在官者也”者，所謂《王制》文，故《王制》云“庶人在官者，其禄以是爲差”，謂府史胥徒，謂府八人禄，史七人禄，胥六人，徒五人，皆非正禄，號爲

---

① “據”下原無“設尊之人及”五字，曹云：“‘據’下有脱，下句‘設尊之人及’五字當在此。”據乙。

② “若據”下原有“設尊之人及”五字，曹云：“‘設尊之人及’五字當移上句‘此等皆據’四字下。”已乙。

③ “幎用綌若錫”原作“幎夏綌冬錫”，曹云：“此誤，注作‘幎用綌若錫’。”據改。

④ “其幎本爲瓦大設”至“相雜故也”，此疏恐誤。朱子云：“謂瓦大在方壺之南耳。”此説得經、注之實。曹云：“不可在方壺、瓦大之間，謂二者酒與玄酒之間也。”此亦是袒護疏説之論。

士旅食者也。**司宫筵賓于户西，東上，無加席也。**筵，席也，席用蒲筵，緇布純。無加席，燕私禮，臣屈也。諸侯之官無司几筵也。○布純，之閏反，又章允反，後放此。【疏】“司宫”至“席也”。○注“筵席”至“筵也”。○釋曰：云“筵，席也”者，案《周禮·序官·司几筵》鄭注云“鋪陳曰筵，藉之曰席。然其言之，筵、席通”，若然，“鋪陳曰筵”者，先鋪一席在地者，“藉之曰席”，據重已上相承藉者，筵、席一也，故鄭云“筵、席通”。云“席用蒲筵，緇布純”者，案《公食大夫記》云“蒲筵常，緇布純，加萑席尋，玄帛純”，彼有加席，故有萑在上，此無加席，故言“席用蒲”。云“無加席，燕私禮，臣屈也”者，對《公食大夫禮》異國之賓有加席，禮得申。云“諸侯之官無司几筵也”者，對天子有司几筵布席，諸侯兼官，使司宫設尊并設席。**射人告具。**告事具於君。射人主此禮，以其或射也。【疏】“射人告具”。○注“告事”至“射也”。○釋曰：云“射人主此禮，以其或射也”者，案《公食大夫禮》“贊者負東房，告具”，以其無射，故使贊者，此乃“射人告具”，與《大射》同。案下文“若射，則不獻庶子”[1]，言“若”者，或射或不，故此鄭注云“以其或射”，言“或”亦是不定之義。案《大射》告具之上有“羹定”，此不言“羹定”者，文不具也。

　　小臣設公席于阼階上，西鄉，設加席。公升，即位于席，西鄉。《周禮》：“諸侯阼席，莞筵紛純，加繅席畫純。”後設公席者，凡禮，卑者先即事，尊者後也。○西鄉，許亮反，本又作曏，下及注同。莞筵，音官。加繅，音早。【疏】“小臣”至“西鄉”。○注“周禮”至“後也”。○釋曰：自此下盡“諸公卿者”，論君臣位次及命羞者之事。注引《周禮》者，《司几筵》之文也。彼諸侯祭祀神席及受酢之席，此乃燕飲之席，引之者，欲見燕飲與受酢席同。若饗諸侯來朝，則《郊特牲》云“大饗，君三重席而酢焉”是也，燕他國之臣，即《郊特牲》云“三獻之介，君專席而酢焉”，此降尊以就卑也，故君單席受酢也。云“後設公席者，凡禮，卑者先即事，尊者後也”者，此燕私禮，故賤者先即事，《大射》辨尊卑，故先設公席，後設賓席也。**小臣納卿大夫，卿大夫皆入門右，北面東上。士立于西方，東面北上。祝史立于門東，北面東上。小臣師一人在東堂下，南面。士旅食者立于門西，東**

---

① “案下文若射則不獻庶子”，倉石云：“下文祇有‘若射則大射正爲司射’，無‘不獻庶子’文。案《大射儀》云：‘若命曰復射，則不獻庶子。’此疏牽混二者而爲一，疑誤。”

上。納者，以公命引而入也。自士以下，從而入，即位耳。師，長也。小臣之長一人，猶天子大僕，正君之服位者也。凡入門而右由闑東，左則由闑西。○師長，丁丈反，下同。大僕，音泰，下大宰、大平、大王皆同。由闑，魚列反。【疏】“小臣”至“東上”。○注“納者”至“闑西”。○釋曰：云“卿大夫皆入門右，北面東上”者，此是擬君揖位，故下經君爾之始就庭位[①]。云“士立於西方，東面北上”者，此是士之定位，士賤，故不待君揖，入門即就定位。云“祝史立於門東，北面東上”者，案《大射》“大史在豻侯之東北，北面”，不言祝，此言祝史，不言大史者，《大射》下文云“大史俟於所設中之西[②]，東面，以聽政”，嫌其位初在此，不在豻侯之東北，故著大史以明之，其餘祝史彼不言者，以其大射先行燕禮，此《燕禮》有祝史，故於彼不言，省文也。云“納者，以公命引而入也”者，雖無正文，進止由君，故知“以公命”者也。云“自士已下，從而入即位耳”者，對大夫以上，小臣引之就門東揖位，未就庭位，“自士已下”，不須引，從大夫而入，徑即庭位。云“師，長也。小臣之長一人，猶天子大僕，正君之服位者也”者，案《夏官·大僕識》云“掌正王之服位，出入王之大命”，彼下文有小臣之官，上士四人，其職云“掌王之小命，詔相王之小法儀”，諸侯兼官，無大僕，唯有小臣出入君之教命，正君之服位，但諸侯小臣之官有上下，是以《大射》云“小臣師、從者在東堂下，南面西上”，又云“小臣正贊祖”，若然，諸侯小臣正，次有小臣師，《大射禮》小臣正相君，小臣師佐之，正常在君左右[③]，不在堂下之位，故唯云“小臣師、從者在堂下，南面”，此燕輕，宜有小臣師及從者相君燕飲，小臣正一人無事得在堂下，此言小臣師，即大僕、小臣正，一也，故鄭以爲當天子大僕。云“凡入門而右由闑東，左則由闑西”者，鄭云“凡入門”者，廣解賓、主人入門之義，案《曲禮》云“大夫、士出入君門，由闑右”，又《玉藻》云“公事自闑西，私事自闑東”，言“私事”，即“大夫、士出入君門”，一也，又與此經卿大夫、士入君門亦由闑右同，“公事自闑西”者，即《聘禮》聘賓入由闑西是也。若然，此注云“入門而右由闑東”者，是臣朝君之法也，左即由闑西者，是聘賓入門之法。**公降立于阼階之東南，南鄉，爾卿，卿西面北上，爾大夫，大夫皆少進。**爾，近也、移也。揖而移

---

① “爾之始”原作“始爾之”，阮云：“毛本‘始爾之’作‘爾之始’，《通解》同。”據乙。
② “大射”下原有“及”字，曹云：“‘及’字衍。”據刪。
③ “常”上原無“正”字，四庫本於“常”上補“正”字，周學健云：“監本脫‘正’字。按常在君左右者小臣正也，此與小臣師對言，補之乃明。”據補。

之,近之也。大夫猶北面,少前。○之近,附近之近。【疏】"公降"至"少進"。○注"爾近"至"少前"。○釋曰:《曲禮》云"揖人必違其位",是以公將揖卿大夫,降立於阼階之東南,南面揖之。變揖言爾者,爾訓近也、移也,卿大夫得揖,移近中庭也,是以鄭云"揖而移之,近之也"。云"大夫猶北面,少前"者,三卿五大夫初入門右,同北面,三卿得揖,東相西面,五大夫得揖,中庭少進,北面不改,故云"大夫猶北面,少前"。射人請賓。命當由君出也。【疏】"射人請賓"。○注"命當由君出也"。○釋曰:案《大射》云"大射正擯",擯者請賓,此直云"射人請賓",不云爲擯者,但射人有大小,大者爲大射正,其次爲司射,又其次爲小射正①,悉監射事,見於《大射禮》,大射辨尊卑②,故云大射正爲擯,此燕禮或因燕而射,以其禮輕,或大射正爲擯,或小射正爲擯,此二者皆是射人,故直云"射人請賓",不定尊卑也。既當請君,不辨射人面位者,以其君南面,射人北面可知,故不言。公曰:"命某爲賓。"某,大夫也。【疏】"公曰命某爲賓"。○注"某大夫也"。○釋曰:知大夫非卿者,以其賓主相對,既以宰夫爲主人③,是大夫,明賓亦是大夫,《燕義》云"不以公卿爲賓而以大夫爲賓,爲疑也",故知是大夫。射人命賓,賓少進,禮辭,命賓者,東面南顧。禮辭,辭不敏也。【疏】"射人"至"禮辭"。○注"命賓"至"敏也"。○釋曰:鄭知"命賓者,東面南顧"者,《少儀》云"詔辭自右",明知在君之右,"東面"者,向君,"南顧"者,向賓便也。知"禮辭,辭不敏"者,取《孝經》曾子云"參不敏"爲義。反命。射人以賓之辭告於君。又命之,賓再拜稽首,許諾,又,復。○又復,扶又反,下復盥、復言、復再拜、又復、將復、而復同。射人反命。告賓許。賓出,立于門外,東面。當更以賓禮入。【疏】"賓出"至"東面"。○注"當更以賓禮入"。○釋曰:前卿大夫從臣禮相從而入,故出,"更以賓禮入",是以下經"賓入,及庭,公降一等揖之"。公揖,卿大夫乃升就席。揖之,

---

① "其次"至"小射正"原作"其次爲射正,又其次爲司正",曹云:"'其次爲射正',阮云'毛本爲下有小字',案毛本是,又案此句與下句倒,當云'其次爲司射,又其次爲小射正'。"據改乙。

② "大"下原無"射"字,曹云:"'大'下脱'射'字。"據補。

③ "宰"上原無"既以"二字,阮云:"《要義》同,毛本、《通解》'宰'上有'既以'二字。"據補。

入之也。【疏】"公揖"至"就席"。○注"揖之入之也"。○釋曰：言"入之"者，公將反升堂[①]，故以入意相存偶，是以揖之乃升。**小臣自阼階下北面，請執冪者與羞膳者。**執冪者，執瓦大之冪也，方、圜壺無冪也。羞膳，羞於公，謂庶羞。【疏】"小臣"至"膳者"。○注"執冪"至"庶羞"。○釋曰：云"執冪者，執瓦大之冪也，方、圜壺無冪"，鄭知者，以其上文"冪用綌"文，承瓦大之下，方、圜壺不言冪，故知義然。云"羞於公，謂庶羞"者，知"羞於公"者，以其言"羞膳"，據君而言，又與"執冪者"連文，冪據君，明"羞膳"據公可知，又知是"庶羞"者，以其脯醢稱薦，明羞是庶羞。**乃命執冪者，執冪者升自西階，立於尊南，北面東上。**以公命，於西階前命之也。東上，玄酒之冪爲上也。羞膳者從而東，由堂東升自北階，房中西面南上。不言之者，不升堂，略之也。【疏】"乃命"至"東上"。○注"以公"至"略之也"。○釋曰：鄭知"西階前命之"者，案下記云"羞膳者與執冪者皆士也"，士位在西方，東面，故知西階前以君命命之。云"東上，玄酒之冪爲上也"者，以其唯瓦大兩有冪，玄酒尊於正酒，經云"東上"，故知玄酒之冪爲上。"羞膳者"以下盡略之，鄭知義然者，以經直云"執冪者升自西階"，羞膳者無升文，又且東面階、西面階婦人之階，非男子之所升，則羞者升自北階。知"由堂東"者，以羞在房，又《大射》云"工人士與梓人升自北階"。知"房中西面南上"者，約《士冠禮》脯醢在房中服北，"贊者盥于洗西，升，立于房中，西面南上"，下注云"近其事也"。言"略之"者，解不由前堂升。執冪與羞膳臨時請者，以其諸侯兼官，有常職先定，亦有臨時命之者，是以經與記直云士，不言其官。不請羞賓者，下記約與君同，亦用士也。**膳宰請羞于諸公卿者。**小臣不請而使膳宰，於卑者彌略也。禮以異爲敬。【疏】"膳宰"至"卿者"。○注"小臣"至"爲敬"。○釋曰：言"彌略"者，上請賓使射人，請執冪使小臣，已是其略，今羞諸公卿乃使膳宰，膳宰卑於小臣，故云"彌略也"。知膳宰卑於士者，《周禮》膳夫是上士，此諸侯膳宰明非上士，且禮之大例，薦羞者尊於設俎者，公士爲薦羞，膳宰設俎，故知膳宰卑也。

---

① "反"字原作"及"，曹云："'及'似當爲'反'。"據改。

（射人）〔擯者〕納賓①。射人爲擯者也。今文曰擯者。【疏】"射人納賓"。○注"射人"至"擯者"。○釋曰：自此至"賓以虛爵降"，論賓升堂，主人獻賓之事。案《大射》"大射正擯"，此云"射人爲擯"，與上"射人請賓"義同，還是小射正也。賓入，及庭，公降一等揖之。及，至也。至庭，謂既入而左北面時。【疏】"賓入"至"揖之"。○注"及至"至"面時"。○釋曰：鄭知"至庭，謂既入而左北面時"者，以其云"賓入，及庭"，"賓入"謂入門時，"及庭"謂賓入門而出堂塗北面，是其當公降揖之節，故知"北面時"也。公升，就席。以其將與主人爲禮，不參之也。【疏】"公升就席"。○注"以其"至"之也"。○釋曰：鄭知"將與主人爲禮，不參之"者，下經云"賓升，主人亦升"，是其賓與主人爲禮，不得相參之也。賓升自西階，主人亦升自西階，賓右北面，至再拜，賓荅再拜。主人，宰夫也。宰夫，大宰之屬，掌賓客之獻飲食者也。其位在洗北，西面。君於其臣，雖爲賓，不親獻，以其尊，莫敢亢禮也。至再拜者，拜賓來至。天子膳夫爲獻主。○敢亢，苦浪反，敵也。【疏】"賓升"至"再拜"。○注"主人"至"獻主"。○釋曰：知主人是宰夫者，案《禮記・燕義》云"使宰夫爲獻主"是也。云"宰夫，大宰之屬"者，案《天官》云"大宰，卿一人。小宰，中大夫二人。宰夫，下大夫四人"，宰夫屬大宰，故云"大宰之屬"。云"掌賓客之獻飲食者也"者，案《宰夫職》云"凡朝覲、會同、賓客，掌其牢禮、委積、膳獻、飲食"，引之者，證宰夫爲主人之義。云"其位在洗北，西面"者，案下文獻大夫下，"胥薦主人于洗北，西面"是也。云"君於其臣，雖爲賓，不親獻，以其尊，莫敢亢禮也"者，此略取《燕義》文，"設賓主，飲酒之禮。使宰夫爲獻主，臣莫敢與君亢禮。不以公卿爲賓而以大夫爲賓，爲疑，明嫌之義也"，是君不親爲主人之事也。云"天子膳夫爲獻主"者，案《膳夫職》云"王燕飲酒，則爲獻主"是也，案《燕義》注云"天子使膳宰爲主人"，則是膳宰、膳夫一人也，上文注云"膳宰，天子曰膳夫"者，欲見天子、諸侯之臣名異，其實同也。主人降洗，洗南，西北面。賓將從降，鄉之。【疏】"主人"至"北面"。○釋曰：此宰夫代君爲獻主，升降不

① "射人"漢簡本作"擯者"，沈云："鄭注：'今文曰擯者。'簡本用今文。《泰射》同節'泰（大）射正擯'，'擯者納賓'，簡本與今本同。《燕禮》以射人爲擯者，《大射》以射人之長爲擯者。《燕禮》省'射人爲擯'句，變更之節不明，故古文本仍用未變易之名稱。當從今文。"當據改。

由阼階，與賓同，由西階升降，故降自西階，當洗南北面，今“西北面”者，鄭云“賓將從降，鄉之”，當辭賓降故也。案《鄉飲酒》、《鄉射》主人降，洗爵，在階下辭賓降者，彼賓主異階，故在階下，不在洗南也。**賓降，階西東面。主人辭降，賓對。**對，荅。**主人北面盥，坐取觚洗。賓少進，辭洗。主人坐奠觚于篚，興對，賓反位。**賓少進者，又辭，宜違其位也。獻不以爵，辟正主也。古文觚皆爲觶。○辟正，音避，下辟正主、辟君皆同。爲觶，章豉反。【疏】“主人”至“反位”。○注“賓少”至“爲觶”。○釋曰：“賓少進者，又辭，宜違其位也”者，言“又辭”，對前“主人辭降”，今又賓“辭洗”，言“少進”者，前賓降，賓在階下，《曲禮》云“揖人必違其位”，以其賓又“辭洗”，宜違本位也。云“獻不以爵，避正主也”者，此宰夫爲主人，非正主，故用觚，對《鄉飲酒》、《鄉射》是正主皆用爵。**主人卒洗，賓揖乃升。**賓每先升，尊也。【疏】“主人”至“乃升”。○注“賓每先升尊也”。○釋曰：“每先升”者，前賓初升時，先云“賓升自西階”，後云“主人亦升自西階”，此“賓揖，乃升”，下云“主人升”，故云“賓每先升”。賓先升者，尊賓故也。**主人升，賓拜洗，主人賓右奠觚荅拜，降盥。**主人復盥，爲拜手坋塵也。○坋，步困反，劉扶悶反。塵，如字，劉直吝反。【疏】“主人”至“降盥”。○注“主人”至“塵也”。○釋曰：言“復盥”者，前盥爲洗爵，此盥爲汙手。**賓降，主人辭，賓對。卒盥，賓揖升，主人升，坐取觚。**取觚，將就瓦大酌膳。**執冪者舉冪，主人酌膳，執冪者反冪。**君物曰膳，膳之言善也。酌君尊者，尊賓也。【疏】注“君物”至“賓也”。○釋曰：言“君物曰膳，膳之言善也”者，言君物，總衆物之名，上云設膳篚、設膳尊，膳之言善，所以別於臣子之尊篚也。云“酌君尊者，尊賓也”者，大夫爲賓，賓亦臣子而酌膳尊，尊賓故也。必尊之者，立賓以對君故也。**主人筵前獻賓，賓西階上拜，筵前受爵，反位，主人賓右拜送爵。**賓既拜，前受觚，退復位。**膳宰薦脯醢，賓升筵，膳宰設折俎。**折俎，牲體骨也。《鄉飲酒記》曰：“賓俎，脊、脅、肩、肺。”【疏】“膳宰”至“折俎”。○注“折俎”至“肩肺”。○釋曰：引《鄉飲酒記》者，《燕禮》不言賓之牲體之數，此《燕禮》既與《鄉飲酒》同用狗，則與此賓之牲體數同，故引以爲證也。**賓坐，左執爵，右祭脯醢，奠爵于薦右，興，取肺，坐絕祭，嚌之，興，加于俎，坐挩手，執爵，遂祭酒，興，席末坐，啐酒，降席，坐奠爵，拜，告旨，執爵興，主人**

苔拜。降席，席西也。旨，美也。○嚌之，才計反。挩手，始鋭反。坐啐，七内反。【疏】“賓坐”至“苔拜”。○注“降席”至“美也”。○釋曰：云“降席，坐奠爵，拜”，鄭云“降席，席西”，不言面，案前體例，降席，席西拜者皆南面，拜訖則告旨。**賓西階上北面坐卒爵，興，坐奠爵，遂拜，主人苔拜。**遂拜，拜既爵也。【疏】“賓西”至“苔拜”。○注“遂拜拜既爵也”。○釋曰：經云“坐卒爵”，又云“興，坐奠爵，遂拜”，“遂拜”之文隔“坐奠”辭，嫌遂拜不爲拜既爵，故鄭明之，云“遂拜，拜既爵也”。

　　賓以虚爵降，將酢主人。○酢主，才各反。【疏】“賓以虚爵降”。○注“將酢主人”。○釋曰：自此已下盡“序内，東面”，論賓酢主人之事。鄭知“將酢主人”者，下經論酢主人之事，故知也。**主人降，賓洗南坐奠觚，少進，辭降，主人東面對。**上既言爵矣，復言觚者，嫌易之也。《大射禮》曰：“主人西階西，東面，少進，對。”今文從此以下，觚或皆爲爵[①]。【疏】“主人”至“面對”。○注“上既”至“爲爵”。○釋曰：云“上既言爵矣，復言觚者，嫌易之也”者，上文主人洗觚獻賓後[②]，云“賓以虚爵降”，此經又云“坐奠觚”，中閒言爵者，欲見對文一升曰爵，二升曰觚，散文即通，觚亦稱爵，以此言之，此觚即前爵，周公作經，嫌易之，故復言觚也。引《大射禮》者，此經直有“主人降”，又云“主人東面對”，不辨主人立處，又無“少進”之文，大射先行燕禮，與此同，故引以爲證。**賓坐取觚，奠于篚下，盥洗。**篚下，篚南。**主人辭洗。**謙也。今文無洗。**賓坐奠觚于篚，興對，卒洗，及階，揖升。主人升，拜洗如賓禮。賓降盥，主人降，賓辭降。卒盥，揖升，酌膳，執幂如初，以酢主人于西階上。主人北面拜受爵，賓主人之左拜送爵。**賓既南面授爵，乃之左。【疏】“賓坐”至“送爵”。○注“賓既”至“之左”。○釋曰：鄭云“賓既南面授爵，乃之左”，鄭知南面授爵與主人者，以經言“主人北面拜受爵”，明賓於東楹之西，東面酌膳訖，向西階南面授主人可知，授爵訖，乃之主人之左，北面拜送爵，故鄭云“南面授爵，乃之左”也。**主人坐祭，不啐酒，**辟正主也。未薦者，臣

---

① “觚”下原無“或”字，沈云：“以下者，指此並下‘賓坐取觚’、‘賓坐奠觚于篚’三觚字今文俱作‘爵’。然獻賓今文用觚，酢主人不易其爵，則今文仍當作‘觚’。注云‘皆爲爵’者，或本作爵，脱或字耳。”據補。

② “賓”下原無“後”字，曹云：“‘賓’下脱‘後’字。”據補。

也。【疏】"主人坐祭不啐酒"。○注"辟正"至"臣也"。○釋曰:案《鄉飲酒》、《鄉射》皆是正主,經直云"祭如賓禮",亦不見有啐酒之事,未知正主有啐不。此云"不啐","辟正主"者,案文可知,以《燕禮》、《大射》啐酒、告旨並不爲者,經云"不啐酒"、"不告旨",並言"不",《鄉飲酒》、《鄉射》直云"不告旨",不言"不啐酒",明主人啐矣,《有司徹》儐尸之禮,尸酢主人云"席末,坐啐酒",《特牲》、《少牢》尸酢主人,主人皆有啐酒,是其雖不告旨,亦有啐酒之事①。云"未薦者,臣也"者,對賓禮獻訖,則薦脯醢,此主人是臣,故獻訖不薦,至獻大夫下,"胥薦主人于洗北"是也。**不拜酒,不告旨**,主人之義。【疏】"不拜酒不告旨"。○注"主人之義"。○釋曰:拜酒主爲告旨②,但告旨者,賓拜訖,告主人酒美③,《鄉飲酒》、《鄉射》正主人不拜酒,不告旨,主人無自告美,故此主人代君爲主,不得直云"主人",故云"主人之義"。**遂卒爵,興,坐奠爵,拜,執爵興,賓荅拜。主人不崇酒,以虛爵降,奠于篚。**崇,充也。不以酒惡謝賓,甘美君物也。**賓降,立于西階西。**既受獻矣,不敢安盛。**射人升賓,賓升,立于序内,東面。**東西牆謂之序。《大射禮》曰:"擯者以命升賓。"【疏】"射人"至"東面"。○注"東西"至"升賓"。○釋曰:"東西牆謂之序"者,《爾雅》文。引《大射禮》者,證此經云"射人升賓"之時,亦得君命。

主人盥,洗象觚,升,實之,東北面獻于公。象觚,觚有象骨飾也。取象觚者東面。【疏】"主人"至"于公"。○注"象觚"至"東面"。○釋曰:自此下盡"奠于膳篚",論主人獻公之事。云"取象觚者東面"者,以膳篚南有臣之篚,不得北面取,又不得南面背君取,從西階來,不得篚東西面取,以是知"取象觚者東面"也。**公拜受爵,主人降自西階,阼階下北面拜送爵。士薦脯醢,膳宰設折俎,升自西階。**薦,進也。《大射禮》曰:"宰胥薦脯醢,由左房。"○宰胥,劉思叙反,一音如字,下胥薦同。【疏】"公拜"至"西階"。○注"薦進"至"左房"。○釋曰:凡此篇内,公應先拜者,皆後拜之,尊公故也,是以下舉旅行酬,皆受酬者先拜,公乃荅拜,此

---

① "亦"字原作"唯",曹云:"'唯'似當爲'亦'。"據改。

② "主"下原有"人"字,曹云:"'人'字衍。"據删。

③ "告主人"原作"主人告",曹云:"'告'字當在'主人'上,殿本'主'上增'向'字。"據曹校乙。

公先拜受爵者,受獻禮重故也,是以下文主人受公酢^①,得酌膳,燕主歡故也^②,《大射》主人受公酢酌散者^③,辨尊卑故也。云"士薦脯醢,膳宰設折俎"者,案前獻賓薦脯醢及設折俎皆使膳宰者,賓卑故也,今於公"士薦脯醢,膳宰設折俎"異人,以其士尊於膳宰,君尊,故使士薦。必知士尊於膳宰者,以其諸侯膳宰當天子膳夫,上士二人,諸侯降等,膳宰則卑,故下記云"羞膳者與執羃者皆士也",鄭注云"尊君也,膳宰卑於士",是其士尊也。大射主於射,略於飲酒,故公及賓同使宰胥薦脯醢,庶子設折俎,此燕禮燕私,主於羞,故賓之薦俎、庶羞同使膳宰,君之脯醢、庶羞同使士,尊官爲之。大射必使庶子設折俎者,案《周禮》庶子下大夫,大射序尊卑,變於燕禮,故尊官爲之。引《大射禮》者,證此經脯醢從左房而來,天子、諸侯有左右房,故得言左房,大夫、士無右房,故言東房而已。**公祭如賓禮,膳宰贊授肺,不拜酒,立卒爵,坐奠爵,拜,執爵興。**凡異者,君尊,變於賓也。【疏】"公祭"至"爵興"。○注"凡異"至"賓也"。○釋曰:云"凡異者,君尊,變於賓也"者,云"凡"非一,謂"膳宰贊授肺"、"立卒爵",又上文"士薦脯醢",皆是異於賓,故言"凡"以廣之。**主人荅拜,升受爵以降,奠于膳篚。**

　　更爵洗,升,酌膳(酒)以降^④,酢于阼階下,北面坐奠爵,再拜稽首,公荅再拜。更爵者,不敢襲至尊也。古文更爲受。【疏】"更爵"至"再拜"。○釋曰:自此已下盡"主人奠爵于篚",論主人受公酢之事。主人受公酢而自酌者,不敢煩公,尊君之義。○注"更爵"至"爲受"。○釋曰:獻君、自酢同用觚,必更之者,襲,因也,不敢因君之爵,《喪服傳》云"君至尊也",故以君爲至尊也。**主人坐祭,遂卒爵,再拜稽首,公荅再拜,主人奠爵于篚。**

　　主人盥洗,升,媵觚于賓,酌散,西階上坐奠爵,拜。賓(賓)

---

① "文"字原作"云",曹云:"'云'當爲'文'。"據改。
② "主"字原作"上",阮云:"《要義》同,毛本'上'作'主'。"據改。
③ "者"上原無"酌散"二字,曹云:"'者'上脱'酌散'二字。"倉石云:"'者'上殿本補'酌散'二字。"據補。
④ "酌膳酒以降",敖繼公云:"上下文'酌膳'皆無'酒'字,此有者衍也。"當據刪。

降筵①，北面荅拜。媵，送也，讀或爲揚。揚，舉也。酌散者，酌方壺酒也，於膳爲散。今文媵皆作騰。○媵觚，上以證反，又繩證反，送也。酌散，思旦反，注及下同。

【疏】"主人"至"荅拜"。○釋曰：自此盡"東南面立"，論主人酬賓之事。案前受獻訖，"立于序内"以來，未有升筵之事，案《鄉飲酒》、《大射》酬時，皆主人阼階上坐奠爵②，拜，賓西階上北面荅拜，酬前賓皆無逆在席者，又以下文"賓奠于薦東，賓降筵西，東南面立"，以此約之，則此無升筵之事，或言"降筵"者，蓋誤。○注"媵送"至"作騰"。○釋曰：云"媵，送也，讀或爲揚。揚，舉也"者，案《禮記·檀弓下》云"知悼子卒，未葬。平公飲酒，師曠、李調侍，鼓鍾。杜蕢自外來，升，酌，曰：曠飲斯。又酌，曰：調飲斯"，注云"皆罰"，"平公曰：寡人亦有過焉，酌而飲寡人。杜蕢洗而揚觶"，注云"舉爵於君也。《禮》揚作媵。揚，舉也。媵，送也。揚近得之"，若然，此注"今文媵作騰"，騰與媵皆是送義，讀從《檀弓》杜蕢揚觶之揚，揚訓爲舉，義勝於媵送，故讀從之也。**主人坐祭，遂飲，賓辭，卒爵拜，賓荅拜。**辭者，辭其代君行酒不立飲也。此降於正主酬也。【疏】"主人"至"荅拜"。○注"辭者"至"酬也"。○釋曰：案《鄉飲酒》、《鄉射》主人酬賓，皆坐卒觶，此主人酬賓亦坐飲，賓辭之者，上文獻君，君立卒爵，此主人代君酬賓，亦宜立飲，今"主人坐祭，遂飲"，故鄭云"辭者，辭其代君行酒不立飲"。云"此降於正主酬也"者，正主謂《鄉射》、《飲酒》正主酬處。**主人降洗，賓降，主人辭降，賓辭洗。卒洗，揖升，不拜洗。**不拜洗，酬而禮殺。○禮殺，所界反，下皆同。**主人酌膳，賓西階上拜，**拜者，拜其酌己。【疏】"主人酌膳"。○釋曰：自此至"薦東"，此爲酬賓。若然，案《鄉飲酒》、《鄉射》主人酬賓，皆主人實觶，席前北面，賓始

---

① "賓"字漢簡本不重，沈云："阮云：'賓，唐石經、敖氏俱不重，徐本、《集釋》、《通解》、《要義》、楊氏、毛本俱重。《石經考文提要》云：《大射禮》此節不疊賓字。'朱大韶云：'不重賓字是也。禮於獻酬酢但言坐奠爵拜，未有言主人言拜賓者。《鄉飲》、《鄉射》二禮皆云：阼階上北面坐奠爵，遂拜，執觶興，賓西階上答拜。飲、射主賓分階，燕、大射公席於阼，故賓主人皆於西階。《大射儀》與此同，亦不言拜賓。'朱氏據儀注推斷今本衍一'賓'字，今得簡本，其説遂得證實。"當據刪一"賓"字。

② "阼階"原作"西階"，《鄉飲酒》主人酬賓節云："主人實觶酬賓，阼階上北面坐奠觶，遂拜，執觶興，賓西階上荅拜。"《鄉射禮》主人酬賓節云："主人實觶，酬之，阼階上北面坐奠觶，遂拜，執觶興，賓西階上北面荅拜。"此言"西階上坐奠爵"，"西階"當爲"阼階"，涉下文而誤，謹改。

西階上拜，此及《大射》主人始酌膳時，賓已西階上拜者，以其燕禮、大射皆是主人代君勸酒，其賓是臣，急承君勸，不敢安暇，故先拜也。主人又不坐奠於薦西，賓祭訖，遂南面奠於薦東，不北面奠也①。**受爵于筵前，反位，主人拜送爵。賓升席，坐祭酒，遂奠于薦東。**遂者，因坐而奠，不北面也。奠之者，酬不舉也。**主人降，復位。賓降筵西，東南面立。**賓不立於序內，位彌尊也。位彌尊者，其禮彌卑。《記》所謂一張一弛者，是之類與？○壹弛，尸氏反。類與，音餘，下人與並同。【疏】"主人"至"面立"。○注"賓不"至"類與"。○釋曰：云"賓不立于序內，位彌尊也。位彌尊者，其禮彌卑"者，案上初賓得獻，降升之時，序內立，是不敢近賓席，是禮尊而賓卑，至此酬訖，立於席西，是賓位彌尊，禮漸殺，故云"彌卑"也。云"《記》所謂一張一弛者"，《禮記·雜記》文，案彼孔子謂子貢黨正飲酒，"百日之蜡，一日之澤"，以弓弩喻，是一張一弛之法，此獻時爲盛，是一張也，酬時爲殺，是一弛也，無正文，故云"是之類與"，言"與"以疑之。

　　小臣自阼階下請媵爵者，公命長。命長，使選卿大夫之中長幼可使者。○命長，丁丈反，後不出者同。【疏】"小臣"至"命長"。○注"命長"至"使者"。○釋曰：自此盡"公荅再拜"，論使下大夫媵爵於公之事。此旅酬從公而起，故須大夫之中長幼可使者。知非卿大夫最長而云"長幼可使者"，案下文"大夫長升受旅"，是長幼次第，非專最長，則此命長，非最長，是長幼之中可使者也。**小臣作下大夫二人媵爵。**作，使也。卿爲上大夫，不使之者，爲其尊。○爲其，于僞反，下爲拜、猶爲、爲其、爲恭同②。【疏】"小臣"至"媵爵"。○注"作使"至"其尊"。○釋曰：案《王制》"上大夫卿"，是卿爲上大夫。云"不使之者，爲其尊"者，謂若主人與賓，使下大夫不使卿之類也。**媵爵者阼階下皆北面再拜稽首，公荅再拜。**再拜稽首，拜君命也。**媵爵者立于洗南，西面北上，序進盥，洗角觶，升自西階，序進酌散，交于楹北，降阼階下，皆奠觶，再拜稽首，執觶興，公荅再**

---

①　"主人酌膳釋曰"至"不北面奠也"，此節疏文原在下節鄭注"奠之者，酬不舉也"下，阮云："按此疏當在上節，今附此節，非也。"據以移置於此。

②　"恭"字原作"祭"，黃云："'祭'，宋本同，盧本改作'恭'。張氏《識誤》云：'案鄭注曰：欲以臣禮燕，爲恭敬也。'此'祭'當作'恭'。"據改。

拜。序，次第也，猶代也。楹北，西楹之北也。交而相待於西階上，既酌，右還而反，往來以右爲上。【疏】"媵爵"至"再拜"。○釋曰："西面北上"者，是未盥相待之位。"序進盥"，則北面向洗。○注"序次"至"爲上"。○釋曰：云"楹北，西楹之北也"者，二大夫盥手洗爵訖，先者升西階，由西楹之北向東楹之西，東面酌酒訖，右還，由西楹北向西階上北面，後者升西階，亦由西楹之北向東楹之西，酌酒訖，亦由西楹之北向西階上北面相待①，乃次第而降，故云"交而相待於西階之上，既酌，右還而反，往來以右爲上"。云"以右爲上"者，謂在洗南西面及階上北面時，先者在右，地道尊右故也。媵爵者皆坐祭，遂卒觶，興，坐奠觶，再拜稽首，執觶興，公荅再拜。媵爵者執觶待于洗南。待君命也。【疏】"媵爵"至"洗南"。○注"待君命也"。○釋曰：云"執觶待于洗南"，"待君命"者，以其君尊臣卑，雖自飲訖，猶執觶待于洗南②，以待君命也。小臣請致者。請使一人與？二人與？優君也。【疏】"小臣請致者"。○注"請使"至"君也"。○釋曰：案下二人俱致，禮法當然，以不敢必君舉③，故云"一人與？二人與"，取君進止，是優君也。若君命皆致，則序進奠觶于篚，阼階下皆再拜稽首，公荅再拜。媵爵者洗象觶，升實之，序進，坐奠于薦南，北上，降阼階下，皆再拜稽首送觶，公荅再拜。序進，往來由尊北，交于東楹之北，奠于薦南，不敢必君舉也。《大射禮》曰："媵爵者皆退，反位。"【疏】"若君"至"再拜"。○注"序進"至"反位"。○釋曰：云"序進④，往來由尊北，交于東楹之北"者，前二人酌酒，降自西階，故交于西楹之北，此酌酒，奠于君所，故交于東楹之北。交于東楹北者，以其酒尊所陳，在東楹之西，東向而陳⑤，其尊有四，并執冪者在南，不得南頭以之君所，又唯君面尊，尊東西面酌酒以背君，故先酌者東面酌訖，由尊

---

① "西"上原無"向"字，阮云："段玉裁校本'西'上有'向'字。"據補。

② "猶"字原作"故"，曹云："'故'當爲'猶'。"倉石云："'故'，《正字》依《通解》改作'猶'。"據改。

③ "以"上原有"是"字、"舉"下原有"也"字，曹云："'是'、'也'二字衍。"據刪。

④ "進"下原重"進"字，阮云："《要義》、毛本不重'進'字。"曹云："下'進'字衍。"據刪。

⑤ "東"字原作"西"，曹云："'西'當爲'東'。"據改。

北，又楣北往君所奠訖，右還而反，後酌者亦於尊北，又於楣北，與反者交①，先者於南西過，後者於北東行，奠訖亦右還而反，相隨降自西階。云“奠于薦南，不敢必君舉也”者，案《鄉飲酒》《鄉射》皆云“奠者於左②，將舉者於右”，是《鄉飲酒》一人舉觶及二人舉觶，皆奠于薦右，今言媵爵於公，是將舉旅，當奠於薦右而奠於薦左，故云“不敢必君舉也”。引《大射禮》者，此經二人階下再拜稽首送觶，無反位之文，故引《大射》媵爵者皆退，反門右北面位。

公坐取大夫所媵觶，興以酬賓。賓降，西階下再拜稽首。公命小臣辭，賓升成拜。興以酬賓，就其階而酬之也。升成拜，復再拜稽首也，先時君辭之，於禮若未成然。【疏】“公坐”至“成拜”。○注“興以”至“成然”。○釋曰：自此至“奠于篚”，論公爲賓舉旅之節。“公坐取大夫所媵觶”者，取上媵北觶③。云“興以酬賓，就其階而酬之也”者，經但云“興以酬賓”，鄭知公就西階者，以其賓降拜，不於阼階下而言西階下，故知公在賓西階上也，不言西階者，以公尊，空其文也。云“升成拜，復再拜稽首也，先時君辭之，於禮若未成然”者，凡臣於君，雖爲賓，與君相酬，受爵不敢拜於堂上，皆拜於堂下，若君辭之，聞命即升，若堂下拜訖，君辭之即升堂，復再拜稽首，所以然者，以堂下再拜而君辭之，若未成然，故復升堂再拜稽首以成之，升則不云“再拜稽首”，直云“成拜”，以堂下既有“再拜稽首”，則此文是也。若堂下未拜之間，聞命則升，升乃再拜稽首，則不得言“升成拜”，以其堂下未拜，即下經云“小臣辭，賓升，再拜稽首”，鄭注“不言成拜者，爲拜故下，實未拜”是也。凡臣拜於君有三等：初受酬④，拜於堂下，或親辭，或遣小臣辭，成與未成⑤，如上説；至公卒觶⑥，雖下堂拜，未即拜，待君辭，即此下經云“公坐奠觶，荅再拜，執觶興，立卒觶。賓下拜，小臣辭，賓

---

① “者”下原有“而”字，曹云：“‘而’衍字。”據刪。

② “案”下原無“鄉飲酒”三字，阮云：“‘按’下一本增‘鄉飲’二字。周學健云：‘既有皆字，則當兼鄉飲明矣。’浦鏜改‘皆’爲‘記’。按下云‘是鄉飲酒一人舉觶’云云，則‘鄉射’上固當有‘鄉飲酒’三字，浦鏜非。”據補。

③ “媵”字原作“楣”，據上經、注，西楣、東楣之北爲媵爵者序進往來相交之處，不得置觶。二媵爵者所致之二觶同在薦南，但南北並陳而以在北者爲上，故疑“楣”當爲“媵”，謹改。

④ “酬”字原作“獻”，曹云：“‘獻’當爲‘酬’。”據改。

⑤ “未”字原作“不”，曹云：“‘不’當爲‘未’。”據改。

⑥ “公卒觶”原作“於酬酒”，曹云：“‘於酬酒’三字或當爲‘公卒觶’。”據改。

升，再拜稽首”，注云“不言成拜者，爲拜故下，實未拜也。下不輒拜，禮殺也”；此篇末無筭爵，受公賜爵者皆下席，堂上再拜稽首①，不堂下拜者，禮末又輕於酬時。**公坐奠觶，荅再拜，執觶興，立卒觶。賓下拜，小臣辭，賓升，再拜稽首。**不言成拜者，爲拜故下，實未拜也。下不輒拜，禮殺也。此賓拜于君之左，不言之者，不敢敵偶于君。【疏】“公坐”至“稽首”。○注“不言”至“於君”。○釋曰：云“此賓拜于君之左，不言之者，不敢敵偶于君”者，上注云公酬賓于西階上②，則此賓升再拜者，拜于君之左可知，經不言拜于君之左者，若言再拜于君之左，則臣與君敵偶，故鄭云“不言之者，不敢敵耦于君”，闕其文也。**公坐奠觶，荅再拜，執觶興。賓進受虛爵，降奠于篚，易觶洗。**君尊，不酌故也。凡爵，不相襲者也。於尊者言更，自敵以下言易。更作新。易，有故之辭。進受虛爵，尊君也。不言公酬賓於西階上及公反位者，亦尊君，空其文也。【疏】“公坐”至“觶洗”。○注“君尊”至“文也”。○釋曰：云“君尊，不酌故也”者，以其君酬賓，當親酌以授賓，今賓自酌者③，君尊，不酌與臣故也。云“凡爵，不相襲者也。於尊者言更，自敵以下言易”者，“於尊者言更”，謂受尊者之爵及與尊者爵皆言更，上文主人獻公訖，“受爵以降，奠于膳篚，更爵洗”，酌膳以自酢，是受尊者之爵言更也，下文云賓酬卿，“若膳觶也，則降更觶”，鄭注云“言更觶，卿尊也”，是與尊者之爵言更。云“自敵以下言易”者，謂與卑者之爵及受卑者之爵皆云易，此文公酬賓云“賓進受虛爵，降奠于篚，易觶洗”，言易者，賓卑④，以公舉觶酬賓，是與卑者，故言易也，上文大夫二人媵爵于公者卒觶，“執觶待于洗南，小臣請致者。若君命皆致，則序進奠觶于篚，阼階下再拜稽首。媵爵者洗象觶，升實之，序進，坐奠於薦南”，是受卑者之爵合言易而不言者，理自明，又不言易者⑤，奠散觶，洗象觶，隔“再拜稽首”，故不復言易也。若然，主人受公酢，賓受公酬，二者之爵皆從尊者來，所以受酢爲受尊者之爵言更，受酬爲與卑者之爵言易者，以其主人受酢，由己獻公，公報己，己所當得，是以爲受尊者之爵言更也，賓受公酬，以公舉媵觶就西階上以酬賓，

---

① “拜”上原無“再”字，曹云：“‘拜’上脱‘再’字。”據補。
② “云”上原無“注”字，曹云：“‘云’上脱‘注’字。”據補。
③ “賓”下原有“爵”字，曹云：“‘爵’字衍。”據删。
④ “卑”字原作“尊”，曹云：“‘尊’當爲‘卑’。”據改。
⑤ “又”字原作“若”，曹云：“‘若’似當爲‘又’。”據改。

特爲賓舉旅,故以爲尊者與卑者之爵言易。案下士舉旅,"公坐取賓所媵觶,唯公所賜。受者如初受酬之禮,降,更爵洗,升,酌膳",彼亦是尊者與卑者之爵,不言易而言更者,旅酬下爲上,尊前人,故不言易而言更也。云"更作新"者,欲見此爵前人已用,今不復用,更新用一爵,故云"更作新"也。云"易,有故之辭"者,言此爵我先嘗用,今由前人後用,己不用,易以他爵①,故云"易,有故之辭"也。案《特牲》賓長致爵于主人、主婦,言"更爵酢"者,欲得嘉賓美客以事其先,故言更。《少牢》不儐尸,云致爵于主人、主婦,賓易爵酢者,大夫禮尊于賓,有君道,故言易。若然,又案《少牢》不儐尸,主婦致爵于主人,主婦更爵酢,注云"更,猶易也"②,若然,更與易似不別者,但更、易不殊,以尊卑不同,設文有異。云"不言公酬賓於西階及公反位者,亦尊君,空其文也"者,以其公就西階,是降尊就卑,敬公不言降尊,故空文不言。**公有命,則不易不洗,反升,酌膳(觶)③,下拜。小臣辭,賓升,再拜稽首**,下拜,下亦未拜。凡下未拜有二,或禮殺,或君親辭。君親辭,則聞命即升,升乃拜,是亦不言成拜。

【疏】"公有"至"稽首"。○注"下拜"至"成拜"。○釋曰:云"凡下未拜有二,或禮殺,或君親辭",云"禮殺"者,謂若酬時下爲拜,實未拜,辭之即升,再拜稽首是也,云"或君親辭"者,謂若《公食大夫》云公拜至,"賓降,西階東北面苔拜,公降一等辭,賓升④,不拜",直言"階上北面再拜稽首",是階下未拜,不得言升成拜,直言"再拜稽首"而已。

公苔再拜。拜於阼階上也。於是賓請旅侍臣。【疏】注"拜於"至"侍臣"。○釋曰:云"於是賓請旅侍臣"者,案下記云"凡公所酬,既拜,請旅侍臣",鄭注云"既拜,謂自酌升拜時也。擯者阼階下告於公,還西階下告公許。旅,行也,請行酒於羣臣。必請者,

---

① "易以他爵"原作"亦以爲爵",曹云:"殿本作'易以他爵'是也。"據改。

② "注云更猶易也",此注不見於《儀禮》全書,唯《大射禮》主人受公酢節云"更爵洗",鄭注云"更,易也",此疏有誤,諸本皆然,姑存其舊。

③ "膳"下漢簡本無"觶"字,沈云:"《泰射》第27簡同節:'反升酌膳,下拜,小臣正辭,賓升再拜稽首。'與今本同。《燕禮》、《大射》均在堂上設兩方壺、兩瓦大。君用瓦大曰膳尊,賓用方壺曰散尊,文中屢見'酌膳'、'酌散',鄭注:'酌散者,酌方壺酒也。'酌膳、酌散即就膳尊或散尊取酒。文中亦見'膳觶'之文,如'若膳觶也,則降更觶洗'。君用之觶曰膳觶。今本取酒於尊均稱'酌膳'或'酌散',與簡本同。獨此文作'酌膳觶',有觶字則酌於膳尊之義反不能明,得簡本而後知今本'觶'字爲衍文。"當據刪。

④ "賓"下原無"升"字,阮云:"《通解》、《要義》、毛本'賓'下有'升'字。按《公食大夫禮》有'升'字。"據補。

不專君惠也”，《大射》於此時賓請旅於諸臣，此不言者，文不具，故記人辨之。**賓以旅酬於西階上**，旅，序也，以次序勸卿大夫飲酒。【疏】“賓以”至“階上”。○注“旅序”至“飲酒”。○釋曰：此經論旅酬先尊後卑之法，仍未行旅，下經“射人作大夫長”，乃始旅酬。**射人作大夫長升受旅**。言作大夫，則卿存矣。長者尊先而卑後。【疏】“射人”至“受旅”。○注“言作”至“卑後”。○釋曰：遣射人作大夫者[①]，燕或射，故使之。云“言作大夫，則卿存矣”者，以其卿稱上大夫，言大夫長，故知卿亦存在作中矣。云“長者尊先而卑後”者，賓則旅三卿，三卿徧，次第至五大夫，大夫徧，不及士。**賓大夫之右坐奠觶，拜，執觶興，大夫荅拜**。賓在右者，相飲之位。○相飲，於鴆反。【疏】“賓大”至“荅拜”。○注“賓在”至“之位”。○釋曰：言“賓在右者”，賓在西階上酬卿，賓與卿並北面，賓在東，卿在西，是賓在大夫之右。賓位合在西，今在東，故云“賓在右者，相飲之位”也。**賓坐祭，立（飲）卒觶[②]，不拜**。酬而禮殺。【疏】“賓坐”至“不拜”。○注“酬而禮殺”。○釋曰：此對獻酢之時[③]，坐卒爵，拜既爵，是禮盛也，今旅酬立卒觶，不拜既爵，故云“禮殺”也。**若膳觶也，則降更觶洗，升，實散。大夫拜受，賓拜送**。言更觶，卿尊也。【疏】“若膳”至“拜送”。○注“言更觶卿尊也”。○釋曰：案上文體例，與卑者之爵稱易，與尊者之爵稱更，雖立爲賓，仍是大夫爲之，是賓卑於卿，故言更觶者，卿尊也。**大夫辯受酬，如受賓酬之禮，不祭。卒受者以虛觶降，奠于篚**。卒，猶後也。《大射禮》曰：“奠于篚，復位。”今文辯皆作徧。○夫辯[④]，音徧，下同。作徧，音遍，後同。【疏】“大夫”至“于篚”。○注“卒猶”至“作徧”。○釋曰：言“不祭”者，亦是酬禮殺也。引《大射禮》者，此經云“降，奠于篚”，不言反位，故引《大射》，奠爵於篚訖，當復門右北面位。

---

① “遣”下原無“射”字，阮云：“《要義》、毛本‘遣’下有‘射’字。”據補。

② “立”下漢簡本無“飲”字，沈云：“《泰射》第 28 簡同節‘賓坐祭立卒觚（觶）不拜’，今本亦無‘飲’字，與簡本同。此旅酬節，賓酬大夫長而先自飲。《鄉射·記》‘立卒爵者不拜既爵’，此不拜則立卒爵也。云‘立飲卒爵’，先飲而後卒爵，必變立而坐，坐卒爵則當拜既爵，此云‘不拜’則無‘飲’字可知。今本蓋涉酬賓節而衍。”當據刪。

③ “酢”上原無“獻”字，曹云：“‘酢’上脫‘獻’字。”據補。

④ “夫”字原作“文”，黃云：“‘文’，宋本同，盧本改作‘夫’，‘下同’二字脫。張氏《識誤》云：‘經云大夫辯受酬，此文當作夫，後《大射》亦作夫辯出音。’”據改。

　　主人洗，升，實散，獻卿于西階上。酬而後獻卿，別尊卑也。飲酒成於酬也。○別尊，彼列反。【疏】"主人"至"階上"。○釋曰：自此盡"無加席"，論主人獻孤卿之節。○注"酬而"至"酬也"。○釋曰：此酬非謂尋常獻酬，乃是君爲賓舉旅行酬，以其主人獻君，君酢主人，主人不敢酬君，故使二大夫媵爵于公，以當酬處，所以覆獻也，但君恩既大，爲賓舉旅，飲酒之禮成於酬，故酬辨乃獻卿，以君尊卿卑，是以君禮成，卿乃得獻，故云"別尊卑也"。

儀禮疏卷第十五　儀禮卷第六

司宫兼卷重席，設于賓左，東上。言兼卷，則每卿異席也。重席，重蒲筵，緇布純也。卿坐東上，統於君也。席自房來。○兼卷，九轉反，劉居遠反。重席，直容反，注下皆同。【疏】“司宫”至“東上”。○注“言兼”至“房來”。○釋曰：此經設三卿之席，在於賓東。“言兼卷，則每卿異席也”者，若三卿同席，則直云“卷重席”，不須言“兼”，今云“兼卷”，則兼三卿重席皆卷之，故知每卿皆異席也。云“重席，重蒲筵”者，案《公食大夫記》云“司宫具几與蒲筵常，緇布純，加萑席尋，玄帛純”，彼爲異國之賓，有蒲筵、萑席兩種席，故稱加，上小臣設公席與《大射》席公及賓皆稱加①，亦是兩種席，兩種而稱加，此燕己臣子，一種席重設之，故不稱加。若然，案《鄉飲酒》云“席于賓東，公三重，大夫再重。公升如賓禮，大夫則如介禮，有諸公則辭加席”，《鄉射》亦云“大夫辭加席”，案彼二文雖稱加，上文云三重、再重，則無異席，故彼記直云“蒲筵”。彼云加者，以上席加於下席，故鄭彼注云“加席②，上席也”，故此下注云“重席雖非加，猶爲其重累去之”，是其一種席也。云“卿坐東上，統於君也”者，決《鄉飲酒》、《鄉射》諸公、大夫席于尊東，西上，彼遵尊於主人，故鄭注云“統於尊”，此爲君尊，故統於君而東上也。云“席自房來”者，案《公食記》云“宰夫筵，出自東房”，故知也。卿升，拜受觶，主人拜送觶。卿辭重席，司宫徹之。徹，猶去也。重席雖非加，猶爲其重累去之，辟君也。○猶去，起呂反，下同。【疏】“卿升”至“徹之”。○注“徹猶”至“君也”。○釋曰：云“重席雖非加，猶爲其重累去之，辟君也”者，案《鄉射》云“大夫辭加席”之等，皆是無異席而辭之③，此重席重蒲筵，不合辭，以君有加席兩重，故辭之以辟君。乃

---

①　“與大射席公及賓”原作“與公食大夫席及賓”，曹云：“當爲‘與《大射》席公及賓’。”據改。
②　“彼”下原無“注”字，曹云：“‘彼’下脱‘注’字。”據補。
③　“異席”上原無“無”字，上疏引《鄉射》云“大夫辭加席”而云“無異席”，此又引《鄉射》而云“皆是異席而辭之”，前後抵牾。曹云：“此與上節疏違，未喻其故，疑有譌也。”疑此疏“異席”上脱“無”字，謹補。

薦脯醢，卿升席坐，左執爵，右祭脯醢，遂祭酒，不啐酒，降席，西階上北面坐卒爵，興，坐奠爵，拜，執爵興。主人荅拜，受爵。卿降，復位。不酢，辟君也。卿無俎者，燕主於羞。【疏】"乃薦"至"復位"。〇釋曰：此爲卿薦脯醢①，不言其人，略之，故下記辨之云"羞卿者，小膳宰"是也。〇注"不酢"至"於羞"。〇釋曰：案上主人獻公，主人酢于阼階下，此即不酢，故決之。云"卿無俎者，燕主於羞"者，決《大射》庶子設俎，辨尊卑，故與此異。辯獻卿，主人以虛爵降，奠于篚。今文無奠于篚。射人乃升卿，卿皆升就席。若有諸公，則先卿獻之，如獻卿之禮。諸公者，謂大國之孤也。孤一人，言諸者，容牧有三監。〇則先，悉薦反，下先大夫同。牧有，牧養之牧，劉音目。【疏】"射人"至"之禮"。〇注"諸公"至"三監"。〇釋曰：云"諸公者，謂大國之孤也"，知者，《周禮・典命》云"公之孤四命"，侯伯已下不言孤，故據大國而言。云"孤一人"者，鄭司農注《典命》云"上公得置孤卿一人"，後鄭從之，故此亦云"孤一人"，與司農義同。云"言諸者，容牧有三監"者，以其言"諸"，非一人，案《王制》云"天子使其大夫爲三監，監於方伯之國，國三人"，彼是殷法，用之周制②，使伯佐牧，不置監，周公制禮，因殷不改者，若《士冠》醮用酒之類，故鄭云"容"，言容有異代之法。據《周禮》，天子大夫四命，與孤等，故同稱公。席于阼階西，北面東上，無加席。席孤北面，爲其大尊，屈之也，亦因阼階西位近君，近君則屈，親寵苟敬私昵之坐。〇大尊，音泰，劉徒餓反。近君，附近之近，下同。私昵，女乙反。之坐，才臥反。【疏】"席于"至"加席"。〇注"席孤"至"之坐"。〇釋曰：案上文卿初設重席，辭之乃徹，此孤北面，初無加席者，皆是爲大尊屈之也。云"親寵苟敬私昵之坐"者，案下記云"賓爲苟敬，席于阼階之西"以爲敬，此孤亦席於阼階之西，故爲"苟敬私昵之坐"也。

　　小臣又請媵爵者，二大夫媵爵如初。又，復。【疏】"小臣"至"如初"。〇釋曰：自此至"送觶，公荅再拜"，論一人致爵于公之事。云"二大夫媵爵如初"者，亦上二人媵爵，"媵爵者阼階下皆北面，再拜稽首，公荅再拜。媵爵者立于洗南，西面北

---

　　① "爲"字原作"云"，曹云："'云'當作'爲'。"據改。
　　② "用"字原作"同"，阮云："《要義》同，毛本'同'作'用'。"曹云："'同'殿本作'用'。"據改。

上，序進盥，洗角觶，升自西階，序進酌散，交于楹北，降阼階下，皆奠觶，再拜稽首，執觶興，公荅再拜。媵爵者皆坐祭，遂卒觶，興，坐奠觶，再拜稽首，執觶興，公荅再拜。媵爵者執觶待于洗南”，相似也，故言“二大夫媵爵如初”也。**請致者，若命長致，則媵爵者奠觶于篚，一人待于洗南，長致。致者阼階下再拜稽首，公荅再拜。**命長致者，公或時未能舉，自優暇也。古文云阼階下北面再拜。【疏】“請致”至“再拜”。○注“命長”至“暇也”。○釋曰：上文小臣請媵爵，則此請致者亦小臣也。云“命長致者，公或時未能舉，自優暇也”者，脱屨升坐以前[1]，公爲賓、爲卿、爲大夫三舉旅也，燕禮之正，不得損益而云“公或時未能舉，自優暇”者，正謂周公作經以優之，非實也，故云“若命長致”，言“若”者，不定之辭，優君之義，故唯命長致，不然，似當言“皆致”[2]，以其三舉旅，唯有此三觶故也。**洗象觶，升實之，坐奠于薦南，降，與立于洗南者二人皆再拜稽首送觶，公荅再拜。**奠于薦南者，於公所用酬賓觶之處。二人俱拜，以其共勸君。○之處，昌慮反。【疏】“洗象”至“再拜”。○注“奠于”至“勸君”。○釋曰：云“奠于薦南者，於公所用酬賓觶之處”者，案前大夫二人媵爵，奠于公薦南，北上，其上觶已取爲賓舉旅，下觶仍在，今大夫又媵一觶而云“奠于薦南”，明知是“所用酬賓觶之處”。云“二人俱拜，以其共勸君”者，上云“媵爵者，二大夫媵爵如初”，是共勸君酒，今始命長致，故俱拜，“以其共勸君”故也。

公又行一爵，若賓若長，唯公所酬，一爵，先媵者之下觶也。若賓若長，則賓禮殺矣。長，公、卿之尊者也。賓則以酬長，長則以酬賓。【疏】“公又”至“所酬”。○釋曰：自此至“奠于篚”，論爲卿舉旅之事。○注“一爵”至“酬賓”。○釋曰：知一爵是先媵者之下觶者，以其前大夫二人媵爵，皆奠于薦南，以其上觶者已爲賓舉旅，今又行一爵，故知“先媵者之下觶也”，其後媵一觶者留，後爲大夫舉旅也。云“若賓若長，則賓禮殺矣”者，前爲賓舉旅，不云“若賓若長”，專爲賓，禮盛，至此爲卿舉旅，不專爲賓舉旅，科從其一，是“賓禮殺”也。云“長，公、卿之尊者也”者，有諸公，公爲尊，若無諸公，三卿爲尊，長中可以兼此二者。云“賓則以酬長，長則以酬賓”者，釋經“若賓若長”，言“若”不定，或先或後，故兩言之。**以旅于西階上，如初。大夫卒受**

者以虛觶降，奠于篚。【疏】"以旅"至"于篚"。○釋曰：言"如初"者，一如上爲賓舉旅之節。

　　主人洗，升，獻大夫于西階上。大夫升，拜受觚，主人拜送觚。大夫坐祭，立卒爵，不拜既爵。主人受爵，大夫降，復位。既，盡也。不拜之者，禮又殺。【疏】"主人"至"復位"。○釋曰：自此盡"皆升就席"，論獻大夫之節。○注"既盡"至"又殺"。○釋曰：云"不拜之者，禮又殺"者，前卿受獻不酢，辟君，已是禮殺，今大夫受獻，不但不酢主人，又不拜既爵，故云"禮又殺"。**胥薦主人于洗北，西面，脯醢，無胥。**胥，膳宰之吏也。主人，大夫之下。先大夫薦之，尊之也。不於上者，上無其位也。胥，俎實。○無胥，之承反。【疏】"胥薦"至"無胥"。○注"胥膳"至"俎實"。○釋曰：云"胥，膳宰之吏也"者，案《周禮》有府史胥徒，鄭注《天官》"胥，讀如諝，謂其有才知爲什長"，是庶人在官者，所羞薦者皆膳宰，胥是膳宰之吏。云"主人，大夫之下，先大夫薦之，尊之也"者，案《大射》注直云"主人，大夫"，不云"下"[①]，此云"大夫之下"者，謂大夫之中位次在下，下經云"辯獻大夫"，乃薦，此薦文在上，是"先大夫薦之，尊之也"。云"不於上者，上無其位也"者，案此燕禮，大夫堂上，士在下，獨此宰夫言堂上無位者，以其主人位在阼階，君已在阼，故主人辟之，位在下，是以《大射》注云"不薦於上，辟正主也"。云"胥，俎實"者，胥者，升也，謂升牲體於俎[②]，故云"俎實"也。**辯獻大夫，遂薦之，繼賓以西，東上。**徧獻之乃薦，略賤也，亦獻而后布席也。【疏】"辯獻"至"東上"。○注"徧獻"至"席也"。○釋曰：凡大夫升堂受獻，得獻訖，即降，獻徧，不待大夫升，遂薦於其位，大夫始升，故言"遂"也。云"徧獻之乃薦，略賤也"者，決上卿與賓得獻即薦，貴故也。云"亦獻而後布席也"者，亦上獻卿之時，司宮兼卷重席設於賓左，此大夫不言設席，明亦得獻後即布席也。若然[③]，案《大射》"席小卿賓西，東上"，注云"席於賓西，射禮辨貴賤也"，以此言之，燕禮主歡，不辨貴賤，小卿與大卿皆在賓東，故此賓西無小卿位。**卒，射人乃升大夫，**

---

①　"案大射注直云主人大夫不云下"，倉石云："案今本《大射》注作'主人，下大夫'，與此違。"

②　"升"下原有"特"字，曹云："'特'字衍。"據刪。

③　"然"字原作"言"，汪刊單疏作"然"，據改。

大夫皆升就席。

席工于西階上，少東。樂正先升，北面立于其西。工，瞽矇歌諷誦詩者也。凡執技藝者稱工。《少牢饋食禮》曰：“皇尸命工祝。”《樂記》師乙曰：“乙，賤工也。”樂正，于天子樂師也。凡樂，掌其序事，樂成則告備。○瞽矇，音蒙。執技，其綺反。少牢，詩召反。【疏】“席工”至“其西”。○釋曰：自此至“降，復位”，論作樂之事。此上下作樂之中，有四節：升歌，一；笙，二；閒，三；合樂，四。○注“工瞽”至“告備”。○釋曰：“工，瞽矇歌諷誦詩者也”者，案《周禮·瞽矇》“掌播鼗，諷誦詩”，鄭云“諷誦詩，謂闇讀之不依詠也”，彼不依琴瑟闇讀之，即《爾雅》“徒歌曰謠”，此作樂之時依於瑟，即《詩》注云“曲合樂曰歌”，一也，故下云“工歌《鹿鳴》”之類是也。云“凡執技藝者稱工”者，“執技藝”文，出於《王制》，但能其事者皆稱工，是以引《少牢饋食》祝稱工，《樂記》師乙爲大師，樂官亦稱工，至於《冬官》巧作者，皆稱工。云“樂正，於天子樂師也”，知樂正與樂師相當者，案《周禮·樂師職》云“凡樂成，則告備”，此樂正告樂備，故知樂正當天子樂師。“樂師，下大夫四人，上士八人，下士十有六人”，樂師大小多矣，此諸侯樂正亦有大小之名也，故《大射》云“小樂正從之”，鄭注云“小樂正，於天子樂師也”，是其諸侯樂正雖有大小，當天子樂師。知大樂正不當天子大司樂者，以其天子大司樂不告樂備，故不得以大樂正當之。但大射主於射，略於樂，故小樂正告樂備，此燕主歡心，故大樂正告樂備，故不同。小臣納工，工四人，二瑟。小臣左何瑟，面鼓，執越，內弦，右手相。入，升自西階，北面東上坐。小臣坐授瑟，乃降。工四人者，燕禮輕，從大夫制也。面鼓者，燕尚樂，可鼓者在前也。越，瑟下孔也。內弦，弦爲主也。相，扶工也。後二人徒相。天子大僕二人也，小臣四人，祭僕六人，御僕十二人，皆同官。○左何，胡我反，又音河。相入，息亮反，注及下相祭并注同。【疏】“小臣”至“乃降”。○注“工四”至“同官”。○釋曰：“工四人者，燕禮輕，從大夫制也”者，鄭言此者，決大射禮重，工六人，從諸侯制。案《公羊傳》“諸公六，諸侯四”，若然，知非大射是諸公制，此燕禮是諸侯制者，案《鄉射》之工四人，是大夫制，則諸侯不得有工四人，五等諸侯同六人，彼《公羊》六人、四人不同者，自是舞人之數，不得以彼決此也。云“面鼓者，燕尚樂，可鼓者在前也”者，此決《鄉飲酒》“左何瑟，後首”，臣降於君故也。引“天子大僕二人也”者，《周禮·序官》文。引之者，此經小臣相工，《大射》云“僕人正徒相大師，僕人師相少師，僕人士相上工”，僕人以下，同官既多，遞換相工，但大射辨尊卑，故僕人正等相工，此燕禮輕，故小臣相工，是以引《周禮》明同官人多[1]，得相參之意。**工歌《鹿鳴》、《四牡》、《皇皇者華》。**三者皆《小雅》篇也。《鹿鳴》，君與臣下及四方之賓宴，講道脩政之樂歌也，此采其己有旨酒，以召嘉賓，嘉賓既來，示我以善道，又樂嘉賓有孔昭之明德可則傚也。《四牡》，君勞使臣之來樂歌也，此采其勤苦王事，念將父母，懷歸傷悲，忠孝之至，以勞賓也。《皇皇者華》，君遣使臣之樂歌也，此采其更是勞苦，自以爲不及，欲諮謀於賢知而以自光明也。○則傚，户教反，本又作詨，同。其更，音庚。賢知，音智。【疏】“工歌”至“者華”。○注“三者”至“明也”。○釋曰：此經歌《詩》之類，鄭於《鄉飲酒》已注，此注與彼同，但此燕禮歌《小雅》，亦合鄉樂，下就卑也，《鄉飲酒》升歌《鹿鳴》之等，饗或上取，故彼此《詩》同注，亦不異也。**卒歌，主人洗，升獻工。工不興，左瑟，一人拜受爵，主人西階上拜送爵。**工歌乃獻之，賤者先就事也。左瑟，便其右。一人，工之長者也。工拜於席。○便其，婢面反。【疏】“卒歌”至“送爵”。○注“工歌”至“於席”。○釋曰：云“工歌乃獻之，賤者先就事也”者，歌《詩》是其事，先施功勞，乃始獻之，是“賤者先就事”，對工以上不就事而得獻也，故《大射》注云“工歌而獻之，以事報之”是也。云“左瑟，便其右”者，工北面，以西爲左，空其右受獻便者，酒從東楹之西來，故以右爲便。案《大射》云“獻工，工左瑟”，鄭注云“大師無瑟，於是言左瑟者，節也”，以其經云“僕人正徒相大師”，無瑟，言大師左瑟者，爲飲酒之節，此與《鄉飲酒》同，無所分別，大師或瑟或歌，是以不得言節也[2]。案《鄉飲酒》“大師則爲之洗”，則衆工不洗也，此經“主人洗，升獻工”，不辨大師與衆工，則皆爲之洗爵，又案《鄉飲酒記》“不洗者不祭”，此篇與《大射》羣工與衆笙皆言祭，故知皆爲之洗。云“工拜於席”者，以經云“工不興[3]，左瑟”，即云“一人拜受爵”，不見有降席之文，明工拜於席可知。**薦脯醢。**輒薦之，變於大夫也。【疏】“薦脯醢”。○注“輒薦”至“夫也”。○釋曰：案上獻大夫之時云“辨獻大夫，遂薦之”，鄭注云“徧獻之乃薦，略賤也”，此獻工之長一人即薦脯醢，非

---

① “引周禮明同官”原作“別周禮同官”，曹云：“‘別’當爲‘引’，‘同’上似脱‘明’字。”據改補。

② “也”字原作“之”，曹云：“‘之’當爲‘也’。”倉石云：“殿本‘之’改爲‘也’字。”據改。

③ “工不興”原作“工與”，曹云：“‘與’單疏作‘興’。案‘興’上脱‘不’字。”據補改。

謂貴工即獻之，正是禮尚異，變於大夫也。使人相祭。使扶工者相其祭薦、祭酒。【疏】"使人相祭"。○注"使扶"至"祭酒"。○釋曰：上云小臣相工①，則此扶工相祭是小臣也。此據相長一人，文承"受爵，薦脯醢"之下，故知祭薦脯醢及祭酒二事，對下衆工祭酒，不祭脯醢也。卒（受）〔爵〕②，不拜。賤不備禮。主人受爵。將復獻衆工也。衆工不拜，受爵，坐祭，遂卒爵。辯有脯醢，不祭。主人受爵，降奠于篚。遂，猶因也。古文曰卒爵不拜。公又舉奠觶，唯公所賜，以旅于西階上，如初。言賜者，君又彌尊，賓長彌卑。【疏】"公又"至"如初"。○注"言賜"至"彌卑"。○釋曰：此燕尚飲酒，故工歌之後，笙奏之前而爲大夫舉旅，大射雖行燕禮，主於射，故至射畢③，乃爲大夫舉旅。云"言賜者，君又彌尊，賓長彌卑"者，案上爲賓舉旅，直云"公興以酬賓"，爲卿舉旅而云"若賓若長"，言"若"不定，科酬其一，不專爲賓，是君禮漸尊，賓禮漸殺。雖然，猶言酬。至此言"唯公所賜"者，以上下言之，是"君又彌尊，賓長彌卑"也。卒，旅畢也。【疏】"卒"。○注"旅畢也"。○釋曰：言"旅畢"者，謂爲大夫舉旅酬，行於西階之上，或從賓，或從卿，次第盡大夫，故云"旅畢也"。笙入，立于縣中，奏《南陔》、《白華》、《華黍》。以笙播此三篇之詩。縣中，縣中央也。《鄉飲酒禮》曰："磬南北面，奏《南陔》、《白華》、《華黍》。"皆《小雅》篇也，今亡，其義未聞。昔周之興也，周公制禮作樂，采時世之詩以爲樂歌，所以通情相風切也，其有此篇明矣。後世衰微，幽、厲尤甚，禮樂之書，稍稍廢棄。孔子曰："吾自衛反魯，然後樂正，《雅》、《頌》各得其所。"謂當時在者而復重雜亂者也，惡能存其亡者乎？且正考父校商之名《頌》十二篇于周大師，歸以祀其先王，至孔子二百年之間，五篇而已，此其信也。○南陔，工才反。風切，方鳳反。重雜，直用反。惡能，音烏。考父，音甫。【疏】"笙入"至"華黍"。○注"以笙"至"信也"。○釋曰：此笙奏《南陔》、《白華》、《華黍》三篇等，經注與《鄉射》同，亦不復重釋。但此云"笙入，立于縣中"，以其諸侯軒縣，闕南面而已，故得言"縣中"，《鄉飲酒》唯有一磬縣而已，不得言"縣中"而云

①　"工"字原作"祭"，張敦仁本作"工"，據改。
②　"卒受"漢簡本及及諸本皆作"卒爵"，此本誤，當據改。
③　"故至射畢"原作"故笙之間至射"，曹云："'笙之間'三字涉上而衍，'射'下脱'畢'字。"據刪補。

“磬南”①。注引《鄉飲酒》者，欲見此雖軒縣，亦北面縣之南也②。**主人洗，升，獻笙于西階上。一人拜，盡階，不升堂，受爵，降，主人拜送爵。階前坐祭，立卒爵，不拜既爵，升授主人〔爵〕③。**一人，笙之長者也。《鄉射禮》曰：“笙一人拜于下。”【疏】“主人”至“主人”。○注“一人”至“于下”。○釋曰：引《鄉射禮》者，證笙一人拜，此與《鄉飲酒》皆直云“一人拜”，不言“拜于下”，故《鄉飲酒》與此注皆引《鄉射》以爲證，欲見拜者拜於階下。**衆笙不拜，受爵降，坐祭，立卒爵，辯有脯醢，不祭。**【疏】“衆笙”至“不祭”。○釋曰：言“不拜，受爵降”者，降者於階下④，受爵者亦盡階不升堂。云“辯有脯醢”者，亦獻訖薦于位之前。**乃間，歌《魚麗》，笙《由庚》；歌《南有嘉魚》，笙《崇丘》；歌《南山有臺》，笙《由儀》。**間，代也，謂一歌則一吹也。六者皆《小雅》篇也。《魚麗》言大平年豐物多也，此采其物多酒旨，所以優賓也。《南有嘉魚》言大平君子有酒，樂與賢者共之也，此采其能以禮下賢者，賢者纍蔓而歸之，與之宴樂也。《南山有臺》言大平之治以賢者爲本也，此采其愛友賢者，爲邦家之基、民之父母，既欲其身之壽考，又欲其名德之長也。《由庚》、《崇丘》、《由儀》今亡，其義未聞。○乃間，間厠之間，注及下注放此。魚麗，力知反。下賢，迴嫁反⑤。纍，力追反。蔓，音万。之治，直吏反。之長，如字。【疏】“乃間”至“由儀”。○注“間代”至“未聞”。○釋曰：此經注一與《鄉飲酒》同，彼已釋訖，不復重解。**遂歌鄉樂，〔樂〕《周南》⑥：《關雎》、《葛覃》、《卷耳》；《召**

---

①　“鄉飲酒”至“磬南”，曹云：“磬編縣之，一磬亦得言縣中。《鄉射禮》曰‘笙入立縣中’，疏似失之。”

②　“亦立”至“面也”原作“近北面縣之南也”，倉石云：“殿本作‘亦近縣之南北面也’。今案‘近’或‘亦’字之譌，餘當仍舊。”據改。

③　“升授主人”，敖繼公云：“‘授主人’下當有‘爵’字，如《鄉飲》、《鄉射》之所云，此文脱耳。”當據補。

④　“降者於階下”原作“於階下”，曹云“下字句，‘於’上似當重‘降者’二字。”據補。

⑤　“迴”字原作“避”，黃云：“‘避’字誤，宋本作‘迴’，張淳所據本作延嫁反，而引監本‘迴’以正之，盧本改作‘遒’。”據改。

⑥　“鄉樂”下漢簡本有一重文符號“＝”，沈云：“《鄉飲》同節‘乃合樂《周南》、《關雎》’云云。此諸侯燕其大夫，用鄉樂合樂，重‘樂’字義長，簡本是也。”當在“周南”上補一“樂”字。

南》：《鵲巢》、《采蘩》、《采蘋》。《周南》、《召南》，《國風》篇也，王后、國君夫人
房中之樂歌也。《關雎》言后妃之德，《葛覃》言后妃之職，《卷耳》言后妃之志，《鵲巢》言
國君夫人之德，《采蘩》言國君夫人不失職也，《采蘋》言卿大夫之妻能脩其法度也。昔
大王、王季居于岐山之陽，躬行《召南》之教以興王業。及文王而行《周南》之教以受
命，《大雅》云“刑于寡妻，至于兄弟，以御于家邦”，謂此也。其始一國爾，文王作邑于
豐，以故地爲卿士之采地，乃分爲二國。周，周公所食也。召，召公所食也。於時文王
三分天下有其二，德化被於南土。是以其詩有仁賢之風者屬之《召南》焉，有聖人之風
者屬之《周南》焉。夫婦之道者，生民之本，王政之端。此六篇者，其教之原也，故國君
與其臣下及四方之賓燕，用之合樂也。鄉樂者，《風》也。《小雅》爲諸侯之樂，《大雅》、
《頌》爲天子之樂。鄉飲酒升歌《小雅》，禮盛者可以進取。燕合鄉樂者，禮輕者可以逮
下也。《春秋傳》曰：“《肆夏》、《繁遏》、《渠》，天子所以享元侯也。《文王》、《大明》、《緜》
兩君相見之樂也。”然則諸侯之相與燕，升歌《大雅》，合《小雅》也。天子與次國、小國
之君燕，亦如之，與大國之君燕，升歌《頌》，合《大雅》。其笙、閒之篇未聞。○關雎，七
徐反。葛覃，大南反。召南，上照反，注同後放此。采蘩，音頻。興王，如字，又于況反。
之采，七代反。被于，皮寄反。【疏】“遂歌”至“采蘋”。○注“周南”至“未聞”。○釋曰：
云“遂歌鄉樂”者，《鄉飲酒》云“乃合樂”，與此文不同者，以其《二南》是大夫、士樂，大
夫、士或作鄉大夫，或作州長，故名鄉大夫樂。《鄉飲酒》不言“鄉樂”者^①，以其是己之
樂，不須言鄉，故直言“合樂”，此燕禮是諸侯禮，下歌大夫、士樂，故以“鄉樂”言之。又
《鄉飲酒》注云“合樂，謂歌與衆聲俱作”，彼經有“合樂”之字故也，此經無“合樂”之字，
故闕而不言，其實此歌“鄉樂”，亦與衆聲俱作，是以彼處解“合”爲“歌與衆聲俱作”耳，
此“歌”而解“合”，明同也。自《周南》以下，所注亦與《鄉飲酒》同，亦不復重釋。**大師
告于樂正曰：“正歌備。”**大師，上工也，掌合陰陽之聲，教六詩，以六律爲之音者
也。子貢問師乙曰：“吾聞聲歌各有宜也，如賜者宜何歌也？”是明其掌而知之也。正
歌者，聲歌及笙各三終，閒歌三終，合樂三終，爲一備，備亦成也。【疏】“大師”至“歌
備”。○注“大師”至“成也”。○釋曰：云“大師，上工也”者，案《春官》“大師，下大夫二
人。小師，上士四人”，又云“上瞽四十人，中瞽百人，下瞽百有六十人”，注云“凡樂之

---

①　“飲”上原無“鄉”字，阮云：“《要義》同，毛本‘飲’上有‘鄉’字。”據補。

歌，必使瞽矇爲焉，命其賢知者”，以其大師對小師已下三百人爲上工也①。云“掌合陰陽之聲，教六詩，以六律爲之音者也”者，並《大師職》文。案彼云“掌六律、六同，以合陰陽之聲”，注云“陽聲，黃鍾、大蔟、姑洗、蕤賓、夷則、無射②；陰聲，大呂、應鍾、南呂、林鍾、中呂、夾鍾”，又云“皆文之以五聲，宮、商、角、徵、羽。皆播之以八音，金、石、土、革、絲、木、匏、竹”，又云“教六詩，曰風，曰賦，曰比，曰興，曰雅，曰頌。以六德爲之本，以六律爲之音”。云“子貢問師乙”以下至“何歌也”，並《樂記》文。師乙，魯之大師，以掌樂事，故子貢問焉。引之者，證大師知樂節，故告歌備，故鄭云“是明其掌而知之也”。知升歌以下四節皆三終者，案《禮記·鄉飲酒義》云“工入，升歌三終，主人獻之。笙入三終，主人獻之。閒歌三終，合樂三終，工告樂備”，故知皆三終，彼與此經閒歌、合樂不獻之者，但閒歌、合樂還是始升歌、笙奏之人③，前已得獻，故不復重獻。云“備亦成也”者，案《周禮·樂師職》云“凡樂成，則告備”，故云“亦成也”。**樂正由楹內東楹之東告于公，乃降，復位。**言由楹內者，以其立於堂廉也。復位，位在東縣之北。【疏】“樂正”至“復位”。○注“言由”至“之北”。○釋曰：“言由楹內者”，以其樂正與工俱在堂廉，則楹南無過處，故由楹內適東楹之東告于公。云“復位，位在東縣之北”者，案《大射》略於樂，小樂正升堂，經有左右正，則知亦有大樂正，至大師等降立於鼓北東面時④，小樂正亦降立於其南，北面，卒管，工向東坫之東南，西面北上坐時，鄭注云“於是時，大樂正還北面立於其南”，臣位尊東，明工升堂時，小樂正升，大樂正東方西面，工來東坫之東南，西面時，大樂正東縣之北，北面，其小樂正則立於西階下，東面，此燕禮主於樂，故大樂正升堂，今降，明復於東縣之北，北面也。

　　射人自阼階下請立司正，公許，射人遂爲司正。君許其請，因命用爲司正。君三舉爵，樂備作矣，將留賓飲酒，更立司正以監之，察儀法也。射人俱相禮，其事同。○以監，古銜反。俱相，息亮反。【疏】“射人”至“司正”。○注“君許”至“事同”。○釋曰：自此盡“皆反坐”，論立司正，遂行所監之事。云“君三舉爵”者，爲賓、

---

① “三百人爲上工也”原作“二百人爲上士也”，阮云：“周學健依《春官》大師、小師職文，改‘二百’爲‘三百’，改‘上士’爲‘上工’。”據改。

② “注云”至“無射”，倉石云：“案此實經文，非注語。”

③ “之”下原無“人”字，倉石云：“《校勘記》云‘之’下脫‘人’字。”據補。

④ “至大”至“面時”原作“至席工於西階上少東東面時”，曹云：“當爲‘至大師等降立於鼓北東面時’。”據改。

爲卿、爲大夫舉旅。云"樂備作矣"者，歌、笙、間、合四者備作，各三終矣。案《鄉飲酒》、《鄉射》立司正後始行旅酬者，彼是士饗禮，饗禮之法，莫問尊卑，徧獻之後乃行旅酬，故立司正之後乃行旅酬，此燕禮，國君燕其臣子，雖一獻以辨尊卑，故主人獻君而受酢[①]，主人卑，不敢酬公，獻之禮成於酬，故使大夫媵觶於公，當酬公，君行大惠，即舉之爲賓，賓得觶，請旅諸臣徧卿大夫，乃成一獻之禮，復獻卿、大夫，皆爲之舉旅行酬，皆成其獻，但卿、大夫皆堂上有位，近君，不敢失禮，故雖舉旅行酬而未立司正，作樂後，將獻羣士，士職卑，位在堂下，將爲士舉旅，恐失禮，故未獻之前即立司正監之，故不同也。司正洗角觶，南面坐奠于中庭，升，東楹之東受命，西階上北面命卿、大夫："君曰以我安。"卿、大夫皆對曰："諾，敢不安！"洗奠角觶于中庭，明其事以自表，威儀多也。君意殷勤，欲留賓飲酒，命卿、大夫以我故安，或亦其實不主意於賓。【疏】"司正"至"不安"。○注"洗奠"至"於賓"。○釋曰：云"洗奠角觶于中庭，明其事以自表，威儀多也"者，此奠觶于中庭，威儀多，決《鄉飲酒》不奠，是以《鄉飲酒》作相爲司正，洗觶，執以升自西階，是不奠，威儀少也。云"君意殷勤，欲留賓飲酒，命卿、大夫以我故安"者，以主人安，客乃安，故欲安賓，先語卿、大夫以我意，故須安也。云"或亦其實不主意於賓"者，鄭意兩解，前解主意爲賓，故使卿、大夫爲賓安，或亦其實不專主爲賓，兼羣臣共安也。司正降自西階，南面坐取觶，升，酌散，降，南面坐奠觶，右還，北面少立，坐取觶，興，坐，不祭，卒觶，奠之，興，再拜稽首，右還，將適觶南，先西面也[②]。必從觶西，爲君之在東也。少立者，自嚴正慎其位。○爲君，于僞反，下爲位、所爲同。【疏】"司正"至"稽首"。○注"右還"至"其位"。○釋曰："右還，將適觶南，先西面也"者，右還，謂奠時南面，乃以右手向外而西面，乃從觶西南行而右還北面[③]。云"必從觶西，爲君之在東也"者，若從觶東而左還北面，則背君，以其君在阼故也。云"自嚴正慎在位"者，以司正監察，主爲使人嚴正謹慎，故先自嚴正謹慎也。左還，南面坐取觶，洗，南

---

① "酢"字原作"酬"，曹云："'酬'殿本作'酢'。"據改。

② "先西面也"，曹云："'面'字衍。"疏既據衍面字之注爲説，雖當刪而姑存其舊。

③ "右還"至"北面"，曹云："疏説不甚合，蓋由《燕禮》注衍一'面'字，故有向外之説。然《大射》經云'皆内還'，注云'内還者，上射左，下射右'，則似不得以上射左還爲左手向外矣。俟達者質之。"

面反奠于其所，反奠虛觶，不空位也。【疏】"左還"至"其所"。○注"反奠"至"位也"。○釋曰：必使不空者，亦欲使衆人睹，知司正嚴正之處。升自西階，東楹之東，請徹俎（降）①。公許，告于賓。賓北面取俎以出，膳宰徹公俎，降自阼階以東。膳宰降自阼階，以賓親徹，若君親徹然。【疏】"升自"至"以東"。○注"膳宰"至"徹然"。○釋曰：云"降自阼階，以賓親徹，若君親徹然"者，臣之升降當西階，今見賓親徹，膳宰代君徹，不降西階而降自阼階，當君降處，故云"若君親徹"，降自阼然也。卿、大夫皆降，東面北上。以將坐，降待賓反也。【疏】"卿大"至"北上"。○注"以將"至"反也"。○釋曰：案《大射》云"大夫降，復位"，注云"門東北面位"，不與卿同東面位者，彼卿有俎，卿取俎以出，故大夫不敢獨在西階下，故復位，復門東北面位，此燕，卿無俎，故大夫與卿同降西階下，東面北上位也。云"以將坐，降待賓反"者，上文賓以俎出，當反入升坐，故卿、大夫待賓反，亦升坐也。賓反入，及卿、大夫皆說屨，升就席，公以賓及卿、大夫皆坐，乃安。凡燕坐必說屨，屨賤，不在堂也。禮者尚敬，敬多則不親，燕安坐，相親之心。○皆說，吐活反，劉商悅反②，注同。【疏】"賓反"至"乃安"。○注"凡燕"至"之心"。○釋曰：凡在堂立行禮，不說屨，安坐則說屨，故鄭云"凡燕坐必說屨"，以其屨在足，賤，不宜在堂陳於尊者之側也。云"禮者尚敬，敬多則不親，燕安坐，相親之心"者，《左氏傳》云"饗以訓恭儉"，設几而不倚，爵盈而不飲，"燕以示慈惠"，饗在廟，立行禮，是"敬多則不親"者也，燕在寢，以醉爲度，是"相親之心"者也。若然，直云賓及卿、大夫說屨，不云君降說屨，則君屨說之在堂上席側③，是以《禮記・少儀》云"排闔說屨於戶內者，一人而已

----

①　"俎"下漢簡本無"降"字，沈云："張惠言《儀禮圖》注云：'經云司正請徹俎，降，公許，告于賓。似降而後公許，告賓于階下。《大射》則云請徹俎，公許，遂適西階上，北面告于賓。案司正告賓，無在堂下者，此經誤也。'張氏以《大射》文對勘，知今本有誤。其《讀儀禮記》又易其說云：'則降字當在告于賓下，實脫字失處耳。'今得簡本，知今本誤衍'降'字。無降字則不見司正之降，然《大射》亦無司正降之文，不必嫌其不降，張氏後說正緣此而作調停之詞耳。"當據刪。

②　"商"字原作"寄"，黃云："吳云：'案本經說服、說屨、說決拾、說矢束，《釋文》引劉音詩悅、始悅、舒悅等反音並同。此文寄悅反當作商，形近致譌。'"據改。

③　"屨脫"原作"脫屨"，阮云："浦鏜云'之'字當衍文。按或'之'字下有脫字。"曹云："'說屨'二字當倒。"據曹校乙。

矣”，彼據尊者坐在室，則尊者一人説屨在户内，今此燕在堂上，則君尊説屨於席側可知也。羞庶羞。謂膷肝膋、狗胾醢也。骨體所以致敬也，庶羞所以盡愛也。敬之、愛之，厚賢之道。○膷，士戀反，劉才悶反。肝膋，音遼。狗胾，壯吏反。【疏】“羞庶羞”。○注“謂膷”至“之道”。○釋曰：案《大射》云“羞庶羞”，注云“所進衆羞，謂膷肝膋、狗胾醢也，或有炮鼈、膾鯉、雉兔、鶉鴽”，大射先行燕禮，明與彼同，此注不言“炮鼈”已下，注文不具，鄭知有此物者，以經云“庶羞”，不唯二豆而已。案《内則》“爲肝膋，取狗肝一，幪之以其膋[①]，濡炙之，舉燋其膋，不蓼”，注云“膋，腸閒脂”，此及《大射》其牲皆用狗，故知有肝膋、狗胾。知有“炮鼈、膾鯉”者，《詩》云“吉甫燕喜，飲御諸友，炮鼈膾鯉”，又《内則》及《公食大夫》上大夫二十豆，有雉兔、鶉鴽，《禮記·王制》云“庶羞不踰牲”，此燕用狗，亦可有此物而已[②]。《鄉飲酒》、《鄉射》亦有狗，但經直云“羞”，不云“庶”，是以鄭注云“胾醢”，明二豆無餘物也。云“骨體所以致敬也”者，據未坐以前，“庶羞所以盡愛”，據説屨已後也。大夫祭薦。燕乃祭薦，不敢於盛成禮也。【疏】“大夫祭薦”。○注“燕乃”至“禮也”。○釋曰：“不敢於盛成禮”，謂未立司正之前，立行禮，受獻之時不祭脯醢，祭先是成禮，不敢成禮於盛時。司正升受命，皆命：“君曰無不醉。”賓及卿、大夫皆興，對曰：“諾，敢不醉！”皆反坐。皆命者，命賓，命卿、大夫也。起對必降席，司正退立西序端。【疏】“司正”至“反坐”。○注“皆命”至“序端”。○釋曰：云“起對必降席”者，經云“反坐”，不云“降”，明起對必降席，既對乃反坐也，是以《孝經》云“曾子避席，曰：參不敏”，亦是起對也。知“司正退立西序端”者，此無降文，見《鄉飲酒》云“司正升相旅，退立于序端，東面”，故知此亦然也。

主人洗，升，獻士于西階上。士長升，拜受觶，主人拜送觶。獻士用觶，士賤也。今文觶作觚。【疏】“主人”至“送觶”。○注“獻士”至“作觚”。○釋曰：自此盡“立飲”，論獻士之事。云“獻士用觶，士賤也”者，對上大夫已上獻用觚，旅酬乃用觶，此獻士即用觶，故云“士賤也”。不從今文觚者，若從觚，與大夫已上何異？故不從。士坐祭，立飲，不拜既爵。其他不拜，坐祭，立飲。他，謂衆

① “幪”字原作“蒙”，倉石云：“‘蒙’各本作‘幪’，與《内則》合。案《大射》單疏本亦作‘幪’。”據改。

② “亦”字原作“必”，曹云：“‘必’似當爲‘亦’。”據改。

士也,亦升受爵,不拜。【疏】"士坐"至"立飲"。○注"他謂"至"不拜"。○釋曰:云"他,謂眾士也"者,上云"士長",明此士長之外,皆眾士也。知"亦升受爵"者,以其士尊於笙之長,笙之長尚受爵於階上,明士得升堂受爵也。言"不拜"者,以其士長得拜,明眾士不拜也。**乃薦司正與射人一人、司士一人、執冪二人(立)于觶南①,東上。**天子射人、司士,皆下大夫二人,諸侯則上士,其人數亦如之。司正爲上。【疏】"乃薦"至"東上"。○注"天子"至"爲上"。○釋曰:此等皆士而先薦者,以其皆有事,故先得薦。司士亦先薦者,案《周禮·司士》掌羣士爵禄、廢置之事,士中之尊,故亦先得薦也。鄭引《周禮·序官》射人、司士,下大夫二人,約出此。"諸侯則上士"者,天子官尊,諸侯宜降一等,以是諸侯射人、司士得在士位中。云"其人數亦如之"者,案《周禮·序官》"射人,下大夫二人,上士四人,下士八人",皆名射人,則諸侯雖使士爲之,人數亦等,以其畿外諸侯張三侯,與天子同,故知射人之數亦同也。言此者,欲見射時射人有事,非一,故下文注云"大射正,射人之長",是以《大射禮》大射正及小射正皆有事也。云"司正爲上"者,雖同是士,以其爲庭長,故設在上先薦之。此經三者當官雖多,皆取長先薦,其餘在於眾位,依齒也。又士位在西,有事者別在觶南,北面東上也。**辯獻士,士既獻者立于東方,西面北上,乃薦士。**每已獻而即位于東方,蓋尊之。畢獻,薦于其位。【疏】"辯獻"至"薦士"。○注"每已"至"其位"。○釋曰:云"即位于東方,蓋尊之"者,以其庭中之位,卿東方西面,大夫北面,士西方東面,是東方尊,今卿大夫得獻升堂,位空,故士得獻,即東方卿位,是尊之,以無正文,故云"蓋"以疑之也。知畢獻薦之者,以其經云"辯獻士","乃薦士",故知當畢獻後乃薦也。**祝、史、小臣師亦就其位而薦之。**次士獻之,已,不變位,位自在東方。【疏】"祝史"至"薦之"。○注"次士"至"東方"。○釋曰:云"次士獻之,已,不變位"者,對先獻士,士即變位,鄉東方也。云"位自在東方"者,案上設位之時,祝史在門東,小臣在東堂下,是先在東方也。**主人就旅食之尊而獻之,旅食不拜,受爵,坐祭,立飲。**北面酌,南鄉獻之於尊南。不洗者,以其賤,略之也,亦畢獻乃薦之。主人執虛爵,奠于篚,復位。○南鄉,許亮反。【疏】"主人"至"立飲"。○注

① "二人"下漢簡本無"立"字,沈云:"《泰射》104簡同節:'乃薦司政(正)與射人于觽(觶)南,北面東上。'今本同。以彼例此,今本'立'字爲衍文。"當據刪。

“北面”至“復位”。○釋曰：云“北面酌，南鄉獻之於尊南”者，案《大射》旅食尊在西鏞之南，北面，則此主人在南，亦北面，以陳尊向君，若東楹之西，東向設尊，亦是向君爲正，彼酌者尊後東面酌，此亦尊後北面酌，南面獻之於尊南也。云“不洗者，以其賤”者，此乃庶人在官，府史胥徒之輩，故云“賤，略之也”。云“亦畢獻乃薦之”者，亦上文士，此畢獻，乃薦可知。云“主人執虛爵，奠於篚，復位”者，此約《大射》獻旅食訖，云“執虛爵，奠于篚，復位”，故知也。

若射則大射正爲司射，如鄉射之禮。 大射正，射人之長者也。如鄉射之禮者，燕爲樂卿、大夫，宜從其禮也。如者，如其“告弓矢既具”至“退中與筭”也。納射器而張侯，其告請先于君，乃以命賓及卿、大夫，其爲司正者亦爲司馬，君與賓爲耦。《鄉射記》自“君射”至“龍旝”[①]，亦其異者也。薦旅食乃射者，是燕射主於飲酒。

【疏】“若射”至“之禮”。○注“大射”至“飲酒”。○釋曰：此一經論燕末行射之節。云“大射正爲司射”者，燕禮輕，又不主爲射，故射人爲擯，又爲司正，至射時，大射正爲司射；大射之時略於燕，主於射，故大射正爲擯，又爲司正，至射又親其職，故不同爲司射也。云宜從之者，《鄉射》是卿大夫禮，故樂之，還從之也。云“如者，如其‘告弓矢既具’至‘退中與筭’也”者，經云“如鄉射之禮”，明從始至末皆如之，案《鄉射》初，司射告弓矢既具，至三番射訖而退中與筭，故如之也。云“納射器而張侯”者，欲見此與《鄉射》因納射器後即張侯，《大射》納射器之後無張侯之事，是以特言此也。云“告請先於君，乃以命賓及卿大夫”者，此《燕禮》與《大射》皆國君之禮，此《燕禮》每事皆先請於君，《大射》亦先請於君，故《大射》初[②]，司射自阼階前請於公，公許，乃命賓及卿大夫，《鄉射》西階上告賓曰“弓矢既具”，乃告於主人，遂告大夫，是先後異也。云“其爲司正者亦爲司馬”者，《鄉射》將射云“司正爲司馬”，此亦於將射司正爲司馬，故“亦”之也[③]。若然，則上文“射人告具”、“射人請賓”，又云“射人請立司正，公許，射人遂爲司正”，皆一人也，必云“司正爲司馬”者，諸侯有常官，嫌與《鄉射》異，故言此也，若《大射》則司

---

① “鄉射記”下原有“曰”字，阮云：“‘曰’《集釋》作‘云’。按戴氏以‘云’字爲衍文。”據刪。
② “故”下原重“故”字，阮云：“毛本‘故故’作‘故曰’，《通解》直云‘故大射初’，無‘曰’字。按毛本是。”曹云：“下‘故’衍字。”據曹校刪。
③ “故亦之也”原作“亦射之也”，張敦仁本作“故亦之也”，據改。

正不爲司馬①。云“君與賓爲耦”者，欲見《鄉射》賓與主人爲耦，此君與賓爲耦，亦是異於《鄉射》也。引《鄉射記》“君射”至“龍齇”，“亦其異者也”者，謂旌與中異，何者？彼因記國君三處射，旌與中各不同，云“君國中射則皮樹中，以翿旌獲，白羽與朱羽糅”，言“國中”，則此燕射也，又云“於郊則閭中，以旌獲”，謂諸侯大射在郊，又云“於竟則虎中，龍齇”，謂諸侯賓射在竟，此皆諸侯禮射，雖記在《鄉射》，皆與鄉射異也。云“薦旅食乃射者，是燕射主於飲酒”者，此獻士旅食後乃射，是燕射主於飲酒②，決《大射》未爲大夫舉旅之前則射，是彼《大射》主於射故也。

　　賓降洗，升，媵（觚）〔觶〕于公，酌散，下拜。公降一等，小臣辭，賓升再拜稽首，公荅再拜。此當言媵觶，酬之禮皆用觶，言觚者，字之誤也。古者觶字或作角旁氏，由此誤爾。○媵觚，觚依注音觶。【疏】“賓降”至“再拜”。○注“此當”至“誤爾”。○釋曰：自此盡“賓反位”，論賓媵爵於公之節。云“古者觶字或作角旁氏，由此誤爾”者，案《冬官·梓人》“爲飲器，勺一升，爵一升，觚三升③。獻以爵而酬以觚，一獻而三酬，則一豆矣”，鄭引南郡大守馬季長云“觚當爲觶，豆當爲升”，鄭康成云“古者觶，角傍氏，似觚，故誤爲觚，時人又多聞觚，寡聞觶，是以誤爲觚”，此注與彼同也。賓坐祭，卒爵，再拜稽首，公荅再拜。賓降，洗象觶，升，酌膳，坐奠于薦南，降拜。小臣辭，賓升成拜，公荅再拜，賓反位。反位，反席也。今文曰洗象觚。【疏】“賓坐祭”至“反位”。○注“反位”至“象觚”。○釋曰：知反位是反席者，以其堂下無席，堂上乃有之而云“賓升成拜”，不云“降”，明下“反位”者④，反席可知也。

　　公坐取賓所媵觶，興，唯公所賜。至此又言興者，明公崇禮不倦也。今文觶又爲觚。【疏】“公坐”至“所賜”。○注“至此”至“爲觚”。○釋曰：自此盡“士旅酬，卒”，論君爲士舉旅之事。云“唯公所賜”者，辭與爲大夫舉旅同也。云“至此又言興者，明公崇禮不倦也”者，以其説屢升坐之後，理當倦，今言興，明不倦矣。受者如

---

①　“大射”原作“士射”，曹云：“‘士’當爲‘大’。”據改。

②　“射”下原無“主”字，倉石云：“‘射’，殿本作‘主’字，《校勘記》云‘射’下脱‘主’字。”據補。

③　“三升”原作“二升”，張敦仁本作“三升”，與《周禮·梓人》合，據改。

④　“下”原作“上”，曹云：“‘上’似當爲‘下’。”據改。

初受酬之禮，降，更爵洗，升，酌膳，下拜。小臣辭，升成拜，公荅拜。乃就席，坐行之。_{坐行之，若今坐相勸酒。}有執爵者。_{士有盥升主酌授之者。}【疏】"有執爵者"。○注"士有"至"之者"。○釋曰：無筭，坐勸酒，有執爵行之者，今此爲士舉旅，亦有執爵行之，若無筭爵然，故"士有盥升主酌授之者"[①]。若然，前三舉旅，皆酬者自酌授人也。唯受于公者拜。_{公所賜者也，其餘則否。}司正命執爵者爵辯，卒受者興以酬士。_{欲令惠均。○欲令，力呈反。}【疏】"司正"至"酬士"。○注"欲令惠均"。○釋曰：此所命者，命大夫也，以前三舉旅，辯大夫則止，今此爲士舉旅，故及之。云"欲令惠均"者，惠均於堂及均於庭也[②]，士特牲爵止，欲得神惠均於室及均於庭，此據人君之惠均於庭也。大夫卒受者以爵興，西階上酬士。士升，大夫奠爵拜，士荅拜。_{興酬士者，士立堂下，無坐位。}【疏】"大夫"至"荅拜"。○注"興酬"至"坐位"。○釋曰：此即上文司正所命者也。云"興酬士者，士立堂下，無坐位"者，凡禮，堂上有席者坐，堂下無席者立，是以《禮記·檀弓》工尹商陽是士而云"朝不坐"，堂下無坐位者也。大夫立卒爵，不拜，實之。士拜受，大夫拜送。士旅于西階上，辯。_{祝、史、小臣、旅食皆及焉。}【疏】"大夫"至"上辯"。○注"祝史"至"及焉"。○釋曰：知"旅食皆及"者，以士未得獻時，旅酬不及，得獻之後，旅則及之，旅食亦次士得獻，故知亦酬及之。其庶子以下未得獻者，至獻後無筭爵及焉。士旅酌。_{旅，序也。士以次序自酌相酬，無執爵者。}（卒[③]。）

主人洗，升自西階，獻庶子于阼階上，如獻士之禮，辯，降洗，遂獻左右正與內小臣，皆於阼階上，如獻庶子之禮。_{庶子，掌正六牲}

---

①　"故"字原作"後"，曹云："'後'當爲'故'。"據改。

②　"堂"原作"室"，曹云："'室'當爲'堂'。"據改。

③　"士旅酌"下漢簡本無"卒"字，沈云："《泰射》同節簡本、今本俱無'卒'字。此節爲賓滕觶於公，公舉以爲士旅酬。上已有爲賓爲卿爲大夫舉旅行酬，此爲士，云'辯'已明凡士皆受酬訖，自無庸更言'卒'。又云'士旅酌'，乃補記士自行酌酒，故注云'無執爵者'。句下更不應有'卒'字。褚寅亮以爲'辯'指士，'卒'指旅食者，強生分別。旅食者亦爲士，已該於士中，果如褚説，則《大射》無'卒'字，豈旅食者不與於受酬乎？實不可通。今得簡本，知今本'卒'字爲衍文；鄭氏無注，誤在鄭本之後。"當據刪。

之體及舞位,使國子脩德學道,世子之官也而與膳宰、樂正聯事。樂正亦學國子以舞①。左右正,謂樂正、僕人正也。小樂正立于西縣之北,僕人正、僕人師、僕人士立于其北,北上,大樂正立于東縣之北。若射,則僕人正、僕人士陪于工後。內小臣,奄人,掌君陰事、陰令,后夫人之官也,皆獻于阼階上,別於外內臣也。獻正下及內小臣,則磬人、鍾人、鎛人、鼓人、僕人之屬盡獻可知也。凡獻,皆薦也。○亦學,戶教反,教也。大樂,音泰。別於,彼列反。鎛人,本又作鑮,音博,下同。【疏】"卒主"至"之禮"。○注"庶子"至"薦也"。○釋曰:此一經獻庶子以下之節。云"庶子,掌正六牲之體及舞位,使國子脩德學道,世子之官也"者,案《周禮·諸子職》云"大祭祀,正六牲之體。凡樂事,正舞位。國子存遊倅,使之脩德學道",彼天子諸子之官,屬大子,若據諸侯,爲世子之官,引之者,以天子謂之諸子,諸侯謂之庶子,掌公卿大夫士之適子,掌事寔同,故取《諸子職》解此庶子之事。云"而與膳宰、樂正聯事"者,以掌"正六牲之體",得與膳宰聯事,掌"國子脩德學道",得與樂正聯事,以其樂正亦掌教國子故也。言此者,欲見膳宰得獻,此庶子亦得獻之意。云"樂正亦教國子之舞"者,欲見庶子掌國子得與樂正聯事。云"左右正,謂樂正、僕人正也","僕人正"以下至"北上",鄭知義然者,見《大射禮》而知。云"左右正"者,據中庭爲左右,《大射禮》工遷於東,僕人正亦與樂正同處,名曰左正,復云右正,明是小樂正在西爲右也②,若小樂正不在西,大射之禮不得有左右正之文,又兩面俱縣,明大、小樂正各監一縣。又知"僕人正"以下在小樂正之北,北上者,以《鄉射》弟子相工皆在西,今"僕人正"以下亦是相工之人,故知亦在西方也。又工堂上西階之東,相工者宜近其事,故在西方樂正之北也。又知"北上"者,以《大射》、《鄉射》工遷在下之時,皆北上統於堂上③,今相者以工爲主,明在堂下則宜北統於堂上矣。下又知大樂正在東縣北者,約《鄉射》云"縣于洗東北",至射時,遷樂於"阼階下之東南,堂前三笴,西面北上坐,樂正北面立于其南",是得爲一證也。云"若射"以下至"工後"者,案《大射》將射之時,工遷於下,"東坫之東南,西面北上坐",相者以工爲主,故知相工陪於東,即在工後也。云"內小臣,奄人,掌君陰事、陰令,后夫人之官也"者,案《天官·小臣·序官》云"內小臣,奄上士四人",其職云"掌王之陰事、陰令",

----

① "學國子以舞",《釋文》云:"學,戶教反,教也。"學讀去聲,教之義,疏述注則徑作教,不必據疏改注。

② "右"字原作"一",毛氏汲古閣刊本作"右",據改。

③ "堂上"原作"樂正",曹云:"'樂正'二字譌,當爲'堂上'。"據改。

鄭注云"陰事,羣妃御見之事。陰令,王所求爲於北宮",彼后之官,兼云夫人者,欲見諸侯夫人内小臣亦與后之内小臣職同,故雙言之。云"皆獻於阼階上,別於外内臣也"者,臣云外内者,案《周禮》有外内命夫,鄭注云"外命夫,六鄉以出",案内命夫,朝廷卿大夫,則諸侯臣在鄉遂及采地者爲外臣,在朝廷者爲内臣,但外内臣皆獻於西階上,此獻於阼階,故云"別於外内臣也"。云"則磬人"以下至"盡獻可知也"者,此據《周禮》天子有此官,諸侯並以下士爲之,則諸侯亦有此官,以其庭中之樂軒縣,別有鍾、磬、鎛、鼓,故知也。兼言僕人者,此經直見僕人正,不見僕人師、僕人士,《大射》見之,内小臣,奄人之賤者,尚得獻,明此等皆得獻可知也。知"凡獻,皆薦"者,以經云"如獻士",獻士有薦,凡此等獻訖,明皆有薦也。

　　無筭爵。筭,數也。爵行無次無數,唯意所勸,醉而止。【疏】"無筭爵"。○注"筭數"至"而止"。○釋曰:自此盡"無筭樂",論酒行樂作無次數之節。云"爵行無次無數"者,此對四舉旅以前,皆有次有數,此則無次數也。**士(也)有執膳爵者①,有執散爵者。執膳爵者酌以進公,公不拜,受。執散爵者酌以之(公)命所賜②,所賜者興,受爵,降席下,奠爵,再拜稽首,公荅拜。**席下,席西也。古文曰公荅再拜。【疏】"士也"至"荅拜"。○注"席下"至"再拜"。○釋曰:自旅酬已前,受公爵皆降拜,升成拜,至此不復降拜者,禮殺故也。云"席下,席西也"者,賓與卿、大夫席皆南面,統於君,皆以東爲上,故知席下爲席西也。**受賜爵者以爵就席坐,公卒爵,然後飲。**不敢先虛爵,明此勸惠從尊者來也。【疏】"受賜"至"後飲"。○注"不敢"至"來也"。○釋曰:上已言君命所賜,至此經云"受賜",自然惠從尊者來,但先君虛爵③,似惠不由君來,故後飲然後授虛爵,是由尊者來,故後飲之也。此執爵者皆酌行之以徧,唯卒受爵者興以酬士④,自酌與之,是以《鄉飲酒》、

---

　　①　"士"下漢簡本無"也"字。沈云:"此文鄭氏無注,郝敬云:'士也,謂執爵皆士也。'任執爵者爲士,則無'也'字義更顯明,簡本爲長。"當據刪。

　　②　"之"下漢簡本無"公"字。沈云:"膳爵爲公爵,故酌而進於公;散爵爲臣下之爵,方苞云:'執散爵者亦先進于公而親命之以賜公卿。'解甚迂曲。簡本無'公'字,則執散爵者酌而進於命所賜者,義本顯豁,今本'公'字爲衍文。"當據刪。

　　③　"虛"字原作"受",阮云:"顧廣圻云'受'當作'虛',宋單疏本已誤。"據改。

　　④　"卒"下原無"受"字,曹云:"'卒'下脱'受'字。"倉石云:"《正字》云'卒'下當補'受'字。"據補。

《鄉射》皆云“辯，卒受者興，以旅在下者”，注云“不使執觶者酌，以其將旅，不以己尊孤人也”。**執膳爵者受公爵，酌，反奠之。**宴歡在於飲酒，成其意。【疏】“執膳”至“奠之”。○注“宴歡”至“其意”。○釋曰：云“成其意”者，君意欲得皆醉，今執膳者酌，反奠於君前，望當君心，故云“宴歡在於飲酒，成其意”也。**受賜爵者興，授執散爵〔者〕[①]，執散爵者乃酌行之。**予其所勸者。**唯受（爵）於公者拜，卒受（爵）者興[②]，以酬士于西階上。士升，大夫不拜乃飲，實爵。**乃，猶而也。【疏】注“乃猶而也”。○釋曰：轉“乃”爲“而”者，“乃”是緩辭，此將勸士，士已升階，大夫即飲，不可爲“乃”，故從“而”解之也。**士不拜受爵，大夫就席，士旅酬亦如之。公有命徹冪，則卿、大夫皆降西階下，北面東上，再拜稽首。公命小臣辭，公荅再拜，大夫皆辟，**命徹冪者，公意殷勤，必盡酒也。小臣辭，不升成拜，明雖醉正臣禮也。不言賓，賓彌臣也。君荅拜於上，示不虛受也。○皆辟，音避，劉房益反。【疏】“士不”至“皆辟”。○注“命徹”至“受也”。○釋曰：云“士旅酬亦如之”者，亦如大夫相酬之法。云“公有命徹冪”者，此君尊在東楹之西，專大惠，故待無筭爵乃徹冪，《鄉飲酒》尊在房户之閒，賓主共之，故賓至則徹之，與此異也。云“小臣辭，不升成拜，明雖醉正臣禮也”者，臣之禮，當下拜爲正，今不言升成拜者，於下已拜，是雖無筭爵已醉而不倦行臣禮，禮之正也。云“不言賓，賓彌臣也”者，經直言“卿、大夫皆降”，不別言賓，是燕末賓同於臣，言“彌”者，上旅酬云“若賓若長”，猶言賓，但言賜不言酬，已是賓卑，今乃没賓[③]，不言賓，是“賓彌臣”，故同臣例也。云“君荅拜於上，示不虛受也”者，案《燕義》云“禮無不荅，言上之不虛取於下也”，彼釋此言也，但彼言“不虛取於下”者，總申此燕禮君荅拜之事，不獨爲此言也。**遂升，反**

---

① “授執散爵”，敖繼公云：“《大射儀》‘授執散爵者’，此脱一‘者’字。”當據補。

② “唯受”、“卒受”下漢簡本俱無“爵”字，沈云：“《泰射》第111簡同節與本篇同，今本上句亦無‘爵’字，與簡本同；下句有‘爵’字而無‘受’字，誤，詳彼篇。又上第40簡爲士旅酬節‘唯受于公者拜’，‘卒受者興以酬士’，今本同。又上第22簡公舉媵酬節‘卒受者以虛觶降’，第26簡爲卿舉旅節‘大夫卒受者以虛〔觶降〕’，今本同。《大射》此等句簡本、今本俱同，以彼決此，今本二‘爵’字當屬衍文。”當據刪。

③ “没”字原作“設”，阮云：“《要義》同，陳、閩‘設’俱作‘没’。周學健云：‘謂經没其文而不見也，《大射儀》卿大夫皆降節疏亦有没賓之語，可証。’”據改。

坐。士終旅於上，如初。卿、大夫降而爵止，於其反席卒之。【疏】“遂升”至“如
初”。○注“卿大”至“卒之”。○釋曰：云“卿、大夫降而爵止”者，上文已云“大夫不拜乃
飲，實爵，士不拜受爵”，是大夫降而爵止也[①]。云“於其反席卒之”者，謂上士受得大夫
爵，此經云“士終旅於上，如初”，是於大夫反席，士卒之也。無筭樂。升歌、閒、合無
數也，取歡而已，其樂章亦然。【疏】“無筭樂”。○注“升歌”至“亦然”。○釋曰：此無筭
對上升歌、笙、閒、合，各依次第而三終，有次有數，此則任君之情，無次無數，其《詩》、
樂章亦然，亦無次無數。

　　宵則庶子執燭於阼階上，司宮執燭於西階上，甸人執大燭於
庭，閽人爲大燭於門外。宵，夜也。燭，燋也。甸人，掌共薪蒸者。庭大燭，爲
位廣也。閽人，門人也。爲，作也，作大燭以俟賓客出。○甸人，大練反。燋也，哉約
反，劉哉妙反。閽人，音昏。掌共，音恭。【疏】“宵則”至“門外”。○注“宵夜”至“客
出”。○釋曰：凡燕法設燭者，或射之後，終燕則至宵也，或冬之日不射亦宵，夏之日不
射未必至宵也。云“燭，燋也”者，古者無麻燭而用荆燋，故《少儀》云“主人執燭抱燋”，
鄭云“未爇曰燋”，但在地曰燎，執之曰燭，於地廣設之則曰大燭，其燎亦名大燭，故
《詩》云“庭燎之光”，毛云“庭燎，大燭”也，鄭云“夜未央，而於庭設大燭”，毛、鄭並指此
“甸人執大燭”之文也。《司烜氏》云“凡邦之大事，共墳燭庭燎”，玄謂“墳，大也。樹於
門外曰大燭，於門內曰庭燎”，言樹則大燭亦在地，廣設之而已，此“閽人爲大燭於門
外”者，亦是大燭在地者。案《郊特牲》云“庭燎之百，由齊桓公始也”，注云“僭天子也。
庭燎之差，公蓋五十，侯、伯、子、男皆三十”，文出《大戴禮》也，此亦諸侯禮，以燕禮輕，
故不言庭燎，設大燭而已。云“甸人，掌共薪蒸者”，《天官·甸師氏職》文，引之者，以
其內有燭燋，故使之在庭爲大燭也[②]。云“閽人，門人也”者，案《天官·閽人》“掌守王
中門之禁”，諸侯亦當然。賓醉，北面坐取其薦脯以降。取脯，重得君賜。
奏《陔》。《陔》，《陔夏》，樂章也。賓出奏《陔夏》，以爲行節也。凡《夏》，以鍾鼓奏
之。○陔夏，戶雅反，下同。【疏】“奏陔”。○注“陔陔”至“奏之”[③]。○釋曰：云“《陔》，

<hr>

①　“降而”原作“飲訖”，曹云：“‘飲訖’當爲‘降而’。”據改。

②　“庭”字原作“門”，此釋“甸人執大燭于庭”，疑“門”當爲“庭”，謹改。

③　“陔陔”原作“陔夏”，阮云：“案‘陔夏’宜作‘陔陔’。”倉石云：“《鄉飲酒》疏正標
‘陔陔’。”據改。

《陔夏》"者，案《鍾師》，《九夏》之中有《陔夏》，《九夏》皆是《詩》，《詩》爲樂章，故知"樂章也"。云"賓出奏《陔夏》，以爲行節也"者，此及《鄉飲酒》皆於賓出奏《陔夏》，明此爲行節戒之，使不失禮。云"凡《夏》，以鍾鼓奏之"者，案《周禮・鍾師》云"以鍾鼓奏《九夏》"，鄭注云"先奏鍾，次擊鼓"，是凡《夏》，皆以鍾鼓奏之。**賓所執脯，以賜鍾人于門內霤，遂出**，必賜鍾人，鍾人掌以鍾鼓奏《九夏》。今奏《陔》以節己，用賜脯以報之，明雖醉不忘禮。古文賜作錫。**卿、大夫皆出**，隨賓出也。**公不送。**賓禮訖，是臣也。

公與客燕，謂四方之使者。○之使，所吏反，下使人同。【疏】"公與客燕"。○注"謂四方之使者"。○釋曰：自此盡"敢拜賜命"，論與異國臣將燕，使卿大夫就館戒客之辭事，但燕異國卿大夫與臣子同，唯戒賓爲異，故於禮末特見之也。云"謂四方之使者"，以其云"客"，以"寡君"對之，故知四方使卿大夫來聘，主君將燕之也。**曰："寡君有不腆之酒，以請（吾）子之與寡君須臾焉[1]，使某也以請。"**君使人戒客辭也。禮，使人各以其爵。寡，鮮也，猶言少德，謙也。腆，膳也。上介出請入告。古文腆皆作殄，今文皆曰不腆酒，無之。○不腆，他典反。寡鮮，息淺反。【疏】"曰寡"至"以請"。○注"君使"至"無之"。○釋曰：云"禮，使人各以其爵"者，案《公食大夫》云"使大夫戒，各以其爵"，以其大聘使卿，小聘使大夫，爵不同，故主君亦以其爵戒之也。云"上戒出請入告"者，亦約《公食》使者至館門外，客使上介出請事[2]，入告賓，但彼食禮重，故三辭，此燕禮輕，故再辭爲異耳。又彼見"賓出，拜辱，大夫不荅拜"，此不言者，文不具。**對曰："寡君，君之私也，君無所辱賜于使臣，臣敢辭。"**上介出荅主國使者辭也。私，謂獨有恩厚也。君無所爲辱賜於使臣，謙不敢當也。敢者，怖懼用勢決之辭。【疏】"對曰"至"敢辭"。○注"上介"至"之辭"。○釋

---

①　"請"下漢簡本無"吾"字，沈云："下第47簡同節'以請子之與寡君須臾焉'，今本亦有'吾'字。此節補述主國君與來聘使者行燕禮，公使人至客館戒客之辭。《士冠・記》戒賓、宿賓之辭，主人對賓稱吾子，《士昏・記》納采、問名之辭，彼此稱吾子，《士相見》賓稱主人爲吾子，均屬雙方尊卑相敵之稱謂。《聘禮・記》贊君聘享之辭云'子以君命在寡君'，不稱吾子。此文公使人述公命，與《聘禮》相同，有以尊臨卑之意，以無'吾'字爲長，當從簡本。"當據刪。

②　"使"下原有"者"字，曹云："'者'衍字。"據刪。

曰:云"敢者,怖懼用勢決之辭也"者,謂若怖懼之事,不避危難,用勢往決之,故云"用勢決之辭也"。"寡君固曰不腆,使某固以請。""寡君,君之私也,君無所辱賜于使臣,臣敢固辭。"重傳命。固,如故。○重,直用反。傳命,丈專反。"寡君固曰不腆,使某固以請。""某固辭,不得命,敢不從。"許之也,於是出見主國使者,辭以見許爲得命。今文無使某。致命曰:"寡君使某有不腆之酒,以請吾子之與寡君須臾焉。"親相見,致君命辭也。"君貺寡君(多矣)①,又辱賜于使臣,臣敢拜賜命。"貺,賜也,猶愛也。敢拜賜命,從使者拜君之賜命,猶謙不必辭也。【疏】注"敢拜"至"辭也"。○釋曰:主君使大夫往戒,只爲燕事,今客從之者來就燕而云拜主君賜燕之命者,謙不必有燕事。

　　記:燕,朝服於寢。朝服者,諸侯與其羣臣日視朝之服也,謂冠玄端,緇帶,素韠,白屨也。燕於路寢,相親昵也。今辟雍十月行此燕禮,玄冠而衣皮弁服,與禮異也。○朝服,直遙反,注同。素韠,音畢。今辟,音璧。而衣,於既反。【疏】"記燕朝服於寢"。○注"朝服"至"異也"。○釋曰:凡記皆記經不具者,以經不言燕服及燕處,故記人言之也。云"謂冠玄端,緇帶,素韠,白屨"者,皆《士冠禮》文。案《屨人》注"天子、諸侯吉事皆舄",諸侯朝服素裳、素韠,應白舄而云"白屨"者,引《士冠禮》成文,其實諸侯當白舄,其臣則白屨也,鄭注《周禮·屨人》云"複下曰舄,禪下曰屨",下謂底,以此爲異也。云"燕於路寢,相親昵也",知燕於寢者,以其饗在廟,明燕在寢私處可知也。引漢法,欲見與古異者,周時玄冠服則緇布衣,今衣皮弁服,是其異也。

　　其牲,狗也,狗取擇人也,明非其人,不與爲禮也。亨于門外東方。亨於門外,臣所掌也。○亨于,普庚反,注同。【疏】"亨于門外東方"。○注"亨于"至"掌也"。○釋曰:此君禮,故云"臣所掌"②,案《公食記》云"亨于門外東方",注云"必於門外者,大夫之事也",注不同者,以其饗食在廟嚴凝,宜親監視,不得言"臣所掌",故注云"大夫之事也",《鄉飲酒》亨狗于堂東北者,非君禮,是臣於堂東北,不在外者,宜主人親供,又法陽氣之所始,故三者注皆不同也。

---

①　"寡君"下漢簡本無"多矣"二字,沈云:"《聘禮·記》贊拜問大夫之辭云:'君貺寡君,延及二三老。'詞例相類,以簡本無'多矣'二字爲長。"當據刪。

②　"所"字原作"使",汪刊單疏作"所",與注合,據改。

若與四方之賓燕，則公迎之于大門内，揖讓升。四方之賓，謂來聘者也。自戒至於拜至，皆如《公食》，亦告饌具而後公即席，小臣請執冪、請羞者，乃迎賓也。○公食，音嗣。【疏】"若與"至"讓升"。○注"四方"至"賓也"。○釋曰：云"自戒至於拜至，皆如《公食》"者，此燕用狗，彼用大牢，此戒賓再辭，彼三辭，至於卿大夫立位皆不同而云"如《公食》"者，謂除此之外如之。若然，依《公食》，從首"使大夫戒，各以其爵，上介出請入告"已下至"北面再拜稽首"皆如之，饌具之等不如之也。云"亦告饌具而後公即席，小臣請執冪、請羞者，乃迎賓也"者，言此者，欲見燕四方賓，此等依上文與燕己臣子同，亦不如《公食》，以其《公食》公無席，又迎賓前卿大夫、士具於廟門外，無入廟之事[1]，又《公食》無請執冪、羞膳，故別言此也。賓爲苟敬，席于阼階之西，北面，有脀，不嚌肺，不啐酒，其介爲賓。苟，且也、假也。主國君鄉時[2]，親進醴于賓。今燕，又宜獻焉。人臣不敢褻煩尊者，至此升堂而辭讓，欲以臣禮燕，爲恭敬也，於是席之如獻諸公之位。言苟敬者，賓實主國所宜敬也。脀，折俎也。不嚌、啐，似若尊者然也。介門西北面西上，公降迎上介以爲賓，揖讓升，如初禮。主人獻賓、獻公既、獻苟敬，乃媵觚，羣臣即位如燕也。○饗時，許兩反，或作鄉，非。燕爲，于僞反。【疏】"賓爲"至"爲賓"。○注"苟且"至"燕也"。○釋曰：云"主國君鄉時[3]，親進醴于賓"者，謂行聘享訖，禮賓之時，君親酌醴進于賓。若然，前有饗食，不言

---

① "以其"至"之事"原作"以其公食公無席又無入廟之事"，吳紱云："按公食大夫禮於廟行之，乃云無入廟之事，何也？疏蓋有誤。"曹云："又下有脱，擬補'迎賓前卿大夫、士具於廟門外'十二字。"倉石云："疏説蓋謂迎賓前入廟之事，曹説近之。"據補。
② "主國君鄉時"，阮云："徐本同，《釋文》、《集釋》、《通解》、楊氏'鄉'俱作'饗'。陸氏曰：'或作鄉，非。'按疏亦作'鄉'，然以《聘禮記》'賓爲苟敬'注考之，作'饗'爲是。彼注與此注，文異義同。彼言饗食，此專言饗者，《春秋》僖二十五年《左氏傳》曰：'晉侯朝王，王饗醴，命之宥。'是饗有進醴之事，與燕同類，故對言之，且饗、食與燕其事相連，若聘後禮賓，自爲一事，何容相較乎？又《聘禮》注云'今文饗皆作鄉'，則鄉、饗古通用。此注即作'鄉'，亦當讀爲'饗'，不當讀爲'曏'也。"以疏義而言，此注之"鄉"讀爲"曏"，見下阮校。
③ "鄉"字原作"饗"，阮云："按疏以禮賓之時釋'鄉時'，則讀'鄉'爲'曏'矣。此句及下文'而云饗時也'，兩'饗'字似當作'鄉'，然此本與《要義》俱作'饗'。許宗彥云：'疏又曰饗禮亡，無以引證，則此饗字不誤。'"疏述注之"饗"及"而云饗時也"之"饗"，皆當作"鄉"，讀爲"曏"，疏義如此，且注本作"鄉"，據阮校改。

之者，饗禮亡，無以引證①，食禮又無酒醴所獻之事，故不言而云“鄉時”也。云“今燕，又宜獻焉”者，案上燕己臣子，使宰夫爲主人，知此親獻者，若不親獻，即同己臣子，賓何須辭之而爲苟敬，故知君當親獻焉。云“至此升堂而辭讓”者，若此時升堂不辭，即行燕賓之禮，故知辭之在初升堂時。云“欲以臣禮燕，爲恭敬也”者，此謂在阼西北面，故云“席之如獻諸公之位”也②。云“言苟敬者，賓實主國所宜敬也”者，賓實主國所宜敬，但爲辭讓，故以命介爲賓，不得敬之，今雖以介爲賓，不可全不敬，於是席之於阼階西，且敬也，故云“苟敬”也。云“不嚌、啐，似若尊者然也”者，案此《燕禮》與《大射》、《鄉射》皆不嚌、啐，是諸公如卿禮③，今聘卿在諸公之坐，亦不嚌、不啐，是爲似若諸公尊者然也。云“介門西北面西上”者，約《聘禮》而知也。云“公降迎上介以爲賓，揖讓升，如初禮”者，此如上文燕己臣子，以大夫爲賓者同，故云“如初禮”也。云“主人獻賓、獻公既，獻苟敬，乃媵觚”者，若上燕己臣子之時，獻賓、獻公既，即媵觶以酬賓，但苟敬之前宜有薦、有俎，賓與君同，明知獻公後即獻苟敬，乃可酬賓也。云“羣臣即位如燕”者，如上燕己臣子同。若然，羣臣不待迎賓入，乃從君入者，以其皆蒙獻酬，故因其先至寢門，小臣引之即入④，不待賓入後也。　**無膳尊，無膳爵。** 降尊以就卑也。【疏】“無膳尊無膳爵”。○注“降尊以就卑”。○釋曰：《郊特牲》云“三獻之介，君專席而酢焉，此降尊以就卑也”，注云“三獻，卿大夫來聘，主君饗燕之。以介爲賓，賓爲苟敬，則徹重席而受酢也，專，猶單也”，彼與此事同，故鄭引彼經以證此。燕己臣子，不見有君親受賓酢，若燕異國臣子，得有專席受酢者，獻卿大夫之後，依次各爲此三人舉旅，獻士之後，賓乃媵觶於公，公取所媵觶爲士舉旅⑤，因以爲酢君⑥，君專席而受之也。

---

① “引證”原作“可言”，阮云：“《要義》同，毛本‘可言’作‘引證’。”據改。

② “如”下原無“獻”字，阮云：“陳本、《要義》同，毛本‘如’下有‘獻’字。”注有“獻”字，據補。

③ “卿”字原作“鄉”，曹云：“‘鄉’當爲‘卿’，言諸公如卿不嚌啐也。”據改。

④ “小臣”上原有“故”字，曹云：“‘故’衍字。”據刪。

⑤ “公”字原作“賓”，四庫本作“公”，據改。

⑥ “因”字原作“應”，曹云：“‘應’容‘因’之誤。”據改。

與卿燕（則）大夫爲賓，與大夫（燕）亦大夫爲賓①。不以所與燕者爲賓者，燕爲序歡心，賓主敬也。公父文伯飲南宫敬叔酒，以路堵父爲客，此之謂也。君恒以大夫爲賓者，大夫卑，雖尊之，猶遠于君。今文無則，下無燕。○公父，音甫，下同。飲南，於鴆反，下文若飲并注同。堵父，音者，劉音覩。猶遠，于万反。【疏】“與卿”至“爲賓”。○注“不以”至“無燕”。○釋曰：此謂與己臣子燕法，若與異國賓燕，皆用上介爲賓，如上説也。云“公父文伯”已下，是《魯語》文，此三人皆魯大夫，自相燕法。云“此之謂也”者，此謂不使所爲燕者爲賓之義。云“君恒以大夫爲賓者，大夫卑，雖尊之，猶遠於君”者，案《禮記·燕義》云“不以公卿爲賓而以大夫爲賓，爲疑也，明嫌之義也”，注云“公卿尊矣，復以爲賓，則尊與君大相近”，是不用公卿爲賓，恐逼君，用大夫爲賓，雖尊之，猶遠於君，不畏逼君也。

羞膳者與執冪者皆士也。尊君也，膳宰卑於士。【疏】“羞膳”至“士也”。○注“尊君”至“於士”。○釋曰：經直云“請執冪與羞膳”，不辨其人，故記人言之。云“尊君也，膳宰卑於士”者，言膳宰，别小膳宰也，以其下云“羞卿者，小膳宰”，明於君者，士也，士尊於小膳宰。若然，士則膳宰之長者，故下注“小膳宰”云“膳宰之佐也”。羞卿者，小膳宰也。膳宰之佐也。

若以樂納賓，則賓及庭奏《肆夏》。賓拜酒，主人荅拜而樂闋。公拜受爵而奏《肆夏》，公卒爵，主人升受爵以下而樂闋。《肆夏》，樂章也，今亡。以鍾、鎛播之，鼓、磬應之，所謂金奏也。《記》曰“入門而縣興”，“示易以敬也”。卿、大夫有王事之勞，則奏此樂焉。○樂闋，苦穴反。應之，應對之應。示易，以豉反。【疏】“若以”至“樂闋”。○注“肆夏”至“樂焉”。○釋曰：自此盡“若舞則勺”，論臣子有王事之勞與之燕之事。云“若”者，不定之辭，以其常燕己臣子無樂，王事之勞或有或無，故言“若”也。云“《肆夏》，樂章也，今亡”者，鄭注《鍾師》云“《九夏》皆

---

① “燕”下、“與大夫”下漢簡本無“則”字、無“燕”字，沈云：“鄭注：‘今文無則，下無燕。’簡本用今文。胡承珙《疏義》云：‘鄭從古文有則字、燕字者，亦取其文義備。’案此記不過補述與大夫燕亦大夫爲賓之一端耳。記者，記其儀之有異於正禮者。‘與卿燕’云云已見正禮，自以無‘則’字爲善；下句異於正禮，以承上文，‘燕’字自可省，俱以今文文長。鄭所據本用古文，非爲文義備而改從古文者。今文文多省略，蓋高堂生初傳今禮，出於記誦，詞多删節，非若古文之傳自晚周書本爲文義備也。”當據删。

詩篇名，《頌》之族類也。此歌之大者，載在樂章，樂崩亦從而亡，是以《頌》不能具也”。
云“以鍾、鎛播之，鼓、磬應之”者，《鍾師》云“掌金奏”，鄭注云“擊金以爲奏樂之節，金謂
鍾及鎛”，又云“凡樂事，以鍾鼓奏《九夏》”，鄭注云“先擊鍾，次擊鼓”，是奏《肆夏》時，有
鍾、鎛、鼓、磬，彼經、注雖不言磬，但隊內有此四者，故鄭兼言磬也。言“所謂金奏也”
者，所謂《鍾師》掌金奏也。云“《記》曰”者，此鄭引二記之文，何者？云“入門而縣興”，
是《仲尼燕居》之文[1]，《仲尼燕居》云“兩君相見，揖讓而入門，入門而縣興，揖讓而升
堂，升堂而樂闋”，《郊特牲》云“賓入大門而奏《肆夏》，示易以敬也”，必引二記文者，以
燕在寢，賓及庭，及寢庭，與《仲尼燕居》“入門而縣興”事相類，故引之證賓及庭樂作之
義也；此《肆夏》以金奏之，故引《郊特牲》“示易以敬”證用《肆夏》之義也。不取賓入大
門者，大門非寢門故也。云“卿、大夫有王事之勞，則奏此樂焉”，知者，以發首陳君與
臣子常燕及聘使之臣燕，次論四方賓燕，今此言“賓及庭奏《肆夏》”，則非尋常大夫爲
賓，與宰夫爲主人相對者，謂若賓爲茍敬、四方賓之類，特奏《肆夏》，其事既重，若非有
王事之勞，何以致此？故知是臣有王事之勞者，乃奏此樂也。**升歌《鹿鳴》，下管**
《新宮》，笙入三成，《新宮》，《小雅》逸篇也。管之入三成，謂三終也。【疏】“升
歌”至“三成”。○注“新宮”至“終也”。○釋曰：《鹿鳴》不言工歌，《新宮》不言笙奏而言
升歌、下管者，欲明笙奏異於常燕，常燕即上所陳四節是也，今工歌《鹿鳴》三終，其笙
奏全別[2]，故特言“下管《新宮》”，乃始“笙入三成”者，止謂笙奏《新宮》三終，申說“下
管”之義。云“《新宮》，《小雅》逸篇也”，知在《小雅》者，以配《鹿鳴》而言，《鹿鳴》是《小
雅》，明《新宮》《小雅》可知。**遂合鄉樂。**鄉樂，《周南》、《召南》六篇。言遂者，不間
也。**若舞則《勺》。**《勺》，《頌》篇，告成《大武》之樂歌也。其詩曰“於鑠王師，遵養
時晦”，又曰“實維爾公允師”。既合鄉樂，萬舞而奏之[3]，所以美王侯、勸有功也。○則
勺，音灼，劉又音照。於鑠，上音烏，下舒若反。【疏】“若舞則勺”。○注“勺頌”至“功
也”。○釋曰：言“若”者，或爲之舞，或不爲之舞，在於君意，故以不定而言。云“舞則
《勺》”者，謂爲之舞，則歌《勺》詩以爲曲。云“《勺》，《頌》篇，告成《大武》之樂歌也”

---

① “之”上原無“燕居”二字，曹云：“‘之’上脫‘燕居’二字。”據補。
② “其”字原作“與”，曹云：“‘與’當爲‘其’。”據改。
③ “舞”字原作“武”，張敦仁本作“舞”，此疏述注亦作“舞”，據改。

者①，《勺》詩《序》文。云"其詩曰'於鑠王師，遵養時晦'"者，鑠，美也，言於呼美武王之師，遵，循也，循養晦昧之紂，三分天下猶服事於殷。"又曰'實維爾公允師'"者，公，事。允，信也，言武王伐紂，實維汝武王之事，信得用師之道。云"既合鄉樂"者，以文承"合鄉樂"之下，故知"既合鄉樂"也。云"萬舞而奏之"者，釋經舞時，作周萬舞之舞而奏《勺》詩，宣八年《公羊傳》云"壬午猶繹，萬入去籥"，傳曰"萬者何？干舞也"，謂秉干舞以奏《勺》詩也。云"所以美王侯，勸有功也"者，天子、諸侯作之，是"美王侯"，亦所以"勸有功也"。

　　唯公與賓有俎。主於燕，其餘可以無俎。【疏】"唯公與賓有俎"。○注"主於"至"無俎"。○釋曰：主於燕，其餘可以無俎者，對《大射》辨尊卑，公卿皆有俎，其牲用狗則同。

　　獻公曰："臣敢奏爵以聽命。"授公釋此辭，不敢必受之。【疏】"獻公"至"聽命"。○注"授公"至"受之"。○釋曰：謂若主人獻公，賓媵觶於公，雖非獻，亦釋此辭也。

　　凡公所辭，皆栗階。栗，蹙也，謂越等急趨君命也。○栗蹙，子六反。**凡栗階，不過二等。**其始升，猶聚足連步。越二等，左右足各一發而升堂。【疏】"凡栗階不過二等"。○注"其始"至"升堂"。○釋曰：凡堂及階，尊者高而多，卑者庳而少。案《禮器》云"天子之堂九尺，諸侯七尺，大夫五尺，士三尺"，《士冠禮》"降三等，受爵弁"，鄭注云"降三等，下至地"，則士三等階，以此推之，則一尺爲一階，大夫五尺，五等階，諸侯七尺，七等階，天子九尺，九等階可知。今云"凡栗階，不過二等"，言"凡"，則天子九等已下至士三等，皆有栗階之法。栗階不過二等，據上等而言，故鄭云"其始升，猶聚足連步"也②，故《曲禮》云"涉級聚足，連步以上"，鄭注云"涉等聚足，謂前足躡一等，後足從之併。連步，謂足相隨不相過也"，即此聚足③，一也。天子已下，皆留上等爲栗階，左右足各一發而升堂，其下無問多少，皆連步。《雜記》云"主人之升降散等"，鄭注云"散等，栗階"，則栗階亦名散等。凡升階之法有四等：連步，一也；栗階，二也；

---

① "大武"原作"大舞"，汪刊單疏作"武"，與注合，今《毛詩序》亦作"武"，據改。

② "步"下原有"一"字，阮云："《要義》同，毛本、《通解》無'一'字。"據删。

③ "即此"原作"此即"，疏引《曲禮》經、注釋此"聚足連步"，言彼之"涉級聚足，連步以上"即此之"聚足連步"，其實是一，則疏之"此即"二字倒，謹乙。

歷階，三也，歷階謂從下至上皆越等，無連步，若《禮記·檀弓》云“杜蕢入寢，歷階而升”是也；越階，四也，越階謂左右足越三等，若《公羊傳》云“趙盾避靈公，躇階而走”是也。

　　凡公所酬，既拜，請旅侍臣。既拜，謂自酢升拜時也。擯者阼階下告于公，還西階下告公許。旅，行也，請行酒于羣臣。必請者，不專惠也。【疏】“凡公”至“侍臣”。○注“既拜”至“惠也”。○釋曰：云“既拜，謂自酢升拜時也”者，此即上賓得君酬酒，飲訖，自酢，降拜，升時請旅侍臣。云“擯者阼階下告于公，還西階下告公許”者①，此約《大射》而知也。

　　凡薦與羞者，小膳宰也。謂於卿、大夫以下也。上特言羞卿者小膳宰者，欲絕於賓，羞賓者亦士。【疏】“凡薦”至“宰也”。○注“謂於”至“亦士”。○釋曰：云“謂於卿、大夫以下”者，以其執冪與羞膳，於君是士，則知此“凡”者，於卿、大夫也。云“上特言羞卿者小膳宰者，欲絕於賓，羞賓者亦士”者，鄭意於此言“凡”，總卿、大夫，於文足矣，上文君下特言“羞卿者，小膳宰”者，欲見直言君，不須言賓，以其賓之薦俎與君同，明羞膳亦與君同，不使小膳宰，故云“欲絕於賓”，為羞賓者亦士也。

　　有內羞。謂羞豆之實，酏食、糝食；羞籩之實，糗餌、粉餈。○酏，以皮反，劉書支反。糝食，素感反。糗，去久反，乾飯屑也，劉香久反，《孟子》曰舜飯糗茹草。餌，音二。粉餈，才私反。【疏】“有內羞”。○注“謂羞”至“粉餈”。○釋曰：云“謂羞豆之實，酏食、糝食”者，《天官·醢人》云“羞豆之實，酏食、糝食”，鄭注云“酏，餰也。《內則》曰：取稻米，舉糔溲之，小切狼臅膏，以與稻米為餰。又曰：糝，取牛羊豕之肉三如一，小切之，與稻米，稻米二肉一，合以為餌，煎之”是也。云“羞籩之實，糗餌、粉餈”者，《籩人職》云“羞籩之實，糗餌、粉餈”，鄭注云“此二物者，粉稻米、黍米所為也。合蒸曰餌，餅之曰餈。糗者，擣粉熬大豆②，為餌餈之黏著，以粉之耳。餌言糗，餈言粉，互相足”是也。糗熬之，亦粉之，其粉擣之，亦糗之，是“互相足”也。

　　君與射，則為下射，袒朱襦，樂作而后就物。君尊。○袒，徒旱反。朱襦，如朱反。小臣以巾授矢，稍屬。君尊不搢矢。○稍屬，章欲反。不以

　　①　“許”下原有“旅行”二字，曹云：“‘旅行’二字似衍。”據刪。
　　②　“豆”下原有“為之”二字，阮云：“‘為之’二字，毛本、《通解》誤作‘為餌’。按《周禮》注無‘為之’二字。”據刪。

551

樂志。辟不敏也。○辟不，音避。既發，則小臣受弓，以授弓人。俟復發也。不使大射正，燕射輕。○俟復，扶又反。上射退于物一笴，既發則（荅）〔對〕君而俟①。荅，對。○一笴，工但反，又工老反。若飲君，燕則夾爵。謂君在不勝之黨②，賓飲之，如燕媵觚，則又夾爵。【疏】"若飲君燕則夾爵"。○釋曰：夾爵者，將飲君，先自飲，及君飲訖，又自飲，爲夾爵。君在，大夫射則肉袒。不繡襦，厭於君。○厭於，一涉反，下同。【疏】注"不繡襦厭於君"。○釋曰：《鄉射記》大夫對士射，袒繡襦，此對君肉袒，故云"厭於君"也。

　　若與四方之賓燕，媵爵曰："臣受賜矣，臣請贊執爵（者）。"③受賜，謂公鄉者酬之，至燕，主人事賓之禮殺，賓降洗，升媵觶于公，荅恩惠也。○公鄉，許亮反。【疏】"若與"至"爵者"。○注"受賜"至"惠也"。○釋曰：云"鄉者酬之"者④，謂公取二大夫所媵觶上者以酬賓是也。云"賓降洗，升媵觶于公"者，謂上獻士訖，賓媵觶于公，是荅恩惠也。相者對曰："吾子無自辱焉。"辭之也。對，荅也，亦告公，以公命荅之也。○相者，息亮反。有房中之樂。弦歌《周南》、《召南》之詩而不用鍾、磬之節也，謂之房中者，后、夫人之所諷誦，以事其君子。【疏】"有房中之樂"。○注"弦歌"至"君子"。○釋曰：云"弦歌《周南》、《召南》之詩而不用鍾、磬之節"者，此文承四方之賓燕下而云"有"，明爲四方之賓而有之⑤。知"不用鍾、磬"者，以

---

　　① "荅"字漢簡本作"對"，沈云："鄭注：'荅，對，而鄉君也。'簡本作'對'爲長。可見鄭氏未見此簡遞傳之本。"當據改。

　　② "勝"字原作"媵"，張敦仁本作"勝"，據改。

　　③ "爵"下漢簡本無"者"字，沈云："盛世佐云：'賓媵爵于公時則釋此辭也。'爲賓爲卿爲大夫旅酬時，公立而爲禮，由受酬者自酌酒而公與拜授；唯爲士旅酬，已坐燕，公坐而命賜某人酬，則須有執爵者代爲酌酒授爵。請立執爵者出於賓，請辭即此記所云，乃自請贊助執爵者行事，實屬費解。歷代禮家無人發疑，而説終嫌含糊籠統。今得簡本，知本無'者'字，實實自請助公行執爵之事，故下文有'相者對曰，吾子毋自辱焉'。然後別立執爵者。核之前後文義，渙然冰釋，此簡本之善者。今本'者'字爲衍文。"當據刪。

　　④ "釋曰"下原無"云鄉者酬之者"六字，四庫本補"云鄉者酬之者"六字，但"酬"作"酌"，與其所載鄭注一致，此本所載鄭注既作"鄉者酬之"，故據四庫本補此句而改"酌"爲"酬"。

　　⑤ "明"下原無"爲"字，阮云："浦鏜云'明'下疑脱'爲'字。"據補。

其此《二南》本后、夫人侍御于君子,用樂節^①,是本無錘、磬,今若改之而用錘、磬,當云"有房中之奏樂",今直云"有房中之樂",明依本無錘、磬也。若然,案《磬師》云"教縵樂、燕樂之錘磬",注云"燕樂,房中之樂,所謂陰聲也,二樂皆教其錘、磬",房中樂得有錘、磬者,彼據教房中樂,待祭祀而用之,故有錘、磬也,房中及燕則無錘磬也。

---

①　"節"字原作"師",汪刊單疏作"節",據改。

儀禮疏卷第十六　儀禮卷第七

大射第七

〇大射儀第七,鄭云:"諸侯將有祭祀之事,與其羣臣射以觀其禮也。"【疏】"大射第七"。〇鄭《目録》云:"名曰大射者,諸侯將有祭祀之事,與其羣臣射以觀其禮,數中者得與於祭,不數中者不得與於祭。射儀於五禮屬嘉禮①,《大戴》此第十三,《小戴》及《別録》皆第七。"〇釋曰:云"諸侯將有祭祀之事"以下,文出於《射義》。

大射之儀。君有命戒射,將有祭祀之事,當射。宰告於君,君乃命之。言君有命,政教宜由尊者。〇大射,食夜反。【疏】"大射"至"戒射"。〇注"將有"至"尊者"。〇釋曰:自此盡"西絃",論射前預戒諸官及張侯設樂懸之事。不言"禮"言"儀"者,以射禮盛,威儀多,故以"儀"言之,是以《射義》云"孔子曰:射者何以射? 何以聽? 循聲而發,發而不失正鵠者②,其唯賢者乎! 若夫不肖之人,則彼將安能以中",是其射容難,故稱"儀"也。云"將有祭祀之事,當射"者,按《射義》云"天子將祭,必先習射於澤。澤者,所以擇士也。已射於澤而后射於射宮,射中者得與於祭,不中者不得與於祭",是其將祭必射也。云"宰告於君,君乃命之"者,鄭意下云"宰戒百官"者③,宰先告君,君之使戒乃戒,即云"戒百官"是也。云"言君有命,政教宜由尊者",其經云"戒射",此戒亦政教之類,故以政教言之也。宰戒百官有事於射者,宰,於天子冢宰,治官卿也,作大事,則掌以君命戒於百官。〇治官,直吏反,下之治同。【疏】"宰戒"至"射者"。〇注"宰於"至"百官"。〇釋曰:按《周禮·大宰職》云"掌百官之誓戒",此言"宰戒百官",其事同,故鄭以天子冢宰言之也,其實諸侯兼官,無冢宰,立地官司徒以兼

---

① "儀"字原作"義",阮云:"浦鏜校改'義'爲'儀'。"據改。

② "發"下原無"而"字,阮云:"《要義》同,毛本'發'下有'而'字。按《射義》有'而'字。"據補。

③ "下"字原作"不",阮云:"陳本、《要義》同,毛本'不'作'下'。"曹云:"毛本'不'作'下',案'下'字是。"據改。

之，故《聘禮》云“宰命司馬”，注云“宰，上卿，貳君事者也，諸侯謂司徒爲宰”，是諸侯立司徒兼冢宰之事也。言“大事，則掌以君命戒於百官”者，《周禮·大宰職》云“作大事則戒于百官，贊王命”，是鄭之所引以證宰戒之事也。**射人戒諸公、卿、大夫射，司士戒士射與贊者。**射人掌以射法治射儀，司士掌國中之士治，凡其戒命，皆司馬之屬也。殊戒公、卿、大夫與士，辨貴賤也。贊，佐也，謂士佐執事不射者。【疏】“射人”至“贊者”。○注“射人”至“射者”。○釋曰：上文宰官尊，總戒，此射人、司士分別重戒之[1]，謂若《天官》冢宰戒百官，宗伯、大司寇之等重戒也。云“射人掌以射法治射儀”者，《夏官·射人》文。云“司士掌國中之士治，凡其戒令”者，此《司士職》文。云“國中之士”，彼士總公、卿、大夫、士而言，此射人已戒公、卿、大夫，則司士戒士射與贊者[2]，唯有士，不兼大夫已上，不同者，斷章取義，故與本職不同也。云“皆司馬之屬也”者，射人、司士皆屬司馬，故云司馬屬也。此上下文所云戒者，皆謂射前旬有一日[3]，知者，《祭統》云“先期旬有一日，宮宰宿夫人，夫人亦散齋七日，致齋三日”，若然，卜及戒皆在旬有一日，是以《大宰》云“前期十日[4]，帥執事而卜日，遂戒”，注云“前期，前所諏之日也。十日，容散齋七日，致齋三日”，其天子又有天地及山川、社稷、宗廟，諸侯直有境内山川、社稷、宗廟，卜日及戒皆同也，按《郊特牲》云“卜郊，受命于祖廟，作龜于禰宮。卜之日，王立于澤，親聽誓命”，又云“獻命庫門之内，戒百官也。大廟之命，戒百姓也”，注云“王自澤宮而還，以誓命重相申勑也，王自此還齋路寢之室”，若然，卜日、戒在澤宮，此在射宮[5]，皆同在旬有一日，空十日，故後日乃齋也。**前射三日，宰夫戒。宰及司馬、射人宿視滌。**宰夫，冢宰之屬，掌百官之徵令者。司

---

①　“分”字原作“色”，諸本皆同，據文義，“色別重戒之”不辭，疑“色”字當爲“分”，謹改。

②　“士”下原無“射與”二字，曹云：“‘士’下脱‘射與’二字。”據補。

③　“射”字原作“祭”，曹云：“上謂上宰戒，下謂此射人、司士戒，不兼下文宰夫戒也。”“祭”疑當爲“射”。賈以祭之卜及戒在祭前旬有一日，決射之戒亦在射前旬有一日。下宰夫再戒在前期三日，則此戒在前期十日可知。爲祭而射，射前之戒與祭前日數同，故下引祭前卜、戒之日以明之。若此句即作祭，則不可曉矣。”據改。

④　“是”下原無“以”字，曹云：“‘是’下脱‘以’字。”據補。

⑤　“日”下原無“戒”字，“此在”原作“又至”，曹云：“‘日’下脱‘戒’字，‘又至’二字當爲‘此在’。言卜日、戒在澤宮，此戒在射宮。一在射前旬有一日，一在祭前旬有一日，皆空十日，故祭既戒後日乃散齊、致齊也，故後句專承卜日言。”據補改。

馬，於天子政官之卿，凡大射則合其六耦。滌，謂溉器、埽除射宫。○視滌，大歷反。謂溉，古代反。【疏】“前射”至“視滌”。○注“宰夫”至“射宫”。○釋曰：此宰夫戒是再戒之宿，不云宿者，辟下“宿視滌”，何者？宰夫戒是申戒，下宿是夕宿，是以《宗伯》云“凡祀大神、享大鬼、祭大示，帥執事而卜日，宿視滌濯”，注云“宿，申戒也”，此前有射人戒，是十日前期[①]，此宰夫戒是申戒，又知宿是夕宿者，以戒、宿同文，明不同日，以其上云前射三日戒，明此非三日，是前一日矣[②]。云“宰夫，冢宰之屬”者，按《大宰》云“小宰，中大夫二人。宰夫，下大夫四人”，屬冢宰，故云“冢宰之屬”。云“掌百官之徵令”者，《宰夫職》文。云“司馬，於天子政官之卿”者，《小宰職》云“四曰司馬，其屬六十，掌邦政”是也。云“凡大射則合其六耦”者，《大司馬職》云“若大射，合諸侯之六耦”，是將祭而射，故使諸侯爲耦，若其餘射，則卿、大夫以下爲耦也。云“滌，謂溉器、埽除”者，以其諸侯射，先行燕禮，宿視滌器[③]，明滌器是射器及埽除射宫也。司馬命量人量侯道與所設乏以貍步，大侯九十，參七十，干五十，設乏各去其侯西十、北十。量人，司馬之屬，掌量道巷塗數者。侯，謂所射布也。尊者射之以威不寧侯，卑者射之以求爲侯。量侯道，謂去堂遠近也。容謂之乏，所以爲獲者之禦矢。貍之伺物，每舉足者，止視遠近，爲發必中也，是以量侯道取象焉。《鄉射記》曰“侯道五十弓”，《考工記》曰“弓之下制六尺”，則此貍步六尺明矣。大侯，熊侯，謂之大者，與天子熊侯同。參，讀爲糝。糝，雜也。雜侯者，豹鵠而麋飾，下天子大夫也。干，讀爲豻。豻侯者，豻鵠豻飾也。大夫將祭，於己射麋侯。士無臣，祭不射。○命量，音亮，下量人皆同。參七，依注音糝，素感反，後放此。干五，依注音豻，五旦反，劉音鴈，後放此。巷涂，音徒。所射，食亦反，下射之射麋侯同。以爲，于僞反。豹鵠，古毒反，後同。下天，户嫁反。【疏】“司馬”至“北十”。○注“量人”至“不射”。○釋曰：云“量人，司馬之屬，掌量道巷塗數者”，《量人職》文，量人屬司馬，故云“司馬之屬”也。云

① “十日前期”原作“七日前期”，曹云：“期，射期也。‘七’當爲‘十’。觀此則上‘皆謂祭前旬有一日’，‘祭’當爲‘射’明矣。”據改。

② “此宰夫戒”至“是前一日矣”，程恂云：“按此節疏以‘宰夫戒’爲句，下九字爲句。《鄉射禮》首節疏引此，又以‘宰夫戒宰及司馬’爲句。敖繼公則以‘宰夫戒’貫下通作一句。”

③ “宿”字原作“不”，四庫本作“宿”，據改。

“侯，謂所射布也”者，以其三侯皆以布爲之而以皮爲鵠①，旁又飾以皮也。云“尊者射之以威不寧侯”者，即《梓人》云“毋或若汝不寧侯，不屬于王所，故抗而射汝”是也。云“卑者射之以求爲諸侯”者，《射義》云“故天子之大射，謂之射侯。射侯者，射爲諸侯也。射中則得爲諸侯，射不中則不得爲諸侯”是也。云“容謂之乏②，所以爲獲者之禦矢”者，此云“乏”，《周禮·射人》云“容”，“所以爲獲者之禦矢”，解容、乏之義，以其容身，故得禦矢，言“乏”，矢於此乏匱不去也。云“則此貍步六尺明矣”，鄭云此者，陰破先鄭，案先鄭注《射人》貍步③，謂一舉足爲步，於今爲半步，故鄭彼注亦引“弓之下制六尺”以非之也④。云“大侯，熊侯，謂之大者，與天子熊侯同”者，《司裘職》云“王大射則共虎侯、熊侯、豹侯，設其鵠，諸侯則共熊侯、豹侯”，彼畿内諸侯二侯，不得純與天子同⑤，以熊侯爲首，此畿外諸侯三侯，與天子同，其大射時所用物，宜與畿内諸侯同用熊，又與天子熊侯同，故云“大侯”也。云“參，讀爲糝。糝，雜也。雜侯者，豹鵠而麋飾，下天子大夫也”者，《司裘》云“卿大夫則共麋侯”，此則以豹皮爲鵠，以麋飾其側，不用純麋，是“下天子大夫也”。必知以豹爲鵠，以麋爲飾者，天子卿大夫用麋侯，諸侯卿大夫亦用麋侯，並據己家用之，若助祭，亦射君之第二侯，明君之第二侯用麋飾其側，侯以飾得名。又畿内諸侯第二侯用豹爲鵠，故知畿外諸侯亦以豹皮爲鵠可知。云“干，讀爲豻。豻侯者，豻鵠豻飾也”者，亦取捷黠意。“大夫將祭，於己射麋侯”者，《司裘》云“卿大夫共麋侯”，是天子卿大夫，以《孝經》云“大夫有爭臣三人”，以有臣，故將祭得大射擇士，鄭言此者，以己射用麋侯，又見助君祭，亦射君之麋侯。云“士無臣，祭不射”者，《孝經》云“士有爭友”，不言臣，以僕隸爲友，《司裘》卿大夫下不言士，故祭不言士大射。若然，士有賓射、燕射，不得大射，雖不得大射，得與君賓射，故《射人》注不言士

---

① “布”下原無“爲之而”三字，阮云：“《要義》同，毛本、《通解》‘布’下有‘爲之而’三字。”據補。

② “容”上原無“云”字，阮云：“《要義》同，毛本‘容’上有‘云’字。”據補。

③ “案”字原作“故”，四庫本作“案”，據改。

④ “彼注”原作“注彼”，四庫本作“彼注”，據乙。

⑤ “不得與天子同”原在下文“其大射時所用物”上，曹云：“六字當在上‘彼畿内諸侯二侯’句下”。倉石云：“《射人》疏云‘畿外不得純如天子’，則此‘不得’下疑亦當有‘純’字。”據乙補。

者,此與諸侯之賓射,士不與也。若然,諸侯之士亦與也①。**遂命量人、巾車張三侯,大侯之崇,見鵠於參,參見鵠於干,干不及地武,不繫左下綱。設乏,西十、北十。凡乏用革。**巾車,於天子宗伯之屬,掌裝衣車者,亦使張侯。侯,巾類。崇,高也。高必見鵠。鵠,所射之主。《射義》曰:"爲人君者以爲君鵠,爲人臣者以爲臣鵠,爲人父者以爲父鵠,爲人子者以爲子鵠。"言射中此,乃能任己位也。鵠之言較。較,直也,射者所以直己志。或曰:鵠,鳥名,射之難中,中之爲俊,是以所射於侯取名也。《淮南子》曰:"鳰鵠知來。"然則所云"正者,正也",亦鳥名,齊、魯之閒名題肩爲正,正、鵠皆鳥之捷黠者。《考工記》曰:"梓人爲侯,廣與崇方,參分其廣而鵠居一焉。"則大侯之鵠方六尺,糝侯之鵠方四尺六寸大半寸,豻侯之鵠方三尺三寸少半寸。及,至也。武,迹也。中人之足,長尺二寸。以豻侯計之,糝侯去地一丈五寸少半寸,大侯去地二丈二尺五寸少半寸。凡侯北面,西方謂之左。前射三日,張侯、設乏,欲使有事者豫志焉。○巾車,如字,劉居覲反,後皆放此。見鵠,賢遍反,又如字,注同。掌裝,音莊。所射,食亦反,下射之所射侯同。中此,丁仲反,下難中、中之皆同。任己,音壬。言較,音角。鳰鵠,音干,劉音岸,又音鷹。正者,音征,下爲正同。題肩,大西反。捷黠,户八反。參分,七南反,又音三。大半,音泰,下大蔟同。【疏】"遂命"至"用革"。○注"巾車"至"志焉"。○釋曰:上文直命量人量侯道及乏遠近之處,此經論張侯高下之法也。云"設乏,西十、北十"者,《鄉射》云"乏,參侯道,居侯黨之一,西五步",注云"此乏去侯北十丈,西三丈",云"西十、北十",則西與北皆六丈,不得爲三分居侯黨之一者,以其三侯入庭深故也②。若然,此三侯之下總云"西十、北十",則三侯之乏皆"西十、北十"矣,西亦六丈者,以三侯恐矢揚傷人,與一侯亦異也。云"巾車,於天子宗伯之屬"者,《周禮》巾車屬宗伯,故云"宗伯之屬"也。云"掌裝衣車者",天子五路,木路無革鞔,革路有革無異飾,玉路、金路、象路有革鞔,又有玉、金、象爲飾,孤乘夏篆,卿乘夏縵,皆以物爲飾,故云"裝衣車者"也。云"侯,巾類"者,侯亦有飾,故《鄉射》

---

① "與"字原作"然",曹云:"'然'當爲'與',言天子與諸侯賓射,士不與;諸侯與諸侯賓射,士亦與,猶諸侯大射,士亦别有侯也。或曰此'然'字不誤,諸侯賓射士亦不與,上'得與君賓射','賓'當爲'大'。"姑據前説改。

② "庭"字原作"堂",曹云:"'堂'當爲'庭'。"倉石云:"下注云'爲人侯入庭深也',此蓋用彼文。"據改。

記》云“凡畫者，丹質”及正鵠之飾，故云“巾類”也。引《射義》者，欲證射以鵠爲主也。
云“鵠之言較。較，直也，射者所以直己志”并下注云“然則所云‘正者，正也’”，此取《射
義》解之，故《射義》云“射者内志正，外體直，然後持弓矢審固”，注云“内正外直，正鵠
之名出自此”是也。云“或曰：鵠，鳥名，射之難中，中之爲俊，是以所射於侯取名也”并
下云“亦鳥名，齊、魯之閒名題肩爲正，正、鵠皆鳥之捷黠者”，鄭以正鵠之名有此二義，
故兩解之也。云“《考工記》：梓人爲侯，廣與崇方，參分其廣而鵠居一焉”者，三侯皆高
廣等①，引之者，鄭欲解經見鵠之義，故先知侯鵠廣狹尺寸也。云“則大侯之鵠方六尺”
者，以侯道九十弓，弓取二寸，二九十八，侯中丈八尺，三分其侯而鵠居一，故知鵠方六
尺也。云“糝侯之鵠方四尺六寸大半寸”者，以侯道七十弓，弓取二寸，則侯中丈四尺，
三分其侯鵠居其一，丈四取丈二，三分得四尺，又於二尺之内取尺八寸，又得六寸，又
二寸，一寸爲三分，總六分，取二分，二分於三分爲三分寸之二，三分寸之二即是大半
寸，故云“糝侯之鵠方四尺六寸大半寸”也。云“犴侯之鵠方三尺三寸少半寸”者，犴侯
侯道五十弓，弓取二寸，則侯中方一丈，三分其侯鵠居一焉，一丈且取九尺，得三尺，一
尺取九寸，得三寸，一寸分爲三分，得一分則是三分寸之一，三分寸之一則是少半寸，
故云“犴侯之鵠方三尺三寸少半寸”也。云“中人之足，長尺二寸”者，無正文，以目驗
而知。云“以犴侯計之”者，以大侯、糝侯高下無文，犴侯云下綱不及地武，則犴侯下綱
去地尺二寸，以是從犴侯計之也。犴侯侯中一丈，上下躬及上下舌各二尺，合八尺，是
丈八尺矣，又下不及地尺二寸，則犴侯上綱去地丈九尺二寸也。糝侯侯中丈四尺，中
上、中下各四尺，得八尺，并之二丈二尺也，鵠居侯中三分之一，則鵠下亦有四尺六寸
大半寸，通躬與舌四尺②，爲八尺六寸三分寸之二矣。張法，糝侯鵠下畔與犴侯之上綱
齊③，所謂見鵠於犴，自餘糝侯鵠下畔八尺六寸大半寸在，掩犴侯亦如之。犴侯上綱本
去地丈九尺二寸④，直掩八尺，尚有一丈一尺二寸在⑤，復掩六寸，尚有一丈六寸在，復
掩三分寸二，唯有一丈五寸三分寸一在，少半寸者即三分寸一也，言大半寸者即三分

---

① “三侯”原作“三等”，倉石云：“‘等’疑當爲‘侯’。”據改。
② “與舌”原作“身”，阮云：“毛本、《通解》‘身’作‘與舌’二字。”據改。
③ “糝侯鵠”原作“糝鵠”，阮云：“《通解》同，毛本重‘鵠’字。按上‘鵠’字當作
‘侯’。”據補。
④ “上綱”原作“上犴”，汪刊單疏作“上綱”，據改。
⑤ “尚”字原作“上”，曹云：“‘上’當爲‘尚’，下‘上有一丈六寸在’同。”據改。

寸二也,故知糝侯下綱去地一丈五寸少半寸也。大侯中丈八尺,中之上下各四尺,即八尺矣,中方丈八尺,更加八尺,二丈六尺也,糝侯去地丈五寸少半寸,本上綱、下綱相去二丈二尺,其翠也,上綱去地三丈二尺五寸少半寸也,大侯鵠下畔與糝侯上綱齊,所謂見鵠於糝也,侯中丈八尺,三分之則鵠下亦有六尺,下躬與舌四尺[①],一丈矣,則大侯自鵠以下掩糝侯一丈也,自一丈以下猶有二丈二尺五寸少半寸在,是大侯下綱去地亦然,故注依此數也[②]。云"前射三日,張侯設乏",知三日者,前文云"前射三日",下云"樂人宿縣",下云"厥明",自"前射三日"以後,論事不著異日,故知張侯與設乏同是"射前三日"矣。

樂人宿縣于阼階東,笙磬西面,其南笙鍾,其南鑮,皆南陳。 笙,猶生也。東爲陽中,萬物以生。《春秋傳》曰:"大蔟所以金奏,贊陽出滯。沽洗所以脩絜百物,考神納賓。"是以東方鍾、磬謂之笙,皆編而縣之。《周禮》曰:"凡縣鍾、磬,半爲堵,全爲肆。"有鍾、有磬爲全。鑮如鍾而大,奏樂以鼓鑮爲節。○宿縣,音玄,注同。鑮,本又作鎛,音博。大蔟,七豆反。沽,音姑。洗,西典反。皆編,必連反,又甫千反,下同。爲堵,丁古反。【疏】"樂人"至"南陳"。○注"笙猶"至"爲節"。○釋曰:云"東爲陽中,萬物以生"者,陽氣起於子,盛於午,故東方爲陽中也。"萬物以生",以其正月三陽生,大蔟用事,故萬物生焉。云"《春秋傳》"者,是《外傳》伶州鳩對周景王辭,引之者,證鍾、磬爲笙之事。"大蔟"者,寅上候氣之管,度律均鍾,金即鍾也,故奏之所以"贊陽出滯"。云"姑洗所以脩絜百物,考神納賓"者,亦據度律均鍾,姑洗在辰三月,百物脩絜而出,"考神納賓",謂祭祀而有助祭之賓客,但東方陽管唯有此二律,故據此二律言之,是以名東方鍾、磬爲笙也。云"皆編而縣之"者,言"皆"者,欲解磬非應律之物,與鍾同言之者,以其鑮與鼓雖東西面[③],與鍾同,不編之,而磬與鍾同十六枚而在一虡,與鍾同編,又同宮,故兼言磬,是以《磬師職》云"掌教擊磬,擊編鍾",注云"磬亦編,於鍾言之者,鍾有不編,不編者鍾師擊之",是其磬與鍾編之。此東方云"笙"而西方言"頌"者,以其夷則、無射主西方成功收藏,故稱"頌","頌"者,美盛德之形

---

① "與舌"原作"身",上文"通躬身四尺",毛本、《通解》"身"字作"與舌",已據改,以此例之,則此句"身"字亦當作"與舌",《通解》此句仍作"通躬與舌四尺",與上文相同,據以改此句"身"字爲"與舌"。

② "依"字原作"於",汪刊單疏作"依",據改。

③ "東"字原作"同",倉石云:"'同'字疑當作'東',東方有鑮無鼓,不得云'同西面也'。"據改。

容，故云"頌"也。但天有十二次，地有十二辰，按《書傳》云"天子出，撞黃鍾之鍾，右五鍾皆應，入則撞蕤賓之鍾，左五鍾皆應"，左右云五，則除黃鍾、蕤賓並爲陰陽[1]，而應鍾、林鍾已西爲右五也，大吕、中吕已東爲左五也。云"《周禮》曰：凡縣鍾、磬，半爲堵，全爲肆"者，《周禮·小胥職》文，鼓、鏄亦縣而直言鍾、磬者，據編縣者爲文，鼓、鏄筍虡之上，各縣一而已，不編之，鄭彼注云"半之者，謂諸侯之卿大夫、士也，諸侯之卿大夫半天子之卿大夫"，天子之卿大夫判縣，東西各有鍾、磬，是全之爲肆，諸侯卿大夫雖同判縣，半天子卿大夫，取一相鍾、磬分爲兩相，西縣鍾、東縣磬而天子之士特縣，直東有鍾、磬，亦是全之爲肆[2]，諸侯之士直特縣，半天子之士，縣磬而已，或於階閒，或於東方。又天子宮縣，四面皆有，諸侯軒縣，闕南面，面皆有鍾、磬、鏄及鼓具有也。卿大夫、士皆無鏄者，若有鏄則諸侯臣半天子臣不得具，是以闕之。云"鏄如鍾而大"者，《特牲》注亦云"鏄如鍾而大"[3]，並據《國語》而注之，以言鏄形如鍾而復大，以大故特一縣，不編之也。云"奏樂以鼓、鏄爲節"者，按《周禮·鏄師》云"掌金奏之鼓"，注云"謂主擊晉鼓，以奏其鍾、鏄也"，以此言之，則先擊鼓，後擊鍾、鏄，皆是與樂爲節，故鄭注以鼓、鏄爲節，不言鍾、磬，已注解，故不言也。**建鼓在阼階西，南鼓。應鼙在其東，南鼓。**建，猶樹也。以木貫而載之，樹之跗也。南鼓，謂所伐面也。應鼙，應朔鼙也。先擊朔鼙，應鼙應之[4]。鼙，小鼓也。在東，便其先擊小後擊大也。鼓不在東縣南，爲君也。○應鼙，應對之應，注同，下步迷反。之跗，方于反。便其，婢面反，後皆同。【疏】"建鼓"至"南鼓"。○注"建猶"至"君也"。○釋曰：下西面、北面建鼓，皆言一，此建鼓不言一者，彼在本方，故須言一，見無他鼓，此鼓本東方，以爲君故，移來在北方，故異其文，不言一也。云"建，猶樹也。以木貫而載之，樹之跗也"者，按《明堂位》云"殷楹鼓，周縣鼓"，注云"楹，爲之柱貫中上出也。縣，縣之於簨虡也"，此云"以木貫而載之"，則"爲之柱貫中上出"，一也。周人縣鼓，今言建鼓，則殷法也，若醮用酒之

---

①　"陽"上原無"陰"字，倉石云："'陽'上疑脱'陰'字。"據補。

②　"亦"字原作"且"，阮云："《要義》同，毛本'且'作'亦'，《通解》'且是'作'是亦'。"孫云："'且'或'具'字之誤，屬上讀，'是全之'五字句，與上同，下兩言具，賈君文例如是，余初校誤依毛改'亦'。"據毛本改。

③　"特牲注亦云鏄如鍾而大"，倉石云："案《特牲》無此注。"

④　"應"上原無"應鼙"二字，阮云："徐本同，毛本'應'上有'應鼙'二字，《通解》、楊、敖俱有。"據補。

類,主於射,略於樂,故用先代鼓。云"鼓不在東縣南,爲君"者,決下"一建鼓在其南,東鼓"者,爲賓復不在東縣北者,取順君面故也。**西階之西,頌磬東面,其南鍾,其南鎛,皆南陳。一建鼓在其南,東鼓。朔鼙在其北。**言成功曰頌。西爲陰中,萬物之所成。《春秋傳》曰:"夷則所以詠歌九則,平民無忒。無射所以宣布哲人之令德,示民軌義。"是以西方鍾、磬謂之頌。朔,始也。奏樂先擊西鼙,樂爲賓所由來也。鍾不言頌,鼙不言東鼓,義同,省文也。古文頌爲庸。○頌磬,如字,一音容。無射,音亦。爲賓,于僞反,下同。省文,所景反。【疏】"西階"至"其北"。○注"言成"至"爲庸"。○釋曰:言"《春秋傳》"者,亦是《外傳》文,云"詠歌九則"者,謂六府、三事、九功之德是也,以此九則平民,使無差慝。云"無射所以宣布哲人之令德"者,哲人謂后稷,后稷以稼穡之功,成於季秋,先王之業,以農爲本,故云"示民軌義",謂軌法義理也。云"先擊西鼙,樂爲賓所由來也"者,解先擊朔鼙之意,賓從外來[①],位在西,其樂主爲樂賓,故先擊朔鼙,應鼙應之也[②]。云"鍾不言頌,鼙不言東鼓,義同,省文也"者,決上東方言笙鍾,應鼙言南鼓,此當言頌鍾、東鼓,義與上文同,亦合有而不言者,省文也。云"古文頌爲庸"者,此雖疊古文不從,義亦通[③],是以《尚書》云"笙庸以間"[④],笙東方,鍾、磬西方,是庸亦功也,亦有成功之義也。**一建鼓在西階之東,南面。**言面者,國君於其羣臣,備三面爾,無鍾、磬有鼓而已。其爲諸侯則軒縣。【疏】"一建"至"南面"。○注"言面"至"軒縣"。○釋曰:云"言面者,國君於其羣臣,備三面爾"者,言國君合有三面,爲辟射位,又與羣臣射,闕北面,無鍾、磬、鎛,直有一建鼓而已,故不言"南鼓"而言"南面"也。云"其爲諸侯則軒縣"者,若與諸侯饗燕之類,則依諸侯軒縣,三面皆有鼓與鍾、磬、鎛。**籃在建鼓之間。**籃,竹也,謂笙、簫之屬倚於堂。○籃在,大黨反。【疏】"籃在建鼓之間"。○注"籃竹"至"於堂"。○釋曰:按

---

①　"從"字原作"向",此句意謂賓從外來,疑"向"爲"從"字之誤,但各本皆作"向"。《士冠禮》"贊者盥于洗西"句下賈疏云:"案《鄉飲酒》主人在洗北南面,賓在洗南北面,如此相鄉,由主人從內,賓從外來之便。"是"賓從外來"本是成文,作"賓向外來",義不顯豁,據改。

②　"故先擊朔鼙應鼙應之也",阮云:"《要義》同,毛本'鼙'下無'應鼙'二字。按此與上節注文互誤也。"曹云:"'應鼙'二字當有據,此足知賈本上注有'應鼙'二字。"

③　"義亦通"原作"亦通義",曹云:"當爲'義亦通'。"據乙。

④　"是"下原無"以"字,曹云:"'是'下脫'以'字,然疏時有此文例。"據補。

《禹貢》云“篠簜既敷”，注云“簜，竹”，故知此簜亦竹也，其器則管也，是以下云“乃管《新宮》”，注云“管，謂吹簜”，故知竹管也。按《小師職》注云“管如篴而小，併兩而吹之，今大予樂官有焉”，《爾雅》云“大笙謂之巢，小者謂之和”，簫大者二十三管，長尺四寸，小者十六管，長尺二寸，大笙十九簧，小者十三簧，若然，笙、簫與管器異，以其皆用竹，故云“笙、簫之屬”也。云“倚於堂”者，管擬吹之，倚在兩建鼓閒者①，以不得倚於鼓，故知“倚於堂”也。　**鼗倚于頌磬西紘**。鼗如鼓而小，有柄，賓至，搖之以奏樂也。紘，編磬繩也，設鼗於磬西，倚于紘也。《王制》曰：“天子賜諸侯樂，則以柷將之。賜伯、子、男樂，則以鼗將之。”○鼗，大刀反。倚于，於綺反。西紘，音宏。有柄，彼命反，劉本作秉，音同。以柷，尺六反。【疏】“鼗倚”至“西紘”。○注“鼗如”至“將之”。○釋曰：知“鼗如鼓而小”者，按《那》詩云“猗與那與，置我鼗鼓”，《傳》云“猗，歎辭。那，多也”，鄭讀置爲植，“植鼗鼓者，爲楹貫而樹之，美湯受命伐桀定天下而作《濩》樂②，故歎之，多其改夏之制，乃始植我殷家之樂鼗與鼓也。鼗雖不植，貫而搖之，亦植之類”，以其殷人植鼓，以木貫之而下有柎，鼗亦以木爲柄而貫之，但手執而不植爲異，故云“亦植之類”，鼗與鼓同文，是“鼗如鼓而小”也。知“有柄，賓至，搖之以奏樂”者，按《眡瞭職》云“掌凡樂事，播鼗，擊頌磬、笙磬”，磬言擊，鼗言播，播爲搖之可知，鼗所以節樂，賓至，乃樂作，故於賓至③，搖之以奏樂也。云“紘，編磬繩也”者，紘若天子、諸侯冕而朱紘用組之類，磬又編縣之用紘，故知“紘，編磬繩”也。知“設鼗於磬西，倚於紘”者，以其鍾、磬皆面向東，人居其前西面，故知鼗在磬西，倚之於紘也。引《王制》者，證鼗爲節樂之器，柷狀如漆筩，中有椎，所以節樂，鼗亦節樂，柷大於鼗，故賜公侯樂則以柷將命，賜伯、子、男樂則以鼗將命，自餘樂器陳於外也。

　　厥明，司宮尊于東楹之西兩方壺，膳尊兩甒在南，有豐。冪用錫若絺，綴諸箭，蓋冪，（如）〔加〕勺④，又反之。皆玄尊，酒在北。膳尊，君尊也。後陳之，尊之也。豐以承尊也，說者以爲若井鹿盧，其爲字從豆曲聲，近似豆，大而卑矣。冪，覆尊巾也。錫，細布也。絺，細葛也。箭，篠也。爲冪蓋

---

① “倚”上原有“不”字，曹云：“‘不’字似衍。倚於堂，正倚在兩建鼓閒也。”據刪。

② “濩”字原作“護”，倉石云：“‘護’，注疏本作‘濩’，與《毛詩》合。”據改。

③ “故於”原作“故至”，阮云：“《通解》、毛本‘至’作‘於’。”據改。

④ “如勺”漢簡本及諸本皆作“加勺”，此本誤，當據改。

卷辟，綴於篠，橫之也，又反之，爲覆勺也。皆玄尊，二者皆有玄酒之尊，重本也。酒在北，尊統於君，南爲上也。唯君面尊，言專惠也。今文錫或作緆，絺或作綌，古文簡作晉。○用錫，悉歷反，劉相亦反，細布也。若絺，敕其反，細葛也，劉作綌，音鄁^①。綴諸，陟衛反，又丁劣反。近似，附近之近。而卑，如字，劉音婢。箭篠，素了反。爲冪，于偪反，下注爲諒、爲有、爲射同。卷辟，必亦反。橫之，如字，劉古曠反。作緆，悉歷反，劉余章反，又羊豉反。【疏】"厥明"至"在北"。○注"膳尊"至"作晉"。○釋曰：自此盡"羹定"，論豫設尊洗具饌之事。案《禮記・射義》諸侯射先行燕禮^②，此以下至"東陳"，皆陳設器物與《燕禮》同，但文有詳略耳。云"說者以爲若井鹿盧"者，鹿盧之形，即葬下棺碑間重鹿盧之輩，今見井上竪柱夾之，以索繞而挽之是也。云"其爲字，從豆，豐聲"者，此謂上聲下形之字，年和穀豆多有，故從豆爲形也，豐者^③，承尊之器，象形也，是以豐年之字，豐下著豆，今諸經皆以承尊爵之豐，不用本字之豐而用豐年之豐，故鄭還依豐字解之^④，故云其爲字，從豆爲形，以豐爲聲也。云"近似豆，大而卑矣"者，既用豆爲形，還近似籩豆之豆，舉漢法而知，但豆口徑尺，柄亦長尺，口徑小而又高，此承尊之物，口足徑各宜差寬，中央亦大，共高尺，比常豆而下，故云近似豆而卑，但斲一大木爲之，取其安穩，此豐若在宗廟，或兩君燕，亦謂之坫，致爵在於上，故《論語》云"邦君爲兩君之好，有反坫"，鄭注云"反坫，反爵之坫"是也，必用豐年之豐爲坫者，以其時和年豐，萬物成孰，粢盛豐備，以共郊廟，神歆其祀，祝嘏其福，至鄉飲酒、鄉射、燕禮、大射，或君與臣下及四方之賓燕，家富民足，人情優暇，旨酒嘉肴，盈尊滿俎，於以講道論政，既獻酬侑酢，至無筭爵行，禮交樂和，上下相歡，勸飲爲樂故也。云"錫，細布也"者，《喪服記》曰"錫者，十五升抽其半，無事其縷、有事其布曰錫"，故知錫是細布也，謂之錫者，治其布使之滑易也。云"唯君面尊"者，《玉藻》文，注云"面，鄉也"，彼謂人君燕

---

① "鄁"字原作"郤"，黃云："宋本'郤'作'鄁'。案作'鄁'是也。盧云：'綌字無考，云音鄁，必本是綌字之誤。'"據改。

② "射義"原作"燕義"，倉石云："此《射義》文，'燕'當爲'射'。"據改。

③ "豐"字原作"豐"，阮云："'豐'字諸本皆同，以下文考之，當作'豐'，然疏此說甚謬。按《說文》有'豐'無'豐'，豐豆之豐，滿者也，從豆象形，鄭以爲諧聲者，蓋其字從二丰，既象豐滿之形，復諧丰聲，非別有'豐'字也。賈以'豐'爲豐年，'豐'爲承尊之器，殊非鄭意。至穀豆多有之說，尤屬傅會。古謂豆爲菽，至六國後始言豆。《禮記・投壺篇》"實小豆焉"，此七十子後學者所記也。"據改。

④ "依"字原作"旅"，汪刊單疏作"依"，據改。

臣子，專其恩惠，此大射亦謂人君燕臣下，與彼是同專惠之道，故皆尊鼻鄉君。云"言專惠"者，決《鄉飲酒》尊于房户之閒，賓主夾之，不得專惠故也。**尊士旅食于西鑄之南，北面，兩圜壺。**旅，衆也。士衆食未得正禄，謂庶人在官者。圜壺，變於方也，賤無玄酒。○兩圜，音圓。【疏】"尊士"至"圜壺"。○注"旅衆"至"玄酒"。○釋曰：前設縣時，鑄南更有一建鼓，今設尊不應在鼓北而云鑄南者，其實在鼓南，門西北面，與《燕禮》同而云鑄南者，遥繼鑄而言，必繼鑄者，樂以縣爲主故也。**又尊于大侯之乏東北兩壺獻酒。**爲隸僕人、巾車、糁侯、豻侯之獲者。獻，讀爲沙。沙酒濁，特沛之，必摩沙者也。兩壺皆沙酒。《郊特牲》曰："汁獻涗于醆酒。"服不之尊，俟時而陳於南，統於侯，皆東面。○壺獻，素河反，出注，下汁獻並同①。爲沙，素河反，下同。沛之，子禮反。涗于，始鋭反。醆酒，壯簡反。【疏】"又尊"至"獻酒"。○注"爲隸"至"東面"。○釋曰：知"爲隸僕人、巾車、糁侯、豻侯之獲者"，以其此人皆有功，又下文以此尊獻之，故知也。知"沙酒濁"者，以五齊從下向上差之，醍、沈清於泛、醴，鬱鬯又在五齊之上②，故知"沙酒濁"也。云"特沛之，必摩沙者也"者，此解名沙酒之意。云"《郊特牲》曰：汁獻涗于醆酒"者，此以五齊中，取醆酒盎齊沛鬱鬯之事，獻，沙也，沛鬱鬯之時，和盎齊以手摩沙，出其香汁，涗，清也，沛之使清，此爲隸僕以下卑賤之人而獻鬱鬯者，此所得獻，皆因祭侯，爲侯之神③，故用鬱鬯也。云"服不之尊，俟時而陳於南，統於侯，皆東面"，知此不爲大侯服不設者，案下文云"服不之尊東面南上"，故鄭云"俟時而陳於南，統於侯，皆東面"也。**設洗于阼階東南，罍水在東，篚在洗西，南陳。設膳篚在其北，西面。**或言南陳，或言西面，異其文也。【疏】"設洗"至"西面"。○注"或言"至"文也"。○釋曰：云"異其文也"者，洗篚言南陳，亦西面，膳篚言西面，亦南陳，其實同④，所從言異，尊君故也。**又設洗于獲者之尊西北，水在洗北，篚在南，東陳。**亦統於侯也。無爵，因服不也。有篚，爲奠虚爵也。服不之洗，亦俟時而陳於其南。【疏】"又設"至"東陳"。○注"亦統"至"其南"。

---

①　"汁"字原作"注"，黄云："盧本改'注'爲'汁'，是也。"據改。

②　"鬱鬯"原作"鬯鬱"，阮云："《要義》同，毛本、《通解》'鬯鬱'作'鬱鬯'。"據乙。

③　"爲"字原作"謂"，曹云："'謂'當爲'爲'。"據改。

④　"實"下原無"同"字，曹云："'實'下殿本增'同'字是。'所從言異'者，從君言則曰西面，從臣言則曰南陳也。"據補。

○釋曰:云"亦統於侯也"者,前設尊兩獻酒,亦云"服不之尊,侯時而陳於南,統於侯",今此設篚在南,後設服不之洗在南,亦統於侯。**小臣設公席于阼階上,西鄉。司宮設賓席于戶西,南面,有加席。卿席賓東,東上。小卿賓西,東上。大夫繼而〔西〕,東上①。若有東面者,則北上。席工于西階之東,東上。諸公阼階西,北面東上。**唯賓及公席布之也,其餘樹之於位後耳。小卿,命於其君者也。席於賓西,射禮辨貴賤也。諸公,大國有孤卿一人,與君論道,亦不典職如公矣。○西鄉,許亮反,下皆同。【疏】"小臣"至"東上"。○注"唯賓"至"公矣"。○釋曰:知"賓及公席布之,其餘樹之於位後"者,下文更有孤卿、大夫席文,故知也,此實未布而言布之者,欲辨尊卑,故先言也。孤尊而後言之者,言"若"是有無不定,故後言也。云"小卿,命於其君者也"者,按《王制》云"大國三卿,皆命於天子。次國三卿,二卿命於天子,一卿命於其君。小國亦三卿,一卿命於天子,二卿命於其君",若言小卿,據次國已下有之。云"射禮辨貴賤也"者,決《燕禮》大、小卿皆在尊東,西無小卿位,彼主於燕,不辨貴賤故也。云"與君論道,亦不典職如公矣"者,成王《周官》云"立大師、大傅、大保,茲惟三公,論道經邦,燮理陰陽",是三公論道無職,此大國立孤一人,論道與公同,亦無職,故云"不典職如公"也。縱鄭不見《周官》,於《周禮》三公亦無職,《考工記》云"或坐而論道",亦通及三公矣。**官饌。**百官各饌其所當共之物。○當共,音恭,劉居俸反。【疏】"官饌"。○釋曰:《燕禮》宰饌,此不言宰而言官者,欲見非獨宰,故鄭云"百官各饌"。**羹定。**亨肉孰也。《射義》曰:"諸侯之射也,必先行燕禮。"燕禮牲用狗。○羹定,多佞反。亨肉,普庚反。

射人告具于公,公升,即位于席,西鄉。小臣師納諸公、卿、大夫,諸公、卿、大夫皆入門右,北面東上。士西方,東面北上。大史在干侯之東北,北面東上。士旅食者在士南,北面東上。小臣師、從者在東堂下,南面西上。大史在干侯東北,士旅食者在士南,爲有侯,入庭深也。小臣師,正之佐也。正相君,出入君之大命。○大史,音泰,後大平、大

---

① "大夫繼而東上",敖云:"'繼而'之下當有'西'字。"吳紱云:"按小卿在賓西,大夫繼之,則在小卿之西而席則東上也。敖說得之。"當據補。

師、大史皆同。在干，音岸。從者，才用反。正相，息亮反。【疏】"射人"至"西上"。○
注"大史"至"大命"。○釋曰：自此盡"少進"，論羣臣立位之事。云"大史在干侯東北，
士旅食者在士南，爲有侯，入庭深也"者，決《燕禮》士旅食者立于門西東上，此不繼門
而在士南繼士者，爲有侯，故入庭深也。云"小臣師，正之佐也"者，下有小臣正，正，長
也，故以師爲佐。云"正相君，出入君之大命"者，小臣正，小臣中尊如天子大僕，故引
《大僕職》解之也。**公降，立于阼階之東南，南鄉。小臣師詔揖諸公、**
卿（大夫），諸公、卿（大夫）西面北上。揖大夫，大夫皆少進。詔，告
也。變爾言揖，亦以其入庭深也。上言大夫，誤衍耳。【疏】注"詔告"至"衍耳"。○釋
曰：《燕禮》言"爾"，以其近門，去君遠而言"爾"，爾，近也，移也，揖之使移近，此入庭深，
故不言"爾"而言"揖"，揖之而已，不須移近之也。云"上言大夫，誤衍"者，以其大夫與
公、卿面有異，故下別言大夫少進，明上有大夫，誤衍"大夫"、"大夫"四字也。

　　大射正擯。大射正，射人之長。○之長，丁丈反。【疏】"大射正擯"。○注
"大射正射人之長"。○釋曰：自此盡"門外，北面"，論請立賓之事。大射正，對射人爲
長，若小臣正對小臣師亦爲長。**擯者請賓，公曰："命某爲賓。"**某，大夫名。
擯者命賓，賓少進，禮辭，命賓者，東面南顧。辭，辭以不敏。**反命。**以賓之
辭告於君。**又命之，賓再拜稽首，受命，**又，復。○又復，扶又反，下復再同。
擯者反命。賓出，立于門外，北面。

　　公揖卿、大夫，升就席。小臣自阼階下北面，請執冪者與羞
膳者。請士可使執君兩甒之冪及羞脯醢、庶羞於君者。方圜壺獻無冪。【疏】"公揖"
至"膳者"。○注"請士"至"無冪"。○釋曰：自此盡"公、卿者"，論卿、大夫定位，乃請執
冪之事[①]。云"請士可使"者，鄭知請士者，據《燕禮》而知。云"方圜壺獻無冪"者，方圜
壺臣尊、獻獲者尊，皆無冪。**乃命執冪者，執冪者升自西階，立于尊南，**
北面東上。命者於西階前，以公命命之。東上，執玄尊之冪爲上。羞膳者從而東，
由堂東升自北階，立于房中，西面南上。不言命者，不升堂，略之。【疏】"乃命"至"東
上"。○注"命者"至"略之"。○釋曰：知命之在西階前者，以其小臣位在東堂下，於阼

---

　　①　"乃"字原作"及"，曹云："'及'當爲'乃'。"據改。

階請公命,乃就西階命執冪者①,以其執冪者士位,在西故也。云"羞膳者從而東"者,已於《燕禮》釋訖。云"不升堂"者,但不由南方升,略之,升自北堂,是亦升堂矣。**膳宰請羞于諸公、卿者。**膳宰請者,異於君也。【疏】"膳宰"至"卿者"。○釋曰:不言命者,對君言命,於臣略之。

　　擯者納賓,賓及庭,公降一等揖賓,賓辟。及,至也。辟,逡遁,不敢當盛。○賓辟,婢亦反,又音避,注同。逡,七旬反。遁,音旬。【疏】"擯者"至"賓辟"。○注"及至"至"當盛"。○釋曰:自此盡"賓荅再拜",論主人迎賓拜至,乃獻賓之事②。云"公降一等揖賓",不言請賓,至位,乃就席者③,亦是以賓與主人爲禮,禮不參,故不請也。此言"賓辟",《燕禮》不言,文略也。**公升,即席。**以賓將與主人爲禮,不參之。**奏《肆夏》。**《肆夏》,樂章名,今亡。呂叔玉云:"《肆夏》,《時邁》也。"《時邁》者,大平巡守,祭山川之樂歌。其詩曰:"明昭有周,式序在位。"又曰:"我求懿德,肆于時夏。"奏此以延賓,其著宣王德、勸賢與?《周禮》曰:"賓出入,奏《肆夏》。"○肆夏,户雅反,凡代名及樂章《九夏》,皆放此。巡守,手又反。【疏】"奏肆夏"。○注"肆夏"至"肆夏"。○釋曰:云"《肆夏》,樂章名,今亡"者,案《周禮・鍾師》云"以鍾鼓奏《九夏》",杜子春引呂叔玉以爲"《肆夏》,《時邁》也;《繁遏》,《執競》也;《渠》,《思文》也",後鄭云"以《文王》、《鹿鳴》言之,則《九夏》皆《詩》篇名,《頌》之族類也。此歌之大者,載在樂章,樂崩亦從而亡,是以《頌》不能具",鄭彼注破呂叔玉,此注亦云"《肆夏》,樂章名,今亡",與彼注亦同,今此又引呂叔玉於下者,以無正文,叔玉或爲一義,故鄭於此兩解之也。云"祭山川之樂歌"者,以其《時邁序》云"巡守告祭柴望也",謂巡守祭當方山川④,則《王制》及《尚書》云"望秩於山川"是也。云"明昭有周"者,美武王有明昭於周⑤。云"式序在位"者,式,用也,任賢用能,序之使在官位。云"我求懿德"者,懿,美也,我求取

---

① "命"字原作"請",曹云:"'請'當爲'命'。"倉石云:"'請',殿本改作'命'。"據改。

② "乃"原作"及",曹云:"'及'當爲'乃'。"據改。

③ "位"下原無"乃"字,曹云:"'位'下似脱'乃'字。'至位',至西階位。'就席',公就席也。方氏誤讀此文,乃於賓升節云'主人俟賓就席,然後拜其至',不知賓未獻,無先就席之禮也。"據補。

④ "川"字原作"用",張敦仁本作"川",據改。

⑤ "明昭"原作"明明",倉石云:"下'明'字注疏本俱作'昭',似是。"據改。

美德之人也。云“肆于時夏”，肆，遂也，夏，大也，能如此遂於王道之大。云“奏此以延賓，其著宣王德，勸賢與”者，今國君歌此詩延賓入者，其欲著明諸侯，宣布王之德，以勸賢人使有德。言“與”者，鄭以義解之，無正文，故云“與”以疑之也。云“《周禮》曰：賓出入，奏《肆夏》”者，按《大司樂》云“王出入則令奏《王夏》，尸出入則令奏《肆夏》，牲出入則令奏《昭夏》”，下云“大饗不入牲，其他皆如祭祀”，鄭注云“大饗，饗賓客也”，彼賓客謂諸侯來朝者也，“不入牲，牲不入，亦不奏《昭夏》也。其他，謂王出入、賓客出入亦奏《王夏》、《肆夏》”，以此言之，王用《肆夏》以饗諸侯來朝，今引之者，證燕時納賓亦奏之。按《燕禮記》云“若以樂納賓，則賓及庭，奏《肆夏》”，鄭云“卿、大夫有王事之勞，則奏此樂焉”，此亦同彼注也，若臣無王事之勞，則如常燕，無以樂納賓法也。又此納賓樂，故諸侯亦得用，若賓醉而出，奏《陔夏》[1]，若升歌則不可，與此異也。**賓升自西階，主人從之，賓右北面，至再拜，賓荅再拜。**主人，宰夫也，又掌賓客之獻飲食。君於臣雖爲賓，不親獻，以其莫敢亢禮。○亢，苦浪反，劉音剛。

　　主人降洗，洗南，西北面。賓將從降，鄉之。不於洗北，辟正主。○辟正，音避，下注上辟皆同。【疏】“主人”至“北面”。○注“賓將”至“正主”。○釋曰：自此至“虛爵降”，論主人獻賓之事也。云“不於洗北，辟正主”者，按《鄉飲酒》、《鄉射》主人降洗，洗北南面，是正主，此宰夫代君爲主，故不於洗北南面也。**賓降，階西東面。主人辭降，賓對。**對，荅。**主人北面盥，坐取觚洗。賓少進，辭洗。主人坐奠觚于篚，興對，賓反位。**賓少進者，所辭異，宜違其位也。獻不用爵，辟正主。○于篚，音匪。**主人卒洗，賓揖升。**賓每先升，尊也。**主人升，賓拜洗，主人賓右奠觚荅拜，降盥。賓降，主人辭降，賓對。卒盥，賓揖升，主人升，坐取觚。**取觚，將就瓦甒酌膳。**執冪者舉冪，主人酌膳，執冪者蓋冪，酌者加勺，又反之。**反之，覆勺。**筵前獻賓，賓西階上拜，受爵于筵前，反位，主人賓右拜送爵。**賓既拜，於筵前受爵，

退復位。【疏】注"賓既"至"復位"。○釋曰：云"賓既拜，於筵前受爵"者，鄭恐讀者以拜

下讀爲句。宰胥薦脯醢，宰胥，宰官之吏也。不使膳宰薦，不主於飲酒，變於燕。

○宰胥，相呂反，又如字，後同。【疏】注"宰胥"至"於燕"。○釋曰：云"不使膳宰薦者，

不主飲酒，變於燕"者，決《燕禮》使膳宰薦，主於飲酒故也。賓升筵，庶子設折

俎。庶子，司馬之屬，掌正六牲之體者也。《鄉射記》曰："賓俎，脊、脅、肩、肺。"不使膳

宰設俎，爲射，變於燕。賓坐，左執觚，右祭脯醢，奠爵于薦右，興，取

肺，坐絶祭，嚌之，興，加于俎，坐挩手，執爵，遂祭酒，興，席末坐，

啐酒，降席，坐奠爵，拜，告旨，執爵興，主人荅拜。降席，席西也。旨，

美也。○嚌之，才計反。挩手，始銳反。坐啐，七內反。樂闋。闋，止也。樂止者，尊

賓之禮盛於上也。○樂闋，苦穴反。【疏】"樂闋"。○注"闋止"至"上也"。○釋曰：此

上經云"奠爵，拜，告旨"，下經云"賓卒爵"，則此經者是賓啐酒節，即樂闋，《燕禮記》亦

云"賓及庭，奏《肆夏》。賓拜酒，主人荅拜而樂闋"，亦據啐酒時，按《郊特牲》"賓入大門

而奏《肆夏》"，又曰"卒爵而樂闋"，與此啐酒樂闋不同者，彼注謂朝聘者，故卒爵而樂

闋，此燕己臣子法，故啐酒而樂闋也[1]。云"尊賓之禮盛於上也"者，賓及庭，奏《肆夏》，

乃至升堂飲酒，乃樂止，是"尊賓之禮盛於堂上"者也。賓西階上北面坐卒爵，

興，坐奠爵，拜，執爵興，主人荅拜。

---

[1]　"按《郊特牲》"至"而樂闋也"，曹云："卒爵而樂闋，據主人言，賓則升堂而樂闋
也，疏失之。"

儀禮疏卷第十七　儀禮卷第七

賓以虛爵降，既卒爵，將酢也。【疏】“賓以虛爵降”。○釋曰：自此盡“西序，東面”，論賓酢主人之事。主人降。賓洗南西北面坐奠觚，少進，辭降。主人西階西，東面，少進，對。賓坐取觚，奠于篚下，盥洗。篚下，篚南。主人辭洗。賓坐奠觚于篚，興對，卒洗，及階，揖升。主人升，拜洗如賓禮。賓降盥，主人降，賓辭降。卒盥，揖升，酌膳，執冪如初，以酢主人于西階上。主人北面拜受爵，賓主人之左拜送爵。賓南面授爵，乃於左拜。凡授爵，鄉所受者。○以醋，才各反，本亦作酢。【疏】注“賓南”至“受者”。○釋曰：知者，以經云“主人北面”，明“凡授爵，鄉所受者”，《鄉飲酒》《鄉射》獻酬酢皆然，故云“凡”，謂南面授與所受者也。主人坐祭，不啐酒，辟正主也。未薦者，臣也。不拜酒，主人之義。《燕禮》曰：“不拜酒，不告旨。”遂卒爵，興，坐奠爵，拜，執爵興，賓荅拜。主人不崇酒，以虛爵降，奠于篚。不崇酒，辟正主也。崇，充也，謂謝酒惡相充實。賓降，立于西階西，東面。既受獻矣，不敢安盛。【疏】“賓降”至“東面”。○注“既受”至“安盛”。○釋曰：以堂上爲盛，故降下，下文於酬，“賓降筵西，東南面立”，注云“不立於序內，位彌尊”，《燕禮》注云“位彌尊，禮彌卑”，是未酬已前禮盛者也。擯者以命升賓，賓升，立于西序，東面。命，公命也。東西牆謂之序。【疏】注“命公”至“之序”。○釋曰：知“公命”者，命由尊者出故也。云“東西牆謂之序”者，《爾雅·釋宮》文。

主人盥，洗象觚，升，酌膳，東北面獻于公。象觚，觚有象骨飾者也。取象觚東面，不言實之，變於燕。【疏】“主人”至“于公”。○注“象觚”至“于燕”。○釋曰：自此盡“于篚”，論主人獻公之事。云“取象觚東面”者，鄉公爲敬故也。云“不言實之，變於燕”者，《燕禮》云“實之”，主於飲酒，此云“酌”不云“實之”，主於射，略於飲酒故也。公拜受爵，乃奏《肆夏》。言乃者，其節異於賓。【疏】“公拜”至“肆夏"。〇注"言乃"至"於賓"。〇釋曰：言"異"者，賓及庭奏，此君受爵乃奏，是其"節異"故也。云"乃"者，緩辭也。**主人降自西階，阼階下北面拜送爵。宰胥薦脯醢，由左房。庶子設折俎，升自西階。**自，由也。左房，東房也。人君左右房。《鄉射記》曰："主人俎，脊、脅、臂、肺也。"【疏】注"人君左右房"。〇釋曰：以"人君左右房"，故云"左房"，對大夫、士東房而已，故云"東房"，不言左，以無右，無所對故也①。**公祭如賓禮，庶子贊授肺，不拜酒，立卒爵，坐奠爵，拜，執爵興。**凡異者，君尊，變於賓。【疏】注"凡異"至"於賓"。〇釋曰：言"異者"，使庶子授肺，不拜酒，立卒爵之等，皆異於賓也。**主人荅拜，樂闋，升受爵，降奠于〔膳〕篚②。**

更爵洗，升，酌散以降，酢于阼階下，北面坐奠爵，再拜稽首，公荅拜。更，易也。易爵，不敢襲至尊。古文更爲受。〇酌散，思但反，下皆同。【疏】"更爵"至"荅拜"。〇注"更易"至"爲受"。〇釋曰：自此盡"于篚"，論主人受公酢之事。**主人坐祭，遂卒爵，興，坐奠爵，再拜稽首，公荅拜，主人奠爵于篚。**

主人盥洗，升，媵觚于賓，酌散，西階上坐奠爵，拜，賓西階上北面荅拜。媵，送也。散，方壺之酒也。今文媵皆作騰③。【疏】"主人"至"荅拜"。〇注"媵送"至"作騰"。〇釋曰：自此盡"南面立"，論主人酬賓之事④。**主人坐祭，遂飲，賓辭，卒爵，興，坐奠爵，拜，執爵興，賓荅拜。**辭者，辭其代君行酒不立飲也，比於正主酬也。【疏】注"辭者"至"酬也"。〇釋曰：上文公飲立卒爵，此則

---

① "所"上原無"無"字，曹云："'所'上脫'無'字。"據補。

② "于"下漢簡本有"膳"字，沈云："《燕禮》同節今本亦有'膳'字，簡本第13簡爛缺，不知所作。上陳燕具席位節：'設膳篚在其北，西面。'此主人獻公用象觚，主人升受公之虛觚，當降置於膳篚。簡本是，今本誤脫。"當據補。

③ "今"字原作"古"，胡承珙《儀禮古今文疏義》云："此注'古文'，疑當作'今文'，傳寫誤耳。鄭注《檀弓》云：'《禮》揚作媵。'《禮》即《禮經》，謂《禮經》古文皆作媵，若《禮記》則今文，其作揚，與《禮經》今文作媵者義合，故知此作媵者必今文也。"據改。

④ "酬賓"原作"受賓爵"，曹云："'受'當爲'酬'，'爵'字衍。"據改刪。

坐飲，故以公決之。云"比於正主酬也"者，謂比於《鄉飲酒》①、《鄉射》，是正主酬賓之節也。**主人降洗，賓降，主人辭降，賓辭洗。卒洗，賓揖升，不拜洗。**不拜洗，酬而禮殺也。○禮殺，所界反，下禮殺皆同。**主人酌膳，賓西階上拜，受爵于筵前，反位，主人拜送爵。賓升席，坐祭酒，遂奠于薦東。**遂者，因坐而奠之，不北面也。奠之者，酬不舉也。【疏】"主人"至"薦東"。○注"遂者"至"舉也"。○釋曰：云"不北面也"者，此決《鄉飲酒》、《鄉射》"賓北面坐奠觶于薦東"，注皆云"酬酒不舉"，引《曲禮》"君子不盡人之歡，不竭人之忠，以全交也"。**主人降，復位。賓降筵西，東南面立。**賓不立於序內，位彌尊。【疏】注"賓不"至"彌尊"。○釋曰：案《燕禮》注云"位彌尊②，禮彌卑"，引《雜記》"一張一弛"，此對酢時立于西序之内③，不降于下，禮稍卑，位稍尊，此在席西東面，位彌尊，禮彌卑也。

　　小臣自阼階下請媵爵者，公命長。命之使選於長幼之中也，卿則尊，士則卑。○命長，丁丈反，注及下皆同。【疏】"小臣"至"命長"。○注"命之"至"則卑"。○釋曰：自此盡"反位"，論將爲賓舉旅，使二大夫媵爵之事。云"命之使選於長幼之中"，知不取卿大夫之年長者，以其作下大夫④，不取年長，又知不取臣中位長者，以其不取卿，故鄭云"卿則尊，士則卑"，故不取之而取下大夫尊卑處中者。**小臣作下大夫二人媵爵。**作，使。**媵爵者阼階下皆北面再拜稽首，公荅拜。**再拜稽首，拜君命。**媵爵者立于洗南，西面北上，序進盥，洗角觶，升自西階，序進酌散，交于楹北，降，適阼階下，皆奠觶，再拜稽首，執觶興，公荅拜。**序，次第也，猶代也。先者既酌，右還而反，與後酌者交於西楹北，相左。俟於西階上，乃降。往來以右爲上。古文曰降造阼階下。○降造，七報反。

---

① "於"上原無"比"字，曹云："'於'上脱'比'字。"據補。

② "燕禮"原作"鄉飲酒"，倉石云："'鄉飲酒'當'燕禮'之誤。"據改。

③ "酢時立于西序之内"原作"酬時立于西序之時"，曹云："'酬'當爲'酢'，下'時'字當爲'内'。"據改。

④ "作下"原作"下作"，倉石云："'下作'二字注疏本倒，案倒者似是。"據乙。

媵爵者皆坐祭，遂卒觶，興，坐奠觶，再拜稽首，執觶興，公荅（再）拜①。媵爵者執觶待于洗南。待，待君命。小臣請致者。請君使一人與？二人與？不必君命。○一人與，音餘，下同。若命皆致，則序進奠觶于篚，阼階下皆（北面）再拜稽首②，公荅拜。媵爵者洗象觶，升實之，序進，坐奠于薦南，北上，降，適阼階下，皆再拜稽首送觶，公荅拜。既酌而代進，往來由尊北，交於東楹北，亦相左。奠於薦南，不敢必君舉。【疏】注“既酌”至“君舉”。○釋曰：言“亦”者，亦前酌自飲時③，相左於西楹之北時，後者南相東向，先者北相西向，向西階右旋，北面待後者至降④，今此二人，先者於尊西東面酌訖，於東楹之北，東向向公前奠之，右旋，于東楹之北，北畔西過，後者亦於罇西東面酌訖⑤，於東楹之北，南過東向於公前奠之，是亦交於楹北，相左也。云“奠於薦南，不敢必君舉”者，凡舉者於右，不舉者於左，今奠於薦左是不舉之處，故云“不敢必君舉”也。媵爵者皆退，反位。反門右北面位。【疏】注“反門右北面位”。○釋曰：但大夫初與卿在門右北面，得揖，少進，中庭北面，今當反庭中位而立，云“門右北面位”者，大夫雖得揖，少進，仍是門右北面位，少進而已，故鄭還以門右北面言之。

公坐取大夫所媵觶，興以酬賓。賓降，西階下再拜稽首。小臣正辭，賓升成拜。公起酬賓於西階，降尊以就卑也。正，長也。小臣長辭，變

---

① “荅”下漢簡本無“再”字，沈云：“盛世佐云：‘此云荅再拜，衍一再字耳。’韋協夢云：‘凡臣拜君再拜者，君亦荅再拜。上兩公荅拜，不言再拜者，文不具。’案《燕禮》同節簡本五‘公荅再拜’句，今本同。此篇五‘公荅拜’句，今本唯此云‘再拜’，其他俱無‘再’字與簡本同。二人再媵觶節，《燕禮》二‘公荅再拜’句，今本、簡本同；《大射》二‘公荅拜’句，簡本一爛缺一與今本同；《燕禮》、《大射》媵觶皆下大夫，不應有異。然君臣尊卑之異，在臣之再拜稽首，不在君之荅一拜抑荅再拜，故《燕禮》皆再拜，《大射》皆一拜，不爲違迕也。盛世佐以此文爲衍‘再’字，得簡本證實，而韋説非也。”當據刪。
② “皆”下漢簡本無“北面”二字，沈云：“臣與君爲禮在阼階下拜，君在堂，自當北面。此節阼階下拜凡四，初次明言‘北面’，下三次二字可省。《燕禮》同節今本唯初次見‘北面’二字，《大射》則二見；簡本則二禮皆初次見‘北面’二字，餘俱省文，自較一律，當從簡本。”當據刪。
③ “前”下原有“酬”字，曹云：“‘酬’字衍。”據刪。
④ “後”下原無“者”字，曹云：“‘後’下脱‘者’字。”據補。
⑤ “亦於罇西”，阮云：“‘罇’，閩本、《通解》俱作‘鐏’。”罇、鐏皆通尊。

於燕。升成拜，復再拜稽首，先時君辭之，於禮若未成然。【疏】“公坐”至“成拜”。○注
“公起”至“成然”。○釋曰：自此盡“復位”，論爲賓舉旅下及大夫之事。云“小臣長辭，
變於燕”者，《燕禮》直使小臣辭，亦是燕主歡，此射禮辨尊卑，故使小臣長辭，異於飮酒
禮，故云“變於燕”也。**公坐奠觶，荅拜，執觶興，公卒觶。賓下拜，小臣
正辭，賓升，再拜稽首。**不言成拜者，爲拜故下，實未拜也。下不輒拜，禮殺也。
下亦降也，發端言降拜，因上事言下拜。○爲拜，于僞反，下猶爲、爲大、尊爲、君爲皆
同。【疏】“公坐”至“稽首”。○注“不言”至“下拜”。○釋曰：自此已下皆云“公荅拜”，
不言“再拜”，《燕禮》皆言“公荅再拜”，不同者，燕主歡，不用尊卑，故公拜皆“再拜”，此
射禮主辨尊卑，故直云“荅拜”，荅一拜。此一拜者，正禮也，故《周禮·大祝》“辨九拜，
一曰稽首”，首至地，臣拜君法，“二曰頓首”，頓首平敵相拜法，“三曰空首”，君荅臣下
拜，復不爲再拜，即“七曰奇拜”是也。云“下亦降也”者，此非訓下爲降，故云“發端言
降拜①，因上事言下拜”，直因降有上文，即云下也。經云“公卒觶，賓下拜”者，公尊不
拜既爵，賓降拜，若爲君拜既爵也。**公坐奠觶，荅拜，執觶興。賓進受虛
觶，降奠于篚，易觶（興）洗②。**賓進以臣道，就君受虛爵，君不親酌。凡爵不
相襲者，於尊者言更，自敵以下言易。更，作新。易，有故之辭也。不言公酬賓於西階
上及公反位者，尊君，空其文也。**公有命，則不易不洗，反升，酌膳，下拜。
小臣正辭，賓升，再拜稽首，公荅拜。**不易，君義也。不洗，臣禮也。**賓告
于擯者，請旅諸臣。擯者告于公，公許。**旅，序也。賓欲以次序勸諸臣
酒。**賓以旅大夫于西階上，擯者作大夫長升受旅。**作，使也。使之以
長幼之次，先孤卿，後大夫。**賓大夫之右坐奠觶，拜，執觶興，大夫荅拜。**
賓在右，相飮之位。○相飮，於鳩反。【疏】注“賓在右相飮之位”。○釋曰：賓位在左而
在大夫之右者，是相飮之位，非賓主之位也。**賓坐祭，立卒觶，不拜。**酬而禮
殺。**若膳觶也，則降更觶洗，升，實散。大夫拜受，賓拜送，遂就

---

① “云”字原作“以”，阮云：“毛本‘以’作‘云’。按毛本是也。”據改。
② “觶”下漢簡本無“興”字，沈云：“奠觶必坐而省‘坐’字，洗觶必興而就洗器立
洗，自亦可省‘興’字。《燕禮》同節今本亦無‘興’字。坐興之節多省字，則此亦當從簡
本。”當據刪。

席。言更觶，尊卿，尊卿則賓禮殺。【疏】注“言更”至“禮殺”。○釋曰：上注云“不相襲者，於尊言更，自敵以下言易”，此賓於卿是自敵以下，當言易，今言更者，尊卿，尊卿則卑賓[1]，禮殺也。大夫辯受酬，如受賓酬之禮，不祭酒。卒受者以虛觶降，奠于篚，復位。卒，猶已也。今文辯作徧。○夫辯，音遍，後并注作徧皆同。【疏】“大夫”至“復位”。○釋曰：言“復位”者，亦如上復門右北面位，即中庭北面位也。

　　主人洗觚，升，實散，獻卿于西階上。酬賓而後獻卿，飲酒禮成於酬。【疏】“主人”至“階上”。○注“酬賓”至“於酬”。○釋曰：自此盡“無加席”，論獻公卿之事。司宮兼卷重席，設于賓左，東上。言兼卷，則每卿異席。重席，蒲筵緇布純。席卿言東上，統於君。席自房來。○重席，直容反，注下皆同。布純，之閏反，又章允反。【疏】“司宮”至“東上”。○注“言兼”至“房來”。○釋曰：上文設席之下，注謂“唯賓及公席布之也，其餘樹之於位後耳”者，以至獻卿乃布之。若然，此云“兼卷”者，不謂始卷之，直是鋪設之時，兼卷而設之也。卿升，拜受觚，主人拜送觚。卿辭重席，司宮徹之。徹，猶去也。重席雖非加，猶為其重累辭之，辟君。○猶去，起呂反。辟君，音避，下辟君同。乃薦脯醢，卿升席，庶子設折俎。卿折俎未聞，蓋用脊、脅、臑折、肺。卿有俎者，射禮尊。○臑，奴到反。【疏】“乃薦”至“折俎”。○注“卿折”至“禮尊”。○釋曰：云“卿折俎未聞”者，以《燕禮》卿無俎，故云“未聞”，又云“蓋用脊、脅、臑折、肺”者，案《鄉射記》云“賓俎，脊、脅、肩、肺。主人俎，脊[2]、脅、臂、肺”，又“獲者之俎，折脊[3]、脅、肺、臑”，彼注云“臑，若髆、胳、骰之折，以大夫之餘體”，以此言之，則此賓俎亦用脊、脅、肩、肺，君俎亦脊、脅、臂、肺，前體有肩、臂、臑，後體有髆、胳、骰，尊卑以次用之，故卿宜用臑，若有公，公用臑，卿宜用髆也。云“卿有俎者，射禮尊”者，對燕禮不辨尊卑，故公卿等皆無俎也。卿坐，左執爵，右祭脯

----

[1]　“尊卿則卑賓”原作“尊則卑賓”，《通解》“尊”下有“卿”字，據補。

[2]　“俎”下原無“脊”字，阮云：“《通解》、《要義》同，毛本‘俎’下有‘脊’字。按《鄉射記》有‘脊’字。”據補。

[3]　“脊”上原無“折”字，阮云：“《通解》、《要義》同，毛本‘脊’上有‘折’字。按無者非也。”據補。

醞，奠爵于薦右，興，取肺，坐絕祭，不嚌肺，興，加于俎，坐挩手，取爵，遂祭酒，執爵興，降席，西階上北面坐卒爵，興，坐奠爵，拜，執爵興。陳酒肴，君之惠也。不嚌、啐，事在射，臣之意。【疏】注“陳酒”至“之意”。○釋曰：案《燕禮》不在射，亦不啐者，彼爲臣有功，君與之燕，恩及於卿，故卿不敢啐也，卿有無俎者，自然不嚌也。主人荅拜，受爵。卿降，復位。復西面位。不酢，辟君。辯獻卿，主人以虛爵降，奠于篚。擯者升卿，卿皆升就席。若有諸公，則先卿獻之，如獻卿之禮。席于阼階西，北面東上，無加席。公，孤也。席之北面，爲大尊，屈之也，亦因阼階上近君，近君則親寵苟敬私昵之坐。○則先，悉薦反，下注先大夫同。大尊，音泰。近君，附近之近，下同。私昵，女乙反。之坐，才臥反。

小臣又請媵爵者，二大夫媵爵如初。請致者，若命長致，則媵爵者奠觶于篚，命長致者，使長者一人致也。公或時未能舉，自優暇。【疏】“小臣”至“于篚”。○注“命長”至“優暇”。○釋曰：自此盡“奠于篚”，論將爲卿舉旅之事①。一人待于洗南。不致者。長致者阼階下再拜稽首，公荅拜。再拜稽首，拜君命。洗象觶，升實之，坐奠于薦南，降，與立于洗南者二人皆再拜稽首送觶，公荅拜。奠於薦南，先媵者上觶之處也。二人皆拜如初，共勸君飲之。○之處，昌慮反，下放此。公又行一爵，若賓若長，唯公所賜，一爵，先媵者之下觶也。若賓若長，禮殺也。長，孤卿之尊者也。於是言賜，射禮明尊卑。【疏】注“於是言”至“尊卑”。○釋曰：案《燕禮》爲卿舉旅，言“若賓若長，唯公所酬”，燕禮主於飲酒，此言所賜，是以決之也。以旅于西階上，如初。賜賓則以酬長，賜長則以酬賓，大夫長升受旅以辯。大夫卒受者以虛觶降，奠于篚。

---

① “論”下原無“將爲卿”三字，曹云：“‘論’下似脫‘將爲卿’三字。”據補。

主人洗（觚）^①，升，獻大夫于西階上。大夫升，拜受觚，主人拜送觚。大夫坐祭，立卒爵，不拜既爵。主人受爵，大夫降，復位。既，盡也。大夫卒爵不拜，賤不備禮。【疏】"主人"至"復位"。○釋曰：自此盡"就席"，論獻大夫之事。○注"大夫"至"備禮"。○釋曰：此注云"大夫卒爵不拜，賤不備禮"，《燕禮》注云"禮殺"者，兩注相兼乃足，對公卿拜既爵，此不拜，此獻卿後是禮殺，亦是"賤不備禮"也。胥薦主人于洗北，西面，脯醢，無脀。胥，宰官之吏。主人，下大夫也。先大夫薦之，尊之也。不薦于上，辟正主。脀，俎實。○無脀，之承反。辯獻大夫，遂薦之，繼賓以西，東上。若有東面者，則北上。卒，擯者升大夫，大夫皆升就席。辯獻乃薦，略賤也，亦獻後布席也。【疏】"辯獻"至"就席"。○注"辯獻"至"席也"。○釋曰：既言"辯獻大夫，遂薦之"，後乃云"繼賓以西，東上"以下云云者，上總言獻大夫辯，乃一時薦之，下文更明布席位次，就席之儀，故云"辯獻乃薦，略賤也"，略賤則是獻訖，降階，獻辯，擯者乃總升之就席，就席訖，乃薦之。

乃席工于西階上，少東。小臣納工，工六人，四瑟。工，謂瞽矇善歌諷誦《詩》者也。六人，大師、少師各一人，上工四人。四瑟者，禮大樂衆也。○諷，方鳳反。少師，詩召反，下文及注皆同。【疏】"乃席"至"四瑟"。○注"工謂"至"衆也"。○釋曰：自此盡"西面北上坐"，論作樂及獻工之事。云"六人者，大師、少師各一人，上工四人"，皆據文而言也。云"禮大樂衆也"者，對《燕禮》工四人而言也。僕人正徒相大師，僕人師相少師，僕人士相上工。徒，空手也。僕人正，僕人之長。師，其佐也。士，其吏也。天子視瞭相工，諸侯兼官，是以僕人掌之。大師、少師，工之長也。凡國之瞽矇正焉。杜蒯曰："曠也，大師也。"於是分別工及相者，射禮明貴賤。○相大，息亮反，下及注皆同。視瞭，音了。杜蒯，苦怪反。分別，彼列反。【疏】"僕人正"至"上工"。○注"徒空"至"貴賤"。○釋曰：云"僕人正，僕人之長。師，其佐也"者，以正爲長，師爲衆，故僕人正爲長，僕人師爲佐也。云"士，其吏也"者，以

---

① "洗"下漢簡本無"觚"字，沈云："此獻大夫節，主人從堂下西面位就篚取觚，洗而登堂，以獻大夫。本屬略叙，更省觚字，無害文義。《燕禮》獻卿獻大夫，簡本、今本俱省'觚'字，則此文亦當從簡本。"當據删。

578

其在僕人之下，故知僕人之吏，吏則府史之類。云“天子視瞭相工”者，見於《眡瞭職》文。云“大師、少師，工之長也”者，《周禮·春官》“大師，下大夫二人。小師，上士四人”，鄭注云“凡樂之歌，必使瞽矇爲焉。命其賢知者以爲大師、小師”，是樂工之長也。云“杜蒯曰：曠也，大師也”者，《禮記·檀弓》文，引之者，證大師爲樂工之長。云“於是分別工及相者，射禮明貴賤”者，對燕禮主歡，不明貴賤，故不分別工及相貴賤（元空一字）①。**相者皆左何瑟，後首，内弦，挎越，右手相。**謂相上工者。後首，主於射，略於此樂。内弦，挎越，以右手相工，由便也。越，瑟下孔，所以發越其聲者也。古文後首爲後手。○左何，胡可反，又音河。挎越，口胡反，又口侯反。**後者徒相入，**謂相大師、少師者也。上列官之尊卑，此言先後之位，亦所以明貴賤。凡相者以工出入。【疏】“後者徒相入”。○注“謂相”至“出入”。○釋曰：上列官之尊卑，此陳先後之位，亦是以明貴賤者，“上列官之尊卑”，謂先言僕人正與大師，後言僕人士與上工，是列官尊卑也，此陳先後，則上工與瑟在前，大師、少師在後，是先後之位。既據入時行位，亦據升堂，坐之先後，亦依此也。云“凡相者以工出入”者，欲見入時如此，出時亦然。**小樂正從之。**從大師也，後升者，變於燕也。小樂正於天子，樂師也。【疏】“小樂正從之”。○注“從大”至“師也”。○釋曰：云“從大師也，後升者，變於燕也”者，《燕禮》樂正先升，又不使小樂正者，彼主於樂，此則略於樂故也。**升自西階，北面東上。**工六人。**坐授瑟，乃降。**相者也，降立于西縣之北。○西縣，音玄，下同。【疏】“坐授瑟乃降”。○注“相者”至“之北”。○釋曰：《鄉飲酒》注云“降立于西方，近其事”，以取近其事，故在西縣之北也。**小樂正立于西階東。**不統於工，明工雖衆，位猶在此。【疏】“小樂”至“階東”。○注“不統”至“在此”。○釋曰：云“不統於工，明工雖衆，位猶在此”者，決《燕禮》工四人，樂正升，立于工之西，在西階東，不統於工，此雖六人，衆於彼，猶統于階而云“西階東”不變，若使小樂正統之於工②，恐工位移近西，故猶統于階也。**乃歌《鹿鳴》三終。**《鹿鳴》，《小雅》篇也，人君與臣下及四方之賓燕，講道脩政之樂歌也，言己有旨酒，以召嘉賓，與之飲者，樂嘉賓之來，示我以善道，又樂嘉賓有孔昭之明德，可則傚也。歌《鹿鳴》三終而不歌《四

---

① “工及相貴賤”原作“工貴及相賤”，曹云：“當爲‘工及相貴賤’。”據乙。
② “統”字原作“通”，四庫本作“統”，據改。

牡》《皇皇者華》，主於講道，略於勞苦與諮事。○則詨，戶教反，亦作傚。於勞，力到反。【疏】"乃歌鹿鳴三終"。○注"鹿鳴"至"諮事"。○釋曰：云"主於講道，略於勞苦"者，據《四牡》勞使臣，此不用之。云"與諮事"者，謂《皇皇者華》有諮謀、諮度、諮詢之事，亦略之也。**主人洗，升，實爵，獻工。工不興，左瑟**，工歌而獻之，以事報之也。洗爵獻工，辟正主也。獻不用觚，工賤，異之也。工不興，不能備禮。左瑟，便其右。大師無瑟，於是言左瑟者，節也。【疏】"主人"至"左瑟"。○注"工歌"至"節也"。○釋曰：云"洗爵獻工，辟正主也"者，案《鄉飲酒》《鄉射》云"大師，則爲之洗"，謂君賜之樂者，其餘工不爲之洗，是正主法，今此工六人皆爲之洗，故云辟正主人。必知同洗者，以其更無別獻之文，故知同洗也。云"獻不用觚，工賤，異之也"者，《燕禮》《大射》獻賓、獻卿大夫皆用觚而獻工用爵，故云"異之"，《鄉飲酒》《鄉射》獻同用爵者，變於君故也。云"大師無瑟，於是言左瑟者，節也"者，上言"獻工"，下云"一人拜受爵"，則六人皆在工內而云"工不興，左瑟"，明是大師亦入左瑟中[1]，故須云"大師無瑟，於是言左瑟者"，以其六人總當獻酒之節，故總入左瑟文，不謂有瑟也。**一人拜受爵**，謂大師也，言一人者，工賤，同之也。工拜於席。【疏】"一人拜受爵"。○注"謂大"至"於席"。○釋曰：云"謂大師也，言一人者，工賤，同之也"者，《鄉飲酒》《鄉射》云"大師，則爲之洗"，則知此一人謂大師，不言大師，對君工賤，不異其文，故同之而云一人也。**主人西階上拜送爵。薦脯醢。**輒薦之，變於大夫。【疏】"主人"至"脯醢"。○注"輒薦之變於大夫"。○釋曰：案上文云"辯獻大夫，遂薦之"，此工得獻，不待辯輒薦之，故云"變於大夫"也。**使人相祭。**使人相者，相其祭薦、祭酒。【疏】"使人相祭"。○注"使人"至"祭酒"。○釋曰：知"祭薦、祭酒"者，此文承一人受爵，薦脯醢之下，明二者皆祭也，若下文衆工直祭酒，不祭脯醢也。**卒爵，不拜。主人受虛爵。**衆工不拜，受爵，坐祭，遂卒爵。辯有脯醢，不祭。相者，相其祭酒而已。**主人受爵，降奠于篚，復位。大師及少師、上工皆降，立于鼓北，衆工陪于後。**鼓北，西縣之北也。言鼓北者，與鼓齊面，餘長在後也。衆工陪于後，三人爲列也。於是時，小樂正亦降，立於其南，北面。工立，僕人立於其側，

---

[1] "明是大師"原作"於是明大師"，曹云："'於'字衍，'是明'二字疑當倒。"據刪乙。

坐則在後。《考工記》曰：“鼓人爲皋陶，長六尺有六寸。”○陪于，劉蒲來反。餘長，丁丈反，下之長同。皋陶，音遙。長六，直亮反。【疏】“大師”至“于後”。○注“鼓北”至“六寸”。○釋曰：知“鼓北”是“西縣之北”者，以其下文大師、少師始遷向東，明此降者，降在西縣之北可知。云“言鼓北者，與鼓齊面，餘長在後也”者，案前列樂縣之時，鼓在鑮南，今不言在鍾、磬之北，遙據鼓而言之者，欲取形大又面向東，工亦面向東，故遙取鼓面也。言“餘長在後”者，欲見鼓長六尺六寸，工面與鼓面齊，鼓有餘長在人後矣，言此者，明工與鼓前面齊[①]，後面不齊之意也。云“羣工陪于後，三人爲列也”者，大師、少師二人，上工四人，今若立時，三人爲列，大師後有工二人，少師後亦有工二人，故云“三人爲列也”[②]。云“於是時，小樂正亦降，立於其南，北面”者，亦約遷樂於東方，工西面，樂正北面，言“亦”者，亦東方也。云“工立，僕人立于其側，坐則在後”者，亦約遷樂東方時面位得知也。云“《考工記》曰：鼓人爲皋陶，長六尺有六寸”者，彼云“韗人爲皋陶”，先鄭云“韗，書或爲鞠”，玄謂“鞠者，以皋陶名官，鞠即陶，字從革”，今云鼓人者誤，當作鞠人，鞠人掌鼓，後人誤言鼓，鼓人自在《地官》，掌教六鼓矣。云“爲皋陶”者，鼓木之名，其穿隆二十板，謂鼓木長六尺六寸，賈侍中彼解爲晉鼓，引之者，證鼓東西長，工齊前面，於後有餘之義也。　**乃管《新宮》三終。**管，謂吹簜以播《新宮》之樂。其篇亡，其義未聞。笙從工而入，既管不獻，略下樂也，立于東縣之中。【疏】“乃管新宮三終”。○注“管謂”至“之中”。○釋曰：云“管，謂吹簜”者，此云“管”，上云“簜”，故鄭合爲一事解之。云“其篇亡，其義未聞”者，以其堂下詩，故與《由庚》、《由儀》之等同亡[③]，但上《由庚》、《由儀》之等有《序》無詩，故云“有其義而亡其辭”[④]，此則辭、義皆亡，故云“其義未聞”。云“笙從工而入”者，案《燕禮》云“笙入，立于縣中”，有笙入之文，此上下不見笙入之文，故知“笙從工而入”也，上云“簜”，解爲竹，謂笙、簫之屬，竹即管也，今此經云“管”，已解簜爲管，復云“笙從工而入”者，《燕禮記》云“下管《新宮》，笙入三成”，則吹管者亦吹笙，故兼言笙，欲見笙、管相將也。云“立于東縣之中”者，《燕禮》

---

① “工”上原無“明”字，曹云：“‘工’上脱‘明’字。”據補。

② “大師少師二人”至“故云三人爲列也”，曹云：“經言大師、小師及上工，復言‘羣工陪于後’，則三人一列，爲二列明矣。疏偶失，張氏《圖》正之是也。”

③ “由庚”下原無“由儀”二字，阮云：“《要義》同，毛本‘庚’下有‘由儀’二字。”觀下文《由庚》與《由儀》並舉，則此脱《由儀》二字明矣，毛本是，據補。

④ “故”字原作“同”，倉石云：“‘同’，殿本作‘故’，似是。”據改。

笙入立于縣中，則於此縣而言，此辟射位，故知"立于東縣之中"也。卒管，大師及少師、上工皆東，〔東〕坫之東南①，西面北上坐。不言縣北，統於堂也。於是時，大樂正還北面立于其南。○東坫，丁念反。【疏】"卒管"至"上坐"。○注"不言"至"其南"。○釋曰：工人前不即遷于東者，爲管、笙所作，不以無事亂有事，故待卒管，大師乃東坫，西面北上坐。不言去堂遠近，當如《鄉射》遷工"阼階下之東南，堂前三笴，西面北上"。云"不言縣北，統于堂也"者，上云"鼓北"，不統於堂者，彼權立，非正位故也。

　　擯者自阼階下請立司正，三爵既備，上下樂作，君將留羣臣而射，宜更立司正以監之，察儀法也。○以監，古銜反。【疏】"擯者"至"司正"。○注"三爵"至"法也"。○釋曰：自此盡"北面立"，論將射立司正察儀、安賓之事。公許，擯者遂爲司正。君許其請，因命用之。不易之者，俱相禮，其事同也。司正適洗，洗角觶，南面坐奠于中庭，奠觶者，著其位以顯其事，威儀多也。【疏】注"奠觶"至"多也"。○釋曰：《燕禮》及此射禮，司正不以觶升而奠之於地，比《鄉飲酒》及《鄉射》爲顯，其威儀多，自此已後，還與二《鄉》同也。升，東楹之東受命于公，西階上北面命賓、諸公、卿、大夫："公曰以我安。"賓、諸公、卿、大夫皆對曰："諾，敢不安！"以我安者，君意殷勤，欲留之，以我故安也。司正降自西階，南面坐取觶，升，酌散，降，南面坐奠觶，奠於中庭故處。興，右還，北面少立，坐取觶，興，坐，不祭，卒觶，奠之，興，再拜稽首，左

① "坫"上漢簡本重"東"字，沈云："此節云'卒管'，作樂已畢，將舉行射事，樂工當遷位。樂工之席本在西階上，上獻工畢，云'太師及少師、上工皆降，立于鼓北，羣工陪于後'。堂下樂工立位在鼓北，鄭注：'西縣之北。'蓋東縣無鼓，階間雖有鼓，近堂廉，其北無隙地可容羣工，故知在西縣之北也。《鄉射》遷樂，羣工從西階降，即至阼階下之東南坐位，無西階下立位，以遷樂在正樂畢後，毋須有立位；《大射》太師等降堂，堂下篹吹《新宮》猶未作，應有立位以俟樂畢。堂之東南角有東坫，西南角有西坫，東坫之東南，正當東縣之北，亦即《鄉射》所云'阼階下之東南堂前三笴'之處。而前之鼓北立位，即西坫之西南，立位與坐位正東西相向。簡本重'東'字，云'皆東'者，即由西坫之西南向東而行；下云'東坫之東南'，即明其坐位所在。今本誤脫'東'字，則樂工遷樂之義與夫異於《鄉射》之節均不能明，得簡本而前後脈絡昭然明晰。簡本縱多寫誤，終屬西漢之本，保存原書真面甚多，此即其勝義之尤著者。"當據補。

還，南面坐取觶，洗，南面反奠于其所，北面立。皆所以自昭明於衆也。將於觶南北面則右還，於觶北南面則左還，如是，得從觶西往來也。必從觶西往來者，爲君在阼，不背之也。○不背，音佩，下爲背同。

司射適次，袒、決、遂，執弓，挾乘矢於弓外，見鏃於弣，右巨指鉤弦，司射，射人也。次，若今時更衣處，張帷席爲之，耦次在洗東南。袒，左免衣也。決，猶闓也，以象骨爲之，著右巨指，所以鉤弦而闓之。遂，射鞲也，以朱韋爲之，著左臂，所以遂弦也。方持弦矢曰挾。乘矢，四矢。弣，弓把也。見鏃焉，順其射也。右巨指，右手大擘以鉤弦，弦在旁，挾由便也。古文挾皆作接。○挾，音協，又子協反，下皆同。乘矢，繩證反，注同。見，賢遍反。鏃，子木反，又七木反。於弣，芳甫反，或方武反。猶闓，音開。著右，丁略反，又直略反，下同。射鞲，古侯反，劉苦侯反。弓把，音霸。大擘，彼革反，劉薄歷反。【疏】“司射”至“鉤絃”。○注“司射”至“作接”。○釋曰：自此至“于次”，論射事將至，誓射者及比三耦之事。云“司射，射人也”者，案《燕禮》“射人告具”，注云“射人主此禮，以其或射”，又云“射人納賓”，又云“射人請立司正，公許，射人遂爲司正”，則射人、司正一人也，又云“乃薦司正與射人一人”，注“天子射人、司士，皆下大夫二人，諸侯則上士，其人數亦如之”，又曰“若射則大射正爲司射”，注“大射正，射人之長”，此篇云“射人告具”，又曰“大射正擯”，自此以後皆止云擯，“擯者自阼階下請立司正，公許，遂爲司正”，則此篇司正與大射正爲一人也，下云“公就物，小射正奉決、拾以笥，大射正執弓”，注云“大射正舍司正，親其職”，“乃薦司正”，注云“司正，大射正”是也。云“耦次在洗東南”者，此無正文，案《鄉射記》云“設楅橫奉之，南面坐奠之，南北當洗”，此下云三耦出次，西行拾取矢，又當北行向楅，則次在洗東南矣。云“方持弦矢曰挾”者，以矢橫爲方，《鄉射記》云“凡挾矢，於二指閒橫之”是也。自阼階前曰：“爲政請射。”爲政，謂司馬也。司馬，政官，主射禮。【疏】“自阼”至“請射”。○注“爲政”至“射禮”。○釋曰：云“爲政，謂司馬也”者，案《小宰》云“四曰夏官[1]，其屬六十，掌邦政”，是“爲政，謂司馬”。云“司馬，政官，主射禮”者，其屬有射人，主射事，故“司馬，政官，主射禮”也。遂告曰：“大夫與大夫，士御於大

夫。"因告選三耦於君。御，猶侍也。大夫與大夫爲耦，不足則士侍於大夫，與爲耦也。今文於爲于。【疏】"遂告"至"大夫"。○注"因告"至"爲于"。○釋曰：云"不足則士侍於大夫，與爲耦也"者，是以《曲禮》云"君使士射"，注謂"以備耦"是也。遂適西階前，東面右顧，命有司納射器。納，内也。【疏】"遂適"至"射器"。○釋曰：命，謂司射命之也。言"有司"，則前文"司士戒士射與贊者"，注云"謂士佐執事不射者"是也。《鄉射》西階前，"西面命弟子納射器"，此言"東面"者，君在阼，宜向之，故"東面右顧"者，以其有司是士，士在西階南東面，是以右顧向之。射器皆入，君之弓矢適東堂，賓之弓矢與中、籌、豐皆止于西堂下。衆弓矢不挾，總衆弓矢、楅皆適次而俟。中，閒中，籌器也。籌，筭也。豐，可奠射爵者。衆弓矢，三耦及卿大夫以下弓矢也。司射矢亦止西堂下。衆弓矢不挾，則納公與賓弓矢者挾之。楅，承矢器。今文俟作待。○楅，音福。【疏】"射器"至"而俟"。○注"中閒"至"作待"。○釋曰：云"中，閒中，籌器也"者，《鄉射記》云"於郊，則閒中"，據此大射，故知閒中，中所以盛筭，故云"筭器也"。云"司射矢亦止西堂下"者，下文云司射卒誘射，"遂適堂西，改取一個挾之"是也。若然，司射有矢無弓，在堂西有弓者誤，或則據司射將獻釋獲者，適阼階西去朴，適堂西釋弓，脱決、拾，是時弓在西堂下也。工人士與梓人升自北階，兩楹之閒，疏數容弓，若丹若墨，度尺而午，射正莅之。工人士、梓人皆司空之屬，能正方圜者。一從一横曰午，謂畫物也。射正，司射之長。○疏數，音朔。壹從，子容反。【疏】"工人"至"莅之"。○注"工人"至"之長"。○釋曰：知"工人士與梓人皆司空之屬，能正方圜者"，《冬官》雖亡，不知官屬之號，見今《考工記》有三十官，有梓人之官，此工人士又與梓人同事，故知《冬官》未亡時，屬司空也。云"能正方圜者"，以工巧能知也[①]，《繢人職》云"火以圜，土以黄，其象方"，《梓人職》"張五采之侯"之類，是知方圜也。云"一從一横曰午，謂畫物也"者，則《鄉射記》

---

① "巧"下原有"之"字，曹云："'之'字似衍。《考工記》曰材美工巧。"據删。

長與距隨是也①，但未知從者、橫者，若爲用丹，若爲用墨，或科用其一，云“午”，十字爲之②，先以左足履物，右足隨而並立也。云“度尺”者，即《鄉射記》從如筭三尺，橫如武尺二寸是也。**卒畫，自北階下。**司宮埽所畫物，自北階下。埽物，重射事也。工人士、梓人、司宮位在北堂下。【疏】“卒畫”至“階下”。○注“埽物”至“堂下”。○釋曰：知“工人士③、梓人、司宮位在北堂下”，雖無正文，南方不見有位，其人升降自北階，明位在北堂下。**大史俟于所設中之西，東面，以聽政。**中未設也，大史俟焉，將有事也。《鄉射禮》曰：“設中，南當楅，西當西序，東面。”【疏】“大史”至“聽政”。○注“中未”至“東面”。○釋曰：注引《鄉射》者，欲見大史位之所在，在此也。**司射西面誓之曰：“公射大侯，大夫射參，士射干。射者非其侯，中之不獲。卑者與尊者爲耦，不異侯。”大史許諾。**誓，猶告也。古文異作辭。○公射，食亦反，次下三字同。中之，丁仲反，下注次中、矢中同。【疏】“司射”至“許諾”。○注“誓猶”至“作辭”。○釋曰：卑者與尊者射④，不異侯，言此者，以其誓云君射大侯，大夫射參侯，士射干侯，恐與尊爲耦，亦各射己侯，故覆言此，賓與君爲耦同射大侯，士與大夫爲耦同射參侯，以其既與尊者爲耦，不可使之別侯，別侯者，則非耦類故也。**遂比三耦。**比，選次之也。不言面者，大夫在門右北面，士西方東面。○遂比，毗志反，劉音鼻，注同。【疏】“遂比三耦”。○注“比選”至“東面”。○釋曰：云“不言面者”，以下云“面”，故決之。云“大夫在門右北面，士西方東面”者，仍依朝位，以其設朝之班位以來，其位未改，明知司射命誓乃比次⑤，須還依舊位，司射面皆向之而比次也。若耦及侯數，天子大射、賓射六耦三侯，畿内諸侯則二侯四耦，畿外諸侯大射、賓射皆三侯三耦，但諸侯畿外、畿内各有一申一屈，故畿外三侯，遠尊得申，與天子同，三耦則屈，畿内二侯，近尊則屈，四耦則申。若燕射，則天子、諸侯例同三耦一侯而已，

---

① “則鄉射記長與距隨”原作“則上文橫與距隨”，吳紱云：“按上文既無其文而‘橫’字與下三字不屬，考《鄉飲記》訂正之。‘長’，其縱。‘距隨’，其橫也。”曹云：“‘上文’當爲‘《鄉射記》’。”據改。

② “爲”字原作“謂”，曹云：“‘謂’疑當作‘爲’。”據改。

③ “人”下原無“士”字，阮云：“毛本‘人’下有‘士’字。”據補。

④ “卑者”下原無“與”字，阮云：“毛本、《要義》‘卑者’下有‘與’字，《要義》‘射’作‘爲耦’。”據毛本補。

⑤ “乃”字原作“及”，曹云：“‘及’當爲‘乃’。”據改。

以其燕私,屈也。若卿大夫、士例同一侯三耦,略言之,數備《禮記·射義》也。**三耦俟于次北,西面北上。**未知其耦。今文俟爲立。【疏】"三耦"至"北上"。○注"未知"至"爲立"。○釋曰:云"未知其耦"者,下經始命之,故云"未知其耦"。若然,此經已言面位者,三耦雖未知與誰爲耦,要知爲三耦,故立於此。**司射命上射曰:"某御於子。"命下射曰:"子與某子射。"卒,遂命三耦取弓矢于次。**取弓矢不拾者,次中隱蔽處。○不拾,其業反,劉其輒反,下文及拾發、拾取、既拾皆同。【疏】"司射"至"于次"。○注"取弓"至"蔽處"。○釋曰:云"取弓矢不拾者,次中隱蔽處"者,對《鄉射》堂西顯露之處拾取矢也。

　　司射入于次,搢三挾一个,出于次,西面揖,當階北面揖,及階揖,升堂揖,當物北面揖,及物揖,由下物少退,誘射。搢,扱也。挾一个,挾於弦也。个,猶枚也。由下物而少退,謙也。誘,猶教也。夫子循循然善誘人。○一个,古賀反,下同。捷也,初洽反,本又作扱。【疏】"司射"至"誘射"。○注"搢扱"至"誘人"。○釋曰:自此至"東面",論司射誘射之事。此射人誘射,與《鄉射》同,但《鄉射》往階西取弓矢,此則入次取弓矢爲異,然此云"入次,搢三挾一个",則已前皆挾乘矢不改,《鄉射》亦然。引《論語》者,彼夫子教弟子學問事,司射教人射事,雖不同,同是教法,故引爲證也。**射三侯,將乘矢。始射干,又射參,大侯再發。**將,行也。行四矢,象有事於四方。《詩》云:"四矢反兮,以御亂兮。"○射三,食亦反,下二字同。**卒射,北面揖。**揖於當物之處。不南面者,爲不背卿。【疏】注"不南"至"背卿"。○釋曰:案《鄉射》誘射射卒,南面揖者,彼尊東,或公或卿大夫位同不別,故司射不特尊之,此大射辨尊卑,尊東唯有天子命卿,其餘小卿及大夫皆賓西,故特尊之，不背之也。（及階揖）降如升射之儀①，遂適堂西，改取一个挾之，改，更也。不射而挾矢，示有事也。遂取扑搢之，以立于所設中之西南，東面。扑，所以撻犯教者也。於是言立，著其位也。《鄉射記》曰："司射之弓矢與扑，倚于西階之西。"○取扑，普卜反，下同。以撻，土達反。【疏】注"扑所"至"之西"。○釋曰：云"於是言立，著其位"者，案《鄉射》司射先立所設中之西南，三耦從之立於西南，司射却就之，搢三挾一个，乃誘射，此則誘射卒，乃始來就位者，由此有次，就次取弓矢，射訖無事，乃於此立，故云"於是言立，著其位也"。引《鄉射記》者，此不言司射倚弓矢之處，引之證此與彼記文同也。

司馬師命負侯者執旌以負侯。司馬師，正之佐也。欲令射者見侯與旌，深志於侯中也。負侯，獲者也。天子服不氏下士一人，徒四人，掌以旌居乏待獲。析羽爲旌。○欲令，力呈反。【疏】"司馬"至"負侯"。○注"司馬"至"爲旌"。○釋曰：自此盡"而俟"，論司馬師命服不負侯之事也。引"天子服不氏下士一人，徒四人"者，欲見諸侯亦三侯，亦使服不氏與徒爲獲者也。云"析羽爲旌"，《周禮·司常》文。負侯者皆適侯，執旌負侯而俟。

司射適次，作上耦射，作，使也。司射反位。【疏】"司射反位"。○釋

---

① "降"上漢簡本無"及階揖"三字，沈云："《鄉射》：'司射揖進，當階北面揖，及階揖，升堂揖，當左物北面揖，及物揖，南面揖，揖如升射，降，出于其位南，適堂西。'簡本《泰射》：'司射出于次，西面揖，當階北面揖，及階揖，升堂揖，當物北面揖，及物揖，卒射，北面揖，降如升〔射〕之儀，述（遂）適堂西。'其中包括若干儀注，與《鄉射》不同。二禮之相異約有三端：甲、《鄉射》司射原在西方立位，揖而由東西行；《大射》司射先入次中，次在東方，出次由東揖而西行，故一則曰'揖進'，一則曰'出于次，西面揖'。乙、卒射後，《鄉射》司射射時南面，即揖而南行數步，折而西行；《大射》則司射南面射訖，轉而北面揖，復轉而南行數步，折而西行，故一則曰'南面揖'，一則曰'卒射北面揖'，鄭注：'不南面者，爲不背卿。'丙、《鄉射》'揖如升射'句，《泰射》'降如升〔射〕之儀'句，均包括若干儀注，司射西行至當階，折而南面揖，降階揖，南行，此其相同者也；其不同者，《鄉射》則降階南行後，因其立位在西方，須南行過其立位，折而西南揖，再折而北行至堂西，故曰'出于其位南，適堂西'。《大射》則降階南行後，不返東方次中，復折而西行至堂西，故曰'遂適堂西'。二文對勘，宛然如在目前。升射時有及階揖，即行至階下而揖；降時由物至階，必先西行至當階之處折而南行揖，不應至西階上復揖，其文當是當階揖而非及階揖。當階揖已包括在'揖如升射'、'降如升射之儀'中，則今本此三字爲衍文無疑矣。千載未發之覆，得簡本而是正之，然則漢簡爲善矣。"當據删。

曰：此不言先反位者，爲三耦始出次，未有次前位，無所先，故不言先也。上耦出次，西面揖進，上射在左，並行，當階北面揖，及階揖，上射先升三等，下射從之，中等，上射在左，便射位也。中，猶閒也。○猶閒，閒厠之閒。【疏】注“上射”至“閒也”。○釋曰：云“上射在左，便射位也”者，《鄉射》亦云“上射在左”，不云“便射位”者，彼東面位，上射在北，故在左不取便射位之義，此次北西面位，亦上射在北居右①，故上射須在左，以其發位並行及升北面就物位，皆言居左，履物南面，上射乃在右，故云“上射在左，便射位也”。上射升堂，少左，下射升，上射揖，並行，並，併也，併東行。○併也，步頂反，下皆同。皆當其物，北面揖，及物揖，皆左足履物，還視侯中，合足而俟。視侯中，各視其侯之中。大夫耦則視參中，參中十四尺。士耦則視干中，干中十尺。○合足，如字，劉音閤。【疏】注“視侯”至“十尺”。○釋曰：弓二寸以爲侯中，參侯七十弓，故侯中十四尺，干侯五十弓，故侯中十尺。司馬正適次，袒、決、遂，執弓，右挾之，出，升自西階，適下物，立于物閒，左執弣，右執簫，南揚弓，命去侯。司馬正，政官之屬。簫，弓末。揚弓者，執下末。揚，猶舉也。適下物，由上射後東過也。命去侯者，將射當獲也。《鄉射禮》曰：“西南面立于物閒。”○命去，起呂反，注下同，後去扑、去侯、注去塵皆同。【疏】“司馬”至“去侯”。○注“司馬”至“物閒”。○釋曰：云“司馬正，政官之屬”者，非大司馬，大司馬之下屬大司馬，故云“司馬之屬”②，案天子有大司馬卿一人，小司馬中大夫二人，此雖諸侯禮，亦應有小司馬，號爲司馬正也。知“適下物，由上射後東過也”者，案《鄉射》司馬命去侯時，由上射後過至下射西，西南面揚弓，命去侯，故引《鄉射》證此亦在物閒西南面也。負侯皆許諾，以宮趨，直西及乏南，又諾以商，至乏，聲止，宮爲君，商爲臣，其聲和相生也。《鄉射禮》曰：“獲者執旌許諾。”古文聲爲磬。【疏】“負侯”至“聲止”。○注“宮爲”至“爲磬”。○釋曰：云“宮爲君，商爲臣”，《樂記》文。云“聲和相生”者，宮生徵，徵生商而云“相生”者，雖隔徵，亦是相生之義也。云“聲和”者，宮數八十一，商數七十二，彈宮則商應，故云“聲

---

① “亦上射在北居右”，阮云：“《通解》同，毛本‘右’作‘左’。周學健云：‘次北西面時，上射居右，既揖而進，上射乃之左。’”

② “屬”上原無“之”字，曹云：“‘屬’上脱‘之’字。”據補。

和”也。引《鄉射》者，彼臣禮，下云“諾，聲不絶”，不言宮商，引之證與此不同之意。**授獲者，退立于西方。獲者興，共而俟。**大侯，服不氏負侯，徒一人居乏，相代而獲。參侯、干侯，徒負侯居乏，不相代。《鄉射禮》曰：“獲者執旌許諾，聲不絶，以至于乏，坐，東面偃旌，興而俟。”古文獲皆作護，非也。○共而，九勇反，下共而俟皆同[①]。【疏】“授獲”至“而俟”。○注“大侯”至“非也”。○釋曰：云“大侯，服不氏負侯，徒一人居乏，相代而獲”者，上注引《周禮》“服不氏下士一人，徒四人”，是以鄭分之於三侯之上，大侯尊，故使服不氏與一徒居乏，自餘徒三人分之於二侯，徒以少一人，不得相代也。引《鄉射》者，此文不具，宜與彼同。**司馬正出于下射之南，還其後，降自西階，遂適次，釋弓，説決、拾、襲，反位。**拾，遂也。《鄉射禮》曰：“司馬反位，立于司射之南。”○還其，劉户串反，下注還其同。説決，土活反，又始鋭反，劉詩悦反，下説決拾皆同。【疏】“司馬”至“反位”。○注“拾遂”至“之南”。○釋曰：引《鄉射》者，於此司馬不言位，宜與《鄉射》同，故引爲證。**司射進，與司馬正交于階前，相左，由堂下西階之東，北面視上射，命曰：“毋射獲，毋獵獲。”上射揖，司射退，反位。**射獲，矢中乏也。從旁爲獵。○曰毋，音無，下同。射獲，食亦反，注同。**乃射，上射既發，挾矢，而后下射射，拾發，以將乘矢。**拾，更也。將，行也。○拾更，音庚。**獲者坐而獲，**坐言獲也。**舉旌以宮，偃旌以商，**再言獲也。**獲而未釋獲。**但言獲，未釋筭。古文釋爲舍。【疏】“獲而未釋獲”。○注“但言”至“爲舍”。○釋曰：云“但言獲，未釋筭”者[②]，鄭注《鄉射》云“但大言獲”，此注不言大，省文也。**卒射，右挾之，北面揖，揖如升射。**右挾之，右手挾弦。**上射降三等，下射少右，從之，中等，並行，上射於左，與升射者相左，交于階前，相揖。適次，釋弓，説決、拾，襲，反位。**上射於左，由下射階上少右乃降，待之。言襲者，凡射皆袒。【疏】“上射”至“反位”。○注“上射”至“皆袒”。○釋曰：云“上射降三等”者，諸侯階有七等，言三等

---

①　“俟”字原作“去”，黄云：“宋本‘去’作‘侯’。阮云：‘侯當作俟，共而俟下凡三見，故云皆同也。’”據改。

②　“未”字原作“爲”，張敦仁本作“未”，與注合，據改。

者，欲明下射中等，是降一等之上^①，下射過向西畔由右，故上射至地待之，乃得二人並行，上射於左也。云"與升射者相左，交于階前"者，降射者仍南行，故得階前交往來也。云"上射於左，由下射階上少右乃降，待之"者，此鄭解在階下，上射得在左之意^②，由下射階上少右，向西畔乃降，上射於地待之，故並行時得上射在左也。云"凡射皆袒"者，案《鄉射》"命三耦：'各與其耦讓取弓矢，拾。'三耦皆袒、決^③、遂"，至卒射，云"脱決、拾，襲而俟于堂西，南面"，此則前"遂命三耦取弓矢于次"，不言袒，至此亦言襲，故須言"凡射皆袒"，決在此不見袒，亦袒可知也。**三耦卒射，亦如之。司射去扑，倚于階西，適阼階下，北面告于公，曰："三耦卒射。"反，搢扑，反位。**【疏】"三耦"至"反位"。○釋曰：云"司射去扑，倚于西階西，適阼階下，北面告于公"者，案《鄉射》"司射去扑，倚于西階之西，升堂，北面告于賓曰：三耦卒射"，注云"去扑乃升，不敢佩刑器即尊者之側"，此不升堂而在阼階下而亦去扑者，尊公故也。

　　司馬正袒、決、遂，執弓，右挾之，出，與司射交于階前，相左，出，出於次也，袒時亦適次。【疏】"司馬"至"相左"。○注"出出"至"適次"。○釋曰：自此至"興，反位"，論取矢設楅。云"出于次也，袒時亦適次"者，以此而言，則袒時入次，今更出次，知不在位上袒而入次取弓者，凡袒、襲皆於隱處^④，鄉射無次，司馬適堂西袒，執弓矢，不在位，此大射有次，明入次袒，不在位可知。**升自西階，自右物之後，立于物閒，西南面揖弓，命取矢。**揖，推之。**負侯許諾，如初去侯，皆執〔其〕旌以負其侯而俟^⑤。**俟小臣取矢，以旌指教之。**司馬正降自西階，北面命設楅。**此出于下射之南，還其後而降之。【疏】注"此出"至"降

---

　　① "降一等之上"原作"降一等之上下"，曹云："'降'似當爲'閒'，或者'降'字不誤，'下'字衍。"據後説删"下"字。

　　② "上"上原有"而"字，曹云："'而'字衍。"據删。

　　③ "皆袒決"原作"取弓"，曹云："'取弓'當爲'皆袒決'。"據改。

　　④ "皆"下原無"於"字，阮云："《要義》同，毛本、《通解》'皆'下有'於'字。"據補。

　　⑤ "執"下漢簡本有"其"字，沈云："三侯各有一旌，每旌皆有一人執之。旌倚於侯上，謂之負侯，即以負侯名此執旌之人。下第65、66簡君與賓耦射節'皆執其旌以負其侯而俟'，今本亦有'其'字與簡本同。三侯各有負侯者一人執旌，則當有'其'字，今本誤脱。"當據補。

之"。○釋曰："此出于下射之南，還其後而降之"者，《鄉射》文，此亦然，故引爲證也。

小臣師設楅，司馬正東面以弓爲畢。畢，所以教助執事者。《鄉射禮》曰[1]："乃設楅于中庭，南當洗，東肆。"【疏】"小臣"至"爲畢"。○注"畢所"至"東肆"。○釋曰：云"畢，所以教助執事者"，以畢是助載鼎實之物，故司馬執弓爲畢以指授，若《周禮》執殳以爲鞭度然。引《鄉射禮》文者，證經設楅亦當洗[2]。既設楅，司馬正適次，釋弓，說決、拾，襲，反位。小臣坐委矢于楅，北括，司馬師坐乘之。乘，四四數之。○坐乘，承證反，注下同。數之，所主反。卒，若矢不備，則司馬正又袒，執弓，升，命取矢如初，曰："取矢不索。"乃復求矢，加于楅。卒，司馬正進，坐，左右撫之，興，反位。左右撫，分上下射，此坐皆北面。○不索，悉各反，一音所伯反。乃復，扶又反，下注復言、復賓、復並行、爲復、復釋、君復皆同。

　司射適西階西，倚扑，升自西階，東面請射于公。倚朴者，將即君前，不敢佩刑器也。升堂者，欲諸公、卿大夫辯聞也。【疏】"司射"至"于公"。○注"倚扑"至"聞之"。○釋曰：自此盡"未降"，請君行第二番射并命耦之事[3]。云"倚扑者，將即君前，不敢佩刑器也"者，上以去扑告君不注，至此乃注者，彼告在阼階下，遠君，故不注，至此升堂乃注，義與彼同也。上不升者，以告"三耦卒射"事緩[4]，故在下，此告欲諸公、卿大夫徧聞也，故升，但升者是其正，故《鄉射》升堂，《大射》告公，前在堂下[5]，此升者，欲公、卿聞之故也。公許，遂適西階上，命賓御于公，諸公、卿則以耦告于上，大夫則降，即位而后告。告諸公、卿於堂上，尊之也。司射自西階上北面告于大夫曰："請降。"司射先降，搢扑，反位。大夫從之降，適次，立于三耦之南，西面北上。適次，由次前而北，西面立。

<hr />

　①　"鄉射禮"原作"鄉射記"，阮云："浦鏜云'禮'誤'記'。"據改。
　②　"亦"上原有"故"字，曹云："'故'衍字。"據刪。
　③　"并命耦之事"原作"并命謂之爲"，汪刊單疏作"并命耦之事"，據改。
　④　"以告三耦卒射"原作"以告以三耦射射卒"，阮云："毛本、《通解》作'以告三耦卒射'。"據改。
　⑤　"前"上原有"故"字，大射禮告公有二儀，一在堂下，一在堂上。此疏"《大射》告公"一句於"前在堂下，此升者"爲目，因疑"故"字涉上下文而衍，謹刪。

【疏】"司射"至"北上"。○注"適次"至"面立"。○釋曰：云"告于大夫曰：請降"者，以諸公、卿在上，故請大夫降，《鄉射》"告主人與賓爲耦①，遂告于大夫"，又曰"賓、主人與大夫皆未降"，注云"言未降者，見其志在射"，大夫未降者，彼臣禮，主人與賓皆卑，故大夫未降，與此異也。云"適次，由次前而北，西面立"者，上云司射等適次，謂入次中，此適次者，大夫降自西階，東行適次所，過向堂東，西面立，因過次爲適次，非入次也。

司射東面于大夫之西（比）〔北〕，耦大夫與大夫②，命上射曰："某御於子。"命下射曰："子與某子射。"卒，遂比衆耦。衆耦，士也。○比耦，毗志反，下同。衆耦立于大夫之南，西面北上。若有士與大夫爲耦，則以大夫之耦爲上。爲上，居羣士之上。【疏】"司射"至"爲上"。○注"爲上"至"之上"。○釋曰：云"爲上，居羣士之上"者，若是士與大夫之尊者爲耦，故"居羣士之上"也，鄭云"羣士之上"者，既爲上射，恐在大夫之上，故云"羣士之上"，是以下注云"士雖爲上射，其辭猶尊大夫也"。若然，國皆有三卿五大夫，三耦六人而已，而云使士爲耦者，卿、大夫或有故，或出使，容其不足，有使士備耦之法也③。命大夫之耦曰："子與某子射。"告於大夫曰："某御於子。"士雖爲上射，其辭猶尊大夫。命衆耦，如命三耦之辭。諸公、卿皆未降。言未降者，見其志在射。○見其，賢遍反。【疏】注"言未"至"在射"。○釋曰：言"未"者，後當降，故云"未"也，若終不射④，不得言"未"，是以《鄉射記》云"衆賓不與射者不降"，注"不以無事亂有事"，是不射不得云"未"也。

　　遂命三耦各與其耦拾取矢，皆袒、決、遂，執弓，右挾之。此命

---

　① "鄉射"下原有"降"字，曹云："'降'字衍。"據刪。

　② "司射東面于大夫之西比耦"，阮云："《釋文》、唐石經、徐本同，毛本、《通解》、楊、敖'比'俱作'北'。"漢簡本與今本同。沈云："作'北'則北字斷句，耦屬下讀；作'比'則比耦爲句。許宗彥云：'比誤也，下云耦大夫與大夫，有與大夫三字則句首不必有比字可知。又司射居大夫之西北，不正向大夫者，大夫尊也。'盛世佐、張惠言說略同。大夫在衆耦之北，司射合比自應在大夫西北；耦字下讀，'耦大夫與大夫'，不必上有'比'字。自以作'北'爲長。簡本亦作'比'，其誤蓋在漢初也。"當據改。

　③ "使"上原無"有"字，曹云："'使'上似脱'有'字，然疏説上注不足之義未然。"據補。

　④ "不"原作"六"，《通解》、毛氏汲古閣刊本皆作"不"，據改。

入次之事也。司射既命而反位，不言之者，上射出，當作取矢，事未訖。【疏】“遂命”至
“挾之”。○注“此命”至“未訖”。○釋曰：自此盡“襲，反位”，論命拾取矢之事。鄭知此
是命入次之事者，上來未有三耦入次袒、決、遂之事，又下文乃云“一耦出”，明此是命
入次之事。若然，司射命訖當反位，不言者，以其三耦入次，出乃當作取矢，待作取矢，
即是事未訖，故不言反位也，仍未知令入次之後、未出之間，且在西方位，且在階下位，
二者雖無文①，以事緩急言之，三耦入次，出則作之，宜在階下位，於義可也，又《鄉射》
云“司射反位”者，司射反位，則有三耦位，得言反位，此司射位在西方②，去次遠，又司
射位若階下③，去次亦遠，不得言反，故不言也。**一耦出，西面揖，當楅北面**
揖，及楅揖。三耦同入次，其出也，一上射出④，西面立，司射作之，乃揖行也。當
楅，楅正南之東西。**上射東面，下射西面。上射揖進，坐，橫弓，卻手**
自弓下取一个，兼諸弣，興，順羽，且左還，毋周，反面揖。橫弓者，南
蹢弓也。卻手自弓下取矢者，以左手在弓表，右手從裏取之，便也。兼，并也。并矢於
弣，當順羽，既又當執弦。順羽者，手放而下，備不整理也。左還，反其位。毋周，右還
而反東面也。君在阼，還周則下射將背之。古文且爲阻。○左還，音患，注下放此，一
音環。南蹢，步北反。將背，音佩，下同。【疏】“上射”至“面揖”。○注“橫弓”至“爲
阻”。○釋曰：云“左還，反其位。毋周，右還而反東面也”者，“毋周”者，左還行至位，即
位右還而反東面，是還不周也。云“君在阼，還周則下射將背之”者，上射左還，已還背
君而據下射而言者，上射去君遠，故據下射而言，以其下射若右還周，爲背君，若左還
向東覆，即右還西面，是不背君，周即背故也。**下射進，坐，橫弓，覆手自弓上**
取一个，兼諸弣，興，順羽，且左還，毋周，反面揖。橫弓，亦南蹢弓也。
人東西鄉，以南北爲橫。覆手自弓上取矢，以左手在弓裏，右手從表取之，便也。○覆
手，芳伏反，注同。【疏】“下射”至“面揖”。○注“橫弓”至“便也”。○釋曰：云“橫弓，亦
南蹢弓也”者，謂南蹢弓，以左手仰執弓裏，以覆右手於弓表向下取矢，亦便也，上射、

---

① “二”字原作“三”，毛氏汲古閣刊本作“二”，據改。
② “司”字原作“曰”，曹云：“‘曰’當爲‘司’，下句‘曰’字同。”據改。
③ “司”字原作“曰”，此“曰”字亦當爲“司”，見上曹校，據改。
④ “一”字原作“一一”，阮云：“徐本同，毛本、《通解》不重‘一’字。”據刪。

下射俱南踣弓者，取不背君^①，向南爲順故也。**既拾取矢，梱之，**梱，齊等之也。古文梱作魁。○梱之，口本反，劉音涸。作魁，古回反。**兼挾乘矢，皆內還，南面揖，**內還者，上射左，下射右，不皆左還^②，亦以君在阼，嫌下射故左還而背之也。上以陽爲內，下以陰爲內，因其宜可也。【疏】"兼挾"至"面揖"。○注"內還"至"可也"。○釋曰：云"不皆左還，亦以君在阼，嫌下射故左還而背之"者，若上下俱向內，是相向爲順，若上射左還，是不故背君，若下射右還背君少亦左還，初時面向君，轉身南向背君多，似故背君，故不左還也。云"上以陽爲內，下以陰爲內，因其宜可也"者，上射東面左還時，以左手還，取東相陽方爲內，下射西面右還時，以右手還，取西相陰方爲內，隨其陰陽得左右相向，是"因其宜"也。**適梱南，皆左還，北面揖，揩三挾一个，**梱南，鄉當梱之位也。**揖，以耦左還，上射於左。**以，猶與也。言以者，耦之事成於此，意相人耦也。上射轉居左，便其反位也。上射少北，乃東面。【疏】"揖以"至"於左"。○注"以猶"至"東面"。○釋曰：云"言以者，耦之事成於此，意相人耦也"者，"揖"不須言"以"，今云"以"者，必有義意，故鄭云"言以者，耦之事成於此"，謂成於此拾取矢，以其取矢後，一番了，更無事，故云"成於此"，人意相存耦也。云"上射轉居左，便其反位也"者，位在次北西面，是以上射居左，至次北，右還西面便也。云"上射少北，乃東面"，知不少南者，以其次在梱東南，北面揖時，已在次西^③，故知"上射少北，乃東面"，得東當次也。**退者與進者相左，相揖。**退，釋弓矢于次，說決、拾，襲，反位。**二耦拾取矢，亦如之。後者遂取誘射之矢，兼乘矢而取之，以授有司于次中。皆襲，反位。**有司納射器，因留，主授受之。

　　司射作射如初，一耦揖升如初。司馬命去侯，負侯許諾如初。司馬降，釋弓，反位。司射猶挾一个，去扑，與司馬交于階前，適阼階下，北面請釋獲于公。猶，守故之辭。於此言之者，司射既誘射，恒執弓挾矢以掌射事，備尚未知，當教之也。今三耦卒射，衆足以知之矣，猶挾之者，

① "取"下原無"不"字，曹云："'取'下脱'不'字。"據補。
② "左"字原作"右"，曹云："'右'當爲'左'。"據改，疏述注亦改。
③ "西"下原有"面"字，曹云："'面'字衍。"據刪。

君子不必也。**公許，反，搢扑，遂命釋獲者設中，以弓爲畢，北面。**北面立于所設中之南，當視之也。《鄉射禮》曰：“設中，南當楅，西當西序。”**大史釋獲。小臣師執中，先首，坐設之，東面，退。大史實八筭于中，橫委其餘于中西，興，共而俟。**先，猶前也。命大史而小臣師設之，國君官多也。小臣師退，反東堂下位。《鄉射禮》曰：“橫委其餘于中西，南末。”【疏】“大史”至“而俟”。○注“先猶”至“南末”。○釋曰：此不見執筭之人，案《鄉射》命釋獲者，“釋獲者執鹿中，一人執筭以從之”，彼臣禮官少，釋獲者自執中設之，尚使人執筭，況國君官多[①]，大史不自執中，豈得自執筭？明亦使人執之。云“小臣師退，反東堂下位”者，其位已見篇首也。引《鄉射》者，證筭以南末爲順也。**司射西面命曰：“中，離維綱，揚觸，梱復，公則釋獲，衆則不與。**離，猶過也、獵也。侯有上下綱，其邪制躬舌之角者爲維。或曰維當爲絹，絹，綱耳。揚觸者，謂矢中他物，揚而觸侯也。梱復，謂矢至侯不著而還。復，復反也。公則釋獲，優君也。衆當中鵠而著[②]。古文梱作魁。○中離，丁仲反，注矢中、中鵠、值中、猶中、不中、下所中、中三侯、若中皆同。其邪，似嗟反。爲絹，劉侯犬反，又于貧反，一音古縣反[③]，又古犬反。不著，直略反，下同。【疏】“司射”至“不與”。○注“離猶”至“作魁”。○釋曰：中謂中侯，注不言可知。云“離，猶過也、獵也”者，謂矢過獵，因著維與綱二者。云“侯有上下綱，其邪制躬舌之角者爲維”者，案《梓人》云“上綱與下綱出舌尋，緭寸焉”，注“綱，所以繫侯於植者也。上下皆出舌一尋者，亦人張手之節也。鄭司農云：緭，籠綱者，維持侯者”，若然，則綱與維皆用繩爲之，又以布爲緭籠綱，然後以上个、下个邊綴著緭，兩頭以綱繫著植，維者於上个、下个、上下躬兩頭皆有角，又以小繩綴角繫著植，故矢或離綱，或離維也。云“或曰維當爲絹，絹，綱耳”者，鄭更爲一解，絹則維也。云“絹，綱耳”者，以絹爲綱耳，離著絹也。云“衆當中鵠”者，大射鵠則《梓人》云“張皮侯而棲鵠”是也。**唯公所中，中三侯皆獲。”**值中一侯則釋獲。【疏】“唯公”至“皆獲”。○注“值中”至“釋獲”。

---

① “官”下原有“臣”字，曹云：“‘臣’字衍。”倉石云：“殿本刪‘官’字。”從曹校刪“臣”字。

② “衆”字原作“正”，疏述注作“衆”，張敦仁本亦作“衆”，據改。

③ “古”字原作“占”，黃云：“阮云：‘占當作古。’”據改。

○釋曰：云中三侯皆釋獲，則離維綱及揚觸、梱復亦釋之，不言者，以中爲主也。釋獲者命小史，小史命獲者。傳告服不，使知此司射所命。○傳告，直專反。【疏】注"傳告"至"所命"①。○釋曰：據在大侯而言告服不，則參侯、干侯告可知，舉遠見近。

司射遂進，由堂下北面視上射，命曰："不貫不釋。"上射揖，司射退，反位。貫，猶中也。射不中鵠，不釋筭。古文貫作關。【疏】"司射"至"反位"。○注"貫猶"至"作關"。○釋曰：案上文"離維綱，公則釋獲"言之，則此云不中不釋筭者，據除君而言也。釋獲者坐，取中之八筭，改實八筭，興，執而俟。執所取筭。乃射，若中則釋獲者每一个釋一筭，上射於右，下射於左。若有餘筭，則反委之。委餘筭，禮貴異。又取中之八筭，改實八筭于中，興，執而俟。

---

① "注傳告至所命"原作"注傳告服不"，阮云："毛本'服不'作'至所命'。按毛本是。"據改。

儀禮疏卷第十八　儀禮卷第七

三耦卒射。

賓降，取弓矢于堂西①。不敢與君並俟告，取之以升，俟君事畢。【疏】
“三耦”至“堂西”。○注“不敢”至“事畢”。○釋曰：自此盡“共而俟”，論第二番射三耦
訖，次公卿、大夫之事，但此賓先降取弓矢，即升堂者，以其不敢與君並待告，故下云
“司射告射于公，小射正取公之決、拾”并“授弓、拂弓”，是君得告乃取弓矢，是“不敢與
君並俟告”也。云“取之以升，俟君事畢”者，案下文云“公將射，則賓降，適堂西，袒、決、
遂，執弓，搢三挾一個，升自西階”，是君事畢，君事畢，賓降袒、決、遂，乃更升。若然，賓
於此不即袒、決、遂者，去射時遠，故不可即袒也。諸公、卿則適次，繼三耦以
南。言繼三耦，明在大夫北。【疏】“諸公”至“以南”。○注“言繼”至“夫北”。○釋曰：
言“適次”者，但射位在堂東，次在洗東南，今諸公、卿東南適次前，北至三耦之南，以次
西面立。云“繼三耦，明在大夫北”者，以其三耦在北，大夫在南而言“繼三耦”，明在大
夫之北也。公將射，則司馬師命負侯，皆執其旌以負其侯而俟。君
尊，若始焉。【疏】“公將”至“而俟”。○注“君尊若始焉”。○釋曰：云“君尊，若始焉”
者，案上始時，司馬命負侯，三耦將射，司馬命去侯，今三耦卒射，君將射，司馬師更命
負侯②，是“君尊，若始焉”。司馬師反位，隸僕人埽侯道。新之。司射去
扑，適阼階下，告射于公，公許，適西階東，告于賓，告當射也。今文曰
阼階下無適。遂搢扑，反位。小射正一人取公之決、拾于東坫上，一
小射正授弓、拂弓，皆以俟于東堂。授弓，當授大射正。拂弓，去塵。【疏】
“小射”至“東堂”。○注“授弓”至“去塵”。○釋曰：據此經上下，或云大射正，或云司
射，或云小射正，不同者，今行射禮，大射正一人為上，司射次之，或云小射正。若然，

---

① “賓降取弓矢于堂西”，敖云：“此言降而不言升，似有闕文。”
② “師”字原作“使”，曹云：“‘使’當為‘師’。”據改。

大射正與司射各一人，據其行事，小射正不止一人而已，此云"小射正一人取公之決、拾於東坫上"，下云"小射正奉決、拾以笴"，與此一人，此又云"小射正授弓"，與取決、拾別，則小射正二人也。云"授弓，當授大射正"者，下云"大射正執弓以袂，以授公"，明此小射正授弓者，當授大射正也。**公將射，則賓降，適堂西，袒、決、遂、執弓，搢三挾一个，升自西階，先待于物北一笴，東面立。**不敢與君併。笴，矢幹。東面立，鄉君也。○一笴，工但反，劉古老反。【疏】"公將"至"面立"。○注"不敢"至"君也"。○釋曰：云"公將射，則賓降"者，案前文賓降適堂西取弓矢，無賓升堂之文，但文不具，其實即升矣，是以此文云"賓降"。云"笴，矢幹"者，案《周禮·矢人》"矢幹長三尺"[1]，則此賓立於物北三尺矣。**司馬升，命去侯如初，還右，乃降，釋弓，反位。**還右，還君之右也，猶出下射之南，還其後也。今文曰右還。【疏】注"還右"至"右還"。○釋曰：云"還右，還君之右也"者，君爲下射，賓爲上射，司馬在君之西，南揚弓命去侯訖，還君之右東而南[2]，西向，降自西階。"猶出下射之南，還其後也"者，猶如上文初將射時[3]，司馬立於物間，南揚弓，命去侯訖，出於下射之南，還其後，降自西階，前後是同，故取彼解此。云"今文曰右還"，不從右還者，若右還，則右還於上射，不得還君，故不從也。**公就物，小射正奉決、拾以笴，大射正執弓，皆以從於物。**笴，萑葦器。大射正舍司正，親其職。○以笴，息嗣反，《字林》先字反，劉音司。萑，音丸。葦，于鬼反。【疏】"公就"至"於物"。○注"笴萑"至"其職"。○釋曰：前解大射正與司射別人，案此注"大射正舍司正，親其職"，則大射正與司正爲一人，又案上文射人請立司正[4]，遂立射人爲司正，則射人又與大射正爲一人，

---

① "矢幹長三尺"，此爲鄭注釋《周禮·矢人》之"參分其長而殺其一"語，非《周禮·矢人》原文。

② "還君之右東而南"，曹云："似當爲'由南而東'，儀與出下射之南還其後同。"又云："胡氏承珙說此注最善。司馬蓋由物間適君物北而東而南，又至物間過上物後，降自西階也。物間爲君之右，自物間發，又至物間而過，四面一周，是謂右還。必如此者，明爲君威儀多也。意與初大同而儀有別，故言如初下。"若如胡氏所云，則不必改"東而南"爲"由南而東"。

③ "猶"字原作"由"，四庫本作"猶"，據改。

④ "射人"原作"司射"，曹云："'司射'當爲'射人'，下句同。疏蓋以上注'司射，射人也'之語決之。"據改，下句亦改。

與上解似相違者，以大射正與射人俱掌射事相當，則大射正與射人別[1]，若通而言之，射人不對大射正，射人亦名大射正，故此以射人爲大射正也。**小射正坐奠筭于物南，遂拂以巾，取決，興，贊設決，朱極三。**極，猶放也，所以韜指，利放弦也，以朱韋爲之。三者，食指、將指、無名指。無極，放弦契於此指多則痛。小指短，不用。○以韜，土刀反。將指，子匠反。契於，苦計反。**小臣正贊袒，公袒朱襦。卒袒，小臣正退，俟于東堂。小射正又坐取拾，興，贊設拾，以筭退，奠于坫上，復位。**既袒乃設拾，拾當以韝襦上。【疏】注“既袒”至“襦上”。○釋曰：案上文設決訖，乃云“公袒朱襦”，始云小射正贊設拾[2]，拾當拾斂膚體，宜在朱襦之上，故鄭云“既袒乃設拾，拾當以韝襦上”。《鄉射》云“袒、決、遂”，以其無襦，故遂與決得俱時設，若大夫對士射，袒縓襦，設遂亦當在袒後。**大射正執弓，以袂順左右隈，上再下壹，左執弣，右執簫以授公，公親揉之。**順，放之也。隈，弓淵也。揉，宛之，觀其安危也。今文順爲循，古文揉爲紐。○以袂，面世反。右隈，烏回反。揉之，而九反，劉奴丑反，又耳了反。宛，紆阮反。爲紐，女九反。【疏】“大射”至“揉之”。○注“順放”至“爲紐”。○釋曰：云“順，放之也”者，以袂向下於弓隈順放之。云“觀其安危也”者，案《考工記·弓人》云“其弓安、其弓危”者，以弓弱者爲危，其弓強者爲安，則此云觀安危者，謂試弓之強弱。**小臣師以巾内拂矢而授矢于公，稍屬。**内拂，恐塵及君也。稍屬，不揍矢。○稍屬，之玉反，注及下稍屬同。**大射正立于公後，以矢行告于公。**若不中，使君當知而改其度。**下曰留，上曰揚，左右曰方。**留，不至也。揚，過去也。方，出旁也。**公既發，大射正受弓而俟，拾發以將乘矢。**公，下射也而先發，不留尊也。【疏】“公既”至“乘矢”。○注“公下”至“尊也”。○釋曰：案上三耦射者，上射射訖，乃次下射，此公爲下射當後射，今君射前於賓，故鄭云“先發，不留尊也”。**公卒射，小臣師以巾退，反位，大射正受弓。**受弓以授有司於東堂。**小射正以筭受**

① “射人”原作“司射”，曹云：“言相對則射人爲司射，與大射正別，‘司射’亦當爲‘射人’。”據改。
② “小射正”原作“小臣正”，曹云：“‘臣’當爲‘射’。”據改。

599

決、拾，退，奠于坫上，復位。大射正退，反司正之位。小臣正贊
襲。公還而后賓降，釋弓于堂西，反位于階西，東面。階西東面，賓降
位。【疏】注"階西"至"降位"。○釋曰：案上文賓受獻訖，降立於階西，東面，此云"反位
於階西，東面"，故云"降位"也①。公即席，司正以命升賓，賓升復筵，【疏】
"公即"至"復筵"。○釋曰：此公命賓復升即位者②，公、卿以下當繼射，公與賓當觀之，
故升就位也。而后卿、大夫繼射。諸公、卿取弓矢于次中，袒、決、
遂，執弓，搢三挾一個，出，西面揖，揖如三耦，升射。卒射，降如
三耦。適次，釋弓，說決、拾，襲，反位。眾皆繼射，釋獲皆如初。
諸公、卿言取弓矢，眾言釋獲，互言也。卒射，釋獲者遂以所執餘獲適阼階
下，北面告于公，曰："左右卒射。"司射不告者，釋獲者於是有事，宜終之也。
餘獲，餘筭也。無餘筭，則無所執。古文曰餘筭。反位，坐委餘獲于中西，
興，共而俟。

　　司馬袒，執弓，升，命取矢，如初。負侯許諾，以旌負侯，如
初。司馬降，釋弓，如初。小臣委矢于楅，如初。司馬，司馬正，於是司
馬師亦坐乘矢。【疏】"司馬"至"如初"。○釋曰：自此盡"就席"，論射訖，取矢委於楅之
事。○注"司馬"至"乘矢"。○釋曰：知司馬是司馬正，司馬師亦坐乘矢者，此經皆言
"如初"，案上番射司馬正與司馬師乘矢，故知也。賓、諸公、卿、大夫之矢皆
異束之以茅（，卒）③。正坐，左右撫之，進束，反位。異束大夫矢，尊殊
之也。正，司馬正也。進，前也。又言束，整結之，示親也。【疏】注"異束"至"殊之也"。
○釋曰：公、卿皆異束，但言大夫者，公、卿自相對，其矢俱束之，及其脫之，亦拾取，但
三耦之內，大夫以士耦之士矢不束，大夫束之，故曰"尊殊之"。下注云"不言君矢，小
臣以授矢人於東堂下可知"，知者，以其小臣取矢，明取之以授矢人。賓之矢，則
以授矢人于西堂下。是言矢人，則納射器之有司，各以其器名官職。不言君矢，

---

① "降"字原作"反"，曹云："'反'當爲'降'。"據改。
② "命"字原作"與"，曹云："'與'當爲'命'。"據改。
③ "束之以茅卒"，敖云："'卒'字衍。"當據刪。

小臣以授矢人于東堂下可知。司馬釋弓，反位，而后卿、大夫升，就席。此言其升，前小臣委矢於楅。【疏】注"此言"至"於楅"。○釋曰：云"此言其升，前小臣委矢於楅"者，案上文"司馬降，釋弓，如初"，在小臣委矢之上，其司馬降釋弓之時，卿大夫即升就席，委矢當在司馬命取矢之下[1]，不失其次，故不即見卿大夫升事，是以於此特言"司馬降，釋弓"，與卿大夫升爲節耳，故鄭亦言其次第也。

司射適階西，釋弓，去扑，襲，進由中東，立于中南，北面視筭。釋弓，去扑，射事已也。○眡筭[2]，音視，本亦作視。【疏】"司射"至"去扑"。○釋曰：自此盡"共而俟"，論數筭之事。直言"去扑"，不言"去矢"，矢亦去之，是以下文"司射執弓，挾一个，搢扑"，明此時去矢，後更挾之。釋獲者東面于中西坐，先數右獲。固東面矣，復言之者，少南就右獲。○先數，所主反，注數者、校數同。二筭爲純，純，猶全也，耦陰陽也。一純以取，實于左手，十純則縮而委之，縮，從也。於數者東西爲從。古文縮皆作蹙。○則縮，所六反。從也，子容反，下同。作蹙，子六反。每委異之，易校數。○易校，以豉反。有餘純則橫諸下；又異之也，自近爲下。○自近，附近之近，下注近其同。一筭爲奇，奇則又縮諸純下。又從之。○爲奇，居宜反，下同。興，自前適左，從中前北也。更端，故起。東面坐，少北於故。（坐）兼斂筭[3]，實于左手，一純以委，十則異之，變於右也。其餘如右獲。謂所縮、所橫者。司射復位，釋獲者遂進取賢獲執之，由阼階下北面告于公。賢獲，勝黨之筭也。執之者，齊而取其餘。若右勝，則曰："右賢於左。"若左勝，則曰："左賢於右。"以純數告，若有奇者亦曰奇。告曰某賢於某若干純、若干奇。若左右鈞，則左右各執一筭以告，曰："左右鈞。"還復位，坐兼斂筭，實八筭于中，委

---

① "在"字原作"依"，四庫本作"在"，據改。

② "眡筭"原作"眡算"，黃云："宋本作'眡筭'。阮云：'算作筭是也。'"據改。

③ "東面坐"下漢簡本不重"坐"字，沈云："此釋獲者數獲，上'釋獲者東面于中西坐，先數右獲'，數右獲已，興而自中器前適左，亦東面坐于中西，即鄭注所云'少北于故'，兼斂筭而數左獲，重'坐'字義不能明，敖氏今本誤衍之説，得簡本證實。"當據以刪下"坐"字。

其餘于中西，興，共而俟。

司射命設豐。當飲不勝者射爵。○當飲，於鴆反，下文若飲、公飲君皆同。【疏】"司射命設豐"。○釋曰：自此盡"徹豐與觶"，論二番射訖，行射爵之事。司宮士奉豐，由西階升，北面坐設于西楹西，降，復位。勝者之弟子洗觶，升，酌散，南面坐奠于豐上，降，反位。弟子，其少者也。不授者，射爵猶罰爵，略之。○奉豐，芳勇反，下同。其少，詩召反。【疏】注"弟子"至"略之"。○釋曰：自此以上，其疏見於《鄉射》，於此不復言。云"不授者，射爵猶罰爵，略之"者，案《詩》云"兕觥其觫，旨酒思柔"，注云"觫，陳設貌。觫，罰爵，不手授"，此飲射爵，亦不手授，故云"猶罰爵"也，案獻酬之爵皆手授之，此不手授，故云"略之"也。若然，士以下飲罰爵者取於豐，大夫已上皆手授，尊之，故下注云"授爵而不奠豐，尊大夫也"，其三耦之內，雖大夫亦取於豐者，以其作三耦與衆耦同事，故不復殊之。司射遂袒，執弓，挾一个，搢扑，東面于三耦之西，命三耦及衆射者。勝者皆袒、決、遂，執張弓。執張弓，言能用之也。右手挾弦。不勝者皆襲，説決、拾，卻左手，右加弛弓于其上，遂以執弣。固襲説決、拾矣，復言之者，起勝者也。不勝者執弛弓，言不能用之也。兩手執弣，無所挾也。○加弛，尸氏反。【疏】注"固襲"至"挾也"。○釋曰：云"固襲説決、拾矣，復言之者，起勝者也"者[1]，射畢之時，降堂，皆就次，襲，説決、拾矣，故云"固襲"，今復言之者，以其勝者更袒、決、遂，故復言不勝襲，説決、拾，欲與勝者相起發[2]，故復言之也。司射先反位。居前，俟所命入次而來飲。三耦及衆射者皆升，飲射爵于西階上。不勝之黨無不飲。【疏】注"不勝之黨無不飲"。○釋曰：以其經云"三耦及衆射者皆升，飲射爵"者，言"皆升"[3]，明知不勝之黨無不飲。但大射者，所以擇士以助祭，今若罰爵在於不勝之黨，雖數中，亦受罰，及其助祭，雖飲射爵，亦得助祭，但在勝黨，雖不飲罰爵[4]，

---

[1]　"起勝者也者"下原有"起勝者"三字，曹云："下三字衍。"據刪。

[2]　"起"下原有"復"字，曹云："'復'字衍。"倉石云："《通解》無'復'字，似是。"據刪。

[3]　"皆升"原作"升之"，曹云："'升之'當爲'皆升'。"據改。

[4]　"飲"下原無"罰"字，阮云："《要義》同，毛本、《通解》'飲'下有'罰'字。"據補。

若不數中，亦不得助祭，以其飲罰據一黨而言，其助祭①，取一身之藝，義故不同也。**小射正作升飲射爵者，如作射。一耦出，揖如升射，及階，勝者先升（升）堂②，少右。**先升，尊賢也。少右，辟飲者，亦因相飲之禮然。○辟飲，音避，下辟中、辟俎皆同。【疏】注"先升"至"禮然"。○釋曰：云"亦因相飲之禮然"者，案《鄉飲酒》《鄉射》獻酬之禮，獻者在右，受者在左③，故云"亦"也。**不勝者進，北面坐取豐上之觶，興，少退，立卒觶，進，坐奠于豐下，興，揖。**立卒觶，不祭，不拜，受罰不備禮也。右手執觶，左手執弓。【疏】注"立卒"至"執弓"。○釋曰：案飲酒皆祭④，坐卒爵，拜既爵，故此決之，受罰不備禮也。云"右手執觶，左手執弓"者，以其執弛弓不釋於地，明知未飲時兩手執弓，今受罰爵，右手執爵爲便，左手執弓可知。**不勝者先降，**後升先降，略之，不由次也。降而少右，復並行。【疏】"不勝者先降"。○注"後升"至"並行"。○釋曰：云"後升先降，略之，不由次也"者，案上文"勝者先升"，此文"不勝者先降"，故云"略之，不由次"。云"降而少右，復並行"者，見下文"與升飲者相左"，明降至堂下，此二人少右，復並行，以其辟升者在左故也。**與升飲者相左，交于階前，相揖，適次，釋弓，襲，反位。僕人師繼酌射爵，取觶實之，反奠于豐上，退俟于序端。**僕人師酌者，君使之代弟子也。自此以下，辯爲之酌。○爲之，于僞反，下爲大侯、當爲、嫌爲、爲復、爲將皆同。**升飲者如初，三耦卒飲。若賓、諸公、卿、大夫不勝則不降，不執弓，耦不升。**此耦謂士也。諸公、卿、大夫或闕⑤，士爲之耦者不升。其諸公、卿、大夫相爲

---

① "其"上原有"取"字，曹云："'取'字衍。"據刪。

② "勝者先升升堂少右"，阮云："'升'《通解》不重。"漢簡本"升"字不重，沈云："《鄉射》同節今本亦不重'升'字。鄭氏二篇注並云：'先升，尊賢也。'不過明'先升'之意，非謂當於升字斷句，後人不明注意，誤於升字逗，而'堂少右'不詞，遂臆增'升'字。得簡本而知今本誤衍。"當據以刪一"升"字。

③ "受"原作"酬"，曹云："'酬'當爲'受'。"據改。

④ "飲"上原有"鄉"字，曹云："'鄉'或衍字。"據刪。

⑤ "卿"下原無"大夫"二字，曹云："'卿'下脫'大夫'二字，以士爲耦者大夫也，注連言諸公、卿者，因經成文耳。下注云'授爵而不奠豐，尊大夫也'，足明此注當有大夫矣。"據補，疏述注亦補。

耦者不降席，重恥尊也。【疏】"若賓"至"不升"。○注"此耦"至"尊也"。○釋曰：知"此耦謂士"者，以大夫坐於上，士立於下，經云"耦不升"，故云"此耦謂士也"，是以鄭解其意云"諸公、卿、大夫或闕，士爲之耦者不升"。其諸公、卿、大夫相爲耦者不降席"，以其大夫在堂上，故云"不降席"。云"重恥尊也"者，解士不升，大夫已上不降席意，以其卑者對飲尊者是可恥之事，不對飲是重恥尊者也。僕人師〔降〕^①，洗，升，實觶以授。賓、諸公、卿、大夫受觶于席以降，適西階上，北面立飲，卒觶，授執爵者，反就席。雖尊，亦西階上立飲，不可以己尊枉正罰也。授爵而不奠豐，尊大夫也。【疏】注"雖尊"至"夫也"。○釋曰：云"不可以己尊枉正罰也"者，正罰，謂上文飲者在左，勝者在右，於西階之上北面跪取豐上之觶飲之是也，今雖不取於豐，亦於西階北面，是"不可以己尊枉正罰也"。若飲公，則侍射者降，洗角觶，升，酌散，降拜。侍射，賓也。飲君則不敢以爲罰，從致爵之禮也。【疏】"若飲"至"降拜"。○注"侍射"至"禮也"。○釋曰：云"侍射，賓也"者，以其賓與君對射，耦自相飲，故知侍射者賓也。云"飲君則不敢以爲罰，從致爵之禮也"者，罰爵如上文罰者飲之而已，今則從燕臣致爵於君之禮，下文所謂夾爵者是也。但此經云"角觶"，與上文觶，皆是"三升曰觶"，觶與角連，故謂之角觶，或單言角，或單言觶，是以《禮記·少儀》云"侍射則約矢，侍投則擁矢，勝則洗爵而請，不角"，注云"角，謂觥，罰爵也。於尊長與客，如獻酬之爵"，又《詩》云"我姑酌彼兕觥"，毛傳云"兕觥，角爵"，箋云"兕觥，罰爵"，是其角觶、兕觥皆罰爵，此角觶以兕角爲之，非謂"四升曰角"者也。若然，此角觶對下文飲君云象觶，故云角觶，謂賓酌兕自飲如飲君^②，即下文"賓降，洗象觶"，亦從獻酬之爵，不敢用罰爵也。公降一等，小臣正辭，賓升，再拜稽首，公荅再拜。賓坐祭，卒爵，再拜稽首，公荅再拜。賓降，洗象觶，升，酌膳以致，下拜，小臣正辭，升，再拜稽首，公荅再拜。公卒觶，賓進

---

① "師"下漢簡本有"降"字，沈云："上文僕人師'退俟于序端'，此時降堂洗觶，升堂實觶，以授賓諸公卿大夫之不勝者。降堂洗觶，本可省'降'字，但此'降洗'與'升實'對文，有'降'字較爲明暢；又《鄉射》同節'執爵者取觶降洗，升實之，以授于席前'。文句雖有不同，而'降洗'與'升實'相對爲文則相同。據以相決，今本誤脱。"當據補。

② "謂賓酌兕自飲如飲君"原作"謂賓酌如兕自飲君"，曹云："當爲'謂賓酌兕自飲如飲君'。"據改。

受觶，降，洗散觶，升，實散，下拜，小臣正辭，升，再拜稽首，公荅再拜。賓復酌自飲者，夾爵也。但如致爵，則無以異於燕也。夾爵亦所以恥公也，所謂若飲君，燕則夾爵。【疏】注“賓復”至“夾爵”。○釋曰：云“所謂若飲君，燕則夾爵”者，言所謂《鄉射》文，彼云燕者，則此經夾爵也。賓坐，不祭，卒觶，降奠于篚，階西東面立。不祭，象射爵。【疏】注“不祭象射爵”。○釋曰：案上文受罰者取爵於豐，飲之，不祭，此云君爵不祭，是以賓飲夾爵亦不祭，皆與射同，故云“象”。擯者以命升賓，賓升就席。擯者，司正也。今文席爲筵。若（諸公、卿、）大夫之耦不勝①，則亦執弛弓，特升飲。此耦亦謂士也。特，猶獨也。以尊與卑爲耦而又不勝，使之獨飲，若無倫匹孤賤也。衆皆繼飲射爵，如三耦。射爵辯，乃徹豐與觶。徹，除也。

　　司宮尊侯于服不之〔乏〕東北兩獻酒②，東面南上，皆加勺，設洗于尊西北，篚在南，東肆，實一散于篚。爲大侯獲者設尊也。言尊侯者，獲者之功由侯也。不於初設之者，不敢必君射也。君不射，則不獻大侯之獲者。散，爵名，容五升。○兩獻，素多反。【疏】“司宮”至“于篚”。○注“爲大”至“五升”。○釋曰：自此盡“侯而侯”，論設尊獻服不之事。云“不於初設之者，不敢必君射也。君不射，則不獻大侯之獲者”，若然，此設爲大侯之獲者③，君不射則不設之，不豫設者，不敢必君射。案上張侯先設大侯，君射大侯，張之必君射者，但聖人設法，一與一奪，以大

　　　① “若諸公卿大夫之耦不勝”，敖云：“比耦時，大夫有與士爲耦者，諸公、卿無與士爲耦者，此‘諸公卿’衍文。”漢簡本同節第84簡云：“賓進受〔觶〕，降洗散觶（觶），升實散，下拜，小臣正斿（辯），升辨（辯）乃徹豐（豐）與觶（觶）。”陳云：“案‘升’下‘辨’上之間，今本有‘再拜’至‘射爵’六十二字，恰在簡中，此實爲脫簡。此簡所據之原本，其行款應亦如此簡本，該本脫去一簡，故此亦脫去六十餘字，且接抄在簡文中間。”敖氏所校之文，恰在脫簡中，無以參證。以禮例推之，敖説是，當據刪。
　　　② “之”下漢簡本有“乏”字，沈云：“上第5簡射日陳燕具席位節‘有（又）尊于泰（大）侯之乏東北兩〔壺〕獻酒’，鄭注：‘服不之尊，侯時而陳于南，統于侯，皆東面。’彼時服不之尊尚未設，因陳燕具，設堂上之尊、堂下士旅食之尊，連類而語及之，二文實即一事。三侯各有一乏及負侯者一人，大侯之負侯又名服不，服不之乏即大侯之乏，以前證後，必有‘乏’字。據簡本而證今本誤脫。”當據補。
　　　③ “設”下原無“爲”字，曹云：“‘設’下脫‘爲’字。”據補。

射者爲祭擇士，所以助祭，人君不可不親，故奪其尊，使之必射，故豫張大侯，至此設大侯之尊，君射訖乃設之者，許其自優暇，容有不射之理，是以不射則不設，射乃設之。云“散，爵名，容五升”者，案《韓詩傳》云“一升曰爵，二升曰觚，三升曰觶，四升曰角，五升曰散”，是其散容五升也。**司馬正洗散，遂實爵，獻服不。**言服不者，著其官，尊大侯也。服不，司馬之屬，掌養猛獸而教擾之者。洗、酌皆西面。○教擾，而小反，劉音饒。【疏】“司馬”至“服不”。○注“言服”至“西面”。○釋曰：云“服不者，著其官，尊大侯也”者，自此已前皆以事名之，於此而言服不，著其官，言尊大侯故也。云“服不，司馬之屬”者，以其服不在大司馬下，六十官之屬者。云“掌養猛獸而教擾之”者，猛獸，熊、羆之屬，教之使擾馴人意，象王者服不服諸侯[1]，使歸服王者。云“洗、酌皆西面”者，以其設尊、設洗皆東面，故知洗爵、酌酒皆西面向之也。若然，獻旅食尊後酌者爲背君，此西面不嫌背君，以其南統於侯故也。**服不侯西北三步，北面拜受爵。**近其所爲獻。【疏】“服不”至“受爵”。○注“近其所爲獻”。○釋曰：云“近其所爲獻”者，以其服不得獻，由侯所爲，故不近乏而近侯獻之，故云“近其所爲獻”也。**司馬正西面拜送爵，反位。**不俟卒爵，略賤也。此終言之，獻服不之徒乃反位。【疏】“司馬”至“反位”。○注“不俟”至“反位”。○釋曰：云“不俟卒爵，略賤也”者，案上文獻服不訖，又案下文“卒祭，左个之西北三步，東面，設薦俎，立卒爵”，若然，卒爵在祭侯訖[2]，今司馬反位在未祭侯之前，故“略賤也”。云“此終言之，獻服不之徒乃反位”者，但大侯尊，服不與其徒二人共在獲所，獻服不亦兼獻其徒[3]，此經唯見獻服不，不見獻其徒，即云司馬反位，明獻徒後始反位，是以知“反位”者，終言之，其實獻徒後乃反位，故下注云“司馬正皆獻之”是也。**宰夫有司薦，庶子設折俎。**宰夫有司，宰夫之吏也。《鄉射記》曰：“獲者之俎，折脊、脅、肺。”【疏】“宰夫”至“折俎”。○注“宰夫”至“脅肺”（元空一字）。○釋曰：云“宰夫有司，宰夫之吏也”者，諸侯宰夫是士，而宰夫有司明是宰夫之吏府史也。引《鄉射記》者，此俎實無文，故引之爲證。**卒錯，獲者適右个，薦俎從之。**不言服不，言獲者，國君大侯，服不負侯，其徒居

---

① “侯”字原作“優”，汪刊單疏作“侯”，據改。

② “在”字原作“禮”，曹云：“‘禮’當爲‘在’。”倉石云：“‘禮’，殿本改作‘在’。今案或當爲‘俟’。”據殿本改。

③ “獻”下原無“其”字，阮云：“毛本‘獻’下有‘其’字。”據補。

乏待獲，變其文，容二人也，司馬正皆獻之。薦俎已錯，乃適右个，明此獻已，已歸功於
侯也。適右个由侯内。《鄉射記》曰："東方謂之右个。"○卒錯，劉音厝。右个，劉音幹，
注及下同。【疏】"卒錯"至"從之"。○注"不言"至"右个"。○釋曰：云"國君大侯，服不
負侯，其徒居乏待獲，變其文，容二人也"者，案上注云"天子服不氏下士一人，徒四人，
掌以旌居乏待獲"，鄭言"容二人"者，欲見服不與徒二人皆得獻，故鄭云"司馬正皆獻
之"。云"適右个，由侯内"者，以其既祭右个，次祭左个^①，乃祭於中，故云"適右个，由
侯内"。獲者（右）〔左〕執爵^②，右祭薦俎，二手祭酒。祭俎不奠爵，不備
禮也。二手祭酒者，獲者南面於俎北，當爲侯祭於豆間，爵反注，爲一手不能正也。此
薦俎之設，如於北面人焉。天子祝侯曰："唯若寧侯，無或若女不寧侯，不屬於王所，故
抗而射女。强飲强食，貽女曾孫諸侯百福。"諸侯以下祝辭未聞。○祝侯，之又反，下
同。若女，音汝，下同。而射，食亦反，下始射同。彊飲，其丈反，下同。貽女，以之反，
遺也。【疏】"獲者"至"祭酒"。○注"祭俎"至"未聞"。○釋曰：云"祭俎不奠爵，不備禮
也"者，言祭俎者，謂祭俎上肺，但肺有二種，此云祭是祭肺也，非是離肺，知者，案《鄉
射記》云"獲者之俎，折脊、脅、肺、臑"，又曰"釋獲者之俎，折脊、脅、肺，皆有祭"，則此俎
祭肺非離肺^③。若然，凡祭，祭肺皆不奠爵，是其常，云此不奠爵，不備禮者，但祭肺、離
肺兩有，祭肺不奠爵，若空有祭肺，亦不奠爵，今祭俎不奠爵^④，故云"不備禮"。云"天
子祝侯曰"以下，《周禮・梓人》文。云"諸侯以下祝辭未聞"，知諸侯不與天子祝辭同
而云"未聞"者，以本所射侯，天子中之則能服諸侯，諸侯中之則得爲諸侯，若天子云
"抗而射女"，諸侯則不得云"抗而射女"，是以知祝辭有異，但未聞耳。適左个，祭
如右个，中亦如之。先祭个，後中者，以外即之至中，若神在中。《鄉射禮》曰：
"獻獲者俎與薦皆三祭。"【疏】注"鄉射"至"三祭"。○釋曰：以其左、右及中，故三者爲
三祭^⑤，非謂一處有三祭。卒祭，左个之西北三步，東面，此鄉受獻之位也。
不北面者，嫌爲侯卒爵。【疏】"卒祭"至"東面"。○注"此鄉"至"卒爵"。○釋曰：云"不

---

①　"既祭右个次祭左个"原作"既祭左个次祭右个"，曹云："'左'、'右'二字當互
易。"據乙。

②　"右"字漢簡本及諸本皆作"左"，唯毛本作"右"，當據漢簡本及諸本改。

③　"非"字原作"亦"，曹云："'亦'當爲'非'。"據改。

④　"奠"下原無"爵"字，阮云："'奠'下《要義》有'爵'字。"據補。

⑤　"爲"字原作"皆"，曹云："下'三'當爲'一'，或'皆'字當爲'爲'。"據後説改。

北面者，嫌爲侯卒爵”者，前服不受獻之時，侯西北北面者①，欲歸功於侯故也，今卒爵雖同舊處而東面者，以其前受獻爲己，今卒爵還爲己卒爵，故東面，是以云“不北面者，嫌爲侯卒爵”也。**設薦俎，立卒爵。**不言不拜既爵，司馬正已反位，不拜可知也。《鄉射禮》曰：“獲者薦右東面立飲。”【疏】“設薦”至“卒爵”。○注“不言”至“立飲”。○釋曰：云“不言不拜既爵，司馬正已反位，不拜可知也”者，決《鄉射》“獲者薦右東面立飲，不拜既爵”，此則不言之，以其司馬在，對司馬不拜既爵，司馬已反位，不拜既爵可知，故不言。引《鄉射禮》者，此不言立位之處，當同《鄉射》薦右東面立②。**司馬師受虛爵，洗，獻隸僕人與巾車、獲者，皆如大侯之禮。**隸僕人埽侯道，巾車張大侯，及參侯、干侯之獲者，其受獻之禮，如服不也。隸僕人、巾車於服不之位受之，功成於大侯也。不言量人者，此自後以及先可知。【疏】“司馬”至“之禮”。○注“隸僕”至“可知”。○釋曰：云“隸僕人埽侯道”者，謂君射時，初埽之時亦是隸僕人也。云“巾車張大侯”者，舉尊者而言，其參侯、干侯亦張之，是以上文“司馬遂命量人、巾車張三侯”，此直云大侯，舉尊而言也。云“及參侯、干侯之獲者”，以其上文已獻大侯服不獲者③，明此經獲者是犲侯、豻侯可知。云“隸僕人、巾車於服不之位受之”，知者，以其隸僕人、巾車素無其位而經云“如大侯之禮”，明就大侯之位受獻，是以鄭云“功成於大侯也”。云“不言量人者，此自後以及先可知”者，案上張侯之時，先言量人，後言巾車，君射之時乃有隸僕人埽侯道，受獻先言隸僕，後言巾車，是自後以及先，隸僕尚得獻，明量人在巾車之先得獻可知。**卒，司馬師受虛爵，奠于篚。**獲者之篚。**獲者皆執其薦，庶子執俎從之，設于乏少南。**少南，爲復射妨庭也。隸僕人、巾車、量人自服不而南。【疏】注“隸僕”至“而南”。○釋曰：知“自服不而南”者，雖無正文，以其受獻於服不之位，明繼服不而南可知。**服不復負侯而俟。**

　　司射適階西，去扑，適堂西，釋弓，說決、拾，襲，適洗，洗觶，升，實之，降，獻釋獲者于其位，少南。獻釋獲者與獲者異，文武不同也。去扑者，扑不升堂也。少南，辟中。【疏】“司射”至“少南”。○釋曰：自此盡“反位”，論

---

①　“西北”下原不重“北”字，曹云：“‘北’字當重。”據補。

②　“右”字原作“者”，曹云：“‘者’當爲‘右’。”據改。

③　“已”字原作“以”，阮云：“《要義》同，毛本、《通解》‘以’作‘已’。”據改。

獻釋獲者之事。○注"文武不同"。○釋曰：言"文武不同"者，以其獻獲者於侯西，北面受獻，歸功於侯，是其武，獻釋獲者升堂酌酒，東面獻之，就釋第之所，是其文，故云"文武不同"。薦脯醢，〔設〕折俎①，皆有祭。俎與服不同，唯祭一爲異。【疏】注"俎與"至"爲異"。○釋曰：云"俎與服不同"者，以其俱用一俎。云"唯祭一爲異"者，上祭侯之俎，引《鄉射》"獲者俎與薦皆三祭"，鄭《鄉射》注云"祭侯三處"，至此獻釋獲者不主祭侯，正唯一祭肺耳②，故云"唯祭一爲異"。釋獲者薦右東面拜受爵，司射北面拜送爵。釋獲者就其薦坐，左執爵，右祭脯醢，興，取肺，坐祭，遂祭酒，祭俎不奠爵，亦賤不備禮。【疏】注"祭俎"至"備禮"。○釋曰：上祭侯之時，祭俎不奠爵，不備禮，至此祭俎亦祭肺不奠爵，賤亦不備禮。興，司射之西，北面立卒爵，不拜既爵。司射受虛爵，奠于篚。釋獲者少西辟薦，反位。辟薦少西之者，爲復射妨司射視第，亦辟俎也。○辟薦，婢亦反，注同。【疏】注"亦辟俎也"。○釋曰：以其薦俎相將，薦既辟，俎亦辟可知。

司射適堂西，祖、決、遂，取弓，挾一個，適階西，搢扑以反位。爲將復射。【疏】"司射"至"反位"。○注"爲將復射"。○釋曰：自此盡"于公，如初"，論司射請公爲三番射事。司射倚扑于階西，適阼階下，北面請射于公如初。不升堂，賓、諸公、卿、大夫既射矣，聞之可知。【疏】注云"不升堂，賓、諸公、卿、大夫既射矣，聞之可知"者，決前司射升堂，請射于公升，今不升者，諸公、卿、大夫前已射，聞之矣。

反，搢扑，適次，命三耦皆祖、決、遂，執弓，序出〔拾〕取矢③。嚃言拾，是言序，互言耳。○嚃，許亮反，注同。言拾，其業反，下大夫拾同。【疏】"反

---

①　"薦脯醢折俎"，敖云："'折'上亦似脱'設'字。"當據補。

②　"肺"字原作"俎"，四庫本作"肺"，據改。

③　"命三耦皆祖決遂執弓序出取矢"及下文"小射正作取矢如初"，沈云："射禮稱拾取矢者，謂上射與下射在楅器上更迭取矢；稱取矢者，謂射後獲者從侯上取射中之矢，以及搜尋未中遺落之矢，二者有别。《鄉射》司射'遂命三耦拾取矢'，'司射作拾取矢'，《大射》司射'遂命三耦各與其耦拾取矢'，俱有'拾'字。惟此節'命三耦皆祖決遂執弓序出取矢'，'小射正作取矢如初'，今本、簡本俱無'拾'字；而簡本此句更無'既'下'拾'字，在全篇爲獨異，以二禮全文例之，皆屬誤脱也。"當據補。

揩"至"取矢"。○注"鄉言"至"言耳"。○釋曰:自此盡"襲,反位",論三耦與卿、大夫取矢之事。云"鄉言拾"者,謂第一番射時[①],三耦云"拾取矢"。云"是言序"者,謂序出次時,三耦先後互者[②],皆次序出次,至庭拾取矢。**司射先反位**。言先,先三耦也。司射既命三耦以入次之事,即反位。三耦入次袒、決、遂,執弓挾矢乃出,反次外西面位。鄉不言司射先反位,三耦未有次外拾取矢位[③],無所先也。【疏】"司射先反位"。○注"言先"至"先也"。○釋曰:云"鄉不言司射先反位,三耦未有次外拾取矢位,無所先也"者,凡言反位者,謂前已有位,今乃反之,是今禮反於舊位,第一番之時[④],三耦次外舊無位,司射雖先有位,不得言先反位,是以決之。**三耦拾取矢如初,小射正作〔拾〕取矢如初**。小射正,司射之佐,作取矢,禮殺代之。【疏】"三耦"至"如初"。○注"小射"至"代之"。○釋曰:云"禮殺代之"者,決第一番不言小射正作取矢。**三耦既拾取矢,諸公、卿、大夫皆降,如初位,與耦入於次,皆袒、決、遂,執弓,皆進當楅,進坐,說矢束。上射東面,下射西面,拾取矢如三耦**。皆進當楅,進三耦揖之位也。凡繼射,命耦而已,不作射,不作取矢,從初。○坐説,劉詩悦反,又始鋭反,下同。【疏】"三耦"至"三耦"。○注"皆進"至"從初"。○釋曰:云"凡繼射,命耦而已,不作射,不作取矢,從初"者,言"凡繼射,命耦"者,前三耦卒射後,大夫降,至"三耦之南,西面北上,司射東面于大夫西北[⑤],耦大夫與大

---

① "一"下原無"番"字,阮云:"毛本'一'下有'番'字。"據補。

② "三耦"原作"一耦",四庫本作"三耦",據改。

③ "未有次外拾取矢位"原作"未有次位",曹云:"'次'下嚴無'外'字,阮云《通解》有,與疏合。案'次外'下當有'拾取矢'三字。此注與《鄉射》注文同義異,《鄉射》三耦拾取矢位與初射位異,初拾取矢不言反位者(言立于司馬之南),以其地别也。此三耦拾取矢位與初射位同,初拾取矢亦不言反位者,以其事别也。蓋位因事而定,射時謂之射位,拾取矢時謂之拾取矢位。初拾取矢位雖與初射同,而其爲拾取矢位則固自此始,故不言反位。三耦非反位,則司射反位不言先。至此再拾取矢前已有次外拾取矢位,今反之,故司射反位言先。司射言先反位,則三耦之反位可知。經不言,略也。"據補,疏述注亦補"拾取矢"三字。

④ "第"上原有"舊位"二字,曹云:"'舊位'二字衍。"據删。

⑤ "北"字原作"比",阮云:"毛本'比'作'北',閩本作'比'。按前經諸本或作'比',此疏則各本皆作'北'。疑賈氏所據之經,獨爲'北'耳。閩本作'比',殆因形似偶誤,非有意也。"據改,詳前文"司射東面于大夫之西北耦"下校記。

夫，命上射曰：‘某御於子。’命下射曰：‘子與某子射。’卒，遂比衆耦”云云，至“公即席”後，賓升階復位還筵，“而後卿、大夫繼射”，後“衆皆繼射，釋獲皆如初”，注云“諸公、卿言取弓矢，衆言釋獲，互言也”，按《鄉射》經“司射所作①，唯上耦”，是此文小射正但作三耦拾取矢，諸公以下亦無作拾文②，故曰“不作取矢，從初”，從三耦法也。**若士與大夫爲耦，士東面，大夫西面。大夫進坐，説矢束，退反位。**説矢束，自同於三耦，謙也。【疏】注“説矢”至“謙也”。○釋曰：云“自同於三耦，謙也”者，以其三耦是士與大夫爲耦，不束，己是大夫③，若束則異於三耦，故云“説矢束，自同於三耦，謙也”。《鄉射》“坐，説矢束”，注云“説矢束者，下耦，以將拾取”，彼不言同三耦者，彼三耦非大夫故也。**耦揖進，坐，兼取乘矢，興，順羽，且左還，毋周，反面揖。**兼取乘矢，不敢與大夫拾。**大夫進坐，亦兼取乘矢，如其耦，北面搢三挾一个，揖（進）〔退〕④。大夫與其耦皆適次，釋弓，説決、拾，襲，反位。諸公、卿升就席。**大夫反位，諸公、卿乃升就席，大夫與己上下位。○一个，古賀反，下同。【疏】注“大夫”至“下位”。○釋曰：諸公、卿、大夫自爲耦者，拾取矢在前，大夫與士耦者，説矢束，拾取矢在後，今待大夫反位，公、卿乃升就席者，以其上大夫與下大夫同是大夫爵，但上下有異耳，故上大夫待下大夫反位，乃後升就席。**衆射者繼拾取矢，皆如三耦，遂入于次，釋弓矢，説決、拾，襲，反位。**

司射猶挾一个以作射如初，一耦揖升如初。司馬升，命去侯，負侯許諾。司馬降，釋弓，反位。司射與司馬交于階前，倚扑于階西，適阼階下北面請以樂于公，公許。請奏樂以爲節也。始射，獲而未釋獲，復釋獲，復用樂行之。君子之於事也，始取苟能，中課有功，終用成法，教化之

---

① “按鄉射經”原作“既司射注”，曹云：“當爲‘按鄉射經’。”據改。
② “公”上原無“諸”字，曹云：“‘公’上脱‘諸’字。”據補。
③ “以其”至“大夫”原作“以其三耦是士之束既是大夫”，曹云：“當爲‘以其三耦是士與大夫爲耦，不束，己是大夫’。”據改。
④ “進”字漢簡本作“退”，沈云：“《鄉射》三耦賓主人大夫衆賓皆拾取矢節：‘大夫進坐，亦兼取乘矢如其耦，北面搢三挾一个，揖退。’敖繼公此文注云：‘後揖進之進當作退，《鄉射》云揖退是也。’簡本正作‘退’，敖説是，今本誤。”當據改。

漸也。射用應樂爲難。孔子曰："射者何以聽？循聲而發，發而不失正鵠者，其唯賢者乎？"○用應，應對之應，下同。失正，音征。【疏】注"請奏"至"者乎"。○釋曰：云"請奏樂以爲節也"者，謂若天子《騶虞》九節，諸侯《貍首》七節，大夫《采蘋》，士《采蘩》皆五節。云"始射，獲而未釋獲"者，謂第一番三耦射中時，雖唱獲未釋筭。云"復釋獲"者，謂第二番衆耦皆射，釋筭，未作樂。云"復用樂行之"者，謂第三番射，非直釋筭，復用樂焉。云"射用應樂爲難"者，但禮射，其容體比於禮，其節奏比於樂，又須中於侯，名爲應樂節。云"孔子曰"者，《禮記·射義》文，引之者，證射用應樂爲難之意[①]。司射反，搢扑，東面命樂正曰："命用樂。"言君有命用樂射也。樂正在工南，北面。【疏】注"言君"至"北面"。○釋曰：云"樂正在工南，北面"者，此時工在洗東北[②]，西面，樂正在工南，北面，司射在西階下東面，經云"命樂正"者，東面遥命之。樂正曰："諾。"司射遂適堂下，北面視上射，命曰："不鼓不釋。"不與鼓節相應，不釋筭也，鼓亦樂之節。《學記》曰："鼓無當於五聲，五聲不得不和。"凡射之鼓節，《投壺》其存者也。周禮射節，天子九，諸侯七，卿、大夫以下五。○無當，丁浪反。【疏】注"不與"至"下五"。○釋曰：引《學記》者，證鼓得與樂爲節之事。云"凡射之鼓節，《投壺》其存者也"者，射之鼓節多少無文，案今《禮記·投壺篇》圖出魯鼓、薛鼓，云"取半以下爲投壺節，盡用之爲射節"，是其投壺存者。云"周禮射節，天子九"以下者，是《射人》、《樂師》皆有此文，引之者，證射節多少。上射揖，司射退，反位。樂正命大師曰："奏《貍首》，閒若一。"樂正西面受命，左還東面，命大師以大射之樂章，使奏之也。《貍首》，逸詩《曾孫》也。貍之言不來也，其詩有"射諸侯首不朝者"之言，因以名篇，後世失之，謂之《曾孫》。"曾孫"者，其章頭也，《射義》所載《詩》曰"曾孫侯氏"是也。以爲諸侯射節者，采其既有弧矢之威，又言"小大莫處，御於君所，以燕以射，則燕則譽"，有樂以時會君事之志也。閒若一者，謂其聲之疏數重節。○奏貍，里之反。不朝，直遥反。有弧，音胡，弓也。疏數，音朔。【疏】"上射"至"若一"。○注"樂正"至"重節"。○釋曰：云"《貍首》，逸詩《曾孫》也"者，以其《貍首》是篇名，"曾孫"是章頭，知者，以其《射義》上文云"其節，天子以《騶虞》，諸侯以《貍首》，卿、大夫以《采

---

　　① "樂"下原有"而"字，曹云："'而'字衍。"據刪。
　　② "東"下原無"北"字，曹云："'東'下脫'北'字。"據補。

蘋》，士以《采蘩》"，以類言之，《騶虞》、《采蘋》是篇名，《貍首》篇名可知。《射義》下文
"諸侯君臣盡志於射"，又云"故詩曰：曾孫侯氏，四正具舉。小大莫處，御於君所"，注
云"此'曾孫'之詩，諸侯之射節也。四正，正爵四行也。四行者，獻賓、獻公、獻卿、獻大
夫，乃後樂作而射也"，上云"《貍首》"，下云"曾孫"，"曾孫"，章頭也，是以鄭云"'曾孫'，
其章頭，《射義》所載'曾孫侯氏'是也"。云"後世失之，謂之《曾孫》"者，以《曾孫》爲篇
名，是失之。云"'曾孫'，其章頭也"，是正世人也。云"小大莫處"已下，"則燕則譽"以
上，皆《射義》文，彼注"'以燕以射'，先行燕禮乃射"是也。云"間若一者，調其聲之疏數
重節"者，謂九節、七節、五節中間，相去或希疏或密數，中間使如一，必疏數如一者，重
此樂故也。**大師不興，許諾。樂正反位，奏《貍首》以射，三耦卒射。**
賓待于物如初，公樂作而后就物，稍屬，不以樂志，其他如初儀。
不以樂志，君之射儀，遲速從心，其發不必應樂，辟不敏也。志，意所儗度也。《春秋
傳》曰："吾志其目。"○所儗，音擬。度也，大各反。【疏】"大師"至"初儀"。○注"不以"
至"其目"。○釋曰：此經云"如初"者，皆如上第二番射法，唯作樂爲異耳。云"辟不敏
也"者，若以樂志，不與樂節相應，則見君不敏，今不以樂志，"遲速從心，其發不必應
樂"，是"辟不敏也"。引《春秋傳》者，定八年《左氏傳》文，"正月，公侵齊，門于陽州"，其
時魯人顏息射人中眉，退曰"我無勇，吾志其目也"，服氏注云"志中其目，是非其誠，詐
以自矜"，引之者，證志是意所儗度也。**卒射，如初。賓就席，諸公、卿、大
夫、衆射者皆繼射，釋獲如初。卒射，降，反位。釋獲者執餘獲
進，告左右卒射，如初。**

**司馬升，命取矢，負侯許諾。司馬降，釋弓，反位。小臣委
矢，司馬師乘之，皆如初。司射釋弓，視筭，如初。釋獲者以賢獲
與鈞告，如初。復位。**

司射命設豐〔，設豐〕①，實觶，如初，遂命勝者執張弓，不勝者執弛弓，升飲，如初。卒，退豐與觶，如初。

司射猶袒、決、遂，左執弓，右執一个，兼諸弦，面鏃，適次，命拾取矢如初。側持弦矢曰執。面，猶尚也。兼矢於弦，尚鏃，將止，變於射也。○乘之，繩證反。【疏】注“側持”至“射也”。○釋曰：上文皆云“挾一个”，此經云“執一个”，故上注云“方持弦矢曰挾”，以其將射故也，此注云“側持弦矢曰執”，謂鏃向上，故云“兼矢於弦，尚鏃，將止，變於射也”。案《鄉射禮》云“矢不挾，兼諸弦弣”，不言“面鏃”，此言“面鏃”，不言“兼弦弣”，各舉一邊，省文之義，言“兼弦弣”者，一矢兼弦，三矢兼弣也。司射反位，三耦及諸公、卿、大夫、眾射者皆袒、決、遂，以拾取矢如初。矢不挾，兼諸弦，面鏃，退適次，皆授有司弓矢，襲，反位。不挾，亦謂執之如司射。卿、大夫升就席。

司射適次，釋弓，說決、拾，去扑，襲，反位。司馬正命退楅，解綱。小臣師退楅，巾車、量人解左下綱。司馬師命獲者以旌與薦俎退。解，猶釋也。今文司馬師無司馬。司射命釋獲者退中與筭而俟。諸所退射器皆俟，備君復射，釋獲者亦退其薦俎。【疏】注“諸所”至“薦俎”。○釋曰：云“皆俟，備君復射”者，但射已三番，於後或射或否，但臣不敢必君射，故備擬於君也。云“釋獲者亦退其薦俎”者，前辟薦俎，今既退中與筭，薦俎不可虛留，明亦退之可知。

公又舉奠觶，唯公所賜，若賓若長，以旅于西階上，如初。大夫卒受者以虛觶降，奠于篚，反位。○若長，丁丈反，下士長同。【疏】“公又”至“反位”。○釋曰：此一節論射訖，爲大夫舉旅之事。

---

① “司射命設豐”下漢簡本重“設豐”二字，沈云：“敖繼公云：‘當更有設豐二字，如《鄉射》之文。’朱大韶云：‘敖説是也。命設豐者，司射是也；設豐者，司宮士也；實觶則弟子也。司射但命設豐，實觶乃弟子爲之，無待司射之命。若不重設豐二字，似以司射命設豐實觶作一句讀，失之矣。唐石經脱，各本因之，當據《鄉射》補。《通解》反於《鄉射》删下設豐二字，則失之甚者也。’得簡本而敖、朱之推比獲實證。今本誤脱無疑。”當據補。

司（馬）正升自西階①，東楹之東，北面告于公：“請徹俎。”公許，射事既畢，禮殺人倦，宜徹俎燕坐。【疏】“司馬”至“公許”。○釋曰：自此盡“反位，坐”，論徹俎升坐，安燕之事。遂適西階上，北面告于賓。賓北面取俎以出，諸公、卿〔皆〕取俎如賓（禮），（遂）〔從〕出②，授從者于門外。自其從者。○授從，才用反，注同。大夫降，復位。門東北面位。【疏】“大夫降復位”。○注“門東北面位”。○釋曰：云“大夫降”者，大夫雖無俎，以賓及公、卿皆送俎，不可獨立於堂，故“降，復位”。云“門東北面位”者，謂初小臣納卿、大夫門東北面揖位，案下文“賓、諸公、卿皆入門，東面北上”，謂在西階下，知大夫不復在西階下位者，以其言“復位”者，復前位，其西階下舊無位，故知非西階下。若然，公、卿入在西階下③，鄭云“諸公、卿不入門而右，以將燕，亦因從賓”者也，大夫以公、卿未入，不可獨居西階④，故在“門東北面位”也。庶子正徹公俎，降自阼階以東。降自阼階，若親徹也。以東，去藏。○去藏，起呂反。賓、諸公、卿皆入（門）⑤，東面北上。諸公、卿不入門而右，以將燕，亦因從賓。司正升賓，賓、諸公、卿、大夫

---

①　“司”下漢簡本無“馬”字，沈云：“韋協夢云：‘《鄉射》請徹俎，司正之職，則此請徹俎，亦當以司正。李寶之謂司馬正當作司正，今從之。’《鄉射》以司正爲司馬，射畢，司馬復爲司正。《大射》司正爲大射正，射畢，大射正復爲司正，與司馬正無涉。今本蓋涉《鄉射》之文而誤，得簡本而韋、李之推比獲實證，此亦見簡本所據本甚善。”當據刪。

②　“諸公卿取俎如賓禮遂出”漢簡本作“諸公卿皆取枏（俎）如賓從出”，沈云：“今本無‘皆’字。《燕禮》同節‘卿大夫皆降，東面北上’，此節下‘賓諸公卿皆入門’，‘諸公卿大夫皆說屨’，非一人則此亦當有‘皆’字，簡本爲長。今本‘如賓’下有‘禮’字。《燕禮》卿無俎，《大射》大夫無俎，故《燕禮》惟賓出，《大射》賓與諸公卿出，賓取俎，諸公卿亦取俎，無其他儀式。此非謂如賓取俎之儀也，今本衍‘禮’字。今本‘從’作‘遂’。此賓出而而諸公卿相隨而出，當作‘從’，簡本爲長。”當據以補刪改。

③　“入”下原無“在”字，曹云：“‘入’下脱‘在’字。”據補。

④　“獨”字原作“猶”，曹云：“‘猶’當爲‘獨’。”據改。

⑤　“入”下漢簡本無“門”字，沈云：“賓諸公卿徹俎出門爲暫出即入，賓降位在西階下，復入即立於降位，以待司正之命升；諸公卿出門從賓，入門亦從賓，故相隨至西階下，東面而立，以北爲上。入門由闑右入者必右曲而就西階，由闑左入者必左曲而就東階，故入門必有右或左字，今本有‘門’字而無右或左字，遂啓諸家之訟。徹俎出門爲暫出即入，故不必詳記。出不言門，入亦不必言門，得簡本而知本無‘門’字，何來下有右或左字之足云。今本‘門’字爲衍文，此實簡所據本之尤善者。”當據刪。

皆説屨,升就席,公以賓及卿、大夫皆坐,乃安。扉命以我安,臣於君尚

猶踧踖,至此乃敢安。○皆説,土活反,下同。猶踧,子六反。踖,子亦反。**羞庶羞。**

羞,進也。庶,衆也。所進衆羞,謂膴肝膋、狗蔵醢也,或有炮鼈、膾鯉、雉兔、鶉鴽。○

謂膴,音損,又才悶反,又士戀反。肝膋,力彫反。狗蔵,壯吏反。有炮,薄交反,或作

燔、焦,同音缶。鼈,本又作鼈,必滅反。膾鯉,古外反。鶉,市春反。鴽,音如。【疏】

"羞庶羞"。○注"羞進"至"鶉鴽"。○釋曰:知有"膴肝膋"者,此大射先行燕禮,燕

法,其牲唯有狗,又案《內則》云"肝膋,取狗肝一,幪之以其膋,濡炙之,舉燋其

膋,不蓼",注云"膋,腸閒脂",故知此羞中有肝膋也。又知有"狗蔵醢"者,以其《公食大夫》有牛

蔵炙、羊蔵炙、豕蔵炙,此燕無三牲,故知蔵醢亦用狗。知有"炮鼈、膾鯉"者,案《六月》

詩云"吉甫燕喜,既多受祉",又云"飲御諸友,炰鼈膾鯉",故知有此也。公卿大夫有王

事之勞[1],乃有之,故《六月》詩鄭注"以吉甫遠從鎬地來,又日月長久,今飲之酒,使其

諸友恩舊者侍之,又加其珍美之饌,所以極勸之也",是有王事之勞乃有之,無王事之

勞則無,故《公食大夫》不見之。又知有"雉兔、鶉鴽"者,《公食大夫》二十豆有此四者,

此仍引《內則》上大夫二十豆者,不引二十豆盡[2],以其二十豆有三牲之物,此狗,故唯

引此四者。**大夫祭薦。**燕乃祭薦,不敢於盛成禮。【疏】"大夫祭薦"。○注"燕乃"

至"成禮"。○釋曰:云"燕乃祭薦,不敢於盛成禮"者,此大夫卑,不敢與公、卿同時於

盛成禮也。**司正升受命,皆命:"公曰(衆)無不醉。"[3]賓及諸公、卿、**

大夫皆興,對曰:"諾,敢不醉!"皆反(位)坐[4]。皆命者,命賓,命諸公,

命卿、大夫,皆鄉其位也。興對必降席,敬也。司正退立西序端。【疏】"司正"至"位

坐"。○注"皆命"至"序端"。○釋曰:云"興對必降席"者,經直云"興",不言"降席",鄭

---

① "卿"字原作"食",倉石云:"'食'當'卿'字之誤。《校釋》云'公食'當爲'此

是',未安。"據改。

② "不引二十豆盡",曹云:"盡字殿本絶句。"從其讀。

③ "無"上漢簡本無"衆"字,沈云:"《燕禮》同節今本亦無'衆'字,鄭注云:'皆命

者,命賓,命諸公,命卿大夫,皆鄉其位也。'是則司正一一向其位分命,非出總命,則述

公命詞不當有'衆'字。得簡本可定今本衍文,此亦簡所據本之善者。"當據删。

④ "反"下漢簡本無"位"字,沈云:"《燕禮》同節今本亦無'位'字。鄭注:'興對必

降席。'賈疏云:'鄭知降席者,以爲反坐也,故知降席也。'賈氏述經亦無'位'字。降席

雖離原坐之處,但未離其位,何來反位? 得簡本可定今本衍文。"當據删。

知“降席”者，以爲反坐，故知降席也。言“敬也”者，決上文司正命賓與大夫“以我安”，雖未坐，不云降而對，故以此爲敬。若然，上不降席者，彼直云“安”，未盡殷勤，故不降，此命使醉，是盡殷勤，故興降，加敬也。知“司正退立西序端”者，案司正監酒，此將獻士，事未訖，亦如《鄉飲酒》監旅時立于西序端也。

主人洗，酌，獻士于西階上。士長升，拜受觶，主人拜送。獻士用觶，士賤也。今文觶作觚。【疏】“主人”至“拜送”。○注“獻士”至“作觚”。○釋曰：自此盡“奠于篚”，論獻士及祝、史等之事。云“獻士用觶，士賤也”者，言獻士用觶，對上獻大夫已上觚，觚二升，觶三升，用大者賤，用小者尊，故云“士賤也”。士坐祭，立飲，不拜既爵。其他不拜，坐祭，立飲。其他，謂衆士也。升不拜受爵。【疏】注“其他”至“受爵”。○釋曰：云“其他，謂衆士也”者，長謂士中之長，次云“其他”①，謂長已下。云“其他②，謂衆士”者，亦謂二十七士，以其下經旅食，謂庶人在官，故知此非府史以下。乃薦司正與射人于觶南，北面東上，司正爲上。司正、射人，士也。以齒受獻，既乃薦之也。司正，大射正也。射人，小射正，略其佐。【疏】注“司正”至“其佐”。○釋曰：案《燕禮》薦司正與射人一人，司士一人，執冪二人，此不言其數，又不言司士與執冪者，以射人是小射正，非一人，互見執事，執事者皆同獻，不言其數，不言執冪者二人，文不具。辯獻士，士既獻者立于東方，西面北上，乃薦士③。士既獻易位者，以卿、大夫在堂，臣位尊東也。畢獻薦之，略賤。【疏】注“士既”至“略賤”。○釋曰：云“畢獻薦之，略賤”者，案上獻士，立飲，是畢獻訖，乃云“乃薦司正與射人于觶南”，是獻士又獻司正已下，若然，“薦士”當在“乃薦司正”上，至此言之者，其實“薦士”在“乃薦司正”上。今此更言士得獻訖，立在東方，立畢乃薦，不待畢獻司正薦④，乃薦士也，是以薦司正言“乃”者，緩辭，明司正已下薦在士後也。祝、史、小臣師亦就其位而薦之。亦者，亦士也。辯獻乃薦也。祝、史門東，北面東上。主人就士旅食之尊而獻之，旅食不拜，受爵，坐祭，

---

① “其他”原作“士”，曹云：“‘士’當爲‘其他’。”據改。
② “云”上原有“下”字，曹云：“‘下’單疏作‘又’，‘又’字似衍。”據刪。
③ “辯獻士”至“乃薦士”，曹云：“司正已下既獻即薦之，其獻與衆士序，薦不與衆士序也，衆士獻辯，乃總薦之，疏誤。”
④ “不待畢獻”原作“不畢獻待”，四庫本“待”在“不”下，據乙。

立飲。主人既酢，西面，士旅食北面受之。不洗者，於賤略之。【疏】注“主人”至“略之”。○釋曰：知“主人既酢，西面，士旅食北面受之”者，以其不可背君南面授，故知位之如此。若然，大史等亦北面，則亦西面授酒也，其小臣師等，案上文位在阼階東，南面①，自然北面授。**主人執虛爵，奠于篚，復位。**

賓降洗，升，媵觶于公，酢散，下拜。公降一等，小臣正辭，賓升，再拜稽首，公答再拜。賓受公賜多矣，禮將終，宜勸公，序厚意也。今文觶爲觚，公答拜無再②。【疏】“賓降”至“再拜”。○釋曰：自此盡“旅酬”，論賓舉爵爲士舉旅行酬之事。○注“賓受”至“再拜”。○釋曰：云“賓受公賜多矣，禮將終，宜勸公，序厚意也”者，上文爲賓、爲卿、爲大夫舉旅，皆臣自致爵，今此賓爲士舉旅行酬③，因得爲賓致爵於君，故鄭云序賓厚意也。**賓坐祭，卒爵，再拜稽首，公答再拜。賓降，洗象（觚）〔觶〕，升，酢膳，坐奠于薦南，降拜。小臣正辭，賓升成拜，公答拜，賓反位。**反位，反席也。此觚當爲觶。○洗象觚，音觶，出注。【疏】注“反位”至“爲觶”。○釋曰：自此已前，賓位在西階下，東面，無席，戶牖之閒位則有席，此“賓升成拜”，不言降反位，明反位者，反於戶牖之閒席位。云“此觚當爲觶”者，凡旅酬皆用觶，獻士尚用觶，故知“觚當爲觶”，下經觚亦當爲觶。**公坐取賓所媵觶④，興，唯公所賜。受者如初受酬之禮，降，更爵洗，升，酢膳，下，再拜稽首。小臣正辭，升成拜，公答拜。乃就席，坐行之。**坐行之，若今坐相勸酒。**有執爵者。**士有盥升，主酌授之。【疏】“有執爵者”。○注“士有”至“授之”。○釋曰：知“士有盥升”者，以其爲公、卿、大夫使行旅，不可不絜。知是士者，案下文云“士有執膳爵者，有執散爵者”，故知“士有盥升，主酌授之”。**唯受于公者拜。**公所賜者拜，其餘則否。**司正命執爵者爵辯，卒受者興以**

---

①　“面”上原無“南”字，曹云：“‘面’字誤，單疏作‘南’。案‘南面’二字或當並存。”據補。

②　“再”下原有“拜”字，阮云：“按‘拜’字疑衍。”據刪。

③　“此”下原有“其”字，曹云：“‘其’字衍。”據刪。

④　“觶”字四庫本、張敦仁本皆作“觚”，上經“洗象觚”下鄭注云：“此觚當爲觶。”賈疏云：“下經觚亦當爲觶。”正指此經而言，是賈所據本作“觚”不作“觶”。

618

酬士。欲令惠均。○欲令，力呈反。【疏】注“欲令惠均”。○釋曰：以堂上公、卿、大夫旅偏并及堂下之士①，故云“欲令惠均”也。大夫卒受者以爵興，西階上酬士。士升，大夫奠爵拜，(受)〔士〕荅拜②。興酬士者，士立堂下，與上坐者異也。【疏】注“興酬”至“異也”。○釋曰：云“興酬士者”，決向來堂上相旅，皆坐相酬，執爵者行之，大夫末受酬者輒興，西階上酬士③，故鄭云“士立堂下，與上坐者異也”。大夫立卒爵，不拜，實之。士拜受，大夫拜送。士旅于西階上，辯。祝、史、小臣師、旅食皆及焉。【疏】注“祝史”至“及焉”。○釋曰：鄭知祝、史以下皆得旅酬者，前獻④，祝、史與旅食皆得獻⑤，明此旅酬得及之可知⑥。士旅酌。旅，序也。士以次自酌相酬，無執爵者。【疏】“士旅酌”。○注“旅序”至“爵者”。○釋曰：云“無執爵者”，對上文卿、大夫等有執爵者，以其坐故也，士無執爵者，以其賤不坐，故以次自酌以相酬，無執爵者也。

若命曰復射，則不獻庶子。獻庶子則正禮畢，後無事。○曰復，扶又反。【疏】注“獻庶”至“無事”。○釋曰：獻酬之禮，庶子以下最後得獻，若獻庶子之後，正禮畢，不得更有射事，故命復射在獻庶子之前。司射命射，唯欲。司射命賓及諸公、卿、大夫射，欲者則射，不欲者則止，可否之事，從人心也。【疏】注“司射”至“心也”。○釋曰：此乃三番射後，爵行無筭，非直解怠，復有醉者，是以可恣心所欲⑦。卿、大夫皆降，再拜稽首，公荅拜。拜君樂與臣下執事無已。不言賓，賓從羣臣禮在上。【疏】注“拜君”至“在上”。○釋曰：云“不言賓，賓從羣臣禮在上”者，謂初酬賓，直言賓，再舉旅言“若長”，不專於賓，已是禮殺，第三舉旅云“唯公所賜，若賓若長”，至此

---

① “并”下原無“及”字，曹云：“‘并’下似脫‘及’字。”據補。

② “受荅拜”，四庫本、張敦仁本“受”字皆作“士”，此本誤，當據改。

③ “大夫末受酬者興西階上酬士”原作“大夫未能受酬者輒興西階上”，曹云：“殿本作‘大夫末受酬者興西階上酬士’。案殿本是也，但‘興’上‘輒’字似當有。”據改。

④ “前”下原有“得”字，疑“得”字涉上下文而衍，謹刪。

⑤ “旅”下原無“食”字，曹云：“‘旅’下脫‘食’字。”據補。

⑥ “得”下原無“及”字，阮云：《要義》同，毛本‘得’下有‘獻’字。”“獻”字誤，當爲“及”字。《燕禮》同節賈疏云：“知‘旅食皆及’者，以士未得獻時，旅酬不及，得獻之後，旅則及之。”此言“及”不言“獻”，謹補“及”字。

⑦ “以”下原有“不”字，曹云：“‘不’字衍。”據刪。

賓爲士舉旅^①，直云"唯公所賜"，復不言"若賓若長"，"賓從羣臣禮在上"。**壹發，中三侯皆獲。**其功一也而和者益多，尚歡樂也。矢揚觸，或有參中者。○中三，丁仲反，注同。而和，户臥反。懽樂，音洛。【疏】注"其功"至"中者"。○釋曰：上文第二番、第三番，唯公得中三侯皆釋獲，至此燕後復射，禮殺，臣與君同，是以鄭云"和者益多，尚歡樂也"。云"其功一也"者，謂三侯所中，皆是功，故云"一也"。云"矢揚觸，或有參中者"，卿、大夫主射參侯，士主射豻侯，其中或揚觸，容中别侯，皆與釋。

主人洗，升自西階，獻庶子于阼階上，如獻士之禮，辯獻，降洗，遂獻左右正與内小臣，皆於阼階上，如獻庶子之禮。庶子既掌正六牲之體，又正舞位，授舞器，與膳宰、樂正聯事，又掌國子戒令教治，世子之官也。左右正，謂樂正、僕人正也，位在中庭之左右。小樂正在頌磬之北，右也，工在西即北面，工遷於東則東面。大樂正在笙磬之北，左也，工在西則西面，工遷於東則北面。僕人正相大師，工升堂，與其師士降立於小樂正之北，北上，工遷於東則陪其工後。國君無故不釋縣。二正，君之近官也。内小臣，奄人，掌君陰事、陰令，后夫人之官也。獻三官於阼階，别内外臣也。同獻更洗，以時事不聯也。獻正下及内小臣，則磬人、鍾人、鎛人、鼓人、僕人師、僕人士盡獻可知也。庶子、内小臣位在小臣師之東，少退西上。○聯事，音連。教治，直吏反。相大，息亮反。釋縣，音玄。别内，彼列反。【疏】"主人"至"之禮"。○注"庶子"至"西上"。○釋曰：云"小樂正在頌磬之北，右也，工在西即北面"者，工在西，謂遷樂於下時，大師、少師、上工立於鼓北也。云"工遷於東則東面"者，案上遷樂於東之時，直云"大師、少師、上工皆東坫之東"，不見小樂正從之，明留在西縣之北，東面向工矣。云"大樂正在笙磬之北，左也，工在西則西面"者，案上文司射"東面命樂正"，單言樂正者，謂大樂正，既東面命之，則大樂正元立於東矣，以其工在西階下，故知西面向之矣。云"工遷於東則北面"者，案上文"樂正反位"^②，大師既西面，明樂正北面可知，是以《鄉射》工遷於東，"西面北上，樂正北面立于其南"，此亦與彼同北面也。云"國君無故不釋縣。二正，君之近官也"，言此者，人君路寢之廷樂縣不釋，樂正與僕人正同掌樂事，是君之近官也。云"同獻更洗，以時事不聯也"者，以其

---

① "士"上原無"爲"字，曹云："'士'上脱'爲'字。"據補。

② "反"字原作"及"，阮云："浦鏜云'反'誤'及'。"據改。

雖同獻於阼階上，獻有前後，故更爵洗之，是以云“時事不聯也”。云“庶子、内小臣位在小臣師之東”者，案《公食》堂上夾北有宰夫，内宰在東北，此射禮堂上夾北無宰位，則執事者不得在堂上^①，又非樂人，不得在樂正位，以其與小臣師同名小臣，故知“小臣師之東”也。又云“少退西上”者，見《公食》在宰東北少退，故知此亦少退。知“西上”者，以此位皆西上故也。

無筭爵。筭，數也。爵行無次數，唯意所勸，醉而止。【疏】“無筭爵”。○釋曰：自此盡“無筭樂”，論爵與樂恣意無數之事。士也，有執膳爵者，有執散爵者。執膳爵者酌以進公，公不拜，受。執散爵者酌以之公命所賜，所賜者興，受爵，降席下，奠爵，再拜稽首，公荅再拜。席下，席西。受賜爵者以爵就席坐，公卒爵，然後飲。酬之禮，爵代舉。今爵並行，嫌不代也。並行猶代者，明勸惠從尊者來。【疏】注“酬之”至“者來”。○釋曰：凡行酬之法，轉爵遞飲，今膳、散兩有，宜得即飲，猶待公卒爵乃飲，猶代飲然，明惠從公來，嫌得即飲不代，故必卒爵然後飲^②，故曰“嫌不代”。執膳爵者受公爵，酌，反奠之。燕之歡在飲酒，成其意也。【疏】注“燕之”至“意也”。○釋曰：云“燕之歡在飲酒”者，謂安燕之歡，正在於飲酒，故受公爵者更酌，反奠於公所，擬公更賜爵，是其歡燕“成其意也”^③。受賜〔爵〕者興^④，授執散爵者，執散爵者乃酌行之。與其所勸者。唯受于公者拜，卒（爵）〔受〕者興^⑤，以酬士于西階上。士升，大夫不拜乃飲，實爵。乃，猶而也。【疏】注“乃猶而也”。○釋曰：鄭轉

---

① “則執事者不得在堂上”原作“又案執事者堂上”，曹云：“當爲‘則執事者不得在堂上’。”據改。

② “故必卒爵”原作“故著嫌不卒爵”，阮云：“《要義》同，毛本作‘故必卒爵’，《通解》與毛本同。”曹云：“各本作‘故必卒爵’是也。”據改。

③ “成其意”原作“成之意”，阮云：“‘之’，陳、閩、《通解》俱作‘其’。”據改。

④ “受賜者興”，敖云：“‘受賜’下當有‘爵’字，如上篇。”當據補。

⑤ “爵”字漢簡本作“受”，沈云：“此大夫受賜，最後一人興以酬士，故當作‘卒受’而非卒爵。卒爵對啐酒而言，是盡飲爵中之酒。酬酒無啐酒，凡飲皆卒爵，不必特言之，今本誤也。”當據改。

“乃”爲“而”者，“乃”是緩辭，於禮不切，故爲“而”也①。士不拜受爵，大夫就席，士旅酬亦如之。公有命徹幂，則賓及諸公、卿、大夫皆降西階下，北面東上，再拜稽首。命徹幂者，公意殷勤，欲盡酒。公命小臣正辭，公荅拜，大夫皆辟，升，反(位)〔坐〕②。升不成拜，於將醉正臣禮。○皆辟，劉芳益反，一音避。【疏】注“升不”至“臣禮”。○釋曰：於例，臣於堂下再拜稽首，得小臣以君命辭，其拜不成，當升成拜，今直升不成拜者，以其拜於下，是臣之正禮，故鄭云“於將醉正臣禮”。士終旅於上，如初。卿、大夫降而爵止，於其反席卒之。【疏】注“卿大”至“卒之”。○釋曰：上文卿、大夫酬辯，始酬士，公命徹幂，公、卿以下降而爵止，是以卿、大夫升反席，士以下相酬而卒之。無筭樂。升歌、閒、合無次數，唯意所樂。○閒合，閒廁之閒。所樂，如字，又音洛。

　　宵則庶子執燭於阼階上，司宮執燭於西階上，甸人執大燭於庭，閽人爲燭於門外。宵，夜也。燭，燋也。甸人，掌共薪蒸者。庭大燭，爲其位廣也。爲，作也，作燭俟賓出。○甸人，大見反。閽人，音昏。燋也，劉哉約反，《字林》子弔反。掌共，音恭。薪蒸，章凌反。【疏】“宵則庶子執燭”。○釋曰：自此盡篇終，論禮畢容公、卿出，公入之事③。賓醉，北面坐取其薦脯以降。取脯，重得君之賜。奏《陔》。《陔夏》，樂章也。其歌，《頌》類也，以鍾鼓奏之，其篇今亡。賓所執脯，以賜鍾人于門內霤，遂出，必賜鍾人，鍾人以鍾鼓奏《陔夏》，賜之脯，明雖醉，志禮不忘樂。○内霤，力又反。【疏】“賓所”至“遂出”。○釋曰：案《鄉飲酒》、《鄉射》賓出無取脯賜鍾人之事者，彼是臣禮，此爲君法，故詳略不同。卿、大夫皆出，從賓出。公不送。臣也，與之安燕交歡，嫌亢禮也。【疏】“公不送”。○注“臣也”至“禮也”。○釋曰：案《燕義》云“使宰夫爲獻主，臣莫敢與君亢禮”，暴來安燕交歡，

---

① “而”字原作“之”，阮云：“陳、閩、《通解》同，毛本‘之’作‘而’。”曹云：“單疏作‘之’，毛本作‘而’。案‘而’字是。”據改。

② “位”字漢簡本作“坐”，沈云：“《燕禮》同節今本亦作‘坐’，與簡本同。此鄭注所謂‘反席’，當作‘坐’，今本誤。”當據改。

③ “入”上原無“公”，曹云：“‘入’上脱‘公’字。”據補。

君若送之，是臣與君亢禮，故君不送賓也，故《燕禮》注云"賓禮訖，是臣也"是也①。公入，《鷩》。《鷩夏》，亦樂章也。以鍾鼓奏之，其詩今亡。此公出而言入者，射宮在郊，以將還爲入。燕不《鷩》者，於路寢，無出入也。○入鷩，五刀反，注同，《鷩夏》，樂章。【疏】"公入鷩"。○注"鷩夏"至"入也"。○釋曰：云"《鷩夏》，亦樂章也"者，案《周禮・鍾師》有《九夏》，皆樂章，其中有《鷩夏》如《陔夏》，故云"亦樂章也"。云"以鍾鼓奏之"者，案《鍾師》"以鍾鼓奏《九夏》"，鄭云"先擊鍾，次擊鼓"，故云"以鍾鼓奏之"。云"其詩今亡"者，鄭注《鍾師》云"《九夏》皆《詩》篇名，《頌》之族類也，此歌之大者，載在樂章，樂崩亦從而亡，是以《頌》不能具"，是其"今亡"。云"此公出而言入者，射宮在郊，以將還爲入"者，天子射在虞庠，周之小學在西郊，案《鄉射記》"於郊則閭中"，鄭注云諸侯大學在郊，是諸侯大射所，故"言入者，射宮在郊，以將還爲入"也。鄭知燕在路寢者，《燕禮記》云"燕，朝服於寢"，與羣臣賓客燕，不合在燕寢，故知"於路寢"也②。此篇所解多不具者，以其諸侯、大夫射，先行燕禮，大射三番多依鄉射，是以與二禮同者③，於此不復重釋之也。

---

①　"是臣也"原作"臣禮"，阮云："浦鏜云'是臣'誤'臣禮'。按或當作'是臣也'，無'禮'字。"鄭注《燕禮》作"賓禮訖，是臣也"，據改。

②　"於"字原作"從"，疑"從"爲"於"字之誤，鄭注云"燕不《鷩》者，於路寢，無出入也"，據改。

③　"禮"上原無"二"字，曹云："'禮'上脫'二'字。"據補。

圖書在版編目(CIP)數據

儀禮之屬.第1冊 / 張煥君,賈海生點校. —杭州：浙江
大學出版社，2016.9
（中華禮藏.禮經卷）
ISBN 978-7-308-11533-9

Ⅰ.①儀… Ⅱ.①張… ②賈… Ⅲ.①禮藏—中國—
古代 Ⅳ.①K892.9

中國版本圖書館 CIP 數據核字(2013)第 107494 號

中華禮藏·禮經卷·儀禮之屬　第一冊

張煥君　賈海生　點校

出 品 人	魯東明
總 編 輯	袁亞春
項目統籌	黃寶忠　宋旭華
責任編輯	宋旭華　胡　畔　張小苹
封面設計	張志偉
出版發行	浙江大學出版社
	（杭州市天目山路 148 號　郵政編碼 310007）
	（網址：http://www.zjupress.com）
排　　版	浙江時代出版服務有限公司
印　　刷	浙江印刷集團有限公司
開　　本	710mm×1000mm　1/16
印　　張	40.25
字　　數	641 千
版 印 次	2016 年 9 月第 1 版　2016 年 9 月第 1 次印刷
書　　號	ISBN 978-7-308-11533-9
定　　價	300.00 圓

版權所有 翻印必究　印裝差錯 負責調換

浙江大學出版社發行中心聯繫方式：(0571)88925591；http：//zjdxcbs.tmall.com